编 辑 说 明

《合肥年鉴》是一部全面记述合肥政治、经济、文化、社会、生态等方面的年度资料性文献，由合肥市人民政府主办，合肥市地方志办公室编纂。年鉴突出反映市委、市政府的重要发展举措、发展成果，反映全市各行各业、各个领域的主要业绩，在为打造合肥“大湖名城、创新高地”，为社会各界提供地情资料服务等方面发挥了重要作用。《合肥年鉴》逐年编纂，2016 卷是连续出版发行的第 17 卷。

《合肥年鉴》编纂坚持以马克思列宁主义、毛泽东思想、邓小平理论和“三个代表”重要思想为指导，全面贯彻落实科学发展观。年鉴主要有图片专辑、总述、特载、专记、大事记、政治、经济、法治、军事、生态建设与环境保护、城乡建设及管理、开放与合作、开发园区、信息化建设、商贸旅游、交通运输、金融、非公有制经济、经济监督管理、教育科技、文化传媒、卫生体育、社会民生、县(市)区等 35 个类目。全书采用分类编辑，主体内容分为类目、分目、条目三个层次，少数条目下设子目，另设“索引”以备读者查阅。本年鉴记述时限为 2015 年，“图片”时间截至 2016 年 6 月底 。

《合肥年鉴》坚持“质量第一，常变常新”编纂原则，根据合肥发展变化及时调整和充实篇目框架、编写内容。全书围绕合肥经济建设、政治建设、文化建设、社会建设、生态文明建设等，突出反映合肥 2015 年度重大发展成果，反映全市各行各业、各个领域所取得的发展成就，具有鲜明的地方特色和年度特点。

《合肥年鉴》采用的文稿基本由全市各部门、各单位、各县区以及驻肥省、部属相关单位提供，有关图片、数据、资料均经供稿单位核实。使用的统计数据，以市统计部门公布的数据为准。凡市统计局未予统计和提供的，则以单位提供的数据为准。

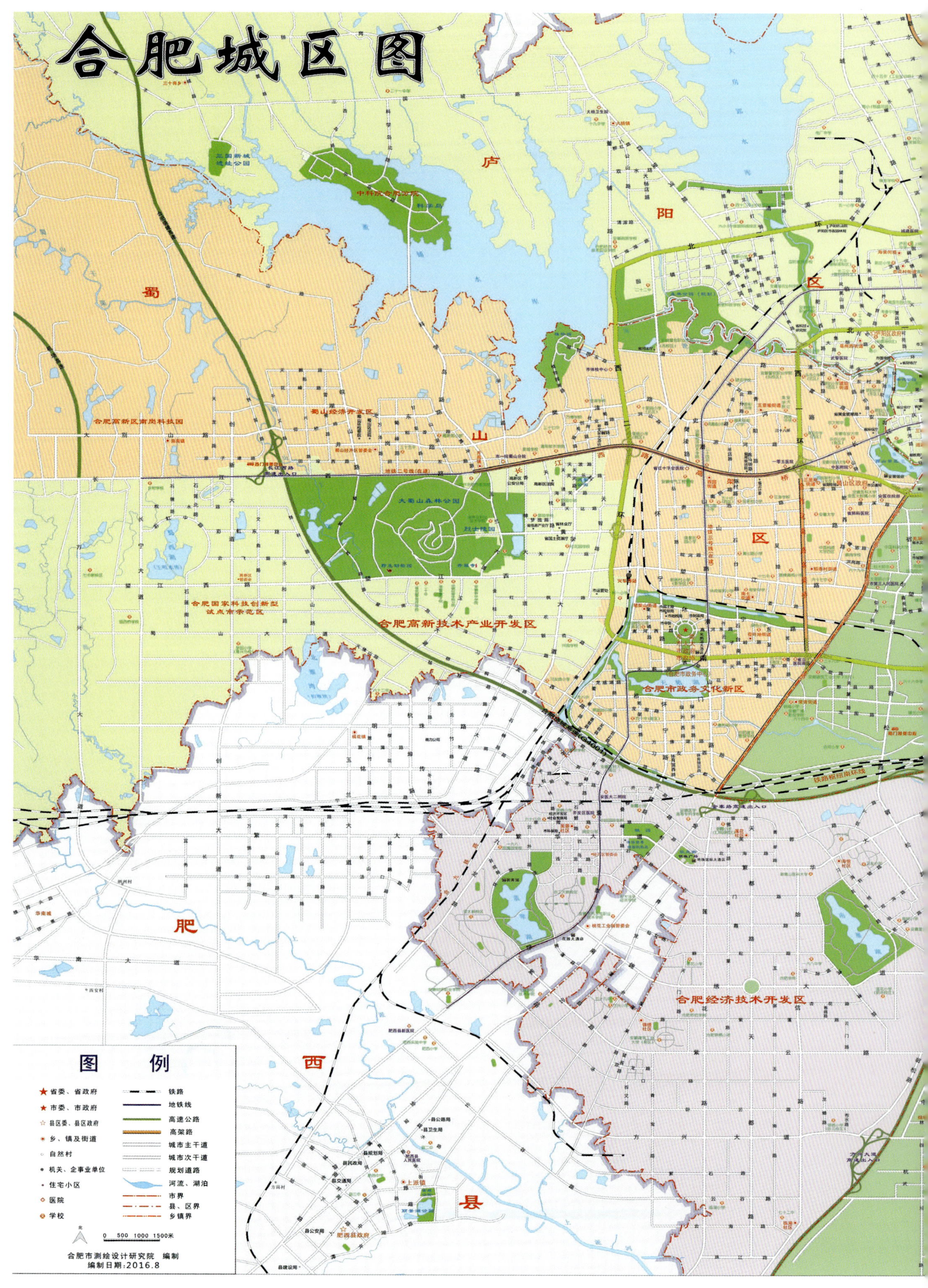

合肥城区图
庐
阳
区
蜀
山
区
肥
西
县
三国新城遗址公园
中科院合肥分院
蜀山经济开发区
合肥高新区南岗科技园
大蜀山森林公园
合肥国家科技创新型试点市示范区
合肥高新技术产业开发区
合肥市政务文化新区
合肥经济技术开发区
铁路枢纽南环线
上派镇
肥西县政府
图例
省委、省政府
市委、市政府
县区委、县区政府
乡、镇及街道
自然村
机关、企事业单位
住宅小区
医院
学校
铁路
地铁线
高速公路
高架路
城市主干道
城市次干道
规划道路
河流、湖泊
市界
县、区界
乡镇界
北
0 500 1000 1500米
合肥市测绘设计研究院 编制
编制日期:2016.8

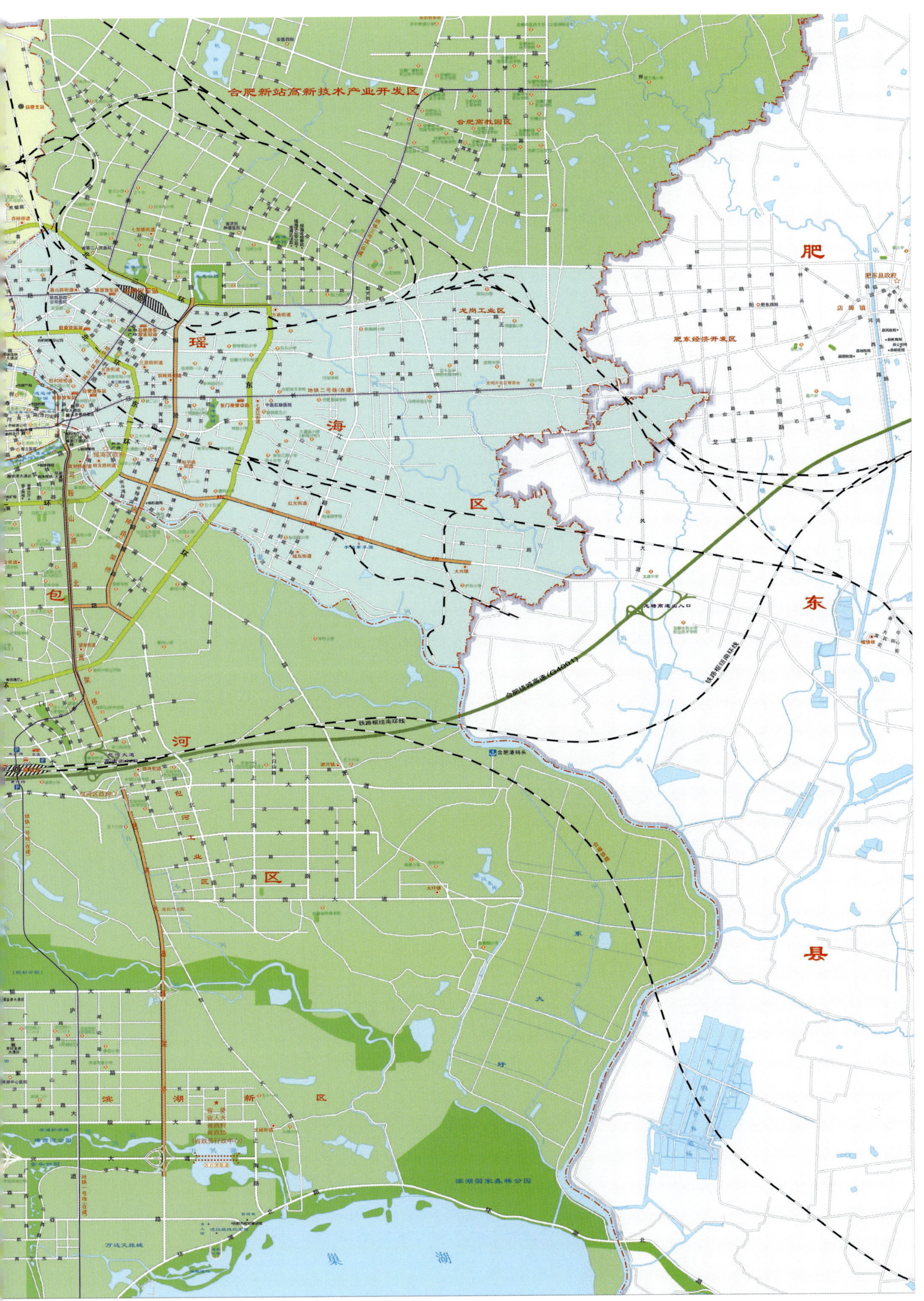

合肥新站高新技术产业开发区
合肥高教园区
龙岗工业区
瑶
海
区
肥东经济开发区
肥东县政府
店埠镇
肥
东
县
地铁二号线(在建)
包
河
区
包
河
工
业
区
铁路枢纽南环线
合肥港码头
龙塘高速出入口
滨
湖
新
区
滨湖国家森林公园
万达文旅城
巢
湖

总书记习近平在合肥考察

2016 年 4 月 26 日上午，习近平在中国科技大学先进技术研究院观看高新技术企业科技成果展示。

2016 年 4 月 24 日至 27 日，中共中央总书记、国家主席、中央军委主席习近平在安徽调研。

26 日，习近平在合肥考察了中国科技大学、中科大先进技术研究院。上午，在研究院结合实物展示，详细了解安徽省实施创新驱动发展战略情况，观看合肥市在智能语音、智能机器人、电子信息、装备制造、公共安全、新材料、生物医药、无人机、智慧新能源、新能源汽车等方面的科技创新成果；察看量子通信等量子信息科学研究成果展示，到量子通信京沪干线运管中心了解量子通信网络建设、运行和应用情况。

26 日下午，到学校近代物理系了解实验室科研总体情况，在自旋磁共振实验室视察自主研发的低场核磁共振设备、电子顺磁共振设备，了解原创性单分子磁共振设备和超分辨磁共振谱仪在医疗、人工智能等领域的实践应用，同近代物理系部分教师和正在图书馆上自习的部分学生亲切交谈。

习近平强调，安徽作为科技大省，中国科技大学作为以前沿科学和高新技术为主的大学，这些年抓科技创新动作快、力度大、成效明显，值得肯定。当今世界科技革命和产业变革方兴未艾，要增强使命感，把创新作为最大政策，奋起直追、迎头赶上。中国科技大学要勇于创新、敢于超越、力争一流，在人才培养和创新领域取得更加骄人的成绩，为国家现代化建设作出更大的贡献。

2016 年 4 月 26 日下午，习近平在中国科技大学图书馆与正在上自习的学生们亲切交谈。

4 月 26 日下午，习近平在中国科技大学近代物理系自旋磁共振实验室了解科研情况。

总理李克强考察家乡合肥

2015年10月30日，中共中央政治局常委、国务院总理李克强在安徽省委书记王学军、省长李锦斌陪同下，在合肥考察。他强调，要贯彻落实党的十八届五中全会精神，聚焦如期全面建成小康社会目标，着眼未来5年乃至更长远的发展，用创新、协调、绿色、开放、共享的发展理念引领发展行动，着力深化改革，着力提高发展质量和效益，着力增进人民福祉。

考察中，李克强充分肯定安徽省、合肥市经济社会发展取得的成绩，希望安徽、合肥抓住建设长江经济带等重大战略机遇，真抓实干，奋勇争先，实现发展新跨越，为保持中国经济中高速增长、迈向中高端水平作出新贡献。

2015年10月30日上午，总理李克强考察合肥公共资源交易中心。

2015 年 10 月 30 日，李克强与德国总理默克尔共同考察合肥学院，宣布建立中德教育合作示范基地及合作基金。

2015 年 10 月 30 日上午，总理李克强在江淮汽车集团详细询问新能源汽车安全性能和续航里程。

中国五大淡水湖之一——巢湖

合肥市当选为第四届全国文明城市

合肥连续4年入选幸福城市十强

合肥风采

合肥市获得“绿色中国 · 杰出绿色生态城市”称号

合肥荣获“国家森林城市”称号

合肥成为全国十大最具投资潜力城市

经开区合肥出口加工区

合肥风采

合肥高新区创新产业园

新站综合保税区

合肥基础研究实力位列全国第三

位于合肥高新区中的科大先进技术研究院

合肥风采

中国科学技术大学正式发布其研制的“特有体验交互机器人”——“佳佳”

2015 年 9 月 18 日，第九届中国（合肥）国际文化博览会在安徽国际会展中心开幕。

合肥走出了一条跨越发展与转型发展良性互动的新路，创新驱动实现转型跨越发展。

合肥，光伏应用第一城。

合肥风采

“合肥造”新能源汽车享誉全国

2015 年合肥国际马拉松赛暨全国马拉松冠军赛

天鹅湖

逍遥津

风光风貌

姥山幻影

合肥北城

合肥经济技术开发区中环城商圈

中国民间文化艺术之乡——民歌山歌展演

风光风貌

庐阳区三十岗桃蹊600亩“花海”竞相怒放，流光溢彩，人在花海中，一派特色乡村田园风光。

七彩庐江

滨湖国际会展中心

合肥大剧院

风光风貌

合肥南站（高铁站）北广场

安徽省博物馆

魅力滨湖

环巢湖庐江白石天河大桥

风光风貌

安成路跨抱书河桥

环巢湖大道 -- 派河大桥

合肥政务文化新区

科大樱花

风光风貌

水墨包河

肥东长临河古镇

长丰县城新城公园

风光风貌

2015年，三河古镇获国家5A级景区。

夕阳下的瑶海

巢湖洗耳池公园

风光风貌

巢湖中庙

巢湖晨曦

大湖名城
创新高地

目　　录

总　　述

特　　载

专　　记

大 事 记

中国共产党

人民代表大会

人民政府

人民政协

纪检监察

民主党派 工商联

人民团体

法　　治

军 事

生态建设与环境保护

城乡建设与管理

开放与合作

开发园区

工业经济

信息化与信息业

建筑与房地产业

农业经济

商贸 旅游

交通运输 邮政

财政　税务

银行　证券　保险

非公有制经济

经济监督管理

教育　科技

文化　传媒

卫生　体育

社会民生

人物 光荣榜

县（市）区

附　录

索　引

CATALOGUE

总 述

合肥基本情况

【行政区划】 合肥，安徽省省会，居皖之中，地处江淮之间，因东淝河与南淝河发源于此而得名，是正在建设中的“大湖名城、创新高地”。合肥现辖肥东、肥西、长丰、庐江4个县和县级巢湖市（代管），瑶海、庐阳、蜀山、包河4个区和国家高新技术产业开发区、国家经济技术开发区、新站综合开发试验区、合肥巢湖经济开发区4大开发区。全市1.14万平方公里，常住人口779万；城市建成区面积416平方公里，建成区常住人口409万。

【区位条件】 承东启西、连接南北，靠山抱湖、临江近海。以合肥为圆心、500公里为半径，基本涵盖中国东、中部7省1市、近5亿人口，是中国经济发展和消费最具活力的区域之一。交通便捷，集高速铁路、高速公路、国际机场、内河航运等多式运输于一体，是建设中的全国性综合交通枢纽。合肥高铁南站与上海虹桥站、南京南站和杭州东站组成“华东四大铁路枢纽站”，随着该站的开通，合肥逐步形成“一横两纵四射”“米”字型的高铁路网布局，3小时内可通达国内诸多重要城市。4E级新桥国际机场设计年吞吐能力1200万人次，1500吨级货轮可从合肥新港通江达海，开通了新亚欧大陆桥国际货运班列。

【自然环境和资源】 合肥地处江淮之间，环抱全国五大淡水湖之一巢湖，通过南淝河、巢湖和裕溪河，可以通江达海。境内有丘陵岗地、低山残丘、低洼平原三种地貌，以丘陵岗地为主，江淮分水岭自西向东横贯全境。全市海拔多在15～80米之间，平均海拔20～40米。主城区地势由西北向东南倾斜，岗冲起伏；西南部属大别山余脉，层峦叠嶂；海拔最高为境西的牛王寨595米。合肥地处中纬度地带，属亚热带季风性湿润气候，季风明显，四季分明，气候温和，雨量适中。年均气温15.7℃，年均降水量约1000毫米，年日照时间约2000小时，年均无霜期228天，平均相对湿度为77%。

合肥自然环境优美，名胜古迹众多，具有鲜明的园林生态环境，四度获得“中国人居环境范例奖”，城中有园，园中有城，是国家首批命名的3个全国园林城市之一，也是全国优秀生态旅游城市。至2015年末有城市公园51个，占地面积2361公顷，人均公园绿地面积13平方米。建成区新增绿地面积2136公顷，绿地占有率40.3%。建成区绿化覆盖面积18170公顷，绿化覆盖率45.2%。饮用水源地水质达标率100%。生活污水集中处理率89.4%，生活垃圾无害化处理率100%。巢湖流域11个国考断面中有7个断面达到考核要求，比上年增加1个。巢湖西半湖湖心断面整体水质保持平稳，东半湖湖心断面达标率为75%，水质明显好转。区域噪声等级保持稳定，PM10、PM2.5年均浓度均超过空气环境质量日均值二级标准要求，二氧化硫、二氧化氮、一氧化碳、臭氧年均浓度均达到空气环境质量日均值一级标准要求。辐射环境质量良好。

合肥自然条件优越，水资源、土地资源、矿产资源、农产品资源和旅游资源丰富。合肥地处亚热带季风气候区，降雨丰沛，可利用水资源充裕，且成本较低，天然水资源总量为38.63亿立方米。地表水系较为发达，以江淮分水岭为界，岭北为淮河水系，岭南为长江水系，淮河水系主要有东淝河、沛河、池河等，长江水系主要有南淝河、派河、丰乐河、杭埠河、滁河、裕溪河、兆河、柘皋河、白石天河、西河等。境内巢湖是全国五大淡水湖之一，东西长54.5公里，南北宽21公里，水域面积770平方公里，号称“八百里巢湖”，湖底海拔5米，湖水容量随水位高程的不同而不同，当水位高程达14米时，湖水容量为63.7亿立方米。

全市国土面积11445.1平方公里，其中耕地面积5618.8平方公里。合肥市区面积1312.5平方公里。合肥的矿产资源丰富，有白云石、花岗石、磷、铁、铅、锌、银、明矾石、石膏、灰岩、矿泉水等。其中，肥东县磷矿储量居全省第二位；庐江县素有“地下聚宝盆”之称，铅、锌、硫铁矿、明矾石储量居全省首位，铜矿居第二位，其硫铁矿储量占全省二分之一，铁矿储量占全省三分之一。

合肥是全国重要的农副产品生产区，粮食作物以水稻、小麦为主，经济作物主要有油菜、棉花、瓜果、蔬菜等，畜禽养殖业发达，特色农产品丰富，被授予“中国淡水龙虾之都”“中国坚果炒货之都”称号。三岗苗木花卉、长丰草莓、高刘白鹅、朱巷仔猪、巢湖银鱼、槐祥大米、大平油脂、柯坦有机茶叶等名牌农产品享誉大江南北。

【历史文化】 巢湖流域是古人类最早的发源地之一，有文字记载的历史约4000多年。合肥这座城市已有2200多年历史。秦汉之交，合肥正式建立“合肥县”，属九江郡。东汉刘秀升合肥为侯国，三国时为扬州治所。明清时为庐州府治，故又别称为“庐州”。人文底蕴深厚，楚汉相争时期政治家范增、三国名将周瑜、宋代名臣包拯、晚清重臣李鸿章、台湾首任巡抚刘铭传、爱国将领冯玉祥、“和平将军”张治中、人民解放军上将李克农、诺贝尔物理学奖获得者杨振宁等，都是合肥人。

【人口情况】 常住人口 2015年末，全市常住人口779万人，比上年增加9.4万人，增长1.2%；比2010年合肥市第六次人口普查时增加33.3万人，年均增长0.9%；占全省的比重为12.7%。截至2015年末，合肥市净流入常住人口61.3万人，比上年末增加4.5万人，增长7.9%，其中市区净流入常住人口124.3万人。

城乡人口结构 全市常住人口中，居住在城镇的人口548.4万人，与上年相比增加16.6万人，占总人口的70.4%（常住人口城镇化率），比上年提高1.3个百分点；居住在乡村的人口230.6万人，比上年减少7.2万人，占总人口的29.6%。

受教育程度 2015年末，全市人均受教育年限10.81年，比上年末提高0.67年。其中，男性和女性人均受教育年限均超过10年，分别为11.39年和10.19年，比上年分别提高0.7年和0.57年。15岁及以上人口中，小学、初中文化程度人口占45.2%，比上年下降7个百分点；高中及以上文化程度人口占49.6%，比上年提高7.9个百分点，其中大学及以上文化程度人口占30.9%，比上年提高7.1个百分点。全市总人口文盲率为4.69%，比上年下降0.15个百分点。

人口自然增长 2014年11月1日至2015年10月31日，全市出生人口8.2万人，出生率为10.52‰，比上年上升0.39个千分点；死亡人口3.4万人，死亡率为4.32‰，上升0.29个千分点；自然增长人口4.8万人，自然增长率为6.2‰，提高0.1个千分点。

【城市特色】 合肥科教资源丰富。是全国重要的科教基地、唯一的国家科技创新型试点市、国家创新型试点市，也是世界科技城市联盟会员城市。现有中科大等高校54所，中科院合肥物质科学研究院、中电科38所等中央驻肥科研机构9家，各类研发机构919家，省部级重点实验室150个、国家大科学工程5个，进入“千人计划”的海归人才195人，在肥工作的两院院士81名，各类科技人员60多万。英国《自然》杂志报告评价，合肥基础科研实力位居中国第三，仅次于北京、上海。中科院合肥大科学研究中心等重大项目正在积极推进，以中科大先研院为先导的各类研究院已发展到10个，十大战略性新兴产业研究院和5个产业技术创新联盟作用更加凸显。

合肥产业特色鲜明。合肥有37个工业行业，200多个工业门类，拥有家电、装备制造、汽车、电子信息等一大批重点产业，是全国最大的家电城，全国最大的挖掘机、叉车、轮胎生产基地之一，全国汽车及零部件出口基地，是我国为数不多的全系列汽车生产基地，拥有江淮、安凯、长安等知名自主汽车品牌。近年来，新型平板显示、智能语音、新能源汽车、太阳能光伏、公共安全等战略性新兴产业呈爆发式增长，确立在全国先发优势，集成电路、燃气轮机、生物医药、高端医疗与装备、智能机器人与智能制造等产业加快推进，正在形成新的突破。2015年，战略性新兴产业产值占全市工业30%，对工业增长的贡献率达54.2%；高新技术产业增加值占GDP比重达22.2%，国家高新技术企业数居全国省会城市第7位。

合肥充满开放活力。大力弘扬“开明开放、求是创新”的城市精神，先后同180多个国家和地区建立经贸往来，与美国哥伦布等国外多个城市结为友好城市。至2015年底，已有来自58个国家和地区的近3000家企业在肥投资发展，其中世界500强企业39家。已建或正在建设“四港”（水运港、国际内陆港、航空港、跨境电子商务港）、“三区”（综合保税区、出口加工区、空港保税物流中心）、“一中心”（对外劳务合作服务中心）等八大对外开放平台，推动合新欧国际货运班列西延入欧、国际货运航班直达欧美。

【环境宜居宜业】 合肥坐拥八百里烟波浩渺的巢湖，城湖共生、产城一体、生态宜居，是国家首批命名的3个全国园林城市之一和“国家森林城市”，多次荣膺“中国人居环境范例奖”。全市城区绿化覆盖率达46%，人均公园绿地13平方米，森林覆盖率达到26.8%，是全国唯一城区拥有两个国家级森林公园的城市。2014年，巢湖流域获批首批“国家级生态文明先行示范区”；2015年，全国首个国家级旅游休闲区试点——环巢湖国家旅游休闲区获批创建；三河古镇成功创建国家5A景区；滨湖国家森林公园获“中国人居环境范例奖”。近年来，持续开展“效能革命”，被评为“全国投资环境50优城市”“全国十大经商成本最低城市”“中国最佳投资城市”，是国务院表彰的“全国创业先进城市”，2015年获批“国家小微企业创业创新基地城市示范”。多次被评为“全国最具幸福感城市”，三次捧得“长安杯”，获中国城市竞争力研究会发布的“中国十佳和谐发展城市第一名”称号。

（华 文）

国民经济和社会发展

2015年，合肥市实现地区生产总值（GDP）5660.3亿元、同比增长10.5%，总量占全省GDP比重的25.7%。完成规模以上工业总产值9312.8亿元，增加值2255.7亿元、同比增长11.3%。完成财政总收入1000.5亿元，同比增长13.6%，其中地方财政收入571.5亿元，同比增长14.2%。实现社会消费品零售总额2183.7亿元、同比增长12%。

【产业发展】 2015年，合肥市一、二、三产业增加值分别为263.4亿元、3097.9亿元和2298.9亿元。三次产业结构调整为4.7:54.7:40.6，服务业比重“十二五”以来首次超过40%。

农业生产“十二连丰”，粮食总产量稳定在320万吨。建成国家粮食物流通道合肥节点。农村现代化步伐不断加快，农业结构调整成效明显，养殖业比重超过50%，特色种植业、养殖业呈现规模化、园区化、产业化发展态势。肉蛋奶水产品总产量达到105万吨。农业新型经营主体发展到6678家，土地流转面积突破300万亩，特色高效农业产值比重超过80%。市级以上现代农业示范区和特色农业园区达到434个，“一村一品”特色村达到486个。农产品加工业产值突破1100亿元，农产品电子商务交易额突破40亿元。市政基础设施不断向农村延伸，基本公共服务均等化水平稳步提升。庐江国家级现代农业示范区改革试点深入推进。除险加固水库56座，加固改造危桥86座。

在工业发展方面，完成规模以上工业总产值9312.8亿元，增加值2255.7亿元、同比增长11.3%。六大主导产业实现增加值1456.5亿元、增长12.5%，占全市工业64.6%、同比提高1.2个百分点。战略性新兴产业实现产值2788.8亿元，实现增加值698.7亿元、增长21.9%，高于规模以上工业10.6个百分点，对规上工业增长贡献率达到54.2%，其中新一代信息技术产业、新材料产业、新能源汽车企业产业增幅分别达到29.9%、23.5%和21.8%。新型显示、机器人产业通过国家战略性新兴产业区域集聚发展试点评估并获滚动支持。新型显示、集成电路、智能语音、新能源汽车四大产业集群入选首批全省战略性新兴产业集聚发展基地。全年工业技改投入1274.1亿元、占工业投资的62.2%。

在服务业发展方面，服务业增加值达到2028.3亿元、增长8.5%。现代服务业完成投资1448.2亿元、增长20.4%。电子商务蓬勃发展，限上企业实现网络零售额50.8亿元，增长67.1%。文化、会展、旅游产业发展态势良好，被成功纳入全国拉动城乡居民文化消费试点城市；举办文博会、家博会、苗交会、农交会等展会181场；环巢湖国家旅游休闲区启动创建，全国旅游标准化试点市稳步推进，三河古镇成功跻身国家5A级景区，全市累计接待游客近7000万人次，总收入突破800亿元。

【三大需求】 2015年，合肥市投资拉动有力，市场需求稳中趋旺，对外贸易保持平稳。

全社会固定资产投资突破6000亿元，达到6153.4亿元、居全国省会城市第5位，增长15.4%。其中民间投资4318.2亿元、增长30.5%，占全市投资比重达70.2%、同比提高了8.1个百分点。三次产业分别完成投资162.7亿元、2098亿元和3892.7亿元，同比分别增长69.2%、10%和17%。其中工业投资2049.7亿元，增长9.9%；现代服务业投资3022.8亿元、增长17.5%；房地产投资1259.1亿元，增长11.7%。文化产业投资355亿元，同比增长27.8%。

消费需求稳定增长，社会消费品零售总额达到2183.7亿元，增长12%。按消费形态分，商品零售1977.5亿元、增长11.9%，餐饮收入206.2亿元、增长13%。全年零售额超过亿元的企业有295家，同比增加32家，实现零售额1266.7亿元，占社会消费品零售额的58%。

对外贸易保持平稳，进出口总额达到203.4亿美元，同比增长1.3%。其中出口137.1亿美元，增长9.6%。

【重点项目】 重大项目支撑有力，全年新开工项目6718个，比上年增加1952个，其中省“861”、市“1346”项目分别完成投资1799.1亿元、2272亿元，占年度计划投资的121.9%、105.6%。京东方10.5代线、晶合12英寸晶圆、通富微电封装测试、未名生物医药产业园一期（抗体药生产基地）、惠而浦全球研发中心等项目开工建设；高档数控系统研发及产业化基地、中国（合肥）智能语音产业园、微小型燃气轮机研发及产业化、清华启迪南艳湖高科技研发基地、三利谱TFT偏光片生产线等项目加快推进；中车（南车）轨道修造基地一期、国轩高科动力电池一期、宝龙达笔记本电脑产业基地、安凯新能源汽车、江淮松芝汽车空调等项目建成投产；德电新能源汽车等项目签约落户。围绕国家11个重大工程包，谋划上报项目345个、总投资达1.5万亿元。争取国家专项建设基金项目61个，获得资金支持近80亿元。全年，新建、续建大建设工程765项，建成206项，在建559项，完成投资372亿元。合福高铁建成通车，合安客专、庐铜铁路等加快实施，商合杭高铁开工建设。北沿江高速（合肥段）、济祁高速加快建设。合安路、合淮路等顺利通车，G346巢庐路、S102合水路、G330合铜路二期等加快推进。引江济淮试验段开工建设，合肥港综合码头二期投入使用，合裕线、店埠河航道改造等加快推进。轨道交通1～3号线全面建设，4、5号线推进前期。南薰门桥、望江路改造、繁华大道东延竣工通车，畅通二环、巢湖南路全面推进，郎溪路高架、南淝河路等开工建设，城区支路网和公共停车场不断完善。七水厂二期、八水厂前期工作全面推进。华能巢湖电厂二期、神皖庐江电厂启动建设，滨湖新区集中供热工程投入运行。地下综合管廊试点启动建设，“海绵城市”加快推进。“气化合肥”大力实施。智慧城市加快建设，主城区2万个WiFi免费接入服务热点建成使用。

【企业融资】 金融总量再上新台阶，全市金融机构本外币各项存、贷款余额双破万亿大关，分别达到11193.7亿元、10171.1亿元，分别增长16%、17.3%，存贷比为90.9%；人民币中长期贷款余额6920.1亿元。全年新增本外币贷款1504.1亿元，占全省44.4%。完成直接融资1732.6亿元，增长153.4%，其中债券融资1624.2亿元，增长152.8%。全市74家正常经营的小额贷款公司贷款余额137.2亿元，当年累计发放贷款228.3亿元；正常营业的21家融资担保公司和2家分支机构在保余额328亿元，在保户数达8252户。富煌钢构、三和科技成功上市，科大国创通过创业板发行审核，国轩高科、亿帆药业顺利借壳登陆A股市场，境内外上市企业达到36家，其中境内34家；新增新三板挂牌企业34家，总数达50家；省股权托管交易中心挂牌企业达到185家。成功发行兴泰控股、庐江城投、巢湖城镇投3支企业债券，发行总额达28亿元。政府投资引导母基金规模超过30亿元，参股设立的10余支创业类子基金撬动社会资本近70亿元。渤海银行、广发银行、徽银金融租赁公司等先后落户合肥，县域金融服务网点实现乡镇全覆盖。华融消费金融公司获批筹建，合肥民营银行设立工作有序推进。

【自主创新】 被列入国家系统推进全面创新改革试验区，全社会科技研发投入占GDP比重达到3.2%；高新技术产业实现增加值1280亿元、增长13%；国家高新技术企业总数突破千家，达到1056家；全市发明专利授权量达3300件、增长74.5%。据英国《自然》杂志评选，合肥位居中国科研产出城市第5位。依托大科学装置和高校院所，深入推进综合性国家科学中心建设。中俄超导质子联合研究中心成功落户，离子医学中心签约落地。量子通信“京沪干线”城域网开展金融行业试点应用。中科大先进技术研究院与英特尔、微软、阿里巴巴等共建研发平台36家、孵化科技企业136家、建立风险基金2支；清华公共安全研究院一期建成运营；合工大智能制造研究院、中科院技术创新工程院、北大未名生物经济研究院等加快推进；

中国农科院食品创新研究院启动实施；中科大滨湖国际金融研究院和安大绿色发展研究院谋划设立。新增省级以上重点实验室、工程实验室15家，各类企业工程（技术）研究中心70家。新增各类工业设计中心85家、其中国家级工业设计中心2家。新增院士工作站4个，总数达25个，在肥工作两院院士达到82人。7家孵化器、4家众创空间晋升“国家队”，中国（合肥）工业设计城投入运营。新能源汽车推广应用继续保持全国领先。获批国家小微企业创业创新基地城市示范，出台扶持小微企业健康发展实施意见等政策，加大困难企业帮扶力度，设立2.5亿元中小企业“转贷”资金。成功举办RoboCup2015机器人世界杯赛、中国计算机大会、海峡两岸半导体产业高峰论坛、“全国双创活动周”合肥分会场、全国“发现双创之星”走进合肥等活动。

【深化改革】 制定实施国有资本运营机构调整方案。地方政策性融资担保体系建设不断加强，出台全面深化农村金融综合改革实施意见。“1+3+5”产业扶持政策修订完善，有效发挥财政资金引导放大作用。农村土地承包经营权确权登记颁证试点全面推进。正式实施商事登记“三证合一、一照一码”，新登记各类市场主体9万户、增长8.3%。推动发行第二期10亿元大湖名城中小企业创新发展基金。民营经济增加值占GDP比重预计达53%。瑶海老工业区搬迁改造试点深入推进。启动城市公立医院改革，获批国家医改试点城市。公车改革全面实施。清溪净水厂、轨道交通2号线等入选国家PPP示范项目。

【合作开放】 2015年，全市完成招商引资3390亿元、增长15%，其中外商直接投资25.1亿美元、增长14.9%。与央企新签约合作项目45个，总投资1791.3亿元，占目标任务366%。新华人寿、中节能、清华启迪等项目顺利落户。新引进2家世界500强企业，在肥境外世界500强企业达到39家。“四港三区一中心”全面建设，综合保税区封关运行；“合新欧”国际货运班列加密并西延至德国汉堡，合肥—宁波铁海联运进入试运行；空港保税物流中心（B型）和水果、冰鲜水产品进境指定口岸开工建设，合肥—深圳货运航班正式开通。安徽蜀山跨境电子商务产业园通关运行；合肥港国际集装箱码头吞吐量达到18万标箱；对外经济合作服务中心投入试运行。对外合作不断深化。中美绿色合作伙伴关系深入推进，与俄罗斯乌法市和英国德比市合作取得新进展，紧抓中德两国总理来肥考察机遇，促进中德教育合作示范基地落户合肥学院，中德（合肥）创新产业园等合作交流项目积极推进。成功举办长江中游城市群省会城市第三届会商会并签署《合肥纲要》。参加长三角城市经济协调会第15次市长联席会。组织召开合肥经济圈第六次会商会议。阜阳合肥、寿县蜀山现代产业园加快推进。临泉庐阳现代产业园启动建设。援疆援藏工作扎实推进。

【居民收入】 群众生活日益殷实，全年居民人均可支配收入达到26605元、增长9.6%；城镇、农村居民人均可支配收入分别达到31989元、15733元，增长9%、9.2%左右。全市居民消费价格同比增长1.6%，其中，食品、烟酒及用品、衣着、家庭设备用品及维修服务、医疗保健和个人用品、娱乐教育文化用品及服务、居住价格分别上涨2.1%、1.5%、1.3%、0.8%、4.6%、4.1%、0.1%，交通和通信价格下降2.9%。

【社会事业】 深入实施“32+9”项民生工程，累计投入资金82.3亿元。城镇新增就业21万人，同比增长11.1%。社会保障提标扩面，城市低保标准由户月人均460元提高到510元，农村居民保障标准年人均不低于2100元。新农合人均筹资标准由390元提高到480元，参合率稳定在100%以上。制定实施农村脱贫开发攻坚行动计划，减少贫困人口7万人，40个贫困村和500户贫困户光伏扶贫电站基本完成。开工建设各类保障性安居工程3.6万套，完成目标任务的124.1%；开展45个老旧小区环境综合整治，惠及4.45万人。城市基本公共服务设施专项规划正式实施。建成60个社区养老服务站、90个农村幸福院。公办幼儿园和普惠性民办幼儿园覆盖率达60%，义务教育学校标准化建设顺利完成，国家义务教育发展基本均衡县（市）区实现全覆盖。合肥十中新校区投入使用，合肥四中新校区、黄麓师范学校改扩建等项目启动前期工作。现代职业教育集团正式组建。合肥职业技术学院、合肥幼专获批省地方技能型高水平大学建设单位。市二院新区二期等项目加快建设。2015合肥国际马拉松赛、中日韩三国围棋赛等重大赛事成功举办，“大湖名城、悦读合肥”全民阅读、全民文化活动周、“走向文明”等群众文化品牌活动深入开展，113个公共文化场馆免费开放，新增11个省级、50个市级农民文化乐园。安徽名人馆开馆运行，市群众文化活动中心投入使用。落实“1+4”社会服务政策，大力推进社会治理创新。跻身全国文明城市，再次荣膺全国最幸福城市，获批国家创建社会信用体系建设示范城市。 （梁富强）

行政管理体制改革

【简政放权、放管结合、优化服务】 加强组织领导，成立市政府推进职能转变工作协调小组，制定《2015年推进简政放权放管结合转变政府职能工作方案》，就行政审批改革、投资审批改革、优化政府服务等12个方面100多项工作作出具体部署。结合“两单”制度建设，开展新一轮市政府行政审批清理工作，取消审批项目39项，承接落实国务院第七批、第八批取消和调整审批项目，对国务院决定取消的134项职业资格许可和认定事项对应取消，对国务院决定调整或明确为后置审批的103项工商登记前置审批事项相应改为后置审批，给企业社会松绑减负，为大众创业、万众创新减负、清障。对34项非行政许可进行全面清理，取消面向公民、法人或其他组织的非行政许可审批事项，取消和调整面向县（市）区政府等方面的非行政许可审批事项，非行政许可退出历史舞台。针对中介服务环节多、耗时长、收费乱、垄断性强等问题，全面开展行政审批涉及的36项中介服务事项清理规范工作，提出减少环节、破除垄断、切断利益关联、实行清单管理、规范收费、加强监管等措施，规范和引导中介服务。这一系列改革举措有力解放和发展了生产力，激发了市场活力和社会创造力，促进了稳增长、调结构、惠民生。

【政府权力清单责任清单制度建设】 市县乡镇三级政府统筹联动，全面完成并提前公布运行各级政府权责清单，让自由裁量有了边界，市级政府权力事项保留1458项、精简率73.7%，9个县（市）区权力事项保留19491项、精简率30%，81个乡镇政府权力事项平均116项，42个街道办事处权力事项平均52项，并在全省首推乡镇（街道）公共服务清单。推进“一库两单四平台”建设，市、县（市）区权力清单全部录入项目库；基本建成市政府权力网上运行办事平台，第一批13个部门、89件事项实现在线办理；电子监察平台正在推广使用，市法制监督平台已完成功能开发、正对个性化需求进行研发；同时，将两单融入市社会服务管理信息化平台，实现公共服务全人群覆盖、全天候受理和“一站式”办理。打通“两单”制度建设最后“一公里”，制定出台《合肥市政府权力清单责任清单动态调整和权力运行监督管理办法》，进一步规范政府权力运行、加强事中事后监管、推行依法行政。

【市县乡镇机构改革】 市级政府进一步推进政府职能转变，整合优化机构设置，压缩工作机构2个，重新修订完善市卫计委等涉改部门“三定”规定，综合设置部门内设机构，精简20名行政编制用于加强县（市）区政府力量。县级政府推行大部门制改革，县（市）政府平均精简工作机构3个，区级综合设置党政工作机构25个，机构更加优化、职能更为明晰。开发区及园区管理体制得到理顺和健全，合巢经开区、空港经济示范区管理体制和新站区管经费预算形式及时调整，充实市属开发区机构，加强了招商引资和科技创新工作保障；重新明确县（市）区开发区管理体制，确保定位更准确、职责更清晰、设置更合理，有力促进省级经济开发区的转型升级。长丰县下塘镇省级经济发达镇行政管理体制改革试点工作高效完成，肥西县花岗镇试点工作加快推进，省下达合肥市的这两个试点镇已逐步发展成人口集中、产业集聚、功能集合、城乡统筹、生态宜居的新型城镇，为推进新型城镇化发挥了示范带动作用。

【事业单位改革】 率先在全国对事业单位分类后的经费保障形式进行全面梳理和重新明确，公益一类经费财政保障，公益二类给予经费补助或通过政府购买服务方式给予支持，高等教育、高中教育、职业教育等暂保持原经费形式不变，有效解决了事业单位在国家和省经费保障配套政策未出台面临的实际困难。除少数事业单位因历史遗留原因正妥善推进外，其余生产经营类事业单位中已全部完成转企改制工作。探索行政类事业单位改革，明确合肥市下一步改革的方向路径和方式方法。加大事业单位整合力度，将10家职能相近、职责不饱满、机构萎缩的事业单位进行撤并。完成不动产登记职责整合和不动产统一登记制度建立工作，此举走在全国省会城市前列。

加快合肥市智慧城市和信用城市建设，明确职能职责，整合设置市信息中心，确保了合肥市按照国家规定在2015年建立社会信用体系建设示范城市创建的工作机制。加强事业单位监督管理创新，首次通过国家事业单位登记管理局“事业单位在线”网站将法人年度报告面向社会公开，自觉接受社会监督，全年共受理市直事业单位法人年度报告350家，办理设立登记20家、变更登记179家、撤销4家、现场核查12家，年检率达100%。

【机构编制管理】 认真核对上报全市2012年底行政编制、政法专项编制、事业编制的基数，进一步明确了市控编减编的工作目标。贯彻执行机构编制及财政供养人员只减不增的规定，出台控编减编工作任务责任分解办法，认真审核2015年公务员招考计划，从严从紧审核事业单位进人，坚决做到空编补员，行政类和生产经营类事业单位补充人员冻结，公益类事业单位仅补充急需的管理和专业技术人员。健全机构编制实名制管理，及时更新机构编制实名制数据库，建立事业单位公开招聘人员管理册和聘用人员信息库，上报全市机构编制统计数据和分析报告，实现了机构编制、人社、财政部门信息数据的共享联动。加大机构编制监督检查力度，将机构编制工作纳入对领导干部的经济责任审计，完成机构编制管理规定执行情况考核和机构编制巡视情况报告工作，对全市、县（市）区政府职能转变及机构改革和乡镇“两单”工作进行专项督查，会同有关部门开展全市机关事业单位“吃空饷”问题集中治理工作、超职数配备干部检查和公务用车改革工作，有力维护了机构编制的刚性和权威性。

（范文通）

调转促新　转型发展

【转型发展】 合肥作为全省领头羊，排头雁，作为长三角城市群三大副中心之一和“一带一路”重要节点城市，正是坚持发展中转型升级，在转型升级中竞进提质，实现在更高起点上转型发展。

站在“十二五”奠定的雄厚基础上，合肥正紧紧把握经济社会发展内在规律和时代脉搏，坚持“创新、转型、升级”发展，坚定产业发展的目标和决心。合肥，依托产业发展跨越赶超、继续争先进位，构建具有国际竞争力的产业体系，实施《加快创新转型升级发展行动计划》，重点打造十大主导产业，建设一批国际先进、全国一流的产业集群。

【新兴产业引领发展】 2015年12月，全球最高世代的京东方10.5代液晶面板生产线在合肥动工，总投资达400亿元。京东方落户合肥，创造了合肥平板显示产业“从无到有”的历史，并带动总投资过千亿的项目落户，一举奠定合肥在全国平板显示领域的领先地位。这是合肥产业发展史上的里程碑。这一项目投产后，京东方将跃升为全球显示行业前三甲之列，而合肥也将跻身全世界最大的半导体显示产业基地。

发展战略性新兴产业，合肥并无过人优势，靠的是敢为人先，主动出击；赢在深谋远虑，目光精准；胜在目标坚定，持续用力。新能源汽车全国领跑，创造无数第一。新能源汽车在机动车保有量的占比位居全国第一；在公交车领域推广新能源汽车近1100台，占全市公交车总量的30%，新能源公交车的占比全国第一。

集成电路风生水起。燕东微电子、杰发科技等企业相继入驻，微电子测试平台、智能传感系统工程实验室等科技平台竞相落户，将合肥集成电路产业发展推向高潮，全省最大集成电路集聚区自此驶航。

语音产业扛鼎大旗，在世界语音版图中发出响亮的合肥声音。

过去5年，合肥新兴产业实现爆发式增长，战略性新兴产业产值由756亿元增至2700亿元，是“十一五”末的2.5倍。在全省评选的首批战略性新兴产业集聚发展基地名单中，合肥新型显示、新能源汽车、集成电路、智能语音四个产业入选，全省居首。

【创新驱动发展】 依靠自主创新，合肥从众多竞争对手中脱颖而出，实现既快又好的发展。在合肥创新大道与望江西路交叉口西南隅，一幢空中俯瞰呈“X”形的新大楼格外引人注目。它是中科大先进技术研究院已完工的综合主楼，命名“未来中心”，寓意探索未来世界。它是跨越成果转化“死亡之谷”的桥梁，是破除产学研直接转化藩篱的利刃。

以中科大先研院为突破口，合肥市现已建设合工大智能制造院、清华公共安全院、北大未名生物经济院、中科院科技创新院、农科院安全食品院等六个重大创新平台。充分发挥科教资源优势，培育形成一大批高新技术企业，国家高新技术企业总量居全国第8位。依托骨干企业、围绕关键核心技术的研发和系统集成，建设一批国家重点（工程）实验室、国家工程（技术）研究中心、国家企业技术中心等专业技术平台，集聚、培养一批高端

人才，在若干技术领域形成竞争新优势。

大科学装置是开拓前沿创新的重要武器，也是国家综合实力的重要体现。大科学中心由中科大、中科院合肥物质研究院“强强联合”建设，依托合肥现有的国家同步辐射“合肥光源”、全超导“托卡马克”EAST和稳态强磁场3个相互关联的大科学装置，其使命和定位是建设和运行国际先进的低能量区同步辐射光源、核聚变和强磁场大科学装置，形成开放、共享、联用的大型科技创新平台，建设世界一流的大型科技基础设施集群。

中科大先进技术研究院、中科院合肥技术创新工程院等新型研发机构，已成为合肥自主创新的重要研发平台。这些平台正以创新的机制和高端的技术为引领，促进产、学、研等要素自由流动、无缝对接，最大程度提升合肥乃至安徽的创新“源动力”。据中国城市竞争力研究会统计，2014中国十大创新城市中，合肥位居第3位，据2014年英国《自然》杂志，合肥科研产出列全国城市第7位。

【抓机遇　强服务　促发展】 从平板显示到新能源汽车，从光伏产业到生物医药，合肥在“十二五”期间集聚一批战略性新兴产业，培育一批战略性新兴产业，壮大了一批战略性新兴产业。

项目落户前，与时俱进跟进服务，精准发力扶持重点产业、重点项目，对于重大项目实行一事一议并提供个性化服务，确保项目尽快落地。打好简政放权、放管结合作为“先手棋”，不断优化服务，提升行政效能。项目建设中，充分发挥市工业投资工作联席会议平台的作用，加强部门和要素保障单位间横向联动，及时协调解决项目建设中遇到的前期审批以及水、电、气、热、路等问题，推进项目建设。

在事关产业发展的关键政策领域，合肥更是先人一步，为产业发展提供最及时、最优越的政策环境。《合肥市促进民营经济发展条例》、《关于加快光伏推广应用促进光伏产业发展的实施意见》，在全国率先推出扶持产业发展的“1+3+5”政策体系……政策出台后，扶持产业发展成效显著，赢得了各方赞誉，产生了良好反响。合肥推动产业发展的经验，让合肥的产业脱颖而出，快速成为新的亮点。

开放型经济

【推进与‘一带一路’沿线国家经贸合作】 合肥先跻身长三角世界级城市群副中心，再成为“一带一路”重要节点城市，在中国经济版图乃至世界重要经济通道的“桥头堡”和“咽喉”地位越来越突出。合肥市全速建设“八大平台”，构建集水陆空铁及跨境电商为一体的立体化对外开放承载体系，为打造内陆经济开放新高地夯实基础。

【对外开放的“高速”通道】 无论是内陆，还是海运，合肥都具备了对外开放的“高速”通道。随着合肥水运港吞吐能力不断提升，“江淮航运中心”已渐行渐近。除了水运通江达海，陆上也有前往中亚、西欧的快速通道。2014年6月26日，合肥市开通“合新欧”铁路货运班列，为合肥市及周边地区的外贸企业提供了通往中亚的快速通道。2015年，合肥市加密“合新欧”中亚班列，并将“合新欧”班线从中亚延伸至西欧。6月26日，“合新欧”国际货运班列西延至德国汉堡正式开通，一大批“合肥造”的太阳能光伏、电子及家用电器、轻纺等产品走向欧洲市场。合肥市将稳定中亚班列、加密中欧班列，积极开辟合肥至欧洲其他城市的新线路、新站点；组织回程货源班列，并推动海铁联运实现常态化运行。

【综合保税区】 合肥综合保税区是国家级方阵的又一块“金字招牌”。2015年6月29日，合肥综合保税区正式实现封关运营。合肥综合保税区将以新型平板显示终端产品制造、电子信息元器件加工、智能装备制造等产业为特色，充分发挥综保区保税加工、保税贸易、保税物流功能，着力打造高新技术产业基地、国际贸易基地、现代物流基地和进口商品展销中心，努力建成安徽省乃至中部地区重要的外向型经济窗口，成为有全国影响力的综合保税区。

合肥综合保税区建设工作与招商工作正在有序进行，保税加工、保税贸易及保税物流业务已逐步开展。作为安徽省首个综合保税区，合肥综合保税区将继续以平板显示、集成电路、智能制造等优势产业为主导，开展精准招商，实现中部领先、全国前列。

合肥跻身全国文明城市

2015年2月28日中央文明委在人民大会堂召开高规格的文明创建总结表彰大会，为合肥授牌。合肥市当选为第四届全国文明城市，圆了20年的梦。

【当选全国文明城市】 “文明城市”是我国非常重要的一项集体荣誉，也是最高的集体荣誉。这不仅是一个文明城市建设方面的考核，还是国家对一个城市最具权威的综合考核。围绕这一目标，合肥全市人民经过 20 年的不懈努力。对于合肥而言，克服了基础设施建设快速发展、外来人口快速增长、城市管理难度加大，各种矛盾交织等方方面面的困难，殊为不易。

当选全国文明城市，只是合肥建设发展的新起点。合肥将按照文明城市的建设要求，围绕全市市民素质的提升、整个城市文明程度的提升，继续坚持问题导向，创新体制机制，加大政府投入。特别是加大舆论的教育和引导工作，实现标本兼治，最终达到整个全市的市民素质的极大提升，文明素养的极大的提升，城市的文明程度的极大提升，小康建设水平的极大提升，最终长久的、真正的实现文明城市的称号，与时代内容与实际相统一。

【培育和践行社会主义核心价值观】 合肥市围绕培育和践行社会主义核心价值观这一主线，狠抓市民思想道德建设，着力弘德扬善，不断提升市民人文素养和城市品质内涵。截至 12 月底，合肥市共有 115 人（或群体）荣登“中国好人榜”，4 人成为全国道德模范，7 人荣获全国道德模范提名奖，先后有 35 人荣获全省道德模范和提名奖称号，继续领跑全国省会城市。至 2015 年底，全市共有注册志愿者 48.8 万人，已命名表彰 220 个星级社区志愿服务广场和 95 个星级志愿服务社区，评选了 15 名五星级志愿者，“文明之城，好人之都”魅力彰显。

【承办中央文明办网络精神文明建设座谈会】 2015 年，合肥市成功承办了中央文明办组织召开的网络精神文明建设座谈会，与会领导和代表参观了包河区滨湖世纪社区“互联网 +”精神文明建设工作后，充分肯定了合肥市网络精神文明建设工作，认为可在全国推广。2015 年，合肥文明网联盟网站工作和网络文明传播志愿者考评成绩，稳居全国第一方阵。

生态建设

巢湖成为合肥“内湖”，巢湖生态文明先行示范区上升为国家战略后，合肥开始以前所未有的气魄，全面启动生态文明建设。合肥坚持生态优先战略，以巢湖生态文明先行示范区建设为统揽，深入实施“四大专项行动”，努力实现“有土皆绿、是水皆清、四季花香、处处鸟鸣”，将绿色低碳发展理念贯穿经济社会发展全过程，打造城湖共生、独具魅力的美丽城市。

【“国字号”示范区展现新图景】 “水环境是合肥生态环境之魂。湖污则城黯，湖清则城美”。像保护眼睛一样保护生态环境，像对待生命一样对待生态环境，逐渐成为合肥人的共识。加快巢湖综合保护治理利用，实现城市与湖泊共生、人与自然和谐，这也是“十三五”合肥绿色发展的核心任务。

巢湖生态文明先行示范区被国家六部委列入 57 个国家生态文明先行示范区（第一批）之列。这意味着，合肥生态文明建设不仅进入国家视野，还承担起“全国先行”的重任，一幅生态巢湖的大美画卷精彩铺陈。

通过一组数据，便可一窥巢湖治理的成效：随着环巢湖生态保护与修复工程深入实施，合肥城市污水集中处理率达到 98%，巢湖湖区总体水质转为四类，空气质量优良率达到 69.9%，全市森林覆盖率达 26.8%，城市建成区绿化覆盖率达 46%。

在巢湖生态文明先行示范区建设全面推进下，合肥环境质量持续改善，生产、生活方式加快转变，正沿着规模、质量、效益同步提升的发展轨道运行。“十三五”期间，合肥将推进绿色发展，坚持以建设巢湖生态文明先行示范区为统揽，着力在打造美丽城市上展现新图景。

【四大专项行动】 巢湖之滨全长 155 公里的环巢湖大道贯通，一串“心”形的翡翠项链串起巢湖处处美景。而这条长长的大道，便是巢湖综合治理的重要内容之一。

大型湖泊治理而是一项长期性、复杂性、艰巨性的浩大系统工程。“十二五”期间，巢湖综合治理和生态保护工作加速推进：一期工程以防洪和治河为主，二期工程以治污和防污为主，三期工程以扩容和保护为主，努力在全国率先探索出大型湖泊综合治理新路径。

在水环境治理同时，全市还继续深入推进大气污染防治、绿色森林增长、固体废弃物综合整治专项行动，合肥成为全国唯一城区拥有两座国家级森林公园的城市，更成功创建国家森林城市。与此同时，全市打好大气污染防治攻坚战、主动战、持久战，空气质量明显提升。

此外，全市还大力推广城市生活垃圾分类处理，完善“户集、村收、乡镇转运、集中处理”的农村垃圾处理模式，垃圾无害化处理水平进一步提升。绿色低碳发展理念正贯穿经济社会发展全过程，推动形成绿色发展方式和生活方式，节约循环利用资源，大力发展循环经济，着力打造低碳城市。

【铁腕治污】 治污减排，合肥以最严格的环境保护制度，落实减排目标责任制，加大治理、保护和问责力度，在全社会形成“保护生态环境就是保护生产力，改善生态环境就是发展生产力”的共识，绘就“天蓝地绿水清”的美丽合肥。

在制度上“动真格”，环境保护才能真正行动起来。市民在行经市区南淝河、板桥河、二十埠河等河流时，都会看到河岸竖起的“河长制”标牌，河长的职责清晰明确。这一制度施行以来，多条河流的水环境大为改善，让周边居民拍手称赞。

合肥市已形成了严格的环境监管机制，全市划分四级环境监管网格，连年开展环保专项行动。值得一提的是，合肥还在积极构建生态文明体制机制，在水资源管理、巢湖综合治理、土地节约集约利用、矿山治理修复等方面出台办法，开展专项行动保护环境。

一系列联动机制也建立起来，全市成立节能减排领导小组、空气质量达标指挥部、水污染防治工作领导小组等议事协调机构，形成环境保护工作合力。还与合肥经济圈其他城市、长江中游省会城市、长江沿岸中心城市签订环境联防联治合作协议，密织环保安全网。

市委常委会工作报告
（2015 年 12 月 20 日）
吴存荣

2015 年，我们坚持以邓小平理论、“三个代表”重要思想、科学发展观为指导，全面贯彻落实党的十八大和十八届三中、四中、五中全会精神，深入学习贯彻习近平总书记系列重要讲话精神，紧紧围绕协调推进“四个全面”战略布局，牢牢把握稳中求进工作总基调，一心一意谋发展，聚精会神抓党建，着力营造为民务实清廉新风气，奋力开创改革发展稳定新局面，继续当好建设美好安徽排头兵，在打造“大湖名城、创新高地”上迈出了新的更加坚实的步伐。

一年来，市委认真落实中央和省委一系列决策部署，团结带领全市各级党组织和广大党员干部群众，进一步解放思想、凝心聚力、真抓实干，全面推进经济、政治、文化、社会、生态文明建设，统筹做好稳增长、促改革、调结构、惠民生、防风险等各项工作，坚定不移抓好管党、治党、建党和反腐败斗争，各方面工作取得了新的进展和成效。面对新形势、新任务、新要求，市委常委会作为领导核心，注重把方向、谋全局、抓大事。

一是认真学习贯彻习近平总书记系列重要讲话精神。学习贯彻习近平总书记系列重要讲话精神，是一个不断跟进、逐步深化的过程，是一项长期的重大政治任务。今年以来，我们坚持以更加自觉的态度、更加有力的措施，在拓展学习贯彻的广度和深度上下功夫，在武装头脑、联系实际上下功夫，更好地用讲话精神指导实践、推动工作。坚持作表率、带头学，先后 15 次以市委全委会、常委（扩大）会、中心组理论学习会等形式，及时传达学习，加强研讨交流，研究贯彻工作，在带头学习贯彻的同时抓好组织推动。坚持读原文、系统学，着重领会讲话精神实质，准确把握讲话贯穿的坚定信仰追求、历史担当意识、真挚为民情怀、务实思想作风和科学思想方法，进一步以思想自觉引领行动自觉。坚持抓结合、贯通学，把学习贯彻讲话精神与学习贯彻党的十八大和十八届三中、四中、五中全会精神结合起来，与开展“三严三实”专题教育结合起来，与解决实际问题、推动改革发展实践结合起来，切实做到学用结合、学以致用。坚持抓宣教、深入学，全年共举办各类培训班 21 期，培训各级干部 3210 人次，坚持开展“庐州讲坛”“书记讲党课”“理论政策下基层”等活动，召开社科界第五届学术年会，开展多种形式的调查研究，推动讲话精神深入人心。同时，我们结合贯彻省委部署要求，始终牢记省会城市的政治责任，创造性地推动中央和省委各项决策部署落地生根，坚定地做到干在实处、走在前面，引导广大党员干部在发展上进一步拉高标杆、等高对接、见贤思齐，在工作中进一步解放思想、转变观念、开拓进取。

二是持续用力、不断深化“三严三实”专题教育。“三严三实”专题教育启动以来，我们按照中央和省委部署，切实承担起主体责任，以“三聚焦三查找三确保”为主线，加强组织领导，坚持以上率下，发扬严实精神，推动专题教育扎实开展、逐步深入。突出教育为先，市委领导班子成员带头到联系点上专题党课，市委中心组带头开展三个专题学习研讨，带动各级各部门积极响应、共同推进；组织领导干部多形式、多渠道深入学习规定篇目和自选篇目，引导党员干部以正反面典型为镜鉴，增强践行“三严三实”的自觉性。突出问题导向，认真落实中央精神和省委“三个专项行动”部署，在全市推进“四个专项整治”，明确29项具体任务，集中整治“不严不实”和群众反映的突出问题，取得阶段性成效。突出边查边改，从市委常委班子做起，全市县处级以上干部共查摆出问题8800多条，逐一建立清单、主动整改，已整改7547条；认真筹备召开党员领导干部专题民主生活会和基层党组织专题组织生活会，力求开出高质量、取得好效果。总的来看，“三严三实”专题教育，使各级领导干部“补了钙”“加了油”，也有力推动了“不严不实”问题的解决，深化了思想政治建设和作风建设。

三是深入谋划和推进“创新、转型、升级”发展。今年以来，我们围绕“创新、转型、升级”发展，在谋划中深化、在深化中推进。9月份，省委、省政府作出了“加快调结构转方式促升级”的重大决策，启动实施“4105”行动计划。我们认真贯彻，结合实际，深入研究，立足于在全省“调转促”行动中发挥先进标杆作用、在全面创新改革试验中率先突破，相继研究出台《关于推动创新转型升级发展行动计划》《合肥市系统推进全面创新改革试验 建设有国际影响力的创新之都实施方案》，把“创新、转型、升级”发展推向了一个新的阶段。从年初开始，我们就坚持聚焦重点领域产业发展，以市委1号文件出台指导意见，着力抓提升、促拓展，着力抓重点、求突破；同时，召开“千人大会”进行动员部署，推动这项工作再升温。一年来，我们经常性深入各县（市）区、开发区，广泛深入开展调研，切实加强分类指导；不断加大力度，加快重大协同创新平台建设，充分发挥人才作用。我们以入选首批国家小微企业创业创新基地城市示范为契机，加快推进“一中心、三基地”和各类科技孵化器、众创空间、中小企业公共服务平台建设，召开“双创示范”工作动员大会，出台一系列政策措施，推动创业创新在全市蔚然成风，为“创新、转型、升级”发展注入了强大活力。

通过坚持不懈的努力，创新平台建设实现新突破，以中科大先研院为先导的各类研究院已发展到8个，十大战略性新兴产业研究院和5个产业技术创新联盟作用更加凸显，尤其是国家大科学中心等重大项目正在积极推进，进一步加强了与国家创新体系的深度对接，逐步构筑起良好的创新生态。目前，各类科技孵化器发展到26家，在孵企业1259家，累计毕业企业2300多家，培育高新技术企业310家。预计，全市国家高新技术企业数将突破1000家，发明专利申请量比“十一五”末增长近6倍，全社会研发投入占GDP比重提高到3.2%，分别位居全国省会城市第8位、第5位和第3位。新兴产业发展再结新硕果，新型显示、机器人列入国家战略性新兴产业区域集聚发展试点，新型显示、集成电路、智能语音、新能源汽车入选首批省战略性新兴产业集聚发展基地；太阳能光伏、量子通信、生物医药等新兴产业快速突破；高端医疗装备、燃气轮机和软件等高技术服务业全面快速发展。转型升级发展呈现新态势，成功举办全球最高水平的机器人世界杯赛、全国双创活动周合肥分会场活动、全国“发现双创之星”走进合肥活动，大大提升了合肥的影响力和吸引力。特别是，四大开发区大显身手，四个城区各展所长，五个县（市）分兵突进，以主力军的担当和行动，进一步凝聚起“上下同欲者胜”的生动局面。

四是精心谋划我市“十三五”发展。科学编制和实施好“十三五”规划，对于指导我市全面建成小康社会意义重大。今年以来，我们一直把谋划“十三五”发展拎在手上，把起草规划建议抓在手中，深入开展多次专项调研，组织开展重点课题研究，形成系列成果。十八届五中全会闭幕后，市委迅速召开中心组理论学习会，深入开展学习研讨。我们强调，“十三五”时期，合肥必须坚持以新理念引领新发展，以新目标促进新跨越，以新举措展现新作为，着力实现经济总量位次前移、创新水平全国一流、生态环境不断改善、民生保障和社会治理水平持续提升，党的领导更加有力，努力当好全省发展排头兵，确保在全国提前、在全省率先全面建成小康社会。经广泛征求意见和多次修改，形成提请这次大会审议的《建议（讨论稿）》。

下面，我再报告今年重点抓的各项工作。

一、坚持稳中求进总基调，实现持续优质较快发展。我们认为，面对经济下行的压力，面对经济发展新常态，必须坚持把稳增长与调结构统一起来，确保速度较快、质量更优、效益更好，全市主要经济指标均能够实现“两位数”增长，在全省的经济首位度和贡献率将进一步提升，“新跨越、进十强”这一2020年目标有望提前实现。预计，全年实现GDP5650亿元，增长10.5%左右；财政收入突破1000亿元，增长13.5%以上，其中地方财政收入572亿元，增长14.3%；规模以上工业增加值2250亿元，增长11%以上；全社会固定资产投资6130亿元，增长15%；社会消费品零售总额2180亿元，增长

12%左右；城镇、农村常住居民人均可支配收入分别达到32080元、15890元，分别增长9.5%、10.5%左右。

在推动经济发展中，我们始终坚持“创新、转型、升级”发展，突出实体经济和动力转换。市委常委会定期研究分析经济形势，加强运行调度，注重增强措施的针对性。全面贯彻落实好中央和省里促进经济发展的各项政策，进一步完善“1+3+5+N”产业扶持政策体系，相继出台促进经济平稳较快发展、帮扶困难企业、扶持小微企业等方面的政策措施，减轻企业负担，增强企业活力。创新设立政府投资引导基金、天使基金、金融产品等，撬动社会资本投入，提升政策资金对产业发展的激励扶持效用。强化政企合力，发挥好政策的叠加效应，不断释放政策红利，增强发展后劲和内生动力。前11个月，新登记各类市场主体7.8万户，增长7.2%。

项目是发展的载体，更是工作的抓手。我们坚持项目带动，切实发挥投资对稳增长、调结构的关键作用。京东方10.5代线、晶合12吋晶圆、富士通封装测试、康宁玻璃基板、大陆轮胎三期项目、中盐红四方二期、惠而浦全球研发中心等一批重大产业项目开工建设，联想（合肥）产业基地等项目快速推进，合肥离子医学中心等重点项目前期工作加快进行，东湖高新、德电新能源、惠科电视整机等一批大项目签约落户。1—11月，764个列入省“861”行动计划的重点项目完成投资1596.2亿元；1052个列入市“1346”行动计划的重点项目完成投资2076亿元。

我们坚持不懈推进经济结构调整，在大力发展战略性新兴产业的同时，不断加快传统产业改造升级。预计，全年战略性新兴产业实现增加值2700亿元，比“十一五”末增加2.5倍，连跨两个千亿大关；高新技术产业增加值1300亿元，翻了一番，占全市工业50%以上。持续推进两化深度融合提升传统产业，在全国率先实施“百千万”工程和“翔计划”工程，率先启动技术改造对标试点。1—11月份，全市技改投资完成1207.8亿元，占工业投资63.1%。合肥成功蝉联“中国家电产业基地”称号，新能源汽车推广应用完成率位居全国第一，装备制造业智能化步伐不断加快。

我们高度重视服务业发展，注重新型业态开发，提升服务业发展的现代化水平。大力发展现代物流、金融信息等生产性服务业发展，着力加快信息技术、研发设计等高技术服务业，大力发展健康养老、文化旅游等生活性服务业，万达文旅城建设快速推进，滨湖国际金融后台服务基地入驻金融机构21家。电子商务蓬勃发展，截至目前，实现电子商务交易额约2230亿元，是“十一五”末的近4倍，文化旅游体育产业加速集聚、融合发展。传统商贸流通业层级不断提升，成功举办农交会、家博会等大型展会。

我们坚持加快转变农业发展方式，不断提高农业综合生产能力，现代农业发展亮点频出。粮食总产量稳居全国省会城市第5位，实现“十二连丰”，特色种养业发展不断突破，预计农产品加工产值突破1100亿元；推动土地经营权有序流转，土地流转面积增加到304万亩，促进了适度规模经营，在全省率先实现省级现代农业示范区县（市）域全覆盖。我们注重拓展农业功能，促进农村一二三产业融合发展，使农业与都市消费、生物经济、旅游休闲等结合更为紧密。

二、全面深化改革开放，不断焕发发展的动力和活力。在去年实现全面深化改革良好开局的基础上，我们坚持向改革要红利，注重在改革上做文章，继续在全省打造全面深化改革先行先试“合肥版”。坚持抓谋划、抓重点、抓统筹，增强推进改革的系统性、有效性和行动能力。及时制定了年度改革工作要点，部署156项改革任务，从中拎出26项进行重点督办。领导小组充分发挥牵头抓总作用，及时对一些重大改革作出安排部署。稳步推进国资国企改革、财税体制改革、金融体制改革，商事登记实现“三证合一，一照一码”。简政放权力度不断加大，建成贯通市、县（市）区、乡镇（街道）三级的政府权力清单和责任清单体系，4个服务平台开始试运行。完善招投标等制度，省市合一的公共资源交易平台建设不断加强，公共资源交易工作受到广泛肯定。新一轮政府职能转变和机构改革全面完成。农村综合改革步伐加快，稳步实施农村村级集体资产产权股份合作制改革试点，农村土地承包经营权确权登记工作全面推进。深化社会体制改革，加快形成科学有效的社会治理体系。深入开展街道社区体制机制改革调研。继续深化教育、医疗卫生、文化等领域体制改革，车改工作全面启动实施。各专项小组和市委改革办积极做好谋划和调度安排工作，各级各方面积极支持、参与改革，推动改革有力有序有效实施。

打造内陆开放新高地，是我们对接长江经济带和“一带一路”战略的重要内容，也是我们发展开放型经济的重要任务。今年以来，我们充分发挥市口岸委的统筹协调作用，加快建设“四港三区一中心”等重大开放平台。综合保税区通过国家验收，合肥港国际集装箱码头集装箱吞吐量持续增长，“合新欧”中亚货运班列运行格局正式形成，空港经济示范区建设稳步推进，跨境电子商务产业园实现“信息化、规模化”通关，出口加工区全面复制推广上海自贸区海关监管创新制度，对外劳务合作服务中心有望近期试运行。加大招商引资力度，规范招商行为，创新招商方式，持续开展百名县干招商等活动，不断加强同央企、知名民企、外企的对接合作，预计全年招商引资总量3396亿元，同比增长15.1%，其中外商直接投资25.3亿美元，同比增长16%。一年来，我们携手美国友城共同加入中美绿色合作伙伴计划，与俄罗斯乌法市友城结好取得实质性进展。圆满完成中德两国总理访问合肥等重大外事接待，有效推进了中德经贸合作。成功举办长江中游城市群省会城市第三届会商会。进一步发挥省会辐射带动作用，协同推进合肥经济圈建设、与皖北携手发展。扎实做好援疆援藏工作。

三、强化统筹协调发展，加快提升城乡建设发展水平。我们围绕实施“1331”城市空间发展战略，加快完善市域规划体系，推进“多规合一”，持续推进大建设。今年以来，新建、续建大建设工程715项、总投资3050亿元，截至11月底，完成184项、在建531项，完成投资340亿元，创历史新高。

我们坚持以大建设为抓手，不断增强城市的承载力和辐射带动力。全国综合性交通枢纽地位显著提升，新桥国际机场旅客、货物吞吐量再创新高，高铁南站有序运行，合福高铁投入使用，商合杭、合安九客运专线启动建设，郑合高铁列入国家规划，合肥“米”字型高铁格局正在形成。合肥南站南广场启动建设，绕城高速下穿改建工程获批开建，西客站站前广场基本完工，火车站站前广场改造加快实施。国省干线公路建设加快推进，北沿江高速（合肥段）、陇西枢纽至路口枢纽段应急工程开工建设，军二路主车道顺利贯通，合安路、合淮路主体工程完工，合铜路、合水路、巢庐路等工程扎实推进。合肥港综合码头二期水工主体交付使用，合裕线航道、店埠河航道加快建设。城区路网建设取得新突破，轨道交通1号线进入设备安装和装饰装修阶段，2号线车站主体工程全面收尾，3号线各站点预计年底前全面开工。南熏门桥改造工程、望江路拓宽改造工程、畅通二环（集贤路节点、樊洼路、望江路节点）、繁华大道东延、花园大道等竣工通车，合淮路、郎溪路高架开工建设。市区与各县（市）连接道路进一步完善，环巢湖公路牛角大圩连接线完工，店中路、栏滨路和冶父山等连接线开工建设。同步推进公交都市、海绵城市和各项配套建设，加快推进公交专用道建设，积极推进公交智能化，启动4个区域地下综合管廊样板工程试点建设，城区供水、燃气、供热管网建设和老旧管网改造速度提升。防洪保安、供水保障、生态保护等水利建设进一步加强，引江济淮工程前期工作有序推进。

我们立足于提升都市区国际化水平，加快建设精品城市，着力提升城市品质。出台精品城市建设相关导则，以城隍庙、天柱路、银屏街等改造提升为示范，推动黄山路、宁国路等一批特色和精品工程建设。城市精细化管理水平进一步提升，数字城管建成运行，“数字合肥”通过验收，荣膺“全国数字城市建设示范市”，加快“智慧城市”试点建设。城市环境不断优化，大力推进停车场规划建设，开展街面秩序提升行动，深入推进立面景观、城市“三乱”、违法建设和重点区域市容秩序等专项整治，升级改造环卫作业系统。

县强则市强。一年来，五个县（市）竞相发展，均跻身中部乃至全国百强县。县域生产总值占全市比重提高到34%，比“十一五”末提高3.4个百分点。县域工业化、城镇化加速发展，“四化同步”成效明显。加快推进环湖十二镇及下塘、撮镇等全国重点镇建设，打造各具特色样板小城镇。美好乡村建设提质扩面，今年80个省级示范中心村建设和677个自然村整治扎实推进，环巢湖300平方公里美好乡村示范区建设初显成效。

四、突出生态优先、城湖共生，推动美丽合肥建设迈出新步伐。我们高度重视生态文明建设，成立市环委会并召开第一次全体会议，就生态环境建设作出部署。继续推进“四大专项行动”，朝着“有土皆绿、是水则清、四季花香、处处鸟鸣”的美丽愿景不断迈进。

我们把巢湖生态文明先行示范区建设作为引领工程，持续加大投入，环巢湖生态修复保护一期项目全面完成，二、三、四期项目有序实施。完善“河长制”，全市纳入“河长制”管理河道120余条，推动突出问题解决。加快污水处理设施建设，环巢湖32座乡镇污水处理厂全部建成并投入试运行。全力改善河流水质，组织实施南淝河、十五里河、派河等综合治理，环巢湖河流水质监测预警系统投入运行。全国首个国家级旅游休闲区试点——环巢湖国家旅游休闲区获批创建，三河古镇成功创建国家5A景区。

我们继续强力推进大气污染防治工作，召开“千人大会”，实施全民动员、全民参与，大力实施“九项措施”。全面完成市区燃煤及其他非清洁能源锅炉淘汰工作，淘汰黄标车近2万辆，协同推进扬尘污染控制，全面推广新型环保智能渣土车，率先实行全年全市域秸秆禁烧，严管有烟炭火烧烤污染，空气质量稳定改善，1—11月份，全市空气质量优良天数达248天、同比增加70天，PM10和PM2.5浓度均值同比分别下降20%、25%。

我们持续推进绿色森林增长行动，完成植树造林16.8万亩、城区绿化1663万平方米。深入开展“三线三边”绿化提升行动，全域环境综合整治实现常态化。建成城市绿道95.4公里，深化森林城市、森林城镇、森林村庄创建工作，顺利通过“国家园林城市”复查验收。加强湿地资源保护，滨湖、庐阳、三河3家省级湿地公园完成国家级湿地公园规划，即将参加国家评审。滨湖国家森林公园获“中国人居环境范例奖”。

我们大力实施固体废物综合整治行动，扎实做好工矿固体废弃物、城乡生活垃圾、建筑垃圾、医疗废弃物等处置工作。加强餐厨垃圾处理和利用，争取在全国率先形成“合肥模式”。坚持治理和修复相结合，突出抓好压缩开采规模、关闭矿山、废弃矿山复绿等专项行动，加快静脉产业园规划建设。

我们坚持层层压实节能减排责任，大力推进“气化合肥”，全面推广可再生能源建筑应用和绿色建筑，积极推进绿色低碳生态城区建设，中欧低碳生态城市合作项目试点示范成功获批。全面推进能源审计，启动节能量交易平台建设，获评省“节能综合性示范城市”。

五、把握正确政治方向，扎实推进民主政治和法治合肥建设。我们坚持党的领导、人民当家作主、依法治国有机统一，高度重视民主政治建设。

我们大力支持和保证人大及其常委会依法行使职权，召开全市人大工作会议，认真贯彻《中共全国人大常委会党组关于加强县乡人大工作和建设的若干意见》、全省人大工作会议和省委有关文件精神，出台关于加强人大工作和建设的意见，明确了新形势下人大工作的基本要求和重点任务，进一步健全县乡人大组织制度和工作机制，推动人大工作再上新台阶。支持人大围绕民主政治领域改革任务，不断完善立法、监督、重大事项决定、代表工作等各项制度，推进人大工作创新发展。支持人大围绕中心工作，采取听取专题工作报告、专题询问、人大代表议案建议满意度测评等方式，加强对法律实施情况和“一府两院”工作的监督。注重发挥代表主体作用，拓宽代表工作渠道，开展“代表小组推进年”活动。举办全市人大系统领导干部培训班，进一步提升新形势下人大工作水平。

我们认真贯彻中央和省委关于协商民主建设的决策部署，充分发挥人民政协在政治协商、民主监督、参政议政方面的作用。创新和丰富协商形式，开展专题协商、对口协商、界别协商、提案办理协商等活动，重视政协提案建议、调研报告、社情民意信息的使用和提案的落实，凝聚各方面智慧力量，有力促成了一批热点难点问题的解决。支持市政协加强各项经常性工作，完善委员联络服务管理机制，加大特约监督员工作力度，进一步推进履职能力建设，为委员履职尽责创造良好条件。支持市政协办好“合肥之友”，充分发挥其在引资引智、宣传推介中的作用和品牌效应，在合肥与上海“双城合作”中的促进和桥梁作用。支持市政协成立书画院，积极搭建大团结大联合的特色平台。

我们重视和加强对统一战线工作的领导，认真学习贯彻党的统战工作条例和省委实施办法，召开市委统战工作会议，支持市各民主党派、工商联加强自身建设，做好无党派人士工作，继续推进“同心”实践，引导广大成员为合肥发展献计出力。进一步加强党外代表人士队伍建设。依法加强对民族工作和宗教事务管理。成功举办海峡两岸纪念刘铭传首任台湾巡抚130周年大会及系列活动。对台、侨务、外事等工作取得新成效。

我们高度重视、切实加强新形势下的群团工作，大力支持工会、共青团、妇联等人民团体依照法律和各自章程开展工作，有序推进农民工入会集中行动。召开市委党的群团工作会议，出台加强和改进党的群团工作的实施意见，强调要增强政治性、突出先进性、彰显群众性，充分发挥好群团组织的桥梁和纽带作用，为打造“大湖名城、创新高地”凝聚强大力量。

我们深入贯彻党的十八届四中全会和省委九届十次全会精神，组织召开市委十届八次全会，出台并实施全面推进依法治市工作的实施意见。继续推进法治政府建设，进一步创新依法行政方式、规范执法行为。支持司法机关改革探索，促进司法公正。加强党内法规工作，基本完成建国以来党内规范性文件清理。开展全市“六五”普法总结验收，实现乡镇（街道）和村（居）司法行政服务工作站（室）实现全覆盖。高度重视基层民主政治建设，村（居）务公开和民主管理水平进一步提升。

我们坚持党管武装，高度重视国防和后备力量建设，深入推进“双拥”工作，积极推动军民融合发展。组织广大党员干部群众，收看收听并以各种形式参与纪念中国人民抗日战争暨世界反法西斯战争胜利70周年活动，大力支持和保障部队军事演训活动，以新一代战舰——合肥舰入列命名为契机，进一步拓展“双拥”领域。

六、加强和改进宣传思想工作，着力提升城市文化软实力。我们高度重视意识形态和宣传思想文化工作，坚持思想引领，深入推进文化改革发展，为经济社会发展提供坚强思想保证和强大精神力量。

我们坚持团结稳定鼓劲、正面宣传为主，大力加强对习近平总书记系列重要讲话精神等宣传阐释，完善对象化、分众化、互动化宣传宣讲体系，不断增强干部群众“三个自信”。组织开展重大主题宣传，全方位多渠道宣传推介“大湖名城、创新高地”城市品牌。认真落实意识形态工作责任制，加强主题宣传，健全新闻发布制度，完善舆情收集分析研判处置机制，抵制意识形态渗透和腐朽文化侵蚀。高度重视网上舆论工作，开通城市发布微网——合肥发布网，形成“两微两厅一端三网”的政务新媒体格局。

我们锲而不舍推进精神文明建设，成功创建第四届全国文明城市。坚持把培育和践行社会主义核心价值观作为凝魂聚气、强基固本的基础工程，精心组织第五届道德模范评选工作，深入开展学习宣传道德模范活动，大力弘扬何九春同学见义勇为精神，常态化开展“合肥好人、德润江淮”、“我推荐、我评议身边好人”评选活动，在全社会传递道德建设正能量。全市共有114人（群体）入选“中国好人榜”，位居全国省会城市第二，6人入选省级以上道德模范。全国网络精神文明建设工作座谈会在我市召开，“合肥模式”在全国推广。进一步加强未成年人思想道德建设，3人入选全国、全省“美德少年”。开展星级志愿服务广场和社区创建，推动志愿服务制度化、常态化，4个组织（个人）获选全国“志愿服务优秀典型”。

我们高度重视文化强市建设，深化文化体制改革，大力提升公共文化服务标准化均等化水平。安徽名人馆、市群众文化活动中心投入运行，规划馆、科技馆等项目快速推进，中共合肥历史陈列馆建设正式启动，县级“两馆一场”等加快建设，新增省级农民文化乐园11个、市级50个。广泛开展各种文化惠民活动，合肥文化大讲堂被评为全省“十佳阅读推广活动”，举办“英雄颂·黄河魂”大型交响音乐会。举办新春文化庙会、“劳动者之歌”文艺晚会、“绿都之春”新年音乐会等，营造欢乐祥和的节日氛围。举办“大湖名城、悦读合肥”、“文化有礼、全民畅享”精品艺术惠民、首届巢湖渔火节、“舞动合肥”市民舞蹈大赛、“走向文明”、“庐州放歌”、千场电影进社区、大学生文化艺术季等文化活动，丰富群众精神文化生活。大力开展精品创作和精品文化普及活动，《合肥通史》《合肥智库丛书》等编撰工作有序推进，电影《圩堡枪声》成功上映，精心编创大型庐剧《东门破》、新古典庐剧《孔雀东南飞之焦仲卿妻》，积极振兴地方戏曲。办好“大湖之约”艺术名家大讲堂、“城市艺痕”艺术联展等精品文化活动，不断提升城市文化品位。大力发展文化产业，加快国家级文化科技融合示范基地建设，推动文化与科技、旅游、金融、城市建设等融合发展，促进文化企业转型升级。依托“一带一路”战略，打造“文化+”主题，突出创客、非遗等重点，不断提升国际化、特色化程度，成功举办第九届中国（合肥）国际文化博览会。推动特色文化街区建设，打造罍街、中隐于市等一批特色街区。科大讯飞公司入选中国文化企业30强，通过国家认定的动漫企业数占全省58%、位列中西部城市第一。

七、高度重视民计民生，进一步增强人民群众的幸福感获得感。我们强调，重视民计民生，不仅是一个发展水平问题，更是一个立场问题，必须始终坚持以人民为中心的发展思想，不断加大民生投入，持续增进人民福祉。合肥再次获评“幸福感最强城市”，蝉联“中国十佳和谐发展城市排行榜”第一名。

我们坚持加大民生投入，1—11月，全市民生支出534.9亿元、增长19.3%，占财政支出的78.5%。扎实推进“32+9”项民生工程，进一步扩大群众受益面。加强就业创业服务，预计全年新增城镇就业20万人，城镇登记失业率控制在3%以内。深入推进扶贫开发工作，减少农村贫困人口7万人，基本完成40个贫困村和500户贫困户光伏扶贫电站建设任务，精准扶贫成效突出。不断完善社会保险体系，深入推进社会保险扩面征缴，积极调整企业退休人员基本养老金待遇，积极开展机关事业单位养老保险制度改革，及时调整被征地农民养老保障待遇，探索推进农村敬老院医养结合发展模式。开工各类保障性住房和棚户区改造安置房36062套（户），完成率122.4%，实施老旧小区环境综合整治项目45个，惠及1.6万户、4.4万人，房地产市场健康发展。

我们统筹发展各项社会事业，教育基础设施进一步改善，合肥十中新校区投入使用，全市公办幼儿园和普惠性民办幼儿园覆盖率达到60%。义务教育“三大提升”工程有序推进，义务教育学校标准化建设顺利完成，高中教育稳步发展、富有特色，我市被教育部确定为“中小学品质提升试验区”。积极构建现代职业教育体系，组建市现代职业教育集团，坚持产教融合、校企合作、国际合作，加快建设磨店高教基地、公共实训基地，搭建中职、高职和应用型本科教育贯通“立交桥”。合肥学院成为应用型大学建设和改革的样本，代表着教育发展的新热点。成功举办第二届环巢湖国际马拉松赛、全国自行车公开赛、环巢湖青春毅行等活动，全民健身运动深入开展。全面落实基层医改各项任务，公共卫生服务质量持续提升。人口计生、科普、红十字会等工作水平不断提升，残疾人、老龄等事业持续发展，充分发挥“五老”作用、推动关心下一代工作实现新进展，档案、保密、地方志等工作取得新成效。

我们积极推进社会治理创新，“平安合肥”建设取得新成效。社会治安防控体系不断完善，“天网”主体工程建设完成，八类主要刑事案件占刑案比降到1.1%。扎实推进信访制度改革，积极回应人民群众关切，建立多元化矛盾纠纷调处机制，持续开展领导干部接访下访，全市信访形势总体平稳。严厉打击传销活动，不断加强安全生产、食品药品安全监管等工作，继续做好防灾减灾、人防、民防、应急等工作，人民群众安全感和满意度进一步提高。

八、坚持全面从严治党，着力营造良好政治生态。我们牢固树立“抓好党建是最大政绩”的理念，坚持发展、党建两手抓、两手硬，以落实“两个责任”为抓手，推进全面从严治党。

我们自觉把党委主体责任扛在肩上，层层传导压力，级级落实责任。调整市委党建工作领导小组，由市委书记担任组长，并制定领导小组工作规则。全面落实党风廉政建设党委主体责任和纪委监督责任，研究制定“两个责任”清单，出台“两个责任”考核、落实主体责任述廉述责和接受评议、约谈等“三个实施办法”，实现“两个责任”考核全覆盖。坚持问题导向，逐项落实省委巡视工作和“三项考核”工作整改意见。开展重大腐败案件“一案双查”，创新实施“一案两谈”制度。制定县乡党委书记抓基层党建“双六条”职责，建立“三级联述联评联考”制度，注重考核评议结果运用。

我们坚持用好思想建党这个传家宝，坚持不懈加强思想政治建设。持续推动习近平总书记系列重要讲话精神的学习贯彻，引导党员干部不断固本培元，坚定理想信念，站稳政治立场。加强党性党风党纪教育，引导党员干部不断增强党的意识、纪律意识、规矩意识、法治意识，认真落实习近平总书记“五个必须”“五个决不允许”要求和省委“六个坚持”“九个不要”规定，严守党的政治纪律和政治规矩，始终在思想上政治上行动上同党中央保持高度一致，坚决维护中央和省委权威，自觉做政治上的“明白人”。

我们认真贯彻中央新部署和省委新要求，从严加强各级领导班子和干部队伍建设。坚持好干部标准，研究制定关于进一步加强和改进干部选拔任用工作的意见，增强选人用人科学性。认真执行县以下机关公务员职务与职级并行制度。强化干部教育管理监督，坚持关爱提醒、诫勉谈话、函询等制度，加大干部教育培训力度。继续抓好“违反干部任用标准程序、跑官要官和说情打招呼、三超两乱、干部档案造假、领导干部违规兼职、裸官”等6项重点整治工作。组织2037名市管干部报告个人有关事项，对拟提拔重用的市管干部考察对象个人有关事项和档案进行审核，其中13人被暂缓使用。坚持党管人才原则，深化“人才特区”建设。老干部工作取得新进步。

我们认真贯彻《党组工作条例》和省委实施细则，进一步健全党的组织制度，夯实工作基础。认真贯彻省委《关于进一步加强农村基层党组织建设的意见》，召开全市农村基层党建工作会议，抓好重点任务落实，推动形成大抓基层的鲜明导向。突出解决基层党组织战斗力不强等四个薄弱问题，持续整顿软弱涣散基层党组织，深入推进社区党建“三有一化”，实施村党组织书记专职化管理，提高村、社区干部报酬待遇，落实村、社区服务群众专项经费，全面加强村级活动场所建设，制定壮大村级集体经济实施意见和发展规划，基层党组织服务群众的能力明显提升。加强选派、选聘工作。顺利完成社区“两委”第三次统一换届。积极开展党代表任期制和开发园区党建工作。全市独立法人非公有制企业党组织组建率达到98.1%，社会组织党组织组建率达到51.9%。

我们持续深化作风建设，深入落实联系服务群众制度，大力推广“一线为民工作法”，深化“四联四定”工作。严格抓好中央八项规定精神和省市有关规定的贯彻执行，认真落实省委关于作风建设“两清单一办法”要求。围绕公车私用、公款消费、会所歪风等突出问题，开展专项整治。今年以来，全市共查处违反中央八项规定精神问题89起、处理137人，公开通报曝光3批12起典型问题。通过电子监察方式对12345政府服务直通车系统办理情况进行实时跟踪，开展政风行风建设督查考核，打造“问政合肥—政风行风面对面”电视监督平台，倒逼工作效能和为民服务水平提升。

我们深入学习贯彻中纪委十八届五次全会和省纪委九届五次全会精神，大力加强反腐倡廉建设。深入推进惩防腐败体系建设，深化城市建设领域“六分开”等制度，继续推动招投标制度向公共资源交易管理领域全覆盖、行政处罚群众公议制度向基层拓展、廉政预警制度向全体党员延伸，扎实推进巡查、审计监督、重要岗位轮岗、制度规范“四个全覆盖”。认真贯彻《廉洁自律准则》和《纪律处分条例》《巡视工作条例》，加强廉政宣传教育和文化建设，加快推进包公文化主题公园项目，启动第四届“包公杯”全国反腐倡廉曲艺作品征集活动。推动纪检监察机关深化“三转”，突出主业主责。深化纪检体制改革，启动县级纪检监察机关机构改革，积极做好派驻机构全覆盖的准备工作。坚持以“零容忍”的态度严惩腐败，今年1—11月，各级纪检监察机关共立案680件、处分588人，形成了有力威慑。在全市部署开展查处群众身边的“四风”和腐败问题专项工作，排查问题线索268个，处理党员干部112人，解决了一批群众身边腐败问题。

市委常委会充分发挥总揽全局、协调各方的领导核心作用，在组织领导全市改革发展的同时，认真贯彻习近平总书记提出的“四个表率”和省委关于“六个坚持”“四个过硬”“九个不要”的新要求，着力加强自身建设。我们坚决贯彻民主集中制，认真执行集体领导与分工负责相结合的制度，修订市委常委会议事规则，建立市委法律顾问制度，通过建制度、立规矩，自觉做到科学、民主、依法决策。我们坚持在大局下想问题、作决策、办事情，坚持集体学习制度，突出事关全局的战略性问题，进行深入研究和部署，每位同志结合分管工作加强日常学习和思考，不断提高思想政治水平和领导能力。我们坚持带头转作风、树新风，以“三严三实”的要求，带头抓落实，带头贯彻执行中央八项规定精神和省市有关规定，带头遵守廉洁从政各项规定，崇尚实干、勇于担当、廉洁自律，以实际行动、从各个方面，为各级领导班子和党员干部作出示范、当好表率。

通过不懈努力，我们全面完成“十二五”规划已成定局。这五年，是合肥定位大提升、发展新跨越、迈上新台阶的时期，也是我们勇担新使命、深入转作风、实现新作为的时期。在省委的坚强领导下，我们紧紧依靠各级党组织和广大党员干部群众，解放思想，拉高标杆，破难前进，推动全市生产总值连跨3个千亿台阶，财政收入连跨5个百亿台阶，千亿财政、万亿工业的梦想即将成为现实。这五年，我们的经济实力、创新能力上了一个大台阶，城乡建设水平、人民生活水平上了一个大台阶，城市知名度和影响力也上了一个大台阶。这五年，合肥的变化令人瞩目，合肥的发展振奋人心，全市上下无不为我们这座城市的发展进步感到由衷的自豪！

在“十二五”的这五年里，市委全面贯彻落实党的十八大和十八届三中、四中、五中全会精神，深入学习贯彻习近平总书记系列重要讲话精神，认真落实省委、省政府各项部署要求，围绕合肥的改革开放和各项建设，相继作出一系列决策部署。面对形势和任务的变化，我们按照省委、省政府对合肥提出的新定位，对城市形象进行了形象化设计，对发展目标进行了凝练提升，引领合肥迈上“科学发展新跨越，主要指标进十强”的崭新征程，翻开了打造“大湖名城、创新高地”的绚丽篇章。面对复杂多变的宏观经济形势，我们主动适应经济发展新常态，明确提出“创新、转型、升级”发展导向，始终保持战略定力，走出了一条新型工业化带动新型城市化、进而推动农业现代化的新路。面对发挥行政区划调整后续效应的新要求，我们及时出台支持巢湖、庐江发展的“十大政策”，启动了量身定制的“十大工程”建设，实现了发展思路等高对接、民生工程标准统一、发展规划统筹安排；围绕市第十次党代会对县市区、开发区提出的发展定位，加强分类指导，加大支持力度，有力促进了融合发展和竞相发展。面对事业发展的迫切需要和省会城市的政治责任，我们把习近平总书记系列重要讲话精神作为班子队伍建设的总要求，大力倡导“讲大局、强责任、提能力、抓落实”，着力提升政治素质和思想境界，不断加强能力、作风和廉政建设，高度重视干部队伍的统筹培养和使用，加大年轻干部、党外干部等培养和使用力度，使想干事、能干事、干成事、不出事成为各级班子和广大党员干部队伍的自觉追求。

在推进工作的过程中，我们坚持“一心一意谋发展，聚精会神抓党建”，按照中央和省委部署，相继开展党的群众路线教育实践活动、“三严三实”专题教育，严格执行中央和省、市关于作风建设的规定，深化党风廉政建设，不断加强基层组织建设，为合肥改革发展提供了坚强保证。我们坚持把中央和省委、省政府的决策部署与合肥实际紧密结合起来，创造性地开展工作，推动上级各项决策部署落地深根、开花结果，开创了合肥建设发展的新局面。我们坚持科学发展不动摇，提出生态环保优先、城湖共生、产城一体、生态宜居等理念，坚持交通先行、环境并重，持续推进基础设施“大建设”，大大提升了城市品质、彰显了城市特色。我们坚持以世界眼光、辩证思维推进“调结构转方式促升级”，在形势的变化中抢抓机遇，以“无中生有”“小题大做”等思路，在培育发展战略性新兴产业上不断取得新突破，在改造提升传统产业上不断取得新进展。我们坚持以改革促开放、以改革促发展，强调“思想解放的程度决定着我们的发展出路，改革开放的程度决定着我们的发展速度”，在全面深化改革中勇于先行先试、敢于破解难题，很多领域的改革走在全省乃至全国前列。我们坚持以人民为中心的发展思想，在改善民生上做“加法”，在解决问题上做“减法”，在保障特困群众生活上发挥政府“兜底”作用，不断提升公共服务水平，加强社会治理创新，提高防范社会风险能力，着力增强人民群众的安全感、获得感、幸福感。我们坚持立足大局抓发展，在着力增强城市辐射带动力的同时，无论是皖江示范区、合芜蚌试验区建设，还是合肥经济圈建设，无论是与皖北结对合作发展，还是承担国家和省里赋予的试点示范，包括参与扶贫、援助等，我们都充分发挥龙头带动作用、尽到自己的一份责任。我们坚持营造良好的政治生态，大力支持人大、政府、政协、“两院”和人民团体依照法律和章程独立负责、协调一致开展工作，广泛调动各级各部门和社会各界的积极性、创造性，为合肥的建设发展凝聚起强大力量。

一年来的工作和这五年的实践，成绩来之不易、可圈可点，这是党中央、国务院和省委、省政府正确领导的结果，是全市各级党组织和广大党员干部群众共同奋斗的结果，也是方方面面参与支持的结果。市委的工作无不得益于各位代表的高度信任和齐心协力，常委会的工作也无不得益于同志们的真诚帮助和大力支持。在此，我代表市委，向大家表示衷心的感谢！

站在承上启下的时间节点，在总结工作的时候，我们也认真分析了存在的不足和问题，主要是：合肥在新的台阶上进一步争先进位的压力比较大，与长三角世界级城市群副中心定位相比，还有不小差距；贯彻“五大发展理念”，实现在全国提前、在全省率先全面建成小康社会目标，广大党员干部领导发展的能力还需要进一步提升；创新发展、转型升级面临的国内外竞争更加激烈，巢湖综合治理、大气污染防治等任务仍然繁重；在新的形势下，创新宣传思想工作、维护省会长治久安、抓好社会治理，任务艰巨；作风建设永远在路上，反腐倡廉责任重大，保持党的先进性和纯洁性不容放松；等等。在今后的工作中，我们必须始终坚持问题导向，进一步加强和改进工作，勇于担当负责，敢于较真碰硬，以“三严三实”的作风去解决问题、推进工作。特别是，这次大会将审议市委提交的“十三五”规划《建议》，共商合肥决胜全面小康的任务书、路线图，描绘合肥更加美好的发展愿景。我们要深入贯彻党的十八大、十八届三中、四中、五中全会和习近平总书记系列重要讲话精神，认真贯彻落实中央和省委决策部署，按照“五位一体”总体布局和“四个全面”战略布局的要求，全面贯彻“五大发展理念”，谋在“新”处、干在“实”处，以新理念引领新发展，以新目标促进新跨越，以新举措展现新作为，在新的起点上向着更高的目标奋勇前进。

成就属于过去，未来需要创造。让我们紧密团结在以习近平同志为总书记的党中央周围，在省委的坚强领导下，把发展的眼光放得更远，把奋斗的脚步踩得更实，牢记使命，万众一心，奋发有为，为打造长三角世界级城市群副中心和“大湖名城、创新高地”、全面建成小康社会而继续努力，为建设美好安徽、实现中华民族伟大复兴的中国梦作出新的更大贡献！

政府工作报告
（2016年1月18日）

一、跨越赶超的“十二五”

“十二五”时期是合肥发展历程中波澜壮阔的五年。在省委省政府和市委的坚强领导下，我们深入贯彻党的十八大和十八届三中、四中、五中全会精神，积极应对复杂多变的宏观环境，强化创新驱动，聚焦调整转型，深化改革开放，建设生态文明，改善民生保障，全面完成了“十二五”规划确定的目标任务，“新跨越、进十强”逐步成为现实，建设长三角世界级城市群副中心迈出坚实步伐，打造“大湖名城、创新高地”显现崭新形象。

——过去五年，是综合实力大跨越的五年。主要经济指标年均“两位数”增长，总量位次在全国省会城市中不断前移。地区生产总值连跨三个千亿台阶、达到5660.3亿元，占全省比重由21.9%升至25.7%。财政收入突破千亿元、达到1000.5亿元，年均增长14.5%，其中地方财政收入达到571.5亿元、年均增长15.4%。全社会固定资产投资累计完成2.36万亿元、年均增长19.6%。规模以上工业总产值达到9312.8亿元，是“十一五”末的2.5倍；增加值2255.7亿元、年均增长15.6%；新增产值超百亿企业10户。社会消费品零售总额达到2183.7亿元、年均增长16.9%。城镇居民人均可支配收入达到32080元，农村居民人均可支配收入达到15890元。金融机构本外币各项存、贷款余额双双突破万亿元大关。

——过去五年，是创新发展大提升的五年。战略性新兴产业产值达到2788.8亿元、年均增长30.5%。新型显示、机器人列入国家区域集聚发展试点，集成电路、智能语音、太阳能光伏、新能源汽车、公共安全、生物医药、燃气轮机等保持国内领先。累计完成技改投资5265.4亿元、占工业投资61.2%，平板显示及电子信息、家电、装备制造产值均超千亿元，家电“四大件”产量稳居全国之首。服务业增加值达到2298.9亿元，电子商务、服务外包、旅游会展、新兴文化产业等现代服务业和研发设计、检验检测等高技术服务业发展迅猛。进入国家系统推进全面创新改革试验，全社会研发投入占GDP比重由2.1%升至3.2%，专利授权量年均增长40.2%，技术交易合同额年均增长28.7%，国家级高新技术企业数达到1056户、增长1.4倍，高新技术产业增加值达到1280亿元、占GDP23%，自主创新主要指标全部进入全国省会城市“十强”；合肥综合性国家科学中心积极筹建，中科大先研院等新型协同创新平台加速建设。四城区加快打造全省“首善之区”和辐射源，四大开发区奋力打造创新发展主引擎和新高地。五县（市）着力打造新型工业化主战场和城乡统筹新典范，综合实力全部进入中部百强，肥西、肥东跻身全国百强。农业转型成效明显，特色高效农业产值比重超过80%。

——过去五年，是改革开放大突破的五年。积极打造全面深化改革先行先试“合肥版”，69项改革纳入国家试点。顺利完成庐江矾矿等国企改革，整合形成基础设施建设、产业、地方金融三大市级国资控股平台。民营经济比重提高到53%，各类市场主体由17万户增至44.7万户。全面推进全口径预算、开门办预算和绩效预算，稳步推行“营改增”。构建扶持产业发展“1+3+5”政策体系，累计投入资金126.3亿元。建立和完善“借用还”一体化投融资管理体制，金融体制改革创出“一通三改”新模式，境内上市企业增至34家、居全国省会城市第7位。完善集体决策、“净地出让”、“双向约束”等制度，国家节约集约用地试点市建设成效显著。省市共建招投标平台，公共资源交易“合肥模式”领跑全国。全面推进农村土地承包经营权确权登记颁证试点，农业土地流转面积突破300万亩，新型农业经营主体达到6678家。文化体制改革取得突破，走出了一条公益性文化单位市场化、社会化运营管理的新路子。医药卫生体制综合改革深入推进，基层医改和县级公立医院改革基本完成。积极承接国内外产业转移，累计招商引资1.27万亿元、年均增长15.7%，其中外资95亿美元、年均增长13.2%，境外世界500强企业增至39家。多层次多领域拓展国际合作，不断巩固友城基础，对外贸易持续扩大，“四港三区一中心”等八大开放平台建设取得重大进展，成为“一带一路”和长江经济带双节点城市。对台经贸和交流合作不断深化，重大台资项目引进实现突破。积极与长三角、京津冀、珠三角、长江中游城市群等加强合作交流，充分发挥合肥经济圈核心带动作用，与皖北结对合作深入推进，援疆、援藏工作取得新成效。

——过去五年，是城乡面貌大变化的五年。顺利完成行政区划调整，大力实施“1331”空间发展战略。城市建成区面积扩大到416平方公里，常住人口增至409万，城镇化率提高到70%。中心城区功能优化，政务文化新区基本建成，滨湖新区快速崛起，各大组团不断拓展。大建设累计续建、新建工程1721项，完成投资1337.5亿元。全国性综合交通枢纽加快建设，新桥国际机场建成通航，高铁南站投入运行，“米”字型高铁网络初步形成，合肥港通江达海能力得到提升。全市公路总里程接近2万公里，“一环八线”高等级公路网基本形成，国省干道建设成为全国样板。轨道交通1、2、3号线加快建设，4、5号线规划获批。快速高架桥网络基本建成，公交、水电气热、通讯等公用事业保障有力。坚持“三城同创”，出台《城市管理条例》，成立城市管理委员会，推行网格化、精细化管理，成功跻身全国文明城市行列。以新型城镇化为引领，提升县城、新市镇、环湖十二镇等规划建设水平。全面加强美好乡村建设，深入推进以“三线三边”为重点的全域环境综合整治，累计建成省级示范村130个，整治自然村2000多个。耕地连续17年“占补平衡”，粮食生产“十二连丰”，粮库扩容110万吨，肉蛋奶水产品总产量105万吨，粮食安全得到有效保障。实施各类水利工程项目1.5万个，农村饮水安全工程覆盖所有乡镇。

——过去五年，是生态建设大推进的五年。巢湖流域跻身首批国家生态文明先行示范区，与国开行合作环巢湖地区生态保护与修复工程四期项目深入实施，120多条河道纳入“河长制”管理，城市污水集中处理率达到98%，环湖32座乡镇污水处理厂建成试运行，巢湖湖区总体水质由Ⅴ类好转为Ⅳ类。强力推进大气污染防治九大专项整治，PM10年均浓度由113微克/立方米下降到91.9微克/立方米，空气质量优良率达到69.9%。实施固体废弃物综合整治行动，推进生活垃圾焚烧、餐厨垃圾无害化处理和综合利用，肥东、长丰、庐江静脉产业园加快规划建设。大力推进“五森”工程，累计植树造林117.8万亩，全市森林覆盖率由20.5%提高到26.8%，城市建成区绿化覆盖率由44.4%提高到46%，成功创建国家森林城市。

——过去五年，是社会民生大改善的五年。率先出台基本公共服务体系规划和社会服务“1+4”政策，各项民生工程投入350亿元，惠及城乡居民3000万人次以上。实施“百村万户”精准扶贫工程，在全国首创“光伏扶贫”模式，贫困人口减少30万。坚持以创业带动就业，累计新增城镇就业岗位83万个，城镇登记失业率控制在4%以内。社会保障不断提标扩面，养老保险、被征地农民保障等实现全覆盖。建设各类保障性安居工程26万套，实施城中村、危旧房改造项目124个，整治老旧小区297个，城镇居民人均住房面积由26.3平方米增至35平方米。全面实施义务教育“三大提升”工程，新建和改扩建中小学校106所、幼儿园235所，全国义务教育发展基本均衡县（区）实现全覆盖。合肥学院成为全国应用型大学建设和改革的范例。新增医疗卫生服务机构1300家、床位1.2万张，基本建成覆盖城乡的基层医疗卫生服务体系。文化、体育、旅游等融合发展，渡江战役纪念馆、安徽名人馆等公益文化设施建成开放，大力推进省市共建美术馆、科技馆、规划馆等建设，成功举办环湖国际马拉松赛、中日韩三国围棋名人混双赛等品牌赛事和“青春毅行”等重大活动。《合肥市志》出版发行，《合肥通史》编纂完成。创新社会治理机制，社会组织覆盖面逐步拓展，志愿者队伍不断壮大，成为全国社会组织建设创新示范区。坚持用群众工作统揽信访工作，信访渠道进一步畅通。应急管理机制逐步健全，防空防灾一体化建设加快推进，救助救灾体系不断完善。严格落实安全生产责任制，烟花爆竹全行业退出和油气管线隐患整治等成效显著，各项事故指标逐年下降。国防动员和后备力量建设取得新进展，实现全国双拥模范城“七连冠”。扎实开展平安合肥建设，“六五”普法取得新成效，社会大局保持和谐稳定，连续第3次捧得“长安杯”。人口计生、民族宗教、外事侨务、防震减灾、统计、科普、气象、档案、保密等工作取得新成绩，工会、共青团、红十字会、妇女儿童、老年人、残疾人和关心下一代等工作实现新进步。

过去五年，我们高度重视加强政府自身建设，政府治理体系不断完善，治理能力进一步提升。推进依法行政，健全完善政府重大行政决策程序，行政权力运行进一步规范透明，荣获“中国法治政府”提名奖。严格执行人大及其常委会的决议决定，自觉接受人大监督；主动接受政协民主监督，虚心接受社会舆论监督；办理人大代表议案和建议953件、政协提案2915件。改进工作作风，深入开展党的群众路线教育实践活动和“三严三实”专题教育，严格执行中央“八项规定”、国务院“约法三章”和省市相关规定，大力精简会议文件，全面改进文风会风，严格控制各类检查评比表彰，“三公”经费支出逐年下降。加强效能建设，大力实施简政放权，新一轮政府职能转变和机构改革全面完成，权力、责任、涉企收费“三项清单”制度全面推行，市级权力事项保留1457项、精简率73.7%，成为全国审批事项最少的省会城市之一。坚持廉洁从政，严格落实党风廉政建设责任制，全面加强惩治和预防腐败体系建设。推行审计监督全覆盖，加大对重大项目、民生工程、“三公”经费和违规收费等监督检查力度，深入推进政务公开、政风评议。

刚刚过去的2015年，我们坚持稳中求进、稳中强基、稳中创优，经济增长逆势上扬，社会发展平稳健康，较好地完成了去年初人代会确定的目标任务，为“十二五”收官划上了圆满句号，为“十三五”启航奠定了坚实基础。全市生产总值增长10.5%；规模以上工业增加值增长11.3%；财政收入增长13.6%，其中，地方财政收入增长14.2%；全社会固定资产投资增长15.4%；社会消费品零售总额增长12%；预计城镇居民人均可支配收入增长9.5%左右，农村居民人均可支配收入增长10.5%左右；城镇登记失业率控制在3%以内；居民消费价格涨幅1.6%。

一年来，我们主要做了以下工作：

一是千方百计稳定增长。积极应对经济下行压力，及时推出促进经济平稳较快发展30条、扶持小微企业健康发展18条、困难企业帮扶10条等政策“组合拳”，努力实现实体经济发展稳中向好。实施项目建设“十大行动”，积极对接国家重大工程包和专项建设资金，集中开展项目签约、开工活动，着力扩大有效投入。全年新开工项目6718个、增加1952个，京东方10.5代线、晶合12吋晶圆、大陆轮胎二期、中盐红四方二期、神皖庐江电厂、北大未名生物医药产业园等开工建设，江淮松芝汽车空调、宝龙达笔记本电脑、安凯新能源汽车等建成投产。完善金融服务体系，广发银行、渤海银行等落户开业，发行“大湖名城”系列财政金融产品，新型政银担合作实现“两个全覆盖”，全年新增贷款1504.3亿元。积极推进上市公司融资、再融资，参与上市公司资产重组，富煌钢构、三和科技首发上市，新增新三板挂牌企业34家，直接融资1732.6亿元、增长153.4%。

二是加快产业转型升级。认真贯彻省委省政府“调转促”的重大决策部署，制定加快创新转型升级发展的行动计划，大力培育增长新动能。新型显示、集成电路、智能语音、新能源汽车入选全省首批战略性新兴产业集聚发展基地，战略性新兴产业对规模以上工业增长的贡献率达到54%以上。积极落实国家“互联网+”行动计划，率先实施“万千百工程”，移动互联网、云计算、大数据、物联网等与制造业加速融合。出台促进旅游业、养老服务业发展等实施意见，现代服务业完成投资3022.8亿元、增长17.5%；获批首个环巢湖国家旅游休闲区，三河镇成功创建国家5A级景区；网络经营主体发展到7万户，一批商业综合体建成开业；承办和举办机器人世界杯赛、家博会、苗交会等特色大型展会181场。

三是大力实施创新驱动。中科大先研院与英特尔、微软、阿里巴巴等联合共建研发平台36家、孵化科技企业136家，清华大学合肥公共安全研究院建成启用，与中科院合肥物质研究院合作共建离子医学中心，与中科大、安大分别谋划设立滨湖国际金融研究院和绿色发展研究院，支持中科大、合工大申办示范性微电子学院。入选国家小微企业创业创新基地城市示范，出台“三年行动计划”和28条“双创”政策，成功举办全国“发现双创之星”和全国“双创活动周”合肥分会场系列活动，建成5F创咖等众创空间24家、科技孵化器32家。成立机器人、集成电路、新能源汽车、轨道交通装备等产业技术创新战略联盟。新认定国家级高新技术企业363家，各类企业研发机构增至934家，开通网上技术交易平台。

四是全面深化改革开放。政府投资引导基金母基金规模超过30亿元，参股设立子基金10余支，撬动社会资本近70亿元。商事登记实现“三证合一、一照一码”。市、县（市）区、乡镇（街道）三级政府权力清单和责任清单体系建成，事中事后监管进一步强化。启动聘任制公务员试点。市级公务用车改革基本完成。推进户籍制度改革，实施居住证管理办法。建立居民生活用气阶梯式价格制度，调整污水处理费、水资源费征收标准和城市供水价格。稳步实施村级集体资产产权股份合作制改革试点，加快推进农村新型流通体系建设。制定加快开放平台建设发展的实施意见，安徽（蜀山）跨境电子商务产业园正式运行，合肥港集装箱年吞吐量达到18万标箱，“合新欧”国际货运班列和合肥空港往返深圳全货运包机常态运营；对外劳务合作服务中心基本建成。积极与上海开展双城合作，加强与央企、知名民企、外资企业合作，全年招商引资3390亿元、增长15%，其中外资25.1亿美元，进出口总额达到203.4亿美元。

五是积极推进城乡一体。加快编制新型城镇化、市政基础设施等重大规划。庐铜铁路加快建设，商合杭高铁、合安九客专开工建设。合肥火车站站前广场、绕城高速下穿南站南广场改建工程进展顺利，西客站站前广场工程完工，南薰门桥、望江路改造、繁华大道东延、花园大道等建成通车，巢湖南路、老合淮路等在建工程加快推进。续建、新建城市支路工程97项，完成勤劳巷等小街巷改造14个。滨湖新区集中供热工程建成运行。4个区域地下综合管廊样板工程试点稳步实施。开工建设停车场16处、1280个泊位。安排30亿元专项资金，加大县域基础设施建设支持力度。推进城乡园区共建和产业融合，肥西桃花工业园成为全省首个千亿元县域工业园。完成第二批82个省级美好乡村示范村建设和656个自然村整治任务。加强现代农业园区建设，新增家庭农场等新型农业经营主体1343户。实施100公里县乡公路升级改造和300公里提级联网延伸项目建设。气象灾害监测预警一期工程等建成使用。

六是加强环境综合治理。制定水污染防治方案，严格落实排污口整治、生态补水、湿地净化等措施，完成42个老旧小区雨污分流改造，开展187个小流域污染源调查。开工建设引江济淮工程试验段，启动实施清溪净水厂项目，顺利通过国家最严格水资源管理考核和水生态文明城市试点建设实施方案评审。全年全域全面秸秆禁烧成效显著。加强农业面源污染治理，化肥、化学农药使用量同比分别下降6.6%、6.2%。淘汰黄标车44867辆，2005年底前注册营运黄标车全部淘汰。马（合）钢公司钢铁冶炼及长材生产线实现关停，基本完成市区燃煤及其他非清洁能源锅炉淘汰任务。完成植树造林16.8万亩、城区绿化1660万平方米，打造园林绿化精品示范工程28个。

七是加大民生保障力度。编制实施城市基本公共服务设施专项规划，建立滚动公益性项目库。“32+9”项民生工程加快推进，各级财政投入82.3亿元。开发公益性岗位1万多个，高校毕业生进肥就业率达96.3%。降低职工医保缴费比例，统一居民医保参保政策，加强严重精神障碍患者救治救助工作。完善国有土地上房屋征收与补偿办法，出台公租房管理规定。加强中小学、幼儿园和职业院校教师队伍建设，完成义务教育学校标准化建设任务，十中新校区建成使用，组建现代职教集团，合肥职业技术学院、合肥幼儿师范高等专科学校获批全省地方技能型高水平大学立项建设。113个公共文化场馆免费开放，接待市民600多万人次。推进军民融合发展，加强与“合肥舰”双拥共建。食品药品重大事故“零发生”，各类安全生产事故指标创历史最低水平。规范信访事项受理办理程序，化解省交办信访积案118件。圆满完成全国第三次经济普查任务。

五年的成就令人振奋，五年的经验弥足珍贵。我们善谋大势，始终面向全国、放眼全球，积极顺应世界新一轮科技革命和产业变革的新趋势，主动适应我国经济发展新常态，加速融入国家区域发展新棋局。我们敢走新路，坚持解放思想，勇于先行先试，以敢下深水的决心，实施改革攻坚突破，推出了一大批示范全省、引领全国的创新力作。我们聚焦转型，瞄准国际国内前沿和高端，坚持创新转型升级发展不动摇，加快打造全国产业创新中心和世界级产业集群。我们强化统筹，坚持包容和共享，全面推进城乡融合发展、经济社会协调发展、人与自然和谐发展。我们简政敬民，始终以敬民之心行简政之道，大力打造法治政府，加快政府职能转变，全面提高服务效能。

“十二五”取得的巨大成就来之不易。这是省委省政府和市委坚强领导的结果，是市人大依法监督、市政协民主监督、社会各界大力支持的结果，是全市人民团结奋斗、顽强拼搏的结果。在此，我代表市人民政府，向辛勤奋战在各个领域、各个岗位为合肥发展做出贡献的全市人民，向驻肥人民解放军、武警官兵、公安干警和中央驻肥单位，向各民主党派、工商联、无党派人士、各人民团体和社会各界人士，向所有关心支持合肥改革开放与现代化建设的海内外朋友，表示衷心的感谢和崇高的敬意！

在肯定成绩的同时，我们也要清醒地看到，发展中还存在许多不足和问题，主要是：城市综合实力不够强，经济结构不够优，产业层次不够高，特别是第三产业比重偏低，民营经济发展不充分，战略性新兴产业规模不够大；城区经济转型不快、县域经济发展不足，居民收入水平不高，城乡统筹、区域协调、包容共享任务繁重；资源环境约束趋紧，节能减排压力加大，巢湖综合治理、大气污染防治任重道远；改革攻坚难度加大，开放型经济发展水平不高，国际化水平较低；优质公共服务供给不足，城市管理精细化、专业化、现代化水平不高；法治政府建设有待加强，政府机关服务效能与群众期盼还有差距，不作为、慢作为、乱作为等现象还时有发生。对这些问题，我们要高度重视，采取切实有效措施，认真加以解决。

二、创新转型的“十三五”

“十三五”是合肥率先全面建成小康社会的决胜时期，是合肥加快创新转型升级发展的关键时期，我们既面临难得机遇，也面临严峻挑战，但仍处于大有作为的重要战略机遇期和黄金发展期，必须以全球视野、战略思维，在新一轮世界科技革命和产业变革中抢占先机、加快转型，在全国区域发展新棋局中提升能级、凸显地位，在安徽创新型“三个强省”建设中勇挑重担、示范引领，加快建设长三角世界级城市群副中心，打造提升“大湖名城、创新高地”。这是时代赋予我们的历史使命，是省委省政府授予我们的政治责任，是全市人民寄予我们的热切期待。只要我们把握机遇、主动作为、精准施策，就一定能够把合肥建设和发展推上新的更高水平！

今后五年，经济社会发展的指导思想是：高举中国特色社会主义伟大旗帜，全面贯彻党的十八大和十八届三中、四中、五中全会精神，认真落实“四个全面”战略布局，牢固树立“五大发展理念”，深入贯彻省委、省政府决策部署，坚持创新转型升级发展不动摇，以提高发展质量和效益为中心，以加快调结构转方式促升级为总抓手，以增进人民福祉、促进人的全面发展为出发点和落脚点，统筹推进经济建设、文化建设、社会建设、生态文明建设和法治政府建设，当好全省“三个排头兵”，确保率先全面建成小康社会，加快建设长三角世界级城市群副中心，进一步开创“大湖名城、创新高地”建设新局面。

今后五年的主要奋斗目标是：经济总量位次前移，经济增速力争“两位数”，保持全国省会城市前列；总量位次稳居全国省会城市“十强”，并力争前移。到2020年，经济总量冲刺10000亿元，人均GDP达到12万元；财政收入力争1600亿元，其中地方财政收入力争840亿元；规模以上工业增加值达到4000亿元，服务业增加值达到4600亿元；累计完成全社会固定资产投资4万亿元；社会消费品零售总额达到3500亿元。创新水平全国一流，建设具有国际影响力的创新高地，全社会研发投入占GDP比重达到3.5%，高新技术产业增加值占GDP比重达到25%，专利授权量和技术交易合同额总量翻一番、年均增长15%，国家级高新技术企业达到1600户。万元生产总值能耗、主要污染物排放总量等节能减排指标完成省控目标。城市功能显著增强，城镇化率超过75%，市区常住人口突破500万人，建成区面积扩大到500平方公里，轨道交通、水电气热、公交、通讯等公用设施不断完善，全国性综合交通枢纽地位进一步彰显，国际化都市区框架加快形成。民生福祉持续改善，居民人均可支配收入突破4万元，城镇登记失业率控制在4.5%以内，城乡养老保险、医疗保险实现全覆盖，城乡居民最低生活保障水平全面并轨，建成保障性安居工程13.6万套，贫困人口全面脱贫，普及高中阶段教育，医疗机构每千人床位数超过8.5张，全民健身活动广泛开展，大力建设健康合肥。文明程度明显提高，中国梦和社会主义核心价值观更加深入人心，社会文明风尚更加浓厚，文明城市建设深入推进，市民思想道德素质、科学文化素质等明显提高。公共文化服务体系全面建成，文化产业成为重要支柱产业，城市品牌形象唱响中国、走向世界。全社会法治意识不断增强，平安合肥、法治合肥建设全面推进，社会治理水平明显提升，社会更加和谐稳定。生态环境不断优化，巢湖生态文明先行示范区建设取得重要进展，巢湖水质总体达到地表Ⅳ类水标准，城市污水集中处理率达到98%，垃圾无害化处理率、工业固体废物处置利用率均达到100%，森林覆盖率超过28%，城市建成区绿化覆盖率达到46%，非化石能源占一次性能源消耗比重超过8%，空气质量优良率进一步上升。体制机制更加健全，城乡治理体系和治理能力现代化取得重大进展，全面创新改革试验率先突破，全面深化改革走在前列，法治政府基本建成。内陆开放高地建设取得重大进展，开放平台体系和功能更加完善，国际化及区域合作水平明显提升，累计招商引资2万亿元、利用外资180亿美元，进出口总额达到300亿美元。

今后五年，我们要重点在五个方面实现新突破：

坚持创新发展，进一步培育转型升级新引擎。创新是引领发展的第一动力。深入实施创新驱动发展战略，系统推进全面创新改革试验，基本建成合肥综合性国家科学中心和全国性产业创新中心。支持中科院合肥物质研究院、中科大等建设超导核聚变中心、中国量子中心、空地一体化网络等一批国家级重大工程平台，打造联合微电子中心、离子医学中心、分布式智慧新能源集成创新平台等一批全国性产业创新中心，推进中科大先研院等10个以上新型协同创新平台建设，形成10个以上国家级和省级战略性新兴产业集聚发展基地，建设国际一流的新型显示产业集聚区、世界级光伏产业集群，打造中国IC之都、“中国声谷”和全国重要的新能源汽车产业集群、离子产业集群、智能制造产业集群、生物产业集群，千亿元战略性新兴产业基地达到4个。落实国家“互联网+”行动计划和“中国制造2025”战略，推动传统制造业向柔性、智能、精细转变。以建设服务业集聚区为载体，以壮大高技术服务业为重点，实现服务业发展提速、比重提高、水平提升。

坚持协调发展，进一步构筑经济发展新格局。协调是持续健康发展的内在要求。坚持区域协同、城乡一体，全面优化都市区功能布局和空间形态，形成主城区、副中心、新市镇、美丽乡镇协调发展的新型城镇化格局，持续加大城乡基础设施建设力度，不断增强城市综合承载力和辐射带动力。城区全力打造国际化都市区的核心区、高端服务业的集聚区，开发区全力打造创新创业的引领区、产城融合的示范区。实施县域经济突破工程，力争五县（市）全部进入全国百强县行列。落实长江经济带综合立体交通走廊规划，建成全国最发达的铁路枢纽之一、内陆地区重要的集装箱中转枢纽港和江淮航运中心。稳步提升城乡要素供给能力，促进城乡公共资源均衡配置。规划建设国家级合肥滨湖新区。

坚持绿色发展，进一步厚植生态文明新优势。绿色是永续发展的必要条件和美好生活的重要体现。构建政府、企业、公众共治的环境治理体系，实行最严格的环境保护制度，打造天蓝、地绿、水清、山美、城靓的美好家园。突出生态优先、城湖共生理念，继续推进巢湖综合治理等工程建设，实施全市域小流域“山水田林路村园”综合整治，实现巢湖和入湖主要河流水质明显改善。巩固“九大行动”成果，持续改善空气质量。积极发展全域旅游，高质量开发湖光山色和温泉、湿地、历史文化等资源，全力推进环巢湖国家旅游休闲区建设。巩固扩大国家森林城市创建成果，积极创建国家生态园林城市。大力倡导绿色、低碳、循环发展，加快推动生产方式、生活方式和消费模式绿色化转型。

坚持开放发展，进一步打造对外开放新高地。开放是繁荣富强的必由之路。发挥“一带一路”、长江经济带双节点城市功能，坚持内外需协调、进出口平衡、引进来和走出去并重、引资和引技引智并举，统筹国际国内“两个市场”和“两种资源”，对接高新技术和社会资本，推动产业升级。高水平建设“四港三区一中心”等重大开放平台，编制实施城市国际化行动纲要，打造开明开放、接轨国际的内陆开放高地。全面融入长三角，主动对接京津冀、珠三角，推动合肥上海双城合作，强化与武汉、长沙、南昌在基础设施、公共服务、社会保障等领域互联互通互认。加快合肥经济圈向合肥都市圈战略升级，打造具有全国影响力的都市圈品牌。全力推动空港经济示范区建设。支持阜阳合肥、寿县蜀山、临泉庐阳等现代产业园区建设上规模、见成效。

坚持共享发展，进一步增强人民生活新福祉。共享是中国特色社会主义的本质要求。按照人人参与、人人尽力、人人享有的要求，推进改革发展成果更多更公平地惠及广大人民，打造更具获得感的幸福城市。坚持居民收入增长和经济增长同步，多渠道增加居民工资性、经营性、财产性、转移性收入。加快完善就业创业、社会保障、国民教育、医疗卫生、养老健康、住房保障等服务体系，促进基本公共服务均等化、优质化。大力发展文化事业，创建国家公共文化服务体系建设示范区，推动文化与科技、教育、旅游、金融、建筑等深度融合，打响合肥文化品牌。深入贯彻落实全民健身国家战略，打造一系列影响力大、群众参与度高的体育赛事。推进社会治理现代化，着力构建公共安全体系，全力维护社会和谐稳定。

三、奋力前行的2016年

2016年是实施“十三五”规划的第一年，我们要认真贯彻中央和省里的决策部署，主动适应新常态，积极应对下行压力，坚持稳中求进工作总基调，按照“三去一降一补”要求，突出供给侧结构性改革，强化底线思维，保持战略定力，勇于攻坚克难，创造性地做好工作，确保实现“十三五”发展良好开局。今年经济社会发展主要预期目标是：全市生产总值增长10%左右，全社会固定资产投资增长11%，财政收入和地方财政收入分别增长9%、8%左右，社会消费品零售总额增长11%，居民人均可支配收入力争增长10%。

今年，要努力做好十个方面工作：

（一）着力推进实体经济稳定发展。

加大企业帮扶。认真落实国家、省各项支持政策，加快制定我市针对性、精准性、实效性更强的具体政策措施。修订完善扶持产业发展“1+3+5”、困难企业帮扶10条等政策，加大兑现密度，简化办事流程。坚持分类施策、有进有退，对产品有市场、有效益但暂时遇到困难的企业予以支持，对停产半停产、连年亏损、资不抵债的企业通过实施兼并重组、破产关闭等办法，盘活存量资产。积极开展降低实体经济企业成本等专项行动，加大结构性减税和普遍性降税减费力度，坚决清理各种不合理收费特别是垄断性中介服务收费。全面做好地产品产销衔接，大力帮助企业开拓国内外市场。

稳定房地产市场。坚持供需两个方向发力，多措并举促进房地产市场健康发展。建立购租并举的住房制度，加大保障性安居工程建设力度，完善廉租房、公租房并轨运行，积极推行货币化安置和先建后拆，新建棚户区改造安置房2万套以上。加大进城农民购房贷款支持力度，推进非公企业建立住房公积金制度。分类确定土地供应规模，把握土地供应节奏，改善房地产供给结构，有效释放住房刚性需求和改善性需求。

加强融资服务。依托地方国有

控股平台，加快政策性融资担保体系建设，深化政银担风险分担机制。充分发挥财政杠杆作用，设立转贷资金，创新金融产品，引导银行机构加大信贷投放。健全政府投资引导基金运作机制，推动股权投资基金集聚发展。规范互联网金融，坚决遏制非法集资。抓住股票发行注册制改革、战略性新兴产业板设立等机遇，支持企业首发上市、在新三板和区域股权交易市场挂牌，鼓励企业参与上市公司重组。引导企业发行公司债、私募债，运用好集合债等金融工具。

强化要素保障。推进三水厂迁建、七水厂二期和巢湖三水厂建设，实施供水管网互联互通工程。新建肥北500kV等电力工程30项、总投资19亿元。加快天然气高压管网建设，大力发展CNG常规站等新型工业用户，进一步增强供气保障和储气调峰能力。开工建设金源热电2×350MW改扩建工程。

(二) 着力推进转型升级。

集聚发展新兴产业。突出十大重点产业，加快建设战略性新兴产业国家集聚发展试点和首批4个省级集聚发展基地，谋划申报新一批省级基地，梯度建设一批市级基地。加快推进通富芯片封装、射频芯片研发等重大项目建设，推动江淮电动轻卡、中航新能源汽车、国轩动力电池、阳光三星储能等项目试产投产。积极布局未来型先导产业，推进燃气轮机、数控机床、机器人等一批前瞻性重大项目建设。加快国际智能语音产业园等建设，全力创建“中国软件名城”。修订完善推广应用政策，推动光伏电站资产证券化和产业集聚，申报建设国家光伏“领跑者”计划示范基地。

改造提升传统产业。加快“两化”深度融合，推进传统产业高端化、智能化、绿色化。综合运用财税、金融等政策，积极引导企业大规模开展技术改造和产品升级。实施“万千百”创新工程，大力推进惠而浦变频滚筒洗衣机、海尔智能工厂、长安自主轿车二期、合肥欧洲工业设计中心等重大项目建设。实施“机器换人”行动计划，进一步提升装备制造、家用电器、汽车及零部件、安全食品等优势传统制造业核心竞争力。推动主城区工业园区转型升级，打造若干综合效益明显的都市产业园区。支持瑶海老工业区加快搬迁改造。筹建全国再制造产品交易中心。

加速服务业发展。围绕消费升级和新兴业态发展，突出现代物流、金融服务等十大重点服务业，谋划申报一批省级服务业集聚区，推进建设一批市级服务业集聚区。依托滨湖国际金融服务后台基地，积极引进相关金融企业，打造金融上下游产业链。大力引进国内外知名电商和快递物流、金融支付企业，加快建设国家电子商务示范城市。围绕全国服务外包示范城市建设，搭建国际研发服务外包创新平台，打造一批综合配套功能完善的服务外包园区。出台支持政策和服务目录，引导检验检测产业集群集聚发展。加强现代物流园区和物流平台规划建设，谋划实施综合物流基地和环状快递产业园等项目。做大做强会展业，精心举办家博会、文博会、新能源汽车展、工业设计大赛、工业4.0峰会、海峡两岸半导体论坛等展会和活动。加大资源整合力度，聚焦健康产业发展，推进健康合肥建设。加快全国旅游标准化城市试点建设，推动万达文化旅游城等重大项目建成开业。推进社会服务管理信息化，扩大信息消费和信息服务。

(三) 着力推进自主创新。

提升企业创新能力。支持企业建设工程（技术）研究中心、企业技术中心和重点（工程）实验室，引导龙头企业联合高校、科研院所建立产业技术创新战略联盟，争创2个国家级、40个省级企业技术中心和3个国家级、15个省级工业设计中心。组织实施爆发性增长源工程，完善科技型中小企业综合服务体系，支持企业引进关键技术。扩大高新技术企业认定范围，加强高新技术企业梯队培育。深化产学研用合作，围绕企业关键技术需求，积极与企业携手投入重大项目。大力实施“三年行动计划”，加快创建国家小微企业创业创新基地城市示范，支持高新区申报建设国家新兴产业“双创”示范基地。

推进协同创新平台建设。加快启动建设合肥综合性国家科学中心和全国性产业创新中心，加强中科大先研院等新型协同创新平台和十个新兴产业研究院建设，推出一批突破性创新成果。完善平台管理办法，理顺资金、资产、产权关系，搭建技术资本对接和产业孵化的有效载体，促其早见成效。大力吸引海内外高端研发资源来肥设立全球领先的实验室和研发中心，支持高校院所、投资公司、龙头企业设立众创空间、建设孵化器，新建一批创新创业园。

优化创新生态环境。实施系统推进全面创新改革试验，全面贯彻落实国家促进科技成果转化法，进一步优化科技成果转化、技术交易等政策，完善政府投资引导基金、天使投资基金风险容忍和尽职免责机制。建立知识产权运营中心，支持高校院所设立知识产权转移推广机构。积极引进海内外高层次人才和团队，支持科技人员创业创新，建立职务发明法定收益分配制度、科研项目间接费用管理制度和市场化薪酬制。大力弘扬创业创新文化，举办创业创新大赛，全面开展“四进四扶”活动，培植一批“双创之星”。

（四）着力推进重点领域改革。

深化经济体制改革。推进国有企业股权多元化改革，大力发展混合所有制经济，提升国有资本证券化水平，完善国有企业分类监管和县（区）国资监管体制。推行全面规范、公开透明预算制度，探索增强财政产业政策综合效应新路径。加强政府债务管控，创新政府投融资机制，加快推广运用政府与社会资本合作（PPP）模式。建立社会资本投资公共产品和服务项目建设的价格服务体系，放开一批政府定价和指导价审批项目。完善资源有偿使用制度和生态补偿改革措施。积极推进农村土地承包经营权确权登记，规范土地流转经营管理，完善农村产权交易机制。

深化行政体制改革。完善“三项清单”制度，简化优化行政审批项目和流程，积极推进行政审批、公共服务事项网上运行和办理，做好取消和下放行政审批事项承接落实，健全事中事后监管制度，实现“放管服”有机统一。推进商事制度改革，确保完成18万户企业“三证合一”、“一照一码”换照工作。完善省市共建联管机制，在全省率先建成省市县三级一体化的公共资源交易平台。深化城市执法体制改革，开展县级重点领域综合执法试点，推进行政执法权向乡镇延伸。深化事业单位分类改革，推进法人治理结构试点。

深化社会体制改革。创新社会治理模式，进一步理顺市、区、街道、社区管理职能。深化城市公立医院综合改革，全面落实国家基本药物制度。完善各项社会保险关系制度衔接与跨区域转移接续政策，发展职业年金、企业年金、商业养老保险，健全社会救助体系，积极推进医养结合。深化教育领域综合改革，推进教育管评办分离，建立学生学业质量绿色指标综合评价体系，探索中小学编制资源优化配置的有效途径。

深化文化体制改革，加快发展新兴文化业态，推进传统媒体和新兴媒体融合发展。建立水环境常态治理机制，探索建立水权交易制度。健全资源节约和污染防治制度，积极开展排污权、节能量、碳排放交易试点。

（五）着力推进对外开放。

加快建设开放平台。完善合肥港国际航运和通关服务功能，加强与南京港、宁波港等合作，加快引进船代、货代公司，努力打造“一带一路”沿线重要节点港口。加密“合新欧”国际货运班列，推进市场化运行，建立物流双向机制。积极开通国际货运航线，建成合肥空港水果、冰鲜水产品进境指定口岸，启动粮食、药品、食用水生动物进境指定口岸申报。加快国家级跨境电商综合试验区建设，构建“六体系、两平台”，建成国际邮件互换局。加大综合保税区、出口加工区外向型重大项目招商和建设力度，力争空港保税物流中心（B型）尽快获批。

大力推进招商引资。充分发挥“合肥之友”等平台作用，深入开展“县干大招商”等活动，修订完善大项目招商引资政策导则，着力营造亲商、安商、温商的良好环境，继续针对重点区域、重点产业、重点项目、重点企业，开展“一对一”、“点对点”招商，大力吸引跨国公司等在肥设立各类区域总部，力争全年招商引资3400亿元、利用外资28亿美元。积极支持优势企业走出去开展并购重组，抢占技术高地，开拓新兴市场。鼓励加大原材料、关键零部件、先进设备和群众需求大的日用消费品进口，推进外贸优进优出。

深化国际国内合作。抓住中德合作契机，推进中德教育合作示范基地、德国创新产业园等项目建设。依托中俄“两河流域”和中美绿色环保等合作机制，推动更多项目取得实质性成果。拓展与“一带一路”沿线、中东、南美等国家和地区及友城的务实合作。全面推动与上海双城合作，深化与长江中游城市群联动发展。加快合肥经济圈领导会商会议定事项落实，深入开展与阜阳市及霍邱县、寿县结对合作，进一步延长和拓展支持阜阳合肥、寿县蜀山、临泉庐阳现代产业园区发展的政策。

（六）着力推进都市区建设。

优化空间布局。按照“一尊重、五统筹”的要求，进一步提升城市规划建设管理水平。推进“四规合一”，启动修编城市总体规划，加快编制主体功能区、都市区（圈）、全国性综合交通枢纽等规划。四个城区发展以国际化都市区为标杆，突出功能分区，加快实施“退二进三”。四大开发区着力打造高端要素的集聚区和辐射带动区域发展的主引擎，加快实施“优二兴三”。大力推进东部、南部、北部三大城市副中心建设，促进产城融合，实现宜居宜业。支持包河、蜀山经济开发区升级为国家级开发区。支持新站区申报国家产城融合示范区。积极申报建设国家级合肥滨湖新区。

增强承载能力。推进骆岗机场

复航及综合开发利用，探索发展地方通用航空。加快建设商合杭高铁、合安客专，建成庐铜铁路，完成宁西铁路增建工程，争取合肥至南京、合肥至青岛等快速客运铁路纳入国家规划，加快合肥至新桥机场至六安、合肥至巢湖至马鞍山城际铁路前期工作。大力推进合宁、合安、合巢芜高速公路“四改八”工程，全面建成合裕航道，完成派河、西河、兆河、白石天河等航道综合治理工程。建成运营轨道交通1号线，加快建设2号线、3号线，兴建4号线、5号线，启动新一轮轨道交通前期工作。开工建设合相路，加快建设合水路、合铜路二期及环巢湖道路各连接线，加快推进绕城高速下穿南站南广场、郎溪路高架建设，启动铜陵路高架北延、裕溪路高架东延等工程。加强小街巷改造，建设凤台路等一批支路。推进地下综合管廊和“海绵城市”建设。加大“公交都市”创建力度，建设公交专用道18条，新增和更新公交车600台。加强公共停车场建设，新建36处、5700多个泊位。

提升城市品质。加强文明城市建设，巩固提升全国文明城市创建成果。推进信用城市建设，加快构建覆盖全社会的信用体系。整合信息资源，建设“智慧合肥”。拓展“数字城管”系统功能，提升数字化、动态化、实时化管理水平。开展25个老旧小区综合整治，新启动城中村、危旧小区改造项目10个，实施一批燃气配套和管道液化气改造等工程，提升物业管理和服务水平。加强城市设计和立面景观综合整治，加快特色街区和寿春路、宁国路、芜湖路、黄山路等精品道路建设。加强再生资源回收利用体系建设，积极开展生活垃圾分类收集，深入推进路面净化。

（七）着力推进城乡统筹。

加快做强县域经济。启动小流域综合治理，全面加强道路、电网、供水等农村基础设施建设，整体提高县域产业承载力。继续安排30亿元专项资金，支持县（市）大建设。在重大项目建设、招商引资项目布局、政府投资引导基金投入、产业政策支持等方面，加大对县域产业发展的倾斜力度。支持肥西桃花工业园、长丰双凤工业园升级为国家级开发区。实施新型城镇化规划，强化市与县（市）联动，加快推进与国开行等合作试点项目建设。整合各类资金50亿元，支持县（市）区社会事业发展和民生保障。继续加大对巢湖市、庐江县支持力度，促进县域经济协调发展。

加快建设美丽乡镇。科学编制美丽乡镇建设规划，进一步优化美丽乡镇空间布局。按照中心城市标准，大力提升县城规划建设水平。完成34个乡镇政府驻地整治建设任务，突出抓好治脏治乱，强化基础设施建设和公共服务配套。以环湖十二镇等为重点，优选一批基础较好的乡镇，加快打造特色小镇。深化户籍制度改革，全面放宽城镇落户条件。推进37个中心村建设和一批自然村环境整治，分层分类打造美丽乡村“基本版”、“标准版”和“升级版”。支持巢湖市整市开展全省美丽乡镇建设试点。

加快发展现代农业。实施现代农业“十大行动”，推动农业结构调整转型，加快发展规模农业、园区农业、设施农业、生态农业，继续在环巢湖地区推进化肥、农药减量使用。实施种业“百亿”提升工程，构建“育繁推”一体化的现代种业集群。推进农业经营体系建设，新增各类新型农业经营主体1000家。建设国家级农业气象试验基地，新增高标准农田5万亩以上。实施淠史杭、驷马山两大灌区续建配套和节水改造工程，完成71座中小型水库和2座闸坝除险加固，全面解决农村安全饮水问题。

加快实施脱贫攻坚。围绕“一年脱贫攻坚、四年巩固提升”的目标，按照“政府主导、社会参与、精准到户、扶贫到人”的思路，坚持“开发式”扶贫与“兜底式”帮扶并举，专项扶贫、行业扶贫、社会扶贫联动，深入推进“十大扶贫到户到人”、“五大到村”、“三无特困农户政府兜底”三大精准扶贫攻坚工程，确保今年底现行标准下全市建档立卡的21.56万农村贫困人口全部脱贫，112个重点贫困村全部出列，在全省率先实现整市整体脱贫。

（八）着力推进生态建设。

强化巢湖综合治理。抓好引江济淮工程建设。加快实施环巢湖地区生态保护与修复工程，一期工程充分发挥效益，二期工程全面完工，三期工程全面开工，四期工程完成初步设计。大力开展南淝河、十五里河、派河综合治理，建成十五里河三期、蔡田铺二期、小仓房二期、西部组团等污水处理厂，加快建设清溪净水厂、胡大郢污水处理厂，新增城市污水日处理能力35万吨。加大水污染防治力度，完善“河长制”长效机制，推进城市黑臭水体整治，确保董铺、大房郢水库等饮用水源安全。

创建国家生态园林城市。巩固国家森林城市创建成果，推进“五个一”绿化工程，完成江淮分水岭脊线区域、环巢湖沿岸、水源保护区等重点工程造林10.7万亩，实施一般成片造林2.3万亩。推进滁河干渠风光带规划建设，新建和完善森林长廊242.3公里。积极申报滨湖、三河、庐阳三处国家级湿地公园，创建省级森林城镇7个、森林村庄50个。新建和提升城区绿化1000万平方米，新增公园游园、街头绿地35个，进一步提升绿化管护水平。

深化大气污染防治。坚持以“三厂两尘两气”为重点，大力推进大气污染联防联控。实施清洁能源普及计划，加快推进“气化合肥”，扩大光伏发电示范应用。强化工业废气治理，全面推进重点行业除尘和脱硫脱硝升级改造，对城区重污染企业实施搬迁改造。实施建筑垃圾、工程渣土全密闭运输和安全堆放，严控道路交通、施工工地、料场、裸露地面等扬尘污染，大力整治餐饮油烟污染。全面淘汰黄标车，鼓励购买使用新能源汽车。深入实施全年全域全面秸秆禁烧，完善长效管理和综合利用机制。加大大气监测力度，建立预警体系，多措并举有效缓解雾霾，确保完成省下达目标任务。

（九）着力推进社会治理。

实施民生工程。完善民生工程社会公开征集系统，精选惠民利民项目。加强民生工程资金统筹管理，提高使用效益。健全社会保障管理体制，大力整合城乡居民医疗保险制度，积极推进社会保险服务向基层延伸，建立健全社会保险公共服务体系。推进城镇职工医保大病救助和城镇居民医保购买商业大病保险。全面实施困难残疾人生活补贴和重度残疾人护理补贴。

发展社会事业。加强公办和普惠性民办幼儿园建设，大力提高办园质量。深入推进义务教育“三大提升工程”，完成中小学品质提升试验区创建。整合市属职业教育资源，组建合肥工业学校。支持合肥学院高水平创建应用型合肥大学。统筹布局四级公共文化服务设施网络，推进乡镇综合文化服务中心和中心村农民文化乐园建设，加快建设数字化图书馆、文化馆、博物馆。广泛开展“大湖名城、悦读合肥”活动。加大文艺精品创作力度，争获全国“五个一”工程奖。推进哲学社会科学创新工程，加强庐剧、巢湖民歌等“非遗”保护和弘扬。正式出版《合肥通史》。积极推动社会力量办医，深入开展名院建设，全面提升医疗服务水平。落实“二孩”生育政策，加大对特殊困难计划生育家庭的帮扶力度。推进城乡公共体育服务一体化，进一步打造环巢湖体育“四季歌”品牌，精心办好环湖国际马拉松、国际铁人三项、第十一届市运会等重大赛事。

建设平安合肥。启动“七五”普法，全面落实“谁执法、谁普法”责任制。完善公共法律服务体系，扩大法律援助范围。推进立体化、数字化社会治安防控体系建设，强力整治治安突出问题，依法加强网络社会管理，严厉打击各类违法犯罪活动。完善矛盾排查预警和调处化解综合机制，有效预防和化解矛盾纠纷。深化信访工作制度改革，强化重点信访事项督查督办，加强进京非访专项治理，化解一批信访积案。完善人防应急指挥平台体系，深入开展争创社区民防规范化建设“示范点”活动。以开展“铸安”行动为主线，加强基层基础和标准化建设，深化非煤矿山、危险化学品、建筑施工、道路交通、消防等安全生产专项治理。强化食品药品市场监管，创建食品药品安全城市。积极支持军队改革，大力推进国防设施、战备训练、新型民兵力量等建设，普及国防教育，提升征兵质量，全面拓展军民融合深度发展，争创全国双拥模范城“八连冠”。支持工会、共青团、妇联、红十字会等人民团体广泛参与社会管理和公共服务，扎实做好民族宗教、对台侨务、防震减灾、地方志、统计、新闻、档案、保密、社科、仲裁等工作。

（十）着力推进政府自身建设。

坚持依法行政。自觉运用法治思维、法治方式谋划和推进政府工作。严格执行人大决议决定，自觉接受市人大及其常委会监督，认真办理人大代表议案及建议、批评和意见。主动接受市政协民主监督，不断提高政协提案办理满意度。广泛听取民主党派、工商联、无党派人士、各人民团体和社会各界的意见，高度重视社会监督和新闻舆论监督。健全完善政府重大决策合法性审查机制和法律顾问制度，严格实行重大决策终身追究制、责任倒查制和行政执法自由裁量权基准制。

强化执政为民。自觉践行“三严三实”要求，坚持不懈反对“四风”。按照“经济工作项目化、项目工作责任化”的要求，严格执行工作责任制、项目负责制、行政问责制，深入开展“四督四保”行动，确保中央、省委省政府和市委各项决策部署落到实处。大力推进简政放权，进一步减程序、减费用、减时限。创新服务方式，提升各级政务服务中心办事效能，完善“12345”政府服务直通车运行机制。加大公务员培训力度，提升公务员队伍整体素质。健全考核体系，坚决纠正不作为、慢作为、乱作为，严厉惩处失职、渎职。政府全体公务人员特别是各级领导干部要继续发扬“拼”的精神，始终保持“干”的状态，敢于担当，奋发有为，努力以政府的勤奋指数，提升市民的幸福指数、城市的繁荣指数。

恪守清正廉洁。严守政治纪律和政治规矩，强化党风廉政建设主体责任，落实巡视反馈问题整改措施，始终保持反腐败高压态势，不断提高拒腐防变和抵御风险能力。严格落实中央“八项规定”、国务院“约法三章”和省市相关规定，厉行节约、反对浪费，严控“三公”经费支出。强化行政监察和审计监督，对公共资金、国有资产、国有资源和领导干部履行经济责任情况实行审计全覆盖。深入推进政务公开，确保权力在阳光下运行。

“十三五”发展的宏伟蓝图已经绘就。迈上新的历史征程，我们责任重大、使命光荣。让我们紧密团结在以习近平同志为总书记的党中央周围，在省委省政府和市委的坚强领导下，锐意进取，开拓创新，真抓实干，为加快建设长三角世界级城市群副中心、进一步开创“大湖名城、创新高地”建设新局面而不懈奋斗！

合肥成为“国家森林城市”

“十二五”期间， 合肥市坚持大生态定位、大手笔谋划、大投入保障、大力度推进，累计完成森林增长117.8万亩，是“十一五”期间造林7倍之多,绿量之大前所未有。

“城市建设的终极目标就是建设生态文明的城市。”过去五年，合肥大建设更加注重生态，环巢湖生态示范区、水环境治理、污水处理厂提标改造、河道整治、城市绿化……大建设风生水起，合肥城面貌一新。2014年6月5日，第43个世界环境保护日，第四届“绿色中国·2014环保成就奖”颁奖典礼在香港国际会议展览中心举行，合肥作为中国唯一获奖省会城市，喜获“绿色中国·杰出绿色生态城市”称号。颁奖词中，组委会对环巢湖生态示范区建设给予高度肯定。“2011年，行政区划调整，合肥独拥巢湖，实现通江达海；2012年，合肥‘大湖名城、创新高地’战略横空出世；2013年，环巢湖生态示范区建设接连启动……合肥正在打造一条城湖共生、湖靓城美的发展新路。”

城湖共生　湖靓城美

大湖治理，是一项复杂而又系统的工程。合肥启动了环巢湖生态示范区建设这一巢湖综合治理的宏伟工程，立下愚公移山志，打响治巢攻坚战。

回首“十二五”，环巢湖生态示范区建设项目深入实施，按照“实施一批、储备一批、谋划一批”的要求，工程项目交叉进行、逐步深入、统筹推进。 一期工程，以防洪和治河为主，减少洪涝灾害并为治污打基础，共安排了南淝河、兆河等重点入湖河道防洪整治、环湖大堤防洪加固、河道清淤护岸及截污管网建设等16个项目，已基本完工。 二期工程，以治污和防污为主，控制和减少污染负荷，共安排了城镇污水处理及配套管网、重要水源地保护、入湖河道防洪治理、环湖湿地修复、受损矿山修复等98个项目。到2015年12月底，已完成投资67.5亿元，占实际需要投资（80.5亿元）的83.9%。

整治河道构建巢湖生态治理网

2014年7月，经国家发改委等六部门批准，环巢湖生态示范区被列入国家第一批57个生态文明先行示范区之列；2015年8月，环巢湖获批创建我国首个国家级旅游休闲区……河治则湖清，120多条河道纳入“河长制”管理，城市污水集中处理率达到98%，环湖32座乡镇污水处理厂建成试运行，巢湖湖区总体水质由Ⅴ类好转为Ⅳ类。

治湖先治河　河治则湖清

“十二五”期间，合肥河道整治不再是简单的“清淤挖泥、整治护坡”，而是更加注重生态修复。建自然缓坡，留生物空间，增自净能力。春天的许小河，清清的河水弯弯曲曲，河岸草地起起伏伏，树木成林，红绿相映，已是市民休闲踏春的理想去处。附近的居民都知道，过去的许小河却是一条臭水沟，垃圾成堆，不堪入目。河道整治，让许小河从“丑小鸭”变成“白天鹅”。

南淝河，合肥的母亲河

2014年12月，作为环巢湖生态示范区国开行项目二期最大的项目——南淝河下游河道整治工程二期开工建设，治理范围为二十埠河口以下左岸堤岸线，长14.76公里，拆除堤上房屋，加固堤防，建设穿堤涵闸、排涝泵站、防汛道路及桥梁，提升防洪能力，减轻河岸污染。

源头活水来，河水自然清。过去五年，合肥市开展了一系列重要水源地保护、河湖补水工程。水源地保护工程，启动大房郢水库、董铺水库水源保护区生态修复及湿地工程，启动龙河口水库调水工程。河湖补水工程，疏浚滁河干渠，开辟驷马山灌区江水西调工程，扩大西兆河引江通道，提高了南淝河、派河等大河支流的自净能力。

“十二五”期间，西河、兆河、派河、十五里河等入湖河流整治工程陆续开展，降低了水污染，改善了水生态。自2012年11月以来，环巢湖生态示范区共治理河道，46条、总计750千米。去污则河清污水处理厂达地表四类水排放。

“十二五”期间，合肥高标准设计，高质量建设，累计投资约50亿元，新（扩）建污水处理厂4座（新增污水处理能力23万吨／日）、改建污水处理厂2座，新增污水管道864.6公里，城区污水处理厂累计处理规模达120万吨／日。一批污水处理厂上马运行，为实现污水全收集、全处理提供了有力保障。

王小郢污水处理厂改造，堪称“十二五”期间国内污水处理厂提标改造的成功样本。提标改造项目前期阶段，住建部、德国柏林水务、同济大学水专项课题组、北京市政总院等一批专家和技术人员多次到现场，对王小郢污水处理厂的氧化沟改造方案、深度处理工艺路线、施工方案等进行研究。多方请教，多次论证，王小郢污水处理厂提标改造次第展开。2012年2月，除臭降噪、氧化沟改造工程正式开工；2014年5月，开始调试试运营；8月份完成一级A环保验收；2014年12月份完成地表Ⅳ类水验收工作。曾经的臭味没有了，吵人的噪声消失了。步入王小郢，一栋充满现代感的办公楼立即映入眼帘。小路纵横在草坪间，绿树成荫，原来灰暗的水泥路变成了整洁的沥青路。污水处理厂作业区，集艺术与功能为一体的密封盖，让污水处理厂变身小公园。合肥所有污水处理厂都已执行一级A排放标准，城区多座污水处理厂已在一级A基础上将出水主要指标提升到地表水Ⅳ类标准，领先全国。

林城相依，林水交融，林路一体，人居依林

“十二五”期间，公园游园建设，新建提升公园59个、游园广场73处，完成面积2300万平方米。大蜀山森林公园、滨湖森林公园分别于2013年和2014年荣升为国家级森林公园，合肥成为唯一一个建成区拥有两座国家级森林公园的省会城市。地绿则景秀，如今的合肥，城在林中，路在绿中，房在园中，人在景中。近在咫尺的城市公园，让众多市民不必离开城市，就能拥抱绿色和自然。

——道路廊道绿化，完成600余条道路及节点的绿化建设和提升，完成面积2000余万平方米。

——在社区绿化方面，完成252个老旧小区绿化改造，惠及居民13.2万户、37.7万人，实施零星空地绿化69万平方米。

——绿道建设方面，完善提升绿道230多公里，环巢湖“金项链”绿道已全线贯通。

“十二五”期间，合肥森林覆盖率由20.53%增加到26.78%，城市建成区绿化覆盖率由44.4%提高到46%，“十二五”造林同比增七倍。城镇园林绿化新建提升6700余万平方米，基本实现“出门300米见绿、500米见园”的目标。2014年9月，合肥正式成为“国家森林城市”。

十二五合肥大建设

“十二五”以来，合肥大建设持续发力，大建设更是从量的扩张转向量质并重，更加注重城市品质，更加注重都市建设，更加注重生态文明，更加注重民生福祉，更加注重城乡统筹。

大建设　造就大城市

“十二五”期间，合肥大建设快速推进，城市面貌焕然一新。纵横合肥城区的九条高架桥建设完工且环环相扣，大城气质初步显现。特别是被国家定位为长三角世界级城市群副中心后，合肥提出建设“精品城市”的战略规划，大建设步伐加速前行。

以2015年为例，合福铁路建成通车、商合杭高铁动工、合安高铁启动；轨道交通1号线实现洞通；南薰门桥加宽、望江西路改造完工；42个老旧小区雨污分流改造完成……全市大建设以前所未有的力度向纵深推进，建设项目和投资再创历史新高。

建设精品城市　外观内涵并重

合肥，作为全国唯一一座环抱五大淡水湖之一的省会城市，标志性的建筑、协调的建筑群、丰富的天际线、多样风格的园林小品，成为彰显城市特色的空间载体。去一趟滨湖，宽阔笔直的道路、景色多变的绿林、全钢结构的要素大市场、扬帆启航的渡江战役纪念馆、景色如画的环巢湖大道，处处展现崛起合肥的蓬勃生机。走一趟老城，修旧如旧而又改造一新的明教寺、包公园、城隍庙，时时显露千年合肥的厚重文脉。宁国路龙虾美食街区、包河区罍街、贵池路瑞福·食尚街，这些特色街区不仅美食地道，而且徽派韵味十足，文化品位浓厚。

合肥大街小巷绿树成行，城市风景多彩而且富有起伏感，一路一景色，处处好春光。市园林部门负责人介绍说：“城市绿化不再是简

单的增加绿量，而是更加注重季节和色彩的搭配。”

细节之处见精品，城区的零星地块，也全部绿化到位，无留白、无死角。“十二五”期间，合肥市累计造林117.8万亩，是“十一五”造林总面积的7倍多，绿量之大前所未有，成效之好令人振奋，“林城相依、林水交融、林路一体、人居依林”的大森林格局基本形成。

精工铸就精品 细处彰显特色

几年来，合肥大建设更加注重打造精品工程，规划设计、施工过程、工程质量，一律严格要求，精耕细作中提升工程品质。

南薰门桥拓宽改造，被列为2015年大建设一号工程。6月1日零点，南薰门桥在夜色中破土动工。打造精品工程的理念，贯穿施工始终，沥青摊铺是确保工程质量的重中之重。

着眼工程“品质”，建设部门在材料上，采用高弹高粘新型沥青，抗高温变形、抗低温脆裂、抗水害松散，寿命更长，行车舒适度更好；在建设过程中，组织专家对桥面沥青结构、防水施工工艺等进行论证把关，对沥青选材、搅拌和摊铺全程提供技术指导。在细节上，为保证新铺装沥青面层与老桥面更好粘接，兼顾桥梁安全荷载要求，在合肥首次引入精铣刨工艺，将老桥面混凝土铺装层铣刨1厘米后，再铺装4厘米沥青层。后经检测，南薰门桥桥面沥青抗滑性、均匀性、平整度等各项性能指标均为优良。据了解，市重点局将在大建设中推广南薰门桥沥青施工的成功经验与做法。

坐落于滨湖新区的合肥要素大市场，是“十二五”时期在滨湖建设的一座地标性工程。得益于精细化设计和施工，该工程先后获得金钢奖特等奖和中国建筑工程钢结构金奖。自然通风、太阳能供电、屋面收集雨水浇灌绿化，甚至将太阳光引入地下室……要素大市场不仅外形靓丽，酷似上海世博会上的中国馆，它还是全省首座绿色二星建筑。以节电为例，合肥要素大市场年耗电量比普通建筑节能约24%。

几年来，徽州大道高架、渡江战役纪念馆、中科大先研院等一大批精品工程在国内同行业竞成标杆。

精耕细作 提升品质

南淝河是合肥的母亲河，多座跨河大桥已列入建设议程，各桥梁均经精心设计，形态各有千秋。以最先建成的繁华大道桥为例，首先对拱桥、梁桥等图案进行了比照，两相兼顾，最终选择了组合斜拉桥。在建的上海路桥、郎溪路桥分别是钢桁架桥和梁桥；龙岗路桥、广德路桥还在设计中。此外，街头新建人行天桥也不再是千篇一律，而是统筹考虑周边建筑风格，打造“一桥一景”。

打造精品城市，加紧建设轨道交通；告别红灯的畅通二环，在次第推进；环巢湖生态示范区建设，在有序进行。随着轨道交通时代的到来，合肥在建设精品城市道路上将向前更进一步。

内里秀 市政设施超前布局

合肥“十二五”大建设，外在美，内里更秀，这几年，合肥大建设更加注重“里子工程”。以地下管网为例，“大建设”施工极少再有挖断水、电、气管道的情形，对地下管线的管理和建设更加精细化。

按照市委、市政府指示，2013～2014年，市城乡建委利用一年多时间对地下管线进行普查探测，绘成地图，为地下管线利用、大建设施工和城市长远发展奠定了基础。水电气热，超前布局，科学建设，更显城市内秀。

——天然气关系民计民生。为了保障燃气工业，合肥市主动与大型央企合作，增加气源，提升储备量。冬季是用气高峰期，近几年合肥的城市用气未受任何影响。”

——水是城市命脉。合肥大建设始终把饮水工程放在重中之重，超前谋划，精细建设。“十二五”期间，合肥市兴建了六水厂二期，七水厂一期、二期工程。市里又谋划八水厂二期建设项目，确保供水能力满足城市扩张需求。

——供热，不仅保障冬季供暖，还是工厂、医院等企事业单位的用热能源。近几年，在大建设引领下，合肥供热水平显著提升，合肥热电集团成为国家高新技术企业，合肥成为南方城市中少数几个实行集中供热的城市之一。2015年，合肥城市供热管道已经覆盖所有市区、开发区，又向县域延伸，开创南方地区县域供热之先河。

合肥成为全国性综合交通枢纽

合肥成为长三角世界级城市群副中心。建设“副中心”，必须拉高标杆，提升品质，打造国际化都市区；融入长三角，首当连通道路，建设全国性综合交通枢纽。“十二五”期间，合肥科学规划、精心打造，以综合交通、市政配套为主要内容的城市建设硕果累累。开通合肥南站，启用新桥国际机场，建成合肥港二期工程。大合肥的对外交通，连接世界，通江达海，水陆空共筑通衢大道。

“米”字型高铁网成就交通枢纽

交通枢纽，撑起副中心，一体融合长三角；“副中心”，铺开交通大动脉，快速连接各城市。2015年12月，商合杭铁路皖浙段工程在肥东县西山驿打下第一钻，标志着这条贯穿安徽省南北680公里的最长高铁线全面开工。至此，“米”字型高速交通路网在合肥定型。

2014年11月12日， 合肥南站投入使用，掀开合肥“高铁时代”的历史新篇。合蚌客运专线、合肥铁路枢纽南环线、合福高铁等相继开通运营，市域范围内形成“3高铁4普铁”的网络布局，实现1小时到南京，2小时到上海、武汉，3小时到长沙，4小时到北京、福州的高铁交通圈。

在合肥，通车运营的有北线合蚌高铁、西线合武高铁、东线合宁高铁、南线合福高铁，东南商合杭高铁正在建设中，而西南合安九高铁和西北商合高铁已经敲定开建。待商合杭高铁建成后，合肥去杭州，不用再绕道南京，旅程可以缩短1/3左右，时间由现在的最短2小时24分钟缩短到1小时40分钟左右。合肥到郑州，时间也将从6个小时缩短到2个小时左右；合肥到西安，将缩短至4个多小时。

航空水运通江达海连接世界

依托发达的水陆空运输，合肥对外交往面更加广阔，国际化程度越来越高。2013年5月投入使用的合肥新桥国际机场，较骆岗机场实现了升级换代——航线辐射城市由2005年的43座扩大到2014年的60座；旅客吞吐量由2005年的123万人次增加到2015年的600多万人次，年均增长45.3%，境内外旅游人数迅速增加。

依托空港，合肥水果进境指定口岸已经建成，有望在上半年投用。2015年，合肥空港保税物流中心（B型）开工建设，为合肥正在打造的八大对外开放平台之一。下月，合肥国际邮件互换局兼交换站有望运营，将实现合肥对美国、日本、法国、韩国、英国、俄罗斯等10个主要跨境出口国家和地区的国际邮件总包直封，合肥跨境电商产业将开启新的一页。

合肥，曾经因水而兴。水上运输，投资少，成本低，货运量大。“十二五”期间，合肥港建设及航道整治，推动合肥水运再度兴起。过去五年，合肥市完成水运建设投资40亿元，是“十一五”时期的2.7倍，年均增长21.9%。随着合肥港综合码头一期工程运营， 二期主体工程建成，合肥的港口靠泊能力进一步提高，水上运输快速发展，港口完成货物吞吐量年均增长45.6%。

拔锚合肥港，合肥开辟至宁波海铁联运通道，牵手21世纪海上丝绸之路。始发合肥货运北站，“合新欧”铁路货运班列满载合肥家电、汽车及装备制造产品，跨越丝绸之路，直达欧亚腹地。

城市快速路网打造都市风范

过去五年，全市公路总里程接近2万公里，“一环八线”高等级公路网基本形成，国省干道建设成为全国样板。

打造国际化都市区，城区交通的便捷，是一个重要标识，是城市品位的重要体现。过去五年，合作化路、阜阳北路、铜陵路、包河大道、马鞍山路、裕溪路以及徽州大道等高架桥建成通车，全市高架桥总里程达54.5公里，城市交通从平面时代跨入了立体时代。

畅通一环完美收官，畅通二环启动西、南环节点改造，环巢湖大道、方兴大道、龙川路等主次干道相继建成，“一刻钟”快速交通网初步形成。城市道路骨架基本形成，滨湖、高新区、龙岗、北城等重点片区主干路初具形态；市区道路长度由2005年的1467公里增加到2015年的2923公里，年均增长9.9%。

轨道交通连接新旧城区，彰显大城气魄

“十二五”期间，合肥轨道交通建设实现零的突破，迎来了地铁时代。轨道交通1号线已经实现双向洞通，列车调试有条不紊，站点装修如火如荼，轨道交通上路指日可待；2号线隧道挖掘也已经超过七成，3号线全面开工，4号线、5号线也将在年内陆续开建。轨道建设从无到有，合肥城市交通跨入立体时代。

合肥蝉联“全国社会治安综合治理优秀城市”称号

合肥市坚持理念引领，突出问题导向，深化改革创新，狠抓责任落实，全面推进平安建设常态化、治安防控立体化、矛盾化解多元化、服务管理信息化……平安建设硕果累累，蝉联“全国社会治安综合治理优秀城市”称号，三捧“长安杯”，平安建设三次获评“全国社会治理优秀案例”。

“三网”立体防控保平安

近年来，合肥市坚持顶层规划、资源共享、创新应用，加快推行信息技术与城市发展全面深入融合，着力打造覆盖城乡、整体联动、信息共享、功能齐备的视频防控系统（即“天网”工程）。投资5.88亿元的市级“天网工程”全面建成，1.8万个前端监控探头皆为数字高清摄像机，形成“封闭成环、汇聚

成网”立体监控网络；同步推进预算投资4.2亿元、探头数量达1.2万个的县（市）区级“支网工程”；建设、整合社会监控资源，采集录入社会监控信息资源5.4万个……2015年，合肥城市技防覆盖率达到100%，全市98%的村居实现视频监控“村村通”。

“天网”不仅成为震慑、打击犯罪的‘利器’，其社会服务成效也初步显现。2015年，依托视频监控探头，警方为群众找寻走失人员百余人，挽回经济损失数百万元。构筑“天网”之余，合肥市持续强化街面巡控，密织“地网”。

2015年，全市警方开展街面巡控模式重构，统筹特警、武警、交警、便衣、派出所民警等力量，城区网格巡控车、武装巡控车24小时动态巡逻，组建全市首家综合警务站，做到重点部位定点执勤力量1分钟、中心城区3分钟、其他城区5分钟到达现场处置。市区巡控民警现场抓获犯罪嫌疑人857人。

全市“平安社区”“平安乡镇”“平安市场”等基层平安创建活动蓬勃开展。广大群众积极组建队伍投身平安建设，邻里守望，一个积小安为大安、以基层平安保全市平安的格局正在形成。与此同时，合肥坚持依法管网，全面提升网络社会综合治理能力，严打网络违法犯罪。

通过天网、地网、虚拟网‘三网’建设，合肥市形成了专群结合、现实社会与虚拟社会结合、人防物防技防结合、打防管控结合的立体化社会治安防控体系，公共安全逐年提升。

化解小纠纷，换来“大和谐”

数百万人汇聚一座城市，日常生活中彼此之间会出现一些矛盾、纠纷，影响原本和谐的生活。对此，合肥市坚持运用法治思维，充分发挥法治功能，完善社会矛盾排查预警和调处化解综合机制，第一时间预防、化解社会矛盾。

“退一步，海阔天空”“依法规，自愿调解”“化干戈，止息纷争”…… 走进包河区芜湖路派出所警民联调中心，墙上这些标语格外醒目。翻看房间柜子里的卷宗，家庭纠纷、邻里纠纷、医患纠纷……可谓应有尽有。作为全市首家警民联调室，自2011年成立以来，这里已调解纠纷5000余起，成功率超94%。

合肥市出台了《合肥市重大事项社会稳定风险评估暂行办法》，对重大决策、重大改革、重大项目实行社会稳定风险评估，做到先期预测、先期研判、先期介入。与此同时，全市形成县区、乡镇（街道）、村居三级联动，人民调解、行政调解、司法调解三调对接，政府、市场、社会三方互补的矛盾纠纷调处化解多元格局。截至2015年年底，全市共有各级各类矛盾纠纷调解委员会2027个，其中行业性专业性调委会253个，拥有人民调解员13308人。据统计，2012～2015年，全市各级调处中心和各类调解组织共调解纠纷296442件，调解成功292699件，防止“民转刑”案件749起。

基层服务管理日益精细化

一个平台，使得政府部门服务事项延伸到社区，通过互联网办理，让群众少跑路。合肥市社会服务管理信息平台给居民带来的便利。拿低保办理来说，通过高拍仪，居民可以一次性将相关材料录入系统，登记、审核、审批、发放、停保、续保等工作均在后台线上进行，不用再一个部门一个部门地跑。滨湖世纪社区作为首批试点单位，该社区已有近千居民实现相关事项快捷办理。“这一平台还可以第一时间呈现网格员巡查发现的问题。”

近年来，合肥市不断强化基层网格化、信息化建设，通过精细化服务管理，提升平安建设效能，给群众带来诸多便利。合肥市合理设置6595个网格，11365个网格责任人实时采集、及时更新各类基础信息和社情民意数据，平安建设“大数据”始终翔实。采集信息、数据之余，广大网格员积极开展精细化、多元化、亲情化服务，成为居民生产生活的360°“贴心管家”。

信息化建设上，2015年10月份，合肥市社会服务管理信息平台在市区（开发区）352个社区全面试运行，实现公共服务全人群覆盖、全天候受理和“一站式”办理。这一平台还为社区实现对区域内人、地、事、物、情、组织网格化精细管理提供技术支撑。网格员通过手机APP，用语音录入的方式快速将发现的矛盾、隐患上报平台，便于后方决策处置。

合肥综治和平安建设工作基层化、社会化、信息化、法治化水平进一步提高，人民群众安全感逐年上升，社会和谐安宁。

大事记

1 月

1 日　合肥市被教育部确定为加强义务教育学校标准化建设提升学校品质项目试点地区，时间为 2014 年 12 月 20 日至 2016 年 12 月 20 日。

2 日　合肥轨道交通 1 号线在建工程 5 标项目荣膺“国家 AAA 级安全文明标准化工地”称号，被誉为“安全领域的鲁班奖”。

4 日　中国共产党合肥市第十届委员会第七次全体（扩大）会议在市政务中心召开。会议传达了中央经济工作会议和全省经济工作会议精神，听取了省委常委、市委书记吴存荣代表市委常委会作的 2014 年度干部选拔任用工作专题报告，对市委常委会 2014 年度干部选拔任用工作和新提拔任用的有关领导干部进行了民主评议。

吴存荣代表市委常委会向全委会作工作报告，并讲话。市委副书记、市政府主要领导作关于当前经济工作的讲话。市人大常委会主任熊建辉，市政协主席董昭礼，市委副书记凌云出席会议。

5 日　市政府第六次全体会议在市政务中心召开。会议听取了《政府工作报告》起草情况汇报，讨论了即将提交市十五届人大三次会议审议的《政府工作报告》《关于合肥市 2014 年国民经济和社会发展计划执行情况及 2015 年计划草案的报告》《关于合肥市 2014 年预算执行情况和 2015 年预算草案的报告》。市政府主要领导主持会议并讲话。

省长王学军来肥走访省人大代表，并主持召开座谈会，征求基层人大代表、党员群众代表对政府工作以及《政府工作报告（征求意见稿）》的意见。省委常委、市委书记吴存荣参加走访活动。

7 日　徽州大道高架和渡江战役纪念馆两项工程获“2013～2014 年度国家优质工程奖”殊荣。

8 日　市粮食局荣获“全国粮食系统先进集体”称号。

12 日　省委书记张宝顺来肥调研创新型企业和创新平台。省委常委、秘书长唐承沛，省委常委、市委书记吴存荣陪同调研。

15 日　具有国际化背景和水准的惠而浦大学（泛亚分校）在合肥成立。这是世界 500 强企业美国惠而浦公司在海外设立的首所企业大学分校。

16 日　合肥市科技金融项目集中签约仪式暨融资需求发布会在市政务中心举行。市政府主要领导出席仪式并见证签约。

市领导在市政务中心会见来肥考察的中国国民党荣誉副主席蒋孝严办公室主任詹清池一行。

21 日　合肥百大集团与阳光电源 15.53 兆瓦屋顶光伏电站合作项目顺利签约，标志着国内最大的商用屋顶光伏电站落地合肥。副市长陈晓波出席签约仪式。

22 日　合肥半汤生物经济实验区重大合作项目集中签约仪式在市政务中心举行。省市委常委、市委书记吴存荣，市政府主要领导等出席仪式。

23 日　合肥市 2015 年食品药品安全工作目标管理责任书签订仪式在市政务中心举行。市政府主要领导出席仪式并见证签约。

合肥乃至全省第一条城市轨道交通线路铺轨开工仪式在滨湖车辆段铺轨基地举行。省市委常委、市委书记吴存荣，市政府主要领导等出席仪式。

24 日　2014 年度中国品牌总评榜颁奖盛典在北京举行，巢湖市荣获“2014 中国宜居生态示范城市”称号，是安徽省唯一获奖的县级市。

2 月

1日　中共合肥市第十届纪律检查委员会第五次全体会议在市政务中心召开。省委常委、市委书记吴存荣出席会议并讲话。市政府、市人大、市政协主要负责同志出席会议。

2日　合肥高新区合芜蚌试验区科技创新公共服务和应用技术研发中心可再生能源建筑应用示范项目获2014年中国人居环境范例奖。

2～3日　省委常委、市委书记吴存荣赴阜阳市颍上县开展扶贫慰问，并召开定点帮扶颍上县扶贫开发工作座谈会。阜阳市委书记于勇主持座谈会并讲话。

6日　市首家“社工＋义工”服务站——君善公益“社工＋义工”服务站在蜀山区笔架山街道翠庭园社区成立。

7日　长江中游城市群省会城市第三届会商会在合肥举行。武汉、长沙、南昌、合肥四市党政主要负责人聚首合肥，围绕“深化合作、共赢未来——新常态下加速长江中游城市群市场一体化发展”主题，共同商讨加强开放合作、激活创新资源、实现互惠共赢，共推“第四极”创新崛起。

9～11日　中共合肥市委中心组理论学习会议召开。省委常委、市委书记吴存荣主持会议并讲话。市政府主要领导出席会议并传达张宝顺书记在参加省十二届人大四次会议合肥代表团审议时的讲话要点。

11日　中国共产党合肥市第十届委员会第八次全体（扩大）会议在市政务中心召开。省委常委、市委书记吴存荣主持会议，并代表市委常委会作《实施意见（审议稿）》说明。市人大、市政协主要负责同志，市委委员、市委候补委员出席会议。

省长王学军到位于江淮分水岭的长丰县双墩镇，走访慰问困难群众，看望老党员老村干，省委常委、市委书记吴存荣参加慰问活动。

12日　合肥综合保税区通过预验收。省政府副秘书长张武扬、副市长陈晓波出席预验收工作会议。

13日　市委全面深化改革领导小组第五次全体会议在市政务中心召开。省委常委、市委书记、市委全面深化改革领导小组组长吴存荣主持会议并讲话。

17日　省委书记张宝顺专程到合肥市儿童福利院，看望慰问孤残儿童和工作人员，省委常委、市委书记吴存荣陪同看望。

28日　合肥市成功当选为第四届全国文明城市。合肥经过20年的不懈努力，终于成功跻身全国文明城市行列，这不仅是对合肥综合发展成绩的肯定，也是对广大合肥市民的肯定。

合肥德电新能源汽车项目签约仪式在市政务中心举行。市政府主要领导出席仪式并见证签约。副市长王翔和北斗德电电动汽车控股有限公司董事长、合肥德电新能源汽车股份有限公司董事长秦强并签署《投资合作框架协议》。

3 月

2日　央视财经频道《中国经济生活大调查》发布“中国幸福感十强城市”榜单，合肥荣登“十强”榜首。

3日　美国国家科学基金会（NSF）和美国《大众科学》杂志公布了2014～2015年度Vizzies国际科学可视化竞赛获奖名单，由中国科学技术大学先进技术研究院新媒体研究院和清华大学出版社联合制作的原创数字科普项目——《美丽化学》荣获视频类专家奖。

5日　全市离退休干部先进集体和先进个人表彰大会在市政务中心小会堂召开。吴存荣会见离退休干部“双先”代表。市领导熊建辉、董昭礼、杨思松参加会见。

6日　市委召开常委（扩大）会议，落实中央和省委关于党的群众路线教育实践活动的部署要求，通报市委常委会及成员教育实践活动的整改落实情况。省委常委、市委书记吴存荣主持会议并讲话。

8日　第三批“安徽省法治县（市、区）创建活动先进单位”名单公布，合肥市包河区、巢湖市、长丰县获全省先进。

15日　由市委宣传部、市文明办等单位共同举办的“百城万店讲诚信　文明守信3·15”活动在银泰中心广场启动。

16日　邮储银行合肥市分行与兴泰担保合作的安徽东昌建设集团有限公司500万元贷款项目放款，这标志着全市新型政银担（政府、银行、担保机构）合作首笔项目落地。

17日　安徽省首家综合保税区——合肥综合保税区通过国家联合验收组验收。其位于合肥新站综合开发试验区内，2014年3月获国务院批准设立，核心区建设包括通关服务中心、查验监报仓库、检疫处理用房等设施，总建筑面积达26317平方米。

18日　国正小贷一期资产支持证券在上海证券交易所挂牌上

市。这标志着合肥小贷企业迈出登陆上交所资本市场的新征程，也开辟了安徽小贷资产证券化的先河。

合肥首个民营 TMT 行业小微企业孵化器在高新区诞生，成为产业结构升级、区域城市功能提升方面的典范。

21 日　2015 年合肥市首个棚户区改造项目——瑶海区安拖东村棚户区改造项目启动。

23 日　省委书记、省人大常委会主任张宝顺，省长王学军，省政协主席王明方，省委副书记李锦斌等领导同志与省市 1200 名干部群众、驻肥部队官兵一起，参加 2015 年省暨合肥市党政军领导及省市机关干部义务植树活动。

安徽省民政厅与合肥市政府签订《关于加强社区建设合作框架协议》。省民政厅厅长吴旭军与市政府主要领导代表双方签署协议并致辞。韩冰主持仪式。

27 日　彩虹（合肥）光伏公司 1 号窑炉顺利点火。

合肥市长丰县陶楼司法所所长任为柱当选中华全国人民调解员协会第四届理事会理事，是安徽省当选的唯一一名基层司法所所长。

30 日　省委常委、市委书记吴存荣在市政务中心会见德国汉堡大学信息学科学系教授、德国汉堡科学院院士张建伟一行。副市长王翔参加会见。

4 月

1 日　省委常委、市委书记吴存荣在市政务中心先后会见三菱重工业株式会社执行董事、中国总代表岩崎启一郎一行，三星 SDI 代表理事赵南成一行。副市长王翔、陈晓波分别参加会见。

1～2 日　团中央书记处第一书记秦宜智来肥考察共青团和青年工作。省市领导李锦斌、吴存荣、凌云陪同考察或参加座谈。

由省政协常委、政法委主任孙建新率领的省政协调研组，就《安徽省消费者权益保护条例》修订工作来肥开展专题调研。副市长陈晓波出席座谈会并汇报有关情况。

7 日　市政府主要领导率市经贸代表团赴美国和阿联酋进行友好访问。

8 日　2015 年度国家级森林公园管理高级研修班在肥举行，来自全国 29 个省（区、市）、3 个森工集团的参训学员共谋森林公园建设发展之路。国家林业局森林公园管理办公室主任杨超作主旨讲话。市委常委、副市长江洪出席开班式并致辞。

市政府主要领导在市政务中心会见法维莱轨道交通中国区总裁贺钧一行，并现场见证其与中国铁路物资工业（集团）有限公司董事长倪令亮签约中国铁物轨道交通装备产业园项目。

11 日　“大湖名城 青春毅行”2015 环巢湖金色踏春毅行大会启动仪式在渡江战役纪念馆南广场举行。省市领导吴存荣、熊建辉、董昭礼、凌云、钟俊杰、姜明、吴春梅出席开幕式。并为 12 名毅行“代言人”授旗，为万名毅行者领走。

第七届合肥市青少年电脑机器人竞赛在合肥一中体育馆开幕。

12 日　首届骑行巢湖“文明旅游”公益活动启动仪式暨合肥市第九届“春色滨湖”旅游文化节开幕式在合肥滨湖国家森林公园举行。省委常委、市委书记吴存荣，省委宣传部副部长、省文明办主任贺懋燮出席仪式并共同为合肥市滨湖湿地生态修复和公园建设项目（合肥滨湖国家森林公园）“中国人居环境范例奖”揭牌。市领导熊建辉、凌云、吴春梅出席仪式。

14 日　国台办副主任龚清概来肥考察。省委常委、市委书记吴存荣会见龚清概一行。市政府主要领导陪同考察并出席座谈会。

由中国围棋协会、安徽省体育局、合肥市人民政府联合主办，合肥市体育局、庐阳区人民政府承办，世界双人围棋协会协办的第三届“庐阳杯”中日韩三国围棋名人混双赛新闻发布会举行。

中国国际结算有限公司董事兼行政总裁黄振荣一行来肥，就跨境贸易结算和国际金融服务等方面合作进行考察。其间，举行了国际结算合作交流座谈会暨签约仪式、市政府与结算动力有限公司签署战略合作框架协议，以及合肥（蜀山）国际电子商务产业园与中国国际结算有限公司签署战略合作合同。副省长花建慧，市政府主要领导出席合作交流座谈会并见证签约。

16 日　合肥市“纪念刘铭传首任台湾巡抚 130 周年”系列活动组委会第一次会议在市政务中心召开。市领导凌云，黄文涛出席会议并讲话。

合肥市组织申报的 3 个动漫项目成功入选“2015 年国家动漫企业项目资源库”。

17 日　全国政协副主席、科技部部长万钢一行来肥考察科技创新工作。省委常委、副省长陈树隆，省委常委、市委书记吴存荣陪同考察并参加座谈会。

“大湖名城·悦读合肥”2015 年合肥市全民阅读活动启动仪式在市政务区举行。市委副书记凌云出席启动仪式并讲话。

24 日　市政府召开第七次全体会议，总结今年以来工作，分析当前经济形势，部署二季度重点工作任务。韩冰主持会议并传达中央领导同志近期关于经济工作重要讲话精神、通报2015年市政府主要工作目标任务一季度完成情况。会议通报表彰了2014年度目标管理考核优秀责任单位。市政府主要领导出席会议并讲话。

26日　北大未名生物经济研究院落成典礼在合巢经开区举行。

合肥发布网上线仪式在市政务中心阳光大厅举行。省委宣传部副部长、省新闻出版广电局局长车敦安，人民日报社安徽分社社长刘杰，市委副书记凌云，市委常委、宣传部部长钟俊杰共同启动水晶球。

安徽银监局批复同意广发银行合肥分行开业。至此有8家全国性股份制商业银行先后入驻合肥市。

27日　省委常委、市委书记吴存荣在市政务中心会见大陆集团马牌轮胎事业部高级执行副总裁博卡·科勒一行。

28日　市庆祝“五一”国际劳动节暨先进表彰大会在市政务中心小会堂召开。省委常委、市委书记吴存荣出席大会并讲话。市政府主要领导主持大会。

第三届“庐阳志邦杯”中日韩三国围棋名人混双赛在庐阳区三国遗址公园开幕。中国围棋协会主席王汝南，副市长吴春梅出席开幕式。

29日　深圳证券交易所理事长吴利军来肥调研资本市场建设与发展情况。省委常委、副省长陈树隆，市政府主要领导陪同调研。

5 月

1日　合肥市许小河综合治理工程被国家水利部通报表彰为2013～2014年度全国水利建设工程文明工地项目。

5～6日　由全国政协外事委员会副主任杨多良率领的全国政协调研组，就巢湖湿地保护情况来肥调研。省委常委、市委书记吴存荣陪同调研并出席座谈会。

6日　全市文明创建工作表彰暨深入推进大会在市政务中心大会堂召开。省委常委、市委书记吴存荣为合肥市获得的“全国文明城市”奖牌揭牌，并讲话。市政府主要领导主持大会。市领导凌云、熊建辉，董昭礼出席大会。

省委常委、市委书记吴存荣在市政务中心会见惠而浦董事局主席兼首席执行官杰夫·费蒂格一行。市政府主要领导参加会见。

7日　全市“三严三实”专题教育党课报告会暨市委中心组理论学习会议在市政务中心小会堂召开。省委常委、市委书记吴存荣作专题党课报告。

8日　合肥市融入“一带一路”开辟铁海联运新通道战略合作签约仪式在市政务中心举行。市政府主要领导、合肥海关副关长张国强出席签约仪式。

农业部副部长、中国农科院院长李家洋来肥考察。市政府主要领导在市政务中心会见李家洋一行。

中国中部（合肥）国际装备制造业博览会暨2015安徽工业智能装备及机器人展在合肥滨湖国际会展中心开幕。

9日　国土资源部党组书记、部长、国家土地总督察姜大明来肥调研考察。考察组考察了庐江县罗河铁矿属国家规划矿区。省委常委、市委书记吴存荣陪同。

国家发改委副主任、国家能源局局长努尔·白克力来肥考察光伏产业发展情况。省委常委、常务副省长詹夏来，市政府主要领导陪同考察。

10日　合肥经济圈城市党政领导第六次会商会议在滁州市召开。吴存荣出席会议并讲话。省发改委主任张韶春出席会议并提出指导性意见。市政府主要领导作合肥经济圈推进工作发言。合肥、淮南、六安、滁州、桐城五市完成合作专题框架协议和重点项目签约。

11日　合肥市2014年度“三项考核”述职述德述廉大会在市政务中心召开。省委书记、第一考核组组长张宝顺出席会议并作讲话。吴存荣主持会议并代表市党政领导班子作工作总结报告。市领导熊建辉、董昭礼、凌云出席会议。

市政府主要领导在市政务中心会见南非伊库鲁兰尼市市长蒙迪·刚古贝勒率领的代表团一行。副市长王翔参加会见。

12日　省暨合肥市5·12全国“防灾减灾日”宣传周启动仪式在和平广场举行。副省长、省减灾救灾委主任梁卫国，市委常委、副市长、市减灾救灾委主任江洪出席启动仪式。

2015合肥国际马拉松赛暨环巢湖自行车赛工作会议在市政务中心举行。市领导吴春梅出席会议。

11～14日　省国土资源厅厅长孙爱民率队对合肥市土地督察整改工作进行督查调研。市政府主要领导出席汇报和反馈会议。

14日　市人大常委会主任熊建辉到肥东县长临河镇四顶社区大红中心村走访基层党员群众。

人社部副部长孔昌生来肥调研人力资源和社会保障工作。省委组织部副部长、省人社厅厅长刘莉，副市长王翔陪同调研。

“感知美国”图片展在市图书馆开幕。美国驻上海总领事史墨客，市委常委、宣传部部长钟俊杰出席开幕式并致辞。

15日　市信访工作会议在市政务中心召开。省委常委、市委书记吴存荣出席会议并讲话。市政府主要领导主持会议。

中华全国供销合作总社党组副书记、理事会副主任李春生来肥调研供销社为农服务工作。副省长梁卫国，副市长刘晓平陪同调研。

2015年省防指军地防汛抢险联合演练在裕溪河巢湖港码头举行。副省长、省防指总指挥梁卫国现场观摩演练并讲话。市委常委、副市长江洪现场观摩演练。

16日　全市多层次资本市场体系建设推进及培训会在市财政局举行。市委常委、常务副市长韩冰出席会议并讲话。

由市委宣传部、市文明办、市房产局、合肥报业传媒集团联合主办，《今报》承办的第二届“合肥十大文明幸福小区评选”活动颁奖仪式于恒大中央广场举行。

17日　市委市政府印发《关于进一步加强文明创建长效机制建设的实施意见》。

18日　全市人大干部培训班开班仪式在市委党校举行。市政府主要领导为参加全市人大干部培训班的全体人员和市国资委领导班子、市属国有企业主要负责人，作当前经济形势和“三严三实”专题教育党课报告。市人大常委会主任熊建辉主持报告会。

2015长江中游城市群省会城市旅游合作会商会在合肥举办。会议通过《2015长江中游城市群省会城市旅游合作会商会（合肥）纲要》。副市长吴春梅出席会商会。

以“开放合作、转型发展、振兴崛起”为主题的第九届中国中部投资贸易博览会在武汉国际博览中心举行。中共中央政治局委员、国务院副总理汪洋出席，并于开幕式前在省长王学军，省委常委、市委书记吴存荣陪同下巡视安徽馆。

19日　市政府主要领导深入包河区、庐江县、肥西县调研防汛抗旱及农村生态文明建设工作。市委常委、副市长江洪参加调研。

由市委宣传部、市文明办主办的2015年“走向文明”、“庐州放歌”、“炫动的音符”进基层文艺巡演在和平广场启动。市委常委、宣传部长钟俊杰出席并致辞。

《合肥科学技术专家名录》丛书赠书仪式在市图书馆举行。市委副书记凌云出席仪式并为受赠方赠书。

20日　市政府主要领导深入肥东县、合肥经开区、高新区调研光伏产业发展情况。

2015年安徽省暨合肥市大学生征兵工作启动仪式在肥举行。

18～21日　全国政协常委、教科文卫体委员会副主任、中国科学院院士程津培，全国政协教科文卫体委员会副主任陈小娅率调研组来肥就“加强财政科技资金有效管理”进行专题调研。

21日　省委常委、市委书记吴存荣在市政务中心会见来肥参观考察的瑞典西哥特兰省省长拉什·贝克斯特伦一行。副市长陈晓波参加会见。

由市重点局组织相关高校及科研机构共同开展的“合肥新桥国际机场航站楼钢结构设计与施工控制关键技术”研究成果，被省政府评为2014年安徽省科学技术一等奖。

24日　“行走滨湖　发现身边的美”系列活动启动仪式在滨湖新区举行。合肥首个“国家级摄影创作基地”落户滨湖新区。

25日　上海外高桥进口商品直销中心合肥店在合肥要素大市场开业。市委副书记凌云出席相关活动，并实地调研进口商品直销中心合肥店运营情况。

合肥微商企业——安徽省微赢生物科技有限公司在上海股权托管中心中小企业股权报价系统（即Q板）成功挂牌上市。

根据2015（第九届）中国餐饮产业发展大会报告，合肥市安徽同庆楼餐饮发展有限公司、安徽蜀王餐饮投资控股集团有限公司和安徽老乡鸡餐饮有限公司荣登2014年度中国餐饮企业百强榜。

26日　全市加快经济创新转型升级发展动员大会暨市委中心组理论学习会议在市政务中心小会堂召开。省委常委、市委书记吴存荣出席会议并作总结讲话，市政府主要领导出席会议并传达了省政府第五次全体会议以及省政府相关三个文件精神，通报了合肥市经济发展态势，就进一步做好当前经济工作作了部署。市委副书记凌云主持会议并传达了张宝顺书记在省委常委会上的讲话精神。市领导熊建辉、董昭礼出席会议。

25～27日　全国妇联书记处书记焦扬率调研组来肥调研社区妇联工作。副省长花建慧，市委副书记凌云陪同调研。

27日　省长王学军在合肥市开展专题调研。省委常委、副市长陈树隆、省委常委、市委书记吴存荣参加调研。

26～28日　全国人大常委会副委员长陈昌智率执法检查组来肥检查《中华人民共和国水污染防治法》贯彻执行情况，其间举行座谈会，听取全市水污染防治工作汇报及相关意见建议。省人大常委会副主任沈卫国陪同检查并主持座谈会，市政府主要领导作市水污染防治情况汇报。

29日　省委常委、市委书记吴存荣在市政务中心会见日本国立癌症研究中心原主任森山纪之一行。市委常委、常务副市长韩冰参加会见。

合肥蜀山电商园与大龙网战略合作协议签约仪式在市政务中心举行。市政府主要领导出席仪式并见证签约。

30日　合肥市成功入选国家小微企业创业创新基地城市示范，在入选城市中居第6位，为全市又添一张高含金量的“城市名片”。

6　月

1日　合肥“服务外包高端人才引进与培养”选题被批准为国家级高级研修班，这是合肥首个被国家人社部批准的专业技术人才知识更新工程高级研修班。

落户合肥（蜀山）国际电子商务产业园的上海特思尔大宇宙商务咨询有限公司合肥运营中心开始运营。

4日　省委常委、市委书记吴存荣在市政务中心会见软通动力公司副董事长兼首席营销官冯嵘一行。副市长陈晓波参加会见。

合肥市政府投资引导基金投资项目签约仪式在市政务中心举行。市政府主要领导出席仪式并见证签约。

由省网宣办、市委宣传部指导，市网宣办、市文明办、团市委、瑶海区委宣传部共同主办的合肥市“2015·点赞中国看合肥　文明传播我先行”网络实践活动启动仪式暨“2015·社区网德大讲堂”第一讲在瑶海区举行。

海通兴泰（安徽）新兴产业投资基金揭牌暨投资项目签约仪式在市政务中心举行。省委常委、市委书记吴存荣在仪式前会见海通证券董事长王开国一行，并在仪式上与王开国一道为海通兴泰（安徽）新兴产业投资基金揭牌。

7～8日　国务院督查组来肥督查国务院重大政策措施贯彻落实情况。

9～10日　上海市政协考察团来肥考察。省政协主席王明方，省委常委、市委书记吴存荣陪同考察。

11日　东湖高新（合肥）科创中心项目签约仪式在市政务中心举行。省委常委、市委书记吴存荣出席仪式，并会见湖北省联合发展投资集团有限公司党委委员、副总经理祝向军一行。

市政府与中国电信安徽分公司“智慧合肥”建设战略合作框架协议签约仪式在市政务中心举行。市政府主要领导、中国电信安徽分公司总经理殷一平出席仪式并见证签约。

“影记大湖名城、聚焦最美瞬间”新华社百名签约摄影师走进合肥采风活动暨合肥市首届网络诚信宣传月活动启动仪式在包河区举行。新华社安徽分社党组书记、社长王正忠宣布活动启动。市委常委、宣传部长钟俊杰出席启动仪式并致辞。

13日　以“质子和重离子放疗技术在中国的未来”为主题的首届合肥国际放射医学物理论坛在中国科大举行。

16日　省暨合肥市职工运动会开幕式在合肥举行。省委书记王学军宣布开幕，省领导王明方、唐承沛、吴存荣、臧世凯、谢广祥、王秀芳出席开幕式。

中科院合肥物质科学研究院强磁场科学中心一号水冷磁体创新纪录，产生38.52特斯拉的稳态场强，这是目前稳态水冷磁体所能获得的世界最高场强，标示人类追逐稳态水冷磁体场强的进程往前跨出新的一大步。

15～17日　市政府主要领导赴成都、重庆开展招商活动，先后拜访通威集团、蓝光集团、长安汽车、重庆信托、金科股份等多家企业，推进在谈重点项目，并就相关项目进行对接。

17日　2015年马蒂亚斯奖获奖名单宣布，中国科大陈仙辉教授荣获该奖项，以表彰其发现锂/铁氧氢铁硒等多种不同类型的超导体，拓展了超导研究的材料体系。这是中国大陆科学家首次获得该奖项。

17～18日　由国家督学、浙江外国语学院院长鲁林岳率领的国家专项督导组，就职业教育发展等问题来肥开展专项督查。副市长吴春梅出席汇报会并介绍有关情况。

18～19日　中共合肥市委中心组“三严三实”专题理论学习研讨会召开。省委常委、市委书记吴存荣主持会议，传达省委常委会和王学军书记讲话精神并作总结讲话。市领导熊建辉、董昭礼、凌云、汪卫东、张进、韩冰出席并作交流发言。市委常委、市人大常委会副主任、市政府副市长、市政协副主席等出席会议。

安徽省暨合肥市培育和践行社会主义核心价值观、文明家风“六进”活动启动仪式在安徽大剧院举行。省委宣传部副部长、省文明办主任贺懋燮，市委常委、宣传部部长钟俊杰等出席仪式并共同启动活动。

20日　第29届奥林匹克日长

跑活动合肥站在合肥体育中心鸣枪开跑。省体育局局长冯潮，副市长吴春梅出席开跑仪式并为活动鸣枪。

22日 《合肥市加快推进公共场所无线局域网建设行动计划（2015-2017年）》出台。

23～25日 市政府主要领导率队赴苏州、上海开展招商，先后拜访了明基材料、捷力新能源、上海嘉成、晨兴集团、月星集团等多家企业，深入洽谈，推动项目。

26日 首趟西延“合新欧”国际货运班列满载货物从合肥北站出发，行程11000公里，15天到达德国汉堡。“合新欧”国际货运班列列入中国铁路集装箱“中欧”班列序列，是中国华东地区重要的铁路货运枢纽。

26日～28日 2015合肥半汤生物医药国际论坛暨美国华人生物医药科技协会（CBA）20周年会在巢湖半汤举行。市委常委、常委副市长韩冰出席开幕式并致辞。期间，省委常委、市委书记吴存荣在合巢经开区会见美国科学院院士约翰·孔芬等论坛特邀嘉宾。

27日 2015环巢湖全国自行车公开赛在巢湖体育中心鸣枪开赛。来自国内外的600名参赛选手上演了一出“速度与激情”运动盛宴。

27～28日 市委常委、市委书记吴存荣率市党政代表团赴郑州市学习考察。市领导凌云参加学习考察。

28日 合肥发布网手机版上线暨特约评论员聘任仪式在市政务中心举行。人民日报社安徽分社社长朱思雄出席仪式并点击启动合肥发布网手机版。市委常委、宣传部长钟俊杰主持仪式并讲话。

合肥南至福州高铁开通运营。

29日 省委第一考核组在市政务中心召开合肥市2014年度落实党风廉政建设“两个责任”和惩防体系建设暨省管领导班子和领导干部年度考核情况反馈会。省委书记王学军出席会议并讲话。市委常委、市委书记吴存荣主持反馈会。

30日 合肥出入境检验检疫局揭牌开检，标志着合肥地区检验检疫工作迈上新起点。市政府主要领导、安徽出入境检验检疫局局长姜宗亮出席仪式并为合肥局揭牌。

7月

1日 合肥市纪念建党94周年座谈会在市政务中心召开。省委常委、市委书记吴存荣出席会议并讲话。市委副书记凌云主持会议。

2日 市政府主要领导在市政务中心会见中外运空运发展股份有限公司总经理张淼一行，就开通国际货运航线相关事宜进行商讨。合肥海关关长肖力，副市长陈晓波会见时在座。

3日 合肥市小微企业“两创示范”工作领导小组召开第一次会议，研究部署未来三年小微企业“两创示范”工作。市政府主要领导出席会议并讲话。市委常委、常务副市长韩冰主持会议。

4日 中国国际经济交流中心常务副理事长张晓强来肥考察新型平板显示产业发展。市政府主要领导、省发改委副主任吴劲松陪同考察。

4～5日 2015中国（合肥）战略性新兴产业发展高峰论坛首次在肥举行。

5～6日 江西省委书记强卫、省长鹿心社率江西省党政代表团来肥考察。省委书记王学军，省委常委、市委书记吴存荣陪同考察。

6日 2015年国际人才与合肥高新技术产业发展项目对接会在市政务中心举行。省侨联党组书记、主席吴向明，市委副书记凌云出席对接会并致辞。

1～7日 由市政协主席董昭礼率领的合肥市经济文化考察交流团，赴台湾开展交流、考察活动。在台湾期间，中国国民党荣誉副主席蒋孝严会见了董昭礼一行。

7日 革命精神永放光芒——合肥地区新四军老战士风采展在省图书馆开展。市委副书记凌云出席开幕式并致辞。

7～8日 省委常委、市委书记吴存荣赴蚌埠市学习考察。市委常委、秘书长、统战部长韦弋参加学习考察。

9日 安徽省首座全地下式污水处理厂PPP项目——清溪净水厂PPP项目签约仪式在市政务中心举行。市政府授权市城乡建委与安徽国祯环保签署了《特许权协议》和《污水处理服务协议》。市政府主要领导出席签约仪式。市委常委、副市长周善武致辞。

10日 市委法律顾问聘任仪式在市政务中心举行。省委常委、市委书记吴存荣颁发聘书并讲话。市委常委、秘书长、统战部长韦弋主持。

中国农业发展银行总行行长祝树民率调研组来肥调研。国家农发行安徽省分行行长王富君，市政府主要领导陪同考察。

13日 市政府与中国移动安徽公司签署战略合作框架协议。市政府主要领导，中国移动安徽公司董事长、总经理杨剑宇出席签约仪式并见证签约。

15日 省委常委、市委书记

吴存荣在市政务中心主持召开包河区加快转型发展专题会并讲话。市领导韦弋、周善武出席会议。

16日 市深化城市街道社区体制机制改革调研座谈会在市政务中心召开。省委常委、市委书记吴存荣主持会议并讲话。

省委常委、市委书记吴存荣在市政务中心会见中科院空间信息处理与应用系统实验室负责人黄廷磊一行。

17～18日 代省长李锦斌在肥调研合肥经济圈建设和发展工作，并召开合肥经济圈一体化发展工作座谈会。省委常委、常务副省长詹夏来，省委常委、副省长陈树隆，省委常委、市委书记吴存荣参加调研。

17日 “首届海峡两岸大学生皖北农产品企业VI及包装设计workshop”项目陈述汇报暨闭幕式在合肥学院举行。市委副书记凌云，省台办副主任汪泗淇出席活动并为获奖选手颁奖。

18日 合肥市首届“苗圃杯”青年创新创业大赛决赛在合肥市科技创新公共服务中心开幕。

19日 由RoboCup国际联合会主办，合肥市政府和RoboCup中国委员会共同承办的第19届RoboCup机器人世界杯赛在安徽国际会展中心开幕。省委常委、市委书记吴存荣出席仪式并宣布开幕。RoboCup国际联合会主席野田五十澍、市政府主要领导致辞。RoboCup2015大会主席、RoboCup中国委员会主席陈小平，RoboCup国际联合会前任主席韦罗莎，RoboCup国际联合会副主席周长久，RoboCup国际联合会副主席、RoboCup2016大会主席克卢希摩，中科院科学传播局局长周德进，重庆市永川区区长方军，省科技厅厅长兰玉杰，中科大副校长张淑林，市领导熊建辉、董昭礼、凌云出席开幕式。

20日 市政府主要领导在翡翠湖迎宾馆会见出席第19届RoboCup机器人世界杯赛机器人产业峰会的英特尔全球副总裁兼中国区总裁杨旭等参会代表。

由柬埔寨副总理兼内政部部长苏庆亲王顾问、兼内政部副警察总监伊林率领的柬埔寨政府代表团，就缔结友好城市等事宜来肥考察、洽谈。市政协主席董昭礼会见伊林一行。

人社部组织创业导师走进合肥留学生创业园活动开幕式在高新区举行。人社部留学人员和专家服务中心主任夏文峰，副市长刘晓平出席开幕式。

21～25日 董昭礼率合肥市代表团赴上海开展考察交流，对接上海·合肥双城合作工作。上海市政协主席吴志明、副主席周太彤会见合肥市代表团一行。

22日 省委书记王学军、代省长李锦斌来到安徽国际会展中心，观摩第19届RoboCup机器人世界杯赛。省委常委、秘书长唐承沛、省市领导吴存荣陪同观摩。

24日 中央文明办在合肥召开网络精神文明建设工作座谈会。省委常委、宣传部部长曹征海，省委常委、市委书记吴存荣陪同参观考察。

25日 “美丽中国瞰合肥”大型航拍采访活动启动暨新华网新闻无人机队安徽中队成立仪式在市政务中心阳光大厅举行。省委常委、市委书记吴存荣，新华社安徽分社社长王正忠，新华网副总裁汪金福，省网宣办主任范荣晖，市领导钟俊杰、韦弋共同为活动推杆启动。

27日 省委常委、市委书记吴存荣到省军区和合肥警备区走访慰问驻肥部队，省军区司令员于天明、政委戴勇，市领导韦弋、姜宗健陪同。

29日 国家“发现双创之星”指导小组来肥考察安徽“一中心三基地”和中科大先进技术研究院。市政府主要领导陪同考察。

30日 “发现双创之星”之“创客说”主题分享活动在市政务中心大会堂举行。省委常委、市委书记吴存荣出席活动并致辞。市政府主要领导就地方政府服务创业、助推创新发表演讲。国务院办公厅、国家部委有关负责人，市领导熊建辉、董昭礼出席活动。

中盐合肥化工基地二期暨肥东县30个重点项目集中开工仪式在合肥循环经济示范园举行。省委常委、市委书记吴存荣出席仪式并宣布项目开工。市领导熊建辉、韩冰、韦弋、王翔出席开工仪式。

31日 中国共产党合肥市第十届委员会第九次全体会议在市政务中心召开。省委常委、市委书记吴存荣代表市委常委会向全委会作工作报告，并作总结讲话。市政府主要领导作关于经济工作的讲话。市委副书记凌云传达了省委九届十三次全会精神、省委主要领导同志在市2014年度“三项考核”情况反馈会上的重要讲话精神、省政府主要领导同志在合肥经济圈一体化发展工作调研座谈会上的重要讲话精神。市委常委、常务副市长韩冰通报了上半年全市经济运行情况。会议由市委常委会主持。市领导熊建辉、董昭礼，市委委员、市委候补委员出席会议。

合肥走出去企业战略合作联盟成立大会在市政务中心举行。市政府主要领导，联盟轮值主席、安徽省外经建设（集团）有限公司董事长蒋庆德共同为走出去联盟揭牌。

8 月

3 日　市政府主要领导主持召开市政府第 51 次常务会议，审议并原则通过了全市乡镇（街道）政府权力清单和责任清单及公共服务清单制度建设、出台《关于进一步加快全市农村新型流通服务体系建设的意见》等相关事宜；讨论并原则通过了关于 2014 年度乡镇分类考核评价有关情况、第四届合肥市政府质量奖组织评审情况等有关事项。

全省现代生态渔业建设现场会在巢湖市召开。省农委主任孙正东，市委常委、副市长江洪在会上致辞。

4 日　合肥市农民工入会集中行动推进会议在市政务中心召开。市委副书记凌云出席会议并讲话。

全市与中央企业深化合作推进会在市政务中心召开。会议通报了 2014 年市推进与中央企业合作发展工作考核结果，签订了市推进与中央企业合作发展工作 2015 年度目标责任书。市委常委、常务副市长韩冰出席会议。

4 ～ 5 日　第六届中航国际通航（合肥骆岗）发展论坛暨客户峰会在合肥召开。市委常委、常务副市长韩冰出席并致辞。

5 日　市重大项目领导小组召开 2015 年重大项目调度会，听取全市重大项目推进情况，对 6 个重大项目进行调度。市政府主要领导主持会议并讲话。

第四届合肥市政府质量奖颁奖仪式在市政务中心举行。市政府主要领导出席并为获奖企业颁奖。

全国工商联副主席黄荣来肥调研小微企业发展情况，对全面支持小微企业发展政策措施落实情况开展第三方评估。省政协副主席、省工商联主席李卫华，市委常委、秘书长、统战部长韦弋陪同调研。

6 日　省市委常委、市委书记吴存荣，带队赴瑶海区调研转型升级工作并召开汇报会。

7 日　始信路电动汽车换电站投运。该站是安徽省首座电动汽车换电站。

8 日　合肥市包公园全国廉政教育基地提升改造项目落成暨《包公》特种邮票首发仪式在包公园举行。

由中国演讲协会、省直机关工委、省文明办等相关单位共同主办的 2015“诚信与法治”全国演讲大赛在肥开幕。来自全国各地的 43 支演讲代表队参加。

合肥市农村土地承包经营权确权登记首批颁证启动仪式在庐江县举行。市政府主要领导出席启动仪式，并现场为同大镇刘墩村 20 位村民代表颁发全市首批土地“承包经营权”证书和“流转经营权”证书。

10 ～ 11 日　“东盟 10 国主流媒体及中央重点外宣媒体安徽行”大型采访活动走进合肥。省委常委、市委书记吴存荣在市政务中心会见柬埔寨国家广播电台副台长布・万那勒等采访团成员。

11 日　市委全面深化改革领导小组第六次全体会议在市政务中心召开。会议听取了上半年全面深化改革工作的总结报告和改革信息简报编发采用情况的报告，各专项小组关于市委全面深化改革领导小组 2015 年 26 项重点督办改革任务进展情况的报告；审议并原则通过了《合肥市人大常委会制定地方性法规工作程序规范（修订稿）》。省委常委、市委书记吴存荣主持会议并讲话。市政府主要领导出席会议并讲话。

全国首个“市民新闻发言人培训基地”在瑶海区明光路街道揭牌。市民新闻发言人将主动在网络上发布“好声音”、传递正能量，以网民的身份发布社区好人、好事、新鲜事。

15 日　纪念中国人民抗日战争暨世界反法西斯战争胜利 70 周年献礼电影《圩堡枪声》北京观摩研讨会在八一电影制片厂召开。电影《圩堡枪声》由八一电影制片厂、合肥市委宣传部、肥西县委县政府、合肥市广播电视台、中艺光影（北京）有限公司联合摄制。市委常委、宣传部长钟俊杰出席观摩研讨会并致辞。

合肥赛为智能有限公司无人机研发成果汇报展在赛为智能合肥基地举行。省委常委、市委书记吴存荣出席汇报会、无人机产品签约仪式并观看飞行。

市政府主要领导在翡翠湖迎宾馆会见重庆市工商联（总商会）主席、金科投资控股（集团）董事会主席黄红云率领的重庆市企业家代表团一行。

18 日　2015 合肥企业 50 强发布会在市政务中心举行。副市长王翔出席发布会并讲话。

17 ～ 19 日　纪念中国人民抗日战争暨世界反法西斯战争胜利 70 周年图片展在市政务中心阳光大厅举行。省市领导吴存荣、熊建辉、董昭礼、凌云、汪卫东、钟俊杰、韦弋、吴春梅、金其武等参观展览。

19 日　合肥市与重庆企业家座谈会暨项目签约仪式在市政务中心举行。市政府主要领导，重庆市工商联主席、金科投资控股（集团）董事会主席黄红云出席仪式并致辞。

17～20日　省委常委、市委书记吴存荣率市党政代表团赴山东省滨州市、烟台市、威海市学习考察。

20～21日　2015中国通信集成电路技术与应用研讨会暨互联网+集成电路产业发展论坛在合肥召开。副市长王翔出席会议并致辞。

24日　省长李锦斌深入市部分港口、企业、车站等一线，检查安全生产工作。省委常委、市委书记吴存荣陪同参加检查。

“勿忘历史、珍爱和平，全力塑造大湖名城”纪念中国人民抗日战争暨世界反法西斯战争胜利70周年书画展在市政务中心阳光大厅举行。省市领导吴存荣、熊建辉及部分省市老领导参观展览。

《合肥市人民政府关于扶持小微企业健康发展的实施意见》出台。

肥西县再次跻身第十五届全国“县域经济与县域基本竞争力百强县”名单，排名跃升至第79位，比上年前进七位。

参加2015年长三角三省一市金融办主任圆桌会议的代表们来肥考察。市委常委、常务副市长韩冰陪同。

27日　省委常委、市委书记吴存荣在市政务中心会见德国SIV公司董事长约克·森尼西等中德技术合作项目客人。

第三届世界IC卡高峰论坛暨移动支付趋势大会在包河区开幕。省委常委、市委书记陈晓波在开幕式上致辞。

28日　省委常委、市委书记吴存荣在市政务中心主持召开“三严三实”专题教育征求意见座谈会并讲话。

24～30日　市政府主要领导率团赴台湾开展文化交流与项目洽谈工作，并出席“2015皖台经贸旅游交流活动”。

30日　吴存荣赴“三严三实”专题教育的联系点——巢湖市，出席巢湖市委中心组“三严三实”专题理论学习研讨会并讲话。

9月

8月31日至9月1日　中共合肥市委中心组“三严三实”专题理论学习研讨会在市政务中心召开。省委常委、市委书记吴存荣主持会议并作总结讲话。市政府、市人大常委会、市政协主要负责同志出席会议。市委副书记凌云传达中办国办有关文件精神。市领导江洪、钟俊杰、汪学致、韦弋、王翔、陈晓波、刘晓平作交流发言。

2日　市政府第八次全体会议在市政务中心召开。市委常委、常务副市长韩冰主持会议并通报上半年主要经济目标和重点工作完成情况。

6日　合肥市纪念中国人民抗日战争暨世界反法西斯战争胜利70周年座谈会在市政务中心召开。省委常委、市委书记吴存荣出席会议并讲话。市委常委，市领导熊建辉、董昭礼，合肥警备区司令员出席会议。

省委常委、市委书记吴存荣赴中国科学技术大学先进技术研究院调研，并主持召开调研座谈会。中科大副校长朱长飞出席并汇报先研院建设发展情况。市领导凌云、韩冰、韦弋、王翔陪同调研或出席座谈会。

市政府与通威集团战略合作协议签约仪式在市政务中心举行。吴存荣出席仪式，并会见通威集团董事局主席刘汉元一行。

软通动力合肥项目合作协议签约仪式在市政务中心举行。省委常委、市委书记吴存荣出席仪式，并会见软通动力董事长兼首席执行官刘天文一行。

8～9日　国家安监总局党组成员、副局长徐绍川率国务院安委会督查组来肥，对安全生产工作进行综合督查。省安监局局长张海阁，市政府主要领导陪同检查。

10日　国家民委副主任罗黎明率中央国家机关有关部门联合督查组来肥，对全市贯彻落实中央民族工作会议精神情况进行督查。副省长方春明，副市长吴春梅等陪同调研。

12日　2015中国安徽（合肥）农业产业化交易会在合肥滨湖国际会展中心举行。省委书记王学军宣布开幕。省长李锦斌，农业部副部长张桃林分别致辞。

15～16日　市人大常委会主任熊建辉率执法检查组检查全市《中华人民共和国水法》贯彻执行情况。

16日　《关于引导农村土地经营权有序流转促进现代农业发展的若干意见》获市政府第53次常务会议原则通过，力争到2016年基本完成全市农村土地承包经营权确权登记颁证任务。

18日　第九届中国（合肥）国际文化博览会在安徽国际会展中心开幕。本届文博会以“创意引领美好生活”为主题，采取“1+N”的办会模式。

19日　2015年全国科普日安徽省暨合肥市主场活动在合肥一中举行。省委常委、副省长陈树隆，市委副书记凌云参加活动。

长江中游城市群省会城市暨第四届“合阜杯”乒乓球联谊赛在合肥开幕。市政协主席董昭礼宣布赛事开幕，副市长吴春梅在开幕式上致辞。

由香港求是基金会主办、中国科学技术大学承办的“2015年度求是奖颁奖典礼”在中国科大先进技术研究院举行。求是基金会创始人查济民先生长女查美龙和顾问杨振宁、孙家栋、施一公，以及部分往届求是奖获得者和中国科大师生代表等约300人参加颁奖典礼。

20日 “畅行中国•聆听合肥”全国交通广播记者走进“大湖名城、创新高地”大型采访启动仪式暨中国交通广播节目创新与产业发展论坛在市政务中心举行。全国政协委员、中国广播电影电视社会组织联合会副会长王求出席启动仪式，市委常委、宣传部部长钟俊杰出席启动仪式并为采访团授旗。

合肥市第三届全民文化活动周启动暨千人环湖诵读大赛颁奖仪式在市群众文化活动中心举行。

湖南省衡阳市委书记、市人大常委会主任李亿龙率衡阳市党政代表团来肥考察滨湖新区。省委常委、市委书记吴存荣陪同考察。

22日 纪念中国人民抗日战争暨世界反法西斯战争胜利70周年献礼影片《圩堡枪声》首映式在合肥举行。

23日 2015首届海峡两岸（合肥）健康养老产业合作论坛在合肥巢湖经开区开幕。中国国民党原副主席、中国台商发展促进协会理事长蒋孝严，市委副书记凌云分别致辞。花建慧出席开幕式并讲话。市委常委、副市长黄文涛主持开幕式。

中央编办主任张纪南、副主任何建中率队来肥观摩考察合肥市公共资源交易监督管理局权力清单和责任清单制度建设的经验和做法，并听取汇报。省委常委、副省长陈树隆，市政府主要领导陪同考察。

24日 海峡两岸（合肥）纪念刘铭传首任台湾巡抚130周年大会在肥西县铭传乡刘铭传故居举行。省委书记王学军，中央台办、国台办主任张志军，台湾海基会原董事长江丙坤分别讲话。省政协主席王明方，台盟中央副主席、全国台联会长汪毅夫，海峡两岸关系协会副会长孙亚夫，国民党原副主席蒋孝严，国民党主席特别顾问兼大陆事务部主任高孔廉出席大会。国务院台办、国家文物局有关负责同志，台湾方面有关代表，有关省市领导以及社会各界代表300余人参加大会。当晚，“铭传情•两岸亲•中华梦”海峡两岸（合肥）纪念刘铭传首任台湾巡抚130周年文艺晚会在合肥大剧院歌剧厅上演。

省委常委、市委书记吴存荣在翡翠湖迎宾馆会见台湾海基会原董事长江丙坤一行。国务院台办负责同志，市领导熊建辉、凌云参加会见。

海峡两岸（合肥）纪念刘铭传首任台湾巡抚130周年学术研讨会开幕式在合肥学院举行。海峡两岸关系协会副会长孙亚夫，副省长谢广祥出席开幕式并讲话。

省委常委、市委书记吴存荣在市政务中心会见韩国SK集团控股公司执行副总裁金一雄一行。

台湾海基会原董事长江丙坤，国民党主席特别顾问兼大陆事务部主任高孔廉及参加海峡两岸（合肥）纪念刘铭传首任台湾巡抚130周年系列活动的有关嘉宾，参观考察了李鸿章故居陈列馆。副省长花建慧，市政府主要领导陪同考察。

2015海峡两岸（合肥）台商名品博览会开幕。中央台办、国台办主任张志军一行到展会现场，察看参展商品。省领导吴存荣、花建慧陪同巡馆。

合肥学院“刘铭传网上纪念馆”开馆。

25日 海峡两岸（合肥）纪念刘铭传首任台湾巡抚130周年系列活动学前教育交流研讨会开幕式在合肥幼儿师范高等专科学校举行。副省长谢广祥出席开幕式并讲话。台湾地区大学总校长吴清基致辞。省台办主任张永，市委副书记凌云出席开幕式。

皖台青年创新创业交流周暨海峡两岸（合肥）青年创新创业创优研讨会在中国科学技术大学先进技术研究院开幕。花建慧出席开幕式并为“皖台青年创业基地”、“皖台青年就业创业见习基地”授牌。

28日 市委召开常委扩大会议，传达学习全省加快调结构转方式促升级动员大会精神，部署安排工作。省委常委、市委书记吴存荣主持会议并讲话。

省委常委、市委书记吴存荣到肥东县长临河镇四顶社区，进驻党代表工作室接待走访基层党员群众，了解民情、收集民意、倾听民声。

省委常委、市委书记吴存荣在市政务中心会见清华大学燃气轮机研究院院长、中国工程院院士蒋洪德一行。

29日 由安徽省社会科学院、合肥市委宣传部、合肥学院联合主办，主题为“文化创新与大湖名城”的第三届安徽文化论坛在合肥召开。省委常委、宣传部部长曹征海出席论坛并讲话。市委常委、宣传部部长钟俊杰，副市长吴春梅出席论坛。

30日 省委、省政府在合肥蜀山烈士陵园举行向烈士纪念碑敬献花篮仪式，缅怀英烈们的丰功伟绩。省委书记王学军，省长李锦斌，省委副书记李国英，省委常委，省人大常委会、省政府、省政协、省军区负责同志，省法院、省检察院、省武警总队主要负责同志；合肥市党政军主要负责同志及社会各界代表共约1000人参加仪式。

省委常委、市委书记吴存荣在市政务中心会见财政部科研所研究员、博士李全一行。市领导韩冰、钟俊杰、韦弋参加会见。

10 月

3～6日　2015合肥时尚用品博览会暨华东五金机电交易会在合肥华南城开幕，来自中国（含香港、台湾）、韩国、中亚、西亚、东盟等多个国家和地区的企业参展。

7日　《合肥市新型城镇化试点实施方案》获市政府第54次常务会通过。明确到2020年，全市七成的城镇新建建筑按绿色建筑标准设计建造，提升城市质量和品位。

8日　根据省委统一部署和省委巡视工作领导小组安排，省委第三巡视组进驻合肥市，并召开巡视工作动员大会。省委常委、市委书记吴存荣主持会议，省委巡视办主任刘苹、第三巡视组组长成浩讲话。

2015全国创新社会治理典型案例颁奖典礼暨经验交流会在北京举行。合肥市“‘三项重点工程’升级‘平安合肥’品牌”荣获2015全国创新社会治理优秀案例奖。

市政府主要领导在市政务中心先后会见捷力新能源材料有限公司董事长彭立群一行、北京创业之路咖啡有限公司董事长安盟一行。

市政府与中广国际传媒（北京）有限公司战略合作框架协议签约仪式在市政务中心举行。市委常委、常务副市长韩冰和中广国际传媒（北京）有限公司董事长王斌在签约仪式上讲话，并分别代表双方签约。

10日　“合肥离子医学中心”战略合作协议签约仪式在市政务中心举行。省市领导吴存荣，中科院合肥物质科学研究院院长匡光力、党委书记王英俭出席仪式。

12日　市政府主要领导会见正阳集团董事长邹建明一行，就共同推进合肥通航产业发展进行洽谈。

国家淡水渔业工程技术研究中心（武汉）安徽分中心在肥成立。中国科学院水生所副所长徐旭东，市委常委、副市长江洪为该中心揭牌。

12～13日　国家发改委党组成员、国家粮食局局长任正晓来肥调研。副省长梁卫国，市领导陈晓波陪同调研。

13日　来安徽参加“2015年徽商回归暨长三角产业合作发展对接活动”的部分知名省外徽商企业代表到合肥市参观考察，并出席合肥市投资环境推介会。省委常委、市委书记吴存荣出席推介会并致辞。

何必山、陈贵春、王宜国同志先进事迹报告会在市政务中心大会堂举行。省委常委、市委书记吴存荣接见报告团成员。

省委常委、市委书记吴存荣调研残疾人工作，慰问一线残疾人工作者，并主持召开调研汇报会。

国家安监总局副局长孙华山率调研组到市高新区部分企业调研安全产业发展情况。副市长王翔陪同调研。

省委常委、市委书记吴存荣在市政务中心会见正大集团执行副董事长谢吉人一行。

15日　三河古镇成为5A级旅游景区，实现了合肥市5A级旅游景区零的突破。

由公安部、全国妇联联合举办，在以“一路有你：2015讲述警嫂故事”为主题的全国“好警嫂”揭晓仪式上，合肥市民警薛华超的妻子程海燕当选2015年全国“好警嫂”。

16日　中组部副部长、国家人力资源和社会保障部部长尹蔚民来肥调研督查人力资源和社会保障工作。省委常委、市委书记吴存荣陪同调研。

环保部副部长翟青来肥调研，并召开黄标车淘汰工作调研座谈会。省委常委、副省长陈树隆，市政府主要领导陪同调研或参加座谈会。

18日　市委召开常委扩大会议，听取全市前三季度投资工作、大建设项目推进情况等汇报，分析当前经济形势，研究部署下一步工作推进措施。省委常委、市委书记吴存荣主持会议并讲话。

19日　“全国大众创业万众创新活动周”主会场活动在北京开幕，省长李锦斌宣布合肥分会场活动与北京主会场同步启动。省市领导共同见证“创业与资本对接”签约，并收看北京主会场启动仪式网络直播。省委常委、市委书记吴存荣，省政协副主席、省政府秘书长邵国荷、市政府主要领导出席仪式。

20日　2015年海峡两岸半导体产业（合肥）高峰论坛在肥举行，来自海峡两岸的业界精英和产业领袖纵论半导体产业发展之路。国家工信部电子信息司司长刁石京、市政府主要领导分别致辞。

总投资135.3亿元人民币的合肥晶合晶圆制造项目（一期）开工仪式在合肥综合保税区举行。省委常委、市委书记吴存荣出席仪式并宣布项目开工。市政府主要领导，华聚基金会、力晶科技董事长陈瑞隆，力晶集团创办人、总裁黄崇仁分别致辞。

21日　省委常委、市委书记吴存荣在滨湖新区会见中国工程院院士、CCF名誉理事长李国杰等与会嘉宾。市领导韦弋、刘晓平，中科大副校长朱长飞参加会见。

安徽省全国水生态文明城市建设试点调研座谈会在市政务中心召开。水利部监察局副局长陈庚寅，市委常委、副市长江洪出席座谈会。

22日　2015中国计算机大会在合肥滨湖国际会展中心举行。省委常委、市委书记吴存荣宣布开幕。大会特别邀请了美国计算机协会主席Alex Wolf、美国电子电气工程师协会主席Tom Conte作专题发言。2015中国计算机大会主席、中国计算机学会监事长钱德沛，中国科技大学党委书记许武，市政府主要领导先后致辞。

第七届中国医药生物技术论坛在合巢经开区开幕。省委常委、市委书记吴存荣会见中国科学院院士、中国医药生物技术协会理事长魏于全等与会嘉宾。胡启生参加会见。

省委常委、市委书记吴存荣在市政务中心会见了中科院高能物理所科技委副主任刘世耀一行。中科院合肥物质科学研究院党委书记王英俭，市领导韩冰、韦弋等参加会见。

23日　2015中国·合肥苗木花卉交易大会在中国中部花木城开幕。

移动互联网项目集中签约暨“安徽动漫游戏产业园”揭牌仪式在合巢经开区举行。省委常委、市委书记吴存荣为“安徽动漫游戏产业园”揭牌，并会见部分互联网企业嘉宾。

由合肥市政府与中国科学院北京基因组研究所（BIG）、北京北大未名生物工程集团有限公司三方合作共建的“未名-BIG联合基因研究院”项目在合巢经开区签约。

25日　“徽商银行杯”2015合肥国际马拉松赛暨全国冠军赛开幕。省委常委、市委书记吴存荣，国家体育总局田径运动管理中心副主任王楠，市政府主要领导，市人大常委会主任熊建辉，市政协主席董昭礼等为赛事鸣枪发令。仪式由副市长吴春梅主持。

在韩国举行的国际质量管理小组会议中，合肥市两个质量管理小组代表分获金奖和铜奖，实现合肥市QC小组获国际质量奖牌“零的突破”。由日本科学技术联盟、韩国工业标准协会及财团法人先锋质量管制学术研究基金会3个机构共同发起的国际质量管理小组会议（ICQCC）被誉为“质量奥林匹克”，2015年是第40届。

27日　由市委宣传部、市文明办、市房产局共同主办的“情系邻里 爱在合肥”2015合肥首届社区邻里节启动仪式在杏花公园举行。市委常委、宣传部长钟俊杰出席并宣布邻里节启动。

省委常委、市委书记吴存荣在市政务中心会见中华股权投资协会创始人、第一任主席、现任理事长孙强等与会嘉宾。

28日　合肥·久留米结好35周年庆典活动在合肥举行。两市市长还共同签署《合肥市与久留米市关于进一步加强两市间友好交流与合作的协议书》。省委常委、市委书记吴存荣出席庆典活动并致辞。市政府主要领导，省外办副主任黄英；久留米市市长楢原利则，日本驻上海总领事馆总领事片山和之出席庆典并致辞。

“博爱庐州”白血病救助项目启动仪式在市政务中心阳光大厅举行。副市长、市红十字会会长吴春梅出席仪式并讲话。

30日　中共中央政治局常委、国务院总理李克强，在国务委员兼国务院秘书长杨晶陪同下，来合肥市考察经济社会发展情况，看望基层干部群众。省市领导王学军、李锦斌、吴存荣陪同考察。

“书香安徽”全民阅读工作现场会在合肥召开。省委宣传部副部长、省新闻出版广电局局长、“书香安徽阅读季”活动组委会副主任车敦安出席会议并讲话。市委常委、宣传部长钟俊杰出席会议。

11月

1日　庐州大道的方兴大道至珠江路段被打造成滨湖新区第一条“海绵城市”试点市政道路，成为合肥市首次使用废旧橡胶轮胎的第一条绿色生态道路。

2～3日　省委常委、市委书记吴存荣深入庐江县驻村蹲点调研，进农户家中走访慰问，与群众促膝谈心，面对面交流，听意见建议、话民计民生。

2日　合肥市与俄罗斯高级公务员（安徽）研究班座谈会在市政务中心举行。市委常委、常务副市长韩冰在座谈会上介绍市经济社会发展情况。俄罗斯罗斯托夫州工业能源部部长季霍诺夫·米哈伊尔、伏尔加顿斯科市市长伊万诺夫·安德烈出席。

3日　以“深化合作、共赢未来，新常态下加速长江中游城市群一体化发展”为主题的第三届长江中游城市群建设论坛在合肥开幕。市委常委、宣传部部长钟俊杰，副市长吴春梅出席开幕式并讲话。

神皖合肥庐江2×660MW发电机组工程项目暨庐江县重点项目集中开工仪式在庐江龙桥工业园区举行。省委常委、市委书记吴存荣出席仪式并宣布项目开工。

4日 市政府主要领导应邀出席在南京举行的2015两岸企业家峰会，并与台湾力晶科技集团董事长陈瑞隆签署深化战略合作备忘录。

5日 全省首个县区级全媒体发布平台——合肥庐阳全媒体发布暨“掌上四牌楼”平台上线，标志着以“三网双微一端两报”为主体的县区级全媒体发布平台与广大网友见面。

市召开首届合肥市现代农业“创客之星”表彰座谈会，公开表彰20名首届合肥市现代农业“创客之星”。

6日 在合肥举行的长江中游城市群省会城市质量技术监督工作会上，武汉、长沙、南昌、合肥四城市签订《〈长江中游城市群省会城市第三届会商会合肥纲要〉质监合作备忘录》。

市政府主要领导在市政务中心会见俄罗斯巴什科尔特斯坦共和国乌法市副市长谢尔盖·维克托罗维奇一行。

7日 市委召开常委扩大会议，传达学习贯彻党的十八届五中全会精神和省委常委扩大会议、全省领导干部会议精神。省委常委、市委书记吴存荣主持会议并讲话。

8日 省委常委、市委书记、市委党的建设工作领导小组组长吴存荣主持召开调整后的领导小组第一次会议。会议讨论通过了《市委党的建设工作领导小组工作规则》，对领导小组组成人员、主要职责、会议制度、工作落实等作了明确规定。

12日 惠而浦中国总部和全球研发中心在合肥举行奠基开工仪式。省委常委、市委书记吴存荣出席仪式并宣布开工。

13日 第九届中国（合肥）国际家用电器暨消费电子博览会在滨湖国际会展中心举行。省委书记王学军，省长李锦斌，工业和信息化部副部长冯飞，省委常委、省委秘书长唐承沛，省委常委、市委书记吴存荣等参观展览。

15日 省委常委、市委书记吴存荣会见来肥出席活动的大陆集团马牌轮胎事业部高级执行副总裁博卡·科勒一行。

17日 合肥市社会信用体系建设示范城市创建工作动员大会在市政务中心召开。

2015年全国仲裁年会在合肥市召开。国务院法制办公室政府法制协调司副司长袁诗鸣，省法制办副主任蒋传华出席年会。市委常委、常务副市长韩冰在年会上致辞。

18日 国家卫生计生委食品司司长刘金峰、国家质检总局法规司司长许新建率国务院质量工作考核组来肥考核。

中国国民党原副主席、中国台商发展促进协会理事长蒋孝严来肥考察养老产业。

省委常委、市委书记吴存荣在市政务中心会见中国节能环保集团公司董事、总经理、党委常委王彤宙和万达文化产业集团总裁张霖一行。

中共中央政治局委员、中央政法委书记孟建柱到合肥市中级人民法院考察基层政法单位建设。

19日 省委常委、市委书记吴存荣在稻香楼宾馆先后会见中国电子信息产业集团总经理刘烈宏一行。

22日 合肥市入选国家工信部、发改委评选的2015年度“宽带中国”示范城市（城市群）名单。

24日，最高人民法院院长周强到合肥市中级人民法院调研，在远程视频调解室里指出，法院要充分发扬司法民主，形成有效合力，共同化解纠纷。

24日 市政府与安徽省交通控股集团有限公司战略合作框架协议签约仪式在市政务中心举行。省委常委、市委书记吴存荣出席仪式，并会见了省交控集团董事长周仁强一行。

2015“合肥新名片”中国·合肥国际摄影大展暨手机摄影展在市政务中心阳光大厅开幕。董昭礼、钟俊杰出席开幕式。

25日 上海与合肥双城战略性合作座谈会在肥举行。省委常委、市委书记吴存荣会见出席会议的上海市政协党组副书记、副主席周太彤一行。上海市和合肥市两地政协专题组介绍了两地的研究情况，与会人员就双城合作的必要性和可行性进行了座谈交流。上海市政协党组副书记、副主席周太彤，市政协主席董昭礼，市委常委、常务副市长韩冰出席会议并讲话。

在贵州铜仁召开的第八届中国品牌媒体高峰论坛上，《合肥日报》入选“2014—2015年中国品牌媒体百强 党报品牌10强（省会）”。

25～26日 市委中心组“三严三实”专题理论学习研讨会在市政务中心召开。省委常委、市委书记吴存荣主持会议并作总结讲话。市四大班子负责同志出席会议。

27日 由省环保厅、市政府主办，市环保局承办，合肥市重污染天气应急桌面推演在市政务中心举行。省环保厅厅长缪学刚、省政府应急办副主任柯贵明出席。市委常委、副市长周善武参加并担任现场总指挥。

30日　省委第三巡视组巡视合肥市情况反馈会在市政务中心召开。省委常委、市委书记吴存荣主持会议并作表态发言，省委第三巡视组组长成浩通报巡视情况。

12月

1日　国务院教育督导委员会公办体育学校运动员文化教育专项督导合肥市工作情况汇报会在市政务中心召开。国家体育总局青少司副司长王玄，副市长吴春梅出席汇报会。

市政府主要领导在市政务中心会见中国铁建重工集团董事长刘飞香一行。

2日　全球世代最高、尺寸最大的液晶面板项目——合肥京东方第10.5代TFT-LCD生产线及配套项目开工仪式在新站区举行。省委常委、市委书记吴存荣出席仪式并宣布项目开工。市政府主要领导致辞。

2～3日　最高人民检察院党组书记、检察长曹建明就如何立足检察职能，促进司法公信力明显提高在合肥市检察机关调研，并看望慰问基层检察人员。市领导凌云、张进陪同。

4日　省委常委、市委书记吴存荣在肥会见柬埔寨内政部国务秘书布如么·速卡一行，并共同见证了合肥市与柬埔寨金边市签署建立两市友好合作关系备忘录。韩冰与金边市副市长崩·塞热一参加会见并代表双方签署备忘录。

5日　合肥-阜阳合作共建2015年联席会议在阜阳合肥现代产业园区召开。省委常委、市委书记吴存荣主持会议并讲话。阜阳市委书记于勇，合肥市委副书记、市政府主要领导出席会议并讲话。

定点帮扶颍上县扶贫开发工作座谈会在阜阳市颍上县召开。省委常委、市委书记吴存荣出席会议并讲话。

7日　中国科学院2015年院士增选结果对外公布。中科大陈仙辉、杜江峰、陈晓非教授当选中国科学院院士。

8日　合肥-美国国际航空货运航线战略合作签约仪式在市政务中心举行。市政府主要领导，合肥海关副关长张国强，中外运空运发展股份有限公司常务副总经理肖成路出席仪式并见证签约。副市长陈晓波代表市政府与中外运空运发展股份有限公司、安徽民航机场集团有限公司签订战略合作备忘录。

省委常委、市委书记吴存荣在市政务中心会见惠而浦公司副董事长迈克尔·托德曼一行。

中国远征军之孙立人抗日史迹展在庐江县举行。市政协主席董昭礼出席开幕式。

11日　合肥市第四届“十佳（优秀）政法干警”表彰会在市政务中心举行。会议授予王军等10名同志“合肥市第四届十佳政法干警”荣誉称号，授予周修养等12名同志“合肥市第四届优秀政法干警”荣誉称号。

12日　中国产新型导弹驱逐舰合肥舰入列命名授旗仪式在三亚某军港举行，标志着该舰正式加入人民海军的战斗序列。海军副政委王登平出席仪式，为合肥舰授旗、颁发命名证书并讲话。省委常委、市委书记吴存荣出席仪式并讲话。

14日　在中国城市竞争力研究会公布的最新一期城市排行榜中，合肥城市综合竞争力位次前移，其中“中国十佳和谐发展城市排行榜”中，合肥市再次问鼎榜首，并入选“中国十佳诚信政府”。

15日　市政府主要领导率合肥经开区及部门负责人赴青岛海尔集团考察。与海尔集团首席执行官张瑞敏座谈交流，并共同见证合肥-海尔集团及合肥经开区-海尔产业发展公司战略合作协议签约。

合肥绿色发展研究院战略合作签约仪式在合肥北城新区建设办公室举行。省委常委、市委书记吴存荣出席签约仪式。

17日　市委召开常委扩大会议，传达学习贯彻全省扶贫开发工作会议精神和省委九届十四次全体会议精神，研究部署市脱贫攻坚工作。省委常委、市委书记吴存荣主持会议并讲话。

中国共产党合肥市第十届委员会第十次全体会议在市政务中心召开。会议主要任务是，审议通过《中共合肥市委关于制定国民经济和社会发展第十三个五年规划的建议（草案）》《关于召开中国共产党合肥市第十次代表大会2015年会议及日程安排（草案）》，审议通过市委工作报告（讨论稿）、市纪委工作报告（讨论稿）；递补中国共产党合肥市第十届委员会委员。会议由市委常委会主持，省委常委、市委书记吴存荣作重要讲话。市领导熊建辉等，市委委员、市委候补委员出席会议。

18日　中俄超导质子联合研究中心签约暨揭牌仪式在市政务中心举行。俄罗斯教育与科学部副部长奥戈洛多娃，国家科技部副部长曹健林在仪式上分别致辞并共同揭牌。省委常委、市委书记吴存荣出席仪式，并在仪式前会见奥戈洛多娃一行。

中信银行合肥呼叫中心项目入驻暨政银战略协议签约仪式在市政务中心举行。市政府主要领导出席仪式并见证签约。

19日　上海·合肥创新合作项目对接会在上海举行。上海市政协党组副书记、副主席周太彤出席对接会。市政府主要领导、市政协主席董昭礼、上海市政府合作交流办公室秘书长潘晓岗分别致辞。

20日　中国共产党合肥市第十次代表大会2015年会议在市政务中心召开。会议表决通过了《关于市委工作报告的决议》《关于市纪委工作报告的决议》《中共合肥市委关于制定国民经济和社会发展第十三个五年规划的建议的决议》；开展了县市区委书记抓基层党建工作述职评议。

英国《自然》杂志的增刊《2015中国自然指数》发布，公布了2014年中国科研产出城市前十名、2014年高质量科研产出中国研究机构前五位排名。合肥位于中国十大科研产出城市第五名，超过了香港、广州、杭州等城市；中国科技大学位居高质量科研产出中国研究机构第四名。

22日　台北生技产业合作会谈暨项目签约仪式在市政务中心举行。市委常委、副市长黄文涛，台湾经济研究院院长林建甫分别致辞并见证签约。

商合杭铁路在合肥建设启动情况会议在市政务中心召开。市委常委、副市长周善武出席会议并讲话。

新华人寿保险合肥后援中心项目开工仪式在滨湖新区举行。市政府主要领导出席仪式并宣布项目开工。

中科院合肥物质科学研究院与合肥学院全面合作签约仪式在合肥学院举行。市委副书记凌云，中科院合肥物质科学研究院院长匡光力，安徽光机所所长、中国工程院院士刘文清出席签约仪式。

中央文明办通报了关于中国文明网联盟网站2015年第三季度考评情况，合肥文明网居全国地市级城市联盟网站榜首。

24日　中国科学技术大学物理学院彭新华教授荣获第十三届“中国青年女科学家奖”。

25日　合肥市民营文化企业协会成立大会在市政务中心举行。市领导凌云、钟俊杰出席并为协会成立揭牌。

在合肥新站区京商商贸城内，天合光能30兆瓦屋顶分布式电站正式并网暨天合光能600兆瓦光伏组件生产基地投产仪式举行，此次并网是全国最大的单体商业屋顶分布式电站。

市政府主要领导赴上海拜访企业推动项目，并与上海铁路局局长郭竹学进行工作会商。

26日，在澳大利亚墨尔本结束的亚太地区VEX机器人锦标赛中，合肥八中代表队荣获冠军。

27日　市首个跨省级区域的异地远程互联网评标项目——武汉市汇悦天地（K4地块）工程监理项目在武汉和合肥完成。

28日　市档案局荣获国家人力资源和社会保障部、国家档案局授予的“全国档案系统先进集体”称号。

29日　市第一张增值税电子发票在合肥美的电冰箱公司开出。发票号码为“00000001”的增值税电子普通发票标志着合肥迈入“互联网+税务”的融合发展阶段。

31日　市委常委班子在市政务中心召开“三严三实”专题民主生活会。省委常委、市委书记吴存荣主持会议并作总结讲话。省监察厅副厅长、预防腐败局专职副局长、预防腐败室主任李磊和省委组织部有关同志到会指导。市领导熊建辉、董昭礼列席会议。

中铁建合肥高端装备制造基地项目签约仪式在市政务中心举行。中国铁建重工集团有限公司董事长刘飞香与肥东县政府、合肥兴泰金融控股（集团）有限公司、安徽合力股份有限公司负责人签订投资合作协议。市政府主要领导出席并见证签约。

中共合肥市委员会

【综述】 2015年，在省委的坚强领导下，中共合肥市委领导班子全面贯彻落实党的十八大和十八届三中、四中、五中全会精神，深入学习贯彻习近平总书记系列重要讲话精神，紧紧围绕协调推进“五位一体”总体布局和“四个全面”战略布局，“一心一意谋发展，聚精会神抓党建”，推动各项工作取得新进展、新成效，在打造“大湖名城、创新高地”上迈出更加坚实的步伐，在全省进一步发挥了排头兵作用。

一、注重把方向、谋全局、抓大事，坚决落实党中央国务院和省委省政府重大决策部署。

市委领导班子充分发挥领导核心作用，注重把方向、谋全局、抓大事，确保了中央和省委政令畅通，全力以赴推动党中央、国务院和省委、省政府重大决策部署落地生根、开花结果。重点抓了四件大事。

认真学习贯彻习近平总书记系列重要讲话精神。坚持把学习贯彻习近平总书记系列重要讲话作为一项重大政治任务抓紧抓好。坚持作表率、带头学，先后15次以市委全委会、常委（扩大）会、中心组理论学习会等形式，及时传达学习，加强研讨交流，研究贯彻工作。坚持读原文、系统学，全面准确把握讲话精神实质，以思想自觉引领行动自觉。坚持抓结合、贯通学，把学习贯彻讲话精神与学习贯彻党的十八大和十八届三中、四中、五中全会精神结合起来，切实做到学用结合、学以致用。坚持抓宣教、深入学，全年共举办各类培训班21期，培训各级干部3210人次，认真开展“庐州讲坛”“书记讲党课”“理论政策下基层”等活动，召开社科界第五届学术年会，推动讲话精神深入人心。

持续用力、不断深化“三严三实”专题教育。按照中央部署和省委要求，以“三聚焦三查找三确保”为主线，加强组织领导，坚持以上率下，发扬严实精神，推动专题教育扎实开展。突出教育为先，市委领导班子成员带头抓学习，带头到联系点上专题党课，市委中心组带头开展三个专题学习研讨。突出问题导向，落实“三个专项行动”，推进“四个专项整治”，取得阶段性成效。突出边查边改，带头对查摆的问题逐一建立问题清单、主动整改，全市各级领导班子和成员共列出整改问题8520多条，整改完成7100多条。严肃认真开好党员领导干部专题民主生活会和基层党组织专题组织生活会，敬终如始抓好专题教育靠后阶段工作。

扎实推进“调转促”行动和“创新、转型、升级”发展。深入贯彻落实省委、省政府“调转促”“4105”行动计划，立足于在全省“调转促”行动中发挥先进标杆作用、在全面创新改革试验中率先突破，相继研究出台《关于推动创新转型升级发展行动计划》《合肥市系统推进全面创新改革试验 建设有国际影响力的创新之都实施方案》。坚持聚焦重点领域产业发展，以市委1号文件出台指导意见，并召开“千人大会”动员部署。加快重大协同创新平台、“一中心、三基地”和各类科技孵化器、众创空间、中小企业公共服务平台建设。成功入选首批国家小微企业创业创新基地城市示范，出台“三年行动计划”和28条政策，召开“双创示范”工作动员大会。通过不懈努力，创新发展理念实现新突破，突出问题导向和产业导向，认真谋划系统创新，以中科大先研院为先导的各类研究院已发展到10个，十大战略性新兴产业研究院和5个产业技术创新联盟作用更加凸显。自主创新主要指标全部进入省会城市“十强”，全市国家高新技术企业达到1056家。新兴产业发展再结新硕果，新型显示、机器人列入国家战略性新兴产业区域集聚发展试点，新型显示、集成电路、智能语音、新能源汽车入选首批省战略性新兴产业集聚发展基地；太阳能光伏、量子通信、生物医药等新兴产业快速突破；高端医疗装备、燃气轮机和软件等高技术服务业快速发展。转型升级发展呈现新态势，成功举办全球最高水平的机器人世界杯赛、全国双创活动周合肥分会场活动、全国“发现双创之星”走进合肥活动，大大提升了合肥的影响力和吸引力。

精心谋划合肥市“十三五”发展。认真贯彻十八届五中全会、省委九届十四次全会和省委主要领导同志分片召开的座谈会精神，切实把谋划“十三五”发展拎在手上，把起草规划建议抓在手中，深入开展多次专项调研，加强重点课题研究。经广泛征求意见和多次修改，形成规划建议（草案）。召开市委十届十次全会、市第十次党代会2015年会议，审议和表决通过了规划建议。紧扣长三角世界级城市群副中心的战略定位，深入落实省委、省政府关于当好全省三个“排头兵”和省委书记王学军关于“三个进一步”的要求，明确提出，“十三五”时期，合肥着力实现经济总量位次前移、创新水平全国一流、生态环境不断改善、民生保障和社会治理水平持续提升，党的领导更加有力，努力当好全省发展排头兵，确保在全国提前、在全省率先全面建成小康社会。尤其是，大力实施创新驱动战略，积极创建合肥综合性国家科学中心和产业创新中心，加快谋划推进国家量子中心、超导核聚变工程、空地一体化网络、国家级联合微电子中心、中俄超导质子研究中心、分布式智慧新能源集成创新平台等六大平台建设，同时申报建设国家级合肥滨湖新区。根据市委规划建议起草的“十三五”规划纲要，经市十五届人大四次会议审查批准。

二、全力落实中央“五位一体”总体布局和省委省政府各项部署，加快打造“大湖名城、创新高地”。

市委领导班子紧紧围绕建设长三角世界级城市群副中心、打造“大湖名城、创新高地”，团结带领全市各级党组织和广大党员干部群众，进一步解放思想、抢抓机遇、真抓实干。“文明城市”“幸福城市”“创新城市”“森林城市”“平安城市”的美誉度不断提升，实现“十二五”圆满收官。

坚持稳中求进、创新驱动，实现经济持续优质较快发展

面对经济发展新常态和宏观经济下行压力，坚持以开展“调转促”“4105”行动为主抓手，以推动“创新转型升级”发展为基本路径，强化项目带动，突破重点领域，力求稳增长与调结构相统一，实现了经济发展“速度较快、质量更优、效益更好”。

2015年，全市主要经济指标均实现“两位数”增长，“新跨越、进十强”这一2020年目标提前5年基本实现，在全省的经济首位度和贡献率进一步提升。全年完成GDP5660.3亿元，增长10.5%；财政收入1000.5亿元，增长13.6%，其中地方财政收入571.5亿元，增长14.2%；规上工业增加值2255.7亿元，增长11.3%。在省会城市中，合肥GDP总量居第12位，增速居第3位（“十二五”时期，GDP总量先后超越石家庄市、福州市和长春市）；规上工业增加值总量居第9位，增速居第2位；固定资产投资、工业投资总量分居第5、第7位；地方财政收入总量居第11位，增速居第4位；进出口总额、出口总额分别居第9、第8位。合肥GDP总量占全省比重提升至25.7%（比2012年提高1.5个百分点），财政收入、地方财政收入、规上工业增加值、固定资产投资总量分别占全省的24.9%、23.3%、22.3%、24.4%。

千方百计稳定增长。定期研究分析经济形势，加强运行调度和分类指导。进一步完善“1+3+5+N”产业扶持政策体系，相继出台促进经济平稳较快发展30条、扶持小微企业健康发展18条、帮扶困难企业10条等政策，减轻企业负担，增强企业活力。创新设立政府投资引导基金、天使基金、金融产品等，撬动社会资本投入。强化政企合力，发挥好政策的叠加效应，增强发展后劲和内生动力。全年新登记各类市场主体9.02万户、增长18.4%，总数达到44.71万户。坚持多措并举、提质增效，全年规上工业企业实现利润482.33亿元，增长5.3%，增幅高于全国全省。

持续扩大有效投入。实施项目建设“十大行动”，指导督促县（市）区、开发区项目集中开工，狠抓扩大有效投入，切实做好要素保障，努力形成项目梯次推进、源源不断的工作格局。全年新开工项目6718个、增加1952个，京东方10.5代线、晶合12吋晶圆、富士通封装测试、康宁玻璃基板等一批重大产业项目开工建设，联想（合肥）产业基地、合肥离子医学中心等一批重点项目加快推进，东湖高新等一批大项目签约落户。

聚焦重点领域产业。深入谋划和推动战略性新兴产业发展、传统

产业改造升级、现代服务业和现代农业发展。战略性新兴产业实现产值2788.8亿元，比“十一五”末增加2.6倍；高新技术产业增加值达到1257.2亿元，占GDP22.2%。第三产业增加值占GDP比重达到40.6%，现代服务业实现增加值1357.5亿元、增长13.4%。在全国率先实施“百千万工程”和“翔计划”工程。成功蝉联“中国家电产业基地”称号，新能源汽车推广应用完成率全国第一。粮食总产量实现“十二连丰”，特色高效农业产值比重超过80%，在全省率先实现省级现代农业示范区县（市）域全覆盖。

坚持深化改革、扩大开放，不断创造体制机制新优势

坚持以思想大解放推动改革新突破，致力打造全面深化改革先行先试“合肥版”，加快建设内陆开放新高地。

推进全面深化改革。认真履行党委对全面深化改革的领导责任，定期召开领导小组会议，安排部署156项改革任务，拎出26项进行重点督办，推动改革有力有序有效实施。稳步推进国资国企、财税和金融体制改革，商事登记实现“三证合一、一照一码”。深化简政放权，建成三级政府权力清单和责任清单体系。完善招投标制度，省市合一公共资源交易平台建设不断加强。全面完成新一轮政府职能转变和机构改革。稳步实施农村村级集体资产产权股份合作制改革试点。深化社会体制改革，扎实推进教育、医疗卫生、文化等领域体制改革。启动聘任制公务员试点。如期落实市级公务用车改革。推进户籍制度改革，实施居住证管理办法。

提升开放合作水平。紧紧抓住“一带一路”、长江经济带双节点城市的重大历史性机遇，主动对接呼应京津冀协同发展，不断深化与长江中游城市群联动发展，积极与上海开展双城合作。加快建设“四港三区一中心”等重大开放平台，综合保税区、安徽（蜀山）跨境电子商务产业园正式运行，“合新欧”国际货运班列常态运营，合肥出口加工区全面复制推广上海自贸区海关监管创新制度。持续开展百名县干招商等活动，不断加强同央企、知名民企、外企的对接合作。全年招商引资3390亿元、增长15%，其中外资25.1亿美元，进出口总额达到203.4亿美元。圆满完成中德两国总理访问合肥等重大外事接待。协同推进合肥经济圈建设、与皖北合作发展。扎实做好援疆援藏工作。

坚持产城一体、统筹协调，进一步提升城乡建设发展水平

突出提升城市能级、优化城市品质、彰显城市特色，更加注重分类指导和统筹发展，健全城乡发展一体化体制机制。

持续推进“大建设”。围绕实施“1331”城市空间发展战略，新建、续建大建设工程765项、完成投资372亿元，创历史新高。全国性综合交通枢纽地位显著提升，合福高铁投入使用，商合杭、合安九客运专线启动建设，郑合高铁列入国家规划，“米”字型高铁格局渐趋形成。国省干线公路、城市综合轨道交通建设加快推进，城区路网渐趋成熟，市区与各县（市）连接道路进一步完善。同步推进公交都市、海绵城市和各项配套建设。防洪保安、供水保障、生态保护等水利建设进一步强化。

着力打造精品城市。不断增强城市品质意识，提升都市区国际化水平。改造黄山路等一批精品道路，打造罍街等一批特色文化街区。完善教育、文化等配套，提升社会服务水平，丰富和拓展城市功能。数字城管建成运行，“数字合肥”通过验收，荣膺“全国数字城市建设示范市”，加快“智慧城市”试点建设。深入推进立面景观和重点区域市容秩序等专项整治。

加快统筹城乡发展。五个县（市）竞相发展，均跻身中部百强县。肥东、肥西、长丰进入全省十强，肥西县成为全省连续6年唯一入选全国百强的县，排名升至第79位；肥东县再次获得“中国中小城市综合实力百强县”。县域生产总值占全市比重提高到34%，比“十一五”末提高3.4个百分点。县域工业化、城镇化加速发展，“四化同步”成效明显。加快推进环湖十二镇及下塘、撮镇等全国重点镇建设，打造各具特色样板小城镇。美好乡村建设提质扩面，完成80个省级示范中心村建设和677个自然村整治任务，环巢湖300平方公里美好乡村示范区建设初显成效。

坚持生态优先、城湖共生，倾力打造美丽合肥

更加注重生态文明建设，在全省率先成立高规格的环境保护委员会，深入实施 “四大专项行动”，朝着“有土皆绿、是水则清、四季花香、处处鸟鸣”的美丽愿景迈进。实施水环境治理行动。持续推进巢湖生态文明先行示范区建设，环巢湖生态修复保护一期项目全面完成，二、三、四期项目深入实施，引江济淮工程即将开工。120余条河道纳入“河长制”管理。环巢湖32座乡镇污水处理厂全部建成并投入试运行。实施南淝河、十五里河、派河等综合治理。加强水环境监管，严格落实“三条铁律”，严肃追究责任。通过综合治理，巢湖

总体水质逐步改善。

实施大气污染防治行动。召开“千人大会”，落实“九项措施”，实施全民动员、全民参与。全面完成市区燃煤及其他非清洁能源锅炉淘汰工作，淘汰黄标车44867辆，协同推进扬尘污染控制，率先实行全年全市域秸秆禁烧，空气质量稳定改善，全市空气质量优良天数达255天、同比增加65天，PM10和PM2.5浓度均值同比分别下降18.6%、20.4%。

实施绿色森林增长行动。完成植树造林16.8万亩、城区绿化1663万平方米，打造园林绿化精品示范工程28个。深入开展“三线三边”绿化提升行动。建成城市绿道95.4公里，深化森林城市、森林城镇、森林村庄创建工作，顺利通过“国家园林城市”复查验收。滨湖国家森林公园获“中国人居环境范例奖”。

实施固体废物综合整治行动。扎实做好工矿固体废弃物、城乡生活垃圾、建筑垃圾、医疗废弃物等处置工作。加强餐厨垃圾处理和利用，争取在全国率先形成“合肥模式”。坚持治理和修复相结合，突出抓好压缩开采规模、关闭矿山、废弃矿山复绿等专项行动，加快静脉产业园规划建设。与此同时，坚持层层压实节能减排责任，大力推进“气化合肥”，全面推广可再生能源建筑应用和绿色建筑，积极推进绿色低碳生态城区建设。获评省“节能综合性示范城市”。

坚持总揽全局、协调各方，扎实推进民主政治建设和法治合肥建设

坚持党的领导、人民当家作主、依法治国有机统一，充分发挥市委总揽全局、协调各方的领导核心作用。

大力支持和保证人大及其常委会依法行使职权。召开全市人大工作会议，认真贯彻《中共全国人大常委会党组关于加强县乡人大工作和建设的若干意见》、全省人大工作会议和省委有关文件精神，出台贯彻意见，进一步健全县乡人大组织制度和工作机制。支持人大围绕民主政治领域改革任务，推进人大工作创新发展。支持人大围绕中心工作，加强对法律实施情况和“一府两院”工作的监督。注重发挥代表主体作用，拓宽代表工作渠道，开展“代表小组推进年”活动。支持市人大制定《合肥市防震减灾条例》，完成全国、省人大常委会征求意见的法律法规12件；举办全市人大系统领导干部培训班，进一步提升新形势下人大工作水平。

大力支持人民政协认真履行政治协商、民主监督、参政议政职能。创新和丰富协商形式，开展专题协商、对口协商、界别协商、提案办理协商等活动，重视政协提案建议、调研报告、社情民意信息的使用和提案的落实。支持市政协加强各项经常性工作，完善委员联络服务管理机制，加大特约监督员工作力度，进一步推进履职能力建设，为委员履职尽责创造良好条件。支持市政协办好“合肥之友”，充分发挥其在引资引智、宣传推介中的品牌效应，在合肥与上海“双城合作”中的促进和桥梁作用。支持市政协成立书画院，积极搭建大团结大联合的特色平台。

加强统一战线工作。重视和加强对统一战线工作的领导，认真学习贯彻党的统战工作条例和省委实施办法，召开统战工作会议，支持市各民主党派、工商联加强自身建设，做好无党派人士工作，继续推进“同心”实践，引导广大成员为合肥发展献计出力。进一步加强党外代表人士队伍建设。依法加强对民族工作和宗教事务管理。成功举办海峡两岸纪念刘铭传首任台湾巡抚130周年大会及系列活动。对台、侨务、外事等工作取得新成效。

加强群团工作。大力支持工会、共青团、妇联等人民团体依照法律和各自章程开展工作，有序推进农民工入会集中行动。召开党的群团工作会议，出台加强和改进党的群团工作的实施意见，充分发挥好群团组织的桥梁和纽带作用，为打造“大湖名城、创新高地”凝聚强大力量。

大力推进依法治市。召开市委十届八次全会，出台全面推进依法治市工作的实施意见，对法治合肥建设作出全面部署。继续推进法治政府建设，进一步创新依法行政方式、规范执法行为。支持司法机关改革探索，促进司法公正。加强党内法规工作，完成建国以来市委党内规范性文件清理。开展全市“六五”普法总结验收，乡镇（街道）和村（居）司法行政服务工作站（室）实现全覆盖。加强基层民主政治建设，村（居）务公开和民主管理水平不断提升。

深入推进“双拥”工作。坚持党管武装，积极推动军民融合发展。组织广大党员干部群众，收看收听并以各种形式参与纪念中国人民抗日战争暨世界反法西斯战争胜利70周年活动。大力支持和保障部队军事演训活动，以新一代战舰——合肥舰入列命名为契机，进一步拓展“双拥”领域。

坚持思想引领、精神涵养，着力提升城市文化软实力

高度重视意识形态和宣传思想文化工作，深入推进文化大发展大繁荣。

加强宣传阵地建设。大力加

强对习近平总书记系列重要讲话精神等宣传阐释，深入推进中国特色社会主义、中国梦宣传教育。认真落实意识形态工作责任制，市委主要负责同志作意识形态工作专题报告，健全新闻发布制度，完善舆情收集分析研判处置机制。组织开展重大主题宣传，全方位多渠道宣传推介“大湖名城、创新高地”城市品牌。高度重视网上舆论工作，开通城市发布微网——合肥发布网，形成“两微两厅一端三网”的政务新媒体格局。

突出抓好文明创建。大力培育和践行社会主义核心价值观，精心组织第五届道德模范评选工作，深入开展学习宣传道德模范活动，常态化开展“好人”评选活动。全市共有115人（群体）入选“中国好人榜”，位居全国省会城市前列。全国网络精神文明建设工作座谈会在我市召开，“合肥模式”在全国推广。进一步加强未成年人思想道德建设。开展星级志愿服务广场和社区创建，4个组织（个人）获选全国“志愿服务优秀典型”。

推进文化改革发展。深化文化体制改革，提升公共文化服务标准化均等化水平。安徽名人馆、市群众文化活动中心投入运行，规划馆、科技馆、百戏城等项目快速推进，县级“两馆一场”等加快建设。组织开展各种文化惠民活动，合肥文化大讲堂被评为全省“十佳阅读推广活动”，各类群众文化活动蓬勃开展。加快国家级文化科技融合示范基地建设。成功举办第九届中国（合肥）国际文化博览会。科大讯飞公司入选中国文化企业30强，通过国家认定的动漫企业数占全省58%、位列中西部城市第一。

坚持民生至上、民计为重，进一步增强人民群众的幸福感获得感

牢固树立以人民为中心的发展思想，坚持把民生作为经济社会发展工作的“指南针”，在改善民生上做“加法”，在解决问题上做“减法”，在保障特困群众生活上发挥政府“兜底”作用。合肥再次获评“幸福感最强城市”，蝉联“中国十佳和谐发展城市排行榜”第一名。

持续加强民生保障。全年民生支出占财政支出79.7%。城镇居民和农村居民人均可支配收入分别达到31989元、15733元，分别增长9%和9.2%。加强就业创业服务，开发公益性岗位1万多个，新增城镇就业人员20.6万人。扎实推进“32+9”项民生工程。深入推进扶贫开发工作，完成40个贫困村和500户贫困户光伏扶贫电站建设任务，精准扶贫成效突出，减少农村贫困人口7万人；全市贫困人口由2011年的40.69万减至10.47万，贫困发生率由9%降至2.32%。完善社会保险体系，深入推进社会保险扩面征缴，社会保障水平进一步提高。建设各类保障性住房和棚户区改造安置房36062套（户），完成率122.4%，实施老旧小区环境综合整治项目45个，惠及1.6万户、4.4万人，房地产市场健康稳定发展。

统筹发展社会事业。进一步改善教育基础设施，全市公办幼儿园和普惠性民办幼儿园覆盖率达到60%，义务教育“三大提升”工程有序推进，义务教育学校标准化建设顺利完成，合肥市被教育部确定为“中小学品质提升试验区”。组建市现代职业教育集团，积极构建现代职业教育体系。合肥学院成为应用型大学建设和改革样本。全国首个国家级旅游休闲区试点——环巢湖国家旅游休闲区获批创建，三河古镇成功创建国家5A景区。全民健身运动深入开展，成功举办第二届环巢湖国际马拉松赛等活动。人口计生、科普等工作水平不断提升，残疾人和老龄等事业取得新进展。全面落实基层医改各项任务，公共卫生服务质量持续提升。

不断创新社会治理。完善社会治安防控体系，完成“天网”主体工程建设，“平安合肥”建设迈出新步伐，八类主要刑事案件占刑案比降至1.11%。扎实推进信访制度改革，持续开展领导干部接访下访，全市信访形势总体平稳。严厉打击传销活动，食品药品重大事故“零发生”，各类安全生产事故指标创历史最低水平，继续做好防灾减灾、人防、民防、应急等工作。

三、严格落实“两个责任”，推进全面从严治党。

市委领导班子牢固树立“抓好党建是最大政绩”的理念，严格落实“两个责任”。

层层压实党委主体责任。调整市委党建工作领导小组，制定领导小组工作规则。创新落实党风廉政建设责任监管措施，研究制定“两个责任”清单，出台“两个责任”考核、落实主体责任述廉述责和接受评议、约谈等“三个实施办法”。对2014年度落实“两个责任”和惩防体系建设情况进行集中考核，实现了县（市）区、市直单位全覆盖；市委常委会专题听取考核情况汇报，对排名靠后单位进行约谈。在市纪委十届五次全会上，组织4家单位党委（党组）书记述廉述责。逐项落实省委巡视工作和“三项考核”工作整改意见。开展重大腐败案件“一案双查”，创新实施“一案两谈”制度。制定县乡党委书记抓基层党建“双六条”职责，建立“三级联述联评联考”制度，注重考核评议结果运用。

坚持不懈加强思想政治建设。持续推动习近平总书记系列重要讲话精神的学习贯彻，引导党员干部不断固本培元，坚定理想信念，站稳政治立场。加强党性党风党纪教育，引导党员干部不断增强党的意识、纪律意识、规矩意识、法治意识，认真落实习近平总书记“五个必须”“五个决不允许”要求和省委“六个坚持”“九个不要”规定，严守党的政治纪律和政治规矩，始终在思想上政治上行动上同党中央保持高度一致，坚决维护中央和省委权威。

从严加强各级领导班子和干部队伍建设。研究制定关于进一步加强和改进干部选拔任用工作的意见。选优配强各级领导班子，全年共调整配备县（市）区、开发区市管干部78人；对23家企事业单位的领导班子进行调整。认真执行县以下机关公务员职务与职级并行制度，共有3945人晋升职级；积极做好乡镇非领导职务设置工作，共增加科级非领导职数553个。加大年轻干部培养选拔力度，研究制定年轻干部卓越成长计划，市委组织部、市委党校举办青年干部培训班2期。强化干部管理监督，加大干部教育培训力度，全年培训各级干部4310人次。研究制定推进领导干部能上能下实施细则（试行）。通过推进干部结构性交流等方式，已消化整改超职数配备干部452名，占总数的61.2%。继续抓好“违反干部任用标准程序、跑官要官和说情打招呼、三超两乱、干部档案造假、领导干部违规兼职、裸官”等6项重点整治。组织2037名市管干部报告个人有关事项，对拟提拔重用的市管干部考察对象个人有关事项和档案进行审核，其中13人被暂缓使用。老干部工作取得新进步。

不断夯实基层基础。认真贯彻《党组工作条例》和省委实施细则。召开全市农村基层党建工作会议，抓好重点任务落实。加大经费投入，村基本运转经费平均10.9万元；社区党组织工作经费平均29.2万元，全部设立服务群众专项经费，年均29.4万元。加强阵地建设，完成81个村级活动场所建设，新建改扩建社区活动场所101个。提高报酬待遇，社区“两委”正职年均报酬5.1万元，社区干部平均4.4万元，全部落实“五险一金”；村“两委”正职年均报酬3.7万元，其中年均基本报酬2.9万元，97.7%村干部办理了城镇职工养老保险。突出解决基层党组织战斗力不强等四个薄弱问题，持续整顿软弱涣散基层党组织，深入推进社区党建“三有一化”，实施村党组织书记专职化管理，制定壮大村级集体经济实施意见和发展规划。加强选派、选聘工作。顺利完成社区“两委”第三次统一换届。创新开发园区党建工作。全市独立法人非公企业党组织组建率99.5%、单建率25.7%，社会组织党组织覆盖率72.5%、单建率25.5%。落实发展党员公示制、预审制、票决制和责任追究制等“四项制度”。

深化党代表任期制。一些做法得到中组部充分肯定，全省现场会在合肥市召开。按照中组部和省委精神，经过积极探索、扎实推进，成功召开市党代会2015年会议。

深入推进“人才特区”建设。坚持党管人才原则，深入实施“百人计划”、“228”产业创新团队等重点人才工程，制定出台《县（市）区、开发区人才工作督查考核标准》、《进一步扶持高层次人才创新创业的实施意见》等，一手抓区域人才优势的转化，一手抓高端紧缺人才的引进。全市共集聚“两院”院士81人、国家“千人计划”专家195人、省“百人计划”专家80人、市“百人计划”专家87人、市“228”产业创新团队137个。

持续深化作风建设。深入落实党员干部联系服务群众制度，大力推广“一线为民工作法”，深化“四联四定”工作。严格抓好中央八项规定精神和省市有关规定的贯彻执行，认真落实省委关于作风建设“两清单一办法”要求。创新推出“教育预防在先、明查暗访跟进、严肃查纠有力、通报警示于后”的作风建设监管模式，共查处违反中央八项规定精神和“四风”等问题92起，处理党员干部141人。创新推出优化“大众创业、万众创新”发展环境“十项推禁令”，对违规行为严肃查纠问责。组织开展对74个政府部门和窗口服务单位的政风行风评议，对排名靠后的6个单位进行诫勉处理。通过电子监察方式对12345政府服务直通车系统办理情况进行实时跟踪，开展政风行风建设督查考核，打造“问政合肥—政风行风面对面”电视监督平台，倒逼工作效能和为民服务水平提升。

大力加强反腐倡廉建设。深入学习贯彻中纪委十八届五次全会和省纪委九届五次全会精神，严格落实党委主体责任和纪委监督责任。扎实推进“四个全覆盖”，全市共完成对26个地区、机关、事业单位和纪检监察系统的巡察，重要岗位干部交流轮岗1359人，创新经济责任审计监督全覆盖机制，组织开展制度建设专项督查。深入推进惩防腐败体系建设，深化城市建设领域“六分开”等制度，继续推动招投标制度向公共资源交易管理领域全覆盖、行政处罚群众公议制度向基层拓展、廉政预警制度向全体党员延伸。认真学习贯彻《廉洁自律准则》《纪律处分条例》和《巡视工作条例》，加快推进包公文化主题公园项目，启动第四届“包公杯”全国反腐倡廉曲艺作品征集活动。推动纪检监察机关深化“三转”，突出主业主责。深化纪检体制改革，开展县级纪检监察机关机构改革，积极做好派驻机构全覆盖的准备工作。加强纪检监察组织建设，畅通能进能出的干部交流渠道。坚持以“零容忍”的态度严惩腐败，全年各级纪检监察机关共受理信访举报2364件（次），同比下降0.2%；处置问题线索1513件，上升67.7%；立案939件，上升35.3%；结案865件，上升32.3%；给予党政纪处分856人，上升31.7%，移送司法机关80人，上升48.2%，其中县处级7人，乡科级16人；通过办案挽回经济损失近亿元。特别是，严肃查处程本友、洪爱军等重大违纪违法案件，并向全市印发《关于查处十起重大违纪违法案件的通报》和在媒体上曝光典型案件。在全市部署开展查处群众身边的“四风”和腐败问题专项工作，全市共排查问题线索370个，查处问题152件，处理党员干部177人，给予党政纪处分140人，涉及金额6031万元，追缴违纪款655万元。

市委领导班子在组织推动全市改革发展的同时，认真贯彻习近平总书记提出的“四个表率”和省委关于“六个坚持”“四个过硬”“九个不要”的新要求，着力加强自身建设。一是坚决贯彻民主集中制，修订市委常委会议事规则，建立市委法律顾问制度，自觉做到科学、民主、依法决策。二是坚持在大局下想问题、作决策、办事情，坚持集体学习制度，突出事关全局的战略性问题，进行深入研究和部署，不断提高思想政治水平和领导能力。三是带头转作风、破“四风”、树新风，崇尚实干、勇于担当、廉洁自律，为各级领导班子和党员干部作出示范、当好表率。

【市委重要会议】 2015年1月4日，市委召开十届七次全体（扩大）会议。会议认真学习贯彻党的十八届四中全会、中央经济工作会议和省委九届十次全体（扩大）会议、全省经济工作会议精神，总结2014年以来各项工作，部署2015年及今后一个时期的工作任务，动员全市上下进一步解放思想、深化改革、扩大开放、开拓创新，以建设长三角世界级城市群副中心为引领，不断开创打造“大湖名城、创新高地”的新局面。

1月18日，市委召开市委常委（扩大）会议，专题传达学习十八届中央纪委五次全会和省委常委会议暨中心组理论学习会议精神。会议认为，十八届中央纪委五次全会是党风廉政建设和反腐败斗争进行到关键时刻召开的一次非常重要的会议。习近平总书记在会上发表的重要讲话，站在党和国家全局的高度，深刻分析了反腐败斗争依然严峻复杂的形势，明确提出了党风廉政建设和反腐败工作的总体要求和主要任务，是全面从严治党、深入推进党风廉政建设和反腐败斗争的纲领性文献。全市上下要按照中央和省委的部署要求，迅速传达学习，掀起学习贯彻热潮，切实把思想和行动统一到习近平总书记重要讲话精神上来，学深悟透、融会贯通，指导实践、推动工作。

2月1日，市纪委十届五次全会在合肥市召开。会议传达学习了十八届中央纪委五次全会和省纪委九届五次全会精神，审议通过了工作报告和《中国共产党合肥市第十届纪律检查委员会第五次全体会议决议》。会议强调，要坚决把思想和行动统一到中央和省委的部署要求上来，以更加严格的标准、更加严格的要求、更加严格的措施，锐意进取，扎实工作，切实把守纪律讲规矩摆在更加重要的位置，不断开创党风廉政建设和反腐败斗争新局面，为打造“大湖名城、创新高地”提供坚强保障。

2月9日至11日，市委召开中心组理论学习会议。会议深入学习习近平总书记系列重要讲话精神，贯彻落实党的十八届四中全会和2015年省“两会”精神，动员全市各级党组织和广大党员干部群众进一步防骄破满、拉高标杆、解放思想、改革开放，适应新常态、把握新定位、谋划新篇章、展现新作为，决胜“十二五”，开启“十三五”，加快“创新、转型、升级”发展，努力推动经济社会发展迈向更高水平，以建设长三角世界级城市群副中心为引领，不断开创打造“大湖名城、创新高地”的新局面。

2月11日，市委召开十届八次全体（扩大）会议。会议深入贯彻党的十八大、十八届三中全会、十八届四中全会和省委九届十次全体（扩大）会议精神，全面落实《中共中央关于全面推进依法治国若干重大问题的决定》和《中共安徽省委关于贯彻落实党的十八届四中全会精神全面推进依法治省的意见》，审议《中共合肥市委关于贯彻落实中央、省委部署全面推进依法治市的实施意见》，动员全市上下不断顽强拼搏、锐意进取、真抓实干，奋力开创法治合肥建设新局面，为建设长三角世界级城市群副中心，打造“大湖名城、创新高地”提供坚强的法治保障。

2月15日，市委市政府召开全市农村工作会议。会议深入贯彻落实中央和省委省政府关于“三农”工作的各项决策部署，主动适应新常态，更加突出转方式，开拓创新，扎实工作，不断开创全市“三农”工作新局面，为建设长三角世界级城市群副中心、打造“大湖名城、创新高地”作出新的更大贡献。

3月6日，市委召开常委（扩大）会议，落实中央和省委关于党的群众路线教育实践活动的部署要求，通报市委常委会及成员教育实践活动的整改落实情况。会议强调，作风建设永远在路上。各级各单位要牢固树立持续整改、长期整改的思想，继续发扬钉钉子精神，不折不扣落实整改方案，一条一条兑现整改承诺，坚持在解决体制和制度问题、加强基层党组织建设上多下功夫，着力用制度管权管事管人，把群众路线贯彻到末端，不断巩固和拓展教育实践活动成果。

3月18日，市委市政府召开2015年大气污染防治工作会议。会议强调，环境就是民生，青山就是美丽，蓝天也是幸福。要深入贯彻落实中央和省委省政府各项决策部署，继续以愚公移山的精神推进大气污染防治工作，以壮士断腕的勇气驱散“呼吸之痛”，确保完成2015年度大气环境质量目标任务，确保空气质量持续改善，让空气更清新，让天空更蔚蓝，奋力打造生态宜居城市，为建设长三角世界级城市群副中心、打造“大湖名城、创新高地”作出新的更大贡献。

3月18日，市委召开常委（扩大）会议，专题传达学习全国“两会”和省委有关会议精神，部署安排合肥市贯彻落实工作。会议强调，全市各级各部门要把学习贯彻全国“两会”精神与学习贯彻党的十八大、十八届三中、四中全会和习近平总书记系列重要讲话精神结合起来，与牢牢把握“四个全面”战略布局结合起来，切实把思想和行动统一到中央和省委省政府决策部署上来，并紧密结合实际，振奋精神、扎实工作，奋力推进2015年各项工作再上新台阶。

5月6日，合肥市召开全市文明创建工作表彰暨深入推进大会。会议强调，要以“四个全面”战略布局为指引，在省委省政府坚强领导下，以成功创建全国文明城市为新的起点，防骄破满、拉高标杆，倍加珍惜全国文明城市荣誉，不断巩固提升文明创建成果，坚持不懈抓好精神文明建设，为建设长三角世界级城市群副中心、打造“大湖名城、创新高地”提供坚强的思想保证、强大的精神力量、丰润的道德滋养，为建设美好安徽、实现中国梦作出新的更大贡献。

5月7日，市委召开全市“三严三实”专题教育党课报告会暨市委中心组理论学习会议。会议强调，要深入学习贯彻党的十八大和十八届三中、四中全会精神，深入学习贯彻习近平总书记系列重要讲话精神，以“四个全面”战略布局为指引，在省委坚强领导下，扎实开展“三严三实”专题教育，进一步解决“不严不实”的突出问题，为建设长三角世界级城市群副中心、开创打造“大湖名城、创新高地”新局面凝聚强大能量，为建设美好安徽、实现中国梦作出新的更大贡献。

5月26日，市委召开全市加快经济创新转型升级发展动员大会暨市委中心组理论学习会议。会议传达了省政府第五次全体会议以及省政府相关三个文件精神，通报了合肥市经济发展态势，就进一步做好当前经济工作作了部署。强调要深入贯彻落实党中央国务院和省委省政府的决策部署，动员全市上下积极行动起来，统一思想认识，坚持加快发展不动摇，以勇于开拓的进取意识、守土有责的担当精神，牢牢把握新常态下经济工作主动权，加快推进“创新、转型、升级”发展，为建设长三角世界级城市群副中心、打造“大湖名城、创新高地”而努力奋斗，为建设美好安徽、实现中国梦作出新的更大贡献。

6月18日至19日，市委召开中心组“三严三实”专题理论学习研讨会。会议学习贯彻习近平总书记系列重要讲话精神和省委中心组“三严三实”专题理论学习研讨会精神，围绕“严以修身，加强党性修养，坚定理想信念，把牢思想和行动的‘总开关’”这一主题，开展学习研讨。

6月29日，安徽省委第一考核组在市政务中心召开合肥市2014年度落实党风廉政建设“两个责任”和惩防体系建设暨省管领导班子和领导干部年度考核情况反馈会，省委书记王学军出席会议并讲话。省委常委、市委书记吴存荣主持反馈会。王学军在讲话中指出，从考核情况看，合肥市委、市政府团结带领全市干部群众，认真履行党风廉政建设责任，不断完善惩防体系，着力加强领导班子和干部队伍建设，扎实做好稳增长、促改革、调结构、惠民生、防风险各项工作，经济社会平稳健康发展，全市上下保持着干事创业、风清气正的良好局面。但也还存在一些应该注意的问题，希望市委、市政府对考核组指出的问题逐条分析研究，明确整改措施，落实整改责任，确保整改到位。

7月31日，市委召开十届九次全体会议。会议深入贯彻落实党的十八大、十八届三中、四中全会和省委九届十三次全会精神，总结上半年工作，部署下半年任务，动员全市各级党组织和广大党员干部群众，以“四个全面”战略布局为指引，解放思想、凝心聚力、真抓实干，全力落实“三个进一步”，继续当好全省“排头兵”，奋力开创发展新局面，确保“十二五”圆满收官，为建设长三角世界级城市群副中心、打造“大湖名城、创新高地”奠定更加坚实的基础。

8月31日至9月1日，市委召开中心组“三严三实”专题理论学习研讨会。会议深入学习贯彻习近平总书记系列重要讲话精神和省委中心组“三严三实”专题理论学习研讨会、市委十届九次全体会议精神，围绕“严以律己，严守党的政治纪律和政治规矩，自觉做政治上的‘明白人’”这一主题，开展学习研讨。

9月28日，市委召开常委扩大会议，传达学习全省加快调结构转方式促升级动员大会精神，部署安排合肥市贯彻落实工作。会议强调，要进一步压实责任、推进落实，市和县（市）区都要成立加快“调转促”工作领导小组和重点工程推进小组，并建立“责任清单”；市直部门要按照职能分工，主动作为、履职尽责。市委市政府负责同志及各县（市）区和市直各部门的“一把手”，要示范带头抓落实，做到守土有责、守土负责、守土尽责。要遵循发展规律，增强市场意识，讲究工作方法，自觉践行“三严三实”，一招不让地把“调转促”各项任务抓紧抓实抓好。要广泛动员抓落实，形成开展“调转促”行动的浓厚氛围。

10月8日，省委第三巡视组召开巡视合肥市工作动员大会。省委常委、市委书记吴存荣主持会议，省委巡视办主任刘苹、第三巡视组组长成浩作重要讲话。第三巡视组副组长刘胜男、江献军，巡视组全体成员出席动员大会。

成浩在讲话中指出，巡视是党章赋予的重要职责，是党内监督的战略性制度安排。要准确把握巡视工作任务要求，紧扣党的政治纪律、组织纪律、廉洁纪律、群众纪律、工作纪律和生活纪律，重点监督检查市四大班子及其成员和市“两院”党组主要负责人四个方面情况，即：是否违反政治纪律和政治规矩，存在违背党的路线方针政策的言行，有令不行、有禁不止，阳奉阴违，拉帮结派等问题；是否违反廉洁纪律，存在以权谋私、贪污贿赂、腐化堕落等问题；是否违反组织纪律，存在违规用人、拉票贿选、买官卖官，以及独断专行、软弱涣散、严重不团结等问题；是否存在违反群众纪律、工作纪律、生活纪律，存在搞形式主义、官僚主义、享乐主义和奢靡之风等问题。刘苹在讲话中强调，要认真学习《中国共产党巡视工作条例》（以下简称《条例》），严格按照《条例》开展工作，紧密联系实际，抓好贯彻执行，落实依规管党治党要求。要讲政治、顾大局，高度重视巡视工作，积极配合巡视组工作，认真解决问题，落实整改责任，把巡视监督视为改进工作的机遇、推动工作的动力，和巡视组共同高质量完成巡视任务。

10月19日，全市“双创示范”工作动员大会在市政务中心大会堂召开。省委常委、市委书记吴存荣出席并讲话。他强调，合肥的发展正站在新的历史起点上，推动“双创示范”是一篇牵动全局的大文章，要以全国“大众创业万众创新活动周”的举办为契机，深入贯彻落实中央和省委省政府决策部署，更好地把推进合肥市“双创示范”工作和“调转促”行动紧密结合起来，掀起“大众创业、万众创新”新高潮，为打造“大湖名城、创新高地”、建设美好安徽、实现中国梦而努力奋斗。要聚焦工作重点，奋力开辟创业创新广阔天地。一要解放思想更新观念，点燃“想创”的热情，大力倡导鼓励创业、支持创新、宽容失败的时代风气。二要培育创业创新主体，释放“能创”的潜能，为想创业、愿创业者提供良好的条件。三要丰富创业创新载体，撑起“众创”的空间，加快平台搭建，“栽好梧桐树，引得凤凰来”。四要深化体制机制创新，激发“敢创”的活力，进一步提升改革行动力，以健全高效的体制机制作保障，把创新引擎全速发动起来。要形成工作合力，努力营造创业创新良好环境。要营造健康向上的人文环境、完善有力的政策环境、公平正义的法治环境、优质高效的服务环境，在总结过去好经验好做法的基础上，补齐服务短板，坚决整治阻碍创业创新的“肠梗阻”，打通联系服务群众的“最后一公里”。

11月7日，市委召开常委扩大会议，传达学习贯彻党的十八届五中全会精神和省委常委扩大会议、全省领导干部会议精神。会议强调，学习好、宣传好、贯彻好党的十八届五中全会精神是当前和今后一个时期的重大政治任务。要迅速兴起学习宣传贯彻热潮，把学习贯彻全会精神与学习贯彻习近平总书记系列重要讲话精神结合起来，学深学透、融汇贯通，更好地用全会精神武装头脑、指导实践、推进工作，全力以赴抓好稳增长、促改革、调结构、惠民生，特别是要努力完成全年各项目标任务，实现“十二五”圆满收官，为“十三五”良好开局奠定坚实基础。

11 月 25 日至 26 日，市委召开中心组“三严三实”专题理论学习研讨会。会议深入学习贯彻党的十八届五中全会精神，围绕“严以用权，真抓实干，实实在在谋事创业做人，树立忠诚、干净、担当的新形象”的主题，学习贯彻省委中心组“三严三实”专题理论学习研讨会精神，认真落实省委“三聚焦三查找三确保”要求，重点学习研讨如何坚持用权为民，自觉遵守宪法法律和党的纪律，按规则、按制度、按法律行使权力，敬法畏纪，为政清廉，任何时候都不搞特权、不以权谋私；如何坚持民主集中制，自觉接受监督，不搞大权独揽、独断专行；如何坚持从实际出发谋划事业、推进工作，敢于担责、为官有为，努力创造经得起实践、人民、历史检验的实绩。

12 月 17 日，市委召开十届十次全体会议。会议主要任务是，审议通过《中共合肥市委关于制定国民经济和社会发展第十三个五年规划的建议（草案）》《关于召开中国共产党合肥市第十次代表大会 2015 年会议及日程安排（草案）》，审议通过市委工作报告（讨论稿）、市纪委工作报告（讨论稿）；递补中国共产党合肥市第十届委员会委员。

12 月 20 日，市委召开中国共产党合肥市第十次代表大会 2015 年会议。大会深入分析了“十三五”时期面临的形势，提出了“十三五”时期合肥经济社会发展的指导思想、主要目标、重点任务。大会号召，全市各级党组织和广大党员干部群众要紧密团结在以习近平同志为总书记的党中央周围，在省委的坚强领导下，以同心同德的精神力量、决战决胜的信心勇气、敢于负责的担当精神，在新的起点上把合肥发展得更好、建设得更美，不断谱写建设长三角世界级城市群副中心、打造“大湖名城、创新高地”的新篇章。大会期间，召开了中国共产党合肥市第十届委员会第十一次全体会议，听取了市委工作报告、市纪委工作报告和《中共合肥市委关于制定国民经济和社会发展第十三个五年规划的建议（草案）》审议情况的汇报，通过了有关决议草案和代表提案审查意见的报告。

12 月 31 日，市委召开常委班子“三严三实”专题民主生活会。常委班子及成员深入学习贯彻习近平总书记系列重要讲话精神，紧扣“三严三实”主题，认真对照党规党纪，对照正反两方面典型，紧密联系实际，仔细查摆思想、工作、作风等方面存在的“不严不实”问题，深刻剖析问题产生的根源，认真开展批评与自我批评，推动市委常委班子深入贯彻习近平总书记提出的“四个表率”和省委书记王学军“四个过硬”要求，以更高标准践行“三严三实”，着力打造省委放心、群众满意、干部信赖的坚强领导集体，为加快建设长三角世界级城市群副中心、打造“大湖名城、创新高地”，勇当全省发展“三个排头兵”，为创新型“三个强省”和美好安徽建设作出更大贡献。

【重大政策举措】

1. 推动重点领域产业创新转型升级发展

为主动适应和引领经济发展新常态，深入贯彻落实党中央国务院推动长江经济带发展的战略决策，着力打造具有引领优势的产业集群，推动“创新、转型、升级”发展，市委市政府于 2015 年 2 月 11 日出台《关于聚焦重点领域产业推动创新转型升级发展的指导意见》（合发〔2015〕1 号）。《意见》明确了以电子信息产业集群、智能制造产业集群、生物产业集群、新能源及新能源汽车产业集群、高技术服务产业集群等 5 大产业集群发展为重点任务，坚持创新驱动、龙头引领、开放集聚、平台支撑、示范应用、环境保障“六个强化”，实行资金、技术、人才、政策“四个汇集”，加快产业创新转型升级和战略性新兴产业的培育，为建设长三角世界级城市群副中心、打造“大湖名城、创新高地”提供强力支撑。

2. 全面推进依法治市

为深入贯彻落实党的十八届四中全会和省委九届十次全体（扩大）会议精神，全面推进依法治市，根据《中共中央关于全面推进依法治国若干重大问题的决定》和《中共安徽省委关于贯彻落实党的十八届四中全会精神全面推进依法治省的意见》，市委于 2015 年 3 月 6 日出台《关于贯彻落实中央省委部署全面推进依法治市的实施意见》。《意见》从加快建设法治合肥的总体要求、着力提高地方立法质量、加快建设法治政府、切实保证公正司法、持续推进法治社会建设、大力建设高素质法治工作队伍、加强和改进党对全面推进依法治市的领导等方面，对依法治市的各项任务做出部署。《意见》要求全市各级党组织和广大党员干部群众要紧密团结在以习近平同志为总书记的党中央周围，在省、市委坚强领导下，高举中国特色社会主义伟大旗帜，积极投身全面推进依法治市的实践，求真务实、开拓进取，不断开创法治合肥建设新局面，为建设长三角世界级城市群副中心、打造

"大湖名城、创新高地"提供有力法治保障。

3. 做好农业农村工作

为认真贯彻落实党的十八大和十八届三中、四中全会精神以及中央、全省农村工作会议精神，切实做好2015年全市农业农村工作，按照"稳粮增收、提质增效、创新驱动"的总要求，市委市政府于2015年4月30日出台《关于2015年农业农村工作的若干意见》。《意见》的主要内容有：加快转变农业发展方式，深入推进城乡一体化发展，深入推进农村综合改革，构建"三农"发展保障体系，全面建设美好乡村，推进农村生态文明建设，加强农村法治建设，进一步增强农业农村发展活力，努力开创农业农村发展新局面，为打造"大湖名城、创新高地"作出新贡献。

4. 加强和改进人大工作

为全面落实党的十八大和十八届三中、四中、五中全会精神，深入贯彻落实习近平总书记系列重要讲话精神，加强和改进党对人大工作的领导，根据中央和省委关于加强人大工作和建设的决策部署，市委于2015年11月9日出台《关于进一步加强人大工作和建设的意见》。《意见》强调，要准确把握人大工作的基本要求，加强和改进党的领导，完善党委领导人大工作机制，推进人民代表大会制度与时俱进；要积极发挥地方国家权力机关的优势和作用，支持人大及其常委会依法行使各项职权，加快法治合肥建设。《意见》要求，全市各级党组织要加强与人大代表的联系，加强议案建议办理和督办，支持和保障代表依法履职，进一步发挥各级人大及其常委会在"大湖名城、创新高地"和法治合肥建设中的重要作用。

5. 加强和改进党的群团工作

为深入贯彻落实《中共中央关于加强和改进党的群团工作的意见》和《中共安徽省委关于加强和改进党的群团工作的实施意见》，做好新形势下党的群团工作，市委于2015年11月20日出台《关于加强和改进党的群团工作的实施意见》。《意见》从准确把握做好新形势下群团工作的总体要求、切实加强党委对群团工作的组织领导、推动群团组织在围绕中心服务大局中建功立业、发挥群团组织在构建和谐社会中的重要作用、推动群团组织引导群众自觉弘扬社会主义核心价值观等方面，对新形势下做好合肥市群团组织工作作出部署。《意见》要求全市各级群团组织要坚持围绕中心、服务大局、解放思想、改革创新，切实保持和增强党的群团工作的政治性、先进性和群众性，最广泛地把群众组织起来、动员起来、团结起来，凝聚起推进"大湖名城、创新高地"建设的强大力量。

6. 制定国民经济和社会发展第十三个五年规划建议

为贯彻落实党的十八届五中全会和省委九届十四次全会精神，全面分析合肥发展形势，研究谋划合肥国民经济和社会发展第十三个五年规划，市委于2015年12月20日出台《关于制定国民经济和社会发展第十三个五年规划的建议》。《建议》全面分析了"十三五"时期合肥市经济社会发展面临的形势，确立了"十三五"时期经济社会发展的指导思想和主要目标。《建议》强调要高举中国特色社会主义伟大旗帜，全面贯彻党的十八大和十八届三中、四中、五中全会精神及习近平总书记系列重要讲话精神，认真落实"四个全面"战略布局，牢固树立五大发展理念，深入贯彻省委省政府决策部署，坚持创新转型升级发展不动摇，以提高发展质量和效益为中心，以加快调结构转方式促升级为主抓手，以增进人民福祉、促进人的全面发展为出发点和落脚点，统筹推进经济建设、政治建设、文化建设、社会建设、生态文明建设和党的建设，当好全省"三个排头兵"，确保率先全面建成小康社会，加快建设长三角世界级城市群副中心，为建设"大湖名城、创新高地"奠定坚实基础。

7. 部署开展"三严三实"主题教育实践活动

市委先后印发《中共合肥市委常委会开展"三严三实"专题教育工作方案》《关于在全市县处级以上领导干部中开展"三严三实"专题教育实施方案》。按中央和省委的统一部署，从2015年5月起，在全市县处级以上领导干部中广泛开展"三严三实"专题教育实践活动。活动将省委"三聚焦、三查找、三确保"要求贯彻始终，坚决剖析修身不严、做人不实、律己不严、用权不严、谋事不实、创业不实等方面问题，扎实做好专题党课、专题学习研讨、专题民主生活会和组织生活会、整改落实和立规执纪等4个关键动作，深入开展四个专项行动。活动中，市委常委会班子及其成员注重做到示范带动，市委常委会成员自觉向中央和省委看齐，以身作则、走在前头，带头学习提高、带头讲好专题党课、带头查摆解决问题，带头抓好整改落实；注重做到强化督导，对分管部门和联系点的专题教育进行具体指导，及时了解情况、有效传导压力，确保了中央和省、市委部署要求落地见效；注重做到统筹兼顾，把专题教育与当前工作有机融合，切实做到两手抓、两不误。

8. 修订市委常委会议事规则

为坚持和健全党的民主集中制，充分发挥市委常委会的集体领导作用，根据《中国共产党章程》和其他党内法规规定，市委于2015年7月9日修订出台《中共合肥市委常委会议事规则（试行）》。《规则》就市委常委会主要职责、工作原则、会议制度、文件审签、决策实施等方面作出明确规定。《规则》的出台，充分体现了市委常委会深入学习贯彻习近平总书记系列重要讲话精神，自觉向中央和省委看齐，在全市带头讲纪律，守规矩，集中精力谋大事、议大事、抓落实的政治自觉和责任担当，进一步促进了市委常委会工作科学化、民主化、制度化。

9. 加强哲学社会科学创新

为认真贯彻中央和省委关于建设哲学社会科学创新体系的有关部署，加快推动合肥市哲学社会科学创新发展，根据省委宣传部《关于实施哲学社会科学创新工程的若干意见》、市委《关于繁荣发展哲学社会科学的实施意见》等文件精神，市委于2015年11月16日出台《关于实施哲学社会科学创新工程的若干意见》。《意见》明确了通过实施资政服务导向工程、研究基地建设工程、研究成果转化工程、社情民意调研工程、社科服务领域拓展工程、社科普及提升工程、社科精品打造工程、社科人才培育工程等八大重点工程，建成具有合肥特色的哲学社会科学创新体系，力争用三年时间实现咨政研究水平、社科宣传普及水平、社科队伍建设水平“三大提升”。

10. 部署推进全面深化改革

为全面贯彻党的十八大和十八届三中、四中全会精神，认真落实中央和省委决策部署，市委办公厅于2015年3月20日出台了《市委全面深化改革领导小组2015年工作要点》。《要点》从深化经济体制改革、统筹城乡发展体制机制改革、深化行政体制改革、深化文化体制机制改革、深化社会体制改革、深化生态文明体制改革、加强社会主义民主政治制度建设、加强和改善党的领导等8个方面，明确了40点、157项的改革内容，确定了各项深化改革任务的牵头领导、责任单位、参与单位与完成时限。《要点》的出台，进一步强化了全市上下全面深化改革的责任意识、问题意识、攻坚意识，为全力以赴打造全面深化改革先行先试“合肥版”，当好全省改革创新“排头兵”，打造“大湖名城、创新高地”提供了制度保障和强劲动力。

11. 加强文明创建长效机制建设

为深入贯彻落实党的十八大、十八届三中、四中全会和习近平总书记系列重要讲话精神，以及全国全省文明创建工作会议部署，锲而不舍地抓好精神文明建设各项工作，巩固和拓展合肥市全国文明城市创建成果，努力实现文明创建工作的科学化、制度化、规范化，市委办公厅、市政府办公厅于2015年4月8日出台《关于进一步加强文明创建长效机制建设的实施意见》。《意见》明确了进一步深入学好用好习近平总书记系列重要讲话、持续深化社会主义核心价值观教育实践、扎实开展群众性精神文明创建活动、着力推进“三项工作”制度化、常态治理城市环境秩序、着力加强城市基础设施建设等6项重点任务，要求全市上下进一步改进思想作风，坚持求真务实，做到虚功实做，用“钉钉子”精神抓落实，推动“两手抓、两手都要硬”落到实处，为全面推进依法治市，建设长三角世界级城市群副中心、打造“大湖名城、创新高地”提供强大的精神动力。

12. 做好全市社区“两委”统一换届工作

为进一步加强社会主义法治建设，扩大和发展基层民主，积极推进社区“两委”换届工作制度化、规范化，根据《中共安徽省委办公厅、安徽省人民政府办公厅转发〈省委组织部、省民政厅关于做好全省社区党组织委员会和居民委员会第三次统一换届工作的意见〉的通知》等文件精神，市委办公厅、市政府办公厅于2015年7月14日转发了《市委组织部、市民政局关于做好全市社区党组织委员会和居民委员会第三次统一换届工作的实施意见》。《意见》确立了坚持党的领导、坚持发扬民主、坚持依法办事等换届工作原则，明确了制定实施方案、明确选配要求、有序组织选举、做好后续工作等换届工作重点，有力保证了换届工作法定程序不变、规定步骤不少、规范有序推进。为选好配强社区“两委”班子，健全党组织领导的充满活力的基层群众自治机制提供了坚强的保证。

13. 加强对农民工入会工作组织领导

为进一步推进全市农民工入会和服务工作，经市委常委会研究，决定成立合肥市农民工入会和服务工作领导小组。2015年9月8日，市委办公厅印发《关于成立合肥市农民工入会和服务工作领导小组的通知》。通知明确由市委副书记凌云担任组长，市人大常委会副主任、市总工会主席孔向阳，市人民政府副市长王翔担任副组长，成员包括市总工会党组书记、市委宣传部常务副部长、市农业委员会主任、市城乡建设委员会主任、市人力资源和社会保障局局长、市交通运输局局长、市水务局局长、市林业和园林局局长、市商务局局长、市统计局局长、市畜牧水产局局长、市工商行政管理局局长、市邮政管理局局长、市工商业联合会党组书记。领导小组下设办公室，市总工会党组书记兼任办公室主任。

14. 调整市委党的建设工作领导小组成员

为进一步加强对全市党的建设工作的领导，市委决定对市委党的建设工作领导小组成员进行调整。2015年11月12日，市委办公厅印发《关于调整市委党的建设工作领导小组成员的通知》，明确领导小组主要职责是研究中央和省委党的建设重大决策部署贯彻落实工作；对全市党的建设工作系统谋划、统筹协调、整体推进、督促落实。领导小组组长由省委常委、市委书记吴存荣担任，市委副书记凌云担任副组长。

【领导考察调研活动】 2015年1月12日，省委书记张宝顺深入合肥市创新型企业和创新平台调研。他强调，要以创新型省份建设为契机，调动一切创新资源，激发一切创造活力，加快推动产业结构优化升级，为稳增长、转方式、调结构提供强大引擎。在合肥国轩高科动力能源有限公司，他希望企业坚持工业化与信息化深度融合，充分发挥创新主体作用，继续加大研发投入，全面提升创新能力，取得更多重大专项成果，进一步抢占高端装备制造行业的制高点。在中国科大先进技术研究院，他强调要瞄准更高目标，不断探索创新，走出一条具有中国特色的科技体制创新、政产学研用结合的协同创新之路，努力打造具有国际影响的高层次人才聚集中心、高科技产业孵化中心和成果研发基地、转化基地。

2月2日至3日，省委常委、市委书记吴存荣赴阜阳市颍上县开展扶贫慰问，并召开定点帮扶颍上县扶贫开发工作座谈会。

2月7日，长江中游城市群省会城市第三届会商会在合肥举行。武汉、长沙、南昌、合肥四市党政主要负责人聚首合肥，围绕“深化合作、共赢未来——新常态下加速长江中游城市群市场一体化发展”主题，共同商讨加强开放合作、激活创新资源、实现互惠共赢，共推“第四极”创新崛起。会上，四市市长共同签署发布了《长江中游城市群省会城市第三届会商会合肥纲要》，明确未来一段时期四市之间进一步深化交流合作的努力方向和主要领域。

3月16日，广西壮族自治区政府副主席、中国—马来西亚钦州产业园区工委书记、管委会主任张晓钦率广西壮族自治区考察团来肥考察。省委常委、市委书记吴存荣简要介绍了合肥推进“创新、转型、升级”发展的经验和做法。

3月25日，中残联党组书记、理事长鲁勇来肥调研残疾人工作。省委常委、市委书记吴存荣在市政务中心会见了鲁勇一行。副省长梁卫国陪同调研。

4月1日至2日，团中央书记处第一书记秦宜智来肥考察共青团和青年工作。省市领导李锦斌、吴存荣、凌云；省直相关部门负责人李中、李红陪同考察或参加座谈。

4月17日，全国政协副主席、科技部部长万钢一行来肥考察科技创新工作，并主持召开“促进大众创业、万众创新”座谈会。

5月4日，省委书记张宝顺来到包河区的安徽青年电子商务产业园，参加“争做向上向善好青年·争做文明守法好网民”主题团日活动。

5月5日至6日，由全国政协外事委员会副主任杨多良率领的全国政协调研组，就巢湖湿地保护情况来肥调研。

5月9日，国土资源部党组书记、部长、国家土地总督察姜大明一行来肥调研考察。省委常委、市委书记吴存荣，副省长方春明陪同。

5月10日，合肥经济圈城市党政领导第六次会商会议在滁州市召开。会议的主题是“把握新常态、抢抓新机遇——共推合肥经济圈一体化进程”。

5月27日，省委副书记、省长王学军赴合肥市开展专题调研。他指出，建设战略性新兴产业集聚发展基地是稳增长、调结构的重要载体和抓手，各地要迅速行动起来，积极做好产业基地的谋划和推进工作，做大产业群、延长产业链、提升竞争力，加速把一批战略性新兴产业培育成主导产业。

6月9日下午和10日下午，上海市政协考察团来肥考察。上海市政协主席吴志明、副主席周太彤、秘书长贝晓曦参加考察。

6月27日至28日，省委常委、市委书记吴存荣率市党政代表团赴河南省郑州市学习考察。市政府主要领导、市委副书记凌云参加学习考察。吴存荣指出，近年来，郑州市委市政府带领全市人民开拓奋进，经济社会实现了持续健康较快发展。合肥正在加快建设长三角世界级城市群副中心、奋力打造“大湖名城、创新高地”，希望两市进一步加强交流、深化合作，携手加快转型发展，造福两市人民，共促中部崛起。

7月5日至7日，江西省委书记强卫、省长鹿心社率江西省党政代表团来安徽省考察。省委书记王学军，代省长李锦斌，省委常委、合肥市委书记吴存荣分别陪同考察。

7月7日至8日，省委常委、市委书记吴存荣赴其联系点庐江县三冲村调研，亲切看望慰问基层党员干部群众，零距离访民生、面对面话发展。他强调，要以“四个全面”战略布局为指引，按照 “三严三实”的要求，真抓实干、开拓进取，扎实稳步推进美好乡村建设，为打造“大湖名城、创新高地”、建设美好安徽作出新的更大贡献。

7月8日至10日，中共中央政治局委员、全国人大常委会副委员长、中华全国总工会主席李建国，在中华全国总工会党组书记、副主席、书记处第一书记李玉赋等陪同下，就加强基层工会建设来安徽调研。

7月17日至18日，省委副书记、代省长李锦斌在合肥市调研合肥经济圈建设和发展工作，并召开合肥经济圈一体化发展工作座谈会。他强调，要认真贯彻落实习近平总书记系列重要讲话精神，推动合肥经济圈积极适应经济发展新常态，激发调动创新创业活力，加快形成以创新为主要引领和支撑的经济体系，全面融入国家战略新格局，努力在创新驱动发展上取得新突破，为全省发展大局多做贡献。

8月17日至20日，省委常委、市委书记吴存荣率市党政代表团赴山东省滨州市、烟台市、威海市学习考察。

9月24日，海峡两岸（合肥）纪念刘铭传首任台湾巡抚130周年大会在肥西县铭传乡刘铭传故居隆重举行。省委书记王学军，中央台办、国台办主任张志军，台湾海基会原董事长江丙坤分别讲话。省政协主席王明方，台盟中央副主席、全国台联会长汪毅夫，海峡两岸关系协会副会长孙亚夫，国民党原副主席蒋孝严，国民党主席特别顾问兼大陆事务部主任高孔廉出席大会。省委常委、市委书记吴存荣致辞。副省长花建慧主持大会。

10月16日，中组部副部长、国家人力资源和社会保障部部长尹蔚民来合肥市调研。

10月30日，中共中央政治局常委、国务院总理李克强在安徽省委书记王学军、省长李锦斌陪同下，在合肥考察。他强调，要贯彻落实党的十八届五中全会精神，聚焦如期全面建成小康社会目标，着眼未来5年乃至更长远的发展，用创新、协调、绿色、开放、共享的发展理念引领发展行动，着力深化改革，着力提高发展质量和效益，着力增进人民福祉。

李克强来到合肥公共资源交易中心，详细了解政府采购、建设工程、产权交易、土地出让等招投标程序和监管服务体系运转情况。要探索积累经验，推动更多公共资源公开公正入场交易，逐步实现全覆盖、无遗漏，更好发挥公共资源的效用，在深化简政放权、放管结合、优化服务改革方面闯出新路。在合肥市人力资源市场，李克强听取就业服务和职业培训等情况汇报，强调各级政府一定要坚持把就业工作摆在突出位置，通过推动发展，促进大众创业、万众创新，多渠道创造就业岗位，稳固就业形势，使大学毕业生有更多创业选择和更好就业机会，返乡农民创业有更好环境，把我国丰富的人力资源转化为推动发展的人才红利。李克强走进江淮汽车集团了解新能源汽车技术研发情况，他说，绿色发展需要绿色产品，创新是新能源汽车真正的动力。要瞄准产业发展前沿，推动开放合作，努力攻克新能源汽车的核心关键技术，打造中国品牌。考察中，李克强充分肯定安徽省、合肥市经济社会发展取得的成绩，希望安徽、合肥抓住建设长江经济带等重大战略机遇，真抓实干，奋勇争先，实现发展新跨越，为保持中国经济中高速增长、迈向中高端水平作出新贡献。

11月24日，最高人民法院院长周强来到合肥市中级人民法院调研，他指出，法院要充分发扬司法民主，形成有效合力，共同化解纠纷。

12月2日至3日，最高人民检察院党组书记、检察长曹建明就如何立足检察职能，促进司法公信力明显提高，在省及合肥市检察机关调研，并看望慰问基层检察人员。1月12日，省委书记张宝顺深入合肥市创新型企业和创新平台调研。他强调，要以创新型省份建设为契机，调动一切创新资源，激发一切创造活力，加快推动产业结构优化升级，为稳增长、转方式、调结构提供强大引擎。

（张炳辉）

组织工作

2015年，全市组织系统深入学习贯彻习近平总书记系列重要讲话精神，认真落实全国和全省、全市组织部长会议部署，突出向中心聚焦、为大局聚力，认真履行管党治吏的政治责任，抓教育融入经常，严吏治建强队伍，重基层夯实根基，聚人才强化支撑，强自身从严治部，为加快建设长三角世界级城市群副中心，开创“大湖名城、创新高地”

新局面提供了坚强的组织保证。

【“三严三实”专题教育】 按照中央和省、市委部署，在全市106个单位、2200多名县处级以上干部中开展“三严三实”专题教育。

突出学习研讨、立根固本。围绕“三聚焦三查找三确保”主线，以书记讲党课启动专题教育，组织县处级以上领导干部深入开展三个专题学习研讨，参观党风廉政教育展和专题教育图片展，引导党员干部自觉向党中央看齐，以正反典型为镜鉴，在剖析反思中受教育、知敬畏、明底线。全市11170名党员干部到教育基地等参观学习；2100多名县处级以上领导干部讲专题党课；4680多人次参加党委（党组）中心组专题学习研讨，2090多人次作研讨发言。

1. 突出对照检查、检身正己。

聚焦严守政治纪律和政治规矩，认真组织召开高质量的专题民主生活会和组织生活会，开展批评和自我批评，形成班子和个人整改清单，抓整改促落实，建制度立规矩。全市各级领导班子和成员整改清单共列出问题8520多条，已完成整改7100多条。市里成立7个组，审核106个单位领导班子对照检查材料和主要负责人发言材料350多份，派员参加43个单位专题民主生活会。

2. 突出整改落实、解决问题。

贯彻落实省委“三个专项行动”部署，在全市扎实开展“四个专项整治”，列出29项具体任务，由12名牵头市领导和48个责任单位组织开展专项整治。先后派出15个督查组、10个暗访组开展明察暗访，推动上下联动整改。全市共查处懒政怠政问题120起、65人，发生在群众身边的“四风”和腐败问题59件、67人，排查基层干部不作为、乱作为等问题57起。

【领导班子和干部队伍建设】 深入贯彻《干部任用条例》，坚持“好干部”标准和“三严三实”要求，着力打造一支忠诚干净有担当的高素质干部队伍。

加强干部教育培训工作。全年在市委党校、市行政学院举办主体班、专题班31期，培训干部4310多人次。其中，围绕强化理论武装，举办学习贯彻党的十八届四中全会精神专题研讨班4期，培训县处级干部和乡镇（街道）主要负责人200多人；围绕打造“大湖名城、创新高地”，举办自主创新与产业升级、公共服务与社会治理、生态文明建设等专题培训班6期，培训300人；围绕“加快经济创新转型升级发展”，举办“政策解读”、“项目建设”、“金融服务”和“企业走出去”4个专题培训，培训各类干部1400多人。此外，与阜阳、六安等地合作培训干部1100多人。积极推进领导干部上讲台，到市委党校、市行政学院授课的市级领导达25人次、县处级领导干部80多人次。建立渡江战役纪念馆、包公园全国廉政文化教育基地、新四军纪念园、李克农故居、小井庄中国农村包产到户纪念馆等5个党性教育基地，认真开展现场教学。

完善选人用人机制。

出台《关于进一步加强和改进干部选拔任用工作的意见》，以及《市直机关科级干部选拔任用工作若干规定》《合肥市推进领导干部能上能下实施细则（试行）》《关于进一步规范公务员调任工作的意见》等系列配套文件，着力从制度上规范选人用人行为。突出把好条件关、程序关、廉洁关，切实防止干部“带病提拔”，坚持个人有关事项报告“凡提必核”、廉政意见“凡提必听”、信访举报问题“凡提必查”、干部档案“凡提必审”，做到有疑不用，全年共有13名市管干部考察对象被暂缓使用。推进干部能上能下，6名市管干部因工作不适应、不胜任等原因被调整职务。贯彻落实省委部署要求，大力推进重要岗位干部交流轮岗全覆盖，全市共交流轮岗1359人。注重正向激励，认真落实县以下机关公务员职务与职级并行制度，共有3945人晋升工资待遇；积极做好乡镇非领导职务设置工作，共增加科级非领导职数553个。

选优配强领导班子。

强化统筹联动意识，根据班子建设、职位空缺和改善结构需要，做好干部日常调整配备工作，不断优化干部队伍年龄、知识、阅历结构，着力提升班子的整体功能。全年共提交市委常委会研究任免市管干部15批次、共358人次。突出抓好一把手选拔配备，坚持好中选优、优中选强，切实把那些思想政治素质好、领导经验丰富、统筹协调能力强、善于抓班子带队伍、工作作风实的干部选拔到一把手岗位上。全市9个县（市）区党政正职平均年龄47.2岁，具有研究生（硕士）以上学历的12人，其中博士学位的3人，绝大多数经过市直、县区等多岗位历练。认真做好2014年度市管领导班子和领导干部考核工作，对9个县（市）区和101个市直单位的735名市管干部进行考核。其中，对1个领导班子和3名市管干部进行重点考核。

注重培养选拔年轻干部。

制定出台《合肥市年轻干部卓越成长计划（2016—2020年）》，坚持引进储备与培养提升相结合，做到引进储备一批、分类培训一批、实践锻炼一批、择优使用一批，五年内面向“985”高校等单位引进储备1000名左右紧缺专业人才，跟踪培养2000名左右优秀年轻干部。全年举办青年干部培训班2期，以“985”院校毕业的年轻干部为重点，培训年轻干部100名。加强实践锻炼，安排44名年轻干部到县（市）区、开发区，以及六安等地挂职锻炼。开展县处级后备干部人选推荐调研工作，提出初步人选511名；新招录选调生36名；接收安置副团以上军转干部45名。及时把那些政治坚定、素质优良、实绩突出、作风过硬的优秀年轻干部选拔使用起来。全年新提拔的117名（不含改任非领导职务）市管干部中，45岁左右及以下的占52.9%。

【干部监督管理】 认真落实从严治党、从严治吏要求，坚持以严的标准要求干部、以严的措施管理干部、以严的纪律约束干部，着力营造风清气正的选人用人环境。

加强干部选拔任用工作监督检查。

将“一报告两评议”覆盖到所有有用人权的单位。结合巡视、巡察工作，对7个市直单位和1个县级市开展干部选拔任用工作检查，对4名县（市）区委书记进行干部选拔任用工作离任检查。进一步完善干部档案信息管理和干部公示信息审核把关等措施，严格把好破格提拔、领导干部近亲属和身边工作人员、乡镇街道党政正职不满三年调整、受处分干部重新任用等关口。

持续抓好重点问题专项整治。

深入推进超职数配备干部专项整治工作。严格实行干部选拔任用工作方案预审制度，共预审干部选拔任用方案58批涉及1197名干部任用事项，不予批准任用干部17人。截至2015年底，全市共消化超职数配备干部452名，占消化任务的61.2%。认真开展干部档案专项整治工作。共审核市管干部档案2009卷，对“三龄二历”方面存在的问题进行综合分析研判，对出生日期前后记载不一致的347卷档案直接进行认定，对18卷档案进行外调核实。开展违规办理和持有因私出国（境）证件专项治理工作。向公安机关出入境管理部门报备市管干部信息2199条，新收缴因私出国（境）证件214本，对5名未经批准擅自因私出国（境）的市管干部进行约谈，并责令作出书面检查。继续做好“裸官”整治工作，结合领导干部个人有关事项核查和因私出国境护照专项清理工作，加大“裸官”清理排查力度。

加大干部日常管理监督力度。

严格执行领导干部个人事项报告制度。组织2037名县处级干部报告个人有关事项，对420名领导干部进行核查。其中，重点核查216人，7人因瞒报漏报被暂缓或取消提拔使用；随机抽查204人，对填报存在问题的责令作出书面说明，并作相应处理。坚持领导干部述职述廉、诫勉谈话、函询等制度，先后对6名干部进行函询，对3名县处级干部进行提醒谈话。强化信访举报核查工作，进一步畅通群众信访举报渠道，全年共受理各类举报74件，对其中涉及干部选拔任用的32件进行查核。做好领导干部经济责任审计工作，对34个单位进行经济责任审计，移交涉嫌违纪违法人员4人，对11个单位主要负责人开展经济责任有关事项交接工作。认真开展“带病提拔”倒查工作，排查受处分干部24人，对2名原县处级干部提拔过程进行自查，对2名原科级干部提拔过程进行倒查。

【人才特区建设】 围绕推动“创新转型升级”发展，不断完善人才政策，实施重点人才工程，优化人才发展环境，以人才优先发展助推新跨越。

完善人才政策。

制定《合肥市进一步扶持高层次人才创新创业实施意见》及配套文件，明确“十三五”时期全市重点人才工程的目标任务和支持政策。出台《县（市）区、开发区人才工作督查考核标准》，充分发挥考核杠杆作用，推动人才工作责任落实。

实施重点工程。

突出高端引领，全年新增市“百人计划”专家28人、“228”产业创新团队41个，省“百人计划”专家4人、“特支计划”专家10人、“115”产业创新团队4个。全市共集聚“两院”院士82人，国家“千人计划”专家195人，省“百人计划”专家80人、“115”产业创新团队35个，市“百人计划”专家87人、“228”产业创新团队137个。统筹抓好各类人才队伍建设，全市已建成各级高技能人才培训基地48家、各级技能大师工作室14家；举办2015年度（第十六届）职业技能竞赛，172人被授予“市技术能手”称号；全年共培养高级工34118人、新技师1539人、社会服务人才9100人。

加强人才服务。

制定《关于进一步完善市领导联系专家的意见》，市领导联系专家38人，帮助解决难题，发挥资政作用。举办103人参加的全市创新创业领军人才研修班，召开2015年全市高层次人才新春座谈会，安排41名专家赴北戴河休假疗养，首次组织高层次人才免费体检。

【基层组织建设】 突出问题导向，强化责任落实，不断提升基层党建工作科学化水平。

扎实推进基层服务型党组织建设。持续抓好软弱涣散基层党组织整顿工作，通过县级领导挂点联系、乡镇书记兼任第一书记等措施，推动97个软弱涣散村、社区党组织实现转化升级。加强村级班子建设，抓住社区“两委”换届契机选优配强社区班子，社区“两委”成员平均39.5岁，大专以上学历占75.2%，其中社区书记平均44.5岁，大专以上学历占80.3%；出台《关于推行村党组织书记专职化管理的意见（试行）》，从优落实报酬、从严监督管理；对196名新任村党组织书记和418名社区党组织书记进行专题培训，进一步提高素质能力；选聘第八批大学生村官68名，充实基层工作力量；对全市190名选派干部进行集中量化考核，推动履职尽责。深入推进“四联四定”和在职党员到社区报到工作，组织709个机关事业单位开展专项述职评议考核，与社区签订新一轮共建协议，2.58万名在职党员到社区报到、服务群众。

深化中组部落实和完善党代表任期制联系点工作。出台《关于进一步发挥市党代表作用的实施意见（试行）》等政策文件，进一步聚焦全面从严治党和加强党的建设，建好用好党代表建言献策、参加重要会议、参加监督检查、进驻党代表工作室4个平台，切实发挥党代表参与民主决策、民主监督、党的自身建设和联系服务党员群众作用。举办市党代表情况通报会暨履职培训班，培训343名基层一线市党代表。组织代表建言献策，征集市党代表提议61份。邀请90名基层一线市党代表参加基层党建工作调研督查，选聘50名党代表担任党风党纪监督员和干部监督信息员。建成党代表工作室1593个，8868名各级党代表进驻工作室接待党员群众。在全省率先探索市级党代会年会试点，召开市第十次党代会2015年会议，全面推行县级党代会年会制试点，在所有乡镇试行年会制。全省党代表任期制现场交流会在合肥市召开。

突出抓好非公企业和社会组织党建工作。出台《关于进一步加强开发区（园区）非公企业党建工作的实施意见（试行）》，在省级以上开发区（园区）建成66个党建工作站，配备专职党务工作者98名，建成16个党群活动服务中心，深化区域统筹和党群共建，不断扩大党的工作覆盖。全市独立法人非公企业党组织组建率达99.5%，正常开展活动的社会组织党组织组建率达72.5%。选派第二批非公企业和社会组织党建指导员1207名。评选市级“双强六好”非公企业党组织28个、“双比双争”社会组织党组织先进典型10个，4个非公企业党组织获评省级“双强六好”。

强化党建工作基础保障。市财政设立专项资金500万元，对基层党建工作进行“以奖代补”。加大经费投入，村年均基本运转经费（含服务群众专项经费）23.6万元；社区党组织工作经费平均29.2万元，全部设立服务群众专项经费，年均29.4万元。加强阵地建设，市县乡三级投入3761万元，完成81个村级活动场所建设；按照600平方米标准，新建改扩建社区活动场所101个，社区场所平均面积达919平方米。提高报酬待遇，社区“两委”正职年均报酬5.1万元，社区干部平均4.4万元；村“两委”正职年均报酬3.7万元，97.7%村干部办理城镇职工养老保险。

加强和改进党员队伍教育管理。落实发展党员公示制、预审制、票决制和责任追究制等“四项制度”，严格把好发展党员入口关。全年发展党员5973名，其中女党员2268名，占发展党员总数37.97%；35岁以下4548名，占发展党员总数76.14%；大专以上学历2684名，占45%。全年分级分类培训党员干部17万余人次。加强电教远教工作，完成2053个站点机顶盒更新，录入WIS管理系统2053个，13万多名党员干部订阅共产党员微信（易信），新建、共建远教文化广场13处。

严格落实基层党建工作责任制。出台《关于进一步落实县乡党委书记抓基层党建工作责任制的意见（试行）》，明确县乡党委书记“双6条”职责。对照年度目标，编发基层组织建设薄弱问题整改清单、农村基层党组织建设重点任务分解表、非公企业和社会组织党建工作目标管理责任书等，坚持每月调研督查、每季通报调度、半年总结提高，督促问题整改、任务落实。认真开展2015年度县乡村三级书记抓基层党建工作述职评议考核，9个县（市）区、127个乡镇（街道）、1354个村（社区）党组织书记参加，并延伸到部分市直单位。

【组织部门自身建设】 在全市组织系统中开展“弘扬沈浩精神、建设模范部门”主题实践活动，组织1290多名组工干部到小岗、泾县等地实地学习，举办“我向沈浩学什么、立足岗位怎么做、组工干部如何当”专题讨论会52场，开展“弘扬沈浩精神、争做优秀组工干部”征文和演讲比赛，对1837名组织人事干部进行主题实践活动业务知识测试，广大组工干部受到了一次深刻的思想教育和精神洗礼。认真开展“六对照六查看”,共查摆问题5250多个,已整改4660多个,一批影响和制约组织工作科学发展的突出问题得到解决。推荐表彰2名全省优秀组工干部、18名全市优秀组工干部,组工干部队伍建设进一步加强。

(郑　磊)

宣传思想文化工作

2015年,在市委、市政府的坚强领导下,全市宣传思想文化战线全面贯彻党的十八大和十八届三中、四中、五中全会精神,深入学习贯彻习近平总书记系列重要讲话精神,认真落实市委、市政府各项部署要求,扎实推进各方面工作,为建设长三角世界级城市群副中心、打造“大湖名城、创新高地”提供了有力的思想保证、精神力量、道德滋养和文化条件。

【理论武装】 牢牢把握“两个巩固”根本任务,广泛开展中国特色社会主义和中国梦学习宣传教育,大力推进理论武装,全市上下团结奋斗的共同思想理论基础更加坚实。

市委中心组率先垂范,把学习中央精神与研究合肥重大发展问题相结合,联系实际学;把庐州讲坛报告会作为学习载体,创新方法学;市委中心组成员在省级以上党报党刊发表理论文章10余篇。深入推进学习型党组织建设,把《习近平谈治国理政》《习近平总书记系列重要讲话读本》等理论读物列入县以上党委中心组学习必读书目,切实抓好学习运用。

组建“领导干部宣讲团”“专家宣讲团”“大学生村官宣讲团”和“百姓宣讲团”,定期征集宣讲主题,实行菜单式服务,不断完善对象化、分众化、互动化宣传宣讲体系,切实增强理论宣讲针对性和实效性。积极探索理论宣传新途径,在继续办好《合肥日报·理论版》、“书记讲党课”等品牌阵地的同时,创新载体、拓展渠道,搭建“草根讲堂”等宣讲阵地,广泛开展“送法律进农民文化乐园”、“社科知识下基层示范讲座”、“社科名家大巡讲”等宣讲活动,开展各类宣讲活动2670多场次。

市委、市政府高度重视哲学社会科学工作,出台《关于实施哲学社会科学创新工程的若干意见》,召开第五届学术年会,推进合肥新型智库建设。市社科界主动作为、创新提高,组织第九届社会科学成果奖评选,承办安徽省文化论坛和长江中游城市群建设论坛。完成《合肥通史》编纂,启动《合肥智库丛书》研究项目,提升《社科知识与百姓生活》科普丛书品牌效应。落实学会工作制度,引导学会(协会、研究会)规范化、上水平,市党史研究会、老新闻工作者协会荣获“全国先进社科组织”,4人荣获“全国先进社科工作者”称号。

【舆论引导】 切实强化正面宣传引导,不断巩固壮大向好向上的主流舆论强势。2015年,《人民日报》等中央主流媒体头版刊发正面宣传合肥稿件超百篇(条),其中头版头条达30篇(条)。

围绕中央和省市重大发展战略,统筹内宣外宣,整合媒体资源,组织开展了“调转促”“大众创业、万众创新”“环巢湖最美景区景点”等重大主题宣传。在央视黄金时段推出合肥城市形象宣传片,组织新华社签约摄影师合肥采风、合福高铁旅游媒体联盟走进合肥及无人机大型航拍等活动,开展机器人世界杯赛、全国马拉松冠军赛、环巢湖自行车公开赛等重大赛事活动宣传,全方位、多角度、多渠道宣传展示合肥改革发展成就。

统筹网上网下两个舆论场,通过多媒体、多终端、多语种和全时段、全方位、全领域,精心策划开展中德两国总理来肥访问系列宣传报道,人民日报、新华社、美联社等中外主流媒体刊发原创稿件近3000篇,得到国务院办公厅、外交部新闻司、省委外宣办的充分肯定。强化网络宣传阵地建设,开办全国首个城市发布微网“合肥发布网”,开设区域城市联办的“合肥经济圈”网站,“两微两厅一端三网”政务新媒体矩阵全面建成。做大做强网上正面宣传,组织“网络名人探访长江经济带——皖‘约’徽风里合肥行”活动,借助“网络大V”的影响力和传播力宣传推介合肥。

坚持政治家办报办台办新闻网站,认真落实“三审制”,牢牢把握舆论引导主动权。不断完善“四级四类”新闻发布体系,健全新闻发布、新闻阅评制度,对重大新闻报道、重要舆情引导,进行科学论证,提出合理方案,成功化解“合肥看海”等舆论热点事件,营造了平稳有利的舆论环境。

【培育和践行社会主义核心价值观】 围绕培育和践行核心价值观,扎实开展群众性精神文明创建活动,不断提高城市文明程度,合肥市荣膺第四届全国文明城市,实现历史性突破。

广泛开展核心价值观宣传教育,深入开展核心价值观“六进”“合肥好人　德润江淮”“我们的节日”“拜师礼”、中华经典诵读等

宣传教育活动，在全社会深植厚培社会公德、职业道德、家庭美德和个人品德。创新“图说价值观”和“梦娃”系列公益广告宣传，建设杏花、逍遥津等一批主题公园，在全市推广明光路街道主题社区建设经验。精心组织道德模范和“我推荐、我评议身边好人”学习、宣传、评选、表彰活动，大力宣传何九春见义勇为先进事迹。组织开展“丹青献好人”活动，将合肥名家书画精品捐赠给中国好人，采取发放道德信贷和慰问金、帮助解决就业等办法，关心关爱好人，在全社会营造见贤思齐、崇德向善的氛围。截至年底，全市共有115人（群体）入选“中国好人”榜，102人获市级以上道德模范称号，稳居全国省会城市前列。

广泛开展“学习宪法、尊法守法”主题宣传和党史宣传教育，精心组织纪念抗日战争暨世界反法西斯战争胜利70周年系列活动。落实国家信用试点城市创建要求，开展“百城万店诚信建设”创建活动。不断深化“主题季”、学雷锋志愿服务等主题实践活动，大力推进社区爱心银行、志愿服务工作站、星级志愿服务广场和社区建设，创建省级三星广场30个，新建学雷锋志愿服务亭35个。常态化开展“周六志愿行”“圆梦微心愿”爱心文艺进社区等系列志愿服务活动，涌现出10个江淮十佳志愿服务优秀典型，3个全国“四个一百”志愿服务优秀典型。重视加强未成年人思想道德建设，深入开展“做一个有道德的人”主题教育实践活动，广泛开展“我的中国梦”“网上祭英烈”签名寄语、“学习和争做美德少年”“童心向党”歌咏比赛、“向国旗敬礼”网上签名、“日行一善”“快乐志愿、圆梦六一”微心愿专场对接和青少年爱国主义读书教育等活动，新建学校少年宫26所，3名少年儿童荣获全国、全省“美德少年”荣誉称号。积极开展“绿网行动”，加强校园周边环境整治。

以成功创建全国文明城市为新的起点，坚持顶层设计、常态长效，制定《关于进一步加强文明创建长效机制建设的实施意见》《文明城市创建工作提升行动计划（2015—2017年）》，实施八大提升行动，持续巩固提升创建成果。强化“行走合肥”一线巡查，切实把整治环境“脏乱差”作为经常性任务，突出抓好城市“五乱”整治，大力改善人居环境。以环巢湖大道为重点，大力推进“三线三边”环境治理，加强分类指导、多元投入，不断扩大农村惠及面和群众参与度。深入推进文明旅游、文明交通、文明餐桌等创建活动，不断加强城市精细化管理。积极探索“互联网+精神文明建设”新模式，实施网德建设工程，举办“首届网络诚信宣传月”活动，组织开展打击网络失信及造谣传谣行为等各类专项整治，推动网络诚信建设。全国网络精神文明建设工作座谈会在合肥市召开，“合肥模式”向全国推广。

【文化建设】 围绕建设“文化强市”目标，锐意改革创新，主动适应市场，不断加大投入，大力推进文化事业和文化产业两轮驱动，不断提升城市文化魅力和综合实力。

坚持以人民为中心的工作导向，加快构建现代公共文化服务体系，促进公共文化服务标准化、均等化。加强政策惠民，健全公共文化服务政府采购和资助目录，建立健全重大文化产品、服务、项目外包代理、公开招标等制度，推进理事会制度建设，不断完善公益性文化事业单位法人治理结构，提高公共文化单位服务能力和水平。推动设施惠民，陆续建成开放安徽名人馆、市群众文化活动中心、刘铭传故居等一批标志性的大型公共文化场馆，加快实施城市街区24小时自助图书馆、市少儿图书馆过渡馆等一批文化工程。坚持活动惠民，创新开展“文化有礼、全民畅享”精品艺术惠民展演，让市民能够以低票价欣赏高雅艺术。精心举办元旦文艺晚会、新春文化庙会、“劳动者之歌”文艺晚会、首届巢湖渔火节、“绿都之春”新年音乐会等简朴精彩的重大文艺活动，推动全民文化活动周、“大湖名城、悦读合肥”“庐州放歌”、大学生文化艺术季等文化活动提档升级，不断丰富群众精神文化生活。

加强政策引领、资金扶持，出台《2015年合肥市促进文化产业发展政策》，用好文化产业发展专项资金，全力推动文化产业发展。加快国家级文化和科技融合示范基地建设，支持文化与旅游、金融、城市建设等融合发展，助推文化企业转型升级。大力支持环巢湖国家旅游休闲区、万达文旅城等项目建设，不断提升环巢湖文化旅游品质。繁荣发展文化消费经济，推动特色文化街区建设，联合全市知名文化街区和200多个文化商家，开展以“时尚文化·健康消费”为主题的文化惠民消费季活动，圆满完成文化部、财政部拉动城乡居民文化消费试点工作任务。成功举办第九届中国（合肥）国际文化博览会，依托“一带一路”战略，打造“文化”主题，突出互联网、创客、非遗等重点，不断提升国际化、特色化程度。推动文化创意和设计产业发展，举办“李府杯”文化创意产品设计大赛。2015年，全市文化产业投资项目数达651个，同比增加159个；投资总额355亿元，同比增长27.7%，科大讯飞入选全国文化企业30强，通过国家认定的动漫企业数占全省58%，位列中西部城市第一。

统筹推进25项改革任务。切实管好导向，按照“四管统一”的要求，组织修订报业、文广两大集团考核办法，提高社会效益指标比重。组建民间文艺院团协会、民营文化企业协会和演艺联盟，加强行业管理。着力搞活体制，推动文化行政审批制度改革，建立权力和责任清单，累计清理、精简90项审批权，同比减少73.2%。全面放开网吧审批。创新服务平台，建立文化产业投融资公共服务平台，推动文化产权交易所建设，推出“创意贷”等金融产品，加快构建多层次的文化产品和要素市场。

积极振兴地方戏曲，传统庐剧《秦雪梅》首登全国新年戏曲晚会，新编抗战题材大型庐剧《东门破》获得好评。电影《圩堡枪声》在央视播出。举办“大湖之约”艺术名家大讲堂、“城市艺痕”艺术联展、“合肥新名片”摄影大赛、纪念赖少其诞辰100周年系列活动等，“丹青问道·墨语人生”、“中国优秀传统文化进高校与万名大学生走进美术馆”两个项目被评为“全国美术馆优秀项目”，受到文化部表彰。不断发展壮大市民交响乐团、市民民族乐团、市民合唱团、少儿合唱团等民间文艺团体，社会力量办文化态势逐步形成。

【基层工作加强年】 认真落实“基层工作加强年”的部署要求，坚持重心下移、力量下沉，坚持整合资源、强化措施，大力推动基层工作创新，进一步夯实基层基础，补齐工作短板。

坚持政策推动，出台《关于进一步加强基层宣传思想文化工作的实施意见》，制定《培育和践行社会主义核心价值观行动方案》。坚持项目带动，采取政府购买服务、农村文化建设专项补助、以奖代补等方式，大力推进“两馆一场”、农民文化乐园、农家书屋和文化信息资源共享工程建设，全年新增省级农民文化乐园11个、市级50个。坚持服务联动，扎实推进广播电视村村通、农村公益电影放映提质等工程，持续开展“结对子、种文化”“百馆（站）千村文化结对”“文化科技卫生三下乡”、美术馆进社区、“千场电影下基层”等各类活动4000余场。

面向“两新”组织人员、进城务工人员及各类自由职业者开展分众化、对象化宣传，通过微博、微信、微视、微电影等载体，进行“短平快”渗透和亲民式“微宣传”。组织开展“大湖溢彩”等活动，让文艺作品走进城市街区和商业综合体，使更多群众近距离感受艺术魅力。肥东县、瑶海区、蜀山区、巢湖市分别通过“五微平台”“微宣讲”“微党课”等形式开展基层宣讲，肥西县和新站区通过编写“理论月刊”和“全民阅读”等构建理论宣传新平台。包河区农民工文化驿站、庐阳区崔岗村“文化创意村”等典型经验，成功入选“全国基层宣传思想文化工作创新案例”。

实施市县人才共享工程，重视发现和培养扎根基层的宣传文化积极分子、乡土文化能人和民间文化传承人。建立民间文化人才库，组织实施“千名社区文化骨干”培训工程，鼓励和扶持群众中涌现出的各类文化人才和文化活动积极分子。着眼于建设“永不撤走”的本地宣传文化人才队伍，庐江县、经开区制定人才奖励和引进政策，长丰县、合巢经开区分别通过组建专业工作室、开展青年创新创业大赛的方式扶持民间文艺创作，蜀山区恢复文化站建制，高新区建立特色志愿者服务队伍。

（何晓峰）

统战工作

2015年，在市委的坚强领导下，全市各级统战部门以贯彻中央、省委统战工作会议，《中国共产党统一战线工作条例（试行）》和省委《关于贯彻〈中国共产党统一战线工作条例（试行）〉实施办法》为主线，以构建大统战格局为重点，突出“大团结大联合”主题，按照“三严三实”要求，深化统一战线民主政治改革，大力推进协商民主，积极汇聚统一战线新力量服务全市中心工作，集中力量突破重难点问题，为“大湖名城创新高地”建设作出了积极贡献。

【政治思想建设】 部领导班子把学习贯彻党的十八届四中全会、五中全会精神，习近平总书记关于“全面建成小康社会、全面深化改革、全面推进依法治国、全面从严治党”重要讲话精神作为首要的政治任务，积极参加市委中心组学习，上级理论轮训班。结合党派工商联例会、民主协商会，向党外代表人士宣传《条例》，引领广大统一战线成员准确把握形势和任务，把思想和认识统一到市委的重大决策部署上来，筑牢共同的思想政治基础，切实承担起中国特色社会主义事业亲历者、实践者、维护者、捍卫者的政治责任。走访抗战老战士、颁发纪念章，引导和支持各民主党派、工商联、无党派人士在世界反法西斯战争胜利70周年大阅兵活动期间，广泛开展爱国主义教育活动。

【多党合作和政治协商】 改革政治协商机制。学习贯彻《中共中央关于加强社会主义协商民主建设的意见》《关于加强政党协商的实施意见》，健全社会主义协商民主制度， 完善了《年度政党协商计划》《中共市委领导与党外人士联谊交友制度》，起草了县（市、区）、乡镇（街道）统战工作考核实施细则。

注重参政议政质量。协助党外人士为编制合肥市“十三五”规划提建议，积极做好市委市政府召开的政党协商会议服务。围绕全市经济社会发展的热点、难点问题，引导各民主党派深入开展调研，引导党派成员中的人大代表、政协委员积极履行职责，努力提出高质量的议案和提案，成功办理3篇提案。推动市委领导与党外人士交朋友制度的进一步落实，市领导与党外人士联谊交流更加频繁。

支持民主党派加强自身建设。协调市直单位对各民主党派的调研提供方便。指导、协助各民主党派做好换届前领导班子人事考察工作。加强党派机关干部实践锻炼，完成党派挂职干部期满考察工作。大力培养党派机关年轻干部，完成对党派机关干部的提拔任用。充实党派机关干部队伍，协调公务员局，为党派招录公务员争取名额，及时解决党派机关人手紧缺的矛盾。

【党外知识分子工作】 贯彻落实全国高校统战工作会议精神。探索新阶层代表人士统战工作，拟定新的社会组织统战工作重点，召开网络人士座谈会，为推动有关部门做好归国留学人员工作创造条件。做好富二代企业接班人工作，最大限度把各领域统战成员团结凝聚在党的周围。优化党外知识分子建言献策团队组织结构，指导党外知识分子联谊会开展专题调研。加强知联会自身建设，健全工作制度、完善小组活动规则，制定详细工作计划，推动党外知识分子工作有序开展。

【民族工作】 认真贯彻中央民族工作会议精神，履行牵头协调民族宗教工作职责，推动中央、省市委有关决策部署的落实。坚持开展民族团结宣传月活动。继续推进“共同发展”提升行动，保护少数民族特色村寨及其文化，其中3个民族村被评为省级和国家级“一村一品”专业示范村。不断加强城市民族工作服务体系建设。出台《关于加强合肥市少数民族流动人口服务管理工作的意见》，扎实推进民族工作进社区。把民族工作融入社区日常事务管理。通过社区网格化和信息化平台建设，确保对少数民族流动人员的服务一个不能少。把民族工作纳入街道、社区综治目标考核内容，建立突发事件应急处理机制，构建三级信息预警反馈网络，妥善应对和处置少数民族矛盾纠纷和突发事件，坚决依法打击民族分裂势力及其非法活动，继续开展禁止针对部分地区少数民族群众歧视性做法工作的重点督查，维护了民族关系和谐稳定。稳妥推进回民公墓建设，完成设计方案、方案评审、公开招投标等环节，2015年上半年正式开工建设。在2015年全省民族工作会议上，市民委、蜀山区南岗镇人民政府被省政府表彰为模范集体。市民委和庐阳区民宗局先后荣获第二届和第三届全国民委系统先进集体称号。

【宗教工作】 完善宗教基础信息数据库建设。全面核对宗教团体、宗教教职人员和宗教活动场所的数量，加强宗教教职人员进出、考核监督管理，积极推进宗教教职人员认定备案工作。推进并落实宗教活动场所财务管理制度。开展宗教活动场所申办机构代码证和开设银行账户工作，加强宗教依法、规范管理。认真贯彻落实《条例》，加强宗教事务依法管理。加强网络宗教行为管理，切实维护民族团结、宗教和睦、社会和谐。全面推行佛道教“文明敬香、建设生态寺观”工作，全市119处依法登记的佛道教活动场所全部悬挂全国统一样式的“宗教活动场所”标识牌，促进了规范管理。完成主城区宗教活动场所布局规划编制工作。落实《宗教活动场所设立审批和登记办法》具体要求，进一步提升主城区宗教活动场所设立、建设、管理的规范化水平。重视和加强宗教活动场所安全工作。以开斋节、圣诞节等宗教节日为重点，结合季节变化和敏感时期，多次组织人员赴各地检查宗教活动场所安全工作。全年全市宗教活动场所未发生一起安全事故。稳妥处置宗教领域矛盾纠纷和非法宗教活动。扎实开展宗教领域矛盾纠纷排查调处，妥善处置因拆迁宗教活动场所引起的矛盾纠纷。协调有关部门和单位依法处理“安徽工商团契”拟在庐江举办的非法聚会活动，稳妥处置多起涉及高校的非法宗教活动，劝阻多名地下教会人员赴香港参加非法宗教培训，依法取缔非法宗教组织举办的培训活动20起。

【非公经济和海外联络】 深入开展非公经济人士理想信念教育实践活动，以“民营企业家与中国梦”为主题，以守法诚信为重点，继续深入开展非公经济人士理想信念教育实践活动，合肥市优秀中国特色社会主义事业建设者评选表彰活动，92家企业受到表彰，实现新常态下“两个健康”稳步发展。

开展工商联企业家周日沙龙活动，进一步搭建党委政府联系非公企业交流新平台。着力把企业家沙龙活动打造成为全市民营企业家分享成功经验和心得体会的“智慧课堂”，交流焦点问题和个人观点的“企业讲坛”，交流信息、创造商机、谋求合作的“金桥银带”。

开展非公党建和四联四定工作。制定《关于加强直属商（协）会党建工作指导的通知》，14家商会协会组建了党支部，党组织在民营企业发展中的战斗堡垒作用更加突出。

引导和鼓励非公企业“走出去”。鼓励引导广大非公企业紧紧抓住国家推进“一带一路”、国际产能合作等机遇，“走出去”参与“一带一路”等国际交流合作，提升国际竞争水平。

探索非公企业“新生代”引导培育机制。通过教育培训、走访交流，鼓励和引导“新生代”主动参与光彩事业、同心工程等公益事业，奉献爱心，树立“爱国、敬业、创新、守法、诚信、贡献”的理念。及时增补优秀且热心工商联事业的“新生代”加入工商联组织，在市工商联第十三届届中调整增补的54名常委中，35岁以下的年轻企业家占到34%。

组建合肥市民企科技创新联盟。吸收60余家科技创新企业入会。通过“科技部门+科研机构+科技企业”的“三位一体”合作模式，充分发挥科技创新联盟的催生孵化作用，促进民营企业创新转型升级。

推进非公企业投融资服务和合作。按照市政府“帮扶十条”要求，切实解决民企面临的融资难问题。积极做好上市培训指导，推动企业登陆资本市场直接融资；协助会员企业申报各类基金扶持；搭建民企投融资平台，加强与民生银行、兴业银行等金融企业沟通，想方设法拓展融资渠道，服务中小微企业解决融资难问题。

扎实推进非公企业法律维权工作。制定了《2015年法律服务团工作实施意见》，与公检法等部门联合为协会协调解决法律维权难题。

【海外联谊工作】 加强对外文化交流，开拓新时期港澳台海外统战工作新局面。推进港澳台两岸四地文化交流，邀请和接待台湾统一联盟参访团、台湾夏令营等台湾民间团体300余人次，到合肥开展经济、旅游、文化专访活动，扩大合肥市经济、文化在港澳台地区的宣传面。“海峡两岸交流基地——刘铭传故居”“张治中纪念馆”等多处具有统战教育意义的场所纳入省统一战线教育基地。充分发挥各民主党派和工商联以及侨联、台联、海外联谊会、黄埔同学会等团体在海外统战工作中的作用，多渠道、多形式地传播中华文化。加强对台胞、台企的走访交流，落实中央惠台政策。

（张文军）

政法工作

【概况】 2015年，在市委市政府的坚强领导下，全市政法部门深入贯彻党的十八大和十八届三中、四中全会精神，认真学习习近平总书记系列重要讲话，以服务和促进“大湖名城、创新高地”建设为中心，坚持法治引领，强化改革创新，突出问题导向，践行“三严三实”，深入推进平安合肥、法治合肥、过硬队伍建设，各项工作取得新成绩。市委防范办荣获“全国防范和处理邪教系统先进集体”，受到人力资源和社会保障部、国务院防范和处理邪教问题办公室联合表彰。全省社会治安防控体系建设现场会在合肥召开，推广了合肥市近年来平安创建经验。人民群众安全感和满意度逐年提升。孟建柱、周强、曹建明等领导以及中央综治办、防范办、维稳办等部门领导先后来到合肥视察指导，对合肥市政法工作给予充分肯定。

【服务经济社会发展】 全市

政法部门把服务经济发展新常态作为新形势下政法工作的重要课题，积极探索、主动作为，精心部署、狠抓落实，切实增强工作前瞻性，有效防控各类风险，为促进合肥市调机构转方式促升级营造良好的法治环境。市委政法委统一部署、统筹协调、跟踪问效，组织召开市直政法部门服务经济发展座谈会，针对涉企综合治理、涉企稳定问题、寄递物流安全管理等组织开展深入调研。市直政法部门履职尽责、主动跟进、积极作为，市法院出台“关于服务和保障经济发展新常态的工作意见”，市检察院出台“发挥检察职能作用服务合肥经济社会发展新常态的意见”，市公安局下发“关于进一步提升全市公安警务效能服务保障我市经济创新转型升级发展的通知”，市司法局联合市工商联组成7个法律服务团到60家行业协会开展联系走访，市民政局出台20项具有民政特色的服务措施，市国家安全局进一步加强对能源、环保、经济等非传统安全领域的反间谍、反窃密工作。

【保持政治大局稳定】 维护稳定工作坚持源头防范，增强风险意识，滚动排查化解，实施动态管理，强化应急处置，有效提升预防化解社会矛盾能力，确保了全国全省“两会”、“六四”、国庆阅兵和党的十八届五中全会期间全市社会大局和谐稳定。中央督查组对合肥市维护社会稳定工作给予充分肯定。

深入推进重大事项社会稳定风险评估，全市评估重大事项95件，有效防范了风险、推动了发展。围绕重要敏感期，超前谋划、掌握信息、深入排查、落实稳控，确保重要节点、重大活动期间社会稳定。建立重大不稳定问题清单并实施月度管理，对重大不稳定隐患做到动态掌握、先期预防、妥善处置，对建立的不稳定清单实行综合分析、因情施策、对症下药、逐个化解。把2015年确定为基层维稳应急处置机制建设提升年，开展机制建设“回头看”，基层维稳应急处置机制建设走向规范，很好地发挥了“应急处置第一梯队”作用。针对进京非访居高不下严峻形势，市委政法委组织开展依法处理非正常上访专项活动，对重点信访积案开展百日攻坚。

【深化平安合肥建设】 综治工作坚持法治引领，突出问题导向，强化改革创新，在更高起点、更宽领域全面深化平安合肥建设。《法制日报》头版头条报道了合肥市深化平安建设做法。筑牢了社会化服务管理平台，综治维稳信访工作中心（站）实现全覆盖，试点推广县级矛盾纠纷联合调处中心。构筑立体化社会治安防控体系，织密了街面巡控网、社区防控网、视频监控网、卡点查控网、阵地管控网、网络监控网“六张网”。完善多元化矛盾化解机制，全市建立1606个人民调解委员会，建立各类行业性专业性调委会264个，驻法院（庭）调解组织11个，警民联调室98个，驻检察院调解组织2个。建立信息化社会治理载体，以全国“智慧城市”试点市建设为契机，以信息化平台建设为载体，推进社会治理信息化。推进项目化平安创建，把“安全停车”“技防延伸”“三无小区整治”“重点群体服务管理”列为年度综治工作重点项目，实施项目化推进。

【铺开社会治理改革】 合肥市社会治理体制改革稳步推进并取得积极进展。孟建柱同志在安徽调研期间对合肥市司法体制改革试点工作给予肯定。全国法院诉讼服务中心建设推进会在合肥召开，周强同志对合肥市法院工作给予肯定。曹建明在合肥调研期间，对合肥市深化检察工作改革给予肯定。围绕“完善司法人员分类管理制度、健全司法人员职业保障制度、完善司法责任制、建立省以下法院检察院人财物统一管理体制”4项内容先行试点，稳步推进司法体制。社会治理改革专题组切实履行牵头抓总、组织实施责任，统筹推进社会治理改革。涉法涉诉信访、养老服务体系、重性精神障碍患者救治救助等改革取得明显成效。

【推进法治合肥建设】 全市政法部门全面贯彻落实党的十八届四中全会精神和“依法治市实施意见”，全面推进依法治市，不断深化法治合肥建设。市委政法委出台《市直政法部门贯彻市委全面推进法治治市重要举措分工方案的实施意见》，将政法部门全面推进依法治市细化为55个项目，逐一明确牵头领导、责任单位、推进措施、有关要求，统筹推进政法部门依法治市各项工作落实。深入开展法治县（市）区、民主法治示范村（社区）创建。建立健全协调督办、案件评查、专项检查等制度，强化执法监督。出台了《合肥市国家司法救助工作实施办法（试行）》，建立律师参与化解和代理涉法涉诉信访案件制度，深化“六五普法”宣传。

【加强政法队伍建设】 全市政法机关以坚持理想信念为根本，以培育优良作风为保证，以提高职业素养为核心，以“三严三实”专题教育为载体，切实加强全市政法队伍建设。以“三聚焦三查找三确保”为主线，深入开展“三严三实”专题教育。组织开展第四届“十佳（优秀）政法干警”评选表彰，表彰奖励22名十佳（优秀）政法干警。市委政法委做实工作考评、任前考察、年度考核，统筹推进政法部门领导班子建设。普遍开展岗位技能培训，不断提高政法干警业务能力。协办“第三届长江中游城市群法治论坛”，举办首届“合肥法治论坛”。

（刘会权）

政研工作

【文稿起草】 围绕市委中心工作，先后完成市委《关于制定国民经济和社会发展第十三个五年规划的建议》《关于贯彻落实中央、省委部署全面推进依法治市的实施意见》《市委常委会2015年工作要点》等一系列政策文件的起草任务。特别是在“十三五”规划建议的起草过程中，注重把握中央和省、市委部署要求，突出前瞻性、战略性、指导性，集中全室之力，扎实开展市内调研和市外考察，广泛征求意见，反复修改完善，圆满完成规划建议起草任务，得到市委的高度肯定。

围绕市委重要会议，组织起草市委主要领导在市委中心组理论学习会议（5次）、全面深化改革领导小组会议（2次）、市委党建工作领导小组会议等全市性重要会议上的讲话提纲。其中，《适应新常态　谋划新篇章　展现新作为　努力推动经济社会发展迈向更高水平》等市委中心组理论学习会议上的讲话材料，引起广泛影响。积极参与修改市委主要领导在省委常委会、市委常委会以及市纪检、组织、政法、宣传等各类重要会议上的讲话稿；参与大量市委重要会议和市委主要领导重要活动相关文稿的修改、完善、提升等工作。

围绕政策理论指导，起草《打造全面深化改革先行先试“合肥版”》《把法治建设作为领导干部必须履行的重大职责》《深入践行“三严三实”　切实站好排头兵位置》等市委主要领导署名文章，并在《安徽日报》《安徽工作》等报刊上刊发。

【调查研究】 坚持“五个结合”，不断提高调研成果的质量和价值。与市委常委重点调研活动相结合，立足全局、结合实际，向市委提出2015年度常委重点调研课题建议，认真做好课题征集、组织协调和报告起草等工作。积极组织开展2015年度市委主要领导重点调研课题《合肥推进城市国际化调研报告》的调研和起草工作。

与服务市委决策相结合，围绕“十三五”规划建议，从8月份开始，深入部分县（市）区、开发区开展专题调研，先后赴西安、成都、重庆、深圳、广州、福州、武汉、南京、杭州等9个城市，学习考察借鉴各市先进发展思路、发展经验，形成《关于部分先发城市“十三五”规划建议起草情况的考察报告》。围绕街道社区管理体制改革，积极组织开展对蜀山、包河补充调研，形成《蜀山区包河区街道社区体制机制改革补充调研报告》，编写《合肥市城市街道社区名录》。围绕提升基层治理法治化水平，先后赴上海、宁波、杭州等地学习考察，实地调研肥东、包河、瑶海、新站等县区、开发区，形成《合肥市规范村居权力运行　构建预防腐败长效机制调研报告》，得到市委的充分肯定。

与发展热点、难点问题相结合，围绕“创新、转型、升级”发展、全面深化改革、长江经济带建设、扶贫开发、战略性新兴产业发展等相关专题，形成《合肥积极融入长江经济带建设调研报告》《深化科技体制改革调研报告》《合肥市扶贫开发工作情况调研报告》等一系列调研成果。

与市委中心工作相结合，围绕市委主要负责同志的活动和全市中心工作，共参与组织、采写、把关重要报道150多篇。先后围绕绿色发展、转型发展、生态文明建设等专题推出8组24篇、约8万字的重头报道，不断总结合肥经验，推介合肥样本。

与创新调研方式相结合，成功尝试通过图文结合的方式，在相关媒体上深度报道在肥文化名人和文化遗产，共策划报道6位在肥的文化名人和6个国家级、省级非物质文化遗产，受到媒体的欢迎和社会的好评。

进一步强化对全市调研工作的指导，继续完善县（市）区、开发区党委政研室主任联席会议和基层调研联系点、特约撰稿人等制度。加强与省委政研室以及市人大、市政府、市政协研究室的联系与合作。认真组织开展合肥市2013～2014年度优秀调研成果评比工作，并编印成册。继续加强与省内外党委政研室合作交流，积极组织50多人次赴先发地区进行不同专题学习考察。

【改革与党建】 积极履行市委改革办、党建办职能职责，面对新的繁重任务，集中精干力量，优化人员组合，及时有效完成了各项工作任务。在履行市委改革办职责方面，围绕服务全面深化改革工作，抓调研、抓谋划、抓调度、抓督察、抓协调、抓总结，推动全市改革任务全面开展、改革责任落实到位、改革举措落地见效，全面完成市委和市委全面深化改革领导小组交办的各项工作任务，得到了省委改革办的充分肯定，在省辖市改革考核中名列第一。紧扣中央和省委改革要求，在省辖市中率先起草出台《市委全面深化改革领导小组2015年工作要点》，并确定26项重点改革任务；起草印发了8份有关改革方面的文件，向省委改革办备案文件8件，接收各专项小组、县（市）区备案文件81件；对改革任务实行台账管理，定期、定点、定时跟踪，组织开展对所有县（市）区的专题督查调研和对部分承担任务较多的市直单位督察督办；制定出台了县（市）区全面深化改革督察考核办法，首次开展综合考核，并将考核结果纳入市政府年度目标管理；对10多个重点领域开展专题调研，摸清真实情况，提出改革建议；编辑印发市委《改革工作简报》37期，向省委改革办报送信息专报12篇，其中，被省委改革办《改革工作简报》采用3篇，并上报中央改革办。

在履行市委党建办职责方面，起草《市委党建工作领导小组2015年工作要点》，组织召开市委党建工作领导小组会议；起草《市委党建工作领导小组工作规则》，建立健全党建调研、联系点、联络员、培训等工作制度；根据省委统一部署，认真做好党建工作考核相关工作，做好自查自评材料的起草与报送；积极完成中央党建工作领导小组秘书组及有关部门来肥调研党建相关服务工作；完成省委党建办年度重点管理课题起草工作，获评两个一等奖（分别为第一名、第二名），居省辖市首位；认真总结基层鲜活经验和有效做法，通过《要情专报》《合肥工作》《改革简报》等进行宣传推广，刊发基层党建信息20余条。

【载体建设】 办好《合肥工作》。紧紧围绕市委阶段性工作，按照指导性、综合性、时效性、权威性要求，编辑发行《合肥工作》12期，编辑质量和水平有了进一步提升，刊物持续保持在国内同行中的领先优势。在全国城市党刊引领新常态凝聚正能量研讨暨第24届年会上，《合肥工作》在多项评比中再获佳绩，得到省市领导的充分肯定，并作出重要批示。编发《市情手册》。在保持全市经济社会基础数据完整性的同时，适当调整突出合肥创新特色和亮点，高质量完成《市情手册》编印、发行工作。强化信息报送。紧紧围绕市委中心工作，在深入调研的基础上，加大信息报送数量，提高信息编辑水平。全年编写报送各类信息40多条，被《合肥信息》采用35条、《安徽信息》采用2条，得到省委领导批示1条，综合得分继续稳居同类单位首位。加强网站管理。确保合肥决策咨询网的良好运行，稳中提质、稳中有进，保持在全国省会城市同类网站中的领先水平。不断完善信息审批制度，积极做好信息上报工作，保持网站信息更新常态化。继续加强《合肥工作》内容网站发布工作，进一步扩大阅读面、提升影响力。

（陈先胜）

机关党建

【思想建设】 2015年，市直机关工委采取集中学习培训、举办报告会、讲堂讲座等形式，组织各单位党组织深入学习贯彻十八届四中、五中全会、习近平总书记系列重要讲话精神和省市委重要会议、文件精神，引导党员干部统一思想、武装头脑、指导行动。举办 “机关大讲堂”4期，组织开展“大湖名城、悦读合肥”全民阅读读书征文比赛、安徽省第三批学习型党组织建设工作示范点评选推荐和合肥市第十三届“书记讲党课”活动。评选表彰48名市直机关政治品德、职业道德、社会公德、家庭美德模范，学习先进、树立典型，“四德”教育工程得到有力推进。

【组织建设】 认真落实党要管党、从严治党要求，不断规范基层党建工作流程，完善机关党组织制度，机关党建工作基础不断夯实，以“三会一课”为主要内容的组织生活制度得到较好的落实，党内政治生活更加严格，党员队伍建设逐步走上规范化、制度化轨道。加大机关党组织换届选举工作督促指导力度，坚持新任党务干部谈话制度。全年培训入党积极分子244人，发展新党员95名，指导18个机关党组织完成换届选举工作，调整任命各级机关党组织班子成员108名，对11名专职副书记进行任职谈话。印发《关于加强市直机关基层服务型党组织建设的实施意见》，开展“下基层、办实事、解难题”和“集中走访帮扶月”等活动。下半年，工委和市委组织部共同开展市直单位与城乡基层“四联四定”及在职党员到社区报到工作述职评议、督查，在四个城区分别召开集中述职评议大会和工作推进会。

【作风建设】 严格抓好中央八项规定精神和省市有关规定的贯彻执行，巩固和拓展党的群众路线教育实践活动成果，着力整治“四风”、完善机制。扎实开展“三严三实”专题教育，以“三聚焦三查找三确保”为主线，发扬严实精神，开展三个专题学习研讨。领导班子及班子成员带头上党课、带头查找“不严不实”问题，带头开展批评与自我批评，坚持边学边查边改。通过“四个专项整治”，有力推动“不严不实”问题的解决，深化思想政治建设和作风建设。市直机关党组织扎实开展学习党章、宗旨教育、党纪教育、法制教育和廉洁自律教育，大力推进结对共创“廉政文化进机关示范点”活动，不断筑牢党员干部拒腐防变的思想道德防线。深入推进惩防腐败体系建设，增强机关党员干部遵规守纪、执行制度的自觉性，坚持以“零容忍”的态度严惩腐败。制定《涉案党员处理流程》，规范涉案党员处理程序，分别给予市房产局周勇等3个单位4名违纪党员开除党籍和留党察看处分。

【群团工作】 工会组织紧贴改革发展稳定大局，加强工会自身组织建设，狠抓职工思想政治工作，带领职工岗位建功。共青团组织围绕服务中心、服务青年，加强青年思想道德教育，开展青年干部培训，搭建青年成长平台。妇女组织立足社会和谐、家庭和美，推动廉政文化进家庭，传承家庭美德，开展巾帼建功活动。市直印务有限公司等17个单位和集体获得省市五一劳动奖状、工人先锋号、青年文明号、先进团组织、三八红旗集体和巾帼文明岗，市建委王荣林等24人获得五一劳动奖章、五四奖章、优秀团员和三八红旗手。深化志愿服务活动，建成市直机关志愿服务基地2个，组建专业志愿服务队2支，组织千名志愿者开展天鹅湖夏日劝导、大蜀山游园服务、老年公寓关爱行动、“城市美容师”关爱行动、大学生就业创业政策宣讲等组团式服务，逐步打造市直机关志愿服务品牌。开展市直机关职工才艺展示活动，共有64个节目参加五个类别的展示，29个节目分获一、二、三等奖。成功举办市直机关迎新年职工才艺展示优秀节目展演。

【自身建设】 严格执行《中国共产党党和国家机关基层组织工作条例》，不断完善《市直机关党建目标责任制考核细则》，坚持分类指导和严格考核，机关党建工作责任制得到进一步落实，机关党建的各项重点任务得到较好的完成。建立市直机关基层党建工作述职评议考核制度。年底，市政府法制办等10个单位机关党组织书记进行大会述职，接受现场点评和民主评议。坚持和完善县（市）区直机关工委书记工作例会制度和机关党建联系片活动制度，加强工委网站、《机关建设》期刊建设，建立市直机关党务干部QQ群。分批分层对市直机关200名基层党支部书记和100名专兼职党务干部进行党务培训、党纪教育，全面提高党务干部队伍的整体能力素质。举办市直机关计算机操作和普通话比赛，促进机关党员提升职业能力和工作水平。

（办公室）

保密工作

【概况】 2015年，市委保密办（局）认真贯彻落实中央及省、市委保密委会议精神，按照“科学分析工作形势、推进保密三大管理、夯实保密管理基础、抓好工作责任落实”的工作要求，持续推进保密“三大管理”，创新保密“两识”教育，强化监督检查，顺利完成年度工作要点部署的各项任务，全市保密工作基础进一步巩固，管理服务水平进一步提高，为维护国家秘密安全和服务全市建设长三角世界级城市群副中心、打造“大湖名城、创新高地”作出积极努力。市国家保密局被评为全国保密工作先进集体，受到国家人力资源和社会保障部、国家保密局的联合表彰。

【“三大管理”】 定密管理持续推进，完成全市机关单位定密责任人确定和备案工作。开展定密监督检查，落实年度保密普查数据更新和定密统计报告，指导全市机关单位做好解密工作，全市年度变更、解密文件30项，比上年增加20项，定密和解密工作更加趋于规范。网络保密管理全面加强。4月，根据省委保密委开展涉密网络保密检查的相关要求，市国家保密局及时召开相关单位会议，动员部署涉密网络专项检查工作，解读检查项目，并对网络管理检查的重点环节进行提醒。在相关单位自查的基础上，集中对部分涉密网络建设单位进行抽查，督促相关单位进一步做好涉密网络建设与管理，有2家单位涉密网络已通过省测评中心现场测评，1家单位涉密网络已审批运行。9月，为抓好党政机关和涉密单位网络保密管理规定的贯彻落实，市委办公厅、市政府办公厅联合发出专项督查通知，市国家保密局制定工作方案，对专项督查内容、要求、时限进行部署安排。在各单位自查的基础上，市委办公厅、市政府办公厅、市保密局组成联合督查组，对市直单位和部分县（市）区进行督查，共抽查重点处室22个，计算机42台（涉密计算机8台）。12月，市委保密办（局）又对部分督查单位进行“回头看”，进一步推动《党政机关和涉密单位网络保密管理规定》落到实处。涉密人员管理逐步规范。继续落实涉密人员保密承诺书制度，加强涉密人员保密教育培训，采取上门送学的形式，先后为巢湖市、新站区、市科技局等多家单位提供培训服务20余次。

【总结验收】 2015年，是全面完成保密事业“十二五”发展规划和“六五”保密普法宣传教育的总结收官之年。5月至8月，根据省委保密办（局）统一部署和合肥市“十二五”时期保密事业发展规划的要求，开展全市“十二五”规划贯彻落实情况检查验收工作，全市9个县（市）区及61家市直机关单位报送自查报告。总体来看，“十二五”期间，合肥市坚持“高起点谋划、高标准推进、高质量落实”，全面抓好“十二五”规划的制定、推进和落实工作，完成政策法规、教育培训、监督检查、系统建设等六个方面27项工作任务，基本实现“一个体系、五个能力、四个建设”发展目标，保密工作法制化、科学化水平得到明显提高。8月至9月，市委保密办（局）组织开展全市“六五”保密普法宣传教育总结验收工作。各级各部门坚持以学习宣传保密法及其配套法规规章为主线，以增强领导干部和涉密人员保密意识和保密常识为重点，主动争取领导支持、强化宣教主体作用、积极创新宣教方式深入开展保密普法，全市保密法制宣传教育扎实推进，有力推动合肥市保密事业发展迈上一个新台阶。12月，召开县（市）区、开发区保密工作协作组年度会议，总结交流“十二五”规划、“六五”保密普法好经验好做法，积极征求建议意见，为科学编制合肥市“十三五”保密事业发展规划和下一个保密普法教育五年规划奠定基础。

【宣传教育】 制发《2015年度全市保密法制宣传培训工作计划》，明确要求将保密教育纳入党校、行政学院教学内容，2015年，全市各级党校、行政学院共计培训3000余人次。为增强培训实效，市国家保密局在找准“培训需求”上想办法，通过发放调查问卷了解培训需求，征求培训意见，掌握培训现状，确定涉密载体管理和政府信息公开保密审查为年度培训内容，全市180余名专兼职保密干部参加培训。7月至8月，围绕新修订《保密法》实施5周年之际，市国家保密局联合安徽省宝葫芦信息科技集团股份有限公司举办“宝葫芦杯”保密法律法规知识竞赛活动。竞赛试题刊载《合肥日报》、“合肥市国家保密局网站”，采取单位组织和公民个人自愿参加的形式进行；在各县（市）区、市直单位、涉密企业和个人的广泛参与下，全市及外省市共有79家单位组织参赛，收到有效答题卡11643份；根据竞赛规则，竞赛活动领导小组进行公开抽奖，对获优秀组织奖的巢湖市国家保密局、市国资委和中国电信合肥分公司等20家单位进行通报表彰，对110名参赛者给予一定的物质奖励。在抓好学习贯彻党政领导干部保密工作责任制的基础上，组织力量编印“六五”保密法制宣传资料之五——《党政干部和涉密人员保密须知》，发放全市各机关、单位。开展有关书籍、挂图及专题片征订工作，全市征订《保密工作》杂志1377份、挂图307套、专题教育光盘132盒。

【监督检查】 市委保密办(局)在加强保密“三大管理”监督检查的基础上，根据省国家保密局、省国资委、省银监局统一部署，首次组织开展国有企业保密管理专项检查，联合市国资委对市政务投资公司等3家企业开展抽查；联合市国土局开展对安徽煤炭设计院、安徽省勘查设计院等12家单位进行涉密测绘成果使用生产和保密管理检查。结合总结及目标管理考核工作，继续开展机关、单位保密工作自查自评工作，扎实推进保密自查自评工作常态化，全市65家单位上报总结及自评情况。出台《合肥市国家秘密载体保密管理暂行规定》，进一步加强涉密载体印制、收发、使用、复制、销毁等环节保密管理；完成党内法规文件清理工作，共清理18件，其中宣布废止2件，宣布失效6件，继续有效10件。加强涉密考试保密管理，全年对高、中考及研究生等各类涉密考试管理进行指导服务10余次，未发生泄密事件；严格涉密载体销毁管理，定期组织开展废旧文件回收销毁，全年回收各类文件资料近560吨。认真做好保密资格认证工作，承办2015年合肥地区军工单位保密工作座谈会，40多家军工单位围绕保密工作责任制、涉密人员、涉密载体、计算机信息系统、保密制度、工作档案等方面管理进行交流。举办“军工人、保密情”联欢会。为同智机电等6家军工民营企业保密资质认证提供业务指导服务，并配合省认证委做好保密资格审查认证。充分发挥保密服务职能，为全市重要涉密会议、活动提供保密技术服务6次，积极做好党政专用通信（红机电话）服务保障工作。

（方开明　张新宏）

档案工作

2015年，是全市档案事业实现科学发展、转型发展的一年。全市档案系统认真贯彻落实中办国办

《关于加强和改进新形势下档案工作的意见》和省“两办”《关于加强和改进新形势下档案工作的实施意见》，求真务实，团结进取，推动全市档案工作再上新台阶，为合肥建设长三角世界级城市群副中心、打造“大湖名城、创新高地”提供了有力的档案支撑。合肥市档案局（馆）再获“全国档案系统先进集体”荣誉称号。

【档案安全】 档案实体安全方面：总面积达6.3万平方米的合肥市档案中心正在做前期准备工作。包河区档案馆新馆建成投入使用，长丰县、肥西县、蜀山区档案馆新馆建成即将投入使用，巢湖市、庐江县、庐阳区档案馆新馆已立项，肥东县、瑶海区新馆建设也提上议事日程。全市机关和镇街园、社区档案室的档案保管条件均得到提升。档案信息安全方面：一是积极推动数字档案馆建设。全市10个国家综合档案馆档案数字化全文扫描达3682万页，档案信息资源数据库建设和电子文件中心建设步伐加快，档案利用效率大幅提升。二是积极推进数字档案室建设。免费为各单位安装档案管理软件，提供上门指导培训，机关和企事业单位的传统档案室逐步升级为数字档案室。三是实行重要档案信息异质异地备份。与兰州市档案馆等地互建异地备份中心，将重要档案信息按年度打包送往异地备份中心，确保辖区内各综合档案馆室的数据安全。

【档案资源】 全市各级档案部门在档案资源建设方面，坚持应归尽归、应收尽收，打破部门和行业壁垒，把建设、房产、招投标等专业档案接收进馆，馆藏档案数量大幅增加。2015年末，市档案馆馆藏档案突破145万卷（件），全市10个国家综合档案馆共保存档案329万卷（件），比“十一五”末增长了170%。同时，各级档案部门不断拓宽档案征集渠道，丰富馆藏结构，提升档案质量。市档案局征集徽商大会、四体会、合肥国际马拉松赛、第19届机器人世界杯赛等重大活动档案进馆；肥西县征集刘铭传档案进馆；瑶海区征集李鸿章享堂档案进馆；庐阳区开展特色街区、即将消失村等特色专题档案征集活动，这些档案进一步提升了档案馆的文化内涵。

【档案服务】 在做好服务领导决策、服务经济社会发展的同时，全市各级档案部门将服务重心向服务民生百姓方面倾斜，加大对民生系列档案的数字化和开发开放力度，特别是破产改制企业工龄计算、有毒有害工种认定、房屋产权、知青工龄认定、农村“五老”人员认定等方面的查询，为广大市民排忧解难，密切了党群关系，发挥了档案“稳压器”的作用。据不完全统计，“十二五”期间，全市10个国家综合档案馆共接待档案利用者13.7万人次，调阅档案28万卷（件）。在服务方式方法上，也在不断创新，较早推出查档“零收费”，提供电话查询、预约查询、远程查询等各种方便快捷的服务，获得广泛好评。

【档案文化】 市档案局深度挖掘档案资源，编辑出版《合肥骄傲——档案发现篇》，在市广电报推出“湖畔拾贝——合肥档案发现”专版，刊登“环湖十二镇”专题。肥东县的《甲子岁月六十华章》、肥西县的《小井庄——发出时代最强音》、瑶海区的《瑶海记忆》、庐阳区的《庐阳区特色街区》、蜀山区的《转型发展之路——蜀山电商园》、包河区的《宁国南路龙虾美食一条街》、新站区的《产业新城 魅力新站》等编研成果特色鲜明，引起很大反响。历时两年精心打造全国首部以档案为主题的档案动漫宣传片——《档案总动员》；结合6月9日“国际档案日”，开展“档案宣传月”活动；举办“合肥市‘三严三实’专题教育图片展”；获得全国档案征文活动组织奖；向全市中小学捐赠2万册《图说档案》。

【档案创新】 创新合作模式。与合肥经济圈档案部门在服务地方发展、业务培训、跨馆查询等方面开展合作，形成相互补充、相互促进的合作形式，推动档案事业创新发展。

创新管理方式。在省内率先成立档案目标管理认定专家库，使认定工作更加公开、公平、公正。在此基础上开展市直、县直单位、镇街园、村居标准化档案室建设工作，全市有181家单位档案综合管理达省一级以上标准。其中，肥西县、长丰县、巢湖市、庐阳区、包河区、蜀山区、瑶海区镇街园档案目标管理100%达省一级标准，推动基层基础档案工作整体水平提升。

创新工作机制。坚持“一起谋、共同做、联合管”，与市农委联合开展全市农村土地承包经营权确权登记颁证档案工作，与市建委联合出台《合肥市房屋征收档案管理办法（试行）》等，进一步规范档案管理，推动了档案工作深入开展。

【档案队伍】 全市档案行政管理部门注重因地、因需施教，采取“订单”式和“滴灌”式培训模式，开展档案基础业务、重点工程项目、民生、教育、司法、企业、社区等专项培训，累计培训上千人次。培训采取以会代训、现场操作、PPT演示、外出观摩等方式，还通过邀请省局专家、大专院校学者教授授课，县市区联合办培训等手段，不断提升档案从业人员的综合素质。进一步规范机关工作，编印《合肥市档案工作规范化读本》和《合肥市档案工作业务手册》、公开档案工作流程、制定权力清单和责任清单，高标准、严要求，营造风清气正的工作氛围。

（谢欢庆）

党史工作

2015年，在市委的正确领导和省委党史研究室的精心指导下，全市党史部门和党史工作者深入学习贯彻落实党的十八大和习近平总书记系列重要讲话精神，按照“一突出两跟进”的要求，以“中共合肥历史陈列馆”建设为中心任务，带动各项工作的开展，存史资政育人等各方面取得新的成绩。

【筹建中共合肥历史陈列馆】 党史陈列馆是开展党史宣传教育的重要阵地和抓手。市委、市政府对党史工作和党史馆建设十分重视。2月，吴存荣同志要求由市委党史研究室牵头，对合肥党史馆进行升级改造，建成全国同类城市一流的党史馆。按照市委要求，从2015年年初开始，市室把“中共合肥历史陈列馆”的筹建改造工作作为头等大事来抓，经过一年的紧张工作，筹建取得了重要进展。

明确改造提升方案。市委提出要求后，市委党史研究室立即与市新四军历史研究会、肥东县委就纪念馆的改造提升进行讨论、研究，考虑到抗日战争时期青龙厂褚老圩既是中共合肥县委的驻地，又是新四军东进抗日的驻地，因而提出在原有基础上建设“中共合肥历史陈列馆”和“新四军四支队东进抗日纪念馆”两个馆，并在纪念馆建成之后，由肥东县和市有关部门一起，做好周边新农村建设和产业结构调整，使纪念馆成为党史教育、军史教育、革命传统教育和红色旅游基地的建设改造方案，并得到了市委的批准。

完成立项等项目前期工作。在市委批准建设改造方案后，市委党史研究室在有关部门的帮助下，及时编制了党史馆建设项目建议书，经市发改委审核后，报市政府同意，决定对纪念馆建设予以立项，由市财政投资4800万元、征地45亩，建设“中共合肥历史陈列馆”和“新四军四支队东进抗日纪念馆”。

完成场馆建设改造设计及征地拆迁等工作。在市政府批准立项后，市委党史研究室和市重点局、招投标中心立即着手纪念馆场馆改造建设的设计招标工作。在确定设计单位后，经过多轮的设计、修改，方案已通过肥东县和市规委会的两层审查，获市规委会的审批。在设计中，既注意与原风格协调，又注意整体的提升，既注意体现党史特色，又注意接地气，使方案得到各方面的认可。

肥东县、白龙镇和相关村积极落实市委、市政府的工作要求，深入细致做好群众工作，顺利完成拆迁工作，并将征地相关手续报省政府。

完成陈列大纲编写和内部布展招标工作。在做好纪念馆各项手续办理、场馆设计的同时，即集中力量做好纪念馆陈列大纲的编写工作。市委党史研究室和市新四军历史研究会分别组成两个编写组，全力开展编写工作。在两个大纲编写工作完成后，市委党史研究室和市重点局、招投标中心立即开展纪念馆场馆布展招标工作。为促使更多的单位参与竞标，党史办进行了广泛的宣传，当年11月，内部陈列招标工作顺利完成。

做好文物资料征集工作。丰富的文物资料不仅可以增强陈列效果，而且有利于深化纪念馆内涵。因此，在纪念馆筹建工作启动后，即通过多种形式开展文物资料征集工作。为做好文物资料征集工作，向全市发出征集通知，请市委召开征集工作协调会，利用市级新闻媒体刊登征集启事。通过市内与市外、部队与地方、现实与网络、老革命与革命后代、党史干部与志愿者等相结合等方式，多渠道广泛征集，取得丰硕的成果，至2015年底，共征集图片3000多幅、文物（资料）1000多件。

【完成《中共合肥历史》第二卷编写工作】 在全力做好党史馆筹建工作的同时，与党史馆筹建工作相结合，深入开展党史资料的征集、研究、编写等工作，使党史研究基础工作取得突破性进展，《中国共产党合肥历史》第二卷（1949-1978）编写工作顺利完成。

为编写党史馆陈列大纲，组织了专题编写组，从1919年五四运动马克思主义在合肥传播开始，到合肥第一个党组织的建立，直至合肥建设长三角世界级城市群副中心，打造大湖名城、创新高地，对党在合肥90多年的历史，进行全面、深入、系统的梳理、研究，编写了《中共合肥历史陈列馆陈列细目》，实际上形成了一部图文并茂的中国共产党合肥简史。

完成了《中国共产党合肥历史》第二卷（1949-1978）编写工作。在开展合肥党史基础研究中，我们始终把《中国共产党合肥历史》第二卷（1949-1978）编写工作放在突出位置，紧抓不放，顺利完成了编写工作，并通过省委党史研究室的审查，获得市委的审批。省委常委、市委书记吴存荣亲自作序，已交中共党史出版社，即将出版。

【深化专题研究】 在开展党史基本著作编写的同时，还结合党史宣传工作形势，党史馆建设需要，开展专题编研工作。结合纪念中国人民抗日战争暨世界反法西斯战争胜利70周年，采访新四军老战士或其亲属100多人，获得大量珍贵的史料，与市委组织部、市委老干部局、市新四军历史研究会共同编印出版了《共和国不会忘记——合肥地区健在的新四军老战士风采录》一书。根据中央党史研究室的要求，对《抗战时期合肥人口伤亡与财产损失》一书进行了修订。

【编写《中共合肥历史大事记》】 《中共合肥历史大事记》 记录了市委领导全市人民建设长三角世界级城市群副中心，打造大湖名城、创新高地的最新历程，使存史工作系统化、常态化。

【党史宣传教育活动】 结合党史馆筹建，着眼党史宣传形势，开展一系列党史宣传教育活动。6月29日至7月1日，在市政务中心举办中共合肥历史图片展。7月1日，在全市开展第六个“全市领导干部党史教育日”活动。7月24日，与市委组织部、市老干局、市新四军历史研究会共同举办了“纪念抗日战争爆发78周年新四军老战士风采展”。9月18日，为纪念中国人民抗日战争暨世界反法西斯战争胜利70周年，在合肥植物园开展了合肥军民抗日图片展。年底，市室与市文联、市老新闻工作者协会共同筹办纪念合肥解放67周年图片展览。各项活动的开展，既加强了对广大党员干部的党史教育，又为党史馆建设征集了图片资料。

2016年2月，市委党史研究室再次被评为全省唯一全国党史工作五年一度的先进集体，受到中央党史研究室、人力资源和社会保障部联合表彰，党史宣传工作、多项编研成果受到省委党史研究室表彰。

（张　晔）

老干部工作

【概况】 2015年，全市老干部工作部门认真贯彻全国和全省、全市离退休干部“双先”表彰大会和老干部工作会议精神，大力学习宣传离退休干部“双先”事迹，进一步加强离退休干部“两项建设”，不断深化离退休干部服务管理工作，积极引导离退休干部为党的事业增添正能量，全市老干部工作取得了新成效新进步。市关工委再次荣获“全国关心下一代工作先进集体”称号。市委老干部局和所有县（市）区委老干部局获得“全省老干部宣传工作先进集体”称号，连续两年赢得满堂红。市委老干部局调研、信息工作受到省委老干部局通报表彰。市委老干部局机关党总支连续7年获评全市党建工作先进单位。1名个人被表彰为全国离退休干部先进个人，7个离退休干部集体和16名离退休干部受到全省表彰，40个离退休干部集体和100名离退休干部受到全市表彰。

【政治待遇】 完善和落实参观考察、情况通报、走访慰问、联系老干部等制度，进一步落实离退休干部各项政治待遇。市委、市政府分别在合肥和巢湖举办两场全市老干部系统经济形势报告会，市委组织部、市委老干部局举办深入学习贯彻党的十八届四中全会精神专题报告会。隆重召开全市离退休干部“双先”表彰大会，市四大班子主要领导亲切会见“双先”代表并合影留念。省委常委、市委书记吴存荣出席并讲话。广泛宣传离退休

2015年3月5日，省委常委、市委书记吴存荣、市人大常委会主任熊建辉、市政协主席董昭礼、市委常委、市委秘书长杨思松亲切会见全市离退休干部“双先”代表。

干部“双先”典型事迹，大力营造“老干部增添正能量、全社会尊重关爱老干部”的浓厚氛围。积极组织开展“展示阳光心态、体验美好生活、畅谈发展变化”主题活动。市委老干部局组织48名地市级离退休干部参观考察环巢湖生态旅游建设，让老同志亲身体验合肥深化改革、转型发展的巨大变化，增强自豪感、光荣感和责任感。举行全市老干部系统学习“四个全面”战略布局主题知识竞赛，进一步引导全市离退休干部和老干部工作者学习新理论、弘扬主旋律、凝聚正能量。部署开展网上传播正能量活动，引导广大离退休干部运用网络阵地积极发声。走访慰问省内易地安置离休干部。七一、春节前夕，省市领导深入到医院、老干部家中，看望慰问老红军、曾任市级领导职务的老同志和部分老干部遗孀，为地市级离休干部和市区离休干部发放慰问品，为离休干部无工作遗孀发放慰问金，让广大离退休干部充分感受到党的关爱和温暖。开展系列活动纪念中国人民抗日战争暨世界反法西斯战争胜利70周年。全市各级党委政府和老干部工作部门广泛开展走访慰问抗战老同志活动，向每一名抗战老战士发放慰问金、颁发纪念章，为200多名有需求的抗战老战士配发轮椅和助听器。提高了70名抗战时期参加革命工作、地市级离休干部的医疗待遇。开展抢救征集新四军老战士史料活动，自2014年以来，市委老干部局、市委党史研究室、市新四军历史研究会成立寻访组，历时一年，搜集到138位健在新四军老战士的珍贵史料，并汇编成《共和国不会忘记》一书。举办“革命精神永放光芒——合肥地区新四军老战士风采展”。市委组织部、市委老干部局共同举办全市老干部系统“弘扬抗战精神、圆梦大湖名城”书画摄影展并结集成册。组织部分离退休干部代表参加全市纪念抗战胜利70周年座谈会等活动。市直有关部门、各县（市）区老干部工作部门、涉老组织也积极组织开展书画摄影展、图片展等活动，大力传承和弘扬抗战精神。

【生活待遇】 坚持不懈为老干部办实事、做好事、解难事，深入开展优质服务“新常态年”和“三心”主题教育实践活动，老干部服务管理水平不断提升。会同有关部门，联合下发《关于调整享受地市级以上医疗待遇的离休干部诊疗费用报销标准的通知》，使享受地市级以上医疗待遇的离休干部得到更多关心；抓好省《关于调整部分建国前参加革命工作的退职人员生活补助费标准的通知》精神的贯彻落实工作，及时调整部分建国前参加革命工作的退职人员生活补助费标准；下发了《关于部分长期住院离休干部转至医养结合医疗机构施行办法（暂行）》，将合肥市第一人民医院西区作为全市离休干部首家医养结合试点医疗机构。市委老干部局持续开展登门大走访活动，全年先后对450多名离退休干部进行登门走访，详细了解离退休干部政治生活待遇落实和服务管理等情况，认真听取老同志的意见建议。进一步做好特殊困难离退休干部和离休干部无工作遗孀帮扶机制的修订完善工作。仅市本级，就对93名离退休干部和27名离休干部无工作遗孀进行特困帮扶，投入帮扶资金79.1万元，最高帮扶1万元。组织开展10次保健知识讲座和健康巡诊活动，使近2100名离退休干部受益。全市各级党委政府对老干部工作更加重视支持，肥西县、庐江县、巢湖市、庐阳区将老干部工作列入党建目标考核范畴，巢湖市几部门联合开展老干部工作专项督查，瑶海区、庐阳区将企业离休干部统一纳入国资公司管理，肥东县、长丰县、蜀山区、包河区或增加年度慰问次数，或提高慰问标准，有力地促进了老干部“两项待遇”的落实和服务管理工作的完善。

【调研　宣传】 市委老干部局围绕“如何创新离退休干部服务管理方式”“如何组织引导离退休干部为党的事业增添正能量”“如何探索建立离退休干部党建工作机制”等重点课题，分组深入县（市）区和市直部门开展调查研究。各县（市）区和市直各单位老干部工作部门也积极开展调查研究活动，不断提高老干部工作科学化水平。全市有6篇调研文章入选省委老干部局编印的《探索与实践》一书，名列全省之首。注重加大信息宣传力度，在国家、省市各大媒体共刊登、播出合肥市老干部工作情况的文章、图像、图片共120余次，其中在《中国老年报》发表文章17篇，在省市网站发布各级老干部工作动态信息500余条，进一步扩大了全市老干部工作的影响力。注重加强组织领导，健全制度机制，突出重点难点，积极做好信访稳定工作，老干部来信来访逐年下降。

【发挥阵地作用】 积极为离退休干部老有所教、老有所学、老有所乐、老有所为搭建良好平台，进一步加强“三大阵地”建设。发挥“五老”作用，在青少年中广泛开展“勿忘国耻，振兴中华”、“关爱明天·普法先行”等系列主题教育活动，积极开展资助贫困学生和关爱留守流动儿童工作，着力抓好四大开发区关工委组织建设，全市关心下一代工作的覆盖面进一步扩展。合肥老年大学不断加强教学管理工作，丰富校园文化活动，组织参加全国、全省老年大学文艺汇演，获得“两金四银”的好成绩。在校学员已突破1万人。市老干部活动中心积极组织开展丰富多彩的文体活动，参加全省第24届老干部象棋、围棋赛和省直机关暨合肥地区老干部台球赛，均获得团体第一名的佳绩。举办合肥地区第28届“重阳杯”门球赛，使老同志的精神文化生活不断丰富和活跃。

（朱雪峰）

党校教育

【干部教育培训】 干部教育突出补钙壮骨、立根固本，坚持主体班培训为主，继续教育培训、社会联合培训为辅的“一主两翼”培训模式，全年共举办、承办各类培训班95期，培训学员近13700人次。其中，主体班21期，轮（培）训学员2000余人。学习贯彻党的十八届四中全会精神专题研讨班4期共200人，全市人大干部培训班2期1000余人，乡镇（街道）党政正职培训班2期共98人，自主创新与产业转型升级、现代金融、转型升级与扩大开放、生态文明建设、公共服务与社会治理、城乡一体化发展专题班300人，县干、青干、科干、女干、组干班500人。举办、承办如阜阳、临泉、涡阳、六安、山东、福建等各类培训班74期，培训学员11792人次。同时，录取研究生120人，在线培训干部2万余人，开展社会宣讲培训500余场次，培训人员3万余人次。党校干部教育培训的“主渠道、主阵地”作用得到充分发挥。

【全市领导干部轮训班】 3月8～13日、4月20～24日，市委分两批在市委党校举办四期“全市领导干部学习贯彻党的十八届四中全会精神轮训班”，全市党政部门副县以上领导干部以及乡镇（街道）负责同志100余人参加学习培训，市领导吴存荣、汪学致、钟俊杰分别作动员和辅导报告。培训期间，邀请安徽大学、安徽省委党校周少元、魏少伟、杜敏等分别作“党的十八届四中全会解读”“司法体制改革”“科学推行权力清单制度”的辅导报告。

【主体班教学】 坚持“党校姓党”，突出理论教育和党性教育的主业主课地位，紧紧围绕中心、服务大局，密切联系合肥“大湖名城 创新高地”实际和“长三角城市群副中心和国际化都市区”的新定位等开展教学。全年开设各类教学专题200多个，开展各种工作交流、学员论坛及研讨26次，警示和党性教育6次，各类市内调研30余次，各类文体活动10余次。组织各类主体班次1000余人次赴复旦等著名高校以及杭州等先发地区开展“异地办学”23次。学员撰写党性分析报告、调研论文和资政报告400余篇。

【教学改革】 坚持用开放的理念，积极推进教学模式创新。班次设置体系化。按照省委要求，逐步规范主体班次学制，班次设置实现“三个转变”：从按级别设置为主向按类别设置为主转变，从一般性轮训为主向专题培训为主转变，从中长期学制为主向短期学制为主转变。坚持培训班、进修班、专题研讨班同步推进，构建起分类别、分层次培训体系。

培训需求个性化。突出理论教育和党性教育主业主课的基础上，针对不同培训班次安排不同培训内容：轮训班突出“新”，重点学习新政策、新思想；培训班突出“全”，培训内容全面系统，特别是政治理论和党性教育完整到位；任职性质班次突出“实”，重点讲授与任职岗位有关的知识和能力；专题研究班突出“专”，聚焦某一类问题进行深度学习研讨、出成果。

培训方式多样化。坚持走出去、请进来，突出开放办学。实行校内培训和异地培训相结合，一周以上主体班次均安排到复旦、浙江等高校和先发地区开展培训；坚持课堂教学与基地教学相结合，所有主体班次均安排现场教学。

教学方法多样化。大力推广互动式教学，案例式、研讨式、访谈式、辩申式、情景模拟、“翻转课堂”等方法得到广泛应用。与浦东干部教育学院合作，建成全国党校首个手机党校客户端——“合肥党校微课”，逐步拓展手机网上教学。成立教学督导组，对主体班授课教师的教学内容、教学方法、教学效果、课堂纪律等进行督察和评价，定期与被督导对象进行座谈，一对一交换意见，有力地提升了教学水平。

培训管理制度化。制定《主体班教学计划管理办法》和《主体班教学测评制度（试行）》等多项制度。全年开展新专题竞试讲和集体备课10余次，参与专题30多个，组织开展“合芜蚌”自主创新试验区党校精品课教学观摩等活动以及全市党校系统优秀教学比赛3次，汇编教学讲义21本约80余万字，编辑《学习成果汇编》9本约300万余字。在主体班中实行校委带班、教研室包班、组织员跟班以及青干班A、B双岗双责管理模式。

党性锻炼具体化。安排《践行“三严三实”，争当焦裕禄式干部》《制度反腐是我国反腐之道的必然选择》等专题讲座，观看《苏联亡党亡国二十年祭》等警示片，赴包公园、庐阳区检察院开展廉政文化等警示教育，开展党性分析、军训等党性锻炼活动，加强学员党性修养；严格贯彻执行中组部《关于在干部教育培训中进一步加强学员管理的规定》《合肥市关于在干部教育培训中进一步加强作风建设的规定》和《学员党性教育考核办法》，对学员在校期间的学风、廉洁等提出明确要求，并对在校期间的党性锻炼进行量化考核；研究生教育从各部门抽调骨干担任班主任，实行跟班、考勤制度，学风得到进一步增强。

【四库建设】 *加强专题库建设。*围绕马列原著、马克思主义中国化最新理论成果以及合肥“大湖名城 创新高地”和区域性特大城市建设进行专题开发，对教学试讲中反响较好的专题在教研室内部进行集体备课，再邀请专家、学者现场点评，打造成精品专题。2015年开发新专题近10个。坚持“专兼结合、外聘内培、资源共享”的思路，在全省党校系统间建立教师交流互动平台，建立起长三角乃至全国地区知名专家、学者来肥讲学机制。全年外请报告100多场。其中，省委常委、市委书记吴存荣全年共6次到党校作报告、与学员座谈；张庆军市长、凌云副书记等副市级以上领导干部40人次、市直部门有关领导近100人次到党校讲课；国家行政学院张孝德，申银万国证券首席分析师桂浩明、上海市委党校汪公龙、柳恒超，上海浦干院华斌等一批名家都来党校讲课。

*加强教学基地建设。*按照市委的要求，结合教学需要，配合市委组织部，对渡江战役纪念馆、包公园、肥西山南小井庄、李克农故居、新四军纪念园5个党性教育基地进行深度开发，有关案例集结成册；注重展示合肥、宣传合肥的特色和亮点工作，建立起中科大先研院、滨湖世纪大社区等20多个教学基地。组织市外、省外如山东莒县、福建泉州和闽侯等来肥培训18个班次近900人到教学基地学习考察。基地建设得到了省委党校的认可，省委党校的所有主体班次均安排到“庐阳区一线为民工作法、大圩沈福村”等教学点学习。加强案例库建设。在学员中征集案例119篇，选取39篇编印出版〈创新与实践案例集〉第二辑，涵盖经济、政法、社会、生态四大领域，副书记凌云亲自作序。

【科学研究】 完成省领导圈定、合肥市社科规划课题、全省党校系统、合肥市政府课题8项。面向社会发布并完成市领导圈定等课题28项，安徽大学、安徽工程大学、省行政学院以及全市党校系统积极参与，营造课题研究的良好氛围。在各类理论期刊公开发表论文24篇。其中，B级1篇，科研工作围绕合肥市情，逐步从为教学服务向教学和资政服务转变。围绕合肥市改革创新的举措进行总结和开展研究，市情研究成果编印成《创新为魂——合肥构筑“创新高地”专题研究》，得到市委书记吴存荣的高度肯定，并亲自为该书作序。发挥党校优势，围绕习近平讲话、十八届五中全会、党性教育等内容，积极开展理论研究，“推进合肥市社区治理创新的三个基本着力点”等8篇理论文章在合肥日报理论版发表。围绕市委、市政府中心开展资政研究，全年报送资政报告近20篇，被采用13篇。其中，省委采用1篇，有5篇被市领导8人次批示。其中，《关于促进我市农产品电商发展的建议》《关于加快合肥调转促的建议》分别被市委书记吴存荣，市政府主要领导肯定性批示。组织教师参加“长三角地区党校校长论坛”等长三角、中四角地区党校系统科研工作交流会，以及省市社科界学术年会、哲学学会、政治学学会和全省党校系统年度重点课题研讨交流会等各类学术会议10余场，提交各类论文20多篇。与芜湖、蚌埠两家党校合作，建立起合芜蚌三市党校校长联席制度，成立合芜蚌自主创新试验区经济社会发展研究中心，开展教学科研培训会议，在教学科研，重点是科研方面加大交流合作力度。《中共合肥市委党校学报》国内外机构用户总数3908个，在中国知网下载频次达9.2万次，比2013年增长近70%，办出了自己的特色和水平。

（陈云汉）

合肥市人大常委会

【概况】 2015年，在市委的坚强领导下，市人大常委会全面贯彻党的十八大和十八届三中、四中、五中全会精神，围绕“适应新常态、把握新机遇、展现新作为”的总体要求，扎实推进人大理论和实践创新；深入开展制度完善年，形成系统完备、运行有效的人大工作制度体系；依法履行各项职权，为打造“大湖名城、创新高地”、建设长三角世界级城市群副中心作出积极贡献。

【市第十五届人民代表大会】 市第十五届人民代表大会第三次会议于1月20日至22日举行。第一次全体会议于1月20日召开，大会执行主席有：熊建辉、吴存荣、董昭礼、凌云、杨思松、汪卫东、张进、张海林、钟俊杰、韦弋、姜宗健、李武好、宋家伟、林存安、杜昌寿、陈栋、陈葆华、阚建华、张长淮、孔向阳、刘观宝、王兴梅、王叙平、牛方、方振、叶和章、司盛宽，熊建辉主任主持，市政府主要领导作市人民政府工作报告，会议审查了合肥市2014年国民经济和社会发展计划执行情况与2015年国民经济和社会发展计划草案的报告、合肥市2014年预算执行情况与2015年预算草案的报告。第二次全体会议于1月22日召开，宋家伟副主任主持，熊建辉主任作合肥市人民代表大会常务委员会工作报告，市中级人民法院院长许建作合肥市中级人民法院工作报告，市人民检察院检察长张棉作合肥市人民检察院工作报告。第三次全体会议于1月23日召开，副书记凌云主持，书记吴存荣作重要讲话。会议通过了合肥市人民政府工作报告、合肥市2014年国民经济和社会发展计划执行情况及2015年国民经济和社会发展计划、合肥市2014年预算执行情况和2015年预算、合肥市人大常委会工作报告、合肥市中级人民法院工作报告、合肥市人民检察院工作报告等六项工作报告的决议。

【常委会会议】 全年共召开7次常委会会议。市十五届人大常委会第十五次会议于2015年1月9日举行，第一次全体会议由熊建辉主任主持，第二次全体会议由张长淮副主任主持。会议听取了市十五届人大三次会议各项建议名单的说明、合肥市出席安徽省十二届人民代表大会代表出缺及补选情况的说明、关于出缺和补选代表的代表资格审查情况的报告、市人大常委会工作报告（草案）、人事任免事项的报告。

市十五届人大常委会第十六次会议于2月11日举行，第一次全体会议由熊建辉主任主持，第二次全体会议由孔向阳副主任主持。会议通过了合肥市人大常委会2015年工作要点，审议了合肥市2014年大建设推进和2015年至2017年大建设计划安排情况的报告、关于政府职能转变和机构改革实施方案的报告。

市十五届人大常委会第十七次会议于4月29日、30日举行，第一次全体会议由熊建辉主任主持，第二次全体会议由宋家伟副主任主持。会议审议了《合肥市防震减灾条例（草案）》，听取审议了市人民政府关于政府性投资项目建设情况的报告、市人民政府关于合肥市宅基地和集体建设用地使用权确权登记发证工作经费安排情况的报告、市人民政府关于市国有资本营运机构调整方案情况的报告、市人民政府关于市招商引资情况的报告，表决通过关于批准2015年合肥市宅基地和集体建设用地使用权确权登记发证工作专项支出预算的决议，审议通过了《合肥市人民代表大会常务委员会关于市人大代表向原选举单位述职暂行办法》和《合肥市人民代表大会常务委员会执法检查工作办法》两项制度，通过了人事任免事项。

市十五届人大常委会第十八次会议于6月25日、26日举行，第一次全体会议由熊建辉主任主持，第二次全体会议由林存安副主任主持。会议听取审议了关于全市现代农业发展情况的报告、2014年市级财政决算及其审查结果的报告、关于调整2015年市本级财政预算及其调整方案的审查报告、2014年市级预算执行和其他财政收支的审计工作报告、关于综合交通规划情况的报告、合肥市与俄罗斯乌法市缔结友好城市关系的议案，表决通过关于批准合肥市2014年市级财政决算的决议、关于批准2015年市本级财政预算调整方案的决议、关于批准合肥市与俄罗斯乌法市缔结友好城市关系的决定，审议通过了《合肥市防震减灾条例》及《合肥市人民代表大会常务委员会关于市人民政府、市中级人民法院、市人民检察院工作人员任前审查和任后监督的办法》，通过了人事任免事项。

市十五届人大常委会第十九次会议于8月27日、28日举行，第一次全体会议由熊建辉主任主持，第二次全体会议由陈栋副主任主持。召开联组会议，对清洁能源利用和推广情况开展了专题询问，由张长淮副主任主持。听取审议了关于2015年上半年国民经济和社会发展计划执行情况及下半年工作意见的报告、关于2015年上半年财政预算执行情况的报告、关于清洁能源利用和推广情况的报告、关于合肥市开放型经济发展情况的报告、关于商事审判工作情况的报告，审议通过了《合肥市人大常委会制定地方性法规工作程序规范》，通过了人事任免事项。

市十五届人大常委会第二十次会议于10月29日、30日举行，第一次全体会议由熊建辉主任主持，第二次全体会议由陈葆华副主任主持。召开联组会议，对食品安全工作进行了专题询问，由阚建华副主任主持。会议听取审议了关于市十五届人大三次会议议案建议办理情况的报告、关于公交优先战略实施情况的报告、关于合肥12吋晶圆制造基地项目有关情况的报告、关于食品安全工作情况的报告、关于公诉工作情况的报告、关于《中华人民共和国水法》执法检查情况的报告、关于代表建议办理情况的评估暨满意度测评情况的报告，并对公交优先战略实施情况工作报告进行了满意度测评，审议了关于第二次调整2015年市本级财政预算的议案，审议通过了《市人大常委会关于政府投资项目审查监督暂行办法》和《市人大常委会规范性文件备案审查办法》，通过了人事任免事项。

7月29日，市人大常委会主任熊建辉看望慰问一线建筑工人。

市十五届人大常委会第二十一次会议于12月16日举行，第一次全体会议由熊建辉主任主持，第二次全体会议由阚建华副主任主持。会议听取审议了关于召开市十五届人大四次会议有关事项的报告、关于开展第六个五年法制宣传教育活动情况的报告、关于2014年度市级预算执行和其他财政收支审计查出问题整改情况的报告、关于合肥市促进民营经济发展情况的报告，并对促进民营经济发展情况工作报告进行了满意度测评，通过了关于召开市十五届人大四次会议的决定及会议的议程（草案）、日程（草案），传达学习了省人大常委会关于加强县乡人大工作和建设汇报交流会精神。

【人大工作会议】 11月10日，合肥市召开全市人大工作会议。市人大常委会主任熊建辉主持会议，省委常委、市委书记吴存荣，市委副书记、市政府主要领导出席会议并讲话，市委常委、组织部长汪卫东传达全省人大工作会议精神。各县（市）区委、市委组织部、市委宣传部、市中级人民法院、市人民检察院、市政府办公厅就全市人大工作进行书面交流。市直各单位、省部属驻肥有关单位主要负责人约210人出席会议。会议出台《中共合肥市委关于进一步加强人大工作和建设的意见》，文件坚持党的领导、人民当家作主和依法治国有机统一的原则，全面贯彻了中央和省委文件精神，提炼了这几年合肥市人大工作制度创新的系列成果，解决了多年来困扰人大工作和建设的实际问题，作出在新的历史起点上推动人大工作和建设的总体部署，具有很强的指导性、针对性和可操作性。全市人大工作会议，对合肥市民主法治建设产生深远影响，在全市人大建设发展史上具有重要的里程碑意义。

【立法工作】 坚持立法决策与改革决策相结合，完善立法机制，提高法规质量，力求务实管用。向省人大常委会报备规范性文件14件，接受报备文件57件，完成12件全国、省人大常委会法律、法规的征求意见工作。

常委会依据新的《中华人民共和国立法法》，修订《合肥市人大常委会制定地方性法规工作程序规范》，重点在提高立法质量、发挥代表作用、健全表决机制等方面提出新的要求。修订《合肥市人大常委会规范性文件备案审查办法》，就备案范围、审查内容、程序时限、结果处理等作出具体规定，切实维护法制统一。制定《合肥市人大常委会基层立法联系点工作办法》，对立法联系点的基本任务、管理方式、人员配备、组织保障等进行明确，健全立法征询机制，反映基层立法意愿，使地方立法更“接地气”。充实和调整立法咨询专家库成员，为立法工作提供专业保障。通过持续完善立项、起草、审议、修改和评估等立法工作机制，人大立法主导作用有效发挥，立法参与渠道不断拓宽，科学立法水平明显提升。

常委会制定《合肥市防震减灾条例》，邀请国家地震局的专家全程指导立法，对地震监测、灾害预防、应急救援、法律责任等作出有针对性的规定，提高预防和应对地震灾害的能力，推动防震减灾工作法治化。根据巢湖风景名胜区规划修订、管理体制的实际情况，听取市政府关于推迟提请审议的报告。待体制理顺、条件成熟后，及时启动《环巢湖风景名胜区管理条例》制定工作。开展出租车管理、老年人权益保障、大气污染防治、预算审查监督等方面的立法调研。

【监督工作】 严格按照监督法要求，紧扣合肥市经济社会发展和法治合肥建设的重大问题，一年来共听取专项工作报告20项，开展专题询问2项，满意度测评2项，发出审议意见书9份。开展执法检查、集中视察6次，重点调研36次。

*加强财政经济监督。*常委会加强对宏观经济形势的研判，听取审议2015年上半年国民经济和社会发展计划执行情况及下半年工作意见的报告，提出要抓住长江经济带和“一带一路”战略发展机遇，加快调结构转方式促升级，打造新的经济增长点，增强持续发展动力，促进市十五届人大三次会议确定的目标任务圆满完成。听取财政预决算及相应审计报告，批准2015年市本级财政预算调整，提出坚持稳中求进、稳中强基、稳中创优，强化改革攻坚和创新驱动，保持经济中高速增长、高效益前行。常委会按照《中华人民共和国预算法》要求，从预算编制、初审、审批和监督落实等各个环节，加大预决算全口径监督力度。邀请30多名人大代表和相关专家组成评审组，对市经信委、市国土局、市体育局2016年部门整体支出预算进行评审，评审结果作为财政部门安排预算的重要依据，推进预算监督关口前移。首次启动国有资本经营预算支出项目公开评审，对热电锅炉改造、公交智能化、报业数字出版发行中心建设等八个项目进行公开评审，拓展预算监督的范围和深度，提高财政资金使用效益。

*听取审议专项工作报告。*常委会紧紧围绕改革发展稳定大局和人民群众关注的重点问题，听取审议开放型经济发展、对外经济合作、道路交通规划、政府机构改革、招商引资、现代农业、商事审判、公诉工作和“六五”普法宣传等专项报告。常委会在听取审议专项报告的基础上，首次启动满意度测评，提高审议质效，增强监督刚性。评定公交优先战略实施情况的报告为“满意”等次，提出加快公交都市建设，优化以公共交通为主体的城市交通体系。评定民营经济发展情况的报告为“基本满意”等次，要求加强政策统筹，优化服务平台，坚持精准帮扶，确保《合肥市促进民营经济发展条例》贯彻实施。食品安全事关人民群众的身体健康和生命安全，常委会连续三年紧抓不放、跟踪问效，再次审议食品安全工作报告，并开展专题询问。询问涵盖监管机制、执法能力、主体责任、风险管控等方面，强化监管部门的责任意识和生产企业的自律意识，引起了强烈的社会反响。常委会选择清洁能源开发利用作为2015年推进大气污染防治工作的监督重点，聚焦扶持政策保障、目标任务落实、燃煤锅炉整治改造、新能源汽车应用和绿色建筑推广等实际问题开展询问。询问有的放矢、针对性强，答询直面问题、措施有力，取得良好效果。

推动法律法规实施。制定《合肥市人大常委会执法检查工作办法》，明确执法检查的主体、对象、成员、方法及责任，从操作层面细化执法检查工作。开展《中华人民共和国水法》执法检查，围绕重点水利工程、农田水利建设、水资源管理、水行政执法等，实地查看26个水利工程建设、管理和检测现场，提出坚持依法治水，健全水资源保护与管理政策体系，加强饮用水源地保护，保障城乡用水安全的审议意见。视察《中华人民共和国职业教育法》和《安徽省职业教育条例》贯彻实施情况，强调以服务发展为宗旨，以促进就业为导向，紧密结合重点产业、新兴产业和特色产业发展需要，建立布局合理、结构优化、特色鲜明的职业教育发展体系。围绕实施《安徽省大气污染防治条例》暨降低PM10浓度情况进行重点视察，督促相关部门采取有力措施，落实目标责任，形成权责清晰、系统完善、齐抓共管的机制，共同推进大气污染防治工作取得新实效。开展《国务院宗教事务条例》及《安徽省宗教事务条例》贯彻实施情况集中视察，实地查看西庐寺、开福寺等宗教场所，召开各宗教团体负责人交流座谈会，听取关于宗教工作的建议，促进宗教工作基本方针的贯彻落实，维护宗教和睦、社会和谐的良好局面。

开展重点工作调研。常委会把调查研究作为监督工作的实践基础，开展“十三五”规划编制、社会救助、医养结合、住宅产业化等调研。在社会救助体系建设调研中，综合运用听取汇报、实地查看、座谈交流、分析研讨等多种形式，充分掌握第一手资料，形成调研报告，提出加强信息网络建设、整合救助资源、完善救助发现机制、建立城乡一体化社会救助体系等建议。围绕农业与农村经济发展和关系农民切身利益的重点问题开展调研，提出的意见写入市政府《关于引导农村土地经营权有序流转促进现代农业发展的若干意见》和《关于推进农村精准扶贫开发工作的实施意见》。

【重大事项决定】 制定《合肥市人大常委会关于政府投资项目审查监督暂行办法》，明确规定对于利用市级财政资金或以市级财政资金作为还款来源的基础设施类、产业类、公益类和公共服务类等投资项目，应提前报送年度投资项目计划。在执行过程中，发生单个项目变更调整后投资总量超过预算和投资项目增减变化的，应将调整方案提请常委会审查。细化《合肥市人大常委会讨论决定重大事项办法》，促进政府投资更加科学规范、公开透明。

常委会对农村宅基地和集体建设用地确权登记发证工作经费追加、合肥市与俄罗斯乌法市缔结友好城市关系、国有资本经营预算超收安排使用、市本级地方政府债务限额等议而必决的重大事项，由相关工作机构进行初审，提出审查报告，经常委会审议通过并作出决议决定。对2014年大建设推进和2015年至2017年大建设计划、政府性投资项目建设、京东方高世代线项目合作协议、国有资本运营机构调整方案、晶合晶元制造项目等重大事项，主任会议听取专门汇报，向常委会作出书面报告。对环巢湖生态示范区融资建设、政府购买棚户区改造二期项目服务等开展专题调研，主任会议听取汇报，提出意见建议。通过重大事项决定权的规范行使，有效促进科学决策和民主决策。

【自身建设】 市人大常委会坚持加强自身建设，不断提升整体工作水平。

开展“三严三实”专题教育。根据中央和省、市委关于开展“三严三实”专题教育的统一部署，结合常委会及机关实际，从严处着手认真组织学习，向实处发力加强作风建设。常委会党组班子成员分别在一定范围内讲党课，开展严以修身、严以律己、严以用权为主题的专题研讨交流，组织机关县处级干部到省廉政教育基地接受教育。召开民主生活会，认真对照检查，开展批评和自我批评。常委会把加强信访工作作为密切联系群众的重要渠道，共受理群众信访事项776件（次），深入基层调研督办信访案件24次，切实维护群众合法权益。

加强常委会及机关能力建设。首次以市委党校主体班的形式，分两批对市、县（市）区、乡镇（街道）的700多名人大工作者进行集中系统培训。省委常委、市委书记吴存荣，市政府主要领导为培训班作主题报告，全国人大常委会、中央党校、国家发改委的专家学者应邀授课，为人大系统干部开阔视野、丰富素养、提升能力奠定了坚实的理论基础。充分发挥常委会党组的核心作用，坚持党组中心组理论学习制度，围绕贯彻中央、省市委决策部署和重要会议精神，谋划新形势下人大工作等开展5次集中学习和交流研讨。围绕制度完善年目标任务，制定《合肥市人民代表大会议事规则》《合肥市人民代表大会常务委员会主任会议制度》等议事规则和工作办法11项。通过三年持续推进，制定立法、监督、讨论决定重大事项、人事任免、代表工作和会议运行等28项制度，体现了改革时代要求与人大工作政治性、法律性和程序性的有机融合，形成适合地方国家权力机关特点的制度体系和运行机制。《中国人大》对常委会以制度引领人大工作创新发展作出专题报道。常委会重视机关建设，持续推进“风清气正、敬业求精、尚学健体、友爱垂馨”的机关文化，人大机关用心谋事、踏实干事、和谐共事的氛围更加浓厚。

联系指导县乡人大工作。常委会高度关注基层国家权力机关建设，把县乡人大工作纳入全市人大工作总体布局。制定《市人大常委会指导县乡人大工作的意见》，规定常委会班子成员联系1个县（市）区，驻会委员联系2个乡镇（街道），对代表工作、县乡人代会、职权行使、制度建设和政策落实等5个方面进行指导。召开两次县乡人大工作专题研讨会，贯彻省人大常委会加强县乡人大工作部署要求，交流落实全市人大工作会议精神的具体举措，研讨合肥市县乡人大工作和建设的重点，整体推进全市人大工作。

【宣传工作】 修订《关于加强和改进人大新闻宣传工作的意见》，加强对人民代表大会会议、常委会会议和主任会议的宣传，确保新闻报道及时全面、准确规范。创新形式，明确重点，在规范程序性报道的同时，增加会议审议过程与结果的深度报道，在各类新闻媒体上刊发稿件900余篇。编辑印发《合肥人大》8期，制作播出《人大视点》电视专题节目26期，开办《人大之声》专题广播节目，全年共播出36期。省委《要情专报》、省人大《信息专刊》《代表之声》和《市委信息》平台采用人大信息308条，市人大信息工作再次获得全省第一。开展庐州环保世纪行、食品安全庐州行、江淮普法合肥行活动，组织各类媒体进行系列采访10余次。邀请外国领事旁听人民代表大会会议，组织参加合肥市与日本久留米市缔结友好城市35周年庆祝活动，加强与友好城市的联系交往，提升合肥的国际影响力。

【发挥代表作用】 制定《合肥市人大常委会关于市人大代表向原选举单位述职暂行办法》，明确规定市人大代表每年向所在代表小组口头报告履职情况，每届任期内向原选举单位的人大常委会书面述职。进一步密切代表与原选举单位的联系，促进代表积极参与闭会期间活动，代表依法执行职务、自觉接受监督的意识进一步增强。完善代表履职档案，对代表履职活动登记进行细化，为综合评价代表活动实效提供客观依据，激发代表依法履职的动力和热情。制定《关于开展代表小组推进年活动的意见》，举办市人大代表小组培训班，组织代表小组组长、副组长和联络员107人参加培训。扩大代表对常委会工作的参与，邀请全国、省、市人大代表48人次列席常委会会议，177人次参加执法检查、专题调研、议案建议督办等重大活动，组织省人大代表对我市环巢湖治理和公共文化场馆建设等进行集中视察。常委会组成人员定期联系走访全市39个代表小组，深入了解小组活动开展情况，听取代表的意见建议。召开政情通报会，向代表通报全国人代会精神、全市国民经济和社会发展情况，按时寄送相关文件和参阅资料。组织44个省、市代表小组开展调研，形成有价值的调研报告53篇。

【督办代表议案建议】 按照《合肥市人大常委会关于“一府两院”办理代表议案及建议、批评和意见的评估试行办法》，首次启动市十五届人大三次会议第21号“关于秸秆禁烧及综合利用的建议”、第61号“关于进一步整合资源发挥合肥要素大市场作用的建议”评估。常委会邀请专家学者、人大代表开展评估调研，现场进行满意度测评，并将评估结果向社会公布。通过满意度测评，提升议案及建议、批评和意见承办单位的自觉性和主动性，回应了代表对议案及建议、批评和意见办理的重大关切，推动办理工作由答复满意向结果满意转变。

市人大常委会主任熊建辉率队调研、市政府购买居家养老服务工作情况。

【人事任免】 常委会坚持党管干部和依法任免有机结合，共审查人事任免案53件，组织任前法律法规知识考试16人，组织拟任人员作供职报告、表态发言、接受任命书13人，组织13人向宪法宣誓。制定《合肥市人大常委会关于市人民政府、市中级人民法院、市人民检察院工作人员任前审查和任后监督的办法》，重点就审查监督的对象、方式、成果运用等作出规范。将法律考试、供职报告、颁发任命书、表态发言等纳入任命程序。把任后监督与听取专项工作报告、执法检查、集中视察、督办议案及建议、批评和意见等工作结合起来，听取被任命人员履职报告，适时开展测评。制定《合肥市实施宪法宣誓制度细则》，对适用范围、宣誓人员、领誓人以及宣誓时间等作出15项具体规定，强化宣誓人员弘扬宪法精神，维护宪法权威，履行法定职责的神圣感和使命感。

1月9日，合肥市第十五届人民代表大会常务委员会第十五次会议决定：接受陈再忠辞去合肥市第十五届人民代表大会常务委员会委员职务的请求。

4月30日，合肥市第十五届人民代表大会常务委员会第十七次会议决定任命：闫萍为市林业和园林局局长、张晓庆为市卫生和计划生育委员会主任。任命：王琤为市人大常委会研究室主任，魏竹梅为市中级人民法院副院长，刘群为合肥铁路运输法院立案庭庭长、审判委员会委员，黄欣为市人民检察院副检察长，李进为合肥城郊地区人民检察院检察长，洪星为合肥高新技术产业开发区人民检察院副检察长、检察委员会委员，徐正立为合肥高新技术产业开发区人民检察院检察委员会委员。决定免去：梅国胜的市林业和园林局局长职务，魏竹梅的市中级人民法院执行庭庭长职务，杨曙华的市中级人民法院执行庭副庭长职务，毕守国的合肥高新技术产业开发区人民法院行政审判庭庭长职务，刘德鸿的合肥高新技术产业开发区人民法院刑事审判庭庭长职务，李魁的合肥高新技术产业开发区人民法院民事审判第一庭庭长职务，李萍的市中级人民法院审判员职务，闫丹慧的合肥高新技术产业开发区人民检察院检察长职务，倪进永的合肥高新技术产业开发区人民检察院副检察长、检察委员会委员职务。决定：接受杜昌寿辞去合肥市第十五届人民代表大会常务委员会副主任、代表资格审查委员会主任委员职务的请求，接受费勤松辞去合肥市第十五届人民代表大会常务委员会委员职务的请求。

6月26日，合肥市第十五届人民代表大会常务委员会第十八次会议决定任命：邢孝鸿为市商务局局长、李锋为市城市管理局局长。任命：戴中保为市人大常委会财政经济工作委员会主任、杜薇为合肥高新技术产业开发区人民检察院检察长、张平为市人大常委会内务司法工作委员会主任、方涛为合肥铁路运输法院副院长、审判委员会委员、审判员，王苗为合肥市中级人民法院民事审判第二庭副庭长，唐峻为合肥高新技术产业开发区人民法院执行庭庭长、审判委员会委员，李德家为合肥高新技术产业开发区人民法院刑事审判庭庭长、审判委员会委员，李铭为合肥高新技术产业开发区人民法院民事审判第一庭庭长、审判委员会委员，刘正红为合肥高新技术产业开发区人民法院行政审判庭庭长、审判委员会委员，张友国为合肥高新技术产业开发区人民法院审判委员会委员。决定免去：王道荣的市城市管理局局长职务，蓝天的市商务局局长职务。

8月28日，合肥市第十五届人民代表大会常务委员会第十九次会议决定免去：张洁的市中级人民法院民事审判第一庭副庭长职务，应道荣的市中级人民法院行政审判庭副庭长职务，查贵华的市中级人民法院审判员职务，汪本金的市中级人民法院审判员职务，缪华生的合肥铁路运输法院审判员职务，陈恒云的合肥铁路运输法院审判员职务。

10月30日，合肥市第十五届人民代表大会常务委员会第二十次会议决定任命：柴修发为市政府秘书长、朱策为市发展和改革委员会主任、程振革为市科学技术局（知识产权局）局长。决定免去：杨伟的市政府秘书长职务，宋道军的市发展和改革委员会主任职务；朱策的市科学技术局（知识产权局）局长职务。决定：接受柴修发辞去合肥市第十五届人民代表大会常务委员会委员职务的请求，接受李雪辞去合肥市第十五届人民代表大会常务委员会委员职务的请求。

（李慧源）

合肥市人民政府

【综述】 2015年，合肥市政府坚持稳中求进、稳中强基、稳中创优，经济增长逆势上扬，社会发展平稳健康，较好地完成了2015年初人代会确定的目标任务，为“十二五”收官划上圆满句号，为“十三五”启航奠定了坚实基础。全市生产总值增长10.5%；规模以上工业增加值增长11.3%；财政收入增长13.6%，其中，地方财政收入增长14.2%；全社会固定资产投资增长15.4%；社会消费品零售总额增长12%；预计城镇居民人均可支配收入增长9.5%左右，农村居民人均可支配收入增长10.5%左右；城镇登记失业率控制在3%以内；居民消费价格涨幅1.6%。

千方百计稳定增长。积极应对经济下行压力，及时推出促进经济平稳较快发展30条、扶持小微企业健康发展18条、困难企业帮扶10条等政策“组合拳”，努力实现实体经济发展稳中向好。实施项目建设“十大行动”，积极对接国家重大工程包和专项建设资金，集中开展项目签约、开工活动，着力扩大有效投入。全年新开工项目6718个、增加1952个，京东方10.5代线、晶合12吋晶圆、大陆轮胎二期、中盐红四方二期、神皖庐江电厂、北大未名生物医药产业园等开工建设，江淮松芝汽车空调、宝龙达笔记本电脑、安凯新能源汽车等建成投产。完善金融服务体系，广发银行、渤海银行等落户开业，发行“大湖名城”系列财政金融产品，新型政银担合作实现“两个全覆盖”，全年新增贷款1504.3亿元。积极推进上市公司融资、再融资，参与上市公司资产重组，富煌钢构、三和科技首发上市，新增新三板挂牌企业34家，直接融资1732.6亿元、增长153.4%。

加快产业转型升级。认真贯彻省委省政府“调转促”的重大决策部署，制定加快创新转型升级发展的行动计划，大力培育增长新动能。新型显示、集成电路、智能语音、新能源汽车入选全省首批战略性新兴产业集聚发展基地，战略性新兴产业对规模以上工业增长的贡献率达到54%以上。积极落实国家“互联网+”行动计划，率先实施“万千百工程”，移动互联网、云计算、大数据、物联网等与制造业加速融合。出台促进旅游业、养老服务业发展等实施意见，现代服务业完成投资3022.8亿元、增长17.5%；获批首个环巢湖国家旅游休闲区，三河镇成功创建国家5A级景区；网络经营主体发展到7万户，一批商业综合体建成开业；承办和举办机器人世界杯赛、家博会、苗交会等特色大型展会181场。

大力实施创新驱动。中科大先研院与英特尔、微软、阿里巴巴等联合共建研发平台36家、孵化科技企业136家，清华大学合肥公共安全研究院建成启用，与中科院合肥物质研究院合作共建离子医学中心，与中科大、安大分别谋划设立滨湖国际金融研究院和绿色发展研究院，支持中科大、合工大申办示范性微电子学院。入选国家小微企业创业创新基地城市示范，出台“三年行动计划”和28条“双创”政策，成功举办全国“发现双创之星”和全国“双创活动周”合肥分会场系列活动，建成5F创咖等众创空间24家、科技孵化器32家。成立机器人、集成电路、新能源汽车、轨道交通装备等产业技术创新战略联盟。新认定国家级高新技术企业363家，各类企业研发机构增至934家，开通网上技术交易平台。

全面深化改革开放。政府投资引导基金母基金规模超过30亿元，参股设立子基金10余支，撬动社会资本近70亿元。商事登记实现“三证合一、一照一码”。市、县(市)区、乡镇（街道）三级政府权力清单和责任清单体系建成，事中事后监管进一步强化。启动聘任制公务员试点。市级公务用车改革基本完成。推进户籍制度改革，实施居住证管理办法。建立居民生活用气阶梯式价格制度，调整污水处理费、水资源费征收标准和城市供水价格。稳步实施村级集体资产产权股份合作制改革试点，加快推进农村新型流通体系建设。制定加快开放平台建设发展的实施意见，安徽(蜀山)跨境电子商务产业园正式运行，合肥港集装箱年吞吐量达到18万标箱，“合新欧”国际货运班列和合肥空港往返深圳全货运包机常态运营；对外劳务合作服务中心基本建成。积极与上海开展双城合作，加强与央企、知名民企、外资企业合作，全年招商引资3390亿元、增长15%，其中外资25.1亿美元，进出口总额达到203.4亿美元。

积极推进城乡一体。加快编制新型城镇化、市政基础设施等重大规划。庐铜铁路加快建设，商合杭高铁、合安九客专开工建设。合肥火车站站前广场、绕城高速下穿南站南广场改建工程进展顺利，西客站站前广场工程完工，南薰门桥、望江路改造、繁华大道东延、花园大道等建成通车，巢湖南路、老合淮路等在建工程加快推进。续建、新建城市支路工程97项，完成勤劳巷等小街巷改造14个。滨湖新区集中供热工程建成运行。4个区域地下综合管廊样板工程试点稳步实施。开工建设停车场16处、1280个泊位。安排30亿元专项资金，加大县域基础设施建设支持力度。推进城乡园区共建和产业融合，肥西桃花工业园成为全省首个千亿元县域工业园。完成第二批82个省级美好乡村示范村建设和656个自然村整治任务。加强现代农业园区建设，新增家庭农场等新型农业经营主体1343户。实施100公里县乡公路升级改造和300公里提级联网延伸项目建设。气象灾害监测预警一期工程等建成使用。

加强环境综合治理。制定水污染防治方案，严格落实排污口整治、生态补水、湿地净化等措施，完成42个老旧小区雨污分流改造，开展187个小流域污染源调查。开工建设引江济淮工程试验段，启动实施清溪净水厂项目，顺利通过国家最严格水资源管理考核和水生态文明城市试点建设实施方案评审。全年全域全面秸秆禁烧成效显著。加强农业面源污染治理，化肥、化学农药使用量同比分别下降6.6%、6.2%。淘汰黄标车44867辆，2005年底前注册营运黄标车全部淘汰。马（合）钢公司钢铁冶炼及长材生产线实现关停，基本完成市区燃煤及其他非清洁能源锅炉淘汰任务。完成植树造林16.8万亩、城区绿化1660万平方米，打造园林绿化精品示范工程28个。

加大民生保障力度。编制实施城市基本公共服务设施专项规划，建立滚动公益性项目库。“32+9”项民生工程加快推进，各级财政投入82.3亿元。开发公益性岗位1万多个，高校毕业生进肥就业率达96.3%。降低职工医保缴费比例，统一居民医保参保政策，加强严重精神障碍患者救治救助工作。完善国有土地上房屋征收与补偿办法，出台公租房管理规定。加强中小学、幼儿园和职业院校教师队伍建设，完成义务教育学校标准化建设任务，十中新校区建成使用，组建现代职教集团，合肥职业技术学院、合肥幼儿师范高等专科学校获批全省地方技能型高水平大学立项建设。113个公共文化场馆免费开放，接待市民600多万人次。推进军民融合发展，与“合肥舰”深入开展交流活动。食品药品重大事故“零发生”，各类安全生产事故指标创历史最低水平。规范信访事项受理办理程序，化解省交办信访积案118件。圆满完成全国第三次经济普查任务。

【中德总理共同访问视察合肥学院】 2015年10月30日，国务院总理李克强与德国总理默克尔共同访问视察安徽合肥学院。1984年，安徽省同德国下萨克森州建立中德第一对友好省州合作关系，双方决定共建合肥学院，开展应用型职业高等教育合作。30年来，合肥学院同17所德国高校开展交流合作，中方1700多名教师、留学生赴德进修；德方300余名教师、600余名学生来华交流。两国总理在视察时一致同意，在合肥学院设立中德教育合作示范基地，为中德企业合作培养更多专业技术人才，让中德友谊与合作更加根深叶茂。

【合肥入选国家小微企业创业创新基地城市示范】 2015年5月31日，经过精心准备和激烈角逐，合肥市从全国36个申报城市中脱颖而出，以第6名成绩成功入选国家小微企业创业创新基地城市示范。3年示范期内，中央财政将每年给予合肥市3亿元资金支持。申报成功后，合肥市出台了“三年行动计划”和28条“双创”政策，相继成功举办了全国“发现双创之星”和全国“双创活动周”合肥分会场系列活动。未来3年，合肥市将精心打造核心区、构建拓展区、扩大带动区，逐步辐射全省，形成可复制、可推广的小微企业创业创新模式，把合肥打造成为引领全省、示范全国的创业福地、创新高地。

【合肥综合保税区顺利通过国家联合验收】 2015年3月17日，作为安徽省首个综合保税区，合肥综合保税区通过国家联合验收组验收。其位于合肥新站综合开发试验区内，2014年3月获国务院批准设立，2014年6月开工建设，规划总用地面积4.6平方公里，其中围网内用地2.6平方公里，拓展区及配套项目规划用地2平方公里，核心区建设内容包括通关服务中心、查验监管仓库、检疫处理用房等设施，总建筑面积达26317平方米，总投资超过30亿元。合肥综合保税区的产业定位为以平板显示、新能源等战略性新兴产业为特色的加工业基地，以进出口贸易为主的国际贸易基地和现代物流基地，未来将努力建成安徽省外向型经济发展的窗口、全国有影响力的综合保税区。

【合肥成功举办第19届RoboCup机器人世界杯赛】 2015年7月17～23日，第19届RoboCup机器人世界杯赛在合肥举办，这是迄今为止全球规模最大的一次机器人专业赛事，来自47个国家和地区的3200多名选手同台竞技。本届大赛包括专业组比赛和学术大会，专业组比赛包括服务机器人、救援机器人和机器人足球共11项比赛，涵盖了当前智能机器人研究的主攻方向和研究热点问题，比赛吸引了来自美国卡内基梅隆大学，中国科技大学等一批世界一流大学的科研团队和知名学者参赛。是当前全球规模最大的机器人专业赛事。

【三河古镇正式晋升国家5A级景区】 2015年10月15日，经国家旅游局批准，三河古镇成为5A级旅游景区，实现了合肥市5A级旅游景区零的突破。素有“千年古镇、风云战场、名人故地、美食天堂”美誉的三河镇，地处皖中，位于合肥市西南部，东濒巢湖，古镇因丰乐河、杭埠河、小南河三水流贯其间而得名，已有2500多年历史。三河以水乡古镇为特色，积极打造“徽韵古镇，生态水乡”旅游名片，其三河美食博取南北之长，集徽、川、淮、扬菜系于一体，且融合本地特色，终成徽菜精品，并独具美食特色。三河古镇跻身国家5A级景区，将进一步助推环巢湖国家旅游休闲区建设。

【重要会议】 1月5日，市政府第六次全体会议在市政务中心召开。会议听取了《政府工作报告》起草情况汇报，讨论了即将提交市十五届人大三次会议审议的《政府工作报告》《关于合肥市2014年国民经济和社会发展计划执行情况及2015年计划草案的报告》《关于合肥市2014年预算执行情况和2015年预算草案的报告》。会议期间，中国政法大学法学院院长、最高人民法院行政庭副庭长薛刚凌为与会人员作了新《行政诉讼法》专题辅导讲座。

1月22日，市政府主要领导主持困难企业帮扶工作会议。会议通报了市政协委员的意见建议，并就进一步优化民营企业发展环境提出建议。要齐心协力，出台有力、有效的措施，在尊重市场规律的前提下切实发挥好政策调控的作用；要科学把握、慎重甄别，对大局意识强、商业信誉好、困难比较多、社会贡献度大的重点民营企业给予大力扶持；要多方联动、形成合力，国资部门要建立健全科学合理的再担保体系，财政、金融等部门要鼓励金融机构进一步加大对企业金融支持力度，公安、司法、监察等部门要依法维护社会秩序；要充分发挥社会信用体系的约束监管作用，对受扶持企业实施严厉的诚信监督；要拓宽融资渠道，创新融资方式，抓紧推出一批支持中小企业的金融产品，帮助一些困难企业早日摆脱困境、焕发新机。

2月6日至7日，为贯彻落实好《国务院关于依托黄金水道推动长江经济带发展的指导意见》精神，进一步提升长江中游城市群在全国发展格局中的战略地位，长江中游城市群省会城市第三届会商会在合肥召开，围绕“深化合作、共赢未来——新常态下加速长江中游城市群一体化发展”主题，就深化武汉、长沙、南昌、合肥合作进行深入协商和探讨，并形成《合肥纲要》。

2月12日，市政府第44次常务会议审议并原则通过了关于2014～2015年全市民生工程工作有关情况的汇报及关于市级政府权力清单和责任清单制度建设工作的情况汇报等相关事宜。市政府主要领导指出，民生工程现已成为安徽省一个靓丽品牌，获得了社会广泛赞誉。就合肥来说，在全市共同努力下，2014年民生工程项目建设取得了显著成绩，值得肯定。要科学合理设计民生工程项目，既要集中有限财力办大事，又要进一步扩大政策受益面，全面聚焦百姓需求，不断增进民生福祉。

2月28日，市政府召开廉政暨审计工作会议，贯彻国务院、省政府第三次廉政工作会议和市纪委十届五次全会精神，总结2014年全市政府系统党风廉政建设和反腐败工作以及审计工作，部署重点任务。市政府主要领导指出，各级各部门要把思想和行动统一到中央和省委省政府的决策部署上来，坚持无禁区、全覆盖、零容忍，用最坚决的态度减少腐败存量，用最果断的措施遏制腐败增量，全力推动政府系统廉政建设和反腐败工作迈上新台阶。

3月18日，合肥市大气污染防治工作会议在市政务中心大会堂召开。省委常委、市委书记吴存荣出席并讲话。他强调，环境就是民生，青山就是美丽，蓝天也是幸福。要深入贯彻落实中央和省委省政府各项决策部署，继续以愚公移山的精神推进大气污染防治工作，以壮士断腕的勇气驱散“呼吸之痛”，确保完成2015年度大气环境质量目标任务，确保空气质量持续改善，让空气更清新，让天空更蔚蓝，奋力打造生态宜居城市，为建设长三角世界级城市群副中心、打造“大湖名城、创新高地”作出新的更大贡献。市政府主要领导出席并作全市大气污染防治工作报告。

3月19日，市政府第45次常务会议审议并原则通过了关于2014年全市依法行政工作情况及2015年依法行政工作安排的汇报、修订《合肥市城镇职工基本医疗保险办法》等有关事宜。会议还讨论并原则通过了修订《合肥市国有土地上房屋征收与补偿办法》等相关事项。

4月13日，市自主创新工作领导小组2015年第一次会议在市政务中心召开。省委常委、市委书记吴存荣主持会议，市政府主要领导出席并讲话。会议先后听取了市科技局关于2014年自主创新工作总结和2015年工作安排、关于推进知识产权示范城市建设工作进展情况的汇报；中科大先进技术研究院、合工大智能制造技术研究院、中科院合肥技术创新工程院建设发展情况的介绍。

5月5日，市政府第48次常务会议审议并原则通过了修订《合肥市城乡居民基本养老保险制度实施意见》、创建省食品药品安全城市等有关事宜。会议还讨论并原则通过了关于省政府取消和调整行政审批项目等事项（衔接国务院第七批）承接落实情况、出台《合肥市2015年农作物秸秆禁烧和综合利用工作方案》等相关事项。

5月6日，全市文明创建工作表彰暨深入推进大会在市政务中心大会堂召开。会议指出，要落实会议精神、再掀创建高潮，以抓铁有痕的劲头和踏石留印的作风狠抓各项重点任务落实；坚持问题导向、深入开展创建，积极回应群众关切，认真解决群众反映的突出问题；推进创新转型、提升创建水平，形成文明创建新常态，把“全国文明城市”这块金字招牌越擦越亮。

5月26日，全市加快经济创新转型升级发展动员大会在市政务中心小会堂召开。市政府主要领导传达了省政府第五次全体会议以及省政府相关三个文件精神，通报了合肥市经济发展态势，就进一步做好当前经济工作作了部署。会议强调，要辩证研判宏观形势，既要看到存在的问题和风险，增强忧患意识，更要看到机遇和利好，坚定加快发展的信心和决心。要积极适应国家政策调整，既要放眼长远、看清大势，更要脚踏实地、主动作为，以新状态引领新常态，以新作为开创新局面。

5月28日，市政府第49次常务会议审议并原则通过了出台《关于促进经济平稳较快发展的实施意见》《合肥市大气污染防治工作考核办法（试行）》等有关事宜。会议还讨论并原则通过了出台《关于扶持小微企业健康发展的实施意见》、修订《合肥市“河长制”考核办法》及2014年政府工作创新奖评选等相关事项。

6月9日，市政府第50次常务会议审议并原则通过了创建全国旅游标准化示范城市、出台《合肥市加快推进公共场所无线局域网建设行动计划（2015-2017）》等有关事宜。会议还讨论并原则通过了2014年度合肥市科学技术奖励评审情况等有关事项。

7月3日，市小微企业“两创示范”工作领导小组召开第一次会议，研究部署未来三年小微企业“两创示范”工作。市政府主要领导出席会议并讲话。市财政局通报“两创示范”工作进展情况和国家五部门有关工作要求，与会人员研究讨论《合肥市小微企业创业创新基地城市示范三年行动计划（征求意见稿）》《合肥市政府关于推进大众创业万众创新的若干政策意见（征求意见稿）》、全市“两创示范”动员大会方案及“发现双创之星”宣传活动初步安排意见等有关事项。

8月13日，市政府第52次常务会议审议并原则通过了印发《2015年合肥市能源消费总量控制工作方案》、出台《关于贯彻落实〈社会救助暂行办法〉的实施意见》《关于进一步健全临时救助制度的通知》等相关事宜。会议还讨论并原则通过了关于市政府法律顾问换届工作、设立市级外国专家“友谊奖”、出台《关于推广使用新型环保智能建筑垃圾运输车的实施意见》、将柳荫塘路更名为炳炎路等有关事项。

9月2日，市政府第八次全体会议在市政务中心召开，贯彻落实省委九届十三次全会、省政府第六次全体会议、市委十届九次全会精神，盘点今年以来各项工作，部署安排下一阶段工作任务。市政府主要领导出席会议并讲话，强调要树立底线思维，主动作为，寻找稳当前和利长远的结合点，努力达到事半功倍的效果。要着眼未来，系统谋划，进一步扩大有效投资，将重大项目谋划与“十三五”规划编制结合起来，加快开工一批重大项目。要在落实“帮扶十条”的基础上，加大对困难企业的帮扶力度，积极创新金融产品，帮助企业渡过难关。

9月14日，市政府第53次常务会议审议并原则通过了出台《关于引导农村土地经营权有序流转促进现代农业发展的若干意见》（以下简称《若干意见》）、《合肥市公共租赁住房管理暂行办法》（以下简称《暂行办法》）等相关事宜。会议还讨论并原则通过了关于第九届家博会筹备工作方案、出台《合肥市安全生产监督管理规定》等有关事项。

9月22日，市政府第54次常务会议审议并原则通过了出台《合肥市新型城镇化试点实施方案》（以下简称《实施方案》）等相关事宜。会议还讨论并原则通过了《关于发布合肥市地方政府核准的投资项目目录（2014年修订本）的通知》等有关事项。

10月16日，市政府第55次常务会议审议并原则通过了关于市十五届人大三次会议代表议案建议办理情况、关于公交优先战略实施情况等相关事宜，并决定提交市人大常委会审议。会议还讨论并原则通过了《加快政策性融资担保体系建设的实施意见》。

10月20日，2015年海峡两岸半导体产业（合肥）高峰论坛在合肥举行。此次高峰论坛是近年来海峡两岸半导体产业界规模最大、人数最多的一次盛会，参会企业涵盖投资、设计、制造、封装等半导体全产业链，旨在加强两岸集成电路产业交流，促进产业链上下游企业合作，共同打造具有国际竞争力的企业和品牌。

10月22日，2015中国计算机大会在合肥滨湖国际会展中心隆重举行。本届计算机大会以“互联网催生新经济”为主题，全面展示国内互联网领域的新产品、新技术，为海内外业界加强合作、共同创新搭建了重要平台。大会围绕智能制造、人脑认知和量子通信等专业领域，中国工程院院士、国家自然科学基金委员会信息科学部主任柴天佑，中国工程院院士、中国电子学会和中国人工智能学会副理事长李德毅，中国科学院院士、中国科技大学常务副校长潘建伟作了专题报告。

11月11日，市政府第56次常务会议审议并原则通过了出台《合肥市农村扶贫开发攻坚行动计划》等有关事宜。会议还讨论并原则通过了《贯彻落实粮食安全责任制的实施意见》。

11月17日，市社会信用体系建设示范城市创建工作动员大会在市政务中心召开。市政府主要领导出席会议并讲话，他强调，全市上下要进一步凝心聚力、把握关键、快抓实干，确保创建工作顺利推进、取得实效。

11月24日，市政府第57次常务会议审议并原则通过了出台《合肥市政府权力清单责任清单动态调整和权力运行监督管理办法》等有关事宜。会议还讨论并原则通过了《合肥市市政基础设施综合规划（2014-2020）》《合肥市城市基本公共服务设施专项规划》，听取并原则通过了关于调整市级行政审批事项、关于修改《合肥市控制性详细规划通则（试行）》、关于修改《合肥市国有土地上房屋征收与补偿办法》、关于《合肥市企业国有产权转让管理办法》起草情况等有关事项。

12月7日，市政府召开第九次全体会暨工作务虚会议。市政府主要领导出席会议并讲话，他强调，“十三五”要以“大湖名城、芯屏器合”为发展重点，加快建设长三角世界级城市群副中心，进一步开创打造“大湖名城、创新高地”新局面。围绕年底工作，各地各部门要统筹调度、系统安排，一手抓总结谋划，一手抓推进落实，着力冲刺各项目标任务，加快重大项目建设，抓好市场供应监管，保障改善民计民生，确保社会大局稳定，确保“十二五”“满堂彩”、“十三五”“开门红”。

12月24日，市政府第58次常务会议审议并原则通过了关于出台《进一步推进户籍制度改革的实施意见》《加快发展养老服务业的指导意见》等有关事宜。会议还听取并原则通过关于出台《开展农村集体资产股份合作制改革的指导意见》等有关事项。

12月31日，市政府第59次常务会议审议并原则通过了出台关于《促进旅游业改革发展的实施意见》《加快开放平台建设发展的实施意见》等有关事宜。会议还听取并原则通过关于出台《加强审计工作的意见》及2016年元旦、春节“两节”送温暖情况等有关事项。

【重要文件】 3月23日，市政府出台《关于印发合肥市扶持产业发展“1+3+5”政策体系的通知》（合政〔2015〕36号）。文件要求，要强化配套联动、宣传引导、政策兑现、市场导向、监督评估，充分发挥财政资金的引导和激励作用，提高财政资金使用效益。

3月24日，市政府出台《关于印发合肥市深化医药卫生体制综合改革方案的通知》（合政〔2015〕28号），就合肥市全面深化医药卫生体制改革的基本思路、主要目标、重点工作任务及保障措施等进行部署。

4月13日，市政府出台《关于印发合肥市教育信息化发展规划（2015-2020年）》（合政〔2015〕41号）。本规划以基础教育为主，兼顾学前教育、职业教育和终身教育，规划近期：2015-2017年；远期：2018-2020年。

5月7日，市政府出台《关于进一步规范政府系统重大事项决策行为的实施意见》（合政〔2015〕49号）、《关于印发重大行政决策征询意见试行办法的通知》（合政〔2015〕50号），着力提升全市政府系统重大事项决策的科学化、民主化、法治化水平。

5月15日，市政府印发《关于全面深化农村金融综合改革的实施意见》（合政〔2015〕54号），旨在深入推进合肥市农村金融综合改革，加快实现城乡金融服务均等化，促进县域经济持续健康发展。

5月28日，市政府出台《关于促进经济平稳较快发展的实施意见》（合政〔2015〕62号）。文件指出，在国内外环境严峻、经济下行压力加大的背景下，实现今年全市经济社会发展预期目标需要攻坚克难。文件要求，各级各部门要深入贯彻党的十八大和十八届三中、四中全会和习近平总书记系列重要讲话精神，按照“四个全面”战略布局，坚持稳中求进、稳中强基、稳中创优，促进合肥市经济平稳较快发展，加快转型升级步伐。

5月28日，市政府出台《关于扶持小微企业健康发展的实施意见》（合政〔2015〕63号）。文件要求，要落实优惠政策，加大财政支持；拓宽融资渠道，优化金融环境；健全服务体系，降低运行成本；推进创业创新，加快转型升级。

7月1日，市政府出台《关于印发合肥市政府性债务管理暂行办法的通知》（合政〔2015〕80号），文件旨在加强政府性债务管理，规范政府性债务借用还行为，防范和化解政府性债务风险，促进经济健康可持续发展和社会和谐稳定。

9月2日，市政府出台《关于印发推进产教融合校企合作实施办法的通知》（合政〔2015〕106号）。文件的出台旨在加快建设合肥特色、全国一流的现代职业教育体系，深化产教融合、校企合作，培育大批高素质劳动者和技术技能人才，增强职业教育服务经济与社会发展的能力。文件要求，要做好以下重点工作：搭建合作平台，完善合作机制；加强行业指导，提升服务水平；发挥职教集团作用，深化校企合作内涵；强化企业岗位锻炼，提高师生实践能力。

9月30日，市政府出台《关于印发〈合肥市新型城镇化试点实施方案〉的通知》（合政〔2015〕122号）。文件要求，要加快促进农业转移人口融入城市，要加快建设和谐宜居城市，要全力推进产业转型升级，要逐步建立城镇化可持续发展的体制机制，要综合推进体制机制改革创新。

10月14日，市政府出台《关于印发合肥市市本级财政投资建设公共租赁住房管理暂行办法的通知》（合政〔2015〕126号），进一步完善合肥市住房保障体系。

10月16日，市政府出台《关于大力推进大众创业万众创新的若干政策意见》（合政〔2015〕127号）。文件指出，要着力构建创业创新平台、拓展创业创新服务、强化财税金融支持、激活创业创新主体、健全创业创新机制，加快创建国家小微企业创业创新基地城市示范，大力推进大众创业万众创新。

12月1日，市政府出台《关于贯彻落实粮食安全责任制的实施意见》（合政〔2015〕185号），构建合肥市粮食安全保障体系。

12月20日，市政府出台《关于印发合肥市政府权力清单责任清单动态调整和权力运行监督管理办法的通知》（合政〔2015〕198号）。文件指出，出台该文件，旨在规范政府行政行为，加强对政府权力清单和责任清单动态管理，强化对政府权力运行的监督管理，推进简政放权、放管结合、优化服务。文件要求，政府权力清单和责任清单动态调整及权力运行监督管理遵循以下原则：依法依规、公开透明、规范运行、便民高效、创新管理。

【考察调研】 1月5日，省长王学军来合肥走访省人大代表，并主持召开座谈会，征求基层人大代表、党员群众代表对政府工作以及《政府工作报告（征求意见稿）》的意见。王学军指出，必须坚持把走群众路线贯穿于政府工作全过程，进一步拓宽与人大代表和基层群众的联系渠道，多与一线交流，多到基层“接地气”，善于把中央精神与本地实际结合起来，善于把人民群众在实践中创造的典型经验提炼好、推广好，不断夯实更加广泛、更加牢固的群众基础。广大基层人大代表和干部群众要进一步增强建设美好安徽的主人翁意识，扎实做好本职工作，多向政府建言献策，推动安徽省各项事业更好更快发展。

1月8日，市领导实地调研滁河干渠生态休闲风光带规划建设情况。来到滁河干渠源头新民坝、三十岗乡、大杨镇和岗集镇境内干渠景观规划设置工作，实地查看了大官塘水库，并听取了滁河干渠水环境治理及生态修复工程、水源地达标建设及南淝河河道治理工程等情况汇报。要理清发展思路，紧扣主要功能，充分利用“一渠串几河、贯多库”的地理特点，在保持自然生态的前提下，精心规划、科学设计，着力打造一条优美的休闲观光带和生态旅游带。要确定好基本规划方案，加强县区与部门联动，明确职责分工，细化节点规划。要因地制宜，科学合理划定好保护区域，强化保护措施。要抓紧推进道路修建、绿化种植、慢行系统建设等工作，适时实施两岸村庄土地整治，打造滁河干渠生态休闲旅游的靓丽风景线。

1月12日，省委书记张宝顺来到合肥，深入创新型企业和创新平台，先后调研了国轩高科动力能源公司、合锻机床股份公司生产车间、中国科大先进技术研究院。张宝顺强调，要瞄准国际产业前沿，整合各种创新资源，聚焦突破核心技术，为我国新能源汽车产业发展作出更大贡献。要坚持工业化与信息化深度融合，充分发挥创新主体作用，继续加大研发投入，全面提升创新能力，取得更多重大专项成果，进一步抢占高端装备制造行业的制高点。要加快推进创新平台建设，全力做好企业孵化工作，积极促进创新链、产业链、市场需求有机衔接，让一切创新创业的活力源泉充分涌流。

2月11日，省长王学军来到位于江淮分水岭的长丰县双墩镇，走访慰问困难群众，看望老党员老村干部。王学军强调，要带着感情、带着责任关心困难群众的生活，时刻把困难群众的安危冷暖放在心上，忧民之所忧，急民之所急，着力解决群众最关心最直接最现实的问题。要设身处地、实实在在地为困难群众提供帮助，坚持守住底线、突出重点、完善制度、引导舆论的基本思路，坚持尽力而为、量力而行，更加注重保障基本民生，更加关注低收入群众生活，更加重视社会大局稳定，广泛开展多种形式的送温暖、送爱心活动，让困难群众求助有门、受助及时。要狠抓帮扶困难群众各项政策措施的落实，紧紧盯住他们面临的口粮、衣被、住所和取暖等实际问题，把该执行的政策执行到位，把该发放的资金发放到位，让他们度过一个欢乐祥和的节日，真正把党和政府的温暖送到群众的心坎上。

3月25日至26日，由国家食品药品监管总局副局长焦红率领的调研督导组，就医疗器械监管工作来肥调研。

4月15日，省委常委、政法委书记徐立全来合肥调研社会服务管理信息化建设。徐立全对合肥社会服务管理信息化建设给予高度评价。

4月17日，国家安全生产监管总局局长杨栋梁来合肥调研安全生产工作。杨栋梁听取了合肥经开区规划发展及安全生产情况介绍，对政府监管和企业主体责任进行详细了解，并深入联华利华合肥工业园，仔细察看生产车间流程，对其安全生产工作给予高度赞扬，并指出，安全生产重在细节，要认真总结企业在实践中形成的经验予以推广，不断提高安全生产管理水平。

4月17日，全国政协副主席、科技部部长万钢一行来合肥考察科技创新工作，先后考察了中科大量子通信、江淮新能源汽车项目以及中科大先进技术研究院，并主持召开“促进大众创业、万众创新”座谈会。

4月21日，市领导深入庐江县调研庐铜铁路等重大项目建设，听取了高铁综合服务基地建设、引江济巢与合安九客运专线交汇地相关问题情况汇报，并现场协调解决有关具体问题。强调要坚定不移地加快项目建设，确保庐铜铁路2016年底按时通车。同时，要积极推动大运量型重大项目向庐南地区布点，充分发挥庐铜铁路运输优势，实现经济效益最大化。

5月9日，国土资源部党组书记、部长、国家土地总督察姜大明一行来合肥调研考察。姜大明先后实地考察了庐江县罗河铁矿、庐江县国土资源局、中科大先研院和科大讯飞，认真听取环巢湖生态文明示范区建设、引江济淮工程以及合安客专工程、商合杭铁路、重大公路工程有关情况汇报。

5月9日，国家发改委副主任、国家能源局局长努尔·白克力来肥考察光伏产业发展情况。努尔·白克力先后来到合肥晶澳太阳能科技有限公司、合肥阳光电源股份有限公司、高新区屋顶光伏电站调研，听取光伏示范区建设进展、光伏扶贫及企业生产经营情况的汇报。他指出，合肥市在提升光伏产业研发能力、壮大产业规模、加快应用推广及注重政策扶持等方面采取了一系列有力措施，为新能源特别是光伏产业发展提供了强有力支撑。值得一提的是，在新能源推广方面，合肥探索出了一条有效途径，将密切关注，与地方政府保持沟通，及时与企业对接，以便于下一步出台更加务实和有针对性的政策。

5月10日，合肥经济圈城市党政领导第六次会商会议在滁州市举行。省委常委、市委书记吴存荣率市党政代表团在滁州市部分园区、企业考察。吴存荣一行先后对长城文化创意产业园、苏滁现代产业园、滁州新盛诺光电科技有限公司、博西华电器（安徽）有限公司、安徽滁州养元饮品有限公司和安徽猎豹汽车有限公司等进行实地考察。吴存荣指出，合肥东向发展，需要与滁州市进一步加强联动、携手发展。滁州基础设施完善，发展势头良好，发展前景广阔。要进一步深化改革互动，加快一体化发展，不断推动经济圈建设迈上更高台阶，为建设美好安徽多作贡献。

6月27日至28日，省委常委、市委书记吴存荣率市党政代表团赴郑州市学习考察。

7月10日，中国农业发展银行总行行长祝树民率调研组来合肥调研，听取了关于环巢湖生态示范区建设情况的介绍，实地考察了巢湖湿地试验段工程。他指出，农业基础设施、重大水利工程、新型城镇化等领域是国家农发行的业务重点，期待下一步有机会与合肥展开全方位合作。

7月10日，市政府主要领导率市直相关部门负责人赴庐江县调研防汛工作。先后调研了杭埠河汛情、二路大桥河道泄洪、缺口站防汛情况。进入主汛期以来，合肥已出现4次强降雨过程，加上此次台风的影响，防汛形势不容乐观。要持续保持高度戒备，密切关注台风走向和天气变化，加强预报预警，落实各类防汛措施，齐心协力坚决打赢这场防汛硬仗。防台风防汛应急预案Ⅲ级响应启动后，要严格按照预案的规定，组织协调防汛抢险救灾各项工作，落实好防汛抢险物资，确保抢险队伍到岗到位。要强化重点部位防范，对高水位的河道湖泊，加强堤防防守，加大人力、物力、财力投入，确保安全度汛，确保人民群众生命财产安全。

7月17日至18日，代省长李锦斌在合肥市调研合肥经济圈建设和发展工作，并召开合肥经济圈一体化发展工作座谈会。李锦斌先后考察了联宝电子科技公司、江淮纳威司达柴油发动机公司和晶弘电器公司、中科大先进技术研究院、创新产业园、新型平板显示产业基地、合肥综合保税区，详细了解电子信息、高端装备制造等产业发展情况。他强调，要认真贯彻落实习近平总书记系列重要讲话精神，推动合肥经济圈积极适应经济发展新常态，激发调动创新创业活力，加快形成以创新为主要引领和支撑的经济体系，全面融入国家战略新格局，努力在创新驱动发展上取得新突破，为全省发展大局多作贡献。

8月24日至30日，市政府主要领导率团赴台湾开展文化交流与项目洽谈工作，并出席“2015皖台经贸旅游交流活动”。

9月8日至9日，国家安监总局党组成员、副局长徐绍川率国务院安委会督查组来肥，对安全生产工作进行综合督查。

9月18日至19日，省委、省政府召开全省加快调结构转方式促升级动员大会，18日上午，省领导李国英、王宾宜、沈素琍、曹征海、陈树隆、吴存荣、于天明、臧世凯、杨振超、方春明、李建中，省直各单位及省辖市负责人等与会人员分三组在合肥考察。考察组先后考察了合肥科大讯飞、中科大先研院、赛为智能、阳光电源、鑫晟光电、欣奕华机器人、海润光伏、国轩高科、联宝电子、江淮纳威司达、晶弘电器、万达文旅城。考察人员表示，合肥在加快产业转型升级与战略性新兴产业培育等方面创造出一系列成功经验，特别是搭建协同创新平台，推进科技成果转化，为全省各地加快调结构转方式促升级提供了借鉴和参考。

9月23日，中央编办主任张纪南、副主任何建中率队来合肥观摩考察合肥市公共资源交易监督管理局权力清单和责任清单制度建设的经验和做法。

9月23日，国家发改委副主任张勇来合肥调研，张勇一行首先来到引江济淮派河口节点，详细了解引江济淮工程整体布局、线路走向、技术方案等情况，并与大家深入讨论，现场听取了巢湖环湖防洪治理工程和环巢湖综合治理工程项目情况汇报，对巢湖综合治理取得明显阶段性成效表示肯定。张勇一行还实地考察了轨道交通1号线车辆段，并指出城市轨道交通建设要与城市地下管网建设同步实施好，避免不必要的损失与浪费；要与城市建设规划紧密衔接，切实发挥好轨道交通的综合效益。

9月24日，台湾海基会原董事长江丙坤，国民党主席特别顾问兼大陆事务部主任高孔廉及参加海峡两岸（合肥）纪念刘铭传首任台湾巡抚130周年系列活动的有关嘉宾，在合肥市参观考察了李鸿章故居陈列馆。江丙坤一行实地参观李鸿章故居展厅、福寿堂、走马楼、淮军集团陈列馆等，并认真听取讲解介绍。

10月16日，环保部副部长翟青来合肥调研，并召开黄标车淘汰工作调研座谈会。翟青实地考察了市环保局机动车排气污染监控中心，认真观看了系统运行演示。

10月30日，中共中央政治局

常委、国务院总理李克强，在国务委员兼国务院秘书长杨晶陪同下，深入合肥考察经济社会发展情况，亲切看望基层干部群众。省委书记王学军，省长李锦斌陪同考察。李克强先后考察了合肥公共资源交易管理中心、江汽集团、合肥学院。考察中，李克强强调，要贯彻落实好党的十八届五中全会精神，聚焦如期全面建成小康社会目标，着眼未来5年乃至更长远的发展，用创新、协调、绿色、开放、共享的发展理念引领发展行动，着力深化改革，着力提高发展质量和效益，着力增进人民福祉。

11月12日，中央宣讲团成员、国家卫生和计划生育委员会主任李斌来到合肥市妇幼保健院调研。

11月15日，中共中央政治局委员、中央政法委书记孟建柱先后来到合肥，调研经济社会发展情况，考察基层政法单位建设。孟建柱首先来到合肥市中级人民法院、合肥市数字化城市管理信息系统中心考察，详细了解城市管理基础数据库建设情况，勉励大家继续探索实践，不断提高现代化城市管理科学化水平。调研期间，孟建柱还考察了中国科大先进技术研究院，了解沿江各市参与长江经济带建设、全面推进产业结构转型升级等情况。

11月24日，最高人民法院院长周强在合肥调研，并主持召开座谈会。周强先后来到合肥市中级人民法院、合肥市蜀山区法院进行实地调研。他指出，法院要充分发扬司法民主，形成有效合力，共同化解纠纷。要通过三调联动及时化解矛盾纠纷，减少案件入口量，通过繁简分流提升办案质效，从多方面缓解案多人少的压力。

12月15日，市领导率合肥经开区及市直有关部门负责人赴青岛海尔集团考察。考察中，与海尔集团首席执行官张瑞敏座谈交流，并共同见证合肥－海尔集团及合肥经开区－海尔产业发展公司战略合作协议签约。

（方永忠）

政务公开

2015年，合肥市政务公开工作在市委、市政府的坚强领导、省政务公开办的精心指导下，紧紧围绕全市中心工作，以“政府信息公开整改提升月”活动为契机，以重点领域信息公开为抓手，坚持简政放权、优化流程、公开公正、依法行政的原则，大力推进政府信息公开工作，不断规范政府信息公开内容，创新政府信息公开形式，全市政务公开工作水平不断提升。2015年11月，中国社科院信息化研究中心最新发布的政府透明度（信息公开）排名显示，合肥市位列全国省会及计划单列市第二名，政务公开工作得到省政务公开办及社会各方面的充分认可。

【细致谋划工作目标】 年初，市政务公开办根据国家及省有关工作部署，结合合肥市工作实际，及时出台了《合肥市人民政府办公厅关于印发2015年全市政务公开政务服务工作要点的通知》《合肥市人民政府办公厅关于分解落实2015年全市重点领域信息公开工作任务的通知》等文件，确立工作目标，细化工作内容，分解工作任务，落实责任单位，明确完成任务时间节点，为全市政务公开工作顺利开展提供指导。年中，根据阶段性工作任务变化，及时出台了《合肥市人民政府办公厅关于做好人大代表建议和政协提案办理结果公开工作有关事项的通知》《关于做好行政许可和行政处罚信息“七天双公示”工作有关问题的通知》，明确工作重点及操作规范，有力的推动了相关工作开展。

【推进重点领域信息公开】 根据国家及省重点领域信息公开内容调整变化，及时建立政府信息公开网重点领域专栏动态调整机制，严格按照上级工作任务部署，在重点领域专栏中增设相应的公开目录，落实责任部门并督促及时发布信息。各责任牵头部门根据要求及时拟定本单位工作执行方案，切实履行职责，对照目录及时收集、发布信息，便于社会公众知晓和查询，全市重点领域信息公开工作深入推进。

规范公开财政资金信息。依托合肥市政府信息公开网开设财政预算决算公开专题，为每一个财政预决算编制单位设立用户，在规定的时间内将全市预算和决算信息集中发布，统一展现，便于社会公众查询和监督。2015年3月和8月，全市95家2014年财政决算公开单位和96家2015年财政预算公开单位，严格按照编制规范，严谨、细致、准确的编制本部门财政预决算信息及时对外发布，有力的回应了社会关切。同时，针对社会各界关注的财政专项资金使用信息，认真梳理相关责任单位，建立专栏呈现，便于群众监督。

全面公开行政权力信息。2月15日，根据《合肥市人民政府关于推行政府权力清单和责任清单制度的通知》要求，督促全市69家单位通过市政府信息公开网和单位门户网站，公开权力责任清单。在市政府信息公开网设立行政职权目录专栏，按照行政权力责任清单内容，集中展现全市各单位的职权目录，行使流程、行使结果等信息，便于群众查询。配合市编办出台《政府权力清单责任清单动态调整和权力运行监督管理办法》，建立政府权责清单动态调整机制，权力运行监督管理机制，打通了政府权责清单制度建设的“最后一公里”。通过政府信息公开网操作系统增设行政审批服务指南，将包括项目性质、申报条件、申报材料、办理程序、收费依据等内容固化为模板，督促具有行政审批事项的政府部门逐项填写内容，杜绝让企业和群众“摸不清门、跑累了腿”的现象发生。出台《合肥市人民政府办公厅关于印发〈合肥市行政许可和行政处罚信息“七天双公示”工作方案〉的通知》，大力推动行政审批和行政处罚事项等权力运行结果信息公开工作。会同市法制办以市政府办公厅名义《合肥市人民政府办公厅关于全面推行行政处罚决定书公开工作的通知》，逐步推动行政处罚决定书公开工作。

大力推进公共资源配置信息公开。继续做好土地征收、保障性住房建设和分配、房屋拆迁、农村土地经营权承包、矿业权出让、政府采购、重大工程建设项目等重点领域信息公开工作。同时，根据新的工作要求，增设棚户区改造、公租房配租、住房公积金资金管理使用等目录，将涉及到棚户区改造政策、计划、管理、进度和质量等信息和公租房配租政策信息以及住房公积金管理、运行情况信息等内容全部通过政府信息公开网对外发布。

全面推动公共服务信息公开。在继续做好价格与收费、学校招生和财务信息、科技项目管理和资金使用、就业信息、社会保障等固定栏目信息发布工作的基础上，增设社会保险、社会组织、中介机构等目录。及时将群众关注的历年来社会保险政策、参保情况和基金运行情况等信息通过社会保险目录详细对外发布。将社会组织的管理、成立变更和终止、年检和收费等信息公开，便于社会公众知晓。同时，督促相关单位及时将本单位涉及到行政审批前置条件并提供有偿服务的中介机构信息全部通过政府信息公开网对外公布，接受群众监督。

有序促进公共监管信息公开。不断扩大公共管理信息公开范围，在保持原有的环境信息、安全生产、国有企业、食品安全、信用信息等目录的基础上，将环境信息中的投诉处理情况、国有企业的改革重组和人事变动、食品和药品安全中的消费警示和监督检查专项行动、信用信息中的重合同守信用企业等相关信息纳入公开范围。

全市全年重点领域各责任部门共发布信息3万余条，信息发布质量进一步提升，有效回应了社会关注，切实保障了群众的知情权、参与权和监督权，为打造阳光透明政府形象做出应有贡献。

【加强信息公开载体建设】 继续加强政府信息公开网建设。继续发挥政府信息公开网信息发布第一平台的作用，根据工作安排及时对政府信息公开网页面布局、目录设置等内容进行调整，完善信息公开目录体系、规范信息发布内容、统一信息发布格式。针对数据量不断增加、服务器负荷越来越大等情况，及时更换服务器，不断优化政府信息公开网运行硬件环境，确保整个系统运行顺畅。2015年以来，合肥市政府信息公开网已发布信息239960条，网站点击量达到240余万次。其中，主动公开信息224063条，占总数的93.38%；依申请公开信息4087条，占总数的1.7%；不予公开信息11810条，占总数的4.92%。

继续发挥传统公开方式功用。在扩大网络功效的同时，继续发挥公示栏、政府公报、新闻发布会等传统方式的功用，从而满足不同年龄层次人群的需要。通过新华书店、图书馆、档案馆、政务服务中心等政府公报发放点免费发放政府公报；强化重点领域信息新闻发布工作，通过新闻发布会及时将密切关乎群众利益的、易于引起公众误解的、社会关注度较高的事项通过发布会向人民群众公布。市本级已举办40余场新闻发布会，有效地回应群众关切。

推广政务微博微信新媒介应用。随着手机网络的兴起和流行，微博微信已成为社会公众信息交流的主平台。运用微博微信等新兴媒介公开政府信息已是大势所趋。近年来，合肥市积极响应国家号召，依托新浪网、腾讯网和人民网开通“@合肥发布”微博，将涉及到合肥市的重大新闻、重大政策、突发事件及公众关注的热点事件、便民服务等信息对外发布。粉丝数已达到65万人。同时，还相继开通了“合肥发布”“合肥工业”“合肥科技”“合肥财政”“合肥卫生”“合肥人社”等微信帐号，及时将重大事项通过微信对外发布，关注度不断攀升，用户满意度不断提高。

【不断夯实工作基础】 加强机制建设。执行政策解读机制常态化，在重大政策出台后就立即组织专业人士和机构对具体政策进行科学、系统的细化和解释，既方便基层能更好的吃透文件精神，也便于群众能更细致、深入的了解政策。先后对《合肥市人民政府重大行政决策责任追究暂行办法》《合肥市人民政府关于贯彻进一步健全临时救助制度的通知》《合肥市初中毕业学业考试和高中阶段学校招生工作实施方案以及合肥市2015年义务教育招生入学工作的指导意见》《合肥市社会养老服务体系建设实施办法》等15项社会各界普遍关心的问题进行了权威解读，有效的回应了社会关切，提升了政府公信力。完善舆情收集和回应机制，通过政府信息公开网开设舆情收集和回应专栏，设置回应关切和意见征集目录，一方面将社会热点事件的处理情况及时公开，另一方面就具体行政行为广泛征求意见建议，确保行政行为更加科学和合理。建立多方联动机制，针对出现的社会舆情，多部门联合行动，各司其职，及时拟定处理意见，确保舆情得到及时解决。施行主动公开长效机制，坚持“以公开为原则，以不公开为例外”的原则，执行主动公开信息发布长效机制，信息一旦产生后立即收集、梳理，严格执行保密审查机制，按照“谁制作谁发布、谁保存谁发布”的要求，强化信息源头管理，在规定的时间节点内，及时、准确发布政府信息。健全依申请公开处理机制，通过政府信息公开网开设依申请公开专栏，将依申请公开表格、办理流程、答复文书、数据统计等内容固化到系统后台，实现网上申请公开在线提交、受理和答复。依托系统设置自动报警提醒功能，督促相关单位在15个工作日内，使用规范的依申请公开告知书予以答复。随着依申请公开法律法规的不断完善，进一步修订依申请公开答复书内容和格式，实现依申请公开回复标准化。认真做好依申请公开相关文档的收集、汇总、归档工作，以待备查。合肥市通过网络受理并办结依申请公开信件407件。从申请公开情况来看，征地拆迁、社会保障、城市规划等政府信息是公众关注的热点和焦点问题，网上申请已成为公众提出申请政府信息公开的主要方式。

加强制度执行。严格按照《合肥市政府信息发布保密审查办法》《合肥市政府信息公开责任追究办法》《合肥市澄清虚假或不完整信息工作暂行办法》《合肥市行政机关公文类信息公开审核办法》和《合肥市依申请公开政府信息办法》《关于印发合肥市政府信息公开网站运行管理管理办法的通知》和《关于建立合肥市政府信息公开网日常检查及月度通报工作制度的通知》等相关文件要求执行，并将制度执行与实际情况相统一，督促各级各部门结合工作实际及时制定本单位具体实施意见，切实增强制度执行力。

加强工作监督。通过监督不断推进工作深入开展，定期安排专人对政府信息公开网信息公开情况进行全覆盖检查，不留死角。对于在工作中存在问题较多的单位以及重点领域信息公开牵头责任部门进行“点穴式”检查，结合工作要求，对照公开目录逐项、逐条检查，点对点监督、面对面反馈，确保各单位及时、规范、准确发布信息。对发现问题较多的单位重点进行“回访式”抽查，主要检查反馈问题的整改落实情况。每个月中旬对各单位工作开展情况进行检查，并于次月对各单位信息发布情况尤其是重点领域信息公开情况进行通报，指出存在问题，对工作开展不力、进展缓慢的单位点名批评，限期整改。目前已编发工作通报10期。对于整改不到位的，则在政务公开考核中予以扣除相应分数。对于在工作中发现存在的共性问题，广泛征求相关部门意见，制定符合实际、操作性强的整改措施，确保公开工作顺利进行。将监督检查过程中发现的问题全部量化纳入年终考核中，考核结果将直接纳入市政府目标管理考核和政风行风评议考核中。

加强问题整改。针对在网上绩效考核以及工作中发现的问题，不隐瞒不回避，坚持以问题为导向、以整改为手段、以健全制度机制为目标，及时会同信息资源管理中心、政务服务中心、市政府法制办等部门，逐条梳理，认真研究。将涉及到具体部门的问题及时反馈，明确整改落实时间节点，能立即解决的必须马上解决；不能短时间内解决的必须说明理由，并提供整改时间和进度安排表。如反映我市人事任免、市政府重点工作、政府会议等历史信息缺少，及时会同市信息资源管理中心，从原有的政府信息公开平台调取原始数据充实到目录中；针对应急管理发布内容不规范，及时同市政府应急办进行会商，由市政府应急办将涉及应急预案、预警信息、应对情况等方面的信息及时发布，并增设“工作简报”子目录，将日常工作动态信息及时公开，便于群众知晓；针对规范性文件修改废止、备案等信息公开不够，及时在市政府信息公开网上增设“市政府规范性文件清理结果”“文件草案”“规范性文件备案”等目录；针对重大事项决策信息公开不足，及时增设“重大事项决策”目录，将决策机制、民意征集、决策结果等信息集中发布；针对政府网站与政府信息公开网整合程度不够，以中国合肥改版为契机，充分实现两网信息无缝对接，彻底解决“两张皮”问题。

加强业务培训。将政府信息公开相关内容纳入公务员培训教材，不断增强公务员特别是各级领导干部的政府信息公开意识和责任感。及时组织政府信息公开专题培训会，邀请省市专家学者就政府信息公开相关政策法规、依申请政府信息公开处理等内容进行讲解，答疑解惑，不断提升政府信息公开具体经办人员的理论素养和业务能力。针对工作薄弱环节和工作人员变动较快等问题，主动深入县（市、区）和重点领域责任单位进行指导培训，面对面解决问题。目前共举办相关培训 4 期，累计培训近 400 人。

2015 年以来，合肥市严格执行上级任务部署，各项工作有序开展中，信息公开数量和质量均有明显提升，较好地发挥了信息公开对政府依法行政的促进作用，受到了社会公众的广泛好评。

【年度目标管理考核】 2015 年，在市委、市政府的坚强领导下，全市各级各部门深入贯彻落实党的十八大和十八届三中、四中、五中全会精神，坚持稳中求进、稳中强基、稳中创优，强化改革攻坚，强化开放集聚，强化创新驱动，强化民生保障，全市经济增长逆势上扬，社会发展平稳健康，较好地完成了市政府确定的各项工作目标任务，为“十二五”收官划上圆满句号，为“十三五”启航奠定了坚实基础。

为激励先进，市政府决定，对获得“2015 年度经济发展目标考核优秀责任单位”的肥东县政府、包河区政府、经开区管委会，获得“2015 年度社会发展目标考核优秀责任单位”的肥西县政府、庐阳区政府，获得“2015 年度目标管理考核优秀责任单位”的市发改委、市经信委、市农委、市城乡建委、市科技局、市民委（宗教局）、市监察局、市财政局、市国土资源局、市交通运输局、市文广新局、市地税局、市统计局、市质监局、市食品药品监管局、市畜牧水产局、市政府法制办、市重点局、市残联等 19 个单位予以通报表彰。

政府法制

【概况】 2015 年，在市委、市政府的正确领导和省政府法制办精心指导下，合肥市政府法制工作深入贯彻落实党的十八届三中、四中、五中全会精神，以改革创新为突破口，以提升制度质量、规范行政执法行为、深化法律顾问制度、强化政府层级监督、不断增强领导干部运用法治思维和法治方式处理问题的能力为着力点，切实加强法治政府建设。在中国政法大学发布的《中国法治政府评估报告（2015）》中，合肥市的法治政府建设分值在全国 100 个城市中取得排名第 13 的历史最好成绩。

【推进依法行政】 2015 年市委出台《关于贯彻落实中央省委部署全面推进依法治市的实施意见》，提出“把合肥建成全省示范、全国一流法治城市”的新目标，全面部署法治政府建设工作。《市委全面深化改革领导小组 2015 年工作要点》列出的 156 项改革全面铺开，其中 63 项涉及法治政府建设。结合中共中央、国务院《法治政府建设实施纲要（2015-2020 年）》，市政府编制了《合肥市法治政府建设指标体系》，细化分解原则要求，明确量化工作任务，确保到 2020 年基本建成法治政府。坚持高质量推进，制发了 2015 年度市政府推进依法行政工作安排、政府规章制定计划等系列文件，市政府常务会议 6 次专题听取推进依法行政工作汇报，组织召开全市依法行政工作会议和县（市）区政府法制工作会议，搭建交流学习平台，研究部署重大事项，严格落实工作责任。

【依法行政考核】 制定《合肥市 2015 年度依法行政工作考核方案》，完善考核内容与方式，强化结果运用，增强工作实效。结合各地各部门执法工作实际，区分考核对象，分别制定考核标准。改变单一考核方式，将自查、复查、日常考核和网上测评相结合，合理确定得分比例，增强考核科学性。完成对 65 家责任单位依法行政考核工作，根据考核结果兑现奖惩，考核总分低于 70 分的为不合格，由市政府法制办督促整改并跟踪督查；考核总分连续两年排名末位的，在全市范围内通报批评，督查及通报结果抄报市政府分管领导。

【依法行政示范创建】 积极创建第二批“合肥市依法行政示范单位”，实现创建范围在全市覆盖、向基层延伸，进一步巩固依法行政示范成果。区分政府部门与乡镇（街道）两类对象，加强分类指导，分别制定依法行政示范单位评选条件。积极培育 76 家争创第二批“合肥市依法行政示范单位”的申报单位。落实动态管理要求，及时回访首批 36 家示范单位，复核示范工作推进情况。加强工作交流，编印《政府法制工作简报》，坚持以点带面，总结推广先进经验，充分发挥示范单位的引领带动作用。

【依法行政培训】 出台《合肥市市管干部任前法律知识测试办法》，明确从 2016 年 1 月 1 日起，提拔担任非经人大任命的市管干部须在任前公示期间接受法律知识测试，测试不合格的，报经市委同意暂停任用。编制《2015 年度市政府常务会议学法计划》，拓展学法方式，增加学法频次，全年开展学法活动10次。先后邀请中国政法大学法学院院长薛刚凌教授等专家学者为市四大班子及县（市）区、市直单位主要负责同志作专题报告；全年举办县处级领导干部法治培训班3期，培训458人次；在中国政法大学举办“合肥市首届县处级领导干部法治能力提升研修班”，58人参训。举办政府法制机构工作人员培训班，88人参训；举办行政执法人员业务培训班9期，培训1100余人次；开展公务员初任、任职、乡镇长、青年公务员骨干等培训，572人参训。各县（市）、区采用专题培训、开设讲堂、外地研修等形式培训公务员8000余人。积极开展“12·4”全国法制宣传日活动，举办庐州讲坛，借助各级各类新闻媒体，广泛开展依法行政工作宣传，营造良好舆论氛围。

【法制机构建设】 市委市政府高度重视政府法制机构和队伍建设，2015年为市政府法制办增加1个内设处室和2个行政编制；同时通过全市开展的选调和遴选工作，又为市政府法制办增加2名工作人员，市政府法制办工作人员达到30人。各县（市）政府法制办（除庐江县外）均为独立的政府部门，有3～4名工作人员；区政府设置法制工作机构（其中瑶海区法制办为政府组成部门）挂牌办公，有2名以上工作人员，并分别从当地法院等政法部门选调优秀专业人才负责法制工作。

【简政放权】 成立市政府推进职能转变工作协调小组，制定《2015年推进简政放权放管结合转变政府职能工作方案》，具体部署各项改革工作。依托“两单”制度建设，推动新一轮市政府行政审批清理工作，取消审批项目39项，承接落实国务院第七批、第八批取消和调整审批项目（取消职业资格许可134项、调整前置审批项目103项），全面清理34项非行政许可项目，为“大众创业、万众创新”减负清障。对行政审批涉及的36项中介服务事项进行深度清理，多措并举，形成合力，攻坚解决中介服务环节多、耗时长、收费乱、垄断性强等问题，规范和引导中介服务。通过上述改革举措，有力解放和发展了生产力，激发了市场活力和社会创造力，新增市场主体呈现“井喷式”增长，达78181户，同比增长7.2%。

【两单制度】 市县乡镇三级政府统筹联动，全面完成并提前公布运行政府权责清单，在全省首推乡镇（街道）公共服务清单，明确权力运行边界。其中，市级政府权力事项保留1458项、精简率73.7%；9个县（市）、区权力事项保留19491项，精简率30%；81个乡镇政府权力事项平均116项；42个街道办事处权力事项平均52项。推进“一库两单四平台”建设，市、县（市）区权力清单全部录入项目库；基本建成市政府权力网上运行办事平台，第一批13个部门、89件事项实现在线办理。将“两单”融入社会服务管理信息化平台，实现公共服务全人群覆盖、全天候受理和“一站式”办理。制定出台《合肥市政府权力清单责任清单动态调整和权力运行监督管理办法》，打通制度建设“最后一公里”，进一步规范政府权力运行。

【公共资源交易改革】 根据《安徽省公共资源交易监督管理办法》规定，市委、市政府迅速部署平台共建及省级项目承接工作，市公管局围绕重点工作环节，与多家省直行业主管部门加强沟通对接，实现合肥市公共资源交易规则在省级各类项目中的成功应用。省级政府采购业务、省管交通工程、水利工程、省级矿业权出让等一大批省级项目已顺利进场交易。建设涵盖整个中心对外信息化服务平台的桌面云，发挥电子交易和远程异地评标功能，并对关键性环节进行屏蔽，实现“网上全公开、网下无交易”，其改革成果得到了李克强总理的称

市法制办结合“四联四定”深入一线开展普法宣传。

赞，成为国内行业发展的风向标。

【商事登记制度改革】 2015年，全市正式实行“三证合一、一照一码”登记制度，实现“一窗受理、互联互通、信息共享”。全市实有各类市场主体439356户，同比增长18.6%；注册资本10104亿元，同比增长42.1%。全市新登记各类市场主体78181户，同比增长7.2%，注册资本1987亿元，同比增长73%。全市共办理股权出质登记1060件，出质股权199亿元，担保债权490亿元，为企业融资提供了有力支持。办结“一照一码”执照16633户。先照后证改革顺利实施，对应调整为登记后置审批的事项，简化登记流程事项；对列入《工商登记前置审批事项目录》事项，依法办理企业登记注册，并多渠道公布相关目录文件，方便公众了解、查询政策。

【政府立法工作】 围绕全面深化改革大局，主动谋划立法工作，推动重点领域和关键环节改革。及时制定出台《合肥市防震减灾条例》，邀请国家和省地震局专家进行专项指导，确保《条例》符合合肥实际。制定《合肥市开发区行政执法规定》，通过授权执法、委托执法、派驻执法等模式，理顺开发区行政执法管理体制。制定《合肥市安全生产监督管理规定》，提出“以人为本、安全发展”理念，突出事故隐患排查治理和事前预防。修订《合肥市畜产品质量安全监督管理办法》，将原来多部门的监管职责集中调整由畜牧水产和食品药品监督管理两个部门行使，推进机构和职能整合。修订《合肥市城镇职工基本医疗保险办法》，降低企业缴费费率，促进企业在经济新常态下健康发展。全年完成制定《合肥市防震减灾条例》地方性法规1件、《合肥市行政处罚案件群众公议办法》等政府规章6件。

【开门立法】 完善政府立法项目征集和论证制度，形成政府法制机构主导、社会各方有序参与的项目征集机制。在合肥政府法制网设置“立法项目建议”栏目，在《合肥日报》等媒体发布征集公告，广泛征集并逐条研究政府立法项目意见建议。增强立法工作透明度，认真落实地方性法规、规章、规范性文件草案公开征求意见制度，凡是涉及群众切身利益的，均公开征求意见。强化市政府对政府立法工作的领导，在立法项目送审稿提交政府常务会议审议之前，增设由分管法制副市长组织协调论证的环节，畅通协调机制，提高决策效率。

【立法评估】 采取综合评估模式，对合肥市机动车停车场管理、电梯安全监督管理、大蜀山风景名胜区管理办法等政府规章实施效果情况进行跟踪调查和分析评价。首次引进第三方评估机制，委托安徽大学法学院法治创新团队参与制定评估方案，设计调查问卷，全程参与调研，独立提交评估报告。在对电梯安全监督管理办法进行评估时，组织召开行政管理部门和部分电梯生产、销售、安装、使用、检验检测、日常维护保养等单位多个层面的座谈会，会同市质监局深入合福高铁南站、曙光雅苑等人员密集场所深入开展实地调研，同步开展问卷调查。

【规范性文件管理】 全面实行市直部门行政规范性文件“三统一”制度，市政府法制办审查“三统一”文件240件，对其中68件提出审查意见。严格落实政府规范性文件合法性审查制度，审查政府规范性文件175件。认真执行备案制度，向国务院、省政府、省人大和市人大备案政府规章4件，向省政府和市人大备案市政府规范性文件37件，审查县（市）区政府报备规范性文件57件，提出修改意见7件。动态清理规范性文件，及时公布清理结果，经市政府第49次常务会议审议通过，废止规范性文件12件，宣布失效8件，确认继续有效实施的规范性文件392件，并将清理结果及时向社会公布。

【规范政府重大行政决策】 出台《合肥市人民政府关于进一步规范政府系统重大事项决策行为的

市法制办行政复议工作人员到肥东县八斗镇现场勘查一起土地确权复议案件

实施意见》，进一步明确重大事项决策的范围、程序规定、监督制约、责任追究等内容。配套出台《合肥市人民政府重大行政决策目录管理暂行办法》《合肥市人民政府行政决策合法性审查规定》《合肥市人民政府重大行政决策责任追究暂行办法》，形成“2+7”较为完善的行政决策机制。各级各部门也相继制发了进一步规范重大行政决策行为的规定，包河区制发《重大行政决策征询意见试行办法》《重大行政决策风险评估办法》，市农委制发《重大行政决策责任追究暂行办法》，市规划局制发《重大行政决策目录管理办法》等规定。继续坚持重大行政决策方案合法性审查工作制度，未进行合法性审查或者经审查不合法不得提交政府常务会议讨论。健全重大行政决策程序，坚持把公众参与、专家论证、风险评估、合法性审查和集体讨论作为必经程序。针对重大投资项目、重大国有资产处置、公共资源交易和涉及民生工程等重大项目决策，严格落实重大行政决策程序，组织召开重大决策听证会3次，收到良好决策效果。市发改委牵头成立重大项目前期论证咨询专家库，招标确定省内外一批专业工程咨询机构，为重大项目可行性决策提供技术支持。各县（市）针对重大行政决策项目，通过召开听证会、成立顾问组等方式，广泛听取民意，确保领导决策的科学性、合法性和可行性。

【政府法律顾问】 完善制度规定，出台《关于进一步加强政府法律顾问制度建设的意见》和《合肥市人民政府及其工作部门采购法律服务暂行办法》，制发《关于规范市政府及其工作部门采购法律服务程序的意见》。招标建立市政府法律服务供应商资源库，20家律师事务所被列为“合肥市人民政府及其工作部门法律服务定点单位”，15家市直部门签订常年采购法律服务合同，其余部门建立涉法事务法律服务具体采购制度。专题调研政府合同履行情况，多次召开专家论证会，完善《合肥市政府合同法律审查暂行规定》，进一步规范政府合同管理。开展市政府法律顾问换届工作，扩充市政府法律顾问团力量，有顾问成员22人，提供法律服务282件次，出具法律意见书185件，参与处理市直部门重大涉法事务26件，参与招商引资项目谈判及协议文本审查97件。加快推进政府法律顾问服务全覆盖，部分县（市）、区政府实现法律顾问服务向村居延伸。2015年，庐阳区在城隍庙区域改造、五里片区、桃花片区房屋征收等项目实施过程中，区政府法律顾问提前介入，全程提供法律服务，为项目顺利推进保驾护航。

【行政执法体制改革】 立足开发区实际，坚持问题导向，构建科学、合理执法模式，确保权力下放与权力承接无缝衔接。研究制定《合肥市开发区行政执法规定》，进一步理顺开发区行政执法体制，有效解决“看得见管不着，管得着看不见”等突出问题。全面梳理现行法律法规，组织开展实地调研，学习先发地区经验，积极推进县级综合执法和行政执法权向乡镇延伸工作，形成《合肥市县级综合执法和行政执法权向乡镇延伸工作方案》。蜀山区在11个镇街园增设市场监督管理科，配置182名食药安全管理员、宣传员、协管员、信息员，实现社会共治。市农委探索建立全程化监管机制，率先制定《合肥市农委农业行政执法行为导则》，对农业执法行为实行源头化、一体化规范管理。

【行政处罚裁量权基准制度】 市政府专门印发《关于进一步做好规范行政处罚裁量权工作的通知》，进一步明确行政处罚裁量权基准相关内容，健全主要配套制度，重点部署推进节点，强化监督检查，严格责任追究。除执行省直部门自由裁量权基准、不再作细化的部门外，18个部门对合肥市地方立法设定的184项行政处罚权进行细化、量化，制定裁量权基准，并经合法性审查后向社会公布。

【行政执法与刑事司法衔接】 注重从解决群众反映强烈的突出问题入手，全面启动“两法衔接”工作。成立市“两法衔接”领导小组，出台《合肥市关于健全行政执法和刑事司法衔接机智的实施意见》，召开“两法衔接”领导小组第一次联系会议，制定出台《行政执法与刑事司法衔接工作领导小组工作规则》《关于建立健全行政执法与刑事司法衔接工作制度的规定》《合肥市行政执法与刑事司法衔接工作考核办法》和《合肥市行政执法与刑事司法衔接2016年重点工作任务》，积极推进全市行政执法与刑事司法衔接全面展开。充分发挥政法委及检察院对执法工作的监督，规范两法衔接各项程序。

【行政执法案卷评查】 印发《2015年行政执法案卷评查工作方案》，将全年的案卷评查工作分解为行政执法案卷“回头看”、民生领域案卷专项评查、案卷自查自评和案卷集中评查四个阶段。全面评查行政处罚、行政许可和行政复议案卷，实现案卷评查常态化。抽调市直部门业务骨干、案卷评查员、市政府特邀行政执法监督员等组成评查小组，丰富评查方式，增强评查效果。全年评查案卷500余卷，全面通报了评查情况，对问题案卷点名到人、督促整改；对优秀案卷进行公开观摩、现场点评、推广经验。

【行政处罚群众公议】 群众公议制度自创设以来受到广泛关注和普遍好评，获得第三届“中国法治政府奖”提名奖，入选安徽省首届“十大法治事件”，多次被国家级、省级媒体刊发报道。合肥市进一步推动群众公议工作规范化、法制化建设，出台政府规章《合肥市行政处罚案件群众公议办法》，升级打造2.0版群众公议制度。全年市政府法制办依申请开展公议活动118场，评议案件405件，群众公议团提出异议率保持在3%以下，经过公议的案件，没有一起因复议或者诉讼被依法撤销、变更或者确认违法。主动组织群众公议活动2次，强化行政执法监督力度，倒逼行政执法机关规范、公正、文明执法。2015年12月19日，该项工作“再升级”的成果再次被《法制日报》头版刊发。

【行政处罚决定书公开】 印发《关于开展行政处罚决定书公开工作的通知》，从2016年1月1日起，市本级的行政处罚实施主体将率先全面实施行政处罚决定书公开工作，各县（市）区、开发区将于2017年1月1日前全面推行此项工作，充分保障社会公众知情权与监督权，有效提升合肥市行政执法公信力和依法行政工作总体水平，切实维护社会稳定和公平正义。

【政府层级监督】 严格执行《合肥市行政执法监督规定》，受理行政执法监督案件4件，发出《行政执法督查书》2份，对9名违法行政的责任人追究相应责任。依托全市政府权力网上运行平台建设，扩大法制监督平台运行内容，推动法制监督平台与电子监察平台的互联互通，构建“制度+科技”新模式，以省市政府部署建设政府权力清单网上运行办事平台为契机，充分运用“互联网+”工作思维，大幅拓展平台功能，整合政法委、检察院、监察局等多种监督资源，对行政权力进行实时监控，预警关口整体前移、监督流程闭环控制，实现了政府法制工作的科技化。合肥市法制监督平台已经全面试运行，功能主要包括：行政执法行为全过程监督、行政执法人员资格认证管理、行政复议与诉讼网上办理、行政执法与刑事司法衔接信息共享、行政处罚案件群众公议、规范性文件“三统一”、规范性文件合法性审查、规章和规范性文件备案等八大功能板块，并为政府合同管理、行政处罚决定书公开等功能模块预留了接口，为实现法治化与科技化的融合发展奠定坚实的基础。对“12345政府服务直通车”进行实时预警和监督，确保群众诉求“件件有回音、事事有答复”。“12345”全年共受理群众诉求536538件，同比下降12.4%。大力推进政务信息公开，全市713家单位1400余用户通过合肥市政府信息公开网已发布信息239960条。全市政府系统承办人大代表议案、建议和政协提案832件，其中，省人大代表建议16件、省政协提案40件，市人大代表议案、建议176件和市政协提案600件，办结率100%。健全行政机关依法出庭应诉制度，尊重法院生效裁判，认真落实法院的司法建议和检察院的检察建议。2015年，全市各级行政机关行政首长应出庭的行政诉讼案件586件，实际出庭533件，出庭应诉率为95.7%。

【审计、监察监督】 推进审计信息化建设，运用“财政联网审计系统”提升审计效能，建成审计数据中心，收集电子数据1032万余条，实现了预算执行、财务核算数据全覆盖，探索构建“总体分析、发现疑点、分散核实、系统研究”的数字化审计方式。优化作风督查模式，坚持教育预防在先、明查暗访跟进、严肃查纠有力、通报警示于后。加大行政问责和政府绩效管理监察力度，建立反腐倡廉巡查工作制度，完成对市商务局、房产局、农委、畜牧水产局、合肥供水集团等5家单位的巡查，发现问题218个，反馈巡查意见23条，提出14项工作建议。全年市审计局共审计和审计调查54个单位，延伸审计590个单位，查处违规和管理不规范金额合计70.72亿元，查处违反中央八项规定精神和“四风”问题89起，处理党员干部137人，分3批通报曝光12起典型问题。开展政风行风建设督查考核，对排名靠后的6个单位进行诫勉处理。

【行政复议】 组建新一届行政复议委员会，全年召开8次复议委员会会议，审理10个案件，9个案件被撤销，撤销率达90%。积极指导推进长丰县、包河区相对集中复议权试点工作。建立行政复议案件回访制度，切实维护行政相对人的合法权益，督促生效复议文书及时履行。建立“一案双查”倒查机制，对被依法撤销、变更或确认违法并造成重大影响的案件，既要审查导致问题原因，又要倒查决策是否依法合规等情况，并严格追究相关人员责任。进一步加强信访与行政复议衔接工作机制，建立行政复议机构与信访工作机构联席会议工作机制，及时依法处理群众诉求中行政争议性质的信访事项。2015年，全市共处理行政复议案件869件，其中受理839件，已下达行政复议决定776件，其中维持536件，终止105件，驳回36件，撤销46件，确认违法22件，责令履行2件，变更决定5件，调解2件，以其他方式结案22件。

【行政调解】 建立“多元主体参与、多条路径化解、多种机制联动”的纠纷解决机制。全市建立各类调委会2024个，其中行业性专业性调委会291个，人民调解员13120人，将省直医疗机构纳入合肥市医调委工作体系，全市共调处纠纷85233件，成功率98%。省委常委、政法委书记徐立全等省市领导到市医调委调研指导，给予充分肯定。

【纠纷化解】 以实行网上信访、诉访分离、依法逐级走访、联合接访为重点，推动全市信访信息系统联通运行，实现信访基础业务网上流转。扎实开展“千案攻坚”“信访积案推进年”“信访积案化解绩效年”等活动，综合运用领导包案、公开听证、特困救助、协调会商等措施，密集督察督办重点信访案件和信访突出问题，推动“事要解决”，化解积案772件，实现“案结事了”。

（黄　凯）

公务员管理

2015年，合肥市公务员管理工作坚持围绕中心，服务大局，着眼于为合肥经济社会发展提供人才支撑，以建设高素质公务员队伍为目标，不断深化干部人事制度改革，推进公务员管理制度创新，着力加强公务员队伍建设，各项工作按时序进度推进，呈现出工作实、成效显的良好态势。

【公务员招录】 全年考试录用公务员305人，其中250名新录用公务员补充到县（市）区基层一线岗位，占招考总数81%以上。考录工作程序流程规范，使用身份证识别仪、无线电屏蔽仪和无线监测车，强化技术防范，实行人大代表、政协委和媒体监督，确保考录工作公开、公平、公正。首次在公务员面试中采用面试职能评分管理系统，实现报道、抽签、评分、汇总和实时监控全过程信息智能化，有效提高工作效率。

【平时考核】 根据省试点工作部署，制定《合肥市公务员平时考核试点工作实施意见》，确定市财政局等22家市直单位和肥西、长丰、瑶海、包河4个县（区）为试点单位，采取“周记实、月小结、季考评”的方法，着重考核公务员平时工作实绩，深入开展平时考核试点工作。积极探索建立平时考核信息化平台，在政务办公平台，开发了平时考核功能模块。

【聘任制公务员】 积极推进合肥市全面深化改革任务，借鉴青岛、厦门等先发地区试点经验，结合市经济社会发展对高端专业人才的需求实际，起草了《合肥市2015年聘任制公务员试点工作方案》，经过报经国家公务员局审核，省人社厅批复同意，在市发改委、市公安局、市审计局、市旅游局四家单位开展试点。

【职务与职级并行制度】 认真落实中办发〔2015〕4号文件和安徽省工作部署，制定《合肥市县以下机关建立公务员职务与职级并行制度工作方案》，召开业务培训和工作推进会，加强对县（市）区实施跟踪指导和督促检查，截至年底，合肥市县（市）区符合晋升条件公务员约4030人，约占县（市）区公务员总数28.5%。

【公务员培训】 加大公务员“初任培训、任职培训、专门业务培训和更新知识培训”四类培训力度，全年举办4期新录用公务员初任培训、2期市直机关公务员任职培训和1期乡镇长能力提升培训，承办2期全省科技创新专题培训，共培训各类公务员572人。组织开展全市15000名行政机关公务员学法用法考试。

【公务员公开遴选】 开展市直单位职位需求调查，对县（市）区公务员队伍的年龄、专业、经历、数量等进行分析研判，合理设置遴选和选调职位的资格条件，按照资格审查、笔试、面试、考察、体检、公示等程序，组织实施2015年市直机关公开遴选和公开选调51名公务员（工作人员）工作。遴选注重创新考试形式，首次采用干部能力测评（人机对话）的选拔方式，举办遴选（选调）人员岗前适应性培训，帮助尽快适应岗位工作。

【公务员综合管理】 进一步规范公务员职位管理，建立市直单位公务员职位管理系统，共审核103个市直单位1332人次职位变动信息，实行市直机关公务员职位使用预审制，有效防止超职数配备。出台《进一步规范公务员调任工作的意见》，实行公务员调任预审制，全程记实制等六项制度，共办理进入市公务员转任手续19人、调任2人。加强全市公务员队伍统计分析，编印《2015年度合肥市公务员统计分析报告》，为领导决策参考提供数据支撑。

【工资改革与表彰奖励】 完成市直机关10200名在职人员调整工资标准、5200名离退休人员增加离退休费的审核审批工作。完成市直机关10029名工作人员的年度考核结果审核备案工作，发放年度考核优秀嘉奖证书1400本，三等功奖章264枚。提请市政府给予市粮食局主要负责同志记二等功奖励，经开区2名处置危化品有功人员嘉奖。推荐上报国家部委等各类表彰奖励事项共8项，其中先进集体7个，先进个人5人。

【军转干部安置、管理】 全年共接收计划分配军转干部152人，其中师团职45人，营以下及专业技术军转干部107人，安置到行政岗位136人，占89%，安置到事业单位16人，占11%。完成市区及四县一市133名军转干部岗前集中培训和152名计划分配军转干部适应性培训。

接收安置36名自主择业军转干部，并及时开展适应性培训。组织30名自主择业军转干部代表赴青岛开展培训。及时拨付因战因公致残、立功受奖企业军转干部健康体检费，建立5个自主择业军转干部实训基地，走访慰问自主择业军转干部，做好年度新增自主择业军转干部医保、退役金发放和调整等日常管理服务工作。

（谢骏先）

省委常委、市委书记吴存荣部署工作。

信访工作

【概况】 2015年，全市信访形势平稳可控，社会大局稳定，信访秩序不断规范。群众信访呈现“四降两升”态势，即上访总量、进京非正常上访量、去省上访量、受理来信量下降，进京正常上访量、来市上访量上升。全年共发生群众进京去省来市上访12354人次，同比下降1.8%。其中，进京非正常上访634人次，同比下降4.5%。进京正常上访497人次，同比上升16.2%。去省上访3108人次，同比下降17.4%。来市上访8115人次，同比上升41.4%。受理群众来信3238件，同比下降12%。

2015年群众信访的主要特点，一是信访总体形势平稳，未发生因信访问题引发的群众大规模聚集、群体性事件和极端异常上访事件，重要敏感时期平稳。二是进京非正常上访形势仍然严峻，特别是串联聚集进京非访、重复进京非访问题突出。三是三种倾向明显，即组织串联现象明显，择机上访倾向明显，谋利上访倾向明显。四是来市集体上访呈高发态势。五是越级访、集体访发生区域相对集中，反映诉求主要集中在涉及房地产领域和拆迁安置问题。六是非法融资、集资问题成为上访热点，涉及人数多、范围广、资金量大、处理难度大。

【信访制度改革】 以实行网上信访、诉访分离、依法逐级走访、联合接访为重点，扎实推进信访制度改革。全面推进网上信访信息化建设，全市信访信息系统按时与国家、省对接，初步实现来信、来访、网上信访等基础业务网上流转，建成全市远程接访（视频）会议系统并运行使用。市编办批复市信访局增加3名社会购买服务岗位，专门从事信访信息系统建设维护。分期分批开展全市信访信息系统使用业务培训，定期开展信息系统使用情况测评，将测评结果纳入信访工作目标考核；积极推进信访与诉讼分离、通过法定途径分类处理信访投诉请求工作，召开分类处理工作推进会，印发《合肥市通过法定途径分类处理信访投诉请求工作方案》，部分群众开始由访转诉，逐步回归到依法反映诉求的渠道；依法规范信访秩序，狠抓信访基础业务规范化建设，举办全市信访基础业务培训班，全年开展各类业务培训15次，严格落实受理、转送、交办、办理、送达、录入、督查督办等规定动作，纠正不规范行为、解决不规范问题。认真落实《关于规范信访事项受理办理程序、引导来访人依法逐级走访细则》，组织开展国务院《信访条例》修订实施10周年暨《安徽省信访条例》修订实施9周年宣传日活动，积极引导群众依法逐级走访。全面推行联合接访，设立市驻京接访劝返工作组、省信访局第二来访接待室、市政务中心设立值班，加强和健全完善驻京、驻省及市政务中心“门前清”长效工作机制。对市联合接访中心进行了与任务需求相适应的综合改造，新增10个接谈室，集中开展工作。积极筹建市人防、档案、信访“三中心”和“安徽省（合肥市）来访群众联合接访中转分流中心”建设。

【领导接访下访常态化】 以市、县两级为重点，深入开展领导干部接访下访活动，重点解决疑难复杂信访问题。优化接访工作流程和工作环节，改进工作方式方法，推动从定点接访到重点约访、专题接访、带案下访转变。加大领导干部接访力度和密度，完善领导接访工作机制，实行“两公示一参与一跟进”，即提前公示领导接待安排表、及时公开领导接访相关信息，律师参与领导接访，跟进领导接访事项处理情况。领导干部定期接访下访形成常态化。一年来，市党政领导开展定点接访70天，接待群众152批276人次。其中交办128件，已化解84件，政策性解释43件，化解率99%。全市13个县（市）区、开发区党政领导接访下访2197天，接待来访群众2904批15144人次，已化解1887件，化解率达65%。

【开展信访积案和信访老户治理活动】 2015年4月1日至9月30日，在全市范围内集中开展信访老户问题专项治理活动，成立专项治理活动领导组，制定《关于开展信访老户问题专项治理活动的实施方案》，对梳理的90件进京上访重点信访老户，实行“一定五包”，逐案处理。对符合政策的必须解决到位；对要求不合理但生活确有困难的人员，切实帮助解决实际困难；对处理意见不能接受且情绪激烈的，召开信访评议和听证会，或者引导信访人进行复查、复核，实行信访事项三级终结；对经听证或“终结”后仍无理越级上访的，坚持依法处置，坚决终结和稳控一批上访老户。化解老户问题78件，化解率86.7%；局党组把化解信访积案作为践行“三严三实”专题教育活动的自选动作，对国家、省信访局交办我市的118件信访积案，全部落实县以上领导包案，逐一制定化解工作方案，对化解进度实行每月一通报。市信访局成立4个督查组，对全市各县（市）区和市直有关单位信访积案化解情况进行跟踪督办，对重点疑难复杂案件报市主要领导、分管领导，实行调度。118件信访积案全部化解，化解率100%。

【加强进京非正常上访工作】 市委、市政府进一步加大控制进京非访工作力度，通过约谈调度、通报问责、督查督办、加强劝返工作。8月4日、5日，书记吴存荣连续两天分别主持召开房地产领域信访事项和进京非正常上访问题调度会，要求强化问题和责任意识，在源头防范和化解上下功夫，强调突出重点、重拳出击，同向发力，牢牢掌握进京非访工作主动权。市政府主要领导坚持调度约谈进京非正常上访重点单位主要负责人，研究措施、协调职能部门联动配合，推动重点、突出问题解决。对进京非正常上访情况逐月考核通报，对信访人失控进京报告不及时、接访劝返不力、措施不到位致使信访人在京滞留的，实行全市通报批评，全年市联席会议对8个责任单位进行通报。明确1名信访督查专员具体负责对重点进京非正常上访信访事项的督查督办，专题跟踪督办进京非访重点案件包保稳控情况，推动工作落实。市联席办、市综治办、市维稳办、市公安局等四部门联合开展进京非正常上访重点人员积案“百日攻坚”活动，依法严厉打击违法上访行为，此次活动共依法处理违法上访人员16人，有效遏制了老户进京非访势头。

【编发各类信访信息】 全年编印、报送《信访日报》247期、《信访情况专报》74期，总信息达866条，在合肥信访网站发送信息105条，中国合肥门户网站报送信息15条，及时反映合肥市信访工作动态。

（周世霞）

市政务服务中心

【概况】 2015年，市政府政务服务中心在市委、市政府的正确领导下，大力推进简政放权，深化行政审批制度改革，全力为合肥经济社会发展提供优质、高效的政务服务，圆满完成各项工作任务。全年共受理各类审批事项593862件，办结592940件，办结率99.84%，其中：即办件308236件，承诺件273072件，转报件12544件；办理并联审批710件，联合现场勘察282次，竣工联合查验217件；12345政府服务直通车共受理群众诉求536538件，其中：电话457012件，网络79526件；咨询类221093件，投诉类297663件，建议类17782件。转办件按期反馈率、按期办结率和诉求息诉率分别为99.6%、99.8%和99.7%。

【信息管理系统建设】 经过一年来的不懈努力，中心信息管理系统8大模块顺利建成。对进驻政务服务中心的行政审批、公共服务和配套服务事项进行流程再造和优化，实现了行政审批、信息公开、电子监管等全面运行、协同办理。建成智能化周边系统、手机APP、3D实景政务服务大厅、网上政务服务大厅、手机短信系统等，行政相对人办理业务更加便捷。同时，系统开通了网上申请功能，行政相对人可以足不出户申报材料；开发页面，将中心办件信息整体接入合肥市社会管理服务信息化平台，行政相对人可在社区预申报办理事项，进一步节约了办事成本。

【推进商事制度改革】 严格落实国务院决定，率先将147项工商登记前置审批改为后置审批的事项，在巢湖市开展“先照后证”试点工作。积极实施注册资本登记制度改革，将企业年检制度改为年度报告制度，开通“企业名称网上申请系统”。出台《合肥市市场主体住所（经营场所）登记管理暂行规定》，进一步优化营商环境，最大限度为市场主体登记注册提供便利。实施商事登记“三证合一”制度，明确各相关部门的具体职责，对企业的设立、变更及注销登记设定具体办理流程。

9月28日起，对新设立的企业类市场主体，统一实行“一照一码”登记模式，通过“一窗受理、一表填报、信息共享、联动办理、核发一照”，由工商部门核发加载社会信用代码的营业执照。2015年共办理“三证合一、一照一码”营业执照41089份。

【巩固提升政务服务标准化建设成果】 按照全国服务业标准化示范项目建设要求，着力推进标准化“四个基地”（标准化展示基地、验证基地、创新研究基地和宣传培训基地。）建设。建设标准化展示室。制作《合肥市人民政府政务服务中心政务服务标准化建设情况概览》图片，全面呈现中心标准化建设历程，介绍中心标准化建设主要内容，展示中心标准化建设重要成果，引领全国政务服务标准化建设。制作标准化建设资料展示柜，陈列中心标准化建设文本、评估资料、培训记录、实施工作记录和评价改进记录以及标准化最新成果，供窗口培训和全国同行学习参考。

全面总结政务服务建设和标准化建设的经验和不足，深入研究标准化在政务服务工作中的作用以及工作方法，撰写了6400余字的《开启政务服务的新模式——政务服务标准化在合肥市政务服务中心的实践和推广》。

开展标准化宣传培训。6月24～26日，中心和安徽中青旅共同承担了第2期全国服务业标准化试点培训工作，来自河北、上海、广西、云南、安徽等5省市的80家国家服务业标准化试点单位近100人参加了标准化培训。举办县（市）区政务服务标准化培训会，4县1市4区政务服务中心分管负责人和标准化管理人员参加了培训。具体指导长丰县、肥西县及包河区开展标准化工作，各县区标准化建设基本完成。

【12345政府服务热线】 完成了12345政府服务直通车统一管理平台系统的改造升级，实现网络受理平台、电话受理平台与统一管理平台的三网融合，实现了与市政府门户网站的无缝对接；配置添加了专业硬件设备，让运行更流畅、操作更方便、系统更安全；增加了结果反馈和工单流转的手机短信通知功能，让群众了解政策更直观、平台管理更人性；完善市、县（区）、乡镇（街道）三级网络平台，极大地提高了政府部门以及公用企事业单位政府服务水平和办事效率。

【解决热点、难点问题】 定期分析群众诉求，为领导研判舆情社情、科学决策服务。编辑简报75期，收集热点、难点和隐患问题919个，意见和建议134条，充分发挥了12345征求社会意见的渠道作用，对疑难复杂事项，共立案督查144件，下发《合肥市人民政府督办通知》112件，赴现场督查38次，促使成员单位不断改进作风，提高效能。

【开展双休日预约服务】 为进一步发挥中心的服务功能，更好地服务合肥市经济社会发展，制定了《合肥市人民政府政务服务中心关于开展“双休日”预约服务活动的通知》预约服务范围包括市委市政府确定的重大项目以及急需办理的项目等。制定了预约服务工作流程，确定专人全程负责预约服务，并对参与预约服务的窗口提出具体要求。全年共组织15家窗口单位，开展10次预约服务，为项目的顺利推进提供了有力支持。

【推行并联审批进园区】 为进一步加快外来投资企业和招商引资企业项目的审批速度，在坚持每周召开两次并联审批例会的基础上，实施窗口前移，开展并联审批进园区活动，在充分征求开发区及相关部门意见的基础上，出台了《合肥市人民政府政务服务中心并联审批进园区工作办法》各开发园区对重大招商引资项目提出办理需求，向中心提出申请，中心在对项目初步辅导的基础上，组织相关窗口赴开发园区现场踏勘，并召开并联办理会议，最大限度地降低企业成本，提高办事效率。全年深入园区为32家企业办理并联审批。

【建立投资项目前期审批工作协调会机制】 为加快投资项目前期工作进度，中心积极配合市发改委、经信委、大建办、国土局等部门，出台了《关于建立重大投资项目前期工作集中调度机制的通知》，建立投资项目前期审批工作集中调度机制。根据项目及审批特点，将投资项目分成工业项目、大建设项目、房地产开发项目3类分别调度，建立绿色通道，简化审批流程，提高审批速度，压缩办事时限。对存在的问题及时协调，落实责任单位，限时解决，推进重大项目尽快落地。全年共召开8次会议，调度项目76个。

【12345热线】 定期安排市委、市政府领导和成员单位负责同志接听12345热线电话。2015年，市领导12人次接听来电65件，成员单位52批335人次接听来电851件。通过接听热线电话，了解民情，收集民意，倾听民声，增进了政民互动交流，营造了良好的政务环境。

【强化政务服务培训】 8月份组织全系统在市委党校开展2015年窗口工作人员培训。此次培训的主要内容有政务服务礼仪与行为规范、政务管理、公共场所应急常识、依法行政及反腐倡廉等。市中心各窗口、各县市区、开发区政务服务中心窗口工作人员共600余人分三期参加了培训；6月24～26日，中心组织县（市）区、开发区政务服务中心分管负责人和业务负责人22人参加全国服务业标准化培训工作；组织县（市）区、开发区政务服务中心主任15人参加9月22～25日省政务服务中心组织的业务培训；组织窗口工作人员参加市政府办公厅政务讲坛"一带一路"战略的实施路径、新闻媒体沟通与应对、党风廉政建设、政府依法行政及公务员法律风险、表达与礼仪知识讲座等专题报告会。通过学习培训，进一步增强窗口工作人员的服务意识和服务能力，窗口工作水平得到进一步提升。

【完善大厅服务功能】 针对大厅一楼中央空调冬冷夏冷的问题，配合市机关事务管理局和施工单位市热力公司完成一楼大厅三处天井改造工程，为办事群众和窗口工作人员创造了良好的环境。对于已不能正常使用的电子大屏，结合中心实际，通过公开招投标，完成中心大屏重建工作并顺利投入使用。针对大厅管理需要，按照全方面监控要求进一步完善中心监控系统。窗口电子显示屏、自助查询机、政务服务一体机、排队叫号系统全面运行，群众办事更加方便、快捷。

（张世辉）

机关事务管理

2015年，在市委、市政府的正确领导和省管局的业务指导下，全局干部职工以学习贯彻党的十八大、十八届三中、四中、五中全会及习近平总书记系列讲话精神为主线，以深入贯彻落实中央八项规定及省市相关文件精神和"三严三实"学习教育活动为重点，紧紧围绕市委、市政府工作大局，切实履行职能，克难奋进，不断提升后勤管理和后勤接待工作的科学化、规范化、精细化水平，为打造"大湖名城、创新高地"做好服务保障。

【机关后勤管理】 狠抓安全管理，始终把保障安全作为重中之重，下大力气狠抓设施设备、食品、消防、治安、信访维稳等安全工作。坚持每日巡查制度，在政务大楼设立多个巡更点，保障大楼巡查无死角。认真贯彻落实全省电视电话会议精神，开展办公区安全大检查，对发现的问题和安全隐患立即整改，确保彻底消除安全隐患。定期做好国庆、元旦、春节等重大节日前的办公区消防安全检查。邀请燃气集团、热力集团专业人员对餐饮中心管道设备进行安全排查维修，对即将到使用年限的灶具进行更换。对两家餐厅监控进行扩容，全力打造"明厨亮灶"工程。继续联合食药局做好每日餐饮食品留样检测，坚持每月服务质量满意度测评工作，并及时反馈公布测评结果。扎实抓好菜肴原材料采购源头关，实地考察食品原材料供应企业，从源头上确保食品安全。建立特警、市保安集团、物业公司、局安保处联动机制，积极配合公安特警和信访部门做好大厅信访维稳及"门前清"工作。

提升基础设施质量。完成了政务综合楼1～4层大厅墙面维修工程，内环道木栈道维修保养，会议中心地毯清理、桌椅维修、会议室顶棚维修墙面粉刷等以及民主党派楼屋面漏水维修等多处工程维修项目。对政务综合楼绿化植被实施升级改造，及时更换、补种绿植，为入驻各单位干部职工提供更加整洁、舒适的办公环境。

会议服务热情周到，有力保障了市直机关和全市各类重要会议的顺利召开。商务中心的医疗、购物、邮递、票务、等配套服务便捷高效，得到机关干部职工的一致好评。

【公务用车管理】 牵头协调省、市、县区相关部门，扎实有力地推进全市黄标公务车淘汰工作。继续加强局属车辆的维修、使用、加油管理；严格执行节假日车辆封存制度；通过讲座、警示教育等多种方式，提高驾驶人员安全文明行车意识。按照市公务用车改革领导小组要求，配合市发改委起草拟定《市级机关及参公事业单位公务用车制度改革实施方案》等公车改革工作相关文件，做好公车改革后市直机关工作人员公务出行的服务保障工作。

【公务接待工作】 接待工作严格按照中央"八项规定"及省市相关文件要求，厉行勤俭节约、努力降低成本，提升服务质量。在接待工作中认真执行依公函接待、按餐费标准接待、按规定人数陪餐、以本地菜肴为主、不上高档酒水和香烟等相关规定。实行《接待工作餐点菜制度》《接待酒水饮品直供制度》、《接待误餐餐券发放制度》等多项厉行节约的规章制度，进一步明确了工作程序、细化了操作流程。接待工作人员牢固树立大局意识、服务意识和精品意识，努力做到精细、精致、热情、周到，注重细节服务、注重品质提升。2015年，参与承办了“ROBCUP机器人世界杯赛”、国际人才与合肥高新技术产业发展项目对接会、发现双创之星活动、中国计算机大会、第十三届中国（合肥）苗木花卉交易会、徽商银行杯合肥国际马拉松赛等高规格、大规模的会务保障和接待工作时，得到市领导和外地来肥宾客的一致认可。

【公共机构节能】 圆满完成6家国家级和30家省级“第二批节约型公共机构示范单位”创建申报任务。扎实推进20家市级“节约型公共机构示范单位”创建工作。完成阳光电源公司在政务综合楼主楼屋面建设的太阳能光伏电站项目。推广应用新型节能产品，对政务综合楼、第二办公区、民主党派楼相关设施进行节能改造。将政务综合楼开水间灯具更换为节能感应灯、地下车库灯具更换为红外线感应灯，有效降低了能耗。在4号、5号停车场建成35台直流快速充电桩。组织开展“节能知识图片展”“节能宣传周”“节能产品推广”等系列活动。印发《合肥市政务综合楼节能守则》，开展多项节能培训。

（杨大维）

年鉴、地方志工作

【《合肥年鉴》获全国城市年鉴综合一等奖】 2015年3月，由中国出版协会主办、年鉴工作委员会承办的第五届全国年鉴编纂出版质量评比揭晓，合肥市地方志办公室编纂的《合肥年鉴》荣获全国城市年鉴综合一等奖。

《合肥年鉴》采用分类编辑，主要设有特载、专记、总述、大事记、政治、经济、文化、开发园区、金融、社会民生、县（市）区等29个类目。全书紧紧围绕合肥“新跨越、进十强”的总体要求和“大湖名城、创新高地”的战略定位，重点反映年度市委、市政府的重要发展举措、重大发展成果，以及全市各行各业、各个领域的主要业绩，地方特色鲜明、时代特色突出。

《合肥年鉴》经历了多次框架体例的调整、主要内容的完善及装帧设计等编撰工艺的优化，编纂质量逐年提高，为各级领导科学决策、为社会各界提供地情资料服务等发挥了重要作用。

【地方志资源开发利用】 按照合肥地情书编纂方案，《巢湖史话》和《合肥登科录》列入2015年地情书编纂出版计划。至9月底，完成两本书的评审和两次校改工作。两部地情书已完成补充修改和审稿工作，交印制单位修改印制。

《合肥地情活页》为合肥市地方志办公室主办的内部送阅资料，旨在彰显合肥历史人文，服务经济社会发展，设方域之间、史料解码、钩玄提要、沧桑日历、文化视界、新政解读、百业风采、人物春秋等栏目。全年共编印4期，年底出2015年合订本。

【编辑《合肥大事记》】 《合肥大事记》于2010年创刊，系双月刊，是记录合肥当年度的重要活动和大事要事。大事记采用编年体和纪事本末体相结合的方法编辑，依时叙事，一事一条。图片编排原则上以时间为序。2015年共编印6期。

【乡镇(村)志】 庐江县的《庐城镇志》和《汤池镇志》、肥西县的《三河镇志》已启动并申请纳入“中国名镇志文化工程”（中指组推进的“十大工程”之一）。肥东县在全县动员推进开展乡镇志编纂。《汤池镇志》和《庐城镇志》开了评议会，《肥西县三河镇志》编纂大纲已评审。根据省志办10月召开的全省名镇（村）编纂培训会精神，对庐江果树村、庐阳藕塘村进行修志调研和指导。

【法规规章】 出台了《合肥市地方志办公室工作规则》《关于加强地方志资源开发利用的实施意见》和《合肥年鉴编纂规范（试行）》等规章制度。对《合肥市地方志工作管理办法》进行修订。编制了地方志事业发展“十三五”规划。

（华　文）

人民政协

政协合肥市委员会

【概况】 2015年，在中共合肥市委的坚强领导下，在市人民政府的大力支持下，市政协常委会全面贯彻落实中共十八大和十八届三中、四中、五中全会精神，深入学习贯彻习近平总书记系列重要讲话精神，围绕协调推进“四个全面”战略布局，始终高举爱国主义和社会主义伟大旗帜，牢牢把握团结和民主两大主题，紧扣全市中心工作，聚焦全面深化改革，认真履行政治协商、民主监督、参政议政职能，政协各项工作创新推进，为促进合肥创新转型升级发展作出了新贡献。

【十三届三次会议】 市政协十三届三次会议于2015年1月19日至22日举行，来自全市各条战线的587名委员参加会议。会议听取并审议了市政协十三届常委会工作报告和提案工作报告；听取并讨论市政府工作报告；讨论了市计划工作报告、市财政工作报告和市“两院”工作报告；举行大会发言；通过市政协十三届三次会议决议，会议补选杨思松为十三届市政协副主席。

【常委会议】 市政协全年共召开六次常委会议。

1月12日，市政协召开十三届九次常委会议。会议决定市政协十三届三次会议召开日期，审议通过了市政协十三届三次会议议程（草案）、日程（草案）；协商通过了市政协十三届三次会议人事安排；审议通过了市政协第十三届委员会常务委员会工作报告和市政协第十三届委员会常务委员会关于二次会议以来提案工作情况的报告；听取和讨论了合肥市人民政府工作报告（征求意见稿）；书面审议关于市政协常委视察全市2014年民生工程实施情况报告；听取关于2014年视察评议巢湖综合治理工作报告（草案）的汇报；

1月22日，市政协召开十三届十次常委会议。会议听取了市政协十三届三次会议秘书处关于小组讨论情况综合汇报；通过补选十三届市政协副主席候选人名单（草案）；通过市政协十三届三次会议选举办法（草案）；通过市政协十三届三次会议总监票人、监票人名单（草案）；审议了市政协十三届三次会议决议（草案）；通过了市政协十三届三次会议提案审查情况报告。

3月31日，市政协召开十三届十一次常委会议。全国政协委

市政协第十三届三次会议开幕会

员、副市长吴春梅应邀出席会议并传达全国“两会”精神。会议通报《政协合肥市委员会2015年工作要点》；协商通过了有关人事事项；听取2015年巢湖综合治理工作情况的通报；书面通报了市政府办公厅关于市政协常委视察民生工程实施情况报告的落实情况。

6月30日，市政协召开十三届十二次常委会议。会议审议通过《关于推进基层治理法治化的建议案》；听取市政协委员的主题发言和市直相关部门的回应发言；协商有关人事事项。

9月25日，市政协召开十三届十三次常委会议。会议审议通过了《关于加快环巢湖旅游业发展的建议（草案）》，市政协委员和市农委、市规划局、市旅游局分别就环巢湖农业与旅游业融合发展、环巢湖文化旅游规划工作、推动环巢湖国家旅游休闲区建设作发言与回应。

11月19日，市政协召开十三届十四次常委会议。会议听取2015年巢湖综合治理民主评议工作情况的汇报；审议通过了《关于进一步加强巢湖综合治理工作的建议案》；书面通报了2015年1至10月份全市民生工程实施情况。

【政治协商】 市政协常委会积极发挥协商民主重要渠道和专门机构作用，聚焦全市改革发展重大问题协商议政，推动协商民主新格局的形成。

协商议政的机制更加完善。认真总结市政协协商民主的工作实践，积极推动协商民主制度建设，出台《市政协重点民主协商活动组织工作通则（试行）》，从协商议题的确定、活动的筹备、材料的准备，到协商会议的召开、成果的报送和运用，提出制度化、规范化、

6月9日至10日，上海市政协考察团来肥考察。

程序化的要求，形成党政会同政协制定年度重点协商活动计划的机制。

协商议政的内容更加丰富。重点围绕发展文化产业、发展高科技技术服务业、发展环巢湖旅游业、发展民族文化、完善基层社会治理、改善台商发展环境等6个议题，开展深入调研和广泛协商。各专委会根据自身职能，针对光伏产业发展及应用、科技企业孵化器建设、居家养老服务体系、畜禽水产品质量安全等，开展一系列经常性、灵活性的协商活动。

协商议政的形式更加活跃。积极探索促进委员主体作用发挥、推进协商民主实践的新形式，加强资源整合，搭建议政平台，逐步形成以全体会议为龙头，以社情民意座谈会、政协委员资政会、专题常委会和专题协商会为重点，以提案办理协商、对口协商、界别协商等为常态的政协协商议政格局。

协商议政的成效更加明显。年度6个重点协商议题分别形成《调研报告》或《建议案》，共提出相关建议90多条，报送市委、市政府作为决策参考；在协商议政会上，共有30多位委员作口头发言，提交书面发言材料120多篇，得到市委、市政府领导的充分肯定和有关部门的积极回应。市委、市政府对协商成果高度重视、采纳运用，有些成果直接进入决策，有效推动了相关工作的开展。

【民主监督】 市政协常委会始终坚持人民政协的人民性，在感情上贴近群众，在行动上联系群众，积极为人民群众鼓与呼。

*以提案办理推动民生建设。*一年来，政协各参加单位和委员共提交提案651件，审查立案635件，已全部办复。其中，249件提案涉及发展健康服务产业、促进教育均衡发展、拓宽就业渠道等人民群众关心关注的热点、难点问题。市委、市政府、市政协领导亲自协调抓落实，领办督办35件涉及社会事业、民生工程等方面的重点提案；市政协各专委会就发展特殊教育、加强心理危机干预等9个专题进行重点督办。为农民工购买工伤和大病医疗保险、解决医保卡异地使用问题等许多直面民计民生问题的提案，得到了承办单位的积极响应和认真办理，推动了相关民生问题及时有

效解决。

*以专项视察督促民生工程。*围绕民生工程实施情况，用两个月时间，先后分两批组织政协常委进行集中视察，形成《关于市政协常委视察全市2015年民生工程实施情况的报告》，就面上工作和重点项目分别提出建议。主席会议和各专委会、各界别就简政放权、体育事业、特殊教育、食品安全、医养结合、防震减灾、气象工作、防空防灾一体化建设、秸秆禁烧、美好乡村建设等课题开展专项视察，并通过视察报告等形式献计献策。

*以畅通渠道反映民生问题。*印发《关于进一步做好特约监督员工作的通知》，市政协领导带队走访聘请单位，加强工作督查。分布在38家单位的176名特约监督员，反映群众意见，认真监督建言，对于维护群众利益，促进政风行风转变，发挥了有益作用。通过社情民意信息反映群众呼声和要求，全年编发《社情民意》94期，省政协采用信息6期，多篇信息得到省市领导批示和部门及时答复。与新闻媒体联合制作播出《政协论坛》电视节目24期、《政协之声》广播栏目22期，播出《开往明天的地铁》《关爱失能老人》等一批接地气、察民情、解民忧的节目。

【参政议政】 常委会坚持找准人民政协服务大局的结合点和切入点，积极探索，主动作为，自觉投身建设发展实践。

*倾力助推创新转型升级发展。*深入贯彻市委关于聚焦重点领域产业、推进创新转型升级发展的1号文件精神，通过协商，将围绕文化产业发展、高技术服务业发展建言献策，分别确定为社情民意座谈会、政协委员资政会的主题，在充分调查研究的基础上，分别形成综合调研报告和一批发言材料。市委、市政府主要负责同志充分肯定委员们提出的意见建议，要求相关部门认真研究、充分吸纳。同时，按照市委、市政府关于美好乡村建设的部署，市政协领导班子成员和市政协办公厅联系帮扶13个美好乡村建设中心村，明确帮扶目标、内容和工作要求，共推美好乡村建设取得新进展。

*积极为“十三五”规划编制建言献策。*开展“我为合肥市‘十三五’规划献一策”活动，组织政协各参加单位和政协委员，为“十三五”规划编制建睿智之言、献务实之策。委员们提出大力发展科技金融产业、规划建设合淮共建区、打造北城物流中心、开通市县快速公交等27条意见建议，为科学规划“十三五”发展提供有益参考，得到市委主要负责同志的充分肯定。

*深入开展巢湖综合治理民主评议。*2015年是市政协确定连续4年跟踪开展巢湖综合治理民主评议的第二年。评议工作由市政协主席总负责，各位副主席带队，组成环保、农林、旅游文化、水利、交通5个评议组，分头深入调研，形成评议工作综合报告和《关于进一步加强巢湖综合治理工作的建议案》，提出13条建议，并向市委、市政府领导和市直有关部门报送6期专题社情民意信息。关于“规划建设环湖十二镇”的提案，市委主要负责同志亲自阅批，市委分管领导牵头，有关部门专题推进、专项督查，有力推动了环湖十二镇的规划建设。

*主动推进合肥上海双城合作。*在市委、市政府的重视支持下，市政协抓住机遇，主动对接上海市政协和有关方面，力促合肥上海双城全面战略合作。“双城记”在两地得到多方面积极响应和支持。市委、市政府高度肯定双城合作取得的进展，并对下一步工作提出明确要求。市委主要负责同志强调：“要以合肥上海双城全面战略合作为契机，进一步加强对外联系和宣传推介，为合肥建设与发展不断注入新的动力和活力。”市政府主要负责同志指出：“市政协抓住与上海市政协的对接互动，就是抓到了未来合肥发展的关键节点。”

*进一步拓展国际化招商平台。*按照市委“发挥和提升合肥之友国际化招商平台作用”的要求，深入践行“广交天下英才，助推合肥发展”的理念。合肥之友成立南非联谊会、柬埔寨联谊会，拓展到26个国家和地区、共42家分支机构。积极推动合肥市与金边市缔结友好城市。成功举办上海·合肥创新合作项目对接活动，签约项目40个，签约额255.35亿元，拉开了合肥之友企业家参与长三角世界级城市群副中心建设、开展合肥上海双城务实合作的序幕。

开展“合肥之友看合肥”活动，引进并推进中国（合肥）工业设计城、联投中心书城等一批大项目在合肥落户。合肥之友联谊会荣获民政部表彰的全国先进社会组织称号。

【团结联谊】 市政协常委会坚持把团结和民主贯穿于政协工作的始终，广泛调动社会各界的智慧和力量，为全面深化改革营造良好环境。

*着力发挥党派团体作用。*认真贯彻民主协商、平等议事、求同存异、体谅包容的原则，通过走访、座谈，召开秘书长主任全体会议等形式，加强与各民主党派、工商联、有关人民团体的思想和工作沟通，及时向市委、市政府专报党派机关建设和开展活动的相关建议和要求，帮

助解决具体困难。经常邀请民主党派和无党派人士参加政协组织的视察调研活动，积极支持党外人士在政协全委会、社情民意座谈会、政协委员资政会、专题议政常委会上，就全市经济社会发展中的重大问题提出建议。一年来，市各民主党派、工商联、无党派人士共提交大会发言材料110多篇，一些重要意见建议得到了市委、市政府及有关部门的重视采纳，切实发挥协商主体职能作用。

认真组织纪念中国人民抗日战争暨世界反法西斯战争胜利70周年系列活动，召开各界人士座谈会，举办纪念董寅初同志诞辰100周年座谈会，编辑出版《图说合肥抗战》、《合肥历代1000名人》，进一步激发爱国热情，凝聚发展力量。举行中秋国庆茶话会，动员全市各界人士团结一心，携手共进。开展宗教界参与社会公益慈善专题调研，加强与宗教界人士的经常性联系。通过督办重点提案关注少数民族特色村寨建设。加强与港澳台同胞和海外侨胞的联系，参与举办刘铭传抚台130周年纪念活动和两岸关系暨对台工作报告会。召开市政协老委员联谊会六届三次会员大会，组织老委员继续为合肥市建设发展出谋划策。

大力弘扬传统文化，成立市政协书画院并举办书画展览等活动，以书画为媒介，更广泛地团结社会各界人士，巩固壮大爱国统一战线。大力弘扬慈善文化，组织政协委员开展爱心助学，50余位委员共计捐款51万余元，102名贫困学子受到资助，并首次建立委员“爱心公社”。大力弘扬创新文化，设立委员沙龙，举办委员企业家“互联网+”创新发展主题论坛，通过主题演讲、互动交流，培育委员企业家的互联网思维，以实际行动支持“大众创业、万众创新”。

【自身建设】 常委会主动适应改革发展新形势、新任务对政协工作提出的新要求，不断探索履职形式，夯实履职基础，提升履职实效。

加强理论学习，筑牢思想基础。 坚持把思想建设放在首位，认真落实市政协中心组理论学习和主席会议、常委会议等多层次的学习制度，以主席读书会带动各参加单位、政协委员和政协机关的学习，引导政协各参加单位、广大政协委员不断增进对中国特色社会主义道路、理论和制度的认知认同。根据中央和省、市委部署要求，认真开展“三严三实”专题教育活动，坚持边学边查边改，着力解决问题，切实把“三严三实”要求，落实到政协各项工作之中。

加强委员联络，丰富界别活动。 深入开展市政协领导联系、走访委员活动，提升政协各参加单位、专委会、机关等联络服务委员的水平。围绕如何开展好履职活动，对届中新增补委员进行集中培训。制定印发《市政协委员履职量化考核暂行办法》，进一步激发委员履职尽责的责任感和自觉性。完善委员参政议政交互平台建设，全面实现委员在线提交提案、大会发言、社情民意以及各类会议管理流程一体化。坚持和完善市政协领导联系界别工作机制，各个界别组分别就公共文化服务体系建设、司法建设、科技创新、素质教育、环巢湖现代休闲农业和乡村旅游、轨道交通建设等开展视察活动，取得了新的成效。

开展理论研究，扩大政协宣传。 成立市政协理论工作研究会，总结政协工作经验，探索政协工作规律。一些理论与实践相结合的文章，在《人民政协报》《安徽日报》《江淮时报》发表。加强宣传策划，注重统筹推进，形成宣传合力。各级各类媒体刊发宣传我市政协工作的稿件500多篇；加强与网络新媒体合作，新华网、人民网等主流网络媒体频频发出合肥市政协声音。

推进机关建设，提升服务水平。 制定市政协秘书长主任全体会议制度，促进机关工作规范化。坚持以党建促机关建设，组织开展党规党纪学习教育、民主评议党员、革命传统教育等活动，落实机关学习日制度，开展“一月一书”活动，深化“进社区、进工厂、进农村”活动，积极推进“四联四定”工作，机关57名党员干部对口帮扶巢湖市烔炀镇凤凰村112户困难群众。以机关兴趣小组为载体，以开展活动为纽带，创造和谐的机关工作氛围。认真落实主体责任，严格执行中央八项规定和省、市有关规定，加强党风廉政教育，树立勤政廉政的良好形象。

2015年，市政协办公厅荣获第十三届合肥市文明单位、市社会治安综合治理优秀单位。

（吕　伟）

纪检监察

合肥市纪委 市监察局

【综述】 2015年全市反腐倡廉工作，是在深入学习贯彻党的十八大和十八届三中、四中、五中全会精神，全力推进“四个全面”战略布局的宏大背景下展开的，也是在认真开展“三严三实”专题教育，学习贯彻新修订的《中国共产党廉洁自律准则》和《中国共产党纪律处分条例》，全面加强党的建设浓厚氛围中推进的。一年来，市委、市政府高度重视纪检监察工作，坚持把推进反腐倡廉建设作为极为重要的政治任务来抓，市委常委会、市政府常务会先后17次听取汇报，围绕涉及反腐倡廉全局的重大问题进行认真研究，先后就依法廉洁从政、落实“两个责任”、加强作风建设、严厉惩治腐败、强化源头防腐等工作，推出一系列新举措。市级领导班子特别是主要领导同志严格自我要求，注重以上率下，带头执行廉洁从政、改进作风规定，认真履行党风廉政建设主体责任和第一责任人责任，坚持对重大事项、重大问题、重大案件亲自过问、亲自协调、亲自督办，发挥示范带动作用，有力地促进了责任压力层层传导机制的形成。在省纪委和市委的坚强领导下，市纪委和各级纪委按照年初的统一部署，紧紧围绕纪检机关在全面从严治党中的职责定位，持续深化转职能、转方式、转作风，聚焦监督执纪问责这个主责主业，认真履行党章赋予的职责，扎实开展各项纪检工作，着力加强惩防体系建设，取得新的进展和成效，为深入推进全市反腐倡廉建设、营造风清气正的政治生态做出积极贡献。

【推动“两个”责任落实】 着力促进党风廉政建设主体责任和监督责任的落实，在年初召开的市纪委全会上，安排2个县区和2个市直单位主要负责同志向全会述廉述责，并接受纪委委员评议质询。积极协助市委研究制定“两个责任”约谈、考核、述廉述责和接受评议制度，编制印发“两个责任清单目录”。牵头组织由市委常委、党员副市长担任组长的考核组，对所有县（市）区和市直（市管）单位上一年度落实“两个责任”、推进惩防体系建设等情况进行集中考核，并首次实行百分制统一考核尺度，对排名靠后的5个单位在全市予以通报。坚持以问题为导向，认真落实“一案双查”制度，创新推出对

2月17日，省委常委、省纪委书记王宾宜，省委常委、市委书记吴存荣等亲临市纪委办案点检查指导。

6月9日，市委常委、市纪委书记汪学致到市行政服务中心考察窗口单位为民服务情况。

重大腐败案件实施“一案两谈”制度。各级纪委主动约谈发生重大腐败案件的地方和单位党委、纪委主要负责人。市纪委已对发生多人严重违纪案件的4个市直单位、1个市辖区党委（党组）和纪委（纪检组）主要负责同志进行诫勉约谈，剖析发案原因，明确整改要求，有力地促进了“两个责任”的落实。

【作风建设监管】 注重推动改进作风建设各项规定的执行，积极协助市委建立贯彻落实中央八项规定精神、深入推进作风建设联席会议制度。创新推出“教育预防在先、明查暗访跟进、严肃查纠有力、通报警示于后”的作风建设监管模式，共查处违反中央八项规定精神和“四风”等问题92起，处理党员干部141人（其中党政纪处分78人），对其中具有典型性的案件，指名道姓地予以通报曝光，倒查一批推进作风建设不力的单位负责人。加强电子监察对12345政府服务直通车系统的实时跟踪，共督查各类群众诉求58万件，对群众评价“不满意”的412起投诉件进行升级督办，对相关责任人进行问责。创新推出优化“大众创业、万众创新”发展环境“十项推禁令”，对违反推禁令的行为严肃查纠问责。组织开展对74个政府部门和窗口服务单位的政风行风评议，对排名靠后的6个单位进行诫勉处理。依托“问政合肥—政风行风面对面”电视监督平台，组织9个市直单位上线访谈、接受评议，现场共受理群众诉求64件，督促问题整改率达到100%。

【纪律审查】 始终把纪律审查工作作为重中之重来抓，充分发挥市委反腐败协调小组作用，加强纪检监察机关与公检法、审计等部门的协调配合；认真落实依法、安全、文明办案规定，严格执行纪律审查工作程序，严把“两规”使用审批关，积极推进县（市）区纪律审查谈话场所硬件标准化建设，组建专业化陪护队伍；制定实施查办案件工作综合考评、县（市）区纪委纪律审查工作末位说明、市直单位派驻纪检监察机构和乡镇（街道）纪委（纪工委）无案说明三项制度，充分利用已建成的党风廉政教育基地，不断加大纪律审查工作力度，形成查案惩腐的高压态势。全年全市各级纪检监察机关共受理信访举报2364件（次），同比下降0.2%；处置问题线索1513件，同比上升67.7%；立案939件，同比上升35.3%，其中县处级15人，同比上升50%，乡科级106人，同比上升20.5%；结案865件，同比上升32.3%；给予党政纪处分856人，同比上升31.7%，移送司法机关80人，同比上升48.2%，其中县处级7人，乡科级16人；通过办案挽回经济损失近亿元。特别是对许有刚、程本友、洪爱军、曹勇、胡道发、梅国胜、李泽爱等重大违纪违法案件的查处，彰显了法纪威严，形成了强大震慑，表明市委、市纪委落实从严治党、严厉惩治腐败的坚强决心，坚定了广大党员干部群众和社会各界对反腐败的必胜信心。

【查处群众身边“四风”和腐败问题专项工作】 扎实开展查处群众身边的“四风”和腐败问题专项工作，紧盯群众反映强烈的突出问题，通过建立健全压力传导、问题发现、工作联动和监督问责四个机制，畅通群众监督渠道，形成落地查人、保持高压的常态化推进工作的路子，取得阶段性成果。全市共排查问题线索370个，查处问题152件，处理党员干部177人，给予党政纪处分140人，涉及金额6031万元，追缴违纪款655万元，仅市区就已查实和清退征迁安置中违规违法房屋5万余平方米，对涉嫌违法犯罪的45人，及时移送司法机关处理。其中，市纪委和相关区县纪委查处的庐阳区大杨镇少数镇村干部贪污回迁安置房和拆迁补偿款系列案件、蜀山区住建局和五里墩街道及社区少数干部贪污受贿案件、高新区油墩社区少数干部违规套取拆迁安置房窝案、瑶海区大姚湾拆迁安置腐败案件、庐阳区原森林公园项目内违规设置垃圾场案件、肥西县铭传乡少数乡村干部贪污征地补偿款窝案等，在干部群众中产生较大反响，收到政治、法纪、经济和社会四个效果统一的综合效应。

【源头治理】 坚持在监督、管理、教育、防范四位一体综合施策上下功夫，积极推动党员干部廉洁自律预警制度全覆盖，共对116名党员干部进行预警，力求做到早发现、早警示、早纠正。加强反腐倡廉巡查，已完成对4个市直单位和1个市属国有企业的巡查工作，发现问题218个，及时做出纠正和处理。积极配合省委巡视组工作，对市委分解的巡视整改任务进行二次分解，采取有效措施，狠抓整改落实。组织市、县两级直属部门纪检监察机构对本部门、本系统执行制度情况进行自查，由市、县两级纪委对自查情况进行抽查，重点检查廉洁从政、作风建设、干部选拔任用、招投标、财务和“三公”经费管理等7个方面22项制度执行情况，发现问题300多个，严格督促相关部门建立台账、逐一查纠。加强派驻纪检监察机构建设，积极做好派驻机构全覆盖的前期准备工作，着力强化对驻在部门的监督。加强对新提拔任用干部的事前审查和监督，严密防范“带病提拔”“带病上岗”。认真总结推广庐阳区、蜀山区非公企业纪检工作经验，加快在非公企业党组织中推进纪检组织全覆盖的进程。坚持边查案、边剖析，注重运用典型案件，督促发案单位切实整改，狠抓警示教育和监管防范。特别是通过向全市印发《关于查处十起重大违纪违法案件的通报》和在媒体上曝光典型案件等形式，产生很好的效果，为推动学习贯彻新修订的《廉洁自律准则》和《纪律处分条例》营造良好氛围。协助市委、市政府推动包公园全国廉政教育基地改造升级，启动第四届“包公杯”全国反腐倡廉曲艺作品征集活动，深入推进廉政文化建设。会同有关部门开展对政府各部门责任清单、权力清单制定落实情况的专项督查，对市本级53个政府部门行政权力事项廉政风险点进行梳理审核，对各县（市）区清单制定落实情况进行督查指导，促进各级权力清单、责任清单公开运行。牵头组织各县（市）区开展国有资产处置清理规范工作，排查各类问题745个，建立完善了一批规章制度。

【自身建设】 认真组织开展“三严三实”专题教育，坚持以争做“守纪模范、执纪尖兵”为目标要求，组织广大纪检干部对照习近平总书记提出的好干部“五项标准”，加强党性修养，提高能力素质，自觉践行“忠诚、干净、担当”的政治要求，注意保持“三严三实”的从政风范。持续深化纪律检查体制改革，认真落实省纪委关于县级纪检监察机关内设机构改革方案，深入推进基层纪检组织“三转”工作。加强纪检干部能力素质建设，强化对新修订的《廉洁自律准则》和《纪律处分条例》学习掌握，积极选送干部赴中纪委、省纪委帮助工作、参加培训，举办全市纪检监察机关办案培训班和市直纪检监察机构负责人培训班，通过以会代训、工训合一等形式，着力提高纪检监察干部的专业素养。加强内部管理和系统监管，开展“纪律审查安全教育月”和纪律审查保密工作专项整治活动，完成对5个市直派驻纪检监察机构的巡查，对已发现的少数纪检干部违纪问题从严查处，进一步纯洁了纪检干部队伍。

为激发各级各部门和广大党员干部研究新情况、解决新问题的创新活力，市纪委专门印发反腐倡廉建设创新评比办法，并以网络平台为依托，筹建反腐倡廉建设创新库，对创新性工作案例实行分类管理，总结推广一批成功经验，培育树立一批先进典型，研究储备一批创新举措，加快形成具有合肥特色的反腐倡廉建设新格局。

【重要会议、活动】 2月1日，中国共产党合肥市第十届纪律检查委员会第五次全体会议在市政务中心举行。省委常委、市委书记吴存荣出席会议并讲话。市纪委常委会作了题为《严明纪律，强化监督，深入推进党风廉政建设和反腐败斗

市纪委监察局机关全体干部赴省廉政教育基地接受警示教育。

争》的工作报告，市委常委，市人大、政府、政协领导班子成员出席了会议，市、县（市）区有关方面负责同志参加了会议。

2月28日，市政府第三次廉政工作暨审计工作会议在市政务中心召开，市政府主要领导出席会议并讲话。市委常委、常务副市长韩冰主持会议，市委常委、市纪委书记汪学致，市委常委、副市长江洪、周善武，副市长姜明、吴春梅、王翔等出席会议。

3月12日，包公文化主题公园建设专题会议在肥召开，省委常委、省纪委书记王宾宜，省委常委、市委书记吴存荣出席会议并讲话。

省监察厅副厅长李磊到合肥市第三十五中赠送廉政文化书籍，市委常委、市纪委书记汪学致陪同。

3月13日，市纪委召开全市纪律审查工作培训会议，全市纪检监察系统140人参加培训，市委常委、市纪委书记作开班动员讲话。

4月14日，市委召开巡视整改工作汇报会，包河区、庐江县等被巡视单位汇报了巡视整改进展情况。省委常委、市委书记吴存荣，市委常委、组织部长汪卫东，市委常委、市纪委书记汪学致参加会议并讲话。

4月28日，省纪委副书记车建军，省纪委常委、监察厅副厅长张志宏到庐阳区调研非公纪检组织建设情况，市委常委、市纪委书记汪学致陪同。

4月29日，省委常委、市委书记在市政务大楼会议中心主持召开包公文化主题公园项目建设推进会。市政府主要领导，市委常委、市纪委书记汪学致，市委常委、副市长周善武，副市长吴春梅等参加会议。

5月4日、5日，省纪委副书记车建军赴中央纪委宣传部、中国文联等部门汇报第四届“包公杯”活动有关情况，市委常委、市纪委书记汪学致陪同。

5月16日，中央纪委党风政风监督室副局级纪律检查员、监察专员韩建蒙一行在合肥召开党员干部违规收受红包礼金问题调研座谈会，市委常委、市纪委书记汪学致参加座谈会。

7月17日，全市纪检监察工作推进会在政务中心召开，市纪委监察局领导班子成员、机关各厅部室负责人和各县（市）区纪委书记、监察局局长，各开发区纪工委负责人，市直有关单位纪检组织负责人参加会议。市委常委、市纪委书记对全市上半年纪检监察工作进行了总结点评，对下半年重点工作进行部署安排。

8月8日，包公园全国廉政教育基地提升改造项目落成暨包公特种邮票首发活动在包公园举行。海军政治部纪检部部长杜乃华、东海舰队副政委王自定，省纪委副书记车建军、省纪委常委张志宏，中国曲协副秘书长黄群，中国邮政集团安徽省分公司副总经理杨志权、纪检组长刘鸿、安徽省集邮分公司杨晓敏，合肥市委常委、常务副市长韩冰，市委常委、市纪委书记汪学致，包河区委书记宁波、区长耿延强等有关部门领导出席活动。

10月14日至16日，市纪委在市委党校举办市直单位纪检组长（纪工委书记、纪委书记）、监察室主任纪律审查业务培训班，全市90余名纪检监察干部参加培训，市委常委、市纪委书记汪学致出席开班仪式并授课。

11月11日，省纪委常务副书记刘明波到肥西县开展带案下访活动，市委常委、市纪委书记汪学致陪同。

12月29日，省委第二巡视组开展对巢湖市的巡视工作，市委常委、市纪委书记汪学致，市委副秘书长毛万里、市纪委副书记何家荣参加巡视工作动员会。

（王　义）

民主党派　工商联

中国国民党革命委员会合肥市委员会

【概况】　2015年，中国国民党革命委员会合肥市委员会（以下简称“民革市委”）发展新党员21人。截至年底，全市党员总数689人，具有中级以上职称的459人，平均年龄50.5岁。民革市委下设4个总支部，1个基层委员会，24个基层支部。党员主要分布在教育、文化、科技、医药卫生、新闻出版等界别。党员中省人大代表3人（其中常委1人），省政协委员2人，市人大代表7人（其中常委1人），市政协副主席1人，市政协副秘书长1人，市政协委员35人（其中常委6人），县（区）人大代表4人（其中常委2人），县（区）政协委员31人（其中副主席2人，常委5人）。党员中有25人次担任党风党纪监督员、特约行政执法监督员、机关效能建设监督员等各类社会特邀、特约监督员职务。

【思想建设】　根据民革中央部署，2015年是全党开展坚持和发展中国特色社会主义学习实践活动的第二年。民革市委继续深入开展坚持和发展中国特色社会主义学习实践活动，制订了2015年学习实践活动具体实施方案，明确全年主要任务，提出具体要求，做到有布置、有抓手、有落实。各支部和党员认真学习贯彻中共十八大和十八届三中、四中、五中全会精神以及习近平总书记系列重要讲话精神，学习中央统战工作会议精神，学习《中国共产党统一战线工作条例（试行）》《中共中央关于加强社会主义协商民主建设的意见》和《中共中央关于加强政党协商的实施意见》。近百名党员听取了民革中央副主席修福金在合肥作的专题报告《学习贯彻中央统战会议精神，抓好意识形态领域工作》。

将开展纪念抗战胜利70周年活动作为学习实践活动的重要抓手，组织党员中的书法家、画家举办“纪念中国人民抗日战争胜利70周年”书画笔会，向民革中央书画院报送优秀书画作品25幅；组织民革市委常委和部分机关人员赴云南腾冲参观滇西抗战纪念馆和国殇墓园，缅怀抗日英烈；与市政协港澳台侨和外事委员会在大蜀山文化陵园联合举办抗日英烈蔡炳炎将军追思会；看望慰问抗战老兵熊燮阳、陶怡等。民革党员、抗战英烈蔡炳炎将军之子蔡浙生作为英烈子女代表受邀参加了在北京天安门广场举行的纪念中国人民抗日战争暨世界反法西斯战争胜利70周年阅兵仪式。

民革市委将学习实践活动贯穿于自身建设和履行职能全过程，取得了凝聚思想共识、增强履职实效和提高参政能力的效果，推动了民革组织自身建设，坚定了民革党员对中国特色社会主义的道路自信、理论自信、制度自信。在民革省委学习实践活动优秀党员评选活动中，谢海涛被评为优秀党员。

《合肥民革》杂志和民革市委网站发挥宣传窗口作用，及时全方位宣传报道民革市委和基层组织的各项工作，展示党员风采。民革市委获民革省委思想宣传工作先进集体称号，陈晓松获“民革全国宣传思想理论工作先进个人”称号。

【组织建设】　*基层换届*。基层支部换届工作是2015年组织建设的重点。7月，民革市委召开十届十五次常委扩大会议，传达民革省委有关文件精神，通过《民革合肥市委会支部换届工作实施方案》，明确换届工作指导思想、组织领导、规模结构、候选人提名条件和工作程序等，在随后召开的支部换届动员大会上，对换届工作进行具体布置。民革市委班子成员前往各分工联系基层支部指导换届工作，23个基层支部全部顺利完成换届，并新成立1个基层支部，基层支部总数达24个。一批年轻、热爱民革工作、参政议政能力强的同志充实到基层支部班子中，为培养民革后备干部及2016年市级组织换届平稳开展奠定基础。

组织发展。民革市委稳步做好组织发展工作，特别注重吸收政治素质好、知识层次高、参政议政能力强的优秀人才加入民革组织。组织6名支部委员参加中共市委统战部举办的合肥市民主党派基层组织负责人理论培训班，5名骨干党员参加了民革省委参政议政骨干培训班。

开展活动。各总支（基层委）加强同所属区（市）中共组织的沟通，积极开展活动。瑶海总支赴泾县开展调研并组织医疗服务进社区活动，庐阳总支开展迎春下基层服务活动，蜀山总支组织全体党员赴南京进行爱国主义教育，巢湖基层委开展新春送春联和“爱牙日”系列活动。各基层支部开展形式多样的活动，并逐步形成支部特色，如以加强民革党史教育为重点，开展观故居等活动；以社会服务工作为重点，组织党员积极参与社会公益事业；以参政议政工作为重点，组织党员开展调研活动；以横向交流为重点，联合外地市民革组织开展活动等。基层支部组织生活常态化，为党员搭建了一个相互学习、增进友谊的平台，民革组织的活力和凝聚力得到进一步增强。金秋支部老党员活动丰富多彩，民革市委于春节前夕上门慰问75周岁以上老党员，在春、秋两季组织老党员参观合肥三国遗址公园、游览环巢湖大道等。

岗位争先。全市民革党员爱岗敬业，勇于创新，在本职工作岗位上做出不平凡业绩，为民革组织增光添彩。汪海当选为全国青联十二届委员，11月份以中国青年代表团成员身份随李克强总理访问韩国。陆勤学获2015年“全国素质教育先进工作者”称号。孙运峰创办企业安徽大富装饰股份有限公司登陆“新三版”，成为安徽省第一家装饰行业上市企业。李业龙撰写的论文《选项模块教学的经验探索》获安徽省基础教育教学体育论文评选一等奖。李正获合肥市中小学美术教师五项基本功比赛一等奖。

机关建设。民革市委机关严格贯彻“八项规定”精神和一系列改进工作作风的规定，加强机关作风建设，健全机关管理制度，规范机关工作流程。坚持联系基层支部和专委会制度，突出机关为基层、为党员服务的职能。提拔使用2名干部，并参加了市公务员局举办的青干班学习和任职培训。积极参加市民主党派机关工会组织的读书会等各项活动。

【参政议政】 专题调研。民革市委年初召开参政议政工作会议，为全年参政议政工作谋划方向，把握全局。积极参加中共合肥市委、市政府、市政协以及其他部门召开的各类征求意见会、情况通报会、政治协商会。

以专委会为依托，围绕全市经济社会发展大局和重点工作领域展开深入调研，全年完成调研报告3篇：《关于我省高校教学科研仪器设备招标采购工作的调查和建议》《积极防范工商资本进入土地流转带来的风险》《进一步加强合肥市工业设计平台建设，推动工业设计和产业融合》。23个基层支部积极开展调研活动，完成调研报告13篇。民革市委获合肥市民主党派暨工商联调研成果评比组织奖。

在省政协专题协商会上，民革市委提交《建立校企合作、产教融合长效机制的几点建议》；在合肥市社情民意座谈会上，提交口头发言《打造文化互联网金融平台，助推文化“双创四众”》；在合肥市政府资政会上，提交稿件2篇。

议案提案。党员中的各级人大代表、政协委员，立足本职工作，认真履行职责。在省人大十二届三次会议上，提交建议4件；在省政协十一届三次全会上，提交大会口头发言1篇，集体提案1件，个人提案4件；在市政协十三届三次全会上，提交大会发言2篇，集体提案5件，个人提案68件，其中集体提案《建立全市统一的电子政务服务平台的建议》《关于大力推进产教融合、政校企合作，提升我市现代职业教育水平的建议》分别由市政协副主席杨思松、李晓梅督办；宋琪提交的《关于倡导全民读书，建设阅读之城的建议》被中共市委常委、宣传部部长钟俊杰批阅，另一篇《关于进一步提升我市企业科技创新能力的建议》由副市长刘晓平领办；陆勤学提交的《关于尽快解决合肥城市内涝，整改排涝设施的建议》由中共市委常委、副市长周善武领办，另一篇《关于修葺卫立煌故居、宋世科故居、吴氏炮楼的建议》由市政协港澳台侨和外事委员会督办；蒲海茵提交的《关于增加合肥市公安辅警力量的建议》由市政协社会法制专委会督办。市政协对十三届三次会议以来提案工作进行表彰，宋琪、刘钢、许志奎、张宇钢、王峰、姜治等6名同志提交的个人提案被评为优秀提案。民革市委承办了1期合肥电视台“政协论坛”栏目，拍摄了专题片《合肥推进文明建设大家谈：限放实难限，禁放应可行》，民革党员霍开兵、华健、宋兢、吴敏等应邀作为嘉宾，呼吁在市区全面禁止燃放烟花爆竹。在2015年市政协委员履职情况量化考核中，市政协通报表扬了59名优秀等次委员，其中民革界别委员7名。

社情民意信息。民革党员全年共提交社情民意反映信息138篇，民革市委筛选报送民革省委60篇，报送市政协80篇，省政协、中共省委统战部采用7篇，民革省委采用30篇，市政协采用4篇。其中李晓梅撰写的《建议人大、政协适当增加法律专业人士代表、委员的比例》被民革中央采用，高虔撰写的《改进省内高校教学科研仪器招标采购的几点建议》得到中共省委常委、常务副省长詹夏来批示。

民主监督。各级特邀（约）人员认真履行民主监督职能，他们在中共市委、市政府、市纪委、省（市）检察院等部门举行的有关监督、测评活动中廉洁自律，认真、严谨地履行职能，得到了主办单位好评，树立了民革组织的良好形象。

【社会服务】　民革市委主要领导和党员企业家多次实地考察同心示范工程帮扶点金寨县黄河村，积极参与同心示范工程建设。民革省委成立了安徽省民革企业家联谊会，市民革党员企业家积极加入，其中汪海当选会长。党员企业家通过“同心示范工程”“博爱—牵手”、扶贫济困等活动，踊跃投身公益慈善事业，树立了民革党员良好形象。丁军常年结对帮扶肥东县白龙镇贫困学生，2015年又向肥东县牌坊回族满族乡学校捐赠教辅材料，并向6名特困生给予每人2000元资助。应龙向舒城县南港小学捐款4万元，并结对资助2名贫困大学生。赵晓云连续第五年向金寨一中18名贫困生发放每人1000元的助学金。孟蔡向庐江县铺岗村16名贫困学生发放每人1000元助学金。在民革省委社会服务工作会议上，民革市委获“同心示范工程先进单位”称号，包河一支部和蜀山六支部获“博爱牵手活动先进支部”称号，赵进获“同心示范工程特别贡献奖”和”博爱牵手活动先进个人”称号。

民革党员中的法律工作者积极参与社会法制建设，发挥专业优势，深入社区、企业、行业协会提供法律咨询和帮扶服务，免费开展专题法律讲座。曹冬梅获合肥市“六五”普法“十佳普法宣传员”称号。邵卫星受聘为合肥市第七批群众公议员。方达夫受聘为市政府行政复议委员会非常任委员。

【促进祖国和平统一工作】促进祖国和平统一工作是民革长期的工作重点，也是民革工作的主要特色。民革市委紧密关注两岸关系和台湾岛内形势的发展变化，全面贯彻中共中央对台工作大政方针、特别是习近平总书记一系列对台重要讲话精神，发挥民革联系广泛的优势，在党员及所联系的台商、台胞及侨胞中广泛宣传两岸和平统一工作的重要性。组织民革党员听取了民革中央副主席郑建邦在合肥所做的关于台海形势分析和祖国统一工作情况的辅导报告。接待了到合肥开展教学实践活动的台湾铭传大学近30名师生。联合市政协港澳台侨和外事委员会举办了国庆中秋茶话会，邀请民革党员蔡浙生讲述“9.3大阅兵”见闻。联合市政协办公厅、市台办、中共市委统战部、市政协港澳台侨和外事委员会举办了两岸关系暨对台工作报告会，邀请国台办研究局副局长张黎宏主讲。协助台湾华金资讯公司龚维宁，继续在肥东县杨店乡、白龙镇和肥西县铭传乡、高店乡开展捐资助学活动，向500名学生每人每年发放助学金600元，并继续资助肥东杨店乡、白龙镇的50户困难家庭。

根据民革中央《关于继续组织好开展“观故居，走多党合作之路”活动的通知》要求，民革市委组织开展“观故居”活动，通过学习民革前辈的光荣传统，坚定民革党员的思想信念。民革市委机关赴广州参观了廖仲恺何香凝纪念馆和蒋光鼐故居，部分专委会和支部组织党员参观了冯玉祥旧居和张治中故居。民革市委关注、推动卫立煌故居的修葺及后期布展工作，接待了到合肥开展观故居活动的厦门、萍乡、本溪、东莞、枣庄、六安等地民革团队。理论学习小组就“蒋光鼐生平事迹”进行研讨，撰写理论文章8篇，并组织人员参加了民革中央在东莞召开的抗日名将蒋光鼐生平事迹研讨会暨民革前辈纪念场馆联谊会第四次年会。

（高　虔　陈晓松）

中国民主同盟合肥市委员会

【概况】　2015年，中国民主同盟合肥市委员会（以下简称“民盟市委”），下辖一个基层委员会，5个总支部，50个基层支部，共有盟员1013人。成员主要分布在教育、文化、科技、卫生、金融、法律等界别。主委张雪平，副主委奚芝英、周吉人、李广海、胡平、李雪、张宏彬、姚长蕙、项书林。

【思想建设】　民盟市委高度重视思想建设，始终将学习中国特色社会主义理论体系贯穿于自身建设的全过程和履职尽责的各项工作之中。通过常委会、全委会、基层组织负责人培训班和民盟中央、民盟省委、中共市委统战部、市政协召开的研讨会和培训班以及参政议政骨干培训班和机关学习会、读书会、在职培训班、网络学习平台等组织民盟市委领导班子成员、全市基层盟组织负责人、参政议政骨干和机关专职干部，深入学习中共十八大、中共十八届三中、四中、五中全会精神和习近平总书记系列重要讲话精神，学习《中共中央关于加强社会主义协商民主建设的意见》《中国共产党统一战线工作条例（试行）》精神，着力加强思想建设。

民盟市委领导深入基层，加强指导，推动基层盟组织结合盟员本职工作实际，因地制宜，开展形式多样、注重实效的坚持和发展中国特色社会主义学习实践活动，将政治理论学习落到实处，推动盟内各项工作有效开展。

【组织建设】 *基层换届。*2015 年全市大部分支部届满。为保证换届工作的规范性和严肃性，民盟市委制定了《民盟合肥市委关于基层支部换届工作的意见》，并召开动员会，将工作部署和文件精神落实到每一个支部，并由组织部逐一约谈未参会支部负责人，当面传达工作任务，为顺利推进换届工作打好思想基础。此次换届重点突出总支和基层委的领导作用，由总支和基层委具体指导督促所属支部换届工作，并向民盟市委反馈上报。民盟市委安排专项经费，有效保障了基层支部换届工作的顺利展开。至年底，除个别支部因特殊情况，各基层支部换届工作基本完成，顺利实现新老交替，为总支、基层委和市委会换届奠定基础。

*组织发展。*根据盟章要求，完善入盟申请程序，进一步提高组织发展的程序性和规范性。坚持政治素质优先、质量并重的原则，发展了一批高素质、有代表性的新盟员。全年发展 46 名盟员。新盟员年龄结构进一步优化，平均年龄 38.5 岁；高学历人员数量进一步提高，本科及以上学历 39 人，其中研究生 6 人；保证主体界别发展数量的同时又有新的突破：教育界 21 人，占 45.66%；科技界 2 人，占 4.35%；文化界 3 人，占 6.52%；经济界 12 人，占 26.09%；法律界 6 人，占 13.04%；政府机关 2 人，占 4.34%；中级及以上职称 23 人。全市盟员总数达 1013 人。创新新盟员培训形式，首次成立新盟员总支，下设 3 个支部，这一新做法加强了新盟员之间的联系交流，帮助他们更好更快地融入组织生活，也为新盟员所属支部间的横向交流提供了便利，激发了盟组织活力。

*争取基层中共统战部门对民盟组织活动的支持。*民盟市委领导主动走访四区中共区委、中共巢湖市委统战部和中共合肥学院、巢湖学院统战部，就民盟组织发展和人才推荐进行沟通交流。适时优化调整基层组织布局，成立蜀山、包河总支，促进了盟组织的健康发展。

*岗位争先。*全市盟员立足本职岗位建功立业，汪宏被省卫计委授予“江淮名医”称号，杨宇澄享受安徽省政府特殊津贴，张宏彬和孙诚获“省高等教育教学成果奖”一等奖，浦丽星当选合肥“十大新闻人物”，石银生、何芸被评为“合肥市优秀教师”，童立萍创作的相声《今非昔比》获第七届安徽曲艺节一等奖。

【参政议政】 民盟市委围绕市“十三五”规划制订、全市中心工作和人民群众普遍关心的社会热点问题，深入开展调查研究，积极参加协商会议，认真履职建言献策，切实发挥民主监督职能，为市委、市政府决策提供有力支持。

民盟市委对全市在参政议政工作中取得突出成绩的基层组织和个人进行表彰奖励，庐阳中学综合支部等 6 个基层组织被评为“参政议政先进集体”，钱开莲等 11 人被评为“参政议政先进个人”。盟内各级特约监督员和人民陪审员，积极参加受聘单位组织开展的各项监督工作，深入实际调查研究，广泛收集相关信息，及时反映民意，认真履行职能，受到聘任单位好评。

民盟市委借助“政协论坛”平台，承办合肥电视台“从门牌号说起”“我们的非遗传承人去哪儿了”2 期节目，有 7 名盟员接受“政协论坛”采访并参与摄制。

*专题调研。*民盟市委领导先后多次参加中共市委重要人事安排、市委市政府重要文件出台、市“十三五”规划制订及省市政府、政协工作报告修改、“三严三实”专题教育等重大问题协商会、征求意见会等，所提意见和建议受到省市领导的高度重视和新闻媒体的关注。民盟市委领导撰写的调研报告《深化改革激发动力，加快建设旅游强省》参加省政协关于加快旅游发展的专题协商会作口头发言，《注重“双向”扶持，着力破解“两难”》参加省政协关于促进残疾儿童康复教育机构健康发展对口协商会并作口头发言。

民盟市委围绕全市经济社会发展重点工作和民生热点问题，确定了高标准农田建设、电子商务发展、推进现代化职业教育和应用型大学发展、大力发展文化产业提升合肥软实力等课题作为重点调研方向，形成《关于进一步推进高标准基本农田建设的建议》《关于加快合肥市电子商务产业园建设的建议》《加快发展合肥市现代职业教育，深入推进应用技术型大学建设》《发展文化创意产业，增强我市核心竞争力》《提升旅游发展水平，打造合肥旅游中心城市地位》等5篇调研报告作为中共市委、市政府专题协商会、社情民意座谈会和资政会的发言材料。

民盟市委组织指导盟员申报课题参加社情民意座谈会和资政会。申报的22个课题中，有9篇调研报告入选中共市委社情民意座谈会发言材料，占比近20%，其中《当前合肥市文化创意产业发展存在的问题及对策建议》被选为中共市委社情民意座谈会口头发言材料；有6篇调研报告入选市政府政协委员资政会发言材料，占比18%，其中《以推动工业设计产业为抓手，加快我市工业经济转型发展》《加强“政产学研金”合作，促进合肥市高技术服务业发展》等2篇调研报告被选为口头发言材料。

民盟市委组织发动盟员为“十三五”规划出谋划策，动员政协委员参加市政协开展的“我为合肥市‘十三五’规划献一策”活动，强翔等5名盟员提出的意见被市政协选入意见建议汇编。

议案提案　在年初的省市“两会”上，盟内人大代表共提交建议12件，民盟市委和盟内政协委员共提交提案75件。民盟市委受民盟省委委托，组织盟员专家撰写了《关于巢湖市小型水利工程管理体制改革的调研报告》等3篇调研报告，受到有关方面高度重视。专题调研《关于推动医养融合的建议》被民盟省委采用并被省政协列为重点提案。盟员梁邦屏撰写的4篇专题调研报告分别被省政协加强海外高层次人才引进服务工作界别协商会、农村土地流转中“非粮化”“非农化”问题专题协商会和大力调整产业结构加快转型发展界别协商会采用，并被转化为书面发言材料，其中《关于在基层协商民主中发挥统一战线作用的调研报告》被中共省委统战部评为2015年度全省统战理论创新优秀成果三等奖。梁邦屏被评为全省统战信息宣传工作先进个人。

在市政协十三届四次会议上，民盟市委的提案《提升旅游发展水平，打造合肥旅游中心城市地位》被选为大会口头发言材料，《加快发展合肥市现代职业教育，打造我市职业教育的立交桥》和《关于我市高标准基本农田建设情况的建议》被选为大会书面发言材料。民盟市委《关于改善我市非遗传承人生存与发展状况的建议》提案被中共市委常委、宣传部部长钟俊杰阅批并领衔督办，盟员刘小秧《关于“环湖十二镇建设”的建议》、梁邦屏《关于以高压态势预防和查处村官腐败的建议》、褚道成《关于普遍建立政府法律顾问制度的建议》被市政协列为中共市委、市政府领导阅批领办提案，李友银《关于“建立健全心理危机干预机制”的建议》被列为市政协专委会督办提案。以上5篇提案均被市政协评为“优秀提案”，民盟市委获“集体提案优秀单位”称号。梁邦屏、黄笑蓉、褚道成、强翔、罗廉娴、张发清、周典静、瞿福焕、刘小秧等9名盟员在市政协委员履职量化考核中获优秀等次，被通报表扬，所占优秀比例达15%，民盟界别政协委员履职情况受到肯定。

社情民意信息。民盟市委修订相关文件，进一步完善参政议政工作机制，全年向民盟中央、民盟省委、省市政协及统战部提交社情民意信息254篇次。其中民盟中央采用3篇，全国政协《政协信息》综合采用1篇，省政协采用14篇（其中1篇得到中共省委常委、统战部部长沈素琍批示），中共省委统战部采用2篇（其中1篇得到副省长方春明批示），市政协采用9篇。

【社会服务】　民盟市委创新工作思路，组织开展多项社会服务活动。在民盟安徽省十二届六次全会上，民盟市委被评为“社会服务先进集体”，童立萍、陈小娟、张甦被评为“社会服务先进个人”，吴胜、何峰被特别提名为“社会服务先进个人”，社会服务工作得到民盟省委充分肯定。

黄丝带帮教行动。民盟市委策划了“黄丝带帮教行动”家庭微心愿认领、送电影进监狱等品牌活动，推出了原创诗朗诵《请听，黄丝带在呼唤》系列节目（普通版、女子版、少年版），并加强与兄弟地市帮教工作的交流。在家庭微心愿认领活动中，民盟市委和15个基层组织共认领52户家庭微心愿，帮扶金额价值5万余元。诗朗诵《请听，黄丝带在呼唤》在民盟省委“全省黄丝带帮教行动十百千万项目推进仪式”上受到民盟中央副主席龙庄伟高度赞扬。民盟市委与民盟芜湖市委和芜湖市司法局对接，就“黄丝带帮教行动”及社区矫正工作开展情况交流。民盟市委“黄丝带帮教行动”先后走进监狱、社区、矫正中心和安置基地，放映励志电影、开展心理辅导、义诊和文化讲座等系列活动十余次，惠及帮教对象近2000人。

农村教育烛光行动。合肥成为民盟省委教学软件4个受捐城市之一，民盟市委组织庐阳中学支部参加民盟省委“烛光行动”培训活动。巢湖一中和柘皋中学结对多来年，通过名师“走下去、请进来”和平时共享教学资源的方式，切实帮助结对学校提高教学水平。

支援新农村建设。民盟市委领导定期走访帮扶点巢湖市银屏镇吕婆村大司中心村，关心“美好乡村”建设进度，为该村经济发展出谋划策，并为该村贫困户送上慰问金9000元和部分慰问品。

“进社区”和“三下乡”活动。民盟市委“为民服务进社区”和“送文化、科技、卫生三下乡”活动是社会服务工作的重要内容，也是民盟市委推进“同心工程”的主要抓手。包河区基层支部在锦城小学开展书法名家送春联为民服务活动。庐阳总支暨民盟庐阳中学综合支部春节开展慰问“五保老人”等活动。合肥学院总支30余人赴革命老区金寨县开展慰问助学活动，并缅怀先烈接受红色教育。

（张西瑞）

中国民主建国会合肥市委员会

【概况】 2015年，中国民主建国会合肥市委员会（以下简称“民建市委”） 下辖5个基层委员会，1个总支部，1个老年委员会，9个直属支部。全年发展新会员55人，平均年龄39.8岁，研究生学历7人，本科学历28人，中级以上职称4人，女会员19人。截至年底，会员总数为872人，平均年龄47.9岁，中级以上职称367人，占会员总数的42%；大专以上学历794人，占会员总数的91%，女会员331人，占总数的38%。

会员中，担任全国人大代表1人，省政府参事1人，省人大代表1人，省政协委员2人，市人大代表7人（其中常委1人），市政协委员37人（其中常委6人），县（区）人大代表8人（其中常委会副主任1人，常委3人），县（区）政协委员39人（其中副主席1人，常委14人）。会员中，担任厅局级领导职务2人，县处级领导职务10人。会员中，共有35人担任党风党纪监督员、特约行政执法监督员、机关效能建设监督员等各类社会特约职务。

2015年是中国民主建国会成立70周年，民建市委获民建全国先进集体、全省先进市委称号，张怀科、王叙平获全国优秀会员称号，民建瑶海区基层委员会等10个基层组织获全省先进集体称号，于金强等19人获全省优秀会员称号，杨林获全省优秀会务工作者称号。

【思想建设】 围绕建会70周年，以活动促学习，以宣传带学习，将纪念活动与正在开展的坚持和发展中国特色社会主义学习实践活动相结合，不断提高思想建设水平。

纪念活动。民建市委举办了建会70周年纪念大会，市四大班子领导、民建省委领导及兄弟党派、工商联领导出席大会并致贺词。大会表彰了全市先进集体、优秀会员，经开区支部等10个基层组织获“十佳支部”称号；包河区基层委五支部等4个支部获2015年度全市先进支部称号；韦苇等25人获市级优秀会员称号；万有瑄等21人获市级优秀会务工作者称号。

组织骨干会员赴民建中央机关参观。邀请民建中央组织部部长李世杰为会员作会章会史专题讲座。成立民建合肥市书画院，举办“纪念中国民主建国会成立70周年书画展”。将接待室改建为会史陈列馆，用于陈列和保存民建合肥市级组织的各类史料，对会员进行会章会史教育。庐阳区基层委组织会员参观孙起孟故居。经开区总支组织会员赴民建诞生地重庆考察学习。其他各基层组织也开展了各种纪念会、座谈会。

理论学习。按照民建省委部署，推进坚持和发展中国特色社会主义学习实践活动。首次赴中央社会主义学院举办培训班，组织会员参加高水平的理论学习。组织骨干会员赴长沙、怀化等地调研，在工作实践中提高理论水平。通过开展座谈、交流、调研考察等形式开展学习实践活动。

学习中共十八届五中全会和中共中央统战工作会议精神。中共十八届五中全会召开之后，民建市委召开主委会、主委办公会、常委会，认真研读会议公报、《决定》和其他相关材料，深刻理解、准确把握会议精神，组织民建省暨合肥市十八届五中全会学习会议。将中央统战工作会议精神节选刊登在会刊首页，发至各基层组织和会员手中，让会员们及时了解中共中央对统战工作的最新要求。

宣传工作。全年“一刊一站”采用信息200余篇，在《团结报》《安徽统战》《工商导报》、民建省委网站等市级以上媒体发布宣传信息近300条。在机关办公区新增民建市委、基层组织工作动态宣传栏和民建会史宣传栏，以图文并茂形式更加直观地展示民建市委及基层组织工作成绩。组织会员参加纪念抗战胜利70周年和纪念民建建会70周年主题征文，其中王书荣的《东海之滨的“红色邮路”》在《人民政协报》刊登；郜蔚的《铭记风雨

"民建史" 共筑华彩"中国梦"》在民建中央网站上刊登；民建市委获民建省委2015年新闻宣传工作先进单位一等奖，毛学农、郜蔚、洪敬谱、韩晨获新闻宣传工作先进个人称号。

【组织建设】 *基层换届*。民建市委高度重视基层组织换届工作，主要负责人多次深入基层广泛征求意见，并与当地中共党委就基层组织新一届班子人选进行协商。严格按照会章和《民建合肥市基层组织换届实施意见》的要求，认真做好动员、推荐、考察、选举等工作，顺利完成新老交接，把一批政治素质好，有热情、有能力的年轻会员选进班子。以基层组织换届工作为契机，在总支部基础上成立了城区基层委员会。成立经开区总支部、工商联支部和桃花支部，重新组建新站区支部。

组织活动。举办首届合肥民建运动会，21支代表队共74名会员参加了羽毛球、乒乓球两大项的比赛，这在全市各民主党派的组织活动中尚属首次。组织民建界别政协委员视察合肥市重点项目建设。组织女会员"三八"节文体活动。组织老会员春季踏青、金秋重阳活动。举办民建市委暨企联会迎春联谊会。各基层组织也开展了调研考察、学习交流、慰问孤老等多种形式的组织活动。民建市委获组织信息化建设先进单位称号。

机关建设。通过完善机制、转变作风、提高效能等措施，发挥机关咨询参谋、组织协调的枢纽作用，密切联系会员单位及会员企业，为企联会和工委会做好服务，推进服务型机关建设。加强对外交流，赴长沙市、怀化市、阜阳市与兄弟民建市委进行会务交流，接待了民建南宁、安庆、淮北、黄山市委来访。通过交流，取长补短，进一步提高会务水平。

【参政议政】 *专题调研*。继续关注服务业发展，从产业升级的角度，围绕体育产业、环巢湖核心景区建设、住宅小区物业管理等课题深入开展调查研究。发挥骨干会员、专家学者的带头作用，注重发挥基层组织和专门工作委员会的作用，多级联动，形成合力。全年形成15篇调研成果，多数得到有效转化。其中《加快培育合肥市物业服务新业态的建议》《关于统筹建设"环巢湖旅游文化画廊"的建议》转化为中共市委社情民意座谈会发言；《让庐剧产业成为合肥独特的文化软实力》《关于打造合肥高技术服务业"人才高地"》转化为市政府资政会发言；《"十三五"期间，环巢湖旅游要突出核心景区建设》《关于加快推进我市体育产业发展的建议》转化为市政协大会发言。在合肥市各民主党派、工商联2014年度调研成果和调研组织工作评比中，2篇调研成果获二等奖，1篇获三等奖，民建市委获组织奖。

议案提案。在市政协十三届三次会议上，共提交提案57件，其中3件为重点提案。在市十五届人大四次会议上，共提交建议和议案8篇。其中《关于高起点规划建设"环湖十二镇"推进环巢湖旅游与新型城镇化融合发展的建议》《关于大力促进环湖十二镇休闲农业发展的建议》得到中共省委常委、市委书记吴存荣重要批示；《关于促进合肥市农村土地流转规范发展的建议》得到中共市委常委江洪批阅。民建市委获民建省委2015年参政议政工作二等奖。

社情民意信息。以"十佳支部"考核为抓手，要求会员围绕身边的民生热点，积极撰写社情民意。会员们围绕城市建设、节能环保、文化教育、健康养老等问题提交社情民意70篇，其中4篇被市政协采用，《整合资源 释放潜能 关于我市困难企业状况的调研报告》得到市政府主要领导批示。社情民意工作获民建安徽省委2015年先进单位一等奖。

【社会服务】 坚持"服务会员和会员企业、服务社会"工作理念，关心会员和会员企业发展，积极为会员和会员企业服务；努力打造社会服务品牌，不断探索社会服务工作新方式。

服务会员及会员企业。全年共走访会员单位及会员企业15家。邀请省政协副主席、民建省委主委李修松走访会员企业小森林幼教集团滨湖和园幼儿园，并捐助价值1万元的教学设备。邀请市政协主席董昭礼走访会员企业安徽江河汽车零部件有限公司。整合会内资源，发挥骨干会员的作用，协调相关部门为会员企业提供政策支持、财政补贴、融资支持，如：为裕森集团等会员企业解决资金需求。发挥法律服务工委会、经济工委会、新闻界会员作用，为会员及会员企业维权，如：为微微食品厂协调拆迁事宜等。组织相关培训或讲座，帮助会员企业拓宽视野、提升应对经济下行压力下的抗风险能力。邀请民建中央副主席辜胜阻讲授"中国产业升级与企业转型"。邀请淘宝大学阿里学院教授讲授"互联网+"课程。邀请市中小企业局局长王十册为会员介绍市中小企业相关扶持政策。

开展活动。民建市委开展"同心示范工程"、捐资助学、送文化下乡（进社区）、扶贫助困等各项社会服务活动15次，累计捐款捐物折合人民币超过150万元。民建

市委获民建省委2015年“同心示范工程”先进集体一等奖。张怀科获同心示范先进个人称号。

组织“让企业家会员走出去”系列活动，已赴庐江、阜阳、巢湖、肥东等周边县、市，开展投资考察、捐资助学活动。2015年走进长丰县，考察了鸿路钢构集团生产基地、下塘工业园及广银铝业等项目，并为30名贫困大学生捐资15万元。

举办专场招聘会。组织75家会员企业参加2015年合肥学院专场招聘会，提供2000余个工作岗位，受到校方和学生欢迎，受到中共市委领导肯定。

参与“同心示范工程”。民建市委响应中共中央“精准扶贫”、民建中央“同心示范工程”号召，按照民建省委部署，帮扶金寨县果子园乡吴湾村乡村旅游建设。民建市委领导多次赴金寨调研考察，并倡议全市会员为该项目捐款。各基层组织、企业家会员和普通会员纷纷响应，民建市委领导、机关干部、各基层组织班子成员带头捐款，尤其是广大企业家会员，面对经济下行压力，依旧慷慨解囊，成为捐助的主力军。截至12月，200多名会员为这次爱心活动捐款100余万元。继续对口帮扶庐阳区三十岗乡敬老院，捐资帮扶肥东县贫困村陆还村。

（任 众）

中国民主促进会合肥市委员会

【概况】 中国民主促进会合肥市委员会(以下简称“民进市委”)下辖1个基层委员会，6个总支部委员会，49个支部委员会、1个小组。2015年发展新会员34名，截至2015年12月底，共有会员688人，平均年龄52.8岁。会员中大学本科以上学历的占89.3%，中高级职称的占82.5%。会员界别分布为：高等教育、普通教育、科学技术、医药卫生、文化艺术、新闻出版、公有制经济、新的社会阶层、司法机关、政府机关、党派机关和团体等。全会共有省人大代表1名，省政协委员2名，市人大代表3名，市政协委员24名，各县（市）区人大代表、政协委员36名。共有27人次会员应邀担任各级各类社会特约职务。

民进市委第六届委员会有市委委员33人，现任主委安岚，副主委陈葆华、郑小能、陈杰、韩一民、裴学文、程自堂。下设五个专门委员会：参政议政工作委员会、妇女工作委员会、社会服务工作委员会、艺术工作委员会、老龄工作委员会。

2015年，民进市委被民进中央授予“民进全国先进集体”“民进全国社会服务先进集体”称号。

【思想建设】 民进市委以开展坚持和发展中国特色社会主义学习实践活动为契机，认真学习政治理论，加强优良传统教育，不断增强思想宣传工作的针对性和实效性，巩固多党合作的思想政治基础。制定《2015年学习实践活动计划》，召开传达学习实践活动座谈会，举办学习实践活动下基层走访座谈活动，组织骨干会员参观中国民主党派历史陈列馆。8月，举办“我身边的先进”事迹宣讲，周鹂、杨晓、孙秀娟、汪倩4名会员在会上作先进事迹报告。活动得到民进中央、民进省委的支持和表扬，《团结报》《江淮时报》等媒体进行了报道。民进巢湖基层委员会等基层组织积极响应，分别召开学习实践活动专题工作会，举办学习实践宣讲活动，将学习实践活动落到实处。

以民进成立70周年和民进市委成立30周年为契机，在全会加强理论学习，开展思想教育活动。组织参加民进中央举办的“民进优良传统的时代价值与继承”理论征文、会史会章网上学习问答、民进会员基本情况问卷调查等活动，出版《合肥民进会员书画作品集》《合肥民进会员摄影作品集》。坚持用中国特色社会主义理论体系武装全会，用社会主义核心价值体系引领全市会员，充分发挥网站、会刊的综合宣传效应。全年收到新闻稿件89篇（其中支部稿件51篇）、各类征文10篇，有30余篇稿件在民进中央、民进省委媒体以及其他各类媒体上发表。民进市委被评为“民进全省宣传工作先进单位”，会员张安舒、王伟被评为“民进全省宣传工作先进个人”。

制定全年理论研究工作计划和实施方案，进一步健全和完善理论研究工作机制和奖励机制，实现工作“有制度保障、有人员参与、有计划执行、有效果体现”，推动理论研究工作深入开展。在民进中央举办的2015年“民进优良传统的时代价值与继承”理论研究征文活动中，会员刘宗祥撰写的《继承民进优良传统，再谱时代崭新篇章》获三等奖。参与2015年民进中央理论研究课题招标，完成理论研究课题5个，被评为“民进全省理论研究工作先进单位”，会员韩一民、刘宗祥被评为“民进全省理论研究工作先进个人”。

【组织建设】 结合省委会的“千人计划”，根据自身组织工作实际，不断加强组织建设，优化组织结构，积极稳妥地发展新会员，做好优秀人才的推荐工作，不断提升组织工作的科学化水平。

组织发展。按照“优中选优”和“改善界别结构，提高整体素质”，和省委会“千人计划”的具体要求发展新会员。全年共发展新会员34名，其中女性会员18名，教育界别20名，政府机关界别3名，医药卫生界别3人，公有制经济界别4人，新阶层界别4名，新会员平均年龄37岁。

基层组织建设。2015年，市委会组织开展各类活动，如三八节、重阳节活动、全市会员开展文体比赛、各类主题征文活动等等。各基层组织立足本职工作，开展丰富多彩的活动。如瑶海二支部的春节联欢活动、庐阳三支部的新春联谊活动、巢湖基层委的考察旅游项目活动、庐阳总支组织会员参观皖南革命纪念馆活动，等等。各类活动的开展有效地推动了基层组织建设，增强了基层组织活力和凝聚力。

为顺利完成2016年各总支换届工作，市委会出台《关于总支委员会换届工作的意见》，部署换届工作，为总支换届奠定基础。

骨干会员队伍和后备干部建设。学习贯彻《中国共产党统一战线工作条例》文件精神，推动后备干部队伍建设。7月，组织10位新会员参加民进全省新会员培训班。8月，举办市委委员、支部主委培训班，组织市委委员和各支部主委共计80余人参加培训，对7个先进基层组织和66名优秀会员进行表彰。11月，推荐10位支部主委参加市委统战部举办的民主党派基层组织负责人培训班，为骨干会员、后备干部提供各类学习进步的机会。2015年，会员王昌余和徐兆秀被庐阳区政府聘为特邀行政执法监督员。

机关建设。组织参加民进全省机关专职干部等培训班，坚持多渠道多形式加强学习，建设学习型机关；增强优质服务意识，积极服务基层组织，关心帮助会员，建设服务型机关；严格八项规定，规范“三公消费”、公务用车，建设廉洁节约型机关；开展机关文体活动，营造良好工作氛围，建设和谐机关。

【参政议政】　2015年，民进市委将“大湖名城、创新高地”建设作为参政议政工作的着力点，密切关注影响合肥经济社会发展全局的重大问题和人民群众关心的热点、难点问题，积极建言献策。在2015年民进全省参政议政工作会议上，民进市委被评为“民进全省参政议政工作先进单位”，刘宗祥被评为“民进全省参政议政工作先进个人”。

专题调研。全年完成调研报告22篇。完成民进省委“法制政府建设”和“现代职业教育”两个重点调研课题。全年向民进省委报送调研报告11篇，其中陈葆华撰写的《关于加强我省社会救助体系建设的建议》被民进省委采用作为省政协十一届四次大会口头发言，韩宪德撰写的《加快“互联网+”建设，打造特色创新集聚区》被采用作为书面交流材料。

在市政协十三届三次会议上，民进市委共有7篇调研材料被选用。其中刘宗祥撰写的《建设现代镇级市，展现大湖名城新风貌》被列为会议口头发言材料，由副主委程自堂代为发言。陈葆华、郑小能、杨智慧、辛国芳、刘宗祥、刘焕安等6人的调研报告被列为书面交流材料。

在市政协十三届十三次常委会议上，程自堂作题为《环巢湖旅游若干问题分析及对策建议》的口头发言。

在2015年市政协委员资政会上，韩宪德撰写的《加快“互联网+”建设，打造特色创新集聚区》和刘宗祥撰写的《搭建电商平台，打造“互联网+”的农村样板》被列为大会书面发言材料。

在中共合肥市委统战部专题调研评比中，刘焕安撰写的《治理城市大气污染，亟需严控挥发性有机物》被评为二等奖，郑小能撰写的《合肥市学前教育发展现状及对策的调研报告》和刘宗祥撰写的《建设现代镇级市，展现大湖名城新风貌》被评为三等奖。

议案提案。在2015年省、市“两会”期间，民进会员中的省、市两级人大代表和政协委员积极建言献策，民进市委被评为市政协“集体提案优秀单位”，韩宪德、毛晓斌、刘圣玲、陈远杰、杨晓5人撰写的提案被评为“优秀提案”。

在市政协十三届三次会议上，民进市委及民进会员政协委员共提交提案52件，其中集体提案18件、个人提案34件。有3件提案获市领导及相关部门批办、督办。其中孙秀娟撰写的《关于推进依法行政，加快推进法治政府建设的建议》被中共合肥市委常委、组织部部长汪卫东阅批。马建敏撰写的《关于整合社区资源，推进社区建设的建议》被中共合肥市委常委、政法委书记张进阅批。汪倩撰写的《关于建立健全政府购买养老服务制度的建议》被中共合肥市委常委、常务副市长韩冰领办。2015年“两会”期间，民进会员、市政协委员韩一民、郑小能、刘宗祥、周鹂、刘焕安、杨晓等人被相关媒体采访，多人提案被报道。

社情民意信息。全年收到社情民意信息49篇，报送民进省委、市政协和中共合肥市委统战部44

篇，其中27篇被民进省委和市政协采用。

在2015年中共合肥市委社情民意座谈会上，民进市委4篇材料被采用，其中刘宗祥撰写的《发展农村文化产业，让文化遗产在市场中激发活力》作为大会口头发言，马建敏撰写的《大力挖掘民俗文化，进民族乡村旅游发展》、查日义撰写的《加强社区文化建设，打造和谐精神家园》、郑小能撰写的《关于进一步推进长临古镇文化产业发展的建议》被列为大会书面发言。

民进市委被评为市政协"反映社情民意信息工作优秀集体"，会员韩宪德被评为"优秀信息撰稿人"，王伟被评为"优秀信息工作者"。会员刘焕安、王伟被民进省委评为"民进全省信息工作先进个人"。

【社会服务】 2015年是民进全国社会服务年，民进市委集中优势资源，发挥界别人才优势，指导、支持基层组织和会员开展社会服务活动。

*捐书助学。*响应民进中央"书香彩虹"公益捐书活动，发动全体会员向贵州省金沙县大田乡捐赠中小学读物，在规定时间内收集捐赠图书5000余册，超额完成民进省委下达的捐赠任务，并将所募捐的图书运送到金沙县。

*送医疗送温暖。*继续开展"送温暖、献爱心"义诊活动，此活动是民进市委重点打造的社会服务品牌，已连续开展了8年。7月，组织会内医疗专家赴肥东县八斗镇陆还村为当地村民义诊并赠送大量常用药物。8月，组织会内医疗专家参加省民进"同心示范工程"四周年帮扶活动，赴金寨县天堂寨镇马石村开展送医送药活动。10月，赴肥东县八斗镇陆还村，开展扶贫济困活动，对该村10户贫困户进行资助。

*基层组织和会员社会服务活动。*在"书香彩虹"公益捐书活动中，民进全市各支部积极响应民进市委号召，迅速完成捐赠任务。巢湖基层委持续关注考生心理问题，组织会员赴巢湖市炯炀中学，为高三学生举办考前心理辅导活动。巢湖基层委联合巢湖市司法局开展进"矫正中心"帮教活动。包河六支部开展"革命老区助学行"活动，深入金寨县为家庭困难女童捐赠1万元现金以及学习生活用品。包河六支部联合望湖街道普法办在合肥高铁南站进行法制宣传。瑶海一支部到合肥兴国实验学校开展送教活动。蜀山一支部会员刘丽赴舒城县干汊河镇龙山村走访贫困儿童，并送去营养食品和学习用品。会员韩宪德参加市政协举办的爱心助学捐赠活动，为贫困学子捐资助学。会员万云涛参加民进省委开展的"3·15义务法律咨询"活动。

在6月份召开的"民进全国社会服务工作会议"上，民进市委被评为"民进全国社会服务工作先进集体"，会员杨晓被评为"民进全国社会服务工作先进个人"。

（王　伟）

中国农工民主党合肥市委员会

【概况】 中国农工民主党合肥市委员会（以下简称"农工党市委"）全年发展党员25人，平均年龄34岁，其中40岁以下的22人。截至年底，党员总数792人，其中医卫界占58.5%，科技界占2.3%，文教界占15 %，其他界别占24.2%。

【思想建设】 根据农工党中央、省委的要求，以开展坚持和发展中国特色社会主义学习实践活动为主线，组织和引领广大党员深入学习贯彻中共十八届四中、五中全会和习近平总书记系列重要讲话精神，学习和领会中共中央统战工作会议和《中国共产党统一战线工作条例（试行）》的精神，认真学习中共安徽省委、合肥市委统战工作会议精神。通过理论学习，进一步统一思想，凝聚共识，巩固多党合作的思想政治基础。

*主题实践活动。*结合纪念农工党成立85周年，组织开展了"学精神、学党章、学党史"知识竞赛，完成农工党中央"三学"知识竞赛答卷100余份，推荐机关干部严璐参加农工党全省"三学"知识竞赛，以第一名的成绩代表农工党省委会参加农工党全国知识竞赛，获三等奖。开展党史教育，组织基层组织负责人赴福州参观"福建事变"旧址，了解农工党先辈们反蒋抗日光荣历史，增强党员们对农工党革命传统的认识以及作为一名农工党员的荣誉感。

*宣传和理论研究。*认真办好内刊、网站，及时宣传报道农工党市委及基层组织的各项工作。内刊《合肥农工》出刊2期，刊发稿件111篇 。"手机报"全年编发7期。宣传参政议政成果，参与"政协论坛"的"失能老人的救助"电视节目录制，获市政协此类节目评比一等奖。参与农工党省委"协商民主"理论研究，组织报送理论文稿。参与农工党省委党史研究工作，搜集、整理和上报相关资料。

【组织建设】 农工党市委主委、副主委先后前往市第四人民医院、市妇幼保健院、合肥学院、庐阳区卫生局、合肥市第七中学、巢湖市第二人民医院等单位看望和走访党员，与所在单位主要负责人座谈，了解党员的情况，听取他们的意见和建议，加强与基层中共党组织的沟通与联系。截至年底，基本完成基层组织的换届改选工作。在所有支部支委班子中，无论是留任，还是改选新人，均高票当选。

组织党员为农工党“一干会址”（农工党第一次全国干部会议）修缮布展缴纳特殊党费。农工党市委被评为农工党全国先进地市级组织，巢湖基层委、文艺支部被评为农工党全国先进基层组织。

【参政议政】 农工党市委积极参加中共合肥市委、市政府召开的各类协商会、座谈会和情况通报会，就“三严三实”学习教育活动、“十三五”规划制订、政府工作报告等重要内容，提出意见和建议。参与市政协开展的协商民主工作，参与“文化产业发展”“高技术服务业”等重点议题的调研和考察。组织农工党政协委员参加各类情况通报会和知情明政通报会，为党员参与协商议政创造条件。

议案提案。组织、支持农工党各级人大代表、政协委员履行职责，就经济社会发展中的重要问题和人民群众关切的热点难点问题建言献策。在市政协十三届三次会议上，提交大会发言2篇、提案50件，其中集体提案4件、个人提案46件。关于防治耕地污染的几点建议》《关于关爱残疾孩子，发展特殊教育的建议》被列为市政府领导阅批提案和市政协专委会督办提案，《关于防治耕地污染的几点建议》被评为优秀提案。在省、区级政协组织中，市农工党委员积极建言献策，提交的多件提案被评为优秀提案，有多名农工党员被评为优秀政协委员。

向农工党省委会提交了20余篇大会发言、提案材料，其中《关于成立网络安全事件应急小组的建议》《关于防治农村土壤污染的几点建议》《加快建立雾霾联防联控机制的建议》《进一步完善我省农村义务教育阶段学生营养改善计划工作的建议》被选用为农工党省委会集体提案，《推进我省健康服务业发展，满足人们日益增长的健康服务需求》被选为农工党省委调研报告，《发挥社会组织作用，提高基层社会治理能力》被选用为省政协大会发言。提案《发展新能源汽车是实现经济强省的重大战略机遇》得到多位省领导批示。就农村中小学生营养餐专题，协助农工党省委调研并撰写调研报告、提案，调研报告《关于促进我省中医药健康服务产业化的思考与建议》和《关于安徽省农村义务教育阶段学生营养改善计划工作的几点思考》《关于巢湖水资源综合治理的调研报告》分获农工党中央专题调研一等奖和二等奖，提案《关于进一步完善我省农村义务教育阶段学生营养改善计划工作的建议》得到省教育厅重视，认为该提案是下了功夫的，有些数据和情况是主管部门在调研中都没有发现的，是一份有价值的提案，对做好这项工作具有指导作用。

专题调研。先后开展了“推进海绵城市建设”“孤独症康复培训资源情况的调查”“传统产业电子商务应用”“传承和发展三河餐饮文化”“ 打造宜居、宜商的国际化人文环境”等多项调研。调研中，农工党市委领导带队、骨干党员积极参与，精心组织，深入实际，注重调研质量，较好地完成各项调研任务。其中，“推进海绵城市建设”调研组，召开专题座谈会，听取市农委、水务局等6家单位介绍情况，听取意见和建议。赴“海绵城市”全国试点城市济南市、池州市考察调研，听取经验介绍，参观考察试点区域。“孤独症康复培训资源情况”调查组利用两个月的时间，对19家康复培训机构情况进行问卷调查，分别上门访谈14家机构，电话、邮件调查2家，与机构负责人、员工、患儿家人座谈10余次，力争掌握第一手材料。以上调研均形成调查报告，提出政策措施建议20余项，调研成果分别转化为市政协委员资政会、市社情民意座谈会和政协大会发言材料。

社情民意信息。全年报送社情民意信息83篇，被省、市政协和中共市委办公厅采用11篇，被农工党省委采用28篇。根据市政协的工作安排，开展相关调研，组织农工党政协委员向市资政会和市社情民意座谈会上提交发言材料。召开宣传信息员会议，加强对信息员的培训，加强对基层信息稿件的征集和整理。根据《农工党市委会反映社情民意信息考核奖励办法》，对表现突出的信息员表彰奖励。机关分工联系信息员，加强与信息员的联系与沟通，进一步提升信息稿件的数量与质量。

【社会服务】 农工党市委组织开展送医送药、文化下乡、科技法律咨询和助残扶贫等各类社会服务活动70余次，其中捐款捐物9次，受益群众200余人次；捐助各类衣物、文具、生活用品800余件，折合人民币13万余元。救助群体涉及五保户、留守儿童、糖尿病人、失能老人、孤独症患儿家庭、麻风病人等。开展各类健康讲座、义诊和培训活动60余次，参与讲座、培训的群众和基层医务工作者3000余人次，接受一对一健康咨询400余人次，为近千名群众提供义诊服务，发放健康资料6000余份，送医送药折合人民币12万余元。

结对帮扶长丰县水湖镇李岗村“美好乡村”建设。组织农工党员规划专家为村容村貌改造出谋划策，为村里捐助部分体育设施和价值5000元图书，受到村民欢迎。按照农工党中央部署，开展“国际科学与和平周”和“中国环境与健康宣传周”活动。联合安徽省志愿者协会举办“志愿庐阳”健康宣讲进社区系列讲座，组织农工党员中的医疗专家组成志愿讲师团，深入庐阳区各个街道社区为百姓送去健康常识，全年举办健康讲座48场，涉及9个街道48个社区。

（卞华玉）

中国致公党合肥市委员会

【概况】 2015年，中国致公党合肥市委员会（以下简称“致公党市委”）下设1个基层委员会、4个总支部委员会、2个直属支部委员会，包河支部升格为总支部委员会，蜀山总支新成立政务区支部。全年发展党员10名，外省转入党员1名，均为本科以上学历。截至年底，全市致公党员总数253人，其中本科以上学历203人，占党员总数的80.24%；高级职称80人，占党员总数的31.62%；女党员107人，占党员总数的42.29%；市级以上人大代表4人，市级以上政协委员16人次。

【思想建设】 致公党市委全年召开4次党务研究会小组会议，坚持问题导向，不断充实、完善党员培训教材。赴瑶海总支、蜀山总支和巢湖市基层委讲授党课教材，增进组织凝聚力和向心力，提高基层党员的思想政治素质和党性修养。赴致公党大连市委讲授党课教材，增进兄弟组织间的交流。举办3次新党员培训。积极与中共省、市统战部对接，使董寅初纪念馆成为“安徽省统一战线教育基地”“安徽省社会主义学院实践教学基地”。

全年编发“手机报”86期，在致公党中央、致公党省委、省政协、中共省委统战部、中共市委统战部等网站、媒体发表文章56篇。

【组织建设】 全年发展党员10人，其中中级以上职称7人。指导包河支部升格总支，蜀山总支新成立政务区支部，完成瑶海、庐阳、蜀山总支和巢湖基委会所属支部换届及合肥学院支部、省立二院支部的换届。按照致公党省委安排，评选先进组织1个、优秀致公党员13名、优秀党务工作者1名、参政议政先进个人4名、宣传工作先进个人3名、理论研究工作先进个人1名、对外联络工作先进个人2名、社会服务工作先进个人4名、专委会工作先进个人1名。致公党市委被致公党省委授予“参政议政工作先进集体”“宣传工作先进集体”“海外联络工作先进集体”等荣誉称号。

各基层组织与所在辖区内的社区对接，以社会服务、课题调研等具体工作为抓手，深入推进统战进社区工作。以具体项目带动基层组织与社区结对共建，对党派组织参与基层社会治理进行有益探索。包河总支与方兴社区对接，开展居家养老试点；致公党市委与方兴社区联合举办新春联欢会。瑶海总支与胜利社区对接，开展建设社区学校、提升失地农民素质等工作。蜀山支部与家家景园社区对接，开展广场志愿者活动等。巢湖基层委抓住旅游规划项目与烔炀镇结对共建。庐阳总支第二支部与三孝口街道达成结对共建意向。

【参政议政】 全年开展8项专题调研，均形成调研报告。其中《发挥留学生作用，加快合肥国际化步伐》等3篇调研报告报送中共市委统战部参加评选。《发挥留学生作用，加快合肥国际化步伐》和《更高层次推进环巢湖旅游经济带发展的对策建议》等两篇调研报告转化为市政协十三届四次大会发言。《关于合肥市海绵城市建设的建议》等4篇调研成果转化为市政协集体提案。《关于推进合肥市职业教育体系新框架建设的建议》《关于完善合肥市道路交通设施和标识的建议》被评为市政协优秀提案。全年提交提案28篇、议案10篇。

健全反映社情民意机制，完善工作流程。全年向致公党省委和市政协报送社情民意信息52篇。被致公党省委采用17篇，被市政协采用22篇。

【对外联络】 整合资源，打造平台。致公党市委把拟自费出国留学人员作为工作重点，与上海大学莘远留学公司合作，将上海的优质出国留学服务引进合肥，优先服务于子女有出国留学意愿的致公党员。通过宣讲会等形式，面向全市为拟自费出国留学人员提供服务，打造出国留学服务平台，同时为有关部门收集自费留学生的相关统计信息。全年在合肥和淮南开展两次留学宣讲会，收集28名拟自费留学生的留学国家、拟申请院校、专业选择等信息。

与上海优那信息科技有限公司初步达成合作意向，共同打造面向合肥市企业家党员的海外投资置业平台。5月，致公党市委组织部分企业家党员听取优那公司的宣讲会，企业家党员们结合自身情况，表达了对海外投资置业的支持，同时也提出了自己的诉求。

组团出访。秉持对外联络从“一枝独秀”向“百花齐放”转变的工作方针，进一步支持基层组织开展对外联络活动。7月，巢湖基层委一行赴日本拜访日本国新洪门总会，会晤了铃木胜夫会长，深化了彼此了解，增进了双方友谊。

调研探索.积极探索工作渠道，力求基层组织能够最大程度地参与对外联络工作。6月，巢湖市基层委赴致公党深圳市委开展调研，学习、交流致公党基层组织对外联络工作的经验和具体做法。在调研中发现，致公党基层组织要进一步做好对外联络工作，必须充分鼓励基层党员利用个人海外关系，为国内国外组织牵线搭桥，促成国内致公党基层组织与海外洪门组织、侨团组织、华人组织的互访交流。

【社会服务】 前畈村帮扶。新年伊始，法律与社会服务专委会组织人员前去帮扶点金寨县前畈村开展帮扶工作，了解帮扶点农户养殖山羊、黑猪生长及销售情况，动员致公党员及组织社会力量，购买价值4万元的猪肉、羊肉，一次性帮助农户解决销售问题。在2014年的基础上，专委会多次与旅行社沟通，推进旅行社与农家乐进一步对接，全年为农家乐介绍游客120人次，实现收入1.56万元。

服务活动。组织巢湖基层委为烔炀镇旅游开发开展课题调研，在致公党杭州市委的帮助下，制订了烔炀镇项目开发设计规划。巢湖基层委援助白血病儿童，为白血病儿童患者及时就医提供了宝贵的机会和条件。赴肥东县路还村开展“送温暖、献爱心”活动。

学以致用。法律与社会服务专委会组织蜀山、包河、新站区统战部门和总支（支部）负责人赴大连学习取经，将大连统战工作的好经验好做法带回来。此举不仅加强了致公党区级组织与所在区的中共区委统战部联系，而且为各级组织开展活动打下良好基础。蜀山支部与蜀山区五里墩街道家家景园社区签约，开展致公进社区联手共建美好家园活动。新站支部与新战区统战部门共同筹建党员活动中心。

普法宣传。发挥致公党员法律人才优势，专委会组织律师党员走进社区，宣传国家法律。

（花小惠）

九三学社
合肥市委员会

【概况】 2015年，九三学社合肥市委员会（以下简称“九三学社市委”）发展新社员36人，其中高级职称14人，女社员12人，平均年龄38.8岁。下设瑶海、庐阳、蜀山、包河、巢湖5个基层委员会（27个支社）、1个机关直属小组，科技经济、教育医卫、妇女、老年4个专委会。社员总数519人，平均年龄51.1岁，高级职称279人，占社员总人数的53.8%；女社员204人，占39.3%。社员中担任九三学社中央委员1人，九三学社省委委员2人（常委1人），省人大代表1人，省政协委员2人（常委1人），市人大代表3人（常委会副主任1人、常委1人），市政协委员27人（常委7人），县区人大代表5人（常委会副主任1人、常委1人），县区政协委员30人（副主席2人、常委8人），省市相关单位特邀监督员30余人。

九三学社市委被九三学社中央评为“全国优秀市级组织”“2011—2015年度社会服务工作先进集体”“2014—2015年度参政议政工作先进集体”；社员戴绍平、刘泽被评为“全国优秀社员”，许桂宝、金维平、刘泽、戴绍平被评为“2014—2015年度参政议政工作先进个人”。

九三学社市委被九三学社省委评为“先进市级组织”“宣传工作先进集体”“参政议政工作先进集体”“信息工作先进集体”“社会服务工作先进集体”；蜀山区、包河区、巢湖市基层委，瑶海区幼专支社、庐阳区七支社被评为“先进基层组织”；28名社员被授予“社务工作先进个人”称号。

【思想建设】 围绕建设思想上坚定、履职上坚实、组织上坚强的参政党目标，九三学社市委通过召开全委会、主委会、机关办公会等，深入学习中共十八大、十八届三中、四中、五中全会、习近平总书记系列重要讲话等有关精神，不断提高全体社员的思想政治素质和履职能力。10月，在安庆市举办基层骨干培训班。全年组织社员100多人次参加省、市九三学社、中共省市统战部门举办的参政议政、信息工作、新社员、基层骨干等培训班。领导班子人员及机关人员参加了“党外代表人士学习贯彻中央统战工作会议和《条例》精神专题研讨班”“第一期社省级以下机关专职干部培训班”“市青干班”“科级干部任职培训班”等培训。

开展坚持和发展中国特色社会主义学习实践活动。9月2日，召开九三学社创建暨抗日战争胜利70周年纪念大会。邀请九三学社中央文化工作委员会委员王世铎作题为《这一天 历史永远铭记》的报告，重温历史，介绍九三学社缘起及创社先贤非凡事迹。主委陈栋作题为《团结合作一条心 风雨同舟七十载》的讲话，回顾九三学社市委成立31年来的发展历程。9月中旬，联合市政协组织九三学社界别委员考察枣庄市台儿庄抗战遗址，参观宿州市雪枫公园及彭雪枫纪念馆。9月下旬，主委陈栋率九三学社市委委员、机关人员赴云南学习考察，首先到九三学社昆明市委机关座谈交流，之后抵达腾冲国殇墓园，悼念中国远征军烈士，并参观滇西抗战纪念馆。

组织社员参加九三学社中央、九三学社省委、中共省委统战部开展的征文、论文、演讲、书画展等活动。报送“纪念抗战胜利暨九三学社创建70周年征文”9篇，阚春秀的《九三学社——我的大学》获“九三学社中央征文活动二等奖”；报“社中央法治精神与规则意识研讨会”论文3篇；报“社中央坚持和发展中国特色社会主义论坛”论文2篇；报统战理论研究论文1篇。报送学习建社70周年大会上中共中央政治局委员、中央统战部部长孙春兰所致的贺词，以及全国政协副主席、九三学社中央主席韩启德重要讲话精神的心得体会文章6篇。组织社员参加九三学社省委书画展，董曙光等7人的10多幅作品参展。组织社员参加九三学社省委演讲比赛，金山、蔡琼两篇演讲稿录入九三学社省委演讲集。

【组织建设】 鼓励社员建功立业。社员王浩波获“全国劳动模范”荣誉称号。6月4日，九三学社省委副主委檀莉、九三学社市委主委陈栋等赴丰乐种业看望王浩波，送去九三学社中央主席韩启德亲笔签名的贺信。李全、夏文龙、杨汉生、徐志仓、程乐华、储晓琴等社员获多项表彰奖励。

九三学社市委秘书长范恒碧于2014年7月至2015年10月在市城管局挂职任副局长，分管指挥中心和宣传工作，深入文明创建第一线，受到挂职单位好评。

【参政议政】 专题调研。九三学社市委就“现代农业示范区建设”“老年教育”“光伏产业发展”“农村饮水安全”等多个课题，赴肥东、肥西、长丰、庐江、浙江长兴、嘉兴、市老年大学等地调研。其中，“光伏产业发展”课题是九三学社省委中标课题，“现代农业示范区建设”“老年教育”作为2015年度报中共市委统战部的专题调研课题。承办1期“政协论坛——走近家庭光伏电站”，4月25日在合肥电视台新闻频道播出。

2014年的调研报告《关于进一步加强我市农业物联网示范工程建设专题研究报告》（刘泽执笔）获市民主党派工商联参政议政调研成果一等奖，《关于立法保护滁河干渠水源通道安全的建议》（郭朝阳执笔）获三等奖；九三学社市委获“组织奖”。《合肥市农业物联网示范工程建设调研报告》获2013-2014年度全市调研成果二等奖。《关于加强湖泊生态保护和流域综合治理的建议》（金维平执笔）获九三学社省委参政议政课题成果特等奖；《关于提升社会组织承接政府职能转移能力的建议》（金维平执笔）、《全面规划将我省打造成长江经济带的增益型中继站》（许桂宝执笔）、《关于改革农村宅基地管理的建议》（王永定执笔）3篇获一等奖；另3篇获三等奖。

大会发言。在1月召开的市政协十三届三次会议上，九三学社市委副主委许桂宝作《关于立法保护滁河干渠水源通道安全的建议》（郭朝阳执笔）的发言，《合肥日报》“两会专题报道”栏目给予报道；《人民政协报》刊登题为《九三学社安徽省合肥市委献计立法保护生命“水道”》的报道，人民政协网、新华网、中国政协传媒网等网络媒体转载了该篇报道。九三学社市委的《关于在巢湖综合治理中注重人文历史传承建设的建议》、张其旺的《关于职业教育服务我市经济转型升级的建议》作为市政协大会书面发言。《关于工程建设项目与人文传承结合的建议》（许桂宝）作为市政协文化协商会议发言，《关于加速我市高技术服务业集聚发展的建议》（许桂宝）作为市政协委员资政会发言；《关于十三五农村安全饮水工程提质增效的建议》（许桂宝）和《关于加强水源地管理的建议》（程玉霞）作为市政协常委会议发言。《让工业文化遗产为大湖名城增辉添彩》（许桂宝）和《实施五大融合，促进文化创意旅游产业发展》（程玉霞）作为中共市委社情民意座谈会发言。夏冬波在庐江县政协九届四次全委会上作题为《对做好我县非遗保护利用工作的建议》的发言；张其旺的《关于加快推进我区养老体系建设的建议》作为瑶海区政协书面发言；张静静的《推进农村文化事业发展 助力“美好乡村”建设》作为巢湖市政协书面发言。

议案提案。九三学社各级人大代表、政协委员提交市政协提案37件（含集体提案5件）。集体提案《关于加速推进我市国家级瑶海老工业区搬迁改造工作的建议》获中共市委常委、常务副市长韩冰批阅，集体提案《关于加快推荐我市养老服务体系建设的建议》获副市长、市公安局长姜明领办。《关于在巢湖综合治理中注重人文历史传承建设的建议》（集体提案）、《关于利用物联网技术建立合肥城市垃圾信息化管理系统的建议》(金杰）、《关于举办环巢湖自行车赛的建议》(孙家合)、《关于推进“医养结合”、促进“养老服务”发展的建议》(吴涛)、《关于“打造‘一带一路’水路交汇战略支点、加强长三角世界级城市群副中心建设顶层设计”的建议》（许桂宝）5件提案被评为“市政协优秀提案”。许桂宝、孙家合、吴涛被评为“优秀等次委员”。

社情民意信息。全年报送社情民意信息150多篇。《建议转变农业产业发展调控思路》（刘泽）被中共中央统战部《零讯》采用；《关于“亚投行”的新闻报道用语应谨慎》（戴绍平）、《建议我国十三五规划设置汽车排放总量控制指标》（黄胜明）、《启用住宅专项维修资金审批亟待简化》（范媛媛）和《应重视现代农业示范区的三个“被淡化”现象》（徐志仓）4篇被全国政协采用；《应重视现代农业示范区的三个“被淡化”现象》（徐志仓）等3篇被九三学社中央采用；7篇被省政协、中共省委统战部采用；《统筹协调我省农业人口转移“前中后”问题》（许桂宝）获中共省委常委、常务副省长詹夏来批示；8篇被中共市委办公厅、市政协采用。

【社会服务】 九三学社市委开展“百名专家乡村学堂讲科普”活动，组织10名专家走进肥东梁园中学等12所中小学校为2700多名学生讲授航天、环保、医学等科普知识。

联合合肥一中开展教育扶贫工作。在主委陈栋关心下，合肥一中3年为金寨县果子园乡中心学校提供13个免费就读名额，第一批5名毕业生全部考入本科院校。合肥一中参加九三学社中央开展的“同心智力行”活动，结对帮扶贵州省威宁县九中。11月，陈栋率领12名教师赴威宁九中开展教学帮扶工作。

5月，庐阳区七支社参加安徽广播电视台举办的“映山红行动”，捐赠1000元。九三学社市委带着社员捐赠的10000元助学金及价值2000元学习用品赴合肥特教中心爱心助学。10月，九三学社市委联合合肥瑶海济仁医院（社员孙成发所办）为瑶海区50多名生活困难环卫工人免费体检，并赠送价值近1万元药品。九三学社市委为包河区5名贫病环卫工人家庭捐款10000元。巢湖市基层委社员刘斌等继续资助炯炀中学5名学生，另资助槐林中学6名学生。

（阚春秀）

合肥市工商业联合会（合肥市总商会）

【概况】 2015年，合肥市工商业联合会（以下简称“市工商联”）积极推动会员企业健康发展和非公有制经济代表人士健康成长。截至年底，市工商联会员总数达28687个，其中企业会员 14955个，团体会员201个，个人会员13531个；系统直属商协会87个，友好商会39个。

市工商联现有主席1名，副主席46名；总商会会长1名，副会长46名，秘书长1名，常、执委共358名。市工商联获2015年度全省工商联系统先进集体称号、宣传工作优秀组织奖、全省民营企业信息直报点工作先进单位等表彰。

【思想建设】 市工商联开展了讲党课、“机关大讲堂”活动和“三严三实”专题研讨会。组织赴凤阳小岗村、定远藕塘镇烈士陵园和庐阳区检察院链接警示教育基地等参观考察。召开专题民主生活会，开展四个专项整治，制订出台《市工商联机关作风和效能建设十项规定》。

开展以守法诚信为重点的非公有制经济人士理想信念教育实践活动。出版12期《合肥民商》，对20余个企业进行专访报道，引导企业创新转型升级。与市直5部门联合开展了合肥市第五届优秀中国特色社会主义事业建设者表彰，92家企业受到表彰，省委常委、市委

2015年合肥市新成立商会协会一览表

序号	商会（协会）名称	会长及其公司		成立时间
1	合肥市华南城服装商会	范国宽	安徽国融商贸有限公司	2015.1.16
2	合肥市华南城五金商会	余本银	合肥市警星消防设备有限公司	2015.1.22
3	合肥市华南城建材商会	王世广	合肥乐亭商贸有限公司	2015.1.28
4	合肥市电动车、摩托车配件商会	曹志安	安徽邦国系能源科技有限公司	2015.6.26
5	合肥市鞋业商会	曹大勇	安徽珍宏鞋服有限公司	2015.7.28
6	合肥市家用纺织品商会	韩　勇	安徽大染坊布业有限公司	2015.8.2
7	合肥市汽车租赁协商	丁家成	合肥倍思特汽车服务有限公司	2015.11.6
8	合肥市石台商会	杨善春	合肥华信电动科技发展有限公司	2015.12.12

2015年合肥市工商业联合会会员发展统计表

行业门类\注册类型	小计	农、林、牧、渔业	采矿业	制造业	电力、热力、燃气及水生产和供应业	建筑业	交通运输、仓储和邮政业	信息传输、软件和信息技术服务业	批发和零售业	住宿和餐饮业	金融业	房地产业	租赁和商务服务业	科学研究和技术服务业	水利、环境和公共设施管理业	居民服务、修理和其他服务业	教育	卫生和社会工作	文化、体育和娱乐业
私营独资企业	4022	231	87	558	79	259	238	229	722	552	83	156	114	56	105	315	24	41	173
私营合伙企业	411	2	21	72	23	13	12	12	52	38	14	27	25	11	23	19	11	18	18
私营有限责任公司	4442	275	33	470	45	335	215	196	825	963	96	177	283	115	64	194	49	55	52
私营股份有限公司	1625	27	5	236	7	103	27	59	803	53	13	141	3	3	0	88	1	22	34
港澳台合资企业	1	0	0	1	0	0	0	0	0	0	0	0	0	0	0	0	0	0	0
港澳台合作企业	4	0	0	2	0	2	0	0	0	0	0	0	0	0	0	0	0	0	0
港澳台独资企业	7	0	0	2	0	0	0	0	1	0	0	0	0	0	0	2	0	2	0
港澳台股份有限公司	4	0	0	0	0	1	0	0	0	0	0	0	0	0	0	0	0	3	0
中外合资企业	1	0	0	0	0	1	0	0	0	0	0	0	0	0	0	0	0	0	0
中外合作企业	1	0	1	0	0	0	0	0	0	0	0	0	0	0	0	0	0	0	0
外资企业	5	0	0	0	0	2	0	0	0	0	0	0	0	0	0	1	0	2	0
外商股份有限公司	0	0	0	0	0	0	0	0	0	0	0	0	0	0	0	0	0	0	0
国有企业	0	0	0	0	0	0	0	0	0	0	0	0	0	0	0	0	0	0	0
集体企业	260	8	3	55	2	13	17	11	81	15	3	26	12	3	2	5	1	1	2
股份合作企业	56	5	0	1	0	0	0	0	0	3	47	0	0	0	0	0	0	0	0
联营企业	6	0	0	0	0	4	0	2	0	0	0	0	0	0	0	0	0	0	0
其他有限责任公司	3918	201	0	784	112	296	368	175	1026	256	98	134	113	25	112	159	21	9	29
其他股份有限公司	135	4	6	0	8	0	89	3	0	5	4	8	3	2	0	2	1	0	0
其他企业	57	3	4	0	3	0	6	4	7	8	0	0	7	4	3	3	2	2	1
企业会员小计	14955	756	160	2181	279	1029	972	691	3517	1893	358	669	560	219	309	788	110	155	309
团体会员小计	201	乡镇商会	67		街道商会	37		私营企业协会		0	个体劳动者协会		0		乡镇企业协会			0	
		行业组织	46		异地商会	35		市场商会		4	园区商会		7		其他			5	
个人会员小计	13531	个体工商户	12735		原工商业者	152		非公企业主要出资人和经营者		485		在内地投资的港澳工商界人士		21	有关单位代表			15	
		工商联干部			88			有工作联系的人士											35
实有会员数	28687															从业人员（人）			0

书记吴存荣参加会议并作经济形势报告。

创新开展工商联企业家周日沙龙活动，打造新型政商交流平台，吴存荣、韦弋等省市领导及相关市直部门主要负责同志先后参加。继续推进兼职副主席（副会长）联系常执委活动。印发《关于加强直属商（协）会党建工作指导的通知》，协调推进商会（协会）党建工作，有13个商会成立了党支部。

【组织建设】 市工商联积极发展新会员，完善数据库管理，会员企业达28687个，新组建了合肥华南城五金、建材、服装商会，合肥市电动车摩托车配件商会、合肥市创新产业联盟等，工商联系统商会达87个。举办2015年度合肥市行业商（协）会工作交流会，19个行业商协会和17名个人分别获先进集体和先进个人表彰。指导合肥安庆商会、工程机械商会和投融资商会等二十余个商会举办年会、换届会、联谊会，鼓励商协会创新形式开展活动。各个商会活动丰富，五金商会组织会员企业赴天堂寨参观刘邓大军千里跃进大别山前方指挥部，四季青服装商会组织会员企业赴山东考察传统文化，合肥民间投融资商会在金寨县举办首届天堂寨越野半程马拉松赛等。

按不同行业和领域选择样本企业，建成民营企业信息直报点200个，开展《民营企业劳动关系数据检测》等8个专题问卷调查，完善了工商联系统共同调查研究的平台。

推荐县区工商联参加全国、省“五好县级工商联”评比认定，包河区、庐阳区工商联成功跻身全国、全省“五好”县级工商联。

深入开展学习型机关建设，加强机关人员对党的理论和路线方针政策以及现代市场经济、法律等方面知识的学习。认真贯彻中央八项规定和党风廉政建设，严格执行财务制度，严控“三公”经费支出。机关工会和支部认真履行职责，共同营造团结敬业的浓厚氛围。

【参政议政】 市工商联界别及会员企业中政协委员在市政协十三届三次会议上共提交提案61件，其中贾东明、王琦琏、宋少东委员撰写的提案《关于解决优质中小企业贷款过桥资金的建议》和韦洋撰写的提案《关于合肥市农业循环经济发展现状及措施的建议》获“优秀提案”表彰，王琦琏、韦洋、刘勇、张华庆、贾东明5人获“2015年度优秀等次政协委员”称号。市工商联主办提案2件。工商联界别张燕华等委员在市十三届三次政协小组会议上反映企业困难，间接促进帮扶十条出台。以“农村土地确权与流转问题”为主题，精心制作了1期“政协论坛”在合肥电视台播出。

围绕全市中心工作和工商联建设中的热点问题开展调查研究。在2014年度全市民主党派工商联专题调研总结表彰中，市工商联报送的《关于合肥市“三门问题”的调研报告》和《关于合肥市民营企业用工难问题的调查与思考》获一等奖，《关于合肥市民间融资的调查与思考》获三等奖，市工商联获“优秀组织奖”。

印发《2015年调查研究和参政议政的通知》，年底对县（市）区工商联提交的29篇调研报告进行了评比，并形成《2015年合肥市工商联系统调研成果汇编》。完成合肥市非公有制企业“创二代”的引导与培养机制研究、全市水泥混凝土行业发展情况、民营企业“走出去”情况等5项专题调研。

【经贸服务】 针对市政协第十三届三次会议工商联界别政协委员提出的“切实解决当前民企面临的融资难”建议，按照市政府“帮扶十条”要求，积极做好困难民营企业申报审核工作，协调3个国有担保公司为36个重点帮扶企业提供担保，担保贷款3.79亿元；落实28个企业，发放贷款2.57亿元。

推进“合肥经济圈”工作，制定《合肥经济圈工商联（总商会）联系制度》，组织14个企业与阜阳合肥现代产业园区开展招商联谊活动。主动开展招商引资，先后邀请南部非洲上海工商联谊总会等15批近100名企业家到合肥考察，超额完成全年招商引资任务。

加强上市培训指导，推动企业登陆资本市场直接融资。会员企业中A股上市公司13个，晨阳橡塑、大明节能等企业在安徽省地方股权交易中心挂牌，华威药业、人和集团等10余个会员企业接受上市新三板辅导。以“助力中小企业，服务实体经济”为主题，举办中小企业投融资项目对接活动，与市高新创业管理园有限公司达成中小企业投融资项目路演活动合作伙伴关系，定期开展路演活动，对民营企业股权融资等进行推介模拟。路演活动的主要形式是举行推介会，公司向投资者详细介绍公司情况，充分阐述上市公司的投资价值，让准投资者们深入了解具体情况，并回答机构投资者关心的问题。先后帮助7家会员企业获得天使投资资金6000万元。

协助会员企业申报各类基金扶持，会员企业可乐公司争取到30万元国家青年创业基金支持，一家制药企业申报2000万元国家高新项目资金。做好市委市政府新成立的2亿元小微企业助贷基金扶持政策宣传。搭建民企投融资平台，加强与民生银行、兴业银行、招商银行、安徽省皖投小额贷款股份有限公司、安徽正奇融资租赁公司等合作，想方设法拓展融资渠道，服务中小微企业。鼓励“易物天下”“创赢易贷”等互联网金融信息平台建设，帮助中小微企业解决融资难问题。

【维权维稳】 制订《2015年法律服务团工作实施意见》，将服务团成员分成6个组对口联系服务商协会。组织民营经济法律服务团深入合肥巢湖经济开发区及多家商协会，为民营企业开展法律体检活动。配合市政协社会法制工作委员会组织召开民企法律维权协商座谈会，与公检法等部门联合为市工程机械行业协会协调解决法律维权难题。配合市委组织的对“两个条例、一个实施意见”（即《合肥市促进民营经济发展条例》《合肥市优化投资环境条例》《中共合肥市委合肥市人民政府关于大力发展民营经济的实施意见》）的落实情况督查工作，就督查中涉及法律维权方面问题进行分类梳理，跟踪协调解决。支持安徽力澜律师事务所举办“成长型企业上市融资发展之道——2015中国企业与资本对接会（合肥站）”，200余家会员企业参与活动。组织近百家会员企业参加“民企用工风险防控”法律服务大讲堂。参与三方四家活动，推动和谐劳动关系建设，指导庐江商会做好劳动关系协调调解示范工作。配合做好全市范围2015年度集体合同工作自查和督查工作。

【光彩事业】 号召和引导非公有制企业、商协会积极参与光彩事业，开展美好乡村建设。华泰集团和文一集团联合捐赠颍上县夏桥镇罗洋村扶贫资金50万元。光太集团和利华塑业公司分别向休宁县板桥中心小学和庐江县古圩小学、巢湖市凤凰小学学生捐赠校服和学习用品。光太集团安徽佳金矿业有限公司捐助白血病儿童治疗费用5000元。市工商联携市灯饰商会走进蜀山区西园街道七里塘社区岳西东村举行捐赠活动，累计为300多户居民捐赠吸顶灯、LED照明灯2000多个。合肥宝业基金会和瑶海区慈善协会联合捐赠45万元，救助150户特困群众。市石材商会捐助长丰县庄墓镇金桥村困难群众2万元，并与市五里庙装饰世界一同向肥东县白龙镇三河村困难群众、留守儿童捐赠16000元慰问金和学习用品。宁波市合肥商会向庐江县、定远县、金寨县等地中小学、医院捐赠近70万元的医疗教学物资、学习用品等。合肥池州商会与安徽仁众教育基金会联合为池州市148名贫困大学生捐助72.1万元助学金。常州合肥商会会长单位江苏首天投资集团向庐江县汤池镇金冲村捐赠价值36万元的路灯。

市工商联先后多次赴巢湖市黄麓镇西杨村、花塘村开展党组织结对共建活动，援建西杨村村民服务中心，并捐赠款物慰问西杨村和蜀山区仰桥社区的30余名困难群众。据不完全统计，市工商联会员企业全年累计捐赠款物折合人民币超过3000万元。

（刘庆兰）

人民团体

合肥市总工会

【概况】 2015年，市总工会切实发挥工会职能作用，积极服务职工群众，各项工作扎实推进、成效显著。市总工会先后荣获全国“安康杯”竞赛优秀组织单位、全国职工新《安全生产法》知识普及竞赛最佳组织单位、全国工会财务工作先进单位、全国工会经费审查工作先进集体、安徽省职工运动会突出贡献奖、创建全国文明城市工作先进单位、合肥市第十三届文明单位等称号。

【推进农民工入会集中行动】 积极争取党政支持，主动集合各方力量，举全会之力推进农民工入会和服务工作，确立“三年任务，两年完成”目标，扎实开展农民工入会集中行动百日攻坚。全年新建会企业1392家，新发展农民工会员26.7万余人，任务完成率328.8%，总量位居全省第一；投入1200多万元服务农民工6万多人次，投入资金和服务人数同比增长119%、112%，实现了农民工入会数量和服务质量的同步提升。成立由市委副书记任组长的领导小组，建立由市14个部门参加的联席会议制度，先后7次召开全市性推进会议、工作联席会、调度会，及时研究解决问题。出台《全市农民工入会集中行动工作实施意见》和《进一步加强农民工服务工作的实施意见》，建立工作督查、定期通报、互查互评、奖惩考核等制度。各县（市）区也相应成立领导组织，层层分解落实目标责任，打造了市快递行业、蜀山区红星美凯龙政务区商场、庐阳百帮创业园、大圩农业“双创”示范园、包河罍街、安徽富光实业等一批可复制、可推广的先进典型。着力将农民工纳入全市职工服务范围，梳理形成《合肥市直重点行业部门为农民工服务项目清单》，汇总34个市直部门107项服务内容，从加强入会引导、维权、提供多样化帮扶服务、提高文化技能、丰富业余文化生活等五个方面出台了20项农民工服务举措。

【弘扬时代劳模精神】 注重发挥劳模和先进典型的引领作用，在基层和一线评选推荐劳模先进，全市有9人获“全国劳动模范（先进工作者）”荣誉称号，16家单位和个人获“安徽省五一劳动奖状（奖章）”“安徽省先进集体”荣誉称号。五一前夕，市委、市政府召开庆祝“五一”国际劳动节暨先进表彰大会，表彰市“五一劳动奖状（奖章）”“工人先锋号”398个。加大劳模和先进典型的宣传力度，抓住劳模评选表彰的机遇，市总工会与市委宣传部联合举办“大湖名城、幸福合肥”庆五一劳动者之歌文艺晚会；在省级主流媒体集中宣传全国劳模吴雄飞等先进事迹，在《合肥晚报》开辟《职工之家》专版，全年不间断宣传50位劳模事迹；会同市档案局征集合肥市自建国以来全国和省劳模事迹及实物，积极筹划编印《合肥骄傲·劳模篇》一书，在全市掀起了学劳模、学先进的热潮。大力组织关爱劳模活动，发放劳模“三金”、困难劳模救助金616万元，为698名各级劳模办理公交卡充值服务，开展劳模身体健康检查、疗（休）养等活动。紧紧围绕发展大局，深入开展“中国梦·劳动美·合肥篇章”主题劳动竞赛活动，积极引导广大职工立足岗位谋创新，全年创建市劳模（职工）创新工作室81家，选树257名“金牌职工”，进一步激发全市职工创新活力和创造动力。

【抓好职工维权服务】 主动依法科学维权，全年接待职工法律咨询1700多人次，受理劳动争议调解、办理法律援助案件280余件，为职工挽回经济损失768万元。开展职工普法活动、讲座380余场次，发放普法宣传资料2万余册，举办全市职工劳动法律知识竞赛及电视现场竞答赛，“工会普法放映队”被评为合肥市首届“十大普法惠民品牌”。开展集体协商签订集体合同“集中要约”行动，累计签订合同9251份，覆盖2.2万余家企业，涉及职工96.2万余人，已建会企业集体协商建制率保持在90%以上，已签订的集体合同报审率和备案率均达到100%。扎实推进困难职工帮扶工作，修订印发《合肥市工会大病救助和生活救助管理办法》，推行帮扶救助对象的两榜公示制度。2015年元旦、春节期间，为2.7万户困难职工发放送温暖款物1215.63万元。“金秋助学”活动资助困难职工子女1526人，发放资助款237.8万元。深化日常帮扶救助，帮扶中心（站）全年共接待来访咨询8000多人次，为近3000名困难职工提供大病、生活等救助200余万元。积极服务职工创业就业，市职工服务（帮扶）中心举办各类招聘会49场，帮助2583人实现就业再就业；开展各类免费就业创业技术技能培训和职业技能鉴定5060人；为14家企业开展小额贷款贴息近40万元。积极参与马钢（合肥）钢铁公司、丰乐农化大兴合成分厂、庐江矾矿改制工作，维护职工队伍稳定。

【举办第三届职工运动会】 市总工会与市体育局联合举办合肥市第三届职工运动会，组织全市55个代表团3328名职工参加16个大项65个小项的比赛。与省总工会联合主办安徽省暨合肥市职工运动会开幕式，选拔出206名运动员参加省职工运动会，承办网球、趣味创编和健步走（合肥赛区）三项赛事，夺得金牌27枚、银牌11枚、铜牌15枚、团体总分991分，金牌总数、奖牌总数、团体总分全部位居全省第一，囊括“团体总分一等奖”“优秀组织奖”“突出贡献奖”和“体育道德风尚奖”四项大奖。开展全市女职工射箭比赛，邀请书画家进企业为职工义务写春联，举办市职工乒乓球赛、书画展、摄影比赛、广场文艺演出等群众性文体活动20余场次。开展标准化职工书屋建设活动，新建177家省级标准化职工书屋，市财政和市总工会补贴配套资金531万元。深化职工读书圆梦活动成果，组织职工参加全市“巢湖月·中秋情”千人环湖诵读大赛和“诗意中国·悦读合肥”第十一届普通话大赛。组织开展“争创全国文明城市·文明行业创建”集中宣传活动，加大对文明行业窗口单位的暗访督查力度，建立一周一督查制度，暗访检查100多个窗口网点，编发督查通报20期，努力促进窗口行业创建活动再上新台阶。

【推动工会改革创新发展】 积极推进区、开发区成立总工会，市委办公厅转发《市总工会关于合肥市区、开发区成立总工会有关问题的指导意见》，明确区、开发区总工会成立方式、工作职责、人员组成及机构设置等内容，积极推进工会体制改革。深化工会经费审查和财务管理制度建设，实行工会经费预决算管理，首次聘请第三方社会中介机构开展市总工会本级财务收支状况审计。继续开展全市范围工会经费审查审计，全面整改落实审计中的问题，切实保证审计监督取得实效。进一步强化工会管理制度化建设，先后修订出台市总工会全委会和常委会会议制度、机关学习制度、法律顾问制度、固定资产管理办法，修订完善公务接待手续和办公用品用管制度、财务审批报销办法、经费审查会议制度、建设项目审计办法，建立科级领导干部电子廉政档案。市工人文化宫建设完成选址、方案设计，市职工服务（帮扶）中心合肥要素大市场新址开工建设，职工信息化平台建设项目通过专家组评审。困难职工生活救助等5项服务项目纳入合肥市社会服务管理信息化平台。

（崔 莉）

共青团合肥市委员会

【概况】 2015年，合肥市各级团组织深入贯彻落实中共中央、安徽省委、合肥市委关于加强和改进党的群团工作的决策部署，锐意进取，务实担当，全市共青团工作不断取得新突破、实现新发展。团中央书记处第一书记秦宜智来合肥考察，对合肥共青团工作给予充分肯定。安徽省委常委、合肥市委书记吴存荣3次出席团的活动、2次就团的工作作出重要批示。有3项工作写入合肥市《政府工作报告》。全市共青团有42个集体、218名个人、27个工作项目受到省级（含）以上表彰命名，合肥市作为青少年权益工作创新试点城市，被团中央评为优秀等次。

【青少年思想政治引领】 突出主题活动教育。共青团合肥市委（简称“团市委”）牢固树立“全团抓思想政治引领”的工作理念，先后组织开展“与人生对话——我的中国梦”系列主题团日活动、“坚持理想信念，践行社会主义核心价值观”系列活动、“童心共筑中国梦 中华文化我传承”大型汇报演出、青年马克思主义者培训工程大学生骨干培训、纪念中国人民抗日战争暨世界反法西斯战争胜利70周年系列活动、“寻找小小升旗手”线上线下活动、“我是向上向善好队员”主题队日活动、“青春筑梦激扬合肥”大中专院校辩论赛以及第十一届合肥市少年儿童书信文化活动等各类主题活动200余场，覆盖青少年超过20万人次。大力弘扬何九春同学见义勇为精神。组织3期青年读书会·名家大讲堂、2期网络宣传（员）大课堂，面向社会推荐20余场科学家企业家讲坛报告。

强化网络舆论引导。强化网络宣传阵地建设，建立5000人的网络宣传员队伍，组建万名核心净网青年先锋队伍和3万人的青年网络文明志愿者队伍。“合肥共青团”官方微博粉丝突破4万，连续第二年被评为“合肥十大政务微博”，官方微信被评为“2014合肥市最具影响力政务微信”，市级共青团微信粉丝总数超过10万。发起合肥市“净网卫士”志愿行动，联合主办“2015·点赞中国看合肥 文明传播我先行”网络实践活动，针对网络负面事件组织多起正面跟帖。积极适应“互联网＋”时代，采用“1+N”网络宣传引导工作模式，成立一个合肥市青少年新媒体中心，联合多家网络媒体企业成立多个新媒体工作室，受到团中央书记处第一书记秦宜智来合肥调研时充分肯定。在《中国青年报》等中央级媒体刊载报道7篇，转载不同报道60余篇（次）。

【青年创业创新创优】 引导青年创业创新。响应“大众创业、万众创新”号召，积极参与2015“全国双创活动周”合肥分会场活动，承办中国青年创业大赛华东赛区决赛，评选首届现代农业“创客之星”，举办“青年创客高校行”系列活动。开展第三届青年创新创业大赛、第三届大学生职业生涯设计大赛，省内外300多个项目报名参赛。在2015中国安徽（合肥）农业产业化交易会、第九届中国（合肥）国际文化博览会等重大展会上，打造1690平方米青年创业创新展区。安徽省委书记王学军、省长李锦斌、农业部副部长张桃林等领导在2015中国安徽（合肥）农业产业化交易会上，与青年农场主展区农业创客作现场交流。“文博会刮起创客旋风”入选合肥十大双创事件。举办海峡两岸青年创新创业创优研讨会，促进台湾青年创业项目落地合肥。主动参与上海合肥双城战略合作，与上海青年创业协会、徐汇团区委签订合作框架协议。举办5期创业大讲堂，组织20余场50余人次创客开展分享活动。积极推进农村青年创业小额贷款，为306人发放3023.26万元创业贷款。大力实施农村青年创业致富“领头雁”培养工作，吸纳732名农村创业青年加入创业致富“领头雁”培养队伍。推荐合肥5F创业园和庐江电子商务产业园获评“安徽省青年创业园创建单位”。推荐9个项目在合肥广播电视台进行创客宣传，推荐8个项目申报安徽省青年创业引导资金。

鼓励支持青年创优。合肥团市委获评全市“创建全国文明城市突出贡献单位”，培育推荐合肥市锦雯言语康复中心与蜀山区团委的“关爱天使”助残疾儿童康复融合项目、华益儿童服务中心与庐阳区志愿服务中心的流动儿童社会融入与发展项目，荣获第二届全国青年志愿服务项目大赛银奖。圆满完成第十九届机器人世界杯赛及学术大会、2015合肥国际马拉松赛、第九届中国（合肥）国际家用电器暨消费电子博览会等大型赛（展）会志愿服务工作。成立“美丽我家园”青少年环保志愿服务队125支，开展“大美巢湖 青春守护”青少年新春环保统一行动；深化保护母亲河行动，开展青少年植树活动，2200多名团员青年植树2600多亩23000余株；启动实施“旧衣回收爱心助学”项目，投放旧衣回收箱240余只，回收旧衣物近7万公斤；开展“绿色长征”公益健走活动，已完成健走6100公里、捐树138棵。完善“青年文明号”管理办法，命名75个市级“青年文明号”，直接推报安徽中烟工业有限责任公司合肥卷烟厂卷接包车间辅联设备维修组和合肥市重点工程建设管理局项目管理一处等2家单位，获评2013～2014年度“全国青年文明号”。

服务青年就业需求。举办12期SYB创业培训班，培训360名青年；组织企业参加“春暖皖江”青年就业系列公益招聘会，提供岗位400余个；定期举办全市青年职工技能培训班和公益招聘会；各级团组织联合人力资源与社会保障、科技、农业等有关部门广泛开展农村青年技能培训，培训3587人，落实培训资金26.24万元，实现就业560人。

组织正面典型宣传。开展第四届“合肥青年五四奖章”评选、“最美青工”专题电视直播、“两红两优”“最美中学生”“最美中职生”和少先队先进表彰，选拔岗位能手参加第十二届安徽省青年职业技能大赛，举办乡村好青年分享交流会，组建宣讲团开展“青春献沃土 共筑中国梦”大学生村官先进事迹宣讲，举办首届合肥市现代农业“创客之星”风采展等。

【团组织影响力延伸拓展】 开展示范性大型公益群众性活动。举办“牵手大湖名城，共铸创新梦想”中国科学技术大学先进技术研究院首届青年创新人才联谊会和“大湖名城 爱满合肥”中国合肥第二届青年集体婚礼，引导文明健康的婚恋交友服务；举办“大湖名城 青春毅行”2015环巢湖金色踏春毅行大会，1万个毅行名额半个小时内被抢报一空，现场3万余名群众参与，其中香港澳门台湾同胞和国际友人近2000人；开展“文一杯”合肥市首届青年足球赛，24支队伍、400余人参加，并辅以新媒体宣传播报、有奖竞猜和亲子活动；举办“创新高地 青春骑行”2015魅力合肥金秋骑游大会活动，以创新驱动城市发展为主线，在“十二五”计划收官之际，展示合肥加快调结构转方式促升级行动成果，3000名骑手参加现场骑行。

推进青少年权益工作全国创新试点。将重点青少年群体服务管理和预防犯罪工作纳入社会治安综合治理考核体系，并深入县区实地督导；在中央社会治安综合治理委员会预防青少年违法犯罪专项组办公室的第二轮推开情况评估中，长丰县、庐江县、巢湖市的评估结果为“优”等次。开展首届“合肥市未成年人保护十大事件”评选活动，被团中央简报刊载；出版图书《少年司法之创新与探索》，延伸长三角都市群少年司法论坛成果；以面对面活动开展和重点青少年群体工作推进为双驱动，逐步完善青少年权益工作的组织化机制；加强市12355青少年服务台建设，建立法律志愿服务队、心理志愿服务队和青少年自护教育志愿讲师队伍；探索青少年事务社工队伍建设，与高校合作开展青少年事务社会工作调研，形成《合肥市青少年事务社会工作调研报告》；组织694名团干部参加社会工作者职业水平考试。

服务困难青少年群体。开展“职场第一课”暨资助贫困大学新生大型公益助学活动。暑期集中助学期间，全市各级团组织筹集发放助学金383.6万元，资助贫困大学生1243人。推进关爱农民工子女志愿服务活动，开展农民工子女和留守儿童免费观看电影，组织214名农民工子女参加“心手相连，快乐成长”“宝贝地球村”职业体验公益活动。编印青少年自护手册，联合市12355青少年服务平台和多家政府部门、社会组织等，通过多种形式，广泛开展“青春自护 暑期安全”青少年自护教育、法治宣传和禁毒宣传教育等活动。

搭建青少年线上线下服务阵地。推进“青年之声”互动社交平台建设，推广平台配套微邦App，组建“青年之声—合肥”专家团队超过6300人，涵盖工作业务、创业就业、法律维权、教育学习、医疗保健、社会工作、志愿服务等多个领域，专家人数接近全省人数1/4。推进青少年综合服务平台建设，开展专题调研，与多家单位沟通建设方案，拟制示范性平台建设标准。

【加强团组织建设】 巩固基层团建。成立街道区域化团建共建委员会55家，成员单位936家，新建街道直属团组织1239家，联系青年社会组织115家，成立青年社会组织联谊会19家。各街道（大社区）团工委班子配备专兼职团干部共567人，配备青少年社工或专职志愿者320人。开展县乡分类示范创建活动，在肥东县、肥西县、长丰县、庐江县、巢湖市成立县域农村合作组织团工委。结合全市社区党组织委员会和居民委员会第三次统一换届工作，召开现场推进会，同步开展团组织集中换届选举工作，圆满完成327个社区团组织集中换届工作。实地考察乡镇街道共青团工作“以奖代补”专项资金使用单位和申报单位，评审确定20个优秀单位和20个优秀项目，拨付“以奖代补”资金60万元。保障每个乡镇街道每年不低于2万元的团组织工作经费纳入财政预算。

加强团干部队伍建设。抓好市委党建带团建文件的贯彻落实，推进直属团组织负责人配备，督促各县市区重点抓好乡镇（街道）团干部配备工作。重视提高团干部调研能力和水平，合肥团市委和肥东团县委、肥西团县委、庐阳团区委荣获全省共青团系统信息工作先进单位。引入高校和社会专业研究力量，召开10余场专题讨论会和征求意见座谈会，推进合肥市“十三五”青少年发展规划编制工作。结合“三严三实”专题教育，开展“团干部如何健康成长”大讨论活动，力求在团干部中进一步坚定理想信念、进一步密切联系青年、进一步提高工作本领、进一步锤炼优良作风。深入开展“走进青年、转变作风、改进工作”大宣传大调研、“进万家门、访万家情、结万家亲”大调研和学习宣传贯彻中央、省委、市委党的群团工作会议精神大调研活动，市本级组建6个调研组，全市超过150名专职团干部参与，走访基层单位300余家，开展各类宣讲和座谈会上百次，邀请党政领导干部、团干部、青年代表等共同谋划团的事业发展，直接覆盖青年1400人，收集问题116个，列出16项青年问题清单。

（吴 非）

合肥市妇女联合会

【概况】 2015年，合肥市妇女联合会（简称“市妇联”）以社会化动员、全媒体推进、全过程服务、多部门联动的工作模式，聚焦“三个注重”，持续推进“六大工程”，全市妇联工作取得新突破、实现新发展。全国人大、全国妇联、安徽省人大、省政府、省妇联领导来合肥调研时给予充分肯定；中国妇女报以《人手不变，妇联影响力却在倍增》为题宣传合肥妇联。市妇联获得全省妇联系统目标管理考核先进集体、安徽省三八红旗集体、合肥市创建全国文明城市突出贡献单位、合肥市社会治安综合治理先进集体等称号。

2015年，中共中央和安徽省委、合肥市委相继召开党的群团工作会议，印发了关于加强和改进党的群团工作的意见和实施意见。全国妇联、安徽省妇联研究出台了贯彻中央、省委精神的实施方案。市妇联积极做好学习贯彻工作。

【特色化创寻“最美家庭”】 市妇联把最美家庭创建主动权、寻找决定权交给群众。通过社团推、家庭晒、居民议、社区荐、网络赞等形式，大众评、专家审、张榜公示等程序，寻找合肥最美家庭，吸引35万人次参加“最美家庭”网络投票。依托遍布城乡的1678个妇女之家，通过常态化创寻，并向机关、企业、部队延伸，常设“最美家庭”光荣榜，常办“最美家庭”分享会，使创寻活动成为群众天天看得见、随时能参加、不断受教育的常态工作。结合“五一”国际劳动节、“八一”建军节重大节点，突出主题创寻，寻找“最美女工”“最美军嫂”。各项活动相继展开、持续升温，覆盖女性超过20万人次。编印《合肥市最美家庭集锦》，开通“合肥女性”官方微信、微博，在合肥日报、合肥晚报、合肥电台、合肥电视台、“合肥论坛”等主流媒体，开设、开播“最美家庭”专题专栏。用网络刷出活动影响力、用报刊记录最美闪光点，使“最美”效应最大化。

【创新家庭教育品牌】 联手专业团队创办全国首档家庭教育公益广播节目——《庐州家长课堂》，2015年元月16号正式开播，截至12月31日已播240期，同时将节目音频链接在合肥女性微信公众号上，扩大听众覆盖面。举办“做智慧父母 建幸福家庭”报告会、教育名家谈讲座220场，线上线下累计受益面达200万人次。《庐州家长课堂》已成为覆盖合肥、辐射全省、影响全国的广播节目。建立家教微平台，发挥新媒体优势，建立“爱的麦田”“二年级”等多个微信公众号、QQ群，为家长提供多重服务。注重家庭教育研究，坚持问题导向，立足合肥实际，开展针对性调研，撰写调研报告。

【注重推进家风建设】 发动广大家庭挖掘好家规好家训，展示治家理念、传播良好家风，让家庭美德、传统道德在家庭生根。市妇联与市委宣传部共同发起“家风养成计划”，举办“赞家规、晒家训、说家风、讲家事、秀家宝”活动，评选出千余条叫得响、立得住、有示范引领作用的家规家训和家风故事。开展安徽省暨合肥市践行社会主义核心价值观培育文明家风系列活动；举办家风家训美文诵读比赛、文明家风建设论坛、文明家风微电影展播，为广大群众奉上涤荡心灵的家风家训盛宴。相继在包河区建成全省首个百家训广场、在瑶海区建成全市首个家风主题广场、文明家风主题社区；举办家训传承仪式，增强人们的思想认同，为社会发展增添砥砺前行、崇善向上的道德力量。

【持续推进六大工程】 在改善民生中高度关注妇女儿童需求，在社会管理中积极回应妇女关切，在和谐发展中引领妇女创业创新创优。

一是持续推进“女性素质提升工程”。优化人才资源，对女性人才库动态管理，定期或不定期更新信息数据，积极向各级各部门分门别类进行推荐。同时组织开展分类培训，办好网络课堂，精选适合各类妇女的课程，进行“点单式”培训；办好特色课堂，聘请各类专家举办不同专题讲座、培训330场（次）；办好开放课堂，先后与中华女子学院、复旦大学、清华大学、浙江大学、嘉兴市委党校联合办班，培训女干部900余人。助推女性成长，坚持优秀女干部到市（县区）妇联机关挂职制度常态化，坚持提拔女干部征求妇联意见常态化。积极向各级党委、组织部门推荐挂职女干部和妇联干部，使妇联真正成为女干部成长锻炼的摇篮。

二是持续推进巾帼创业促进工程。搭建平台，举办市女企业家发展论坛，组织百家企业参加2015“全国双创活动周”合肥分会场活动，成立女企业家艺术团，积极为女企业家发展解难题。创新思路，开办女性电子商务、微商等培训班，大力培养女性“双创”带头人，打造女性电商人才“蓄水池”，有效指导范淑丽、董光武等创业带头人，打响电商创业品牌。加大扶持，依托省妇女创业扶持专项资金，逐步建立完善的创业帮扶新格局，创设妇字号示范基地，以项目实施增强妇女参与经济建设的能力，目前已建成3条徽姑娘创业示范街，创设的“大圩徽姑娘创业联合会”品牌影响力不断增强，德国总理默克尔、印度国大党代表团、马拉维共和国总统夫人及全国妇联先后前来考察。

三是持续推进维权帮扶援助工程。实现维权项目化，运用政府购买服务方式，委托婚姻家庭咨询师协会、家庭教育研究会等12家社会组织，分别实施幸福家工作坊、家庭调解庭、爱妻讲堂等40个妇女儿童公益项目，为广大妇女和家庭提供个案服务、把脉支招。实现维权日常化，开展“建设法治中国·巾帼在行动”安徽省暨合肥市“万家联动·送法到家”社区行、“三八”妇女维权月系列宣传活动，评创“平安家庭”、廉洁家庭。积极参与土地确权工作，持续推进村规民约修订。实现维权专业化，市妇联创建的“马大姐信箱”被评为合肥市十大维权普法公益品牌；“三月丽人帮”婚姻家庭专题栏目，在线答疑解惑；一月一场的公益相亲活动，深受广大青年的热捧。

四是持续推进文明家庭创建工程。“双五”争创内拓外延，在“五美女性”“五美农户”争创基础上，组织县区妇联开展集“家庭美德、家庭整治、家庭生态”于一体的“美丽庭院”和“最美阳台”创建，打造18个“美丽庭院”示范点；组织家政服务指导团赴示范点入户指导，帮助家庭“序化、亮化、净化、美化”。市美好办连续3年将“双五”争创纳入美好乡村建设考核内容，省美好办将其作为特色工作予以肯定。志愿服务长效开展，开展“邻里守望，姐妹相助”巾帼志愿服务实践系列活动，开展志愿宣讲、志愿服务实践活动236场（次）。包河区“美丽堂”、蜀山区“七彩志愿”、庐阳区“能大姐互助站”等志愿服务各具特色，得到全国妇联副主席焦扬的充分肯定。全民活动踊跃参与，安徽省暨合肥市2015年度家庭运动会总决赛，吸引213户家庭参与。

五是持续推进妇女儿童关爱工程。发挥基金会作用，与合肥市巾帼妇女发展基金会联合开展巾帼助学行动，筹资145万元帮助476名贫困女大学生，为女大学生提供近千个实习就业岗位；安徽元通爱心基金每年出资20万元，为乳腺癌患者提供治疗费用，连续两年每天捐赠1个义乳。争取280万元“贫困妇女救助资金”，惠及424位贫困妇女、患两癌（乳腺癌、子宫癌）妇女、单亲、失独妇女。携手合肥广播电视台举办“48小时公益接力跑”活动，为留守儿童筹集夏令营公益金；请专业摄影师为留守儿童拍下最美微笑，将照片寄给远方的母亲。全市共募集资金114万元，资助女童1225人。各级政府共投入资金403万元建设社区儿童之家，滨湖世纪社区儿童之家开创在社区进行特殊儿童心理干预先河，得到了国务院妇女儿童工作委员会办公室高度评价。

六是持续推进组织建设强固工程。实施妇联干部“素能提升计划”，有效提升妇女干部谋划能力、执行能力、协调能力、文字能力和表达能力；分赴上海、杭州、南京等地学习调研，为市委加强和改进群团工作提供建议，为基层妇联争取政策支持；调研妇女儿童发展重难点问题，两篇调研报告获安徽省妇女儿童工作优秀调研报告一等奖、三等奖，9篇调研报告在《安徽妇运》刊登；首次编制合肥市“十三五”妇女事业发展规划。打开大门建妇联，不拘一格建组织，在大型国有企业妇委会全覆盖的基础上，推动妇女组织向“两新”组织延伸；升级打造妇女之家，瑶海区大王庙“合欢e家”招募90余家企业，共同创立“欢商联盟”，增强妇女之家活力；城市社区广泛吸纳女性文艺骨干、社会体育指导员等作为妇联兼职副主席。启动“百企建百家”行动，在女企业家企业中兴建妇女之家。为加强妇联组织建设，全市共配备乡镇（街道）以上兼职副主席105名；中共合肥市委〔2015〕20号文件，明确规定“乡镇（街道）妇联组织每年不少于2万元工作经费，纳入财政预算”；长丰、巢湖已将乡镇（街道）妇联每年5万元工作经费纳入财政预算，实现了基层妇联经费突破。长丰、巢湖妇联工作还被纳入当地党委政府目标考核并占分值，提升了妇联地位，凸显了妇联作用。

【2015年合肥市荣获全国省“最美家庭”名单】 薛华超家庭荣获全国“最美家庭”称号；

6户家庭荣获安徽“最美家庭”：高明发家庭 、汤金留家庭、李文家庭、冯莉敏家庭、章佳斌家庭、孙全德家庭。

（沈成惠）

合肥市科学技术协会

【全民科学素质行动计划纲要实施】 2015年，合肥市科学技术协会（简称“市科协”）继续推动合肥市全民科学素质工作深入持续开展，认真贯彻落实《合肥市全民科学素质行动计划纲要实施方案（2013～2015年）》。努力落实《安徽省政府与各市及省直管县政府全民科学素质建设目标责任书》任务，根据安徽省科协组织的全省公民科学素质调查结果反馈，合肥市公民科学素质已达10.2%，超过“十二五”达到5.5%的预期目标，超过全国平均水平4个百分点，稳居省内第一，合肥市“十二五”科学素质工作圆满收官。

【加强科普信息化建设】 9月15日，“合肥科普”微信公众号正式上线，开设《科普资源》《科普活动》《科普基地》三大栏目，每个工作日推送4条科普消息。在市科协网站设立科普服务平台窗口，平台分为科普阅览室、科普体验馆、科普大讲堂、科普咨询室、科普知识竞赛、科普电影院等六大板块，通过科普服务平台，全方位地普及科学文化知识，促进科普信息化建设。包河区、蜀山区、庐阳区、肥东县、庐江县等地科协相继开通或利用本地区官方微博或微信公众号，通过网络进行科普宣传，创新科普宣传形式和传播方法，扩大宣传普及面，让广大群众更好了解相关科普知识。

【全国科普示范县（区）创建】 市科协高度重视全国科普示范县（区）创建工作，制定科学、细致的创建工作方案。经过市科协及各县区科协的认真准备，扎实工作，肥东县、蜀山区被评为2016～2020年度全国科普示范县（区）。肥东县、肥西县、长丰县、庐江县、瑶海区、庐阳区、蜀山区、包河区被安徽省科协命名为2016～2020年度安徽省科普示范县（区），通过创建工作，全面提升了合肥市科普工作水平，开创了科普工作的新局面。

【社区科普益民计划实施】 市科协启动第四批10个市级科普之家建设，每个社区配套建设经费5万元，共补助50万元，区、街道、社区也分别投入配套资金。目前全市建设社区科普之家38个，已建成社区科普之家26个，在建12个。继续加大科普示范社区创建工作力度，打造一批区域带动示范作用较强的科普示范社区。蜀山区奥林花园社区、包河区滨湖世纪社区被评为2015年“全国科普示范社区”，各获得奖补资金20万元。瑶海区大通路街道繁昌路社区、庐阳区逍遥津街道义仓社区被选为2016年“全国科普示范社区”建议奖补单位。包河区芜湖路街道曙光社区、庐阳区四里河街道桃花园社区各获得安徽省科普示范社区10万元配套经费。目前合肥市已创建全国科普示范社区10个，省级科普示范社区33个。

【社区科普大学】 为深入贯彻实施《科普法》及《全民科学素质行动计划纲要》，根据中国科协和安徽省科协有关文件要求，按照《合肥市社区科普大学建设工作实施方案》，10月28日，成立了合肥市社区科普大学，同时成立合肥市社区科普大学校务委员会，设立校务委员会办公室负责日常工作。12月初，在合肥市2015年社区科普工作者培训班举行了合肥市社区科普大学揭牌仪式，并为全市150个社区科普大学分校、教学点统一制作发放了校牌。编印《低碳生活指南》《中医养生指南》等社区科普大学教材8种共计1.6万册。

【青少年系列竞赛活动】 3月举办合肥市第三十届青少年科技创新大赛，共收到市辖各县区选拔报送学生竞赛作品203项、科技实践活动21项、科技辅导员作品29项，参与学生近2万人。同时推荐30项一等奖作品参加安徽省竞赛，共获得全省13个一等奖中的11项。这11个项目代表安徽省参加第三十届全国青少年科技创新大赛全部获奖，获得一等奖2个、二等奖4个、三等奖5个，其中3件作品还同时获得专项奖，分别是茅以升科学技术奖、香港城市大学科技创新奖和华辉最具价值智能奖；科技辅导员创新项目获得二等奖2个、三等奖1个，其中1件作品同时获得科技辅导员创新奖专项奖；科幻画项目获得一等奖2个、二等奖8个、三等奖1个；科技实践活动项目获得一等奖2个、二等奖2个、三等奖3个，其中1件作品同时获得十佳科技实践活动奖项。各项成绩再次刷新纪录，再创历史佳绩。

4月举办合肥市第七届青少年机器人竞赛。本届大赛共有来自全市各县（市）区98所学校、教育培训机构的998支代表队、1900多名参赛选手和232名教练员参加，参赛人数和规模再创历史新高。在安徽省机器人竞赛中，合肥市几乎包揽一等奖，在大赛胜出的47个一等奖中，合肥市代表队斩获43个。在最终决出的15个冠军队中，合肥市代表队勇夺13个冠军。在第十五届中国青少年机器人竞赛中，合肥市17支队伍代表安徽参赛，获得10枚金牌、7枚银牌，其中金牌中冠军3个、亚军3个、季军3个，金牌总数实现全国“三连冠”，安居苑小学FLL项目、合肥一中VEX项目获得参加2016年世界锦标赛资格，代表中国赴美国参加2016年机器人世界锦标赛。此外，合肥市第三十八中学代表中国参加4月在美国举行的2015年FLL机器人世界锦标赛，获得金牌。

**【合肥市青少年科技创新市长

奖】 10月21日上午，“全国双创活动周”合肥分会场主场活动之一“合肥市第十三届青少年科技创新市长奖”颁奖大会，在安徽国际会展中心举行。9名学生获得由市政府主要领导签名的证书，并获得“市长奖”奖杯和奖金，会上还表彰76名2015年合肥市优秀科技辅导员。安徽日报、合肥日报、合肥晚报、新华网、新浪网、中安在线等多家媒体参与活动报道或转载活动消息。“市长奖”评选活动已经成为合肥市青少年科普教育工作的重要品牌活动，创新型城市建设的重要内容之一，营造了良好的创新文化氛围。

【中国·合肥科学家企业家讲坛】 全年共举办第195至211期共17期中国·合肥科学家企业家讲坛，在合肥网建立讲坛专门网站，做好宣传和服务工作。积极搭建科学家、企业家沟通、交流、展示、合作的公益性平台，为推动科技交流合作、培育创新文化、服务自主创新工作作贡献。

【学术交流】 市科协及所属科技社团共举办、协办、参与各类学术交流活动420场（次），参加人员5.6万。邀请台湾海峡两岸中小企业联合促进会副秘书长叶华镛、原国务院参事任玉岭、中国保健学会食品工作委员会会长宋育秋、中国心理专家教授郑日昌等专家学者开展交流研讨。举办江淮分水岭富硒农业发展研讨会、第三届海峡两岸社区营养与健康促进研讨会等学术活动。组织参加中国科协年会、华东片区老科协年会、中华珠算文化专题研讨会等全国性、区域性学术活动，并作大会交流发言。通过形式多样、内容丰富的学术交流活动，促进学科发展、推动自主创新和科技人才成长。

【“5612”工程实施】 市化工学会与合肥乐凯科技产业有限公司就共同承担和完成“水性二氧化硅纳米粒子制备与应用技术开发”项目的研制任务，签订安徽省创新驱动助力工程合作协议；与安徽久易农业股份有限公司签订“500吨/年95%唑草酮原药合成新项目的建设提供技术支持”和引进合肥工业大学DMC法苯磺隆合成工艺技术，合作完成“300吨/年苯磺隆原药合成项目”，并签订安徽省创新驱动助力工程合作协议书。

【“海智高新高端技术项目合肥专场对接交流会”举办】 国际华人科技工商协会主席、美国凯思比海外创业投资公司董事长、美国东方银行董事李大西博士一行25人于5月6～7日，携带“国际创新”等11个高科技项目，来合肥开展海智考察交流并对接，相关企业及海智专家50余人参加。组织与项目相关企业和海智专家进行对接，共同达成《利用硅藻技术治理盐碱地项目》等8项合作意向。

【‘金桥工程’实施】“金桥工程”是由中国科协发起并组织的一项为经济建设服务的实践活动，主要任务是动员广大科技工作者，在科技与经济之间“架桥”。按照省市科协的部署及《合肥市科协“金桥工程”实施办法（试行）》的要求，合肥科学技术咨询中心完成合肥地区2014年度“金桥工程”项目的验收工作和2015年度“汽车用高效电动空调（热泵）压缩机关键技术开发与应用”等35项“金桥工程”项目组织申报立项工作，其中机械、信息工程、电子、新能源等高新技术项目所占比重较大，项目的质量和数量较以往有所提高。

11月3日，合肥科学技术咨询中心（合肥金桥工程办公室）在市科协副主席郭邓节带队下，赴苏州市奥杰汽车技术有限公司对“金桥工程”项目实施情况进行调研。在苏州市奥杰汽车技术有限公司，调研组听取了情况汇报，现场查看了有关设计样品，并对本次调研的“金桥工程”项目“骏铃新一代宽体项目（N334）”提出很多合理化建议。

根据《合肥市科协“金桥工程”实施办法（试行）》和《合肥市科协金桥工程“以奖代补”实施细则（试行）》的精神和要求，合肥科学技术咨询中心（合肥金桥工程办公室）12月19日组织召开了2013～2014年度合肥地区“金桥工程”优秀项目评审会，授予肥西县科协“金桂高效繁殖与管理技术”等22个项目为合肥地区“金桥工程”优秀项目。

【合肥科技馆】 合肥科技馆全年观众接待总量再创新高，达69万人次，较上年提高13%。全新人体“WE”展区顺利更新，新增展品93件（套），自主创新的展品比例达到30%。穹幕影院实现全面升级，影院放映效果达到全国先进水平。创客空间“创．行者”首次试水，成为合肥市营造创新氛围，培养青少年创新思维，协助孵化创新成果的新平台和新通道。科普分馆如期落成，有效地推进了科普公共服务的均等化、标准化，为实现科普资源的共建共享与普惠公平作出有益尝试。在科普教育活动方面，全年共完成定时讲解564场，开展科普剧、科学实验秀、“科普微讲堂”“展无止境”“科学棒棒糖”等各种形式的深度讲解和教育活动1300多次，开发新活动资源包14个，策划临时展览3场，举办天文活动2次，专家报告会1场，开展科技馆活动进校园进社区15次，流动科技馆进驻天长、当涂、凤阳、和县、肥东、宿州埇桥区等6站，共接待观众约40万人次。2015年合肥科技馆通过遴选，再次被中国自然科学博物馆协会评为“中国自然科学博物馆协会先进集体”，连续4年获得该项荣誉。

【《生物学杂志》】 2015年编辑部完成《生物学杂志》6期共计120万字的编辑出版工作。2015年收到来稿约500篇，全年发表稿件159篇，占来稿量的31%，其中发表国家自然科学基金、国家科技计划、国家高技术研究发展计划（863）等国家级基金资助的论文89篇，占发表文章总数的56%；省、部级基金项目、市级及院校基金项目资助的论文56篇，占发表文章总数的35%，发表国家级基金资助的论文比上年有了明显提高。为增加信息量，提高论文的时效性，从第6期开始，由原来的112页扩版到129页。为纪念抗日战争胜利70周年，7月生物学杂志社承办“勿忘国耻、科技报国——2015年合肥市科技夏令营”活动。

（曹忠寿）

合肥市社会科学界联合会（市委讲师团、市社科院）

【中共合肥市委中心组学习服务工作】 围绕学习贯彻习近平总书记系列重要讲话精神、“四个全面”战略布局、“三严三实”专题教育、党的十八届五中全会精神和中央、省委一系列重大决策部署，编印《中心组学习材料》9期，配发《习近平谈治国理政》《“四个全面”学习读本》《习近平关于党风廉政建设和反腐败斗争论述摘编》《党的十八届五中全会文件汇编》《〈中共中央关于制定国民经济和社会发展规划第十三个五年规划的建议〉辅导读本》等8种必学书籍，配送500余册自学书籍，提供中共中央宣传部《学习活页文选》60余期，建立市级领导理论学习联系点21个。做好市委中心组学习成果转化工作，通过《合办通报》印发市委、市政府主要领导在中心组学习会议上的讲话，引领全市学习；在《安徽日报》等省级以上党报党刊发表中心组成员理论文章6篇。此外，加强对县级以上党委（党组）中心组学习的指导与服务，每年旁听10个、抽查10个县处级党委（党组）中心组学习；建立党委（党组）中心组学习秘书QQ群，加强交流和指导；征集宣讲选题40多个，组织市级宣讲专家分头备课，为各级党委（党组）中心组理论学习提供菜单式服务。

【应用对策研究】 改进、完善社科规划课题的征集、研究和管理方式，发布了2014～2015年度规划课题。在肥高校、市直单位和县（市）区参与规划课题研究的热情普遍提高。组织开展省级理论社科课题的申报、研究工作，完成了安徽省社科联《面向基层的政策理论宣传普及工作研究》、省委讲师团《加强基层意识形态工作对策研究》等课题。开展横向合作研究，会同市政协开展“合肥与上海双城战略合作总体思路”的课题研究，完成《合沪双城制度合作研究》子课题。策划、启动《合肥智库丛书》研究、出版计划。2015年，组织省社科院专家、市直部门和县（市）区实际工作者，以合肥文化转型升级为主题，开展专题调研。出版了丛书第一辑《文化创新与“大湖名城”》；同时，面向社会公开征集“丛书”选题，组织选题论证。参加全省社科联系统“三项课题”研究活动，获一等奖3个，二等奖、三等奖和优秀奖各1个，市社科联获优秀组织奖。

【学术交流】 重点打造三个学术研究、交流平台：一是举办合肥市社科界第五届学术年会。主题为“建设长三角世界级城市群副中心、打造‘大湖名城 创新高地’”，共收到参会论文100余篇。2015年6月23日，省委常委、市委书记吴存荣出席年会开幕式并发表讲话。二是会同安徽省社科院、合肥学院共同举办第三届“安徽文化论坛”。本届论坛主题为“文化创新与大湖名城”，收到省内外应征文章118篇。三是承办“2015年长江中游城市群建设论坛”。武汉市、长沙市、南昌市社科院（联）和合肥市专家学者齐聚合肥，围绕“深化合作、共赢未来——新常态下加速长江中游城市群一体化发展”的主题，交流最新研究成果，为四市合作发展提供智力支持。

【《合肥通史》编纂】 《合肥通史》是合肥市“十二五”重点文化建设工程和省社科规划重点委托项目，2011年立项后，编纂工作稳步推进，已修改、完成了第三稿，进入出版环节。《合肥通史简明读本》同步编写。《合肥通史》专题研究丛书出版了第五本（《巢湖诗话》）。

【理论政策宣传与社科知识普及】 为深入学习贯彻党的十八届五中全会精神，组建市委宣讲团，在全市各县（市）区开展巡回宣讲；坚持省市联动，开展“理论惠民”活动，打造“送理论进基层”宣讲品牌，围绕纪念抗日战争胜利70周年、学习贯彻党的十八届五中全会精神等主题，邀请省内专家举办

合肥市获安徽省社科联“三项课题”研究获奖作品

奖　项	获奖作品	作　者
一等奖	《大湖名城与文化创新》（著作）	合肥市社科院
	《合肥环湖特色十二镇建设模式与路径研究》（论文）	朱胜利、陈　鹏、张　弦
	《图说巢湖湿地》	王道才、张步根
二等奖	《合沪双城合作体制机制一体化构建》（论文）	合肥市社科联课题组
三等奖	《巢湖生态文明先行示范区建设的 SWOT 分析与对策建议》（论文）	李敏琪
优秀奖	《以发现培育新增长点促进合肥实现中高速增长研究》（论文）	陈　鹏

2015 年安徽人文讲坛

场　次	讲座日期	选　题	讲席教授
第 103 讲	1 月 11 日	让宪法走进公众生活	程雁雷
第 104 讲	2 月 8 日	国家战略视野下的淮河生态经济带	顾为东
第 105 讲	3 月 8 日	从金庸小说谈传统文化的误解与误读	钱　斌
第 106 讲	4 月 12 日	中国外交新理念与新布局	汪庆明
第 107 讲	5 月 10 日	孙立人缅甸远征的军事指挥艺术	李传玺
第 108 讲	6 月 14 日	肖龙士与江淮大写意画风	王佛生
第 109 讲	7 月 12 日	源远流长的安徽茶文化	丁以寿
第 110 讲	8 月 9 日	让家充满爱	王世民
第 111 讲	9 月 13 日	抗日战争与中华民族伟大复兴中国梦	卓爱平
第 112 讲	10 月 11 日	“一带一路”迎面而来，安徽如何应对	朱道才
第 113 讲	11 月 8 日	众创空间：大众创业，万众创新	刘志迎
第 114 讲	12 月 13 日	管子“以孝治国”论	周怀宇

合肥市第九届社科成果奖获奖作品

奖　项	作品名称	作　者
一等奖（3 项）	明清时期巢湖流域农业发展研究（著作）	陈恩虎
	苏雪林与中国现代文学（著作）	丁增武
	薛瑞平母语课堂（5 卷）（著作）	薛瑞平
二等奖（8 项）	唐君毅道德哲学研究（著作）	金小方
	对加工贸易福利效应和转型升级的反思——基于异质性企业贸易理论的视角（论文）	徐　蕾、刘　晴
	走向软治理：基层政府治理能力建构（论文）	周根才
	城乡一体化：一个“中国梦”——以安徽省合肥市为例（论文）	王永龙
	私人反竞争行为的国际法规制（论文）	刘玉勉、姜发根
	文化接近性对潜在游客目的地态度和旅游意向的影响研究（论文）	刘　力、陈　浩、韦　瑛
	朱湘与鲁迅（论文）	黄艳芬
	食品安全与政府权力边界（论文）	伊海燕
三等奖（17 项）	卓越工程师培养模式的理论与实践探索（著作）	李德才、邵一江等
	区域性技术创新政策绩效评价的实证研究——基于相关性和灰色关联分析的视角（论文）	汪晓梦
	政府人本管理模式创新——以合肥市为例（论文）	胡厚翠
	区域经济差异评价方法及其应用研究——以安徽省为例（著作）	汪潘义

续表

奖 项	作品名称	作 者
三等奖（17项）	图说合肥城市记忆（著作）	黄 欣
	微博舆论中公众情绪形成与传播框架分析——以“临武瓜农之死”为例（论文）	焦德武
	中国省域技术创新的科技金融支持研究（论文）	王认真
	论捕后羁押必要性审查主体的确立及职能再分配（论文）	黄世斌、曹晓东
	巢湖民歌风韵情（著作）	蔡善康
	后金融危机情境下我国版权产业与金融业有机融合问题研究（论文）	王智源
	从理想到现实：城市基本生态空间构建——以《合肥市肥东县基本生态空间规划》为例（论文）	曹 靖、王 岚、陈婷婷 魏宗财
	“十二五”时期合肥社会管理创新绩效评析（论文）	郭晓敏
	环巢湖民间传说（著作）	苏士珩
	实现党内基层民主的有效途径（论文）	张 军
	中草药与书画收藏及装裱技艺揭秘（著作）	夏冬波
	城市群战略下中心城市的培育与转型（论文）	吴妍妍
	合肥市加强和推进行政调解工作述论——从市政府《关于加强行政调解工作的意见》的颁布实施谈起（论文）	马 俊、王智源、尹 洁

高端讲座，组织市级宣讲专家在基层宣讲，全年共组织各类理论政策宣讲2670场，38.6万人次。举办全市首批基层宣讲员培训班两期，组织专题宣讲集体备课会，合肥市4名优秀宣讲员入选全省宣讲专家库。坚持面向基层普及社科知识，会同安徽省社科联、新安晚报社、安徽省图书馆联合举办“安徽人文讲坛”12场；组织“合肥市社科知识下基层示范讲座暨安徽省社科名家大巡讲”12场，现场发放科普读物1000多册。发挥宣传普及阵地、载体作用，《合肥日报》理论版全年出版25期，刊发理论文章百余篇；理论宣传读物《阅读精选》质量不断提升，初步形成品牌效应；“社科知识与百姓生活”科普丛书由内部资料改为公开出版，出版了丛书第五辑《图说巢湖湿地》；继续办好“合肥社会科学网”，并成功改版；加强对社科知识普及示范基地的指导和管理，首次对科普工作的创新项目给予资助。

（韩明伦）

合肥市文学艺术界联合会

【开展纪念抗日战争暨世界反法西斯战争胜利70周年系列文艺活动】 2015年是中国人民抗日战争暨世界反法西斯战争胜利70周年，围绕这一重大纪念节庆，合肥市文学艺术界联合会（简称市文联）组织开展了一系列相关文艺活动，涵盖文学、音乐、美术、书法、摄影等各艺术门类，主要活动有：策划组织实施合肥市纪念中国人民抗日战争暨世界反法西斯战争胜利70周年《英雄颂·黄河魂》大型交响合唱音乐会。音乐会由合肥市民交响乐团担纲，由近300人组成的本场音乐会以史诗般的气魄和精美的乐曲呈现给广大观众，并特邀著名朗诵表演艺术家瞿弦和担任黄河大合唱的朗诵，晚会演出非常成功，受到省市领导和广大观众的一致好评。省市新闻媒体和主流网站都给予大幅报道宣传。在此期间，市美术家协会、市书画院、市摄影家协会、市书法家协会、市音乐舞蹈家协会、市民间文艺家协会、《未来》杂志和各县（市）区文联都举办了丰富多彩的展览、演出、征文等纪念活动，营造爱国主义和实现中国梦的浓厚氛围。

【培育“大湖名城、创新高地”文化品牌】 通过5到10年的积淀，使一批文化品牌成为合肥这座世界级城市群副中心的文化竞争力的标志。为此，市文联坚持“国家眼光、合肥表达”的立场，精心组织开展“大湖之约”——艺术名家大讲堂活动。邀请各领域艺术名家进行公益艺术讲座，提高群众艺术欣赏水准，涵养城市的艺术性格，取得成效。“大讲堂”自2013年8月开讲以来，每月一期，受到了广大市民的热烈欢迎和热切期待。

2015年共举办了12场高水准的艺术讲座，内容涉及文学、电影、音乐、曲艺、舞蹈、朗诵等诸多艺术门类，小提琴演奏家盛中国，作家王跃文、舒乙、刘醒龙，音乐家魏松、刘秉义，曲艺家刘兰芳、田连元，电影表演艺术家石维坚，合肥籍舞蹈表演艺术家刘敏，红楼梦研究专家胡德平以及舞蹈教育家、丹麦皇家芭蕾舞学校校长肯特·索默·莫特森等12位艺术名家在合肥大剧院，与观众近距离畅谈艺术与人生。其产生的辐射叠加效应，更加凸显了文艺品牌的高台教化作用。

“大湖交响”——市民音乐演出活动，是市文联依托合肥市民交响乐团打造的一张音乐艺术的名片。截至2015年底，该团已排练了我国和世界各地的经典乐曲100多部。全年演出音乐会十余场，并且担纲完成了“绿都之春”新年音乐会和2015·新春音乐会，积极促动了高雅艺术在市民中的推广和普及，安徽省内外都为合肥拥有这样一支高素质的市民音乐队伍而赞叹。

与此同时，由市摄影家协会举办的“大湖印象”推出了系列摄影活动，如生态摄影展、旅游摄影展等近10个展览；亚明艺术馆策划举办的“名城之韵”——本土艺术名家作品展；由合肥·久留米友好美术馆、市书协、市美协举办的“名城新锐”美术书法中青年作品展和提名展等，都是具有品牌价值的艺术活动。这些活动推出了大量的有地域特色和艺术学养文艺作品，为出精品、推名家、获大奖奠定了坚实基础。

【王晖随笔集《人语驿边桥》出版】 合肥作家王晖的随笔集《人语驿边桥》，2015年由安徽教育出版社出版发行。全书19万字，由“紫姑神佑护的族群”“每块石头下面都有着一条蛇”“由鲁本斯卖画想到的……”“志明和尚第一心苦”四辑组成。题材广泛，谈历史、谈人物、谈语言、谈字画、谈旅行、谈饮食。内容悠游古今，俯仰中外，笔力熟健，知识丰厚，出语机智，见解独到，字里行间荡漾着唐诗和宋词里的优美，闪现着京戏和相声里的精彩，杂糅着闲谈和八卦里的戏谑，更折射出艺术和生活里的隽永沉淀。文学评论界认为：“王晖不落窠臼的笔触，机智诙谐的语言，使全书具有很高的艺术性、思想性、创新性，呈现给读者的是一种精神与风骨，一种灵魂和品格。”

王晖现为中国晚报工作者协会文化新闻分会副会长，合肥晚报高级编辑。收入《人语驿边桥》的近90篇随笔，多在《人民日报》《光明日报》《文汇报》《随笔》《散文》海外版等报刊发表。其中60余篇文章入选国内50余部年度散文、杂文、文史选集。《予故以龙目呼之》《柳丝长玉骢难系》《解事豺》《“为什么我的眼里常含泪水……”》《美丽的妈妈开满了山坡》等篇，分别荣获中国新闻奖铜奖或安徽新闻奖一等奖、二等奖，影响广泛。

【文化惠民和文艺下基层活动】 开展文化惠民活动是市文联多年的工作重点。2015年，各县（市）区文联、各文艺家协会和市文联各相关单位积极策划“深入基层，扎根人民”相关活动，开展了“为民义务写春联”“书法进万家”“美术进社区”“书画进校园”“非遗进课堂”等惠民活动。同时，还积极策划，并由合肥·久留米友好美术馆等承办了“丹青献好人 道德润庐州——首届合肥名家书画精品捐赠合肥中国好人”活动，将书画精品捐赠给合肥“中国好人”，表彰他们宣扬社会正能量，捐赠活动产生了显著的社会效果。

2015年，亚明艺术馆和合肥·久留米友好美术馆共同举办展览70余场，实现节假日无休息免费向市民开放。《未来》杂志出刊六期，并顺利完成改版设计，全年刊载小说、纪实文学、诗歌、散文、随笔近300篇，共计100多万字。市书画院主办的《新安画派论坛》坚持正确的办刊宗旨，推出了大量体现地域文化底蕴，具有一定学术价值的书画理论作品。

【陈频散文集《短笛无腔》出版】 合肥作家陈频的散文集《短笛无腔》2005年由安徽文艺出版社出版发行，全书40万字，从不同视角描述合肥地区浓郁风土人情，语言生动活泼，表达了作者对故乡炽热情感。《短笛无腔》是陈频出版的第三部散文集，共有四章：第一章“信步东西”、第二章“回味美食”、第三章“追忆流年”、第四章“感悟花鸟”。他是一位精通声律的音乐家，又是一位文思泉涌的诗人，所以他的散文里激荡着葱茏的旋律；因其逸兴遄飞，运思沉郁，所以他的散文里蕴含着醇厚的诗情。

陈频长期从事文艺创作，成果丰硕。他是中国楹联学会会员、安徽省楹联学会副会长；安徽省音乐家协会会员、合肥市音乐舞蹈家协会名誉主席；安徽省作家协会会员等。曾著有《细流无声》《草木有情》两部散文集，作品散见于《散文》《读者》《中国剪报》《歌曲》《中国青年报》《合肥晚报》等报刊。他创作的歌曲、楹联、散文多次获得国家级和省、市级大奖。

【合肥音乐舞蹈】 音乐方面：2015年3月，合肥市音乐舞蹈家协会组织会员参加安徽省“美好的安徽”词曲征集创作研讨会，2首词入围，一首歌曲获优秀奖。4月召开市音乐家协会主席团、常务理事工作会议暨音舞创作研讨会，结合习近平总书记文艺座谈会讲话精神，讨论音乐舞蹈创作的技巧与发展。5月组织会员创作作品参加安徽省文联“我们的沃土我们的梦”活动，上报作品2首。6～8月与合肥市无偿献血办公室联合主办，合肥日报、安徽网承办《合肥市无偿献血之歌》面向全国征集。22个省、4个直辖市参与作品270首，选出一等奖、二等奖、三等奖6首歌词，广受社会好评。6月为活跃提升吉他会员艺术生活和技巧，在巢湖市成立合肥市音乐舞蹈家协会吉他专业委员会，受到中青年会员的喜爱。7～8月协办“中国合肥电视器乐大奖赛”活动，全省及省外周边城市2千多人参加了比赛。10月与安徽省琵琶学会共同举办“全省优秀琵琶小选手音乐会”。10月与安徽省音乐家协会联合组织省市词曲作家40多人，开展“美好安徽”“美好合肥”——金色巢湖采风活动，词曲作家们创作了很多地方歌曲。

舞蹈方面：2月参加安徽省舞蹈家协会2015年度工作会暨舞蹈创作规划会，与各地市交流工作经验，合肥市音舞协被评为先进集体。4月组织会员参加“2015安徽省少年儿童舞蹈创作研习班”，配合省舞协提升会员创作能力。5月选拔节目组成合肥代表队，参加安徽省第八届少年儿童舞蹈比赛暨第八届“全国小荷风采”安徽选拔赛，《我是红领巾》《压岁包》《幸福莲湘敲起来》分获一等奖、二等奖、三等奖，《我是红领巾》获全国金奖，市音舞协获优秀组织奖。

【开展主题性文艺活动】 开展环巢湖十二镇主题创作，是根据市委领导在环巢湖“十二镇”文化旅游规划建设座谈会上的讲话精神，按照合肥市委、市政府关于环巢湖“十二镇”文化旅游规划和全面推出打造有沿湖特色的特色景点的统一部署，由市文联依据确定的主体任务进行认真策划和组织实施。为此，由市新闻图片社承办的环巢湖十二镇摄影采风创作活动，组织编写了《中国合肥环巢湖沿岸行摄影指南》；《咏巢湖诗词格律大赛》向全国征集诗歌5000多首，全方位展示环巢湖十二镇的秀美风光和淳朴人文风情。同时还组织专家开展对环巢湖十二镇首批景点景区命名工作。

组织合肥舰创作活动。作为合肥市对外宣传、交流的城市名片，海军新型导弹驱逐舰“合肥舰”的亮相，倍受社会各界的广泛关注，为了更好地宣传合肥，2015年上半年，市文联受市政府与中国人民解放军海军174舰——“合肥舰”的委托，组织书画家19人创作各类书画作品60余幅，并送至“合肥舰”，完成整个创作及安装工作，受到舰队官兵的热情欢迎，发来感谢信。

【书画作品联展】 2015年9月、10月，合肥市书画院与长沙市书画院，先后在两地举办“墨润皖湘——合肥·长沙两地画家交流展”，共展出80余幅书画力作，有力地推动了安徽合肥与湖南长沙的艺术交流、相互学习和借鉴。

2015年11月，“城市·艺痕——合肥与国内友好城市暨中部省会城市油画水彩艺术联展”在合肥·久留米友好美术馆开幕，这个展览得到国内13个大中城市文联和美协的参与和支持，受到10个外省城市来宾的高度赞扬，引起合肥广大公众和省市高校的热评。

【文艺精品创作】 市文联坚持把繁荣文艺创作、推出精品大家作为工作重点，在文艺创作上，努力迈向高原，攀登高峰。出精品、实现从精致到极致的转变。

2015年，市文联美术创作中心组织多位画家，共同创作巨幅山水画《天下黄山》，长15米，高2.5米，展现黄山秀美与壮丽，受到各方专家学者高度好评。

在“全国美术馆年会暨全国美术馆优秀项目交流推荐活动”会议上，合肥·久留米友好美术馆申报策划举办的“丹青问道·墨语人生——颜语、韦远柏 、周觉钧、马彬、裴家同艺术文献展”和“中国优秀传统文化进高校与万名大学生走进美术馆活动”两个项目，同时被评为“全国美术馆优秀项目”，受到文化部的表彰，这是该馆继2011年以来连续4次获得文化部奖励和表彰。在2015年国家艺术基金申报工作中，该馆申报的“万名大学生走进美术馆活动”项目，经过初评和复评，获得国家艺术基金的支持，取得了该项目申报的合肥突破，是安徽省2015年申报文化部136个项目仅获批16个项目的其中一项，为合肥文化惠民工程添彩争光。

【对外文化交流】 市文联坚持立足合肥，发挥省会优势，持续开展文化对外交流活动。2015年接待了美国哥伦布友好城市协会主席、韩国大田国际交流中心主任和南非伊库鲁兰尼政府团来访，就对外文艺交流达成了意向性协议。

为拓展安徽与新西兰文化的交流平台，“新丝路 · 中国梦 ——中国新西兰文化交流区本书画展”在亚明艺术馆举行，展出新西兰艺术家区本先生近百幅作品。

（陶 媛）

合肥市归国华侨联合会

【概况】 2015年，合肥市归国华侨联合会（简称“市侨联”）认真学习中央、省委、市委关于群团工作和侨联工作的指示精神，坚持以服务“大湖名城，创新高地”建设为中心，以“两个拓展”为抓手，以“三严三实”的工作作风，充分发挥侨的优势，进一步凝聚侨心、汇聚侨智、发挥侨力、维护侨益，在工作的各个方面实现了新突破，取得了新成绩，获得“2015年度安徽省侨联系统工作创新先进单位”称号。

市侨联紧紧抓住当前全面深化改革的新机遇，进一步强化服务、搭建平台，紧紧围绕全市发展大局，多渠道、全方位推介合肥，积极配合政府吸引、利用侨资侨智，积极引荐海外高层次侨界人才来合肥创新创业。

【侨务活动】 2015年市侨联承接举办国际人才与合肥高新技术产业项目对接会，省委常委、市委书记吴存荣会见美国国家科学院院士许靖华等国际人才代表，市委副书记凌云出席对接会并讲话。对接会上，市委组织部（人才办）、招商局、科技局、各开发区、产业园区向海内外嘉宾推介合肥市高新技术产业发展状况和高层次人才引进政策，83家高新技术企业与来自海外的200多名高层次人才开展项目对接。中国侨联“聚焦十三五·侨界专家建言献策大会”在肥召开期间，市侨联邀请中国侨联特聘专家委员会80余位与会专家参观考察中国科学技术大学重点实验室、安徽名人馆、万达文化旅游城等地，让侨界专家品味徽风皖韵的精彩美丽，亲身感受合肥蓬勃发展的创新活力，为经济社会发展把脉支招。

引智方面，依据合肥市科教文化城建设战略，大力推动创新产业发展，多渠道多方位引进高新技术人才，一是主动与中国侨联、安徽省侨联互动，借助他们的平台邀请海外博士来肥考察，先后接待海外高层次人才300多人次；二是通过留学生亲属联谊会，保持与海外学子的联系，为他们回国创业提供政策解读，三是与海外学业、事业有成人士在合肥亲属保持联系，利用节日进行慰问，体现了对合肥籍海外高层次人才的关心和重视，通过他们邀请海外成功人士来合肥考察参观，并通过他们的海外影响力宣传合肥，招揽人才。

【文化交流】 文化是支撑民族发展壮大的根基。让文化走出去，利用文化来提高我国国际地位和影响力，业已成为中国发展重要的战略抉择。市侨联广泛开展富有“侨”特色的对外文化宣传活动，积极介绍当代国情和合肥发展状况，讲好中国故事、合肥故事，传承和弘扬中华优秀文化。

由中国侨联、安徽省侨联、合肥市人民政府主办，市侨联牵头承办的“亲情中华·欢聚合肥”慰问演出在合肥大剧院举行。省委常委、市委书记吴存荣出席并与合肥市归侨侨眷、留学生亲属、侨资侨属企业代表及从海外回国过年的华侨华人1500多人观看了演出。演出盛况通过微信、微博等载体的传递，凝聚了侨情侨心。

为了更好地铭记历史、缅怀先烈、珍视和平、警示未来，市侨联与省侨联共同主办以弘扬华侨与抗战精神为主题的纪念抗日战争暨世界反法西斯战争胜利70周年图片展，全面展现华侨为祖国抗战和世界反法西斯战争建立的卓越功勋，深刻缅怀在战争中牺牲的华侨先烈，省委常委、统战部长沈素琍，省侨联主席吴向明，副主席杨冰，合肥市委副书记凌云，市委常委、秘书长韦弋，副市长吴春梅等省市领导出席图片展开幕仪式，省市党政机关干部、驻肥部队官兵、公安干警、大专院校和中小学师生、归侨侨眷及市民近千人次观看了展览。

【参政议政】 参政议政是侨联一项主要职能，市侨联加强与侨界人大代表、政协委员的联系和沟通，充分发挥人大、政协的资源优势，目前全市共有侨联届别人大代表、政协委员近20人。

参加市政协港澳台侨专委会组织的2015年度全市“五侨”联席会议，通过会议座谈、参观考察，加强与涉侨单位的沟通了解，增进了合作、加深了友谊；通过调研考察，先后有2位侨联界别政协委员根据民意侨情撰写调研报告，并代表侨联在市政协大会发言。

（吴俊亭）

合肥市残疾人联合会

【民生工程】 实施贫困残疾人救助与康复民生工程，44647名贫困残疾人享受生活特别救助，8501名贫困精神残疾人获得药费补助，1692名贫困残疾人接受免费白内障复明手术，1533名符合条件的残疾儿童得到抢救性康复；实施政府购买托养服务，每月托养1800人。

【康复】 开展以“助听、助行、助视、启智”为主要内容的残疾人康复服务，累计有5.8万名残疾人享受了康复服务，适配辅具7000余件。推广简便、易行、受益广的社区康复内容，启动0～6岁儿童残疾信息监测随报。

【就业】 开展多样化、多层次灵活性培训以及扶持创业，8600余名残疾人实现稳定就业或灵活就业，1412名残疾人领到了社会保障补贴，22家扶贫基地、149家盲人按摩店获得资金支持，5417人次残疾人接受了培训，建档立卡3.4万人。参加安徽省第七届职业技能竞赛，合肥市获一等奖6个、二等奖2个、三等奖7个的优秀成绩。资助780名贫困残疾大学生和残疾人家庭大学生入学，50名残疾儿童接受学前教育。

【宣传文化工作】 继续办好合肥电视台手语新闻、合肥广播电台《共有这片蓝天》节目和《合肥晚报·温馨残联》（专版）。建设"温馨残联·美丽残联"，开展"扶残助残·大爱上善"和好新闻评选，多人在国家级、省市级演讲比赛中获奖。4个节目在安徽省第七届特教艺术汇演中全部获奖，舞蹈《大花场》获全国第七届特艺汇演二等奖、创作奖。参加全国第六届特奥会，获10枚金牌、7枚银牌、4枚铜牌，金牌总数占全省的一半。

【信访维权】 共接待来信来电来访5100件（次），办结率达100%。无障碍改造100户贫困残疾人家庭，2655名残疾人机动轮椅车车主领到了燃油补贴，审核免费公交IC卡1579人。危房改造1000户贫困残疾人家庭，置换残疾人正三轮机动轮椅车1341辆。瑶海区、庐阳区、蜀山区、包河区率先开展残疾人参加商业保险试点，3万多名残疾人从中受益。

【残疾人事业"十二五"发展纲要检查】 采取自查、检查的方式，详细了解基层情况和基层需求，特别是有关残疾人事业决策部署的贯彻落实情况、"十二五"残疾人事业发展基本目标实现程度，并形成市级自查报告，上报安徽省人民政府残疾人工作委员会。

（高晓宝）

合肥市贸易促进委员会

【概况】 "十二五"（计划）期间，合肥市贸易促进委员会（简称"市贸促会"）积极扩大对外交往，打造品牌会展，加强商会建设，先后荣获"2010～2012年度全国贸促工作先进单位""2013年度全国贸促工作先进单位""2015年度全省贸促系统信息工作先进单位"称号。

2015年，市贸促会紧抓全市建设长三角世界级城市群副中心和合肥融入国家"一带一路"的战略机遇，围绕全市开放型经济发展大局，主动贴近服务企业，突出航空港平台建设、积极办展参展、加强对外联络、开展招商引资，为深入推动合肥市开放型经济转型发展作出了积极的贡献。

【举办会展活动】 抢抓国务院发布国发〔2015〕15号文件的重大机遇，进一步整合贸促会会展要素资源，结合全市产业优势和产业热点，策划、承办、服务重大展会。

承办2015海峡两岸（合肥）台商名品博览会。该展是合肥市纪念刘铭传首任台湾巡抚130周年系列活动的重头戏之一，围绕"展示台商风采，促进两岸合作"主题，举办了开馆活动、各级领导看望台商、招商经贸对接、台湾风情文艺表演、评选表彰、赴台招展邀商等六大经贸活动。室内展览面积2万平方米，设有标准展位960个、特装展位56个、约558家台企近万种台湾名品参展。4天展期累计进场8.2万人次，现场成交额2600万元，取得了良好的社会、经济效益，进一步增进了合肥台湾、安徽台湾经贸人文交流。

市贸促会同市旅游局主办2015年中国（合肥）国际旅游商品博览会。展会共设10个展区，600个标准展位，集中展示了1000多种近5万件旅游商品。4天展期共迎来客流15.2万人次，现场交易额约2000万元。

连续4年承办中国（合肥）国际家用电器博览会国际馆，组织19个国际品牌200台（套）产品参展。3天展期销售额突破100万元，较上年增长20%，提升了家博会的层次和国际化水平。

会同市商务局承办2015年合肥农产品产销对接会，展览面积1.2万平方米，共设立合肥市名优特农产品、农产品电子商务、"一带一路"农产品等八大展区，同时策划组织农产品电子商务高峰论坛、农超对接专场活动、双12欢乐购物节、区域农产品对接洽谈会等四大主题活动。500家采购企业及商超联盟、餐饮协会现场参加对接，省辖15个地市组织近百家优质企业参展。

会同安徽省贸促会主办中国（安徽）国际养老服务产业博览会，集中展示养老产业内知名产品、技术及设备，设置养老服务机构、康复及辅助用品、健康养身产品、老年服务业等展区，打造安徽最佳适老产品专业推广平台，推动省市老年产业可持续发展。

此外，为2015中国安徽（合肥）

农业产业化交易会、2015中国国际节能与新能源汽车展览会、机器人世界杯赛、2015合肥时尚用品博览会暨华东五金机电交易会、2015中国（合肥）户外用运动品器材展等近10场大型展会活动提供协调服务，保障安全有序举办。

【参加境内展会】 组织参加第117届、118届中国进出口商品交易会（简称“广交会”）和第25届中国华东进出口商品交易会（简称“华交会”）。会同市商务局组织企业参加广交会，家电类、工程机械类产品参展效果显著。家电类占全市成交额的53.8%，同比增长40.6%。日用品需求恢复较快，欧美市场好于中东等新兴市场。“一带一路”沿线国家表现抢眼，与会采购商增长明显。组织27家企业参加华交会，展品涵盖服装、家用纺织、装饰礼品、日用消费品等。

组团参加海南老龄展。会同安徽省贸促会组团赴海口市，考察第一届海南国际老龄产业博览会，学习借鉴海南围绕特色资源策划、举办展会的经验，探索结合合肥产业筹备相关展会的可行性。

参加21世纪海上丝绸之路博览会暨第十七届海峡两岸经贸交易会，并参加同期举办的全国省会（首府）城市贸促支会联席会，学习借鉴福州利用“一带一路”节点城市优势办会办展的经验，并与其他城市贸促机构开展交流。

此外，组织参加2015上海台湾名品博览会、2015中国（青海）清真展、第十九届中国东西部合作与投资贸易洽谈会（简称“西洽会”）、第十一届中俄蒙经贸洽谈暨商品展销会、2015年（济南）第四届韩国商品博览会等30多场境内展会。

【建设货运航线】 以牵头推动新桥机场开通货运航线为切入点，大力推进航空港平台建设并取得阶段性成果。合肥至深圳国内货运航线实现正常化运营，截至2015年12月31日，共执飞142个航班284架（次）。大力建设国际货运航线，积极开展调研、筹备和谈判工作，合肥至美国的国际货运航线取得阶段性进展，《合作备忘录》成功签约。

【服务会员企业】 举办培训推介交流活动。与合肥市中小企业局联合举办“扶持小微企业政策宣讲会”，对全市150家小微企业解读宣传政策。与安徽省贸促会联合举办出口小家电国外标准法规培训，深化企业对出口认证的认识。组织企业参加国家贸促会经贸摩擦应对和法律风险防范培训班、全市“企业走出去”专题培训、外贸法律风险及防范知识讲座、新西兰投资贸易恳谈会、柬埔寨贸易投资合作座谈会、2015印尼投资环境推介会、安徽走进拉美对话会、俄罗斯萨马拉州推介会、澳大利亚产业合作和上市融资研讨会等20多场经贸交流活动，推动服务企业“走出去”。

做好国际商会工作。会同招商银行调研会展企业，促进会展业和金融业合作。开展会员企业专项调研分析，全面掌握会员企业情况。与市外商投资企业协会共同主办新春联谊会，评选表彰10家外企和35位企业家。深入联宝、合肥建工、美菱、国源会展、金牌盛典等近20家企业调研，帮助企业联系海关、合肥出入境检验检疫局、商务部投促局等，为企业发展提供政策咨询和相关协调服务。新发展商会会员20家，进一步壮大会员队伍。

【开展招商招展】 组织陪同市政府主要领导赴沪考察2015亚洲消费电子展，与上海市贸促会、上海国际展览中心负责人座谈交流，探讨两地贸促会展合作。赴巴西、智利开展经贸活动，增进对南美市场的了解，建立业务渠道。加强与波兰驻上海总领事馆、香港贸发局、台湾贸易中心、海峡两岸促进会、澳大利亚中国商会等机构的联系，在办展、参展、招商、经贸交流方面无缝对接。完成国家贸促会意大利招商代表处合肥市代表的派驻工作。

加强对台湾招商招展工作。随同合肥市代表团赴台湾，实地考察台湾常喜老人养护暨长期照护中心、台一生态休闲农场，推进两地养老、生态农业、休闲农业、观光农业等方面合作。实地考察南京鼎正置业、台湾明木、擎安医疗等企业，接待台湾关贸网络董事长施明豪、中国中东投资贸易促进中心电商部总裁沈浩、台湾开放平台协会理事长刘建国、北京百晨名希总经理陈光、美国北德州美中工商联合会会长翁立朝等一批境内外重要客商，围绕拓展项目、境外参展、平台建设等商谈合作。

（张　磊）

合肥中华职业教育社

【概况】 2015年底，合肥中华职业教育社（简称“市中华职教社”）共有个人社员158人，主要分布在教育、文化、工商等界别，社员中各级人大代表、政协委员16人；团体社员33个，主要为中高等职业院校和关心支持职业教育事业的民营企业。市中华职教社县级组织——肥西县中华职教社现有个人社员45人，团体社员4个。

【调研建言】 2015年，市中华职教社结合当前合肥市职业教育发展现状及社员事业发展需求，拟定了“民办公助办学体制、集团化办学管理机制、师资队伍建设、校企合作”等4个专题，开展前期调研，并组织部分社员赴四川现代教育集团旗下德阳市外国语学校、中江县职业中专学校、中江县继光实验学校实地考察学习。2015年，肥西县中华职教社组织社员代表，赴云南省红河州泸西县中华职教社学习组织建设和温暖工程工作经验。肥西县中华职教社组织部分社员，考察了铜陵市职教中心、天长市职教中心、歙县职教中心和无为县职教中心，形成了考察报告。

【温暖工程】 2015年，市中华职教社依托肥西县中华职教社继续开展温暖工程培训项目，培训农民420人次，培训企业员工3600人次。市中华职教社继续推动团体社员安徽肥西花岗职业高级中学和联宝（合肥）电子科技有限公司联合开展温暖工程勤工俭学项目。

【社员工作】 2015年，市中华职教社团体社员合肥国轩高科动力能源有限公司获“安徽省五一劳动奖状”，并被授予“安徽省劳动竞赛先进集体”称号；合肥经贸旅游学校获“2015年合肥市廉政文化进学校示范点”称号；合肥新明投资有限公司旗下肥西实验高级中学获“2015年度最受家长信赖民办学历教育学校”称号。市中华职教社社员刘新强任董事长的安徽远景人力资源管理有限公司，与安徽大学商学院联合创立全省首家校企合作组建的人力资源研究机构——安徽人力资源研究院，刘新强任该院院长。

（章　进）

合肥市红十字会

【推进县级红十字会理顺管理体制】 2015年6月，合肥市红十字会召开七届一次常务理事扩大会议，会议主题以中国红十字总会“十大”会议精神和习近平等国家领导人的重要讲话为指导，共谋发展，开创合肥市红十字事业新局面。

2015年9月和11月，肥东县和长丰县红十字会分别召开县红十字会第一次会员代表大会，完成机构独立设置，肥东县、肥西县、长丰县红十字会理顺管理体制。肥西县红十字会自理顺管理体制以来，各项工作呈良好的发展势头，工作有声有色，成绩斐然，红十字会基层组织开展各项人道工作的主战场作用显现出来。

【打造“博爱庐州”救助项目品牌】 动员社会爱心力量，共同参与人道主义救助工作，2015年，市红十字会筹集社会捐赠款百万元，努力打造“博爱庐州”救助品牌。春节之际，向肥东特殊教育学校129名学生捐赠棉被49床，现金3万元，用于学校购置恒温饮水机、洗衣机、保温饭盒等生活用品；积极参与多部门联合开展的慰问麻风病患者公益活动，向患者捐赠价值5000余元的棉被和轮椅；8月在合肥包河区振亚老年公寓，举行中国红十字会彩票公益金支持失能老人养老服务项目捐赠仪式，20万元物资（按摩椅、电动康复机、助行车、介助轮椅等15类182件）已全部到位，为改善服务老人质量和提高康复能力提供了很大帮助。同时，振亚老年公寓王洪敏获中央专项彩票公益金支持失能老人养老服务项目优秀护理员表彰；9月开展“博爱庐州”贫困学生救助活动，救助肥东县白龙镇中心小学和桥头集中心小学31名贫困学生（每人2000元救助金、300元慰问品）；10月举行“博爱庐州”白血病救助项目启动仪式，救助10名白血病患儿贫困家庭，每个家庭给予3～5万元救助金；向市公安系统6名烈士、因公牺牲、病故民警遗属困难家庭每户捐赠1万元救助金。

【备灾救灾准备工作】 本着预防在先，提升能力的要求，2015年初完成修订完善合肥市红十字会应对自然灾害应急预案。5月在安徽省红十字会支持下，市红会联合多部门，成功举办省暨合肥市红十字会地震应急救援演练活动，取得预期效果；11月配备价值4万余元的救援装备器材，提升市红会应急救援的能力。

【实现造血干细胞捐献】 2015年，合肥市成功实现7例造血干细胞捐献，目前，合肥市累计实现造血干细胞捐献34例，全省共实现造血干细胞捐献88例，合肥实现造血干细胞捐献在全省占据半壁江山，让更多白血病患者重获新生。

（孙　轶）

公安与消防

【概况】 2015年，合肥市公安局以维护全市政治经济社会稳定为中心，以促进社会公平正义、保障人民安居乐业为主线，以基础信息化、警务实战化、执法规范化、队伍正规化“四项建设”为支撑，以“守护平安”系列行动和“4+1”岗位争先活动为载体，全力深化公安改革，完善立体化社会治安防控体系，提升打击犯罪效能，加强公安队伍建设，增强服务管理能力，使打防管控效能、社会治理水平和执法公信力大幅提升，预警、管控、作战、支撑“四个能力”持续增强，为合肥建设长三角世界级城市群副中心、打造“大湖名城、创新高地”创造了安全稳定的社会环境、公平正义的法治环境和优质高效的服务环境。

2015年，全市八类严重暴力刑事案件数占刑事案件总数比重仅为1.09%、破案率达83.57%；全市四类可防性案件发案同比下降4.97%。人民群众安全感和满意度分别达到92.67%、87.99%，同比上升2.14和0.92个百分点，再次实现“双提升”。

2015年，全市公安民警拼搏向上、奋发有为，173个集体和1322名个人受到中央、省、市表彰。其中，逍遥津派出所民警王军被授予“全国先进工作者”荣誉称号，受到习近平总书记和李克强总理的亲切接见；瑶海刑警三队被公安部、团中央授予“全国公安系统青年文明号”荣誉称号；市公安局、交通警察支队在合肥市创建第四届全国文明城市工作中被评为“突出贡献单位”。

【深化公安改革】 市公安局按照全国、全省部署，着力深化公安改革，积极探索与合肥当前公安工作相适应的警务运行机制、执法权利运行机制和队伍管理机制。针对近年来公安工作出现的难点、热点问题，确立了“情指一体化”“合成作战机制”“街面巡控警务”“治安防控体系建设”等12项改革攻坚课题，逐一制定推进方案，明确督办领导、主责单位，实行序时推进；围绕基础性、全局性工作任务，确定了“推进‘一长四必’新机制”“推行公安服务一体化”“加强应急反应机制”等30项年度工作重点项目，明确责任部门，实行倒计时推进；采取“先试点、再推广”的工作思路，选取“完善派出所勤务机制”“科学规范聘用人员队伍管理”等31项挑战性课题，由相关警种部门全程帮扶，在基层单位先行先试验，开展警务创新“试验田”工作；大力推进开展“微改革、微创新”活动，确定25个首批创新课题，内容涵盖维护稳定、侦查破案、基层防范、公安管理、服务群众等诸多方面。

截至2015年12月31日，部署的12项攻坚课题已有5项完成所有阶段性推进任务，30项重点项目已有28项完成所有阶段性推进任务，31项“试验田”课题已有26项在全市公安机关得到普及推广。

深化公安改革工作的推进，使警务效能得到显著提升。全市涉稳事件同比下降10%，八类严重暴力刑事案件同比下降17%，没有发生造成现实危害的暴力恐怖案件和重特大安全事故。全市刑事案件总勘率达到88%，同比提升25%；通过合成作战，破获跨区域、团伙、系列案件94起，共抓获犯罪嫌疑人183人。人民公安报、每日头条、中国法制报等主流新闻媒体均在头版刊发专题报道，肯定合肥市公安局“试验田”等工作成效；公安部《四项建设》简报专题介绍合肥市公安局推进警务实战化建设等工作。

【完善立体化社会治安防控体系】 市公安局积极适应社会高速发展的形势需要，破解公安管理难题，积极完善立体化治安防控体系建设，维护国家安全和社会稳定。

*严密街面巡控。*优化全市公安巡控格局，细化调整武装和网格化巡控模式，推广进攻性盘查技战法，推进街面巡控警务战略。市区101个网格的176辆巡控车巡驻结合，在省市党政首脑机关、车站码头等重点目标和要害部位周边，在主、次干道和治安复杂场所周边开展巡逻控制，随时应对恐怖、暴力等紧急重大案事件。全年共破获刑事案件1474起，占市区刑事案件破案总数的13.68%，抓获并刑事拘留犯罪嫌疑人812人，占市区刑事拘留总数的12.33%。

*严密社区防控。*组织民警、专业巡逻队和义务巡逻队开展巡逻守候，督促落实防范措施，并调动社会各方力量参与群防群治。对全市范围内的肇事肇祸精神障碍患者等各类重点人落实包保稳控措施，切实提升对违法犯罪活动的控制力和发现力。社区管控重点人2.8万余人，管控率始终在99%以上，在控率始终在75%以上，社区民警通过动态管控抓获逃犯9人。建立完善调处化解矛盾纠纷工作机制，积极推进“警民联调”工作，全市114个派出所全部设立警民联调室，共受理纠纷8267起，书面调解办结3457起，调解成功率为93.92%。

*严密视频监控。*建成“天网”主体工程，共建设接入摄像机15641个，高空探头78个、卡口21套，选点设计虚拟卡口1858个，基本构建了全市“封闭成环、汇聚成网”的立体监控网络。优化完善万兆视频专网，拓展静态人脸识别系统、智能卡口分析系统建设，接入67个公安内部实战部门和6个政府部门，实现整网监控视频数据调阅。推进视频资源整合共享，整合公安及社会视频资源5350路，完成天网平台与省公安厅平台的整合互联，实现与案（事）件视频库的共享对接。同时，出台视频监控系统建设应用管理规定、运行管理细则等制度规范，全力推进系统应用推广。

*严密卡点查控。*加快综合警务站和应急处突队建设，科学整合176辆街面巡控车辆、7支战训队、3支应急处突队以及3个综合警务站等布控力量，充分运用视频与实兵、固定与流动、巡线与控点、公开与秘密“四个相结合”的布控方式，不断提升紧急布控响应速度和查控效能。由内而外依次设置36个战术卡点、26个出城卡点、29个城际卡点，形成相互衔接、堵控严密、控制有力、攻防兼备的立体防线。

【刑事犯罪侦查】 市公安局对严重暴力犯罪始终保持高压严打态势，全市各级刑事侦查部门对命案、涉拐、涉枪、涉恐、黑恶犯罪等严重暴力犯罪发起凌厉攻势。全市共立刑事案件66238起，破案14317起，刑事拘留6689人，移送起诉6723人，公诉5461人，抓获网上在逃人员1613人，其中，网上历年在逃人员170人。

*全力侦破大案要案。*全年命案发案31起、破案31起，破命案积案1起，现行命案破案率100%，在全国31个省会城市及直辖市中排名第一，命案发案数在全国31个省会城市及直辖市中排名倒数第二。成功侦破庐阳区“4.17”杀人抛尸案、包河区“9.11”杀人焚尸案等一批有广泛社会影响的命案。破获拐卖妇女儿童案件131起，打击处理涉拐嫌疑人122人，解救被拐妇女儿童134人。成功侦办长丰县、肥东县系列婚姻诈骗案和庐江县拐卖越南籍妇女案3起公安部挂牌案件。破获涉枪案件20起，抓获涉枪犯罪嫌疑人40人。

*严打黑恶势力犯罪。*全年摸排各类黑恶势力犯罪线索68条，打掉恶势力团伙24个、一审判决415人，侦办涉黑组织案件1起。全市刑侦部门积极开展打黑除恶“飓风行动”，行动期间，摸排涉黑涉恶线索28条，打击处理9类案件犯罪嫌疑人323人，打掉恶势力团伙8个，抓获团伙成员46人。破获涉枪案件20起，抓获涉枪犯罪嫌疑人40人。

*严打多发性侵财犯罪。*全市刑事拘留盗窃犯罪嫌疑人1976人，同比上升13.76%；“两抢”案件破案率47.09%，同比增长12.33%；诈骗案件破案300起，打击处理同比上升44.92%。全市刑事侦查部门先后开展“打击多发性盗窃犯罪破案会战”和“打击入户盗窃犯罪”等专项行动。行动期间，共打击处理盗窃犯罪嫌疑人1015人，破获盗窃案件6198起，打掉盗窃犯罪团伙63个，破获系列盗窃案件273串。

【治安行政管理】 市公安局以打造全时空、立体化治安防控体系为切入点，以推进动态化、信息化条件下的基层基础工作为主线；以坚持管理与服务并重、全面提升驾驭社会治安局势能力；坚持关口前移、源头治理，全力维护社会治安大局稳定。

*整治涉黄涉赌违法犯罪。*全年共查处黄赌案件2240起，其中刑事案件354起，治安案件1886起，刑事拘留646人，起诉512人，治安拘留6462人，收缴赌博机3420台，取缔涉黄场所、赌博机室等1143处。特别是针对新型赌博违

法犯罪，组织开展整治涉赌“自由棋牌室”专项行动，全市1569家涉赌“自由棋牌室”全部关停或取缔。

开展缉枪治爆专项行动工作。全年共收缴各类枪支28把，子弹332发，炸药896.75公斤，黑火药4750公斤，雷管38.4万发，引线50000米，烟花爆竹1万余件，管制刀具517把。先后捣毁非法制贩团伙3个，捣毁非法储存窝点6个，抓获违法犯罪人员45人。

狠抓行业场所管理。全面推动公章治安管理信息系统建设，加强公章治安管理，堵塞漏洞，强化阵地控制和监管，强力推动全市公章刻制企业启用新型防伪印章。全市197家公章刻制企业均已安装公章治安管理信息系统，新型防伪公章入网备案量达到11.2万枚，实现同比增长183.78倍。加强寄递渠道治安管理，联合下发《关于加强邮件、快件寄递安全管理工作的若干意见》文件，强化寄递渠道协同，推动寄递实名制、收寄验视制度的落实。全年节假日及敏感节点共开展联合检查6次，检查364家、点（次），发现隐患27处，通过寄递渠道发现贩卖枪支弹药线索4条，缴获枪支2把，冰毒2.5公斤，抓获犯罪嫌疑人15人。

稳妥有序推进户籍制度改革。紧密结合市情实际，草拟了《关于进一步推进户籍制度改革的实施意见》（征求意见稿）。全市治安部门在认真分析梳理，深度谋划的基础上，开展户口清理整顿，累计清理重复人员53046对，删除注销户口46654个，清理纠正户口登记项目差错86012个，核查人口信息173万条。在第一批（次）的无照片人员清理“百日攻坚战”中，先后清理无相片人员61161人，完成率达100%，排名居于全省第一。

强力推进社区警务工作。利用移动警务终端GPS定位、信息核查录入等功能，加强基础信息采集工作。开展基础信息检查，坚持季度实地暗访常态化，不断提升基础信息质量，共暗访3轮，涉及全市所有114个派出所，抽查6120人，录入率84.36%，其中流动人口的采录率为76.83%。深入推进“一村一警”包村联系工作制度，以实地走访村委会、询问村委会工作人员、与当地村民直接交流沟通等方式进行暗访，共计走访42个行政村130余名村民。加强基层基础工作的信息化建设，完成新“派基”的升级改造和常口系统与派基系统地址联动工作。全年对全市所有派出所社区和驻村民警、治安大队民警，进行12场（次）共计1249人标准地址库建设的培训工作，顺利将全市380万条地址转换为标准地址。

【经济犯罪侦查】 市公安局完善经济侦查基础工作，深入开展各项打击经济犯罪活动。全市各级经侦部门结合专项行动，大力开展打击传销、制售假冒伪劣商品、非法集资等犯罪活动，取得明显战果。全年共受理各类经济案件1440起，立案1301起，破案947起，移送起诉案件896起，抓获犯罪嫌疑人707人，刑事拘留552人，逮捕537人，移送起诉635人。特别是侦破了中央领导批示案件2起、公安部督办案件14起，安徽省委巡视组、省纪委交办案件各1起，省公安厅交办案件2起。

打击整治传销犯罪。全年共立传销刑事案件199起，破案181起，抓获传销违法犯罪人员1015人，刑事拘留220人，行政拘留24人，破获公安部督办案件3起，同时联合工商等部门清理传销窝点6306处，教育遣散传销人员25796人次，约8500名传销人员主动撤离合肥，传销活动在全市呈减少态势，12345市长热线接到涉传投诉举报比上年同期下降39%，市区110平台接涉传报警比上年同期下降25%，全市下降3%。

打击侵犯知识产权和制售假冒伪劣商品犯罪。全市共立打假类案件82起，破案44起，移送起诉27起，抓获94人。全年发起公安部督办案件5起，参加集群战役41起，取得战果16起，参战成案率达39%。

打击整治金融犯罪。全年共立非法集资案件76起，破案59起，抓获63人；立银行卡类案件518起，破案411起。在深入开展打击投资理财中介机构非法集资工作中，共立案侦查58家投资理财中介公司涉嫌非法集资犯罪案件，已抓获犯罪嫌疑人44人，已清退或追缴涉案款物价值约2200万元，查封门面房3000平方米。另对19家开业较迟且集资规模少的公司已勒令清退完结。

打击虚开增值税专用发票。全年共立案40起、破案36起、打击处理31人，为国家挽回税款损失2亿元。其中，会同市国家税务局，成功侦破中央领导批办的合肥大德昌医药有限公司涉嫌虚开增值税专用发票案，率先在全国打响华东地区战场第一枪，成功发起公安部集群战役，已成功破案24起，抓获犯罪嫌疑人24人，为国家挽回税款损失1.5亿元。

开展境外追逃“猎狐行动”。成功劝返一名潜逃澳大利亚的香港籍逃犯王仲夏，抓获原香港籍逃犯王大诗和潜逃柬埔寨的逃犯钱进。

【禁毒】 市公安局以“百城

禁毒会战”“禁毒严打整治”和“网络扫毒专项行动”为抓手，坚持“主动进攻、以打开路”的工作思路，着力解决重点地区和特殊群体涉毒犯罪两大突出毒品问题，不断深化社会管理创新，狠抓各项禁毒工作措施的落实，禁毒情报、缉毒严打、禁吸戒毒、禁种铲毒、禁毒宣传、易制毒化学品管控等各项禁毒工作成效显著。

全年共铲除罂粟24325株，立刑事案件12起，受理治安案件197起，抓获非法种植毒品原植物的各类违法犯罪嫌疑人184人。侦破毒品刑事案件306起，缴获各类毒品总计16892.08克，其中破获公安部、安徽省毒品目标案件6起。查处吸毒人员2390人次，其中新发现吸毒人员1362人，处置行政拘留1894人次、刑事强制措施168人次、社区戒毒687人、社区康复52人、强制隔离戒毒343人。完成720名社区戒毒社区康复人员的交接工作，送交率97.8%，报到率95.1%。

省级以上新闻媒体报道市公安局查、禁毒消息71条（篇），在人民网、新华网、新浪网、腾讯网、搜狐网等各大新闻和商业网站刊发行动动态消息、综述、视频、图片和案例报道46条（次）。利用“合肥公安禁毒在线”新浪微博，发布会战中影响较大的禁毒案例，宣传普及禁毒常识。

【网络安全保卫】 市公安局有效统筹网上网下两个战场，开展网上公开管理执法、打击涉网违法犯罪，积极建设网络与信息安全防范体系，维护网络空间安全，提升网络社会综合治理能力。

强化互联网等级保护。上线运行政府网站监测平台，实现对100家党政部门网站的实时监测，健全7×24小时应急联络机制，有效提升了全市政府网站监测防护的能力和水平。

网上警示执法。利用“合肥网警巡查执法账号”平台，24小时开展网络巡查，全年共发现各类违法有害信息11450条，受理网民涉及举报、咨询求助等各类信息393条，发布各类主题帖文991期，阅读量达61万次，转发评论2.7万次，吸引粉丝1850人。通过网络巡查梳理各类涉网违法犯罪线索123条，公开警示教育20余人，治安拘留2人。

打击电信网络诈骗。在分析电信网络诈骗案件源头信息、资金流向及防范盲区等关键环节的基础上，同三大网络运营商建立起信息屏蔽、限制呼入和宣传防范协作机制，斩断诈骗信息来源；与银行探索建立快速查询、止付和宣传防范协作机制，筑牢转账汇款防线；同社会治安综合治理部门协商建立长效防范宣传工作机制，将电信网络诈骗防范宣传纳入综治工作范畴。多渠道开展电信网络诈骗宣传工作，在报纸、广播、电视及网络媒体开展宣传的同时，民警深入社区、金融网点、高校、公司企业等开展重点宣传。根据不同宣传阵地，创新窗口提示、群发短信、致广大市民、学生、家长的一封信等宣传方式，提升防范宣传的密度和深度。全市公安机关共累计发放资料70万份，走访出境务工留学人员家属、离退休人员4万人次，深入全市大中专院校和中小学923所，开展企业公司点对点防范宣传15000次。全年侦破电信网络诈骗案件256起，刑事拘留275人，电信网络诈骗案件破案数提升56.7个百分点，发案增幅同比下降4.2个百分点。

“黑卡”专项整治。市公安机关会同工商部门及三大运营商，从9月起，开展为期4个月的联合检查，开展电脑城、报刊亭、小卖店、电信自营、合作营业厅等电话卡、上网卡实体销售点的明查和暗访255次，发现违法销售渠道176个，同时采取网上监控、网站自查、群众举报、案件研判等多种方式，加强对涉及“黑卡”案件的侦察打击，共破获使用电话“黑卡”违法犯罪案件197起，抓获违法犯罪嫌疑人330人，查获电话“黑卡”52264张。

【道路交通管理】 2015年，全市机动车保有量137.38万辆，与上年同比增长13.89%，日均增加600余辆；机动车驾驶人保有数量171.79万人，同比增长12.6%，日均增加660人。22个交口作为一级“示范标准岗”，30个交口作为二级“示范标准岗”，实行“1+4”模式，做到“三线齐、四角清”，一、二级示范岗的“三小车”交通出行守法率基本保持在96.8%和94.7%，提高通行效率，巩固文明创建成果。此举被安徽省公安厅予以学习推广。

大力整治突出交通违法行为。全年共查处各类交通违法行为为264万起，集中开展专项行动91次，行政拘留263人，刑事拘留689人，查处酒驾违法行为3009起、“三小车”交通违法行为11.8万起，查处量同比上升57.1%和111%。市区共发生重大交通事故肇事逃逸案件54起，全部侦破，侦破率达100%。排查“营转非”大客车352辆、危险化学品运输车1828辆、长途客运车1625辆、大型旅游客车872辆、校车464辆，对816辆未年审、未报废和违法未处理隐患车下达整改通知书，并全部整改到位。

事故“四项指标”全面下降。全

年共发生适用一般程序道路交通事故2140起，同比减少6起，下降1.28%；共造成331人死亡，同比减少20人，下降5.70%；2206人受伤，同比减少185人，下降7.74%；直接经济损失1058.1万元，同比减少313.8万元，下降22.87%。发生一次死亡3人以上较大事故2起，同比上年减少一起，下降33.3%。合肥籍危化品运输车在全国未发生一起亡人交通事故；市内校车在全市范围内未发生一起亡人交通事故。

交通隐患治理率超指标完成。市公安局将道路交通安全隐患排查治理工作作为安全生产工作的一项重要任务来抓，明确责任主体、整治措施、整治时限、验收主体。全年共排查出道路交通安全隐患43处，完成治理率为97.7%。其中，省级隐患3处，市级隐患4处，高速隐患3处，县（区）级隐患33处。省级、市级和高速公路隐患治理率达到100%。33处县（区）级隐患，治理率为92.09%（按要求达到90%即可），剩余隐患在全力督办治理中。

强化交通安全宣传教育。策划组织“绿丝带”“无记分、有奖励”等主题宣传活动320余场（次），发送文明交通宣传短信200多万条，发放文明交通宣传材料13万份。制作《红绿灯下》专题节目50期，开展满分教育和警示教育3.9万人次。在各类媒体刊发宣传稿件1260篇，利用“双微”平台发布宣传提示信息3800条，交警支队微博、微信分别被评为合肥市“十大政务微博”和“十大政务微信”。短信评警满意率始终保持在95%以上，其中车驾管业务短信评警满意率达到96%以上。

【入出境管理】 全年共批准出国（境）申请417654人次，比上年同期增长17.7%。其中批准公民出国140107人次、赴港澳220380人次、到台湾57167人次，分别比上年同期增长44.2%、6.0%、14.5%。办理外国人各类签证226人次，同比减少43.07%；办理外国人居留许可2711份，同比增长8.09%；一次有效台胞证5份，同比增长25%；台胞证换发143份，同比增长204.26%；临时入境境外人员42427人（次），同比增长22%；华侨与港澳同胞7225人次，同比增长38.78%；台湾同胞13056人次，同比增长29.76%；常住境外人员3506人次，同比增长13.43%。

办理涉外“三非”案件85起，同比增长48.27%，其中非法居留案件61起、非法就业2起、非法入境案件7起，未尽监护义务致使外国人非法居留案件5起、台湾同胞逾期非法居留案件10起；倒查在港澳地区违法违规案件3起，限制出境人员3人；核查双重户籍办理证件案件30起；协助其他警种部门调查涉外案（事）件3起。

（吴明富）

【合肥市消防支队概况】 2015年，武警合肥市消防支队紧紧围绕“调结构、转方式、夯基础、强管理、优服务、保平安、重保障”的工作思路，标本兼治强化火灾防控，紧贴实战提升战斗力水平，突出发展夯实基层基础，坚持政治建警，打造过硬队伍，保持了火灾形势和部队内部的基本稳定，圆满完成了一系列重大安全保卫和灭火救援任务，捍卫了“人民满意消防卫士”荣誉称号，为服务合肥经济社会发展、人民安居乐业，创造了优良的消防安全环境。

各级领导给予合肥消防事业极大关注和勉励。省委书记王学军、副省长李建中，公安部消防局副政委琼色、副局长张福生等对合肥支队工作充分认可、高度肯定。该支队全年共有40人次荣记三等功以上奖励，9个集体、267人次受到上级表彰，先后涌现出“高楼奇侠”二等功臣夏萌蕾，因成功处置肥西液化石油气泄漏事故荣记集体二等功的肥西中队，勇夺全国第三届搜救犬技术比武竞赛总成绩第二名的搜救犬中队等先进典型。

【社会消防管理】 市消防支队继续深入推进消防安全网格化、户籍化建设。重新合理划分网格；协同各区县基层政府，配发网格化管理移动手机终端；户籍化建成率和网格化覆盖率很大提高。坚持项目会审制，对政府重点招商引资项目先期介入、主动服务，畅通绿色通道，按期办结率和群众满意率实现双“100%”目标。推进执法质量考评，加强执法档案建设，规范执法监督系统应用，全市消防监督执法水平进一步提高。多点开展消防宣传，举办“消防宣传进社区”“周五消防大讲堂”“119”消防宣传周、“警营开放周”等大型宣传活动，在安徽电视台、合肥电视台黄金时间播发消防安全提示滚动字幕，联合安徽电视台《第一时间》栏目策划制作8集冬季防火宣传专题片，消防宣传工作内容实、规格高、形式活。

【灭火救援能力】 牢固树立战斗力标准，全面锻造部队打赢能力。施行“月查季赛”，以赛促训、以练为战；部署开展“六熟悉”百日会战和夏防综合演练专项活动；参与并顺利完成全省建筑火灾、地震救援、石化火灾跨区域实战拉动演练任务，全面提升快速反应、组织指挥、协同作战能力。召开贯彻

《军队基层建设纲要》工作推进会，部队正规化水平进一步提升。印发《合肥市消防支队政府专职消防员招收办法（试行）》，政府专职消防队建设提速增质。积极推进信息化工作，开展硬件配备、卫星专网等基础设施的升级扩容，有序推进全省警用数字集群350兆专网建设，全面启用对讲手机，盲区通信和跨区域调度难题得到解决。全年共接警9897起，达到全省消防部队接警总数的1/3，抢救疏散被困人员5871人，抢救财产价值1.2亿元，成功处置“6.10”肥西液化石油气泄漏、“11.11”合肥淮河路天然气泄漏等急难险重任务。

【消防安全环境】　做强后勤保障，争取合肥市委市政府支持，为中心工作提供有力支撑。经费保障创历史新高，其中基建、装备等各类专项经费合计8679万元，各基层大队经费保障水平齐头并进、全面提升。6个消防站项目集中开工，营房基础建设多点开花、稳步推进。利用外国政府贷款（1000万美元）购置消防应急救援装备，召开灭火救援装备建设规划座谈会，全年共添置消防车17辆，新增各类器材7255件（套）。

深入推进火灾隐患排查整治，以抗战胜利70周年纪念活动消防安全保卫、夏季消防安全检查等重点工作为抓手，把易燃易爆单位、人员密集场所、公众聚集场所，列入消防安全检查重点，强势开展“拉网式”消防安全大检查，全年检查单位2.8万家，督促整改火灾隐患1.9万处，责令“三停”单位149家，罚款771万元，有力震慑消防违法行为。

完善排查整治火灾隐患的联动机制，协调安全生产监督、产品质量监督等职能部门，联合治安、巡防等相关警种，每月召开派出所消防工作会议，完善三级消防监督体制建设。

【大型火灾扑救】　2015年8月20日12时30分，合肥国风涂料有限公司厂房仓库起火，危及数百名职工的生命财产安全。接警后，消防支队官兵迅速出动并逐级报告。市公安局、安徽省消防总队、合肥市消防支队领导第一时间赶赴现场指挥战斗，要求在确保官兵人身安全的基础上，及时扑灭火灾。

起火部位是跳舞毯加工车间，相邻的是跳舞毯仓库和油漆仓库，内部存放有大量的易燃、可燃物品，起火后，火势蔓延十分迅速。存有跳舞毯的北侧仓库（钢结构），在初战力量到场后大约10分钟就发生了垮塌。派河路沿街店铺由于紧邻火场且处于下风向，有多家铺面蔓延起火。起火仓库的东、西、北三面均有二层楼高的自建房，且在火场北侧上空有高压线缆，整个火灾区域呈“四合院”状，不易观察到火场情况，围绕的障碍较多。仓库垮塌后形成了整体压埋，仓库内部仍然存有大量可燃物，而且处于阴燃状态。

12时40分许，蜀山中队、望湖中队、骆岗中队相继到达现场，立即出水控火，蜀山中队在火场南部进入厂区内控制仓库火势，望湖中队位于火场东北部，在北面堵截派河路沿街商铺火势，骆岗中队在火场东南部，堵截派河路沿街商铺火势。12时54分，支队全勤指挥部到场。经过对现场力量调整，火场北面仓库和临街商铺主要由望湖中队、庐阳中队负责，东面临街商铺由骆岗中队、五里墩中队负责，西、南面厂房仓库由蜀山中队、特一中队负责，其他力量进行供水和人员轮替。同时，调派支队攻坚组到达现场进行协助处置。大约13时15分许，火势被基本控制，15时左右现场明火基本扑灭。次日凌晨3时，厂房所有坍塌区域被全部清理完毕。因灭火救援和人员疏散工作及时开展，本次火灾未造成人员伤亡，企业损失也降到最低。

（徐　宪）

检　察

【概况】　2015年，合肥市、县（市）区两级检察机关紧紧围绕合肥经济社会发展大局，以打造“品质检察”为引领，以强化执法办案为中心，以司法规范化建设为抓手，以打造过硬队伍为保证，依法全面履行宪法和法律赋予的职责，为合肥建设长三角世界级城市群副中心、打造“大湖名城、创新高地”提供了有力的司法保障。合肥市检察院荣获全国先进基层检察院创建组织奖，被授予全国检察机关“检务保障工作先进集体”称号。包河区检察院跻身全国先进基层检察院，庐阳区检察院跻身全省先进基层检察院，蜀山区检察院入选全省检察机关科技强检示范院。

【服务改革发展大局】　立足检察职能，强化态势分析，制定出台《关于充分发挥检察职能作用服务合肥经济社会发展新常态的意见》，实现检察工作与经济社会发展大局的深度融合。

围绕促进产业转型升级发展，积极参与整顿和规范市场经济秩序，依法起诉涉嫌破坏市场经济秩序犯罪573人，积极查办和预防发生在招商引资、招标投标、工程建设等领域的职务犯罪，受理行贿犯罪档案查询17630次，努力营造诚信有序的市场环境。

围绕服务创新驱动战略，切实加大对知识产权的司法保护力度，深入开展打击侵犯知识产权和制售假冒伪劣商品专项整治，起诉涉嫌侵犯知识产权犯罪58人。

围绕保护合肥碧水蓝天，严格执行环境资源保护法律法规，依法打击造成重大环境污染及严重破坏生态、浪费资源的犯罪行为，起诉涉嫌破坏环境资源犯罪29人，推动经济社会可持续发展。

围绕保障民生民利，组织开展危害食品药品安全和破坏环境资源犯罪专项立案监督，监督行政执法机关移送涉嫌犯罪案件6件10人；开展查办发生在群众身边、损害群众利益职务犯罪专项行动，查处民生领域职务犯罪85人，有力维护了人民群众的合法权益。

【维护社会和谐稳定】 认真落实合肥市委深化平安建设工作部署，坚持运用法治思维和法治方式化解矛盾、维护稳定，促进提高“平安合肥”建设法治化水平。

依法惩治各类刑事犯罪。充分运用批捕、起诉职能，突出打击重点，依法严厉打击黑恶势力犯罪、严重刑事犯罪、“两抢一盗”（抢劫、抢夺、盗窃）等多发性侵财犯罪、毒品犯罪、集资诈骗等涉众型经济犯罪。全年批准逮捕3915人，同比上升10.25%；提起公诉7077人，同比下降9.36%。

积极化解社会矛盾。全面贯彻宽严相济的刑事政策，运用简易程序、量刑建议和不批捕、不起诉，对轻微犯罪从宽处理，依法不批捕1791人、不起诉207人。建立健全刑事和解、检调对接机制，对轻微刑事案件、民事申诉案件，积极促成当事人和解，增进社会和谐因素。

认真做好检察环节综合治理工作。积极参与打黑除恶、卷烟打假、扫黄打非等专项整治活动，有效防范化解社会不稳定隐患。强化未成年人检察工作，包河区检察院未成年人刑事检察工作入选第十届“安徽省未成年人保护十大事件”。认真落实“谁执法谁普法”的普法责任制，充分利用举报宣传周等活动平台，深入开展法治宣传教育，推动全社会树立法治意识。

【依法惩防职务犯罪】 坚决贯彻中央和省委、市委关于反腐败斗争的决策部署，敢于担当、依法办案、主动作为，切实提高依法查办和预防职务犯罪工作的水平。

坚持高压反腐不放松。全年立案侦查职务犯罪案件199件255人。其中，贪污贿赂案件151件192人，人数同比上升12.28%；渎职侵权案件48件63人，人数同比上升10.53%。注意突出办案重点，优化办案结构，查办大案163件，大案率达82%；县处级以上干部要案12人，其中省部级1人、厅级1人；窝案串案145件192人，人数同比上升9.71%。

加快转变侦查办案模式。积极创新侦查工作机制，更加有效地发挥侦查一体化、“两侦合一、贪渎并查”、专门型人才领办等办案模式作用，着力形成办案合力，提升办案效果。深入实施科技强侦战略，全面加强装备现代化、侦查信息化建设，健全与相关部门信息共享机制，形成科技支撑、情报引导的侦查办案模式。强化办案质量保障机制，牢固树立人权意识、规范意识、证据意识和安全意识，确保办案质量和效果。

深入推进职务犯罪预防。认真撰写惩治和预防犯罪年度报告、专题报告，为党委、政府完善惩防体系提供决策依据。市检察院撰写的预防年度报告，省委常委、市委书记吴存荣作出重要批示，印发全市，并被最高人民检察院《职务犯罪预防指导》刊载。深化专业化预防，扎实开展以“明法慎行、廉洁从业”为主题的五大专题预防，深入推进预防“六进”活动，全年举办预防宣传140次，开展警示教育242场（次），受众1.1万人次。坚持预防工作向非公有制企业延伸，组织编印了《非公企业预防职务犯罪读本》。注重提升预防实效，瑶海区检察院开展的“方广云贪污、滥用职权等个案推动征地拆迁领域预防活动”被安徽省检察院评为“十大精品预防项目”，所撰写的经验材料被最高人民检察检《反贪工作指导》刊发；肥东县检察院《食品监管渎职罪》获全省预防微讲座评选特等奖；蜀山区检察院与《法治中国》传媒栏目合作拍摄预防专题纪录片，先后在全国两百家电视台（含网络电视台）播出。5月底，12位来自吉林、河南、广东的全国人大代表重点视察了合肥市检察机关职务犯罪预防工作，给予高度评价。

【全面强化诉讼监督】 认真落实党的十八届四中全会关于强化对司法活动监督的要求，深入贯彻修改后《刑事诉讼法》《民事诉讼法》和《行政诉讼法》，加大诉讼监督力度，增强诉讼监督实效，努力让人民群众在每一个司法案件中感受到公平正义。

加强刑事诉讼监督。对公安机关应当立案而不立案，不应当立案而立案的，监督立案35件、撤案67件。依法把好批捕、起诉关，纠正漏捕漏诉74人。加强侦查监督，对非法取证、扣押物品不规范等侦查违法行为，提出纠正意见68份。准确把握抗诉标准，依法对认为确有错误的刑事判决提出抗诉10件。

加强民事行政诉讼监督。受理并办结各类民事行政监督案件549件，同比增长86.7%。对认为确有错误的生效民事判决、裁定和调解书，提出抗诉3件，提请安徽省检察院抗诉36件，提出再审检察建议43件。对民事审判程序和执行活动中的违法行为加大监督力度，提出检察建议101件。加强对行政违法行为的监督，向行政机关提出且被采纳的督促履职检察建议186件，1件行政监督案件入选全国检察机关行政检察优秀案件。支持起诉18件，督促起诉6件。积极开展检察机关提起公益诉讼试点工作，摸排线索19件，4件层报最高人民检察院备案。

加强刑罚执行和监管活动监督。对社区矫正提出纠违意见346件（次），对监狱劳改提出纠违意见329件（次），对看守所监管提出纠违意见172件（次）。组织开展减刑、假释、暂予监外执行专项整治“回头看”和社区服刑人员脱管漏管专项检察，监督纠正减刑、假释、暂予监外执行不当241人，监督监狱对115名暂予监外执行罪犯依法收监执行，维护了刑事执行公正。

【严格规范司法行为】 坚持把专项整治作为打造“品质检察”的有效抓手，主要领导亲自抓、两级检察院共同推进、检察人员全员参与，下大力气整治司法不规范顽疾。

突出理念引领。通过党组中心组集中学、各部门集体学、个人自学、讨论交流、警示教育等形式，认真组织学习相关法律法规、检察纪律规定，推动广大干警树牢程序意识、人权意识、铁案意识和责任意识，真正使规范司法成为思想自觉和行为自觉。

突出问题导向。严格按照“见人、见事、见案”要求，将自我查与开门评相结合，紧紧围绕执法办案重要部门、重点岗位、关键环节，通过走访人大代表、政协委员、公安、法院等关联单位，广泛听取意见，深入自查自纠，对发现的问题建立了详细的“问题清单”和整改台帐，确保逐一整改到位。

突出标本并重。进一步深化案件管理机制改革，强化对办案程序、案件质量的全程同步监督；修改完善检察业务工作考评办法，突出规范执法导向；建立常态化案件评查机制，结合全省三级联查，对1034件案件进行了评查，及时通报评查结果，严格督促落实整改，有力促进了办案质效提升。

【探索推进检察改革】 根据中央司法体制改革和最高人民检察院检察改革部署，正确把握改革方向，认真抓好各项改革任务的落实。

稳步推进检察改革试点工作。根据省委、市委和上级检察院部署，在合肥市检察院和庐江县检察院、蜀山区检察院开展四项司法体制改革试点，主动加强与组织、财政、编制等部门沟通协调，提前做好改革调研、内部数据测算等工作，研究制定了试点工作实施方案及检察官遴选、检察官办案责任制等配套制度，各项改革蹄疾步稳，首批134名检察官员额已经遴选产生。

积极构建“阳光检察”机制。加强案件信息公开，充分运用网络等新媒体，及时公布社会关注案件处理情况，公开案件程序性信息9550件，公开终结性法律文书3169份，发布重要案件信息292条。加大执法办案公开力度，积极开展羁押必要性公开审查、拟不起诉案件公开审查、不起诉决定公开宣布等工作。蜀山区检察院率先建成综合性检务公开大厅。

进一步完善人民监督员制度。积极协助市司法局，完成人民监督员选任管理方式改革试点，新选任来自社会各界不同职业、岗位及身份的40名同志为合肥市检察院人民监督员。进一步拓宽监督范围，将查办职务犯罪工作中，犯罪嫌疑人不服逮捕决定、采取指定居所监视居住强制措施违法、阻碍律师或其他诉讼参与人依法行使诉讼权利、应当退还取保候审保证金而不退还等四种情形，纳入人民监督员监督范围。自侦工作的外部监督更加规范严格，全年20件职务犯罪案件接受了人民监督员监督评议。

深入推进涉法涉诉信访改革。认真解决群众反映的问题，办理来信来访396件。建立健全信访诉求审查甄别机制，实现诉访分离，引导各类信访分类依法处理。加强法律监督，立案复查刑事申诉案件39件，对认为确有错误的案件依法提出再审检察建议2件。加大司法救助力度，对9名生活确有困难的刑事被害人提供司法救助金35万元。探索律师免费代理刑事申诉案件制度，引入第三方通过正当程序，参与处理涉法涉诉信访。深化刑事申诉案件公开审查、公开听证工作，邀请专家学者共同开展释法说理，化解、终结了一批上访老案。

（杨海燕）

审 判

【概况】 2015年，合肥法院坚持“树标杆，做表率”，各项工作取得突破发展。中共中央政治局委员、中央政法委员会书记孟建柱，最高人民法院院长周强，安徽省委书记王学军先后莅临合肥法院考察指导，对合肥法院工作予以充分肯定；全国法院诉讼服务中心建设推进会在合肥召开，来自中央政法委员会、全国人大常委会、全国政协、最高人民检察院、司法部等单位的200余名与会代表到合肥市中级人民法院（简称“合肥中院”）参观调研，北京、上海等地103家法院来合肥考察，“合肥经验”走向全国；作为全省首批司法改革试点法院，合肥法院积极探索，稳步推进，努力形成可复制、可推广的改革经验；全市法院深入践行“三严三实”，持之以恒推进司法作风建设，法院队伍面貌再焕新颜。

【发挥审判职能】 面对案件数量激增及“案多人少”突出矛盾，全市法院坚持以审判执行工作为中心不动摇，收案数首次突破12万件，新收案件12.5万件，审执结11万件，同比上升33.54%和19.47%，法定（正常）审限内结案率99.74%；其中合肥中院新收案件22445件，审执结21506件，同比上升14.52%和11.58%，法定（正常）审限内结案率99.17%。全市法院审判人员人均结案194.8件，比上年增加22件。一审案件服判息诉率达88.07%，上诉案件改发率为13.63%，结案均衡度为0.7。收案数、结案数、结案率、人均结案数连续七年位居全省中级法院首位。

贯彻宽严相济，严惩刑事犯罪。围绕“平安合肥”建设，全市法院审理各类刑事案件6206件，判决生效罪犯6774人，其中被判处五年以上有期徒刑、无期徒刑至死刑496人。突出打击重点，依法惩治故意杀人、抢劫、绑架等严重暴力犯罪和盗窃、抢夺等多发性侵财犯罪，审理合肥“埋尸医生”李今朝故意杀人案、南岗婚纱影楼故意杀人案、长丰县退休女教师杀人案等社会关注案件1666件，增强群众安全感。严厉打击严重经济犯罪，审理非法吸收公众存款、集资诈骗、组织领导传销等涉众型案件140件，妥善处理涉案金额达2600余万元的合肥“车天下”特大诈骗案，维护市场经济秩序和人民群众财产安全。全市法院对贪污贿赂和渎职犯罪保持高压态势，审结安徽广播电视台广告中心原主任王茂盛贪污、受贿案，安徽省人力资源和社会保障厅医保处原处长童宗伦受贿案等案件96件，对6名县处级以上干部处以刑罚。关注群众生命健康，加大对危害食品、药品安全犯罪打击力度，审理肥东“毒狗肉”等相关案件9件，保障群众“舌尖上的安全”。

调节民商关系，维护合法权益。全市法院审结民商事案件67921件，标的额300.18亿元，同比分别上升21.97%和24.74%。发挥商事审判规则治理作用，审结买卖、运输、租赁、加工承揽等合同案件11728件，维护市场诚信。助推金融改革创新，保护合法的民间借贷和企业融资，审结信贷、证券、票据、保险等金融案件14722件，防范和化解金融风险。注重民生保障，妥善审理与群众切身利益密切相关的案件，审结婚姻家庭、损害赔偿、医疗、劳动争议、涉农等涉民生案件21430件。加强涉房屋买卖、租赁、物业服务等案件审理，审结房地产纠纷案件9386件，妥善化解信旺·华府骏苑小区房屋权属纠纷系列案件2000余件，促进房地产市场健康发展。加强涉军审判，维护军人军属合法权益，审理涉军案件77件，合肥中院被评为“全省双拥涉军维权工作先进法院”。

深化良性互动，促进依法行政。认真贯彻落实新《行政诉讼法》，依法审理行政案件1924件，同比上升63.19%，促进、监督行政机关依法行政，努力解决“民告官难”。在尊重和保护行政相对人诉权的基础上，加大对房屋征收、社会保障等行政案件的协调力度，经协调撤诉案件达29.53%。深化司法与行政的良性互动，推动落实行政机关负责人出庭应诉制度，召开行政审判联席会议，研究解决执法和司法工作中的热点、难点问题；主动走访行政机关，开展规范行政执法行为法律讲座，提供法律意见，发出司法建议，共同提高执法、司法工作水平。

【优化法治环境】 围绕中共合肥市委中心工作，充分发挥司法保障作用，不断增强服务经济社会发展的实效。

主动司法应对，助推产业升级。紧扣市委战略部署，出台《关于服务和保障经济发展新常态的工作意见》，提升司法应对前瞻性、主动性。面对经济下行压力，综合运用企业破产清算、重整重组等制度，审结企业兼并、强制清算、股权转让等案件218件，标的额3.66亿元，圆满完成涉及3000余名职工安置的庐江矾矿及下属公司破产清算工作，促进产业结构优化升级。加强对核心技术、新兴产业和知名品牌的司法保护，审结知识产权案件869件；依法平等保护中外当事人合法权益，审结涉外、涉港澳台案件62件。针对经济社会发展新情况，加强分析研判，提出司法建议37条，所报送的《合肥中院分析当前民间借贷纠纷的特点、原因并提建议》等信息专报获得最高法院院长周强、安徽省委常委、政法委书记徐立全等领导的批示及肯定。

破解执行难题,构筑社会诚信。执结各类案件23498件，执行标的额216.3亿元。加强执行指挥中心建设，实现对全市法院执行工作现场指导和协同作战，引入远程执行指挥和执行单兵系统，圆满执结全省规模最大异地执行案——某玻璃幕墙公司设备强制交付执行案，彰显法治权威和尊严。为了提高执行效率，合肥中院在全省率先启动司法查控网，与合肥市23家商业银行及房产、土地、公安、工商等部门实现网络互联互通和数据交换，实现对被执行人财产和人身信息的网上查询，共发送查询申请299万余次，涉及案件46956件、被执行人53336人，查询银行存款1820亿元。加大执行力度，推进执行信息公开平台与社会信用体系建设对接，公布失信被执行人名单10610人，其中限制高消费、限制出境、司法拘留、追究刑事责任275人，全面压缩失信被执行人生存空间，促使被执行人主动履行义务。合肥中院、庐阳区法院被最高法院评为“有效实施失信被执行人示范法院”。

拓宽阳光司法,深化法治引领。强化司法在以法治方式解决问题和指引社会价值取向中的推动作用，大力推进审判流程、裁判文书和执行信息公开平台建设。合肥法院全年上网发布裁判文书83345份，位居全省法院首位，其中合肥中院全年共上网发布裁判文书19350篇，在全国397个中级法院中排名第一。同时开展庭审直播176场，举行公众开放日32次。建立月度新闻发布会制度，完善法院官方微博、微信便民亲民功能,发布微博3714条、微信964条。充分运用传统媒体和新媒体以案释法，通过发布典型案例、赠送法律书籍、举办普法讲座、提供法律咨询、与媒体合作开办法治宣传教育栏目，扩大和增强普法教育的辐射面、渗透力，增强社会公众法治观念。发扬司法民主，组织开展“双千、三百”活动，邀请人大代表、政协委员旁听案件庭审、评议法院工作710人次。落实人民陪审员“倍增计划”，陪审员总数达到720人，参与合议庭审理一审案件达15600件。

【践行司法为民】 紧紧抓住群众反映强烈的“立案难、诉讼难、执行难”问题，健全机制，改革创新，维护好人民群众合法权益，破解制约司法公正的顽疾。

有案必立,回应群众多元需求。严格落实立案登记制，坚持“有案必立，有诉必理”，实行预约立案、上门立案、网上立案，一审案件当场立案率达90.5%，切实保障当事人诉权。促进完善多元化纠纷解决机制，根据案件类型，专门设立家事、道路交通事故、金融保险、物业纠纷、知识产权、劳动纠纷、涉外商事、远程视频等8个特色调解室，打造多元化解纠纷平台，一审民商事案件调撤率达45.49%。加强对人民调解工作的指导，依法确认人民调解协议2293件，增强共同化解社会矛盾纠纷的实效。推进涉诉信访改革，强化诉访分离、涉诉信访终结机制，畅通信访案件入口和出口，接待来访群众7221人次，办理群众来信597件。

以人为本,优化升级诉讼服务。以“为群众贴心服务，为法官增效减负”为指导，加快推进诉讼服务中心规范化、标准化、信息化建设。合肥市中院及10个基层法院均建成诉讼服务中心，整合立案导诉、查询咨询、诉前保全、司法救助等23项功能，从“后台”推向“前台”集约化办理，为当事人提供多渠道、一站式、综合性诉讼服务。坚持群众需求导向，优化便民利民举措，在全省率先设置360全景导诉、集中送达转递中心、自助立案系统，全年登记立案22445件（次），接听12368诉讼服务热线3280通，接待当事人案件查询、法律咨询、约见法官近9100人次，诉讼服务中心“第一窗口”成效突显。

创新引领,建设“互联网+”法院。为适应信息时代发展需求，合肥法院加快推进案件数据信息库、执行指挥中心、诉讼服务系统等信息化建设，推进审判体系、审判能力现代化。加强基础建设，全市法院建成科技法庭150余个，远程视频接访室11个，具备同步录音录像、庭审直播等功能，为深化司法公开提供信息技术支撑。开通诉讼服务网及12368服务热线，当事人及律师足不出户，即可享受高效便捷的案件查询、诉讼指导、预约法官以及网上预约立案等服务，满足个性化诉讼需求。规范审判管理，在全省率先建成减刑、假释网上办案信息平台，实现远程视频庭审、裁判文书上网公开，确保全程阳光审理，依法办理减刑9694人、假释573人。

【推进司法改革】 合肥法院是全省首批司法改革试点单位之一。市中院从解决影响司法公正、制约司法能力的深层次问题入手，扎实推进完善司法人员分类管理、落实司法责任制、健全司法人员职业保障体系、推动省以下法院人财物统一管理等四项重点改革任务，制定出台《合肥市中级人民法院司法改革试点方案》及14个配套子方案，司法改革试点工作初见成效。

建立法官员额制度,推进人员分

类管理。根据司法职业特点，将法院现有人员分为法官、司法辅助人员、司法行政人员三类。建立法官员额管理制度，按照法官39%、司法辅助人员48%、司法行政人员13%的员额比例，推进各类人员分类定岗改革，首批99名法官通过考试和考核进入员额，确保高素质人才担任法官职务。健全法官职业保障机制，推进全市法院人财物由省级统管。

健全审判权力运行机制，落实司法责任制。以审判权为核心，探索完善权责明晰、监督有序的审判权力运行机制，落实司法责任制，实现"让审理者裁判、由裁判者负责"。制定法院办案人员权力清单制度，改革审判委员会工作机制，建立健全主审法官、合议庭办案责任制，逐步减少院长、庭长对裁判文书的审签。合理界定审判权与审判管理权，由院长、庭长担任审判长，变"审核把关"为"庭审亲历"；推行专业法官会议制度，建立案例信息数据库，定期编发典型案例，强化案例指导，统一法律适用标准。加强案件质量评估，完善审判质效评查、改判和发回重审案件评析制度。

以审判为中心，加强人权司法保障。健全冤假错案防范机制，落实罪刑法定、疑罪从无、非法证据排除等原则，推进侦查人员、证人、鉴定人出庭作证，依法保障律师阅卷、会见、辩护权利，为109名被告人指定辩护律师，对4名被告人宣告无罪。下发《关于刑事被告人或上诉人出庭受审时着装问题的通知》，被告人出庭不再穿囚服，对其不作标签化、差别化对待。全面实施量刑规范化，召开刑事审判联席会议，对常见多发犯罪设置相对统一的量刑标准，防止同案不同判。建立轻微刑事案件快速办理机制，开展刑事案件速裁试点，对情节轻微、被告人认罪的刑事案件简化程序，提高审判效率。

【坚持从严治法院】 强化法院队伍正规化、专业化和职业化建设，打造"忠诚、干净、担当"队伍，为公正司法提供坚强的组织保障。

大力加强思想政治建设。在全市法院开展"改作风、促改革、弘法治、解民忧"主题实践活动，通过回访走访、送法上门、巡回审判，增强干警群众观念，提升群众工作能力。加强法院文化建设，发挥先进典型引领作用，全市法院29个集体和35名个人受到省级以上表彰，人民日报、中央电视台等中央级媒体报道合肥法院亮点工作，刑事审判、执行工作、信息调研等多项工作受到最高人民法院表彰，合肥中院在全省多个现场会上作主题发言，合肥法院在全省乃至全国的影响力进一步提升。

全面提升法官能力素养。坚持以提升法官素养为核心的内涵式发展，加强人才培养。建立基层一线法官定期集中培训制度，举办民商事业务、司法装备、信息技术等专题培训班，与厦门大学、浙江大学、华东政法大学联合开设干部研修班，1100余名干警参加培训，干警综合能力进一步提升。强化岗位练兵，开展审判专家、办案能手、精品庭审、精品案例、精品裁判文书、优秀学术论文评比等活动，提高法官驾驭庭审、适用法律、裁判说理、化解矛盾的能力。

深入推进司法廉洁建设。严格落实党风廉政建设主体责任和监督责任，确保法官清正、法院清廉、司法清明。开展党风廉政教育和廉洁司法教育，通过领导干部述职述廉、观看警示教育片、集体谈话等形式，筑牢干警拒腐防变的思想防线。加大司法巡查力度，坚持常规检查与突击暗访相结合，及时发现班子建设、审判执行、行政管理中的廉政隐患，开展专项治理，严格督促整改。以"零容忍"态度查处违纪违法案件，全市法院举报网站联网运行，做到有报必查、查实必究，保持法院队伍纯洁性。全市法院拒礼拒贿53.96万元，当事人送锦旗93面、感谢信47封。

2015年合肥法院十大案例

一、合肥"埋尸医生"李今朝故意杀人案

【案情简介】 2014年3月16日，被害人刘某某到位于合肥市黄山路与东至路交口的李今朝中医诊所就诊，诊所负责人、执业医师被告人李今朝诊断刘某某患有神经根型颈椎病并治疗。同年3月31日10时许，刘某某到诊所复诊，被告人李今朝未按脉络宁注射液临床治疗规定，在治疗中向刘某某颈部大椎穴附近肌肉注射脉络宁注射液，后刘某某出现紧急症状，李今朝在诊所无急诊设备情况下，独自一人对刘某某简单施救后推断其死亡。后李今朝支走诊所其他医生，将刘某某藏匿于诊所内，因担心事情败露，李今朝将诊所内监控电源切断，致监控电源烧毁。23时许，李今朝驾驶车辆将刘某某运送至合肥市蜀山区长江西路北侧一拆迁工地，用泥土掩埋。4月1日，李今朝让其女婿将诊所监控硬盘里的内容删除。4月8日，侦查机关要求调取诊所相关监控视频，李今朝搪塞、拖延后，将两块监控硬盘指使其子和女婿销毁一块，自行销毁了另一块。5月9日，公安机关将被

告人李今朝抓获归案。

合肥中院经审理认为，被告人李今朝作为执业医师，在诊疗被害人刘某某过程中违规操作，在被害人生命处于危险境地之际，未正确履行救治义务，在明知其诊所条件有限的情况下，为避免声誉受到影响，放弃寻求其他如拨打急救电话、转送其他医院抢救等救治途径，放任被害人死亡结果的发生，其行为构成故意杀人罪。故以故意杀人罪判处被告人李今朝死刑，缓期二年执行，剥夺政治权利终身。

二、安徽特大虚开增值税发票案

【案情简介】 被告人许章启与被告人孙成秀2004年7月成立合肥市启秀物资有限公司（以下简称启秀公司），利用该公司虚开增值税专用发票。为牟取更大的非法利益，2007年，许章启邀其子被告人许克刚共同虚开增值税专用发票，3人以启秀公司及先后成立的6家公司名义，对外虚开增值税专用发票7484万元赚取开票费。同时为掩盖虚开事实，在没有真实业务情况下，让他人为自己虚开增值税专用发票，抵扣进项增值税专用发票税额计8336万元，许克刚还让他人为自己虚开用于抵扣税款的运输发票，税额计107万元。周梦瑶等6被告人明知上述各自任职公司虚开增值税专用发票，仍帮助处理相关会计事务，分别参与虚开税额216万至5010万元不等。杜先利等35名被告人、合肥南科商贸有限公司（以下简称南科公司）等18家被告单位直接从上述公司或通过介绍，买卖虚开增值税发票。案发前，合肥市展信工贸有限公司等4家公司已注销。

合肥中院经依法审理判决，许章启等44名被告人分别被判处无期徒刑至有期徒刑六个月不等，并处罚金四十万元至二万元不等，其中被告人许章启、许克刚处没收个人全部财产。南科公司等14家被告单位被判处罚金十万元至二万元不等。案经省高院二审，维持原判。

三、安徽广播电视台原广告中心主任王茂盛贪污、受贿案

【案情简介】 被告人王茂盛在担任安徽广播电视台广告中心主任期间，利用职务便利，为夏某某经营的公司和王某某经营的公司与安徽广播电视台的业务合作提供帮助，使两公司的广告业务在安徽卫视得以顺利投放。2013年至2014年间，被告人王茂盛在办公室先后两次共收受夏某某给予的现金10万元和一块价值4.85万元的Cartier（卡地亚）手表。2013年春节，在合肥市世纪阳光花园小区楼下，被告人王茂盛收受王某某给予的4000元购物卡。2012年11月和2013年10月，安徽广播电视台在合肥市万达威斯汀酒店和世纪金源酒店举办广告征订会期间，被告人王茂盛利用职务便利，安排广告中心工作人员为其在两家酒店各办理了2万元的不记名酒店消费卡归个人使用，以上4万元费用均在广告征订会活动经费中予以报销。

合肥中院审理认为，被告人王茂盛身为国家工作人员，利用职务之便，在投放广告业务中为他人提供帮助，非法收受财物价值15.25万元，其行为构成受贿罪；利用职务之便，通过虚报开支的手段套取公款4万元，其行为构成贪污罪。故以受贿罪判处被告人王茂盛有期徒刑五年；以贪污罪判处被告人王茂盛有期徒刑二年，决定执行有期徒刑六年。随案移送的14.4万元、卡地亚（Cartier）手表等违法所得予以追缴，上缴国库。

四、“劝酒同事”故意伤害案

【案情简介】 被告人刘震与受害人汪某系同事。2013年6月7日，二人因出差入住合肥市一大酒店。6月8日21时许，二人因晚餐席间汪某让刘震帮他人代酒一事发生争执，继而相互打斗，并以茶杯、不锈钢电水壶互砸。期间，受害人汪某进入房间内锁上门，被告人刘震在门外喊叫，在汪某开门后，二人又发生打斗，后被拉开。22时许，公安人员接报警赶至现场，受害人汪某突然倒地，发生昏迷、呼吸困难等症状，被送往医院急救。6月9日1时50分，受害人汪某经抢救无效死亡。经鉴定，死者汪某系因患冠状动脉粥样硬化性心脏病导致心源性猝死。外伤、情绪激动、饮酒等因素是导致其死亡的诱因。

蜀山区法院审理，被告人刘震在因琐事与他人发生争执后，不能冷静处理，故意伤害他人身体，以致发生被害人死亡的严重后果，其行为已构成故意伤害罪，故以故意伤害罪判处被告人刘震有期徒刑十年。该案经合肥中院二审维持原判。

五、庐江矾矿破产清算案

【案情简介】 庐江矾矿建矿于1956年，曾为国家化工建设作出巨大贡献。随着经济的转型，庐江矾矿生产经营持续滑坡，自2001年5月起停产。经审计，庐江矾矿及其下属综合经营公司已严重资不抵债，符合破产案件受理条件。2014年8月28日，合肥中院裁定受理庐江矾矿及矾矿经营公司的破产清算申请。9月30日，合肥中院依法宣告庐江矾矿破产。11月26日，在合肥中院主持下，召

开了庐江矾矿及下属经营公司债权人会议，全票通过了《债务人财产状况的调查报告》《破产财产变价方案》和《破产财产分配方案（草案）》等报告，随后破产财产分配及职工分流安置程序正式启动。2015年底，人员安置、资产接收等工作均已基本完成。至此，庐江矾矿及其下属经营公司破产程序基本完成。

六、全省规模最大异地执行案

【案情简介】 2011年8月25日，合肥市昌力吉门窗装饰工程有限公司（以下简称昌力吉门窗公司）与安徽合肥某小额贷款股份有限公司（以下简称贷款公司）签订一份《借款合同》，约定借款金额为300万元，安徽省恒亨和玻璃幕墙有限公司（以下简称恒亨和玻璃公司）作为担保人在该份合同上签字或盖章予以确认。昌力吉门窗公司在支付了2011年8月25日至10月25日的利息后，未再支付任何利息，借款到期后，也没有归还借款本息。因此，贷款公司将昌力吉门窗公司及担保人一起诉至合肥中院。经法院依法审理后作出判决，昌力吉门窗公司偿还借款本息，并支付违约金、律师费等费用；恒亨和玻璃公司对判决确定的债务承担连带清偿责任。

案件执行过程中，昌力吉门窗公司和恒亨和玻璃公司幕后负责人刘某以办理土地证、愿意被拘留、私下和解等为由进行拖延，但迟迟不履行。2013年12月，合肥中院作出执行裁定书，拍卖被执行人恒亨和玻璃公司的三套机械设备。因第一次拍卖流拍，2014年6月，合肥中院再次作出裁定，将三套设备以拍卖保留价交付贷款公司抵偿债务，但被执行人依然拒不履行。2015年5月21日，合肥中院强制执行三套设备并交付申请人，至此全省规模最大的异地执行案件圆满执结。

七、合肥信旺·华府骏苑小区系列纠纷案

【案情简介】 2011年4月20日，原告郝某某、张某某与被告合肥大唐置业有限公司（以下简称大唐公司）签订一份《商品房买卖合同》，约定购买商铺，建筑面积22.23平方米，总房款为481572元，并对交付时间、登记备案、违约责任等事项进行明确。合同签订后，原告依约支付了全部购房款，双方并为案涉《商品房买卖合同》办理了网上认购备案手续。2014年双方就合同项下商铺的交付、大唐公司因延期交房应负担的违约金及款项的结算签订了“信旺·华府骏苑交房结算明细表”，双方确认原告实际已付房款481572元，复测面积22.64平方米（合同面积22.23平方米），被告大唐公司应支付逾期交房违约金91210元，原告应补房屋面积差价款8882元及办证费30542元。冲抵应付违约金后，大唐公司尚欠逾期交房违约金51786元。同日，大唐公司向原告出具交房结算欠款专用凭单，确认欠原告51786元，并承诺于2014年8月7日起三个月后付款。至今，大唐公司未为原告代办案涉房屋产权证，也未支付结算明细表项下剩余欠款，原告遂将大唐公司诉至法院。

蜀山区法院审理认为，原告、被告之间签订的商品房买卖合同，合法有效，对各方具有法律约束力，被告理应依约履行合同义务。故判决被告大唐公司于判决生效之日起30日内为原告办理房屋产权登记手续，并支付原告逾期交房违约金51786元。

八、龚某某诉巢湖市人民政府房屋拆迁安置补偿纠纷案

【案情简介】 2010年11月，原地级巢湖市土地储备中心根据巢湖市总体规划规则要求实施“商业干校周边地块旧城改造工程”，对原告龚某某的房屋进行拆迁，龚某某根据房屋拆迁公告停止营业，进行整体搬迁，随后有关部门经丈量认证后得出评估结论。因产权人对评估结论不认同，迟迟未达成拆迁安置补偿协议。在此期间恰遇行政区划调整，房屋拆迁事宜因此搁置下来。2014年4月，有关部门给出正式书面答复，涉案房屋暂不拆迁。龚某某遂将巢湖市人民政府诉至法院，要求给予拆迁安置补偿。合肥中院经多方努力，促成原告龚某某与被告巢湖市人民政府就房屋拆迁补偿纠纷达成调解协议。

九、安徽省外经建设（集团）有限公司诉被告INMOBILIARIA PALACIO ORIENTAL S.A（东方置业房地产有限公司）、第三人BANCO DE COSTA RICA、第三人中国建设银行股份有限公司安徽省分行保函欺诈纠纷案

【案情简介】 原告安徽省外经建设（集团）有限公司（以下简称外经集团）是安徽省内的一家大型企业，承担我国在中美洲、中东等地大量的援外项目建设。2010年1月16日，被告INMOBILIARIA PALACIO ORIENTAL S.A（东方置业房地产有限公司，以下简称东方置业）与作为承包方的外经集团、作为施工方的外经中美洲公司在哥斯达黎加圣何塞城签订一商住楼项目施工合同。合同签订后，外经集团向中国建设银行股份有限公司安徽

省分行（以下简称建行安徽分行）提出申请，并以哥斯达黎加银行作为转开行，向作为受益人的东方置业开立履约保函，担保金额为200.8万美元。后双方因工程款发生争议，被告东方置业向哥斯达黎加银行提出保函索赔申请。外经集团遂立即向合肥中院提起诉讼，同时向法院提出保函止付申请。

本案在调解未果的情况下，合肥中院依据诚实信用原则、公平公正原则等对受益人的付款请求进行公正合理的审查，并参考国际公约以及国际惯例的有关规定，对保函欺诈的构成要件进行了充分的论证，最终认定被告的索赔行为构成欺诈，判决建行安徽分行终止支付保函项下款项。宣判后，被告东方置业与第三人哥斯达黎加银行提起上诉，安徽省高级人民法院维持原判。

十、合肥首例“禁摩令”案

【案情简介】　2014年6月18日，合肥市公安局、合肥市环境保护局联合发布《关于对摩托车实施区域限制通行措施的通告》，决定对摩托车实施区域限制通行的交通管制措施，并将通告内容刊登在报纸上，同时在市区多个路口设置了公告牌。2015年3月16日10时15分，李某某驾驶普通二轮摩托车，驶入禁止通行区域至合肥市寿春路与阜阳路交口，被庐阳交警大队民警制止，民警当场决定予以罚款100元，记3分。李某某不服，向合肥市交警支队申请行政复议。合肥市交警支队于2015年4月10日作出行政复议决定，维持了庐阳交警大队的行政处罚决定。李某某不服，向法院提起行政诉讼。

庐阳区法院经审理认为，根据地方性法规规定，为防治大气污染需要，合肥市公安局可依法会同合肥市环境保护局确定限制通行的车辆和区域，其对摩托车实施区域限制通行的措施符合法律规定。交通管制措施亦已通过在报纸上刊登公告、在市区道路悬挂公告牌的方式向社会公告，市民应依规通行。故判决驳回原告李某某的诉讼请求。宣判后，李某某不服向合肥中院提起上诉，后撤回起诉。

（赵　晨）

司法行政

【概况】　2015年，合肥市司法局按照全面建成小康社会、全面深化改革、全面推进依法治国、全面从严治党的要求，着力抓好法治宣传教育、法律服务、法律保障等各项工作，全市司法行政整体工作水平实现新的进步。市司法局荣获第十二届全国法治动漫微电影作品征集展播活动优秀组织奖、全国“我的调解故事”主题征集展播活动优秀组织奖，市司法局（普法办）荣获全国“H5讲述‘六五’普法”新媒体创意大赛活动优秀组织奖。市司法局被安徽省司法厅记集体二等功，刘晓文局长被安徽省司法厅记个人一等功。市司法局名列全省各市司法局综合考核第一名、优秀单位；先后获得合肥市政府目标管理考核优秀责任单位、合肥市社会治安综合治理优秀成员单位、全省国家司法考试工作成绩突出集体、全省司法行政系统信息工作先进单位、第二届青少年思想道德建设先进集体等。社区矫正、司法考试、法律援助、律师管理等工作在全省相关会议上作经验交流。

【法治宣传】　完成“六五”普法总结验收。召开全市动员大会，出台落实普法责任制实施意见，明确50家重点单位的普法任务等。5位市领导分别带队，对全市13个县（市）区（开发区）、35家市直机关开展情况进行全面检查验收。深化法律“六进”（进机关、进学校、进乡村、进社区、进企业、进单位）。开展“六五”普法讲师团巡讲活动，举办专题法治讲座32场（次）。结合“江淮普法行”“宪法宣传月”等主题活动，广泛开展旁听庭审、宪法知识讲座、法治文艺演出或微电影进村（居）活动。联合市委宣传部开展“学习宪法、尊法守法”活动，联合市委组织部开展“远程教育法治宣传进万家”活动，联合市文广新局开展法治建设主题作品征集活动。着力提升法治文化水平。创作新市民普法系列挂图等拥有自主版权的法治文化作品。开展全市“六五”普法、“十大普法惠民品牌”“十佳普法宣传员”评选活动。开展第二批“合肥市法治文化建设示范点”评选活动。全市共建成市级法治文化建设示范点16个，法治广场16个、法治文化公园18个、法治文化长廊72个、青少年法治教育基地39个、村（居）法治宣传教育中心1454个。深入推进基层民主法治建设。深入推进法治合肥建设，涌现一大批国家、省、市、县法治创建活动先进单位和法治县（市）区和民主示范村（社区）。

【法律服务】　完善公共法律服务体系。建成市、县（市）区司法行政综合服务中心，突出内部职能融合和横向联动拓展，形成“窗口化、综合性、一站式”的服务模式。126个乡镇（街道）、1568个村（社区）司法行政工作站（室）制度及便民服务措施完善，标牌台账规范统一。全市12348法律服务专线全部建成联网运行，服务能力进一步提升。推进律师、公证、法律援助、基层法律服务等资源整合，配合市国资委完成市社会服务管理信息化平台一期开发、试运行。提升法律服务能力。认真贯彻落实市政府调整法律援助对象经济困难标准和扩大法律援助事项范围文件精神，法律援助案件首次突破万件，增幅22%。积极协调庐阳、蜀山区委区政府，完成法律援助临街一层便民服务窗口建设。全面推进司法鉴定机构转型升级发展，注销鉴定机构6家，组建百友、龙图等综合性司法鉴定中心，16家鉴定机构、230多项业务通过能力验证，1家司法鉴定机构通过国家级认证认可，12家机构引入质量管理体系。成立公证质量评审委员会，随机抽取400本公证卷宗进行质量评审、通报；协调市民政、公安部门，简化婚姻证明程序，建立查处扰乱公证执业秩序长效机制；与合肥边防检查站建立“公证伪假证件鉴定室”。

开展律师事务所案卷评查活动，健全律师执业投诉查处机制，全面加强律师执业管理。主动服务经济社会发展。引导律师、公证员等法律服务工作者，参与法律文书起草、协商谈判、项目管理，服务合肥高铁、轨道交通等重点工程项目。联合市工商联，组成7个小组，到60家行业协会开展联系走访活动，提供法律服务。成立合肥市消费者维权律师服务团，提供相关法律信息和咨询服务。推荐、遴选23名优秀律师担任省市党委、政府法律顾问，25名律师担任省、市党代表、人大代表、政协委员。全年律师共参与陪同各级领导接访134次，提供法律咨询545人次。拓展网页、电子邮件证据保全及公派协议等新兴公证事项。进一步降低门槛、扩大援助范围，将经济困难标准调整至最低生活保障标准的2倍，在驻肥部队设立法律援助工作站。深入开展“合肥律师52公益行”“律师进社区”“公证法律服务进乡村社区”“公证服务提升年”等活动。2015年，全市149家律师事务所共办理案件27998件，与上年同比增长32%；22家司法鉴定机构共办理鉴定事项33659件，同比增长15%；公证机构办理公证事项46996件。

【特殊人群管理与服务】 义城监狱持续安全稳定。总投资3亿多元的义城监狱新址建成完工并顺利搬迁。严格落实监管措施，深入开展“双违”清查、“双严”教育等活动，实现连续16年10个月无罪犯脱逃。场所转型全面完成。开展全员培训、组织挂职锻炼等措施提升业务技能。制订戒毒工作管理制度200多项。总投资2亿多元合肥市戒毒所新址建成，并完成搬迁投入使用，顺利实现劳教向戒毒转型。10月20日，收治首批戒毒人员30人。目前在册戒毒人员近百人，戒治形势平稳有序，劳教戒毒场所连续14年实现“四无”（无逃脱、无非正常死亡、无所内案件、无重大案件事故）。社区矫正工作全面加强。联合公安局检察院法院召开会议，学习贯彻全省社区矫正教育管理工作会议精神。加强社区矫正监督管理，通过信息公示、日常巡查、电话查询和网上检查等方式，督促各地落实工作任务。推行社区矫正社区服务菜单制管理，编制《合肥市社区矫正社区服务菜单汇编》，完善社区服务管理考核。全面推进社区矫正电子腕带试点工作，联合公检法出台《合肥市社区服刑人员电子腕带监控应用管理暂行办法》，规范电子腕带监管措施。依法规范完成特赦各项工作。积极协调市委政法委员会、公安局、法院加强收监人员追逃，进展较好。目前全市在册社区服刑人员3578人，动态总体稳定。安置帮教水平全面提升。以“黄丝带帮教行动”为载体，深入开展“微心愿认领”“小树成长计划”和“直通车”活动。强化安置帮教衔接管控，组织开展刑满释放人员大排查活动，排查安置帮教对象3286人、完成核查1252条。联合市民政局印发《关于做好刑满释放人员社会救助工作的通知》，市区按照城市低保月保障标准的2～6倍，对安置帮教对象进行救助。

【人民调解】 长丰县作为全省司法所形象识别系统建设唯一试点地区，合肥市与长丰县两级全力推进，建成的3个司法所形象辨识度、整体规范性显著提升。各县市行业调解中心全部建立。联合调处中心建设经验在全省平安建设会议上交流。市医患纠纷调解委员会将在肥省直医疗机构纳入工作体系，运行良好。各县（市）区医患纠纷、交通事故调解委员会全覆盖。全市全年共成功调解各类纠纷92321件，其中调解处理医患纠纷802件、道路交通纠纷7566件。

（陈欣欣）

合肥警备区

【综述】 2015 年，合肥警备区在省军区党委、中共合肥市委的坚强领导下，紧跟习主席思想步伐，坚持强军目标统领，举旗铸魂、加紧备战、从严治军、整风整改、夯实基础、创新发展，圆满完成年度各项任务，部队全面建设实现整体跃升。

狠抓铸魂育人，官兵信仰信念坚定纯洁。学习习主席系列重要讲话精神，认真贯彻新古田会议“下篇文章”，落实中心组学习、理论轮训等制度，“四个扎实有效”根植官兵头脑。扎实抓好“学习践行强军目标、做新一代革命军人”主题教育，开展“新一代革命军人样子”大讨论，不断强化官兵思想认同和行为自觉。紧跟调整改革进程，先后开展三个波次专题教育，打牢支持拥护服从促进改革思想基础。紧贴官兵现实思想，大力开展“学传统争当‘四有’军人、学先进争创‘六好’标兵”实践活动，组织“好干部大家谈”，浓厚争先进位氛围。巢湖、肥东人武部被省军区表彰为全面建设标兵单位。加强党史军史教育，警备区和包河人武部完成军史馆和荣誉室建设，预备役高炮团、蜀山人武部大力弘扬团队传统和郭俊精神，干休五所离休干部邱盈道积极为部队和中小学生讲革命传统，凝聚强军兴武正能量。彻底肃清郭伯雄、徐才厚案件流毒影响，党委书记带头上党课，严肃政治纪律政治规矩，坚定与党中央、中央军委和习主席保持高度一致。警备区政治部被省军区表彰为先进政治机关。

聚焦练兵备战，应急应战能力显著提升。牢固确立战斗力标准，以如期形成能力为牵引，强力推进军事斗争准备落地见效。狠抓战备规范化建设，对辖区重要防卫目标、防空预设阵地进行勘察，修订完善专项应急预案，升级改造两级作战值班指挥信息系统，完成装备器材预征预储、作战能力评估和潜力调查。狠抓深化民兵整组和武装机构拓展，新建高校武装部 24 个、企业武装部 1 个。巢湖人武部“高新技术分队”参加南京军区成果展示，军委范长龙副主席和军区主要首长给予高度评价。狠抓实战化训练，严格实弹实投，完成首长机关、专武干部、预备役军官、民兵预备役训练任务，14 名同志参加上级比武，获得 1 个总分第一和 8 个单项第一的优异成绩。狠抓军地联演联训，精心组织战时国防动员指挥演练和三级指挥机构带实兵检验性演习，提升了国防动员和指挥打仗能力。完成搜救地方坠毁直升机应急行动任务，在近似实战环境中锤炼实战技能。警备区被南京军区表彰为军事训练先进单位。狠抓兵员征集质量，制定《严格落实征兵工作“八项要求”》《征兵工作绩效考核细则》，庐阳人武部持续探索大学生入伍“预征预储”新路子，高标准完成全市征集兵员任务。

突出整风整改，持续正风肃纪渐成常态。坚持一鼓作气、敬终如始，狠抓“三严三实”专题教育整顿。反复学习领会“三严三实”内涵要义，党委正副书记、纪委书记为全区官兵作专题辅导。制定完善警备区党委《践行“三严三实”要求、加强班子自身建设的措施》等 11 项制度规定，两级党委全面负起从严治党主体责任、纪委认真履行监督责任，促进作风建设形成新常态。认真组织民主集中制专题学习培训，针对查找梳理出的 4 类 15 种问题，及时修订完善《党委议事规则》，着力提高科学决策、民主决策、依法决策能力。警备区党委书记姜宗健被南京军区表彰为“优秀党务工作者”。从严干部教育管理监督，狠抓组织生活制度落实，强化组织管班子管干部功能，做到真管真严、敢管敢严、长管长严。积极顺应依法治军从严治军新要求，广泛开展学法规、用法规、守法规活动，强化法治信仰、浓厚法治氛围。

坚持重心向下，建设发展根基更加巩固。坚持把重心向基层武装部、民兵预备役营连下移，重新调整常委挂钩联系点，抓好打基础固根基利长远的工作。指导肥西、包河人武部分别进行战备规范化和“法治军营”建设试点先行，组织现场观摩，规范抓建秩序，提升建设层次。持续推进民兵基层党组织规范化建设，会同市委下发指导性意见，在肥东县召开观摩推进会。南京军区工作组到瑶海区三里街街道、蜀山区国际电子商务产业园基干民兵党支部实地检查调研，给予充分肯定。狠抓现代后勤“三大建设任务”，警备区后勤部被省军区表彰为后勤管理先进单位。加强基础设施建设，警备区机关和肥西人武部完成新营区建设、实现顺利搬迁，长丰人武部完成规范化综合整治，包河人武部重新调整完善布局，巢湖人武部有效拓展营区功能，庐江人武部下力推进民兵训练基地建设，基础设施明显改善、战备秩序更加正规、保障能力显著提升。始终把安全稳定作为保底工程，紧盯人车枪弹密网等重点，3次开展安全工作大检查，投入近60万元经费，升级改造民兵武器仓库安防设施，实现38年安全无事故。坚持情系基层办实事，拿出15万元经费，为基层官兵办好“十件实事”，救济24名特困官兵职工，走访慰问作战部队基层营连主官家庭；为老干部办好“六件实事”，干休五所、巢湖干休所积极创造条件，改善设施环境，提高服务质量。

注重军地合力，军民融合发展有序推进。大力弘扬习主席10个好传统，凝聚军地共同推进强军实践合力。认真贯彻落实省委和市委文件，协助做好省军区对合肥市党管武装、政府履行国防动员和后备力量建设责任目标管理绩效考核。市县两级召开议军会、组织领导干部过“军事日”，落实19名随军家属就业安置，40名军人子女享受教育优待。肥东县原书记杨宏星被南京军区表彰为“国防先锋”。狠抓国防教育深化拓展，在全市44个重要场所户外电子屏循环播放国防教育内容，组织国防知识竞赛，开设“江淮儿女军旅荣誉榜”，集中发布合肥籍三等功以上官兵事迹，邀请国防大学李莉教授为市县两级党政领导干部和驻肥官兵作报告，巢湖人武部组织“一等功臣”汤正兵事迹报告会，唱响军营好声音。积极投身争创全国双拥模范城“八连冠”活动，慰问“合肥舰”“巢湖舰”，组织“双拥号”公交线路命名，评选表彰30名“好军嫂”，举行“退役士兵招聘周”，包河区连续三年拿出专项指标招聘退伍军人。持续推进军民共建美好乡村建设，广大民兵预备役人员在“三线三边”整治、文明城市创建、秸杆禁烧等任务中，勇挑重担、树好样子。贯彻“精准扶贫”要求，接续做好结对帮扶工作，开展“八一助学圆梦”活动，集中资助11名贫困大学新生入学。

【聚合精力抓训练】 2015年，警备区深入贯彻南京军区、省军区文件精神，强化练将，扎实练兵，深化首长机关指挥技能训练，狠抓民兵预备役部（分）队实战化训练，加强防卫作战指挥、国防动员指挥、实兵演练，确保如期完成军事斗争准备，被南京军区表彰为军事训练先进单位。

民兵军事训练　按照紧贴任务、聚焦能力的思路，落实真难严实要求，推行民兵预备役实战化训练，严格管控抓落实，突出实战抓质效，警备区、人武部、预备役高炮团全年组织民兵预备役分队军事训练数十期，参训数千人，超额完成年度的任务数。

专武干部集训　1月下旬，警备区组织全市专武干部进行业务集训。党委首长高度重视，集训前进行了专题研究，组织专长人员进行备课示教，邀请省军区教导大队专业教员进行授课辅导，警备区参谋长全程驻队督训。突出基本技能提高，加强了组织指挥能力培养，有效提升了专武干部思想素质、业务能力和军事技能。

民兵水上抢险骨干集训　5月份，警备区在原巢湖军分区教导队组织全市民兵水上抢险骨干集训。训练采取理论授课、示范教学、技能训练、考核验收的方法，进行了冲锋舟操作、编队航行、障碍驾驶、离靠岸、打捞与救护及各种情况处置等内容的训练。通过训练，使参训人员进一步熟悉和掌握了操作规程与要领、打捞与防护的一般方法、水上抢险行动的组织与实施，提高了民兵水上抢险骨干的综合素质和组训任教能力，为各县（市）、区培养了人才。

【后备力量建设】 坚持编为用、建为战，科学统筹、编好队伍、规范秩序，落实了基干民兵（应急队伍、支援队伍、储备队伍）和预备役部队整组任务。同时，充分利用辖区科技教育和高新技术资源，新建多支新型支援保障分队，占支援队伍比重得到较大提高，新建高校武装部和企业武装部，后备力量建设质量稳步提升。

【国防动员】 坚持以保障胜战为目标，修订了《合肥市国防动员方案》，市、县、乡三级国防动员指挥机构依案完成了指挥演练任务，通过演练检验了战时国防动员指控能力；坚持军地合力，先后多次高标准完成过境部队保障任务，受到了部队和上级机关的一致好评；组织市政府办公厅机关干部进军营过“军事日”活动，增强政府工作人员国防意识的同时进一步融洽了军政关系；加强与地方人社部门的沟通协作，组织了市县两级退役士兵招聘周活动，累计约 3000 名退役兵士兵参加招聘活动，积极为退役士兵就业创造有利条件。

【兵员征集】 按照“工作前移、争取主动”的思路，扎实抓好征兵工作各项任务落实。在准备上，年初专门组织了退兵情况调研，5 月 7 日召开了全市征兵工作会议，提前研究对策、部署任务，并全面开展兵员潜力调查摸底，扎实抓好兵役登记和网上报名工作；在宣传上，运用电视播出公益广告、报纸网络开设征兵专栏、开设微信公众账号等多种手段，进一步延伸宣传触角、丰富宣传形式；在督导上，制定出台了《合肥市征兵工作绩效考评实施细则》，建立了每周通报网上预征情况制度，先后 6 次成立工作组对各单位征兵工作开展情况进行专项检查，有效督导征兵工作落实。通过上下努力，圆满完成了兵员征集任务，尤其是高标准完成了大学生征集任务。

【抓好主题教育活动】 突出抓好“学习践行强军目标、做新一代革命军人”主题教育，不断强化官兵的思想认同和行为自觉。高度关注调整改革中官兵现实思想反映，扎实开展“全面贯彻改革强军战略、坚决支持拥护服从促进改革”和“安心干事业、尽心务打赢”专题教育，引导官兵坚决拥护改革、积极支持改革、自觉投身改革。紧贴官兵现实思想实际，大力开展“学传统争当‘四有’革命军人、学先进争创‘六好’标兵单位”实践活动，安排巢湖人武部、预备役高炮团 2 个单位和英雄郭俊身前所在单位代表张全、干休五所离休干部邱盈道 2 名同志分别作引领发言；统一组织“好干部大家谈”活动，长丰、瑶海人武部、高炮团、巢湖干休所和民兵武器仓库 5 个单位的代表作了典型发言。

【抓好肃清案件流毒影响工作】 把肃清郭徐案件影响当作政治工程、主官工程，围绕总政明确的“六个肃清”要求，专门成立肃清工作领导小组，认真制定工作方案和实施计划，从思想上、政治上、组织上、作风上、体制上全面肃清影响。10 月 30 日，围绕“带头正本清源、全面肃清影响，自觉做守纪律讲规矩的党员干部”主题，警备区党委书记带头为全体党员作专题党课辅导，严明政治纪律和政治规矩，始终与党中央、中央军委和习主席保持高度一致。

【“三严三实”专题教育活动】 狠抓“三严三实”专题教育整顿。反复学习领会“三严三实”内涵要义，党委正副书记、纪委书记为全区官兵作专题辅导。高标准召开专题民主生活会，两级共查找 8 类 56 个“不严不实”问题，立起整改“靶子”。以干部工作大检查、财务工作大清查为重点，持续推进八个专项清理整治，重点查纠干部档案中 32 个问题、经费开支中 5 个方面 2323 笔票据，清退不合理住房 38 套。制定完善警备区党委《践行“三严三实”要求、加强班子自身建设的措施》等 11 项制度规定，两级党委全面负起从严治党主体责任、纪委认真履行监督责任，促进作风建设形成新常态。认真组织民主集中制专题学习培训，针对查找梳理出的 4 类 15 种问题倾向，及时修订完善《党委议事规则》，着力提高科学决策、民主决策、依法决策能力。警备区党委书记姜宗健被南京军区表彰为“优秀党务工作者”。

【民兵基层党组织建设】 警备区政治部会同市委组织部联合印发《二〇一五年度加强民兵基层党组织规范化建设的意见》，进一步深化拓展民兵基层党组织规范化建设试点工作，4 月 28 日专门到原南京军区汇报了做法。6 月 10 日，原南京军区郑政委、政治部凌副主任一行到瑶海区三里街街道、蜀山区国际电子商务工业园基干民兵党支部实地检查调研，给予充分肯定。省委常委、市委书记吴存荣、市政府主要领导陪同调研。7 月 23 日，警备区在肥东县长临河镇四顶村召开民兵基层党组织建设观摩推进会，9 个人武部以专题片的形式交流，提升了抓建层次。

【任前谈话和宣布任职】 根据皖发〔2013〕4 号文件和省军区通知要求，经报市委书记、警备区党委第一书记吴存荣同意，警备区会同合肥市委组织部，分别组织长丰县、瑶海区、巢湖市、包河区人武部党委第一书记任前谈话和宣布任职大会。县市区联系部队的副县长、副书记、组织部长、国动委“八办”领导、人武部干部职工和基层武装部第一部长（乡镇党委书记）、专武干部参加了宣布任职大会，有效激发了地方领导爱武装管武装抓武装的荣誉感、责任感和使命感，浓厚了武装工作氛围。

【开展“帮基层、办实事、送温暖”活动】 贯彻落实原南京军区服务“一老一少一基层”工作要求，狠抓为基层官兵办好“十件实事”、为老干部办好“六件实事”的落实，为35名老干部办理身份证，为75名遗孀办理提高生活补助费审批手续，救济24名生活困难官兵职工，走访慰问139户军区作战部队基层干部家庭。

【军校、国防生院校招生工作】 6月29日至7月6日，按照省军区统一部署，警备区协调组织合肥片（合肥市、阜阳市、淮南市、六安市、池州市）军校、国防生院校考生心理检测、面试、体检工作。根据工作要求，警备区成立招生工作领导小组，加强招生组织领导，确保各项工作有序推进；协调105医院、中澳学院、预备役师，抽调机关和人武部、干休所部分干部，组成心理检测、面试、体检各工作小组，在省军区招办指导下严密组织实施，圆满完成军校、国防生院校考生心理检测、面试、体检工作。

【双拥共建工作】 围绕合肥争创双拥“八连冠”，持续推进随军家属就业安置，会同市委组织部、公务员局、人社局落实20名随军家属就业。落实军人子女教育优待，会同市教育局完成军人子女中考加分审定工作，落实39名军人子女中考加分优待。“八一”期间，联合市妇联、双拥办表彰30名“最美军嫂”。持续开展“爱心照亮求学路”活动，一次性资助11名新入学贫困大学生。

【国防教育】 利用“庐州大讲堂”开展国防教育讲座，邀请等知名军事专家给全市党政机关干部作报告。命名“双拥号线路”公交车，在15条公交线路、400余台公交车上开展国防宣传活动。在全市44个重要场所户外大型LED电子屏安排专门时段，循环播放国防宣传内容。会同市委宣传部、教育局，组织国防知识和国防征文竞赛。在合肥日报开设“江淮儿女军旅荣誉榜”，集中宣扬合肥籍三等功以上官兵。指导巢湖人武部组织“坚守哨所十五年”的“一等功臣”汤正兵先进事迹报告会，引起强烈反响。积极宣扬肥东县委书记杨宏星党管武装先进事迹，被原南就军区表彰为“国防先锋”模范人物。渡江战役纪念馆和刘铭传故居分别被国家和省命名为国防教育基地。

【开展违规住房清理整治工作】 11月份，根据省军区《关于持续深入开展省军区部队违规住房清理整治工作的通知》要求，对全区在职人员家庭住房情况摸底排查，确保“不漏一人、不漏一房”，严格按政策规定，重点核查三种情况：一是在驻地已购买房改房，同时又住用军队公寓房的；二是已签订腾退承诺书逾期未退住房的；三是因岗位、住房情况变化新产生的违规住房。

【搬迁新营区】 全年完成了室外附属工程、办公楼信息化工程、备用电源工程、办公楼及保障楼装饰工程等多项工程施工，组织了食堂厨具、空调、办公家具及营区文化氛围设施等8项物资集中采购，并于11月底前完成了警备区机关由庐江路营区搬迁至政务区新营区任务。

武警合肥市支队

【概述】 2015年，合肥支队党委坚持以党的十八大和十八届三中、四中、五中全会精神为指导，以强军目标为统领，深入贯彻习主席政治建军、改革强军、依法治军重大战略思想，不断强化“四种意识”，坚持稳字当先，着力固本培元，始终以铁一般的信仰、铁一般的信念、铁一般的纪律、铁一般的担当抓根本正方向、抓中心强能力、抓经常打基础、抓机关带部队、抓作风促和谐，支队全面建设持续向上向好。一大队被总队评为基层建设先进大队。一中队、三中队、五中队、七中队、九中队、十三中队、肥西县中队被总队评为基层建设先进中队，六中队中队长陈春松被评为“扫黄打非”先进个人，九中队女兵排被评为省“三八红旗”集体。

【思想政治工作卓有成效】 坚决贯彻习主席一系列重要指示精神，紧紧围绕党在新形势下的强军目标，始终把政治建军摆在首位，围绕“四有”革命军人培育，抓活政治工作方法手段。坚持以抓好主题教育为主线，组织专题调研、细化教育方案、精编授课教案、施行审课试讲，有效提升了教育质量，锻炼了教员队伍。支队主题教育的经验被总队转发，2名政治教员在总队“四会”比武取得了第四名和第十名的成绩。扎实开展培育新一代“四有”革命军人主题教育活动，组织“新一代革命军人样子”大讨论、“最美强军典型”评选和“讲强军故事，当打赢先锋”巡讲活动，帮助官兵明确实践标准、强化实践自觉。我支队官兵自行创演的节目《大湖名城卫士情》在总队文艺会演获得创作奖和二等奖。支队被总队评为新闻宣传先进单位。

【遂行任务能力稳步提升】 以担负总队赋予的“首长机关室内战术作业科目”演示任务为开局，先后完成了“一册两案”试点、战训法集训4个课目演示、正规化执勤等级评定试点等任务，并形成一系列面上推广、指导实践的研究成果。认真开展重难点课目集训、“三个十”训练尖子集训、新训干部骨干集训，加大训练场地建设力度，在部队持续兴起了大抓训练的热潮，推动了训练“八落实”。在总队反恐尖兵比武中名列第四，十四中队在总队应急班考核中取得第一，新训教育训练考核全总队第三，4名同志被总队评为“三个十”训练标兵。持续抓好执勤隐患治理，扎实开展执勤安全检查鉴定和执勤警示季活动，执勤安全系数不断提高。圆满完成国家领导人专机警卫等各类临时勤务200余起，成功处置30人以上规模上访事件300余起。

【正规化建设持续推进】 认真抓好总队依法从严治警集训精神贯彻落实，全面推进部队正规化建设。注重把握部队安全管理工作的内在规律，突出抓好人员上的重点，内容上的险点，时间上的难点，增强了实效。研究制定支队正规化建设《三年规划》和2015年《实施方案》，在两个中队进行试点。大力推行能级管理，逐级强化落实责任，并持续加大“突击式检查”力度，有效提升了部队正规化建设水平。按照总部安全工作“八个规范”，逐条对接，逐项对表，研究制定了支队贯彻落实措施，并以开展枪弹清查、车辆整治和“百日安全竞赛”活动为载体，认真排查安全隐患，逐个进行挂账销号，基本实现了安全目标。

【部队建设基础逐步夯实】 严密组织《纲要》暨党支部书记培训，进一步规范基层工作指导，提升了抓基层打基础的质量效益。研究制定加强指导员队伍建设的《实施意见》，抓好大练基本功活动，基层干部队伍能力素质得到提高。结合半年干部调整，清超分流25名机关干部充实基层，基层干部配备率达到100%。严格落实总队《一线指挥部蹲点调研帮建工作规范》，制定出台支队蹲点调研帮建规定，先后组织5批党委常委带队的工作组蹲点帮带；突出发挥“前沿指挥所”的能级作用，研究制定《大队工作规范》，督导大队抓好蹲点帮建工作。1个连续5年以上未进入先进的中队进入先进行列，2个后进单位进步明显。

【综合保障能力大幅提升】 坚持经费使用向能打胜仗聚焦，先后投入经费150多万元，用于基层中队综合训练场和政治环境建设，为基层中队维修营房、配备电脑和更换生活设施等，改善官兵生活条件。扎实开展财务工作大清查和“伙食管理规范年”活动，规范基层后勤战备物资储备，进一步提升了后勤保障效益。坚持落实公务卡强制结算、物资集中采购和资金集中支付要求，严把预算审计关、明确审批权、卡住报销口，确保经费使用规范节俭。全程跟踪十四、十五中队营房建设、搬迁，机关二期工程和一大队、十一中队、肥东县中队营房建设进展顺利。

【党委班子自身建设不断加强】 突出整风整改总基调，以“三严三实”教育整顿为抓手，狠抓班子自身建设。开展党委中心组带机关专题式、研讨式、课题式学习，系统学习习主席重要讲话，跟进学习上级指示要求，有效提升党委机关的理论水平、思维层次。认真贯彻民主集中制原则，自觉维护团结，形成了领率部队发展的合力；深入开展“四整八查”，先后查纠67名干部“三龄两历”问题；查纠发票不规范、超标准范围报销差旅费等问题6类，涉及金额555.38万元，收回违规款项150余万元，停止7名干部家属违规享受随军未就业补贴。对总部巡视、总队审计指出的和自身查摆出的问题，立整立改，取得阶段性成效。官兵对班子满意率达到100%。

【临时勤务】 全年支队累计担负警卫安保、武装巡逻等重大临时勤务32次，押运任务44次，押解任务142次。

【城市武装巡逻】 2015年元旦、春节、国庆等重要节假日以及“两会”“6.4”“7.5”“ 9.3”等敏感时期，协助公安机关完成合肥火车站、合肥火车南站、新桥机场、中心城区繁华街区及重点路段、重要目标武装巡逻和机动备勤任务。自2015年10月19日起，合肥市重点区域武装巡逻实现常态化。

【安保勤务】 1月9日至11日，完成女子监狱调犯入监现场警戒任务。

1月18日至23日，完成合肥市人大十五届三次会议、市政协十三届三次会议代表住地、会场外围警戒和机动备勤任务。

1月24日至31日，完成安徽省十二届人大四次会议、安徽省政协十一届三次会议代表住地、会场外围警戒和机动备勤等任务。

2月12日至21日，协助公安机关担负合肥火车南站“春运”维持秩序任务。

4月4日至6日，完成清明期间小蜀山陵园和大兴塔陵园维护秩序任务。

4月7日至12日，完成王兆国来皖首长住地警卫任务。

4月30日，完成安徽省庆祝“五一”欢迎全国劳模和先进工作者大会现场外围警戒任务。

7月11日，完成电影《邓小平登黄山》安徽省首映式现场外围警戒任务。

9月8日，完成合肥市监管中心搬迁和押解任务。

9月10日至13日，完成全国会计专业技术资格考试（合肥考点）试卷押运及看护任务。

9月25日，完成何必山、陈桂春、王宜国同志先进事迹报告会外围安全警戒任务。

10月25日，完成2015合肥国际马拉松赛起终点现场警戒和机动备勤任务。

10月29日至30日，完成李克强总理、德国总理默克尔来皖专机警卫任务。

11月12日，完成十八届五中全会精神宣讲报告会现场外围安全警戒任务。

12月9日，完成合肥义城监狱在押犯转移武装押解和警戒任务。

12月19日，完成中共合肥市第十次代表大会会议安保任务。

12月30日，完成"安徽省2016新年音乐会"现场外围安全警戒任务。

人防 民防

【概况】 2015年，全市人防民防以中央推进人防发展的决定为牵引，按照习主席"能打仗""融合发展"的总要求，攻坚克难，开拓进取，应急备战抓得实、融入结合成效好、建设管理水平高，先后荣获全国人民防空先进城市、人防综合防护体系建设和管理先进单位、全国人防信息化建设和通讯报道先进单位，连续五年荣获全省人防目标任务考评先进单位，被合肥市评为文明单位并获市行政服务"先进窗口"称号。

【重要活动和会议】 1月21日，老干部党支部胡广荣作为全省离退休干部"双先"代表，应邀出席了表彰大会，并受到省委书记张宝顺、省长王学军的亲切会见。

2月1日，市民防应急通信志愿者大队年度点验在高新区举行。省人防办调研员葛根、省无线电技术协会秘书长方明、市人防办副主任章晓虎等领导参加。点验内容包括快速架设天线电台，快速联网抄送报文，传送SSTV图像等人防民防应急科目。点验前，还举行了简短的新队员入队宣誓仪式。

3月9-10日，全市人防（民防）主任（局长）会议暨"人防准军事化"训练举行。会议宣读了国家和省、市人防表彰通报，观看了皖盾跨区演练专题片。程耀广主任作工作报告，总结去年工作，布置今年任务。会议强调，全市人防民防要以贯彻中央深入推进人民防空改革发展的若干问题决定为主线，突出改革创新和融合发展，抓好人防军事斗争准备和综合防护体系建设，全面提升履行人防使命和任务能力水平。会议由办党组书记靳民斌主持，机关和事业单位，各县（市）区、开发区人防民防负责人共80人与会。会后，参训人员统一着装、统一编班，按照强纪律、比作风、提精神的要求进行了队列、会操和疏散基地现场观摩。

3月11日，包头市人防办主任白春光带队来合肥市调研人防民防工作。实地考察人防指挥所和基层民防建设情况，双方就民防教育馆建设等内容进行座谈交流。

3月19日，召开教育实践活动整改落实情况通报会。班子成员程耀广、靳民斌、章晓虎、袁震兵、汪国平、黄俊峰依次通报了个人整改情况。该活动开展以来，按照"三严三实"要求，办领导建立整改台账，解决和公示32项整改内容，严控"三公"经费，开展"百家企业大走访"等，取得阶段性效果。

5月11日，"防灾减灾日"来临之际，启动"防空防灾宣传周"活动。以民防进社区为依托，借助基层民防工作站，采取滚动播放民防动漫片、免费发放宣传书籍和结合演练等多种方式向社区居民宣传防空减灾和应急避险自救技能。

5月26日，为期一周的全省人防指挥通信跨区机动演练和北斗导航系统应用培训结束。信息保障中心携装备和车辆全程参加实兵实装跨区域、长距离、复杂环境条件下的大规模机动综合训练，并取得四项考核全优成绩。

6月2日，在包河区召开创新型"社区人防多媒体预警报知系统"方案论证会。市人防办主任程耀广、包河区政府副区长程瑞、安徽皖通科技公司等参加。会议强调，人防多媒体预警报知系统建设，是一项添补空白的人防平战结合工程，战时可发放防空警报，平时可播放防灾信息，服务民生，利国利民，市人防办将提供资金支持。

6月16日，市委常委、副市长周善武率国土、规划、法制、应急、重点局和交警支队等相关单位来我办调研。调研组一行实地勘察省广电中心项目人防物资库工程、政务区绿轴项目、省司法厅人防专业队工程等；观看了工作专题片，听取近期重点工作汇报。周善武对人防近年来工作给予充分肯定。对人防提请解决的几个问题，现场梳理，明确分工，限期办理。

7月1日，为推进廉政文化进

机关活动，首次举办全市人防系统廉政文化书画摄影展。共收到60余幅廉政文化作品在机关办公楼内展出，评出一、二、三等奖。

7月3日，人防新老纳凉点同时对外免费开放，纳凉面积超过3000平方米，累计开放年限已有8年，受到新华网、安徽电视台等广泛赞誉。

9月18日，举行全市防空警报试鸣和综合演练。在瑶海区都市科技工业园设立了主会场，各县（市）区、开发区、部分高校设立了分会场。演练内容包括警报试鸣、园区工人疏散、高楼灭火、医疗救护和心理疏导等。庐江县、合工大、合肥学院等分会场，同时开展防空应急疏散演练。省、市有关领导及市人防指挥部成员单位代表观摩了演练。

9月29日，“皖盾—2015”皖中片人防机动指挥通信跨区支援演练在安庆举行。合肥、淮南、滁州、六安四市人防通信分队受领任务后迅速跨区支援，利用“动中通”“静中通”，微波、短波、超短波等多路径多手段实施联合通信支援保障，圆满完成了任务。

10月13日，第五期人防施工技术培训班和全市人防工程质量监督人员培训分别在市区和长丰县举办，来自县区人防和企业共150余人参加培训。

11月5日，俄罗斯乌法市副市长谢尔盖·维克托罗维奇一行来市考察交流人防应急工作。市人防办主任程耀广、副主任汪国平热情接待了外宾。市外办、高新区管委会等陪同了考察。考察团一行先后参观了天乐社区民防建设和38所，听取专题汇报。座谈会上，双方就基层突发事件应急处置、居民防空防灾科普教育、公共安全产业发展等进行了深入交流。乌法市领导对合肥市构筑社区安全防线给予高度评价，希望双方进一步加强在民防等多领域的交流与合作，为深化合肥与乌法两市友好关系，早日缔结友好城市做出积极努力。

11月13日，汪国平副主任带队，深入轨道交通2号线现场调研。察看了2号线创新大道站人防工程建设和早期人防工事处理情况，召开人防工程建设暨早期人防工事处理情况对接会，配合市重要工程建设，确保了轨道交通2号线顺利进行。

11月21日，合肥市民防应急通信志愿者大队赴厦门参加“2015年全国业余无线电应急通信演练赛”，荣获测向对抗赛一等奖、应急通信演练赛团体二等奖。

11月24日，山东省人防办刘大清副巡视员一行6人来合肥调研考察人防重要经济目标防护试点工作。

12月10日，南昌市委常委、副市长田大忠一行来市考察人防民防工作。市领导周善武，办领导程耀广、靳民斌等陪同考察。田大忠一行实地考察了我市人防指挥所、包河区基层人防指挥平台和望湖社区民防建设现场，对我市人防“三办合一”体制机制创新，人防民防应急融合发展模式予以高度评价。

12月23日，第五届人防“百家企业服务质量大走访”举行。办领导带领7个组下基层进工地，对报建人防工程的百余家企业开展面对面的征求意见。通过走访和零距离问询，改进工作作风，受到投资商、建设单位和施工企业的一致好评。

12月29日，机关党委书记袁震兵，作为首次全市党组织书记抓党建述职评议大会代表发言。今年以来，办党组中心组和机关党委以“三严三实”为标杆，不断创新学习载体、丰容党建内容，通过理论学习常态化、廉政建设制度化、结对帮扶多样化，促进党风廉政建设和社会评议争先进位。

【人防工程建设】 按照“稳增长、优布局、调结构、强能力”总要求，2015年我办着力抓好城市地下空间综合开发利用、地铁和综合管廊兼顾设防，积极参与老旧小区改造等民生项目建设，通过简政放权、深化行政审批改革、持续开展服务对象大回访等，实现人防工程建设与缴费三连增，两项指标均超额完成了省办下达的目标任务。与此同时，我办以工业兴市为已任，通过出台支持工业发展政策、降低人防易地费标准等含金量高的举措，支持我市工业发展，全年办理工业减免项目160个，受到企业普遍欢迎和市领导充分肯定。尤其是积极引导城市地下空间有序开发和合理利用，节约集约土地资源，促进城市可持续发展。

人防行政审批。进一步简政放权，不断深化行政审批改革，坚持依法行政，阳光操作，高效便捷。上半年，经积极争取和市主要领导同意，把合巢经开区人防民防工作纳入市级三大开发区统一管理，规范该区人防“结建”工作。窗口和质监站服务质量调查回访，满意度100%，连续五年被评为全市行政服务“先进窗口”。

人防工程管理。建管并举，加强事中事后监管，下发了《加强人防工程施工图审查质量管理工作的通知》，建立审图质量抽查复审和服务质量末位约谈制度，会同各区人防办对全市旧城改造项目中早期人防工程进行摸排调查，并协调市土地储备中心，将人防工程的拆除复建纳入土地出让条件，确保人均防护面积与城市人口同步增加。加强早期人防工程维护管理，审批报废1万多平方米的早期工程拆除改造项目，消除安全隐患。结合智慧城市建设，在政务区选定20余处人防工程，试点智能化运维监管系统建设，提高人防工程监管的科学化水平。

【人防平战结合】 为抓好人防资源为民服务工程，2015年根据老城区绿化面积相对较少的特点，自筹资金，将霍邱路城隍庙附近一处人防早期工程改造成纳凉点，实现人防纳凉点数量和面积的逐年增加。自建的省歌舞团地下停车场继续免费停车，惠及周边居民。

【人防信息化建设】 深入推进人民防空信息基础网络、预警报知系统、指挥控制系统、防护救援系统、综合保障系统“一网四系统”综合集成建设；实施人防指挥所、微波通信车和微波中继站等一批装备的升级改造；完成人防光纤、卫星、无线通信网“三网”融合；完成人防北斗导航系统并通过验收；完成人防涉密网和指挥通信网的加密等。

预警报知系统建设。除市域建成区适时新增防空警报器外，在庐江县，警报器布点已延伸至冶山、泥河、汤池三个副县级镇。在包河区开展“基于电子屏多媒体多功能预警报知系统”试点建设，克服了传统警报器功能单一、信号难以识别的短板，能在音响报警同时传递图文信号，报警更为直观，平战融合效果更加突显。

重要经济目标防护。积极探索重要经济目标分级分类防护方法路子，在加强新广电中心目标防护预案与演练的同时，又制定了《合肥燃气集团开展重要经济目标防护试点实施计划》，全市按10%的比例，组织修订重要经济目标单位防空袭方案，推动防护措施有效落实。

疏散基地建设。《合肥市人口疏散基地及应急避难场所建设布局规划》不断修改完善并上报市规委会审批。位于市区东北部的市级疏散基地少荃湖项目正在编制项目建议书和可行性报告；西南部肥西紫蓬山疏散基地项目开展规划选址。民防基地项目作为我市“4个为民服务项目”的重点，在市政府统一领导下，按计划有序推进。

预案和演练。各县（市）区、开发区防空袭预案进行专家评审。人防民防演练，既围绕预案又结合防灾，点面结合上下联动，通过“9.18”警报试鸣等，抓好社区居民和学生的应急疏散演练；通过整建制携装备参加省军区“江淮-2015”演习和跨区支援演练等，锻炼队伍，检验装备；通过民防通信志愿者大队正规化建设，扩大民众参与热情和有效应对多手段。

【人防民防宣传】 一是在扩大合肥晚报“人防专版”、合肥电台“人防之声”品牌宣传效应基础上，与高新区人防办联手，精心制作了具有时代特征的《全民防空防灾应急科普动漫》体验宣传片。采取“事故+知识”“娱乐+竞技”的方式，让人一看就懂，一学就会，通过“小手牵大手”，教育一个人，带动一个家庭，实现防空防灾知识的不断普及。二是结合“5.12”“9.18”等纪念日，联合消防等多部门，与省办和县（市）区、开发区人防民防上下联动，在城乡、学校和产业园区开展声势浩大的防灾减灾宣传和演练活动，群众由过去的被动式教育，改为现在的主动参与，积极实践，防灾自救意识和水平大幅度提高。三是持续推进人防民防宣传进社区、进学校、进网络等“七进”工作。为提高民防宣传教育质量，我办每年都拿出专项资金对全市民防教师和民防骨干进行集中轮训。

【民防进社区】 按照政府工作报告提出的新要求，2015年着力抓好民防进社区工作机制、工作经费、建设标准和统筹推进四环节，进一步加大“示范点”建设现场指导和督查力度。下半年，组织基层140余名社区人防民防骨干到庐阳区进行集中培训，通过人防领导讲解、“示范点”观摩引领、交流经验座谈等方式，全面开展民防进社区工作并取得实效。去年在全省人防基层规范化建设会议上，作了经验交流发言。俄罗斯乌法市专门考察合肥市民防进社区工作，并对全市民防指挥基地和应急救援队伍、装备体系给予高度评价。

【人防队伍建设】 一是按照“三严三实”和“四个专项整治”要求，加强队伍作风建设和廉政建设，教育引导党员干部把“三严三实”融入到修身做人、用权律己和干事创业等各方面。二是持之以恒地抓好中央“八项规定”和省、市有关规定的学习贯彻，筑牢防腐拒变思想防线。三是持续推动公共权力监督“合肥模式”向人防工程审批等领域延伸，完善重大决策风险评估、合法性审查和集体讨论决定，形成用权为民、按规矩办事的长效机制。四是着眼“四个全面”，密切联系群众，大力弘扬热爱祖国、诚实守信、敬业奉献等社会主义核心价值观，积极倡导助人为乐、见义勇为、敬老爱幼，锲而不舍的抓好精神文明建设，让理想信念的明灯照亮为政为人之路。

（王普宁）

国土资源管理

【节约集约】 全市单位建设用地GDP比2010年提高82.26%。全市单位GDP建设用地下降率约8.23%。“十二五”时期，全市单位GDP建设用地下降率达到45.13%，超额完成省下达的“十二五”单位GDP建设用地下降率29%的目标。在保障发展建设的同时，全市节约集约用地水平和土地管理整体水平大幅提升。

【保障发展】 新增建设用地5100公顷，涉及项目1122个。截止当年底，获批3546.6公顷。其中，工业用地获批1233.3公顷；基础设施用地获批1033.3公顷；社会事业用地获批360公顷，包括保障房54.7公顷；房地产及其它用地获批920公顷。

【保护资源】 全市耕地保有量56.09万公顷，基本农田保护面积47.2万公顷，完成省政府下达的年度保护目标任务。通过土地整治，产生新增耕地2013.3公顷，完成省下达市年度补充耕地任务。落实耕地“占补平衡”指标2053.3公顷，连续17年实现耕地“占补平衡”。“卫片”执法检查通过验收。

【土地整治与供应】 全市新建、续建土地整治项目420个、总规模4.63万公顷、投资额约35.7亿元。实施完成并通过验收项目332个，验收率约79%。实施完成待验收项目16个。实施工矿废弃地复垦项目5个、总规模99.2公顷、规划新增耕地95.5公顷、预算投资约4024万元，完成各项序时进度。利用城乡建设用地增减挂钩政策，拆除零散自然村庄约200个，占地面积569.13公顷，涉及安置人口14486人。规划改、扩、建新村庄20个，总建筑面积298万平方米，在建11个，总建筑面积162万平方米；建成4个，总建筑面积55.99万平方米。安置到位3679人。全市供应土地4916.8公顷，供应土地总收入542.55亿元。其中，划拨供地3253.3公顷，划拨价款8.98亿元（市本级1206.7公顷，划拨价款3.51亿元；四县一市2046.6公顷，划拨价款5.47亿元）；出让土地1663.5公顷，出让总价款525.53亿元（工业用地1073.3公顷，出让价款25.9亿元；经营性用地590.2公顷，出让价款496.63亿元，溢价217.02亿元，溢价率77.6%；土地出让金利息0.85亿元；教育配套费2.15亿元）；划拨补办出让97.2公顷，补缴土地出让金2.64亿元；规划调整补办94.1公顷，补缴土地出让金5.4亿元。

【地籍与规划管理】 严格实施国务院和省、市人民政府批准的市、县、乡三级共计93个土地利用总体规划（2006～2020年）。开展城市周边永久基本农田划定核实举证工作。开展大杨镇、庄墓镇、黄麓镇土地利用总体规划修改工作，成果经市政府批准实施。完成全市农村集体土地“三权”发证。办理城镇单位土地登记1763宗，发放城镇居民土地证11.29万份。办理土地抵押登记1639宗，涉及土地4433.3公顷，抵押融资金额为575.53亿元。其中：市本级办理土地抵押654宗、2020公顷，抵押融资金额为430.08亿元。

【不动产登记】 印发《关于整合市级不动产登记职责的通知》《关于设立市不动产登记中心的批复》和《关于同意市不动产登记办证机构划转的批复》，明确在市国土局设立不动产登记局和市不动产登记中心，负责组织、指导、监督、承担全市的土地登记、房屋登记、林权登记等不动产登记工作。

【矿产管理与地质环境】 共

关闭注销矿山企业20家。全市持证开采矿山107座，查处越界开采、不按照开发利用方案开采等违法违规采矿行为2起。取缔67处非法盗采点，查扣机械设备47台套，捣毁供电装置、采矿设施等36处。没收违法开采矿产品160余吨，没收违法所得1.32万元，收缴罚没款173.76万元，收缴采矿权价款146.825万元。组织起草《合肥市地热资源管理办法》，编制《合肥市"温泉之乡"发展建设规划》和《合肥市"中国温泉之乡"标志碑设计论证报告》。地质灾害防治工作连续14年实现"零事故、零伤亡"。推进环巢湖矿山地质环境治理示范工程。

（办公室）

土地储备

【概况】 市土地储备中心顺应政策形势变化、完善工作制度、创新运行机制，融合民生发展需要，全年入库土地61宗750公顷，超额完成年度收储467公顷土地的目标任务，指标执行率达161%。上市成交储备土地60宗426公顷，成交总价450.12亿元，土地出让面积和成交价分别完成年度计划（334公顷和200亿元）的128%和225%，土地出让收入再创历史新高。牵头实施126个城中村和危旧小区搬迁改造，房屋搬迁快，安置小区建设快，土地上市快，促进了产业结构的升级换代，拉动了区域经济的整体发展。

【服务民生】 牵头实施126个城中村和危旧小区搬迁改造。新建项目新增房屋搬迁面积174万平方米，累计搬迁房屋面积1238万平方米。新开工安置房建设面积154万平方米，安置房建设总面积达到665万平方米（其中，回迁145万平方米，建成180万平方米，在建340万平方米），6.6万户19.7万名群众居住和生活条件得到改善。借助城中村和危旧小区搬迁改造，挖掘存量土地利用潜能，促进土地集约节约利用，为城市发展拓展空间，为民生、市政及公益设施建设提供充足的土地资源保障。126个项目共释放各类保障性和公益性用地880公顷，主要包括：安置房建设用地234公顷、市政道路用地367公顷、园林绿化用地254公顷、教育医疗用地27公顷。

【制度建设】 作为国土资源部土地储备政策研究小组成员，参与多项国家层面的政策调研，为完善国家土地储备制度体系以及行业标准体系提出建设性意见。作为合肥市房地产市场及政策研究小组成员，参与全市宏观经济形势分析和微观经济发展环节研究，为经济社会发展和城市建设建言献策。作为城市建设的践行者，结合土地储备及城中村和危旧小区改造实际，开展立法调研，探索创新机制，在法制实践、制度健全和机制创新方面取得新突破。结合土地储备及城中村和危旧小区改造实际，开展危旧小区搬迁改造货币化安置政策研究，拟定符合合肥市实际的政策修订方案，为市政府决策提供实践及理论依据，为货币化安置政策出台奠定基础，为政策推进提供项目载体。

【强化调度】 以计划为纲，强化项目调度，确保计划执行力，尤其是推进城中村和危旧小区搬迁改造过程中采取有效措施，加快搬迁扫尾、强化净地收储、完善市政配套、协调城市规划、促进土地上市。将城中村改造安置房列入保障性住房范畴，纳入"大建设"项目统一调度、统一考核。在具体项目实施上，市土地储备中心协调、财政、建设、国土、房产、审计等部门与各区政府，优化工作流程、提高审批效能，强力推进安置房建设，保障群众尽早搬迁新居。

【保障资金】 市土地储备中心与市财政等部门紧密协作、优化流程、精细管理，确保资金拨付流畅、保证资金及时到位。全年累计支付各类土地收储补偿和改造项目资金140亿元，满足了土地储备工作需求。土地储备在低负债、低风险状态下运行。在《在巢储备土地管理暂行规定》起草过程中，市土地储备中心对在巢湖储备土地管理中存在的问题进行调查、研究和分析，本着既保障土地资产、资金不流失又服务市政建设的原则，分别就加强国有建设用地、集体土地、市政建设用地管理做出具体政策规定。

（陈　萍）

环境保护

【概况】 市环境保护局围绕"大湖名城、创新高地"的战略定位，以建设美丽合肥为统揽，以"改善质量、削减总量、防范风险"为主线，贯彻实施新环境保护法，推进大气污染防治、巢湖水环境治理、总量减排、黄标车淘汰等工作，开展环境保护大检查，严厉打击环境违法行为，完成年度各项目标任务。城市空气质量优良天数255天，优良率69.9%；可吸入颗粒物平均浓度为91.9微克/立方米，细颗粒物年均浓度为66微克/立方米，同比分别下降18.6%和20.4%；二氧化硫年均浓度为16微克/立方米，二氧化氮年均浓度为33微克/立方米，一氧化碳年均浓度为1.06毫克/立方米，臭氧年均浓度为65微克/立方米，4项指标均达到空气环境质量日均值一级标准。巢湖全湖水质为Ⅳ类，其中东半湖Ⅳ类，西半湖Ⅴ类，环湖河流Ⅰ-Ⅲ类水质断面比例有所提高。城市饮用水水源地董铺水库、大房郢水库水质达到《地表水环境质量标准》规定的标准。区域噪声等效声级54.4分贝，道路交通噪声等效声级67.7分贝。全市辐射环境质量保持天然本底水平。

【生态文明体制改革】 推动落实《合肥市深化生态文明体制改革实施方案》，13项具体改革任务完成2项，启动实施9项，试点探索2项。环保部门具体承担的改革任务取得进展，提请市委成立高规格的市环境保护委员会并召开第一次全体会议，推动建立党政同责、一岗双责。健全以环境质量为核心的目标责任体系，出台水和大气污染防治考核办法，严格实行一票否决和责任追究制度。推行环境监管网格化管理，在全市127个乡镇（街道）设立环保机构，初步建立四级环境监管网格。出台《合肥市环境保护行政执法与刑事司法衔接配合工作实施意见》，强化环保、公安、检察和审判机关的衔接配合。牵头建立合肥经济圈大气污染联防联控机制，会同六安市建立丰乐河水污染联防联控机制。开展生态保护红线划定，加大环境信息公开力度，下放部分项目环评审批权限，实行环境监测社会化服务。

【主要污染物总量减排】 合肥市主要污染物物化学需氧量、氨氮、二氧化硫、氮氧化物排放量比2010年分别下降13.01%、25.07%、17.56%、26.27%，超额完成“十二五”目标任务。市政府把总量减排纳入政府目标责任考核，进行责任分解，签订目标责任书，实行责任追究和“一票否决”。全年共实施80个重点项目，完成佳通轮胎、大江水泥等重点行业25个大气污染限期治理项目，皖能合肥发电有限公司1台机组超低排放工程建成投运。市政府召开专题协调会以加强调度督查，环保部门会同建设部门考核污水处理厂运行情况，会同畜牧水产部门督查畜禽养殖污染减排项目，加快重点领域和薄弱环节的项目进展。

【大气污染防治】 市实施《安徽省大气污染防治行动计划》及《合肥市空气质量达标阶段性工作方案》，以“一尘两气三厂”（扬尘，机动车排气、工业废气，火电厂、钢铁厂、水泥厂）为重点，统筹九大行动，大气污染防治工作取得阶段性成效。市委市政府再次召开千人大会，四大班子主要领导出席；印发《合肥市大气污染防治工作考核办法》，对年度考核不合格的予以通报批评并约谈其主要负责人，对年度考核不合格且排名末位的取消评优评先资格，分管市领导约谈大气质量排名靠后的辖区领导。开展黄标车禁行、秸秆禁烧、工业废气减排、控制渣土遗撒、小锅炉淘汰与整治、禁止露天焚烧、治理餐饮油烟污染、加强城市扬尘治理和绿化裸露土地九大行动。出台淘汰黄标车、购置新能源车、推广智能环保型渣土车、油气回收改造、小锅炉淘汰、混凝土搅拌站整治奖补政策，加大重点领域资金支持力度。部门联动，严格监管，环保、公安、交通、质监等部门联手开展城市扬尘、黄标车淘汰、高污染燃料锅炉、油气回收等行动，形成部门齐抓共管、联动执法的新局面。落实合肥经济圈大气污染联防联控机制，联合淮南市开展秸秆禁烧联合执法；举行重污染天气应急推演，3次启动重污染天气应急响应。全市共淘汰黄标车44867辆，其中2005年底前注册营运的黄标车全部淘汰；治理VOCs企业323家，淘汰燃煤锅炉907台；推广新型环保智能渣土车507辆，对建筑工地开展4839次日常巡查。完成储煤场、混凝土搅拌站、物料堆场、矿山环境综合整治项目和裸露土地绿化项目。

【黄标车淘汰】 全市淘汰黄标车43998辆，淘汰率为87.1%，核发补偿资金1.67亿元。市政府成立加快推进黄标车及老旧车淘汰领导小组，印发《合肥市加快推进黄标车及老旧车淘汰工作实施方案》，与21个单位签订目标责任书；市淘黄办牵头组织开展实地督查，每月召开联络员会议，编发黄标车淘汰专报。出台《合肥市黄标车淘汰奖补资金管理办法》，每辆车最高奖补1.6万元。市公安交警支队2015年3月1日起禁止黄标车市内转户，6月1日起禁止机关事业单位黄标车年审；市交通运输局自2015年4月1日起对全市营运黄标车不再核发道路运输营运资格证及办理二级维护检验；市环保局、市公安交警支队公告注销2005年底注册营运的黄标车。严格监管执法，2015年6月1日起实行全市区（不含四县一市）禁行，安装57个监控点位，通过监控点非现场和公安交管部门现场执法，处罚闯禁行违规车辆29256辆次。累计核发环保标志130万张。印发《关于加强和改进机动车环保检验机构建设管理工作的通知》，对少数不规范环检机构下达整改通知书10份。

【水污染防治】 以巢湖国家生态文明先行示范区建设为统揽，按照“治湖先治河、治河先治污、治污先治源”的思路，全面实行“河长制”，加快规划实施，依法强化环境监管。加快重点流域规划实施，市政府调整水污染防治领导小组，多次召开调度会，约谈并现场督查进度滞后的巢湖市、长丰县、肥东县和经开区，截至年底，107个项目完工94个，调试2个，在建11个，完工率87.8%，超过省控制目标；规划国考断面达标次数77次，同比增加3次，规划通过2015年度考核。实行“河长制”，修订《合肥市“河长制”考核办法》，新增17条支流纳入考核，全市纳入“河长制”管理的河道120余条，共整治排污口279个，清理河道两侧垃圾点1866个、河道违规开垦面积15.5万平方米、河道（沟渠）清淤550公里。抓好重污染河流治理，组织实施南淝河、十五里河、派河综合治理方案，采取排污口整治、生态补水、湿地净化等措施，河流水质有所改善。建立巢湖蓝藻防控机制，新建派河口藻水分离港工程，打捞藻水混合物28.98万吨。加强饮用水源保护，开展饮用水源地保护区环境现状调查，完成肥东、肥西、庐江乡镇饮用水水源地保护区划分，落实城市饮用水水源地保护联席会议和联合执法机制，关闭搬迁环境隐患30多个。贯彻落实国务院“水十条”，编制出台《合肥市水污染防治工作方案》，明确水生态环境安全、全面控制污染物排放、推动经济结构转型升级等5大类49项具体任务。

【环评和“三同时”管理】 合肥市环境保护局严格执行环境影响评价法等法律法规，严格环境准入关口，严防“两高一资”（高能耗、高污染和资源性项目）和低水平重复建设项目，注重从源头控制污染。严控“两高一资”项目，环评坚持“等量置换”“减量置换”，实行“四个一律不批”、“三个严格”，市本级审批建设项目环评400个。开展建设项目环评清理，共清理出违规项目315家，处理296家。推进环评审批简政放权，环保行政审批事项整合为4项并全部集中到窗口办理，调整下放部分建设项目环评审批权限，对涉及民生工程、基础设施、生态环境建设等重点项目开辟绿色通道，提前介入。加强环保“三同时”管理，下达2015年全市建设项目竣工环境保护验收计划，每季度进行调度和通报，每月进行汇总，督促项目单位落实环保“三同时”，市本级办结环保“三同时”验收项目319个。

【环境监管执法】 深入开展环境保护大检查，按照“全覆盖、零容忍、明责任、严执法、重实效”的要求，重点排查工业园区（产业集聚区）、规模化养殖业和重点排污单位环评执行和防护距离落实、环评审批、“三同时”验收、污染防治设施建设及运行、污染物达标排放、固体废物和危险废物处置和环境风险隐患等情况，全市共检查企业6375家次、工业园区48个，关停企业（作坊）90家，处罚企业226家，罚款908万元，市本级环境违法案件查处率和结案率100%。贯彻落实新环保法，组织开展系列学习宣贯活动，出台《合肥市环境保护行政执法与刑事司法衔接配合工作实施意见（试行）》，对违法企业实施查封扣押共66起、按日计罚1家、行政拘留3家。举办4期环境应急培训，参与处置巢湖海容火灾和高刘镇高速公路危化品翻车污染等事故。出台《合肥市网格化环境监管划分与实施方案》，初步建立四级环境监管网格。开通环保微信举报平台，实行领导干部接听信访投诉制度，受理环境信访投诉4823件，处理重信重访、群众反映强烈、影响恶劣的环境信访案件23件，查处率100%，满意率85%以上。

【辐射安全和危险废物管理】 合肥市环境保护局加强辐射安全监管和危险废物管理。严格辐射安全管理，市本级共核发（延续、变更）辐射安全许可证165家，全市累计拥有辐射类安全许可管理单位425家，其中环保部核发8家，省环保厅核发51家，市环保局核发366家，辐射单位安全许可证持证率100%。开展核安全文化宣贯推进专项行动，举行2期核文化宣贯培训班；开展核与辐射安全大检查及综合督查，完成省管63家及四类、五类放射源核技术利用单位检查。督促通用检测公司送贮2枚闲置放射源，处理通讯基站、输变电项目辐射投诉200多件；全年未发生辐射安全事故。抓好危险废物监管，调整市县环保部门危险废物管理职责，下放部分企业管理权限；印发《2015年度全市危险废物规范化管理督查考核方案》，加大对重点行业、重点领域危险废物监管的力度，全面加强危险废物全过程规范化管理，开展多轮危险废物专项检查，完成804家工业企业和427家医疗机构危险废物申报，印发10万张危险废物标签免费发放给辖区环保部门及企业，全市共产生并转移处置工业危险废物40509吨、医疗废物7256吨；危险废物产生单位和经营单位考核合格率分别为89.09%和100%，位居全省首位。

全年未发生因擅自转移、倾倒危废而引发的环境污染事件。

【农村环境保护】 以生态示范创建为引导，以农村环境连片整治为契机，保护自然生态和农村环境。深入开展生态创建，申报长丰县陶楼乡，肥西县花岗镇、官亭镇、紫蓬镇为国家级生态乡镇，庐阳区三十岗乡东瞿村、肥西县紫蓬镇罗坝村为国家级生态村；督促县区做好第十批省级生态乡镇和生态村申报工作，申报省级生态乡镇5个、省级生态村17个；截至年底，全市创建国家级生态乡镇7个、省级生态乡镇40个、省级生态村65个。全面加强畜禽污染防治，全面完成禁养区划定，限期治理1039家畜禽规模养殖企业，现有畜禽规模养殖污染治理（利用）设施配套率93.6%。加强农村环境整治，完成巢湖市、庐江县等8个县（市）区15个农村环境连片整治项目和2个“问题村”整治项目。

【基础工作】 市环境保护局深入抓好环境宣教、环境监测、环境信息等基础工作，为环保事业发展提供坚实基础。牵头编制“十三五”生态环境保护规划和生态红线保护规划，通过专家评审。统筹抓好环境质量监测、监督性监测等工作，1月1日起开展空气质量预报，完成大气颗粒物源解析，环巢湖15套河流水质监测预警系统投入运行，县级环境监测站三级标准化建设通过验收。围绕环保中心工作开展主题宣传，举办纪念“六五”世界环境日暨环保工作汇报展，命名第三届“合肥市十大环保卫士”。开展新环保法宣贯活动，举办两期全市环保系统领导班子能力建设培训班，开展绿色学校、绿色社区和绿色企业创建活动。

（孔　健）

园林绿化

【概况】 市林业和园林局立足长江经济带发展带来的新机遇、新定位，以“建设生态文明，打造美丽合肥”为引领， 实施绿色森林增长工程，推进城镇园林绿化提升行动，深化林业园林改革，加快发展绿色富民产业，提升园林绿化管养，各项工作都取得显著实效。全市共完成植树造林11200公顷，完成城区新建提升绿化面积1662.72万平方米。4月通过“国家园林城市”复查验收。全市森林资源面积已达16.73万公顷，森林覆盖率达26.8%，城区绿地率达40.3%，绿化覆盖率46%，人均公园绿地面积12.9平方米。

【农村植树造林】 巩固“国家森林城市”创建成果，围绕森林进城围城、森林沿河沿路、森林环湖、森林覆岭、森林入村“五森”工程，实施千万亩森林增长工程，共完成植树造林11200公顷，是省市下达任务的120%，其中重点工程造林6670公顷。集中连片的规模造林实现新突破，涌现出岗集镇、官亭镇等多个万亩造林乡镇，造林规模、标准、质量和投入均居全省前列。深入开展“三线三边”绿化提升行动，完成铁路、公路、河渠等“三线”绿化345.8公里，完成“三边”造林1927公顷。开展森林长廊建设，全年建成森林长廊160公里，其中完成巢湖大道、合六路等森林长廊示范路段77公里，合马路森林长廊建设有序推进。全长103公里的滁河干渠休闲风光带深化设计工作基本完成，其中新站区、庐阳区、长丰县段已开工建设。组织开展森林城市、森林城镇、森林村庄“三项创建”工作，庐江县省级森林城市创建工作通过省考核验收，店埠镇等9个乡镇、80个森林村庄完成创建。

【城镇园林绿化】 坚持“增加绿量、营造层次、丰富色彩、提升景观”的要求，推进城镇园林绿化提升行动，全市完成绿化面积1662.72万平方米，其中新增绿化面积1348.25万平方米，提升绿化面积314.47万平方米，分别是市下达目标任务的166.3%、172.3%、142.9%，是省政府下达合肥市目标任务的174.9%、204.28%和108.4%。其中新建提升公园绿地34个，面积443.59万平方米；新建提升街头绿地（游园）53个，面积156.66万平方米；新建提升道路（河道）绿化118条，面积918.61万平方米；实施社居绿化51处，新增提升绿化面积143.84万平方米。精心打造园林绿化精品示范工程，全年共完成28个，绿化面积达488万平方米。积极开展绿化示范路（林荫路）建设，各辖区共申报18条，经评比确定湖光路（西坝路—龟山路）、包河大道（312国道—北部湾路，紫云路—云谷路）、繁华大道（重庆路—京台高速桥，宿松路—习友路）、香樟大道（天湖路—海关路）、合店路二期（包公像—金阳路）、新海大道（二十埠河桥—包公大道西150米）、方兴大道（徽州大道—包河大道）等7条绿化示范路，全长31.1公里。建成城市绿道95.4公里，是目标任务的100.6%。

【园林绿化管养】 7月14日，召开全市园林绿化管养体制改革后第一次园林绿化养护管理专题会议，市领导出席会议并讲话，提出要以沪宁杭绿化管养为标杆，提升全市园林绿化管养水平，推进“七个转变”。强调在工作理念上从重建轻管向建管并重转变；在管养标准上从粗放型向精细化转变；在验收移交上从现状移交向严格把控转变；在监管考核上从失之于宽向严管重罚转变；在资金投入上从限定总量向保障需求转变；在企业管理上从资质管理向能力提升转变；在行业服务上从偏重宏观向综合服务转变。加快推进“七个转变”，严格执行落实《合肥市城区道路及街旁绿地绿化管养督查工作方案》，对道路绿地，街旁绿地（含街道广场绿地、街头游园等），道路两侧绿地和养护管理的道路绿地开展专项督查。从绿化修剪、绿地管理、绿地养护、绿化防护等工作入手，推动开展年度城区道路绿化精细养护管理示范工作，共打造23条精品示范路。加强绿化工程竣工养护期管理，制定下发《关于加强园林绿化工程竣工养护期管理的通知》，组织开展全市园林绿化工程质量督查工作，完善重点工程配套绿化项目养护质量监管，通过与建设部门沟通协调，建立起职责明确的绿化工程建设养护管理机制。开展裸露土地绿化专项治理活动，完成裸露土地绿化项目373个、面积206万平方米，栽植乔灌木10万多株，草坪地被60万平方米，装绿地防护栏5000米。

【林业园林改革】 按照全面推进林业深化改革实施方案和工作计划，重点推进森林资源资产评估制度、实施政策性森林保险和完善社会化服务体系建设等改革任务。先后出台《关于推进林业社会化服务体系建设的指导意见》《森林资源资产评估暂行办法》《关于加快推进林权抵押贷款工作的实施意见》。与安徽省森林资源收储中心、江南林权交易所建立合作，形成融资担保、资产评估、抵押贷款、抵押收储与逾期处置等相互配套体系。全市林权抵押贷款金额累计达8.53亿元，其中当年贷款余额3.13亿元，抵押面积2573公顷。推进庐江县、肥西县政策性森林保险试点，16330公顷国家公益林全部投保，商品林投保467公顷。在林业社会化服务方面，创新经营主体和经营模式，培育农民林业合作社和林业其他合作组织、家庭林场、专业大户等新型林业经营主体470个，其中省级林业合作社8个，数量及经营面积均较上年增加15%以上；全市林下经济面积5373公顷，比上年增加12%。

【林业产业】 重视和发展苗木花卉产业，加大招商引资力度，加强产业引导，苗木花卉产业逐步实现标准化生产、规模化种植、集约化经营。全市今年新增绿化苗木近5333公顷，总面积已达60667公顷，年销售额突破45亿元，苗木花卉业成为我市农业农村经济的重要支柱产业。10月23～25日，以“美丽合肥、多彩苗木”为主题的第十三届中国·合肥苗木花卉交易大会在中国中部（肥西）花木城成功举办，来自全国的上千家企业参展，展览总面积达8万平方米，苗木交易额23.08亿元；举办中外园林发展高峰论坛等十多场活动。林业产业呈现多元化发展，大樱桃、蓝莓、葡萄、薄壳山核桃、油茶等特色林果等种植面积扩大；森林旅游业和林下经济持续发展，实现森林城市建设与产业发展的良性互动。全市实现林业总产值90.3亿元，占省下达88.3亿元目标任务的102%，比上年80.9亿元增长11.6%。

【林业资源保护】 根据省林业厅统一部署，完成“十三五”期间年森林采伐限额编制工作。依法查处林木违法行政案件，对滥伐、盗伐林木行政案件做到发现一起，查处一起，结案率100%。全市各类采伐指标没有突破省厅下达的年度限额，并按期完成采伐迹地更新造林。严格林地使用审批手续，依法办理使用林地审核审批，全年共办理使用林地审核审批37起，查处违法征占用案件12起。全市查处非法猎捕、驯养、收购、出售野生动物12起；开展编制《环巢湖治湿地公园群保护利用规划》，组织开展滨湖湿地、肥西三河湿地、庐阳三国新城湿地等3家申报省级湿地公园工作，其中肥西三河通过国家级评估验收。扎实开展森林防火，全年全市仅庐江县柯坦镇发生一般森林火灾一起，过火林地面积0.8公顷，年度森林火灾受害率远低于省政府规定的0.5‰责任目标；针对部分地区美国白蛾和松材线虫疫情，做好防控防治工作，把影响和损害降到最低。全市林业有害生物达到成灾面积为79.8公顷，成灾率为2.0‰，比省厅下达的年度管理指标低3个千分点；林业有害生物全年实际发生面积19926.7公顷，测报准确率为97.6%，其中无公害防治面积为14752.5公顷，无公害防治率达97.9%；应施种苗产地检疫面积为61140公顷，实际检疫面积61140公顷，种苗产地检疫率为100%，全面实现省定年度“四率”指标。

【林业园林规划】 树立五大发展理念，科学编制合肥市林业园林“十三五”发展规划，提出以创建“国家生态园林城市”为总体目标，构建市“一湖、一岭、六片、面湖依山、绿脉串珠、众水汇巢”生态森林网络体系。高标准编制城市绿地系统规划（2014～2020），修改完善大蜀山国家森林公园总体规划和合肥植物园扩建总体规划。编制蜀山公园景区雨污分流及水环境治理项目，并纳入环巢湖生态环境治理工程实施范围。加大园林绿化绿化项目方案审查工作力度，市级投融资建设的公园、游园、道路绿化工程以及影响较大的非市级投资绿化方案，一律纳入市级审查。

【行业管理与服务】 起草《合肥市城市绿化管理条例实施细则》报审稿并通过法制办立项，开展《合肥市大蜀山风景名胜区管理办法》立法后评估工作，推进绿化管理法制化建设；严格规范林业园林行政许可办理，全年为108家园林绿化企业核发三级资质，为9家企业办理三级资质延续，办理绿化变更许可237件，参加联合工程竣工验收53项；开展园林绿化企业优秀承包商库建设，引导和激励绿化施工企业做绿化精品、创优质工程；出台关于外地园林绿化施工企业进入合肥市场经营的规范性文件，为130家外地园林绿化施工企业办理进肥信用档案管理事宜；严查损绿毁绿行为，加强与城管部门的联系与沟通，完善落实联席会制度，共计查处损绿、毁绿案件30起；落实古树名木管护责任制，加大依法保护古树名木的力度。坚持以直接参加植树为基本形式，采取认建认养、抚育管护、部门绿化、动员市民护绿常态化等多种方式，开展全民义务植树工作。全市直接参加义务植树劳动人数149万人次，通过其他方式参加义务植树活动人数238万人，完成植树461万株，折合面积4600公顷；新建义务植树基地109个，折合面积467公顷。

【绿化宣传】 通过加强宣传队伍建设、加强与新闻媒体的沟通、开拓丰富宣传载体、开展“义务植树活动宣传月”等多种多样措施，全年在《中国绿色时报》《中国花卉报》《安徽日报》等中央、省级媒体发表稿件和信息240篇；在安徽林业信息网“林业要闻”和“千万亩森林增长工程”专栏刊发信息20条。利用新媒体开通合肥园林公众号进行宣传，发布各类林园信息460条，点击率过万次。开展世界野生动植物日、科普日、科技三下乡等主题宣传活动，开展《森林法》《野生动物保护法》《合肥市城市绿化管理条例》《植物检疫条例》等法律法规的专题宣传。组织人员参加全市法治宣传教育工作会议暨“六五”普法第三期骨干培训班、“法制讲坛”“行政执法与刑事司法衔接工作业务培训班”、全市专职林业植物检疫员岗位培训班等十余场次。

（何玉珠）

巢湖治理

【概况】 贯彻落实新修订的《巢湖流域水污染防治条例》，确定一级保护区范围，共涉及5个县市区、16个乡镇、90个行政村（社区），待省政府批准后发布；开展一级保护区水污染监督管理和水环境质量监测；开展月度例行巡查，重点检查污染源及排污口设置、危险废物堆放等情况。深化《巢湖流域水环境专项规划》研究，加大以双桥河为典型代表的小流域综合治理措施研究，完善巢湖流域水环境污染治理和水生态保护措施，推进《巢湖流域水环境专项规划》审查论证。11月份，市政府召开第56次常务会议，肯定了规划研究成果。做好《巢湖流域水运发展规划》后续工作，该规划经合肥市人民政府批复，同意颁布实施。编制《巢湖流域水污染防治行动计划大纲》，根据水专项规划的研究成果，参照国内外河湖治理经验，结合实际编制了《巢湖流域水污染防治行动计划大纲》，明确了巢湖流域水污染治理工作的指导思想和目标任务，提出“八大重点”工程和“四大保障”措施。协调推进《巢湖风景名胜区总体规划》编制工作，会同省城乡规划设计研究院，就调整、充实、完善《巢湖风景名胜区总体规划》开展调查研究，妥善协调总规与其范围内相关规划的关系。

【巢湖水环境监管】 开展沿湖区域蓝藻现场巡查，制订《巢湖蓝藻监测巡查工作方案（试行）》，组织开展沿湖近岸区例行巡查；在蓝藻生长期，对沿湖重要饮用水源地、入湖河流河口、湖湾等处实行加密巡查，一旦发现蓝藻聚集、异味现象，及时通知地方政府开展应急打捞。统一监测全湖水质及蓝藻水华，依据《安徽省巢湖流域水污染防治条例》规定，承担湖区及主要出入湖河流河口水质例行监测和蓝藻水华监测工作，湖区12个点位、出入湖河流河口9个断面每月开展一次例行监测，4～10月份同步开展蓝藻水华预警监测。全年共编制《巢湖水质监测月报》12期，《蓝藻监测周报快报》30期。在“世界水日”“中国水周”期间，利用电子显示屏、横幅标语等广泛宣传世界水日的主题，增强广大民众、取用水单位的法制观念和水资源保护意识。督促相关单位及时上报取水数据，规范取用水。

【亚行项目】 15个子项目开工13个，开工率为86.7%。全年完成投资3.2亿元。64个合同包挂网招标58个，占90.6%。提高贷款使用效益，减轻地方政府配套资金压力，经与亚行北京办事处反复磋商，完成贷款提高支付比例申请，将各市县土建支付比例统一提高到90%，预计一次性可消化节余贷款2261万美元。向省改委、省财政厅汇报并征得亚行同意，2月份启动项目中期调整工作，提高项目实施的精准度。

【国开行项目】 裕溪闸除险加固工程累计完成投资6667万元，完成率达100%，在全省重点水利项目进度考评中名列第一。西河上段疏浚工程累计完成投资约2.4亿元，占工程总投资的98%。由于部分标段后期工程量增加，完善办理招投标手续。银屏永安河上游山洪防治与水土流失治理工程，5月底完成项目总规和重点区域详规编制文本，6月底，形成评审文本，7月底完成地质勘测工作，由省水利水电勘测设计院牵头做好项目施工图编制工作。巢湖污染底泥疏挖及处置四期工程的绿化工程分三个标段共投资441万元，11月26日通过验收，12月底完成审计。至此，巢湖污染底泥疏挖四期工程项目完成。

【项目谋划】 共谋划项目7个，总投资10.24亿元。其中，巢湖引江补水控制工程除险改造工程项目，总投资1.4亿元；巢湖生物控藻示范区建设项目，总投资0.386亿元；环巢湖生态渔港建设项目，总投资2.5亿元；渔船节能减污改造项目，总投资3.349亿元；安徽省巢湖管理局公益性综合码头项目，总投资0.672亿元；巢湖保护治理基础能力建设完善项目，总投资1.77亿元；巢湖流域治理信息化能力提升项目，总投资1.886亿元。

【防汛抗旱与旅游安全】 细化岗位责任制和责任追究制，狠抓制度和责任落实。协助省防指完成军民防汛演练工作，储备防汛物资，开展安全隐患排查，强化闸站运行调度管理，保障流域度汛安全。通过市场化运作方式，成功举办牡丹观赏季活动，对局属景区进行安全检查；根据《巢湖流域水污染防治条例》要求，8月份，对巢湖市中庙旅游综合码头项目开展前置审查。

【渔政管理】 实施封湖禁渔，打击违法捕捞行为，共查获各类违法、违规渔事559起，没收电捕器5台（套），取缔迷魂阵55堂，罚款39.15万元。狠抓渔业安全生产，全年共检验捕捞渔船3508艘，下达整改通知书84份。实施人工增殖放流，全年共落实放流资金359.8万元，放流鱼种24468.5万尾（粒、只）。据测算，通过人工鱼巢繁殖可形成入湖鲤鲫鱼苗约4800万尾，成鱼可达1002吨，产出是投入的10多倍，增殖效果明显。推进湖区渔业转型升级，引导发展捕捞业合作社，成立6家合作社，运转正常。配合湖区属地政府做好渔民转产、转业和渔船改造、渔民上岸等工作。

【基础工作】 编制《2014年巢湖健康状况报告》，在首次发布的2013年度报告的基础上，丰富了水生生物状况、生物多样性等内容，对巢湖浮游藻类的种类、分布、演变等进行调查。开展《巢湖保护治理志》编纂工作，明确分工责任，开展业务培训，精心组织编写，广泛征求意见；编纂办公室对收集的反馈意见进行梳理，精心修订和统稿。签订巢湖治理合作框架协议，与亥姆霍兹环境研究中心就实施中德环境合作项目“城市流域的水资源管理”举行多次会谈；10月，双方在合肥签订了《项目合作框架协议》。开展环巢湖旅游发展课题研究工作，对环巢湖沿线五县（市）区旅游业发展情况进行调研，摸清现状和存在的问题，开展并完成环巢湖旅游发展顶层设计的课题研究。

（刘 芳）

节能减排

【节能审查】 按照《固定资产投资项目节能评估和审查暂行办法》（国家发改委第6号令）和《安徽省实施〈固定资产投资项目节能评估和审查暂行管理办法〉细则》要求，开展固定资产投资项目节能审查，市本级开展节能审查项目共约54个。会同市经信委完成神皖庐江电厂项目能耗等量置换（替代）方案，确保全市重点用能（煤）项目推进。组织县区发改委、能评编制和评审单位等参加国家、省节能中心组织的节能评估培训，提升节能审查的业务水平。同时，按照国家发改委第6号令、皖发改环资【2011】18号要求，经与市财政多轮沟通并上报市政府研究，初步明确将市级审批的固定资产节能审查纳入2016年市级财政预算。

【节能技术】 根据国家相关文件精神，积极开展国家节能产品惠民工程，推广节能技术，做好推广国家重点节能技术推广目录和重大环保技术资金积累目录项目储备工作。开展国家重点推广低碳技术目录（第二批）、国家重点节能技术征集和更新等工作，组织安徽集黎电气技术有限公司用户侧电压质量优化技术等上报国家发改委。开展合同能源管理推广工作，一方面会同市财政局先后组织安徽节源与京东方合同能源管理等12个项目开展合同能源管理项目清算并上报国家争取合同能源管理奖励；另一方面会同市财政做好上年度国家节能专项资金第二批11个合同能源管理项目323万元节能资金的审核和拨付工作。开展高效电机推广补助资金清算工作，根据国家发改委通知要求，会同市财政局开展明腾永磁高效电机推广情况核查和财政补助资金清算工作。申报国家家电“领跑者”，按照国家相关部委要求，会同市经信委、市质监局开展家用电器能效“领跑者”申报，先后组织美菱股份有限公司家用电冰箱等6个家企业产品申报家用电器能效“领跑者”。

【循环经济】 完成《合肥市资源综合利用产业园（静脉产业园）规划》编制及审批；推进合肥报废汽车综合利用等项目开工建设；开展节能示范城市、低碳城市试点、低碳产品试点、园区循环化改造工作。合肥市被安徽省确定为低碳产品试点城市，合肥高新技术开发区被安徽省确定为循环化改造试点园区；加快项目建设，合肥餐厨废弃物处理项目（一期设计规模为日处理200吨）于9月建成运营；合肥城市生活垃圾焚烧发电厂二期项目于10月建成试运营；加快推进长丰、庐江、肥西垃圾焚烧发电项目前期工作。长丰县垃圾焚烧发电项目完成大部分前期手续，拟报省能源局核准，庐江县垃圾焚烧发电项目开始相关前期工作；合肥国新天汇环境科技有限公司合肥污泥资源化利用工程BOO项目（一、二期）建设，取得实质性进展。

【资金支持】 组织项目申报国家、省级资金，用足用好国家和省专项资金和优惠政策，引导企业健康、平稳、快速发展。先后争取阳光电源“年产200万千瓦分布式光伏发电逆变设备”、国新天汇“污泥资源化利用工程”、大地熊新材料年产500吨再生烧结钕铁硼磁铁产业化示范线、荣事达水工业设备海水淡化成套设备产业化等国家、省级专项项目24个、获得补助资金1.34亿元。

【新能源项目】 推进合肥高新区分布式光伏应用示范区建设，向国家能源局上报《合肥市分布式光伏应用示范市实施方案》，争取国家试点示范。推进高新区分布式光伏发电规模化应用示范区建设，示范区累计完成分布式光伏电站75兆瓦，预计至2016年3月底将完成100兆瓦的建设任务。全市建成并网光伏电站累计装机规模约516.06兆瓦、其中包括高新区分布式光伏电站示范区、分布式光伏电站、地面光伏电站项目。推进鑫皖新能源巢湖生物质发电项目；推进风力发电项目建设。加快巢湖远景风电项目、肥西协和风电项目、国电安徽巢湖风电项目建设速度。

【新兴产业】 全市战略性新兴产业产值达2700亿元，新型显示、机器人列入国家区域集聚发展试点，集成电路、智能语音、太阳能光伏、新能源汽车、公共安全、生物医药、燃气轮机等保持国内领先。平板显示及电子信息、家电、装备制造产值均超千亿元，家电“四大件”产量稳居全国之首。

（发改委）

城乡建设及管理

城乡规划

合肥市规划局贯彻落实市委、市政府决策部署，围绕“大湖名城、创新高地”发展战略，精心编制城乡规划，强化服务保障，突出规划引领，完善合肥市域规划体系，建立全域覆盖、体系完善、部门联动、动态更新的“多规合一”工作协调机制，加快巢湖流域国家首批生态文明先行示范区建设，推进长三角世界级城市群副中心建设，完成年度各项目标任务。

【规划编制】 坚持区域协调发展，深化合肥经济圈合作，谋划编制合六、合淮、合滁、合铜空间、产业一体化规划推进经济圈一体化发展。加快新型城镇化步伐，创新编制合肥新型城镇化规划（2015～2020）。推进合肥“多规合一”省级试点，部门联动促进“多规融合”，开展主城区“四规合一”及信息平台建设工作。秉承编制实用性规划理念，完成编制合肥市市政基础设施综合规划和合肥市城市基本公共服务设施专项规划，开展全市生态红线划定工作。完成环巢湖大道沿线旅游服务设施建设规划编制工作，开展环巢湖文化旅游规划编制工作。推进主城区范围内老工业基地、周边开发区升级改造，督促、配合各县区（开发区）编制产城融合规划。完成合肥老工业基地区域产业转型发展规划编制，推动蜀山西部城区的规划建设。完成合肥市城市近期建设规划（2016～2020）编制和专家评审，推动五县（市）总体规划和全国重点镇及环湖十二镇总体规划修编。全面实施单元规划和控规编制全覆盖，单元规划编制完成90%，组织完成88个控制性详细规划编制和专家审查，其中86个控制性详细规划通过市政府常务会议审议。完成合肥市绿地系统规划修编、合肥市滁河干渠沿线水系保护规划、合肥老工业基地区域产业转型发展规划、长江东大街沿线城市设计、龙岗大道沿线城市设计、合肥高铁南站核心片区城市设计等规划项目。

【交通规划研究】 围绕长三角世界级城市群副中心的新定位，谋划立体交通走廊，引领枢纽城市发展，开展合肥全国性综合交通枢纽规划纲要、合肥市轨道1～5号线沿线土地利用与交通协调发展规划等编制，形成合肥全国性综合交通枢纽规划纲要初稿。开展片区路网研究，推进新西站选址和合安九铁路线形预研，完成合肥市轨道线网规划修编并通过省住建厅组织的技术审查会，完成滨湖森林公园、大圩生态旅游景区交通改善规划方案研究。推进老城区停车场和电动汽车充电桩等规划建设，会同各区政府拟定合肥市二环内2015～2017年停车场建设计划。编制完成合肥市快速公交线网和公交专用道网络专项规划以及滨湖新区核心区立体交通规划，完成习友路、龙川路、蒙城路及阜阳路等公交专用道建设方案审查等工作，推动公交专用道建设。

【规划管理】 发挥市规委会审议决策平台作用，全年共组织召开主任会10次，审议合肥市城市水资源综合规划、西南组团部分道路涉铁工程方案、合肥市加油加气站布点规划等专题29个，审议汇报项目109项，保障重大项目和民生公益项目及时推进。深化规划行政审批制度改革，努力增速提效，全年共办理项目选址106个，总用地面积774万平方米；用地规划许可273个，总用地面积144万平方米；规划方案427个，设计条件336个；核发建设工程规划许可证2235个，总建筑面积约2370万平方米。牵头召开并联审批会254次，出具一次性告知单315份，牵头组织联合验收项目217个。完成《合肥市控制性详细规划通则（试行）》

修改工作，并经2015年市政府第57次常务会议审议通过。牵头制订《合肥市建设项目超建面积处理实施办法》，并以市政府文件形式颁布实施。完成权力清单和责任清单制定工作，细化完善权力运行流程图和风险廉政表，确定市规划部门的12项行政权力。出台《合肥市规划局重大行政决策目录管理办法》，明确规划修改、容积率、用地性质变更的建设项目，广泛吸收民意，依托局门户网站发布重大行政决策目录征集信息，征求社会公众对市规划局重大行政事项的建议和意见，让全社会共同参与规划。坚持风险评估工作常抓不懈，推行“12345”评估机制，将社会稳定风险评估嵌入到规划管理工作中，实行关口前移，先期化解建设项目规划实施、重大城乡规划调整中存在的不稳定因素，提升依法行政的效率和水平，得到省市维稳部门高度肯定。组织开展建设项目风险评估7件，分别提出风险化解措施，维护业主合法权益，推动建设项目平稳实施。全年受理信访件2146件次，来访人数1385人次，办理市12345政府服务直通车1617件次，受理市长热线电话348件次，参加市领导信访接待19件次，办理信访复查复核10件。

【精品城市建设】 承担市精品城市建设领导小组办公室职责，统筹协调各区精品道路及特色街区建设工作。围绕“提升城市品质、彰显城市特色”，牵头完成黄山路精品道路整治提升总体方案、芜湖路－宁国路特色街区总体规划、合肥市城隍庙改造方案及施工图的编制工作，组织编制长江西路精品道路综合整治方案。开展三孝口地区、四牌楼街区地上及地下空间规划和综合交通研究。以市规划院为依托搭建精品城市技术平台，与国内知名设计机构、施工企业开展交流与合作，建立精品城市专家库和设计单位库，筹建合肥市精品城市实体样板材质库，起草合肥市关于建设精品城市、打造特色街区实施方案。出台合肥市城市公共空间设计技术导则，完成合肥“1331”市域规划与建筑环境设计技术导则。赴南京、杭州、上海、苏州、成都等地调研考察，调研成果向市委、市政府做精品城市专题汇报。召开规划设计年会和规划行业沙龙，传达有关精品城市建设要求，交流经验教训。

【规划督查】 对市规委会审议通过的75个建设项目跟踪督查，按期编发督察月报。配合住建部稽查办、省建设稽查局完成部驻合肥规划督察员的工作交接，协助部驻督察员开展对巢湖风景区的督察工作。完成住建部第十一期卫星遥感督察工作，逐一核查392处变化图斑，对核查出的10处违法图斑给予查处。自行提取442处变化图斑，对城市饮用水源地保护区、城郊结合部等规划实施情况专项督察。在住建部利用遥感监测辅助城乡规划督察工作专题培训会上作经验交流。做好违法建设界定工作，全年界定涉及到违法建设方面的案件57件，向各区城管局发出查处违法建设联系函24件，涉及违法建设案件40起。督促建设单位自行拆除13700平方米临时建筑。开展环巢湖文化旅游“十个一批”工程督查统筹工作，负责对各相关牵头单位工作进展情况督查汇总。配合省政府督查考评组对合肥市及五县（市）推进县城规划建设管理工作情况进行督查考评，向省县城办报送整改方案，各市级责任单位针对存在的问题逐项抓好整改落实。

【城乡统筹】 做好县城规划管理工作，全面推进四县一市县城总体规划的修编。对县城总规修编进展情况进行定期调度，序时推进县城总规修编；实行部门联动，邀请市直各相关部门参与县城总规成果意见征求；加强技术指导，按照以人为本、产城一体、多规融合、突出特色的要求，强化县城总规与合肥市“1331”城市空间发展战略规划等上位规划的衔接。肥东县、肥西县、长丰县、庐江县城总规成果通过专家评审，上报市规委会审查、市政府审批；巢湖市总规成果上报省住建厅，组织专家评审。抓好全国重点镇和环巢湖特色十二镇建设，督促各县（市）加快全国重点镇总体规划的修编工作。“十个重点镇”中长临河镇、汤池镇总规通过市规委会审查，肥东县政府完成长临河镇总规审批工作，汤池镇总规报庐江县人民政府待批；三河镇、泥河镇、黄麓镇、柘皋镇、下塘镇、吴山镇初步成果征求相关部门意见，处于专家评审阶段。抓好环巢湖特色十二镇规划建设，其中长临河镇总规通过市规委会审查，肥东县政府完成长临河镇总规审批工作；槐林镇总规通过专家评审，三河镇、黄麓镇、中庙街道、烔炀镇、柘皋镇、中垾镇、散兵镇、盛桥镇、白山镇、同大镇完成总规初步成果并征求意见，处于专家评审阶段。

推进美好乡村规划建设，完成80个美好乡村中心村村庄规划编制任务，并组织专家评审，履行县（市）规委会审查、县（市）人大审议等法定程序。配合省住建厅，对80个省级美好乡村中心村规划建设方案进行评估。根据专家评估意见，督促和指导四县一市规划局对中心村规划建设方案重新进行修改完善并上报备案。为省美好办开展美好乡村中心村选点复核工作提供基础数据，开展原乡镇政府驻地中心村（社区）基本情况调查工作，各县（市）共梳理调查166个自20世纪80年代以来撤区并乡后原乡镇政府驻地的中心区（或社区），其中：肥东县35个，肥西县26个，长丰县17个，庐江县60个，巢湖市28个。根据省住建厅要求，组织开展2015年美好乡村规划建设优秀范例申报工作，共申报了17个美好乡村规划建设优秀范例，其中：肥东县2个，肥西县4个，长丰县2个，庐江县5个，巢湖市4个。开展传统村落调查和申报，会同市建委、市文广新局、市财政局、市国土局、市农委、市旅游局等部门，组织五县（市）开展第四批中国传统村落和第二批安徽省传统村落申报工作，共推荐上报肥东县长临河镇大红村等14个村落，所有村落的申报信息录入住建部“传统村落信息系统”之中。组织市唯一一个中国传统村落——巢湖市黄麓镇洪疃村申请中国传统村落中央补助资金，谋划一批涉及传统建筑保护利用示范、防灾安全保障、历史环境要素恢复、基础设施和就环境改善、文物和非物质文化遗产保护利用等传统村落保护项目。

组织上报肥东县瑶岗村历史文化名村核心保护区整体修复项目、肥西县三河镇“十三五”历史文化名城名镇名村街区保护重点建设项目、肥西县启明社区—鸽子笼村—新光村历史文化名村核心保护区整体保护项目等3个项目，申请2016年省级历史文化名城名镇名村街区保护以奖代补资金支持。上报肥东县瑶岗村历史文化名村建设控制区整体提升项目、肥西县三河镇“十三五”历史文化名城名镇名村街区保护重点建设项目、肥西县铭传乡传统村落保护发展规划编制、肥西县铭传乡新光村村村通道路硬化工程等4个“十三五”历史文化名城名镇名村街区保护重点项目。推荐肥西县铭传乡启明社区入选省住建厅和省旅游局第三批安徽省特色景观旅游示范名镇名村。

【信息化建设】 建立区域范围内三维动态管理平台，以“1331”城市空间发展战略为统揽，推进“四规合一”，推行一张图管理，增强规划的整体效力和可操作性。实现“规划一张图”及电子报批系统实现局规划业务全覆盖，合肥市城乡规划管理信息系统—“规划一张图”及电子报批系统先后荣获2015年中国地理信息产业优秀工程奖、2015年度安徽省优秀城乡规划设计奖二等奖。推动建设工程规划技术经济指标校核工作，全年完成经营性项目规划（单体）方案及变更项目91个（建筑面积约1780万平方米）、建筑施工图及变更单体1610个（建筑面积约1900万平方米），完成非经营性项目规划总平面图形整理97个（建筑面积约1200万平方米）。开展三维仿真辅助规划决策工作，完成三维仿真项目32项。做好历史规划图纸矢量化入库项目工作（二期），完成单体规划定位4000项，建设项目规划与设计方案审查1384项。整理城乡规划业务档案3350卷，扫描录入影像数字化档案1796个项目，生成电子文件70686个。开展城乡规划公开公示工作，完成批前公示项目112个，调整变更项目155个，控规项目48个。在《合肥晚报》刊登建设工程规划许可证发证公告45期。

（张明贤）

城乡建设综述

“十二五”期间，合肥市城乡建委共完成大建设工程1257项、在建559（2015年）项，累计投入9425.24亿元。坚持交通优先，加强基础设施建设，打造全国综合性交通枢纽。新增公路3870公里，全市公路总里程达19434公里；高速公路总里程达445公里，一级公路总里程达606公里，比“十一五”时期增长2.7倍，G312合六路、G206合安路、G330合铜路、S102合水路、S105合马路等骨干路网竣工通车，覆盖全市、连接全省的“一环八线”高等级普通干线公路网基本形成。轨道交通1、2、3号线相继开工建设，4、5号线获批，标志着合肥全面开启地铁时代。强攻主动脉，健全微循环，合作化路、阜阳北路、铜陵路、包河大道、马鞍山路、裕溪路以及徽州大道等高架建成通车，全市高架路总里程达54.5公里，畅通一环收官，畅通二环启动西、南缓解点改造，郎溪路立交、方兴大道、龙川路等主次干道相继建成，“一刻钟”快速交通网初步形成。合宁、合武、合蚌高铁以及合肥铁路枢纽南环线、高铁南站相继开通运营。合肥港综合码头二期建成营运，新桥国际机场建成通航。合肥由过去的“通过式交通节点”成为承东启西、接转南北的“放射式交通枢纽”。

2015年，共完成房屋征迁976.96万平方米，其中城区完成567.36万平方米。全市全年共做出国有土地上房屋征收决定项目29个，涉及房屋建筑面积73.88万平方米、共4973户，其中城区征收项目14个，涉及房屋建筑面积60.9万平方米、4117户，已完成户数搬迁率96.3%。全市房屋征收形势平稳有序。起草出台《合肥市国有土地上房屋征收与补偿办法》，结合国家加大货币补偿工作的要求，对货币补偿政策进行修改完善，提高群众对货币补偿政策的认同感，修改后的《合肥市国有土地上房屋征收与补偿办法》于2015年12月1日颁布施行。合肥市城乡建委完成房屋征收评估机构定点单位招标工作，确定10家评估机构为定点单位。合肥市完成省住房和城乡建设厅下达市农村危房改造计划13000户，国家及省级补助资金到位15485万元，各县（市）配套资金2543万元。截至"十二五"末，合肥市共完成农村危房改造57238户，国家及省级补助资金到位58161.1万元。"十二五"初，安徽省开展全省范围内的村庄整治工作。合肥市按照试点先行，逐步推广的方式，实施沿合铜黄高速两侧1公里范围内肥西县境内；沿合巢芜高速1公里范围内肥东县、巢湖市境内；沿合界高速两侧1公里范围内庐江县境内的农村村庄整治工作。共涉及市属肥西、肥东、巢湖、庐江4县（市），17个乡镇，340个村庄，农户约13500户。整治重点是完成村庄规划编制、农户立面改造、村庄道路、绿化、水电、垃圾处理等基础设施建设和综合环境整治工作。2015年合肥市实施沿合六叶高速、合界高速、合徐高速、合巢芜高速和滨湖快速通道沿线村庄整治，共涉及合肥市肥西、肥东、长丰、巢湖、庐江5县（市），34个乡镇，157个村庄，农户约11991户。截至"十二五"末，合肥市共完成长临河、高店、义井、矾山、银屏等73个乡镇农村清洁工程，总投资8760万元，结合农环整治和美好乡村建设，建立生活垃圾收集、转运、处理硬件设施和环卫运行机制，提升居民生活水平。截至2015年末，合肥市共建成35个乡镇污水处理厂，8个乡镇污水管网项目，完成投资约12亿元。建成污水处理规模7.04万吨/天，污水主管网300公里。

【巢湖生态文明先行示范区建设】 环巢湖生态示范区二期项目乡镇污水处理厂工程除因受区划调整影响的肥西县花岗、蜀山区小庙镇和经开区高刘镇外，其他32个污水处理厂、主管网及截流支管网全部建成，各建成污水厂进入设备调试和试运行。配套湿地及入户支管网完成90%。环巢湖生态文明示范区建设二期项目环巢湖集镇城市生活垃圾收集转运工程，总投资约2.86亿元；项目内容包括垃圾焚烧炉、卫生填埋场、垃圾中转站、垃圾压缩车辆、运输车辆、标准垃圾桶及巢湖垃圾处理厂渗透液处理等；项目覆盖全市92个乡镇、工业园区（含环湖12镇）。

【小城镇奖补资金与特色镇建设】 2012年以来，合肥市政府每年安排专项奖补资金1700万元，用于小城镇基础设施建设；合肥市共有三河镇污水处理厂扩配套管网工、吴山镇镇区街道改造工程等34个项目进行以奖代补；吸纳社会资金2.6亿元，为新型城镇化、美好乡村建设提供基础支撑。合肥市修编完善镇和中心村的总体规划，优化镇区建设、产业集聚、农田和生态保护等空间布局，全面提升规划建设档次。把中心村建设与农房改造、人口集聚结合起来，开展农民宅基地置换试点工作，加快中心村人口集聚。全市各县将按照"中心城—中心镇—中心村—自然村"的模式，推进城乡一体化进程。培育出肥西三河、长丰吴山、肥东长临河、庐江汤池、巢湖烔炀等一批发展较快、特色明显的乡镇，其中长临河镇、三河镇、吴山镇、汤池镇、黄麓镇等十镇被住建部批准为全国重点镇。

城市路桥建设

【合淮路改造工程】 该工程南起西二环路，北至新G206，全长约22公里，沥青混凝土路面。其中西二环至四里河路段，道路规划红线宽度60米，绿线宽20米；四里河路至新G206段，道路规划红线宽度50米，绿线宽20米。近期实施宽度29～50米。合淮路跨越庐阳区大杨镇和长丰县岗集镇。相交道路有二环路、四里河路、北外环高速、合淮阜高速、新G206等，并跨越滁河干渠。主要工程内容包括改扩建道路22公里、合淮路二环路互通立交、跨滁河干渠桥、大杨小学人行天桥等5座天桥，同步实施四里河路至枣园路段道路绿化。

【二环畅通樊洼路节点】 樊洼路节点为合肥市畅通二环工程的重要节点，该处设置分离式立交一座。樊洼路设跨线桥上跨西二环路，上跨桥总长296.5米，桥梁引道总长235米，桥宽18米，为双向4车道；地面设辅道与西二环辅道平交并采用"右进右出"的交通组织形式。西二环主道原则上维持现状，仅将交口处西二环路现状主辅分隔带进行封闭，保证二环主线连续快速通行；根据交通组织需求对西二环辅道及交口上下游主、辅出入口进行改造；取消现状西二环既有的地面过街，通过在跨线桥主桥两侧进行结构绑宽来设置慢行过街天桥，交口4个象限均设置有慢行梯（坡）道，方便慢行系统过街。

【二环畅通集贤路节点】 集贤路节点为合肥市畅通二环工程的重要节点，该处设置枢纽式立交一座。总体方案为：二环主道原则保留利用（位于地面1层），部分路段进行绑宽处理；现状外侧辅道及慢行系统破除新建。集贤路由南向北设置南北主线桥（位于第2层）跨越二环主道，桥宽12米，接入西二环路；南二环路由东向南设置左转匝道桥（位于第3层）跨越二环路及主线桥，桥宽8.0～10.9米，接入集贤路西侧主道；南二环路由东向北增设右转地面辅道，布置在主线桥及匝道桥外侧，接入西二环路东侧辅道；集贤路西侧地面道路（合欢路—银杏路）段由于左转匝道的接入，向外侧绑宽；集贤路由南向东右转匝道利用现状老路；取消或封闭二环和集贤路既有地面过街，改为立体过街：具体为在红枫路、合欢路、银杏路交口各增设人行过街天桥一座。

【和平路工程】 和平路（东二环路—郎溪路）工程，起点位于东二环路与和平路交口，向东与规划桥集路、采石路、枞阳路、曹冲路相交；终点至郎溪路交口，道路全长1.793公里，道路等级为城市主干道，双向六车道，设计速度为50公里／小时。工程于2015年12月开工建设。

【望江路改造工程】 望江路工程西起与怀宁路交口、向东分别与岳西路、潜山路、石台路、东至路、合作化路、肥西路、金寨路、宿松路、桐城路、徽州大道、宁国路相交，至马鞍山路，全长7.5公里。城市主干路、双向六车道（内侧车道为公交专用道）。设计速度50公里／小时。工程于2015年10月竣工通车。

【胜利路畅通工程】 胜利路畅通工程南起环城水系桥，北至合肥火车站广场，全长约3.3公里。道路红线宽度46～60米，全线设下穿寿春路、明光路、一环路三座立交，下穿段双向6车道。工程于2015年8月竣工通车。

【上海路畅通工程】 上海路畅通工程北起裕溪路，南至方兴大道，全长13.7公里。工程旨在连通断头路、构建快捷通道，加强老城区与滨湖新区的交通联系、完善城市干线路网、分流现状包河大道交通压力，对引导沿线开发、推进城市社会经济发展、提高城市综合竞争力，具有推动作用。近期新建1处跨南淝河大桥、5处主线跨线桥、3处主线下穿地道、1处横向道路上跨桥以及2处横向道路下穿地道。工程于2015年5月开工建设。

【临泉路工程】 临泉东路下穿合肥枢纽三十里铺站立交桥工程西起二十埠河东150米，终点至肥东县祥和路，全长7.29公里，双向六车道。临泉东路全部建成通车后，将成为合肥东向快速通道，对合肥中心城区、瑶海区与肥东县之间的快速连通起到重要作用，是成为横贯合肥东西方向的又一交通主干道。项目于2011年9月29日开工建设，2015年8月竣工通车。

【繁华大道工程】 繁华大道是合肥市东西向的重要交通性道路，建成段串联了高新区、经开区、包河区。繁华大道东延工程位于合肥市东南部，项目顺接繁华大道与合肥港进港道路交叉口，终点接改建中的裕溪路（S105龙塘至巢湖段公 路改建工程）。道路全长约12.64公里，道路等级为城市主干路，双向八车道，红线宽度50米。其中跨南淝河大桥为独塔双索面塔梁墩固结体系斜拉桥，主跨160米。工程于2015年10月竣工通车。

【龙川路工程】 龙川路大体呈东西走向，设计范围西起北京路，东至南淝河路，全长约2.72公里，规划为城市主干路，规划红线宽度60米。龙川路是合肥南淝河片区道路路网中重要的东西向交通要道，完善了周边片区的路网。项目于2016年5月10开工建设。

【铜陵路高架工程】 铜陵路高架工程，起点位于铜陵路与北二环交口北侧，顺接现状铜陵路高架落地点；终点至新汴河路北侧，与铜陵路下穿编组站隧道相接。全长3.273公里，路线总体呈南北走向。道路等级为城市快速路，双向六车道。主线设计速度为80公里／小时，辅道系统为城市主干路，设计速度为50公里／小时。

市政基础设施

【雨雪应急处置】 市政工程管理处注重雨雪冰冻和夏季防汛应急处置，工作人员24小时奋战在应急一线，死守责任区。1月27～29日连续降雪，共清理积雪路面192万平方米；完成夏季20余次防汛应急任务，确保市管市政设施和市民出行安全。

【市政设施大修与养护】 市政处累计投入1617.25万元，完成包河大道、裕溪路、南二环、东二环、金寨路等道路大修和金高架、五里墩立交桥、市政照明设施维修及寿春路桥涂装、合作化路高架桥防眩板安装；对一环路道路交口慢车道进行改造；市政道路、桥梁等设施完好率达95%以上。市政处根据不同时期设施损坏状况，集中开展“春季”“秋季”和“文明创建”集中养护活动，排查、消除各类市政设施病害、故障及隐患，累计完成沥青路面灌缝156000米，维修人行道板22.3万平方米；维修、清理桥梁伸缩缝19000米；更换收水井盖1.7万座，冲洗声屏障1.2万块；检修路灯6328盏、电缆线1.3万米。

【高架桥落水管与“窨井”专项整治】 市政处启动全市高架桥落水管专项治理工作，对合肥市现有高架桥落水管，逐根检修、加固，对需要改造的部分按“轻重缓急”原则推进。市城乡建委先后牵头3次城市窨井设施管理联席会，并开展为期半年的城市窨井设施集中整治行动，普查各类窨井设施93.28万座，查出病害窨井2231座，全部进行维修；出台城市窨井设施管理绩效考核指导意见，完成全市城市窨井设施监管考核工作。

【市政设施升级】 市政处加速市政设施提档升级，对畅通一环沿线亳州路、马鞍山路、长江东大街等23个路口进行“微整形”，重新施划路面交通线、调整隔离护栏、进行人行道改沥青非机动车道等，提升道口行人和非机动车通行的便利性、安全性；分两批对合作化路高架和长江西路高架进行悬挂绿化试点，3600盆红帽月季搬上高架桥，与原有的黄馨相映；9月起，一环路率先启动新式“T”型路名牌更换，对周边的公交站点及相邻的道路交口有清晰的标识，对市民和外来人员有指示帮助作用，首批共更换新式路名牌1200块。

【市管桥梁养护】 市政处对市管54座桥梁开展2次常规定期检测，全面掌握市管桥梁的结构使用状况和实际工作性能，根据检测报告，组织力量对裕溪路高架、铜陵路高架桥梁支座生锈等情况进行集中整治；开展市管桥梁声屏障螺栓紧固专项整治行动，共检修加固金寨路高架桥、长江西路高架桥、四里河路立交桥等处声屏障1.65万块；开展轨道交通2号线盾构穿越五里墩立交桥时的巡查和监测；完成对长江西路高架、金寨路高架、马鞍山路高架等9座高架桥的沉降点安装、观测。加强与清华大学公共安全研究院的对接交流，启动以桥梁监控为主的城市生命线工程，桥梁安全防控得到加强。

【城市照明与信息化建设】 市政处对合肥市路灯控制系统进行升级、调试，加强对路灯的巡查、维护，保证亮灯率在98%以上；完成2015年度全市楼体景观照明考核和电费补贴工作；成功组织全市景观管理单位参加“地球一小时”活动，实施夏季用电高峰期景观照明限电调控，市管景观照明能耗降低30%。市政设施资源一体化共享交换平台及应急处理系统完成竣工验收；完成合肥市大部分市政设施信息数据整理以及部分市管路灯编号数据的普查、录入，实现合肥市政设施管养的信息化。

【市政设施监管与无障碍复核】 市政处设置6个督查队对市政设施进行督察；全年共对3072件涉及市政管养的问题进行现场核实和督办；对44处市管设施上违法破占行为进行查处，挽回经济损失40余万元；对254条区管道路的管养工作进行巡视，发现路面破损、无障碍设施不全等问题712处，督促责任单位及时整改。对市政行业的全国无障碍建设城市迎检工作进行督导；主动对市管设施进行排查、整改，维修无障碍道口597平方米，更换盲道砖7577平方米，安装无障碍设施牌477个，城市无障碍环境得到改善。

【许可审批与市政养护技术标准编制】 市政处共办理城市道路挖掘及桥梁上架设各类市政管线许可363件，非开挖掘许可55件，各类抢修145件，并联审批282项。受省住房与城乡建设厅委托，市政处组织编制《安徽省道路、桥梁、照明养护维修技术标准》，完成招标、调研、编制、初审等工作。

【文明创建与自主品牌体系】 市政处组建青年网宣队伍，新增注册

市政工作人员在清理长江西路高架桥上积雪

网络文明志愿者15名；先后组织开展结对共建、环保骑行及“微心愿等各类志愿服务10余次；“双驱四带一提升”系列志愿服务活动项目被合肥市文明委评为“2014年度合肥市志愿服务十大创新案例”。市政处组织开展市政设施“义务巡查监督员”四周年活动，新增100名义务巡查监督员，开展义务巡查监督员“金牌啄木鸟”评选，在合肥日报开辟“月亮部队”专栏，全方位展示“月亮部队”工作和良好形象；通过评选表彰、开展业务培训以及媒体专栏报道等活动，市政处市政设施“义务巡查监督员”和“月亮部队”品牌影响力不断扩大。

城市排水管理

【综述】 合肥市新建改建扩建污水处理厂6座，日新增污水处理能力25万吨、总能力达到120.5万吨，城市污水集中处理率超过89%，建成区新建污水管道864.6公里，城市污水管网覆盖率达98%，基本实现河道沿岸全面截污。推进污水处理设施建设和提标升级改造，完成王小郢、朱砖井污水处理厂提标改造，主要出水指标达到地表水Ⅳ类标准。

【城市污水污泥处理】 全市污水处理厂累计处理污水4.71亿吨，较上年增长4.9%。城区污水处理厂累计处理污水4.06亿吨，实现COD削减7.49万吨，氨氮削减0.96万吨，总磷削减0.15万吨；以上数据分别较上年增长5.1%、6.2%、6.9%、12.8%。全市污水处理厂出水全部执行一级A排放标准，其中王小郢、朱砖井、陶冲、经开区三期污水处理厂率先执行地表水Ⅳ类标准，占城区总处理能力42%。安全处置污泥累计23.12万吨，较上年增长9.8%，其中焚烧污泥9.68万吨，较上年增长10.3%。

【城市排水设施管理】 合肥市排水管理办公室坚持以网格化管理、常态化巡查、制度化考核为抓手，发挥设施养护资金、雨污分流资金、以奖代补资金使用效率，组织排水设施养护维修，设施完好率始终保持在98%以上。全年累计更换、维修、补缺井盖3320只，处理积漫水212处；完成4轮雨污管网全面清疏，累计管道长度3500公里，检查井、收水井22.4万座/次，清运淤泥1.43万吨；维修加固箱涵严重病害17处。运用非开挖修复等新技术修复老旧管网病害25处；巡检维修泵站设备5500余台（次），升级更换设备74台（套），完成3座闸门、启闭机手电一体化操作改造；试点安装截流限流阀控制雨污合流试验；南淝河水面、岸线保洁13.5万平方米、绿化养护130万平方米，平台护坡维修1800平方米，维修更换河道景观灯饰883盏（次）。

【重点工程】 全市完成排水设施项目投资约15亿元，较上年增长13%。污水处理设施建设方面：完成陶冲、经开区三期、肥西中派、庐江城西等污水处理厂，新增污水处理规模25万吨/日；开工建设小仓房污水处理厂二期、蔡田铺污水处理厂二期、十五里河污水处理厂三期、清溪净水厂、西部组团污水处理厂、污泥资源化利用工程；完成王小郢污水处理厂再生水市政杂用取水点工程，新建再生水管网11.66公里。排水防涝工程建设方面：完成高铁南站北广场排水、建工学院排水系统姚公路改造；开工建设老城区逍遥津、杏花调蓄池、长江西路西二环排水改造、城市内涝治理二期、张生圩排涝泵站改扩建等工程。排水管网建设方面：新增排水管网869公里，其中，市政路网项目建设697公里，地块整体开发项目88.8公里，老旧小区改造项目83.2公里。环巢湖示范区建设方面：利用国家开发银行二期贷款建设乡镇污水处理厂及管网项目42个，其中环巢湖污水处理厂、湿地及管网项目35个，污水管网项目7个，一期污水处理厂累计处理规模7.04万吨/日，建成污水管网269公里，湿地46公顷。

【下穿立交可视】 市排水管理办公室开展下穿立交视频监控及积水监测信息化工程建设，提高预警预报能力。实施了畅通一环内16座下穿立交视频监控、积水监测工程建设，通过在下穿立交最低点安装积水监测装置和高清摄像头实行动态监控，对桥下值守人员、积水情况、应急抢险设备到位情况，实行“第一时间发现，第一时间指令，第一时间处置”，为城市排水安全提供技术保障。

【城市防洪排涝】 市防洪办组织召开6次联席会议，开展5次防汛工作检查，并通过市场购买服务，招聘专业队伍进行汛期排水巡查、值守和应急处置。对市区下凹式立交、地下通道和重点区域易涝点值守进行任务分解，落实“一桥一组、定人定岗”等防范措施。针对检查中发现的问题，下发整改函55份，整治内涝点53处。汛期间，累计出动防汛人员2.4万人次，设备3000台次，成功应对市区17次明显降雨，其中4次强降雨、2次台风，6月16日，市区平均降雨量108毫米，包河区接近200毫米

（实时降雨量达 189 毫米）。

【PPP 项目建设】 合肥市推行小仓房污泥资源利用工程和清溪净水厂 PPP 项目。作为合肥市首批 PPP 试点项目，合肥市成立市级领导小组，引进专业咨询服务机构，组织人员培训，规范项目操作流程。多次组织 PPP 领导小组成员单位、业内专家对 PPP 项目实施方案、招标文件、合同文本等进行研讨和修改完善，实现“招大引强”的预期目标。7 月 9 日，PPP 项目在市政府成功签约，为市后续 PPP 项目运作发挥了示范引领作用。市排水办完成老城区调蓄池等 25 个排水项目前期工作，开展 61 个项目招标；经市政府审查批准了《合肥市城市排水（雨水）防涝综合规划》等 5 个专项规划。

【黑臭水体整治】 根据《水污染防治行动计划》工作要求，第四季度启动黑臭水体整治工作，开展黑臭水体排查，召开城市黑臭水体整治工作专题会议；委托省环科院编制完成市建成区黑臭水体整治工作计划；组织相关单位参加住建部举办的黑臭水体整治培训；成立合肥市黑臭水体整治工作领导小组，印发《合肥市人民政府办公厅关于加快市城市黑臭水体整治工作的通知》，明确成员单位职责、任务和时间要求；报请市政府批准，按时向住建部、省住建厅上传合肥市黑臭水体名单、责任人、达标期限等在线信息。

【管涵普查】 市排水办完成屯溪路桥至当涂路桥 10.9 公里河道挡墙、护坡检测，采集数据 1.3 万个；完成市级 30.7 公里老旧箱涵内部检查和结构安全检测，排查出煤气、供水、供电等各类穿越箱涵管线 86 处，采集箱涵混凝土、砌体、砂浆强度等数据 8.7 万个，发现各类病害 1017 处（其中严重安全隐患病害 17 处）；引进 CCTV 视频检测设备（机器人），完成望塘污水厂 250 公里配套污水管网内部视频检测，发现管道老化、破损、变形、渗水等病害 2400 多处；依托全市地下管线普查成果，城区 6000 多公里排水设施普查数据录入排水管理信息系统。

【排水许可与行业监管】 市排水办共出具规划并联审批意见 67 份，排水设计条件 84 件，办理排水许可 110 个。市排水办制订实施《污水厂粪大肠杆菌群超标处罚办法》《合肥市污泥处理处置考核办法》，强化《城镇污水处理厂运行管理导则》宣贯培训，全面推进污水厂标准化管理工作；全年共完成 8 座污水处理厂、6 条河道、26 座泵站水质样品监测 9562 个，出具考核数据 47232 个。

（宣秋华）

燃　气

【概述】 合肥燃气集团全年实现天然气供应 4.9 亿立方米，比上年增长 15.7%；销售天然气 4.69 亿立方米，比上年增长 16.1%；主营业务收入 15.44 亿元，比上年增长 16.7%；新发展居民用户 16.697 万户，工商用户 576 户，新建管网 438 公里。新建 CNG 加气站 6 座、LNG 加注站 4 站；新增 LNG 汽车 200 辆；完成 CNG“油改气”车辆 7000 辆（2000 辆驾训车，5000 辆社会车辆）；全市共有 65 座加气站，CNG70 万立方 / 日、LNG 加注量 50 吨 / 日。燃气集团行风评议获“全国文明单位”称号；首获全国安康杯竞赛“连胜杯”，第二次荣获“全国安康杯竞赛示范企业”，第八次荣获“全国安康杯竞赛优胜企业”称号；荣获“2014 安徽最佳学习型组织”称号，并进位“中燃协培训委副主任成员单位”；集团党委获评安徽省“第二批学习型党组织建设示范点”称号；管线公司吴雄飞当选全国劳动模范，营销公司工商科抄表班荣获“全国巾帼文明岗”称号，工程公司焊工班荣获“全国安康杯竞赛优胜班组”称号，营销公司沈思红获评“中国好人”，客户服务部经理姚本俊当选安徽省“最美维权人物”。

【管线建设】 环城高压管线工程累计建成 136.8 公里，其中肥东门站至香蒲路 103.5 公里管线通气运行；环巢湖高压管线工程（合庐段）建成 40.1 公里；北城 LNG 应急调峰气源工程总图规划、总图消防通过批复，消防水池土建、储罐基础静压桩完成施工；环省会经济圈（省级干管线）项目完成路由勘察，路由方案初步确定，设计选线正在协商。西气东输合肥末站改造项目顺利完成，供气压力由 4.0 兆帕（MPa）上升至 6.0 兆帕（MPa），小时输配能力由 6 万立方米提升至 10 万立方米；推进老旧铸铁管网改造，完成省委党校、电子工程学院等管网改造任务。

【隐患排查】 合肥市燃气管理处组织开展全市安全隐患排查工作，要求各燃气企业按照《开展燃气行业隐患排查治理工作实施方案》的内容，及时开展全覆盖的自查自纠，排查并整治各类燃气安全隐患 439 处；在全市范围开展城镇燃气安全生产大检查工作，对全市 7 家管道天然气企业进行检查，检查共排查各类管线设备隐患 13 处，并加以整改；对全市 1 家液化气储备站、7 家液化气灌装站和 160 多处液化气供应点进行检查，取缔3处液化气非法经营点，暂扣液化石油气15千克钢瓶75只；对包河区和庐江县开展的油气等危险化学品罐区安全大检查工作进行专项督查，排查出使用危化品储罐的企业12家，使用储罐的城镇燃气企业11家，排查出一般安全隐患107条，下达限期整改指令书3份。

【安全生产】 贯彻落实《安全生产法》和安全生产“党政同责、一岗双责、失职追责”精神，吸取天津爆炸事故教训，制定危险物品安全专项检查实施方案，认真开展专项检查。坚持专家外审机制，推进安全生产标准化自评工作；首次创建职业卫生基础建设示范企业并取得成功。组织安全管理人员资格认证培训，共完成105人换证和65人新取证工作，做到资格认证全覆盖。组织高压燃气管道第三方损坏事故、受限空间作业等各类预案演练，提升全员安全素质，确保安全形势总体平稳。推进安全生产月和“燃气安全服务进万家”活动，开展“安全文明示范社区及义务宣传员”评选活动，形成“企业、社区和社会”齐抓共管的良好态势。

【市场发展】 配合全市老旧小区综合整治工作，29个老旧小区燃气改造项目、24个管道液化气改造项目均通气点火。做好新建燃气配套发展工作，新建商品房项目、拆迁复建项目全部服务到位。重点发展大型工商项目和学校项目，彩虹光伏、中建材等大型工业项目和华润万象城、祥源广场等商业综合体项目实现供气，安徽行政学院、市第十中学新区等35所学校全部竣工点火。主动推进小庙镇、高刘镇、新港南区等燃气管网建设，为拓展周边市场创造条件。管道液化气小区置换工作被列入2015年合肥市政府督办工作任务，按照《合肥市人民政府办公厅转发市城乡建委关于合肥市管道液化气致函工作实施方案的通知》，当年计划完成50个小区9000户的置换工作，实际完成61个管道液化气小区12536户的置换工作。

【行风服务】 主编的《安徽省城镇燃气服务规范》通过审批，规范了全省的燃气服务。发挥热线一线通作用，蓝焰热线全年共受理用户来电58.32万户次，对22.79万户进行电话回访，回访率100%，满意率99.99%；受理12345政府服务热线电话直办521起，12345政府服务直通车网上转办单263起，按期反馈率100%。开展“增值服务、差异化服务”活动，赢得用户的赞誉和认可；启用燃气流动服务车，全年共走进200个小区，办理各项燃气业务3419次，为偏远小区燃气用户提供更加便捷高效的燃气服务；开展“合燃是我家•服务我最佳”主题活动，推进燃气安全“三进”活动。与支付宝开展合作，推出功能多样的服务窗业务；开通合肥燃气微信公众账号，为广大用户提供更加便捷的手机客户端服务。

【基础管理】 对原“三标一体”管理体系、测量管理体系文件进行整合修订，形成“四标一体”管理体系文件，管理体系更加科学。根据集团机构调整及业务发展需要，调整细化《内部控制手册》，保障内控体系平稳运作；优化薪酬管理，进一步细化和完善调资方案，坚持向基层技术技能型核心员工倾斜，强调普调与部分差异化进档相结合。完善车辆管理，完成黄标车淘汰工作；对集团车辆GPS定位和违章情况进行不定期抽查，坚持有疑问必追、有错必纠，严厉杜绝公车私用现象。合肥市城乡建委根据国务院《城镇燃气管理条例》《安徽省燃气管理条例》，结合合肥市“1331”城市战略发展需要，将燃气经营许可和市场监督管理权限下放到各区、开发区，依靠基层社会管理力量，建立更加高效的市场管理机制。截至当年底，合肥市完成肥东县桥头集镇、元疃镇，肥西县严店乡、花岗镇，长丰县下塘镇、杨庙镇，庐江县汤池镇、泥河镇，巢湖市黄麓镇等20多个乡镇的天然气开通工作。

【员工培训】 成立合肥燃气学院，全面负责员工培训与技能考核、鉴定工作；建立中高层管理人员分层分类培训机制，打破原先中高层培训的“大一统”模式，提升培训的针对性和有效性。全年共开展12场企业文化轮训，培训覆盖所有站所、班组；开展5期蓝焰讲坛，注重企业发展战略需要与员工培训需求相结合，满足员工多层次、多样化的精神文化需求。开展燃气业务课程开发及内训师培训项目，共60名内训师获得结业证书，为集团内训工作注入新活力。

【技术创新】 全年完成天津五厂罗茨表改造、PE200不停输设备升级等技改项目13项，保障生产技术管理和稳定优质供气。全年引进试用PE100薄壁管等新材料、新设备7项，推广使用PE管金属示踪线、全防腐引入管等新材料、新设备4项；实施宽量程皮膜表、AS超声波流量计等现场对比试验项目4项，探索科学的计量方式。全力跟进绕城高压SCADA系统建设，建成并投运6座场站SCADA系统，制定《合肥燃气高压SCADA系统技术标准》，为后续站点建设提供统一的技术标准。

【企业文化】 承办首次全国

"安康杯"竞赛理论与实践研讨会，策划"安康之路"图片展览；以班组建设为基础，推进"5S"建设，筑牢基层管理。推进劳模梯队培养，吴雄飞成为继徐辉之后第二位荣获全国劳动模范的燃气职工，积极打造"徐辉·吴雄飞创新工作室"。关心职工生活，组织开展困难职工慰问、互助保险理赔、夏季高温慰问等一系列活动；丰富职工文化活动，组织职工参加安徽省职工运动会、全省职工法律知识竞赛、合肥市第三届职工运动会，举办乒乓球赛、篮球赛、足球赛、桥牌赛，开设太极拳、瑜珈培训班，广大职工积极参与。燃气职工陶涌、夏新宇继2014年拿下亚洲杯桥牌锦标赛冠军后，再夺阔别16年的亚太青年桥牌锦标赛冠军。

（王荣村、胡建龙、王磊、路克锦、宣秋华、孔斌、李曈、钟伟、肖方初、李传明、韩闯、叶四青、王康凤、蔡辉、洪伟伟）

热　电

【概况】　合肥热电集团有限公司销售蒸汽291.4万吨，发电量5.44亿千瓦时；实现总收入11.92亿元，利润8249.6万元，实现三年持续盈利；截至当年底，总资产38.36亿元，注册资本金11.17亿元；供热能力1765吨/小时，现有居民用户近11万户，非居民用户363户，集中供热面积超过2000万平方米。集团先后获得"国家高新技术企业""中国企业管理榜优秀公司治理企业""安徽省诚信示范企业""安徽省文明单位""全国五一劳动奖状""第十三届合肥市文明单位""合肥市五一劳动奖状"等荣誉。

【品牌建设】　推动品牌优化升级，小鲍流动营业厅、张标专工服务队成功迈入省级先进行列。小鲍流动营业厅立足服务创新，深化服务内涵：设计"情暖人心"品牌行动方案，为用户提供"咨询、交费、开通、报修"一站式上门服务；开通小鲍流动营业厅微信公众号，通过微信平台及时向用户推送供热政策和服务信息；以用户最为关心的问题为主要内容，制作简明易懂的宣传片，在服务现场循环播放；全年开展"服务进小区"和上门活动1000余次，服务居民4万余户次；小鲍流动营业厅先后获得安徽省"青年文明号标兵"、安徽省"巾帼建功先进集体"、安徽省"十佳江淮志愿服务"、合肥市"志愿服务优秀集体"等荣誉称号。张标专工服务队按照品牌建设提升实施方案，定期开展志愿入户检查活动；在服务专工的基础上，选拔高级专工，充实人才队伍；拓展服务内容，如提供维修服务、用户站房改造技术支持及技术咨询等活动；积极开展学雷锋系列活动，完善长效帮扶机制；张标专工服务队先后获得安徽省总工会"工人先锋号"、共青团合肥市委"青年文明号"等荣誉称号。

【节能减排】　为更好地贯彻国家环保要求，推动环保节能工作取得提升，完成锅炉烟气脱硝节能环保改造，集团累计投资9000多万元用于5家热源厂16台锅炉脱硝改造并通过环保部门验收，各热源厂氮氧化物实现达标排放，排放标准超过欧盟排放标准。根据新《环保法》，重新修订《热源子公司烟气排放在线监测管理标准》，对烟气在线管理制度、组织机构、人员定期巡检等进行规范，实现在线监测标准化管理。完成能源审计报告，并通过市经信委、省发改委评审，取得相关政策性补贴支持；完成9台高压变频改造项目节能审核；申报中国节能协会"百强热电企业"。东方热电的冷凝水回收项目获"中国节能协会技术创新三等奖"。与相关部门沟通联系，获得各类环保资金补贴共计835万元。实现减排二氧化碳571344.2吨，二氧化硫3838.4吨，氮氧化物3629.1吨、粉尘2233.3吨。

【重点项目】　2×350MW热电联产机组改扩建项目取得省能源局支持性文件、省环保厅的环评批复、节能评估、水资源论证、安全预评价等近40项前置性许可审批。完成可研报告编制、评审、收口及审查；完成项目用地预审，取得圈内用地批文，并加快落实圈外用地指标；完成配套管网工程可行性研究报告、环境影响报告表、节能评估报告等相关前期工作。完成铁路专用线项目土地证办理，并与新站区瑶海工业园管委会协调拆迁工作；取得建设工程规划许可证，签订各项工程代建合同并开工建设；完成输卸煤系统招投标工作。滨湖新区集中供热一期工程中完成35公里热水管网施工及预热调试工作并投入运行；完成首站及能源中心所有土建、设备安装及调试、厂区绿化等。新能热电联产项目中完成能评、环评、核准、选址意见书等40余项前置审批工作，取得省政府建设用地批复；完成总包单位、土建施工单位招标和主设备采购。

【股份制改革】　集团成立证券发展部，迈开股份制改造步伐，根据集团战略发展规划，对整项工作分层实施，同步推进，对集团整体增资扩股进行股份制改革，争取2017年在上海证券交易所首次公开发行股票；对集团全资子公司安徽科恩新能源有限公司引入战投进行股份制改革，争取2017年在新三板挂牌或在上交所即将推出的战略新兴板上市。9月，国务院指导和推进国企改革的纲领性文件《关于深化国有企业改革的指导意见》落地后，集团加快了股份制改造步伐，制订集团及科恩新能源公司股份制改造暨上市初步方案，确定上市时间节点；完成尽职调查并推进审计评估等各项工作，企业改制上市按计划有序推进。

【新能源开发】 自科恩新能源公司组建成立以来，集团在新能源市场上成绩斐然。滨湖新区核心区区域能源项目完成立项备案、环评评审、设计招标等相关前期工作，并开工建设，项目一期规划供冷供热面积300万至500万平方米。先后完成蓝天花园小区等4项地源热泵工程，项目服务面积共计15万平方米。与浙江佳源签订首个区域能源用户合同；分别与奥福置业公司、工大设计院、联投控股公司等企业签订能源使用框架性协议及战略合作协议；推进高铁西站污水源热泵项目。

【内部管理】 集团推动转型升级，实施创新驱动战略，增强自主创新能力，在制度创新方面，先后制定或修订《合肥热电集团工程设计变更管理办法》《合肥热电集团工程劳务分包管理办法》等18项规章制度。通过努力，集团管理制度日趋完善，形成有章可循、有据可依的科学管理机制。在信息建设方面，利用中德能源合作平台，与德国SIV公司展开合作，构建大数据管理系统；推进站房远程控制系统改造，加强科学调度，实现高效经济运行；呼叫中心升级改造，实现多部门、多座席接听及IVR自助查询服务；建立数据挖掘综合决策支持系统，突出支线管损分析、故障预警和小区二次网成本分析等功能特征。在财务管理方面，成功发行5亿元资产证券化产品，这是热电集团乃至全省公用企业首次通过一级资本市场募集资金，为集团未来发展注入了新的动力；施行资金集中管理制度，持续通过“银行账户管理、资金调度会、资金收支管理”等开展资金集中管理和风险控制的工作，降低资金使用成本。在技术创新方面，成立集团推进技术进步领导小组，狠抓企业技术创新。截至当年底，累计获批专利44项，另有13项专利在审批中。热电集团先后荣获“国家高新技术企业”“2014年度中国企业管理榜优秀公司治理企业”（由国务院国资委主管、中国企业联合会主办的《企业管理》杂志社评选）、“安徽省诚信示范企业”等称号。集团强化人才优先战略，将人才作为推动企业改革发展的决定性因素来抓，加快人才培养步伐，累计培养选拔了技术专工、高级暖通服务专工、全能客服员和全能值班员共46人；发布年度《继续教育和在岗培训指导目录》，引导员工岗位成才、自学成才。2014～2015年度共计1137人参加继续教育学时认定，累计认定86101学时，人均76学时；全年共组织培训526场次，参训人员9435人次，培训内容涵盖入职培训、技能强化、企业管理多方面内容。

加强校企合作，通过与华北电力大学、长沙理工学院等高校洽谈，初步达成专业人才委托培养计划。拓宽招聘渠道，全年共引进各类专业技术人才22人，为集团发展提供人才储备。深化薪酬改革，完成以学历、职称等为差别化薪酬主要方向的薪酬改革，标志着集团历时五年的薪酬体系改革完成，完善员工职业发展通道。牢固树立“以人为本”和“安全第一、预防为主、综合治理”的方针，严格贯彻“党政同责、一岗双责”，全力推进“五落实五到位”安全生产责任体系，强化工作创新，狠抓责任落实，实现年度安全生产目标，并连续三年荣获市国资委系统安全考核优秀奖。推出质量安全曝光台，对安全问题进行曝光；制定《热网施工安全标准化管理手册》，规范热网工程施工安全标准化管理；开展安全生产“互查互学互提高”活动；举办热电专场安全取证培训班，实现持证上岗；制定《合肥热电集团领导带班（值班）管理规定》，加强值班管理。加强日常监督检查，全年累计开展检查132次，整改安全隐患480项，重大活动安全生产专项检查8次，严把检查关，牢筑安全防线。集团全年在安全宣传教育培训、应急救援器材及演练、职业卫生检测及体检、隐患整改、消防设施、安全防护用品等方面投入资金总计550万元，提升安全生产保障能力。提高安全应急处置能力，组织修订《合肥热电集团有限公司生产安全事故综合应急预案》；全年开展供热管网爆管抢修、消防灭火、地震、厂用电中断、酸罐泄漏及防汛等应急演练52场，提高员工应急处置能力。

（合肥热电集团有限公司）

供水节水

【概况】 合肥供水集团围绕“务实与创新”，持续打造“贴心小棉袄”精品服务品牌，按照“两个坚持、两个反对、一个提升”指导思想开展各项工作，全面建成“标准化、模块化、简单化、信息化”合肥供水新模式，打造全国供水行业新标杆。合肥供水集团蝉联三届“全国文明单位”荣誉称号。先后获得第十届安徽省文明单位、合肥市五一劳动奖状、思想政治工作先进单位、安徽省诚信示范企业、合肥市先进基层党校等荣誉称号；业务大厅先后荣获安徽省学雷锋活动示范点、安徽省五一巾帼标兵岗；团委荣获合肥市“2014年度共青团工作综合评价优秀单位”，二次供水管理中心团支部荣获“合肥市五四红旗团支部”。资产总额45.95亿元，净资产41.48亿元，资产负债率为9.73%；人均供水量37.24万立方米，漏损率13.19%；全市直径75毫米以上供水管道5280公里，全市水表总数143万只；管网漏损率为13.19%，远低于住建部对408个城市统计的平均21.5%管网漏损率。合肥市节约用水办公室为226家用水大户解决用水计划不足问题，指导用水大户查堵管网漏水点161处，年可节水280万立方米；全年开展6次用水计划考核，举办2期用水大户培训；免费赠送水龙头、节水器、马桶配件等节水器具250套件。8月4日，日供水量达到150.2万立方米，创下历史最高纪录。

【供水保障】 2015年8月4日，合肥市日供水量达150.2万立方米，创下历史最高纪录。与安徽建筑大学、安徽省水利水电勘察设计院共同考察，多次论证，对“十三五”期间合肥及周边区域的供水进行专项规划，形成供水发展专项规划初稿。相继完成及推进工程195项，新增项目38项，完成望江西路、老包河大道、花园大道等新建、改造管道工程29项，铺设总长为44.1公里的DN300-DN1400供水管工程。配合市轨道交通建设，轨道1号线进入后期阶段；2号线24个站点均进入管网回迁改造阶段，完成长宁大道站、潜山路站等站点DN200-DN1200管线的32项迁改工程。其中，龙岗路临泉路交口DN1200的顶管工程，工程全长约344米，为供水集团历史上最大口径、最长距离的顶管工程；轨道3号线32个站点供水改造全面启动。完成新桥机场市政管网并网工作，完成原水泵站、厂区及新桥机场加压站的高压配电系统预防性试验，实现安全生产无事故。完成合肥三水厂迁建、巢湖三水厂两大重点工程前期工作。

【节水宣传】 合肥市节水办在加大日常节水宣传的同时，重点结合“世界水日”、全国城市节水宣传周、节能周、低碳日等活动开展一系列节水宣传工作。5月10日，合肥市在杏花公园举行城市节水宣传周宣传活动，省市领导领导出席活动，市民积极参加节水签名等活动，观看展示城市供水、节水、排水工作成就以及用水大户先进典型的展板，发放宣传品5000份，中国建设报等新闻媒体进行宣传报道30余篇次。市属各区、用水大户悬挂横幅500余个，电子屏幕宣传700余处，印发资料上万份。在合肥工业大学举行红领巾节水实践活动，让小学生动手体验节水，从小培养节水意识。制作1万张不干胶标贴、1000个手提袋、800件T恤衫、10个宣传展板、14个彩虹门气球以及节水知识彩页等资料。

【安全生产】 落实“以安全生产为第一要务”，明确将安全生产作为领导班子调研检查各单位、部门的首要工作，拟订《社会治安综合治理奖惩细则》，创新编制《安全检查指导书》。对《安全生产责任制》进行修改，明确“党政同责”。严格按照“五落实五到位”规定，全面建立“党政同责、一岗双责、齐抓共管”的安全生产责任体系。创新开展董事长与基层负责人谈心活动，推进管理体系流程再造，将安全生产意识和法制观念根植于每个人心中。有针对性的组织开展劳动保护用品的管理和使用、企业安全生产责任体系建设、危险源管理、起重设备使用维护管理、新《安全生产法》、安全生产标准化等培训。组织开展“氯气泄漏”“大口径管道爆管抢修”和“反恐”应急演练活动。加大明察暗访力度，不定期开展“四不两直”的突击检查与暗访，在安委会上对在明察暗访中出现问题和疏漏的单位开出罚单。开展“安全隐患随手曝”活动，动员员工查找身边安全隐患并上报，并将排查出的各类隐患按照ABCD分类分级建档，强化隐患档案管理，做到跟踪、防范与及时消除。定期对出厂水、管网水进行106项水质全分析。每月一次对制水厂使用的净水原材料进行安全评价全分析，加强对净水原材料的检测把关。完成5680项次新安装管道水质检测验收，完成已验收小区的二次供水水质水质检测54096项次，保证管网水质安全。配合做好全省水质督察工作，完成对合肥市及市辖四县一市供水企业的水质检查。

【优质服务】 坚持“把方便留给用户，把困难留给自己”，连续5年跻身全市政风行风评议前三甲。从顶层设计出发，编制出台《“贴心小棉袄”服务标准及行为规范》，全面规范服务、窗口服务、热线服务、入户服务、管网服务、水质服务、二次供水服务等13大类的服务。主动对接招商引资重大项目，实行主动服务、超前服务、全程服务、上门服务、现场办公。提前了解重点项目需求，缩短业务流程和报装申请时间，实行限时办结，开通绿色通道，实行“先通水同步办理手续”。先后为力晶12吋晶圆制造基地、京东方10.5代线、彩虹、铁路东站、滨湖中心、育英中学内部管网改造、桃花工业园等重点项目提供供水服务保障。全面实现服务受理零推诿、服务事项零积压、服务质量零差错、服务方式零距离。主动与各区住建局、街道、小区物业和施工单位沟通联系，全年共完成25个住宅小区改造项目。提前23天完成公租房8575户的水表安装任务，5个市级公租房项目全部通水。对口支援措美县住建局，把“贴心小棉袄”优质服务理念带到西藏山南地区，成功实现当地由4小时分时供水到12小时足压供水。

【信息管理】 结合工作实际，先后投入400余万元，购买300余台手持终端移动设备，用于数字城管和供水监察工作，通过巡检轨迹实时记录、巡检记录实时上传等功能，实现“监视监控管理、调度指挥管理、管网运维管理、客户服务管理”一体化，提升了数字城管和供水监察案件办结率。以网格化管理方法，创新将“二维码”引入非消防性消火栓取水证的设计中，严防造假现象。通过配备“113数字”供水数字终端，实现对日常巡查轨迹实时可查，杜绝处理过程中的“人情”纠葛，共受理盗用水投诉及举报161起，挽回经济损失174.5万元。以“工程管理平台”和“一站式服务平台”建设为试点，率先引入“红黄绿亮灯”制度。将平台建设工作按计划分解为不同模块，明确时间节点，在时间内完成计划亮绿灯，落后计划先亮黄灯，若在时限内还没有补上，黄灯就会变成红灯。

【监督体系】 将原有的监察审计部分设为监察室和法律审计部两个部门，突出监察部门职能，落实党委的主体责任和纪委的监督责任。明确由纪委对党委会议题的合法合规性进行审查，对党委会形成的各项决议和执行情况进行全过程监督。对发现的问题，纪委以《纪检监察意见书》的形式向党委提出意见。创新实施每月召开一次纪委全体会议；召开14次纪委会，对集团党委117项决策决议执行情况进行审议。明确由监事会对提请董事会审议议题的合法合规性进行审查，对董事会形成的决议及执行情况进行监督检查，召开11次监事会，对252项重大决策部署和重点工作进行审查。第7期《合肥纪检监察信息》以《合肥供水集团纪委创新机制强化监督责任》为题报道了合肥供水集团纪委的创新作法。2015年第23期《安徽纪检监察信息》以落实两个责任为主题，对合肥供水集团纪委创新机制强化监督责任的举措进行了报道。运用约谈、黑名单等手段，加强对中标单位的考核和评定，强化“标前、标中、标后”立体化的防控监管体系，重点通过全面推行ABCD分级管理，加强标后监管，并接受社会监督。共完成招标项目131项，中标金额为5288.8万元，节约资金2427.4万元，节约率达31.46%。

供 电

【概况】 合肥市供电公司贯彻国家电网公司、省电力公司和市委、市政府决策部署，以“保安全、抓发展、强服务”为基本任务，实施供电可靠性和客户满意度“两个提升”工程，强化综合计划和全面预算“两个管控”，完成各项经营指标和年度目标。公司蝉联“全国文明单位”和全国“安康杯”竞赛优胜单位，荣获“国家电网公司文明单位”“第十届安徽省文明单位”“合肥市‘五一’劳动奖状”，连续6年被评为“合肥市行风评议先进单位”。

【可靠供电】 修订安全生产责任制，明确各项工作职责和业务流程对应的安全责任，实现岗位、流程、安全责任全覆盖。首次全面制定班组安全员管理办法，完善激励措施。开展46批、1900人次生产一线人员安全技能提升培训。领导班子成员参加基层班组“安全日”活动135人次。开展安全大检查和缺陷隐患排查整治。强化春检、秋检、城农网改造及基建施工现场风险管控。开展输、变、配、信通各专业精益化管理，落实设备主人制，加强技术监督。开展迎峰度夏等专项应急演练，落实32项迎峰度夏重点措施。处置肥西山南地区龙卷风和冰雹袭击等应急事件。加强客户安全管理，开展专项检查，督导10个单电源用户落实整改。加大电力设施保护力度，与市经信委、市林园局联合制定《合肥市电力设施保护区树木隐患处理若干意见》并通过初审。完成迎峰度夏重要时期及169项重大重要会议活动保电任务。

【优质服务】 全面加强“量、价、费”管理，开拓电力市场，统筹安排检修计划，延伸带电作业范围，累计开展带电作业3039次。优化业扩工程停（送）电管理，高压客户新装增容平均接电时间比承诺时限下降48.57%。完成电能替代项目76个，替代电量5.85亿千瓦时，公司被评为“国家电网公司电能替代工作先进集体”。支付宝、手机APP等新型交费方式全面拓展，常规交费点增至4100余处，加快营销项目建设，智能电表覆盖率、采集成功率分别达到99.33%、98.18%，完成800户“四表合一”试点工作。受理居配工程项目106个，建设管理体系及流程全面贯通；受理地面光伏电站及分布式光伏发电并网申请1507个、并网容量976.6兆瓦，结算补贴资金720.8万元。建成电动公交充电站10座、换电站2座、交流充电桩1076个，累计充电量669万千瓦时。统筹12个网格化抢修驻点，提高抢修服务效率。全面推行社区、台区客户经理制，1533名客户经理配证上岗，实现供电营业厅向社区延伸。完成8个老旧小区供电改造。解决19881户“低电压”问题。落实合肥市非供电资产应急抢修工作要求，完善465个未移交小区应急抢修流程。

【经营管理】 巩固提升“三集五大”体系，推动“五位一体”深化应用，公司最佳实践被国家电网公司收录3项、被省公司收录24项。落实县公司“子改分”试点及推广任务，肥西县供电公司在全省首家完成改制和推广。以“省公司主动管控、市公司主动管理、县公司主动融入”为基本要求，推进市县一体化，形成“411”工作思路。突出问题导向，编制56个专业方案、2000余项任务清单，先行先试。强化全面预算和综合计划管控，变“推动”管理为“拉动”管理。组建配网项目管理中心，统筹城网、农网改造升级工程及居配工程项目管理，专业化管理得到提升。深化供电所管理提升工程，建立低压配网运维责任人、设备主人、客户经理“三位一体”台区客户经理队伍。完成配电队组建工作，制定18项管理制度，提升农电运维检修质量。1项管理创新获国家电网公司管理创新成果二等奖，1项管理创新获安徽省管理创新一等奖，实现该类奖项零的突破。《居住区供配电系统典型设计》获省公司科技进步一等奖，并通过省住建厅审查，上升为安徽省地方标准。公司被评为“全国电力行业QC工作先进单位”“国家电网公司QC工作先进单位”，17项专利获国家知识产权局授权。

【电网建设】 突出规划引领，以“域格化”创新方法编制“十三五”电网发展规划，细化管理单元，同步完成合肥市118个网格配电网规划编制，形成“一本一册一图”的规划执行蓝本。开展合肥饱和年电网远景发展规划研究，谋划布局合肥500千伏、220千伏主网架，制定发展目标及演进思路。融入合肥城市“多规合一”体系，在瑶海区试点“域格化”电网规划与市政单元规划有效衔接，电力设施、廊道预控从110千伏扩展至10千伏。编制电网发展三年计划，建立基建、技改、农配网工程三年项目库。完成500千伏肥北变可研核准属地任务，完成庐江电厂220千伏送出等30余项输变电工程前期工作。新建投运500千伏长临河变，解决合肥电网电源点不足问题。提前半年完成220千伏肥云双线改造，缓解合肥南部电网“卡脖子”问题。新建220千伏科学城变等8座变电站，扩建4座变电站。配合市政建设迁移改造线路61回。创新政企合作模式，公司与滨湖新区管委会通过共同编制规划、共同出资建设、共建共管工程，实现规划的高质高效落地。滨湖新区智能电网综合建设工程通过国家电网公司验收。庐江公司农网升级工程被评为“国家电网公司农网百佳工程”。

【和谐发展】 推进“三严三实”专题教育，建立并严格执行4项制度，确保省公司党组“三抓三创”党建工作思路落地。开展“四个一百”创建工作，推进“三型”党组织2.0体系建设。打造社会广泛参与的共产党员服务队，建立“1+N”工作模式，跻身国家电网公司16支金牌共产党员服务队行列。加强中央八项规定精神落实督查。选派10名年轻干部分赴南京、浦东公司，开展为期2个月的挂职锻炼。举办2期、75名青年人才培训班，公司领导分别授课。用心打造企业文化精品工程，举办“中国梦·国网情·奋进合肥”企业文化落地实践活动，肥西公司被命名为“国家电网公司企业文化建设示范点”。深化精神文明建设，公司获评国家电网公司、安徽省及合肥市文明单位。输电运检室带电一班班长孙建明被评为“国家电网公司劳动模范”。加强民主管理，发挥24名总经理联络员建言献策作用，开展职工代表巡视，提案办结率100%。加强团青工作，建成省公司第100座“光明驿站”，首创“青春合电下午茶”活动，公司团委被评为省公司“五四红旗团委”。品牌建设不断深化，全年在系统媒体和社会媒体发稿再创新高。组织在《中国电业》《国家电网》杂志开展专题宣传，中央媒体发稿67篇。干部职工保密意识增强。落实离退休人员“两项待遇”。创建“健康食堂”，开展健康体检，为职工生产生活提供保障。 （潘鸿飞）

重点工程建设

【概况】 合肥市重点工程建设管理局围绕城市定位，按照“提升城市能级、优化城市品质、彰显城市特色”建设思路，狠抓工程推进与品质提升，完成年度各项目标任务。共承担各类建设项目195项，总投资670亿元，完工95项，累计完成工程投资106亿元，其中4项工程获得全国市政金杯奖、1项获得全国水利建设工程文明工地，2项获得安徽省黄山杯，另有2项工程分获省级示范工地和安徽省环境保护示范工地称号。

【交通枢纽】 推进铁路配套设施建设，完善全国综合性交通枢纽建设，绕城高速改建工程全面开建，合肥西客站站前广场完工，火车站站前广场进入结构施工，望江西路、临泉路、新安江路涉铁段分别打通断点，高铁南站南广场、大众路下穿淮南线、铜陵北路铁路还建工程启动建设。

【市政路桥建设】 推进骨干道路建设，完成南薰门桥改造，3个月完成合淮路改造二环路节点立交工程，刷新“合肥速度”。结合区域发展规划，突出抓好东南片区、华南城片区、滨湖片区和东部片区路网建设，巢湖南路、南淝河路、花园大道、繁华大道东延等道路通车，推进上海路、包河大道立交、珠江路、郎溪路高架等在建项目。此外，首批300座电动公交充电桩建成投用，实施4条公交专用道，助推“公交都市”建设。

【水环境治理】 推进环巢湖生态文明建设，拓展绿色发展空间，作为节能减排考核项目，陶冲污水处理厂、经开区污水处理厂三期通过环保验收，新增污水日处理能力15万吨，完成王小郢污水处理厂30万吨类四类水提标改造，城市污水处理工艺和排放标准在全国领先。推进西二环排水系统、茗香路排水系统改造，新建张生圩排涝泵站，保障城市排水安全。结合城市水资源生态利用要求，首批“海绵城市”项目—逍遥津雨水调蓄池、杏花雨水调蓄池基本建成。

【公益性房建设】 推进公益性项目建设，改善城市功能和民生福祉，在创新平台方面，中科大先研院一期完工，合工大智能院、中科院合肥技术创新院先后封顶；在教育发展方面，合肥幼专二期、暑期校舍维修等项目交付使用，合肥工业经贸旅游学校三期结构封顶，滨湖六所学校加速推进；在文化建设方面，安徽名人馆完成优化提升，安徽革命烈士陈列馆、市群众文化活动中心、包公园全国廉政教育基地完工，省市城乡规划展示馆、省美术馆、科技馆等文化场馆建设有序推进。

【项目设计与管理】 强化前期工作深度，自项目可研阶段主动介入，邀请知名专家团队参与项目图纸设计审查，制定设计要求，围绕如何避免设计漏项、减少设计变更、提升产品功能及品质，提出合理化建议。项目实施倡导“四统筹”（交通组织方案、供电设计方案、施工组织方案、管线综合设计），提高工程建设效率。严格精细化管理，公开公正选择优秀企业参与大建设，灯杆灯具、标志标线、沥青等关键材料定点招标，提倡样板引路、数字说话；借助“数字城管”平台，强化工程建设实时管控，并建立整改与问责机制，全年案件办结数2687件；项目建设坚持“以人为本”理念，优化交通组织、噪音及扬尘控制、便民利民等方面措施，并相继引入真空吸尘车、绳锯、冲击式压路机等新型机械，提高施工效率和环保效益。

【人才利用】 突出技术支撑，把引智、借智摆在人才发展的战略高度，加大柔性引才力度，以弥补自身专业技术人员不足问题。局技术专家库拓展至9大类别、入库专家达446人。在南薰门桥、合淮路改造等施工过程中，主动邀请东南大学、上海浦东路桥、省高速集团有关专家成立课题组，对沥青摊铺等关键环节驻点指导，并帮助编制相关技术要点。与高校及科研机构联合完成7项地标编制，有两项技术成果荣获安徽省科技进步三等奖，一项获得安徽省交通科技进步一等奖。

【重点工程】 南薰门桥改造工程 东起宁国路，西至桐城路，长约1.9287公里，宽60米，扩宽改造徽州大道交叉口处的南薰门桥，并对老桥进行维修，并优化路段内主辅道出入口。

合淮路工程 位于合肥市北部城区，为南北走向城市主干道，南起西二环路，北至新206国道，全长约23公里，沥青混凝土路面，双向六车道。

陶冲污水处理厂一期工程 工程位于二十埠河上游、铁路编组站以北；服务范围包括新站区平板显示基地、瑶海工业园和职教城约67平方公里；远期规模30万吨/日，一期工程规模5万吨/日，污水厂出水标准达到国家一级A标准。

合工大智能制造技术研究院 工程位于高新区创新大道与习友路交口西南角，建设总建筑面积109.67万平方米的科技研发区、试验与公共服务区、中试培育区、生活服务区等。一期工程占地面积4.3公顷，开工建设研发中心、食堂、人才公寓，总建筑面积7.08万平方米。

（方悦文）

城市轨道交通建设

【概况】 2015年，合肥市轨道交通完成总投资额58.1亿元，参加建设总承包队伍有46支，参建队伍总人数达9200余人。全年合肥市轨道交通1、2、3号线受监标段54个，监督线路总长96.4公里；共开展质量安全巡查600余次，下发监督意见413份。

【轨道交通1号线】 合肥市轨道交通1号线车站主体及附属工程全部完工，并双线洞通，轨道铺设完成75%，装饰工程完成30%，机电设备系统安装工程完成87%。11月28日，合肥地铁第一辆列车到达滨湖车辆段，入住滨湖车辆段；12月24日，1号线第八供电分区送电；12月29日，1号线大东门站—芜湖路站区间右线贯通，标志合肥市轨道交通1号线双线全线贯通。全面推进1号线系统设备安装，全线车站及附属工程基本完成，区间隧道实现双线洞通；正线铺轨完成45.1公里，完成总量的88.4%，其中合肥站至大东门站、太湖路站至车辆段短轨铺通，紫云路站至车辆段及大连路站至太湖路站区间完成长轨焊接；人防工程完成总量的91%。完成样板站葛大店站安装、单机调试；全线车站机电安装完成94%；公共区装修全面施工，完成总量的47%；供电系统安装完成总量的70%，其中车站变电所设备安装完成90%；弱电系统安装完成总量的60%。车辆段工程完成72%，其中运用库、检修库、信号楼等17个单体主体结构全部完工，库内设备安装及装饰装修完成；完成轨道铺设；共4列车到段并开展静、动态调试。控制中心结构封顶，装饰、安装工程完成总量的70%。胜利路主变电所主体结构和一次设备安装完成，庐州大道主变电所一、二次设备安装调试完成并实现送电。

【轨道交通2号线】 加快推进2号线土建工程，系统设备安装紧密衔接，全线有22座车站主体结构封顶，剩余2座车站完成底板封顶，风亭、出入口等附属工程全面开工。区间工程累计完成隧道单线掘进30.6公里，占总长度67%，共27条单线区间贯通，青阳路至西园路区间成功穿越五里墩立交桥。系统设备建设完成各专业招标以及车辆段工艺设备、车辆、牵引、信号专业、机电设备等设计联络，车辆段工艺设备项目进入生产监造阶段，并开始首列车制造。1月25日，合肥市轨道交通2号线铜陵路站至东一环路站右线区间贯通，该区间为2号线首个贯通盾构区间；12月8日，2号线盾构下穿五里墩立交桥桩基群；12月22日，2号线盾构下穿合福铁路。轨道交通2号线车站主体完工19座，完成83%，区间工程完成65%，参与施工盾构机25台套，蜀山车辆段和龙岗停车场开工建设。

【轨道交通3号线】 3号线地下部分土建工程完成招标并全面开工建设。其中，望江西路站主体围护结构基本完成，基坑土方完成56900立方米，完成主体结构盖挖区顶板施工；黄山路站至蒙城路站（7站8区间）完成交通导改，并开工建设。阜阳路站至岱河路站（9站10区间）完成招标并组织施工单位进场。全线拆迁累计完成13.19万平方米，占总量的85.5%。12月2日，合肥市轨道交通3号线土建TJ07—TJ10标段蒙城路站—黄山路站进行道路封闭，全面拉开轨道交通3号线建设序幕。全年3号线开工建设5个标段，共建设8个车站、8个区间。

【轨道交通工程现场观摩会与设备消防演练】 6月19日，由市城乡建委、市轨道交通建设办公室和市轨道交通质量安全监督站联合主办的合肥市轨道交通工程设备安

2015年11月28日，轨道交通1号线首列车入住滨湖车辆段，这是合肥地铁第一辆列车到达车辆段。

2015 年 7 月 22 日，合肥市轨道交通建设工程（设备安装）消防应急演练观摩会现场。

装系统现场观摩会，在 1 号线机电安装总承包 3 标段葛大店站召开，观摩会由中铁建电气化局承办，观摩内容涵盖了质量、安全和文明施工三大部分；1 号线设备系统各参建单位参加观摩会。7 月 3 日，轨道交通建设工程单侧模板体系及柱模观摩会在轨道交通 2 号线 TJ06 标龙岗大道站召开，旨在推广轨道交通工程质量标准化工作及新材料、新技术、新工艺的应用；轨道交通各参建单位共 80 余人参加观摩会。7 月 22 日，由市城乡建委和市轨道交通建设办公室联合主办的合肥市轨道交通建设工程（设备安装）消防应急演练现场观摩会在 1 号线机电安装 2 标段大东门车站举行。合肥市轨道交通 1、2、3 号线各参建单位近 200 人参加观摩演练现场。

【轨道交通质量标准化与科学研究】 12 月 1 日，合肥市轨道交通质量标准化启动仪式在轨道交通 3 号线 TJ01 标召开，拉开了合肥市轨道交通质量标准化工作序幕。合肥市轨道质监站与高等科研院所联合开展的《立交下穿地铁站多层空间交叉结构一体化设计与施工关键技术》《地铁车站主体结构支架系统关键技术》和《变异地层与复杂城市环境盾构掘进安全控制关键技术》三个课题于 2015 年 11 月通过专家组验收。

【规划设计】 启动第三轮建设规划编制，同步配合规划部门开展轨道交通线网规划修编。1 号线三期工程总体方案通过市规委会审查审核，工程可行性主题报告编制完成，支撑性文件除环评报告待上报省环保厅审查外，其他专题（含水土保持报告）均通过评审或批复。4 号线总体方案通过专家会审，4、5 号线工程可行性研究报告完成初稿编制，正与规划部门对接完善。配合市规划、建委等部门，积极谋划 3、4、5 号线沿线规划衔接，具体开展 3 号线与北二环畅通工程、5 号线与上海路相互关系等方案研究。

【运营筹备】 按照 1 号线 2016 年底开通运营的总体目标，组织 2015 年度运营筹备工作。从“建设参与、人力资源筹备、专题研究、规章编制和管理机制”五大方面，抓住设计联络、设备监造、设备安装调试、主变送电、电通、首列车到段、列车上线调试等关键节点，开展各项筹备工作。机构筹备方面，报经市国资委批准同意成立运营分公司，组织架构和管理流程初步稳定。人员筹备方面，根据 1、2 号线工程建设进度，遵循“统筹规划、总量控制、结构合理、有序到岗”原则，通过校园和社会招聘完成 339 名运营骨干人员招聘工作；实施 2013 级订单班学员的验收工作，并通过送外培训、自主培训、厂商培训、上岗证培训、特殊工种培训等五位一体组合培训，先后将 63 名应届大学生、471 名 2012 级订单班学员分别送往广州、苏州、无锡进行岗前技能培训，并组织 84 名返岗大学生进行集中一个月的多专业理论知识培训等。同时启动特殊工种人员和一线操作人员上岗证培训考核取证，梳理完成 1 号线取证计划并落实推动。参与建设方面，编制《参建手册》，明确运营人员参与建设的任务、内容和行为规范，并分成车辆、通号、工务等七个专业小组，全过程介入工程可行性和初步设计、工程建设和设备的合同谈判、设备监造、安装、调试和验收工作，提出运营需求，熟悉设备参数和构造、性能，为后期运营接管打下基础。专题研究方面，开展各专业维保模式、票务政策与运作模式、公交接驳等专题研究，梳理明确 1 号线运营筹备阶段所需采购物资计划清单，编制完成《1 号线运营物资筹备方案》；组织开展 1 号线开通初期客流预测；完成《合肥地铁票务政策和工作方案》《合肥地铁票价方案》，其中《票价方案》报市物价局，并由物价局按政策规范开展票价听证准备工作。编制完成《运营常见故障案例库》，作为内部培训教材之一，提高运营人员现场应对能力和操作水平。运营规章编制方面，完成 I、II 类 58 项规章初稿，启动 98 个 III 类规章的编制；启动运营标准化以及保安保洁等运营后勤保障筹备工作。

【项目管理】 坚持以质量安全为先，通过危险源预判、高密度监督检查和强化应急保障等措施，强化质量安全管控。危险源预判主动化，针对重点路段、工程难点和地质条件复杂区域，要求第三方监测单位加大对于路面及周边建筑物沉降的监测频次，采取对可能发生的风险进行预判并进行处置，主动采取预注浆的措施，为盾构施工奠定良好基础；以属地和轨行区管理为抓手，贯彻和落实属地和轨行区管理办法，加强交叉作业管理，严格执行出入登记及挂牌制度，加大考核力度，确保车站和轨行区施工安全；高密度开展各类专项检查及隐患治理，采取“四不两直”暗查、联合检查、专项检查、巡查等多种形式，先后组织深基坑、盾构施工、轨行区安全、设备安装、消防安全、施工用电、防洪防汛、应急管理等各类监督检查，全年累计开展现场质量安全检查4000余次，发现各类安全、质量隐患8000余个，下发质量安全巡查单2152份，下发质量安全监察表556份，并对隐患问题进行闭合整改，确保项目质量安全总体受控；完善应急管理，与市应急办及相关管线单位完善应急联动机制，健全公司应急管理机构，实行24小时领导带班和应急值班，制定印发防洪防汛、重污染天气扬尘防治等专项应急预案，并响应全市应急要求、启动相关应急预案，组织开展应急处置工作。重视应急管理专项检查，督促各施工单位加强工地现场防汛应急物质储备，根据车站施工、区间盾构等不同施工阶段特点进一步细化、优化应急措施，确保轨道工地夏季安全度汛。

【工程统筹】 完善“专业化、扁平化”施工管理结构，针对1号线土建收尾、设备系统全面安装、运营筹备临近实战等攻坚任务，成立由公司主要领导牵头的1号线项目办，集中精力调度协调各环节、系统工作。分解年度任务，确立3月1日移交站台层、4月1日移交站厅层、7月1日装饰装修进场、11月1日首列车进段的“四个一”节点目标。在策划安装工程时程基础上，动态优化施工计划，确定车站以机电安装单位为主导、区间以铺轨单位为主导进行计划统筹，明确设备进场路由、工序衔接、接口条件、管理界面，并制定相应节点考评办法，一周一预警、一月一考评、一季一评估，围绕“首列车进段”和“第八供电分区”电通节点，奋战三个月，实现样板站提前2个月完成单机调试，18层控制中心工程8个半月封顶，庐州大道主变电所70天完成安装调试并送电。强化样板引路，选定葛大店站为设备安装样板站，总结施工准备、施工建设、单体调试等各阶段发现问题，定期组织各参建单位交流经验教训。强化参建单位考核，创新建立互学互评考核机制，每月由建设单位牵头，对各标段施工现场进行全面评比，不记名形式打分，现场公布评比结果，促进工程建设。引入现场施工可视化管理，以站为单位引入BIM系统，提前处理管理碰撞，减少不必要工程变更。在第三方服务单位管理上，推行了“五本台账”制度，要求监测、检测、安全质量巡查等第三方服务类单位进场前进行实名登记，做好工作台账详实记录，督促第三方单位增强责任意识，提高现场服务水平。统筹开展验收移交工作，成立合肥市轨道交通工程验收移交委员会，明确验收移交工作组织机构、职责和责任分工。制定实施《合肥市轨道交通工程验收移交管理办法(暂行)》，为土建、设备、运营接口管理及移交提供保障。

【招标管控】 全年获得建设资金76.33亿元，其中项目资本金27.33亿元，国开行银团贷款39亿元，3号线获国开行专项资金10亿元；拨付各类项目资金39.14亿元。加快推动3号线项目融资，协助国开行完成银团组建，预计年内完成银团组建行总行贷款授信工作。配合推进2号线“PPP”转型工作，多次接待财政部金融司、办公厅及国务院政策研究室、省财政厅等部委及省厅领导调研，以及中铁工、中铁建、中国建筑、中国水利、绿地集团等大型企业专题洽谈，开展“PPP”项目招标准备工作。全年完成土建、设备、设计、咨询等各类项目招标76个，招标预算价69.65亿元，中标金额共49.03亿元，资金节约率29.6%。从中标结果看，基本实现招大、招强、招优目标。

【投资控制】 实行全面预算管理，编制推行《全面预算管理暂行办法》，将预算指标层层分解，从横向和纵向落实到内部各部门、各单位、各环节和各岗位，形成全方位的预算执行责任体系，并且每月一检查，每季一考核，每半年一优化，提高预算执行水平，保证预算目标实现，提高投资控制管理与精细化管理水平。推行土建工程分部分项结算试点，制定实施《土建分部分项工程结算管理办法（试行）》，先行对1号线开展分部分项结算工作。推进投资控制全过程文本标准化。从概算、招标清单控制价、施工图核算、变更洽商、材料调差到分部分项结算，全面推行标准化文本，提高投资管控效率。

（叶四青）

城市管理

【数字城管】 依据市委市政府出台的城市管理考核办法，依托数字城管平台，全面提升管理效能和成效。全年数字城管共受理各类城市管理问题194.2万件，比上年增长10倍，总结案率达98.63%以上，发现和快速解决城市管理问题。抓住城市管理问题“应发现尽发现”这个根本，引入第三方采集，制定详细的工作标准和严格的监督措施，实施面上管控，突出重点区域、重点问题采集力度，城市管理由间歇性发现问题转入实时性监督管理，大幅降低城市管理起伏；合理利用考核“指挥棒”，全面开展科学考评，城市管理从过去碎片化条状检查转变为全覆盖块状检查，实时评估和排名，保证城市管理问题实时发现、及时处理；紧盯街道、乡镇城市管理这一“主战场”，落实定人定岗定责，转变管理方法，开展源头治理，城市管理从“阵风式”整治转入“阵地式”管理，夯实“以块为主、属地负责”管理基础。

【环卫管理】 全面推广道路洗扫作业模式，在全市主次干道推行夜间冲洗、白天湿扫和高频率洒水作业，保持城市整洁，减少扬尘污染。完善生活垃圾“桶装车载”收集方式，优化中转设施，建成高效、密闭、环保的生活垃圾收运体系。在全省率先建立独立的餐厨垃圾收运系统，餐厨垃圾收集覆盖全市1200家大饭店、大食堂、大排档，每天收运约90余吨。环卫作业服务市场化扩大，近80%的垃圾运输和70%的道路清扫保洁进入市场，提高了环卫作业质量和服务水平。

【立面景观整治】 完善精品道路、特色街区改造提升规划，开展城隍庙、宁国路等改造试点。按照“先治乱、后提升”工作思路，重点在全市28条示范道路开展“五清理、一拆除”行动，共清理各类违规张贴、涂写、悬挂、电子条屏等22925处。对187件违法设置户外广告挂网督办，拆除到期、非法楼顶广告和高立柱广告1009块20余万平方米，全市整体霓虹灯、发光字完好率在96%以上。

【项目建设】 瑶海区朱砖井大型生活垃圾站投入使用，包河区小仓房大型生活垃圾中转站建设封顶；建成全省首座餐厨垃圾处理厂，并于9月1日投入试运行。垃圾焚烧发电二期建成并投入运行，生活垃圾焚烧处理占全市垃圾总量的65%。长丰垃圾焚烧厂开工建设，肥西、庐江垃圾焚烧完成前期准备，市生活垃圾处理方式由填埋逐步转向焚烧发电、综合利用，无害化、减量化、资源化迈入新阶段。

【渣土运输】 加快推广新型环保智能建筑垃圾运输车使用，有507辆新型渣土车投入使用，解决老式渣土车运输过程中超载、泼撒问题；采取技术手段，在全市98家渣土外运量大的建筑工地出入口安装视频监控设备，实行GPS、视频监控三级值班，全程监控工地源头和运输渣土车，确保各类违规问题在第一时间发现和及时处置，从源头上控制渣土运输扬尘污染，保障渣土运输安全。

【推进“三乱”整治】 按照“分类管理、重点监控”的原则，在全市确定111处重点区域和路段，开展街面秩序专项提升行动，解决摊点乱摆、车辆乱停、出店经营等问题地段556处。开展车窗抛物及乱扔垃圾专项整治，实施群众举报有奖制度和聘请义务监督员制度，与交警部门联动处罚，中央电视台10多次报道专项整治工作，受到全社会广泛关注。对违法建设做到“及时发现，及时处理”，全年全市共拆除违法建478处、54869平方米，清理、移交、拆除32处逾期临时售楼部。

【农村环境整治】 积极开展环巢湖大道沿线环境整治，全面治理沿途155公里环湖大道及14个乡镇脏乱现象，改善沿湖乡镇和道路市容环境；集中开展农村生活垃圾治理行动，建立保洁队伍，完善垃圾管理体系，改善农村环境，农村生活垃圾治理在全省率先全域通过省级验收。

【生活垃圾处理】 全年累计无害化处理生活垃圾129.17万吨（其中填埋77.44万吨，焚烧51.73万吨），处理渗滤液48.37万吨，外运处理污水12.34万吨，处理粪便2.5万吨，全市生活垃圾无害化处理率达100%，在省政府目标考核中名列前茅。

【创新举措】 建立数字城管运行机制，落实了网格化管理，充分发挥了区、街城市管理的基础作用；建立晨查夜查和精准包联帮扶机制，主动解决城市管理的突出问题和薄弱区域，提升城市管理整体水平。建立“车窗抛物”长效处罚机制，将车窗抛物违法行为纳入交警平台统一处罚，探索了“车窗抛物”联动执法的新途径。

【建章立制】 出台和实施《合肥市城市管理条例》《合肥市餐厨垃圾管理办法》《合肥市城市管理考核暂行办法》《合肥市零星建筑垃圾管理办法》《合肥市城市管理委员会议事规则》等一系列规章制度，城市管理的法制化建设日趋完善，为城市管理提供了制度保障。

（葛自孝）

开放与合作

招商引资

【概况】 2015年，全市围绕“大湖名城、创新高地”的战略目标，咬定“招商引资第一要事”不放松，积极适应新常态，把握新机遇，实施新举措，全市招商引资保持高位运行的良好态势，引资总量持续攀升，引资质量不断优化。全市完成招商引资总量2946.36亿元，同比增长13.73%，超序时进度3.58个百分点。其中，外商直接投资22.77亿美元，同比增长10.23%，超序时进度7.75个百分点。全市共引进大项目59个，其中工业大项目29个，现代服务业大项目30个。

【强化领导　完善政策】 2015年，市委、市政府高度重视招商引资工作，将其作为转型升级、跨越发展的有力抓手，积极推进招商政策与机制的实践创新，全力保障招商引资工作顺利开展。四大班子领导主动会见客商，出席招商活动。与重点企业、重要客商进行“点对点”式的高层对接、高位推进。加大“1+3+5+N”产业扶持政策体系宣传力度，出台并完善《大项目招商引资扶持政策》，对属于产业链核心技术、关键环节的项目以基金直投的方式给予资本金支持。在依法合规的框架内，充分发挥政策在集聚要素、招大引强、推进产业发展中的导向和推动作用。

【廓清思路　突出重点】 2015年，紧紧围绕“创新、转型、升级”的总体要求，突出招商重点，加大产业招商力度，着力构建合肥现代产业新体系。在新型工业化方面，及时编制《合肥市十大工业产业招商指南》《合肥市投资平台指南》。围绕主导产业和优势企业，开展项目谋划和产业链招商，积极推动工业大项目落地。引进海润和晶澳等企业，实现太阳能光伏产业集聚；引进了格力、美的等企业，使合肥成为全国最大的家电产业基地；引进联想和仁宝等企业，为合肥打造千亿级电子信息产业打下坚实基础。2015年，力晶芯片制造、京东方10.5代线、康宁玻璃基板、国轩锂电池、南通富士通、华能电厂二期项目等一批工业项目相继落户。至年底，合肥市已有各类集成电路企业近60家，已形成芯片设计、封测、制造、材料和设备等全产业链，产业发展集聚效应初显。在现代服务业方面，按照丰富业态、完善功能、宜居宜业的招商基本思路，引进万达文旅城、中加国际学校、南洋商业银行、广发银行、华拓数码、艺龙网、顺丰呼叫等现代服务业大项目，形成了滨湖国际金融后台服务基地、蜀山电子商务产业园

大陆轮胎三期开工

等现代服务业集聚区。

【发挥优势　注重实效】 2015年，着力转变招商方式，从过去倡导全员招商，逐步向精干专业、务实高效的方向发展。一是深入开展小分队驻点招商。在北京、上海、天津、杭州、苏州、厦门、广州、深圳等8个城市设立驻外招商办事处，选调优秀人员，实行脱产招商；同时还明确市政府驻北京、上海、深圳3个联络处招商任务，在承接境内外重点地区及央企产业转移中发挥了重要作用。二是专场招商活动，成效显著。全年共举办大型招商活动10余场。三是借力开展以商招商、委托招商。加强与行业协会、商会组织的联系，通过申请在肥异地商会会长列席旁听市人代会、组织会员企业赴县区、开发区考察、争取发达地区有影响力的商会组织在合肥举办全国年会等方式，拓宽招商渠道，借力推动招商。

【重要招商活动】 2015年3月29日至4月2日，市政府主要领导一行参加2015迪拜国际投资年会，拜访美国达拉斯市经济发展局、美中工商联合会、大孟菲斯地区商会等众多政府机构和商会，与阿联酋安徽商会、达福地区旅美科学家协会及亚联公司等众多华人华侨团体、企业及专业人士进行广泛接触，开展招商引资活动。无论是在迪拜国际投资年会上还是在专门拜访中，代表团都积极推介合肥，宣传合肥市近年来经济社会发展所取得的巨大成绩，介绍合肥优良的投资发展环境，邀请企业家到合肥投资兴业，得到了各方的积极响应。在美国，代表团一行拜会美国联邦快递总部、大孟菲斯地区商会、达拉斯国际机场管理局等，就推动合肥与美国开通客运与货运航线以及在打造合肥临空产业园方面开展合作等一系列议题进行深入商讨，为早日推进实质合作打下基础。在孟菲斯，代表团还实地考察联邦快递世界转运中心，双方就航空物流等领域的合作进行深入商讨。在达拉斯，代表团拜会达拉斯市政府，双方就进一步推动两市友好关系的建立和推动两市经贸、科技、教育等多个领域的交流合作进行深入商谈，一致同意积极推进两市间的友好交流与合作，争取早日结好。在阿联酋，代表团一行拜会迪拜国际健康城内多家医疗机构，学习了解迪拜国际健康城规划、建设、营运等方面的经验，为合肥市开发打造高端精品健康小区、为民众享受多类型医疗健康服务提供借鉴。同时，通过对沙迦建材城、迪拜龙城等多个专业市场的访问，深入了解中东地区专业市场销售中国各类产品情况，为下一步积极推动合肥市企业产品进入中东市场进行深入调研。

2015年6月23日至6月25日，市政府主要领导率队赴苏州、上海开展招商。市国土局、招商局、商务局、外办、轨道办等单位及相关县区负责人陪同参加相关招商活动。代表团一行先后拜访明基材料、捷力新能源、上海嘉成、晨兴集团、月星集团等多家企业，深入洽谈，推动项目。在拜访中，市政府主要领导简要介绍合肥的区位、资源、科技、人才等综合优势，并就合肥市的产业现状及发展规划与企业家们进行深入探讨。他说，近年来，合肥高度重视电子信息、半导体、新能源、新材料等产业发展，矢志不移打造完整的产业链条，力促相关产业的互融互通和交汇促进。真诚希望企业家们抓住契机，来合肥发展投资兴业，我们将以优质的服务来回报信任，促进企业不断做大做强。在安徽省与日资企业（上海）经贸合作恳谈会、安徽省与跨国公司（上海）经贸合作恳谈会上，代表团领导向参会企业推介合肥良好的发展优势、强烈的发展期望和广阔的发展愿景，并就部分日资企业、跨国公司提出的相关问题给予解决。通过交流与沟通，企业家们投资合肥、在肥发展的信心得到进一步增强。

2015年11月3日至4日，市委常委、副市长黄文涛率队赴扬州、南京开展招商引资工作，市台办主任凌必发、新站区招商局负责同志陪同并开展工作。黄文涛副市长一行先后考察江苏汇成光电有限公司，拜访南京医药股份有限公司、南京三商合成材料有限公司、南京泰丰实业有限公司、华新置业有限公司等企业负责人，介绍合肥投资环境，邀请客商来合肥市考察。在南京出席两岸企业家峰会期间，黄文涛副市长还与台湾工业总会理事长、金仁宝集团董事长许胜雄、台湾水泥股份有限公司董事长辜成允、营造工程工业同业公会理事长潘俊荣等台商深入交换意见，洽谈来合肥市投资事宜。

（夏宏林）

对外交往

【对外交流与合作】 2015年，积极配合国家总体外交，充分展示美好合肥新形象。接待了德国总理默克尔、印度国大党总书记、瑞典西哥特兰省省长等重要党宾国宾33批407人次。尤其是10月底，李克强总理陪同德国总理默克尔来合肥访问，在省委、省政府的领导下，市委、市政府精心安排两国总理共同出席“中德合作共建合肥学院三十周年展览”、中德经顾委会议等重要活动，设计了德总理走访农户、考察乡村卫生站和小学教育等亲民体验，承办中德中小企业论坛，推介合肥市市情，组织有关重点企业与来访的德国大企业进行对接交流，举行合肥学院与德国斯特拉尔松德合作设立孔子学院、巢湖管理局与德国赫姆霍兹研究中心的城市流域水资源管理等项目的签约仪式，圆满完成本次重大接待任务，受到默克尔总理本人、德国驻华使馆以及外交部的肯定和赞许。同时，落实本市捐赠马拉维垃圾车项目并已发出车辆。

合肥市对外劳务合作服务中心

灵活借助国家战略平台，开启合肥经济发展新引擎。积极参与对接“一带一路”建设，围绕“一带一路”沿线国家和地区，以及合肥市外资、技术、人才和“走出去”目的地基本情况，发展改革、外事、商务等部门联合起草了合肥市实施方案，对俄罗斯、哈萨克斯坦、日本、韩国、阿联酋等“一带一路”沿线重点国家，精心安排市级团组出访，有力地促进交流合作，加快“走出去”的步伐。

借助中俄“两河流域”合作机制与中美绿色合作伙伴计划等国家级平台，积极开展对俄美合作交流。对俄：在中俄“两河流域”合作机制下，合肥市与俄罗斯乌里扬诺夫斯克州、乌法市、下诺夫哥罗德市及萨马拉市建立了直接交往关系，各类互访团组10余批，建立对俄合作动态项目库，征集对俄涵盖产业制造、经贸合作、文体交流、农业和畜水养殖、人文交流、建筑承包等合作项目近50个，其中中俄超导质子联合研究中心正式落户合肥，丰乐种业与俄奥伦堡州良种服务、中科大与俄罗斯科学院远程在线低流量高清视频传输投影设备、合肥百大与俄罗斯鲁西诺姆公司合作销售俄罗斯产品等一批重点合作项目取得重要进展；谋划举行中俄地方领导人会议，参加在对方城市举办的经贸博览会；接待了俄罗斯高级公务员研修班活动。对美：继续加强与美国哥伦布市 / 富兰克林郡的合作伙伴关系，深入推进包括新能源汽车、湿地治理和保护、智能交通规划、低碳生态城市试点、中美绿色生态小镇建设等中美绿色合作项目，如肥东循环经济园湿地项目规划通过审核、建设即将投入使用，三十岗乡、环巢湖绿色生态小镇建设进入初步设计阶段。

大力开展对德项目合作交流。紧抓中德两国总理同时来合肥考察访问契机，掀起对德交流合作新高潮。全面梳理对德合作项目，成立了推动机构，来访期间中德总理共同决定了中德教育合作示范基地建设项目等重大项目，其中意向项目2个，在谈项目5个。德国施特拉尔松德应用科学大学孔子学院项目、安徽信用担保集团、合肥学院、德国施特拉尔松德应用科学大学的产学研三方战略合作项目成功签约。

依托各类展会，多渠道全面展示合肥新魅力。一是提升各类展会国际化水平。2015年，成功举办2015机器人世界杯大赛，吸引了来自全球47个国家和地区、349支队伍（其中国外参赛队294个）、近3000名选手参加比赛，掀起了本市机器人制造产业、技术水平的新热潮。环巢湖国际马拉松比赛人数规模再上新台阶，国际友城代表悉数参加。农交会、文博会、家博会等展会有了国际参展商、采购团，极大提升展会影响力和扩散力，并成功申办了2016铁人三项国际大赛。二是拓展文化国际交流。与澳大利亚华厦传媒集团合作，在澳大利亚墨尔本举行中国合肥广播电视宣传周活动，在黄金时段播出《美丽合肥》电视宣传片七集广播节目，全方位展示合肥“大湖名城、创新高地”的无穷魅力和建设长三角世界级城市群副中心的美好未来。与美国驻上海总领事馆共同主办“感知美国”图片展，促进中美文化交流，展示合肥开明开放的胸襟。三是推进教育领域国际合作交流。通过开展AFS师生交流、中小学艺术国际交流、骨干教师赴美培训、英语骨干教师出国留学、中德汉语桥、孔子学院、新加坡留学项目、夏(冬)令营等专项活动，满足双方多元化的合作需要，推动了国际交流合作向纵深发展。

【国际友城交流合作与布局拓展】 夯实传统交流合作，全面拓展友城交流合作新领域。举办合肥—久留米结好35周年系列庆典活动，签署《加强两市友好交流与合作的协议书》。组团访问德国奥斯纳布吕克市，参加德国罗斯托克市五月周、帆船节等活动；与美国哥伦布市开展友好互访，巩固了两市绿色合作伙伴计划，拓展了两市马拉松及青少年交流项目；赴韩国原州举办摄影图片展，参加第12届WTA大田高技术交易会；与日本久留米、丹麦奥尔堡、韩国原州、俄罗斯下诺夫哥罗德开展了中小学学生体育和校际结对交流。优化友城战略布局取得新进展，确立了与俄罗斯乌法市友城关系，与俄罗斯萨马拉市和柬埔寨金边市签署了拟建立友好城市关系意向书（备忘录），与意大利都灵市商定了结好意向书，与南非伊库鲁兰尼市、意大利萨卢佐市、德国汉诺威市、施特拉尔松德市、美国库布蒂诺市、阿联酋富吉拉酋长国等商讨了友好交流事宜，赴英国德比市参加英国驻沪总领馆筹划的“伙伴城市”项目，在轨道交通建设、大学交流等方面建立了联系。

【涉外管理和服务】 严格执行因公出国（境）管理工作。认真贯彻落实中央及省市关于因公出国（境）管理的政策要求，不断完善制度建设，进一步严肃外事纪律，统筹编排2015年度全市出访计划并经市外事领导小组审定后组织实施，严格把关各类因公出国（境）团组。全年共办理因公出国（境）199批549人次（其中党政干部85批183人次），党政干部人数与去年持平。

积极推进市重大对外合作交流项目。根据市重大对外合作项目以及对外交流的需要，配合市级团组10批55人次出访10余个国家，尤其是市委、市政府主要领导率团访问俄罗斯、哈萨克斯坦、日本、韩国和美国、阿联酋等国家。了解国外质子治疗系统发展情况，促成中俄超导质子联合研究中心落户合肥，为合肥市建立离子医疗中心奠定了基础；实地调研中东专业商贸市场国内产品贸易水平，学习阿联酋迪拜国际健康城先进的规划建设理念，拜会美国联邦快递公司及达拉斯机场管理局，推进“合新欧”货运班列、江汽俄罗斯项目建设，加速三星斯迪艾（SDI）—阳光电源储能装置产业基地项目、日立建机（中国）增资扩产项目等一批重大项目的进展。同时积极推动合肥市企业“走出去”，开辟与沿线及周边国家的经贸合作新领域。

主动提升对外交流合作服务能力，强化涉外管理新要求。主动走访外向型企业，宣传法律法规，优化网上办事程序，规范外国人来华邀请管理工作。全年共办理邀请外国专家、外国人来合肥考察、访问、商贸洽谈、工作签证756批，1297人次。以APEC商务旅行卡为抓手，推进企业“走出去”。外事、公安等部门主动上门向企业宣传、推介APEC商务旅行卡，扩大申办旅行卡的覆盖面，促进合肥市企业“走出去”拓展海外市场。上报外交部审批23家企业82卡次。加强对境外媒体监管，妥善处理涉外涉领事件。进一步加强境外媒体记者和境外非政府组织在合肥活动的服务监管工作，加大对涉外案件的查处力度，积极开展外国人非法入境、非法居留、非法就业等“三非”清理整治专项行动，处理新加坡男子在合肥死亡等涉外涉领案件85起；与市外专局等联合发起首次外国人工作管理协调会议。

【侨务（港澳）工作】 全年共接待华人华侨团体、港澳同胞、社团共16批201人。联络结交一批不同省籍、不同层次、热心支持合肥经济社会发展和关键时刻“找得到、靠得住、用得上”的朋友，在市领导出访接待、对外开展招商引

省委常委、市委书记吴存荣会见柬埔寨国务秘书。

资、交流合作、缔结友好城市中发挥了不可替代的作用。认真贯彻落实涉侨政策，走访、慰问老归侨、生活困难归侨侨眷，维护华人华侨、归侨侨眷和港澳同胞的合法权益，处理涉侨经济纠纷案件2起；接待侨务来访、来电、来信210次，满意率100%；参加中科院“百人计划”及海归高层次人才现场座谈会，为引进高层次外籍人才办理永久居留证3人；办理华侨回国定居证15份，争取对侨属企业8万元贷款贴息，选报了第四批“国务院侨办重点华侨华人创业团队”，统筹指导合肥市滨湖世纪社区获得国务院侨办2015年“全国侨务工作明星社区”称号。深入开展与港澳的合作与交流，共接待三批65人的香港高级公务员代表团参观访问合肥。

（李　祥）

合台交流

【概况】 2015年，合肥市对台工作始终坚持贯彻落实党中央对台方针政策和习近平总书记系列重要讲话精神，紧扣市委、市政府中心工作，突出经贸合作和交流交往“两个重点”，举办“大活动”，搭建“大平台”，促进“大交流”，重大台资项目引进上取得了新突破，合台交流交往领域上取得了新拓宽，台商合法权益保护上取得了新成效，涉台宣传推广层次上取得了新跨越，为合肥建设“大湖名城、创新高地”做出积极贡献。

【纪念刘铭传首任台湾巡抚130周年系列活动】 2015年，合肥市人民政府、安徽省台办共同主办了“海峡两岸（合肥）纪念刘铭传首任台湾巡抚130周年”八项系列活动。此次系列活动是合肥市有史以来规模最大、规格最高、影响最广的对台交流活动，国台办主任张志军、省委书记王学军、海基会原董事长江丙坤、中国国民党原副主席蒋孝严、省委常委、市委书记吴存荣、市政府主要领导等出席相关活动。系列活动以“铭记前贤伟业，传承两岸亲情，加强两岸合作”为主题，通过举办纪念大会、学术研讨会、台商名品博览会、两岸健康养老产业合作论坛、两岸青年创新创业创优研讨会、两岸学前教育交流研讨会、专场文艺演出、两岸新闻媒体铭传故里行等八项活动，进一步促进合台间经贸、文化、教育、旅游、青年创业、健康养老等领域的交流与合作。进一步提升了海峡两岸交流基地——刘铭传故居知名度，扩大了合肥作为铭传故里的影响力；在两岸教育、健康养老、青年创业、现代农业等领域达成7项合作协议；合巢经开区成为海峡两岸健康养老产业合作论坛永久举办地；台博会举办期间550多家台企近万种台湾名品参展，累计进场8.2万人次；各级新闻媒体反映各项主题活动报道达一百余篇，相关网页超过千语篇（条），被海内外媒体广泛转载，为推动合台间经贸交流合作营造了良好的舆论氛围。

【经贸合作】 合肥市台办围绕本地产业发展重点及台湾产业优势，实施四大战略，注重引进科技含量高、具有创新成果的台资企业来合肥投资，经贸合作硕果累累。一是实施走出去、请进来战略，大力开展对台招商引资。积极邀请群联电子、力晶集团、颀邦科技、敦泰电子、汇成光电等高层来合肥考察，推动新项目合作，全年共计邀请台商46批次380余人；主动赴昆山、上海、浙江、广东等地拜访台资企业高层与台商协会，配合有关县区、开发区推介合肥市投资环境，协助省政府、市政府在东莞、深圳、南京等召开专场投资环境说明会，全年共计拜访台资企业180余家，结识新台商720余人。二是实施以园聚资战略，扎实推进台湾园区建设。合肥市拥用国家级台湾农民创业园1个（庐江县台湾农民创业园），省级台湾工业园（合巢经开区台湾工业园）1个，成为招商引资的重要平台。三是实施平台建设战略，举办大型招商活动。精心打造台商名品博览会、健康养老产业论坛、半导体产业高峰论坛、家电博览会、农交会等重点对台经贸工作平台，拓宽对台招商引资途径。9月份举办的台博会现场成交额2600万元，意向成交额1200万元，取得良好的社会、经济效益。四是实施大项目带动战略，着力引进台资大项目。2015年全市新批准台资项目26个，合同总投资近26亿美元，当年直接到位资金5.5亿美元，占全省全年到位资金70%以上，主要项目有力晶半导体，总投资21.8亿美元；群联电子合同资金3000万美元，帝宝汽车灯具合同资金4600万美元，中科非凡生物合同资金850万美元；合肥兆芯电子合同资金1800万美元。台资企业增资6300万美元，主要有太平洋建设3000万美元，非凡生物科技800万美元，阜阳顶津食品500万美元，合肥统一一分厂2000万美元。特别是力晶半导体项目的正式落户，总投资135.3亿元人民币的合肥晶合晶圆制造项目（一期）破土动工，这不仅是安徽省最大的集成电路产业项目，也是国内第二条12英寸晶圆生产线，预计2017年10月份投产。力晶的投产将会带动台湾汇成光电、颀邦电子等一批重点项目纷纷落户合肥市。

【交流交往】 合肥市与台湾人缘相亲，地缘相近，文缘相承，对台交流工作优势显著，交流领域由常规的经贸、文化等逐步拓展到健康养老、教育、青年创业、现代农业、基层交流等诸多领域和工、青、妇等社会团体，合台交流交往步入快速发展期。一是交流领域拓宽，规模扩大。全年公务赴台28批217人次，同比增长69.5%（其中经贸团组22批166人次，交流团组6批51人次）；随省团赴台公务人员25人，商务赴台45批次108人，同比增长近100%。全年共接待台湾社会团体及人员共计36批460人次，在教育文化、青少年、妇联及基层社区等领域开展广泛交流。二是高层往来频繁，层次提升。系列活动期间，台湾海基会原董事长江丙坤，国民党原副主席蒋孝严，国民党主席特别顾问兼大陆事务部主任高孔廉等出席纪念大会。蒋孝严及办公室主任詹清池多次来合肥，就推进两岸健康养老产业合作进行洽谈。三是基地建设加强，交流平台创新。系列活动期间，海峡两岸（合肥）纪念刘铭传台湾首任巡抚130周年纪念大会在刘铭传故居隆重举行，进一步提升刘铭传故居作为海峡两岸交流基地的知名度，成为合台间经贸交流合作的重要平台，为举办两岸间大型对台交流活动积累了宝贵的经验。四是交流活动不断，交流品牌突出。定期举办中国合肥包公文化节暨合肥台湾周，台湾风情周，台湾学生“徽文化”夏令营等活动，继续打好“铭传牌”“包公牌”“亲情牌”。

【权益保障】 合肥市台办高度重视台湾同胞投资保护工作，认真贯彻落实《中华人民共和国台湾同胞投资保护法》及其《实施细则》，把“两岸一家亲”的理念落实在全面优化投资环境、建立完善的保障机制、依法维护台胞合法权益的工作中，取得显著成效。一是建立完善的保障机制。建立完善全市性台商投资专题协调会议制度和台商权益保障工作联席会议制度，不定期集中研究解决台商投诉的重点、难点问题；建立台胞诉求收集机制，开展“大走访、大调研”活动，及时了解台胞、台商、台属的工作生活情况，认真听取意见和建议，扎实做好涉台企业的矛盾纠纷排查工作。全年共接待台胞、台商、台属人员46批，69人次；受理重要来信（来电）41件，内容涉及台胞医疗统筹保险、就医、子女入托入学、各类涉外公证、房产登记转让、落实涉台优惠政策等方面；受理各类涉台投诉案件37件，结案34件，结案率约91.9%，满意率100%，受到台胞、台商、台属的一致赞誉。二是积极宣传涉台法律法规政策。针对台商对大陆法律法规政策了解不够的情况，主动深入台资企业，大力宣传中央和省市关于促进企业健康发展的法律法规政策，引导台商依法投资、合法经营，自觉通过诉讼、仲裁等法律途径解决纠纷，从源头控制和减少台商投诉案件的发生。三是提供优质服务优化投资环境。市台办及相关职能部门按照《保护法》及相关政策的规定，为台资企业做好服务，及时协调解决台资项目的工商注册、土地、规划等方面的问题，对重大台资项目创新“一站式”服务方式，大大提高台资企业项目的落地率、开工率和资金到位率，赢得台商的广泛好评。

海峡两岸（合肥）纪念刘铭传首任台湾巡抚130周年大会

【对台宣传】 合肥市台办坚持以服务和服从于推进两岸关系和平发展、服务和服从于推进全市经济和社会发展为主旋律，聚焦热点，创新宣传载体，拓宽宣传渠道。一是强化涉台宣传。积极做好与海峡之声电台、华夏经纬网、中国台湾网等中央和省级对台宣传媒体的联络，《安徽日报》《合肥晚报》《安徽商报》《安徽市场报》《新安晚报》等及时转载报道对台工作的最新动态，宣传合肥经济、社会发展取得的成就，强化涉台宣传。二是积极开展入岛宣传。4月，央视国际频道与九州文化传播中心联合摄制组来合肥，拍摄电视纪录片《台湾光复》，市台办积极协调有关单位，积极配合，圆满完成拍摄点的进场拍摄等任务，进一步宣传了合肥名人，弘扬了爱国主义精神，促进了两岸交流。三是树立铭传品牌，深化两岸之情。系列活动期间，邀请台湾相关媒体来合肥采访、报道；在人民网、新华网、人民数字联播网、合肥发布网、中国台湾网、华夏经纬网、皖台在线等网络媒体开设专题网页，通过全方位、多层次、宽领域、立体式的宣传报道，营造浓厚的宣传氛围，提升了合肥的知名度、美誉度和外向度。

【协会建设】 市台办注重发挥合肥市台湾同胞投资企业协会和合肥市台胞台属联谊会的桥梁纽带作用，推动两会蓬勃发展。市台协积极向舒城县农村学校爱心助学，配合全市政府机关开展以台引台、招商引资工作，陪同省市领导及相关单位赴昆山、东莞等地开展招商引资工作，协助重要赴台团组在台考察、交流等活动的顺利开展。市台联积极组织会长、副会长及台胞台属赴爱国主义教育基地参观考察。

（李　欣）

对外经贸

【对外贸易】 2015 年，合肥市商务局主动应对外需低迷的不利形势，举全局之力加强外贸促进工作。强化对外开放平台功能，水运港完成集装箱吞吐量 18 万标箱、增长 20%；“合新欧”中亚货运班列常态化运行，中欧货运班列开通至德国汉堡，合肥—宁波铁海联运进入试运行；合肥空港往返深圳全货运包机常态化运营，国际货运航线合作备忘录成功签约；水果进境指定口岸基本建成，冰鲜水产品进境指定口岸申建同步启动。安徽（蜀山）跨境电子商务产业园实现海关监管下“信息化、规模化”通关；出口加工区全面复制推广上海自贸区海关监管创新制度，进出口总额跃居全国出口加工区第 6 位。综合保税区通过国家验收，总投资 135 亿元的台湾力晶 12 吋晶圆等重大项目开工建设；合肥空港保税物流中心（B 型）保税仓库建设先期开展，申建工作有序推进。加大政策支持力度，积极贯彻落实国家和省级促进外经贸稳定增长的相关政策措施，出台市级促进外贸平稳增长的十条应对举措和专项促进政策，支持外贸企业积极开拓国际市场，全年共计拨付国家、省、市外贸促进政策资金超过 2 亿元，推动各县（市）区、开发区出台配套政策资金超过约 6000 万元。加大联系服务力度，组织相关企业开展外贸政策宣讲培训等各类培训活动，组织企业参加广交会、俄罗斯部分联邦主体经贸投资推介会等各类国内外展会，帮助企业开拓视野，增强应对形势变化和拓展国际市场的能力。由市商务局领导带队深入各县（市）、区、开发区和重点进出口企业进行包保服务，推动经开区、蜀山区等重点区域和联宝电子、海晨仓储、新宁物流、大龙网贸等重点企业挖潜回转，遏制对外贸易下滑势头并实现正增长。全年实现进出口 203.4 亿美元，增长 1.3%。其中：出口 137.1 亿美元、增长 9.6%，进口 66.3 亿美元、下降 12.4%；12 月当月实现进出口 25.9 亿美元，环比增长 68.2%，同比增长 99.2%，为全年单月最高值；进出口增幅高于全省、全国 2.1、9.3 个百分点，出口增幅高于全省、全国 4.4、12.4 个百分点，进出口、出口总额位居全国省会城市第 9 位、第 8 位。

【利用外资】 合肥市商务局通过搭建投资促进平台、开展项目联系服务、做好联合年报审核等举措，不断提升利用外资总量和质量。会同市政府办公厅、市招商局、发改委等部门先后成功举办或参与“中博会”“高交会”等重大经贸活动，多次赴上海、深圳、昆山等跨国公司和台商聚集地举办专题招商对接活动，热情接待随德国总理默克尔访问合肥的德国经济代表团，通过多渠道邀商、多维度推介、多形式对接，有效宣传合肥投资环境，为招商引资搭建务实高效的招商平台。为应对国家商务部对合肥市阳光电源和韩国三星合作项目进行的反垄断调查，会同高新区通过充分沟通交流避免了反垄断调查程序，确保了项目尽快落地；协助新站区开展力晶晶圆、康宁玻璃基板上报商务部审批准备工作，加快审批进度；协调解决上海电气在合肥设立外资投资性公司事宜，邀请日本三菱重工公司、美国优创跨境服务外包公司、德国麦德龙公司、台湾天逸基金等企业考察合肥市，推动相关项目进程。为进一步提高服务企业效率，促进基层商务部门更加熟悉本辖区内外资企业情况，提升外资企业联合年报审核质量，将联合年报网上审核权限下放至各县（市）、区、开发区，由企业所属区域商务部门具体指导和审核外资企业联合报告，为外资企业提供便利，确保联合年报工作的顺利完成。2015 年，参加年报的外资企业 647 家，比上年增加 22 家，参检率达到 95%；参加年报的企业投资总额 175.59 亿美元，同比增长16.57%；注册资本91.98亿美元，同比增长17.92%；外方到位资金55.16亿美元，同比增长4.27%。全市实现外商直接投资25.07亿美元、增长15%，超额完成年度目标任务；新增外商投资来源地1家（加蓬）；全省首家外资创投企业“合肥德丰杰雷名创业投资企业”在合肥落户，服务业领域利用外资实现新突破。截至2015年末，境外世界五百强企业增至40家，在合肥设立企业增至52家；投资合肥市的国家和地区增至59个。

【对外经济合作】 合肥市商务局推进企业“走出去”战略，在鼓励企业开展境外投资、承揽工程、扩大对外劳务等方面开展了一系列扎实有效的工作，实现外经业务稳步发展，境外投资明显提升。组织企业加强与央企在境外工程承包和援外项目方面的对接，参加支持企业“走出去”基金专题培训会、善用香港优势开拓海外市场投资推介会、中澳自由贸易协定解读等各类活动，协助省电视台举办《中国企业走出去大时代》经济大讲堂，举办合肥市企业走出去专题培训班，为企业加快“走出去”步伐打下坚实基础。推动46家外经企业成立合肥市“走出去”企业战略合作联盟，推动企业间分享经验、共享资源、加强合作、抱团出海，提高企业在国际市场的综合竞争力。建立“合肥市对外劳务合作服务中心”，为全市所有对外劳务经营活动的各类企业、中介机构和出国务工人员提供唯一合法的正规场所，为劳务人员和外派企业免费提供对接服务。组织在合肥的所有具有对外劳务合作资质企业和部分对外工程承包企业开展“合肥市对外劳务合作肥东专场招聘会”活动，现场共发放招聘资料1万多份、咨询2000多人、报名应聘1000多人。妥善协调处置对外劳务合作纠纷，全年协调处理各类劳务纠纷上访32起，涉及人数220余人，维护出国务工劳务人员的利益和社会稳定。据统计，合肥地区2015年对外经济合作新签合同额 21.3亿美元，同比上升6%，占全省68%；完成营业额19.4亿美元，同比下降17%，占全省69%；外派劳务5774人，同比下降11%，占全省55%；年末在外人数13592人，同比上升9%，占全省57%。全市新批境外投资企业（机构）70户，增资 9户，累计总投资额8.52亿美元、同比上升82%，中方协议对外投资额6.65亿美元、同比上升67%，实际投资额6729万美元、同比上升171%。境外投资主要呈现三大亮点：一是新批“走出去”企业增多、领域扩大，在传统生产制造、建筑工程和劳务合作基础上，开始向旅游、营销和设计等领域扩展；二是国家援外项目承建企业开始突破，鸿汇和荃银高科已推荐作为国家援外农业开发项目承建企业；三是投资合作方式逐步多样，由单方投资向境外融资、股权收购，投资并购、技术收购等多种形式发展。

（刘航航）

合肥都市圈

2016年，安徽省政府工作报告中提出要推动合肥都市圈一体化发展，创建国家级合肥滨湖新区，加快建设合肥长三角世界级城市群副中心，形成全国有重要影响力的区域增长极；安徽省“十三五”规划纲要明确提出，要引领推动“合肥经济圈”向“合肥都市圈”战略升级。从经济圈到都市圈，两字之差，彰显了经济圈新的、更高的定位。建设合肥都市圈是安徽省委、省政府全面落实科学发展观、促进区域协调发展、推动安徽加速崛起的战略决策，也是都市圈各市加快发展的重大机遇和共同愿望。2015年，各市同心协力、积极作为，把握经济新常态，抢抓发展新机遇，抓合作专题落实、抓重大项目实施、抓工作机制创新，都市圈建设取得显著成效，一体化发展呈现良好态势。

【落实合作推进机制】 举办合肥都市圈城市党政领导第六次会商会，签约了公共服务一体化、交通基础设施、大气污染联防联治、产业合作、人才交流等5项合作专题和共建园区、生物制药、现代农业等17个合作项目。召开两次都市圈常务副市长协调会，统筹解决合作专题和项目推进过程中遇到的困难和问题，推动合作专题和项目建设取得实质性成果。建立部门联席会议制度，谋划具体合作项目。建立民间交流机制，组织企业相互考察、共创商机。

【编制重要发展规划】 《合肥都市圈中长期发展规划》及工业、农业、社会公共服务、交通基础设施、环保等五个专项规划初稿完成，现正在筹备上评审会。《合肥都市圈城镇体系规划（2014—2030年）》《合淮同城化工业走廊规划（2014—2020年）》通过专家评审，已报省政府待批。《合肥航空港经济试验区发展规划》正按照争取2020年设立国家航空经济示范区的要求进行完善。

【加强基础设施共建】 实现圈内基础设施共建共享、互联互通，初步形成了“1小时通勤圈”。航空方面，各市通往合肥新桥国际机场快速连接线工程加快建设。公路方面，联通淮南、六安、桐城、定远等地的快速公路网全面升级，公路建设成为全国样板。合六路、合淮路、合安路合肥段已完工；合六南通道、淮六路、滁淮高速等开工建设；S316庐城至桐城段、S311乌曹路改建工程完成方案设计。铁路方面，合肥都市圈轨道交通线网规划正在修订，庐铜铁路开工建设，合淮、合六、合宁等城际铁路前期规划工作正在开展。水利方面，引大别山优质水源、引江济淮调水工程加快推进，长江、淮河和巢湖防洪工程深入实施；合肥港综合码头二期主体工程基本完工，店埠河、杭埠河等航道升级改造工程加快推进。

【推进产业联动发展】 加快产业一体化空间布局，初步形成以合肥为中心、以交通干道为轴线的放射状城镇体系和产业基地，“走廊效应”日益显现。工业方面，谋划“十三五”重大跨区域合作项目近150个，计划总投资7000多亿元。积极推进合肥都市圈内汽车、家电、装备制造等产业深化配套协作，继续推进一批项目加快建设。农业方面，深化农业产业合作，新增合作共建供肥蔬菜基地面积1.87万亩，累计合作共建供肥蔬菜基地15万亩；重点推进龙头企业跨区域合作和跨市发展，支持农业龙头企业加大在圈内投资力度和建立生产基地；积极开展“农超对接”和“农市对接”活动，组织各市合作共建农业龙头企业参加“景辉菜篮子”电商平台进行产销对接，积极发展农产品电子商务。园区共建方面，支持寿县蜀山现代产业园加快建设，积极推进包河—舒城、包河—桐城、高新—霍邱、肥东—定远、肥西—明光等园区共建工作。其中，合肥工投公司在舒城县投资建设的12万平方米标准化厂房项目一期已建成使用，在寿蜀园投资建设的6万平方米临港新兴产业园项目一期工程已建成，在定远县投资的7.3万平方米科技产业园项目已开工建设。旅游方面，联合举办2015年合肥都市圈（济南）推介会，共塑区域旅游形象；推出10条合肥周边游精品线路，加大旅游客源市场的开发；安排旅游院校专家举办导游培训班，指导编制乡村旅游规划。商贸方面，扩大生鲜商品直采和供应，组织大型批发市场、大型连锁超市、餐饮企业等赴都市圈成员地区开展各种对接活动，带动都市圈及周边各地农副产品的销售；推动都市圈品牌商品进风景区、宾馆、高速公路服务区的工作深入发展。

【实施生态环境同治】 2015年，巢湖流域国家生态文明示范区获批，舒城县、金安区等纳入国家级巢湖生态文明先行示范区建设范围，环巢湖地区生态保护修复工程加快推进。合肥与六安签订丰乐河流域水污染防治联防联控协作方案，目前丰乐河水质达到地表水Ⅲ类标准；与六安建立生态补偿机制，每年拿出1亿多元引入大别山优质水源；合肥市水生态文明城市试点建设实施方案获省政府批复。完成了黄标车数据库建设，配合省直有关单位完善全省数据库，加快实现黄标车数据共享；设定二手车转户准入标准，将机动车转户标准提高到国四标准，禁止黄标车相互转籍。推进秸秆联合禁烧，在两地交界处开展联合执法，分清责任主体，取得良好成效。

【提升综合软实力】 干部交流挂职方面，建立人才交流培训机制，开展干部交流锻炼等活动，先后选派9名年轻干部和业务骨干到滁州市和六安市对口挂职，分批接收六安市、淮南市、定远县等3市（县）共38名优秀干部来合肥挂职锻炼。人才服务方面，联合举办2015年合肥都市圈五市人才招聘大会和网络招聘大会，加强培训资源合作。建立就业服务信息联动机制，圈内各市共同签署了人力资源交流合作协议，升级“合肥人力资源协作圈”网络模块。联合组织开展人力资源对接会5场，服务企业80多家，提供岗位6000多个，1264名劳动者与企业达成就业意向。公积金异地使用方面，已落实住房公积金缴存实行异地互认，五市共受理都市圈内城市间异地贷款909户，金额2.49亿元。社会公共服务方面，技术、融资等公共服务平台初步建立，引导资源要素在圈内高效流动和优化配置；已实现都市圈内城市异地就医联网结算，工伤保险可委托调查、鉴定；已建立协助认证机制和失业保险无障碍跨地区领取机制。

【工作成效】 2015年，合肥都市圈实现GDP9107亿元，财政收入1533亿元，规模以上工业增加值3761亿元，全社会固定资产投资9780亿元，社会消费品零售总额3661亿元，进出口总额236亿美元，占全省比重分别为41.4%、38.2%、38.3%、40.8%、41.1%、48.3%。合肥都市圈在全省经济社会发展格局中的战略地位逐步提高，带动作用明显增强，成为安徽加速崛起的重要引擎。

（许　伟）

开发园区

合肥高新技术产业开发区

【概况】 2015年，合肥高新技术产业开发区（以下简称“高新区”）完成地区生产总值506亿元，实现规上工业产值1169.2亿元，实现工业增加值330亿元，完成固定资产投资415.3亿元，完成工业投资236.3亿元，实现社会消费品零售总额94亿元，实现进出口总额23.6亿美元，完成全口径财政收入81亿元，实现公共预算收入24.8亿元，同比分别增长11.2%、14%、11.3%、12.4%、9.8%、10.8%、20.4%、5.3%、21.3%；规上工业企业实现利润95亿元，同比增长12%，增幅居全市首位；实现单位GDP能耗同比下降4%。“十二五”期间，高新区累计实现地区生产总值1987.1亿元，实现工业总产值4654.4亿元，实现工业增加值1382.6亿元，完成固定资产投资1639.8亿元，其中工业投资961.1亿元，完成全口径财政收入295.4亿元，分别达到“十一五”的2.7倍、2.9倍、2.6倍、2.7倍、4倍、3.2倍。城镇常住居民人均可支配收入29410元，农村常住居民人均可支配收入15880元。

【招商引资】 该区当年完成招商引资总量239.5亿元，同比增长9.2%，其中外商直接投资4.6亿美元，工业招商引资191亿元。“十二五”期间累计招商引资超过900亿元，年均增长11.2%。

该区当年完成新签约项目48个，协议总投资200.63亿元，其中，投资10亿元以上项目7个：电连精密技术连接器研发和生产基地、合肥机器人产业园、台湾群联电子合肥研发中心、合肥德丰杰基金、中国铁塔股份安徽总部、大陆1400万条乘用车胎及1500万条两轮轮胎生产基地、合肥中航新能源产业基地。德国博世、日本丰田通商和韩国三星3家世界500强成功落户，惠而浦中国总部、大陆轮胎三期等大项目奠基开工。

【科技创新】 该区当年新认定国家高新技术企业157家，总数达到460家，占全市44%；新增新三板挂牌企业17家，总数达到27家，占全市一半以上；全社会研发投入占GDP比重由“十一五”末的2.6%上升至3.7%；培育科技小巨人企业44家，总数达到346家。培育创新型企业70家，总数达到285家；全年专利申请6749件，专利授权3712件，申请、授权总量均居全市第一，美的暖通等39家企业被认定为市知识产权示范企业，通过省级知识产权示范园区验收；新增市以上工程技术研究中心22家、市以上企业技术中心25家（国家级1家），累计建成省级以上技术（工程）研究中心109家。

建设协同创新平台。加速中科大先研院、合工大智能院、中科院创新院建设，累计建成面积34万平米，完成投资23亿元；先研院孵化企业130家，联合知名企业共建创新单元50家，引进“千人计划”“长江学者”等高端人才31名；智能院首批入驻7个研发中心和9个重点科研团队，育成企业12家；创新院成立肿瘤测序与分子诊断等6个工程技术研发中心，孵化企业18家。

优化创新创业环境。创新产业园二期建成投用，累计建设众创空间15家、各类孵化器19家，孵化面积260万平米，在孵企业2300余家，形成“众创空间+孵化器+加速器”的创新创业孵化体系；主办市青年创新创业大赛，全年开展创业培训、创业沙龙、资本技术对接等各类活动300余场；打造“合创汇”和“青年创业训练营”资本项目路演对接平台，成功举办“全国双创活动周”合肥分会场系列活动。是年，该区成功列入国家首批科技创新服务区域试点，成为全国首批25家科技服务业试点区域之一。

打造科技金融高地。编制《多层次资本市场发展规划》，建设区域性金融服务中心，累计引进各类金融机构300余家；出台全省首个支持基金集聚发展的专项政策，引进省股权投资基金19支，规模超400亿元，全年股权融资额达67亿元，惠及企业30余家；建成省青年创业引导资金、创新贷、政银担等“8大合作产品、10大参控股基金”的全方位、全周期金融支持链。“创新贷”、“助保贷”、“政银担”扶持企业近100家，发放贷款3.18亿元；“省青年创业引导资金”支持项目103个，投入资金近1亿元，直接带动就业约3000人；天使基金新增投资企业10家，累计达25家，投资额1.18亿元。

人才特区建设硕果累累。当年引进培养国家“千人计划”2人，省“百人计划”4人、市“百人计划”13人，省“特支计划”7人，省战新产业领军人才30人，省115、市228创新团队22个，“江淮硅谷”双创团队8个。园区集聚国家“千人计划”18人，省、市“百人计划”78人，获批战新产业领军人才99人，引进培育省115、市228创新团队95个，园区就业创业的海外留学人员和外国专家1200余人，“大众创新、万众创业”蔚然成风。

【服务企业】 该区当年全面深化为企服务。构建百家重点骨干企业生产调度、五十个重大项目调度服务、四十个外贸企业调度服务、八十个上市拟上市企业跟踪服务的包联服务体系。全年管委会领导及各部门走访调研服务企业近1500家次，召开重大项目调度会议15次、项目专题调度会议20次，协调解决企业、项目问题近900个；修订升级“2+2”产业扶持政策体系，安排扶持资金6.3亿元，累计扶持企业2186家次。率先推出“创九条”政策，年投入1.6亿元，精准满足双创企业资金需求。帮助园区239家企业累计争取国家、省、市各类政策资金6.57亿元；产业基地建设取得重大突破，成功获批国家公共安全应急产业示范基地、国家新兴产业“双创”示范基地、省智能语音产业集聚发展基地和省集成电路产业集聚发展基地，全年实现战略性新兴产业产值507亿元，占全区工业总产值的44.3%，同比增长25.1%；推进项目建设，109个省列“861”项目、113个市列“1346”项目和9个市列“121”重大工业项目当年完成投资158.89亿元、168.65亿元和36.4亿元，分别完成年度目标的106.6%、100.7%和95.4%；开展商事制度改革，推进“三证合一（指营业执照、税务登记证、组织机构代码证‘三证合一’）”、“一照一码”改革，换发新版营业执照5000余户；推进分布式光伏应用项目，完成分布式光伏示范区签约项目28个，合计装机容量约110兆瓦，超国家能源局目标任务，建成并网发电项目22个，合计装机容量超过75兆瓦；推进商标和名牌战略，当年新增省名牌产品企业1家，市名牌产品企业2家，获评省市“守合同重信用”企业55家，“市工业设计中心”企业15家。

该区当年市场主体数量和质量提升显著。新增各类企业2371家，总数达10168家，各类市场主体逾1.4万家。“五上”企业总数达494家。其中规上工业企业177家，资质以上建筑业企业57家，限上商业企业82家，限上服务业企业（国家平台）137家，资质以上房地产业企业41家。全区产值逾亿元企业数达105家，自主培育上市企业16家。

【规划与建设】 该区推动规划与建设工作，完成“十三五”建设发展规划、南岗镇总体规划成果初稿，完成合肥市西部组团概念规划、中科智城战略规划、“一山两湖”核心区城市设计等20多项专项规划，完成地块控规编制13个；全年完成建设项目选址意见书、建设用地规划许可证、建设工程规划许可证副本、建设工程规划许可证正本等规划审批1008件，组织现场开工验线、规划核实（竣工验收）及现场查勘100余次，组织召开区规划业务会27次、专家评审会12次。

该区当年成立合肥时代智慧高新投资管理有限公司（SPV），围绕“建设创新引领的人文型智慧高新”新目标，完成《顶层设计3.0（评审稿）》编制，首创的“PPP智慧城市发展商”模式，获批财政部首个智慧城市PPP示范项目；落实大建设资金保障，区属企业高新集团发行3亿元中期票据及5亿元短期融资券，28亿元城镇化融资项目贷款通过农发行审批。

加强项目建设。建设各类项目441个，计划总投资903.1亿元，实际完成投资712.2亿元，完成进度78.9%。其中，基础设施建设项目40个，计划总投资68.5亿元，实际完成投资63.4亿元，完成进度为92.6%；工业项目293个，计划总投资327.8亿元，实际完成投资337.6亿元，完成进度103%；三产服务业（含房地产）项目148个，计划总投资575.3亿元，实际完成投资374.6亿元，完成进度为65.1%。

强化基础设施建设，建成望江西路（大龙山路—将军岭路）等7条（段）道路，总长约9.5公里，完成投资2.37亿元。在建彩虹西路（方兴大道—长宁大道）等14条（段）道路，总长约16公里，累计完成投资1.51亿元；建成220千伏科学城变、110千伏海关变、110千伏创新变，启动建设110千伏学田变，开工建设建成区10千伏配网线路入地改造工程，全年新建电力排管29公里；完成大别山路2路DN1400供水主管网过小西河改造工程及并网通水，完成习友路（大龙山路—侯店路）等8条市政供水DN300管网、习友路（大龙山路—将军岭路）DN1000供水管网、望江西路（方兴大道—孔雀台路）DN600供水管网建设，完成园区市政管网供水并网工作，新建市政供水管网16.3公里，市政消火栓200个，新建雨水管网34.76公里，污水管网38.38公里；完成习友路（大龙山路—侯店路）等市政燃气管网建设，建成投用香蒲路燃气调压站、方兴大道DN700市政高压燃气管网，市政天然气供应保障能力由18.2万立方米/小时提升至38.2万立方米/小时，新建市政天然气管网9公里；新建公交站牌（亭）82个，园区8条线路（含一条专线）投入公交车85台，年运行132.4公里。

突出建筑监管工作，开展质量安全隐患排查1180人次，下发监督通知980余份、监督意见4870余条，组织和监督重大危险源专家论证79次；落实工程质量两年治理活动，对管理较差项目的建设、监理、施工等单位进行约谈与警示21次，对农民工维权维稳工作不利的10家单位给予扣除信用分、记不良信用记录、列入高新区“黑名单”等处罚；推进农民工工资专户建立和农民工入会工作，累计建立农民工工资专户159个，累计发放农民工工资12873.27万元；开展春季安全生产大检查、建设工程落实施工方案整治等专项治理活动10余次，全年建设领域安全生产形势平稳，未发生较大安全生产事故；

该区推动创建“双示范”工作，在建工程结构验收前安全达标率100%，中科大先研院研发实验楼获评“国家AAA级安全文明标准化工地”，13个项目获评“市级安全文明标准化示范工地”，8项建筑工程获市“琥珀杯”质量奖，5项市政工程获市“庐州杯”质量奖。

【土地管理】 该区当年报批用地64宗284.57公顷，收储上市经营性用地7宗、42.2公顷，实现土地出让金56.6亿元；完成“圈外”阳光电源、大陆轮胎、三十八所、中航新能源等35个项目土地征收上报，涉及12个批次，总面积约181.22公顷（其中农用地143.86公顷）；完成土地出让27宗，出让面积138.38公顷，出让金总额60.6亿元。其中，经营性用地9宗，面积45.2公顷，出让金57.02亿元，工业用地18宗，面积93.18公顷，出让金3.58亿元；土地划拨10宗，面积52.9公顷，土地登记发证93宗，面积547.7公顷，其中初始登记56宗，221.1公顷；变更登记37宗，326.6公顷；办理发放个人住房土地证3363本。做好2015年度卫片执法检查整改，完成2014年至2015年土地节约集约利用评价工作。

【绿化与环保】 该区当年实施绿化大会战项目34项，绿化面积120.51万平方米（新增104.01万，提升16.5万），完成计划的120.51%，完成投资1.05亿元；完成田埠游园、王咀湖公园一期等省绿化精品工程2项，栽植乔木约29420棵、灌木约38420株、色块约224560平方米；开展园区黄土裸露整治和三线三边环境整治，结合春季绿化补植专项行动，共种植草花约20万平方米，完成裸露黄土复绿和草花种植约70公顷；完成绿道建设5公里；打造绿化示范路工程，提升改造习友路、香樟大道、等园区重点主干道绿化，黄山路（高新区段）获评“绿化养管示范路”，“天乐公园”获评“最佳公园”称号。

此外，强化环保工作，王咀湖、柏堰湖生态保护修复工程累计完成投资2.6亿元，完成比例约90%，开工建设两湖生态湿地建设上下游河道改造工程、污水截留工程及湖区清淤、土方、驳岸工程；新成立区环境保护委员会，建立生态环境保护统一决策、领导、规划、协调的长效机制；出台《合肥高新区环保产业园（启动区）管理办法（试行）》，编制完成《高新区节能环保产业发展规划（2016～2020）》，“合肥环保产业园”正式揭牌，并成功获批省循环经济试点化改造项目；推进“河长制”管理和大气污染防治，市级考核断面（斑鸠堰河）主要水质监测指标较市级考核目标值平均下降23%，空气子站PM10、PM2.5年度数据分别为86微克/立方米、64微克/立方米，分别优于年度目标值4.4%、16.8%；夯实环保基础工作，建立节能突出问题约谈制度，创新环境监理、监测新模式。实施环评审批限时办结，办结时间较以往提升40%，完成环评审批项目340个，环保“三同时

（指对建设项目的污染治理设施必须与主体工程同时设计、同时施工、同时投产）”验收项目125个，完成2135个建设项目环评及“三同时”验收清理工作；实行排污申报动态管理，当年申报企业210家，排污费核定53家，并对排污申报十佳企业给予通报表彰；深入开展环境保护大检查，当年出动执法人员1200余人次，检查企业338家，针对环境隐患，下达限期整改文书112份，警示约谈企业法人52人次；全面推行网上危险废物管理计划和资料申报制度，完善危险废物及产生源动态数据库；完善基层监管网络体系，划分三级网格6个、四级网格29个，明确辖区重点监管对象68个、一般监管对象190个，引入第三方巡查等方式，提升环保管理水平。

【社会事业】 该区当年投入资金2亿元实施“20+7+2”项省、市、区民生工程，连续五年获市“民生工程实施工作先进单位”，并首次获省民生工程绩效奖补；保障房建设快速推进，新增廉租住房1916套，启动南岗棚户区改造。重新修订《合肥高新区公共租赁住房管理办法》，创新公寓全年配租 1310套，入住1150套，皖水公寓配租方案基本完成；社会保障水平提升，城乡居民养老参保缴费10394人，发放养老金924万元，完成目标任务的118%。城镇医保参保人数39737人，完成目标任务的132.4%，完成率位居开发区第一。被征地农民保障应保尽保，到龄领取养老金人员近2000人，发放养老保障金1300万元，发放率100%；简化社会保险经办流程，实现社保保险与计生、残疾人等数据库共享。社会保险业务档案扫描建档7.25万份，在全市率先实现社保档案电子化。

*推进就业和劳动维权。*全年新增就业2.77万人，同比增长16.84%，城镇登记失业率控制在4%以内，零就业家庭保持100%动态清零，充分就业社区创建率达81%，高于市平均水平；发挥劳动监察“两网化”管理平台作用，完成劳动书面审查678户次，实地检查用人单位145户次，妥善办结各类劳动监察案件618件，立案移送司法5起，为农民工追讨工资600余万元。建立劳动仲裁案件快立快处制度和“周六便民仲裁庭”制度，当年受理仲裁案件722件，同比上升26%，结案率100%；承接社保稽核、失业保险、民办培训学校审批等市下放业务，“错峰”办理社保稽核，核定企业1770家，核定数位居开发区第一，核定人数23.6万人，占全市总核定人数四分之一，居全市第一。

*文教卫体协调发展。*出台《2015年中小学德育工作的指导意见》，建设区级名师工作室2个和1名园长工作室1个。建立校园安全工作联席会议制度。兴园学校等4所学校成为创建市新优质学校，桂花园学校等4所学校获批全国青少年校园足球特色学校。开工建设松涛小学，开办杨林小学和区首家“公建民营零租金”幼儿园；优化卫生资源配置，新建江河社区卫生服务中心，迁建天乐社区卫生服务中心，引进省妇幼保健院（西区）、中医四附院和省口腔医院；完善文体基础设施，建成区首个市级农民文化乐园，新建蜀乐苑文化活动中心，蜀峰湾体育公园获评国家级体育公园。新成立体育指导员协会，共有注册社会体育指导员316人，远超市平均水平。举办第六届“文化体育艺术节”，开展环湖跑、登高比赛等群众体育品牌活动。

*推进社会治理。*培育街道和社区类枢纽型社会组织，新成立长宁社区社会组织联合会，园区有区级社会组织67家，社区社会组织100余家；做好信访排查、矛盾化解工作，全面开展网上信访，信访渠道持续畅通，信访形势总体平稳；精神文明建设取得新成效，被市委市政府授予合肥创建全国文明城市“突出贡献先进单位”称号，银杏社区志愿服务广场获批省三星级志愿服务社区，黄山路、望江西路和科学大道获评市首届文明街巷；推进“平安高新”，强化综治基层基础，开展治安专项行动，加强消防、交通、食品安全监管，有效处置各类突发事件，协调化解涉稳事件154起，社会整体和谐稳定；完善安全生产应急管理体系，修订完成《高新区安全生产事故应急预案》，“科技兴安”取得新突破，成功获批全国首家综合性安全产业示范园区。

（合肥高新区发展研究中心）

合肥经济开发区

【概况】 2015年，合肥经济开发区实现地区生产总值819.6亿元，实现规模以上工业产值2716.6亿元，实现工业增加值641.8亿元，同比分别增长11.6%、10.1%、12.2%；完成综合财政收入151.9亿元，实现进出口总额68.8亿美元；完成固定资产投资576.1亿元，同比增长12.5%。

加强经济运行调度，帮助重点企业解决用工、用电、融资等问题。加强资金支持，帮助项目获资本金贷款12.9亿元，争取上级资金8348.9万元，区财政直补3115.79

万元。支持企业拓宽融资渠道，杰事杰在新三板挂牌，日上电器等四家企业在安徽股权托管中心挂牌，国通管业实现资产重组。

完善“4+5”产业扶持政策体系，制定“调转促”行动方案，推动产业转型升级，做优二产，做大三产，全年第三产业引资占招商总量的17%。发展战略性新兴产业，预计全年生物医药、住宅产业化、新材料产值同比分别增长61.9%、45%、15%。电子信息产业实现产值665亿元，同比增长14.4%。加快传统产业改造升级，全年工业技改投资完成175.6亿元，占全市总量的14.5%。

突出招大引强，新签约项目23个，总投资210.75亿元。重点引进了总投资60亿元的南通富士通、40亿元的清华启迪科技园、10亿元的锂电池隔膜、哈工大机器人等项目。推动空港招商，引进海富航空、东航安徽飞机维修基地、国电投分布式新能源热电等一批项目。11月，联合利华二期等25个项目又集中开工。

此外，实施新一轮机构改革，新设科技局、安监局、农村发展局，组建招商局，构建“大建口”；出台干部管理“干七条”，激励广大干部职工干事创业。

【开放平台建设】 该区出口加工区实现进出口总额38亿美元，位居全国第七。合肥出入境检验检疫局正式揭牌开检。运营全省首家进口商品展销中心。空港保税物流中心（B型）上报海关总署待批，仓储及展示交易中心开工建设。空港进境水果、冰鲜水产品指定口岸即将建成并与合肥百大合作运营。

【创新与发展】 该区全年企业申请发明专利、授权发明专利数分别增长112%、156%，新增国家级高新技术企业21家，市级10家，高新技术产业产值占比61.4%。推动清华启迪科技园、东湖科技园、联想研发中心等大创新平台建设，扶持全省首家大学生孵化园，建设大学城5F创客空间。引进车库咖啡孵化平台，打造全国首个家电产业众创空间。实施人才战略，在全市率先出台引进外国专家和高技能人才补贴等政策。

【产城融合】 该区增强城市承载力，启动南区单元规划编制和综合交通规划编制工作；完成南艳湖一期主体、污水处理厂三期等项目建设。空港经济示范区基础配套不断完善，长岗污水处理厂开工建设，高刘污水处理厂主体工程完工；建成全市首个“135”居配工程，引入新能源合作伙伴，集聚热、电、气等要素。深入推进国家生态工业园、低碳工业园创建，实施数字化、精细化城市管理，巩固文明创建成果，公共文明指数提升。

【民生事业】 该区完成30项省市民生工程项目，累计支出1.2亿元，民生保障等惠及8万余人。南门小学海恒分校等三所优质教育学校如期招生，与合肥师范学院开展联合办学。率先在全省建设医疗联合体，出台重特大疾病医疗救助制度。成功举办第六届文化艺术节。首创全省“零租金”社会化运营五保供养中心。

（合肥经济开发区管委会办公室）

合肥新站综合开发试验区

【概况】 2015年，合肥新站综合开发试验区实现地区生产总值229.6亿元，实现规模以上工业增加值187.5亿元，完成固定资产投资320亿元，实现全部财政收入9.17亿元，同比分别增长13.3%、19.0%、15.9%、24.7%；实现进出口总额24.3亿美元，其中出口14.7亿美元，同比分别增长1.4%、81.8%；实现社会消费品零售总额52亿元，实现城镇居民人均可支配收入27723元，实现农民人均纯收入15504元，同比分别增长10.1%、9.7%、9.5%。

该区全年完成工业投资182.9亿元，同比增长13.9%，其中技改投资101.5亿元，同比增长13.9%，新增产值超过50亿元；完成政府性投资30.8亿元，完成房地产开发投资101.2亿元，同比分别增长67.7%、22.3%；实现战略性新兴产业产值404.7亿元，同比增长41.9%，占规上工业总产值的56.5%。此外，综合保税区封关运营，合新欧货运班列运营里程延伸至德国汉堡，当年实现进出口总额超千万美元的企业9家；新认定国家高新技术企业26家，超该区历年认定总数；新认定市级知识产权示范企业7家，新增市级工程技术研发中心2家，新增市级创新型企业2家，发明专利申请1160件，发明专利授权172件；新设立各类市场主体2136户。

【招商引资】 试验区牢抓产业链招商，新型显示产业链关键环节取得重大进展，打通“从砂子到整机”全产业链，先后引进京东方10.5代线、美国康宁玻璃、台湾力晶、三利谱、江丰靶材、欣亦华蒸镀机以及惠科整机等项目；轨道交通产业集聚初显，围绕中车项目，打造轨道交通产业集群，引进今创集团、新誉集团项目；发展现代服务业，绿地等知名地产入驻新站，马克汉姆国际学校、京东方数字医院、工投电商园等高端现代服务业项目落户。全年完成招商引资到位资金300亿元，新签招商项目32个，合同总投资逾1000亿元。

【项目推进与建设】 试验区注重项目带动，新型显示、新能源、高端装备制造、新材料四大产业集群发展，产业集聚速度加快。新型显示产业方面，推进世界级新型显示产业基地建设发展，京东方6代线、鑫晟8.5代线保持盈利；有机EL先导线、OGS触摸屏项目投产；彩虹8.5代玻璃基板项目启动；京东方10.5代线、康宁玻璃、晶圆制造等项目开工建设。新能源、新材料、高端装备制造产业方面，彩虹、乐凯、国轩高科等企业持续投资扩产；欣奕华、南车、惠科、三利谱等项目快速建设；推进德电电动车、江丰靶材等项目建设。依托整体规模领先、集聚程度较高、创新能力较强的新型显示产业集群优势，试验区影响力提升，成功获批安徽省首批战略性新兴产业集聚发展基地，成为合芜蚌国家战略性新兴产业集聚发展试点工作核心园区，产城融合示范区申报经省政府批准同意以排序第一上报国家发改委。

环绕的产业高地

此外，推进新能源产业发展，天合30兆瓦屋顶电站和600兆瓦光伏组件投产，推进德电、恒宇、国轩二期等项目建设。

【规划编制与基础设施建设】 试验区组织少荃湖片区、七里塘片区、瑶海喻岗子单元片区规划编制；完成液晶高世代线、电商园等20个地块控制性规划编制；完成雨污水排水、道路交通、教育等专项规划及动态修编工作；组织少荃湖公园、高教基地带状公园、铁路公园、二十埠河廊道公园等五大生态工程方案设计招标工作；编制新蚌埠路、文忠路两条精品道路建设方案。

该区当年续建、新建征迁安置房、保障房、棚户区改造等各类房建项目29项，总面积501.2万平方米，北岗花园、文淦苑三期等建成交付；续建、新建市政项目55项，总里程66公里，建成通车道路5条，通车里程11公里；实际在建总建筑面积突破1340万平方米，仅次于滨湖新区；累计办理规划审批1268件，核发证本面积429.65万平方米，开发建设总量占全市1/4。

【生态建设】 试验区当年完成绿化项目21项，绿化总面积为130万平方米，超绿化大会战任务30%，陶冲湖公园、高压走廊、零星地块绿化完工；大气污染防治工作取得明显成效，建筑工地扬尘治理实现全覆盖，夏秋两季秸秆禁烧率达99%以上，黄标车淘汰率99.4%，试验区首个空气质量监测站建成投入使用；细化“河长制”，强化水环境治理，完成“十二五”污水管网工程91公里，陶冲湖污水处理厂正式运营；城市管理以文明创建工作为总揽，完善数字化城管指挥系统，深化市容环卫管养市场化和生活垃圾收运一体化改革，推动绿化和市政设施管养作业精细化专业化，推进城市管理网格化精细化，加大违法建设管控和渣土运输管理力度，狠抓道路立面整治和沿街秩序治理。

【民生与社会事业】 试验区建立民生工程考核机制，开展绩效评估，全区28项民生工程中22项38个指标提前或超额完成年度任务；开展就业“春风行动”，举办就业技能培训，加大创业扶持；全面推进居民养老、医疗保险参保工作，超额完成年度目标任务；做好低保和医疗救助工作，累计支出资金1090万元；推进政府购买养老服务工作，新建社区养老服务机构3家；保障房开工率全市第一。

此外，完成伦先小学和北岗花园幼儿园建设，北岗花园幼儿园全权委托合肥幼儿师范高等专科学校管理；新建新店小学等6所中小学、幼儿园，总投资达1.7亿元；公开招聘100名教师；社区卫生服务体系实现辖区34家基层医疗机构信息化全覆盖；计生工作完成年度目标；围绕高教基地和社区群众性文体活动开展，举办各类活动80余场次；坚持“一岗双责”，开展领

2015年12月16日，首列"合肥造"轨道交通列车在新站区下线。

导干部接访活动，管委会领导班子成员接待群众99批280人次，现场答复办理87件、交办12件，所有事项均已办结；强化社会治安辅助力量建设，制定《新站区警务辅助人员管理办法》，补招200名巡防队员；发挥"行业调解"作用，道路交通、劳动争议调解成功率分别达到71.5%、66.2%；"六五"普法工作通过市考核验收；通过疏堵结合，"黑网吧"整治成效明显；打击传销工作取得突破，新站区管委会被授予2015年度"合肥市打击传销工作先进单位"称号；落实安全生产责任，开展重点领域专项整治，推进隐患排查治理，试验区工业生产、建筑、道路交通、消防、校园等领域安全形势总体平稳。

（合肥新站综合开发试验区管委会办公室）

合肥市政务文化新区

【概况】 2015年，合肥市政务文化新区完成固定资产投资81.08亿元，完成招商引资54.18亿元；新开工建筑面积130.26万平方米，新竣工项目建筑面积100.38万平方米。

【规划设计】 推进汤池路、十五里河路、仙龙湖路等8条市政道路立项、环评、用地等前期手续工作。提前谋划老旧小区拆迁安置恢复点规划，加快恢复点项目立项和方案比选。在剩余地块控规基础上，推进ZWQTA-021、025、027等拟出让地块控规编制、报批工作，推进潜山路东、祁门路北剩余地块控制编制。加快推进重大项目规划，完成生态绿轴天鹅湖南段景观绿化工程设计。做好天鹅湖社区服务中心、为民服务用房等项目前期准备工作。

【建设发展】 完成国防动员指挥中心室外工程、市党风廉政教育基地、汇林公园街头游园、京福铁路绿化恢复三期工程、集贤路东侧绿化等项目收尾，配合做好天鹅湖地下健身活动中心建设，全年完成投资1.54亿元。全面启动生态绿轴天鹅湖南段景观绿化工程建设。加快推进汤池路、花亭湖路、荷叶地路等市政路网建设。配合做好习友路快速公交、轨道交通3号线站点、十五里河河道整治等工程建设。开展市政务中心零星改造，完成市少儿活动中心消防整改工作。

【招商及土地收储】 出让2宗地块，涉土地面积逾8.66公顷，土地出让金25.63亿元。挂牌出让的ZWQTA-025住宅地块拍出4.275亿元/公顷，创合肥市经营性土地出让价格历史新高。推进商业及办公项目二次招商，华润万象城竣工开业，新增商业营业面积20万平方米。加快拆迁安置及土地收储，四方环卫厂、四方原厂区地面建筑物拆除，推进特种铸造厂、好运搬等老工业企业土地收储，启动日化纸箱厂征地拆迁。安粮云水居等项目开工。

【国资监管】 政务文化新区建设指挥部办公室与政务文化新区开发投资有限公司事企分开，政务文化新区开发投资有限公司职能重新定位、部门重新组建，各项国资监管工作平稳运行。市政务中心保障各类会议2957场，完成各类维修3547次，合肥大剧院上演各类演出264场，其中自营79场。合肥体育中心共举办各类活动79场，其中国际赛事2场。泓瑞金陵大酒店累计完成营收6246.7万元。"森林海"小区实现清盘，陶然居小区门面房公开招租。

【城市管理】 创新体制机制，推进市场化管理模式，实现市政养护、绿化养管、环卫保洁"三位一体"，员工精简至135人。全面推广绿化、市政、环卫保洁等城市管理业务市场化外包模式，落实网格化责任单位，其中市政养护全部实现社会化管养招标。根据市城管委文件，与蜀山区完成政务区范围城市管理边界划分和职责界定。

（合肥市政务文化新区建设指

挥部办公室）

滨湖新区

【概况】 滨湖新区位于合肥主城区东南部，南依巢湖，北靠南二环路，西接合安高速公路，东临南淝河，规划总用地面积约196平方公里，截至2015年底，滨湖新区累计完成投资1848亿元，其中自建项目投资396亿元，外来投资1452亿元。累计开工建设面积3286万平方米，竣工并投入使用面积1810万平方米。绿化总面积约11.7平方公里，绿地率达44.8%，绿化覆盖率达58%，人均公共绿地面积28.1平方米。建成区拓展到38.5平方公里；建成市政道路158.7公里，路网围合面积超40平方公里，常住人口超40万人。

【重点项目建设】 滨湖新区把省级重点工程代建作为一项重要任务。2015年重点加强省级政务中心的建设进度，完善“滨湖中心”配套设施建设，优化周边环境，为搬迁做好准备。同时，加快省重大文化艺术项目建设，省城乡规划展示馆暨合肥市规划展示馆主体结构已经封顶，省美术馆、科技馆正在主体结构施工。

全年新开工建设项目21个，投资32.4亿元，完工项目16个。把服务民生放在新区建设的第一位，推进滨湖竹园、滨湖桂园等安置小区的工程建设，做好六所中小学校以及新四中的项目前期工作。完善滨湖新区规划编制，做好沿湖岸线驿站、公共交通等服务设施概念布局规划的编制。加快新区路网建设和供配电、供热及其它市政配套基础设施建设。

【构建城市生态示范区】 新区根据国家“城市生态示范区”的指标体系、专项规划和一系列政策及技术标准，制定《滨湖新区低影响开发及水环境综合治理实施纲要》。建成滨湖新区巢湖湿地试验段配套工程，建设观鸟塔、冠城塔、观湖塔、休憩平台等4座塔及12个钓鱼平台。完成塘西河初期雨水治理科技示范（一期）的土建工程，徐河泵站、塘西河初期雨水雨水治理科技示范（二期）、北涝圩湿地等4个水环境项目的方案及施工图设计。推进“十二五”水专项课题科研工作。同时，结合水专项项目，挑选庐州大道作为示范工程，采用下凹式绿化、透水沥青、生态透水砖、路面初期雨水收集等技术集一体的生态道路建设研究。

岸上草原

开展滨湖新区2014-2015年度城镇园林绿化提升行动，完工金斗公园四期（一标段）、沙滩公园二期等8个绿化项目，完成投资约1.88亿，完成新增绿化面积约178万平米，提升绿化面积41万平米。

加快以景观、街区、居住及商业互通互连的绿道系统加快绿道建设，滨湖新区完成滨湖公园三期、金斗公园四期、玉龙路（方兴大道-珠江路）与京台高速之间绿化提升工程、塘西河沙滩公园等绿道建设，总长16公里，面积约3.85万平米。

【“产城融合”】 滨湖新区全年招商引资实际到位资金总额约130亿元，其中外资到位资金8520万美元。当年度有11个招商引资项目落地，其中：土地出让类9个，分别为：万达文旅城、文一集团、复星金融城、联投中心书城、信达地产、中信银行后台呼叫中心、万科地产、高速地产等。土地供应方面，全年完成10宗经营性用地上市供应，用地面积共计138.96公顷，成交总价款约133.4亿元。同时跟进大连海昌海洋馆、华谊电影小镇、首创奥特莱斯、金科股份、宗申集团等知名企业项目。

2015年12月，落户滨湖新区的软通动力华中区智慧业务总部投入运营，乐业空间启动。该项目的引进标志着滨湖新区招商引资方式实现了从招商到“育商”的转变，同时也为滨湖新区乃至合肥市“大众创业、万众创新”的发展搭建了平台。

【服务保障】 滨湖新区重视对入驻项目的服务保障。全国首个综合要素交易市场——合肥要素市场当年全面运营，市公共资源交易监督管理局、市出入境管理局、华拓数码、浦发银行、上海外高桥进口商品直销中心（DIG）、招商银行等多家单位搬迁入驻。合肥要素市场将利用省会中心城市的有利资源，推进要素流通，形成无缝对接。

新区还协助入驻单位办理各项手续，帮助其解决在项目建设、开发及经营上遇到的困难，并建立了“主动上门、定期回访、限期办结”等服务制度，全程协助解决入驻项目遇到的问题。新区当年为万达、武汉光谷、中信银行、软通动力等大项目的推进做好了服务；完成部分入驻项目及金融服务办公区企业员工入住城市天地公共租赁房的工作，租赁 1221 套，解决入驻单位近 5000 名员工的住宿问题。

（洪　玲）

合肥巢湖经济开发区

【概况】　2015 年，合肥巢湖经开区实现地区生产总值 25.8 亿元，实现规模以上工业总产值 82.8 亿元，实现规模以上工业增加值 19.5 亿元，实现战略性新兴产值 12 亿元，同比分别增长 13.2%、12.8%、16.8%、30.4%；实现固定资产投资 121.1 亿元，其中工业投资 70.5 亿元，同比分别增长 32%、19.2%；实现财政收入 4.82 亿元，同比增长 12%。

【招商引资】　该区引进省外资金 172.25 亿元，利用外资 1.06 亿美元，同比分别增长 18.8%、24.5%；完成大项目 5 个。完成未名生物环保装备、万邦德生物医药、石墨烯及其制备设备、海驰房车、三瓜公社、卓游动漫游戏软件开发等 37 个项目签约，其中正式签约项目 29 个，总投资约 95 亿元。

【科技创新】　北大未名生物经济研究院加强国际国内合作，组建未名—贝勒医学院细胞与基因治疗中心等产学研合作项目 11 个，落实了美国百奥特拉每年 5 个最新抗体、国内 14 个抗体，推动第四代抗体药、细胞培养等技术在国内临床研究和产业化；开展 CAR-T 细胞治疗，取得显著成效。微小型燃气轮机研究院研发进展国内领先，3 款机型 2015 年底实现运转，正新增市级科技企业孵化器 1 家；新增高新技术企业 8 家；组织企业申报各类专利 348 件，专利授权量 128 件。

【基础建设】　该区当年实现政府性投资项目开工数 80 个，实际完成投资约 18.4 亿元；建设市、区级投资道路 14 条、景区绿道 10 余条，总长 48.7 公里；完成安置房 48.6 万平方米、公租房 5.3 万平方米、绿化 75 万平方米；完成征地 177.4 公顷、让地 181.33 公顷、报批 136.74 公顷、供地近 135.44 公顷、拆迁 8.9 万平方米；在供水、供电等要素保障方面，完成投资 9250 万元；环巢湖治理完成投资 1.1 亿元，并成功申报汤河调水引流、高铁东站小流域治理等 2 个三期项目；完成各项规划编制 58 项。

【发展环境】　该区出台扶持产业发展新型工业化、自主创新、现代服务业、高层次人才引进、孵化器建设等配套政策；帮助落实北大未名、燃气轮机等 3 项目国家专项建设基金 3.84 亿元，帮助企业争取各类财政资金 4000 余万元，兑现 2014 年开发区扶持产业发展资金 271.9 万元；实施精准帮扶，制定人员联系重点企业帮办制度，对重点企业实施“点对点”帮扶，全年累计为 20 多家企业解决各类问题百余件。

（合肥巢湖经开区管委会办公室）

综　述

【工业产出】　2015年，合肥市2392户规模以上工业企业完成产值9312.81亿元，同比净增产值838.85亿元；实现增加值2255.65亿元，按可比口径计算，增加值同比增长11.3%；234户出口型企业实现出口交货值1060.58亿元，同比增长16.5%，高于销售产值增幅6.7个百分点，工业外向度达11.8%，较上年提高0.7个百分点。其中，出口交货值超亿元的企业有78户，同比增加3户，超50亿元企业4户，同比增加1户，为鑫晟光电，出口交货值83.29亿元，净增59.96亿元，占全市增量的39.9%。

从月产出看，合肥市当年工业月均产值达776.07亿元，较上年增加72.08亿元；其中3、11和12月产值分别达816.85、849.22和853.04亿元。

从企业经营效益看，全市规上工业当年实现主营业务收入8760.44亿元，同比增长9.6%；实现利润和利税总额分别为482.33和767.96亿元，同比分别增长5.3%和5.1%，较上年分别提高3.2和3.4个百分点；企业亏损面为9.4%，创年内新低，亏损企业亏损额为30.96亿元，同比增长63.5%；工业经济效益综合指数为348.0%。

合肥市当年工业主营业务收入增幅分别高于全国、全省8.8和4.9个百分点；利税增幅分别高于全国、全省5.1和0.8个百分点，利润增幅高于全省1.1个百分点，同期全国下降2.3%；企业亏损面低于全国3.8个百分点。

从企业规模来看，全市当年实现产值超亿元企业有1123户，占全市规上企业46.9%，同比增加50户。其中，产值超10亿元的企业136户，同比增加5户；超50亿元企业28户，同比减少1户；超100亿元企业12户，同比增加2户；超400亿元企业2户，同比增加1

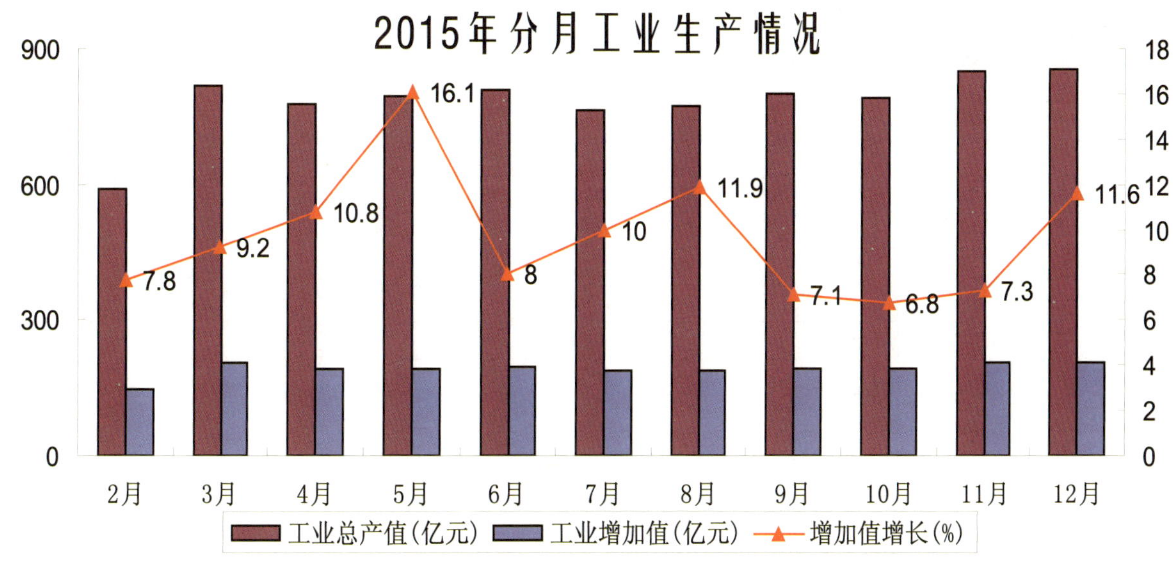

户。受 SUV 热销的拉动，2015 年江汽股份产值达 409.42 亿元，同比增加 80.20 亿元，占全市增量的 9.6%。

全市当年完成产值超亿元的企业实现增加值 2102.55 亿元，占全市 93.2%，同比提升 1.3 个百分点，同比增长 12.8%，高于全市 1.5 个百分点，拉动全市工业增长 11.8 个百分点，增长贡献率达 104.1%。

从企业技术创新看，全市当年拥有市级以上品牌示范企业 178 家。其中，国家级 13 家，省级 47，市级 118 家，市级以上品牌工业企业销售收入占全市规上企业销售收入 50% 以上。拥有 339 家市级以上企业技术中心，其中国家级 34 家，省级 194 家，市级 111 家，国家级企业技术中心总数在全国省会城市排位第一，339 家技术中心企业当年开发新产品 3278 项，销售收入占全市规模以上产品销售收入的 28.8%，其中，国内领先水平的新产品达 50%。

从产业结构看，全市当年产业结构优化，工业高新技术产业完成增加值 1208.62 亿元，占全市工业的 53.6%，同比提升 2.4 个百分点，增加值增长 14.9%，高于全市 3.6 个百分点，拉动全市工业增长 7.7 个百分点，增长贡献率为 67.8%。按国家高技术产业划分标准统计，全年工业高技术产业完成增加值 380.95 亿元，占全市 16.9%，同比提升 2.3 个百分点，增加值增长 28.3%，高于全市 17.0 个百分点，拉动全市工业增长 4.1 个百分点，增长贡献率为 36.5%。

全市当年七大战略性新兴产业均保持增长态势，其中新一代信息技术、新材料和新能源汽车产业增速超过 20%，全市 466 户战略性新兴产业完成产值 2788.77 亿元，占全市 30.0%，同比提高 2.7 个百分点；实现增加值 698.69 亿元，同比增长 21.9%，高出全市平均增幅 10.6 个百分点，拉动全市工业增长 6.1 个百分点，增长贡献率为 54.2%。

从产品看，全市当年 284 种工业产品产量中保持增长的有 153 种，占 53.9%。主要产品中，生产太阳能电池 432.15 万千瓦、液晶显示屏 2.31 亿片、彩电 696.82 万台、运动型多用途乘用车（SUV）25.26 万辆、新能源汽车 2.23 万辆、汽车 63.76 万辆、家电四大件 6008.54 万台，同比分别增长 23.3%、2.1 倍、2.5 倍、1.7 倍、34.8%、11.8%、98.1%；生产智能手机和平板电脑等科技含量较高的产品产量分别达 64.28 和 183.79 万台；实现风力、太阳能和垃圾发电量同比分别增长 33.0%、18.8% 和 65.8%。

2015 年产值超 100 亿元的工业企业生产情况

企业名称	2015 年产值（亿元）	2014 年产值（亿元）	增减产值（亿元）	增长（%）
合　　计	2482.07	2229.75	252.32	11.3
联宝（合肥）电子科技有限公司	470.11	433.00	37.11	8.6
安徽江淮汽车股份有限公司	409.42	329.22	80.20	24.4
合肥海尔电冰箱有限公司	246.19	232.11	14.08	6.1
安徽省电力公司	237.29	233.25	4.04	1.7
格力电器（合肥）有限公司	207.04	227.02	-19.98	-8.8
合肥海尔空调器有限公司	171.32	152.90	18.42	12.0
联合利华（中国）有限公司	159.63	150.74	8.89	5.9
合肥美的洗衣机有限公司	127.45	127.00	0.45	0.4
合肥鑫晟光电科技有限公司	124.37	50.54	73.83	146.1
合肥美的电冰箱有限公司	116.63	104.48	12.15	11.6
惠而浦（中国）股份有限公司	112.15	79.64	32.51	40.8
日立建机（中国）有限公司	100.46	109.86	-9.40	-8.5

【工业投资】 全市当年实现工业投资达 2049.7 亿元，同比增长 9.9%，完成预期目标进度 102.5%，超序时进度 2.5 个百分点。其中累计完成技术改造投资 1274.1 亿元，同比增长 9.9%，占工业投资的比重为 62.2%，超序时进度 6.2 个百分点。

从新开工项目看，全市当年新开工工业项目 2468 个，同比增加 709 个，累计完成投资 1321.4 亿元，同比增长 30%；其中亿元以上项目 143 个，同比减少 36 个，完成投资 275.8 亿元，同比下降 10%。

从“121”项目看，全市当年“121”项目累计完成投资 233.5 亿元，完成年度投资计划的 104.5%。其中，新开工项目完成投资 27 亿元；续建项目完成投资 145.8 亿元，完成序时进度 115.7%；竣工项目完成投资 60.7 亿元，完成序时进度 115.8%。

从在建 10 亿元以上大项目看，全市当年全部在建 10 亿元以上项目共 45 项，总投资 1165.3 亿元，当年计划投资 239.2 亿元，完成投资 262.8 亿元。

从重点产业看，全市六大主导产业全年完成投资 973.4 亿元，同比增长 2.7%%，占工业投资的 47.5%；六大产业增速 3 升 3 降，其中：光伏及新能源、食品及农副产品加工业同比分别增长 90.8%

和29.4%；装备制造业同比增长10.7%；家电、汽车及零部件和新型平板显示产业同比分别下降3.2%、8.8%和70.3%。七大战略性新兴产业完成投资1034.7亿元，同比增长11.2%；七大产业增速4升3降，其中，新能源、生物、节能环保产业同比分别增长59.2%、51.5%和24.9%；新材料产业同比增长9.6%；高端装备制造、新一代信息技术和新能源汽车同比分别下降0.9%、15.8%和91.8%。

【节能降耗】 全市当年全社会能源消耗总量（等价值）2103.20万吨标准煤，同比增长3.35%，低于全市生产总值增幅7.1个百分点；单位生产总值能耗0.3996吨标准煤/万元，同比下降6.44%，“十二五”累计下降24.86%，超额完成“十二五”累计下降17%的目标任务。能耗总量增加68.2万吨，2014-2015两年共增加108.2万吨，年均增长2.49%，完成省政府下达的总量控制目标。

从产业看，全市全年第一产业能耗46.82万吨标煤，同比增加用能4.11万吨，增长9.8%，比2014年增幅高出12.6个百分点；第二产业能耗1078.53万吨标煤，增加用能1.41万吨，同比增长0.1%，增速回落1.9个百分点；第三产业能耗661.09万吨标煤，增加40.88万吨，同比增长6.6%，增速低5.2个百分点；城乡居民生活用能317.30万吨标煤，用能增加21.75万吨，同比增长7.4%，增幅比2014年高21.0个百分点。

从工业能耗看，全市全年工业能耗937.84万吨标煤，同比减少用能4.01万吨，下降0.4%，低于全社会能耗增幅3.0个百分点；占全市总能耗的44.6%，同比减少1.7个百分点；单位工业增加值能耗0.3670吨标煤/万元，同比下降13.5%。其中规上工业能耗（当量值）824.98万吨标煤，同比减少用能31.75万吨标煤，下降3.7%，比2014年增幅回落6.4个百分点，低于同期工业产值增幅13.6个百分点，单位产值单耗同比下降12.4%。

全市当年六大高耗能行业实现增加值374.30亿元，占全市工业16.6%，同比下降0.9个百分点。从行业看，非金属矿物制品业、有色金属冶炼及压延加工业和电力、热力的生产和供应业增速低于全市5.4、0.5和11.0个百分点；受爱思开宝盈、杰事杰新材料、会通新材料和会通节能材料增产、马钢（合肥）板材投产的拉动，石油加工、炼焦及核燃料加工业、化学原料及化学制品制造业和黑色金属冶炼及压延加工业生产增幅高于全市30.4、2.7和14.1个百分点。

从用电看，全市当年全社会用电量243.26亿度，同比增长7.6，其中，一产、二产、三产和居民生活用电分别2.01、137.86、61.15、42.24亿度。全年工业用电量130.93亿度，同比增长6.1%；比全省高5.0个百分点，在省内居第一位，其中制造业用电量109.31亿度，同比增长7.4%。

【开发区工业】 全市四开发区对工业增长贡献率超五成。从总量看，四开发区当年实现工业增加值1178.9亿元，占全市工业的比重超五成，达52.3%，同比提升0.8个百分点，对全市工业增长贡献率为58.9%。从增速看，四开发区实现增加值增速均高于或达到全市平均水平，平均增速为13.1%，高于全市工业1.8个百分点。

【县域工业】 全市当年五

2015年战略性新兴产业生产完成情况

产业名称	产值（亿元）	增加值（亿元）	增长（%）
战略性新兴产业合计	2788.77	698.69	21.9
战略性新兴产业占全市比重	30.0	31.0	
一、节能环保产业	480.93	119.84	9.5
二、新一代电子信息产业	1311.28	335.78	29.9
三、生物产业	75.81	20.09	12.2
四、高端装备制造产业	128.47	35.85	19.6
五、新能源产业	376.68	89.24	14.2
六、新材料产业	258.87	60.28	23.5
七、新能源汽车产业	156.73	37.61	21.8

2015年全市六大高耗能行业生产用电量情况

行业名称	增加值（亿元）	增加值增长(%)
石油加工、炼焦及核燃料加工业	3.95	41.7
化学原料及化学制品制造业	115.16	14.0
非金属矿物制品业	97.80	5.9
黑色金属冶炼及压延加工业	75.25	25.4
有色金属冶炼及压延加工业	4.68	10.8
电力、热力的生产和供应业	77.47	0.3
六大行业小计	374.30	11.3
全市合计	2255.65	11.3
六大行业占全市比重	16.6	

县（市）完成实现工业增加值840.6亿元，占全市工业的比重为37.3%，同比提升0.3个百分点，对全市工业增长贡献率为37.5%。从增速看，肥东、长丰和庐江三县增速高于全市平均水平，肥西和巢湖市二县（市）增速低于全市平均水平；平均增速为11.5%，高于全市工业平均增幅0.2个百分点。

【四城区经济】 全市四城区经济当年实现工业增加值236.1亿元，占全市工业的比重为10.5%，同比下降1个百分点。从增速看，蜀山区同比增长8.1%；包河区同比增长4.8%，庐阳区同比增长1.1%；瑶海区同比下降4.8%。

【十二五工业发展成就】 "十二五"时期，合肥市抢抓"一带一路""互联网+"以及新一轮国内外产业梯度转移等重大历史机遇，坚定不移走新型工业化道路，推进工业立市、创新驱动、园区提升、县域突破等战略，工业发展实现新突破。

工业规模壮大。"十二五"期间，规模以上工业增加值实现翻番，工业总量由"十一五"末的1052.7亿元增加到2015年的2255.7亿元，在全国省会排名连上五个台阶，由2010年的第13位上升2015年的第9位。规上工业总产值突破9300亿元，连跨五个千亿台阶。规上企业数由2010年的2091户增加到2015年的2392户，其中实现产值超亿、10亿、50亿、100亿企业由2010年的481、45、13、5户分别增加到2015年的1123、136、28、12户。合肥市规模以上工业增加值总量占全省的比重达23%，较2010年的18.8%提高了4.2个百分点。家电、装备制造业、平板显示及电子信息产业产值均突破千亿元。

有效投入扩大。"十二五"期间，全市累计完成工业投资8600.1亿元，是"十一五"时期的3.04倍，其中技术改造投资完成5265.5亿元，较"十一五"时期翻两番，技术改造占工业投资比重由2010年的52.5%提高到2015年的62.2%。五年间共组织10批次2254个"双千工程"项目入库，项目全部建成达产后预计新增销售收入9414.3亿元，推动联宝电子、京东方10代线8.5代线、长安汽车、TCL冰洗、中国南车、欣奕华、德电等一大批标志性项目落户、投产，带动了全市工业快速增长。

2015年四开发区工业总量和增速情况

开发区	2015年（亿元、%）				2014年（亿元、%）			
	增加值	排序	增速	排序	增加值	排序	增速	排序
经开区	641.8	1	12.2	3	613.7	1	13.3	4
高新区	330.0	2	11.3	4	305.9	2	15.0	3
新站区	187.5	3	19.0	1	159.1	3	17.2	2
巢湖开发区	19.5	4	16.8	2	17.2	4	20.0	1

2015年五县（市）工业总量和增速情况

县 域	2015年（亿元、%）				2014年（亿元、%）			
	增加值	排序	增速	排序	增加值	排序	增速	排序
肥东县	228.6	2	13.4	2	205.3	2	15.6	2
肥西县	277.8	1	8.8	5	277.6	1	16.8	1
长丰县	192.8	3	13.0	3	169.0	3	12.0	4
庐江县	52.3	5	15.0	1	50.5	5	12.6	3
巢湖市	89.1	4	10.1	4	84.4	4	5.2	5

2015年四城区工业总量和增速情况

城 区	2015年（亿元、%）				2014年（亿元、%）			
	增加值	排序	增速	排序	增加值	排序	增速	排序
瑶海区	17.7	4	-4.8	4	21.2	4	-15.8	4
庐阳区	60.2	2	1.1	3	62.6	2	3.5	2
蜀山区	45.7	3	8.1	1	43.3	3	-9.6	3
包河区	112.5	1	4.8	2	116.6	1	5.2	1

产业结构优化。“十二五”期间，全市工业结构持续优化，初步形成了以高新技术产业和先进制造业为主导的产业体系。汽车、装备制造、家电、食品及农产品加工、新型平板显示、新能源及光伏等六大产业增加值由2011年建立口径的880.8亿元提高到2015年的1456.5亿元，占全市工业增加值比重由2011年的59.1%提高到64.6%。高技术产业和战略性新兴产业快速增长，其中战略性新兴产业增加值由2010年的213.8亿元提高到2015年的698.7亿元，占比由2010年的20.3%提高到2015年的31%；高新技术产业2015年实现增加值1208.6亿元，占全市比重高达53.6%，产业结构持续向高端化发展。

企业创新能力增强。“十二五”期间，合肥市工业坚持创新推动战略，“十二五”期间全社会科技研发投入占GDP比重由2010年的2.13%提高到2015年的3.2%，居全国省会城市第三位。一大批国内外知名科技型企业和研发机构相继落户合肥，1056家企业被认定为高新技术企业，相比2010年的387家实现翻番，诞生了国内“首个开工、首个建成、首个使用”的规模化城域量子通信网络，形成了以讯飞为核心的中文语音产业链。建成国家级、省级、市级企业技术中心34、194、111家，推动339家市级以上企业技术中心和高校、科研院所共建研发机构283家，技术合作项目每年按40%的速度递增。

两化融合得到深化。“十二五”期间，合肥市从区域、行业、企业三个层面推进信息化与工业化深度融合，推进“数字企业”、“智慧企业”“动力100无线企业”、百度“翔计划”等专项工作，在全国首创启动实施“万千百”工程。建成282家市级以上两化融合示范企业、15家市级以上两化融合示范园区、2家国家级的两化融合服务机构，两化融合各项指标连续多年位居全国前列。成功获批“国家级两化融合试验区”“三网融合第二阶段试点地区（城市）”“宽带中国”示范城市（城市群），入选首批“国家信息消费试点市”并成功脱颖而出，获批“国家信息消费示范城市”。

企业效益水平提升。“十二五”期间，全市工业企业效益水平逐步提升，规模以上工业企业主营业务收入由2010年的3208.9亿元增长到2015年的8760.4亿元，实现翻番；实现利税总额由2010年的273.1亿元增长到2015年的768亿元，2015年实现利润总额482.3亿元；经济效益综合指数由2010年的292.7%上升到2015年的348 %。

节能降耗成效显著。“十二五”期间，能源消费总量和强度指标均控制在合理区间，全市单位地区生产总值能耗累计降低24.86%，完成省下达17%总目标的153.4%，全市单位规上工业增加值能耗下降46.5%。淘汰水泥、造纸、印染、铸造行业落后产能分别为686.5万吨、49.13万吨、1577万米、1.27万吨，全部关停24门以下轮窑厂，淘汰127座轮窑厂，实现年节能量约为131.34万吨标准煤，每年可减少二氧化碳排放约311.11万吨，二氧化硫排放约1.12万吨，氮氧化物排放约9700吨，提前两年完成“十二五”淘汰落后产能目标，被评为安徽省“节能综合性示范城市”。

开发区主引擎作用增强。“十二五”期间，四大开发区承载力进一步得以提升，主引擎作用进一步增强，成为全市各类经济要素最为集中、产业发展最为集聚、创业创新优势最为突出、工业转型升级发展最为领先的高地。2015年四大开发区实现工业增加值1178.9亿元，占全市工业的比重超五成，达52.3%，相比区划调整后2011年的48.4%，提高3.9个百分点，对全市工业增长贡献率为58.9%。经开区、高新区、新站区分别以家电、军民结合、电子信息（新型平板显示）为产业特色，获批国家级新型工业化产业示范基地。高新区成为首批国家应急产业示范基地，经开区“国家低碳工业园区试点”加快建设。

县域主战场作用发挥。“十二五”期间，县域工业化水平快速提升。“十二五”期间，五县市累计完成工业投资3952.8亿元，其中完成技术改造投资2320.2亿元。2015年，五县市实现规上工业增加值840.6亿元，占全市工业的比重为37.3%，相比区划调整后2011年的31.6%，提高5.7个百分点，对全市工业增长贡献率达37.5%，相比2011年的28.7%，提高8.8个百分点，形成了家电、汽车零部件、农产品加工、新材料、电子信息等产业集群。

重点产业

2015年，合肥市六大主导产业完成增加值1456.54亿元，占全市工业64.6%，同比提升1.8个百分点；实现增加值同比增长12.5%，高于全市工业1.2个百分点，拉动全市工业增长7.9个百分点，增长贡献率为69.7%。从各产业总量看，平板显示及电子信息产

2015年六大千亿元产业生产完成情况

产业名称	增加值（亿元）	增长（%）
六大千亿产业合计	1456.54	12.5
六大千亿产业占全市比重	64.6	
一、汽车产业	174.22	18.3
二、装备制造产业	350.18	7.1
三、家电产业	342.18	7.0
四、食品及农副产品加工业	201.10	4.8
五、平板显示及电子信息产业	314.90	27.6
六、光伏及新能源产业	73.96	19.5

业实现产值首次突破千亿元，是继家电和装备制造产业之后，第三个年产值破千亿元的主导产业；从增速看，受鑫晟光电、宝龙达光电、阳光电源、晶澳太阳能和国轩高科等企业释放产能，江汽股份调整产品结构、长安汽车改产的拉动，平板显示及电子信息、光伏及新能源和汽车产业均保持了较快的增长态势。

【家电产业】 合肥市家电产业实现增加值342.2亿元，同比增长7.0%，增速较2014年提升9.1个百分点。四大件产量6086.6万台，同比增长12.6%。其中，彩电696.8万台，洗衣机1584.6万台，电冰箱2550.1万台，同比分别增长206.9%、11.3%、5%，空调1177万台（套），同比下降9.2%。

从重点企业看，合肥美的当年实现销售收入226亿元，生产冰洗3933万台，实现税收10亿元，同比分别增长21.5%、40%、65%。合肥格力当年完成产值207亿元，同比下降8.8%；惠而浦当年完成产值112亿元；长虹实业当年生产彩电155.8万台，完成产值31.3亿元，同比增长34%；惠科金扬2015年生产彩电260.1万台，完成产值40.3亿元。

从产品结构看，合肥家电产品覆盖白色和黑色系列家电，主要有电冰箱、洗衣机、空调器、彩电等大家电产品和抽油烟机、热水器、微波炉、吸尘器、太阳能产品等小家电以及电冰箱压缩机、空调压缩机、洗衣机电机、平板显示器等配套产品。2015年，全市生产冰箱冰柜2628.1万台、洗衣机1584.6万台、空调1177.0万台、彩电696.8万台，“四大件”总产量为6086.6万台。合肥成为全球最大的冰箱和洗衣机生产基地。

从科技创新看，以中国科学技术大学、合肥工业大学和中科院合肥分院等众多科研院所为依托，全市家电企业拥有国家级企业技术中心2个、省级企业技术中心12个、市级企业技术中心10个。家电企业从事研发及相关人员约占企业职工总数的20%，研发投入约占销售收入的4%。美菱、荣事达设立了国家级的冰箱及洗衣机企业技术中心和博士后工作站，并广泛与高校及科研院所建立中长期合作关系，使合肥在电冰箱及洗衣机的研发与创新水平处于国内同行业领先水平。国家家用电器产品质量监督检验中心2014年9月完成一期工程建设并投入使用，共建成23个专业检测实验室，满足家电产品更新换代及检验需求，2015年下半年启动二期工程建设。

从产业集聚看，家电配套产业快速崛起，家电当地平均配套率达70%，核心配套率达75%。美芝、宝兰格、科德隆、日上电器、港利、凌达、凯邦，还有京东方、鑫昊、彩虹、乐凯等知名配套企业相继落户，宝钢、马钢在合肥建立薄板、彩板配送中心，为家电产业提供配套服务。作为最具国际影响力和竞争力的家电制造中心，合肥形成了从产品研发到核心零部件生产、整机制造、包装到销售网络、物流、售后服务为一体的完整产业链。

【汽车及零部件】 汽车产业是合肥市工业经济的支柱产业之一，在全市经济总量中占有举足轻重的地位，形成以轻型、中型和重型载货车、客车、商务车、微型车、轿车为主导产品的系列化发展格局，具有中国最全的商用车产品型谱。2015年，全市汽车产业实现增加值174.2亿元，同比增长18.3%，增速较2014年提升20.6个百分点；生产汽车63.8万辆，同比增长34.8%。其中江汽集团全年生产汽车58.4万辆，完成产值490.8亿元，同比增长14.2%。其中，生产SUV 25.3万辆、电动车突破万台，同比分别增长2.5倍以上、3倍以上；合肥长安作全年生产汽车6.4万辆，完成产值27.8亿元，净增21亿元。

从企业规模看，全市当年拥有规模以上汽车整车及专用车生产企业11家，零部件生产企业250多家。汽车整车生产企业有安徽江淮汽车股份公司（含安凯汽车股份公司）、合肥长安汽车有限公司、安徽星凯龙车辆制造公司、安徽广通汽车制造股份公司等。汽车生产的龙头企业，安徽江淮汽车股份公司（以下简称“江汽股份”）、安凯汽车股份公司（以下简称“安凯股份”）均为上市公司。江汽股份当年汽车销量达58.8万辆，其中乘用车销量为34.6万辆，新能源汽车为1万辆；合肥长安汽车产销量达6.3万辆。

从产业集聚看，围绕江汽股份、安凯股份和合肥长安汽车公司，在汽车及零部件产业上实现了跨越式发展，并向开发区和工业园区聚集，汽车产业形成以江淮汽车城、桃花工业园、包河工业园、岗集汽车配件园、长安汽车工业园为主体的环城汽车零部件产业带，其中桃花工业园、包河工业园、岗集汽车配件园为安徽省经信委命名的“新型工业化产业示范基地”，产业集群发展态势初步形成，并且实现了产业集群与工业园区的良性互动，从而完善了汽车产业链。

从产品结构看，合肥汽车工业形成多品种、全系列的各类整车和零部件生产及配套体系，其中以轻型、中型和重型载货车、客车、商务车、微型车为主导的系列化产品为中国最全的商用车产品型谱，形成30多个系列400余种车型。

【装备制造业】 合肥的装备制造业重大技术装备自主化水平显著提高，国际竞争力提升，新兴产业装备部分产品技术水平和市场占有率跃居国内前列，在全省乃至全国都有较大的影响。2015年，合肥市装备制造业实现增加值350.2亿元，同比增长7.1%。

从企业规模看，合肥装备制造业通过结构调整、深化改革、技术进步和管理提升，全行业拥有一批优势企业集团，如安徽叉车、日立建机、应流集团、合肥锻压、天威合变等大型企业，以及华东工程、水泥研究院等成套装备研发和生产企业。在保持工程机械、电工电器、锻压机械、仪器仪表、化工机械、环保机械等六大类优势传统行业的基础上，又增添了自动化装备、电子信息装备和航空设备等新领域行业。

从产业集聚看，全市装备制造业的骨干企业都向开发区和工业园区聚集，全市的大部分区（县）都将装备制造业作为发展区（县）工业的重点，形成以经济技术开发区、高新技术开发区、瑶海工业园和庐阳工业园等为主的聚集区。在这些聚集区内建设了一批以龙头企业核心产品为依托的特色工业园。同时，一大批为装备制造业配套的零部件生产企业和基础装备制造企业也向这里聚集，产业聚集趋势明显。

从产业链看，合肥市装备制造业形成门类齐全、规模较大、具有一定技术水平的产业体系，尤其在水泥成套装备、化工装备、环保装备、饮料罐装、自动化装备等行业领域，形成了合肥水泥研究院、华东工程公司、盛运环保、国帧环保、中辰机械、巨一自动化等一批集系统设计、系统集成、工程总承包和全程服务为一体的总承包公司和工程公司，初步形成了以工程带动相关装备制造业加快发展的良好格局。

【平板显示及电子信息产业】 合肥平板显示及电子信息产业近年来发展迅猛，科技含量明显提高，京东方、联宝等一批龙头企业汇聚合肥，提高了合肥市电子信息产业竞争力，部分产品技术水平和市场占有率跃居国内前列。2015年，平板显示及电子信息产业产值突破千亿元大关，实现增加值314.9亿元，同比增长27.6%，高于全市工业平均增幅16.3个百分点，对全市工业增长贡献率为29.7%。

从电子制造看，电子制造产业当年实现产值1270.1亿元，同比增长27.3%，实现增加值314.9亿元，累计增速达24.3%。生产液晶显示屏2.3亿块，电子计算机1813万台，同比分别增长23%、12%，制造手机64万部，生产各类智能穿戴产品1170万块。拥有国内首条6代线、一条8.5代线、国内最大的笔记本代工线以及最大的OGS触摸屏生产线，开展全球第一条10.5代线前期工作，建设国内最大的光学薄膜、玻璃基板、偏光片以及大型面板驱动芯片生产基地，形成了涵盖化学材料、驱动芯片、面板、整机制造等环节的全产业链，龙头企业本地配套率约70%，产业整体规模、创新能力、当地化配套水平等全国领先。

从智能语音产业看，全市语音产业当年实现产值约120亿元，其中科大讯飞公司完成产值约30亿元，同比增长60%，利润、税收等指标均大幅度增长，语音服务覆盖终端设备数超过6亿，合作用户数超过9亿。

从软件和信息服务业看，合肥市当年启动“中国软件名城”建设，完成实施方案初稿并通过专家验收；当年规模以上软件企业的收入、利税、出口等指标均实现40%以上的增长。重点骨干软件企业对行业发展支撑强劲，24家重点软件企业累计实现主营业务收入占行业比重超50%，大批中小企业得到孵化。

【光伏及新能源产业】 全市光伏产业当年实现增加值73.96亿元，同比增长19.5%，完成产值309.27亿元。全市太阳能电池片、组件及逆变器产能突破10GW，合肥成为国内有较大影响力的光伏产品生产基地。截至年底，全市光伏电站装机总规模达533.77兆瓦，位居全国省会城市前列。“十二五”以来，全市光伏产业及应用项目带动投资约285亿元；光伏电站累计发电量3.2亿千瓦时，占全市

2014年全社会用电量（226亿）的1.4%，相当于节约标准煤10.3万吨，累计减排二氧化碳达26.7万吨。

从产业集聚看，聚集天合光能、乐叶光伏、三星SDI等重点光伏企业，成功完成原赛维LDK（合肥）公司战略重组。推动市政府与通威集团签署战略合作框架协议。拥有阳光电源、晶澳、通威、海润、中南光电、景坤新能源等30家光伏生产企业，形成了从电池—组件—逆变器—储能产品—电站建设等较为完整的光伏产业链。帮助晶澳太阳能、阳光电源、通威太阳能、中南光电等光伏生产企业，加大技术改造和投资力度，全面恢复和扩大产能。

从应用推广看，合肥市实施分布式光伏屋顶电站、光伏照明、光伏与建筑一体化、光伏与设施农业相结合等工程，创新"光伏下乡""光伏精准扶贫""渔光互补"等多种推广模式，打造"中国光伏应用第一城"。实施分布式光伏屋顶电站、光伏照明、光伏扶贫、光伏与建筑一体化、渔光互补等工程，2015年205个光伏电站集中开工建设；推动长丰红旗水库、庐江白湖社区等电站项目开工建设；会同高新区、市供电公司，开展就近售电等试点工作，有效化解电力消纳难题；光伏精准扶贫惠及全市800户农户。另外，首批4个建筑一体化太阳能环卫驿站在高新区投放使用，实现发电、节能、美观实用等多重效益。村集体光伏电站列入合肥市美好乡村示范村试点建设内容，为村集体经济注入新的活力。推动环巢湖太阳能路灯项目建设。支持企业"走出去"和"借光发展"，市委市政府主要领导多次率合肥市重点光伏企业赴新疆、甘肃、青海等西部地区，为合肥光伏企业开拓更广阔的市场。通过政府与政府签署合作协议等方式，帮助合肥市企业在西部地区承建大型地面电站项目，消化合肥市光伏产品库存。同时，帮助光伏应用企业开拓省内光伏应用市场，市经信委带领合肥市光伏及生产企业赴阜阳、宿州、滁州、淮北、淮南等地调研、对接光伏应用资源。合肥市的金太阳公司、阳光电源、聚能新能源等企业先后与颍上县政府、宿州市政府等地签订了战略合作协议和一批应用项目。

企业选介

【战略性新兴产业部分企业】

联宝（合肥）电子科技有限公司，是联想（合肥）产业基地项目由联想集团和台湾仁宝电脑共同投资建设。项目于2011年9月签订项目投资协议，2011年10月项目正式开工建设。2011年12月，联宝（合肥）电子科技有限公司在经开区注册成立，注册资本1亿美元，2013年增资至2.65亿美元。2014年，联宝成为合肥市最大工业企业和安徽省最大进出口企业。

联想（合肥）产业基地项目生产基地占地近40.67公顷（加工区内占地近30.47公顷），总投资约10亿美元，在合肥出口加工区内建设年产2000万台笔记本电脑和台式一体机生产基地项目，是联想全球最大的PC 机研发和生产基地，全球每8台笔记本电脑中，就有1台来自联宝制造。2015年，该公司生产笔记本电脑1396万台，完成产值445.33亿元。

科大讯飞股份有限公司是专业从事智能语音及语言技术、人工智能技术研究、软件及芯片产品开发、语音信息服务及电子政务系统集成的国家级骨干软件企业，该公司的智能语音核心技术代表了当今世界的最高水平。1999年，该公司成立，2008年，在深圳证券交易所挂牌上市。截至2015年底，科大讯飞推出从大型电信级应用到小型嵌入式应用，从电信、金融等行业到企业和消费者用户，从手机到车载，从家电到玩具，能够满足不同应用环境的多种产品；占有中文语音技术市场70%以上市场份额。2015年，该公司实现主营业务收入25.48亿元，实现利税总额6.22亿元。

合肥中南光电有限公司成立于2008年10月，是专业从事太阳能电池组件、太阳能光伏系统工程系列产品研发、生产、销售、施工及服务于一体的企业。截至2015年底，该公司占地6万平方米，具有自营出口权，通过TUV、IEC、CEC、UL、CE、MCS等国际证书及CQC、ISO14001、ISO9001、OHSMS18001等国内证书的认证，产品主要出口澳大利亚、巴西、墨西哥、越南、印度尼西亚、尼日利亚、南非、中东、欧盟等20多个国家和地区，是安徽省民营企业出口创汇100强企业之一；并与瑞士洛桑理工大学、南京大学、中国科技大学、合肥工业大学及安徽科技学院等相关国内外重点院校建立了技术合作以及产学研关系。2015年，该公司生产了各类光伏产品239MW，实现总产值23.08亿元。

【支柱产业部分企业】 合肥长安汽车有限公司为重庆长安汽车股份有限公司下属企业，注册于合肥高新技术产业开发区，拥有汽车生产完整的冲压、焊装、涂装、总装四大工艺生产线，具有轿车整车生产的大、精、尖专业生产设备及成套设施，是长安汽车三大自主轿车生产基地之一。2015 年，该公司生产汽车 6.4 万辆，实现产值 27.77 亿元。

安徽叉车集团有限责任公司（以下简称叉车集团）系安徽省属国有独资公司，始建于 1958 年，主营业务为工业车辆、工程机械及关键零部件，是国家创新型企业、国家火炬计划重点高新技术企业，拥有国家级企业技术中心、机械工业叉车工程研究中心和省工业车辆重点实验室，其核心企业安徽合力股份有限公司是中国叉车行业唯一的上市公司（SH600761），HELI 商标是中国驰名商标。叉车集团形成以合力工业园为中心，以陕西宝鸡合力、湖南衡阳合力、宁波力达、辽宁盘锦合力四个整机厂为东、西、南、北方产业基地，以合肥铸锻厂、蚌埠液力机械有限公司、安庆车桥厂、安庆联动属具公司等配套体系为支撑的百亿元产业平台，公司技术中心是全国首批、叉车行业唯一的国家级企业技术中心，2015 年，该公司旗下合力叉车公司生产主要产品近 3 万台，实现产值 35.04 亿元，实现主营业务收入 50.7 亿元，实现利税总额 7.58 亿元。

截至 2015 年底，美的集团在肥建立了冰箱工业园、洗衣机工业园、冰压工业园、材料采购供应及电机工业园、物流工业园及中央空调工业园等 6 个产业平台，形成能生产冰箱 1200 万台、洗衣机 1000 万台、冰箱压缩机 500 万台的产业规模。2015 年，合肥美的（含电冰箱、洗衣机、压缩机等）实现销售收入 226 亿元，生产冰箱、洗衣机和冰箱压缩机 3933 万台，实现税收 10 亿元，同比分别增长 21.5%、40%、65%。

【传统产业部分企业】 联合利华（中国）有限公司于 2002 年开始在合肥经济技术开发区投资兴建联合利华合肥工业园，该园占地近 25.27 公顷，生产包括力士、旁士、清扬、夏士莲、多芬、凡士林、奥妙、中华、精纺、立顿等品牌的日化产品。2015 年实现工业总产值 149.28 亿元，生产的产品不仅仅满足国内市场需求，还出口香港、日本、韩国、东南亚、澳洲、加拿大等国家和地区。经过多年的发展，联合利华成为中国最大的快速消费品企业之一，其生产的各类产品均位居业内前三甲。

安徽佳通轮胎（中国）有限公司是一家大型外商投资公司，多次获全国外商投资“双优”企业、安徽省进出口先进单位称号，被全国海关列为 A 类企业。该公司成立于 1993 年，主营各类汽车轮胎的生产和销售。佳通轮胎在中国境内拥有 5 家大型工厂以及独一无二的、完善的轮胎销售网络遍布全中国及世界各地，轮胎销售额自 2001 年起至今一直名列中国第一。2009 年佳通轮胎销售收入突破 140 亿元人民币，跻身世界轮胎业前十三强，国内市场占有率达到 18%，产品远销欧美、中东等 100 多个国家和地区，与国内外 80 多家汽车生产企业建立了稳定的配套业务关系，并获 GM 汽车公司 2005、2006 年度最佳供应商奖。2015 年实现产值 45.36 亿元。

（彭雨森）

推进信息产业

推进信息产业按照“市场导向、需求牵引、创新驱动、特色发展”的原则，以“保增长、扩内需、调结构”为主线，结合合肥市产业发展、科技优势等特点，坚持科技创新，完善扶持政策，优化资源配置，推动面向生产、生活和管理的信息消费快速增长，积极探索走出一条“点上抓企业示范、线上抓产业联动、块上抓区域集聚、面上抓环境优化”的符合合肥市工业发展的两化深度融合之路，认真做好各项专项业务工作，圆满完成年初既定工作目标，获得工信部及省经信委的充分肯定，合肥市成功入选国家信息消费示范市、“宽带中国”示范市，李海鹰荣获2015年“中国两化融合推进工作十佳突出贡献人物”，合肥市推荐的安徽迈立信息科技有限公司工业云平台项目、合肥昊邦信息科技有限公司分获工信部2015年两化融合优秀解决方案奖和2015年两化融合管理体系优秀贯标服务机构。

【通信基础设施演进升级】 完成编制《合肥市通信基础设施规划》，并将通信基础设施建设纳入全市基础设施建设规划；完成编制《关于加快推进光纤宽带网络建设的若干意见》，并以市政府办公厅名义发布，切实解决光纤入户难问题。

积极推进宽带基础设施建设。围绕市政府与三大电信运营企业的框架协议，积极督促三大电信运营企业加快通信基础设施建设投入。十二五期间，三大电信运营企业在肥投入120亿，建成本地光缆纤芯长度达320万芯公里，3G基站8128座、4G基站6864余座，实现3G信号城乡覆盖100%、中心城区、近郊（县城）的4G网络覆盖率达98.7%。；互联网出口达1T，家庭宽带继上海、武汉后率先突破20M；城区成型小区基本实现光纤到楼，可提供100M接入带宽；非成型小区（如城中村）、农村采用ADSL、FTTH等多种方式覆盖，农村集镇具备100M接入能力；WIFI热点建设约5420个，覆盖23万个公共区域和家庭。

深入推进国家三网融合试点市建设。协助市直有关部门，先后启动了党员远程教育、文化资源共享、农业信息服务平台、接入网络基础设施工程等一批重大项目，并在部分县区开展了IPTV、有线电视网互联网接入等试点。广播和电视人口综合覆盖率分别达到98.3%和98.7%，数字有线电视用户达到60万户，IPTV用户超过30万户；农村地区“村村通”和“直播卫星”工程实现全覆盖。

成功入选国家“宽带中国”示范市。根据国家工信部、发改委《关于开展创建“宽带中国”示范城市的通知》要求，认真开展国家“宽带中国”示范市申报工作，拟定工作计划，在充分吸收、消化先发地区经验的基础上，结合合肥市实际情况，完成方案编制并通过省初评后被推荐到工信部通过初审。国家工信部、发改委正式公布了2015年度“宽带中国”示范城市（城市群）名单，合肥市从104年试点市中脱颖而出，成功入选首批25个全国“宽带中国”示范城市。

加快全市无线局域网建设。结合深圳等地有效做法，编制完成《合肥市加快推进公共场所无线局域网建设行动计划（2015-2016年）》，并以市政府办公厅名义下发，积极协调各县（市）区推进无线局域网的建设。“合肥市无线局域网安全认证管理平台”已搭建完成并试运行，瑶海区、庐阳区和包河区相继启动无线前端AP点建设工作，其中瑶海区和平广场AP点建设已竣工试运行，效果良好。

【提升居民信息消费体验】 利用合肥市在智能语音、新型显示、智能制造、软件集成等方面的产业基础和技术优势，加快实施信息产品创新和示范应用，增强电子信息产业创新能力，提升软件业支撑服务水平，三孝口智慧城信息消费体验中心等24个项目成功入选省级信息消费体验中心，聋易通等3个项目成功入选国家信息消费创新应用示范项目。

【政策体系建设】 制定出台《关于加快“宽带合肥”建设促进信息消费的若干意见》，明确信息消费试点市建设工作的思路、目标、任务和措施。加大财政资金支持力度。在《合肥市人民政府关于印发合肥市扶持产业发展“1+3+5”政策体系》中设立促进信息消费专项资金，重点支持成长性中小企业开展网络搜索营销业务，推进工业云服务平台建设，重点支持中小微企业应用工业云服务平台开展网络基础设施、设备租赁、数据托管、流程外包等服务，推广家庭信息应用，重点支持工业企业和电信运营企业搭建“数字家庭体验中心”，鼓励企业积极参加国家重点信息消费产品认定等。加大政府购买信息服务能力。探索推进政府加大外包和第三方服务支持力度，鼓励企业采用分期付款、设备租赁、技术服务投资等新型融资模式，推进试点示范项目建设。

【创新驱动，合力推进国家两化融合试验区建设】 积极推进国家两化融合试验区建设。通过规划引领、典型示范、项目实施、平台建设，推进信息技术与产业、企业、产品和生产过程的全面融合，促进传统产业转型升级和战略性新兴产业发展，已初步构建以信息化为支撑的现代产业体系。区域层面，积极推进试验区工作向纵深发展。以桃花工业园等省级示范园区为抓手，实施区域两化融合计划。鼓励工业园区根据自身的发展需求和两化融合基础，结合区域产业和企业发展优势，确立重点产业、企业和项目，推进示范工程建设；行业层面，以江淮汽车、合力叉力等行业龙头企业为代表，加强产业链信息化联动发展；企业层面，积极开展试点示范工作，2015年新认定市级两化融合示范企业50家，推荐省认定20家，培育典型，树立标杆，开发以创新设计、敏捷制造和协同管理为主要内容的数字化综合集成技术，突破多业务、多系统、多企业综合集成技术难点，提升企业的创新设计、精细化管理能力，全面提升企业的整体竞争力；支持24个两化融合项目，投资总额达成4.3亿元，鼓励企业积极采用业务流程重组（BPR）、企业资源管理（ERP）、计算机决策支持（DSS）、数据挖掘（DM）、商业智能（BI）、供应链管理（SCM）、客户关系管理（CRM）、知识管理（KM）、分销管理（DRP）等信息技术，实现信息化集成应用，提高管理、决策科学化水平。

积极开展两化融合创新工程。在全国率先实施“万千百”两化融合创新工程（即：万条数字化生产线、千个数字车间、百家智能工厂），并制定出台了《合肥市智能工厂和数字化车间认定管理办法（试行）》，推进企业信息化从基础应用、单项应用向集成应用、创新应用、产业链协同应用转变，基本实现骨干企业装备智能化、设计数字化、生产自动化、管理现代化、营销服务网络化。2015年新认定3个智能工厂、38家数字车间；积极开展企业“对标设计”，通过招标政府资租方式，委托三家第三方企业信息化服务机构，为41家企业进行信息化建设诊断，帮助企业完成“智慧工厂”、“数字化车间”顶层设计，切实使企业实现智能化的生产和智能化的管理，推进工业企业脱胎换骨式改造。开展“企业两化融合管理体系”标准建设和推广行动，新遴选了15家企业开展两化融合管理体系贯标试点，其中11家企业入选省级试点、6家企业入选国家试点，目前试点企业贯标工作正在实施中。

积极培育信息化服务体系建设。依托电信运营企业优势，开展“智慧企业”创建活动，为中小微企业提供信息化平台、产品与服务；推进中小企业“翔计划”工程，建立中小企业网络营销体验中心，支持200户中小企业开展网络营销业务；推进工业云服务平台应用，支持100家中小微企业应用工业云服务平台开展网络基础设施、设备租赁、数据托管、流程外包等服务。发挥第三方企业信息化公共服务平台作用，为全市中小企业提供信息化政策法规咨询、产品研发、质量认证、软件租用、信息技术培训、在线支持等公共服务；依托百度搜索营销平台，搭建了合肥市第三方本地化电子商务服务平台—“合肥市地产品云服务平台”，帮助我市小微企业实现网上销售。

组织开展两化融合培育活动。全年先后组织开展5场2000余人次的智慧制造、信息消费、两化融合贯标、工业云服务平台、“翔计划”网络营销等业务培训，受到全市企业的一致好评。

信息化建设

【组织实施全市信息化项目年度计划】 按照《合肥市市级政府投资公益性项目管理办法》规定和信息资源整合原则和市信息化专项资金年度预算安排， 2015年全市市级政府投资公益性项目中新开工信息化项目29个，总投资额3.2亿元。

【推进重大基础设施项目建设】 全面推进全市信息资源整合工作。全面启动合肥市政务信息资源整合工作，建设全市政务云和电子政务公共平台，建成全市人口、法人、地理空间等基础数据库。先后完成数字城管、天网工程等重大信息化项目建设验收工作。天网工程已完成近16000个前端点位部署，完成数字城管验收工作，实现对城市的精细化管理；市社管平台在全市352个社区全面使用，提高了行政效率，增强了公共服务水平。扎实推进全国信息惠民试点城市建设。合肥市与2014年成功跻身国家发改委确定国家信息惠民试点城市后，与全市信息资源整合共享工作紧密结合起来，全面落实信息惠民国家试点城市建设工作。扎实推进重要电子政务基础设施建设。完成全市统一政务办公平台的升级改造工作，实现移动办公等多项功能。市虚拟计算中心实现了集约建设、共建共享的目标。

【科学编制2016年度市级投资公益性项目信息化建设计划】 会同市财政局、市发改委组织专家对市直单位申报的2016年信息化项目进行评审论证，编制完成2016年度建设计划，已经市政府批准印发。89个市直单位申报了121个2016年信息化项目，申报投资总额4.7亿元。经审核，2016年，续建项目28个，总投资1.76亿元，新建项目20个，总投资1.8亿元，备选项目19个。

（市国资委办公室）

合肥电信

【概况】 合肥电信通过2015年全国文明单位复检，再获全国文明单位荣誉称号；

合肥电信荣获2015年“安徽省文明单位”及“合肥市文明单位”称号；

合肥电信荣获合肥市劳动竞赛委员会、合肥市总工会联合颁发“五一劳动奖状”；

合肥电信荣获“2015年中国电信安徽公司营销策划及存量经营大赛团体一等奖”；

合肥电信荣获“2015年中国电信安徽公司网络安全技能大赛团体二等奖”；

合肥电信荣获“2015年中国电信安徽公司创新业务营销技能大赛团体二等奖”、“2015年度全省流量经营”团体一等奖；

合肥电信荣获“2015年中国电信安徽公司校园信息化应用拓展大赛团体二等奖”；

合肥电信荣获“2015年中国电信安徽公司优秀核心商圈运营大赛团体二等奖”；

合肥电信荣获支付公司“天翼C+甜橙贷售转售业务标兵奖”；

525活动中，综合指标全国重点城市综合评比第二，获集团嘉奖“最佳作战团队”光荣称号；

合肥电信电子渠道中心荣获“2015年中国电信安徽公司企业文化示范点”；

杨齐同志被评为“中国电信集团优秀工会工作者”；

2015年度省级先进个人：滨湖营业部杨朝刚荣获“金牌小CEO”；政企部扈彦坤、包河分部刘倩、电渠吴文、路程、黄山路营业部吴毅、校园部孔伟、肥东王娜、开放崔欣欣荣获“营销状元”；政企部黄琳、江汽营业部徐瑞荣获“维系标兵”；五里墩厅孙娜、创新部黄乐荣获“服务明星”；接入詹键、客调刘坤荣获“支撑能手”。

合肥联通

【概况】 2015年，通信市场多重因素交织，合肥联通紧紧围绕安徽联通“八年三步走”的战略部署，积极应对监管政策和市场环境持续变化，以党风廉政建设推动经营创新发展，实施全面预算管理，扎实推进专业化运营，优化改善网络能力，深入激发基层活力，保持了规模效益发展的良好态势。全年主营收入11.27亿元，利润规模同比增幅7%，收入增幅和利润规模继续保持安徽联通系统双领先。全业务网上用户规模213万户。

【产品与服务】 2015年合肥联通实施市场线专业化营销体系优化，增量、存量市场并重带动4G、固网用户发展。继续扩大用户服务通道，新建自有厅6家；新建校园沃店20个，实现校园全覆盖；新建社会渠道63家。对社会网点实施动态和标准模板管理。电子渠道ECS服务量占比达80.82%。

对现有产品进行了系统性梳理、收敛和聚焦。面向家庭客户推出了“智慧沃家”套餐，包含流量、宽带、语音的“通信全家桶”，不但“菜品”众多，还能全家分享；开展宽带提速降费进社区活动近百场。积极参与政府社区管理平台、智能交通等12个“智慧城市”项目的建设，面向农村市场推出“美好乡村”融合通信平台，面向大企业蓝领市场推出“幸福工厂”和“员工考勤”平台，提升信息化水平。

服务能力持续强化，与包河万达、招行开展“9分惠”流量兑换活动，推出流量次月不清零政策。通过装移修查询流程的验证，大幅降低宽带撤单率。招募社会监督员队伍，通过暗访等提升窗口服务水平。

【网络建设和维护】 合肥联通全面启动4G网络大建设，建设任务历年之最，新增宽带端口6.14万个，覆盖住宅112.5万套。积极落实光进铜退部署，规范光改，肥东、肥西、长丰、庐江实现光网覆盖。开通共建共享小区宽带接入41处。2015年11月底与铁塔公司完成存量铁塔资产交接。建立集客业务支撑团队和“2+5”模式，开通及时率达96.1%。“宽带一日通”及时率99.6%以上。圆满完成国际马拉松赛、RoboCup机器人世界杯等重保80余次。推进节能减排，单载频能耗成本下降5%。公司荣获全国“2014—2015年度通信网络运营支撑先进单位”称号。

【企业文化】 公司工会按照“凝心聚力促发展，劳逸结合促和谐”的方针，月度文娱活动异彩纷呈，积极参加包河爱心小屋等志愿者活动，开展对淝河镇平塘王村以“关爱空巢（失独）老人，共创美好夕阳”为主题的对口帮扶工作，切实履行央企社会责任。在省分公司的校园、运维、服务技能和智慧沃家拓展等多个比赛中获得团体和个人奖项。全年无重大安全事故发生，获得包河区安全生产“十佳”企业称号。

（丁　然）

合肥移动

【概况】 2015年，在市委市政府和中国移动安徽省公司的正确领导下，中国移动通信集团安徽有限公司合肥分公司（以下简称合肥移动）全面贯彻落实党的十八届五中全会精神及上级决策部署，主动融入合肥市经济社会发展大局中，抢抓发展机遇，加快转型步伐，全面构筑4G领先优势，继续保持较快发展势头，企业发展再上新台阶。

【网络建设】 合肥移动科学实施网络规划，全面加快网络建设，全年完成投资8亿多元，着力打造精品优质网络。截至2015年底，合肥移动TD-LTE网络宏基站4771处、室分基站2484处，实现城区、县城、热点区域及交通干线、3A级以上风景区的全覆盖，基本实现乡镇、农村行政村的有效覆盖，实现了4G网络的广度、深度、厚度覆盖，为合肥市信息化建设奠定坚实基础。同时合肥移动不断加大新技术应用，积极进行4G多载波聚合及VoLTE技术改造，率先进入4G+时代，为用户提供高达330M的高速下载业务和高清语音通话业务。合肥移动重点加强“六化”通信保障队伍建设，不断提高突发事件应急处置能力，全年圆满完成“省、市两会”“2015中国合肥国际马拉松赛”等各级重大活动的通信保障工作。

【业务与服务】 在业务发展方面，聚焦4G规模发展，全年4G活跃用户净增170万户，同时积极响应国家提速降费号召，光宽带发展迅速，全年宽带用户净增18万户，市场份额快速提升。合肥移动坚持以科学发展为主线，以“客户为根、服务为本”为理念，坚持“加快发展”与“回报客户”并重，进一步提升服务质量，有效保护消费者权益。全年加大客户补贴力度，优化产品设计，降低通信资费，完善营销服务网络，促进基本通信服务普及。合肥移动高度重视维护客户权益，扎实开展“净网行动”、垃圾短信治理、打击“伪基站”等专项行动，认真落实手机实名制登记，营造绿色网络环境。同时积极响应国家政策，推出“流量资费大降价”和“流量‘不清零’”等多种举措，充分满足广大用户对流量的使用需求，保障政策真正落到实处。合肥移动全年客户整体满意度处于行业领先水平。

【信息化建设】 结合地域经济特点，围绕政府、交通、教育、医院、大型企业、酒店等重点行业信息化需求，积极采用云计算、物联网、移动互联网等新技术，推动移动执法、移动政务、网上问政、平安城市、数字校园、数字教育、位置服务等一大批重点项目实施，通过重点项目的实施助力高效型、服务型政府建设，帮助企业提高管理效率，降低运行成本。2015年，合肥移动重点实施了合肥市公安局移动警务通、合肥市公安局警车北斗定位、政府应急指挥平台、公安天网、无线局域网安全认证管理平台等一批具有较大影响力的信息化项目。在民生信息化方面，通过搭建无所不在的无线宽带网络，整合政府、行业以及商户多方资源，打造“美好安徽·无线城市”一站式聚合云服务平台。2015年美好安徽平台累计为150余万人次合肥市民提供服务，为市民生活切实提供便利，提高了市民幸福指数。

【企业文化】 秉承“正德厚生 臻于至善”的核心价值观，坚持企业效益与社会效益的统一。在消除数字鸿沟、支持教育和文化事业、推动和谐小区建设、推行环保、公益活动等方面做了大量卓有成效的工作。2015年，合肥移动荣获“第四届全国文明单位”“安徽省第十届诚信单位”“合肥企业五十强”等荣誉称号。

（方 跃）

无线电管理

【概况】 2015年，安徽省无线电管理委员会办公室合肥管理处（以下简称“合肥无线电管理处”），优化设台审批程序，办理无线电通信组网单位24个，新批频率33组，共计67个频点，新办及换发执照共计4005个。截止到2015年底，全市已有公众移动通信基站、广播电视发射台、集群通信、数传通信、航空电台、地球卫星站、微波站、超短波电台等各类无线电台站21000个。

【无线电频率使用核查专项活动】 根据省经信委《关于全省无线电频率使用情况核查专项活动数据填报有关问题的通知》精神，合肥无线电管理处开展无线电频率使用情况核查专项活动，对合肥地区重点单位使用对讲机、卫星地球站、雷达站等频率台站申请和审批资料进行了逐个核查，对合肥地区的2000多个台站的240组用频进行确认，并通过监测比对，完善频率使用情况的核查工作。

【无线电通信安全保障】 2015年10月，合肥国际马拉松赛在滨湖新区举行，根据合肥市委市政府的工作部署，合肥无线电管理处负责中央电视台5套节目组的现场直播、直升机航拍和现场指挥调度的无线电通信畅通，赛区共指配无线电VHF/UHF频率40组，微波带宽100多兆，并积极做好重点频率的保护性监测，及时排查巢湖灯塔转播点的频率干扰，保障比赛的顺利进行。

【行政执法】 为贯彻落实新颁布的《安徽省无线电管理条例》，合肥无线电管理处依法行政，全年排查传播散布淫秽色情和虚假医药信息的“黑广播”17个，净化了合肥市上空正常电波秩序；在经开区、滨湖区成功查处6起手机屏蔽器干扰基站的违法行为，保障了公众通信安全。

【外事频率保护】 2015年9月11日，马拉维共和国总统阿瑟·彼得·穆塔里卡对合肥进行外事访问；10月30日，德国总理默克尔受李克强总理邀请赴合肥参观访问。合肥无线电管理处按照国家无线电办公室的要求，对有关外事频段进行全面监测，对干扰风险进行研判评估，科学指配备用频率，访问期间，对各外事频率进行不间断实时监测，确保外国领导人在访问合肥期间的无线电安全。

【无线电监测】 合肥无线电管理处运用“四站二车”（四个固定监测站和二个移动监测车）监测系统和先进的无线电设备，对重点业务频段、重点地区无线电监测与干扰排查，全年监测5200个小时。确保两会和重大节日期间的通信畅通以及民航、铁路等专用频率的用频安全。

【考试无线电安全保障】 根据市公务员局、市人事考试院、市教育考试院的要求，合肥无线电管理处对合肥市高考、中考、研究生考试、建造师考试、国家司法考试、注册会计考试等重要考试进行无线电安全保障，全年出动车辆约36台次，人员约144人次，设备54套。在全国二级建造师考试中阻断一起无线电作弊信号。在一级建造师考试中查处两起利用无线电作弊案件，抓获作弊嫌疑人2名；在全国硕士研究生入学考试中查处一起无线电作弊案件，抓获嫌疑人两名，并移交市公安局，打击了作弊分子的嚣张气焰，维护了考试的公平公正。

建筑与房地产业

建筑业

【概况】 合肥市完成建筑业总产值3439.18亿元，同比增长3.16%，实现增加值670亿元，实现地税入库收入突破53.79亿元，占全市地税总数的12%，占全市年度GDP的12.37%，在全国26个省会城市中位居第9名。“十二五”期间，合肥建筑产业累计达到14122.84亿元，比“十一五”增长213.35%，平均年增长25.63%（图1），全市等级以上企业累计完成房屋竣工总建筑面积34063万平方米，比“十一五”期间增长141%。合肥市建筑业各项经济指标持续创新高，保持全省第一的位次，并在全国地级市中处于领先地位。

【产业集聚度】 合肥市共有12家企业建筑业总产值超50亿元，其中产值突破100亿元的有3家。12家企业完成产值1017.88亿元，占全市建筑业总产值的29.60%；有405家企业（占全市企业总数19.2%）完成建筑业总产值超1亿元，完成建筑业总产值占全市总数比例高达91%。全市特级、一级资质企业248家（占总数的10.8%），完成建筑业产值占全市建筑业总产值的比重达到73%。市建筑业产业集聚度提高明显。（表1）

“十二五”期间，全市建筑产业集中度不断提高，组织结构进一步优化。2011年，合肥市产值亿元及以上建筑业企业数250家，2015年增加到405家，其中，产值100亿元及以上企业数从1家增加到3家，产值50亿元及以上企业从6家增加到12家。（表2）

图1 “十二五”期间合肥市建筑业总产值和增长幅度

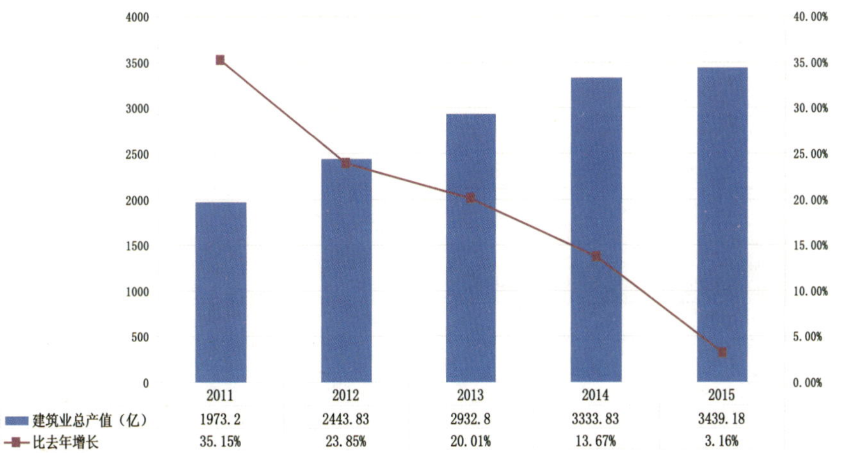

【企业核心竞争力】 安徽建工、安徽三建、省外经、华力、合肥建工等14家企业入围全国建筑业双百强名单。安徽建工、中铁四局、安徽三建等8家企业跻身中国建筑业企业500强。浦发装饰、达美装饰、安徽豪伟建设3家企业入选中国建筑装饰百强企业。市建筑业企业核心竞争力增强。

【资质专业结构】 合肥市建筑业资质专业结构得到优化，全市建筑业企业达2300家，较“十一五”末期增加800家。2015年，全市新增2家特级企业、新增3项特级资质，新增35家总承包、专业承包一级企业，占全省一级企业总数的65%以上。其中，特级、一级总承包企业136家，一级专业承包企业66家，设计与施工一体化一级资质企业46家。帮助监理综合甲级资质安徽国汉监理有限公司落户合肥，市共拥有监理企业94家，工程勘察设计企业217家。其中，综合资质2家，甲级监理企业42家，占全省甲级总数的60%。

【预选承包商制度】 合肥市预选承包商制度初见成效，全年共征集、发布2批预选承包商企业名录，共涉及房建工程93家，市政工程63家，其中合肥市本地企业占名录总数约80%，有利于促进合肥市建筑业企业发展。

【人才队伍与培训】 “十二五”

期间，为满足战略转型期的人才需要，全市建筑业加大人才培养力度，人才结构不断优化，形成了层次较为明晰、专业门类较为齐全的产业人才队伍。截至2015年底，全市共有管理人员8.8万人，比2011年增加0.93万人，工程技术人员12.8万人，比2011年增加3.5万人，中级及以上技工7.7万人（表3）。

市各类执业资格注册人员总数达25573人，其中，一级建造师为7654人，二级建造师15000人，监理工程师为2087人。工程勘察类注册执业人员合计3992人，其中，一、二级注册建筑师399人，注册工程师1149人。在全市全面推行建筑工人职业培训，探索建立建筑工人职业培训新模式，公布审定合格培训考核机构共计121家，其中社会培训机构20家，二级及以上资质建筑企业培训机构101家，培训所含工种36项，办理2400多本合格证书。

【中介服务业】 “十二五”期间，勘察、设计及监理行业发展平稳，截至2015年底，全市勘察设计类企业217家，其中，综合甲级1家，行业甲级1家，甲级58家，乙级108家，丙级51家；年末从业人员28110人，具有技术职称的人员17855人，比2014年提高了1%；年末注册执业人员合计3992人，占从业人员的14.2%，其中一、二级注册建筑师399人，注册工程师（包括一、二级结构工程师、土木工程师、注册公用设备师）1149人；全市监理企业共94家，与2011年的73家相比，企业数量增加了21家，增幅达29%，其中，综合资质3家，甲级42家；期末从业人数达15373人，其中，注册监理工程师共2087人，相比2011年，增加了932人，增幅达80.7%。全年监理企业承揽合同额达224098.1万元，相比2011年的159060万元，增幅40.89%，监理业务收入178463.43万元，相比2011年的90730万元，增幅96.7%。全市招标机构总数达97家，同比增长11.5%，其中，甲级22家，占全市企业总数的22.7%，同比增长15.8%；乙级企业59家，占全市总数的60.8%，同比增长7.3%；暂定级企业23家，占全市总数的16.5%；其中，2015年招标代理机构全年营业收入184472万元，同比增长9.6%。全市造价咨询企业共189家，其中，本市153家，外地进肥36家；甲级企业53家，乙级企业90家，暂定乙级10家；共有造价师人数2072人，造价员人

表1：50亿元产值集团一览表

序号	企 业 名 称	产值（亿元）
1	中铁四局集团有限公司	143.76
2	中煤矿山建设集团有限公司	132.33
3	中建四局第六建筑工程有限公司	130.23
4	安徽三建工程有限公司	95.30
5	合肥建工集团有限公司	92.06
6	安徽金煌建设集团有限公司	70.22
7	中铁四局集团第四工程有限公司	69.08
8	安徽华力建设集团有限公司	65.99
9	中铁四局集团第一工程有限公司	62.98
10	安徽省公路桥梁工程有限公司	53.10
11	中铁十局集团第三建设有限公司	52.82
12	安徽水安建设集团股份有限公司	50.01

表2：“十二五”期间合肥市亿元及以上建筑业企业数

年 度	2011年	2012年	2013年	2014年	2015年
产值亿元及以上建筑业企业数（家）	250	318	363	381	405
其中：1、产值100亿元及以上建筑业企业数	1	2	3	3	3
2、产值50亿元及以上建筑业企业数	6	6	8	12	12
3、产值10亿元及以上建筑业企业数	47	54	64	68	67

表3：“十二五”期间合肥市建筑业人才队伍情况

年 度	2011年	2012年	2013年	2014年	2015年
期末从业总人数（人）	900349	1015501	1067963	1023119	1047280
1. 管理人员	79089	90526	88336	88388	88344
2. 现场施工工人	608736	739319	755217	750961	732358
其中：工程技术人员	92531	98817	110174	139545	128149
其中：中级及以上技工	86742	99030	103261	80361	77306
其中：持有一级建造师证书人员	4112	4450	5542	6620	7654

表4：2012-2015年合肥市非国有建设工程专业职称人数

年 度	2012年	2013年	2014年	2015年
取得非国有建设工程专业职称人数（人）	4515	5914	7172	7803
其中 1、高级工程师	438	651	884	887
2、工程师	1260	1824	2456	4458
3、助理工程师和技术员	2817	3439	3832	2458

数9575人；造价咨询企业营业收入8.51亿元。全市的图纸审查机构共有11家，主要承接房屋建筑、市政基础设施工程施工图审查业务范围，市建筑工程施工图纸送深审率100%，审查通过率100%。全市建设工程质量检测机构共有37家，其中，拥有见证取样资质的30家，拥有专项检测资质的22家。市建设工程质量检测机构秉承“独立、公正、科学”原则，开展工程质量检测活动，为建设工程质量的判定提供可靠的科学依据。

【编制规划】 市城乡建委完成《合肥市建筑业“十二五”发展规划的回顾》《合肥市建筑业“十三五”期间面临的发展机遇》《合肥市建筑业“十三五”发展的目标和措施》三个规划专题，通过开展企业问卷调查、实地走访、组织学习调研等方式，详细了解企业“十二五”期间发展情况和今后发展目标，为编制好《合肥市建筑业“十三五”发展规划》掌握第一手资料。《合肥市建筑业“十三五”发展规划（初稿）》出台。

【建筑企业升级与“走出去”战略】 合肥市帮扶中建四局六、省三建、省交通建设、省路桥、华力、水安、安徽四建控股、合肥建工等12家企业资质升级。4月，中铁四局集团有限公司增项房屋建筑工程施工总承包晋升特级资质。发挥12个驻外办事处的联络、管理、宣传和桥头堡作用，为全市企业在外发展排忧解难，引导企业在巩固外部建筑市场的基础上，积极开拓新市场。全市建筑业企业遍布全国30个省、市、自治区近300个县市，并在30多个国家和地区建筑市场站稳脚跟，全年外出施工人数达到25万人，境外施工人员突破10000人，完成在外施工产值1300亿元（省外1000亿元，省内市外300亿元），同比增长18%，占全市建筑业总产值的38%，实现境外营业收入突破20亿美元。

【县域建筑业发展】 下达四县一市建筑业发展年度目标，帮助解决市县建筑业发展不平衡、走出去发展意识普遍不高、一级资质企业空缺偏少等现实问题。按照不重复、分梯次兑现的原则，实施市县两级支持建筑业发展的奖励政策，促进全市建筑业同步发展。肥东县建筑业发展总量继续保持全省县级第一名，肥西、长丰两县建筑业发展总量跃居全省县级第三和第五名。

【企业资质换证】 为做好建筑业企业资质换证工作，市城乡建委牵头召开一系列新资质标准政策宣传培训，组织市近150家一级建筑业企业参加省住建厅开展的建筑业企业资质标准实施意见培训会，分层次共组织8期建筑业企业资质标准培训班，全市1600多家建筑业企业近2000人参加培训，免费印制并发放培训教材2000余份，为做好全市建筑业企业新资质标准就位工作打下坚实基础；针对资质新标准实施面临的新问题，出具意见上报省住建厅，同时组织专家研究制定市建筑业企业资质换证实施细则；制定建筑业企业资质换证相关配套政策。

【工程质量治理】 全市各级建设行政主管部门共开展专项及综合监督执法检查4160次，全年累计排查在建项目11602个，检查建设单位2844个，检查施工单位3724个，发现涉嫌违法违规项目138个，共下发监督意见书7517份，处理单位180多家，处理200多人，行政处罚金额188.29万元，共暂停施工项目70多项。

【市场信用体系建设】 继续推动市工程建设信用管理平台和信用体系建设，全年对外发布企业不良信用信息193条，个人不良信用信息255条。公开通报曝光49起检查问题处理结果，涉及责任单位115个、责任人97名。建立失信者“黑名单”，实施联合惩戒。杭州建工集团有限责任公司、中太建设集团股份有限公司、中城建六局集团第一工程有限公司、浙江宝业建设集团有限公司等20多家单位被列入市建筑市场“黑名单”，不得在市建筑市场承接新的工程业务。

【建筑市场监管】 以“三包一挂”违法行为、关键岗位人员“四统一”、农民工工资专户及务工人员实名登记信息化管理为重点，对701个市级监管项目开展市场行为监督检查1746次，对220个新建工程进行监督交底，发出监督意见书1617份，发出停工通知书53份，并将检查中存在问题的3家企业，5个关键岗位人员给予通报、处罚。合肥市装饰企业完成产值158.92亿元，同比增长16.93%；4家企业获全国建筑装饰百强、6家企业获幕墙百强称号。

【国有投资项目专项治理】 合肥市城乡建委对2284个国有投资项目开展自查自纠工作，对128个结算超中标价项目进行公示，对28个省级项目逐一进行检查和甄别，完成省专项治理工作平台信息录入，重点针对存在的问题建立长效管理机制，逐步落实“三备案”制度。

【农民工工资专用账户】 2014～2015年，全市累计办理“专户”2137个（市级监管“专户”518个，县区级监管“专户”1619个），市重点工程管理局和市轨道办新建项目全部实施资金三方共管，其他社会项目“专户”累计到账金额36.41亿元（其中市级累计到账金额13.44亿元，县区级累计到账金额22.97亿元）。

【工程质量监督与标准化】 市建筑质量安全监督站共监督房建工程5347项，面积6746.61万平方米，其中新增1059项，面积1385.67万平方米，竣工886项，面积1082.97万平方米；监督市政工程88项，造价94.06亿，新增35项，造价33.9亿，竣工18项，20.55亿。市区监督大型设备3038台，其中塔吊1481台，施工升降机1531台，爬架28台。全年共责令暂停施工整改项目121个，通报处理项目32个，挂黄牌工地15个，通报处理建设单位15家，施工单位54家，监理单位24家，通报处理法人代表7人，项目经理62人，项目总监36人，对责任主体的违法违规行为起到约束惩戒作用。以工程质量标准化工作为依托，着重对外墙外保温施工、外门窗工程、防水工程施工工艺和质量控制要点进行规范统一，对重要施工节点、施工工序的质量标准提出明确要求，让现场施工有据可依；通过推进工程质量标准化，住宅工程诸如裂缝、渗漏等常见质量问题得到处理，质量投诉高发态势得到遏制；当年竣工项目质量投诉同比下降7%。

【文明创建及扬尘防治】 市建筑质量安全监督站对文明创建、扬尘防治存在问题的68个工地下发暂停施工整改通知，挂黄牌10个，通报处理项目12个，处理责任单位32家，责任人35人，183个C类进位152个，进位率83%。重污染天气应急发布预警短信12次9000余条，裸露场地增加洒水2831次，禁止427个工地土石方挖填和转运，停止29个路基工程施工。出台文明创建及扬尘防治常态长效管理办法并督促落实。

【施工安全】 出台安全监督“十条红线”和现场安全监督工作标准；印发脚手架专项治理文件，重点对全市建筑施工脚手架搭设高度、安全平网及安全平网加强层设置间距等提出明确要求，防范高处坠落事故的发生。组织两次全市建筑起重设备专项检查，对市区监管范围工程项目建筑起重机械安全管理情况开展两次专项检查，开展为期40天的安全隐患集中整治行动。

【行政审批】 市城乡建委共办理各类行政审批服务事项104104件。其中行政许可事项1213件，初审转报11964件；服务事项42465件；发放三类人员安全考核证书和特种人员证书49579本；收缴各类规费18.22亿元，其中城市基础设施配套费10.76亿元、工程质量保证金5亿元、农民工工资保障金2.4亿元；协税586.2万元。“十二五”期间，共办理各类审批、服务事项354778件，收缴各类规费64.39亿元。

建筑节能减排

【建筑节能与绿色建筑】 全市新增节能建筑面积1595.6万平方米，设计标准执行率100%，施工执行率100%。推进绿色建筑试点示范，全年通过绿色建筑方案审查新增绿色建筑项目155个，建筑面积1782万平方米；获得2015年度安徽省绿色建筑示范项目8个，建筑面积143.7万平方米。“十二五”期间，合肥市提出“加大节能减排、加快绿色发展、构建低碳城市”的总体要求，出台《合肥市“十二五”期间节能目标评价考核实施方案》；合肥市通过绿色建筑方案审查项目245个，建筑面积4012.8万平方米；共32个项目获得省级绿色建筑示范项目称号，建筑面积549万平方米；获得绿色建筑标识项目38个，建筑面积809.63万平方米。推动可再生能源在建筑中的规模化应用，全年通过建筑节能与绿色建筑方案审查新增可再生能源建筑一体化应用项目102个，建筑面积1304万平方米。新增建筑节能65%设计标准项目36个，建筑面积301万平方米。

【生态城市建设】 按照国家住房和城乡建设部中美项目办审查通过的滨湖新区（核心区）中美低碳生态示范区《绿色生态城区指标体系》和《能源与可再生能源评估及规划》等五个专项规划，推进“科技馆”“杭州路”“滨湖新区集中供冷供热项目”等绿色建筑、绿色市政、区域能源综合利用示范项目建设。中欧低碳生态城市合作项目试点示范获批，编制完成《中欧低碳生态城市合作项目试点示范实施方案》，于湾污水处理厂纳入首批示范项目。

【新技术应用与标准体系】 开展31项省级、33项市级建筑业新技术应用示范工程创建工作，完成市级建筑业新技术应用示范项目验收15项。完成安徽省《装配整体式混凝土结构施工及验收规程》《装配式建筑混凝土预制构件制作与验收规程》和《内浇外挂装配整体式混凝土结构技术规程》编制工作。

【勘察设计】 出台《合肥市施工图设计文件调审管理办法（试行）》。全年共调审项目35个，建筑面积100万平方米。对违反勘察设计行业法律法规的安徽省建筑设计研究院、北京城建院、铁二院等11家勘察设计单位和相关责任人依法给予查处。

【混凝土搅拌与散装水泥】 12月17日，由省经信委、住建厅、环保厅组成的安徽省搅拌站环境整治专项督察组，对合肥市行政区域内的混凝土搅拌站环境综合整治工作展开督查。督查组抽取瑶海区、庐阳区、蜀山区、包河区以及肥西县共6个混凝土搅拌站进行现场督查打分，市混凝土搅拌站环境整治工作通过省检。市新建并投产3条预拌砂浆生产线，全市共建成17条预拌砂浆生产线，产能达580万吨。全市共发放散装水泥约1510万吨，散装水泥使用量约1540万吨，平均水泥散装率达80%以上（市下达计划80%）；累计生产预拌混凝土约2100万立方米；预拌砂浆155万吨，增幅为40%。在新农村建设点及农村销售网点推广使用散装水泥，五县（市）共建成散装水泥销售网点79个。市散装水泥办公室共返退和清退专项资金140万元。

（宣秋华）

住宅与房地产业

【概况】 合肥市房地产管理局以国家、省及市政府决策部署为指针，顺应经济发展新常态、住房市场新变化和住房保障新要求，注重“抓细节、抓具体、抓落实”，助推经济发展，转变管理职能，全市房地产市场继续保持平稳健康发展态势，整体发展水平进入全国第一方阵；房地产市场监管工作连续多年考核评分全省第一；保障性安居工程建设任务完成，获评全省优秀档次；获批国家建筑产业化综合试点城市，其开工面积、招商引资企业数量、部品部件生产能力均居全国前列；创新物业管理体制机制，配合做好文明创建工作，获得创建全国文明城市突出贡献奖、“讲文明树新风”公益广告优秀组织奖；房产行政审批工作规范、有序、高效，连续三年被评为全市优秀窗口。

【住房保障】 省政府分解下达合肥市保障性安居工程建设任务为：新增各类保障性住房和棚户区改造2.9471万套（含2014年超开工0.2971万套），其中公共租赁住房0.5352万套、棚户区改造2.4119万套；基本建成1.9817套（含2014年超完成0.4817万套），其中公共租赁住房0.7406万套、棚户区改造1.2411万套；分配入住0.8万套，其中公共租赁住房0.5万套、棚户区改造0.3万套；新增租赁补贴500户。全市已开工各类保障性住房和棚户区改造安置房3.6062万套，完成率122.36%；其中公共租赁住房0.6456万套（含2014年超开工0.2352万套），完成率120.63%；城市棚户区2.9606万套（含2014年超开工0.0619万套），完成率122.75%；基本建成2.5129万套，完成率126.81%；分配入住 0.9385万套，完成率117.31%；新增租赁补贴发放1299户，完成率259.6%。在完善公租房管理方式方面，制定出台《合肥市市本级财政投资建设公共租赁住房管理暂行办法》及实施细则，规范公租房的筹集、使用、管理等行为，明确管理职责，公共租赁住房建设、管理、准入、分配和后期服务等工作机制逐步完善；探索公租房建管新方式和探索公租房建设管理新途径、新方法，区分企业自建、园区建设和市级投资等建设主体的不同，适用不同的准入和管理方式，简化操作程序，提高房源使用效率。在拓宽棚户区改造方式方面，推进货币化安置，配合市直有关部门，研究出台棚户区改造货币化安置具体办法，提高货币化安置比例；拓宽棚户区改造资金筹集渠道，抢抓国家棚改融资政策机遇，采取“以市代县、统贷统还”的融资方式，既加大与国家开发银行的贷款合作，又推进与国家农业发展银行的合作尝试。9月，有30个棚改服务项目获得国开总行授信166亿元。截至当年底，一期棚改贷款已签贷款额116.7亿元，放款39.04亿元，使用29.10亿元，二期政府购买棚改服务，签约50.51亿元，放款15.06亿元，支付3.04亿元。探索并尝试打通棚户区改造安置房与普通商品房有效通道，加强空置保障性住房与棚户区改造过渡安置房的紧密联系。

紧抓任务推进、过程管控及分配入住工作。结合年初市政府分解下达的年度目标任务，明确市直相关部门的职责及各县（市）区的主要工作任务，做到职责清、任务明、要求细；依据《合肥市人民政府关于2015年实施“32+9”项民生工程的通知》和年度目标任务分解通知等各项要求，严格按照考核办法，履行巡查考核职责；全年共召开专题调度会议8次，现场调度30余次。加强项目建设管控，贯彻落实《关于加强保障性住房工程质量安全管理的意见》，会同有关部门，定期组织开展保障性住房建设质量安全专项检查；全市所有保障性安居工程创建“双示范”，对所有公租房实施全装修，实现“拎包入住”；强化政府检测制度，坚持“分户验收”，确保住房困难群体住上放心房，要求所有项目在明显位置，永久公示建设相关信息，主动接受社会监督。加快分配入住进程，通过全面摸底调查、分解落实任务、跟踪督查等措施，加大推进力度；全面落实《合肥市市本级财政投资建设公共租赁住房管理暂行办法》及实施细则，各区启动市本级财政投资建设公租房的申请受理工作；调整市区2015年度保障性住房准入条件，将申请家庭年人均收入线由原来的人均1468元/月，调整提高到1956元/月，将新就业无房职工和外来务工人员纳入保障范围，扩大住房保障覆盖面。加强与各区住建、民政、人社等部门协调沟通，解决在执行新政策过程中出现的新问题，推进住房保障租赁补贴审核工作，全年审核通过住房保障租赁补贴家庭2247户，其中新增1373户，发放补贴359万元。加强廉租房保障后期管理，全市已配租小区13个，配租房源8901 套，实物配租家庭 8216 户；配租小区消防、保安、保洁、绿化维护、车辆管理、公共设施设备等工作管理规范；物业动态管理到位，全年共收缴租金400万元，收缴率达95%以上。调整市区2015年度公共租赁住房准入条件，解决城镇中等偏下收入住房困难家庭、城区新就业无房职工、城区有稳定就业的外来务工人员的住房困难，扩大基本住房保障覆盖范围，印发《关于调整市区2015年度公共租赁住房准入条件的通知》；调整三类人群的准入条件：城镇最低生活保障收入线为申请家庭人均可支配收入不高于6120元/年、510元/月，城镇低收入家庭生活标准线为申请家庭人均可支配收入不高于11016元/年、918元/月，城镇较低收入家庭生活保障标准线为申请家庭人均可支配收入不高于17609元/年、1468元/月，城镇中等偏下收入生活保障标准线为申请家庭人均可支配收入不高于23478元/年、1956元/月，其他准入条件不变。

【房地产市场与房屋登记】 贯彻落实国家房地产市场调控决策部署，紧盯成交量、成交价格、土地供应量、在建工程量等主要指标，采取有效措施，房地产市场保持平稳健康发展，全市共成交经营性用地99宗，面积590公顷，同比下降21.8%；总价496.6亿元，同比增长16.7%。其中，市区成交经营性用地63宗，面积455公顷（同比下降12.0%），均价664.9万元/亩，总价453.5亿元（同比增长35.3%）。房地产投资稳步增长，全市房地产开发总投资超过1259.1亿元，同比增长11.7%。其中，住宅投资778.7亿元，同比增长8.9%。商品房销售价格稳定增长，市区商品房销售均价为8161.1元/平方米，同比增长10.0%；商品住宅销售均价为8014.9元/平方米，同比增长10.6%。房地产业税收小幅增长，累计完成198.2亿元，同比增长3.4%。占地方财政收入35%。存量房交易量大幅增长，全市存量房成交总面积为539.9万平方米，其中住宅496.8万平方米，同比分别增长62.8%和69.0%。商品房销售量基本持平，全市商品房销售面积为1673.2万平方米（181465套），与上年基本持平，其中，住宅1386.1万平方米（134659套），同比增长1.5%（市区965.0万平方米、91434套，同比增长3.8%）。商品房库存消化周期合理，全市结转可售商品房面积为982万平方米，其中商品住宅553万平方米，商品住宅按正常销售水平为6个月销售期，库存保持在正常水平。市区销售备案的商品住房中，按照购房人户籍所在地划分：合肥市区居民占35.8%，所辖市县居民占19.5%，安徽省其他城市居民占38.9%，省外居民占5.8%；套均面积为103平方米，按照户型划分：90平方米以下的占总套数的31.8%，90～120平方米的占51.7%，120～144平方米的占10.9%，144平方米以上的占5.6%；市场销售以中小户型为主；按成交套数计算，销售单价在6000元/平方米以下的占成交总套数的16.7%，6000～8000元/平方米的占总套数的40.4%，8000～10000元/平方米的占总套数的31.2%，10000元/平方米以上的占总套数的11.7%；市场热销价位是6000～10000元/平方米。

贯彻落实国家宏观调控政策，紧抓住土地供应、住房价格、市场监管等关键环节，全市房地产市场逆势上扬，房地产投资、商品房销售、土地出让等指标超过或接近历史最好水平。研究房地产市场运行规律，贯彻中央分类指导、因地施策、支持居民自住和改善性住房需求的决策；落实省住建厅、发改委等12个部门联合出台的《关于促进房地产市场平稳健康发展的意见》。规范预售许可，加强价格指导，严格执行商品房预售方案申报制度，加强价格备案管理，引导开发企业合理定价，对预售方案报价过高且不接受物价、房产部门指导的商品房项目，价格主管部门暂不予以价格备案、房产部门暂不核发预售许可证。规范市场行为，加强土地供应市场管理，合理控制住宅用地供应规模，把握上市供地节奏，盘活存量建设用地，保证商品住宅用地的需求和稳定商品住宅价格；加强项目开竣工管理，严禁商业设施分割销售，不得以公寓式办公、公寓式酒店以及产权式酒店等建筑术语规划报批商品房。强化金融支持，加强住房公积金对首套房及改善性普通住房的支持力度，职工正常缴存6个月可申请贷款，允许首贷付清的二次贷款；开展省内城市异地贷款业务，推行中四角异地贷款业务；创新解决资金流动性风险，通过向商业银行融资借款的“公转商”贷款模式来解决住房公积金流动性不足问题。加强市场管理基础工作，加强房地产市场监测和市场分析，逐月形成市场监测报告；定期参加财税联席会议，合理引导房地产投资和消费市场预期等。坚持改革创新，简化手续，把房屋登记工作准确定位到法律赋予的职责范围，实行实名制登记，取消隐性共有人审查，出台《关于改进房屋登记有关审查方式的通知》，在《合肥日报》、门户网站上刊发《通知》和涉及到15个方面问题的《问答》，把关乎群众切身权益的政策宣传到千家万户；对房屋登记中物业费查验方式作出规定，取消收取房屋登记中的物业管理结清证明；推进不动产统一登记职能机构整合，按照《不动产登记暂行条例》和《关于做好不动产统一登记与房屋交易管理衔接的指导意见》要求，将市房屋登记职能和四个办证交易中心机构人员全部划转到不动产登记部门，履行交易管理职责以及整建制保留产权监理处机构和人员；全市完成房地产登记46.69万件、建筑面积7743.42万平方米，房屋发证39.12万件，建筑面积7090.89万平方米，办理房地产抵押登记12.25万件、建筑面积2792.21万平方米，抵押金额1070亿元。推进房屋登记管理规范化工作，落实日常制度，建立健全房屋登记工作例会制度，制定《房屋登记过错责任追究制度》，按照规定对7名有登记错误行为的工作人员进行责任追究，落实好“不能办”和“限时办结”制度，规范“自由裁量权”；降低住房转让手续费收费，减轻群众负担，执行《优抚对象住房优待办法》，减免优抚对象住房交易手续费和登记费，全年完成房屋登记费4371.98万元，登记手续费9526.35万元，同比增长14.80%和12.38%；落实金融支持服务实体经济发展政策，参与东湖高新等招商引资项目支持政策的拟草，开展最高额抵押登记、顺位抵押、多个债权人抵质押等业务，抵押登记中不需要抵押人提供房屋价值评估报告，支持小微企业发展，对华安产险安徽分公司与省建行签署协议并开展小微企业抵押贷款“保贷通”业务中的“抵押权转移”进行法律风险评估，累计向小微企业投放“保贷通”贷款1500余万元；完成各级统计报表和市场分析报告，组织年度房屋登记官考核培训，有11人取得房屋登记官考核合格证书。做好产权监理工作：实行商品房退房摇号制度，成功举办第八期商品房退房摇号，全程现场公证，真正做到公开、公平、公正；规范合同备案审核，针对商品房测绘变更、合同变更、合同更正及撤销合同等相关业务存在风险的情况，强化制度建设，对不同业务类型进行分门别类制定相应业务操作规范和流程要求，做到以制度管人管事；做好群众来信来访工作，全年共接待群众各类来信来访共1242件，其中12345政府服务直通车建议咨询类958件、投诉类284件，现场咨询196件；做好业主集体投诉事件的信访维稳工作，对印象西湖国际广场、华府骏苑、文华阁等小区业主因房屋测绘、产权登记等问题，多次协调测绘公司、开发公司等单位，做好解释答疑工作，保护产权人的合法权益，维护社会稳定。

【建筑产业化】 合肥市建筑产业化工作走在全国的最前列，住建部多次在全国推广合肥经验，经济日报、中央电视台、中国建设报等主流媒体都进行了专题报道。稳步推进项目建设，建立建筑产业化项目库，做好项目储备，专门下发《关于抓紧落实2015年建筑产业化项目计划的紧急通知》，同时研究制定对各县（市）区、开发区和相关产业化企业的考核办法；建筑产业化项目施工面积累计达到300万平方米，市政府决定将包河区龙川路以北、西递路两侧近9公顷地块用于商品房产业化项目建设。细化落实政策措施，贯彻落实市政府《关于加快推进建筑产业化发展的实施意见》文件精神，在保障性安居工程、拆迁安置房等政府投资项目中率先采用装配式建筑技术，在经营性土地出让计划中安排装配式建筑项目建设用地，并将预制装配率等相关内容列入土地出让条件；优先推荐拥有成套装配式建筑技术体系和自主知识产权的建筑产业化企业申报高新技术企业，安徽海龙通过科技部组织的国家高新技术企业认定；牵头负责的《合肥市建筑产业化千亿产业发展规划（2015-2020）》通过专家评审。培育壮大市场主体，继先后引进中建国际、远大住工、宇辉集团、台湾润泰、浙江宝业等产业化企业外，安徽三建和望湖建筑生产基地建成投产，全市建筑产业化部品部件企业的生产能力达到700万平方米；推进大型房地产开发、建筑施工等企业向建筑产业化方向转型和升级，鼓励以大型房地产开发、建筑施工、预制构件生产企业建立产业联盟，实现上下游企业优势互补、合作共赢。发布《住宅装饰装修验收标准》《叠合板式混凝土剪力墙结构施工及验收规程》《装配整体式剪力墙结构技术规程（试行）》等七部安徽省地方标准；编制完成《预制装配式混凝土结构施工及验收导则》和《装配式建筑预制混凝土构件制作与验收导则》两部合肥市标准；开展《装配式住宅全装修技术规程》《住宅整体厨房设计标准》等四项地方标准编制工作。加强协调调度，市直各部门明确责任，通力合作，为建筑产业化营造良好发展环境；在安徽建筑大学组织召开全市建筑产业化企业工作座谈会，分析市建筑产业化面临的新形势，掌握产业化企业生产经营状况，研究部署建筑产业化工作任务；协助省政协召开推进建筑产业化对口协商会。组织申报试点示范补助资金。当年获得400万元省财政连续补助资金，远大住工等3家企业成功申报安徽省建筑产业化示范基地并分别获40万元省财政补助资金。

【老旧小区环境整治】 市政府决定把老旧小区环境综合整治工作延续一年，将45个老旧小区列入实施范围并完成整治。2012～2015年，整治老旧小区297个、总建筑面积达1085万平方米，惠及户数14.6万户、人口42.1万人。通过推进物业管理覆盖来实现环境维护，对于可以单独实施市场化管理的小区，引导其规范选聘市场化物业企业管理，对于规模较小的小区，由基层部门（街道、乡镇）牵头组织，采取集中几个小区“统一打包”选聘物业服务企业，对不能单独实施市场化又无法和其他小区联合打包的小区，由街道办事处（社区）成立物业服务中心提供服务，以维持小区基本的卫生保洁和安全巡逻为主要内容的物业管理活动；在先期整治的297个老旧小区中，有237个实施了物业管理（其余60个由辖区街道或社居委代管），整治后小区物业管理覆盖率达80%；市房产部门采取专业化管理、委托属地管理等多种方式推进物业管理覆盖工作，并通过奖补的方式督促和鼓励各区通过多种途径落实整治后的管理责任。

【行政执法与信访维稳】 市房地产管理局将依法行政作为年度综合目标管理考核重要内容，把具体工作进行量化、细化印发全局，与具有行政执法职能的单位签订依法行政责任书，逐级落实，对不依法行政，造成不良后果的单位和个人实行“一票否决”。报送年度市政府常务会议学法计划项目申报表，通过组织房产大讲坛、依法行政法律知识培训、“法律六进”等活动，增强系统人员依法行政意识，形成尊法守法的良好氛围；参加省住建厅组织的城乡建设执法工作座谈会和建设稽查执法经验交流，参加市法制办“两法衔接”和司法局组织的关于继承公证调研会议，结合行业管理实际，提出具有针对性和操作性的实施意见；组织系统人员总结法治工作经验，对市场监管、物业管理、住房保障和维修资金管理、白蚁防治等法治工作进行经验总结和座谈交流，严格按照二级单位法治信息报送要求报送信息。提请市政府审议《关于改进房屋登记审查方式工作》《关于进一步加强商品房预售管理工作的通知》《合肥市经纪机构存量房交易网签管理暂行规定》《合肥市本级财政投资建设公共租赁住房管理实施细则》等行业管理制度，对涉及的《预售资金监管银行信用考评》《物业服务企业及项目负责人信用信息管理》《关于进一步规范行政处罚裁量权工作的通知》等各类涉法事务商请法制办研究。协助政府出台《合肥市公共租赁住房管理暂行办法》和《合肥市公共租赁住房管理实施细则》，落实重大决策开展调研论证、集体讨论、群众评议制度，探索在行业管理和保障广大群众权益的重大事项决策中引入听证机制。根据“行政权力进清单、清单之外无权力”要求，对梳理出来的91项行业管理职能行政权力事项，进行全面清理，共精简72项行政权力，清理后行政权力事项为19项，清理减少79.1%，远超“行政权力事项减少30%”的目标；通过市政府信息公开网和部门门户网准确向社会公开权力办理程序、涉及部门、承办机构和办理期限、服务方式、相对人权利、监督投诉途径等，主动接受社会监督，确保权力按照规定的权限和程序运行；所有行政执法人员均取得行政执法资格证件和持有合法有效的行政执法证件，杜绝聘用人员、合同工从事行政执法工作；全年组织局系统127人次参加省住建厅组织的法律知识培训和行政执法稽查学习培训，组织局属单位参加行政诉讼案件庭审，邀请徽商律师事务所吴正林律师就房产登记进行专题法律宣讲，提高大家依法行政理念和实际工作能力。加大对商品房销售现场的巡查力度，重点对项目房源及价格信息、商品房销控表、项目不利因素、电梯品牌、学区确认函及购房提示等公示内容的检查力度，对公示不规范的责令立即整改，共出动执法车辆560余台次，巡查人员972余人次，对全市范围内的418家房地产开发企业的462个商品房项目开展日常巡查；对全市202个在建、在售房地产开发项目进行专项检查，对开发企业销售现场信息公示情况、规范经营情况、广告宣传情况、企业存在的问题及整改落实情况开展排查，共发现问题项目75个，责令60家房地产开发企业现场整改，约谈25家企业、35人次，下发《限期整改通知书》10份，移送工商部门19个，对1家企业予以信用减分；对全市38个商业项目经营行为进行专项检查，重点检查房地产广告、商品房买卖合同、委托经营管理协议中是否包括售后包租、返租内容。针对检查中发现的房地产市场存在的问题，在第一时间约谈开发企业负责人，责令限期整改，并填写《约谈记录表》存档备查，下发《限期整改通知书》，并将企业不良行为纳入企业信用考评，记入企业信用档案，考评结果对外公布；对大富山庄学区房和装修标准问题、合肥汽配城合同问题、太阳湾老年公寓租赁等7件督办项目，采取开展现场约谈、走访等形式调查核实，召开各职能部门协调会议，形成书面调查报告，提出处理意见，协调解决相关问题；更新《合肥市房地产开发项目涉稳突出问题排查化解进度表》，配合辖区政府和相关部门切实做好隐患项目工作。按季度报送《行政复议与应诉统计表》《行政首长出庭应诉统计表》、行政执法人员信息确认单，抓好法制监督平台系统的管理工作，按时反馈司法建议，协助各级法院调查167404件、执行查封33960件、解封5296件、裁决718件，省住建厅和法制办行政复议决定2件；共受理信访投诉12件，全部办结。

【维修资金管理】 市房屋维修资金管理中心加大宣传力度，提高广大群众对维修资金工作的关注度和参与度，开展邮寄业主维修资金对账单业务；测算增值收益，给每位业主结息到户，下半年邮寄维修资金对账单6.9万余份；开展物业小区走访、宣传，征求意见活动，为业主及服务对象提供更优更好的服务；就如何在网上申报支用维修资金等业务，共举办培训班4期10班，培训近407人。加大维修资金的归集力度，与局属各房屋权属登记部门联动，足额归集维修资金，归集维修资金约12.50亿元，累计归集维修资金约91.87亿元，累计增值收益约4.38亿元。维修资金过户业务进展顺利，完善信息化建设进，共计办理二手房交易维修资金过户业务93871笔，涉及维修资金6.27亿元，建筑面积达1315万平方米；在全市开展房屋状况调查，完善电子楼盘表建设；全年共建立和修改电子楼盘表3442幢9.49万户，核对77个小区的《业主分户清册》75731户。完成维修资金系统与权属登记新系统业主数据信息整合，保障维修资金系统业主信息准确；完成合肥市物业专项维修资金综合管理信息系统的可行性研究报告，通过市国资委组织的专家评审。推行维修资金使用工作，坚持网上和纸质并举的办法受理申报支用维修项目，确保其能按时按要求完成申报工作；鼓励有条件的物业小区业委会来中心办理信息核对，提前开设业委会二级账户；新受理维修资金申报、支用项目19个，惠及789户业主，建筑面积12.53万平方米，项目预算148.37万元，帮助36个小区的业主委员会、物业公司开设维修资金核算账户，为申报、使用维修资金奠定基础。

【房屋租赁】 贯彻落实《合肥市房屋租赁管理办法》，加强对各县区租赁管理工作指导，督促完善租赁管理信息平台。加强房屋租赁管理，组织对有关区县开展租赁工作调研，提高房屋租赁备案水平，全市完成房屋租赁备案2.98万户，总建筑面积579.6万平方米，备案年租金总额15.23亿元，平均每月备案户数2000户左右，比去年同期增加1倍以上。推进房屋租赁管理工作，贯彻落实住建部《关于加快培育和发展住房租赁市场的指导意见》，开展全市房屋租赁工作调研，完善联络员制度、月报制度、督查制度等房屋租赁管理制度；做好权力清单中租赁备案和相关行政处罚职能下放到区的工作，指导各区对房屋租赁登记备案工作流程图、租赁登记备案申请（审批）表等文件进行完善；牵头参加市政府组织“大众创业、万众创新”宣传周工作，宣传租赁管理工作成绩，服务双创工作。协助相关部门做好“打传”工作，市打击传销工作领导小组《关于开展涉传重点小区打击传销集中清理专项行动的通知》印发后，立即行动，于3月25～27日召开由县、区（开发区）住建局、涉传重点小区所在街道分管物业、重点小区物业企业等主要负责人和项目经理参加的打击传销工作调度会，落实打传工作要求，对工作不到位、阻挠相关部门打传行动、为传销分子通风报信的，取消其享受相关优惠政策资格、通报批评、约谈、取消企业申报国优省优和市优资格、纳入不良信用记录等；要求有关县、区（开发区）住建（房产）部门、有关街道在专项行动期间对重点小区开展经常性巡查，开展对涉传小区物业服务企业的打传工作督查。

【中介管理】 加强房地产中

介机构管理，推进经纪机构存量房网签工作，累计有116家经纪机构申请领取了586个网签密钥，占从事存量房交易的经纪机构总量的90%以上；推进中介评估信用公示机制，继续按月将领取备案资质的房地产经纪机构及其分支机构在局网站上进行公示，接受群众监督；全市有资质房地产评估机构约40家，其中一级资质评估机构12家，二级资质评估机构13家。起草了《关于经纪机构备案管理的有关意见》和《关于加强房地产经纪机构管理的通知》等文件；加强经纪机构行业管理，组织对重点中介机构进行调研，召开2次座谈会。推进二手房网签工作，规范房屋交易居间服务，按照住建部电视电话会议要求，出台《关于印发合肥市经纪机构存量房网签管理暂行规定的通知》；做好网签密钥的分发和管理，召开房地产中介机构落实网签工作动员会暨任务布置会；对重点经纪机构进行网签工作督查，答疑解惑，确保网签各项工作有序推进；要求房地产中介企业要结合网签工作加强内部管理，明确工作流程，落实经纪从业人员工作责任，规范房屋交易居间服务行为；各经纪机构累计完成存量房交易网签合同1067份，总建筑面积约10万平方米，均价每平方米7638元，占经纪机构新受理委托总量的50%以上。加强房地产评估管理，服务房屋征收和土地收储工作；对全市40家评估机构开展估价管理工作检查，抽查房地产估价机构运行情况、注册房地产估价师执业和签署报告情况、估价机构内部管理及估价报告质量控制情况、执行房地产估价技术标准和规范情况以及估价档案管理情况，规范市场秩序；会同市建委通过招投标建立房屋征收备选房地产价格评估机构库，指导市估价协会起草《合肥市国有土地上房屋征收估价规范（征求意见稿）》，为全市房屋征收货币化补偿奠定基础；做好土地收储评估备案工作，完成安徽职业技术学院、徽商职业学院、市国有控股公司等4个单位评估备案工作，总计建筑面积约10.5万平方米、总评估价值约1.2亿元。做好房地产中介和评估协会的服务工作，推进行业诚信建设，指导、帮助市房地产中介协会和市房地产评估协会出台《房地产中介机构自律公约》《房地产估价行业反不正当竞争和反商业贿赂自律公约》等行业诚信建设自律文件。

【物业政策】 先后赴上海、杭州、六安、淮南、芜湖等地，学习物业先进管理模式和经验，草拟《合肥市物业服务企业及项目负责人信用信息管理暂行办法》《无物管小区管理办法》《老旧小区环境综合整治后期物业管理考核奖补办法》等文件；开展物业管理工作专题调研，撰写《关于深化城市街道社区管理体制改革补充调研情况汇报》；根据《合肥市关于进一步促进新能源汽车推广应用的若干意见》，制定上报居民小区充电桩建设管理制度，根据《关于加快宽带合肥建设的意见》，研究制定具体操作办法，组织参加建设厅《建立物业管理与社区管理联动机制研究》成果讨论会，会同市物价局开展物业服务收费调研，会同市财政局研究制定物业企业奖励政策；配合省住建厅参加安徽省物业管理条例修改，推动物业管理政策出台和完善。加强矛盾纠纷调处，按照“基础调处、一线调处、及时调处”原则，先后调处了梦园小区、金色池塘小区、中房名城、东方商城、维也纳森林等重点矛盾纠纷20起，约谈违规企业法人代表或负责人18次，接待来访人员36批次，未发生物业群访事件。开展专业培训，提升从业人员能力，采取全市集中组织、专题授课的方式，对60个街道办事处（乡镇人民政府）、220个居委会有关人员以及部分业主委员会成员进行专题培训；委托市物业协会对行业从业人员开展以“继续教育”“岗位经理培训”“实际操作培训”等为重点的培训班、讲座共14期，共培训人员近5000人；以《合肥市物业管理若干规定》《实施意见》等文件出台为契机，围绕住宅小区管理焦点和业主对物业管理责任界定不清等热点问题，在全市开展物业宣传工作“进社区、进小区、进家庭”活动。做好以防汛为重点的安全生产工作，拟订安全生产工作方案，制定年度安全生产工作要点，与局属单位、7个区物业主管部门签订安全管理目标责任制；突出对安全生产重要时段、重要内容的安全整治；结合行业管理特点，对住宅小区安全生产工作情况进行全面督查，及时发现和整治各类事故隐患。开展省、市优的申报、评选活动，先后组织对61个申报市优、19个申报省优的项目进行复核评选，全市共17个项目获得省级示范小区称号，36个项目获得市级示范小区称号。做好文明创建工作，建立长效机制，下发《关于巩固文明创建成果　加强物业小区管理的紧急通知》，保持常态长效；坚持以典型引导带动，会同市文明办、市报业传媒等单位，共同举办“合肥市十大幸福小区评选”“首届邻里节”活动。

【房地产开发监管】 加强房地产市场动态监管，完善商品房销售现场信息公示工作，出台《关于继续做好商品房销售现场信息公示工作的通知》《关于修订"购房提示"公告牌内容的通知》，加大巡查力度，对公示不规范的项目现场或存在违规行为的企业责令立即整改，对整改不力或拒不整改的，依法给予查处；共对全市范围内的501个商品房项目进行巡查，下发《限期整改通知书》36份，共约谈97家开发企业负责人。开展专项检查，3月9日至4月30日，对市区202个在建、在售房地产开发项目进行专项检查，其中对开发企业销售现场信息公示情况、规范经营情况、广告宣传情况、企业存在的问题及整改落实情况开展排查，责令60家房地产开发企业现场整改，约谈25家企业负责人，下发《限期整改通知书》10份，广告移送工商部门19个，对1家企业予以信用减分。10月22日至12月22日，对市区在建、在售的商业地产43个项目开展"售后包租"专项检查，责令27家房地产开发企业现场整改，约谈8家开发企业负责人，下发《限期整改通知书》12份，移送工商部门12个，防范化解"售后包租"风险隐患。加强信用管理，共对安徽博鳌置业投资发展有限公司等6家房地产开发企业的不良行为予以信用减分处理，并在市房产局网站"信用考评"公示栏对外发布。对459份商品房买卖合同格式条款进行审查，尤其是对商品房交付的期限和条件、购房合同的承诺情况、产权登记约定情况以及违约责任的处置情况等方面进行重点审核。参与重大问题楼盘的调查处理工作，协助市、区政府及相关部门，对"墨荷名邸""金水湾二期""合肥汽配城""信旺华府骏苑"等十余个房地产开发项目"烂尾"问题展开调查，参与由此引发的大规模群体上访事件的调查处置工作。

完善商品房预售资金监管体系，全年开立监管账户528个，取消监管账户394个，累计进款826亿元，累计拨付700亿元，其中，拨付重点监管资金292亿元，拨付一般监管资金408亿元。截至当年底，正在监管的有208家企业228个项目开立的监管账户1015个，拨付重点监管资金493亿元，拨付一般监管资金521亿元，账户余额169亿元。 加强项目现场查看、实施动态监管，对系统数据统计、问题处理、银行信用考评等功能方面进行完善和优化升级；加强监管协议管理，对原监管合作协议条款进行修改与补充，规范商品房预售资金的收存和使用行为，维护开发企业和业主的合法权益，出台《合肥市预售资金监管银行信用考评暂行规定》，对监管银行进行信用考评并适时公布；组织对九江银行、民生银行等9家分行进行资金监管业务培训。

共向开发企业发放"两书"123110套，"两书"制度实施率保持100%，项目手册填报验核率98%，对于未建立相关制度，未按时报验的，下发约谈通知书19份，约谈企业负责人；结合项目手册报验情况，抽查合肥家天下置业有限公司"北郡小区"等64个房地产开发项目；累计完成499家房地产开发企业资质换证的统计报表和590个项目手册查验工作。按照市央企办要求，按时报送《2015年央企招商重大项目表》和《央企新签约项目开工情况表》，主动与安徽信达房地产有限公司对接，完成房地产项目的签约任务。推进物业承接查验，计划应查验的物业项目112个，实际完成查验的物业项目109个，全市物业承接查验年度目标任务完成率97.32%。

【档案信息与数据】 市房产信息资源共享云平台通过市国资委组织的专家论证，完成招投标程序，与中标企业签订合同，设备供货到位，提升市房屋交易管理信息化水平；通过市人社局公开招考程序，面向社会公开招聘8名专业技术人员，充实信息人才队伍。档案馆房屋信息查询业务种类有单位个人查询、无房查询、一套房查询、涉税查询、公检法纪检监察查询、银行信贷查询、公证机构及律师查询、登记机构办证查询、干部住房核查等九类32项；与市中院开通查询专线，通过合肥市执行司法查控系统缩短对涉诉房屋信息查询时间，为市中院提供业务反馈信息23万多条；针对房产档案信息查询量大、排队时间长、查询大厅场地小和现有查询工作人员少等问题，档案馆推出延时加班服务、绿色通道服务、设立咨询投诉办公室、贴心服务、实行一岗多能服务、公示查询服务指南公开服务等六项新举措，强化窗口查询服务，加强政风行风建设，提高服务效能，创建人民群众满意的服务窗口；全年接收档案资料22万卷、办理各类档案查询31.4万卷，其中司法查封、解封39974件，完成组织部门领导干部住房核查361批，约2.13万卷，完成档案扫描1200万页，约29万卷，其中常态化扫描70.25万页约19卷，档案馆保管档案总数达192万卷。设立楼盘表管理办公室，建立工作流程，开展相关工作，制定"老房新案""一房多证拆分"，楼盘表新建等工作的流程和标准；加强对各办证中心数据维护指导，多次对各办证中心数据维护人员进行培训，对问题较多的单位，采取上门培训和沟通的方法，提高各单位对历史数据的维护能力。强化执行《房产测量规范》力度，规范房产测绘收件标准，严格执行房产测绘图纸报送的相关规定，对报送备案的测绘成果进行质量抽检；全年受理房产测绘申报1908件，建筑面积2194.52万平方米；完成商品房预测成果备案1382件，建筑面积1900.34万平方米，完成商品房竣工复测备案773件，建筑面积1320.61万平方米，完成房屋实测成果备案566件，建筑面积547.8万平方米。

【房屋安全鉴定与白蚁防治】秉承"创新思路、统筹兼顾、热情规范"服务宗旨，完成全局系统办公用房抗震性能排查摸底工作，对近两年鉴定为危险的房屋进行梳理，并电话联系委托单位要求解危，同时在汛期做好安全防护工作。全年共受理55个单位(个人)的委托，共完成鉴定项目88个，涉及房屋221幢，建筑面积27.08万平方米，鉴定准确率达100%。对1654幢、463.36万平方米疑似危房进行梳理排查。市白蚁防治研究所全年共接收房屋白蚁预防工程2036项，建筑面积2335.17万平方米；竣工项目2822个，建筑面积2831.66万平方米；获"2015年全国白蚁防治工作先进单位"称号。

（杨晓飞）

住房公积金管理

【概况】 市住房公积金管理中心按照市住房公积金管理委员会的工作部署，开展"三严三实"专题教育，组织实施"服务网点建设年"活动，以政策为导向，发挥住房公积金制度作用，用规范的运作防范流动性风险，实现全市住房公积金工作科学发展，各项业务指标超额完成。全市住房公积金归集102.76亿元，同比增长16.04%。累计归集住房公积金582亿元，余额231.32亿元。职工提取住房公积金74.54亿元，同比增长33.78%。其中，住房消费类提取58.2亿元，同比增长36.5%。累计提取住房公积金350.46亿元，占累计归集额的60.22%。全市发放住房公积金贷款91.49亿元，同比增加94.74%；发放户数25669户，同比增长32.4%。累计发放住房公积金贷款367.86亿元，余额251.57亿元。

【公积金制度】 在巩固现有单位住房公积金归集成果的基础上，争取政府支持和自我加压，推进建制扩面工作，抓住重点，突破难点。开展进社区、进企业、进媒体、进展会和进广场宣传，通过举办住房公积金"专题讲座""法制宣传日"、新华网安徽频道开展"住房公积金大讲堂"等一系列活动，向广大职工普及有关住房公积金缴存、提取、贷款政策，宣传住房公积金制度惠民优势，提高住房公积金的社会知晓度，增强广大职工的法律意识和维权意识，强化企业守法经营理念，让更多的企业员工享受到住房公积金制度为改善居住条件带来的好处；首次实现办理住房公积金卡与单位新开户同步进行，首次对非本单位正式职工代办新开户业务的经办人员实行授权委托书制度，首次在年度基数调整中使用每日台账的精准统计；实现累计归集额突破百亿，缴存职工超百万的目标。

【新政惠民】 市住房公积金管理中心及时调整住房公积金贷款政策，出台《关于调整本市住房公积金个人贷款政策的通知》。借款人连续足额缴存住房公积金由原12个月放宽至6个月（含）以上，即可按规定申请住房公积金个人住房贷款，住房公积金贷款首付比例降低到20%，提高贷款额度，职工单方缴存住房公积金的贷款额度提高到45万元，双方缴存住房公积金的贷款额度提高到55万元；采取向商业银行信用借款的融资方式解决市住房公积金流动性不足问题，全面取消贷款轮候制，住房公积金贷款发放趋于正常，贷款受理量增加，最大限度满足职工购房需求；为异地缴存、户籍在肥职工购房者提供资金支撑，共办理异地贷款319笔，金额1.2亿元。

【风险防控】 加强资金调度，针对存贷比高，资金使用压力大的情况，制定融资借款和归还计划，严格按照资金使用计划，合理安排资金，确保中心各项住房公积金业务正常开展；通过对受托银行和担保公司的考核，使受托银行和担保公司在归集扩面和贷款管理中发挥更好作用，同时加强对银行、担保的督促检查，并对存在的问题提出整改意见，促使服务规范，提高住房公积金受托银行和担保公司的服务意识和管理水平；制定《依法行政工作计划》《普法工作实施方案》及《内部审计及依法行政工作方案》，出台《内部控制暂行办法》对相关业务流程予以明确，确保各部门、分中心、管理部在各自业务范围内高效履行相关职责，统一政策口径，防范资金风险；加大骗提骗贷的查处力度。对新开户单位实行由经办人员和部门负责人二级审核制，从严把关，以减少风险隐患，防患于未然；对缴存单位人员发生变动时，经办人员除了向受托银行报送《月度变更清册》，还需一并报送本单位相关增减人员的社保关系证明；设立专岗加强同步监督，后台对前台即时办理业务所提供的材料进行同步审核与辨析；先后共撤销25人住房公积金贷款资格，在骗提方面，依法冻结282户违规人员住房公积金账户，对违规提取形成事实的26户送达《违规套取住房公积金告知函》，追退住房公积金23户，金额为104.6万元。

【优化服务】 深入基层调研，召开缴存单位座谈会，发放服务调查问卷，广泛听取住房公积金缴存单位、缴存职工、未建制单位、受托银行等方面意见和建议170余条，并修改完善公积金业务办理流程图和明白卡，严格实行业务“一站式”办理；完善服务措施，构建规范化体系。制定规章制度，强化柜台工作人员的服务意识，严格办事程序，规范行为准则；在各服务网点建立起统一操作平台、统一业务流程、统一机构标识、统一人员标准和统一服务准则的一站式服务模式，让群众享受到温馨、高效、优质服务；加强对各承办住房公积金贷款委托银行、担保公司在贷款受理、审批环节管理，明确时限要求，在住房公积金贷款限时办结制执行的基础上，加大对各审批节点的监督考核力度，规范限时办结制管理要求，明确考核评分标准，对影响贷款审批效能行为和部门零容忍。

【信息化建设】 按照“安全、高效、稳定、实用”的原则，逐步构建起以住房公积金业务操作系统为主体，配套电子档案系统和网上业务大厅等分支的信息化综合平台。G系统11月21日上线，标志着中心管理服务水平再上新台阶，实现贷款项目楼盘网上申报及项目楼盘申报资料的档案电子化，开发单位信息查询服务；实现业务报表系统的自主化和多样化，发挥信息化的数据优势；制定分类数据报表，为市住房公积金管理科学决策提供准确的数据依据；依托信息化平台和银行网银资源，实现住房公积金单位汇缴、职工贷款网上大厅申报，新系统提高了住房公积金信息化综合服务水平，实现中心继续保持业务发展“全省第一，全国先进”的目标；拓展12329热线衍生功能，推行“手机短信告知”服务，采用手机短信方式，定期为借款人提供委托划转、放贷提醒、开通确认、还贷预提醒、提前还贷提醒和贷款结清提醒等短信免费服务，共计接听咨询服务电话70.85万人次，发送短信170.83万条，人工座席日最高接听量达197个；建立起科学安全的保管存储体系和数字档案备份。建成各类档案数据库，共计录入数据38107卷87430件，为前台业务办理提供了准确信息。

（李微薇）

农业经济

综述

2015年，合肥市认真贯彻落实中央、省、市关于“三农”工作的部署和要求，加大工作力度，全市农业农村经济保持“稳中有进、稳中提质、稳中增效”的良好态势和“现代农业加速发展、生态农业加快建设、美好乡村建设提质扩面、农村精准扶贫深入推进、农业农村改革有序推进”的发展特点。全市实现农业增加值269.02亿元，较上年同期增长4.4%，全市农村居民人均可支配收入达15733元，同比增长9.2%。

【主要农产品生产】 全市粮食种植面积745.01万亩（注：15亩＝1公顷，下同），总产量323.3万吨，单产434公斤/亩，比上年同期分别增长0.9%、3.5%、2.7%，粮食总产量位列全国省会城市第五位。蔬菜瓜果种植面积174.06万亩，总产量278.7万吨，比上年分别新增7.26万亩、16.63万吨。主要蔬菜产品供给率达67%，其中叶类菜自给率达82%以上。

全市高效农业面积370万亩，新增22万亩。蔬菜产业提质增效，叶类菜自给率提高2个百分点。设施农业快速发展，生产面积超过60万亩，新增5万亩。其中连栋温控大棚面积超过100万平方米，新增40万平方米。产业基础集聚建设。长丰县草莓种植面积21万亩，总产量40万吨，总产值超过50亿元，成为名副其实的全国草莓强县。肥东县蔬菜产业“三路三带”（店白路、店忠路、合蚌路设施蔬菜产业带，沿湖水生蔬菜产业带，店埠梁园露地蔬菜产业带）初具规模，新增蔬菜种植面积5000亩，其中新增钢架大棚1500亩、连栋温控大棚3万平方米。

【现代农业示范区】 庐江县国家现代农业示范区农业改革与建设试点在全国绩效考评中获中部第一名、全国第六名。庐阳区三十岗乡被认定为省级现代农业示范区，省级现代农业示范区发展到8个，实现县域全覆盖。新认定11个市级现代农业示范区，市级现代农业示范区发展到23个。新认定43个特色农业园区，特色农业园区发展到445个。省级现代农业示范区在建、续建农业项目132个，总投资19.68亿元。

【农业综合实力】 结构调整更加深入，全市粮油、畜禽、乳制品、水产品、饲料、蔬菜水果、种业、茶叶等8个产业实现产加销一体化。农产品加工集中区7个，其中国家级2个、省级4个。全市规模以上农产品加工产值1146.33亿元，居全省首位，较上年同期增长6.5%。农产品加工产值与农业总产值由2008年的1.5:1上升到2.45:1。粮油、畜禽、纺织等3个产业年加工产值超过100亿元，庐江县、合肥巢湖经济开发区、巢湖市增幅分列前三位。

主体实力更加强大。形成了以市级为基础、省级为骨干、国家级为引领的三级农业产业化龙头企业集群。全市规模以上农产品加工企业从2009年349个增至536个；市级以上龙头企业775个，其中省级龙头企业102个，国家级龙头企业7个；年产值超1亿元企业246个（较上年增加4个）、超10亿元企业21个（较上年增加2个）。主板上市企业4个，6个企业正在筹备上市，已有20个企业在全国、区域性股权交易市场挂牌。加快推进农业产业链由单一生产、加工环节向一二三产业融合发展的全产业链转变，形成了光明槐祥、富煌三珍、肥西老乡鸡等一批在全省乃至全国有较大影响力的全产业链企业集团。

*科技支撑更加有力。*支持创新发展，推动产品结构由“初级、弱质”向“精深、高附加”提升。在蔬菜瓜果种子、油脂压榨、水产养殖、饲料配方等高新技术领域居行业领先地位，实现农产品“有中生优、无中生有”。科研投入提高保障持续发展。全市龙头企业科研投入近15亿元，全市150个农业企业拥有研发机构。拥有农业类高新技术企业30个，农业类科技创新性企业55个，省级以上农业重点实验室6个，国家农业科技园区3个，省级农业科技园区6个，农业科技专家大院29个，农业科技特派员199名，驻合肥服务科技农业院士8人。自主研发新产品、新品种16个；申请专利39项，获得授权发明专利26项；转化农业科技成果39项，其中国家级科技成果9项；培养农业专业技术人才670名；创造经济效益19亿元。

*品牌创建更加活跃。*全市农产品商标累计注册总量1.26万件（增幅32%），中国驰名商标24个（新增“汇汇食品”），省级著名商标183个。全市30多个农产品在全国、全省各类博览会上获金奖和最佳畅销奖。1～11月份，全市农产品出口额3.82亿美元。

*项目建设更加有效。*全市农产品加工、流通类入库项目168个，总投资705.98亿元，其中51个项目作为农业产业化重大项目加以推进，统一调度，重大项目累计完成投资120亿元，统一、可口可乐、五谷杂粮、娃哈哈、真心产业园、燕庄麻油、家里人凉茶等一批项目先后竣工或部分投产。全市农业一产二产投资首次超过400亿元，分别较上年增长69.2%、23.4%。

*政策创新更加灵活。*产业扶持由“输血”向“造血”功能转化。财政资金与金融机构合作，创新开发了政银担模式、融资联盟共同基金模式、融资风险补偿基金等融资“七大模式”，撬动金融资本和社会资本12亿元。

【城乡一体化综合配套改革试验区建设】 2015年实现所有行政村通水泥（油）路，建设高标准农田180万亩，实施各类水利工程项目1.5万个，农村饮水安全工程覆盖所有乡镇 。巢湖流域跻身首批国家生态文明先行示范区。合肥成功创建国家森林城市。

累计建成省级美好乡村示范村130个，整治自然村2000多个，60万农民居住条件得到明显改善。农村常住居民人均可支配收入达15890元，增幅连续7年超过城镇居民收入增幅。在全国首创“光伏扶贫”模式，贫困人口减少30万人，肥西县在全省率先实现整县脱贫，长丰县摘掉“国家贫困县”帽子。农村养老、就业、医疗、低保等社会保障实现提标扩面，新农合与城镇居民医保全面并轨，农村教育、文化、体育等事业全面发展。

开展全省城乡一体化试验区建设，在全国率先创立农村产权交易与管理“合肥模式”。统筹抓好农村集体资产、户籍制度、农村金融、基层医疗、养老保险等系列改革，全面推进农村土地承包经营权确权登记试点，农业农村发展活力持续迸发。

【美丽乡村建设】 围绕“三美三宜两园”（生态宜居村庄美、兴业富民生活美、文明和谐乡风美；宜居、宜业、宜游；打造农民幸福生活家园、市民休闲旅游乐园）建设目标和“百村示范、千村整治，镇村同步、四级联创，因地制宜、注重特色，三美融合，统筹推进”的建设思路，创新工作方法，着力打造具有合肥特色的美丽乡村。全市累计投入35.2亿元，重点推进211个省级示范村和300平方公里环巢湖美丽乡村示范区建设，集中整治自然村2263个，全市美丽乡村建设呈现递次推进、整体提升、健康发展的良好态势，取得了阶段性成果。

*坚持顶层设计，提高美丽乡村建设水平。*按照“以点带面，连线成片”的发展思路，规划建设了省级中心村211个、示范区5个、示范带10条，环巢湖美丽乡村示范区环境整治任务基本完成。

*坚持点面相融，打造美丽乡村建设新形象。*形成一批山水田园、旅游观光、农耕体验、传统传承等特色风格的村庄村落。在肥东县陈集乡、肥西县官亭镇、长丰县双墩镇、庐江县汤池镇、巢湖市烔炀镇等39个乡镇实施镇村一体化建设，农村农民的生产生活环境明显改善。

*坚持兴业富民，增强美丽乡村建设动力。*在美丽乡村中心村新发展农民合作社225个、家庭农场150个。培育乡村旅游精品线路10条，星级农家乐175个。2015年乡村旅游接待量达2600多万人次，乡村旅游收入达30亿元。先后投入4590万元，在全市133个美丽乡村建设村集体光伏电站，每年为村集体增加收入3万元。

*坚持综合治理，提升美丽乡村建设品质。*开展农村环境综合整治，共清理农村生活垃圾40多万吨，实现了全市农村行政村垃圾治理全覆盖。实施“百河千渠万塘”清洁工程（清洁100条河流、1000条渠道、10000口塘，优化水生态环境）和“河长制”（由各级党政主要负责人担任〞河长〞，负责辖区内河流的污染治理），推进农村水

环境治理，全市共清理沟渠河道2398条，清淤扩挖塘坝1.7万多口，改厕3万多户，新建污水处理厂185个。推进农村植树造林工程，建设了一批国家级、省级和市级生态乡（镇）、村，全市森林覆盖率达29%。

坚持“村美人和”，丰富美丽乡村建设内涵。加强中心村路、水、电、气等基础设施建设。硬化中心村道路915公里，创建农民文化乐园118个，实现省级中心村通村达户道路硬化、安全饮水、电气化改造、农家书屋、标准化卫生室五个“全覆盖”。健全中心村卫生室、文化站、室外体育文化场所、便民超市等服务设施，新建具备为民服务全程代理、科技信息及就业服务、群众议事等为民服务功能的综合服务中心173个。开展“五美”农户（增收致富生活美、庭院整洁环境美、邻里团结和谐美、尊老爱幼心灵美、热心公益乡风美 ）、“五美”女性（心灵美、语言美、行为美、形象美、诚信美）创建活动，全市创建“五美”家庭7789户，评出“五美”女性2489人。开展关爱留守儿童、留守老人、星级文明户评选及农民喜闻乐见的文体活动，着力培育文明和谐新风尚。

【扶贫开发】 贯彻落实市委《关于进一步加快农村扶贫开发若干意见》（合发〔2013〕1号）和市政府《关于推进农村精准扶贫开发工作的实施意见》（合政〔2014〕118号），围绕“两不愁、三保障”（ 稳定实现扶贫对象不愁吃、不愁穿，保障其义务教育、基本医疗和住房）的扶贫目标，组织实施“百村万户”精准脱贫计划，扎实推进“十大到户到人（干部帮扶、光伏下乡、转移就业、技能培训、产业扶持、安全饮水、危房改造、生活保障、就医保障、社会救助）、五大到村（道路畅通、农田水利建设、电力保障、特色产业增收和公共服务建设）、‘三无’特困政府兜底”（针对没有劳动能力，没有生活来源，没有法定赡养、抚养、扶养义务人的特困人员，实施养老医疗、生活保障、社会救助、危房改造、饮水安全、光伏扶贫“六大”政府兜底政策）三项精准扶贫工程，创新建立了产业扶贫开发、区县结对帮扶、基础设施建设、公共服务供给、扶贫精准管理五项科学机制，强化责任，完善措施，精准发力，聚力攻坚，着力推进扶贫开发方式由分散向集中、由粗放向精准、由单一向综合的转变，实现了扶贫思路和方式的重大调整，在全国率先开展了“光伏扶贫”“三无”特困政府兜底、“三标”（低保、五保、扶贫标准）合一的精准扶贫新举措。2015年减少农村贫困人口6.5万人，完成40个贫困村和500户贫困户光伏扶贫电站建设任务。

【农村改革】 农村产权制度改革。加强农村集体资金资产资源监督管理，提高经营水平。依托市公共资源交易中心，构建市县乡三级农村产权交易市场，全年场内交易土地承包经营权、林权、水面、集体资产租赁（处置）等4大类409个，成交额8.96亿元，增值0.98亿元，增值率11%。经过肥东县撮镇建华社区农村集体产权股份合作社试点，市政府办公厅印发指导意见，在全市范围逐步推开农村集体资产股份合作制改革。肥东县建华社区股份合作社已挂牌，注册资本861.1万元，设置股份5.7万股，并向农户发放股权证。先后完成肥西官亭新民、肥东永旺、大张和庐江前章等4家土地股份合作社，入股农户1300多户，入股土地1.4万多亩。完成农村集体资产股份制改革3家，肥东撮镇建华、瑶海区长淮街道长淮社区、巢湖市凤凰山街道光明社区等3家农村集体产权制度改革试点，量化资产总额1398万元，股东总数7069人，累计股金分红总额14115万元，上交税金54万元。

农村土地确权登记颁证试点。2014年4月起，分3批实施确权登记颁证试点工作，涉及12个县（市）区、开发区95个乡镇118.7万农户，应确权土地（二调）面积783万亩。首批试点的涉及庐江县全县乡镇及肥东、肥西、巢湖、长丰部分乡镇共计24个乡镇确权登记工作基本完成，涵盖318个村居37.7万农户，完成确权登记面积183.1万亩，占全市任务的24%，进入档案整理等迎检准备阶段。第二批试点的涉及长丰县、肥东县、肥西县、巢湖市等58个乡镇确权登记工作进展顺利，涵盖907个村居70.8万农户，应确权面积538.3万亩，大多完成外业测绘进入确认公示阶段。第三批试点的4个城区和3个开发区13个乡镇确权登记工作于8月正式启动，涉及141个村居9.7万农户，应确权面积58万亩，已进入开展摸底调查阶段。

土地流转管理与服务。在推进规范土地流转发展适度规模经营过程中，出台了《关于引导农村土地经营权有序流转促进现代农业发展的若干意见》和《合肥市工商资本租赁农地监管和风险防范办法（试行）》，形成一套完善和政策体系，建立健全了农村土地流转发展适度规模经营的六种模式（适度流转经营、股份合作经营、专业合作经营、服务集约经营、企业租赁经营、园区返包经营）、“十大机制”（完善农村土地权益关系、推广土地多模式流转、构建农村产权交易市场体系、完善农地权能结构、健全土地流转政策支持体系、健全土地流转管理体制机制、大力实施土地整治、建立纠纷调处仲裁体系、构建新型农业经营体系、健全土地流转服务体系）。至12月底，全市流转土地面积310万亩，流转率61.3%；当年新增流转面积32.5万亩，同比增长11.7%。流转农户52.8万户，占全市农户总数的44.3%。

新型农业经营主体建设。在政策的引导、鼓励、支持下，培育出一批量多质优、主体多元、门类齐全、功能完备、服务便捷的农民专业合作社。形成了国家级、省级、市级和县级四级示范合作社体系，其中国家级示范合作社28个，省级示范合作社46个，市级示范合作社264个，县级示范合作社306个，全市全年注册登记农民专业合作社3575个，净增加678个。

村级集体经济发展。市委、市政府出台《关于发展壮大村级集体经济的实施意见》，明确指导思想和目标任务。市委组织部牵头，市农委、市财政局等部门对全市空壳村进行核验，截至2015年底全市共有村级集体空壳村245个。市农委编制了《合肥市村级集体经济发展规划（2015—2020）》，提出全市集体经济空壳村每年减少10%的目标， 2017年底脱壳任务过半，2020年底无集体经济空壳村，且年经营性收入百万元以上村居超百个，并细化了保障措施。170个村级光伏电站建设已完工，有的村光伏电站现正测试申请并网发电。

农业社会化服务体系建设。通过加大培育农业社会化服务主体，拓宽农业社会化服务领域、创新农业社会化服务机制和农业社会化服务示范创建等措施，加快构建全市农业社会化服务体系。开展农业社会化服务示范县、示范乡镇和示范主体创建活动。大力发展“种、育、播、耕、防、收、储、销”全程化和农技物技融合型社会化经营服务组织，通过“农户＋专业化组织”“农户＋合作社（家庭农场）＋专业化组织”模式，签订半托管或全程托管协议，实现“生产托管、服务包干”，促进农业生产节本减支和提质增效。全市有村级服务站点1018个，经营性服务组织3354个。托管服务面积40万亩，其中“耕种管收”全程托管服务面积38万亩。

（吴延华）

种植业

【概况】 2015年，合肥市种植业继续保持健康发展的良好势头。主动适应粮食生产的新常态，突出“绿色化、生态化”发展导向，着力粮食生产关键环节，实施粮食绿色增产模式攻关十大行动，探索省会城市稳粮增效的新路子。粮食生产能力稳步增长，呈现面积、总产、单产“三个”增加。蔬菜生产能力持续增强，累计兴建12个国家级、19个省级蔬菜标准园。在全省率先实现省级现代农业示范区县域区域全覆盖。全市已有1个国家级、7个省级、13个市级现代农业示范区。“一村一品”加快发展。新认定 1个国家级、6个省级、31个市级一村一品特色专业村，国家级、省级、市级一村一品特色村分别发展到5个、36个和517个。50亩（注：15亩＝1公顷，下同）以上种粮大户发展到4799家，较上年增加181家。

【粮食生产】 全市粮食种植面积745.01万亩，总产量323.3万吨，单产434公斤／亩，比上年同期分别增长0.9%、3.5%、2.7%，粮食总产量位列全国省会城市第五位。依托省、市级现代农业示范区和新型农业经营主体，围绕有机稻生产、肥药“双控”、种养结合、秸秆综合利用等重点内容，创建了131个省、市级粮食绿色增产模式攻关示范单元，其中水稻109个、小麦22个。

【蔬菜产业】 蔬菜市场保障供给和菜价平抑能力不断提升，蔬菜瓜果生产面积174.06万亩，总产量278.7万吨，分别新增7.26万亩、16.63万吨。主要蔬菜产品供给率达67%，其中叶类菜自给率达82%以上。长丰草莓种植面积21万亩，总产量40万吨，总产值突破50亿元，成为名副其实的全国草莓强县。肥东蔬菜大县建设步伐加快，蔬菜产业“三路三带”（店白路、店忠路、合蚌路设施蔬菜产业带，沿湖水生蔬菜产业带，店埠梁园露地蔬菜产业带）初具规模，新增蔬菜生产面积5000亩，其中新增钢架大棚1500亩、连栋温控大棚30000平方米。合作共建供肥蔬菜基地扩面发展。2015年新增合作共建供肥蔬菜基地面积1.87万亩，累计合作共建面积15万亩。

【三产融合联动发展】“环城、沿湖、依山、戏水”四大休闲农业产业集聚带初具规模，新增1个省级休闲农业与乡村旅游示范县、2个省级休闲农业与乡村旅游示范点，全市共有3个国家级休闲农业与乡村旅游示范点、1个省级休闲农业和乡村旅游示范县，7个省级休闲农业与乡村旅游示范点，休闲农业接待量超过2600万人次，休闲农业总产值有望超过20亿元。“互联网+现代农业”引领新型农业业态发展，邮乐农品、三瓜公社、景徽菜篮子、安徽饕餮等农产品电子商务平台迅速发展，农产品电子商务交易额56亿元，是上年的7.7倍。

【生态建设创新推进】 出台《关于加快推进现代生态循环农业发展的意见》及6个配套实施方案，启动了巢湖炯炀、肥东长临河、包河大圩等3个农业面源污染防治试验区建设，初步形成了一大批现代生态循环农业模式，形成了“1+6+3+N”工作体系（即上文的1个意见、6个配套实施方案、3个农业农业面源污染防治试验区和一批现代生态循环农业模式），化肥、化学农药使用量分别较上年下降6.27%、7.28%。举办“肥药双减、秸秆利用”百场示范万户行动活动和现代生态循环农业主题创新大赛，培育230个现代生态循环农业示范主体，在全市40个现代生态循环农业技术与模式中，遴选出10大创新技术与模式、5大优秀技术与模式在全市推广应用。

【农产品质量安全监管】 新创建省级农产品标准化示范基地（区）3个，市级农业标准化生产示范基地（区）35个。截至年底，全市共建设各类农业标准化示范基地（区）337个，示范面积223万亩，辐射带动面积380万亩。“三品一标”（无公害农产品、绿色食品、有机农产品和农产品地理标志）稳步推进，新增“三品”认证46个，地理标志农产品2个，累计认证登记781个（其中地理标志农产品12个），农产品抽样检测合格率稳定在98%以上。

【农业科技】 实施种业科技创新工程，建设现代农业科技创新平台，推广新品种235个，新技术256项，新模式49个，培训新型职业农民1570人，新认定新型职业农民1412人，全市农业信息化覆盖率超过95%。

全市共取得授权品种和申请品种权127个，其中品种权申请数76个，授权数51个，取得授权品种和申请品种权总数占全省的74.7%。整合各类资源，创新体制机制，规划建设中国农业科学院合肥食品创新研究院。围绕农业主导产业，遴选了940名基层农技人员开展包村联户农技推广服务，推广新品种235个，新技术256项，新模式49个，培育科技示范户9400户，辐射带动农户9.5万余户，构建了“专家组+试验示范基地+农业技术人员+科技示范户+辐射带动户”的技术服务模式。培训新型职业农民1570人，新认定新型职业农民1412人，认定率89.9%，全面完成新型职业农民的信息登记管理工作。拓展线上销售，实施“电商换市”，推进网络电子商务销售，全市农业电商企业发展到100余家，全年电商销售额56亿元。

【惠农政策落实】 全市共发放农资综合补贴、粮食直补和良种补贴63596.45万元。农业政策性保险补贴占财政补贴保费的80%，支持发展种植业补充保险，市财政投入200万元，对100亩以上的规模水稻种植农户，保额提标（由330元/亩提高到500元/亩）所产生的保费，财政承担50%，农户只需再承担5.1元/亩，共对53万亩水稻进行提标投保。

市级共验收（含复查复验）蔬菜奖补项目61个，累计兑现市本级奖补资金4148.09万元。市级奖补粮油棉高产创建及省市粮食绿色增产模式攻关示范片171个，兑现资金382万元。市财政对舒城、寿县等9个合作共建县共安排资金800万元，较上年增加170万元。

（吴延华）

畜牧水产业

【概况】 2015年，合肥市畜牧水产业产业结构调优，发展质量提升，城乡居民的“肉盘子”“奶瓶子”和“鱼池子”保障有力，主要指标继续领跑全省。全市畜牧水产业总产值208.55亿元，肉、蛋、奶、水产品总产量104.93万吨，其中肉类产量49.12万吨、禽蛋产量20.25万吨、牛奶产量11.54万吨、水产品产量24.02万吨。出栏生猪291.72万头，出栏家禽1.61亿只。

【畜禽养殖】 标准化示范场创建。组织精干力量成立创建工作技术指导小组，对参与创建的示范场进行技术指导，总结交流创建经验，促进了创建活动扎实有效开展，全年创建2个部级、3个省级畜禽标准化示范场。积极构建畜牧技术标准体系，完成笼养蛋鸭、蛋鸡等2项市级地方标准制订。

监测分析。积极应对畜禽生产价格多变等不利因素影响，加强市场预警预测，掌握市场供求和价格动态情况，及时、准确、有效报送各类相关数据和市场运行预警分析调研材料，每月形成1期畜禽主要产品价格形势专报，为市政府决策提供依据。

污染治理。贯彻落实《畜禽规模养殖污染防治条例》、市政府办公厅《关于印发全面加强畜禽规模养殖污染防治工作方案的通知》以及市畜牧水产局《关于加强规模化畜禽养殖场污染废弃物综合利用的意见》，在环巢湖区域重点示范推广发酵床养猪、林间生态养鸡、农林牧结合循环利用、畜禽养殖污染处置设施等生物降解、农业消纳和工程处理等3种模式，推进2015年规模化畜禽养殖场和养殖小区工程治理减排项目，谋划环巢湖生态示范区建设项目。9月中旬，市畜牧水产局召开全市畜禽养殖污染治理现场推进会，组织各县（市）区畜牧水产主管部门现场观摩合肥伊利畜牧发展有限责任公司（宋岗场）、安徽长风华多种猪育种有限公司、安徽科鑫养猪育种有限公司、合肥市益农养殖有限公司第六种禽场、合肥市潜溪山庄农业生态园有限公司、合肥温氏公司等养殖企业的畜禽污染治理设施，听取各企业畜禽污染治理工作汇报，为各县（市）区推进畜禽养殖污染治理提供了榜样。

品牌建设。实施品牌发展战略，围绕畜牧业主导优势产业，引导企业做优做强。肥东现代牧业的纯牛奶再获第54届“世界食品品质评鉴大会”金奖。大北农集团注资安徽长风公司，控股60%。新希望六和股份有限公司入股安泰公司20%股份（即将签约）。安徽新希望白帝乳业拟投资5.56亿元在肥东经济开发区食品工业园建设年产乳制品16万吨的加工厂。创建了“安徽白山羊”“巢湖麻鸭”2个首批省级畜禽遗传资源保种场。

【生态渔业】 加强水产良种体系建设，扶持引导企业改善繁育基础设施，培育优质亲本，产业发展基础得到夯实。新增省级水产良种场2个，其中肥西县红嘉成为全省首个观赏鱼省级水产良种场，该场繁育的观赏鱼苗成功出口英国。

开展示范场创建活动，新增部级水产健康养殖示范场12个，新认定第三批市级水产健康养殖示范场26个。全市水产健康养殖水平稳步提升，产地水产品质量迈上新台阶。池塘循环流水养殖、稻田养殖等绿色养殖模式蓬勃发展。水产品出口额继续位居全市大宗农产品出口首位，全年水产品出口额超过3000万美元 。渔业机具制造业产值超过50亿元，产品出口到60个国家和地区。

加快都市休闲渔业发展，培育渔业经济新的增长点，努力实现生态效益、经济效益和社会效益的协调发展，新增省级以上休闲渔业示范基地11个，其中巢湖鑫光青麓、肥东漫水湾被评为第四批国家级休闲渔业示范基地，安徽岱山湖、长丰金徽园、肥东东泰、肥西正久、杰与祥、巢湖市百花塘、资环、合肥碧海龙悦、禾润等9家企业被评为第三批省级休闲渔业示范基地。成功举办第三届安徽省水族展。

【畜产品监管】 市畜牧水产部门围绕“系统规划，有序推进，标本兼治，全程控制，长效管理，确保安全”的监管思路，把握“适量提质创品牌、及时统一全覆盖、规范严管保安全、勤政廉洁正能量”要求，从宣传教育入手，加强监管责任，完善各项制度，健全执法体系，规范执法行为，创新监管体制，抓住重点环节监管不放松，依法强化监管，成效明显，畜水产品质量安全水平不断提高，全市多年来没有发生一例畜水产品质量安全事故。

突出投入品环节。以规范投入品市场、保障养殖业生产安全为目的，坚持“打防结合、服务为主”，执法与服务并重。一手抓执法，净化市场经营环境，组织力量对全市14个兽药生产企业、43个饲料生产企业和362个兽药经营企业进行专项检查，开展了规范兽药、饲料产品（新）标签和说明书集中整治行动和“护牧保安”专项执法行动，加大对制售假劣产品、违禁药品和不合格产品的打击力度，进一步规范投入品生产经营秩序，净化了投入品市场环境，提高兽药饲料质量安全水平；一手抓服务，充分发挥动物保健品协会行业自律作用，加强对全市兽药饲料生产和经营企业的检查指导和技术服务，严格按照标准和程序，组织对新申报兽药GSP认证企业的认证工作，进一步规范兽药饲料经营秩序。

突出养殖环节。坚持食品安全“产出来”和“管出来”的两手硬要求。一方面“适量提质”抓好畜牧业标准化工作，使生产有标可依、产品有标可检、执法有标可判。推进生产经营主体转变，加大对龙头企业、专业合作社扶持力度，加强生产监管和技术指导，督促落实标准化生产要求。推动建立健全畜禽产品优质优价机制，充分发挥市场杆杠作用，拉动畜牧业标准化发展，保证畜产品质量安全的基础。另一方面以规范养殖场动物防疫条件为突破口，对全市规模养殖场全面实施分类分级管理，签订承诺书，明确养殖场的动物防疫和畜禽产品质量安全主体责任，坚持实行官方兽医驻场监管制度，规范养殖生产行为；严格产地检疫，实行“片区”负责制，落实“一岗双责”，全面推行检疫承诺制，实施责任追究和产地合格准出制度。

突出屠宰环节。为确保上市畜产品质量安全，按照“控制源头、严把关口、规范检疫、加强监测、强化监督”的要求，全面规范生猪定点屠宰企业监管，对全市36个生猪定点屠宰企业实行凭证入场待宰制，实施全程同步检疫，“严把三关、做好五项登记”。坚持宰前检疫和“瘦肉精”检测同步，完善屠宰场自检和官方抽检制度，实行“先行排查、送检定性、违禁查处、产地禁入、严厉打击”，确保生猪产品质量安全；坚持现场审核、确认登记、保全资料、核实数据的工作程序，做好屠宰环节病害猪无害化处理工作，确保不合格生猪及其产品不出场。全市共屠宰生猪160万头，“瘦肉精”抽样监测10.2万份样品，全部合格；无害化处理不合格生猪2883头，无害化处理率100%。

突出外来报验环节。加强“三大报验监管”，确保外来畜禽产品质量安全。即：坚持“查证验物、抽样检测、合格打标、超标销毁”的工作程序，加强外来牛羊肉的报验监管；坚持外来生猪产品“双证”（动物检疫合格证明、“瘦肉精”检测证明）报验制度，加强外来生猪产品监管；坚持“集中报验、合格准入、分散经营、凭证入市”制度，加强城区外来活禽报验监管，6月份专项投资5400多万元建设的外来动物和动物产品报验站将投入使用，届时外来动物、动物产品和水产品将全面实行报验监管，可极大地提高外来畜产品质量安全水平。

无害化处理监管。全面实行官方兽医驻场监管。明确监管人员，责任到人，分片包干，实施规模养殖场无害化处理“一对一”监管，督促养殖场（户）完善养殖档案、免疫记录、无害化处理记录；指导企业完备无害化处理设施设备；监督企业进行无害化处理等，落实无害化处理责任，严格执行“四不准一处理”，即对病死畜禽不准宰杀、不准食用、不准出售、不准转运，必须进行无害化处理。

规范产地检疫和屠宰检疫。严格检疫结果处置，对检疫不合格的生猪及其产品一律在官方兽医监督下进行无害化处理，实行合格准出制度。在全省率先全面实施动物检疫电子出证工作，进一步规范了检疫出证行为，建立了“信息可查询、流向可追踪、质量可追溯”的追溯体系。

推进动物卫生监督信息建设。以肥东县实施规模养殖场动物卫生监督视频监控为试点，探索和推进养殖环节监管信息化建设，对畜禽进场、出场、无害化处理等重点环节进行网络监管，逐步提升监管信息化水平。

年底完成了构建无害化处理和监管长效机制的目标任务，初步建成了多层次功能、运行机制完善、经费保障到位的无害化处理体系，确保不合格畜禽产品不出场、不加工、不食用，更加有效地保障我市畜禽产品质量安全。

做好养殖和屠宰环节病死（害）猪无害化处理补助工作，加大现场核查核实力度，督促各县（市）、区落实属地管理责任，设立并公布举报电话，主动接受全社会监管，落实国家惠农政策，提高养殖、屠宰企业的无害化处理积极性，切实保障畜产品质量安全。

淘汰奶牛和生鲜乳专项整治。组织开展跨省引进种用乳用动物专项整治行动，对全市存栏50头以上的奶牛场进行专项检查，重点对养殖场近年来的引进情况，以及养殖档案和用药，淘汰牛只的数量、去向和处置的方法，以及病死牛无害化处理情况等进行逐场、逐户检查，进一步规范跨省引进种用乳用动物和淘汰牛只、病死牛的处置工作。部署开展生鲜乳专项整治行动，专项整治期间，监督检查奶牛养殖场68场（户）次，检查生鲜乳收购企业6家次，抽取伊利、白帝乳品加工企业、养殖场等生鲜乳样品53份送检，检测结果全部合格。

【水产品监管】 通过建章立制，明确职责，探索长效监管机制，水产品产地抽检合格率达100%，全市未发生一起水产品质量安全事件。

印发《合肥市水产品检测工作方案》等文件，全面部署水产品质量安全监管工作。加强执法检查，对市级以上健康养殖示范场开展不定期巡查，重点检查投入品储存、使用等情况，检查养殖生产、用药和销售三项记录等档案建立和各项管理制度落实情况，同时向养殖场户散发“水产品质量安全养殖告知书”，努力消除水产品质量安全隐患。全年共出动执法人员200余人次，检查62个规模养殖场，责令整改4家。

举办法律法规学习、健康养殖技术推广及水产品检测技术培训班，对县（市）区水产技术推广站和部分水产养殖场技术开展业务培训，加强养殖场户质量安全意识，提升基层检测业务水平。发放28台套水产品快速检测设备，督促县（市）、区全面开展水产品快速检测工作，确保水产品产地合格率100%。指导企业开展自检，除派员指导周谷堆市场开展检测工作，还在试剂方面给予支持，并实行检测结果共享，完善水产品质量风险预测预警机制。

完成农业部6次、省5次监督抽样，共抽取样品200多份。加强市本级水产品抽检力度，全年共抽取107家，现场采集样品共200多批次。为全面掌握全市水产品质量状况，从批发市场、超市、农贸市场例行抽样46份进行快检，共检测氯霉素、硝基呋喃类代谢物、孔雀石绿等指标1476个。检测结果显示，合肥产地水产品抽检合格率达100%。

共接到市政府12345直通车热线举报水产品安全事件电话6起，对每一起举报高度重视，立即组织人员赴现场调查，第一时间处理，并及时回复举报人，处理结果均令举报人满意。

【动物防疫】 全市共领取发放高致病性禽流感疫苗5496.1万毫升、口蹄疫疫苗691.5万毫升、猪瘟疫苗403.64万头份、猪蓝耳病疫苗398.8万毫升、小反刍兽疫疫苗10.4万头份，发放免疫证明86万张、耳标260万套。在做好强制免疫的同时统筹抓好猪链球菌病、鸡新城疫、鸡传染性法氏囊、奶牛布病和结核病等其他重大动物疫病防控，使其发病率控制规定标准以下。防疫工作受到省防治重大动物疫病指挥部检查组充分肯定，合肥市连续9年被评为全省动物防疫先进市。

坚持早动员、早部署，切实抓好春秋防重大动物疫病防控各项工作。2月24日召开全市畜牧水产暨春季重大动物疫病防控工作会议。市委常委、市防治重大动物疫病指挥部（以下简称“市防指”）指挥长江洪出席会议，对春季重大动物疫病防控工作进行专项部署，全面启动春季集中免疫行动。市防指印发《关于做好春季重大动物疫病集中强制免疫工作的通知》等文件，要求严格按照《农业部2015年度加强重大动物疫病防控延伸绩效管理工作实施方案》要求，统筹抓好动物防疫、检疫监督、经费落实、中长期动物疫病防控等，确保各项工作开展扎实有效。各县（市）区按照“六统一六不漏”的工作要求，以乡镇为单位逐村推进，对辖区内存栏所有畜禽实施集中免疫，确保防控工作“无死角、无空白、无隐患”。

市县两级均将疫苗经费、基层动物防疫工作补助经费、监测和流行病学调查经费等列入同级财政预算。全年共落实疫苗经费553万元，基层动物防疫工作补助经费93.7万元（村防疫员每人每年1000元），动物疫病监测和流行病学调查经费100万元。各县（市）区均落实了农村老兽医工龄补助经费，均按时发放到位，共发放人员518名。

开展春秋两季全市重大动物疫病集中监测工作，主要检测H5亚型高致病性禽流感、鸡新城疫、口蹄疫、猪瘟、高致病性蓝耳病的免疫抗体。检测结果反馈到各县（市）区畜牧兽医主管部门，使各县（市）区依据检测结果能够做好查漏补缺，及时对无免疫抗体或整体抗体水平低的畜禽群体进行加强免疫和重点监控，并对现行动物疫病的免疫程序进行科学改进，确保全市重大动物疫病的免疫效果，有效防止动物疫情的发生。

【政策落实】 准确把握政策要求，不断增强项目申报的针对性和竞争力，最大限度争取国家和省财政支农政策支持，全年共获生猪（奶牛）标准化小区改造、生猪调出大县、生猪和奶牛良种补贴、菜篮子生产、增殖放流等支农项目资金7000余万元。落实《合肥市促进现代农业发展若干政策》，针对良种繁育、养殖基础设施等薄弱环节，科学设置良种繁育、养殖场标准化建设等“借转补”条款，补足发展短板，充分发挥奖补资金“四两拨千斤”作用。项目资金实行总量控制，及时落实到位。加强项目管理，严格执行项目备案、企业自愿申报、县（市）区主管部门择优初审、窗口受理、委托市公共资源交易中心评审论证、评审结果公示、中期督查、到期验收等工作程序，确保项目全程阳光操作，全年未收到一起投诉举报电话。

【资源养护】 2月1日至7月31日，对巢湖主体水域、滩涂及各通湖河流河口水域实施为期半年的禁渔期，这是巢湖第31个禁渔年。封湖禁渔期期间，除银鱼、虾类在规定的时间内可以采用规定的网具进行特许捕捞外，其他捕捞生产活动一律禁止，所有渔船实现“大船归港、小船上岸、渔网入库、动力机械与渔船分离”，切实做到“湖中无渔网、岸边无渔船、市场无湖鱼”。

从3月份开始，向巢湖投放大量鱼苗，省委常委、市委书记吴存荣、副省长梁卫国、副市长江洪等省市领导出席增殖放流活动。全年共投入资金400余万元，向巢湖放流各类鱼苗2.43亿尾，其中大银鱼2亿尾、鲢鳙鱼4360万尾、鳜鱼等苗种100余万尾。

加大“电毒炸”打击力度，对环巢湖流域“迷魂阵”保持高压态势，发现一起处理一起，切实维护环巢湖流域渔业资源。全年共开展检查161次，出动执法船艇109艘次、执法车辆384辆次，出动执法人员504人次；查获违法捕捞船15艘，查处电捕鱼19起，没收渔获物280千克，拆除“迷魂阵”411张，取缔其他违禁渔具14件，有效遏制使用违规渔具渔法行为。

【渔业安全生产】 年初，市畜牧水产局与各县（市）区渔业主管部门签订《2015年渔业安全生产目标管理责任书》，各县（市）区渔业主管部门先后同辖区重点乡镇、机动渔船船东签订责任书，层层落实渔业安全生产责任制。印发2015年合肥市渔业安全生产工作方案，有序推进渔业安全生产工作。强化渔业生产安全宣传活动，通过广播电视、发放“明白纸”、张贴标语和悬挂横幅等形式，以简单有效的方式，加强渔业安全生产法律法规宣传，提高渔民生产安全意识。全年共出动宣传车46辆次、宣传船11艘次，印发宣传材料3300份，张贴宣传标语620条，悬挂宣传条幅45幅，利用广播、报刊宣传106次，电视专题2期，受理群众举报5次，发送宣传信息315条，召开各类会议12场次，向享受燃油补贴的渔船船主宣传290次，宣传群众5400余人次。

开展“春季和汛期渔业安全生产检查”“渔业安全生产督查”“渔船检验执法督查”和“清理整治非法捕捞专项执法检查”等活动，重点打击无船名船号、无船舶证书（即无有效渔业船舶检验证书、船舶登记证书、捕捞许可证）、无船籍港的船舶从事渔业生产及使用假船牌、涂改船名号，渔船非法载客载货及违规捕捞作业的违法行为。对渔船救生、消防等重要安全设备不齐等行为，要求及时整改。查处“无证上岗”行为，排除渔船存在重大安全事故隐患，促进县区有序有效开展渔业生产安全各项工作。全年共对25艘渔船作报废处理，更新渔船20艘，对36艘存在安全隐患的渔船责令整改。加强船检队伍建设。选派人员参加部、省渔业主管部门举办的渔船检验、法律法规等培训班，提高自身业务水平。

全年未发生一起渔业安全生产事故，实现零伤亡管理目标。

【龙虾节】 第十四届中国（合肥）龙虾节由中国渔业协会淡水龙虾分会、安徽省农业委员会和合肥市人民政府共同举办，市委宣传部、市畜牧水产局、包河区人民政府、合肥报业传媒集团等共同承办。8月15日晚举行龙虾节开幕式，省农委主任孙正东宣布龙虾节开幕。省农委党组成员、总农艺师赵颖南，市人大常委会副主任林存安共同为“合肥龙虾”地理标志证明商标启用揭牌。中国渔业协会常务副秘书长金丽珍、市政协副主席金其武等为2015年度“合肥龙虾大王”授牌。副市长吴春梅在开幕式致辞中向与会嘉宾表示欢迎，并简要介绍合肥龙虾节举办情况。

这届合肥龙虾节活动丰富，6月9日举行冠名签约仪式，9月12日在合肥万达城举行闭幕式。期间，先后举办龙虾经济论坛、“2015我最喜爱的龙虾店”美食评选、龙虾节吉祥物征集、万达“时尚公主”代言龙虾餐饮、“万人龙虾饕餮宴”“我爱小龙虾”少儿绘画大赛等系列活动。其中，在巢湖岸边举办的“万人龙虾饕餮宴”再创新纪录，活动历时3天，吸引近2万市民参加活动，6家龙虾店现场烹饪龙虾1.5万公斤。

第九届龙虾经济论坛于8月16日在合肥举行，来自上海海洋大学、安徽省农科院、安徽农业大学、合肥工业大学以及安徽省水产115创新团队的专家学者，全省16个地级市的行业主管部门负责人，全省龙虾养殖及加工出口企业负责人共200余名代表齐聚合肥，围绕龙虾养殖及加工关键技术、龙虾经济发展现状及前景展望等展开研讨。

一年一度龙虾节的举办，不仅为合肥增添了一张靓丽的名片，也为合肥打开了一个开放的窗口，成为旅游推介、文化交流与经贸合作的重要平台，有力助推了合肥经济社会的蓬勃发展。在龙虾节的推动下，合肥人把小龙虾做出大文章、创出大品牌、闯出大世界，形成集苗种繁育、生态养殖、餐饮消费、加工出口为一体，一二三产深度融合发展的现代农业产业链，龙虾经济总产值达45亿元。四海宾朋欢聚一堂，领略大美巢湖，同享文化盛宴，品味龙虾美食，这对于推动合肥龙虾经济提档升级，弘扬和传播渔文化，建设环巢湖休闲旅游示范区，打造“大湖名城、创新高地”起到重要作用。

（范仲平 于乐 刘磊 仇恒所）

水　务

【水利工程建设】 水利基建项目。全年为农村34.2万人（其中农村居民31.5万人，农村学校师生2.7万人）解决饮水不安全问题，建设总投资16560万元。建成农村饮水安全工程60处，新建县（市）级水质监测中心5座。

2014年计划的62座小水库除险加固工程全部完工；2015年计划的52座小水库也已完工，完成投资6240万元。中型水库陶老坝水库加固工程完工，累计完成投资3071万元。

长丰县四里河、南淝河河道（长岗、岗集段）和市区南淝河河道（三十岗、小庙段）等治理工程，上年结转投资695万元，全部完成投资。肥东县梁园河治理工程（付店至南街段）、肥西县派河上游段治理工程（金寨南路桥－刘河沿）、长丰县沛河综合治理工程已开工，共完成投资2914万元。裕溪河治理工程上年结转投资200万元，全部完成。中小河流治理重点县，2015 年下达投资 2123 万元，已全部完成。

巢湖环湖防洪治理工程可行性研究报告已通过国家发展和改革委员会评估；工程建设征地移民安置规划报告已由省水库移民管理局批复；工程规划选址已由省住房和城乡建设厅批复；工程节能登记已由国家发改委备案；工程环境影响报告表已由市环境保护局批复；工程用地预审工作正在进行。

中央预算内投资项目庐阳区生态清洁小流域水土保持工程，总投资 510 万元，其中中央投资 350 万元、地方配套 160 万元。项目主要内容为三十岗乡水土流失面积 2.44 平方千米，其中，生态修复面积 0.399 平方千米，生态治理面积 2.342 平方千米，生态保护面积 0.154 平方千米。至年底共完成投资 350 万元，完成渠道清淤 8 千米，新建生态氧化塘 3 口。

市级水利重点项目。国家开发银行贷款环巢湖项目一期共有 3 项，包括南淝河下游河道治理工程、派河中下游河道综合治理工程和兆河治理工程，主体工程都已完成，累计完成投资 11 亿元。

列入二期贷款的市直水利项目共有 5 个。南淝河河道治理工程完成投资 4614 万元，占实际需要投资的 87%。南淝河下游河道整治工程二期，先实施二十埠河桥，工程于 12 月底全面开工建设，完成投资 81598 万元，占实际需要投资的 81.27%。董铺水库水源保护区生态湿地一期工程已完成投资 11763 万元，占实际需要的 61% 。滁河干渠水环境治理及生态修复工程项目共分 10 个标段，市直、肥东段各 5 个标段，市直段已全面开工建设，肥东段已招标 4 个标段，累计完成投资 12184 万元，占实际需要投资的 51%。大房郢水库水源保护区生态修复及湿地一期工程初步设计已批复，其中长丰县四里河治理工程已开工建设，完成投资 6500 万元，占实际需要投资的 39%。

亚洲开发银行贷款项目巢湖沿岸水环境治理及生态修复工程湿地绿化招标于 5 月份开始，9 月 16 日施工单位进场施工，已完成工程量的 90%。水质智能监测系统现已完成招标工作。

小型水利工程改造提升工程。2015 ～ 2016 年度，省水利厅下达合肥市小型水利工程改造提升建设任务为：扩挖、清淤 7621 口塘坝，清淤农村沟渠 521 条，更新改造小型泵站 17215 千瓦，改造中小型灌区 11 处、18 万亩（注：15 亩 ＝ 1 公顷，下同），改造末级渠系 34.9 万亩，新建、加固小型涵闸 90 座。全市完成小型水利工程改造提升投资 104394 万元；完成土石方 7616 万立方米。完成清淤扩挖塘坝 8199 口、清淤农村沟渠 636 条、更新改造小型泵站 17632 千瓦、改造中小型灌区 12 处 21.7 万亩、改造末级渠系 36.8 万亩、新建加固小型涵闸 99 座。

小型农田水利重点县项目建设涉及长丰、庐江、肥东三县，计划总投资 6897 万元，其中中央投资 3310 万元、省级配套 2360 万元、县级及群众自筹 1227 万元。完成投资 5822 万元，占计划投资的 84%。

店埠河航道升级改造工程。一标段已完成主体工程施工；二标陆上工程已完成约 80% 工程量，两座排灌泵站已基本具备验收移交条件，正在做护砌和围堰拆除水下疏浚工程；三标段可施工的约有 1000 米，有 700 米大堤已具雏形。

水库移民后期扶持工作。继续做好大中型水库移民直补资金的发放，省财政拨款到位后，各地根据核准的人口，按时足额将移民直补资金通过“一卡通”平台直接打卡发放到移民户。2014 年度移民直补人口 65913 人，2015 年因人口死亡、户籍变化等核减 459 人，实际发放人数为 65462 人，共发放直补资金 3927.72 万元。2015 年完成项目投资 5078 万元。其中完成 2014 年第一批项目资金 2527 万元，完工项目 123 个；完成 2014 年第二批计划 1913 万元，完工项目 87 个；完成 2014 年小水库项目扶持计划 638 万元，完工项目 43 个。

水利工程建设管理。继续抓好中央财政补助公益性水利工程维修养护管理工作，按时完成 2014 年中央财政补助县级国有公益性水利工程维修养护工程（40 个项目，累计投资 405 万元）。开展水利风景区申报工作，包河区合肥滨湖水利风景区成功申报第 15 批国家级水利风景区单位。支持水管单位申报省级水管单位，滁河干渠管理分局被省水利厅确定为 2015 年度全省水利工程管理省二级水利工程管理单位。

统筹管好本级并指导行业安全生产工作，组织安全生产检查暗访 50 余次，水利安全生产形势持续稳定向好。市水务局连续 4 年被市政府评为安全生产目标考核优秀单位。2015 年全市水利安全生产继续保持“零”指标控制和无亡人事故目标。在 6 月 15 日至 7 月 15 日的全国水利安全生产网络知识竞赛活动中，市水务局获全国地市水利（水务）局第三名、安徽省地市水务局第一名，肥东县水务局、巢湖市水务局获全国企业排行第三十八名和第四十九名，进入全国企事业排行前50名之列。

开展小型水利工程管理体制改革，探索创新管护机制，明晰小型水利工程的所有权、使用权、管理权，落实管护主体、管护责任和管护经费。制定《合肥市关于深化小型水利工程体制改革健全基层水利服务体系的指导意见》，市本级财政设立市级管护专项奖补资金2301万元列入2016年度预算，按照网格化管理方式，将所有县级及以下管理的小型水库、小型水闸、小型泵站、中小灌区及末级渠系纳入管护奖补范围。各地大胆尝试，积极探索，初步形成了专业化管养分离新模式、大户承包管理模式、村集体与用水合作组织共同管理模式、政府购买建后管护服务模式、政府补贴新型农业主体和社会资本参与小型水利工程建设与管理模式等可供推广参考的典型经验。庐江县小型水利工程管理体制改革工作被列为全国“激浪杯”2015年基层治水十大经验之一，安徽省仅此一家。至年底，全市发展各类小型水利工程管护组织431个、管理人员2007人，受益人口166万人，年筹集管护经费4195万元，管理面积244万亩，累计发放“两证一书”（工程所有权证、使用权证和管护责任书）14.1万份。

【防汛抗旱】 坚持早谋划、早安排、早部署，从组织、工程、预案、队伍、物资等方面落实防汛抗旱准备工作。根据人事变动，及时调整充实了市防汛抗旱指挥机构组成人员，明确了全市重要防洪工程行政、技术责任人，并在《合肥日报》上进行公示，接受社会监督。按照“县级自查、市级抽查、省级督查”的原则，开展了多层次、全方位汛前检查工作。4月份，组织力量赴各地开展抽查，对发现的问题，及时落实整改措施。并督促全市93处开口子工程，5月底前全部完成堵口复堤任务，确保度汛安全。结合工情、汛情的变化和近年来防汛抗旱实际，修订完善各项预案。审批下达了大中型水库和重要小型水库控制运用计划。各地狠抓抢险队伍建设，已组建市、县级防汛抢险队伍共8支541人，其中市级2支57人，县区级6支 484人。为提高抢险实战能力，汛前共开展32场次培训和演练活动，参演人员1222人。市本级安排15万元用于防汛物资采购，共采购编织袋3万条、麻袋1万条、24千瓦发电机组1台套、防汛抢险组合工具包6套。

6～7月发生强降雨，导致多条河流出现超警戒水位，巢湖、瓦埠湖等湖泊超出安全水位，部分地区发生洪涝灾害。8月初，“台风”苏迪罗接踵而至，给防汛工作带来较大压力。省委常委、副省长陈树隆亲临合肥指导防汛工作。省委常委、市委书记吴存荣，市政府主要领导等省市领导多次作出重要批示，要求全力以赴做好防汛抗洪救灾工作，并亲临防洪一线检查指导工作。市委常委、副市长、市防汛抗旱指挥部（以下简称“市防指”）常务副指挥长江洪坐镇调度指挥，7次召开防汛会商会，研判天气形势变化，安排部署防汛重点工作。市防指启动日会商机制，每天都要召集水务、气象、水文等部门加强会商，安排部署防汛抗洪工作。市防指3次启动防汛防台风Ⅲ级应急响应，市防办发布汛情专报5期，防汛快报41期。气象部门发布气象预警16次，气象服务短信10万余条。水文部门发送水雨情短信6900余条，发布实时预报28次。准确、及时的预报预警，为防汛抗洪赢得宝贵时间，为决策指挥提供科学依据。6月底，市防指派出3个工作组，赴各县区督查指导防汛抗洪工作。汛前，市防办调度通江闸站外排巢湖底水19亿方，整个汛期，通过科学调度各类水库、水闸开闸泄洪，各类泵站开机排涝，共外排巢湖及内河洪水45亿方，确保了防汛安全。全市未发生一起重大险情，未发生一起人员伤亡事故。

在确保工程防洪安全的情况下，市防指精心调度、合理控制水库、河道、湖泊水位，充分利用汛期雨洪资源，充塘灌库，为后期抗旱灌溉留足水源。全年累计完成农业灌溉用水近8亿立方米，完成董铺、大房郢水库补水3.4亿立方米，城市供水4.7亿立方米，城市生态补水996万立方米，有力保障了城乡居民用水安全。

按照国家、省防办统一部署，市防办将抗旱规划项目建设作为提升面上工程应急抗旱能力的重要抓手，不断推进抗旱应急水源工程规划和建设工作。督促长丰、肥东两县加快2014年抗旱应急水源建设，市防办通过多次现场协调，督促施工单位加快进度，确保工程进展顺利。9月10日、11月13日，长丰和肥东县抗旱应急水源工程均顺利通过竣工验收。完成肥东县2015年抗旱应急水源（古城、陈集两镇）工程审批工作，并督促工程于11月20日开工建设。完成合肥市2017～2020年抗旱应急水源工程项目储备编制和初审上报工作，通过省防办审查后，五县（市）共11个工程项目进入项目库，总投资1.29亿元。这一批抗旱应急水源工程的建成后，将大大提高全市抗旱应急水源保障能力，有利于社会稳定和谐发展。

【水生态文明建设和水资源管理】 合肥市水生态文明城市试点建设实施方案已通过水利部组织的专家评审，并由省政府批复。1月27日，市委常委、副市长江洪主持召开工作调度会，督促水生态文明建设工作规范、高效、有序开展。6～7月，市委督查室根据全年决策督查工作计划，会同市水务局等单位，对水生态文明城市建设试点工作推进情况进行了专项督查。各地各有关单位高度重视，对照《合肥市水生态文明城市建设试点实施方案》，精心组织，认真实施，各项工作有序推进。

列入试点工作的53项工程全面铺开，28项已完成过半，环巢湖乡镇污水处理厂工程基本完工。着力抓好8大示范工程建设，其中，三河镇生态环境综合整治工程完成主体工程的55%；巢湖市中庙•姥山岛景区提升工程环岛路二期步道已完成，小渔村整治工程完成80%；滨湖新区牛角大圩农村环境连片综合整治项目基本完成；滁河干渠水环境治理及生态修复工程、龙河口水库引水工程前期工作已完成，进入实施阶段；巢湖沿岸水环境整治及生态修复工程完成约50%；大房郢水库水源保护区生态修复进入实施阶段。

贯彻《合肥市饮用水水源地保护条例》《合肥市水环境保护条例》，完成一、二级保护区雨污分流和工业、生活污水全截流、全处理，实行严格的项目准入制度。《合肥市水资源综合规划》及《水资源配置规划》通过市规委会审查，由市政府批复。实施董铺水库、大房郢水库保护区村庄搬迁暨土地整治工程，水库周边县区共计搬迁43个村（居），23521户，约7万人，面积1.8万亩，总安置资金127亿元。对保护区内存在的少量网箱养鱼、畜禽养殖等污染源，制订切实可行的整治措施，分期分批组织实施。组织市重点用水户开展最严格水资源管理业务培训，全方位开展水法制宣传教育，不断增强全社会的水文化意识，培育公众的爱水、惜水、亲水、护水共识。6月，合肥市代表安徽省接受国家最严格水资源管理考核组考核，顺利通过。合肥市在全省落实最严格水资源管理制度考核中取得优异成绩，综合评分位列全省第一，被评为优秀等次。万元工业增加值用水量降低指标是省政府对各市政府目标任务考核的一项重要指标，合肥市在全省名列第一方阵。

【水利宣传】 组织环巢湖水环境治理、水生态文明建设、农田水利建设、民生水利、“百河千渠万塘”专项行动、“世界水日”等多起专题宣传活动。3月22日是第二十三届“世界水日”，3月22～28日是第二十八届“中国水周”。“世界水日”宣传主题为“节约水资源，保障水安全”，合肥市的宣传主题为“推进最严格水资源管理，建设水生态文明城市”，市水务局开展了系列丰富多彩的宣传活动。百名自行车骑行志愿者成立水法宣传骑行队，从合肥天鹅湖出发沿滁河干渠引水渠道骑行至长丰双墩，宣传保护饮用水源。

通过广场活动、手机短信、摆放桁架、小区广告牌、新闻媒体等多种方式进行宣传，不断增强全社会的水文化意识，培育公众的爱水、惜水、亲水、护水共识。全年累计在媒体发稿174篇，其中行业媒体14篇、国家级媒体37篇、省级媒体32篇、市级媒体91篇。与合肥人民广播电台协作开办“盛世治水”节目，每天早晨上班黄金时段7时25分播出水利新闻，全年播出435条，收到良好宣传效果。全年累计编发政务信息473条，报送省水利厅信息120条，报送市委、市政府信息140条。建立健全信息公开规章制度，规范信息公开的格式、内容和程序。全年累计发布政务公开信息700多条，内容涵盖部门动态、政策法规文件、行政执法结果、招标采购、财政预决算等。

（管小庆）

商贸

【商业贸易】 合肥市商务局推动商贸服务业项目集聚、社区商业便利化发展，构筑现代商贸流通体系，不断扩大消费规模。全年社会消费品零售总额首破2000亿元，达到2183.65亿元，增长12%，总量占全省24.5%，增速位居全国省会城市第四位；净增限额以上商贸单位167家，截至2015年末达到1539家。结合市“1346”行动计划，确定38个商业大项目作为跟踪服务和统计的重点项目，项目总投资1345亿元，计划完成年度投资274.64亿元，实际完成年度投资275亿元，周谷堆大兴农产品物流园、砂之船－奥特莱斯、安粮城市广场国际购物中心、华润万象城等相继建成开业，建成3条省级、5条市级特色商业示范街区。

社区生活综合服务中心取得突破，新建2家、在建2家；新增“早餐工程”规范化早餐固定网点50个、早餐车305辆、放心家政企业4家。完成7座加油站的规划确认，办理3座加油站的规划预核准，新增6座加油站投入使用。继续推进城区菜市场标准化建设改造工作，包河区欣园菜场、瑶海区铜陵路菜场和蜀山区小庙菜场相继建成。制定《2015年全国农产品流通骨干网络建设合肥市实施方案》，确定国家级农产品流通骨干网络建设项目4个。推进省级农村商品流通服务体系建设，建成农产品产地集配中心3个，6家乡镇商贸中心和6家农村集贸市场通过省级验收。

加大消费促进力度，继续推动“百家品牌展销、百场消费促进”活动和“知名品牌、旅游商品进商场超市、宾馆酒店、高速公路服务区、机场车站、旅游景区”五进活动，发掘保护本地“老字号”企业，积极推荐申报安徽“老字号”。妥善做好应急保供，评审确定2家市级生活必需品应急主体承储企业，实行轮储和代储，扩大储备品种、增加储备数量，增强应急保供的能力；及时关注合肥经济圈内各地出现的农产品滞销或供应不足等情况，先后解决了包括长丰陶楼桃子、阜阳西兰花等5次农产品滞销问题；重点开展与寿县、颍上、涡阳、安庆、宣城等地的产销对接和帮扶工作，重点组织开展2015合肥农产品产销对接会、2015海峡两岸（合肥）台商民品博览会、“好商品·共分享”——安徽地方名优名品展销周”、阜阳农超对接推介会等4场对接活动，对接意向金额超12亿元。

构筑良好营商环境，推进打击侵犯知识产权和制售假冒伪劣商品工作，互联网、农村和城乡结合部、成品油等重点领域专项整治成效显著；完成周谷堆肉菜批发追溯系统迁建和城市管理平台升级，全市肉菜流通追溯体系建设受到商务部肯定；加强对拍卖、典当和融资租赁等特种行业的风险排查和监管，规范特种行业发展；在全国率先设立中小微企业典当风险补偿基金，对支持中小微企业的典当行造成的损失给予适当补偿。

【电子商务】 市商务局以优化发展环境、争创示范试点、建设电商园区、发展网络零售、跨境电商和农村电商为重点，推动合肥市电子商务发展。据统计，2015年全市29家限额以上批发零售企业实现网络零售额50.82亿元，同比增长67.1%。根据阿里研究院发布的《2014年中国电子商务示范城市发展指数报告》，合肥市电子商务发展指数在全国省会城市排名第八位，高于成都、济南、西安等城市。中国（合肥）跨境电子商务综合试验区成功获批，安徽青年电子商务产业园成功获批第二批国家电子商务示范基地，蜀山区、肥西县、包河区获评安徽省电子商务示范县（市）区，安徽饕餮电子商务股份有限公司、安徽商之都股份有限公司成功获评2015～2016年度国家电子商务示范企业。

按照“产城一体、差异发展”的思路，积极推进电子商务园区建设，促进工业园区转型升级，全市12家各类电商园区初具规模。2015年，蜀山电子商务产业园四期5栋单体全部封顶，建筑面积22万平方米，即将投入使用；安徽青年电子商务产业园二期占地54亩，建筑面积11.1万平方米，已完成内部装修和前期招商工作，目前已入驻企业39家；合肥经济技术开发区莲花电子商务产业园6栋厂房约4.8万平方米开始动工改造，已引进企业30多家；庐江电子商务产业园占地30亩，于5月正式开园，已引进企业30多家；中国（肥东）互联网生态产业园已于5月获市政府批复同意建设。积极推动安徽（蜀山）跨境电子商务产业园建设，着力引进跨境电子商务龙头企业，重庆大龙网、深圳润泽等已落户合肥。7月27日，安徽（蜀山）跨境电子商务产业园正式实现了海关监管下“信息化、规模化”通关，截至年底，由安徽（蜀山）跨境电子商务产业园跨境监管仓发出的货物出口金额为37万美元。认真贯彻落实市政府办公厅印发的《关于加快农村电子商务发展的实施意见》，从丰富和壮大农村电子商务市场主体、提升农村电子商务应用水平、优化农村电子商务发展环境、强化农村电子商务保障措施等方面着手，统筹推进全市农村电子商务发展；国家电子商务进农村综合示范县——巢湖市建设成效显著，巢湖市农村电子商务公共服务平台已上线，阿里农村淘宝服务中心和菜鸟物流中心正式开业，57个村级服务站点已先后建成运营。

【服务外包】 市商务局扎实推进服务外包示范城市建设。注重顶层设计，科学编制规划，引导服务外包产业健康发展，《合肥市服务外包发展规划（2015～2020）》已印发，《合肥市服务外包人力资源发展规划（2015～2020）》已通过专家评审。完善平台，夯实产业支撑，全市6个省级以上示范园区成为推动服务外包发展的主引擎，聚集了全市70%以上的服务外包企业和80%以上的服务外包业务。2015年，滨湖新区的光谷联合金融港一期32万平方米已经全部封顶，将主要引进金融外包服务企业；国际研发服务外包创新平台建设正在有序推进，已搭建线上研发业务交易及其综合支撑服务平台，并成立了未来教育、大数据、“互联网+”等7个主题研发业务中心以及金融、法律与知识产权等3个支撑服务中心。

加强招商，打造特色品牌，以“与未来对话”为主题的第四届中国服务外包领军者大会在合肥顺利召开，国内外客商约600人赴会，有效提升了合肥服务外包产业在全国的影响力和知名度，会上合肥市被评为“2014年度中国服务外包最具成长潜力城市”。此外，在2015年第七届中国国际服务外包交易博览会上，合肥市有科大讯飞股份有限公司、北京外企人力资源服务安徽有限公司、安徽航天信息科技有限公司等7家企业获得“2015年中国服务外包成长型企业”称号，至此全市已有13家企业获此称号；安徽邮电职业技术学院等5家机构获得“服务外包培训机构年度优秀奖”。2015年，成功引进全球外包50强之一的日本大宇宙集团在蜀山经济开发区设立运营中心，引进中国服务外包十大领军企业之一的合肥软通动力信息技术有限公司在滨湖新区设立区域总部，引进中国软件外包十大龙头企业之一的浙江网新恒天软件有限公司在合肥高新技术产业开发区设立子公司。经商务部审定，截至2015年底，合肥市共有服务外包企业405家，从业人员13.4万；2015年，全市服务外包接包合同签约金额22.7亿美元，同比增长21.6%；接包合同执行金额12.61亿美元，同比增长4.7%。

【会展经济】 市商务局发挥协调推动作用，着力促进全市展会规模和质量提升。全市共举办展会181场、增长2.8%，展会总面积185.5万平方米、增长10.4%，其中，全国性展会13场，规模达到2万平方米展会26场，规模超过5万平方米展会5场。Robo Cup 2015机器人世界杯赛、第三十一届中国植保信息交流暨农药械交易会、安徽省农业产业化交易会、安徽国际汽车展、中国国际节能与新能源汽车展览会、中国（合肥）苗木花卉交易大会、中国（合肥）国际家用电器博览会、中国（合肥）国际文化博览会等一系列品牌展会成功举办。展会主要涉及年货、花卉、草莓、人才、医疗器械、工程机械、旅游、坚果、服装服饰、汽车、茶业、糖酒食品、孕婴产品、住宅、啤酒美食、文化、植保、家电、消费电子、墙体屋面材料、苗木花卉、餐饮等领域。对接全国高等教育学会、中国农机流通协会、中国制药装备行业协会、中国畜牧业协会、中国饲料工业协会等全国性展会主办机构，并赴北京、上海、广州、重庆、武汉等城市推介合肥市会展业良好发展环境，开展招展引会。作为长三角城市会展联盟副理事长单位和长三角会展专业委员会会员，加强与上海、杭州、南京和宁波等城市在展会项目、展会信息、展会人才培训等方面的交流与合作，提升合肥市会展业知名度。

根据上级部门规定和要求，对市级党政机关举办展会活动进行清理规范，并严格执行展会申请和报批程序，规范和减少政府办展，逐步建立政府办展退出机制，注重展会活动的市场化、专业化、国际化功能培育，发挥市场在展会活动中资源配置的决定性作用，2015年合肥市政府挂名主办或承办展会共计12场，较年初申请主办的展会减少了4场，会展业发展市场化程度逐年提高。按照“谁承办、谁负责”的原则，会同公安等部门，按照规范会展活动安全许可申报材料和许可程序的要求，充分履行会展活动的安全监督职责，督促指导会展承办方落实各项安全措施，督促指导会展场馆业主方完善场馆安全监控系统等硬件设施，确保场馆符合举办会展活动的安全条件。

（刘航航）

粮食

【粮食收购】 2015年，合肥市粮食局认真落实国家粮食收购政策，克服夏粮收购小麦品质不好、秋粮收购仓容不足等诸多矛盾，全力做好粮食收购工作，适时启动粮食最低收购价执行预案，合理布局粮食收储网点。截至12月31日，全市全社会收购粮食179.8万吨。国有粮食企业收购粮食107.5万吨，按最低价收购64.8万吨，促进农民增收近2亿元。

【仓储设施建设】 根据安徽省“粮安工程”危仓老库维修改造任务和合肥市60万吨仓储设施建设规划，2015年全市共完成仓储设施建设任务90.81万吨，其中，新建48.39万吨高大平房仓，改造提升仓容42.42万吨。建成后，全市地方国有粮食企业的完好仓容达到200万吨。

【储备粮管理】 依据《合肥市市级储备粮油管理办法》，制定下发《合肥市市级储备粮承储资格认定办法》《合肥市市级储备粮油管理工作实施细则》《合肥市成品粮储备管理细则》等文件，以加强对市级储备粮的监管，并按“每月巡查、每季抽查、年终普查”的方式进行检查，依法对涉及违规的企业及时立案查处，严格规范市储粮承储企业管理，确保市级储备粮油的安全。

【军粮供应】 认真落实军粮市级统筹的管理规定，开展军粮质量季度抽检，印发《建立军粮质量可追溯机制的通知》，确保军粮监管责任落实到位。完成军粮放心粮油网点维修改造任务。积极开展拥军慰问活动，定期组织军地交流座谈，听取部队意见建议，提高军粮供应保障质量。

【粮食产业化】 2015年，合肥市扎实开展粮食产业化及“放心粮油”和“主食厨房”两项工程推进年活动，实现粮油加工业产值453亿元，完成订单面积362万亩，完成挂牌“放心粮油”网点90个、主食加工配送中心1个、主食厨房网点30个。制订印发《合肥市“放心粮油”经营网络认定与监督管理办法》，这一经验做法得到安徽省和国家粮食局的肯定并专题宣传。组织开展“放心粮油”和“主食厨房”借转补项目评审，给予“两项工程”300万元的建设补助。全面超额完成安徽省粮食局目标考核任务，粮食产业化专项考核全省第一。

【粮食安全省长责任制】 合肥市认真贯彻落实国家粮食安全战略和省委省政府决策部署，全市上下齐心协力、奋力拼搏，积极做好粮食流通工作。粮食安全省长责任制实施后，合肥市积极抓好贯彻落实工作，出台了《合肥市人民政府关于贯彻落实粮食安全省长责任制的实施意见》及《考核办法》，进一步细化措施，明确责任，强化落实，为保障全市粮食安全作出了贡献。

（王旭华）

供销

【概况】 2015年，合肥市供销社按照“开放办社”的原则，坚持为农服务，坚持市场导向，以构建农村现代流通服务网络、引领农村社会化服务组织建设、夯实“三农”服务基础为主线，抓改革促转型、抓龙头壮实力，不断推动供销合作事业跨越发展、创新发展，各项工作均取得一定成效。

【新网工程】 2015年度，市供销社系统新建市级“新网工程”项目12个，省级“新网工程”项目4个，国家级“新网工程”项目1个，总投资3000多万元，带动社会投资超亿元。覆盖县、乡、村三级的新型流通服务网络体系正在加快构建，截至2015年末，全系统已建成连锁配送中心86个，发展各类连锁经营网点1728个。

【再生资源】 建立“规划先行、政策支撑、立体联动、目标考核、追踪问效”的再生资源回收利用管理新模式。全市再生资源回收示范网点建设工作，采取以点带面的方式扎实推进；编制并经市规委会批准《全市再生资源场站设施布局专项规划》，为全市再生资源回收利用体系优化发展，提供有力的政策引导和规划支持；再生资源体系建设示范项目扶持政策，列入了合肥市“1+3+5”产业扶持政策，并且纳入市政府目标考核范围，推进再生资源回收体系的保障措施更加有力。

【合作经济】 2015年度，市供销社系统新建基层社21个；参办、领办农民专业合作社43个，成功申报2014年安徽省供销社系统国家级农民示范专业合作社3家；综合服务社新增374个；新增行业协会1个。截至年末，全系统共有基层社56家，覆盖率70%；共参办、领办农民专业合作社265家，带动农户3万家；发展涉农行业（专业）协会46个；培训农民经纪人407人。

【为农服务】 积极探索破解农村贷款难、贷款贵的问题，开拓农村金融服务领域，与合肥市兴泰集团、邮政储蓄银行合作开展“低息、高效、便捷”的“惠农贷”担保贷款业务。2015年“惠农贷”业务共核批全市涉农企业、专业合作社、家庭农场和种养大户贷款申请51户，发放贷款总额2448万元，为农民创业和涉农企业发展提供了有力扶助。全系统还积极开拓农村电商服务领域，巢湖市供销社试点兴建了合肥市第一家县级“农村淘宝”服务中心，中农“农惠网”长丰农资电商平台等县区电商平台相继上线，市供销社与北京云农场集团签订合作协议，市供销社农村电商公司已经注册运营。

【社有企业】 着力探索发展投资基金、金融担保、电商服务等新兴业态。与包河城投及强劲集团合作成立的“安徽鸿强金融信息服务有限公司”正式上线运营；与庐阳区合作的市农储公司冷库地块升级改造项目、与中国外运股份公司合作的农资物流园项目，正在有序推进；合肥银山棉麻股份有限公司上市正在有序推进；合肥添百福商贸有限责任公司连锁业务往乡镇延伸发展已取得良好成效。

（刁永丽）

盐务管理

【概况】 合肥市盐务管理局及所辖县（市）盐务局牢固树立“法无授权不可为，法定职责必须为”的执法理念，以落实食盐专营政策、强化食盐安全监管为己任，以加强执法队伍建设、提高市场监管效能为目标，以更新执法观念、创新执法模式为突破，积极组织开展市场专项整治行动，严厉打击各类涉盐违法行为，维护了全市食盐市场的良好环境。

【市场监管】 全年出动执法人员5777人次；车辆1847台（次）；行程16万公里；开展专项检查、联合执法行动18次；检查各类用盐户21429家；发放宣传材料3万余份；查处各类涉盐违法案件488起，没收涉案盐产品173吨，罚款10400元。

2015年，合肥市辖市（县）盐务部门不断加大食盐市场监管力度，采取集中人力、财力和物力，开展市县联合执法、市场专项整治行动等方式，对辖区内食盐零售市场进行了全面的排查，对较易发生假冒食盐案件的区域和行业进行了细致的梳理，查处了一批涉盐违法行为，震慑了违法犯罪分子的嚣张气焰，树立了盐政队伍的优秀形象，维护了全市盐业市场良好的秩序，确保了全市居民的食盐安全。

2015年，合肥市盐务局共组织开展各类联合执法10余次，专项检查8次。在3月开展的“春季盐业市场集中整治”行动中，将城中村、集贸市场、市县交界地区，食品加工业、餐饮业等作为监管的重点，进一步加大巡查力度，确保了盐业市场的稳定有序。全市未发生一起食盐安全事故，确保了各单位及广大消费者的用盐安全。

面对盐业体制改革舆论带来的各种负面影响，市（县）盐务部门积极主动地向广大经营户、用盐户及消费者宣传国家食盐专营政策，及时在新闻媒体上曝光查处的重大涉盐案件。充分利用“3.15”国际消费者权益日和“5.15”防治碘缺乏病日，通过电台、电视台、报纸、网络等新闻媒体，宣传讲解劣质盐的危害，解读盐业法律法规，积极推广使用多品种营养盐，不断提高广大消费者辨别真假碘盐的能力和自我保护意识，收到了显著的社会效果。

（高 路）

烟草专卖

【概况】 合肥市烟草专卖局（公司）以“加快成长，全面超越，争创行业精益十佳”为指导，2015年全年实现卷烟销售28.29万箱，税利27.27亿元。圆满完成全国物流工作现场会各项承办任务，在精益物流领域荣获全国烟草行业“精益十佳”标兵单位称号。

【市场监管】 2015年，市烟草专卖局专卖管理工作严控市场、狠抓基础、精益管理、创新监管，主动适应经济发展新常态，全力维护卷烟市场秩序。全年累计查获案件2407起，其中5万元以上案件102起，6起为2015年安徽省烟草专卖局、省公安厅挂牌督办案件，2起国标网络案件，3起省标网络案件。累计查获违法卷烟84363.8条，查获案值1375.61万元，罚没款74.74万元，拘留26人，逮捕14人，判刑22人。

集中开展市场清理整治专项行动。开展烟草“护航行动”，重点打击元旦春节期间异地贩运、公开摆卖及天价烟；开展“绿篱行动”，严打真烟暗流、边流、回流及过路卷烟；开展“中秋、国庆”打击卷烟非法收购专项行动，重点打击假冒、走私、非法卷烟经营网络，破获数起超百万元以上大（要）案件；开展整治“荷花”等高档品牌卷烟专项行动，集中力量打击公开摆卖及暗箱贩售行为。

以完善零售许可证核发为重点，强化政务公开，试行网上办证；进一步规范烟草窗口建设，明确烟草专卖零售许可办证条件、程序及相关规定，提升窗口服务质量；在全市范围内，集中开展无证户摸底、排查，探索治理无证经营卷烟的新途径；全市启动制定新的零售点合理布局规划，提升行政服务水平；开展许可证后续监管、罚没烟入网销售、市场化改革条件下内部监管工作研究创新项目；深入推进APCD工作法，注重执法过程中的宣传服务，丰富柔性执法内涵和外延，提升管理效率，逐步实现由“粗放型向精细化科学监管转变”。

【企业管理】 在精益管理上，坚持“目标引领、系统设计、项目带动、流程再造、组织保障”的精益管理推进路径，推进培训宣传贯彻，加强精益队伍建设，充分营造精益氛围；大力推行现场管理，广泛开展合理化建议，深入开展QC活动，深入开展精益改善项目；健全组织保障机制、精益评审和激励机制、改善评估机制，建立健全成果固化机制；深入推进“降本增效”活动，通过预算管理和定额标准管理，全年降低可控费用722万元。

在标准化建设上，完善标准化工作机制，建立标准化建设领导小组，形成了全面参与、相互配合、各负其责的标准化建设网络；制订《标准化发展规划》，明确工作目标和主要任务；采取专家讲授、骨干培训、自主学习等广泛开展标准知识学习，全面推广“一点课”，举办标准知识竞赛，编制《标准化知识手册》，培训覆盖率达100%。

【法治建设】 利用“3.15”国际消费者权益日、“6.29”烟草专卖法公布日、“12.4”法制宣传日，通过法制宣传栏、“每月一法”普法测试、微信平台等进行法律法规宣传活动，推进“法律六进”；开展全市系统法律风险防控体系建设推进会，加强全员风险防范意识；规范广告发布，及时开展新《广告法》培训，做好风险防控；落实法律顾问制度，有效处理2起行政诉讼案件、9起民事诉讼案件和2起行政复议案件，全年无行政败诉案件。

（干　操）

旅　游

【概况】 2015年，市旅游局紧紧围绕打造“大湖名城、创新高地”总体要求，贯彻落实国家和安徽省关于促进旅游业改革发展意见，推动旅游业快速发展。全市实现旅游总收入973.67亿元，接待国内游客7784.24万人（次）。

【三河古镇成功创建国家5A景区】 合肥市委、市政府高度重视，市政府主要领导担任三河古镇创建5A工作领导小组组长；吴春梅副市长多次调度；市旅游局成立三河创建5A推进小组，在人力、财力、物力方面全力保障；肥西县将创建列入全县10件大事，重大项目纳入县大建办安排资金。创建以来，先后投入2.7亿元，实施立面改造、“三线入地”、景观改造和水环境整治等120余项创建任务，投入2270万元完成三河大捷风云馆、孙立人旧居等6处景点新建改造。12月18日，国家旅游局正式授予三河古镇国家5A景区称号，成为安徽省第9家5A景区，合肥实现5A景区零的突破。

【创建环巢湖国家旅游休闲区】 2015年8月，鉴于环巢湖优良的生态环境、厚重的人文旅游资源、众多的旅游景点以及紧邻长三角这个中国最庞大的旅游休闲市场等有利条件，国家旅游局同意合肥市创建环巢湖国家旅游休闲区，为全国首个国家旅游休闲区试点。环巢湖国家旅游休闲区在全国建成五个示范：“美丽中国生态旅游”示范区、“中国古镇名村文化旅游”示范区、“中国研学旅游”创新区、“中国康体养生”示范区、“国际休闲运动旅游”示范区。重点实施总体规划编制、旅游设施建设、研学旅游基地建设、“环湖十二镇”的旅游开发、运动休闲产业等创建任务。

【建设全国旅游标准化试点市】 市委、市政府高度重视，将标准化工作写入市政府工作报告，推动标准化重要工作实施。2月12日，安徽省旅游局与合肥市政府签订了创建全国旅游标准化试点城市合作备忘录，双方从健全组织机构，建立协调会议和督办制度等14个方面共同推进旅游标准化工作。6月份市政府常务会研究通过创建总体工作方案，选取67家试点单位实施重点创建；投资近300万元在高速公路新建标识标牌40块，改建36块。建成新桥机场、高铁南站旅游咨询中心，正在建设合肥旅游集散中心。2015年8月通过国家旅游局中期评估。

【重点旅游项目建设】 坚持以旅游项目为抓手，新建续建一批重点旅游项目。安徽名人馆、岸上草原、东庵森林公园、长临河古街等项目建成开放，中庙姥山岛完成初步整治提升，半汤、汤池温泉度假区加快建设，滨湖国家森林公园获得“中国人居环境范例奖”。大力推进旅游与文化、科技等融合发展，不断丰富旅游业态。制订出台《合肥市乡村旅游美食示范街导则》，建设巢湖中庙镇、合肥包河区圩西村等第二批5个美食街；充分挖掘合肥市的自然、科教资源，打造研学旅游“合肥模式”，非物质文化遗产园、三十岗乡生态农业旅游景区成功创建安徽省首批研学旅行基地。

【旅游市场监管】 开展了创建星级饭店绿色饭店、A级旅行社、金盘银盘餐馆、旅游购物示范店、金牌旅游汽车公司等“五创”活动，不断提升旅游服务水平。开展旅游市场综合检查3次，查纠不规范行为12件，在全行业进行了通报。取消1家国家2A景区、3家星级旅游饭店资质，责令3家星级旅游饭店限期整改。推动文明旅游和诚信旅游建设，深入开展文明旅游“五进”活动，安徽中青旅等12家单位被评为省、市创建“全国文明城市”先进单位，泓瑞金陵大酒店等22家单位分别获得“文明单位”称号，7位游客、21名导游获评“中国好游客”或“中国好导游”。

【旅游投诉处理】 保证旅游投诉电话24小时畅通，全年无重大旅游投诉，受理一般旅游投诉329起，其中有效责任投诉46起，结案率和满意率均100%，为游客挽回经济损失47.7万元。

【旅游市场宣传】 首次举办合肥国际旅游商品博览会、浪漫花海旅游节等节庆活动；举办第二届合肥国际马拉松赛、全国自行车公开赛、环巢湖青春毅行等赛事活动，吸引全国游客到环巢湖旅游。第二届合肥国际马拉松赛10月25日举办，2万余人参加比赛，参赛选手来自美国、英国、加拿大、日本、韩国、印度尼西亚、南非、新加坡等16个国家和香港澳门台湾地区，以及全国31个省市、自治区。比赛期间印制2万份环巢湖旅游地图等宣传资料，发放参赛选手和运动员；推出10条合肥一日游、10条二日游线路和10条周边游线路，马拉松赛选手可以通过扫描地图上的二维码，利用手机查找各类旅游信息，进行自助旅游。举办第二届文化与旅游融合发展项目对接会，将文化场馆与演艺节目编入旅游线路，对外宣传销售。推进合肥经济圈旅游和长江中游城市群省会城市旅游合作，牵头召开长江中游城市群省会城市旅游合作会商会，共同赴杭州开展旅游推介。

【旅游服务设施建设】 155公里环巢湖旅游大道全线贯通；建成67公里环巢湖绿道；拓宽改造13条、150公里景点至环湖大道连接线；开通环巢湖旅游观光巴士。在环巢湖区域规划建设33处驿站、28处观景平台。改扩建旅游厕所78个，总规划面积6735平方米、总厕位1212个。2015年10月15日，全省旅游厕所建设推进会在合肥召开，花建慧副省长对合肥市旅游厕所工作给予高度肯定，认为旅游厕所力度大、措施实、机制新、成效好，走在了全省前列。合肥旅游信息一体化平台建成上线，包括网上申报审批、游客在线投诉、旅游电子导游图等15个子系统，实现旅游政务网、旅游资讯网和合肥经济圈旅游网“三网合一”。

（李建波）

交通运输 邮政

交通运输综述

2015年，合肥地区交通运输行业坚持交通运输“先行发展”理念，持续加大投资和保障力度，全方位推进综合交通发展。市交通运输部门完成交通基础设施建设投资75.5亿元，其中国省干线公路建设投资60亿元，农村公路建设投资8.5亿元，水运建设投资7亿元。环巢湖公路全线贯通，建成G206合安路、合淮路、G330合铜路上派至庐城段、G346军二路及巢庐路，开工建设G330合铜路庐城至枞阳段、望江西路、S316完善段、花泥路、环巢湖道路4条连接线及新桥大道。开工建设100公里县乡公路升级改造和400公里提级联网延伸工程，实施危桥加固改造86座，超额完成年度目标任务。合裕线航道改造工程、店埠河升级改造工程按计划推进，主体完工，合肥港综合码头二期建成运营，引江济淮工程跨河建筑物航道条件与通航安全影响评价获交通部批复，工程可行性研究报告通过审查。丰乐河下游航道整治工程工可完成审批，施工图通过审查，入湖口段已开工建设。《合肥市“十三五”水运规划》和《江淮航运中心战略研究》编制完成。

当年合肥市全面落实公交优先发展战略，加快公交都市示范工程建设，加大政策和资金支持力度，城市公交得到快速发展。铁路方面，合（肥）福（州）高铁正式开通运营，庐铜铁路加快建设，商合杭高铁、合安九客专开工建设。当年安徽民航机场集团公司在认真做好合肥机场二期工程项目调研论证工作的同时，加快推进过夜用房（航空酒店）、后勤保障基地（航空新城）、目视助航设施改造和货运机坪项目的建设。其中过夜用房（航空酒店）项目于2015年5月份完成建设工作，6月28日正式投入运营；后勤保障基地项目（航空新城）工程建设在完成结构封顶后，正实施外墙体和室内配套设施建设安装工作。

2015年，完成公路客运量1.12亿人次、旅客周转量95.66亿人公里、公路货运量2.76亿吨、货物周转量303.39亿吨公里。市区全年公交营运里程达21999.29万公里，累计完成公交客运量6.54亿人次，日均客运量190万人次。合肥火车站全年完成运输收入32.6亿元，同比增长28.8%；旅客发送3118万人，同比增加12.3%。上海铁路局合肥货运中心全年实现运输收入70472.4万元，同比增长20.9%；货物发送345.7万吨，同比增长14.5%。水运全年完成港口吞吐量5300万吨，集装箱18.2万标箱，同比分别增长4.1%、14.8%。合肥机场全年完成旅客吞吐量661.3万人次，货邮吞吐量5.13万吨。东航安徽分公司全年完成旅客运输量297.13万人次，货邮运输量22896.5吨，其中合肥地区始发航班旅客运输量756643人次，货邮运输量7341.5吨。

公路建设与管理

【交通基础设施建设】 全力保障高速公路建设，积极服务济祁高速、北沿江高速、滁新高速、陇西枢纽至路口枢纽段应急工程、试刀山隧道应急工程及合宁、合安、合巢芜高速扩建等省重点工程。持续加快国省干线公路建设，投资60亿元，新增一级公路210公里。环巢湖公路全线贯通，建成G206合安路、合淮路、G330合铜路上派至庐城段、G346军二路及巢庐路，开工建设G330合铜路庐城至枞阳段、望江西路、S316完善段、花泥路、环巢湖道路4条连接线及新桥大道，有序推进G329合相路、S260新合蚌路、S319（庐城至桐城段）、S311乌曹路、S351等项目前期工作。

当年农村公路基础设施持续改善，农村公路建设投资8.5亿元，同比增长21%。开工建设100公里县乡公路升级改造和400公里提级联网延伸工程，实施危桥加固改造86座，超额完成年度目标任务。推进农村客运公交化改造，庐江县加快农村公交向镇村延伸，肥西县完成上派至三河的农村客运公交化改造，开通严店至丰乐等3条支线公交。

截至年底全市公路总里程达到19434公里，其中国省干线公路1274.34公里（含高速公路447.52公里），农村公路18159.66公里。

【公路养护】 紧扣"迎国检"工作重心，养护工作全面展开，全年养护投资43745.42万元。认真搞好日常养护，小修工程开始步入市场化，确定每个分局选定1-2条路进行小修工程市场化试点，肥东分局当年小修工程全部走向市场。完成小修养护投资2755.31万元。全力抓好大中修养护工程，起草编制《合肥市普通干线公路养护工程管理办法（试行）》，完成投资40990.11万元，辖区干线公路路况明显改善。

当年市农村公路管理局相继完善和出台《养护标准化建设标准》、《小修保养作业指导书》、《建设工程施工作业指导书》、《养护作业安全操作规程》《农村公路养护资金及绩效评价管理办法》，等制度，完成大中修项目54个，项目里程139.6公里，投资8381.4万元；养护标准化项目投资5682.9万元，共实施项目444个，里程1449公里，覆盖5个县（市）的30个乡镇；完成村通水泥路工程维修项目104个，里程100公里，投资989.9万元；适时开展春季养护、夏季路面病害专项处治和冬季预防性养护等专项养护活动，全年日常养护资金2386万元，实施规范化养护3684公里（其中县道1376公里、乡村道2308公里），修整路肩2785公里，修补坑槽1.94万平方米，挖补弹簧6890平方米，清挖水沟526公里，砌筑涵头68道，增设警示柱、道口桩1107根，日常养护工作持续向规范化方向迈进。

【路政管理】 紧贴"依法护路"工作职能，路政管理扎实推进。加大路域环境整治力度。强化路巡路查，巡查公路里程331751公里，发布预警信息5703条，整改率100%；拆除广告牌2240块，清理垃圾2680立方米，拆除违章建筑（构筑）物523处；办结涉路施工许可20件，超限运输许可12件，查处非超限运输案件13起。组织有资质的第三方开展路政管理外业季度监督巡检4次，巡查共发现问题1528个，整率100%。加大治超力度。共精检车辆21386台，共查处超限车辆6052台，卸载货物105481吨，查处75吨或100%以上58台，吊销从业资格证26本，吊销车辆营运证26本，吊销道路运输经营许可证26本，交通处罚金额546.6万元。S316庐江治超站完成交通部试点"三基三化"建设工作。

当年市农村公路管理局对全市农村公路开展监督检查30余次，市县两级巡查里程累计2.25万公里，查处超限案件1473起，查处涉路违法行为91起；实施行政处罚2起，办理行政许可3件；散发宣传单2740份，悬挂横幅24条、张贴标语和宣传图片400多张，排查治理一般安全隐患路段20余处，更换标志标牌664套。

公路运输与管理

【公路客运】 全年完成公路客运量1.12亿人次、旅客周转量95.66亿人公里。圆满完成了春运、五一、十一等小长假旅客运输任务。由旅游客运协会牵头建设的合肥市旅游客运交易平台，实现了对旅游客运行业管理的"五统一"。起草了客运车辆动态监控违规行为处置流程及违规行为处理结果的应用流程，明确了企业的动态监控职责和工作程序。联合交警支队出租车管理大队对20家道路旅客运输企业进行了检查，对"动态监控入网率低于100%，上线率低于98%、驾驶员交通违法行为处理率低于90%"的企业停办包车牌或加班牌业务，并停止车辆运营。

【公路货运】 全年完成公路货运量2.76亿吨、货物周转量303.39亿吨公里。严格审查危险货物运输企业经营资质，对全市31家危货运输企业开展新一轮资质审查，吊销了巢湖新力等2家不符合规定的危货企业《道路运输经营许可证》。积极督促危货运输企业罐车安装紧急切断装置，吊销了38台逾期仍未按规定安装紧急切断装置的危险品罐车《道路运输证》。强化车辆动态监控设备安装和监控力度，截至2015年底，全市"两客一危"道路运输车辆入网率已达100%；上线率已达98.5%。将安装北斗卫星导航系统达50台以上的10家普货企业也纳入动态监管。

【出租汽车管理】《合肥市出租汽车服务管理信息系统》项目建设工作已基本完成，车载终端设备正在批量安装，出租汽车电召、合乘功能上线运行。起草了《合肥市出租汽车行业发展改革指导意见》，重点在改革运力调控方式、改革经营管理模式，改革经营权管理制度等多方面作出有益的探索与尝试。待国务院相关政策落地后，将积极推动全市出租汽车行业改革。已完成拟修订的《合肥市出租汽车管理办法》及3个配套规章起草工作，将对出租汽车行业管理工作中的出租汽车公司定位不准、经营权及车辆产权不明晰、管理体制混乱、出租汽车服务质量不高等问题在法规层面上进行明确。严厉打击出租汽车拒载、拼客绕道等违法违规经营行为，提升出租汽车服务质量。全年累计查处出租汽车拒载、绕道等违法违规经营行为为893起，罚款51.1万元。

【打击取缔非法客运】坚持严看死守，在火车站、汽车站、医院、商场等客流聚集区和高校周边等重点地区，开展集中打击活动，保持高压态势。对查扣的非法客运车辆，一律依法从严处罚，坚决杜绝说情打招呼。全年共查处非法客运案件6551起，同比增长46.55%，罚款4686.3万元，同比增长65.13%。对6起行政处罚决定已经生效，但拒不接受行政处罚或不履行处罚义务的违法行为人，依法申请法院强制执行。非法客运滞留车辆清理工作常态化推进，9批次清理滞留车辆1447台，滞留时间一年以上的车辆已基本清理完毕，依法销毁克隆出租车94台。

【机动车维修（检测）管理】建立了机动车维修企业信息发布制度，定期向社会发布全市各机动车维修企业信息。全年共审批一类维修企业7家，二类维修企业22家。积极开展机动车维修从业人员从业资格证培训考试工作，全年组织6期共566人维修从业人员从资格培训工作。严把车辆技术关，保障道路运输车辆技术状况良好，确保道路运输安全，全年进行技术等级评定42175余辆，进行客车类型划分及等级评定（复核）1135辆。

【驾驶员培训管理】新许可驾校67所（其中合肥：39所，肥东：14所，长丰：7所，肥西：5所，巢湖2所）。全市现共有驾校105所，其中合肥：64所，肥东：16所，长丰：8所，肥西：6所，巢湖9所，庐江：2所。新增教练车2030台。按照国标重新核定驾校资质，对全市新标准实施前许可的25所老驾校（含四县一市）资质进行重新认定。积极在全市各驾校推广应用《机动车驾驶培训综合服务管理系统》，实现学员报名、培训、预约、考试、发证等服务的无缝对接。严把从业人员资质关，组织14918名驾驶员参加了继续教育培训；4764人通过考试取得出租汽车从业资格证。

【智慧绿色交通】交通运输信息化建设全面提速，建成交通运输调度中心信息平台、出租汽车管理信息系统、驾驶员培训管理系统、治超查处信息系统、办公自动化系统等，引入“互联网+”理念，上线运营“新安通”打车软件。加快智慧海事建设，发布预警信息220条，成功救助354人。在环巢湖公路中首次应用彩色压膜混凝土新技术。与清华大学合作，启动桥梁安全监测与诊断一期项目。超额完成市政府下达的节能减排年度目标任务。

城市公共交通

【城市公共交通】合肥市政府全面落实公交优先发展战略，加

表1：2015年合肥市境内高速公路一览表

编号	名称	里程（千米）	起讫点	产权单位
G4001	北环高速	41.07	起点肥东县路口乡，终点肥西县长岗	安徽国路高速公路有限公司
S17、G4001	合淮阜高速	76.37	起点长丰县水湖镇，终点蜀山区井岗镇	安徽省交通控股控股集团有限公司
G3、G4212	合安高速（一）	30	起点包河区小西冲，终点肥西县丰乐镇	安徽省交通控股控股集团有限公司
G40	合六高速	38.61	起点肥西长岗，终点肥西江夏	安徽省交通控股控股集团有限公司
G40、G42	合宁高速	32.6	起点肥东陇西立交，终点巢湖与全椒交界处	安徽省交通控股控股集团有限公司
G4001	绕城高速	41.8	起点肥东陇西立交，终点蜀山区井岗镇	安徽省交通控股控股集团有限公司
G3	合徐高速	38.5	起点肥东陇西立交，终点长丰与定远交界处	安徽省交通控股控股集团有限公司
G5011	合巢芜高速	53.2	起点肥东陇西立交，终点巢湖市与马鞍山交界处	安徽省交通控股控股集团有限公司
G4212	合安高速（二）	38.79	起点庐江与舒城交界处，终点庐江与桐城市交界处	安徽省交通控股控股集团有限公司
G3	合铜黄高速	38.98	起点庐江县程桥，终点庐江与枞阳县交界处	安徽省交通控股控股集团有限公司
	机场高速	17.6	起点新桥机场南大门，终点蜀山区南岗镇	安徽省交通控股控股集团有限公司
总里程		447.52		

表 2：2015 年合肥市农村公路里程到达数明细表

单位：公里

县市区名称	行政等级	合计	技术等级					路面类型			
			一级	二级	三级	四级	等外	沥青砼	水泥	沥青碎石	未铺装
合肥市	总计	18159.66	36.91	335.06	1504.90	14671.99	1599.74	488.90	8423.01	980.99	8266.76
	重要县道	587.79	13.07	238.68	219.52	116.51	0.00	238.30	230.84	118.65	
	县道	1646.82	15.39	96.39	857.36	677.68	0.00	242.92	986.30	382.65	34.96
	乡道	3324.52	8.44		232.78	3055.71	27.58		2644.90	140.82	538.79
	村道	12545.73			183.23	10779.29	1572.16	7.68	4556.08	329.27	7652.71
	专用公路	54.80			12.00	42.80			4.90	9.60	40.30
肥东县	合计	3961.60		75.29	293.11	3451.20	142.00	193.89	1847.87	170.98	1748.86
	重要县道	133.69		37.29		96.41		74.89	58.80		
	县道	343.04		38.00	208.62	96.42		119.00	209.04	0.00	15.00
	乡道	850.07			78.76	771.31			697.07	12.32	140.68
	村道	2634.80			5.74	2487.06	142.00		882.96	158.66	1593.18
肥西县	合计	3513.70		18.28	330.62	3118.52	37.00	70.56	1628.73	0.00	1814.41
	重要县道	88.36		9.73	78.63			37.38	50.98		
	县道	221.75	9.28	8.55	156.19	47.73		25.50	196.25		
	乡道	734.13			64.37	669.76			713.57		20.56
	村道	2469.46			31.43	2401.03	37.00	7.68	667.93		1793.85
长丰县	合计	2946.25	9.72	158.16	208.07	2520.29	50.00	73.30	1776.25	95.43	1001.27
	重要县道	157.93	9.72	121.03	20.93	6.25		73.30	84.63		
	县道	251.52		37.12	126.63	87.77			165.91	70.58	15.02
	乡道	520.93			29.09	491.85			505.85	10.75	4.34
	村道	1978.46			31.43	1897.03	50.00		1019.86	12.70	945.91
	专用公路	37.40				37.40				1.40	36.00
庐江县	合计	4348.67		5.00	237.76	2773.50	1328.41		1458.29	504.51	2381.87
	重要县道	107.07			107.07				7.64	99.43	
	县道	430.20	4.00	5.00	50.98	370.21		4.00	184.53	238.99	2.68
	乡道	461.72			39.11	402.46	20.14		196.64	68.68	196.39
	村道	3332.29			28.60	1995.42	1308.27		1064.58	89.21	2178.50
	专用公路	17.40			12.00	5.40			4.90	8.20	4.30
巢湖市	合计	1997.14		58.40	248.17	1650.53	31.60	122.33	816.25	143.02	915.54
	重要县道	47.34		47.34				43.33		4.01	
	县道	266.20			218.47	47.73		79.00	151.00	36.20	
	乡道	419.96	8.44		9.27	394.81	7.44		235.49	42.02	142.46
	村道	1263.64		11.06	20.43	1207.99	24.16		429.77	60.79	773.08
瑶海区（含新站区）	合计	183.92			45.44	136.25	1.18		112.99	25.74	45.19
	县道	23.96		1.06	5.95	16.95			6.51	15.20	2.26
	乡道	24.86			10.06	14.80			14.05	7.05	3.76
	村道	135.10			29.43	104.49	1.18		92.44	3.49	39.18
庐阳区	合计	358.47	5.46	27.08	28.21	289.68	8.04	11.32	195.79	16.58	134.78
	重要县道	26.64	3.35	23.29				7.70	10.94	8.00	
	县道	23.28	2.11	3.79	6.76	10.62		3.62	12.90	6.76	
	乡道	36.06				36.06			26.10		9.95
	村道	272.49			21.45	243.00	8.04		145.85	1.81	124.83
蜀山区	合计	224.60			16.00	208.60	0.00	7.20	134.80		82.60
	县道	16.00			16.00			7.20	8.80		
	乡道	80.22				80.22			80.22		
	村道	128.38				128.38			45.78		82.60

续表 2:

县市区名称	行政等级	合计	技术等级					路面类型			
			一级	二级	三级	四级	等外	沥青砼	水泥	沥青碎石	未铺装
包河区	合计	413.21		2.87	62.71	346.13	1.50	1.70	293.73	24.74	93.04
	重要县道	26.76			12.90	13.86		1.70	17.85	7.21	
	县道	36.07		2.87	32.96	0.24			21.15	14.91	
	乡道	119.57			2.13	117.44			98.91		20.66
	村道	230.81			14.72	214.59	1.50		155.82	2.61	72.38
高新区	合计	46.70			8.70	38.00		0.00	40.90		5.80
	县道	8.70			8.70				8.70		
	乡道	23.90				23.90			23.90		
	村道	14.10				14.10			8.30		5.80
经开区	合计	165.40			26.10	139.30		4.60	117.40		43.40
	县道	26.10			26.10			4.60	21.50		
	乡道	53.10				53.10			53.10		
	村道	86.20				86.20			42.80		43.40

表 3: 2015 年合肥市公路客运业情况一览表

客运量（万人次）	客运周转量（万人千米）	客运站（个）			班线客运 企业（个）			班线数（条）		
		一级	二级	三级	一级	二级	三级	省际	区际	区内
11211	956564	4	8	2	2	7	1	255	222	380

表 4: 2015 年合肥市公路货运业情况一览表

货运量（万吨）	货运周转量（万吨千米）	货运站（个）			货运企业（个）				车辆总吨位（吨）
		一级	二级	三级	一级	二级	三级	危货企业	
27578	3033946	0	0	0	0	1	4	29	525192

表 5: 2015 年合肥市汽车维修（检测）行业情况一览表

汽车修理厂（家）			汽车检测站（家）		全年检测车辆（辆次）	从业人员（人）
一类	二类	三类	A 级	B 级		
112	359	658	9	0	269400	19967

快公交都市示范工程建设，加大政策和资金支持力度，城市公交得到快速发展。截至年底市区公交车辆数 4775 台（折合 6156 标台），运营线路 187 条，营运线路总里程 2744 公里，全年公交营运里程达 21999.29 万公里，同比增长 3.2%。累计完成公交客运量 6.54 亿人次，同比减少 5.37%，日均客运量 190 万人次。全市共有公交保养场 8 个，面积约 62.8 万平方米，首末站 168 个，停靠站 4019 个。首末站总面积达到 43.39 万平方米，中心城区站点 300 米覆盖率达到 64.3%，500 米覆盖率达到 92.0%。

【公交设施建设】 加大新能源及清洁能源车辆投入，全年共购置公交车 618 台，其中纯电动公交车 180 台、清洁能源公交车 438 台。市公交集团新能源车数辆达到 1270 台，其中纯电动车 1020 台，插电式混合动力车 250 台，新能源车占营运车辆总数的 28.9%，纯电动车占比处于全国前列。为确保纯电动车辆正常营运，采取电池生产厂家、国家电网及政府投资三种方式建设公交充电站，其中市政府投资在公交场站内集中建设 17 座公交充电站，全市已建、在建（扩建）充电站总数达到 28 座，直流桩 535 个；建成占地 10.8 万平方米，设计 650 标台的张洼停保场，北城停保场将于 2016 年上半年完工。

启动高新区、肥东县两个停保场建设的前期工作，至年底公交车均场站面积123.2平方米/标台，公共汽电车进场率达到93%；建成水东路、万科森林公园、艾亭路、华南城等14座首末站，站点面积累计新增7.53万平方米；推进路权分配向公交优先，组织规划与建设阜阳北路、蒙城北路、望江路、习友路、龙川路灯23条公交专用道，其中望江路（天智路－马鞍山路段）公交专用道已基本建成；继续推进二期工程电子站牌建设，305套电子站牌全部投入使用，707辆公交车、86个电子站牌安装免费WIFI，改善了候车、乘车环境。启动智能公交三期工程，统筹建设“一个中心三大平台”，即城市公交数据中心、企业运营智能调度平台、行业监管平台和乘客出行服务平台。

【公交运营管理】 公交集团不断优化公交线网结构，增加公共交通供给能力，全年共新开线路16条，其中常规线路8条，主要服务于职教城区域、盛大社区、高新区、经开区等片区，特色线路8条，服务于大学城、新省政府、十中新区等通勤出行。是年合肥市跻身“全国快速公交发展先进城市”，共有快速公交线路3条，日均客运量达到63682人次；细化智能公交调度模式，建成公交四公司、合肥南站、肥东公交客运站等7个分调度台。配合城市道路“大建设”，共变动公交线路193条次，涉及公交线路105条，占线路总数的62%；创新服务理念，打造公交服务品牌，深入开展星级驾驶员、星级线路创建活动，全市共有4666名驾驶员跨入星级行列，挂星率达94.5%，星级线路达87条。“双星服务”被安徽省交通运输厅作为示范典型在全省推广，在全国公交行业中也产生较大影响。为真实了解社情民意，及时改进工作，引入第三方评价机构，实现乘客满意度测评社会化。全年公交线路满意度测评平均得分86.5分；加大公交安全行车教育管理，建立健全各项规章制度，深入开展安全生产百分制考核、道路交通秩序集中整治、“安全生产月”、危险化学品隐患排查等活动。配合防恐工作，在快1、26路等5条线路，试验安装“易燃挥发物监测告警装置”，并推广到2路、3路、14路等6条线路242台公交车。

【支线公交】 2015，经开区、新站区和高新区加强支线公交运营管理，共有支线公交线路19条，营运车辆316台，营运线路长度288公里，全年营运里程1465.64万公里，客运量3705.26万人次。

是年肥东县公交营运线路9条，公交客运车辆89台；肥西县公交营运线路9条 ，公交客运车辆128台；长丰县公交营运线路6条，公交客运车辆136台；庐江县公交营运线路33条，公交客运车辆231台；巢湖市公交营运线路27条，公交客运车辆189台。

铁路运输

【合肥火车站旅客运输】 上海铁路局合肥站是安徽省省会车站，地处淮南线、合九线、宁西线、合宁、合武客运专线、京福客运专线的交汇点。合肥站始建于1935年，合肥新客站于1997年建成使用，后经改造于2010年春运投入使用。合肥站是全国铁路重要交通枢纽站，目前已形成合肥1小时到南京、2小时到武汉、3小时到上海、4小时到北京的快速交通网络格局。合肥直属站管辖合肥客站、合肥南站、肥东、巢北、全椒、黄庵、合肥北城、合肥西、南分路、长安集、金寨、独山、天堂寨、墩义堂、长临河、巢湖东、无为站和罗岗线路所等18个站（线路所），车站职工1042人。当年合肥站共完成运输收入32.6亿元，同比增长28.8%；旅客发送3118万人，同比增加12.3%。

【合（肥）福（州）高铁开通运营】 2015年6月28日7：56分G2621次列车从合肥南站发车，标志着合（肥）福（州）高铁正式开通运营。合福高铁是京福高铁的重要组成部分，2010年1月开工建设，2015年3月开始联调联试，铁路线跨越安徽、江西、福建三省。合福高铁正式开通后，合肥至福州最快列车的运行时间由原来的8小时缩短至4小时内。

合福高铁线路全长850公里，设合肥南、巢湖东、铜陵北、黄山北、婺源、上饶、武夷山北、南平北、古田北、福州等24个车站，初期运营时速300公里。合福高铁向南直达福建省福州市，向北通过合蚌高铁与京沪高铁连接，形成北京至福州的高速铁路大通道，沿途与沪昆、东南沿海等多条快速铁路相连，融入全国快速客运网。合福高铁被誉为“中国最美高铁”，途径黄山、婺源、铜陵、三清山、武夷山等多个著名旅游胜地。

【上海铁路局合肥货运中心货物运输】 上海铁路局合肥货运中心经营发展呈现良好态势。一是通过战略合作，大宗货物市场继续巩固扩大。仅安庆经营部年发送石油就达145万吨，创收26280万元；二是通过积极争取安徽省、合肥市政策支持，中亚、中欧班列、海铁

表6"十二五"期间合肥市铁公水航运量占合肥市交通运输总运量的比例统计表

年份	国铁	地方铁路	铁路合计		公路		水运		民航		合计（万吨）
			运量（万吨）	占比重%	运量（亿吨）	占比重%	运量（万吨）	占比重%	运量（万吨）	占比重%	
2011	105.83	646	751.83	2.47	2.65	86.93	3225	10.58	5.93	0.02	30482.76
2012	262.78	1182.6	1445.38	3.86	3.15	84.11	4500	12.02	6.30	0.02	37451.68
2013	200.57	1048.77	1249.34	2.94	3.67	86.24	4600	10.81	6.37	0.01	42555.71
2014	187.4	1342.69	1530.09	3.57	3.62	84.53	5091	11.89	5.34	0.01	42826.43
2015	202.57	1834.46	2037.03	5.83	2.76	78.99	5300	15.17	5.13	0.01	34942.16

表72015年合肥地区专用铁路、铁路专用线一览表

	序号	名称	线路长度（千米）		机车（台）	备注
			建筑长度	营运长度		
合肥市	1	合肥市地方铁路投资建设有限公司运输经营部专用线（合南线）	18.05	16.608		
	2	安徽中亿物资储运有限公司专用线	0.379	0.379		
	3	合肥ABB变压器有限公司专用线	1.323	0.691		☆
	4	安徽军工物流有限公司专用线	0.589	0.589		
	5	安徽省机械化粮库专用线	1.559	0.874		☆
	6	合肥市庐阳区国有资产经营有限公司（原农药厂专用线）	2.977	2.52		
	7	合肥市盐业有限责任公司专用线	0.448	0.448		
	8	05-529部安徽物资供应站专用线（395军专线）	0.44	0.44		
	9	安徽省徽商金属物流有限公司专用线	4.611	3.41		
	10	皖能合肥发电有限公司专用铁路	5.5	5.5		
	11	天威保变（合肥）变压器有限公司专用线	1.65	1.65		
	12	中粮粮油安徽国家粮食储备库专用线（原中谷）	3.58	3.58		
	13	安徽合肥城东国家粮食储备库专用线	1.26	0.86		
	14	合肥金润米业有限公司专用线（弘嘉物流）	1.136	1.136		
	15	安徽安能热电有限责任公司专用线	2.145	1.114		
	16	安徽氯碱化工集团有限责任公司专用铁路（锦邦化工）	2.399	2.399	2	☆
	17	马钢（合肥）钢铁有限责任公司专用铁路	40.66	4.042	6	4封、2待用 ☆
	18	合肥恒通铁路有限责任公司专用铁路	12.6	10.678		
	19	中国航空油料总公司安徽公司（机场线）	6.64	5.705		☆
	20	合肥市粮食局第三仓库	1.506	0.713		☆
	21	安徽省路桥公司材料供应站	0.255	0.255		☆
	22	合肥市煤气总公司制气厂	4.263	1.99		☆
	23	省联运公司铁、公水、分公司（联专线）	0.52	0.52		☆
	24	市燃料公司张洼路煤厂	0.611	0.611		☆
	25	中百专用线	0.186	0.186		☆
肥东县	26	安徽省合肥联合发电有限公司专用铁路	10	3.5		
	27	安徽省物资储备局三五二处专用线	1.05	1.05		
	28	73828部队（军专线）	3.2	3.2		
	29	合肥四方磷复肥有限责任公司专用线	1.6	1.6		
	30	安徽肥东国家粮食储备库专用线	1.8	1.8		
	31	合肥市地方铁路投资建设有限公司合肥化工企业搬迁工程专用铁路（合肥循环园专用铁路）	21	9		
	32	双白矿铁路专用线（2011年5月由合肥市地方铁路投资建设有限公司收购改造利用）	1.46	1.46		

续表 7:

	序号	名　称	线路长度（千米）		机车（台）	备注
			建筑长度	营运长度		
肥西县	33	安徽肥西国家粮食储备库专用线	1.5	1.5		
长丰县	34	安徽省六安市地方海事局直属海事处双墩集办事处专用线	1.858	1.858		
	35	安徽六安双墩国家粮食储备库专用线	0.072	0.072		
	36	安徽省石油公司六安分公司双墩石油中转站	1.71	1.71		☆
	37	中央储备粮合肥直属库（原长丰粮库）（2011 年因原单位改制线路暂停使用）	1.064	1.064		☆
巢湖市	38	安徽皖维高新材料股份有限公司专用线	6.544	6.544		
	39	安徽省巢湖铸造厂有限责任公司专用线	0.573	0.573		
	40	中央储备粮巢湖直属库专用线	0.939	0.939		
	41	安徽巢东水泥股份有限公司专用铁路（东亚）	1.701	1.701		
	42	中国石油化工股份有限公司安徽巢湖石油分公司专用线	1.3	1.3		
	43	7410 工厂（军专线）	1.24	1.24		
	44	华能巢湖发电有限责任公司专用铁路	10.414	10.414		
	45	巢湖辉能贸易有限公司专用线	0.386	0.386		☆
备注	1	停运的铁路专用线（14 条）	63.082	21.146	6	☆
	2	现在营运的铁路专用线（31 条）	121.616	96.663	2	
	3	现既有专用铁路、铁路专用线　（1+2）（45 条）	184.698	117.809	8	

注：“☆”为已停运的铁路专用线

联运不断拓展，吸引了大批家电、光伏、汽车等产品入箱运输。三是乳制、日化品发送分别由上一年的30车／月、86车／月，增加到70车／月和100车／月。批量快运日均较上年增长201吨5.6万元。四是叶集河沙、巢湖西白云石、合肥北广州局粮食等23个“一口价”项目实现新增运量18万吨。五是协同中铁特货、安东汽车物流，把合肥北基地打造成上汽集团乘用车外发新疆、陕西、四川和云南四个方向重要基地。

当年该中心货运服务质量全面升级。一是由单一运输服务向综合性全流程服务延伸，通过物流总包等模式，全力做好发到站、运输途中各个环节的全程物流服务，致力打通“最先一公里”和“最后一公里”。二是通过合肥经开区货场新建、裕溪口增建除尘设备等项目，将铁路货运物流链接入企业生产链，为企业极大地降低物流成本。三是全面推进板块化、网格化、项目制营销。为辖区内各个地市、县、经济区、开发区及规模企业，提供了客户代表制优质服务。四是与29家企业签订接取送达合作协议、设立物流调度台，建立完善了全覆盖、无盲区、方便快捷、集约高效的接取送达服务网络。

全年实现运输收入70472.4万元，超年度计划11272.4万元，同比增长12171.8万元，增幅20.9%；货物发送345.7万吨，超年度计划25.7万吨，同比增长43.8万吨，增幅14.5%。截至年底实现安全生产939天。

【地方铁路运输】 合肥地区专用铁路、铁路专用线45条，线路全长184.698公里，其中营运的铁路专用线31条，长度为121.616公里；停运的铁路专用线14条，长度为63.082公里（详情见专用线一览表）。当年全市专用线企业深入开展“安全生产月”“百日安全无事故”“应急预案演练”和“安全生产大检查”等活动，层层签订安全责任状，严格落实规章制度和安全责任追究制度，重视提高员工的岗位技能、道德规范、环保和安全意识，在不同层次上分类进行形式多样的培训，考核和技术练兵，较好的保证了运输生产安全。全年完成货运量1834.46万吨，同比增加491.77万吨，增长36.60%。其中，合肥市区专用线运量为：588万吨，肥东县专用线运量为：282.65万吨，巢湖市专用线运量为：963.81万吨。

【地方铁路基础建设】 全地区专用铁路、铁路专用线线路养护维修费为726万元。合肥市地方铁路投资建设有限公司投入1177.19万元，分别对合南线和合肥循环园专用铁路线路、站场、道口、护栏、围墙、电力、通信、信号等设备进行了综合维修；合肥恒通铁路有限责任公司投入1119.46万元，对线路、竹溪站供电设备等进行了维修养护；安徽省徽商金属物流有限公司投入208万元，对线路、道口、信号等设备设施进行了综合养护维修；安徽军工物流有限责任公司投入186.50万元，①线路养护；②对站场设备设施进行了大中维修（装载机更换大臂、门吊更换行走轮、8吨和10吨叉车大中维修）；③新建了1400多平米钢材库房、维修平整货场、修缮倒塌围墙；马钢（合肥）钢铁有限责任公司投入72万元，对机车、线路、道口、道岔、监控设备进行了养护维修；合肥城东国家粮食储备库投入21.94万元，对道岔、线路、站场设备设施进行了养护维修；全市各专用线单位均十分重视铁路基础安全工作，都在不同程度上加大了线路、站场、道口、道岔、监控等设施维修养护资金投入，保障了基础建设，提高了线路质量，做到了行车和站场的设备设施安全无事故。

【地方铁路建设规划】 合肥热电集团东方热电铁路专用线在合肥新站试验区·淮南线合肥东站接轨，主要是为合肥热电集团燃煤运输服务，设计年运量为：近期50万吨，远期80万吨。该项目于2011年底启动，2015年7月正式开工，线路全长4公里，建设资金2.2亿元，计划2016年12月竣工，庐江龙桥铁路专用线项目于2015年10月21日重新启动，该项目属合肥市“1331”空间发展布局的重要组成部分，是提升庐南重化工产业基地承载力的重要工程，项目法人为合肥市地方铁路投资建设有限公司，项目地点在合肥市庐江县龙桥镇境内，处于庐南矿区（庐南重化工基地）核心地带，目前龙桥站接轨配套工程进展顺利，预计2016年7月竣工；合肥恒通铁路二期工程预可研报告已完成，线路自厂（金源热电）前站接轨至派河港区（莲花路与派河的西北角），全长3.922公里。线路（约164亩）及港区物流园用地（约700亩）经济开发区已规划预留。合肥恒通铁路有限责任公司与安徽省投资集团公司和上海铁路局就合作建设经开区综合物流园区成立了项目推进小组，并在2015年1月对物流园区进行了总体概念性规划编制，同年10月上海铁路局与合肥恒通铁路有限责任公司在合肥北站商议二期项目合作意向，上海铁路局愿意与合肥市（经开区）就派河港区水铁联运项目进行合作。

2015年6月28日合肥至福州高速列车首发暨合福高铁开通仪式在合肥南站举行。

水路运输

【水运基础设施建设】 水运建设全年投资7亿元。合裕线航道改造工程、店埠河升级改造工程按计划推进，主体完工，合肥港综合码头二期建成运营，引江济淮工程跨河建筑物航道条件与通航安全影响评价获交通部批复，工程可行性研究报告通过审查。丰乐河下游航道整治工程工可完成审批，施工图通过审查，入湖口段已开工建设。《合肥市“十三五”水运规划》和《江淮航运中心战略研究》编制完成。

【地方海事（港航管理）】 合肥海事、港航部门继续推进制度建设，建立并完善了党政领导带队检查安全生产、港口安全监督检查流程等制度；制定并下发合肥市港航管理局《港口危险货物事故应急预案》《港口重特大事故应急救援预案》。初步建立同一艘船舶（同一航次）由途径的第一个检查站检查，其他两个检查站不再重复检查机制，便利了船舶航行和安全监管工作。规范行政审批，提速审批效率，受理行政许可、审批业务9237件，办结率100%。拆解船舶121艘，发放补贴3466万元；受理生活污水改造船舶735艘，改造完工370艘，实际发放补贴资金86艘、302万元，船舶拆解和生活污水改造船舶全省领先。

当年合肥海事、港航部门加强

表 8：2015 年合肥市航道状况一览表

序号	航道名称	航道起讫点	航道里程（千米）	规划等级	现状等级	是否通航	备　注
1	合裕线航道	屯溪路桥—入江口	139.1				
	（其中：）	屯溪路桥—当涂路桥	2.6		Ⅵ	否	受橡皮坝影响目前该航段暂不通航。
		当涂路桥—312 国道大桥	7.3	Ⅳ	Ⅳ	是	
		312 国道大桥—施口	16.9	Ⅱ	Ⅲ	是	
		施口—中庙	14.4	Ⅱ	Ⅲ	是	
		中庙—入江口	97.9	Ⅱ	Ⅲ	是	
2	店埠河航道	通济桥—三汊河口	15.6				
	（其中：）	通济桥—合裕公路桥	7.2		Ⅵ	否	
		合裕公路桥—三汊河口	8.4	Ⅲ	Ⅵ	是	
3	南淝河航道上游段	阜阳路桥—屯溪路桥	3.3		Ⅵ	否	
4	派河航道	合安公路桥—下派河口	18.3				规划中的江淮运河的一段。
	（其中：）	合安公路桥—熔安动力码头	6.5	Ⅱ	Ⅵ	是	
		熔安动力码头—下派河口	11.8	Ⅱ	Ⅳ	是	
5	丰乐河航道	丰乐镇—新河口门	20.5	Ⅲ	Ⅴ	是	
6	巢湖湖区航道		149.73				
	（其中：）	施口—下派河口	14.0	Ⅱ	Ⅳ	是	
		三河口门—施口	17.7	Ⅵ	Ⅵ	是	
		中庙—下派河口	19.7	Ⅱ	Ⅳ	是	规划中的江淮运河的一段。
		马尾河口—中庙	21.84	Ⅲ	Ⅴ	是	
		巢湖闸—河口村	2.78	Ⅵ	Ⅵ	是	
		巢湖闸—马尾河口	30.97	Ⅴ	Ⅴ	是	
		散兵港—9# 标	8.5	Ⅴ	Ⅴ	是	
		马尾河口—三河口门	25	Ⅴ	Ⅴ	是	
		中庙—白山口门	9.24	Ⅵ	Ⅵ	是	县内 6.5 公里，至姥山岛南，其余 3.5 公里为巢湖辖区
7	大潜山干渠航道	双墩集—罗管庙	81.7		Ⅵ	否	
8	瓦东干渠航道	下塘集—新民坝	39.9		Ⅶ	否	该航道全长约 67KM，其中 39.9KM 在我市辖区内。
9	潜南干渠航道	五十埠节制闸—骚古井	43.7		Ⅷ	否	
10	柘皋河	河口村—柘皋大桥	20.7	Ⅵ	Ⅴ Ⅵ	是	Ⅴ 4.23　Ⅵ 16.38
12	白口河	河口—岱山港	1.82	Ⅴ	Ⅴ	是	
13	钓鱼河	河口—磨基墩	1.41	Ⅵ	Ⅵ	是	
14	白胜河	河口—山程村二矿	1.05	Ⅵ	Ⅵ	是	
15	锥山河	河口—土桥村三矿	1.04	Ⅵ	Ⅵ	是	
16	高林河	河口—高林港	1.8	Ⅵ	Ⅵ	是	
17	槐林河	河口—石茨桥	3	Ⅵ	Ⅵ	是	
18	夏阁河	夏阁河口—夏阁镇	8	Ⅶ	Ⅶ	是	
19	散兵港区各作业区引航道		27	Ⅴ	Ⅴ	是	
20	烔炀河	河口—烔炀镇	4			否	
21	双桥河	河口—双桥	1.5			否	
22	县河	缺口大桥—庐江南门桥	17.6	Ⅵ	Ⅵ	是	

续表 8:

23	西河	缺口大桥—符家渡	12.7	Ⅲ	Ⅳ	是	引江济淮兆西河线
24	黄屯河	黄屯河口—黄屯桥	4.5		Ⅶ	否	季节性通航
25	黄泥河	黄泥河口—泥河镇石拱桥	15.31	Ⅵ	Ⅶ	是	
26	瓦洋河	双凤—竹林寺	6		Ⅷ	否	季节性通航
27	塘串兆河	马尾河口—缺口港	32.4	Ⅲ	Ⅵ	是	引江济淮兆西河线
28	盛桥河	河口—盛桥镇公路桥	5.4	Ⅵ	Ⅶ	是	
29	白石天河	白山口门—金牛镇	32	Ⅲ	Ⅵ Ⅶ	是	引江济淮菜子湖线
30	罗埠河	向拐—罗埠大桥	10.99	Ⅲ	Ⅵ Ⅶ	是	引江济淮菜子湖线
31	杭埠河	大谭湾—广寒桥	9		Ⅵ	否	广寒桥至张拐季节通航
32	罗河		2.6		等外	否	
说明	1. 全市航道总里程为 731.65 千米，其中实际通航里程为 525.65 千米； Ⅲ级航道 129.2 千米。Ⅳ级航道 65.5 千米、Ⅴ级航道 139.86 千米、Ⅵ级航道 157.94 千米、Ⅶ级航道 33.15 千米。 2. 大潜山干渠航道、瓦东干渠航道、潜南干渠航道由于是季节性航道，目前实际处于断航状态。						

水上交通安全监管，提请市交通运输局并报市政府批准同意设置合肥市水上应急搜救指挥部。认真汲取“东方之星”、天津港“8.12”事故教训，列出大兴集危化品码头安全问题，相关整改工作通过复查验收。结合隐患排查整治及“六打六治”“打非治违”等专项活动，全线联动，从严从重打击运输船舶超载运输、配员不足、证照不齐等非法、违法违规行为，处罚船舶严重超载、配员不足等违法违规行为。全年完成港口吞吐量 5300 万吨，集装箱 18.2 万标箱，同比分别增长 4.1%、14.8%。

航空运输

【合肥机场客货运输】 合肥机场面对高铁分流加剧的激烈竞争，因势利导，努力拓展航空运输市场。安徽民航机场集团公司主要领导亲自带队，赴东航、南航、海航、深航等航空公司洽谈沟通，协调运力投放。同时不断强化市场开拓措施，积极争取政府航空补贴资金，利用各种媒体多渠道宣传推介机场航班信息，协调航空公司在春运和暑运期间增加航班运力，确保客货吞吐量的平稳增长。全年完成旅客吞吐量 661.3 万人次，货邮吞吐量 5.13 万吨。

春运期间开通至胶东半岛及环渤海经济圈的济宁、烟台、威海等航线，增加航班 597 个，暑运期间协调东航、南航开通至张家界、呼和浩特、大连等包机，并恢复香港航线。抢抓境外旅游升温契机，先后引进泰国皇雀和新时代航空公司加盟合肥航空市场，加密合肥至泰国航班，引进春秋航空新开至日本名古屋定期国际航线，协调韩国易思达航空开通至襄阳包机航线。通过多方努力，当年 8 月 1 日后陆续恢复至韩国航线。当年合肥机场恢复、新开和加密国内外航线达 41 条，其中国际及地区航线占总数的 29%。新开五河、怀远、定远三家县级城市候机楼，全年异地候机楼班线运送旅客 52 万人次，同比增长 23.5%。

【航空安全保障】 合肥机场以“平安民航”建设为抓手，认真组织开展机场运行安全专项整治、安全生产“铸安”行动，强化机场公共区域治安防控，进一步提高反恐处突能力和水平。

修订完善《大面积航班延误（备降）处置工作预案》和《残损航空器搬移处置预案》，组织驻场相关单位开展安徽民航有史以来规模最大的一次航空器跑道事件综合应急演练，通过演练达到熟悉预案、锻炼队伍和提升应急处置的临场应变、联动协调能力，夯实了安全保障工作基础。机场公安局围绕“平安民航建设”“航空货运安保专项整治”“大排查大整治”等活动，加大治安防控、打击刑事犯罪和反恐维稳工作力度，成功打掉一个跨全国多省专门针对汽车租赁公司实施诈骗的犯罪团伙，有效维护了合肥机场治安秩序的稳定。

持续加强机坪运行秩序、净空管理、FOD 防范及鸟害防治等工作。合肥机场多方联动，生产运行集成系统于 2015 年 6 月全面启用，提升了航班正点率和运行管理水平。密切与周边地方政府的沟通联系，与肥西县高刘镇签定了《合肥新桥机场净空环境保护联动工作方案》、与寿县人民政府签订战略合作框架协议，积极推进阳光半岛建筑物超高问题的处理，成功处置 7 月 8 日海航 HU7244 航班火情告警返航后的应急救援保障，圆满完成抗战胜利70周年安保及中德总理重要专机等保障任务。此外合肥机场各运行保障单位积极推进安全文化建设，做好网络信息安全、消防应急救护等工作。2015年集团公司双获全国民航和民航华东管理局“安康杯”竞赛优胜单位；荣获交通运输部、公安部、国家安监总局、中华全国总工会、共青团中央联合授予的“春运先进集体”称号；在民航华东管理局航空安全责任年度考核中获得108分，名列华东地区机场行列考核成绩第三名，在所列机场集团公司中排名第一。

【机场配套项目建设】　按照省政府重点交通工程项目调度会的要求，安徽民航机场集团公司在认真做好合肥机场二期工程项目调研论证工作的同时，加快推进过夜用房（航空酒店）、后勤保障基地（航空新城）、目视助航设施改造和货运机坪项目的建设。其中过夜用房（航空酒店）项目于2015年5月份完成建设工作，6月28日正式投入运营；后勤保障基地项目（航空新城）工程建设在完成结构封顶后，正实施外墙体和室内配套设施建设安装工作；货运机坪项目已完成施工招标；目视助航设施改造项目初步设计已上报民航华东管理局审批，计划2016年完成项目建设任务。此外，积极推进合肥机场国内货运仓库新建和对现有货运仓库按国际快件监管中心标准的改造工作。国际快件监管中心的设立将大大降低企业运输成本，提升合肥机场国际快件通关速度和进出口的时效性。

【东航安徽分公司客货运输】　通过强化质量管控、落实短板改进、倡导服务创新，持续提升服务质量，优化旅客服务体验，着力打造无缝服务体系。以优化服务管理程序为抓手推动服务规范化建设，以流程再造为抓手实现服务体系延伸闭环、服务项目无缝串联。修订发布《东航安徽分公司服务奖惩管理办法（2015年修订）》《东航安徽分公司旅客机上遗留物品处置程序》、《东航安徽分公司旅客伤亡事件处置程序》《不正常航班旅客餐食配备流程》等程序规定。继续加大徽之韵工作室和凌燕示范组的建设力度，加快服务创新研究成果转化，充分发挥工作室服务智囊作用和示范组模范带头作用；推进服务一体化建设，利用空中服务专家资源，促进先进经验走出去、带进来，推进服务标准“去差异化”，提升客户体验一致性；建立设施设备单机档案，动态监控机上设施有效性，改善乘机环境、确保飞机安全适航；做好不正常航班保障，梳理完善弃乘、取消、补班等操作流程，规范延误航班配品的保管和发放方案，在航班高峰期加开值机柜台，增设补托运行李柜台配合自助值机，提高值机效率、减少等待时间，提升旅客乘机体验。

当年东航安徽分公司共执飞航线69条，其中国内航线57条（合肥出港的航线共 26条），国际航线12条。国内航线（包括港澳地区航线和两岸定期航班）有：合肥—台北、合肥—香港、合肥—北京、合肥—威海、合肥—长春、合肥—呼和浩特、合肥—西安、合肥—上海、合肥—成都、合肥—广州、合肥—厦门、合肥—青岛、合肥—张掖、合肥—重庆、合肥—沈阳、合肥—西宁、合肥—银川、合肥—南宁、合肥—桂林、合肥—长沙、合肥—昆明、合肥—沈阳、合肥—兰州、合肥—三亚、合肥—海口、上海—三亚、上海—海口、上海—长沙、上海—成都、上海—长春、上海—大连、上海—福州、上海—贵阳、上海—桂林、上海—哈尔滨、上海—沈阳、上海—延吉、上海—黑河、上海—漠河、上海—邯郸、上海—武汉、上海—赣州、上海—温州、上海—厦门、上海—珠海、上海—天津、上海—赤峰、上海—大同、上海—重庆、上海—海拉尔、上海—兰州、上海—北海、上海—临沂、上海—南昌、上海—威海、上海—香港、上海—澳门，共 64条；国际航线有：上海—金边、上海—光州、上海—大阪、上海—济州、上海—清迈、上海—鹿儿岛、浦东—旭川、上海—首尔、上海—福冈、合肥—曼谷、合肥—甲米、合肥—静冈。

当年东航安徽分公司共执管A320（空客320）飞机 15架，平均飞机在册日利用率 10.4小时，正班载运率75.8%，正班客座率79.2%，共安全飞行57430小时/25312架次。顺利保障VVIP要客、“两会”代表运输、省党政代表团等重要运输航班任务13班，重要旅客航班307班，春运加班包机48班。全年累计完成运输飞行时间57430小时，总周转量3.86亿吨公里，旅客运输量297.13万人次，货邮运输量22896.5吨。其中合肥地区始发航班旅客运输量756643人次，货邮运输量7341.5吨。

【营销管理】　不断提升经营管理能力，优化航线网络，精准运力投放。根据年初制定的航线网络布局，形成未来三到五年市场规划和航线网络优化思路，以构建“双核”联动为基础，实施西北纵深挺进战略、西南做厚加密战略，依托昆明枢纽远征南亚，在提高航班班次、时间总量基础上扩大国际线占比。2015年东航安徽分公司加密合肥至浦东、西安、昆明三大枢纽航班，新增合肥昆明曼谷、合肥南宁海口、合肥浦东三亚等国际国内正班航线。先后在重庆部署第三架和第四架过夜飞机，执行重庆合肥青岛、重庆昆明合肥浦东反哺主基地市场，“双核联动”初见成效。为更好的满足市场需求，分公司积极拓展国际航线，开通合肥昆明曼谷正班航班，并于9月23日起开通合肥静冈直飞航线。同时根据股份公司营销委销售转型部署，东航安徽分公司作为转型试点单位率先启动销售转型，拟定销售转型行动计划及细化方案稳步实施；通过官方微博和微信公众平台，结合门店宣传海报和电子显示屏，对新航线、新产品和新活动信息进行推广；依托东航大厦客户服务中心投入使用，为周边客户提供出票、查询等服务，提升客户体验、拓展直销空间；主动联系对接大型国际中转团队，提高始发收入贡献；推出“空巴通”“空铁通”空地联运产品，提供无缝衔接转运服务，在安徽省内重点高校开展校园行活动，在城市公园广场举办航空旅游集市，深挖客户资源，填补洼地价值。

【安全飞行】 坚持严管严控，始终把强化安全管理能力和水平作为安全工作重点来抓，保持了较为平稳的安全生产形势。通过抓“规章完善、运行闭环、规范维修、风险防控、训练培训、监察审计”，全面提升安全管理能力。同时不断加强系统建设，创新管理方法，落实风险控制，强化安全教育，夯实安全工作基础，确保了分公司飞行、空防、客舱、维修和地面安全。2015年7月20日23点44分，伴随着从浦东机场起飞的MU5467航班在合肥新桥国际机场平稳降落，

表9：2015年合肥地区航空运输业主要运输指标完成情况一览表

项　目	旅客吞吐量（万人次）	货邮吞吐量（万吨）
合肥机场	661.30	5.13
东航安徽分公司（合肥地区始发航班）	75.66	0.73

标志着东航安徽分公司顺利实现安全飞行三十一周年，实现了分公司连续安全飞行76万余小时的安全业绩，在分公司安全飞行的历史上树立起了一座新的里程碑。

【开通合肥-静冈航班】 2015年9月23日合肥—静冈国际定期航班正式开航，航班号MU5099/5100，机型为A320。航班每周三、七执飞，合肥起飞时间06:40，当地时间10:30到达静冈；回程从静冈起飞当地时间11:30，到达合肥13:40。此条航线是东航在省内开通的第五条国际地区航线。合肥静冈航线的开通，不仅使安徽旅客赴日旅游更加便捷，通过与日本大阪、名古屋等地进行旅游产品组合，旅客将有更丰富的旅游线路的选择。航线的开通也将进一步促进日本旅客来安徽经商旅游等活动的开展。

撰　稿：张　涛　李　理　马　军　杨滨滨　仇　垲（合肥市交通运输局）

石泽霖　唐　莉（合肥市交通运输管理处）

万志军（合肥市公路管理局）

吴　枫（合肥市农村公路管理局）

李以平（合肥公交集团有限公司）

杨通行　赵士彦（上海铁路局合肥火车站）

张方军（上海铁路局合肥货运中心）

桂贤明（上海铁路局合肥车务段）

张平凡（合肥市地方铁路协会）

贾贤巨（合肥市地方海事局）

许　静（东航安徽分公司）

管大龙（安徽省民航机场集团公司）

邮　政

【概述】 2015年，合肥邮政分公司经历了重大体制改革，按照上级要求，将“合肥市邮政局”更名为“中国邮政集团公司合肥市分公司”，全市邮政系统以“五个邮政”（数据邮政、创新邮政、自豪邮政、品位邮政、和谐邮政）为引领，全面完成上级下达的各项经营技术指标，全年实现业务总收入56875万元（考核口径），实现增加值5795万元，增幅为11.34%，超额完成省邮政公司下达的全年各项业务收入目标。

2015年，全市邮政三大板块业务发展较快。邮务类、代理金融、包裹快递业务增幅分别为3.06%、14.34 %、19.64 %。考核利润目标超额实现，完成率123.33%。邮务类业务在全省占比为17.75%，包裹快递业务收入规模在全省占比为1/3。代理金融余额净增 20.27亿元，2015年新增储蓄存款增幅12.03 %，列全国省会城市邮政第3位。函件、集邮、报刊专业规模居全省邮政系统首位，全省占比分别 为27.97%、23.71%、15.11%。电子商务代收费达到5.45亿元，农村电商、综合平台建设走在全省

邮政同行前列。分销业务规模居全省第2位。全年开展集邮首发活动、尊享会、赶集营销150余场，在银泰中心等合肥商圈，举办综合营销活动18场，都取得了较好的效益。

【“合肥市邮政局”更名为“中国邮政集团公司合肥市分公司”】 2015年5月，根据中国邮政集团公司《关于实施集团公司法人体制调整有关事项的通知》，集团公司与原省级邮政公司的管理体制，由母子公司两级法人体制改为总分公司一级法人体制。集团公司新设省分公司，原省邮政公司所属的市、县分支机构按原有层级作为省分公司的下属分支机构，以更名形式统一变更隶属关系至集团公司名下，更名后的合肥市邮政局（含下辖市县邮政局）机构名称是：中国邮政集团公司合肥市分公司、中国邮政集团公司巢湖市分公司、中国邮政集团公司庐江县分公司、中国邮政集团公司肥西县分公司、中国邮政集团公司肥东县分公司和中国邮政集团公司长丰县分公司；并相应办理省、市、县分公司及所属分支机构营业执照、组织机构代码证、税务登记证、银行开户许可证、经营许可证等证照的登记或变更。子公司改分公司后的管控模式是：原则上由中国邮政集团公司合肥市分公司承接合肥市邮政局的职责。在市、县分公司授权范围内，通过逐级授权管理方式，实现对本市、县范围内集团公司所属分支机构的人事、财务、生产经营、考核等事项的管理。

【合肥举行《乙未年》特种邮票发行仪式】 元月5日上午8点，在合肥四牌楼邮政大厦四楼大礼堂举办《乙未年》特种邮票发行仪式和营销活动。一位客户一边翻看邮册一边感叹道。“十二年才能盼到一个吉祥的喜羊年，生肖邮票的升值潜力巨大，我很看好，今天我一定要买个痛快”。同时，在活动中举行吉羊抽奖送大礼、多买多赠大放送、把幸福合肥寄出去，等多种互动环节，增加了这次活动气氛。现场集邮爱好者和邮迷们纷纷争相踊跃购买，气氛火爆，特别是《羊年有礼》邮票珍藏册、《吉羊如意》羊年贺岁专题邮册受到青睐。合肥市四个区邮政局和下辖四县一市邮政局也同步举办了发行《乙未年》特种邮票发行活动。

【举行“全国廉政教育基地提升改造项目落成、《包公》特种邮票首发仪式”暨包公邮局建成开业】 8月8日，由市纪律委、市监察局、市重点局、市邮政分公司联合主办的“全国廉政教育基地提升改造项目落成暨《包公》特种邮票首发仪式”在合肥包公园清风广场隆重举行。这次发行的《包公》特种邮票一套2枚，小型张1枚，全套面值8.4元。邮票内容分别为“掷端砚”和“铡美案”，小型张内容为“包公像”，表现其清廉、正义、智慧的人物特征。《包公》特种邮票的发行，是合肥本地人物题材首次登上国家名片——邮票。

这次活动还围绕邮票主题，开展了系列现场互动活动。在包公园浮庄内举办为期三天的包公主题文化邮展，集中展示《包公》特种邮票，包公文化相关邮票，为广大集邮爱好者提供了精彩纷呈的文化盛宴。现场为集邮爱好者免费提供加盖纪念戳、邮资机过戳、邮件收寄等服务。“合肥少年画包公”活动也吸引了市民们的关注，20余名小朋友在现场用手中的画笔画出了自己心中的包公形象，活动生趣活泼又富有教育意义。

同时，合肥邮政与包公园共建的主题邮局——包公邮局，也于当天上午正式开业。包公主题邮局以包公文化和廉政文化为依托，围绕包公生平故事、包公精神、廉政教育、地方特色文化，提供专属邮政服务，如：邮票、邮册、明信片、图书等。此外，作为《包公》特种邮票的原发地，包公主题邮局还将提供全国独一无二的包公纪念戳、原地戳、邮资机戳、风景戳等个性化邮戳服务。

【邮政服务质量监督检查】 深入开展邮件时限、规范经营、规范服务和安全生产等规章制度执行落实情况的监督检查，严抓服务质量管理，不断提升客户满意度；强化国内普邮传递时限管理，加快邮件传递速度和投递准时率；深入推进网运优化改革，确保全年全网邮运畅通；全面落实各项安全规章制度，确保邮政资金、消防、邮件和车辆全年安全无事故。全市客户满意度为80.39分，超过省邮政公司要求；普通邮件时限综合准时率全省排名第二，出口邮件时限达标率99.94%，全省排名第三；进口邮件时限达标率99.91%，全省同行排名第二，均达到省邮政公司98%考核指标要求。在省邮政公司组织的邮政服务质量专项活动复查验收中，得分97.5分，名列全省首位，为合肥邮政持续快速发展做出积极贡献。

【11185客户服务中心业务调度管理】 做好11185合肥调度中心的接管工作。为平稳、有效接管安徽省11185客服务中心合肥调度工作，积极从办公场地安排、设备配置、网络架设、人员组织、业务培训等方面，都做到周密部署，精心筹划，克服了人手短缺、时间紧迫等诸多困扰，制订了完善11185合肥调度岗位职责、工作流程等规章

制度，为我市客服工作的顺利开展打下了坚实的基础。加大包裹快递业务协同客服管理力度。制定下发了《关于认真做好旺季包裹快递业务协同客服工作的紧急通知》，规定了基层单位投诉处理、回复操作规范，避免了过去处理不及时、回复不合格、监管不到位的情况。

【邮政运输网流程优化与管理】 加强邮政网优化和管理，突出抓好三项工作：一是优化规范市内转趟邮件交接流程。自本市邮件转趟车划归合肥邮区中心局后，首次对市内邮件趟车交接做出全面规范，从收寄封发、信息上传以及邮件交接等方面进一步规范市内转趟邮路交接流程，做到信息化、条码化达到100%，减少异常邮件处罚，同时加强对平常邮件集中封发、大件临时直封以及二码合一邮件的管控，降低邮件总包结算费用。二是推行改革干线总包交接办法。为做好推行邮政运输干线交接改革，制订了具体改革方案，如采取集中培训、现场指导等方式，积极促进各县局处理中心PDA上线，将邮件交接、处理过程简单化、灵活化，同时明确责任判方式以及奖励考核制度，有效提升网上清单及时准确率和邮件运递时限。三是推进全市邮件散件化、流水化作业流程改革。按照中国邮政集团公司要求，各邮政收寄网点推行全国范围内（除内蒙、北京外）实行二码合一散件外走；在各县处理中心实行流水化作业，合并巢湖分公司网运信息系统中包裹分拣和汽车转运车间设置；对快递包裹和标准快递的封发处理作进一步要求，将省内互寄快递包裹全部实行对县直封，将发往南集和长三角的标准快递全部单独封发、单独交接，有效提高了快递包裹和标准快递的时限水平。

【资金和消防安全监督检查】 重视邮政资金和消防安全检查，一是加大金融资金检查频次和力度。为确保邮政金融资金安全，严格按照上级有关规定，采取定期或不定期的方式，进行突击检查和夜查，对发现的问题和隐患及时进行整改，对员工违规行为现场予以纠正，并严格处罚。全年开展各类安全专项检查及夜查7次，杜绝了各邮政储蓄网点违规进出防尾随门、开启保险柜不使用密码等违规违纪现象，员工安全防范意识不断增强。二是防火工作常抓不懈。2015年，进一步完善了灭火及应急疏散预案，通过组织职工参加安全知识竞赛、举办消防安全培训班、组织消防演练等各种形式的宣传教育，提高了增强员工的消防安全意识和技能。开展消防安全专项检查，特别针对邮政大楼、偏远邮政网点及出租单位等重点部位进行检查，不放过任何一个安全死角。2015年，还投入专项资金6万余元，对全市所有灭火器材进行了维修保养及更新。

【邮政投递质量和服务水平管理】 高度重视邮件投递质量和服务水平的提高，做好三项工作：一是加强投递系统操作培训。对全市邮政投递站站长、检查员、投递员进行了投递PDA、投递智能手机专项操作培训3次，每周通报一次系统操作使用检查情况，保证了邮政快递小包、约投挂号和银企账单等给据邮件的预约投递和投递信息反馈。落实投递工作现场5S化管理制度，各站做到“五不准、卫生四洁、出班三清”，邮件报刊按规定时限、频次投递。2015年，全市投递系统上线网点使用率达到100%，系统规范操作率达100%，投递信息反馈率达到100%。二是加强投递服务监督检查。认真落实投递服务质量检查考核制度，坚持一月一检查、一月一通报。全年相继开展了提升邮政服务质量“回头看”自查自纠活动，组织投递员对单位收发室、邮件接转点、村委会、物业公司和社区楼房信报箱内的长期无人领取邮件进行清理、清投、清退，查询回复及时率达100%以上，无重大投诉问题发生。三是加大对投递能力建设的投入。2015年为各站投递员统一配发了智能手机、投递PDA，按期更换投递两轮电动车349辆；统一发放标志服、送信包，为偏远站点段道增加投递电动三轮车73辆，更新汽车6辆，投递能力和服务形象得到提升。

【邮政网络信息安全】 信息技术部门高度重视邮政网络信息安全，突出做好四项工作：一是对全市邮政信息网内设备全面进行MAC地址绑定，加强对终端入网的管控。二是对互联网自建管理信息系统进行安全加固。完成3个自建管理系统漏洞查补，同时将原先从互联网直接访问改为通过VPN方式访问，确保信息安全。三是落实常态化安全管理。专设安全员督促安装杀毒软件、通报卸载未知软件、核对信息网内机器明细。四是针对合肥市五里墩、大铺头、屯溪路等邮政投递站的投递信息反馈率较低情况，影响合肥局业务指标，信息技术中心工程技术人员及时会同业务人员，调研查找影响投递信息业务指标的原因，通过技术分析，总结提出了解决方案，使得邮政投递信息反馈率明显提高。同时，还加强与邮政储蓄银行合肥市分行相关信息安全工作的沟通协调，防患于未然。

【员工综合能力和履岗教育培训】 坚持“向培训要素质，以素质促发展”的培训方针，一是在岗培训。根据每个员工的需求和实际情况，开展了远程培训、自主培训、专项培训等，在继续做好管理人员参加省邮政公司组织的多期“双周”培训之外，还自行组织OA系统操作及答疑培训班、邮政营业信息系统操作和相关业务管理培训班、通讯员新闻信息写作培训班、“个人营销系统”、“微金融”和“电子银行”相关培训班、邮政通信质量基础管理培训班，邮政业务（营销）员职业技能竞赛赛前多次培训等，全年共有3500余人次参加了各类培训班。二是远程培训课件大赛取得圆满成功。“第一届全省邮政远程培训课件大赛”在各基层单位和业务骨干的鼎力支持下，合肥市邮政分公司制作的课件取得了优异成绩，送审的9部课件中有7件获奖，其中一等奖一件，二等奖一件，三等奖三件，优秀奖一件，同时，我公司还获得优秀组织奖。三是员工职业技能培训和鉴定。全年年受理了邮政储汇业务员、邮政投递员等共有10个职业的498名考生申报了初、中、高及技师级别的考试。组织了邮政业务营销员、邮政储汇业务员两大类员工技能鉴定。四是利用中国邮政网络学院培训平台，举行大规模的远程培训。组织并督导第四届邮政特有职业技能竞赛投递班（450人）、邮务班（81人）、金融班（91人）远程学习及邮务班网上案例提交和部分审核工作，实现投递班报名率100%，合格率99%，邮务班和金融班报名及合格率100%，案例共计172篇全部提交；督导营销（28人）、储汇（141人）、营业（24人）技能鉴定考前远程培训；协助督导投诉管理人员远程培训（31人）、基层党组织书记集中轮训网络学习（30人）、个人客户营销系统培训（692人）、中国邮政储蓄银行理财产品销售从业人员资格培训考试和再教育远程培训（638人）。五是组织人员参加邮务类、营销类和代理金融类首届邮政特有职业技能大赛初赛。

财 政

2015年，全市财政收入达到1000.5亿元，同比增长13.61%，占全省财政收入比重达到24.94%。其中，地方收入完成571.54亿元，增长14.23%。全市财政支出完成772.69亿元，增长10.58%。市财政局再次被人社部和财政部联合表彰为全国财政系统先进集体。

【升级产业政策】 以政府工作报告为指引，按照框架不变、思路不变、扶持方式不变、总量控制不变的原则，对“1+3+5”产业政策进行完善升级，更加突出对重点产业发展的引导和推动作用，同时进一步丰富基金投入方式，优化“借转补”操作流程，强化市与县（市）区开发区的政策联动。全年安排资金37.92亿元，其中基金和财政金融产品占比近六成。

【推进双创示范】 成功申报国家小微企业创业创新基地城市示范，并出台若干政策意见，启动三年行动计划，从创客空间建设、服务体系建设、融资体系建设、体制机制创新等方面，全面推进大众创业万众创新。工作推进情况在全国作重点经验交流。

【持续夯实民生保障】 全年民生支出完成615.46亿元，增长11.46%，占财政支出比重达79.65%，有力保障了农业、教育、科技、文化和医疗卫生等各项重点支出。实施的“32+9”项民生工程累计到位资金82.3亿元，增长14.3%，所有项目均实行全过程绩效评估和网上公示，2015年绩效奖补工作位居全省首位。

【优化调控】 减税降费有成效。截至2015年底，全市营改增试点纳税人6.7万户，较试点初期增长7.7倍，累计减税规模达37.04亿元。其中试点行业累计减税18.94亿元，整体税负下降23.33%。创新转型有支持。出台《关于加快政策性融资担保体系建设的实施意见》，完善国有资本金持续补充机制，加强融资担保行业建设，建立风险代偿机制，引导金融机构加大对小微企业信贷投放，进一步提升政策性融资担保服务水平。支持五大研究院等协同创新平台建设，通过政府投资引导基金、天使基金、金融产品等撬动社会资本投入，形成社会共担机制。购买服务有亮点。市本级纳入购买服务预算项目110 个，涉及社会审计、社区养老等领域，资金总额2.92 亿元，并设立1亿元社会服务专项资金和400万元社会组织发展基金，培育和引导社会服务组织发展壮大。重大融资有突破。抢抓过渡期政策机遇，轨道交通3号线180亿元银团贷款授信获批；创新采用政府购买服务模式，棚改二期开总行166亿元授信额度落地；稳步推进轨道交通2号线财政部第一批PPP示范项目实施，“高新区智慧城市管理运营”成功入选第二批示范。

【深化财政改革】 一是提升资金绩效。出台市本级财政专项资金管理办法和竞争性分配暂行办法，修订市本级财政结转结余资金管理办法，逐月调度预算执行进度。编制三年滚动财政规划，2016年市本级预算实现评审论证全覆盖，重大项目绩效目标设定情况纳入公开评审范围，并委托第三方开展滚动项目事前绩效评估。二是规范债务管理。修订《合肥市政府性债务管理暂行办法》，将地方政府置换债券、新增债券全部纳入预算管理。全市111.6亿元置换债券、25亿元新增债券资金全部发行到位，我市债务结构进一步优化，并通过资金统筹，重点支持了城市基础设施建设。三是严肃财经纪律。落实单位主体责任，加强动态监控，以“三公”经费管理为重点，同步拓展至会议费、差旅费、培训费等一般性支出。全市“三公”经费支出同比下降9.1%。

【统筹支持县区发展】 从大建设资金切块安排30亿元，支持县（市）基础设施建设。债券资金分配优先向县（市）区倾斜，资金量达50.97亿元。全年支持县（市）区资金总量达212.4亿元。完善对县（市）区教育经费转移支付政策，市级教育费附加区级切块比例由20%提高到60%，从市级教育资金（土地出让收益计提）切块1.5亿元补助县（市）。积极开展建制镇、村级集体资产股份合作制改革等各类示范试点，持续推进高标准农田建设、美好乡村建设、一事一议财政奖补等工作。

【自身建设】 扎实开展“三严三实”专题教育，履行党风廉政建设主体责任，推进重点领域反腐倡廉。严格落实中央八项规定，不断深化政务公开，加强政风建设。完善质量管理、绩效考核、平时考核等内部控制体系，切实强化班子和队伍建设。

国家税务

2015年，合肥市国税局蝉联全省国税系统绩效考评第一名，系统内2个单位被授予“全国文明单位”称号，13个单位被评为“第十一届安徽省文明单位”，1个办税服务厅被评为“省级青年文明号”。

【税收收入】 市国税局全年累计组织完成收入427.71亿元，占全省国税收入的27%，同比增收41.74亿元，增长10.6%，高于全省平均增速2.9个百分点，增速位居中部省会城市第二位。一是强化收入管理。科学分析组织收入形势，编制下达年度税收收入目标，加强税收收入目标动态管理。二是强化收入预测。应用“收入预测直报系统”，重点关注467户重点税源企业的税收预测变化情况。全年税收预测平均准确率达99.3%，位居全省第一。三是强化税源管控。全年通过风险提醒、纳税评估、税务稽查等风险应对措施查补税款4.18亿元。充分利用第三方信息，全年累计入库非居民税收6.46亿元，同比增长64.7%。采取多项措施清理陈欠、防止新欠，夯实管理基础，共清理欠税8623万元。四是强化税收分析。加大经济运行、税收风险和政策效应分析力度，本年上报信息《合肥市国税局利用增值税发票系统升级版侦破一起特大虚开增值税发票案件》《国税部门建议：打好省内市场牌抢占新能源汽车发展先机》分别得到税务总局和省政府领导的批示肯定；撰写的《安徽家电制造业税收影响因素及其成因分析》被省社科联评为应用对策调研成果一等奖。

【纳税服务】 编写并向纳税人发放《便民办税一本通》3万余本，为纳税人提供统一标准的办税指南内容。对照办税服务厅建设规范，对瑶海等4个区国税局办税服务厅开展维修改造，加强办税服务硬件标准化建设。在全市国税系统推进“纳税服务质量提升年”活动，通过深入基层、走访企业、学习借鉴等多种渠道，进一步提升纳税服务质量。全系统共走访纳税人4万余户，收集纳税人意见30条，征集需求478条。上线集办税服务厅管理、音视频监控、绩效考核、辅助决策、应急管理、数据展示等为一体的“纳税服务智能管理系统”，实时掌握全市各办税服务厅的工作状态，合理调配服务资源，提高工作效率。拓展导税服务职能，科学设置自助办税区，提高网上办税平台使用率，促进办税服务再提效。

【税收法治】 印制并向纳税人发放9万余份《小微企业税收优惠宣传手册》，多渠道宣传，全方位辅导，深入开展国务院政策措施落实情况监督检查，确保上级出台的各项税收政策落实到位。全年办理各类减、免、抵、退税共计152.33亿元。其中，办理出口退（免）税89.84亿元，占全省的47.6%，总量继续蝉联中西部省会城市首位。全面落实《全国税收征管规范》和《全国税务机关出口退（免）税管理工作规范》1.0版，修订完善市国税局税收业务岗责体系，规范税收执法行为。落实行政审批制度改革，按规定保留行政许可项目6项。在县（市）、区国税局大力推进依法行政示范基地建设，2015年肥东县国税局获得“安徽省国税系统法治税务示范基地”荣誉称号。推行法律顾问制度，组建法律服务团队，为税收执法提供专业法律意见。修订重大税务案件审理工作规程，市国税局全年共接收重大税务案件17起，审结22起（含上年结转）。扩大执法督察覆盖面，新增税务行政处罚实施情况督察，全年共发现税收执法过错724户次，已责任追究71人次。举办全市“走出去”企业论坛，召开税收宣传新闻媒体见面会，切实加强税收政策宣传辅导，营造懂法、守法、尚法的税收环境。完善守信激励和失信惩戒措施，推行税收“黑名单”制度，在网站公布重大税收违法案件。依据税务总局《出口退（免）税分类管理办法》，综合考虑企业纳税信用等级、净资产规模、内控机制建设、税法遵从度等因素，将全市约2500户出口退（免）税企业分为4个类别，分别采取不同管理举措，引导企业加强内部管理，提升税法遵从度。加大税收违法案件查处力度，对房地产业、医药流通行业、银行业、出口退税企业等开展稽查专项检查，严厉打击发票违法犯罪，有力整顿和规范了税收秩序。

【征管改革】 根据省国税局的统一部署，做好金税三期优化版系统上线工作。稳步推行增值税发票系统升级版，全年共推行发票升级版6.34万户。落实成品油、电池、涂料消费税政策调整，全年办理免征、缓征税款3.69亿元。配合做好全市“三证合一”推行工作，设立“三证合一”咨询岗，印制并发放政策问答材料，严格落实地方行政审批制度改革任务。科学调整税源管理职能，对基础事项实行服务联络员制度，工作明确到岗，责任落实到人。深化国、地税合作，防范管理风险，自2015年8月1日起，在全市范围内扎实开展国税部门委托代征地方税费工作，截至当年底全市开展代征业务6.15万笔，代征税费近600万元。与海关、外汇管理、商务等部门建立信息交换制度，逐步建立骗税协防机制，防范和打击骗税行为。充分利用信息技术手段，积极探索“互联网+税务”建设，努力在全省率先建成覆盖全面、运转高效、科学方便、持续改进的电子税务局，进一步提升信息管税水平。上线运行稽查管理辅助管理系统。整理最新版企业所得税申报表的数据库结构，开发所得税后续管理系统。完善税收分析辅助预警系统功能应用，有效防范税收执法风险。参与研发并上线全市综合治税平台，形成协税护税合力。扩大出口退税申报网络预审覆盖范围，加强与人民银行合作，配合开发财税库银横向联网“退库业务”功能模块，努力尽快实现同步退库。

【税务文化】 制定《全市国税系统税务文化建设实施意见》，对系统税务文化建设进行全面规划，提出实施文化建设“1157工程”。在全系统开展“合肥国税核心价值理念”征集评比活动，征集各类参评作品238件，激发干部职工文化向心力和认同感。组织各单位结合地域特色，开展税务文化建设“一局一品”创建活动，打造国税文化品牌。开展最美国税人、身边的好税官、服务之星等先进典型评选，积极发掘和宣传系统先进典型事迹，鼓励干部争先创优、干事创业。深入开展形式多样、内容丰富的群众性文体活动，选派干部参加合肥市第三届职工运动会暨安徽省职工运动会选拔赛，培养健康向上的情趣爱好，满足干部职工的文化娱乐需求。

【基层建设】 制定《2015年基层建设推进年工作实施方案》，涵盖组织体系、业务基础、纳税服务、领导班子、干部队伍、保障能力等六个方面31项重点工作。对全市国税系统15个农村分局规范化建设进行考核验收，总结基层分局建设的突出做法和工作经验，评选出全市基层分局建设示范单位。组织召开全市国税系统基层建设推进会，研究制定了县（市）、区国税局规范化建设指导意见，建立规范化建设长效机制。

【纪检监察】 执行党风廉政建设责任制，落实“两个责任”，扎实构建惩防体系，推动党风廉政建设不断取得新成效。以工作手册形式将“两个责任”细化为97个任务事项，定期开展落实情况专项检查，严格责任考核，强化责任追究，逐步形成明责、履责、问责的工作机制。开展廉政文化创建活动，通过开展常态化的廉政教育，促使干部增强廉洁自律意识。市国税局机关和5个县（市）国税局全部荣获省级示范点，系统所有单位全部荣获市级示范点，实现“全覆盖”。配齐配强4个区国税局纪检组长和直属机构专（兼）职纪检监察干部，定期开展业务培训，增强监督力量。上线内控管理信息系统，采取征求意见、过程参与等方式，强化对干部选拔任用、基本建设、资产管理、政府采购等行政管理权的事前和事中监督，着力防范违纪违法行为发生。

【绩效管理】 全面推进组织绩效和岗位绩效管理，激发队伍活力的作用。研究制定组织绩效管理实施办法及相关细则，围绕上级考评指标和年度重点工作任务，科学制定考评指标。以组织绩效任务和岗位职责为核心内容，制定岗位绩效管理实施细则，编制每名干部的个人考评指标，实现组织绩效指标与个人绩效指标相互关联，增强考评的针对性和合理性。梳理工作节点，及时分析研究热点、难点问题，重点关注分档考评指标和薄弱环节工作。同时，将绩效管理工作纳入专项督查范围，实地督导组织绩效和岗位绩效管理工作，及时通报考评开展情况，要求被扣分的部门和个人及时总结梳理问题指标，查找扣分原因，详细制定改进措施，实现了绩效管理对工作落实的推动作用。将绩效考评成绩作为年度考核、评先评优、选拔任用、学习培训等方面的重要参考依据。为进一步培养每位干部自我管理、自我改进的良好习惯，将绩效考评与市国税局系统人才管理有机结合，绩效考评成绩作为人才管理分级的重要依据。

（蔡　敏）

地方税务

2015年，合肥市地方税务局（以下简称“市地税局”）围绕“前列前茅，第一方阵”目标，统筹做好组织收入和服务发展“两篇文章”，全面推进机关为基层服务、基层为纳税人服务、系统为经济社会发展大局服务“三个服务”。市局（机关）连续三届获得全国文明单位殊荣，市局第11次荣获市政府目标管理考核优秀单位。全年累计入库各项税费收入626.12亿元，同比增长8.7%，收入规模首破600亿元大关，继2014年突破500亿元后再上一个百亿元新台阶。其中，地方税收入实现446.6亿元，同比增长8.4%，全省首位度达到27.2%，全省收入增长贡献率达到39.2%；社保费收入162.12亿元，同比增长10%；其他基金费收入17.4亿元，同比增长5%。

【服务发展】 以克服“惜税”观念，落实各项税费优惠政策，全年为7.4万户小微企业减负1.99亿元，为困难性企业减免房产税、土地使用税3017万元，减缴社保费4.3亿元。建立守信激励机制，与民生银行合作，推出“税融通”业务，帮助小微企业缓解融资难问题，支持诚信企业发展，自业务推行以来已惠及企业21家，涉及金额803万元。强化工作举措，加强工作督查，推动了各项税费优惠政策全面贯彻落实，全年减免抵各项税费41个亿。加强工作调研，发挥税收调研建言献策、服务发展积极作用，1篇调研信息被中办采用，1篇被国办采用，市以上领导先后批示19次，其中省领导批示7次，总局领导批示1次，信息工作实现全省地税系统“五连冠”。关心基层，努力改善基层工作生活，瑶海分局回迁装修已进入招标程序、即将开工，长丰南部办税中心、滨湖要素大市场办税点正式启用。

【依法治税】 出台全面推进依法治税实施意见，健全县市局法制机构。推进行政审批改革，编制发布权力清单、责任清单和权力运行流程图“两单一图”。探索开门立法，首次在规范性文件制定过程中引入听证程序。修订案件审理规程，审结重大税务案件20件。积极作为，妥善化解6起行政争议案件，通过审判监督程序打赢稽查局执法权争议案。加大稽查打击力度，全年稽查序列督促自查745户、重点检查188户，查补税款5.2亿元。依法公开、联合惩戒4例重大税收违法案件。加大普法教育力度，深入开展“六五”普法工作，参加江淮普法行启动仪式。加强税法宣传，贯穿全年开展面向纳税人的政策业务宣传，集中开展第24个税收宣传月活动，联合举办首日接听“12345政府服务热线”暨税收宣传月媒体见面会。加大税收热点和税收工作宣传力度，全年市以上媒体用稿100余篇，市局网站连续三年省局评比第一。其中，被中国税务报、安徽日报等省部级媒体刊用28篇。

【征管质效】 一是创新征管思路举措取得新进展、新成效。在全省率先试点运行国地税联合办证平台，参与省国、地税“三证合一”税务端平台建设，实现国地税办证信息共享，与工商、质检信息对接，确保“三证合一、一照一码”在合肥市如期实现。在全市推行二维码发票积分奖励，调动消费者索票验票的积极性，全年查验发票108.7万份，积分话费充值45.5万元。推进“互联网+”行动，成立市局“互联网+”需求调研组，开展专题调研座谈，形成“互联网+合肥地税”建设思路。二是国地税合作全面升级。落实国地税《合作规范》，建立联席会议机制，推进重点合作项目落实。首次采用网上评价方式联合评定2014年度A级纳税人3276户。在全省率先打通国地税涉税信息交换和共享渠道，25.6万纳税人户籍信息、2.4万户“营改增”纳税人发票及税负信息、“两税”申报征收信息等实现国地税共享。全面委托国税代征门市开票地方税费，启动5个月代征税款923万元。三是夯实征管基础工作。以登记环节、申报环节、税款入库环节的5率考核为抓手加强日常征管，定期通报考核结果。积极落实《税收征管规范》，重新梳理和再造现行各业务流程，实现征管规范与纳税服务规范无缝衔接。上线运行税收不良记录认定软件，初步建立地方税收不良记录数据库。四是推进纳税遵从风险管理。扎实推进风险评估管理，建立14个行业评估模型，全年扫描推送涉税风险疑点1.2万次，基层分局采取风险提醒、纳税辅导等方式，评估查补税款6150万元。创建所得税“两税比对”评估模式，全年风险评估595户，查补收入2051.45万元。开展房地产企业预缴率专项评估，查补企业所得税3.4亿元。五是依托政府综合治税平台，深化第三方信息应用，“淘”出税收11个亿。完成省局外部信息交换平台与市政府综合治税平台对接，实现两大平台信息共享，拓宽外部信息获取渠道。加强第三方数据采集、分析、利用，全年共获取工商、房产、公安等36个部门133项38万多条涉税数据，补征税款11.05亿元。加强纳税遵从风险管理，扫描推送风险疑点1.2万次，查补税款6150万元。推进税收诚信体系建设，首次利用网络媒体向社会集中公告欠税名单，首次运用网络评价方式联合评定A级纳税人。

【优化服务】 优化办税流程，出台存量房交易管理办法，试行运用二维码技术采集存量房交易信息。实现年所得12万元以上个税自助申报和网上申报。开展便民办税春风行动，全面推行纳税服务规范2.2版，推出"税融通"延伸服务，32个减免税项目实现网上审批备案，全系统新增省级标准化办税服务厅5家。加强培训和咨询服务，市县两级纳税人学堂共举办各类面向纳税人的培训123场次，12366服务热线接听、解答涉税咨询4.4万件，市局官方微博、微信发布信息、回复咨询860多条次。

【金三上线】 集全局之力，历时5个月，顺利完成"小双轨"运行、"大双轨"运行、全面切换各阶段工作流程，实现"金三"优化版系统单轨上线。根据省局方案要求，成立市局金税三期工程推广工作领导小组、金税三期工程推广工作组，领导小组下设业务组、技术组、保障组三个小组，制定市局金税三期工程推广工作方案，全局动员，抽调业务技术骨干，迅速进入状态。先后召开"金三"系统业务工作会、单轨运行推进会，分析上线过程中存在的问题，明确工作要求，推进工作落实。二完成全系统机构、岗位、人员、行政区划等4.16万条岗责体系代码采集。开展税务登记、税收优惠、申报征收、发票、稽查等业务域参数表采集确认，高标准完成"金三"系统初始化工作。组织开展征管数据清洗工作，共清洗异常数据78万条，占全省数据的25%。全面梳理"金三"系统各业务域流程操作，分析与AHTAX2013系统差异，编写简明操作手册以及差异指南，供全系统操作培训使用。开展领导干部金税三期工程上线知识测试，分三批开展全员操作培训。采用线上和线下相结合方式，实现网上申报企业业务辅导全覆盖。分注册类型、行业、规模选取纳税人集中开展申报模拟演练和人海压力测试。主动向市委、市政府专题汇报，上报金税三期上线维稳问题报告，争取支持。提请市政府召开上线专题工作协调会。加大宣传力度，通过新华网安徽、凤凰网安徽、新安晚报、合肥日报、合肥新闻联播、无线合肥APP等媒介，持续发布"金三"上线信息21次，实现主要媒体平台全覆盖。制定应急预案，采取增设窗口、延时服务、预约办理、错峰办理等服务举措，确保平稳过渡。先后完成环境准备、本地软件升级改造、系统初始化、"大小双轨"运行、数据切换、人海压力测试等工作，采集岗责体系代码4.16万条，清洗异常数据78万条，三批次培训地税干部1200多人，实现18万网上申报户业务培训全覆盖。在全省率先试点运行"掌上税务局"应用系统，开启移动办税新阶段。

【税政管理】 创新方式方法，重点税种、关键事项管理成效显著。推行企业所得税汇缴鉴证、土地增值税清算审核购买服务试点并取得明显成效，合计补征税款0.93亿元。加大2014年度税费汇算清缴工作力度，全面推行新版年度纳税申报表，3.3万户企业申报补税15.8亿元。完成市政府综合治税平台股权转让系统建设，在全省首家实现"工商-地税"信息联网，有效强化股权转让个税征管，全年共入库股权转让个税4.1亿元。集中开展营业税"百日清理专项行动"，累计清理税款13.8亿元。深入推进"以地控税"工作，市县两级地税部门从国土部门获取宗地信息3.5万条，查补土地使用税966万元。认真开展"两税比对"、耕契税信息比对工作，共查补税款3628.46万元。加强存量房交易税收征管，统一城区范围近亲属存量住房交易计税价标准，在肥东、肥西和长丰县局试运行非住房交易价格评估系统，全年经评估入库税款27.43亿元。查结全市首起资金池避税案件，补税345万余元。强化社保费收入预算执行，推行费源分类管理，妥善解决工会经费和机关事业养老保险入金库问题。

【廉政建设】 一是党风廉政建设责任严格落实。二是执纪监督问责有效强化。三是案件查办力度不断加大。四是廉政教育持续开展。制定落实"两个责任"具体办法及6个配套制度，组织对"两个责任"落实情况开展监督检查，对2个单位班子进行了主体责任约谈。加强廉政教育阵地建设，完成市局廉政文化教育中心升级改造。强化纪律监督，围绕基本建设、"三公"经费支出、津补贴发放、公车配备使用及办公用房腾退等开展行政监察，围绕个体税额核定等开展执法监察，围绕优化服务"十项制度"落实、涉企检查备案等开展效能监察，下发监察建议书22份，执纪问责45人。加大案件查办力度，全年受理投诉举报35件，立案查处13件，4名干部受到政纪处分。加强内部审计监督，开展项目审计

34个，落实审计意见67条。

【内务管理】 开展“树立法治精神、守纪律讲规矩、加强制度建设、规范内部管理”主题学习讨论活动，推进制度的废改立行。全年组织行政性会议46次、办结并答复政协提案3件、上报省局《要情专报》25件次。加强信访工作，全年办理“局长信箱”信件52件、来信来访11件、12345政府热线转办1100件，市局连续第3年被市政府服务中心评为12345政府服务直通车办理工作优秀单位。规范公文办理，全年高质量审发正式公文600余件次，办理各类征求意见函96件。加强档案管理，组织开展档案管理情况实地查访核验，全年立卷归档各类档案1393件。认真落实保密管理制度，严格按要求做好秘级文件的收文登记、传阅、保管和清退工作。加强绩效管理，市局以指标分、加分、汇总分三项第一被评为全省绩效考核优秀单位。加强预算管理，科学编制部门预算和三年滚动预算，规范预算执行，保障执行进度。修订财务管理和经费支出两个办法，规范财务管理。深化政府采购属地管理，提高采购效率。加强固定资产管理，把好资产入口关和出口关。顺利完成办公用房腾退和公务用车制度改革任务。出台公务接待管理办法，规范公务接待活动。倡导节能降耗，抓好节约型机关建设。

（刘正保、朱晓庆）

合肥金融

2015年，全市社会融资规模1168亿元，占全省32.7%；全年实现金融业增加值372.7亿元，同比增长21.4%，占GDP比重6.6%；实现金融业税收118.1亿元，对财政贡献度达11.8%，有力服务全市创新转型升级。

【完善金融服务体系】 市县两级不断加大招商力度，通过优选增量，盘活存量，在肥各类金融机构及类金融机构、组织已达500家，年内徽银金融租赁、广发银行、渤海银行、正奇国际商业保理、东吴人寿、世纪证券等机构先后开业，华融消费金融公司获批筹建，全省首支外资创投企业—德丰杰雷鸣、全省首家青年创业引导资金、首支种业基金等先后落户合肥，平安银行、合肥民营银行设立工作有序推进。市辖区围绕各自定位，分别打造庐阳金融总部集中区、蜀山高端金融服务区等特色集聚区；县域地区积极引导银行机构在本地设立分支，目前全市县域已有各类银行机构58家，在金融服务网点乡镇全覆盖的基础上进一步下沉网点，新增惠农金融服务室478个。在滨湖国际金融后台服务基地集聚区已入驻中、农、工、建、交等15家全国性大型金融后台项目的基础上，积极延伸各类中介服务、电子商务与大数据处理等金融产业链。9月29日，全国首个银行网络融资中心—中国工商银行网络融资中心正式在合肥市挂牌成立，复兴金融创新区、光谷金融港等加速建设，吸引华拓等一批金融外包领军企业，合肥市滨湖国际金融后台服务基地作用进一步升级。截至目前，入驻项目总投资额约248亿元，带动就业人口已超过10万。抓住国资改革有利时机，打造出地方大型金融控股平台—兴泰金融控股，整合全市国资背景的担保、典当、小贷、租赁、资本管理等多类金融业态10余家机构，增强全市金融产业竞争优势，目前集团总资产已超过150亿元，金融业利润占总利润7成，2015年累计为地方中小微企业等提供100亿元融资支持。此外由联想控股收购合肥市3家国资类金融企业成立的正奇金融集团，已成为总资产近90亿元的全方位“类金融控股平台”，年内在全省率先发行首支小贷资产证券化、租赁资产证券化项目。

【优化融资结构】 结合合肥市仍处于城市化、工业化的加速推进期，需要更大规模信贷支持的实际，完善落实《政府性资金存放商业银行考核评价激励暂行办法》等地方政策，充分发挥政府性资金的引导和撬动作用，2015年落实奖励、税收541.8万元；与农行、国开行、中信银行、徽商银行、国元保险等机构启动并落实战略合作，年内达成超过3000亿元在肥投融资意向，引导加强对全市主要产业的融资支持；通过对接、座谈等形式及时摸排掌握各银行机构信贷投向，积极争取在肥信贷规模。截至12月末，全市本外币存贷款余额分别为11193.7亿元、10171.1亿元，同比分别增长16.0%、17.3%，贷款增速高于全省2.4个百分点，年内新增贷款1504.3亿元，超前完成全年1200亿元目标，占全省44.3%，年内全市首次实现存贷款余额双破万亿大关，金融总量再上新台阶。抓住“股权融资”“债权融资”两大抓手，结合宏观经济形势和直接融资政策变化，有针对性地组织、引导企业综合运用上市、再融资、场外市场融资等股权融资工具以及企业债、中期票据、短期融资券、集合票据、集合债等债务融资工具进行融资。1～12月份，全市累计实现直接融资1732.7亿元，完成全年目标任务220.4%，超序时进度120.4个百分点，占全省近六成。其中，实现债权融资1619.22亿元，股权融资113.5亿元（其中市属企业股权融资59.6亿元）。全年直接融资规模首次1500亿元，直接融资占全部融资总量比重在全省乃至全国领先。

【盘活资本市场】　结合国家“健全多层次资本市场体系”、通过条块结合方式，借助网络信息手段，统筹资源建立市级直接融资后备企业信息库，掌握全市企业参与资本市场的“大数据”，已入库各类企业700余家。制定标准化的“金融+资本”培育模式，采取市县联动、专家指导、深入企业的方式，提供全方位、多元化资本市场对接服务；通过完善落实《2015年合肥市促进服务业发展政策》，年内兑现奖补资金965万元，调动企业登陆资本市场积极性，降低企业上市挂牌成本。主动与沪深交易所、全国股转系统建立战略合作关系，借助其专业力量开展培训和推介。通过开展5月份全市多层次资本市场体系建设推进及培训会、参与10月份全省资本要素对接会等多个推介活动，全市掀起由高成长性企业领衔的登陆主板、创业板、新三板热潮。年内新增富煌钢构、三和科技两家境内外上市企业，国轩高科、亿帆药业顺利借壳上市登陆A股市场，目前全市境内外上市企业达36家，境内上市企业34家，居全国省会城市第七；新增新三板挂牌企业34家，已挂牌企业达50家，居全国省会城市第十；省区域性股权交易市场挂牌企业185家，居全省之首。年内上市企业再融资近百亿元，场外市场挂牌融资已突破5亿元，引入资金主要用于投资本地产品升级和新设项目，有效提高本土产业带动力。

【基金带动转型升级】　年末，合肥市设立的涵盖产业投资、创业投资、天使投资三大基金在内的政府投资引导母基金总规模已愈30亿元，借助基金平台，有力统筹政府财政、土地、国企、上市公司壳资源来撬动社会财力和智力进入合肥。2015年完善了“1+6”制度办法（“1”是修订《合肥市政府投资引导基金管理办法（试行）》，“6”是指六项基金运作规程），为集聚各方力量、形成合力有序推进基金工作奠定基础，并针对引导基金拟投资项目资产作价、股权退出等亟待解决的政策前沿问题，进行探索研究。工作调度亦将过去的月调度改为周调度，市金融办牵头产投、兴泰等单位多次前往先发地区对接项目和基金，争取机会；基金办各单位负责人间形成直接沟通常态化机制，提高调度效率。年内投资资金6.795亿元，撬动社会资本26.765亿元，新设立9支创业、产业子基金，撬动社会资本近30亿元，撬动比例近400%。其中既有与国际顶尖投资机构美国德丰杰合作设立的全省首只外资创投基金，也有与海通证券等大型券商、中兴通讯等产业背景深厚的机构合作设立的各类专项基金，重点支持TMT、集成电路、智能制造、节能环保等战略新兴产业企业与项目。同时谋求在肥发展集成电路、大健康、生物医药等重点“高精尖”产业，筹备设立首期规模逾200亿元的并购基金，实现产业链上下游资源整合；直接出资近10亿元分别投向通富微电子等重大招商引资项目和本地产业化项目，带动社会投资额近百亿，将激发合肥集成电路等产业发展的量变与质变效应。一方面整合全市范围内各类产业、园区项目资源，另一方面为各在肥子基金设立提供强力后备项目支撑。通过借力全市直接融资后备库建设，搭建政府投资引导基金拟投项目信息服务平台，申报股权投资基金投资的合肥后备企业项目达53家，同时围绕市级重大项目对接，启动有关县区项目单点、批量对接工作，多次开展资本投资项目对接会，10月份成功举办中国股权投资论坛活动，推介合肥本土产业与项目；积极与省壹号基金管理机构、市文广新局等单位进行对接，扩大资源储备。

【金融改革创新】　合肥市出台落实支持小微企业、助力大众创业万众创新各项金融业政策。全年投入8.2亿元充实融资担保机构国有资本金，以注册资本10亿元的市级融资担保平台为基础统筹市县两级担保资源，创新建立市级融资担保项目共享平台，夯实政策性融资担保体系服务小微企业的基础。推进“4321”新型政银担合作并实现全面覆盖，为小微企业提供信贷支持近800笔，金额突破36亿元。围绕创建“全国小微企业创业创新示范城市”，设立大湖名城·中小企业创新发展基金、政保贷、成长贷等扶持中小微企业的财政金融产品，撬动10倍金融资本，降低中小微企业融资成本，累计为各类企业提供近20亿元资金支持；出台税融通管理办法，全面启动放款并实现全市覆盖，并将小额贷款保证保险试点范围推向全市；在全国首创并率先构建依托公共资源交易市场建设农村产权交易市场、依托各职能部门联动管理的“合肥模式”，为农村金融改革、金融扶贫夯实基础。重点针对熔安动力债权重组及通威光电等企业融资开展协调工作；坚持开展困难企业帮扶活动，累计落实中小企业帮扶贷款6亿多元；打造市县两级中小企业续贷转贷资金支持体系，并针对省财政拨付的2.6亿元资金，新设中小企业过桥资金，市县两级共配套资金5.2亿元，有效帮助中小微企业低成本续贷周转。

【优化金融生态】 通过优化地方金融生态，充分发挥金融对全市经济平稳健康发展的支撑作用。组织开展2014年度融资担保公司、小额贷款公司现场检查工作，坚持全面检查、部门抽查与审计督查联动，常规业务检查、年度现场检查与第三方事务所专业检查相结合。截至年底，全市21家正常经营的融资担保公司和2家融资担保分支机构在保余额328亿元；74家正常经营的小额贷款公司贷款余额137.2亿元，本年累计发放贷款228.3亿元。并按照市政府要求，先后协调合肥熔盛企业重组，通威太阳能、彩虹蓝光续贷、广厦建设集团续贷等事宜。在保障银行机构金融权益的前提下，帮扶能够正常经营、续贷压力较大的企业渡过融资难关。9月份，全市举办为期1个月的“金融引擎增动力”专题宣传活动，深入机构、企业，普及宣传全市金融及融资服务创新，引起巨大反响，深受有融资愿望的企业欢迎。开展防范和打击非法集资宣传月活动、非法交易场所清理整顿工作等，配合做好非法投资理财中介机构清理整顿工作；全市金融机构资产质量和效益进一步优化。

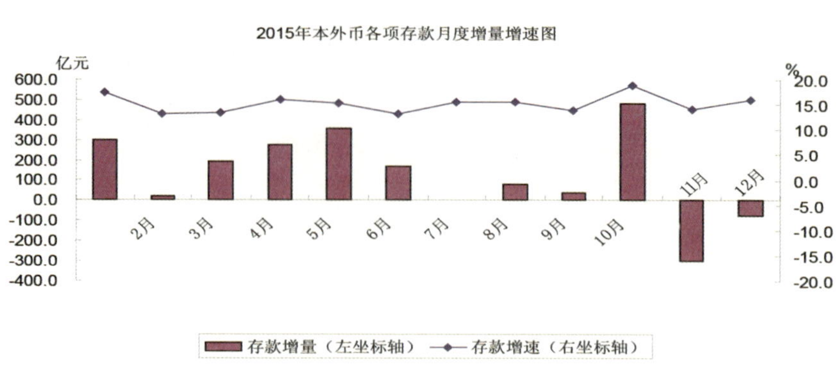

图1 2015年末外币存款年度数量增速图

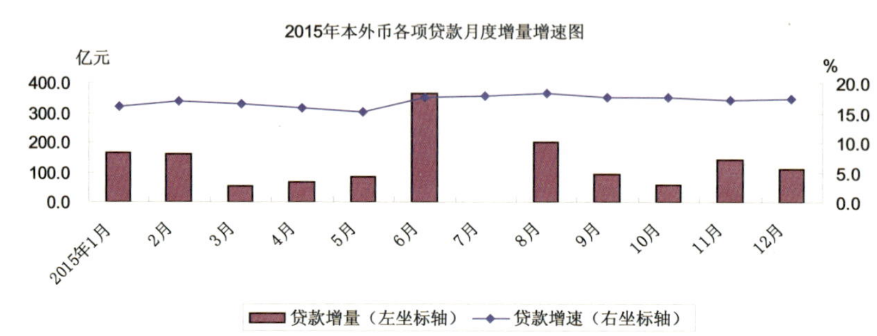

图2 2015年本外币各项贷款年度增量增幅图

货币信贷运行

2015年，面对经济下行压力加大、金融市场波动加剧的复杂局面，人民银行进一步提高货币政策调控的针对性和有效性，深入推进金融市场化改革，各项政策效果逐步显现。从合肥市情况看，各项贷款平稳增长，信贷投向顺应产业发展，有力支持实体经济发展。

【社会融资】 社会融资规模适度增长，人民币贷款增长较快。2015年，全市社会融资规模累计新增1168亿元。其中，对人民币信贷间接融资依赖性有所上升，全年人民币各项贷款新增1474.8亿元，同比多增334.3亿元；银行表外融资持续萎缩，2015年全市表外融资（委托贷款、信托贷款和银行承兑汇票）下降415.4亿元，同比多降328.8亿元。

【存款】 各项存款较快增长，居民活期存款新增较多。2015年末，合肥市本外币各项存款余额11193.7亿元，同比增长16%，高于全省平均水平1.7个百分点；全年新增1627.5亿元，同比多增437.6亿元。分结构看，一是居民活期存款增长较快。2015年新增192亿元，占居民新增存款58.1%，同比多增198.4亿元。二是企业存款活期化趋势进一步增强。2015年末余额2203.6亿元，占企业存款比例上升至45.6%；较年初增加726亿元，同比多增757.9亿元，同期企业定期及其他存款同比少增347.9亿元。

【贷款】 各项贷款平稳增长，短期贷款同比多增。2015年末，合肥市本外币各项贷款余额10171.1亿元，同比增长17.3%，高于全省平均水平2.4个百分点；较年初增加1504.3亿元，同比多增260.4亿元，增量占全省同期新增贷款的44.4%。一是短期贷款增速回升。2015年末，全市本外币短期贷款余额2035.4亿元，同比增长5.4%，较上月提高5个百分点，增速为2015年最高水平；较年初增加104.6亿元，同比多增204.7亿元。二是中长期贷款同比少增。2015年末，全市本外币中长期贷款余额7208.4亿元，同比增长16.4%，同比增幅为今年以来最低；较年初增加1017.5亿元，同比少增83.3亿元。中长期贷款增速放缓主要是企业中长期贷款增长较慢所致，2015年全年增加482.8亿元，同比少增139亿元。

【贷款结构】 全市金融机构不断增强大局意识和发展意识，围绕市政府发展规划，调整信贷政策，进一步加大对以知识、技术、文化等软投资为主的现代服务业和高端制造业的支持力度，逐步缩减以能源、资源消耗等硬投入为主的行业贷款，全年新增贷款沿着产业结构变动方向调整，契合经济发展方向。主要表现为：一是现代服务业[1]贷款加快增长。2015年，全市以信息技术服务业，科研技术服务业以及文化体育娱乐业等为代表的现代服务业贷款余额588.5亿元，同比增长17.5%，增速较上年同期提高了4个百分点；全年现代服务业贷款增加82.8亿元，同比多增20.6亿元。在金融业的大力支持下，2015年全市现代服务业实现增加值1357.5亿元，增长13.4%，高于GDP增速2.9个百分点。二是工业[2]贷款增速13个月以来首次由负转正。2015年末，全市工业贷款余额1156.9亿元，同比增长1.1%，增速自2014年12月以来首次由负转正，且高于上年同期2.2个百分点；全年工业贷款增加12.8亿元，同比多增25.5亿元。从中长期贷款细分行业看，汽车制造业，电器机械和器材制造业两大高端制造业贷款增量超过上年同期，全年分别多增5.6亿元、7.6亿元。三是六大高耗能行业[3]贷款加速下行。在国家倡导节能环保、低碳经济的背景下，全市各金融机构积极对接国家战略导向，加大力度限制对高耗能行业贷款审批，并逐步压缩退出相关行业授信。2015年末，全市六大高耗能行业中长期贷款比年初减少2.1亿元，增量同比下降26.3亿元。

（殷俊明）

中国农业发展银行安徽省分行营业部

2015年，中国农业发展银行安徽省分行营业部（以下简称“省农发行营业部”）各项贷款余额220.65亿元，比年初增加49.20亿元，其中：粮棉油购销储贷款余额111.16亿元，占比50.65%；农业农村基础设施建设贷款余额107.80亿元，占比48.86%。各项存款余额64.63亿元，比年初增加23.36亿元，日均对公存款49.03亿元，同比上升8.27亿元。不良贷款继续保持零余额。

【落实国家收储政策支持粮食收购】 省农发行营业部落实好国家粮棉油等重要农产品收储政策，把支持合肥市粮食收购作为业务工作重中之重，主动向市政府汇报，会同市粮食局、中储粮合肥直属库、庐江直属库及时解决收购过程中存在的问题和困难，严格收购信贷工作责任制，确保收购资金及时足额供应，促进全市粮食收购工作的顺利进行。全年累计发放收购贷款18.71亿元，支持企业收购粮食13.77亿斤，没有出现“卖粮难”问题及声誉风险，充分发挥了粮油信贷主导银行的作用。

【项目建设】 落实国家稳增长、调结构、惠民生等多元政策目标，将信贷支持中长期项目建设作为业务发展重中之重。主动向当地政府汇报农发行项目贷款的新政策，燕到政府部门及企业宣传介绍农发行农业农村基础设施建设贷款政策与优势，商谈重大水利工程建设和整区域城镇化建设项目等贷款业务，适时组织召开政银企座谈会，共商发展大计。与承贷主体进行对接，同时成立重点项目服务小组，深入到企业，靠前协调，靠前服务，对项目进行专项对接，跟踪项目进展情况。全年成功报经总、省行审批的项目共计7个，金额97亿元，分别是引江济淮工程、合肥高新技术开发区（西扩区）区域城镇化建设项目、肥东县经开区东片区区域城镇化一期建设项目、芜申运河青弋江入江口至三里梗段航道整治（一期）建设项目、肥东县店忠家园安置房建设项目、庐江县十个批次土地复垦项目、合肥北城新区新型城镇化水岸人家二期A区建设项目。中长期项目贷款已经覆盖合肥市市区及辖属四个县、两个行政区和两个开发区。

【存款组织工作】 省农发行

---

[1]现代服务业包含信息传输、软件和信息技术服务业，租赁和商务服务业，科学研究和技术服务业，居民服务、修理和其他服务业，卫生和社会工作，文化、体育和娱乐业等行业。

[2]工业主要包含采矿业，制造业，电力、热力、燃气及水生产和供应业等3大行业。

[3]六大高耗能行业为石油加工、炼焦和核燃料加工业，化学原料和化学制品制造业，非金属矿物制品业，黑色金属冶炼和压延加工业，有色金属冶炼和压延加工业以及电力、热力生产和供应业。

营业部树立存款增效理念，坚持存款业务与贷款业务并重发展，立足于抢先抓早，落实省分行“存款开门红”活动，部署存款组织工作。部领导及各县级支行负责人带头到政府部门及相关企业开展存款组织。做好省财政厅、安徽粮食批发交易市场等黄金大客户的服务工作，专人上门服务，开辟单据传递“快速通道”，满足客户需求。加强银政企合作带动存款增长。通过加大农业农村基础设施建设信贷投入，促进存款的稳定增长。年末各项存款余额创历史最高水平。

【投放农发重点建设基金工作】 按照中国农发重点建设基金项目相关工作的安排和要求，开展部署，与各方沟通、协商，完成农发基金第一批至第四批项目调查、审查、审议等工作，及时满足重点建设项目的资本金需要。已实现重点建设基金项目第一批、第二批的顺利投放，基金投放金额总计1.8亿元。

【基础管理工作】 以信贷、财会基础工作专项整治和“两加强、两遏制”专项检查为抓手，梳理营业机构财会规章制度执行情况，查清财会履职活动中存在的内控漏洞。针对发现的问题，督促加强整改落实。排除案件风险隐患，不断夯实管理根基。同时加强反洗钱和反假币工作。继续开展年度集中评级授信，加强对基层行的指导。严格贷前审查，为贷审委提供充分的贷款风险提示信息。确保信贷系统平稳运行，对系统进行实时监控。强化信贷监测分析，使信贷监测的风险预警作用得到有效发挥。按月召开风险管控平台会议，充分发挥风险预警作用。基层行对风险提示及时进行排查，督促企业及有关部门进行化解。按月组织开展粮棉油库存“飞行”检查，对检查中发现的问题及时通报，提出整改意见并督促落实。结合“合规文化根植年”活动，按季组织召开合规分析例会、组织开展全辖业务综合检查。组织按季开展信贷类、会计财务类、综合管理类综合检查，及时发现通报工作中存在的问题，严格奖罚考核。

【“三严三实”】 省农发行营业部领导以身作则，带头讲党课、学习研讨、开好专题民主生活会，促进专题教育深入开展。落实党风廉政建设责任制。部党委、纪委认真履行主体、监督职责，把党风廉政建设与各项工作有机融合、相互促进。部领导与各县级支行行长、机关部门负责人签订党风廉政建设责任书，签订率100%；全辖共签订廉洁从业承诺书191份，在职在岗人员签订率100%。省农发行营业部及各县级支行班子成员分别上报重大事项报告及述职述廉报告。对领导干部的办公用房开展进行清理，确保办公用房使用面积不超规定标准。开展高级业务空岗竞聘。组织学习执行总行关于从严管党治行的文件，同时根据实际情况，对有关规章制度进行重新修订，全面提高履职效能。组织开展 “提升站位、提高形象”大讨论活动。制定“双提”大讨论活动方案，按计划实施，争当全省系统的排头兵和服务合肥市经济社会发展的主力军。

【企业建设与文化】 推进企业文化建设工作。调整充实企业文化建设领导小组，制定企业文化考核实施方案和绩效考评办法，通过积极营造浓厚的企业文化氛围，企业文化建设在全省系统检查考评中名列第一。安全保卫工作常抓不懈。省农发行营业部与各县级支行、机关部室负责人分别签订2015年度安全保卫责任书、“四无”创建责任书、安全行车责任书、委托押运、现金寄库合同或协议书。加大检查力度，狠抓安全保卫规范化操作。对肥西、长丰、庐江县支行办公营业场所进行维修改造，充分利用技防设施促进安防规范化管理。加强印章管理、保密管理、文档管理和工作宣传力度，先后有10多篇宣传稿件被各级媒体采用。

（刘学升）

中国建设银行安徽省分行

2015年，中国建设银行安徽省分行（以下简称“省建行”）围绕服务地方经济，坚持“以客户为中心、以市场为导向”，加快推进转型发展，连续多年被安徽省人民政府授予“全省金融工作最佳贡献奖”或“支持经济发展业绩考核一等奖”。该行所属15个市分行、1个省分行营业部、网点444个。15个市分行包括：蚌埠、芜湖、淮南、马鞍山、安庆、宿州、阜阳、亳州、黄山、滁州、淮北、铜陵、宣城、六安、池州等分行；省分行营业部所辖：庐阳、钟楼、城西、城东、蜀山、滨湖新区等支行以及巢湖市分行。截止2015年末，该行职工总人数（不含劳务用工）员工9977人。资产规模达到3779.82亿元，其中各项贷款余额2636亿元；负债规模达到3785.19亿元，其中全口径存款余额3628亿元；实现账面利润49.27亿元；不良贷款率1.41%，四行最优。

【支持实体经济力度】 通过直接融资、间接融资、母子公司联动等途径，综合融资规模达3151亿元，较年初新增698亿元；贷款余额2636亿元，较年初新增312

亿元。一是全力支持重点领域建设。明确将基础设施领域相关行业作为优先支持行业，信贷资源配置优先满足重大项目资金需求。认真梳理国家和省级规划的重点在建续建项目，支持不少于100个重点项目落地。积极为引江济淮项目提供金融服务，为商合杭、皖赣、杭黄、合安九等铁路项目提供授信256亿元，先期投放40亿元。二是提供综合化服务，满足重大项目金融需求。2015年，通过理财、债券、融资租赁及股权融资等渠道为我省企业提供462亿元资金支持。推进PPP项目营销，参与池州污水处理、合肥轨道交通2号线等PPP项目，并成功投放ppp项目贷款9992万元，成为全国建行系统首家开办ppp项目贷款的一级分行。利用安徽省获批省级城镇化试点的优势，2014年以来，通过债务置换、理财产品，对新型城镇化基础设施项目如城镇供排水管网、供水水源和自来水项目建设，提供95亿元资金支持。支持传统企业转型升级，通过超短融、私募债、中期票据为淮南矿业、淮北矿业、皖能集团、马钢集团等重点客户融资72亿元。三是加大“三农”扶持力度。重点支持涉农行业龙头企业等三农领域，2015年，涉农贷款余额620亿元，新增90亿元，占对公贷款新增54.4%，高于各项贷款增幅4个百分点；支持县域发展，县域对公贷款余额352亿元，居同业领先；积极试点农村土地承包经营权抵押贷款等创新产品，为农业现代化提供金融服务。新农村城镇化贷款是建行总行在同业率先创新的支持三农经济的信贷工具，目前该项业务贷款余额199亿元，辐射全省16个地市44个县域，市场份额保持领先。四是立足小微，提升普惠金融服务能力。将小微企业金融业务作为战略转型重心，自主创新小微企业比例再担保业务，持续多年超额完成“三个不低于”的监管要求。截至2015年末，小微企业贷款余额450亿元，较年初新增65亿元，贷款增速17%，小微企业贷款总量和增速位居全国建行系统前列。五是立足创新，持续扩大融资规模。紧跟政府举债体制改革，加速金融创新，2015年承销并认购安徽省地方政府债券合计271亿元，占发行总量的21%，在各家承销商中排名第一。积极发展政府产业基金，目前已与安庆、蚌埠、六安、阜阳、宣城等5个地市成立了总规模250亿元的产业基金，并实现投放。与合肥市合作设立的合肥城市建设发展基金45亿元项目也已获得总行批准。介入国有企业混合所有制改革，通过与建银国际合作设立铜陵有色股权基金，参与铜陵有色混合所有制改革项目。六是继续加大个人类贷款投放。全年发放个人贷款322亿元，新增174亿元，投放、新增均创历史最好水平，新增四行占比35.8%，同业第一。发放公积金贷款127.74亿元，新增87亿元，四行占比45.86%，同业第一。

【提升客户服务水平】　一是持续提升渠道服务能力和质量。建立网点高效经营制度，通过存折换卡和渠道分流，有效降低客户排队等候时间，进一步提升服务效率；加大自助渠道建设力度，优化自助设备布局；对网点服务流程、服务规范、服务用语等进行梳理、补充和完善，有效提升柜面标准化和规范化水平。二是持续加强产品和服务创新。加快向创新银行转型，推出了众多满足客户多样化需求的金融产品。如：成功开发ETC记账卡模式，实现银行柜台一站式办理高速公路不停车收费（ETC）并通过银行卡实现签约扣款；成功发行合肥市民卡；完成合肥通IC卡应用上线，实现建行金融IC卡电子现金在合肥公交领域的直接应用；积极推动龙卡云支付产品的试点推广等等。三是持续监测服务质量，消费者总体满意度稳步提升。坚持通过“神秘人”方式开展专项调查，持续监测渠道服务质量，规范员工服务行为；创新服务检查方式，制定营业网点录像检查评价标准，增加调阅网点录像的方式，对全辖营业网点服务质量开展非现场检查，在省分行企业网设立“服务示范榜”和“服务警示榜”，定期通报不规范行为，有效促进服务行为的规范，保障消费者权益的实现；持续对网点服务质量进行等级考核。

【金融服务产品创新力度】　完成各层次产品创新152项。通过理财融资、融资租赁、内保内贷、行业综合金融服务、比例再担保、ETC等产品的创新、组合运用和推广，较好地满足了安徽区域不同类群客户的个性化需求。如，库区失地农民养老补助管理服务方案、特种电缆行业综合金融服务方案、换币出口风险参与、灵活存、两融融资类理财产品、员工持股计划理财融资项目、“聚宝盆”——淮北矿业集团资金结算系统、小微企业比例再担保业务、“大湖名城”小微企业政保贷业务、安徽热购卡等。

【案件风险管控】　强化风险防控，把风险防控作为全行坚守底线。一方面，加强信贷风险管控。继续坚持“一把手”负责制，进一步完善全行风险防控责任体系；强化信贷资产质量计划管控，强化逾期贷款管理，对良好类逾期情况实行通报，持续抓好重大信用风险事项管理；强化风险预警监测和风险排查力度，制定分级风险处置化解方案，落实监管部门部署的“一加强　两遏制”风险隐患全面排查；强化信贷政策的执行力，严格执行总行信贷政策，加强制度落实情况督导；持续夯实信贷基础，完善信贷业务全流程管理。另一方面，加强合规内控和案件防控。组织开展“大合规管理年”活动，积极实施内控合规同级管理，研究推进各级机构的内控评价并与考核挂钩，全面提升内控合规管理的有效性、针对性、系统性，提高内控管理整体效能。提升案件防控能力，在签署责任书基础上，将案件防控与各级领导班子奖惩挂钩，增强责任意识；各级行定期召开案防联系会议，分析案防形势，明确案防目标，协调推进工作；开展案件防控专项治理；严格执纪问责，强化问责效果。深入开展“平安建行”创建工作，积极完善预警平台和应急预案体系，确保了全行安全稳定运营。

【党建工作】　一是整体谋划，推进党建工作。制定安徽省建行《新形势下从严治党　加强党的建设实施意见》，搭建省建行党委整体推进从严治党工作的统一平台；对加强党建的工作任务进行了分解，落实到党委各部门，明确职责和推进要求。制订党建工作考核办法，涵盖责任落实、思想建设、组织建设、作风建设、廉政建设和制度建设等党建工作要点；明确当前推进党建工作十件事，作为阶段性工作抓手；加强思想宣传工作，在省建行企业网站，开设“激发党建活力，统领转型发展”专栏，弘扬主旋律，传播正能量。二是落实“两个责任”。接受中央巡视组和建设银行总行巡视组的巡视，制定安徽省分行巡视工作实施办法，开展巡视监督；开展“讲规矩　正风纪　守廉洁”主题教育活动。三是深入开展“三严三实”专题教育。成立专题教育协调小组，分别制定党委班子成员和全行处级以上领导人员专题教育实施方案；通过多种形式学习贯彻习近平总书记系列重要讲话精神；精心组织三次专题研讨；坚持以上率下，突出问题导向，主动接受员工全程整改监督。

【营造良好文化氛围】　一是持续关爱员工。落实关爱员工十件事，同时在企业网上予以公布，向全行员工作出承诺，接受大家的监督，确保关爱措施持续落实到位。通过年末全辖关爱员工满意度测评，测评满意率达97.1%。二是持续强化文明创建。省建行目前各层级文明单位159个，2015年新增55个，其中全国文明单位5个，新增4个，全国文明单位创建数量及新增在建设银行总行系统排名第一，安徽省金融系统同业第一；市级文明单位39个，新增12个；县级文明单位43个，新增39个。三是打造先进和服务品牌。深入开展“寻找身边‘李红英’，争做最美建行人”主题宣传教育活动；组织举办“因您而精彩”全省先进典型表彰活动；师徒制工作再斩殊荣，荣获中国企业联合会和中国企业家联合会授予的“2014-2015年度全国企业文化优秀案例”荣誉称号，成为建行系统惟一一家获此殊荣的单位；淮南洞山支行服务淮南矿业、马鞍山开发区支行服务现代牧业的模式成功入选总行“百家优秀基层网点”；全辖3家单位、3位个人荣获建设银行总行表彰的2014-2015年度全国金融系统思想政治工作先进单位和先进工作者；该行个人金融部“轻骑兵”小分队和滁州建行王丽分别获中国银监会颁发全国银行业“雷锋岗”和“学雷锋标兵”荣誉称号；安庆桐城支行“瑞琴热线”成为全国建行知名服务品牌，王瑞琴荣获“最美建行人”称号。四是积极推进“善建者行　成其久远”社会公益活动。2015年员工爱心基金募捐381.17万元，参与捐款人数9798人，捐款率达99.57%；实施公益活动项目98个，项目金额311.156万元，资助人数达3149人。其中，扶贫项目86个，涉及项目金额276.606万元，资助人数2901人；助学项目36个，涉及项目金额159.576万元，资助学生人数2449人，其中省建行结对捐助小学生600名，省建行荣获“安徽希望工程25周年贡献奖”。

（凌　云）

交通银行安徽省分行

【概况】　截至2015年末，交通银行安徽省分行本部设有职能部门25个，本部共有营业网点35个（包含3家普惠型网点），离行式自助银行57个。从业人员969人。

截至2015年末，该行本部资产总额681.1亿元，较年初增加43.97亿元，增幅6.9%。人民币存款余额595.03亿元，较年初增加61.23亿元，增幅11.47%；人民币贷款余额340.86亿元，较年初增加22.94亿元，增长7.22%。

【服务实体经济】　落实国家稳增长、促改革、调结构、惠民生、防风险的要求，积极对接安徽“三个强省”建设，服务实体经济“7631”工程等重点领域。同时，千方百计突破资产业务瓶颈，进一步提高信贷投向与地方经济发展的契合度，重点保持对道路运输业、电力等全省优势产业的重点支持力度。

安徽省分行举办纪念抗战胜利70周年主题活动

做大社会融资规模。全年共为省出版集团、省交控集团等重点企业承销债券13笔，金额超70亿元；为省投资集团等叙做债券过桥、公司类直投、增资过桥等类信贷业务近10亿元。参与安徽省地方债发行承销工作，合计承销金额98.43亿元，占比7.55%，赢得省委省政府充分肯定。

降低融资成本，年内共下调各期限贷款内部价格122个基点，下调幅度为近两年来最大。认真落实“七不准”“四公开”监管政策，全面贯彻国务院和监管部门规范收费各项要求，持续开展服务收费清理自查，服务收费累计减少了87项。通过积极推进新型银政担合作、开展“税融通”贷款等举措，大力支持小微企业。积极支持“三农”领域，年末涉农贷款实现了“两个不低于”的政策要求。

【深化改革】 建立客户分层营销体系，进一步理顺了客户管理关系，有效解决了各层级经营单位客户定位拓展问题。真正启动大客户准事业部制改革，搭建起“2+15”的全省重点对公授信客户服务格局，让专业的人做专业的事，提升对优质客户的综合金融服务水平，奠定了对行业客户精耕细作的基础。加强大客户部与省辖行、本部支行的联动，强化基层经营单位对大客户的营销职能，将支行的营销优势和大客户部的专业优势紧密结合。进一步明确基层经营单位聚焦到中小微和个人客户。公司业务风险合规小中台作用初步发挥，有效推动了中台风险管控策略与风险合规理念在公司业务领域落地执行。坚定推行全员全产品计价，在实现考核目标清晰化、考核过程显性化、薪酬分配透明化等方面发挥了积极作用。“531”工程顺利上线，IT优势进一步提升。

【转型发展】 持续提升分行直接经营能力，由分行直接承担发展压力。充分发挥公司、零售、同业三大前台板块推进委员会作用，增强板块的整体协同能力，真正使板块业务推进委员会从议事机构变为板块业务的决策、协调、推进机构。强化省分行8个前台部门的市场拓展意识，自己把考核指标和风险责任扛在肩上。同业业务贡献度显著提升，成为全行转型发展一大亮点。实现全省地级城市机构全覆盖，金融辐射能力跃上新台阶。以“三位一体”建设为统领，抓好省辖分行三年提升工程和基层营业机构五年提升工程。加快传统物理网点结构调整，优化网点柜台布局和人员组合，推进原址经营满2年、日均存款低于4亿元的12个低产网点转型为零售型或普惠型网点。严格控制人力成本，加快推行定岗定编，控制好外包人员增长，提高人力资源投入产出效率。合理压降营运族群和非业务岗位人员，提升营销人员占比。蚌埠宝龙支行顺利入选全国“百佳”网点，赢得中银协领导“小网点、大精彩”的高度肯定。

【风险管理】 倡导重塑健康的信贷文化和风险文化，要求全行做到“信贷必须回归本源、严守穿透法则、尽职免责”，努力让文化深入全体员工的灵魂、融入血液，成为分行的DNA。以信贷业务重组为抓手，降低风险敞口和缓释不良贷款下迁态势。积极筹备反洗钱中心，加强反洗钱管理。

【队伍建设】 以客户分层营销体系构建为契机，致力于打造一支以客户经理为终生事业的客户经理队伍，打通专业序列的职业上升通道，提升客户经理的忠诚度和职业荣誉感。积极探索营运族群的晋升通道。在传导发展压力的同时，切实加强员工关爱，用好幸福指数，细致分析分数背后隐藏的问题，有针对性地开展工作。从解决员工的午餐午休问题、管住上下班时间等细节问题入手，落实员工关爱。积极探索员工大病医疗、建设“幸福小屋”、“健康小屋”、推行“幸福下午茶”等方面的有效举措，努力让员工做到“快乐工作、幸福生活”。强化省分行职能部门“内部客户”意识，督促落实“首问负责制”“限时办结制”“责任追究制”，明确重点业务审批时限，改进服务态度，提高办事效率，以“解决问题、基层满意”为衡量职能部门工作成效的唯一标准。通过简政放权、业务流程优化、“一站式办公”以及贷款业务抵押登记、中介管理、上门收款等繁琐操作性事物集中上收等举措，解放支行生产力，提升前台市场响应速度和经营管理效率，形成对客户分层营销体系建设的有力呼应。个人房贷业务单笔办理时间由之前的1至2周甚至1个月提升至目前基本3天放款，最快不到50分钟，市场竞争力显著增强。前中后台之间、职能部门与经营单位之间合作紧密度显著提升。

（杨　静）

徽商银行合肥分行

2015年，徽商银行合肥分行各项存款余额1267亿元，位居本地同业第1位，较年初增加226亿元。其中，对公存款余额1027亿元，继续稳居本地同业第1位，较年初增加185亿元；储蓄存款余额240.3亿元，较年初新增41.3亿元。年末各项贷款余额713亿元，位居本地商业银行第3位，较年初增加28亿元；全年累计投放各类贷款402亿元。年末不良贷款余额3.8亿元，不良贷款率0.6%，远低于同业平均水平。

【业务拓展】 组织多次专项重点活动，营销和设计综合化金融服务方案，与合肥辖属县市、高新开发区、建投集团等重点客户签订战略合作协议，制定落实综合化金融服务方案，签约4笔共计65亿元的城镇化基金，审批通过110亿元的产业基金，推动30亿元的供应链融资业务。小企业业务上，围绕园区、区域集群积极开展营销工作，拓展基础客户群，批量开发，提升综合收益，创新业务模式，加强银政平台合作，引入各类平台资金　8600万元，实现各类产品投放近5亿元，同时抓好科技金融试点，开发出青年创业贷、订单贷、成长贷、创新贷、投贷通等系列特色产品；零售业务上，持续开展旺季营销、业务竞赛、刷卡消费有奖及财富管理等活动，促进零售业务全面发展，个人贷款达235亿元，实现零售中间业务收入近1.63亿元，零售有效客户数新增2.5万户，信用卡量突破10万张；国际业务上，着力提升产品组合销售服务能力，拓展发展渠道，新增3家外汇经营网点，累计实现国际结算量21亿元、结售汇量12.5亿美元，拓展外汇有效动户272户，市场份额达11%，同比提升3个百分点；同业业务上，加强票据产品的组合运用，创新开展资金撮合、结构化融资、托管等多项业务，积极拓宽盈利渠道，累计办理票据直贴金额164.4亿元，转贴现416.3亿元，同比增长447%，办理再贴现33.4亿元，同业存款299.3亿元，同业投资135.7亿元，实现票据和同业创利近3.4亿元；电子银行业务上，坚持客户数量和质量并举，持续开展营销活动，加大产品销售力度，新增电子银行客户32.3万户。

【经营转型】 以对公、对私条线为主线，完善组织管理架构，加快普惠金融建设，推进各条线客户分层服务体系建设，促进服务水平和网点产能稳步提升，全年新增16家营业网点，其中15家普惠金融网点各项存款2.7165亿元，较年初增长2.6062亿元，网均1811万元；积极拓展投行、交易银行等业务，全年累计实现投行业务量136.8亿元，承销地方债166亿元，拓展应收账款收益权资管计划业务，开展大湖名城基金二期项目支持中小企业发展；持续推进网点转型固化工作，提高网点服务水平和销售能力，新增信用卡5.04万张、收单商户1245户，销售各类理财产品178亿元、基金19.9亿元、国债3.9亿元，较上年大幅增长，辖属城隍庙支行获得中国人民银行合肥中心支行表彰的“2015年安徽省合肥市区国债承销机构星级认证单位”；拓展现金管理平台客户，新增有效客户数45户，开展合肥地区高校及医院类客户的营

中国银监会曹宇副主席调研科技金融创新情况

销工作，推出医院及高校行业综合金融服务方案。

【风险内控】 加强对信贷政策和产业政策的把握，严把信贷准入关，明确信贷投放的方向和重点，合理选择客户和项目，优化信贷资源配置，在有效控制信贷风险的同时，促进资产结构优化调整；开展资产质量“双控”专项行动，细化工作组织、职责和措施，有针对性地开展风险排查，组织支行签订“双控”目标责任书，制定问题及不良贷款处置方案，多措并举做好信贷资产质量风险防控工作；加强风险分析、预警和监测工作，加大信贷违约催收力度，及时预报和化解信贷风险；开展信贷资产分类、集中信用评级、信贷风险排查、风险监督评价等基础性工作，强化放款中心风险控制，严格落实贷后管理制度，全面提高风险管理水平；加大不良贷款清收处置力度，实现不良现金清收4650万元，成功收回已核销贷款本金5470万元。

开展“整改一批违规现象查处一批违规事项”专项活动，制定具体实施方案，明确组织分工和工作内容，全面排查，对发现的问题及时通报并落实整改，强化全员合规意识和制度执行力；开展行内会计运营、信息科技等重点业务领域的内控梳理，及时组织新设支行实施全面内控自评工作，完善内部控制架构和机制；制定年度现场检查工作计划，有序落实各项业务检查，根据外部监管、内外部审计、本行检查情况，梳理识别合规风险信息30多项，加大整改问责力度，促进业务规范有序开展；持续开展“合规建设年”活动，通过编发合规信息简报、合规建议、检查专报、违规案例等加强合规经验交流，制定落实2015年转授权方案，健全案防管理体系，强化反洗钱管理，连续四年获评反洗钱工作非现场监管A类机构，圆满完成安徽银监局全面现场检查、“一个加强、两个遏制”专项检查以及“回头看”自查工作，并连续两年被总行授予反洗钱先进集体。

【基础管理】 完善考核机制，优化完善部室、支行考核，启动支行零售KPI考核，针对中间业务收入开展专项考核，强化考核激励约束，促进各项业务发展；强化会计运营管理。实施会计重点项目检查、存款风险滚动检查等多个检查项目，持续开展业务培训和岗位练兵，提高条线队伍素质和会计运营工作水平；开展科技项目和信息系统建设，完成校园一卡通、狱管通、业务流程风险管理等项目建设工作，成功上线多个现金管理、MIS收单及校园一卡通项目，为业务发展提供有力的科技支持；切实抓好安保工作。开展“安全徽银”创建、“查违规、保安全”等活动，持续开展安全检查，加强远程监控管理和安防工程建设，提高安保工作水平。

【深化改革】 健全激励约束机制，重点改革部室绩效考核，将绩效向业务一线倾斜，完善绩效考核体系，起到市场化的激励作用；完善风险管控机制和内控管理机制，进一步强化全面风险管理，深化内控体系建设，重点防范信贷风险，降低违规操作行为，确保全行稳居经营；加强柜面业务操作管理，推进运营条线队伍建设，加大检查监督力度，持续优化业务流程，提升柜面服务能力和运营效率；加快小微金融改革，积极探索建立科技金融创新服务试点基地，加强科技金融创新产品运用，积极加强政府平台合作，累计引入各类平台资金8600多万元建立资金池来解决小企业融资担保难的难题；建立健全选人用人机制。从完善架构、动态管理、竞争上岗、人才培育等多方面入手，完善选人用人机制，全年完成各类人员调整400多人次，针对支行中层管理岗位、支行部门负责人任职资格、普惠网点负责人等开展全行公开竞聘，拓宽员工发展通道；推进普惠金融建设，实现合肥地区县域网点全覆盖，全行营业网点增至61家，自助网点达122个，投入各类自助设备379台，金融服务覆盖面不断扩大；完善组织管理架构，成立财富管理中心，探索实施个贷业务单元制和放款中心直属管理，持续完善组织架构和职责分工，促进经营管理水平持续提升。在合肥市国资委、合肥报业传媒集团、合肥晚报、合肥市银行业协会、合肥市保险业协会共同主办的合肥市首届金融创新贡献奖评选活动中，获“合肥市金融创新银行贡献奖”。

【文化建设】 持续实施卓越绩效管理模式，加强改进创新，提高经营管理水平；加强党建工作，不断完善党组织机构，强化党员教育管理，党员队伍壮大到超500人；组织开展丰富的企业文化活动，在人民银行合肥中支举办的“金融足球赛”、合肥市银行业协会举办的“银协杯”篮球赛、合肥市银行业协会主办的第四届“银协杯”男子“三人制”篮球比赛、总行工会团委举办的“徽商银行广播体操比赛”、徽商银行“徽”煌十年足球邀请赛中均获冠军；参加2015年中国人民银行安徽青年联合会举办的在肥金融机构青年课题组评选活动中，课题组撰写的《新常态下小微企业融资信用评价因素研究》获一等奖；加强文明创建工作，辖属蜀山支行获评安徽省总工会表彰的

"安徽省工人先锋号"；举办员工拔河、牌类比赛、青年员工座谈会等活动，建立"职工之家"，丰富员工业余生活；开展小微企业金融服务宣传月、消费者权益保护、普及金融知识万里行等活动，履行社会责任，提升品牌形象。

合肥市建设投资控股（集团）有限公司

合肥市建设投资控股（集团）有限公司(以下简称"市建投集团")成立于2006年6月，注册资本96.03亿元，其组织形式为经市政府批准、市国有资产管理委员会授权经营的国有独资公司。作为授权范围内国有资产经营管理主体，主要承担城市基础设施、基础产业、能源、交通及市政公用事业项目投资、融资、建设、运营、管理任务；重大战略性新兴产业投资；授权范围内国有资产经营管理和资本运作，实施项目投资管理、资产收益管理、产权监督管理、资产重组和运营；参与土地规划、储备、整理、熟化工作；对全资、控股、参股企业行使出资者权力；承担市政府授权的其他工作。截至2015年末，市建投集团总资产已达2546.58亿元，净资产1206.32亿元（未经审计）。

【融资工作】 当年国家全面实施地方政府投融资新体制，平台借、政府还的传统融资模式已不可持续。为适应新政策要求，市建投集团积极探索新的城市基础设施融资模式，打通基础设施项目市场化融资渠道，全年累计融取到位资金142.46亿元（含交投、新农村、轨道）。与国开行充分沟通，以政府购买服务的方式，向国开行申请25年期的项目贷款，成功打通了城市轨道交通和市政道路融资的新渠道；以政府采购服务模式，解决了棚户区改造二期项目贷款问题，保证了棚改项目的顺利推进。同时，加快推广PPP模式，开展轨道交通2号线PPP模式试点，协调完成1、2号线项目20亿元贷款发放和项目资本金拨付，保障项目建设资金。

【拨付大建设资金】 全过程参与大建设投资控制，项目建设全力推进。2015年申报大建设土地报批项目13个，总计约1871亩，其中"圈内"项目6个，"圈外"项目7个。全年累计审核拨付各类项目资金151亿元（含交投、新农村、轨道），保障了城市基础设施的建设资金需求。同时，推进准公益性基础设施项目建设，已分别组建城市生命线工程、合肥市公共停车场（库）项目及充电设施项目运营公司，开始项目建设运作。

【战略性新兴产业投资】 参与投资的京东方平板显示10.5代线、康宁玻璃10.5代线、力晶12吋晶圆制造等6个产业项目成功落地，总投资达712.5亿元，充分发挥市建投集团作为国有资本投资运营公司的战略引领作用，为"十三五"再打造一条千亿级产业链奠定了基础。

投资新型显示产业及配套项目。完成京东方8.5代线项目结构化产品退出，实现净收益约120亿元，投资回报率约343%，继京东方6代线项目2009年完成投资、2014年全部收回投资并获得良好投资收益后，再次完美演绎产业投资的"合肥模式"。

涉足集成电路产业项目：参与力晶12吋晶圆制造基地项目，项目总投资约135.3亿元，市建投集团负责厂房投资，并作为控股股东投资制造企业，项目公司已由市建投集团先行组建，项目于2015年10月20日开工建设。

探索战略性新兴产业投资的基金化运作模式：为实现市场资源、金融资源、产业资源的充分结合，促进有效投资，推进我市新型显示、集成电路等战略性新兴产业发展，保障我市重大产业项目资金需求，市建投集团通过组建产业投资基金方式参与项目投资，基金总规模100亿元。目前，该基金已完成投资15.14亿元，预计2016年将完成投资66亿元。

【公租房项目建设】 2012年度5个公租房项目，合计建筑面积约55万平方，新建约8575套公租用房及配套附属用房，总投资为18.61亿元，各项目单体工程、室外总体工程和供水、燃气等配套工程均已完工并进行竣工验收，已具备交付条件。2013年度3个公租房项目为住宅产业化建设模式，设计施工一体化招标，总建筑面积约50万平方米，新建7215套公租房及配套附属用房，总投资为18.11亿元。各项目已完成规划许可证、施工许可证的办理，单体工程均已结构封顶。目前开始单体内水电安装及室内装饰工程施工。

【保税区项目建设】 合肥综合保税区是安徽省首家也是唯一综合保税区，规划面积2.6平方公里，总投资15.7亿元，2015年3月17日通过国家验收，市建投集团投资建设一期厂房、仓库、展示中心等项目。

【国有资产经营管理】 稳步推进国有产权转让。完成合肥光大人造板有限公司持有合肥热电股权划转、国资控股持有商业大厦、鼓楼商厦、国控旅游国有股权划转以及兴泰控股持有合肥百货股权划转工作；完成鑫晟股权转让；全面启动王小郢提标资产转让相关工作。加强市直房产等授权资产管理，防止国有资产收益的流失。完善改制企业服务保障，切实维护保障人员各项权益。落实所属企业经营目标考核管理，促进所属各企业有效落实年度各项经营任务，实现国有资产保值增值。

【改革转型】 市建投集团研究提出企业改革转型的总体思路，旨在改革转型后继续利用自身优势，以市场化方式参与城市基础设施建设，并通过实施专业化的国资运营管理，充分发挥在国有资本投资及运营方面的作用，在适度整合、做实资本、明确功能定位、加强功能建设的基础上，改革转型为以城建基础设施投资、战略性新兴产业引导投资等为主业的国有资本投资运营公司，提升国有资产的规模集聚效应和资源利用效率。

同年市建投集团迈出转型发展的第一步，依据国有资产专业运营管理的要求，对未来转型主业将涉及的基础设施、水务环保、交通运输、能源、商业百货、现代农业、房地产、旅游、产业投资等业务板块的具体架构及业务发展方向进行明确，将主业相同、产业相近的所属企业和业务按业务板块进行分类归口，尝试组建基础设施事业部，并将目前的大建设业务以及巢湖城投、新农村公司等以城市基础设施项目建设为主业的参控股企业归入基础事业部，进行专业化管理及资本运作，以期进一步提高国有资本的运营效率和效益。　（陈小蓓）

非公有制经济

综　述

【规模比重】 截至12月底，全市登记各类市场主体447115个，比上年同期增长18.4%。其中：内资企业187240个（含私营企业174139个），外资企业1683个，个体工商户254647个，农民专业合作社3545个。全市登记各类市场主体实有注册资本10556亿元，同比增长44.3%。其中：内资企业注册资本9807亿元（含私营企业注册资本6789亿元），外资企业注册资本69亿美元，个体工商户注册资本245亿元，农民专业合作社出资总额68亿元。

【发展特点】 非公有制登记市场主体数量和注册资本稳步增长。2015年，全市私营企业、个体经营户数量、规模逐步扩大，人员进一步增长。

全市私营企业174139个，比上年度增加37563个，增长21.50%；实有注册资本6789亿元，比上年度增加2271亿元，增长50.27%；投资者人数357194人，比上年度在增加71841人，增幅为25.18%；雇工人数498145，比上年度增加15867人，增幅为3.29%。

全市个体工商户225771个，比上年度增加22371个，增长12.80%；注册资本245亿，比上年度增加54亿，增幅为28.27%。

与"十二五"初的2011年相比，私营企业数、私企注册资金、个体户数、个体户注册资金增幅分别达138.96%、263.28%、41.31%、166.02%。"十二五"期间，合肥市非公有制经济实现高速发展。

2015年注销私营企业3721个，占全年私营企业总数的2.1%。

民营经济成为经济发展的重要支撑。2014年，全市民营经济实现增加值2730.01亿元，同比增长13.8%，占全市GDP的比重为52.7%，对全市经济增长的贡献率达70.5%，完成民间投资3290亿元，占全市固定资产投资61.1%。

2015年前三季度，全市规上民营工业企业较上年同期新增78个，总数达2121个，主营业务收入4057.97亿元，同比增长7.9%，实现税收65.79亿元，同比增长19.23%，占全市税收63.5%，完成民间投资3345亿元，占全市70.5%。在2015年全省民营经济综合考评中，合肥市以总分94.54分稳居全省第一。

规模以上民营工业企业比重大。2015年1～10月，全市民营规模以上工业企业2127个，占全部工业企业的89.0%；主营业务收入4544.25亿元，占全部规模以上工业的65.9%；利润总额214.24亿元，占全部规模以上工业的67.2%。

2015年，全市规模以上工业企业实现利润482.33亿元，增长5.3%。其中，国有企业下降0.5%，股份制企业增长6.8%，外商及港澳台商投资企业增长0.3%；中小企业增长3.7%；民营企业增长10.1%。

民营经济成为技术创新的主要动力。截至2015年7月，全市有828个国家级高新技术企业，其中民营科技企业723个。占87.3%。全市高新技术企业中民营企业拥有授权专利、省以上商标产品分别

2015年与2011年非公经济规模对比情况表

时间	私营企业数（个）	私企注册资金（亿元）	个体户数（个）	个体户注册资金（亿元）
2011年	72874	1868.8	180205	92.1
2015年	174139	6789	254647	245

占85%、90%。全市拥有339个市级以上企业技术中心，其中民营企业有238个，占到三分之二。2014年，全市118个民营企业技术中心开发的新产品有643项，新产品收入占全市规模以上产品销售收入的7.8%，企业技术创新为推动转型升级发挥了良好作用。

*民营企业成为履行社会责任的先锋队。*民营企业提供的就业岗位占城镇就业岗位的85%，占全市新增岗位的90%以上，成为拉动就业的主渠道。特别是在企业生产经营出现困难的情况下，许多民企坚持履行社会职责，积极增加就业岗位，为保持就业形势稳定发挥了重要作用。民营企业对全市的税收贡献高于70%。民营企业积极参与光彩事业，了解参与国家“精准扶贫”项目，据不完全统计，全年仅市工商联会员企业累计捐赠款物折合人民币超过3000万元。

【扶持政策】 受宏观环境影响，民营企业面临的融资难、用工难等问题依然突出，尤其部分金融机构的抽贷压贷现象，造成少数民企的资金链紧张，生产经营困难。民营经济总量偏小、产业层次偏低、市场竞争力不强等问题仍然存在，缺乏能在全国叫得响的知名民企，全市只有1个企业进入全国民企500强行列。

合肥市积极应对经济下行压力，及时推出促进经济平稳较快发展30条、扶持小微企业健康发展18条、困难企业帮扶10条等政策“组合拳”，努力实现实体经济发展稳中向好。2015年颁布实施了新修订完善的《2015年合肥市扶持产业发展“1+3+5”政策体系实施细则》，九大实施细则多角度地提升了扶持企业发展的力度和效果。此外又先后出台《合肥市人民政府办公厅关于鼓励和引导社会资本投资发展现代农业的意见》（合政办〔2015〕12号）、《合肥市人民政府关于促进经济平稳较快发展的实施意见》（合政〔2015〕62号）、《合肥市人民政府关于扶持小微企业健康发展的实施意见》（合政〔2015〕63号）、《合肥市人民政府关于大力推进大众创业万众创新的若干政策意见》（合政〔2015〕127号）、《合肥市人民政府办公厅关于加快政策性融资担保体系建设的实施意见》（合政办〔2015〕41号）、《合肥市人民政府办公厅关于加快农村电子商务发展的实施意见》（合政办〔2015〕49号）等政策措施。

为帮扶中小微企业，推出多项发展奖励措施。如：通过政府购买服务的方式，招标确定专业服务机构，为省市认定的“专精特新”中小企业免费提供技能培训、市场开拓等服务；对新认定为国家级小微企业创业基地、中小企业公共服务示范平台的，分别给予50万元一次性奖励；经省级认定的产业集群专业镇，搭建专业化中小微企业服务平台，且达到一定建设标准的，一次性给予50万元资金补助等。5月31日，合肥市从全国36个申报城市中脱颖而出，入选国家小微企业创业创新基地城市示范，在入选城市中居第六位，获得国家专项资金支持9亿元。

除物质奖励，还采取荣誉鼓励方式。在《合肥市人民政府办公厅关于表彰2014年合肥名牌产品企业的通报》（合政办秘〔2015〕36号）中，市工商联副主席单位合肥华信电动科技发展有限公司受表彰；在《合肥市人民政府关于2014年度科学技术奖励的决定》（合政〔2015〕81号）中，市工商联副会长单位合肥赛为智能有限公司受表彰；在《合肥市人民政府关于表彰2014年度合肥市发明专利十强企业和知识产权工作先进单位的通知》（合政秘〔2015〕71号）中，市工商联副会长单位安徽科大讯飞科技有限公司受表彰。

（刘庆兰）

民营经济

【概况】 2015年，合肥市民营经济继续保持良好发展态势，成为拉动全市增长的中坚力量，其中，2127个规模以上民营工业企业完成增加值1471.47亿元，占全市工业的65.2%；增加值增长11.3%，拉动全市工业增长7.4个百分点，增长贡献率为65.5%；实现利润337.26亿元，利税总额481.75亿元，分别增长10.1%和7.7%，高于全市工业4.8和2.6个百分点，高于上年9.4和6.4个百分点。

全市采取“出政策、强机制、建平台、抓改革、促合作、优服务”等一系列措施，促进民营经济全面发展。

【发展特点】 *总量大，比例高。*根据民营经济错年统计法，2014年，全市民营经济总量继续扩大，超过全市经济总量的一半。

2014年，全市民营经济实现增加值2730.01亿元，比上年增加349.79亿元，按可比价计算，增长13.8%，增速高于全市GDP增速3.8个百分点。民营经济增加值占GDP的比重为52.7%，比上年提高1.8个百分点。对整体经济增长的贡献率达70.5%，拉动经济增长7.1个百分点，创历年最高，对全市经济发展的支撑作用进一步提升。

三次产业民营增加值占全部民营经济增加值的比重分别为3.6%、66.0%、30.4%，第二产业仍是全市民营经济发展的动力源、加速器，对民营经济增长的贡献率为76.2%，拉动民营经济增长10.5个百分点。

私营经济仍是主力，港澳台经济比例上升。2014年，全市私营经济增加值1854.92亿元，占民营经济的比重为67.9%；个体经济增加值464.55亿元，占民营经济的比重为17.0%，较上年提高0.3个百分点；港澳台经济增加值250.53亿元，占民营经济的比重为9.2%，较上年提高3.3个百分点；集体经济增加值160.01亿元，占民营经济的比重为5.9%，较上年提高0.7个百分点。

规模以上工业占比大。规模以上民营工业企业数占全部规模以上工业近九成，产值、收入、利润占分别六成以上。2014年，全市民营规模以上工业企业2047个，占全部规模以上工业企业的88.8%，占全省规模以上民营工业企业总量的13.3%；完成产值5628.54亿元，占全部规模以上工业的66.6%；主营业务收入5299.43亿元，占全部规模以上工业的67.0%；利润总额302.88亿元，占全部规模以上工业的65.7%；销售利润率5.7%，低于全部规模以上工业0.1个百分点。

固定资产投资增长快。2014年，全市全社会固定资产投资5385.17亿元，增长18.1%。其中，民营经济固定资产投资3290.0亿元，增长24.3%，快于全社会固定资产投资6.2个百分点，占全社会固定资产投资的比重达61.1%，较上年提高4.9个百分点。

商业占比高。2014年，全市民营商业增加值334.42亿元，占全部商业增加值的73.0%，较上年提高5.0个百分点。其中，民营批发零售业增加值280.42亿元，占全部批发零售业的比重为71.7%，增长18.8%，快于全部批发零售业增速9.7个百分点；民营住宿餐饮业增加值54亿元，占全部住宿餐饮业的比重为80.1%，增长7.2%，较上年快1.9个百分点。

税收贡献大。2014年，全市民营经济税收额586.0亿元，占全市上缴税收的70.0%，比上年提高6.3个百分点。民营经济税收增长29.6%，增速快于上年2.7个百分点。

其中，民营经济地税收入360.12亿元，占全市地税收入的比重为87.4%，比上年提高8.4个百分点；民营经济国税收入225.91亿元，占全市国税收入的比重为53.1%，比上年提高2.9个百分点。

企业创新多。截至2014年底，全市民营企业拥有授权专利8140个，比上年增加1254个；拥有省级以上（含省级）名牌产品、省著名商标和中国驰名商标557个，比上年增加105个，民营企业的知识产权和品牌数量快速增长。

【政策措施】 根据民营经济发展的不同领域，在融资减负、公共服务、人才保障、双创示范等方面，先后出台“民营经济实施意见26条”“民营经济发展条例实施细则30条”“小微企业健康发展18条”“双创28条”“困难企业帮扶10条”等一系列政策文件。加大困难企业帮扶力度，为42个重点帮扶民营企业提供担保6.72亿元，为37个企业落实贷款5.69亿元，为47个企业提供3.38亿元转贷资金。全面系统化的政策体系，为民营经济发展提供了强力支撑。

完善民营经济领导体制和工作机制，加强市发展民营经济领导小组办公室职能，建立民营经济投资和融资联席会议制度，定期召开会议。各县（市）区都成立了由党政主要负责人担任组长的民营经济工作领导小组，建立领导联系重点企业和重点项目定期调度机制。

建成各类创业创新基地189个，其中众创空间44个、小企业创业基地52个、科技孵化器26个、微型企业孵化园19个、商贸企业集聚区48个，建成（含在建）标准化厂房超过500万平方米。

推进注册资本、经营场所、“先照后证”等商事制度改革，新

2014年合肥市民营经济增加值表

	民营经济增加值（亿元）	民营经济比重（%）	民营经济增速（%）
合计	2730.01	52.7	13.8
第一产业	99.13	38.5	4.1
第二产业	1802.83	62.9	15.7
第三产业	828.05	40.2	10.5

2014年合肥市民营规模以上工业主要情况表

	单位数（个）	产值（亿元）	主营业务收入（亿元）	利润总额（亿元）	销售利润率（%）
全部规上工业	2306	8447.84	7906.36	461.35	5.8
民营规上工业	2047	5628.54	5299.43	302.88	5.7
占比（%）	88.8	66.6	67.0	65.7	——

登记各类市场主体7.98万个，增长19.6%。推进公共资源交易标准化建设，全年交易金额1453亿元，节约和增值资金530亿元。推进投融资体制改革，引导民间资本进入基础设施、公用事业、社会事业等领域。依法减轻企业负担，实行权力、责任、涉企收费“三项清单”制度，开发园区、乡镇工业聚集区办理免收费3.45万项次，免收资金27.67亿元。精简行政审批事项，相继推出“超时默认”“缺席默认”“全程代办”“限时办结”等一系列制度，市本级仅保留83项。

发挥市、县（市）区、项目单位三级调度机制，积极推进项目落地开工建设。全年参加省集中调度的5亿元以上项目47个，全部开工，完成投资额259.6亿元。

设立中小企业服务大厅，加强融资服务，开通网上“金融超市”，立足市县两级政策性融资担保体系深化新型政银担风险分担合作，实现新型政银担合作全面覆盖。发行“大湖名城·中小微企业政保贷”“大湖名城·挂牌企业成长贷”“大湖名城·中小企业创新发展基金”等。举办全国性赛飞创业培训活动，合肥中小在线公司被国家工信部确定为定点承办机构。印发各类民营经济发展政策汇编近1万份，开展“四进”集中宣传采访活动，通过“进企业、进社区、进校园、进中心（基地）”送宣传、送服务，宣传解答有关法规、政策，对发展民营经济在融资、担保、贴息、奖励、法律等方面需求提供咨询服务，让民营企业充分了解条例和政策内容，得到政府政策扶持。

（彭雨森）

企业选介

【安徽安利材料科技股份有限公司】 公司成立于1994年，位于合肥经济技术开发区桃花工业园，主要研发生产经营生态功能性聚氨酯合成革和聚氨酯复合材料，是全国同行业规模最大的企业，位列“中国轻工业塑料行业（人造革合成革）十强企业”综合排序第一名。公司是中国深圳证券交易所公开上市企业。

公司有员工2500余人，办公、厂房建筑面积35万平方米，干湿法合成革生产线40条，具有年产生态功能性聚氨酯合成革8850万米、聚氨酯树脂7万吨的生产经营能力。

公司产品广泛应用于男女鞋、运动休闲鞋、童鞋、劳保鞋、工作鞋、时装鞋、沙发家俱、座椅、按摩椅、家用和工程装饰、手袋、箱包、证件、文具、包装和电子包装、球类及体育用品、腰带票夹、汽车内饰等领域，产品畅销全国各地，并直接出口到70多个国家和地区。

公司是国家科技部认定的“国家重点高新技术企业”，是国家发改委、科技部、财政部、海关总署、国家税务总局等五部委考核认定的“国家认定企业技术中心”，拥有“国家级博士后科研工作站”，自主创新能力全球领先，是全国同行业拥有专利最多的企业，是全国同行业主持和参与制定国家和行业标准最多的企业。公司获国家工商行政管理总局认定的“中国驰名商标”、国家质量监督检验检疫总局认定的“中国名牌”、国家工信部认定的“国家工业企业品牌培育示范企业”称号，并获“安徽省政府质量奖”。

【中水三立数据技术股份有限公司】 公司创立于1997年，原为合肥三立自动化工程有限公司，注册资金5000万元，员工300余人，是国家重点布局水利行业软件企业，国家高新技术企业，全国水利行业AAA信用等级企业，已通过ISO9001质量管理体系认证。公司承建的水利信息化项目遍及全国25个省（自治区、直辖市）。公司在15个省（自治区、直辖市）设立了分公司及运营维护中心。

公司是国家级院士专家工作站、省级创新型企业、省两化融合示范企业、省专精特新企业、省企业技术中心，省、市两级水务自动化工程技术中心，多次主持或参与国家水利信息化、自动化行业技术规范和标准的编制。

公司提供水利信息化、自动化全行业的系统解决方案，其中包括系统平台、主要设备产品、软件及运营维护支持。公司自主研发的设备产品主要有RTU水雨情遥测终端、一体化雨量计、一体化水位计以及相关自动化控制柜和仪表等。公司有近20项国家发明、实用新型专利，数十项软件著作权。公司是国内长距离输水调度信息化、自动化项目最主要的承建单位，在水利信息化领域所承建项目的数和规模在全国同行业企业中排名第一。公司参与承建的项目多次获“大禹奖”“詹天佑奖”“鲁班奖”等国家水利建设领域的最高奖项。

【合肥赛为智能有限公司】 公司成立于2012年5月，是深圳市赛为智能股份有限公司（股票代码：300044）的全资子公司，注册资金1.65亿元。公司是国家级高新技术企业和武器装备科研生产二级保密资质单位，主营业务涉及通用航空无人机装备和轨道交通智能化装备。公司研发了全自主飞行自动驾驶仪，填补国内外多项技术空白。相继推出了大载荷固定翼、系留多旋翼、直升机、水陆两用无人机等多款无人机高端机型，应用于公安、武警、海洋、林业、农业等军事和民用等领域。承担了国家"轨道交通综合自动化监控及指挥调度系统产业化项目"，是国家轨道交通综合自动化产业基地。

【安徽省瑞森集团】 集团旗下有合肥强力动物药品有限责任公司、安徽省瑞森生物科技有限责任公司、安徽省瑞民生态养殖公司。

集团先后获安徽省兽药制剂工程研究中心、省市优质中小企业、省市创新型试点企业、创新型企业、合肥市农业产业化龙头企业、安徽省著名商标等多项荣誉，被安徽省商务厅推荐为"重点走出去企业"；被科技厅认定为高新技术企业；被省经信委首批认定为安徽省农产品加工基地。

合肥强力动物药品有限责任公司是主要从事动物药品的研发、生产和销售的高科技民营企业，1996年创办，以兽药生产为基础产业，从单一的兽药产业发展至饲料添加剂、养殖、种植、中药提取、有机肥等多个行业。公司有5个车间、11个剂型通过国家GMP认证，获取国家颁发的兽药批准文号269个。

安徽省瑞森生物科技有限责任公司以饲料绿色添加剂生产为主轴，以天然植物提取物深加工为重点，为饲料厂、兽药厂、养殖场、经销商提供优质的绿色原料。公司生产的防霉剂、大蒜素、呼吸甜、速长素、形体美、适母素、肥他素、21金维他等产品出口到多个国家。

安徽省瑞民生态养殖公司通过万头生态种猪的养殖，将养猪产生的废弃物进行有机发酵生产有机肥，利用有机肥生产中草药，为兽药、饲料提供绿色原料。公司通过"公司＋农户＋服务＋销售"的合作模式在带动农户发展的同时，又促进了公司其他产业的发展，使兽药、饲料、养殖、种植、深加工等产业链延伸加长。

【合肥泰禾光电科技股份有限公司】 公司是专业从事人工智能、控制技术、机器人系统的研发、生产、销售、安装和技术服务于一体的国家级高新技术企业，2004年成立，2012年改制为股份有限公司，主要产品有智能分选设备码垛机器人、冲压机器人、AGV等智能装备产品。公司先后承担了国家科技创新基金项目2项，国家火炬计划产业化项目1项，安徽省技术转移计划1项。拥有省级科技成果鉴定1项，省高新技术产品6项，专利59项（其中发明专利6项），软件著作权24项，软件登记产品9项。公司旗下"S.PRECISION（普锐斯牌）"CCD智能色选机在第十一、十二、十三届中国国际粮油产品及设备技术展览会上获金奖，2011年、2013年分别获"中国十佳粮机品牌""中国十佳粮机产品"称号，2013年被认定为"安徽名牌产品"。2014年，"普锐斯＋S.PRECISION＋图形"商标被评为"安徽省著名商标"。2015年，公司被认定为安徽省"守合同重信用单位"，并获第二届全国粮油优秀科技创新型企业称号。

【合肥杰事杰新材料股份有限公司】 公司由上海杰事杰新材料股份有限公司于2006年投资成立，一期项目位于合肥经济技术开发区莲花路与方兴大道交汇处，主要从事工程塑料等高分子材料的研发、生产及相关技术服务，是亚洲单体最大工程塑料及高分子复合材料的研发生产基地，年生产能力10万吨工程塑料和3万吨耐高温尼龙工程塑料HPN。2015年11月，杰事杰在新三板挂牌上市。

【安徽双诚电线电缆有限公司】 公司成立于1996年，位于合肥巢湖经济开发区，主要产品有13000多种规格型号的电力电缆，有国内先进水平的各种铠装机、拉丝机、绞丝机、成缆机等生产设备及电线电缆检测中心。公司先后研制成功电缆新产品15种，有1种新产品达到国内领先水平，3种新产品达到行业领先水平，4种新产品填补国内空白。产品销售范围覆盖安徽、河南、河北、江西、江苏等地区。

（刘庆兰　彭雨森）

国有资产运行

【概况】 2015年，合肥市（含县区）国资系统完善国资监管体系，以管资本为主加强国有资产监管为主线，以“国有资本营运机构调整”为抓手，推进新一轮国资国企改革，发展混合所有制，有序推进政府投资引导基金设立，发挥国有经济在全市“调转促”过程中的引领带动作用。全市当年国有及国有控股企业拥有资产总额5760亿元、净资产2461亿元，完成营业收入376亿元，实现利润总额106亿元，上交税费32亿元。其中：市国资委所属重点监管企业，拥有资产总额4256亿元，净资产1700亿元，较上年分别增长17%、11%；国有资本及权益总额1595亿元，国有资本保值增值率111%；资产负债率60%。重点监管企业实现营业收入304亿元，按可比口径较上年增长6%；实现利润总额78亿元，上交税费总额25亿元，同比分别增长16%、19%。

【国资监管制度建设】 出台国有企业投资、担保、资产评估等7个文件，以适应“以管资本为主”的监管新要求。优化考核分配制度。按照不同功能定位，将市属国企分为竞争类、功能类和公用类三大类，竞争类企业，以市场为导向，以企业经济效益最大化为主要目标；功能类企业，以完成战略任务或重大专项任务为主要目标；公用类企业，以确保城市正常运行和稳定、实现社会效益为主要目标。对国有企业实施差异化管理，健全企业薪酬与经济效益紧密挂钩机制。明晰权力清单和责任清单。科学界定国有资产出资人监管边界，梳理监管职能，推进简政放权。将审批事项由21项精简至9项，精简率达60%，构建决策科学、执行坚决、监督有力的权力运行体系。

【推进国资国企改革】 实施国有资本营运机构调整。合并国资公司和工投公司为产投集团，最终形成基础设施建设、产业及地方金融三大控股公司（建投集团、产投集团和兴泰集团）。机构调整划转企业11家，涉及全市国有资产25亿元。延伸国资监管范围。由市建投集团为主体出资2亿元组建合肥通航控股有限公司，由兴泰集团全资设立安徽公共资源交易集团有限公司。两户企业均组建完成。发展混合所有制。陆续启动了合肥燃气、合肥热电集团等城市公用企业在主板、合肥金太阳能源股份公司、合肥城市云数据中心股份公司在新三板上市工作。推进政府投资引导基金的设立。先后批准投资德丰杰雷名等五个子基金、通富微电子等六个项目，推动建投集团组建合肥芯屏投资基金，产投集团设立大健康、集成电路产业基金，兴泰控股设立的海通、赛富等基金，助推全市集成电路、平板显示等战略新兴产业发展。截至2015年底，市财政累计安排资金31.77亿元，累计完成投资12.285亿元；过会子基金11支，完成德丰杰、海通证券等9支设立，落户子基金总规模达33.56亿元人民币，放大近5倍。

【提升服务保障能力】 升级服务水平。提升“徐辉假日小分队”“贴心小棉袄”“小鲍流动营业厅”“张标专工服务队”“星级服务”等知名服务品牌社会美誉度和认可度；探索融资新渠道。由兴泰香港公司全资设立的上海自贸区外商投资融资租赁公司已经成立，打通了境内外资金流通渠道。兴泰控股与赛富公司联合成立的“赛富兴泰海外投资基金”项目对于构建全市海外融资机制和回流渠道具有积极意义。2015年，建投集团为全市大建设提供资金支持151亿元，资金保障率100%，保证了轨道交通、环巢湖治理等重点工作顺利开展；扶持中小微企业发展。2015年，市属企业累计为1500余户中小微企业提供资金支持140余亿元。此外，科技农村商业银行累计为995户小微企业提供贷款支持111.24亿元。

【推进各项重点工作】 对外合作成绩斐然，成功引进中建国际参与兴泰融资租赁增资扩股（注册资本增至10亿元）、中兴合创创投子基金、朗程资本创投子基金等投资基金项目，撬动资金杠杆150余亿。推进与央企合作，与中国移动、中国电信深度合作，签署100亿元战略合作框架协议，提升全市市信息基础设施能级。重大项目建设顺利实施，推进“智慧合肥”“气化合肥”建设；建投集团参与投资的京东方平板显示10.5代线、康宁玻璃、力晶12吋晶圆制造等6个产业项目成功落地，总投资达675亿元；产投集团参与恩智浦射频业务并购项目；轨道交通1号线实现双线隧道贯通；国风薄膜三款新品荣获“2015年安徽省新产品”称号；报业集团数字出版发行中心正式启用；合肥客运高铁南站快线项目建成并获得经营许可权。

（市国资委办公室）

物价管理

【概况】 2015年，合肥市物价局坚持“抓总责、分担子、牵牛鼻、建载体、保托底”调控思路，细化分解年度居民消费价格总水平涨幅（CPI）调控目标，明确目标责任制和考核办法，完善政府牵头、部门协作的稳控物价工作机制。依托“惠民菜篮子”市级民生工程，元旦、春节、五一以及中秋、国庆等5个法定重要节假日期间，市区内定点的20余家企业的170余个门店开展惠民菜销售活动，以市物价局监测发布的市场平均价为基准，蔬菜类下浮15%，其他类下浮5%以上，向市场供应14种蔬菜和肉鱼蛋豆制品等副食品，总销售达1.8万吨，实现让利2500多万元，加大对“惠民菜篮子”活动参与企业的财政奖励资金额度，全年兑现拨付近620万元。强化市场价格监测分析，全年完成包括药品、工业生产资料、主要农副产品、房屋土地、汽车等在内16项监测报告制度常规监测工作任务，采集上报722个品种10万余数据，通过大量数据的规模性、趋势性比对分析，强化了预判价格走势、引导价格预期和有效应对价格异动能力。

【价格改革】 制定合肥市医改方案并报市政府批准，从4月1日起全市11家公立医院取消药品加，降低大型医用设备检查收费，同步调整了提高体现医护人员技术劳动价值的手术、治疗、诊察、护理及部分中医服务价格，在保持医改前后患者就医总体负担基本平衡同时，有效减轻患者用药负担，医技服务价值初步得到体现，病患就诊满意度明显提升。6月1日起，放开850种省管和部分市管药品价格管制，药品实际交易价格主要由市场竞争形成，逐步激活药品招标和医保支付平台对药品价格规制导向作用。把政策性规定的城市供水同网同价改革、水资源征收标准调整、污水处理费调整以及工商业到户水价同价等内容一并纳入理顺阶梯水价、完善水价形成机制的“一揽子”政策措施，经法定听证程序和市政府第58次常务会议审议通过，向社会公布于2016年1月1日起执行；全面测算城市配气管网成本，统计分析居民用气量结构，制定出台合肥市居民天然气阶梯式价格改革方案，报经市政府常务会议审议通过，也于2016年1月1日起正式执行，在全省率先全面建立居民供水、电、气、热领域“阶梯式”的价格制度。

【民生价格管理】 应对燃油价格变动和高铁南站“合福线”等线路开通运营，重新核定全市639条班线客运票价，改进票面标价方式，由单一标价改为政府指导价、优惠价同时标注，规避票面标价误导消费者。加强市内各区、开发区普惠性民办幼儿园收费标准核定指导，统一成本测算口径和标准，实现全市345所普惠性幼儿园收费的信息化管理。开展价格调整成本监审，合理核定滨湖寿春中学、育英学校、华夏旅游学校等13所民办中小学及职业中专学校学费、住宿费收费标准。承接市属医疗机构服务价格下放管理 “先行先试”权，对市口腔医院62个特色专科服务项目以及市精神病医院首诊费等列入《全国医疗服务项目规范（2012年版）》的项目核批试行价格，提升公立医院资源利用效率；下放基层非营利性医疗机构病房床位费管理权限，将医用垃圾、污水处理项目纳入床位费价格项目内涵，实行分等定价。制定养老机构收费管理意见，对各类养老机构价格公示、合同约定、争议解决方式以及退费规定等进行细化，落实养老机构用水、电、气、热、有线数字电视收视维护费、电话、宽带网络使用费等价格扶持政策。将充电服务费最高限价调整为政府指导价管理，出台电动出租车公里运价与燃气出租车同步实行“价格联动”机制，促进新能源汽车推广；自2015年7

月 20 日起放开机动车安全技术检验和排气污染物检验收费标准，同步加强机动车检验市场价格行为监管，保障市场运行平稳。

【服务经济发展】 出台推进价格改革优化经济发展环境的意见，明确推进重点项目价格改革、实行价格收费优惠政策、落实涉企收费清单制度、构建民生价格支撑体系、发挥市场决定价格作用、完善价格公共服务平台等 6 个方面 25 条具体工作措施。落实开发园区和乡镇工业聚集区工业项目“零收费”政策，全年为 1357 家企业办理免收费 616 项次，免收资金 2.06 亿元，同比增加 1500 万元。2015 年 1 月 1 日公布包括现行涉企各类收费、基金、保证金、抵押金等在内的市级涉企收费清单，初步实现“涉企业收费进清单、清单之外无收费”工作目标，预计当年减轻企业负担 2.1 亿元；7 月份，按照国家取消、停征和免征一批行政事业性收费的文件规定，首次动态调整市级涉企收费清单，将清单内收费项目总数由 99 项调整为 89 项。重新修订完善《基本建设项目收费目录（2015 年版）》，将涉及基本建设的收费项目由 33 项精简为 25 项。开展涉企收费政策宣传和专项检查，为企业应对经济下行压力注入实质性“帮扶”力量。

【价格监督检查】 推进教育、医药、涉企、停车、电子商务等领域价格违法违规行为查处工作，制定市场价格巡查方案，保障 9 月 12 日 -14 日全省农交会以及重大节假日期间重点行业企业价格稳定。开发随机抽取被检查对象、随机选派检查人员的“双随机”系统软件，探索用制度规范行政执法自由裁量权试点，全年共开展执法检查、督促指导、协调服务 170 余次，涉及单位 85 个；查处价格违法案件 22 件，经济制裁 369 万元。其中，责令退还多收价款 123 万元，罚没款 246 万元。完善全国“四级联网”价格举报系统硬件设施，建成 12358 呼叫中心，设置 6 个接听坐席和 4 部接听电话，制定重大节假日价格举报应急值班处置工作流程，实现网上受理、转办、办理，全年办理各类价格投诉举报咨询 5662 件，经济制裁总金额为 48.86 万元，其中退款 37.55 万元，罚款 11.31 万元，办结率达 98.64%。

【自身建设】 对价格管理职责、权力事项进行梳理，制定市本级“全口径”行政权力清单，将原 72 项价格行政权力精简为 14 项，精简率 81%，实行“权力清单”、“权力责任清单”和“权力运行流程图”的编制、公示和发布动态管理。贯彻落实《安徽省定价目录（2015 版）》，公布废止 48 份与定价目录内容不符的规范性文件和收费政策，协助省物价局制定公布涉及进出口环节收费和基金清单。推进机构改革，撤消房地产价格处，成立市场价格调控处，市价格监督检查局下设“案件审理室”和市场价格、商品价格、服务价格等 3 个检查室，充实和完善放开价格管理领域监管职能。加强事中事后环节监管，先后出台非公立医疗机构医疗服务价格、养老服务机构收费、机动车驾驶员培训收费等市场调节的价格行为管理办法。首次公布市内 13 家市级公立医院的 2014 年门急诊和出院者次均费用，引导医疗机构平衡患者医疗负担。组织实施 26 个定调价项目成本监审，审核成本总金额达 29.39 亿元，核减不合理费用 3.37 亿元，核减率 11.5%；办理涉案财产价格鉴定 362 件，标的额 1439.7 万元，按时办结率和委托单位满意率均达 100%。

（潘　华）

统　计

【概况】 2015 年，合肥市统计局提升统计服务水平，推进普查调查工作，多元拓展统计服务形式，加强统计法治建设，推进重点领域统计改革，加大统计培训力度，科学做好各类考核评价，完成农业、工业、建筑业、服务业、投资、能源、人口、就业、科技、文化、基本单位、非公经济、民营经济、行业景气、信息化和电子商务等统计调查工作，完成 1% 人口抽样调查、三经普后续工作，筹备第三次全国农业普查工作，建立完善合肥统计综合数据库，探索“互联网 + 统计”，开发并推广“数据合肥”移动客户端的应用。

市统计局当年获市政府目标管理考核优秀责任单位称号。

【1% 人口抽样调查】 抽样调查首次使用 PDA 入户采集人户信息，完成全市 7.5 万个调查登记对象的数据采集、审核和上报，基本摸清全市人口流动、就业、生育、劳动力、养老及城镇化等情况。

【第三次全国经济普查】 完成三经普数据与历史数据的衔接，分县区、分行业测算并修正 2013、2014 年经济总量数据。在 2015 年 6 月 5 日《合肥日报》等市级媒体整版刊发《合肥市第三次全国经济普查主要数据公报》（1—3 号）。组织开展经济普查资料开发应用，促进普查成果转化，完成《提升合肥国际影响力研究》《合肥市经济结构转型升级研究》等 26 个市级重点课题。

【第三次全国农业普查】 筹建合肥市第三次全国农业普查领导小组及办公室，进行经费预算和物质保障规划，为2016年正式开展农业普查进行了准备。

【专项调查】 为全面客观反映2014年度全市9个县（市、区）、101个市直（市管）单位党风廉政建设情况，推动党风廉政建设“两个责任”深入贯彻落实，了解社会各界对合肥市党风廉政建设的意见建议，组织开展党风廉政建设群众满意度调查，调查采用现场培训、现场督查回收问卷的方式，共完成有效书面调查问卷4000多份；组织开展“三严三实”专题教育问卷调查，从全市各级干部、“两代表一委员”、专业技术人员和企业管理人员代表中，按比例随机抽取确定157个样本开展调查。开展“规范行政执法行为，推进法治政府建设”问卷调查、健康服务业调查、会展业调查、旅游消费结构专项调查、零售业企业电子商务调查、企业创新调查、棚户区改造情况、商品房供应情况、信息化和电子商务统计、境外来肥专家等多项调查。

【统计服务】 做好统计服务工作，编印《2015合肥统计年鉴》、《2015合肥市国民经济统计资料提要》《2015合肥市情手册》等年度统计资料；编印《合肥统计月报》《横向经济运行动态》《合肥工业综合月报》《合肥能源消耗监测月报》《合肥市金融月报》《合肥市自主创新季度监测》《现代服务业季报》等统计资料；每月印发《每月预报》《每月快报》《重点耗能企业能耗专报》；为市“两会”编印参阅材料《聚焦转型调结构驱动创新促发展》；为各部门制定政策和规划等提供统计年鉴、有关数据和材料；发布《合肥市2014年国民经济和社会发展统计公报》《合肥市2014年度人力资源和社会保障事业发展统计公报》《2014年合肥市县级常住人口调查主要数据公报》。

【调研分析】 提供各类统计数据和分析报告197篇，发布统计信息400余条，为各级政府科学决策提供服务；围绕“大湖名城、创新高地”“副中心”的战略定位，“调转促”“双创示范”的中心工作，健全完善地方统计监测预警体系，加强对影响经济发展的重点领域、主导产业、重点企业分析，加强宏观调控政策变化对合肥市经济发展影响分析，加强合肥在全国位次的横向比较分析，尤其是长三角副中心的比较，及时反映经济运行新变化、新趋势；参与“十三五”规划研究。

【考核评价】 做好各类考核评价和目标管理考核工作，做好省对市、县区党政领导班子及领导班子成员综合考核工作，协助完成市政府对县区、开发区目标考核、全年工作任务完成及季度重点工作完成情况的督查，科学发展先进乡镇考评等工作。核实“高成长”和“上台阶”奖励政策兑现企业4户，配合外商投资企业进行联合年检。

【统计法制及信息化保障】 做好“六五”普法总结，制定年度统计法制工作计划，建立统计巡查制度，开展统计执法检查和巡查，建立法律顾问制度，聘请法律顾问，完善执法人才库，定期组织统计执法人员专业培训，坚持专业取证、法规执法，修订《合肥市统计行政处罚自由裁量权基准制度》，制定九项配套制度，加大统计违法行为处罚力度，全市当年共执法检查1762家，立案查处195起。进行统计法治宣传教育，开展统计“六进”活动，发放统计法律事务告知书及统计知识手册1.2万份。组织所有联网直报单位和基层统计机构认真学习《统计上严重失信企业信息公示暂行办法》，并在统计门户网站公开举报电话、邮箱，搭建失信企业公示平台，建立统计违法行为曝光机制。完成市到县（市）区统计系统广域网带宽的提升，由2M扩升为4M；完成省到市视频备用线路广域网带宽的提升，由2M扩升为100M，并推动视频会议系统向县区延伸；开展信息化系统建设基本情况调查；健全数据评估机制和数据质量管理监控体系；健全IP地址动态监控和适时检查制度，加大直报、直验率的监测督查；规范统计网站建设，优化信息系统及网络环境。

【统计基层基础】 全员培训县区及乡镇统计力量，先后开展投资统计改革试点、新增和更换“五上”企业统计员、乡镇（街道）首席统计员、月度劳动力调查、1%人口抽样调查培训等，参训人员超过1000人次；统计从业资格考试、统计职称考试报名人员分别达到3269人和1937人。

【改革创新】 改进国民经济核算，完善GDP核算联席会议制度，制定《合肥市第三次经普年度GDP核算方法》，开展分季GDP试算，严格核查县区GDP下管下算；实施投资统计改革试点，建立投资法人和项目名录库，开展5000万元以上项目核实，并通过联网直报平台试填试报，加强双转制运行下的投资数据评估分析和投资政策效果监测，试点工作得到国家统计局投资司的高度评价；深化服务业统计改革，实现了规模以上服务业企业季度统计向月度统计的转轨，利用联网直报平台开展健康服务业、高技术服务业、战略性新兴产业的认定，完成现代服务业统计指标体系和统计制度改革任务，实施高技术服务业统计监测制度；会同市直有关部门实施民营经济统计监测，开展金融业综合统计；开展大型商业综合体统计试点，完成旅游及相关产业增加值核算系数调查；开展能源消费强度和消费总量“双控”预警监测，规范全社会能源消费核算；建立县级常住人口统计制度，按照“扩面、增容、提质”的要求，改革大城市月度劳动力调查，为财政转移支付、城镇化进程、监测失业率等提供基础信息；探索“互联网＋统计”的统计信息发布模式，开发并推广“数据合肥”移动客户端的应用，建立健全合肥统计综合数据库，扩充和完善“数据合肥”的信息发布量，涉及自2010年以来全市及县（市）区地区生产总值、农业、工业、投资、房地产、建筑业、消费市场、对外经济、服务业、财政、金融、物价、居民收入、用电量、交通运输、人口、工资、文化产业、科技、人民生活、能源消费和法人单位数等22个统计及经济领域的进度和年度数据。

（陈　伟）

审　计

【概况】　2015年，市审计局完成市委、市政府和省审计厅下达的41项年度目标任务，并及时完成了年中省、市交办和追加的各类审计项目和事项16个，全年　损失浪费金额1270万元，管理不规范金额59.77亿元，对344个单项工程进行了价款结算审计。提交审计报告和信息956篇，提出审计建议154条，移送纪检监察、检察机关处理3件，涉及3人，推动建立健全制度45项。市审计局当年先后被省委表彰为安徽省文明单位，被省审计厅评选为全省审计机关实施“环境优化工程”先进集体，蝉联市政府目标管理考核优秀责任单位、全市政风评议先进单位，获得首批合肥市依法行政示范单位、政务公开先进单位等荣誉。

【财政审计】　完成对财政局、地税局，四大开发区以及市发改委、市水务局等19个单位、部门及下属二级单位的2014年度预算执行情况审计和决算（草案）审签，并根据上级要求突出对存量资金、政府债务、公务支出、“三公”经费等的关注。受市政府委托，于6月25日向市十五届人大常委会第十八次会议做了2014年度市级预算执行和其他财政收支审计工作报告。同时，完成了对蜀山区、庐阳区、巢湖市人民政府2014年度财政决算审计。

【政策跟踪审计】　围绕促进重大建设项目加快推进等五个方面的内容，每月跟踪审计2～4项政策，全年累计开展29项（次）政策措施落实情况跟踪审计，市政府领导6次批示要求对发现的问题抓好整改落实，促进和保障了政令畅通，提高了财政资金使用绩效。

【经济责任审计】　先后开展巢湖市市长等13名领导干部的经济责任审计，授权县（市）区审计局对9个县（市）区检察院检察长开展任期经济责任审计，指导市教育局对系统内部管理的6所市属学校校长开展内管干部审计，在审计中围绕中央七部委的新部署，将机构设置、编制使用等纳入审计内容和评价范围，并在巢湖市市长经责审项目中首次开展了自然资源审计。同时，探索村居负责人经济责任审计。

【金融和企业审计】　完成合肥市农村科技商业银行以及工业投资控股、国有资产控股、丰乐种业等集团公司共4家企业的资产负债及经营情况审计。对安徽安粮小额贷款有限公司、安徽省合肥市宝集科技小额贷款股份有限公司、合肥市包河区滨投小额贷款股份有限公司、安徽省皖投小额贷款股份有限公司等4家小额贷款公司2014年度经营状况的审计，审计结果表明：上述小额贷款公司在融通资金、解决小微企业资金困难方面起了一定作用，但风险已逐步显现，资金管理、合规经营、业务管理及风险控制等方面还存在问题，亟待规范。

【政府投资审计】　按照“市级项目全面覆盖、重大项目全程监督”的要求，开展轨道交通、环巢湖生态文明示范区建设、中科大先研院等19个项目跟踪审计。对344个单项工程进行价款审计，接审45.14亿元，核减1.86亿元，平均核减率为4%。完成3项世行、亚行贷款生态环保建设项目的外资公证审计。主动与市建投、重点局、交通局、水务局等建设部门对接，对新桥机场高速绿化项目等23个项目开展竣工财务决算审计，促进提高市政资产管理水平。年内，按照《安徽省审计厅关于印发投资审计五项管理制度的通知》要求，制定了政府投资建设项目工程价款结算审计、竣工决算审计和协审机构参与价款结算审计、跟踪审计的管理办法、操作细则，并出台《工程造价协审业务考核办法》等制度，组成检查组对协审机构工作质量开展检查，建立工程价款结算的审计结果实质性复核程序，促进防范协审风险，提高审计质量。

【专项审计和审计调查】 完成对合肥市扶持产业发展“1+3+5”政策落实及资金使用情况、政府购买社会组织服务绩效、美好乡村建设资金管理使用绩效情况等7个项目的专项审计调查，开展合肥市职业教育发展状况专项审计调查。调查关注大局、机制、体制、趋势等宏观层面的内容，采用了统计摸底、问卷调查、座谈交流、实地查看、电话回访等多种方法，注重提升工作的前瞻性、建设性和针对性、操作性，积极为政府决策做好服务。

【审计整改】 细化整改操作流程，制定审计整改初审、复核和跟踪督促程序，严格执行《合肥市审计局审计整改操作规程》，采取“建立台账、专人跟踪、逐项督改”的方式开展审计整改工作，重要问题还实行边审计边督改，确保高效跟进，同时加大了整改问责力度，强化责任追究，对重大违规行为要求主管部门予以问责，并梳理了问题，提出了具体的整改建议，对每一项审计整改的结果均向市政府进行了专题报告。我局出具的所有审计整改情况报告均得到市领导的批示，并把审计发现问题整改情况纳入目标考核内容和政府督查任务。今年，我们在预算执行情况审计中发现的103个问题已全部整改完毕。

【内部审计】 组织开展全省内部审计“防风险、强管理、促发展五年提升行动——重点攻关年”活动。印发《继续开展内审质量评估工作的通知》，组织10家内审机构申报开展内部审计质量评估。制定了《合肥市审计局2015年特约审计人员工作方案》，印发《合肥市内部审计协会关于征集全市内部审计人才库候选人的通知》，先后组织特约审计人员和内审人员近30人次参与到审计项目中，并组织被审计单位开展互审试点，指导市教育局对10名学校校长开展了经济责任审计。组织开展了全市优秀内部审计项目评选工作，对6个内审项目开展了评比，并择优推荐了1个项目（巢湖市城乡合作医疗基金收支审计）参加全省优秀内部审计项目评选和中内协全国百佳内审案例展示评选。组织197人参加省内审协会举办的后续教育培训，组织40人参加CIA考试、CCSA考试。向省内审协会报送了3篇全省重点课题论文，并完成中标的省内审协会课题《计算机审计工作模式和方法研究》撰稿任务。

【审计学会】 中标省审计学会公开招标课题《全覆盖视角下被审计单位数据库建设研究》并完成撰稿任务。发动全市审计系统40周岁以下青年审计人员撰写第三届全国青年审计论坛论文，共征集13篇，从中优选3篇报省审计学会。围绕确定的审计监督全覆盖等13个重点课题，征集科研论文95篇。

（朱 岩）

工商行政管理

【概况】 2015年，合肥市工商系统推进注册资本登记制度改革，落实前置改后置各项措施，放宽新设立企业住所登记条件限制。全面实施“三证合一（将企业依次申请的工商营业执照，组织机构代码证和税务登记证三证合一）”、“一照一码（通过“一口受理、并联审批、信息共享、结果互认”的方式，实行“一窗受理、互联互通、信息共享”的模式，由工商部门直接核发加载法人和其他组织统一社会信用代码的营业执照）”改革，增配窗口、充实人员，推行“柜员制”，提高了登记效能。全年新发展市场主体（含电商）105521户。其中新登记各类市场主体90222户，新登记注册资本2551.5亿元，同比分别增长8.3%、85.2%。截至年底， 全市实有各类市场主体46.2万户，注册资本10556亿元，同比分别增长22.4%、44.3%。

【社会信用建设】 全面贯彻落实《国务院关于“先照后证”改革后加强事中事后监管的意见》，推进企业信用信息公示工作，2013年度企业年报率为86.94%，2014年度企业年报率为83.08%。强化信息公示抽查和经营异常名录管理，抽查13448户，5.2万户市场主体被列入经营异常名录。开发“合肥市工商移动互联网信用终端应用系统”，通过移动执法终端的运用，实现实时企业信用信息查询和数据采集。开展旅游业、银行业等领域内不公平合同格式条款整治专项执法行动，全市569户守重企业被评为省、市级守重企业。完善诚信体系建设，12个商品交易市场被评为省诚信市场，1个被评为国家级诚信市场，市工商局当年被评为“全国工商系统诚信市场创建工作突出单位”。

【促进创业创新与引导转型升级】 强化对小微企业发展的引导，双创工作取得新成效。出台措施，优化创业创新市场环境。鼓励引导个转企和电子商务，对县（市）、开发区外商投资企业实行委托登记管理。搭建银企对接平台。指导各类企业办理股权出质登记、动产抵押登记、商标质押登记。

此外，以服务战略性新兴产业为重点，主动推进企业通过商标战略实现转型升级。新增8件中国驰名商标。截至年底，全市拥有驰名商标66件，占全省总数的27%；拥有安徽省著名商标436件，稳居全省第一。

【打击传销】 加强对全市直销企业的监管。打击传销工作保持高压严打态势，完善“打、防、管、控、治”长效机制。挤压传销生存空间，争创“无传销社区”，维护市场秩序和社会稳定。全年全市共取缔窝点21264处，教育遣散一般传销人员62175人次，工商（市场监管）机关查办传销和出租房业主涉传等案件1455件，罚没款431.9万元；全市公安机关拘留涉传人员255人，法院判决247人。

【消费维权】 将消费投诉、登记注册、案件举报、打假打传等对外热线统一整合为12315，形成“一个电话对外”的高效、便捷的消费投诉处理体系。推进汽车销售和维修行业消费维权工作，指导县（市）级构建12315投诉举报平台。

【网络市场监管】 推进网络主体建库，入库市场主体7.8万户。监测各类网站7.6万户次；办理网络违法案件60余件；完成网络交易监管服务系统（含电子取证实验室）的开发设计和一期工程项目建设，开辟了查处侵害消费者个人信息等网络交易市场监管的新领域。

【服务广告业】 抓住新《广告法》实施的有力时机，开展送法进基层、进企业、进社区活动，举办了20场专题培训。完成广告大数据调度控制室建设，对广告监测设备进行升级增容，共监测市属媒体发布各类广告96.67万条次，办理广告案件85件，罚没款入库金额198.6万元。全市广告发布严重违法率0.06%，较上年下降0.21个百分点。

【依法行政】 推进简政放权，梳理和健全权力和责任清单。维护市场经济秩序。全年行政处罚案件共立案2181起。围绕“两节”市场等打假工作重点，开展打击侵犯知识产权和制售假冒伪劣商品专项行动。立案673件，办结637起，移送公安机关5件，入库罚没款713万元。对罚没的假冒伪劣物资进行集中无害化销毁。参与全市安全生产大检查，开展集中“查无”专项行动和危险化学品经营证照筛查。共查处无证无照经营694户，补办证照8218户。

（顾朝晖）

公共资源交易监督和管理

【概况】 2015年，合肥市公管局和安徽合肥公共资源交易中心创新工作机制，优化工作流程，强化管理措施，提升服务水平。安徽合肥公共资源交易中心全年受理各类项目10040个，完成项目8203个，成交金额1349亿元，节约和增值资金540亿元；与上年相比，完成项目数增加36%；成交金额创历年新纪录，比上年增长8.5%。

【建设工程】 安徽合肥公共资源交易中心完成建设工程项目1448个，中标价358.08亿元，节约建设资金233.89亿元。全年完成轨道交通、合淮路、董铺水库水源保护区土地整治安置点等城市重点工程建设项目，

【政府采购】 安徽合肥公共资源交易中心完成采购项目2757个，采购预算金额332.04亿元，中标金额累计286.33亿元，同比增长129%。完成公交集团电动公交充电站设备、滨湖中心弱电智能化工程、包河区电梯等设备采购等重点民生项目。

【产权交易】 安徽合肥公共资源交易中心积极推进文化、版权、环境能源、农村产权、广告经营权、特许经营权等新兴业务开展，累计完成各类产权交易项目1030宗，实现产权交易额50.49亿元。

【土地交易】 安徽合肥公共资源交易中心累计完成土地交易121宗，挂牌底价累计283.43亿元，增值资金累计215.55亿元，增值率76%。其中，63个市区经营性用地项目，出让底价累计242.25亿元，成交金额累计453.49亿元，增值率87%；57个工业用地出让项目，出让底价14.1亿元，成交金额14.1亿元；28个四县（市）经营性用地项目，出让底价累计27.01亿元，成交金额累计31.39亿元，增值资金累计4.37亿元，增值率16%。

【农村综合产权交易】 安徽农村综合产权交易所会同市农委在肥东、肥西、巢湖设立农村产权交易分所，搭建了各县开展农村产权交易平台。同时，开通使用61个乡镇和8个园区平台，普及农村产权交易政策法规，提高业务人员专业水平和技能，实现基层产权信息收集、上传文件等全网络操作。指导各县建立规范农村产权交易程序和办法，对交易项目采取“应进则进”全面市场化运作。全年受理承包土地经营权流转、林权、水面、集体资产处置等项目648个，成交393个，成交额13.87亿元，增值1.79亿元，增值率13%，保障了农民和农村集体经济组织的财产利益。

【全面承接省级项目】 部署平台共建及省级项目承接工作。市公管局围绕省级项目进场的监管分

工、操作流程、交易规则、整合专家库等工作环节，经过与多家省直行业主管部门的充分沟通和对接，实现了合肥市交易规则在省级各类项目中成功应用，省级政府采购业务、省管交通工程、水利工程、省级矿业权出让等项目已顺利进场交易。省市共建对发展以合肥平台为轴心的区域综合交易市场具有长远意义。

【专家平台建设】 市公管局扩充专家库规模，将原省政府采购专家400多名纳入市级专家库，通过多种渠道征集PPP招标项目专家、文物保护类专家入库，共新增专家近700名，在库专家达7002人。同时，修订完善评标专家入库考试和网上培训系统研发，提升科技管理手段。加强对评审专家评审行为的监管，共计约谈评审专家23人次，并对其中15人做出了暂停评审资格的处理。

【标准化建设】 按照国家级服务业标准化试点单位建设要求，安徽合肥公共资源交易中心制订了“服务提供、服务保障、服务评价与改进”三大类8个层次近200条服务标准，5大类34项作业指导书和服务标准，以及17项管理规定，有效提升了交易平台的管理服务能力。

【监督平台建设】 市公管局研发涉诉案件网上电子监察系统，对涉诉案件实行全流程网上办理，同时对各类项目交易实现自动预警功能，由传统的“人盯人”转变为“键对键”监管模式。重大问题处罚决定由该局领导班子、办案部门、项目代理和法律顾问集体研究，统一处罚标准，严格执行环节。

严厉打击串通投标行为，全年查处违法违规的投标企业22家，限制两年交易资格，并向市公安部门移交案件线索3起；加大对公共资源交易活动中违法行为的处罚力度，对在招投标活动中提供虚假资料、骗取中标的6家企业共计处以477.2万元的罚款。

【市县区一体化建设】 合肥市公共资源交易市县区一体化工作取得实质性进展。合肥市级平台建立与各县区信息发布、咨询服务、评标专家库、信用评价、投诉受理、监督管理“六统一”运行机制，一方面使市级层面的改革在区域内实现有效覆盖，另一方面县区的工作创新已上升为全市的工作标准。明确县级平台的统筹监管职责、完善县级平台的服务承载能力，同时做好乡镇项目交易服务和工作转型，促进地方各相关部门对交易过程实行联合监管，真正实现了市辖区域的一盘棋整体发展。

【政府采购网上商城启动】 安徽合肥公共资源交易中心建设省、市、县三级商品丰富、采购方式灵活、全过程信息公开、全流程数据记录、信息系统稳定的政府采购通用货物网上商城，解决传统批量采购或协议供货方式中难以解决的产品型号和价格更新不及时、厂家采用特定专供型号以及零星采购效率低下、采购成本较高等问题。商城一期上线试运行，并在部分单位测试。

（市公共资源交易监督管理局办公室）

食品药品安全工作

【概况】 2015年，合肥市食品药品监管工作围绕保障食品药品安全的核心职能，推进“四个最严（最严谨的标准、最严格的监管、最严厉的处罚、最严肃的问责）”和“四有两责（四有：基层监管有责、有岗、有人、有手段；两责：指有日常监管、监督抽验责任统一印制使用药品监管局（所）文头，统一刻制使用食品药品监管局（所）印章，统一对挂牌后基层食品药品监管局（所）干部进行新的任命，统一印刷使用食品药品监管执法文书，统一制作和悬挂食品药品监管标识、标牌，统一制作装备食品药品监管执法服装）”的落实，确保了全市未发生重大食品药品安全事件。启动食品药品安全城市创建工作，召开创建大会，印发《目标任务推进计划》和《任务分解表》，成立创建宣传工作领导小组。以创建工作统领全年食品药品监管工作，成效显著；肥西县、庐阳区和长丰县通过考评，分别获 “全省食品安全示范县”和“国家农产品质量安全县创建试点县”称号。做好食品安全综合协调工作，市政府与各县（市）区签订2015年食品药品目标管理责任书，印发《合肥市2015年食品安全工作要点》，市食安办对工作任务进行分解落实，对各县（市）区半年度工作完成情况进行督查，牵头组织开展对各县（市）区年度食品药品安全目标管理绩效考核工作。全年先后10次组织召开食品安全办（扩大）会、创建动员会、现场会和联席会议，组织开展30次专项整治，12次食品安全联合执法检查和专项督查。

【食品药品监管】 全年监督检查100819家（户）次，其中食品生产企业2210家次，食品经营者5.9万户次，餐饮单位36240户次，药品生产企业150家次，特殊药品生产经营企业122家次，药品批发企业141家次，药品零售企业

1986家次，医疗器械生产经营企业970家次；突出“一大二小三重点（大市场，小作坊、小餐饮，重点领域、重点品种、重点时段）”，在全市8家食品和食用农产品批发市场、198家农贸市场中选定了3家批发市场和20家农贸市场开展规范经营建设工作。实名登记管理食品加工小作坊1100家，在全市建设117处摊贩中心和特色夜市，创建小餐饮示范店1020家，示范街13条。在全省率先开展食品生产企业风险分级监管，在较大规模食品生产企业试行质量受权人制度。落实食品市场日常巡查和属地管理责任制，建立食品经营户“一户一档”制度。实施餐饮服务量化分级管理，完成32次重大活动食品安全保障任务，开展“明厨亮灶”工程，达标单位430家。加强药品生产企业、化妆品生产企业和特药、医疗器械生产经营企业监管，推进药品经营企业GSP认证，现场检查通过1899家，全面完成GSP认证工作任务。以问题为导向，开展农村食品市场、学校及周边、省市“两会”、传统节日、乳制品、豆制品、食用油、肉制品、疫苗、中药材中药饮片、体外诊断试剂、无菌和植入性医疗器械等重点品种专项整治。

【查处食品药品违法案件】 市本级当年查处食品药品违法案件150件，罚没款639.1万元，同比分别增长183%、261.3%。加强行政执法和刑事司法衔接，全年移送公安机关涉嫌食品药品犯罪案件17件，公安部门受理立案10件。

【防控机制建设】 市食品药品监管局修订发布《合肥市食品安全事故应急预案》和《合肥市药品和医疗器械安全突发事件应急预案》，组建合肥市食品药品应急管理专家库。举办安徽省暨合肥市Ⅲ级药品安全应急演练和合肥市Ⅳ级食品安全事件应急演练，效果良好。妥善处置食品药品安全突发事件7件，快速应对舆情事件11起。完成4221批次食品、药品、医疗器械、药包材和化妆品的监督抽检任务。药品和医疗器械不良反应监测共报告13277例。

【依法行政】 制定并公布权力清单和责任清单，公示的权力事项共计159项，实行行政处罚案件群众公议制度以及行政处罚案件公开制度，举行群众公议案件74件，行政处罚信息公开17期74件，审评认证办件信息公开310期。实行审、批、查三分离的行政审批制度，全年办理各类行政审批、备案、形式审查件6032件。全年市本级办理的处罚案件没有出现1例复议改变决定或引起行政诉讼。行政复议案卷连续2年被评选为全市优秀案卷。

【拓宽食品药品安全社会共治渠道】 健全综合协调机制，及时调整市县两级食品安全委员会成员单位，制定工作职责，各部门形成了工作合力。发挥乡镇（街道、社区）食品安全办作用，开展风险排查、日常巡查，协助监管部门开展监管和专项整治工作。完善投诉举报工作机制，鼓励公众参与食品药品安全监管。接受“12331”“12345”网络等渠道“四品一械”投诉举报4206件，占全省投诉举报受理总量的一半。“12345”投诉办理工作在市政府两次考核中均取得100分的好成绩，受市政府通报表彰。开展食品药品安全宣传和“食品药品安全城市创建宣传”“食品安全宣传周”“安全用药月”等活动，营造良好的食品药品安全监管氛围。制作《食品药品安全公益短片》《食品药品安全宣传公益广告》在合肥广播电台、合肥电视台、合肥日报播放和刊发。协调市建委、市重点局、市交通局、市公交公司在建筑工地、出租车、公交车身、公交站牌悬挂、张贴创建宣传标语，在车载移动电视上播放食品药品安全视频资料。

【基层监管体系建设】 提升食品药品监管能力，全面完成了县（市）区、所加挂食品药品监督管理局（所）牌子和“六统一”工作，基层食品药品监管“最后一公里”打通。加强财政经费保障，全市当年累计投入食品安全财政保障经费2.23亿元，其中市财政投入1.17亿元。加强技术监督机构建设，投资7593.5万元建设市食品药品检验中心，规划建筑面积约1.35万平方米。

（市食品药品监督管理局办公室）

质量技术监督

【概况】 2015年，合肥市质量技术监督局制定并实施《合肥市贯彻落实国务院质量发展纲要2015年行动计划》。召开长江中游城市群省会城市质量技术监督工作座谈会，签订《〈长江中游城市群省会城市第三届会商会合肥纲要〉质监合作备忘录》。召开全市质量强市工作联席会议。接受国务院质量工作考核组的现场质量考核。成立加快创新转型升级发展工作领导小组，落实市委市政府加快创新转型升级发展行动计划。肥西县人民政府开展省质量强县示范单位创建活动。发布合肥市质量状况白皮书。开展第四届市政府质量奖评选活动3家企业获市政府质量奖，5家企业获市政府质量奖提名奖。全市累计拥有中国质量奖提名奖3个、省政府质量奖4个、市政府质量奖10个，安徽名牌产品215个、合肥名牌产品147个。推进质量诚信体系建设，推进以组织机构代码为基础的实名制信息共享平台体系建设。开展“做精工产品、做诚信企业”活动，建立生产企业产品质量“红黑榜”，建立企业信用档案数据库。组织企业发布质量信用报告和开展质量安全公开承诺，推进企业建立质量诚信自律机制。此外，落实新三定方案，建立健全岗位责任制，加强目标管理和绩效考核，强化职工教育培训。

该局当年获2015年度全市安全生产目标考核优秀等次、2015年度全市应急管理工作目标考核优秀单位等称号。该局直属党委获2015年度市直机关党建目标责任制考核优秀党组织称号。

【标准化工作】 实施技术标准战略。兑现企业标准化项目奖励资金达1998万元。全市制定国际标准1项，国家标准26项，行业标准15项，省地方标准50项、市地方标准14项。8家企业创建企业标准化良好行为AAA级。全市新创建11家省级服务标准化试点单位。为市重点产业提供支持，组织制定《建筑用光伏构件工程技术规范》《电动公交车充电站安装施工验收规范》《太阳能光伏电站设计、安装与验收》等8项重点项目的省地方标准。组织指导制定《节约型旅行社服务规范》等4项旅游服务省级地方标准。会同市城管局组织制定《建筑垃圾运输车技术条件》省地方标准。新创建13个市级农业标准化示范区。

【计量管理和服务】 制定《关于加强计量工作的实施意见》。推进“计量惠民生、诚信促和谐”工程。通过首检、复检和抽检，保障水、电、气、热“民用四表”精准运行。加强对加油机、加气机、出租车计价器等重点计量器具的监督管理。对近80家乡镇社区基层医疗机构的3000多台件计量器具进行免费检定，提高医用计量器具的合格率，保障人民健康安全。开展能源计量专家上门服务活动。

【检验检测能力建设】 召开全市检验检测认证服务产业发展工作会议，推进检验检测认证产业发展。加快推进包河区检验检测认证服务产业聚集区建设。国家家用电器产品质量监督检验中心一期建设项目完成，并通过国家质检总局“三合一”认证评审。TCL、惠而浦、格力等知名电企先后与其就新产品研发、质量检验等达成初步共识，技术支撑作用日益凸显。质检、计量、特检三大检测体系基本形成。

【监管保障】 制定全市产品质量监督抽查目录。开展食品相关产品专项整治和十类重点产品质量提升行动加强电子商务产品质量监管。生产企业抽查综合合格率达95.7%。强化企业准入退出机制。对高污染、高耗能、高排放和危及安全的产品，严格生产许可证管理和强制性认证监管。对实验室实施分类监管，对管理体系认证市场开展执法检查。组织开展机动车与非机动车专项检查。召开全市电梯安全工作会议。向市政府呈报特种设备安全状况报告。与基层市场监管部门签订安全生产目标责任书，推进特种设备安全“五落实五到位”责任体系建设。与电梯维保、气瓶充装单位等重点行业领域特种设备生产单位签订安全生产承诺书等，督促生产、使用、经营、检验检测等单位落实主体责任。组织开展特种设备“打非治违”专项整治、“严执法、排隐患、强管理”专项行动、气瓶安全专项整治。突出电梯安全大会战，扎实开展三大战役。开展各项安全大检查，确保节日、会议和重大活动特种设备安全。在市委党校举办特种设备安全培训班，各基层市场监管部门的60余名监管人员参加培训考核。免费举办B类安全监察人员培训考核班，各基层市场监管部门的130名安全监察人员参加培训考核。通过在合肥市广播电视台播放电梯安全公益广告等形式，加强特种设备安全宣传。初步建立特种设备安全监管体系，基本建立覆盖县（市）区市场监管部门特种设备安全监管队伍。

【规范法治】 推进依法行政，法治质监成效明显。有序推进商事登记“三证合一”制。制定权力清单、责任清单和涉企收费清单制度。严格按照权力清单行使权力，按照流程规范程序，落实责任。规范计量、特种设备行政许可行为，简政放权。推进“六五”普法。举行《关于中国法治计量建设》专题报告。举办“六五”普法讲师团“法律六进”巡讲质监专场活动。加强政务宣传报道工作，推进政务和突发质量安全事件信息公开。组织“质量月”等活动。发挥“12365”“12345”热线作用。开展“质检利剑”“双打”等专项行动，完善质量监管、执法稽查工作体系，健全风险排查与执法打假互动、“两法”衔接和处置突发事件快速反应工作机制，推行案件查处结果公开。

（市质量技术监督局办公室）

安全生产监督管理

【概况】 2015年，合肥市安监局狠抓安全生产责任落实，推进安全生产法治建设，加强非煤矿山、危险化学品等高危行业监管，严格执法检查，严肃事故查处，开展形式多样的安全生产宣传教育活动，及时修订各项应急预案并加强实战演练，安全标准化、安全文化示范企业、安全社区等基础性创建工作取得新进展。安全生产事故死亡人数连续10年实现下降，创历史同期最好水平。全市全年共发生各类生产安全事故3081起，死亡420人，同比下降1.9%，死亡人数低于省控指标8人；发生较大安全事故4起，低于省控指标2起。

【责任落实】 推进安全生产责任体系建设，安全生产责任体系"五级五覆盖"在全市范围落地生根。县乡两级实现"党政同责"全覆盖、"一岗双责"全覆盖、"三个必须"（管行业必须管安全、管业务必须管安全、管生产经营必须管安全）全覆盖、政府（行政）主要负责人担任安委会主任全覆盖、各级安委办定期向本级纪检、组织部门报送安全生产情况全覆盖。通过织密安全生产责任网络，层层压实责任，为实现安全生产由"以治为主"向"以防为主"转变，由"被动应付"向"主动监管"转变打下坚实基础。同时，加强安全生产目标管理考核，严格实行安全生产"一票否决"，加大事故责任追究力度，推动安全生产工作落实。

【法治建设】 2015年9月14日，合肥市通过《合肥市安全生产监督管理规定》，12月1日起施行。该规定共66条，系国家新修订的《安全生产法》实施后全国首部地方政府制定的规章。《规定》的颁布实施标志着合肥市安全生产依法治理工作进入新的阶段。

【高危行业】 非煤矿山领域，由政府购买服务，聘请专家对19家矿山企业开展逐矿"会诊"，排查整治隐患143项。推进矿山企业分级分类监管，加大整顿关闭力度，关闭生产规模小、资源利用率低、破坏生态环境的矿山企业14家。危险化学品领域，将油气管线隐患整治列为安全生产"一号工程"，实行每周调度、每月通报、每季销号；807处隐患（其中6处重大隐患）全部整改到位，居全省第一。烟花爆竹领域，巩固关闭成果，在全市开展了为期8个月的烟花爆竹安全专项整治，全年未发现非法生产问题，打非工作取得新成效；配合公安等部门治理烟花爆竹燃放，压减烟花爆竹零售网点，促进了春节期间大气质量的改善。职业卫生领域，全市3300余家企业开展职业卫生基础建设活动，930家企业完成了职业卫生"三同时"工作。

【执法检查】 开展各项安全生产执法检查活动，创新执法方式，提升执法效能、压缩执法成本，以"四不两直"暗查暗访模式推进执法公平、公正、公开。在"两节、两会"、汛期和安全生产重点时段开展春季安全大检查、夏季汛期安全专项检查、冬季安全大检查、高危行业领域安全大检查、"严执法、排隐患、强管理"等各类执法检查活动。全年共执法检查各类生产经营单位2.12万家次，排查一般安全隐患13.5万项，重大安全隐患57项。责令252家企业停产整顿，暂扣吊销389家企业证照，取缔与关闭企业49家。

【事故查处】 严格按"四不放过"原则，查处每一起安全事故。在安全事故调查处理中，坚决做到四个到位：即企业的处罚到位，领导责任追究到位，整改措施落实到位，综合评先一票否决到位。加强对事故的查处问责力度，市本级当年共查处各类安全事故11起，责任追究52人，对23家单位和45名个人罚款442.89万元，对7名人员给予行政处分责令3家单位作出深刻的书面检查。严格执行事故查处挂牌督办制度，对由全市各县（市）区政府组织调查的5起安全事故进行挂牌督办，限期办结。及时公开安全事故信息和较大安全事故调查报告，健全完善安全事故调查台帐资料。

【宣传教育】 强化安全生产宣传，全市公共场所设置各类宣传展板、标语共计约12万幅，利用电视、广播、网络、手机、报纸等发送安全宣传信息20多万条，组织观看安全警示教育片200余场；在合肥电视台播放了《依法治安的法律重器》宣传片；组织开展专家讲座206场，安全文艺汇演200余场；曝光安全生产违法行为198家次。在"合肥安监"官方微信平台开展安全生产摄影大赛活动；在中国安全生产报、安徽经济报、新安晚报、合肥日报刊登专栏，开展安全生产宣传。强化安全培训管理，在全省率先实行安全培训教考分离，并严格监考、全程录像，全年共培训安全管理人员7433人，考核合格率为94.1%；培训特种作业人员23429人，考核合格率为62.93%。

【安全基础工作】 开展安全标准化建设，全市共2649家生产经营单位完成达标创建。开展安全文化示范企业和安全社区创建，当年创建省级安全文化示范企业5家、市级24家；创省级安全社区14个、市级30个，企业安全文化、社区安全常识在工作场所、居民生活区皆广为传唱。推进安全产业园区建设，合肥高新技术产业开发区被国家安全监管总局、工业信息化部列为国家安全产业示范园区创建单位；合肥市与清华大学合作共建的实操实训、检测检验和应急救援功能的综合技术支撑基地也落地合肥市经济技术开发区。

（市安全生产监督管理局办公室）

教 育

【概况】 2015年，在市委、市政府的正确领导下，全市教育事业呈现持续健康发展的良好态势。全年在国家主要媒体刊发合肥教育发展经验、报道典型案例124篇，在省级媒体刊发9篇。全市“全国中小学品质提升试验区”工作稳步推进，市教育局被国务院授予“全国‘两基’工作先进单位”称号；庐江、肥西通过教育部专项验收，全市实现了全国义务教育发展基本均衡县（市、区）全覆盖。

截止2015年底，全市各级各类学校1892所，其中：中等职业学校75所，普通高中103所，初中257所，小学584所，特教学校6所，幼儿园866所，国防学校1所。各级各类学校在校学生117.25万人，教职工8.31万人，其中专任教师6.77万人。

【基础教育】 全年本市公开招聘幼儿园教师182名，现专任幼儿教师10188人。普惠性幼儿园总数达526所，占幼儿园总数的63%；乡镇公办中心幼儿园覆盖率达100%；学前三年毛入园率达105.59%。全年新建、改扩建公办幼儿园项目共21个。其中新建19个，改扩建2个。全年市财政共发放学前教育专项资金 8400万元。2015年，全市普惠性民办园共有342所，其中市区106所，市级财政补助2834万元，县级财政补助1394万元，受益幼儿71233 人。2015年市级财政补助企事业幼儿园1872.08万元，县级财政补助632.18万元，受益幼儿12299 人次。继续加大学前教育培训力度，完成市级培训1800人次，各县（市）区完成学前教育县级培训5000人次，幼儿园三年一轮的全员培训率达到100%。

义务教育均衡发展取得新突破。深入推进义务教育“三大提升工程”，确定了第二批41所新优质学校创建试点学校。深入开展城乡教育结对合作，结对合作学校达到300所，有力提升了城市薄弱学校和农村学校的办学水平。全市义务教育学校标准化建设完成率达到92%，设立专项奖补资金1.13亿元，并向薄弱区域倾斜。进城务工人员随迁子女定点学校增加到218所，就读人数达10.82万人，占全市城区在校生总数的38.5%。民办学校义务教育阶段学生统一纳入义保政策和免书本费实施范围。庐江、肥西通过国家义务教育发展基本均衡县（区）达标认定，本市全部9个县（市）区进入全国义务教育发展基本均衡县（市）区行列。

普通高中教育特色化发展成效明显。优质高中教育资源进一步扩大，合肥十中新校区投入使用，普通高中国际班管理进一步规范。成立合肥市教育学会示范高中研究分会，举办了“提高课堂教学有效性”专题校长论坛和学科研讨活动。

【职业与成人教育】 2015年市委、市政府出台《关于加快发展现代职业教育的实施意见》等系列文件，成立了合肥市现代职业教育改革与发展领导组和合肥市现代职业教育集团及其理事会，组建了8个行业职业教育教学指导委员会，启动了首批28个专业校校合作、77个专业校企合作项目。在职教集团内11家企业挂牌职业院校实习实训基地。积极推动县域职教资源整合。安排7500万元专项经费，推动市域内各县（市）按照“一县一特色”的原则，依托县级职教中心整合职教资源。谋划合肥职业技术学院“一校两区”建设规划和黄麓师范学校扩建规划工作。组织职业院校编写“3+4”“3+2”和高职与应用型本科人才培养方案。支持合肥职业技术学院、合肥幼儿师范高等专科学校创建技能型地方高水平大学。落实职业教育发展专项资金的实施项目；开展市属中等职业学校和县级职教中心的数字校园建设。拓宽“双师型”教师能力建设渠道。在全市规模以上企业首批遴选组建441人的全市职业教育“双师型”教师人才库，建立高技能人才进入职业院校兼职任教的绿色通道。积极规范中职学校办学行为。2015年，全市具有办学资质的职业学校共有65所，比2014年增加了10所。积极开展职业教育宣传。组织开展了合肥市2015年首届职业教育活动周，启用全省中职招生录取平台。编印了2015年职业教育进校园宣传资料《选择》读本和《报考指南》。

完成社区教育四级网络建设。评选出13个市级社区教育示范街道和市级社区教育示范成技校。开办社区教育骨干研修培训，组织全市55名社区教育骨干赴上海研修学习。完成2015年全市社会培训任务，全市12个县（市）区，共完成各类教育培训7.5万人次。开展合肥市首届优秀社区教育活动品牌和优秀社区教育先进个人评选，评选出10个社区教育活动品牌、10名优秀社区教育工作者、30名优秀社区教育志愿者和50名百姓学习之星。举办合肥市2015年全民终身学习活动周及系列特色活动。庐阳区申报全国社区教育示范区，包河区申报全国社区教育实验区。

【民办教育】 修订了《合肥市民办学校违法违规行为累积记分管理办法》等3个民办学校过程性管理办法。下划部分民办学校管理权限，明确市、县两级教育主管部门的管理职责，将县市区域内32所民办高中、民办中职学校管理权限下划至所属区域教育主管部门管理。加强过程管理。组织2014年民办学校年检工作，对13家市域范围内市管民办职业学校、15家民办普通高中、7所民办高教自考辅导学校进行了实地年度检查，对社会公布年检结果。

加强对非学历教育机构的指导。下发了《关于开展全市2015年整顿无证办学行为清理的通知》，加强对全市无证办学机构的监管，公示公告全市具有合格办学资质的民办培训机构信息。加强民办学校的专项检查，规范民办学校的管理。完善民办学校奖补资金管理，设置专项资金对民办学校加强师资队伍建设给予奖补，开展民办奖补资金使用及绩效评估。

【教育改革】 继续全面深化教育领域综合改革，推进合肥市十三五教育事业发展规划纲要编制工作。推进办学体制改革。加大力度，引导各县（市）区采取名校集团化办学、名校办分校、名校托管等方式，推进教育资源均衡化发展。

推进学生评价方式改革。与上海市教委合作，稳步推进义务教育质量绿色评价工作，组织开展了实地调研、整改和跟进指导工作，培养本土评价专业队伍，发挥科学教育评价的正确导向作用，引导学校、家长和社会梳理全面的教育质量观，促进学生全面发展。推进学业水平评价方式改革，在蜀山区、包河区的6所学校开展了取消百分制试点工作，探索以《学科评估分析报告单》呈现等级评价方式。

继续深化招生制度改革。继续实行省示范高中招生指标到校比例85%。组织各高中学校进行多种方式的学习、交流，开展走班教学研究和模拟活动。继续加强国际班管理，实行普通高中国际班招生统管，由市考试院统一组织实施，学籍由市教育局统一建立，每学期注册一次，并实行单独编班管理，单独组织教学、单独进行评价。

进一步创新督导方式。完成了第一届市督学聘任工作，聘任行政管理、专家学者、特聘3大类市级督学184名。全市建立中小学校督学责任区93个，聘用专兼职督学229名，特约督学87名，实现了全覆盖。完成了2014年度县（市）区党政领导干部教育工作督导考核市级复查。

【队伍建设】 在机关干部队伍建设方面，出台了《关于进一步加强市教育局机关干部队伍建设的意见》，印发了2015年工作任务分解，选派3名局机关中层干部赴长三角地区及省教育厅挂职锻炼，安排12名县（区）教育部门和市属学校干部到局机关挂职锻炼，组织55名机关干部赴华东师范大学参加教育管理方面的研修。

在校长队伍建设方面，与市委教育工委和市委组织部联合出台《关于加强市属学校校长队伍建设的意见》，配合市委组织部考察、选拔和交流了市属学校8名市管校级干部；局党委考察、提拔、交流7名校级干部，指导协调庐阳区、肥西县和巢湖市探索校长“职级制”改革。

在教师队伍建设方面，以市政府文件的形式出台《关于加强中小学教师队伍建设的意见》，组织省第11批特级教师合肥市推荐人选评审工作，确定了36名教师为合肥市推荐人选。全面推进市教师培训项目。2015年培训经费达2845万元，比2014年增长6%，共有5.4万教师参加市级及以上各项培训，其中“国培”12425人，“省培”476人，市级专项培训4.2万人。全年55批、近4000人外出学习，没有出现一列安全事故。对培训项目进行测评，学员满意度达95%。开展“送培送教”90场，万余名农村中小学教师受益。16个学科教师培训基地形成了深受教师欢迎的固定培训模式和可供借鉴的培训经验。公开招考1323名中小学教师、13名中职专业课教师、38名市属学校教师，安置接收74名免费师范生，组织4089人参加全年中小学教师资格面试。肥西县、巢湖市和庐阳区探索制定义务教育阶段教师“县管校聘”改革试点方案。同时，认真抓好农村原民办教师身份和教龄及教龄补助发放和国企职教和幼教身份认定和补发工资工作，力争矛盾不上交，确保社会稳定。

【素质教育】 加强德育工作。制定《合肥市中小学生校外素质教育基地管理办法》，遴选并命名了第一批校外素质教育基地。制定《关于进一步推进未成年人心理健康教育实施方案》，启动中小学心理健康教育特色学校创建计划。出台了《关于进一步规范合肥市学校少年宫管理的实施意见》。修订《中小学生科学文化素养》读本，编印《廉洁文化教育读本》，将乡土文化、市情教育和廉洁教育纳入其中。在全市选拔推荐了小学、初中班主任代表全省参加第三届长三角地区中小学班主任基本功大赛。

丰富学生活动。制定了《2015市中小学（幼儿园）素质教育活动方案》。大力推进“阳光体育”活动，开展了全市中小学乒乓球、排球、羽毛球等12项活动。

大力开展校园足球活动，承办并组队参加了由教育部、国家体育总局、中央电视台共同主办的“谁是球王”安徽赛区的选拔赛，小学组获得冠军，初中组、高中组分获亚军；参加华东赛区决赛，小学组获得亚军；参加全国高中校园足球联赛总决赛，合肥一中取得了全国第11名，为全省最佳名次。包河区被教育部命名为2015年全国青少年校园足球特色区，为省内独家。举办了合肥市第六届文化艺术节暨社团文化节展评展演等系列活动。

继续开展研学旅行、“工业游”活动，在全国率先探索制订具有特色的研学课程标准，接待了湖北省研学旅行专项工作考察团访问，介绍了全国首批研学旅行试点市工作经验。

科技创新成绩显著。世界青少年机器人锦标赛获金牌1枚，全国机器人竞赛获一等奖20个，二等奖10个，三等奖12个；全国科技创新大赛获一等奖2个，二等奖4个，三等奖5个；学生电脑制作活动全国评选获一等奖3个，二等奖8个，三等奖7个。全国中职技能大赛获二等奖5个，三等奖7个。

推进“减负提质增效”。继续开展“同课异构”、教学研讨、观摩交流等活动，有效落实新课程理念，改革课堂教学模式，提高课堂效率。开展寒暑假违规补课专项督查活动，严肃查处违规行为。普通高考再获丰收，全市文理科三本以上达线人数为28643人，达线率为55.6%，比去年提高2.4个百分点。全省文理科前100名中，合肥占65名。

【教育民生】 全年预算安排义务教育经费保障机制资金5.85亿元（公用经费和免书本费资金，其中含市级民生工程免书本费资金5227.31万元）；实际拨付资金5.91亿元，其中，中央及省级资金3.54亿元，县（市）区级资金2.37亿元，资金拨付率为101.03%。预算安排中职和普通高中家庭经济困难学生资助资金1.79亿元；实际到位资金1.95亿元，资金拨付率为108.86%。

【校园安全】 强化安全教育和安全管理。重视安全教育，突出交通安全、防溺水工作，建立了交通安全、防溺水“每日提醒”“每周提醒”“每月提醒”“寒暑假期提醒”制度。强化应急演练活动，指导全市中小学在“3·30”中小学生安全教育日、“5·12”防灾减灾日组织开展应急演练活动，提升避险意识和能力。对全市中小学开展生命教育提出指导意见。通过开展“隐患排查月”“安全生产月”及多轮校园安全大检查活动，排查治理校园安全隐患，保障校园及学生安全。全面落实校园安全“四不两直”暗查暗访。会同市公安局、市交通局规范校车使用许可、校车标牌核发程序，加强校车安全管理。加强校园专职保安管理，首次组织开展市属学校、市直幼儿园专职保安年度考核。

【依法行政】 制定了《关于进一步规范教育重大事项决策行为的通知》，并制定《合肥市教育局党政会议议事规则（试行）》作为配套文件。加强规范性文件管理，及时修订市教育局规范性文件管理制度，落实规范性文件“三统一”（统一审查、统一登记、统一公布）要求，全年制定、修订和备案部门规范性文件20件。规范行政权力运行，明确了市、县两级教育主管部门对民办高中阶段学校的管理职责，切实落实属地管理原则，理顺民办高中阶段学校的管理关系，首批调整了32所民办学校的管理关系。继续规范合同管理，对外签订合同严格履行内部会审和法律审查程序。指导教育系统做好“六五”普法“验收年”工作，迎接“六五”普法终期考核验收。落实局常务会议集体学法活动，全年集体学法4次。启动全市公办中小学章程建设工作。

【反腐倡廉和政风行风建设】落实党风廉政建设责任制，把落实中央“八项规定”精神和纠正“四风”作为教育系统反腐倡廉重点任务，组织党员干部开展廉洁从政警示活动，与市属学校负责人签定《党风廉政建设责任书》。继续推动市属学校开展廉政文化建设，4所学校被确定为省级示范点。在全市开展中小学教育收费、教辅材料管理、减轻课业负担和规范办学行为等专项督查，并针对存在问题提出整改处理意见。查处某职教中心国有资产管理失职问题，追回流失资产收益15万元，对3名责任人提出追责建议。调查处理直属事业单位1名工作人员违反廉洁从业规定等问题，给予其行政记过处分。

【对口帮扶】安排寿县10名教育管理干部来肥挂职。继续关心3名援疆教师和20名赴阜阳“三边”地区支教教师的工作和生活；按照合肥经济圈党政联席会议要求，开展了教育教学人才观摩活动；开展了和霍邱、寿县和颍上等地区的教育结对工作。

（彭　强）

中国科学技术大学

【概况】中国科学技术大学（以下简称“中国科大”）1958年9月创建于北京，1970年迁至安徽合肥，是中国科学院所属的一所以前沿科学和高新技术为主、兼有特色管理和人文学科的综合性全国重点大学。

现有15个学院、30个系，设有研究生院，以及苏州研究院、上海研究院、中国科大先进技术研究院。有数学、物理学、力学、天文学、生物科学、化学共6个国家理科基础科学研究和教学人才培养基地和1个国家生命科学与技术人才培养基地，8个一级学科国家重点学科，4个二级学科国家重点学科，2个国家重点培育学科，18个安徽省一级学科重点学科。建有国家同步辐射实验室、合肥微尺度物质科学国家实验室（筹）、稳态强磁场科学中心、火灾科学国家重点实验室、核探测与核电子学国家重点实验室、语音及语言信息处理国家工程实验室、国家高性能计算中心（合肥）、安徽蒙城地球物理国家野外科学观测研究站等国家级科研机构和52个院省部级重点科研机构。

现有本科生7398人，博士研究生3472人，硕士研究生11014人。

图书馆藏书243.14万册，已建成国内一流水平的校园计算机网络和若干高水平科研、教学公共实验中心。

2015年4月30日，《中国科学技术大学综合改革方案》通过国家教育体制改革领导小组办公室备案。方案明确了加快现代大学制度建设、深化人才强校主战略、创新人才培养体系、健全卓越科技创新体系、以科研的国际化带动人才培养的国际化、建设“活力”校园、打造民生工程等7个方面共38项改革核心任务。

2015年7月30日，量子信息与量子科技前沿卓越创新中心（上海）、中国科学院—阿里巴巴量子计算实验室揭牌，并纳入中国科学院与上海市深化战略合作的重要内容。12月6日，中共中央政治局委员、国务院副总理刘延东视察卓越创新中心，听取实用化量子通信技术发展、“京沪干线”和量子科学实验卫星项目建设进展的工作汇报，并给予充分肯定。

2015年10月14日，白春礼院长与安徽省省长李锦斌就推进院省合作举行会谈，明确院省共同争取把合肥大科学中心纳入国家科学中心建设规划；以先进技术研究院为抓手，打造技术创新平台，催生变革性技术，培育战略性新兴产业，服务国家和区域需求，形成完整的创新链和产业链，打通科技成果向现实生产力转化通道，目前已建设

中国科学技术西区北门

重大战略性科技创新平台10家、各类联合实验室（研发中心）36家，孵化创新企业136家，注册资金累计6.8亿元，销售收入达到3.07亿元。

【人才培养】 坚持因材施教，启动通修课类课程分层教学试点；加强创新创业类课程建设，邀请有影响的企业家和创业者到课堂开展互动教学；加强大规模在线课程（MOOC）建设，启动14门校内MOOC课程项目。在教学管理方面推行“全过程精细化闭环管理”理念，实现“教、学、管”联动育人；继续推进学生学业指导中心建设，构建“闭环式”管理体系，全年共为600多名学生提供了量身定制的指导。

调整招生工作思路，创新招生录取方式，生源质量继续保持全国高校前列。2015年，学校通过少年班、创新试点班、自主招生、三位一体等多种形式选拔录取一批优秀学生，自主测试类招生人数达到总人数的39%。

构建多元化、立体化的研究生招生宣传体系，2015年，推免生数量和质量得到同步提升，共接收推免生1670人，科学学位研究生接收推免生比例达到80.5%，其中绝大部分来自“985工程”“211工程”高校；继续实施“博士生质量工程”，巩固业已成熟的研究生高水平学术讲座、研究生暑期学校、研究生学术论坛三大品牌项目，探索实施研究生“双学位”项目和“主—辅修”项目，研究生发表论文的质量明显提升，2015年共有16篇论文发表在Science（科学）、Nature（自然）及其子刊上，超过了2013与2014年的总和。

2015年，沈阳金属研究所研究生教育归口科大管理。至此，学校与合肥物质研究院、沈阳金属研究所实现了研究生教育“统一招生、统一教学培养、统一管理、统一学位授予”，及“导师、学科、平台”三位一体的深度融合。

专业学位教育质量实现新跨越。“苏州独墅湖科教创新区－中国科学技术大学工程硕士研究生联合培养基地”获批成为全国示范性工程硕士培养基地；与长春光学精密机械与物理研究所共建国家示范性微电子学院。

2015年累计授予博士学位752人，普通硕士学位816人，专业硕士学位1293人，学士学位1723人。2015届毕业生年终就业率为96.2%， 其中本科生为94.5%，出国率为31.6%，国内外深造率为76.1%。

【师资队伍】 2015年，学校充分利用国家、中国科学院和有关部委的高层次人才项目和政策，队伍建设成效显著。新增两院院士4人、发展中国家科学院院士1人、“国家杰青”7人、“万人计划”6人、青年拔尖人才9人、“千人计划”2人、“青年千人计划”33人、“国家优青”16人、“百人计划”3人。截至目前，学校共有两院院士50人、“长江学者”40人、“国家杰青”106人、“万人计划”15人、青年拔尖人才13人、“千人计划”42人、“青年千人计划”119人、“百人计划”144人，高层次人才占固定教师总数的29%。

继续加强“三位一体”的青年教师培养体系，引进的“青年千人计划”中，有6人入选国家杰青，占全国入选总数的35%，居全国高校第一；13人入选国家优青，5人成为973计划课题负责人，4人成为青年973首席科学家；13人入选中国科学院首批“卓越青年科学家”。通过公派留学项目、“青年骨干教师出国研修计划”等，2015年共派出38名青年教师出国研修。开设聘期制选聘固定教职通道，目前，聘期制科研人员规模达到700多人，已成为学校科研产出的生力军和后备人才的资源库。

【学科建设】 根据ESI的统计数据（2005年1月1日至2015年8月31日），学校有10个学科进入ESI世界前1%学科领域，4个学科进入ESI世界前1‰学科领域，7个学科论文篇均被引次数超过本领域世界平均水平。泰晤士高等教育的学科专业世界排行榜中学校生命科学排名世界第95位（全国第1），自然科学专业世界第78位（全国第3），工程技术专业世界第64位（全国第4）。

【平台建设】 国家同步辐射实验室合肥光源重大维修改造项目顺利通过验收，合肥微尺度物质科学国家实验室取得一系列国际领先的创新成果；自行设计、自主研制集成的国际先进大型反场箍缩磁约束聚变实验装置KTX（科大一环）正式竣工；由火灾科学国家重点实验室联合国际知名机构共建的“大尺度火灾国际联合研究中心”，通过科技部认定，成为学校首个国家级国际联合研究中心。目前，学校共有2个国家实验室、2个重大科技基础设施、7个国家级科研机构、17个中科院重点科研机构和54个省市及所系联合实验室。

【科学研究】 暗物质粒子探测卫星“悟空”成功发射，学校研制的核心载荷BGO量能器在轨工作正常；量子科学实验卫星的研制工作进展顺利，预计将于2016年发射；量子保密通信“京沪干线”项目进入全面建设阶段，预计2016年建成开通。2015年，共获批各类纵向科研项目 580 项、获批经费 8.4 亿元，签订横向合同 204 项、总经费 2.1 亿元。截至 12 月 15 日，到校科研经费 14.5 亿元，比去年增长 19.8%。国家自然科学基金获批直接经费 3.09 亿元，居全国第 8 位；面上基金项目和青年基金项目资助率分别为 47.56% 和 48.85%，均居国内主要高校首位；新增 1 个国家自然科学基金委创新研究群体，总数达到 14 个，名列全国高校第三位。

2014 年，学校作为第一署名单位发表 SCI 论文 2562 篇，比上一年增长 20.2%；2016 年 3 月汤森路透公布的数据统计，2005 年 1 月至 2015 年 12 月共发表 SCI/SSCI 论文 31659 篇，篇均被引 12.54 次，国内高校第一，超过世界平均值的 11.84 次。“多光子纠缠及干涉度量”荣获国家自然科学一等奖，此外还获得国家自然科学二等奖 2 项、国家科技进步二等奖 1 项，省部级科技一等奖 6 项、中国分析测试协会特等奖 1 项；2 人获得何梁何利科技进步奖，1 人获得联合国教科文组织“世界杰出女科学家成就奖”。“多自由度量子隐形传态”被英国物理学会评为国际物理学十大突破之首，“纳米尺度量子精密测量”入选中国高校十大科技进展，量子通信、高温超导和纳米材料两项成果入选中科院“十二五”标志性重大进展。

【国际交流】 2015 年，学校通过参加一流大学建设研讨会、东亚研究型大学年会等国际名校俱乐部活动，积极拓展国际交流渠道，继续加强与世界一流大学、著名科研机构的实质性合作，共签署 19 项校际合作协议。充分利用“中国科学院国际人才计划”（16 项）、国家外国专家局外国文教专家项目（57 项）、安徽省外专局引智项目（2 项）等，推进学校引智工作快速发展。有 251 名本科生参加海外一流高校或研究机构的学习交流项目，人数比 2014 年增长了 24.9%；通过国家建设高水平大学公派研究生项目，有 115 名研究生赴国外进行联合培养和攻读博士学位；资助 320 多名研究生参加境内外国际会议与访学交流，共有 700 余人次研究生参加境外和港澳台国际学术交流；教师参加境外学术交流 1334 人次，海外专家来访 1290 余人次；通过中国科学院—第三世界科学院（CAS-TWAS）院长奖学金、中国政府奖学金（CSC）等项目，积极推进留学生培养工作，在校留学生数从 2014 年的 203 人上升到 361 人。

（牟 玲）

合肥学院

【概况】 学校占地 1145 亩。设有 15 个教学系部，52 个本科专业（国家级专业 13 个），1 个专业硕士研究生专业。全日制在校生 16900 多人，教职工 959 人，其中专任教师 817 人，高级职称教师 309 人（正高 88 人），有博士学位教师 152 人，全国优秀教师 3 人，二级教授 1 人，皖江学者 2 人，客座教授中院士 2 人。常年在校外籍教师 20 多人，其中 3 人获中国政府“友谊奖”，10 人次获“黄山友谊奖”。

学校坚持“地方性、应用型、国际化”的办学定位，学习借鉴德国应用科学大学成功经验，围绕着应用型人才培养的关键要素，进行了系统的设计和改革，构建了具有鲜明特色的应用型人才培养体系。2014 年，《突破学科定势，构建模块化课程，重构能力导向的应用型人才培养教学体系》课题获国家教学成果一等奖，填补了省属高校该项空白。

学校是中德教育合作示范基地，全国应用型本科高校专门委员会副主席单位，长三角地区应用型本科高校联盟主席单位，国家首批承担“卓越工程师教育培养计划”的 61 所大学之一，安徽省应用型本科高校联盟常任主席单位，安徽省地方应用型高水平大学建设单位。

《人民日报》《光明日报》《中国教育报》《中国青年报》《新华每日电讯》，先后 50 多次报道学校建设发展情况。新华社《国内动态清样》和《内部参考》先后 4 次报道学校改革发展情况。2014 年 4 月 16 日，中国教育报头版头条以“一所地方高校的转型突围”为题，全面介绍了合肥学院十年建设应用型大学经历。

2015 年 10 月 30 日，李克强总理在视察学校时指出：“你们合肥学院的应用型搞得很好，合肥学院是个不错的学校”。并题词：“三十而立、卓有成效、根深叶茂”，高度肯定学校的对德合作。默克尔总理称赞合肥学院是“中德合作的典范”，并与李克强总理共同决定在合肥学院建立“中德教育合作示范基地、基金”。教育部和安徽省对基地建设高度重视，多次会商形成《关于落实李克强总理对安徽省教育交流合作批示有关情况的报告》正式上报国务院。报告指出：把合肥学院中德教育合作示范基地建设作为贯彻落实党中央、国务院关于引导部分地方普通本科高校向应用型转变决策部署的重要举措，积极探索改善高校人才培养、服务地方产业升级和经济结构调整的新模式。

【硕士专业学位研究生培养】

研究生教育进一步优化“三段式”培养模式，突出校企（所）合作育人和国际合作培养。研究生导师队伍建设得到进一步加强，与中科院过程工程研究所签订了《联合培养研究生协议》。邀请多位国内外专家为研究生作学术报告。硕士生导师团队成功申报了两项安徽省振兴计划项目：《高校产学研联合培养研究生示范基地》建设项目与《专业学位案例库和教学案例推广中心》建设项目。教师、导师队伍逐步优化。2015年，学校首届研究生全部如期毕业并就业或创业，就业单位分布于合肥、南京、昆明、北京、天津、青岛等地，主要在政府机关和企事业单位相关部门从事环境规划、设计、施工、管理、教育和研发等方面的工作。合肥学院将于2016年开展新一轮学科建设，并启动硕士点建设工程，努力打造与地方经济社会发展相适应的优势学科群和特色学科群。

【应用型人才培养】 持续推进教育教学改革，模块化教学改革不断深化。对22个专业、221个模块继续给予经费支持，深化内涵建设。工程教育专业认证工作有序开展。学校组织多人次参加教育部评估中心、中国工程教育专业认证协会举办的培训会。化学工程与工艺、机械设计制造及其自动化、自动化等三个专业正式提交《工程教育认证申请书》。化学工程与工艺专业被受理参加2016年工程教育认证。创新创业教育工作快速推进。各类教学研究与教学建设项目大幅增加。省级振兴计划获批12项，省级质量工程项目获批498项。

学校成立“合肥学院大学生创新创业教育中心”。把创新创业教育纳入人才培养方案。2015年国家级大学生创新创业训练计划学校申报并立项139项，省级立项417项、省级创客实验室建设立项46项，获省级及以上奖项26项。建立了大学生创新创业孵化基地及创业实践平台。一期建成的2200平方米的大学生创业园，先期26个创新创业团队已经入驻。“长三角地区应用型本科高校联盟”在合肥学院成立，“长江三角洲地区高校创新创业教育改革研讨会暨大学生创新创业成果展示会”也成功学校召开。本科生就业率为98.11%，专科生就业率为94.27%。

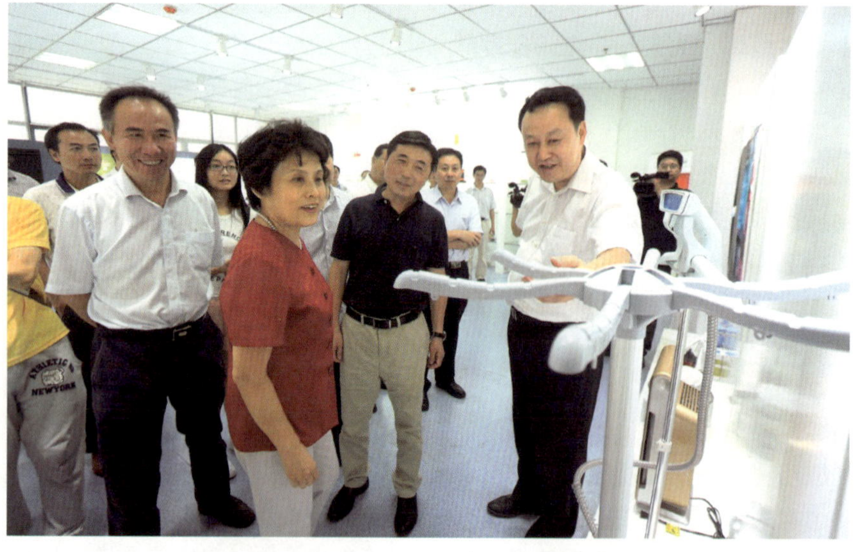

8月17日，合肥长江三角洲地区高校创新创业教育改革研讨会暨大学生创新创业成果展示会在学院召开。

【服务地方发展】 获得校外项目117项（其中国家社科基金项目3项，国家自然科学基金项目3项），科研纵横向项目经费1106.9万，技术创新引导专项基金450万，基地和人才专项资金2119万，经费合计到账达到3670万。公开发表论文413篇，被国际检索（SCI、EI）收录62篇。出版学术著作或编写教材16部。获各类授权专利42件。获安徽省科学技术二等奖1项，三等奖2项，“第十六届安徽青年科技奖”1项，获市级政府奖7项，参与制定标准3项。《应用型高等教育研究》获得国家新闻出版总署的批准。成功举办“纪念刘铭传抚台130周年”学术研讨会、“第三届安徽文化论坛”“巢湖蓝藻爆发应急预案暨巢湖湿地功能研究研讨会”“巢湖小流域治理可研编制污染源调查交流会”等高层次学术会议。

承办了暑期180名合肥市职业院校专业课教师到企业实践活动。图书馆继续对经开区企事业单位发放借书证，支持经开区企业文化、社区文化建设。承办了首届全国壁球俱乐部联赛总决赛。为默克尔访问合肥提供信息咨询和翻译；承办了汉语桥—德国中学生夏令营”活动、中日文化体验交流活动、第八届安徽省顺天乡杯韩国语演讲比赛。学校根据安徽省扶贫工作要求，共安排3位教师到宿州挂职扶贫。协助霍邱陈埠职高开展数字化校园建设。主办的“首届海峡两岸皖北农产品企业VI及包装设计workshop”项目，为皖北经济发展提供了支持。安徽合大环境检测有限公司市场业务往来覆盖安徽省80多个县市区。院士工作站开展董铺水库、大房郢水库污染源解析与控制策略研究、庐江县含矾矿山重金属污染现状源解析研究、蓝藻资源化无害化处理技术研究等工作，取得了一系列成果。

【师资队伍建设】　人才建设取得重大突破。1人被批准为事业单位专业技术二级岗位人员。特聘教授中国科学院过程工程研究所所长张锁江被增选为科学院院士。学校成功引进19名高层次人才和紧缺人才，其中含二类人才2名。有11人通过正教授职称评审，11人通过副高级职称评审。教师能力提升项目获得丰收。学校获批本科高校教师应用能力提升计划培训项目1项，项目经费100万元。获批高校优秀中青年骨干人才国内外访学研修重点项目17项，获批经费171万元，在省属二本院校中名列前茅。8名教师国内进修访学，44名教师到德国、新加坡和香港地区参加教学培训与研讨，组织20名教师到企业挂职锻炼。新获批省级教学名师3人、教坛新秀4人、教学团队2个、名师工作室3个。

【国际交流与合作】　圆满完成了“中德合作共建合肥学院三十周年”成果展活动。2015年10月30日，在国务院总理李克强与德国总理默克尔的见证下，中国孔子学院总部、德国施特拉尔松德应用科学大学与合肥学院签订协议，合作设立德国施特拉尔松德应用科学大学孔子学院。扩大了学校在韩国的知名度。第一届“合肥学院杯”汉语演讲大赛在韩国顺天乡大学成功举行，韩国共有50多名学生参加了比赛。成功举办了第八届中德应用型高等教育研讨会，新华社作了《中德应用型高教研讨会聚焦校企合作》的报道。持续增加了合作办学院校。2015年，校领导分别带队访问德国、韩国、英国、瑞士等，为进一步加强学校的国际合作办学拓宽了新的渠道。目前，学校共与48所国外及港澳台地区高校建立友好合作关系。学校中国政府“友谊奖”获得者赵诚惠教授和霍恩教授应邀全程参加了纪念抗战胜利70周年活动，现场观看了盛大的阅兵式。霍恩教授接受《人民日报》采访、阿拉米教授撰文于《中国日报》，分别就纪念抗战胜利庆典发表感想。

（江　山）

合肥幼儿师范高等专科学校

【概况】　学校始建于1980年11月15日，前身为合肥幼儿师范学校，1992年获省教育厅批准成为“安徽省幼儿师资培训中心”，2011年获教育部批准升格成为安徽省第一所独立设置的幼儿师范高等专科学校。学校以学前教育“教师培养、师资培训以及教育科研”为己任，迄今已培养、培训了3万多名合格的幼教师资，成为安徽省学前教师教育领域的主力军。同时利用学校艺术教育优势师资，培养了数千名合格的小学教师。

学校位于合肥市磨店高教基地，占地400多亩。现有全日制在校生4500多名。学校已开设了学前教育、早期教育、特殊教育、音乐教育、美术教育、舞蹈教育、书法教育、英语教育、对外汉语（学前方向）、图书档案管理等11个专业。初步形成了以学前教育为核心的学前教育专业群和面向小学艺术全科式教育的艺术教育专业群。其中，学前教育、早期教育为省级特色专业。安徽省高校学前教育专业教学指导委员会、安徽省学前教育专业（专科）联盟、安徽省陈鹤琴教育思想研究会、安徽省儿童文艺家协会幼儿文学委员会等研究机构秘书处均设在学校。

学校主动服务社会，积极承担安徽省教育援疆项目，支持革命老区金寨职业学校学前教育专业建设。坚持产学研结合理念，主动探索与地方政府“公建公办”连锁幼儿园的深度合作模式，引领幼教行业发展。

学校坚持开放办学，先后与美国、韩国、新加坡、中国台湾等境内外7所高校签订协议，开展合作办学、教师培训、学生就业、访学等项目。2015年首届中韩国际班顺利开办。

学校秉承“一切为儿童”的校训，坚持“幼”字特色，“师范”属性，2015年学校以优秀成绩通过安徽省首批高等职业院校人才培养工作个性评估，并成功立项“安徽省地方技能型高水平大学”建设项目，多次获得国家、省市表彰，享有“江淮幼教一枝花”“安徽幼教的黄埔军校”等美誉。

【办学水平提升】　2015年合肥市加快推进高等教育综合改革和科学发展，增强高校服务、支撑、引领地方经济社会发展能力，支持高校在各自的办学定位上分类发展、办出特色、争创一流。学校申报了安徽省高等教育振兴计划地方高水平大学建设项目。10月省教育厅公布项目评审结果，学校成功立项安徽省高等教育振兴计划地方技能型高水平大学建设项目，成为全省首批16所地方技能型高水平大学建设学校之一。

同年学校顺利通过教育部人才

合肥“幼专”参加合肥市大学生文化艺术季成果展

培养工作评估，在安徽省教育厅高等职业院校人才培养工作个性评估获得“优秀”等级，这标志着学校的发展迈向新的台阶。

【首届中韩班开班】 学校坚持开放办学，2015年经安徽省教育厅批准，学校与韩国又松信息大学签订合作举办三年制专科学前教育专业办学协议，韩方以又松信息大学为主、又松大学共同参与，中方为合肥幼儿师范高等专科学校。合作办学的宗旨是借助韩国先进的教育理念和优越的教育资源，结合国情，向学生传授学前教育专业知识，开阔学生的国际专业视野，将学生培养成为具备国际视野的高素质专业人才，为安徽省乃至全国的幼教事业做出自己的贡献，同时为学生继续深造本科学历提供机会。首次招生全部录满，9月，合肥幼专首届中韩班顺利开班，开启了合肥幼专国际合作办学的序幕。

【成立合肥幼专艺术中心】 2015年，合肥幼专艺术中心成立。合肥幼专艺术中心以优化学校艺术课程教学和研究为基础，关注学前教育动态，推行技能和素养并举的文艺复兴式艺术教育模式。以适当的方式在探究美术、音乐等艺术教学的同时辅以艺术社团指导、幼儿园教学分析、校园文化艺术活动开展、名师学术讲座、院校交流研讨等多种教育科研形式，力图使人文艺术的相关内容和精神内核在全校范围内深入人心。目前，艺术中心拥有学术顾问2名，兼任教师8名，客座教授6名，教学研究课题多项，成立了教师学术沙龙和儿童艺术教育研究会，并于国内多家教育教学和创作研究机构建立了合作关系。

【教科研发展】 学校升格以来，学前教育专业整体实力不断提升，先后获批省级特色专业、央财支持的“高等职业学校提升专业服务产业发展能力”项目，并带动开办了早教、特教专业。在学前教育专业近年的教学改革中，紧密围绕社会发展对幼儿园教师培养的现实需求，结合高等职业教育和教师教育改革，依托省级“质量工程”相关项目，深入探索实践取向的学前教育专业人才培养模式改革，特别是在专业课程建设上，主要致力于主干课程原创性课程资源的开发与利用，取得了丰硕的成果。自2012年起，建设中的原创性课程资源同步运用于课堂教学，取得了显著的成效。其中按新课标要求，坚持实践性、原创性，编写了四本国家“十二五”规划教材。

2015年“实践取向的学前教育专业原创性课程资源建设”获得安徽省高等教育振兴计划教学成果奖一等奖，实现学校省级教学成果奖一等奖零的突破。

【产学研合作】 学校坚持产学研合作的理念，主动服务地方经济社会发展。8月，合肥市委在市政府会议中心隆重举行合肥幼专校地、校校、校企合作协议签字仪式。合肥市委副书记凌云出席仪式并发表重要讲话，省委教育工委副书记江春，合肥市人大常委会副主任阚建华等领导出席仪式。

此次合作有诸多创新之举。与包河区、新站区合作，探索开办“公建公办”连锁幼儿园，这种地方政府和高校合作办园方式在政府职能调整、减政放权的情况下，是一种管理模式的创新。按照管办分离原则，政府出资金，管标准质量、加强监管，幼儿园交给社会公益组织来办。既为社会提供了最优质的学前教育资源，在一定范围内有效缓解了入园难入园贵等社会问题，也为学校学前教育专业学生实习、就业提供机会，为校、园教师双向互聘、合作教研提供便利条件。学校派出了管理经验丰富的管理者担任园长，其中一位是学前教育系副教授担任园长，开创了省内“教授当园长”之先河，同时招聘的教师中有4名硕士研究生，这是全省第一家幼儿园招聘研究生为教师。与中国科学技术大学终身学习实验室合作，主要是提升学前教育专业学生科学素养，在幼儿园教师中加强科学教育，为幼儿园教师采用浅显易懂的方式普及儿童科学教育，为从儿童时期培养公民科学思维能力打下基础；与中国人民大学艺术学院合作，加强艺术专业建设；与安徽大学外国语学院合作，强化英语教育专业建设。与安徽儒林图书馆咨询服务有限公司合作，成为全国首家实行全流程服务外包的高校图书馆，借助专业的力量将幼专图书馆建设成为全国一流的儿童教育特色图书馆，服务学校人才培养。

【交流与合作】 成功承办“纪念刘铭传首任台湾巡抚130周年学前教育交流研讨会”。2015年9月25日上午，由合肥市政府、省政府台办主办，合肥幼专承办的海峡两岸（合肥）纪念刘铭传首任台湾巡抚130周年系列活动学前教育交流研讨会开幕式在合肥幼专举行。副省长谢广祥出席开幕式并做重要讲话。台湾地区大学总校长吴清基致辞。全国政协委员、北京师范大学教授、博士生导师刘焱，省台办主任张永，省教育厅副厅长李和平，台湾元培医事科技大学执行董事蔡雅贤，台湾元培医事科技大学校长林志城，台湾敏惠医护管理专科学校校长叶志诚，台湾著名儿童教育家施美敏等出席开幕式，市委副书记凌云主持开幕式。开幕式上，合肥幼专与台湾元培医事科技大学、台湾敏惠医护管理专科学校签订了合作协议。目前，合肥幼专已有四批交换生前往台湾元培医事科技大学交流学习。

此次两岸学前教育交流研讨会是合肥幼专自第二届皖台学前教育学术研讨会所承办的第二场两岸间的学术交流活动。合肥幼专秉承开放办学的理念，与台湾多所高校建立了友好合作的关系，在学前教育专业发展上进行了密切地交流与合作，为进一步深化皖台学前教育交流合作搭建了新的平台。

（孔德洁）

科 技

【概况】 2015年，合肥科技创新工作按照“大湖名城、创新高地”定位和“新跨越、进十强”部署，突出改革引领、创新驱动、跨越赶超，圆满完成“十二五”目标任务。全市研发投入总额占GDP比重、国家高新技术企业数、发明专利申请数等科技创新主要指标稳居国家第一方阵。创新实力明显增强。自主创新主要指标全部进入全国省会城市“十强”，高新技术企业数由第12位上升到第7位，发明专利申请量和授权量分别由第12、16位上升到第5、10位，全社会研发投入占GDP比重由第16位上升到第3位。创新高地品牌彰显。先后获批国家新能源汽车推广、智慧城市、知识产权、科技和金融结合、文化和科技融合、股权和分红激励、科技成果“三权”改革、小微企业“双创”等一批试点、示范，并进入国家系统推进全面创新改革试验区域，连续8次蝉联全国科技进步先进市称号。创新平台建设加速。中科院合肥大科学中心获批筹建。加速建设中科大先研院、清华公共安全院、中科院创新院、合工大智能院、北大未名生物院等一批新型协同创新平台。创新环境不断优化。每年修订完善市自主创新政策体系，构建创新能力评价体系，建立市与县（市）区、开发区创新指标及政策联动机制，呈现出全市上下协同抓创新的局面。

科技创新工作以提升产业创新能力为核心，狠抓科技创新改革、创新平台建设、企业创新主体，较好地完成了全年目标任务，为经济增长逆势上扬发挥了支撑和引领作用，为“十二五”收官划上圆满句号，为“十三五”启航奠定坚实基础。全市实现高新技术产业产值5217.1亿元，增加值达到1257.2亿元，占规上工业比重达55.7%。全市发明专利申请和授权分别达16431件和3413件，分别增长27.1%和80.5%。全市科技创新工作实现“三突破”，国家高新技术企业数突破千户、达1056户，技术合同交易额突破百亿、达104.9亿元，万人发明专利拥有量突破十件、达12.2件。

【培育战略性新兴产业】 推进重大项目。加快建设质子和重离子癌症治疗、燃气轮机、免疫医疗、薄壁铸造等一批重大科技项目。市政府与合肥物质院签约共建合肥离子医学中心，着力打造高端医疗装备产业。论证完成并开建集成电路ICC平台。加速示范引领。在全国率先出台新能源汽车充电设施专项规划（2015～2020年），2015年在全国新推广新能源汽车13235辆、累计推广新能源汽车2.3万辆。公共安全产业园开工建设，初步形成“研究院+联盟+基金+园区”产业推进体系，量子保密通信“京沪干线”城域网在金融行业试点应用，开展智慧合肥总体框架构建工作。量子通信、铁基超导等技术水平位居世界前列。加快科技金融结合，扩大天使基金投资，面向全球引进高层次人才200人，已投资30个人才团队项目共2.09亿元。持续创新科技金融产品，落实专利质押贷款21家、融资额4.58亿元；科技保险35家、保额34.9亿元；创新贷64家、融资额2.2亿元；小额贷27家、融资额1.3亿元。

【打造企业创新主体】 加强高新技术企业培育。积极推进国家高新技术企业认定和复审工作，建立市级高新技术企业培育梯队，高新技术企业和创新型企业总数突破2000户。全市上年度国家高企享受税收优惠18.2亿元、增长36%，政策落实率为96.1%；研发费用150%加计扣除434户，税收减免5.3亿元，增长29%。推进大众创业万众创新。入选国家小微企业创业创新基地城市示范，制定出台众创空间及科技企业孵化器认定和管理办法，建设5F创咖、梦工厂、聚变场等各类众创空间15家、其中国家级4家，投资基金规模约7.8亿元，集聚创业企业（团队）约600个、创业人员近5000人。建成科技企业孵化器33家，其中国家级7家，全市孵化器管理人员398人，场地面积82.3万平方米，在孵企业1749家，毕业企业111家，孵化器内从业人员2.2万人，总收入11.55亿元。提升企业创新能力。以企业为主体建设产业技术创新战略联盟，新组建服务机器人、科技金融、轨道交通智慧制造、电力安全与节能、平板显示、科技企业孵化器6家联盟。新组建工程技术研究中心72家、总数达392家。

【建设新型产业创新平台】 推进大科学中心建设。加强与合肥物质科学研究院对接，积极争取国家支持，已获批中科院大科学中心建设，正在争取列入国家“十三五”规划。推进新型协同创新平台建设。出台《研究院研发资金管理办法》，落实首批资金5000万元支持40多项重点项目。编制中科大先研院知识产权处置、资产和财务等管理办法，中科大先研院建设研发平台36家，孵化科技企业136家。清华大学公共安全研究院建立首期3亿元基金，已筹备15个孵化项目。中科院合肥技术创新工程院首期20个项目已洽谈入驻。合工大智能制造技术研究院引入上海朗程资本建立首期1亿元基金，已孵化育成高技术企业12家，入驻22个项目团队，另有20家企业和研发机构正在洽谈合作。北大未名生物经济研究院开工建设生物经济孵化器等。签约中国农科院食品创新研究院，推进建设安大绿色发展研究院。加快建设创新服务平台。大力建设“一中心、三基地”。建设安徽联合产权技术交易所，开通网上技术交易平台，与中国技术转移中心（北京）、中科院合肥物质研究院、中科大等40余家单位签署了技术资源信息共享协议，形成比较完备的技术项目资源库，已收集并整理各类交易项目300余宗。鼓励高校院所科技资源共享，新入网仪器设备73台套，总数达1783台套。

2015世界机器人大赛开幕式

【推进科技创新改革】 加强政策引领。落实省创新驱动发展“1+6+2”政策，修订完善市自主创新政策，更加突出重大项目、平台建设、成果转化、人才激励，采取基金、借转补、奖补等方式，全年政策兑现2.13亿元、支持奖补项目3075项，有力促进了高企培育、研发投入、发明创造等持续快速发展。制定出台《合肥市进一步扶持高层次人才创新创业实施意见》，进一步强化人才激励措施。优化服务机制。完善科技企业项目库建设，入库企业2975户。建成知识产权公共信息服务平台投入运行，托管983家企业和516个高校课题组、专利10065件。整合科技项目信息资源，建立科技企业征信体系，出台《科技报告制度》，修订出台《合肥市科技奖励办法实施细则》。促进科技成果转化。积极推进科技成果“三权”改革试点，中科大、合工大等国家试点单位制定实施方案，完善科技成果转移转化相关制度建设。强化知识产权培育。完善专利创新、运用和保护机制，发展专利增长成效显著。建成“中国（安徽）知识产权维权援助中心”，全年办理专利案件45件，结案43件，结案率达95.6%。中科大先研院获得第43届日内瓦国际发明展专利金奖2项、银奖1项。量子通信等企业获得第十七届中国专利奖优秀奖9项，占全省75%。

【优化创新环境】 推进人才特区建设。出台人才安居行动计划，实施领军人才、高端人才医疗服务、子女就学保障等办法。新当选院士

5人，新建4家院士工作站引进院士4人，建设院士工作站25家，在肥工作院士总数达82人，引入国家各类“千人计划”专家195人。大力发展现代服务业。出台现代服务业发展规划和支持政策，突出发展工业设计、检验检测、科技成果转化等新型服务业态。加快发展电子商务、服务外包、现代物流等生产性服务业和文化旅游、健康养老、高端医疗等生活性服务业。推进区域科技合作。加强与中关村、长三角以及长江中游城市群等科技合作，与在京高校对接合作形成科技成果160项。成功举办RoboCup 2015机器人世界杯赛、中国计算机大会等，有力宣传、推进了合肥“创新高地”建设新成效。

（徐中林）

中国科学院合肥物质科学研究院

【概况】 中国科学院合肥物质科学研究院（以下简称“合肥研究院”）是中国科学院在安徽设立的一个综合性科研基地和高层次人才培养基地，坐落在合肥市西郊风景秀丽的蜀山湖畔科学岛上，面积约2.65平方公里。

合肥研究院正式成立于2003年5月，是由科学岛上原有的4个研究所即安徽光机所、等离子体所、固体物理所、合肥智能机械所与合肥分院合并而成，在十多年发展中又建立了中科院强磁场科学中心、先进制造技术研究所、技术生物与农业工程研究所、医学物理技术中心、中科院核能安全技术研究所、应用技术研究所6个非法人研究单位，与地方政府共建了安徽循环经济工程院、皖江新兴产业发展中心、淮南新能源中心、中科院合肥技术创新工程院、合肥离子医学中心，与安徽省科协共建并负责管理合肥现代科技馆。

合肥研究院还拥有1个国家工程中心，17个省部级重点实验室/工程中心，以及全超导托卡马克实验装置即东方超环EAST、稳态强磁场实验装置2个国家重大科技基础设施，牵头建立的合肥战略能源和物质科学大型仪器区域中心有机组设备253台套（新增13台套），总值约3.82亿元。

【战略定位与目标】 合肥研究院定位面向世界科学前沿、面向国家战略需求和中国产业技术发展需要，着力于核聚变、环境监测与治理、强磁场等已具优势基础的研究领域的发展；着力于推进光电空天技术、新型功能材料、高端医疗、现代农业等高新技术创新及其转移转化。合肥研究院目标致力于建设并依托大科学装置集群，开展基础性研究和高新技术研发，将科学岛建成著名的综合科学研究中心。

【推进“率先行动”计划】 合肥研究院在2014年进入中科院“率先行动”计划四类机构改革试点、依托筹建合肥大科学中心的工作基础上，2015年完成了岗位设置、人员遴选，组建了第一届科技委员会、用户委员会，基本完成中心筹建任务。合肥研究院还获批成为中科院机器人与智能制造创新研究院的分部，承担一个培育项目；固体所、智能所、强磁场中心等科研单元有一批骨干分别入选中科院纳米卓越中心、脑科学卓越中心等机构；智能所、应用技术所、技术生物所、先进制造所联合申报中科院现代农业特色研究所，已完成申请书编报；安光所与中科院大气物理所筹备联合申请中科院大气科学创新研究院。2015年，合肥研究院制定形成了《研究院“十三五”科技发展规划纲要（2016～2020年）》，进一步明确了“十三五”期间的定位，确立了四个重大突破方向和五个重点培育方向。

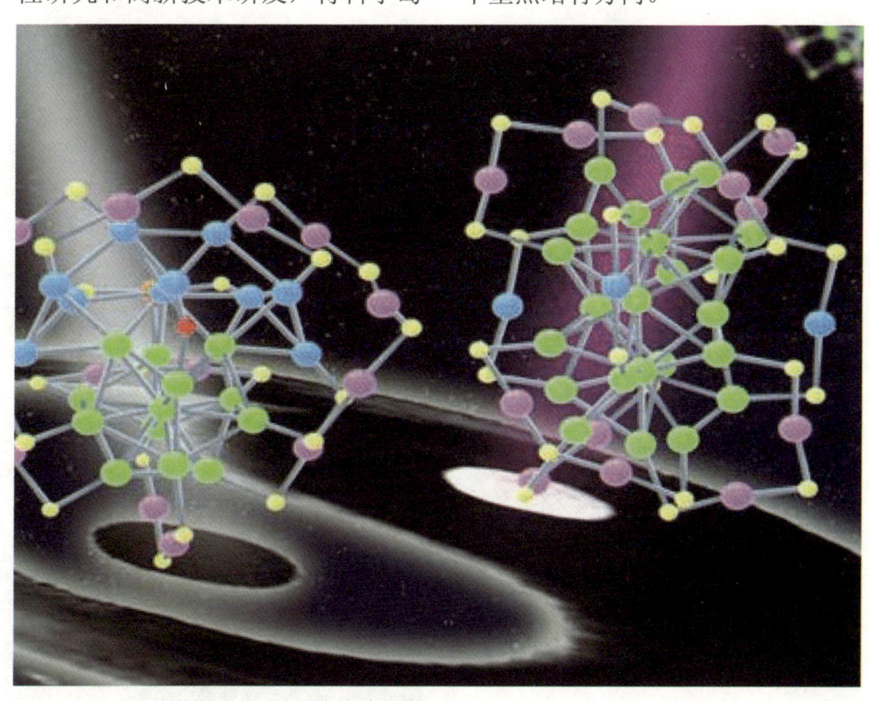

首次发现的金属纳米粒子中同分异构体Au38T（图中左侧分子）与Au38Q（图中右侧分子）示意图。

【人才队伍建设】 截至2015年底，合肥研究院共有在职职工2497人，其中科技人员2072 人、科技支撑人员252人，包括中国工程院院士4 人、研究员及正高级工程技术人员304人、副研究员及高级工程技术人员648 人。拥有国家海外高层次人才引进计划（“千人计划”）入选者10人（新增2人），“青年千人计划”入选者7人（新增3人），中科院“百人计划”入选者50人（新增4人），“百千万人才工程”国家级人选6人（新增0人），“万人计划”入选者4人（新增1人），国家杰出/优秀青年科学基金获得者6人（新增1人），安徽省“百人计划”入选者7人（新增1人），中科院创新国际团队3个（新增2个），中科院青年创新促进会会员44名（新增7人）。2015年3月，合肥研究院入选科技部“国家创新人才培养示范基地”。

合肥研究院现设有等离子体物理、凝聚态物理、光学、大气物理学与大气环境、生物物理学、材料物理与化学、核能科学与工程7个博士研究生培养点；等离子体物理、凝聚态物理、光学、大气物理学与大气环境、生物物理学、材料物理与化学、核能科学与工程、精密仪器及机械、制冷与低温工程、电子科学与技术、检测技术与自动化装置、计算机应用技术、核技术及应用13个学术型硕士培养点；仪器仪表工程、材料工程、动力工程、电子与通信工程、控制工程、计算机技术、核能与核技术工程、环境工程、生物工程、化学工程10个专业型硕士培养点，并设有等离子物理、凝聚态物理、光学、大气科学、核科学与技术5个博士后流动站。截至2015年底，有在学研究生1486 人（其中硕士生741人、博士生745人），在站博士后60余人。2015年，合肥研究院又完善了中科大研究生院科学岛分院运行机制，开展了研究生学科培养方案的修订，积极探索了新平台下的导师遴选方式与制度。

【承担科研项目】 2015年，合肥研究院争取和承担重大科研项目能力进一步增强。共有在研项目808项（包括新增项目412项）。其中，承担国家重大科技专项课题2项（新增0项），主持（或承担）国家重点基础研究发展计划（973计划）和国家重大科学研究计划项目4项（新增0项）、承担（或参加）课题18项（新增0项）；主持（或承担）ITER专项23项目（新增0项）、承担（或参加）ITER专项课题38项（新增0项）；主持（或承担）国家高技术研究发展计划（863计划）项目27项（新增12项）、国家科技支撑计划项目4项（新增1项）；主持（或承担） 国家自然科学基金项目614项（新增168项），其中：重点项目7项（新增3项），重大研究计划集成项目1项、重点支持项目3项（新增2项），国家杰出青年科学基金项目1项（新增1项），国家重大科研仪器研制项目1项（新增1项），联合基金重点支持项目5项（新增2项），创新研究群体项目1项（新增0项），优秀青年基金项目3项（新增0项），面上项目246项（新增61项），青年基金304项（新增83项）；主持（或承担）中国科学院战略性先导科技专项项目3项（新增0项）、课题及子课题19项（新增0项）、主持（或承担）院重点部署项目9项（新增0项）；主持（或承担）安徽省重大科技专项项目4项（新增4项），安徽省科技攻关计划项目2项（新增0项）；承担院地合作项目29项（新增8项STS项目）。

【重要科研成果】 2015年，合肥研究院科研成果丰硕，取得了一批具有国内领先和国际先进水平的重要科研进展。国家重大科技基础设施“托卡马克核聚变实验装置辅助加热系统”项目顺利通过国家验收；国际热核聚变实验堆（ITER）计划中国首个采购包——纵场线圈

建成的强流氘氚聚变中子源（HINEG）

（TF）导体竣工，是中国首个完成的ITER采购包，验证了中国大型超导导体研制和工业化生产能力已进入国际一流水平；水冷磁体创造两项世界纪录：一号水冷磁体产生38.52特斯拉场强，创造了32mm室温孔径下最高场强记录，三号水冷磁体获得19.55特斯拉场强，创造了200mm室温孔径下最高磁场强记录；大气环境探测卫星载荷初样鉴定件研制进入新阶段，参与完成整星实验，各项性能优异；建成强流氘氚聚变中子源（HINEG）成功产生氘氚核聚变中子，强流加速器和高速旋转靶系统实现连续稳定运行，主要实验参数指标达到国内领先和国际先进水平；“第二粮仓”预研项目取得系列进展，项目初步形成“百亩试验、千亩示范、万亩辐射”试验示范格局，在皖北现代农业发展中起到重要推动作用；“工业排放重金属监测技术”取得重要进展，研发的工业环境空气重金属X射线荧光自动监测仪、土壤/固体废弃物重金属激光诱导击穿光谱现场快速监测仪相关成果通过安徽省科技成果鉴定，综合性能指标达到国际先进水平；发现两种Au38金属纳米粒子的同分异构现象，在国际上首次以实验证实了纳米粒子中同分异构现象。合肥研究院科研团队还研制完成了国际上首套“外场大气气溶胶红外光解离谱仪”，研制出国内唯一经药监局批准的可用于无创糖尿病检测的“糖尿病无创检测仪”，研发出“风光互补”自主式水面机器人填补国内相关领域成果空白并应用于水面漂浮物自动清洁、油污自动去除及水质原位监测，研制成“智能先锋3号”无人驾驶汽车实现了在复杂城区交通环境下的无人驾驶试验等。

中国科技信息研究所在2015年10月发布的数据显示，2014年度合肥研究院以第一署名机构发表SCI收录论文和EI收录论文数均位列全国科研机构第三名。2015年，合肥研究院以第一单位发表科技论1068篇，其中SCI865篇、EI 612篇；出版科技科普专著1本。专利申请量486件（含国外专利申请9件），同比去年增长16%，其中，发明专利申请428件，同比去年增长15%；授权专利量282件，同比去年增长29.4%，其中授权发明专利238件，同比去年增长35.2%；软件著作权87件。

6项成果（人）获国家、省、会等科学技术奖励。“大气细颗粒物在线监测关键技术及产业化”获国家科技进步二等奖；“4600兆伏安聚变电源系统设计及其高功率四象限变流单元”获安徽省科技进步一等奖；“高灵敏半导体纳米结构气体传感器及其对有机污染物的快速检测”获得中国分析测试协会青年奖；“强流氘氚聚变中子源加速器用350KV大功率高压直流开关电源”获中国电源学会科技进步一等奖；俄籍外国专家叶甫盖尼·维利霍夫教授获国家国际科技合作奖；美籍外国专家亚历山大·冈察洛夫教授获中国政府“友谊奖”。

【科技促进发展】 合肥研究院积极开展和政府、企业间的合作，通过政产学研用深入融合，加快推进中科院合肥技术创新工程院、合肥离子医学中心等创新平台以及超导回旋质子加速器治疗装置等重大合作项目的建设。积极参加中科院科技服务网络计划（STS）的组织实施，负责承担的“淮北科技增粮县域技术集成与示范”等STS预研项目进展顺利，得到中科院及地方的高度认可，并牵头获批了7项中科院2016年度STS和重点部署类项目。2015年，合肥研究院直接获得各类科技合作经费1.96亿元。共有20余项发明专利、专有技术、软件著作权实现了转移转化，其中有15项专利技术作价入股成立9家新公司，总注册资本1.96亿元，知识产权作价金额达4055万元。截至2015年底，累计已有1100余项中科院科技成果在安徽、河南两省转移转化，为企业年新增销售收入达400亿元，利税超50亿元。

合肥研究院目前有参股企业36家，2015年度营业收入达3.5亿元，比上一年增长9.3%，上缴税收2750万元，比上一年增长12.8%，企业中研究院在编人员近200人。

【国际合作与科技期刊】 2015年，合肥研究院国际合作发展态势稳定而良好。共计出访567人次，来访392人次，出访国别以欧美科研实力强国为主；主办或承办11个高端国际会议，共约400人次参会；申请获批国际合作类项目11项；获批外专千人短期项目1人，安徽省百人培育项目2人。

依托东方超环和稳态强磁场两大科学装置开展了全面而深刻的国际合作，与俄罗斯、美国、法国、丹麦、日本、韩国等国多家单位进一步推进合作进程。等离子体所与俄罗斯联合核所（JINR）推进和扩大合作的实质内容和范围，成立“中俄超导质子联合研究中心”并落户合肥，共同开展超导回旋质子癌症治疗装置的研发及产业化等相关工作。合肥研究院引进的外专千人、国际著名高压实验研究专家尤金·格列戈良茨研究员与固体所围绕氢元素的高压科学问题开展合作研究，取得了一系列重要成果。

合肥研究院目前主办4种科技期刊。2015年，英文期刊《Plasma

Science and Technology》(SCI 影响因子 0.579)出版 12 期;中文科技期刊《量子电子学报》出版 6 期,《大气与环境光学学报》出版 6 期,《模式识别与人工智能》出版 12 期。

(王锐 程艳)

防震减灾

【概况】 2015 年全市防震减灾工作坚持以震情为中心,强化震情跟踪应对,狠抓能力提升,突出创新驱动,重点项目抓服务促进度,难点工作抓创新助突破,优势工作抓亮点树精品,常规工作抓质量促提升,圆满完成省、市政府下达的防震减灾目标任务,在全省、全国防震减灾工作考核中保持前列并争先进位。

合肥市在全国市县防震减灾工作综合考核中连续第四年获评全国地市级防震减灾工作先进单位,包河区获评全国县级防震减灾工作先进单位。在全省防震减灾工作综合评比中,市地震局连续第四年荣获市级一等奖,包河区、瑶海区、肥西县、巢湖市被评为县级先进单位。

【地震监测会商和震情应对】 本年度合肥市境内共发生 ML ≥ 1.0 级 11 次,其中 ML ≥ 2.0 级地震 6 次,ML ≥ 3.0 级 1 次,最大地震为 12 月 21 日发生在肥东县的 ML3.1 级地震。2015 年 1 月份,市地震局制订印发《2015 年度合肥市震情跟踪工作方案》,进一步细化震情跟踪工作的具体措施,明确任务,定岗定责。全年共核实排除 4 起宏观异常现象,妥善应对了阜阳 4.3 级地震等有感地震震情,及时回应群众咨询。3 月下旬庐江县部分地区出现地震谣传,市政府应急办、新闻办、市地震局派出联合工作组前往庐江县实地调查,协助庐江县政府采取得力措施平息谣传,维护了社情稳定。7 月 3 日和 12 月 1 日,分别召开全市 2015 年度年中和年末震情跟踪总结暨地震趋势会商会,形成会商会纪要并编制年中和年度地震趋势研究报告上报省地震局。结合全市地震系统"能力提升百日大练兵"活动,分批、分类别选派市县地震监测台站专业技术人员参加国家局、省局举办的流动监测、宏微观异常核实、测震和前兆台网数据跟踪分析、台站运维等各类培训班,赴省局跟班学习等 4 批次 15 人次,监测人员业务能力不断提升。12 月份,市地震局提交的《合肥市 2016 年度地震趋势研究报告》在全省地震趋势会商报告评比中首次荣获全省第一名。

【防震减灾会议】 2015 年 2 月 17 日下午,省委常委、市委书记吴存荣专题听取震情形势和全市防震减灾工作汇报,并就做好全市防震减灾工作提出明确要求。2 月 26 日下午,副市长、市防震减灾工作领导小组副组长吴春梅主持召开市防震减灾工作领导小组会议,传达贯彻市委主要领导指示精神,研究部署年度防震减灾工作。4 月 3 日下午,省政府在稻香楼宾馆召开全省防震减灾工作会议,省委常委、副省长陈树隆代表省政府与各市政府分管负责人签署《防震减灾工作目标管理责任书》,下达 9 项防震减灾工作目标任务。6 月 9 日下午,市政府主要领导主持召开市政府第 50 次常务会议,研究贯彻省政府防震减灾目标考核任务的实施意见。7 月 20 日,副市长、合肥市活断层探测项目推进工作领导小组组长吴春梅主持召开项目汇报会,督查调度项目进展。全市各地各相关部门认真贯彻市政府部署,合力完成了 2015 年省政府防震减灾工作目标管理责任书下达的工作任务。

【合肥地震活断层探测项目】 活断层探测项目是市政府公益性投资项目,从 2013 年 4 月开始实施。市政府加强对项目工作的定期督查调度,市地震局把该项目作为全局工作重中之重,主要负责人亲自抓,分管负责人重点抓,专人、专车跟踪服务。2015 年度,市地震局领导班子 6 次实地检查项目野外施工,召开 30 多次现场协调会,有关县(市)区、开发区积极配合,协调解决项目施工过程中具体问题,保障项目顺利实施。

2015 年度合肥市 ML1.0 级以上地震目录

(注:ML 为近震震级)

序号	年-月-日	纬度(°)	经度(°)	震级(ML)	震中参考地点
1	20150109	32.44	117.11	1.8	安徽长丰县
2	20150112	32.45	117.11	2.0	安徽长丰县
3	20150114	31.41	117.45	2.3	安徽庐江县
4	20150116	31.29	117.06	2.3	安徽庐江县
5	20150129	31.97	117.63	1.6	安徽肥东县
6	20150131	32.44	117.11	1.9	安徽长丰县
7	20150312	31.23	117.09	1.9	安徽庐江县
8	20150529	31.14	117.32	1.9	安徽庐江县
9	20150801	31.97	117.55	2.4	安徽肥东县
10	20151116	31.98	117.55	2.3	安徽肥东县
11	20151221	31.81	117.59	3.1	安徽肥东县

1月28日，项目召开“隐伏断层探制性浅层地震勘探专题测线调整”论证会，经专家咨询论证，决定浅层地震勘探专题增加17.6公里探测线。4月11日，“标准钻孔探测与第四纪地层剖面建立”和“遥感、重磁信息综合处理与解译及遥感标准制图”2个基础专题成果通过专家评审。4月28～30日，“合肥市活断层项目工作区及目标区综合制图专题野外工作成果咨询会”先后在合肥、滁州两地召开。5月28日，安徽省地震局副局长刘欣带领省地震工程研究院技术负责人前往中国地震局郑州地球物理勘探中心，听取“隐伏断层的控制性人工地震探测”专题汇报，论证确定跨断层钻孔剖面选址。7月13～15日，中国地震局郑州地球物理勘探中心会同中国地质科学院地质研究所来市现场踏勘钻孔选址，市地震局项目分管负责人带队，分赴肥东、肥西、包河、瑶海、庐阳等地初步选择10个排钻施工地点，最终确定了49枚钻孔的具体施工位置。7月20日，市政府副市长吴春梅主持召开“合肥市活断层探测及地震危险性分析项目汇报会”，督查项目进展。7月26日，应省地震局邀请，希腊国家观象台台长、雅典大学地质系Konstantinos教授，希腊萨罗尼卡大学地球物理系Vassilis和Eleftheria教授一行来合肥，就活动断层地震危险性等问题与合肥活断层探测项目专题组的科研人员进行了科技交流。8月份，项目启动“目标断层的晚第四纪活动性鉴定”专题，通过前期勘探，确定肥西、肥东、包河、新站等7个工作面。9月3日，“目标断层晚第四纪活动性鉴定”专题承揽方——中国地质研究所派施工队伍进场开展野外作业，至10月12日，全面完成位于肥西、肥东、包河、新站等7个工作面53个钻孔的钻探任务，总进尺1968.38米，“目标断层晚第四纪活动性鉴定”专题探测任务全面完成。

截止到2015年底，项目已完成全部野外探测作业。“遥感、重磁信息综合处理与解译及遥感标准制图”“标准钻孔探测与第四纪地层剖面建立”等2个子专题成果已经通过专家评审。“隐伏断层的控制性人工地震探测”“深部地震剖面探测与地震构造条件研究”“目标断层的晚第四纪活动性鉴定”等3个子专题探测任务已完成，准备验收。“资料收集与工作区及目标区综合制图”“活动断层的地震危险性评价”“地震活动断层浅层地震详细勘探与高精度定位”“近断层强地震动评价与地表破裂带或强变形带预测”“合肥市活动断层探测数据库建设与信息管理系统建设”等5个综合性专题全面展开。

【地震监测台站“一县一台”建设与管理】　合肥市坚持以震情为中心，大力推进区域台网建设，巢湖市和庐江县台站建设在10月底前陆续完成了台站办公楼基础建设、测震和前兆观测井施工、观测设备的安装调试以及与省市地震台网的监测数据实时传输，正式形成地震监测能力，全面实现全市“一县一台”建设目标。4月份，市地震局下发《关于加强全市地震宏观观测和监测台站维护运行的紧急通知》，加强对全市地震监测台站的运行和维护管理，提高监测数据的分析利用率，为全市年度地震趋势研究工作提供连续、可靠的基础数据。

【地震应急】　7月，市地震局根据新修订的《安徽省地震应急预案》，对《合肥市地震应急预案》进行了修订，报市应急委评审通过后，8月17日，由市政府办公厅以合政办秘〔2015〕129号文件印发。全市共完成804份各级各类地震应急预案修订备案工作，并汇编成册。按照省政府下达的防震减灾工作目标任务，市政府应急办、市地震局指导庐江、肥西两县政府分别于5月22日、6月30日成功举行了地震应急桌面推演，其他县（市）区政府和各开发区管委会也以不同形式分别开展了地震应急预案演练。

6月下旬，经市政府第50次常务会议同意，市政府办公厅印发文件，部署市本级开展天鹅湖公园应急避难场所标准化建设，要求各县市区在年底前完成不少于1处三类标准地震应急避难场所建设任务。市本级和各县（市）区、各开发区坚持因地制宜，平震结合，本着就近、便利、高效的原则，充分利用公园、绿地、广场及体育场馆等资源，大力推进应急避难场所建设，截止到年底全市已挂牌登记备案的避难场所59处，面积604.49万平米，可容纳300多万人，在全省率先完成“能够满足1/20常住人口应急避难需求”的建设目标。

10月28日，市地震局与安徽陆军预备役步兵师装备部联合组建的“合肥市地震应急救援技术保障分队”　在包河区正式挂牌成立，该分队依托安徽陆军预备役步兵师驻包河区修理营应急分队为主体，按照“一队多用、专兼结合、平灾结合、资源共享”的原则组建，作为对市地震专业救援队伍的技术保障力量。

【防震减灾科普宣传演练活动】　全市共开展大型防震减灾主题科普宣传活动200余次，其中大型街头宣传6次，举办各类防震减灾科普大讲堂300多场。市教育局牵头，市政府应急办、地震局、安监局参与，联合组织全市1800所各类中小学校，120万在校学生开展地震应急演练活动，组织机关企事业单位、社区开展地震应急演练300多场次，印制适合不同群体阅读的宣传册近20万份，开发制作创意宣传品近10万份，在各类宣传活动中免费发放。5.12防灾减灾日宣传期间，谢广祥副省长、梁卫国副省长、省教育厅、省政府应急办、省地震局、省红十字会负责人及合肥市人大、政府、政协领导都亲临市宣传、演练活动现场视察指导。

积极参加省暨合肥市“防灾减灾日”主题宣教活动，开展防灾减灾文化电影季展播，举办“合肥·防震减灾”主题摄影大赛，开展防震减灾科普知识和地震监测、应急设备巡展，组织防震减灾公益广告片、地震科普视频展播，举办大型防震减灾公益广场文艺演出，大力加强防震减灾科普教育场馆的建设和开放，制作发放群众喜闻乐见的防震减灾科普宣传作品，开展现场和网络等多种形式的防震减灾知识有奖竞赛活动，防震减灾示范单位创建工作取得突出成效，有效提高了防震减灾公众参与度，取得了良好宣传效果。第七个全国“防灾减灾日”期间，市地震紧急救援队、地震卫生救援队、蓝天救援队等队伍根据市防震减灾工作领导小组的统一组织，分别开展了地震应急救援演练和救援装备巡展活动。

4～7月份，全市地震系统开展了“能力提升百日大练兵”活动，开展以政策理论、法律法规、业务技能为主要内容的三大类35项专题培训和演练(其中集中拉练2次)，加强全市地震系统自身能力建设。

【《合肥市防震减灾条例》立法】 经市人大法工委、教科文卫工委、市政府法制办、市地震局和安大法学院专业团队1年多的努力，《合肥市防震减灾条例》（以下简称《条例》）立法工作历经调研准备、起草草案、2次专家评审和5轮修改完善，2015年3月份，《条例》草案由市政府法制办向社会公开征求意见后，提请市政府常务会议审议同意，4月29日～30日，报经十五届市人大常委会第十七次会议一审，经修改完善后， 6月25～26日，十五届市人大常委会第十八次会议二审审议通过了《合肥市防震减灾工作条例》，9月24日，《条例》获得省人大常委会审议批准，10月12日，由市人大常委会发布公告予以颁布，于2015年11月1日起正式施行。11月1日，市地震局、包河区政府联合在常青街道华联超市广场举行《条例》施行首日有奖知识竞答暨地震应急疏散演练活动。12月23日上午，市地震局、市政府法制办联合举办《合肥市防震减灾条例》宣贯培训班，对条例的贯彻实施进行了部署。10～12月，市地震局组织开展了《合肥市防震减灾条例》网络知识竞赛，多措并举开展《条例》宣贯工作。

《合肥市防震减灾条例》的颁布施行，标志着合肥市在全国较大城市中继济南市、唐山市之后第三家出台防震减灾地方性法规，进一步为全市防震减灾工作强化了法制保障。

【全市地震群测群防体系建设】 2015年3月份，市地震局下发《关于加强全市地震群测群防工作规范化管理的通知》，按照“四个一”标准（一个合格的观测员、一项严格的业务管理制度、一本规范的观测记录、一块详尽的观测指示牌）全面推动地震群测群防信息站规范化建设和管理。4月27～29日，邀请省地震局专家授课，组织全市地震群测群防信息员、防震减灾助理员共170多人举办了一期业务培训班。3月份和8月份，市地震局2次抽样调研长丰、肥西、肥东县和庐阳、包河区等地群测群防信息站工作，指导各站点做好异常观测、科普宣传、农居抗震设防和基层地震应急等工作。

【依法行政和行政审批】 按照市“两单办”的指导，市地震局认真开展权力清单和责任清单“两单”制度建设，完成社会服务平台建设相关任务。地震局窗口积极响应市政务服务中心开展的“双休日”预约上门服务、并联审批进园区服务等活动，增强服务意识，提高服务质量。把“在地震观测环境保护范围内的建设工程项目的审批”和“建设工程抗震设防要求核定”两项行政审批事项集中同时办理，简化办事流程，方便建设单位。4月份，地震局窗口工作受到服务对象（安徽海亮地产）送锦旗表扬（服务周到　便民高效）。依法加强对地震安全性评价工作的现场监管，完善了建设工程抗震设防管理从并联审批到竣工联合验收的全流程监管模式。全年，窗口共办理抗震设防要求核定221项，参加并联审批82次，参加项目联合竣工验收213项，安评项目备案94项。

【防震减灾示范创建】 市地震局、市科协、市教育局、市民政局、市城乡建委、市农委美好办等部门紧密协作，创新举措，继续大力指导推进全市防震减灾示范创建工作，夯实防震减灾工作基层基础，全市共创建了22所市级、7所省级防震减灾科普示范学校，15个市级地震安全示范社区，3个省级地震安全示范社区，13个国家级地震安全示范社区。

截至2015年底，全市已成功

创建了88所市级、55所省级防震减灾科普示范学校，80个市级地震安全示范社区、39个省级地震安全示范社区和25个国家级地震安全示范社区，省级和国家级地震安全示范社区在全省占比80%。评审命名了首批7个“合肥市防震减灾示范乡镇（街道）”和5个“合肥市农村民居地震安全示范村（点）”。

在全国首推“防震减灾示范乡镇（街道）”创建，评审命名肥西县官亭镇、长丰县造甲乡、包河区常青街道、庐阳区四里河街道、巢湖市卧牛山街道、瑶海区车站街道、新站综合开发试验区瑶海社区等7个乡镇（街道）为首批“合肥市防震减灾示范乡镇（街道）”。市地震局、市农委美好办、市城乡建委成立联合评审组，对首批创建“合肥市农村民居地震安全示范村（点）”的申报单位进行审查认定，命名“肥西县官亭镇王集村”“长丰县造甲乡风群社居委”“庐阳区三十岗乡陈龙村”“巢湖市庙岗乡莲花社居委”“肥东县马湖乡王沟社区”等五个村（社区）为首批“合肥市农村民居地震安全示范村（点）”。合肥市防震减灾示范创建工作经验被省地震局作为典型在全省推广。

（汪霞光）

气　象

【概况】　2015年，合肥市气象局大力推进气象现代化建设和气象管理体制改革，着力提高公共气象服务能力，气象防灾减灾取得显著成效，气象事业发展继续走在全省前列，为合肥打造长三角世界级城市群副中心作出了新的贡献。合肥市气象局在全省气象部门年度综合目标考核中，连续3年获“特别优秀达标第一名”，创新项目“互联网＋气象　构建基层气象防灾减灾保障新机制”获全省气象部门创新奖第一名。合肥市气象局机关党总支获2015年度优秀基层党组织称号，《构建“网格化”直通式气象服务新模式》获评2015年市直机关“十佳基层服务型党组织建设典型案例”。

【重要会议】　2月12日，召开全市气象局长会议，谋划部署全年气象工作。8月21日，合肥市政府与省气象局联合召开“局市合作加快推进气象现代化建设联席会议”，开展气象现代化成果阶段性评估，市气象现代化领导小组印发了《合肥气象现代化建设进展白皮书》。四个政府购买气象服务项目顺利通过验收。

【气象防灾减灾】　利用“互联网＋”技术，开发市县气象灾害防御一体化管理平台和手机APP，实现气象信息由单向传输向“双向多边”传递的转变，公共气象服务信息和气象灾害预警信息实现了全覆盖，实现对气象信息员管理的量化考核，城乡全网格气象防灾减灾服务体系初步建成。建立并通过合肥气象为农服务QQ群，为全市广大新型农业经营主体开展“直通式”服务。全市气象灾害防御工作均纳入乡镇政府“两单”，政策、资金、人员得到落实。全市气象灾害防御工作均纳入乡镇政府“两单”，政策、资金、人员得到落实。建成大城市重大活动气象保障服务标准，并成功为合肥国际马拉松赛、国际骑游大会、全国自行车公开赛等重大活动提供标准化的气象保障服务，建立重大活动气象保障服务品牌。

【巢湖气象服务】　巢湖生态治理及环境气象研究进展顺利。巢湖湖泊生态气象综合观测系统平稳运行，多项观测资料填补国内空白，分析、研究成果广泛应用于政府决策规划、生态保护修复、水环境治理、水上航运安全、渔业生产管理等领域。建成了含18套环湖气象监测站点和1个水上综合观测平台、3套航标塔多要素自动站的环巢湖生态气象监测网络，并实现业务化运行，为巢湖蓝藻水华暴发预测、水质综合治理提供必要的科学依据。

【气象现代化建设】　11月，合肥国家基本气象观测站搬迁项目正式开工建设。凝练“十三五”合肥气象事业发展重点项目和重点工程，编制完成气象“十三五”规划初稿。智慧气象“金云”工程、合肥（滨湖）气象科技创新园、气象灾害监测预警工程二期、合肥国家级现代农业气象示范基地、巢湖生态治理气象保障工程、高速公路气象灾害监测预警工程、合肥都市圈人工增雨基地、合肥飞机人工影响天气作业基地、合肥市突发事件预警信息发布系统建设等9大工程项目列入《合肥市“十三五”国民经济和社会发展规划纲要》。

【气象依法行政】　成立独立的政策法规处，并组建了市、县（市）两级执法队伍。推进气象标准化建设取得成果，实现了“执行标准清单”动态管理。开展“六五”普法教育；市、县（市）两级气象部门公布了权力清单和责任清单，清理规范中介服务，将已取消的4项气象行政审批前置服务事项，转为事中事后监管。

【气象科普宣传】　开展“青少年平安春节科普行”“3.23世界气象日”、送科技下乡、“5.12”等气象防灾减灾宣传教育活动，全年散发气象科普材料6000余份，合肥气象科普馆全年共接待参观人数5000人次。

【气候综述】 2015年，全市年平均气温16.5℃，较常年偏高0.5℃；冬、春、秋三季偏高，年初低温雨雪多，夏季气温偏低，连续两年出现“凉夏”。年降水量1191毫米，较常年偏多近2成；春、夏季降水偏多，冬、秋季降水偏少，入出梅时间较常年均偏晚，梅雨期偏长，梅雨量偏多。年日照时数1643小时，较常年偏少221小时。汛期多暴雨过程，台风“苏迪罗”致城区局部出现内涝。冬、秋季出现轻度干旱。年初、年末雾、霾不断，交通及空气质量影响明显；春、夏季强对流天气时有发生，危害总体较轻。

【主要气候事件】 汛期多暴雨过程。汛期共出现五次暴雨过程（6月2日、16～17日、26～27日、7月23～24日、8月10日），其中6月27～28日受强降水影响，长丰县、肥东县、巢湖市局部地区出现内涝。6月16～17日，全市94%面积过程累计雨量超过50毫米，58%面积超过100毫米，其中滨湖站最大189毫米，小时雨强最大56.5毫米。此次强降水过程导致市内部分低洼地段出现内涝。6月26日主雨带稳定在江淮中部，全市50%面积雨量超过100毫米，70%面积超过50毫米。超过100毫米的大暴雨主要出现在市区、长丰、肥东、巢湖北部，巢湖西峰站雨量最大223毫米。

台风“苏迪罗”带来暴雨强风。2015年共有三个台风影响本市，分别为9号“灿鸿”、13号“苏迪罗”和21号“杜鹃”，以第13号台风“苏迪罗”影响最为明显。第13号台风“苏迪罗”于7月30日20时在西北太平洋洋面生成，8日在台湾花莲沿海登陆，8日22时10分在福建莆田再次登陆，10日减弱为热带低压并进入本市。受“苏迪罗”减弱的热带低压环流影响，全市过程累计降雨量普遍超过50毫米，其中50～100毫米占全市总面积的66%；100毫米以上占4%；最大小时雨强30毫米。本次降雨为市2015年汛期第5次大范围暴雨天气，全市共6个区域自动气象站超过100毫米降水，其中：庐江砖桥141毫米，长丰杜集114毫米、杨庙101毫米、义井106毫米、朱巷112毫米，市区杏林街道105毫米。同时受“苏迪罗”影响，全市出现大范围大风天气，瞬时阵风普遍6～8级，最大庐江沙溪9级（21.8米/秒），肥西花岗9级（21.2米/秒）。

夏季气温偏低，连续两年出现“凉夏”。夏季（6～8月）全市平均气温为26.4℃，较常年同期偏低0.7℃，为2000年以来第二低，仅高于2014年。6月、7月气温持续偏低，7月平均气温异常偏低1.4℃，8月与常年同期持平。夏季全市平均高温日数为10天，较常年同期偏少3天。

2月多低温雨雪天气。冬季（2014年12月～2015年2月）气温起伏大，呈现前低后高的特点，其中1月和2月全市平均气温较常年同期分别偏高2.1℃和1.2℃。1月27～29日、2月14～15日和20～28日出现了3次雨雪天气过程。2月下旬出现连阴雨（雪）天气，20～28日全市平均降水量51.8毫米，较常年同期偏多1.3倍。27－28日受冷空气影响，出现雨夹雪或雪，最大积雪深度5厘米出现在肥东。受长时间阴雨天气影响，2月28日出现轻度气象雨涝。

冬季和秋季分别遭遇干旱。2015年入冬以来，市降水持续偏少，加之1月份气温异常偏高，市北部部分地区出现轻到中等气象干旱，但影响程度总体偏轻。9月全市平均降水量较常年同期偏少3成，为2012年以来最少，当月内市部分地区出现轻到中等气象干旱，庐江达到重旱；10月9日～25日连续多日全市无降水，中北部部分地区出现轻度气象干旱，由于当时正处于秋收秋种期，对农业生产影响不大。

雾霾日数多、影响范围广。2015年全市平均大雾日数为31.8天，较常年偏多11.8天。秋冬季气候干燥，大雾天气频发，雾霾天气持续时间较长，影响范围较广。明显的大雾天气过程主要出现在2月16～17日、22日、24日和26日，3月7日、9日、15日、17日、20～21日和28日。其中以3月20～21日范围最广，全市5个县（市）能见度小于500米。10月9～18日、21～26日，12月20～26日的雾霾天气过程持续时间长、影响范围广；其中10月24日肥西出现能见度仅为40米的强浓雾。

春、夏季多次出现强对流天气。2015年春、夏季雷雨大风、冰雹等强对流天气频发。强对流天气受灾程度较常年略偏轻，但较2014年偏重。3月17～20日，全市持续多次出现明显的雷暴天气；4月27日午后到夜里，出现雷雨大风、短时强降水和冰雹等强对流天气，肥西局地出现直径15～20毫米的冰雹。8月5日出现雷雨大风等强对流性天气，其中肥西柿树岗站最大风力10级（25.4米/秒），部分乡镇树木折断，道路堵塞，电力线路中断。

（邓　斌　孙亚东）

文化事业

【深化文化体制改革】　2015年，合肥市实施公共文化场馆开放，全市免费开放113个公共文化场馆，全年接待群众超600万人次；认真总结市图书馆理事会工作经验，推动组建滨湖公共文化场馆理事会，完善法人治理结构，进一步深化公益性文化事业单位人事、收入分配和社会保障制度改革，合肥市广电服务部（原巢湖市广电服务部）转企改制完成；加快实施由办文化向管文化的职能转变，拟定了公共文化设施建管用指导意见、基本公共文化服务标准和指标体系，探索开展公共图书馆服务外包试点；调研并起草《合肥市促进民营文艺表演团体发展扶持和管理办法》，调整上网服务行业准入政策，取消总量和布局规划，1～11月全市新增网吧100家；精心筹备成立民营文化企业协会，举办第二届“金桂奖”民营文艺院团联合展演；筹划成立合肥市演艺联盟（合肥市演出行业协会），实行资源共享、共同发展，促进合肥市演出行业与演出市场繁荣健康发展。

【加快重点文化设施建设】　大力完善公共文化服务体系，基层文化设施建设快速推进。积极打造基层综合文化服务中心，在包河区大圩镇综合文化站、长丰县杨庙镇综合文化站开展了乡镇综合文化服务中心试点；深入推进农民文化乐园建设，新增省级农民文化乐园11个、市级50个，18个省级农民文化乐园“一场、两堂、三室、四墙”建设任务完成，年内开展各类文化体育活动近千场（次）；市群众文化活动中心改建工程基本结束，市文化馆9月中旬整体迁入滨湖新区“鸟巢”。市少儿图书馆过渡馆建设进入施工招标阶段，长丰县图书馆新馆、庐江县文化艺术规划中心、蜀山区综合文化设施——“三馆两中心”建成。城市街区24小时自助图书馆项目招标等工作正在进行；在市辖四县一市开展县级公共图书馆总分馆制建设，以四县一市公共图书馆为总馆，依托乡镇综合文化站建设82个分馆；4万平方米的安徽名人馆3月28日试运行，10月10日正式开馆，是合肥市目前规模最大、最先进的公共文化设施。试运行以来接待参观者70多万人次，国庆节黄金周每天接待游客均超过1万人次，在全省室内参观景点中排第一。

【打造合肥品牌】　着力抓好“大湖名城•悦读合肥”全民阅读、合肥文化大讲堂、新春文化庙会、全民文化活动周等品牌文化活动；认真组织了市民民族乐团新年音乐会、“五一幸福家园”社区广场文化周、“舞动合肥”市民舞蹈大赛、“微笑合肥”市民摄影作品征集等群众文化活动；牵头举办了“中国青少年（合肥）文化艺术节”。合肥文化大讲堂被评为全省“十佳阅读推广活动”，以合肥文化大讲堂讲座为内容，编辑了26万字的《不得不读的合肥故事》。第二十一届市新春文化庙会安排文艺演出30余场、各类展演近20场，参演人数近千人。第三届全民文化活动周联动县（市）区，集中安排基层群众文化活动千余场，近10万人次直接参与活动，数以百万计的群众近距离享受这场民间文化盛宴。“大湖名城•悦读合肥”全民阅读活动4月23日举行启动仪式，在市级层面上包括20项系列活动，在上年基础上充实完善4项，新增9项，并把全民阅读活动向各县（市）区以及乡镇、街道延伸；“十大书香机关”“十大书香企业”“十大书香家庭”“十大读书之星”评选和“巢湖月•中秋情”千人环湖诵读大赛等活动开展如火如荼；省委常委、市委书记吴存荣在市委十届九次全会上指出："大湖名城·悦读合肥"已成为合肥市的重要文化品牌；10月30日，"书香安徽"全民阅读工作现场会在合肥市召开，会议总结推广合肥市全民阅读"四个一"的经验做法。合肥被亚马逊中国发布为2015全民阅读十大潜力城市第三名。合肥增知旧书店被中央电视台等媒体报道后，引起强烈社会反响。

【打造文化文艺精品】 全面贯彻落实习近平总书记文艺座谈会重要讲话精神，组织文艺工作者看合肥、写合肥、讲合肥、唱合肥、演合肥，开展"培育和践行社会主义核心价值观"和"法治中国"主题文艺创作活动，推出反映时代精神、沾染泥土气息的艺术精品。完成大型舞剧《白龙与玉姑》的剧本创作及资金、演出计划的申报；创作出《平安合肥》电视片文学本、电影文学剧本《张家四姐妹》，11集动漫连续剧《巢湖传说》创作完成并上线，还以肥东县陈集乡阳光小学陈万霞事迹创作剧本《老师妈妈》。

【扩大交流合作】 开展纪念刘铭传首任台湾巡抚130周年系列活动，在广东美术馆和上海中华艺术宫分别举办赖少其诞辰百年作品展系列活动；举办合肥经济圈美术作品展，参加"长江中游城市群3+1演出联盟——武汉共识"交流会，与美国驻沪总领事馆联合举办《感知美国》图片展，在澳大利亚墨尔本举办中国合肥广播电视宣传周。

【政策引导扶持】 全面修订文化产业扶持政策，组织进行文化创意产业调研，起草了《合肥市关于文化科技融合发展实施意见》，认真组织奖补政策兑现。围绕文化旅游、数字出版、创意设计、演艺娱乐等，征集和策划一批重大文化产业项目，定期调度、共同推进，针对中小微文化企业的贷款产品"创意贷"正式推出；努力促进文化与旅游融合发展，组织2015年合肥市"李府杯"文化创意产品设计大赛，召开第二届文化旅游融合发展项目对接会；圆满完成文化部、财政部拉动城乡居民文化消费试点工作，参与关注人数近10万人次，累计评价36.7万人（次）、发放积分近3000万，居民持券消费金额448万元，优惠券补贴金额282万多元；2015年，全市实现文化产业固定资产投资355亿元，同比增长27.8%。

【推进民生工程】 2015年在全市1330个行政村实施了农村文化建设专项补助项目，到11月底提前超额完成年度任务，其中"送戏进村"演出1363场，开展体育活动7980场；广播电视村村通210个自然村建设任务2015年上半年已全面完成，农村公益电影放映1.6余万场，观影群众320多万人（次）。市、县（市、区）公共图书馆、文化馆、博物馆积极开展流动文化服务，使群众能够享受就近、便捷的公共文化服务。市、县（市）区文化馆和乡镇文化站与全市省级美好乡村建设重点示范村、农民文化乐园开展"百馆（站）千村文化结对"活动，送演出、送讲座、送展览、送培训上千场（次）到基层，公共文化服务的触角延伸至村（社区）。

【广播影视新闻出版健康发展】 把握导向，积极增强新闻媒体从业人员的职业素养和业务能力；继续加强对农家书屋管理维护工作的指导，加快建立健全软件正版化工作长效机制，加强对印刷协会的行业指导；组织企业参加中国（深圳）文化产业博览交易会，全市"首届动漫大赛"方案制订完成。扎实开展"中国梦""社会主义核心价值观""大湖名城、创新高地"主题宣传，进一步做好广播、电视、广播电视报、科技类作品的评奖推优，开展了纪念抗战胜利70周年、千场电影下基层等主题电影展映活动，"中国金花"大学生微电影节已收到约300部参赛作品，最终评出10部优秀作品；在全市范围内组织开展打击非法电台、卫星电视地面接收设施、非法"网络共享"网站及设备产品专项整治行动，加强广告监管，广播电视安全播出。合肥广播影视科技创新基地建设初见成效，19家文化企业已相继落户基地，注册总资本达到7亿多元。全年实现电影票房收入4.75亿元。

【规范强化市场执法】 积极推行政府权力清单和责任清单制度建设，按照要求，市文化广电新闻出版局对现有的123项行政权力进行了认真的梳理、清理，精简了90项行政权力，清理后保留的行政权力事项仅为33项，减少了73.2%。试行行政审批网上办理，方便了企业和群众。深入"扫黄打非"，净化校园周边环境，组织开展了"清源""扫霾"等集中专项行动，强化网吧市场监管，推进网络文化市场治理，加大出版物市场执法力度，强化对印刷企业、娱乐演出业管理，打击非法电台，切实规范市场秩序，并进一步加强了对县、区文化市场综合执法工作执法监督。2015年，共计出动执法人员19374人次，检查经营单位8025家（次），实施省、市、县（区）联动执法12次，核查、处理各类举报187件，查处取缔非法电台22个，查获非法出版物窝点5个，收缴非法出版物46.8万余张（册），“净网先锋”监管平台拦截、屏蔽非法网站、网上有害信息24万余次（条）。在国家版权局组织的全国版权执法监管工作会上，合肥市查办的两起侵权盗版案件专案组和主要办案人员同时获国家一等奖，这在全省属首次。

（吴 熹）

合肥市图书馆

【新庐讲坛】 新庐讲坛是合肥市图书馆2015年11月开始举办的综合性公益讲座，是该馆致力打造亲民、惠民的文化品牌。讲坛每月开讲一次，根据百姓需求，定期邀请省内外知名专家学者进行“社会人文、经济金融、健康养生、艺术鉴赏”等主题系列知识讲座，以传递全方位的知识信息，为市民提供生活指南，讲坛宗旨：新庐州、新风尚、新知识、新生活。

2015年新庐讲坛共举办第一季2期，首期讲座在市财政局开讲。新庐讲坛第一季（期）由合肥市图书馆与安徽省针灸医院联合推出的健康养生系列讲座，目的是为广大市民普及卫生防病知识，提高人民群众的健康知识水平和自我保健能力，培育健康新风尚，倡导科学的生活方式。12月12日，新庐讲坛第二期在市图书馆学术报告厅举行，讲座邀请了安徽省针灸医院药学部主任谢若男为大家介绍健康热门话题“冬令进补话膏方”。

【书香七进】 “书香七进”是2015年市图书馆承办的“大湖名城·悦读合肥”全民阅读推广活动10大项目之一，也是该馆为有效利用馆藏文献资源，主动走出去，将服务范围向机关、军营、学校、企业、乡镇、社区、家庭拓展，努力延伸图书馆服务空间的重要举措。

市图书馆“书香七进”活动取得了良好的社会效应。书香进机关，如在市政务大楼会议室建立机关学习图书角，共配送1千余册图书及30余种杂志；建立合肥市图书馆·合肥公路局分馆，合肥市图书馆与合肥公路局签订分馆协议，提供2000册图书。

书香进企业，如新建安徽省烟草公司分馆，帮助其建立图书室，提供2000册图书，安排专人对烟草公司分馆的图书管理员进行专业知识培训，建立图书管理规章制度。

书香进学校、进乡村，如开展“庆六一，书香进校园”活动，为六安市霍山县3所贫困山村学校赠送2000余套图书以及书包文具等学习用品。合肥市图书馆精心挑选200册图书、期刊、衣物等赠送给庐江县冶父山镇魏岗村小学。

书香进社区，如与蜀山区笔架山街道建立文化结对单位，将广受老年人欢迎的“夕阳红”电脑培训开展到街道，并将帮助街道的各个社区建立图书室。

书香进军营，如帮助合肥市瑶海区消防中队建立图书室，提供1000册图书。

书香进家庭，如通过发放合肥市图书馆数字资源远程阅览卡的方式，利用现代化的网络工具，让市民足不出户就可遨游书海，享受网络阅读的乐趣。

【梦想图书馆】 “梦想图书馆”是合肥市图书馆联合人民网安徽频道、今日生活报共同主办，由华邦集团、洽洽集团、中国科学技术大学EMBA等机构协办，面向合肥市偏远中小学及国家级贫困县中小学大型爱心公益活动。“梦想图书馆”由主办方与协办方共同发起募捐，向社会爱心人士募集图书和学习用品，为每所贫困小学捐赠图书，每个“梦想图书馆”标配500本图书及部分文体用品。2015年在合肥市小庙中心学校、临湖小学、肥东县店埠镇白衣小学捐建3所。“梦想图书馆”计划为农民工子弟学校或偏远地区的贫困学生捐建100所，让更多想读书的孩子有书读，好读书，读好书。

【微图书馆】 2015年，合肥市图书馆推出“微图书馆”。“微图书馆”是市图书馆微信公众服务平台，读者通过关注市图书馆微信公众号，绑定读者证，即可在手机客户端在线阅览近百万册电子书、100种最新发布期刊、近50种本地乃至全国知名报纸。此外还包括“活动报名”“书目检索”“网上续借”“阅读推荐”等10项丰富内容，知识性与实用性相结合，实现了读者与合肥市图书馆的“零距离”接触。“扫一扫，送你一座微图书馆”，合肥市图书馆的这一口号，充分体现了全民阅读活动“便民、利民、惠民”的宗旨。

（胡忠华）

非物质文化遗产

【合肥非遗技艺大赛举行】 合肥市第二届非遗技艺大赛暨非遗高峰论坛之巢湖民歌专场，2015年12月16日在合肥市群众文化中心火爆举行。

本次活动由合肥市委宣传部、合肥市文广新局主办，合肥市文化馆、合肥市非物质文化遗产保护中心承办，共分为非遗论坛和技艺大赛两大板块，动静结合，内容精彩。

论坛选取国家级非遗保护项目“巢湖民歌”作为讨论主题，邀请省市有关专家、巢湖民歌传承人李家莲等与大家共同交流巢湖民歌的现状与未来。通过专家理论授课、传承人现场演唱、观众交流互动等方式，达到让传统民歌活起来、传下去的目的。

技艺大赛以“传承与创新”为主题，通过非物质文化遗产项目展示、非物质文化遗产优秀剧（节）目惠民展演等系列活动，集中展现近年来合肥非物质文化遗产保护成果。同时，二胡合奏、庐剧、旗袍秀等民族传统节目让人赏心悦目。来自巢湖民歌传承基地——苏湾镇中心学校的9名小学生作为民歌传唱人，向大家展演了巢湖民歌《看场》《姑嫂对花》，获得众人一致赞扬，把本次活动推向高潮。

（杨治鹏　李京鹏）

文物保护

【文物保护】 市文物管理处邀请安徽省古建专家赴明教寺，督查教弩台修复工程，确保严格遵照安徽省文物局批准的文物保护方案施工，对发现的问题进行纠正；到新华学院了解油墩汉墓的保存状况，建议原址修缮保护；到合肥新火车站综合开发试验区指导许氏宗祠修缮工程，提出要严格程序，按文物保护法的规定，先做好修缮方案，然后才能施工；协助包河区制定卫立煌故居和大孔祠堂周边环境保护设计规划方案；完成李府安防工程招标以及李府、大孔祠堂保护规划招标；完成李鸿章公祠、段氏住宅、龚家祠堂已拆构件的搬迁工作，从安徽警官学院的临时堆放点搬到原义城粮站的仓库里，彻底解决了木构件的安全问题。与滨湖投资集团一起，拿出了修复四处古建筑的初步方案；完成卫立煌故居展陈初步设计招标工作，并上报市发展和改革委员会；与安徽省文物局联合开展文物保护单位安全检查，采取不发通知、随机暗访形式，重点检查消防设施完备，用火、用电、用油、用气规范管理，周边防火环境，灭火和应急疏散预案制定与演练等情况，对于存在的问题，填发了《文物火灾隐患整改通知单》，责令被检查单位限期改正，确保文物保护单位的安全。

【开展第十个中国文化遗产日宣传活动】 为庆祝文化遗产日，市文物处与合肥电视台合作，精心录制了十二期馆藏珍贵文物介绍短片，在合肥电视台连续播出，展现合肥悠久的历史，让市民共享合肥辉煌的历史文化成果。在这十二期节目中，多角度介绍市文物管理处馆藏的铜器、瓷器、金银器、钱币及杂项，类别丰富，种类繁多，涵盖各个类别的文物藏品，从专业的角度剖析文物，讲述文物背后的故事。

（路文举）

李鸿章故居陈列馆

【概况】 李鸿章故居陈列馆被合肥市旅游局评选为“2015年度全市创建智慧旅游景区先进单位”。近年来，为更好的开展智慧旅游，使景区通过科技手段提升服务质量和管理水平，提高游客的旅游体验，合肥市启动智慧景区建设规划。该馆作为首批试点景区，大力实施“互联网+旅游”战略，实现客流量监控系统、Wi-Fi网络全覆盖，微信公众号、微博和手机版网站建成运营，率先在全市完成智慧景区建设要求。

该馆还与百度百科联手，加入了数字化博物馆项目，建立数字化、立体化的权威知识普及平台，游客即使不在场馆，也能通过全景浏览功能欣赏馆藏精品，听取音频讲解，获得身临其境的现场感受。同时还完成安全监控系统的升级改造，建立立体化的监控系统，随时随地掌控馆内安全情况，确保历史文物和游客人身安全。

【安徽李鸿章研究中心成立大会召开】 2015年4月30日上午，安徽李鸿章研究中心成立大会在李鸿章故居陈列馆内召开。参加大会的有安徽李鸿章研究中心的常务理事代表翁飞、周乾、汤奇学等以及特邀参会的安徽历史文化研究中心副主任张自林、安徽大学历史系陆发春教授和合肥学院何峰教授。大会由研究中心法人代表周乾主持，理事长翁飞宣读研究中心成立批复文件。大会结束后举行了安徽李鸿章研究中心揭牌仪式。

安徽李鸿章研究中心由李鸿章故居陈列馆牵头主持成立，得到了安徽省民政厅、安徽省社科联、合肥市文广新局等部门的大力支持。研究中心是全国首个专门研究李鸿章的社会机构，致力于广泛团结有志于李鸿章及淮军文化研究的专家和有识之士，推动和整合李鸿章及淮军的学术文化研究，多出文化精品，为提升合肥市乃至安徽省的文化软实力作出贡献。

【江丙坤一行参观考察李鸿章故居】 9月24日下午，台湾海基会原董事长江丙坤，国民党主席特别顾问兼大陆事务部主任高孔廉及参加海峡两岸（合肥）纪念刘铭传首任台湾巡抚130周年系列活动的有关嘉宾，参观考察了李鸿章故居陈列馆。安徽省副省长花建慧及省、市相关部门负责人陪同考察。

江丙坤一行实地参观了故居福寿堂、走马楼等历史文物建筑和《近代洋务自强之路——晚清重臣李鸿章》《李鸿章墨宝》《李鸿章与招商局》《淮系集团与中国近代化》四大专题展览。江丙坤认真听取讲解，饶有兴趣地与讲解员交流互动，详细了解合肥籍晚清军政大臣的生平经历和历史故事。在参观《淮系集团与中国近代化》展览时，对著名淮军将领——台湾首任巡抚刘铭传推动台湾近代化的这段历史倍感亲切，对刘铭传为近代台湾的快速发展所作出的卓越贡献表示高度赞同。

【《晚清重臣李鸿章》展览获奖】 李鸿章故居陈列馆的《近代洋务自强之路——晚清重臣李鸿章》获第三届“安徽省博物馆精品展陈”，这是该馆《李鸿章系列展》获2010年首届安徽省“六大精品陈列展览”之后又一殊荣。

《晚清重臣李鸿章》为故居的基本陈列，此次是开馆以来的第七次改陈，从形式和内容上都有较大突破，而且综合了学术界最新的研究成果，给人耳目一新的感觉。整个设计思路整合统一，通过具体的展项与背景墙进行综合展现，展线流畅，线索明晰。每个篇章选择了半透明人像剪影的方式串联李鸿章不同的人生阶段，背景色采用“清朝官服”，从视觉上既冲突又融合。内容上增加了故居新近收藏并首次公开的珍贵照片，包括李氏祖容画像和李鸿章的诸多“私房照”。为了提升展览的趣味性，还特别增加了“马拉火车”“李鸿章”回答美国记者提问等场景复原等。

（帅艳华）

合肥渡江战役纪念馆

【渡江战役纪念馆当选环巢湖最美景点】 2015年7月初，经过一系列的推荐、投票、评审等环节，包括滨湖国家森林公园、三河古镇景区等首批12个拟遴选命名的环巢湖最美景区景点出炉。渡江战役纪念馆作为人文类景点名列其中，也是此次入选的景区里唯一的场馆类景点。

渡江战役纪念馆位于巢湖之滨，自2012年底开馆以来，至今已接待观众300多万人次，承办了市政府和其他相关部门组织的多次大型活动，积极开展共建，以其较高的讲解水准和舒适的参观环境，广受游客好评。开馆后，该馆先后被评为国家国防教育示范基地、安徽省爱国主义教育基地、全省干部党性教育基地、在合肥乃至省内外树立起了较高的知名度和美誉度，是广大人民群众增强爱国情感、弘扬民族精神的重要阵地。

该馆被合肥市旅游局评选为“2015年度全市创建智慧旅游景区先进单位”。（张秋红）

广播 电视 电影 演艺

【概况】 合肥市广播电视台（合肥文广集团）是安徽省最大的市级综合性传媒之一，有12个电视频道、7个广播频率、一张报纸、两个网站，全年播出广播电视节目11万多个小时，覆盖人口1000万。2015年，合肥市广播电视台紧紧围绕中心、服务大局，坚持改革创新、攻坚克难，在抓好导向上下功夫、在服务发展上下功夫、在凝聚人心上下功夫，新闻宣传的引导力、传播力和服务发展的能力有显著提升，广播电视事业和文化产业取得可喜的成绩，全年未发生导向问题。

【新闻宣传】 始终坚持导向为先，围绕合肥市委市政府的中心，着力讲好合肥故事、传播合肥声音。加强新闻策划，重大主题报道亮点频现。围绕“三严三实”“大湖名城 创新高地”“长三角世界级城市群副中心”“大众创业 万众创新”等重大主题，先后策划了“合肥荣耀”“新常态 新动力 新增长”“二十年创建铸辉煌 文明合肥新起航”等专题；圆满完成了市“人大政协两会”、李克强总理和德国总理默克尔来合肥、机器人世界杯赛、合肥国际马拉松赛等重大新闻的报道工作。突出节目创新，栏目建设出新出彩。对广播《午间播报》《新闻360》和电视《晚间新闻》进行全面改版，创办了《产业第一线》《瞭望长三角》等新栏目，更加适应宣传报道的需要。强化榜样引领，社会主义核心价值观宣传接地气、入民心。依托合肥“好人之都、道德之城”，开设《合肥好人·榜样的力量》《培养和践行社会主义核心价值观》等专栏，通过群众推荐、单位举荐、记者发现，树立一批身边好人、平民英雄。大力开展“讲文明树新风”公益广告创作刊播活动，2015年共播出公益广告55万条（次），起到了引领社会风尚、传播精神文明、凝聚社会正能量的作用。

始终坚持党性和人民性相统一。围绕党的路线政策方针宣传，开展形式多样的“走基层”“转作风”“改文风”互动。2015年集中开展“行进中国·精彩故事”大型采访活动，多次举行新闻调研和下基层活动，重点解决宣传报道脱离生活、不接地气、同群众贴得不够紧的问题，新闻作品通过小中见大、事中寓理，更好地体现了党的主张和人民心声。坚守主流媒体的社会责任，开展“爱心送考”“春运回家路”等公益活动，提升《难人帮》《庐州和事佬》等公益性栏目的节目品质，为群众排忧解难；《12345政府服务热线》《问政合肥》等栏目，持续关注民生民情，搭建起党委政府与广大市民沟通的桥梁。

始终坚持统筹内宣外宣网宣，为合肥发展建设内聚力量、外树形象。拓展外宣发稿渠道，发稿量继续保持全省前列。2015年在中央电视台发稿164篇；安徽电视台《安徽新闻联播》及《新安夜空》发稿160篇；中央人民广播电台发稿81篇；安徽人民广播电台《安徽之声》发稿60篇。其中，中央电视台发稿量继2014年之后，蝉联全省地方电视台第一。同步推进网上正面宣传。有巢网2015年推出“争做合肥好网民”“纪念抗日战争胜利70周年”等27个专题，举办《天下合肥人·传递合肥故事》全国微电影大赛等多场活动，实现了两个舆论场的同频共振。

【文化艺术】 坚持社会效益优先，大力开展文化惠民工程。2015年完成“送戏进万村”“文艺下基层巡演”“庐州放歌”“走向文明”“炫动的音符”等演出630场，成功举办“老爸老妈舞起来”“网络春晚”“绿都之春新年音乐会”等大型文化活动，搭建起市民参与、共享的文化舞台。坚持以人民为中心的创作导向，大力推进精品创优工作。围绕抗日战争胜利70周年，集中力量创作了合肥抗战题材庐剧《东门破》，拍摄电影《圩堡枪声》并在中央电视台电影频道播出；在注重思想性、艺术性的同时，合肥演艺公司从市场需求出发，恢复、创排新作品近50件，承办了“第七届安徽曲艺节大赛”“大湖名城、创新高地——合肥我心中的歌”演唱会等一系列演出活动，实现社会效益和经济效益的统一。加快庐剧等地方特色文化“走出去”步伐。新编庐剧《孔雀东南飞》《李清照》先后赴上海、绍兴等地演出，庐剧《秦雪梅观画》首次登上中央电视台新年戏曲晚会的舞台，扩大了庐剧在全国的影响力。

【融合发展】 整合城联新媒体、合肥广播电视报社和欢乐频道组建融媒体中心，以“互联网+”新思维探索媒体融合发展。大力推动平台和渠道建设。积极参与建设安徽省861计划重点储备项目——《安徽城市电视台全媒体公共服务云平台》；加快台网互动和节目网络传播，完成广播电视节目实时网络收看收听；加快微博、微信建设，电视各频道、广播频率包括一些品牌栏目先后推出自己的公众号。始终坚持内容为王。一方面加大广播电视精品节目和网络原创节目的制作，另一方面加大创新，使之更加适应新媒体传播，初步实现了一次生产、多屏传播。

【改革创新】 经营管理持续创新。初步完成合肥文广集团内部公司化和演艺公司股份化改造；在不改变合肥市广播电视台人员、绩效管理体系的前提下，以整合联营的方式，将14个频道、频率广告交给合肥宁肯传媒代理，首创全国广告代理新模式。2015年，在传统媒体广告整体下滑的大趋势下，圆满完成了年初确定的各项经营指标。人才战略深入推进。加大人才引进和培养机制，打破年龄、资历、学历等限制，实行公开竞聘；对高端人才不求所有、但求所用，聘请著名黄梅戏艺术家黄新德担任演艺公司艺术总监。制度建设继续加强。先后出台了招投标管理暂行办法等多项制度，完善了廉政联席制度等一系列制度，强化制度刚性执行，努力实现以制度管人、管事、管资产、管导向。

【有线电视】 基础建设和系统建设得到加强。有线电视工程建设全部实现光纤到楼，为构建下一代有线电视网奠定基础；对VOD点播系统进行业务扩容，支持10万用户同时点播，完成光传输网络OTN的扩容工作，有效缓解业务急速发展带来的网络负载压力。大力发展高清业务。通过拓宽高清互动功能、丰富高清内容、创新营销方式，当年发展9万高清用户，现使用高清业务的用户超过25万。深入推进技术创新，获得2项实用新型专利、2项软件著作权，3个项目获得“安徽省广播电视局2014年度科技创新奖”，2个项目获“2015年合肥市广播电视科技创新奖”。切实履行社会责任。免收城镇低保家庭有线数字电视基本收视维护费，为3832户低保户办理免费收看有线数字电视业务，对残疾军人、烈士遗属等重点优抚对象减半收费。

【项目建设】 圆满完成巢湖广播电视传媒中心工程建设的竣工验收工作；开工建设合肥至巢湖广播电视信息光缆管道工程。启动高清频道建设，该项目有望于2016年完成组装调试；积极筹备广播电视塔项目，已初步完成控规编制等前期工作。这些项目陆续建成后，必将为合肥广播电视转型、升级、发展提供强有力的支撑。

2015年度合肥广播电视台获得安徽新闻奖作品目录

安徽新闻奖（广播类）获奖作品

作品标题	体　裁	主创人员	报送部门	获奖等级
五问三河，你的“5A”缺点啥？	连续（系列、组合）报道	吴　松、刘　畅、陆　军	新闻综合广播	一等奖
跨越七十八年的家书	社教专题	洪　卫、倪　讴、吴蔚群、刘安东	交通广播	一等奖
疟原虫别嚣张 青蒿素来啦	科普性节目	梁　霄、陈瑞华、吴蔚群	交通广播	二等奖
中国品牌第一个500万辆乘用车在奇瑞下线	短消息	洪　卫、鲁　捷、吴蔚群	交通广播	三等奖
烽火下的庐州	社教专题	刘　畅、黄夕婷、孙红玲、张　伟	新闻综合广播	三等奖

新闻名专栏

作品名称	类　别	主创人员	报送部门
1026警方在线	广播栏目	洪　卫、吴蔚群、王　婷、纪大伟	交通广播

安徽新闻奖（电视类）获奖作品

作品标题	体　裁	主创人员	报送部门	获奖等级
新闻特写：我给德国总理晒小康	长消息	左　军、孙一蕾、王翰林、何　沁、江　炜	时政新闻部	一等奖
身边的美食家	纪录片	左　军、常佳佳、汪　伟、张　鑫、张启明、闫玉伟	视频工作部	一等奖
最后的旧书店	专题片	李　黎、郭　政、陈飞飞、刘晴君、朱莹莹、葛鑫雨	故事休闲频道	二等奖
探索未来能源　“科大一环”首次放电	短消息	储　刚、王　燕、潘　峰	时政新闻部	三等奖
“9.3”大阅兵 安凯“打头阵”	长消息	何　沁、张正阳、吴小舰、郑连军、孙一蕾	时政新闻部	三等奖
音乐之光	专题片	于　乐、左　军、殷晓蕾、李　玮、朱国君、李　婷	生活频道	三等奖

（黄　亮）

报纸　网络

【始终坚持党性原则】　合肥报业传媒集团各报网坚持用马克思主义新闻观指导工作，为合肥市落实“四个全面”战略布局，建设长三角世界级城市群副中心、打造“大湖名城、创新高地”营造良好的舆论氛围。

合肥日报作为中共合肥市委机关报，全面、深入、细致地报道党委政府的重大部署、经济社会发展的重大成就、各行各业的重要经验，在按要求做好主题宣传报道的同时，还创新策划，精心做好“自选动作”。2015年9月11日，中央文明办、中国文明网召集部分省市文明办主任、党报、都市报负责同志召开座谈会，会议充分肯定了合肥日报在“好人365”宣传上所作的突出工作及积极探索，并授权合肥报业传媒集团旗下合肥日报、合肥晚报、江淮晨报与光明日报同步开展“深入生活、扎根人民——百位文艺名家讲故事”活动宣传。作为地市级党报集团，被直接纳入全国性重大宣传活动，全国省会城市只有合肥一家。

合肥晚报、江淮晨报利用都市报的优势和特点，宣传报道党的路线方针政策，浓墨重彩、做深做透，努力打造主流媒体舆论引导力。合肥晚报推出长达半年的“大湖名城百路行”特别策划，用“路”的形式，以“人”的故事来统领和见证合肥的发展之路，展现大合肥创新发展的宏伟征程。江淮晨报全年开设社会主义核心价值观专题专栏，通过一系列的公益互动活动及一大批有感染力的正能量稿件，积极传播社会正能量。

合肥在线网站强化信息发布审核，采取技术措施阻止恶性政治类有害信息传播，努力营造良好的网络舆论环境。

今日生活报作为时尚生活类报刊，坚持党性，不猎奇，不八卦。

通过与巢湖市合作，《环湖晨刊》2015年11月18日正式改名《巢湖晨刊》，成为中共巢湖市委机关报，服务当地中心工作。

【牢牢把握舆论导向】 集团各媒体在突发新闻事件中，坚持放大正面声音，积极做好舆论引导。合肥晚报、江淮晨报在舆论监督方面坚持做到准确、科学、建设性。根据市纪委、市监察局、市政府纠风办的统一安排，合肥晚报《问政·合肥》政风行风面对面栏目2015年5月恢复报道，曝光问题、跟进整改，截至年底共刊登20个整版。江淮晨报对五里墩桥梁支柱封闭维修、马鞍山路数次路面塌陷等突发事件，主动引导，做好服务性报道；江淮晨报还长期开设专题专栏，曝光不文明现象，配合合肥文明创建。

合肥在线弘扬主旋律，推出的《大湖名城 创新高地》专题，点击率达6000多万，创同类专题之最，并在全国50多家中央及地方网站推送。《你好，环巢湖》专题被全国40多家网站推荐转载。《合肥故事》专题目前收集各类合肥故事1097个，得到了市委宣传部的肯定。在负面新闻充斥网络的当下，合肥在线通过《江淮·暖新闻》专栏，陆续发布弘扬中华美德的稿件，以正能量温暖人心。

针对2015年入夏后的暴雨天气，微信、微博上一度疯传“合肥又在看海”，集团迅速组织旗下报网，刊发了《网传合肥成“海”，市民勿信》等稿件，及时澄清事实真相，获得市委宣传部专题表扬。

【完成宣传工作任务】 2015年，集团各报网围绕“人大政协两会”、培育和践行社会主义核心价值观、“三严三实”专题教育、“四个全面”建设、大众创业 万众创新、文明城市创建、当好全省改革发展的排头兵、合肥福州高铁开通、机器人世界杯赛、抗日战争胜利70周年、中国德国总理来合肥、合肥经济圈、诚信身边事、道德模范、直击五乱、长江中游城市群省会城市会商会等主题，推出了一大批有影响的专题、策划、专栏、理论文章和稿件，承担了《环湖十二景》《政论合肥》等图书的收录与编纂出版工作，深受读者好评。特别是，集团各报网在“调转促”（调结构、转方式、促升级）方面的专栏报道《“调”出精彩 “转”出活力 “促”出后劲》，受到省市领导的肯定和表扬。

据不完全统计，集团各报网全年在重要版面、页面，宣传社会主义核心价值观、道德模范先进事迹以及对失信败德行为曝光的稿件超过千余篇；刊登公益广告总计500多个版面。

集团严禁“有偿新闻”“虚假新闻”，2015年没有出现违规情况，并进一步加大对广告经营的管理力度，严管违法违规广告。

【塑造媒体品牌形象】 集团注重维护媒体的优秀形象，做到主流、责任、权威，确保媒体拥有良好的公信力。

2015年，通过策划组织中国（合肥）龙虾节、环巢湖全国自行车公开赛暨国际骑游大会、首届巢湖渔火音乐节、大湖名城摄影展等一系列活动、赛事，既展示了合肥城市形象，又凸显了集团全媒体宣传合力和综合影响力。

合肥日报发行已扩展到六安、淮南、滁州、桐城等合肥都市圈城市，扩大了省会城市市委机关报的影响力；合肥晚报建成了安徽首家图片库，其“抗战万里行”策划报道获得全国媒体优秀版面暨摄影作品展“重大贡献奖”；合肥在线与全国近百家城市门户网站结成了网络联盟，互推弘扬主旋律的稿件，形成了强大的网络宣传联动体系，每月对外推荐稿件近2000条，传播频次近5万次。

各报网推出的热线、微公益、记者帮等栏目，发挥品牌功效，关注弱势群体，深受读者欢迎，如合肥晚报倾力打造了“合爱同行”公益慈善项目，累计帮扶近百位困难群众及群体；江淮晨报在全省媒体中，率先固定推出“江淮微公益”品牌专栏，开展免费午餐、江淮爱心市集、名师上学堂等公益活动。

传统媒体转型发展、媒体融合方面，集团各报网积极运营已开通的官方网站、微博、微信、手机报等新媒体平台。其中，合肥日报官方微博、微信及时发布权威信息、解读大政方针。合肥晚报对原“合肥晚报网”改造升级，更名为“合肥都市网”，增加“移动网页版”和客户端版，其官方微博、微信总粉丝量达60万，官方微信长期稳居安徽纸媒微信第一名；按照“建媒体、强媒体、全媒体、融媒体”的思路，合肥晚报已率先建立起集报纸、网站、阅报栏及数个微博、微信等全媒体发布集群的全媒体采编平台，运用全媒体理念，对传统媒体生产流程进行改造；江淮晨报微博、微信粉丝量分别达到50万、30万，阅读量、转发量稳居省内纸媒公众账号前两名；今日生活报官方微信创办了具有鲜明特色的“今报太太团”活动，得到了读者及客户的认可；合肥在线官方微博粉丝已突破70万，手机报用户保持在8万左右，手机客户端“合肥365”已上网调试，并正在加快推进新机房建设。根据移动互联网新闻特点，集团各新媒体平台及时推送资讯、扩大宣传效果、跟进热点话题、读者在线互动，发展态势在中部六个省会城市中居于前列。

2015年度合肥报业传媒集团获得安徽新闻奖作品目录

安徽新闻奖（报刊类）获奖作品

报送单位	作品标题	作　者	编　辑	获奖等级
合肥日报	别想“躺”在岗位上混日子——合肥在全省率先探索公务员考核方式改革	汪　竞、许超众、蒋　勇	巫业林	一等奖
合肥晚报	街头缘何频现“作秀式求捐”？——合肥5个月上演7起，多因白血病	徐颖奇	叶朝晖、熊世育	一等奖
合肥日报	合肥全国首创重大腐败案件“一案两谈”制	汪　竞、王弘毅、周立法	汪亚伟	二等奖
合肥日报	冬夜探访“乡村守夜人”	周　军、梁昌军	王爱玉	二等奖
合肥晚报	合肥首次公开招聘“聘任制公务员”	蒋瑜香	毛　晨、梁　群	二等奖
合肥晚报	“抗战万里行”大型采访活动	陈　军、罗　杰、余育章、李　磊、郑　静、虞俊杰、邢志鸿		二等奖
合肥晚报	“合肥造”敞篷中巴载抗战老兵“打头阵”	徐颖奇	杨　洁	二等奖
合肥晚报	这么好的草莓烂在路边好痛心	杨　慧、杨赛君	赵海燕	二等奖
合肥晚报	省政府权力清单平台今上线	吴　奇	叶朝晖	二等奖
江淮晨报	“回答问题不要带稿子”	刘　淑、刘梅梅	汪　雷、邵　伟	二等奖
江淮晨报	下月去大医院看病或“限时限号”	佟人冬	刘　刚、赵　军	二等奖
合肥日报	35户居民连续5年“聚议”腊月廿二	张传保、柳书节	陈　治	三等奖
合肥晚报 巢湖晨刊	农特产品搭上“电商快车”——安徽省首批电子商务进农村项目落户巢湖	苏龙鹏、向枫林	严化文	三等奖
合肥晚报 巢湖晨刊	巢湖全省首发志愿服务卡	黄尧华	严化文	三等奖
江淮晨报	皖产客车载抗战老同志受阅	刘　淑	汪　雷、赵　军	三等奖
江淮晨报	去年工作做得咋样厅长口头晒成绩	方佳伟	刘　刚、吕　青	三等奖
今日生活报	艺术乡村，让多少美好得以归巢？	赵　卉	石　莉、潘琳璨	三等奖
今日生活报	畸形的官场人脉得理顺了	朱晓凯	石　莉、周瑶瑶	三等奖

安徽新闻奖（报刊类·报纸版面）获奖作品

报送单位	刊发版面	刊发时间	编　辑	获奖等级
合肥晚报	1版	2015年11月11日	王　赞、范恒照	一等奖
合肥日报	T1版	2015年2月13日	吴　涛、黄　毅、孙　伟	三等奖

安徽新闻奖（报刊类·新闻专栏）获奖作品

报送单位	栏目名称	主创人员
江淮晨报	江淮微公益	杨　杰、汪　雷、杨春艳

安徽新闻奖（新闻论文）获奖作品

报送单位	作品标题	发表媒体、刊号、时间	作　者	编　辑	获奖等级
江淮晨报	互动活动：重构都市报的“入口价值”——地方都市报经营转型探索	《中国记者》 CN11-1275/G2 2015年8月	杨　杰		一等奖
今日生活报	“互联网+”时代，新旧媒体“标题党”的异与融	《新闻世界》 CN34-1090/G2 2015年6月	石　莉	周　蕾	二等奖

续表

报送单位	作品标题	发表媒体、刊号、时间	作者	编辑	获奖等级
合肥晚报	勇于洗削更革重树新闻权威——扫描2014年中国晚报转型之路	《传媒》CN11-4574/G2 2015年2月	朱晓凯	左志新	三等奖
合肥晚报	转行，不是每一个摄影记者的未来	《中国记者》CN11-1275/G2 2015年6月	吴　芳	翟铮璇	三等奖
江淮晨报	突发事件报道的“四个还原”	《新闻世界》CN34-1090/G2 2015年7月	杨　杰		三等奖

安徽新闻奖（副刊类）获奖作品

报送单位	作品标题	体　裁	作　者	编　辑	获奖等级
合肥晚报	汉风墨韵：李可染暨“彭城画派”美术现象	报告文学	王　晖	凌　琪	二等奖
合肥日报	勾连台海的一座心桥	报告文学	黄松泉、俞媛媛	巫业林	二等奖

安徽新闻奖（网络新闻）获奖作品

报送单位	作品标题	作　者	编　辑	获奖等级
合肥在线	合肥故事	桂黎飞、严朝霞、艾　倩、牛　瞳		一等奖
合肥在线	全国文明城市养成记	朱芳颖、严朝霞		三等奖

安徽新闻奖（新闻摄影）获奖作品

报送单位	作品标题	作　者	编　辑	获奖等级
合肥晚报	抗战万里行	虞俊杰、邢志鸿	罗　杰	一等奖
今日生活报	不能忘却的纪念	吴　芳	石　莉	二等奖
合肥晚报	病房里的爱情故事	吴　芳	王月婷	二等奖
合肥晚报	科大美女机器人商场当导购	刘　伟（斗　牛）	王月婷	二等奖
合肥晚报	走出阴霾——毁容少女周岩	吴　芳	罗　杰	二等奖
合肥晚报	春运十年	吴　芳	王月婷	二等奖
合肥日报	金秋十月，总理家乡迎总理	李亚朝、张大岗	陈　治	二等奖
合肥晚报	逆光飞翔	虞俊杰、邢志鸿	王月婷	三等奖

（厉笑然）

卫生　计划生育

【概况】　2015年，合肥市卫生局与合肥市人口和计划生育委员会合并，成立了合肥市卫生和计划生育委员会。在市委、市政府高度重视下，新成立的合肥市卫生计生委以“整合卫生计生资源、盘活卫生计生干部存量”为抓手，按照“三定”方案，对干部进行重新定岗，圆满平稳完成卫生计生机构改革，干部队伍思想稳定，精神面貌良好，各项工作稳步推进。截至2015年10月份，各县（市）、区卫生计生部门也全面完成机构改革。

【主要卫生计生指标】　截至2015年底，全市共有各类卫生机构2217个，每千人口医院、卫生院床位5.29张，每千人口卫生技术人员6.15人，每千人口医生数2.28人，每千人口注册护士数2.87人。全市人均期望寿命达到76.56岁，婴儿死亡率及5岁以下儿童死亡率分别平均控制在4.89‰和6.38‰以内，孕产妇死亡率13.87/10万。全市出生84513万人，人口出生率12.02‰，政策符合率92.72%，出生人口性别比110.59%，为单独夫妻办理再生育证6065个。圆满完成省下达本市的年度人口计划。

【医药卫生体制改革】　全市11家城市公立医院全面落实取消药品加成、调整服务价格、开展药品集中带量采购工作。19家二级以上公立医院药品带量采购实施到位，门急诊和住院药品占比分别为40.28%和34.47%，分别较上年同期下降3.14和6.04个百分点，其中，12个单品种24个品规的竞价，平均让利幅度为22.05%。取消基层卫生机构“收支两条线”，建立村医退出机制，按每月不低于300元的标准发放生活补助。五县（市）均成立医管会和医管办，政府办医责任进一步落实，现代医院法人治理机制正在形成。基层卫生服务机构服务环境明显改善，基本实现每个建制乡镇（街道）有一家政府举办的乡镇卫生院（社区卫生服务中心）和村级医疗卫生服务的全覆盖。强化“示范社区卫生服务中心”建设工作，目前，全市有“国家级示范社区卫生服务中心”10个（全国省会城市中排第三），“省级示范社区卫生服务中心”15个，“国家级社区卫生培训基地”1个，“群众最满意社区卫生服务中心”1个，“省级社区卫生示范区”3个。启动“群众满意乡镇卫生院”创建工作。大力推进家庭医生责任制服务项目，目前，有城市家庭医生小组366个，家庭医生签约服务44.3万人，重点人群21.6万人。社会力量办医实现新突破。引入社会资本，试点推动“医养结合”项目，批准设置了九久夕阳红老年城护理院、合肥光明老年护理院、安徽静安养亲苑护理院、合肥长兴康复医院4家以康复护理为主的养老医疗机构。放宽准入条件，简化审批程序，实行不需要自有房产也可申请举办非公立医疗机构。

【卫生计生治理】　行业管理规范进一步完善。启动了《合肥市卫生和计生事业发展“十三五”规划》编制工作，成立了编制工作领导小组，制发了《〈合肥市“十三五”卫生计生事业发展规划〉编制工作方案》文件，从全市卫生计生事业发展、县（市）区卫生计生事业发展、市属医疗卫生单位发展、卫生计生事业专项发展四个层面推进编制工作落实。卫生计生综合监管力度进一步加大。共办理行政处罚案件673件，其中责令停业270户，吊销医师执业证书2人，移送司法机关追究刑事责任10人。查处违反计划生育案3件，加大查处、打击“两非”的力度。医疗执业环境进一步好转。开展了严格遵守“九不准”守住行为规范底线等主题活动，强化医德医风教育，增强医务人员廉洁从医意识，不断提高群众对医疗卫生服务的满意度，着力营造风清气正的行业环境。

【医教研工作】 医疗技术水平实现跨越发展。开展了脑干脂肪瘤切除术、椎间孔镜下腰椎间盘切除术等一批高水平技术。国家级、省级临床重点学科增至13个。摘得省、市科技进步奖6个。派出医疗骨干外出进修培训110人次。与武汉协和医院、上海多家医疗机构等国内知名医疗机构建立了友好医院、学术交流、人才培养等合作关系。举办国际国内医学学术会议10场次。举办国家级继续教育培训班25期。中医药服务能力得到新提升。服务网络逐步完善，截至10月，市属医疗机构中有6家设置中医科，有县级中医院4家（3家为二级甲等）；全市有49个社区卫生服务中心、87个社区卫生服务站、61个乡镇卫生院、667个村卫生室能够提供中医药服务。

【公共卫生管理服务】 联合多部门建立突发事件紧急医疗救援应急联动机制，圆满处置突发公共卫生事件2起。重大传染病联防联控机制进一步健全。与相关部门建立了埃博拉出血热、中东呼吸综合征等重大传染病疫情、气候相关疾病和病媒生物的联防联控机制。开展急救技能大赛、卫生计生监督技能竞赛、疾控系统食品安全事故调查处置实战演练等各级各类卫生应急培训和演练70多次，累计参训2416人次。强化医疗机构传染病防治工作监管。开展2015年医疗卫生和传染病防治专项监督检查工作，累计检查医疗机构2111户次，立案处罚463户。圆满完成72家医疗卫生单位试点传染病防治分类监督综合评价工作。年度内共出动执法人员4000多人次，打击无证诊所500多户次，查处无证行医案件237件，移送公安机关非法行医案件35件，追究刑事责任6人。定期组织开展以消除“四害”为重点的爱国卫生运动，规范病媒生物侵害状况调查，加强防制效果监测。扎实推进“健康促进医院”创建活动，坚持以患者和健康为中心，切实改进医护质量，提高健康水平。大力开展控烟工作，在12320热线电话中开通戒烟咨询服务，市二院开设戒烟门诊，加强控烟宣传和干预指导，坚持将无烟单位建设作为卫生先进单位评审的前置条件，结合年度卫生先进单位评选，抽查单位189个，达标率90%以上。

【计划生育服务管理】 整合了妇幼卫生与计生技术服务体系、免费孕前优生健康检查项目和孕产期保健服务项目，实现对女性孕育期和婴幼儿全程的健康管理。“全国流动人口卫生计生基本公共服务均等化试点市”和“全国流动人口社会融合示范单位”建设稳步推进，对流动人口实施“一单制”免费计生技术服务，为流动人口实施免费四项手术1757例。以“数字化、智能化”为特征的计生药具免费发放服务系统被国家推广，计生家庭养老能力有效改善。各县（市）、区按200元缴费标准为计划生育特别扶助对象、并发症特别扶助等困难群体代缴养老保险费。对领取独生子女父母光荣证的独生子女父母和落实绝育措施的农村双女父母参保缴费，除享受所选档次缴费补贴外，每人每年增加30元缴费补助。2015年各县（市）、区政府按规定缴费档次为特扶对象代缴城乡居民社会养老保险金123.38万元，惠及特扶对象2923名。其中肥东、庐江、巢湖、包河区、高新区、经开区、合巢经开将代缴标准提至最高档每人每年2000元。

【医疗卫生服务资源】 全市财政对卫生事业投入总计约48.01亿元，比上年增长8%，固定资产投入约4.21亿元（截至10月底），增长22.72%。卫生重大建设项目顺利推进。截止10月底市属公立医院基本建设续建和新建项目共12个，总投资额32.54亿，总建设规模59.21万平方米。市妇幼保健院的“安徽省国际妇女儿童医学中心”项目纳入全市第二批政府与社会资本合作（PPP模式）试点项目库，已通过审核并展开建设。卫生信息化建设取得新成效。全面完成基层医疗信息系统建设，实现全市基层医疗卫生机构（含社区卫生服务中心及社区卫生服务站）信息系统统一。积极推进“银医一卡通”项目，力争近期完成一家市属医院和一个省级医院试点。

全市医疗卫生机构2217个，其中医院、卫生院255个。

卫生机构床位数4.35万张，其中医院、卫生院床位4.12万张。专业卫生技术人员4.79万人，其中执业（助理）医师1.77万人、注册护士2.24万人。

（关　澎）

体　育

【概况】 2015年，合肥体育工作深入贯彻落实全民健身国家战略，大力促进群众体育与竞技体育、体育产业与体育事业协调发展，努力提升合肥体育发展质量，实现了“十二五”体育工作圆满收官。

【2015合肥国际马拉松赛】

“徽商银行杯”2015合肥国际马拉松赛暨全国马拉松冠军赛由中国田径协会、安徽省体育局、合肥市人民政府共同主办，合肥市体育局、合肥市旅游局、包河区人民政府、安徽省田径协会承办，比赛设全程、半程、5公里“迷你马拉松”和1.7公里“亲子跑”四个项目，于10月25日上午8：00鸣枪开赛，下午14：00结束，历时6个小时。共有来自美国、英国、加拿大、日本、韩国、印尼、南非、新加坡、肯尼亚、埃塞俄比亚、厄立特里亚、乌干达等16个国家和港澳台地区，以及31个省市、自治区的20114名选手参赛，赛事规模再创市单项赛事新高。

2015年，男子马拉松冠军成绩为2小时9分21秒，较2014年提高了1分01秒，在2015年已完成的马拉松比赛中位于第三位；女子马拉松冠军成绩为2小时33分21秒，也创造了2015年以来国内马拉松的较好成绩。在冠军赛选手中，男子第一名为2小时17分04秒，女子第一名为2小时29分44秒，在2015年的全国马拉松常规赛事（3站全国马拉松锦标赛、全国马拉松冠军赛）中处于较高的成绩水平。连续两届赛事均创造优异的竞赛成绩，使合肥国际马拉松迈入国内高水平赛事行列。在全国马拉松年会上，合肥国际马拉松赛收获“银牌赛事”和“特色赛事”两项荣誉。

【2015环巢湖自行车赛】 2015环巢湖全国自行车公开赛暨国际骑游大会由中国自行车协会、安徽省体育局、合肥市人民政府主办，合肥市体育局、合肥市旅游局、肥东县人民政府、巢湖市人民政府、合肥报业传媒集团共同承办。赛事活动由2015环巢湖全国自行车公开赛、2015环巢湖国际骑游大会、自行车嘉年华活动三个块面组成。

6月27日举办的全国自行车公开赛在巢湖市举行，报名参加的不仅有来自北京、上海、广东、等国内22个省市的500多名自行车爱好者参加，还吸引了来自澳大利亚、马来西亚、德国、英国、日本、韩国、贝宁7个国家的29名外籍人士和5名台湾地区自行车爱好者参加。阵雨天气为选手们增加了挑战性、刺激性，最终，台湾选手巫帛宏获得公路精英组冠军，江苏选手封宽杰获得山地综合组冠军，广东选手刘智获得山地老年组冠军，台湾选手周佩霓获得山地女子组冠军。

6月28日举办的国际骑游大会，以渡江战役纪念馆为起终点，沿环湖北岸骑行至长临河古镇折返，1500名骑行爱好者参加，其中年龄最小的6岁、最大的83岁，完成全部比赛的选手可获得纪念证书及纪念品。

自行车嘉年华活动与骑游大会同时同地举办，在渡江战役纪念馆南广场安排了自行车文化展示、自行车慢骑赛、自行车用品体验、自行车极限表演、合作企业展示等，3000多名骑游人员和现场群众热情参与，体现了自行车运动的互动性、文化性、参与性。

【参赛全国第一届青年运动会】 第一届全国青年运动会由国家体育总局主办、福建省人民政府承办的，定于2015年10月18日-2015年10月27日举行，以福州为主赛区，泉州、厦门、漳州等市为辅赛区，共设26个大项、30个分项、306个小项的比赛，包括港澳台在内80多个参赛城市、82个代表团参加。经市政府同意，市组团参赛全国青年运动会。

在自1月开始的各项预赛中，市共有184人在15大项17个项目136个小项上取得决赛资格，预赛中共取得5项第一；4项第二；10项第三；6项第四；8项第五；6项第六；9项第七；2项第八，基本完成既定的预赛计划。

在决赛阶段，市共取得5枚金牌、6枚银牌、12枚铜牌及40项优胜名次，在参赛人数、参赛小项、奖牌总数、优胜名次数上均创参加全国综合运动会记录，并荣获体育道德风尚奖，取得了精神文明和运动成绩双丰收，圆满完成了既定目标任务。

【举办第三届中日韩三国围棋赛】 作为每年一届的常规赛事，第三届“庐阳志邦杯”中日韩三国围棋名人混双赛于2015年4月28日-4月29日在三国遗址公园金汤虎台成功落下帷幕。经过两天的激烈角逐，中国的俞斌/芮乃伟战胜韩国崔原踊/权周利组合，再度捧得庐阳杯，加上首届比赛的冠军，中国组合实现了庐阳杯的三连冠，日本组合和另一对中国选手收获季军。在名人混双赛举行的同时，金汤虎台还进行了三项业余赛事，高亚东夺得合肥市民业余个人赛冠军，合肥王仲夏夺安徽省业余争霸赛冠军，古三国业余对抗赛中，安徽队战胜湖北首次夺冠。

本届赛事在汲取前两届成功经验的基础上，谋划更早，准备更充分，无论是出席赛事新闻发布会、媒体见面会和开闭幕式的各级领导、中外嘉宾，还是参赛运动员以及新闻记者，对本届赛事精心的组织和有力的保障给予了充分的褒奖，且社会反响好，影响力远大于前两届。央视五套《体育新闻》、新华社、中新社、中国日报、香港文汇报、香港商报、《体坛周报》

等新闻媒体，人民网、新浪网、新华网、凤凰网等知名网络媒体，以及安徽电视台、合肥电视台等均对棋赛给予了全方位关注和报道，据不完全统计，本届赛事共发布各类稿件百余篇。

【贯彻落实国发46号文】 邀请总局专家详细解读了国务院《关于加快发展体育产业促进体育消费的若干意见》，牵头组织编制了合肥市《实施意见》，在赴先发城市及县（市）区调研的基础上，广泛征求各县（市）区、各有关部门意见，举行了专家论证会，为拓展体育产业发展领域和空间提供了政策支持。2015年市体育产业总产出已达到100亿元。

【群众体育组织建设】 市全民健身工作委员会成员单位、县（市）、区各级政府、各体育社团组织等已形成自上而下、纵横兼管的体育组织网络格局。各单位、各层次相互协调配合，履行体育公共服务职能，形成强大工作合力，共同促进市全民健身事业健康持续发展。2015年，体育总会在乡镇、街道实现了全覆盖。新成立了自行车、游泳、轮滑、气排球、龙舟、跆拳道和户外运动7个单项协会，新增体育社团会员10200名；新建社区体育俱乐部20个；新增全民健身活动站点54个，总数突破2900个。

【全民健身活动】 2015年继续突出“全民健身、健康合肥”主题，坚持传统性、品牌性、广泛性、多样性，大力开展群众性体育活动。全年举办了省暨合肥市迎新年健身走第55届元旦越野赛、合肥市信地置业杯万人广场舞大赛、第三届“庐阳杯”三国围棋名人混双赛、、长江中游城市群省会城市暨“合阜杯”乒乓球联谊赛、安利纽崔莱健康跑等大型群众性体育活动，首办了体育舞蹈全国公开赛，举办了合肥市第三届职工运动会、安利纽崔莱全民健身季活动、奥林匹克日长跑活动、全民健身日省市区三级大联动、皖江城市带体育舞蹈邀请赛、合肥市第九届体育舞蹈公开赛、合肥市第三届速度轮滑锦标赛等活动。市县两级共开展群众体育活动达130多项次，直接参与人数达50多万人，间接参与活动人员达百万人次。

【公共体育场地设施】 瑶海全民健身中心和肥东体育馆开工建设，100个全民健身苑和6个笼式体育健身场按照民生工程要求已全部完成，省局下达及中央转移支付资金项目：1个拆装式游泳池、7个全民健身广场、20个街道（社区）体育俱乐部、200个示范晨晚练点全部建成投入使用。随着收官之年公共体育场地设施建设完成，城市居民已基本达到10分钟健身圈条件。进一步强化场地设施建后管理养护，督促各县（市）、区制定建后管养规定，保证健身人群能够安全、科学、健康健身。

【青少年体育】 2015年继续整合县（市）区体育资源，积极推动县（市）区开展业余训练，出台了《合肥市体育后备人才单项训练基地认定及管理办法》，分别与长丰、巢湖、瑶海、蜀山、包河、射箭协会签订了女子橄榄球、排球、女足、女篮、击剑、羽毛球、武术套路、射箭等项目市队县（市）区办协议，命名了21个单位11个项目的单项基地。局属21个项目训练队已完成组队、注册等工作，在2015年省常规赛中共取得345枚金牌。2015年，市新命名2所市级青少年体育俱乐部，1所省级体育专项特色学校，4所省级体育传统项目学校。与市教育局共同举办了篮球、排球、足球、田径、游泳、象棋、围棋、国际象棋、乒乓球、手球、羽毛球、武术操等12个项次的比赛，参赛学生人数接达7000多人，创历年之最。

【社会体育指导员】 依托社会体育指导员协会，积极开展了各种比赛、交流和培训活动。组织指导员开展城市间体育项目交流；与报业集团联合举办两场万人广场舞大赛；组织队伍参加省社会体育指导员素质大赛取得总分第一，代表安徽省参加全国南片赛区决赛获得团体二等奖；举办了国家推广广场健身操舞培训、柔力球培训；合肥学院成功申报省级社会体育指导员培训基地。2015年度，共培训三级社会体育指导员1499人，二级社会体育指导员934名，全市各级社会体育指导员人数已达到11454人，超过总人口数的万分之十四。

【国民体质监测】 合肥市国民体质监测中心继续免费服务，2015年为1210名市民提供检测。新创建庐江、长丰、瑶海、新站4个县（区、开发区）级国民体质监测站。县区级体质监测站数达到8个，占县（市）、区、开发区61%，完成《合肥市全民健身实施计划2011—2015》所设定的50%既定目标。

【体育彩票】 2015年市体彩发行狠抓重点打基础、改革创新求突破，在经济总体下行的大背景下，实现了销售业绩和公益形象双丰收。体彩总销量达到11.32亿元，连跨9亿、10亿、11亿三个大关，实现了“三级跳”，超额完成了全年目标任务。

【校园足球】 有序推进全市各阶段校园足球工作。6月，市小学女组队代表安徽省参加全国校园足球冠军杯比赛，挺进东部赛区八强；7月，合肥一中获全国高中校园足球第十一名，是安徽省高中队目前取得的最好成绩；7月上旬，在市举办的“谁是球王争霸”中，小学组、初中组、高中组分获省选拔赛第一和第二名，7月下旬，小学组代表安徽省获华东赛区亚军。在安徽省教育厅、省体育局举办的首届高中校园足球比赛上，由合肥一中组队合肥市男子足球队荣获第一名，十三中获得女子足球第三名。

在暑期举办全国青少年校园足球夏令营各分营比赛中，市初中女组获全国青少年校园足球夏令营潍坊营区第三名；在北京营区比赛中，市小学混合组、小学女组双双夺冠，小学男组也勇夺亚军，13人入选希望之星和玫瑰之星。在8月29日闭幕的全国青少年校园足球夏令营总营中，通过专家组的选拔，7人入选希望之星和玫瑰之星。

【对外交流】 由15人组成的合肥市代表团赴丹麦奥尔堡参加第十一届友好城市青少年运动会。共有19个国家的21支代表队参加了比赛。赛程历时四天，合肥代表队总共囊括了14枚金牌、14枚银牌、2枚铜牌（合肥代表队仅参加四个项目），为合肥市赢得了荣誉。

由合肥市高新区组队的合肥小学足球队出访日本久留米市，参加第11届“彩虹杯”国际亲善青少年足球大赛。通过足球交流活动，不仅加深了市和久留米市之间的友谊，也加强了队员之间、中日家长之间的友谊。

应韩国大田市政府的邀请，蜀山区组团于11月9日代表合肥市出访韩国，参加在此举办的体育交流活动。开启了两市之间的首次体育交流活动。

为推进与俄罗斯萨马拉市建立友好城市关系，开展系列合作，应萨马拉市政府的邀请，合肥市体育代表团于2015年10月底至11月初赴萨马拉市参加“萨马拉州长杯”第四届国际青少年乒乓球大奖赛，共收获了2金2银1铜、以及两个第七和一个第八的成绩，展现出合肥市乒乓球运动的水平。

（石　峰）

人力资源和社会保障

2015年，合肥市人力资源和社会保障部门深入推进服务窗口效能建设，不断提升窗口服务意识、服务能力和服务效果，为“大湖名城、创新高地”建设提供了强大的人力资源支撑和保障。10月30日，国务院总理李克强视察合肥时对合肥市就业创业工作成效给予充分肯定。在2015年全国人力资源和社会保障工作会议上，人力资源和社会保障部部长尹蔚民对合肥市人力资源和社会保障工作给予表扬和肯定。

【就业创业】 推动“大众创业、万众创新”，全年城镇新增就业20.6万人，失业人员就业6.08万人，就业困难人员再就业1.88万人，城镇登记失业率控制在2.8%以内。

完善政策体系。1. 扩大创业担保贷款政策扶持范围。市人力资源和社会保障局（以下简称“市人社局”）会同市财政部门出台《关于进一步推进我市创业担保贷款工作促进就业的通知》（合人社秘〔2015〕250号），安排2000万元资金，对于符合贷款条件但享受不到中央财政贴息政策的贷款对象，由市财政给予贴息。“十二五”以来，全市累计新增发放小额担保贷款18.7亿元，涉及创业1.3万人。2. 推动落实“工学一体”就业就学。市人社局会同市财政局、市教育局、市经济和信息化委员会印发《合肥市“工学一体”就业就学工作方案》（合人社秘〔2015〕94号），成立合肥市“工学一体”就业就学试点工作领导小组，推进方案实施。有8个企业与7所院校签订了合作协议。3. 加强双创政策扶持。会同市财政部门加强调研，落实《市政府关于大力推进大众创业万众创新的若干政策意见》。对新认定的国家级、省级、市级创业孵化基地，分别给予50万元、30万元、20万元一次性奖补。对贷款额度在500万元以内的劳动密集型小企业，按贷款基准利率的50%给予贴息，个人贴息贷款统一调整为不低于10万元。施行创业孵化“3+2”政策，即现行3年创业园区补贴政策再延长2年。4. 实施“创业江淮”行动计划。市政府办公厅出台《转发省政府办公厅关于印发“创业江淮”行动计划（2015—2017年）的通知》（合政办〔2015〕52号），争取到2017年，培养培育7万名以上创业青年，孵化300个以上创业项目，扶持60家以上青年创办的小微企业成长为规模以上创新企业，培育发展市级以上各类众创空间60家。

落实政策措施。1. 抓好民生之本积极扩大就业专项行动。根据《中共合肥市委办公厅印发〈关于在“三严三实”专题教育中开展“四个专项整治”的方案〉的通知》（合办〔2015〕26号）要求，自10月份起，市人社局牵头实施抓好民生之本积极扩大就业专项行动，要求各级人社、教育、经信、财政、工商等部门要根据每个具体项目情况，列出清单、建立台账、逐项落实。2. 落实民生工程。开发公益性岗位12855个，完成目标任务的119%；开发高校毕业生就业见习岗位2141个，完成目标任务的142%；稳定提供1417个高校毕业生基层特定岗位，完成目标任务的100%。3. 落实工作责任。将省下达的工作目标分解到各县（市）区、开发区及相关部门，落实《合肥市就业创业工作评价办法》，建立考核评比激励机制，对县（市）区政府和开发区管委会就业创业工作任务完成情况，组织实施考核。4. 加强政策宣传。10月份，组织各县（市）区、开发区人社部门及各有关单位开展了20场就业创业政策宣传活动，印发《合肥市就业创业政策指南》1万多份，并在合肥人力资源和社会保障网上开辟宣传专栏。

加强平台建设。1. 搭建高校毕业生就业平台。新建近2万平方米的人力资源市场，开通网络求职平台和流动招工“大篷车”，开展高校毕业生就业服务月等活动。全年接收高校毕业生进合肥就业7.5万人，实现就业7.2万人，高校毕业生就业率为96.3%。2. 加快创业孵化平台建设。围绕扶持“大众创业、万众创新”，全市建成各类创业孵化基地52个，累计孵化各类创业组织（实体）1.25万个，累计吸纳就业9.26万人，孵化成功企业5359个，带动就业7.89万人，上缴利税4.53亿元。3. 完善人才服务平台建设。将“社会服务人才岗位”“社会服务人才培训”和“社会服务人才队伍建设监管”三个项目，委托合肥公共资源交易中心公开向社会组织和企业进行招标，40多个企业参与投标，8个企业中标。通过社会力量购买服务的方式，开发社会服务岗位300个、大学生见习实训岗位2000个。4. 加强人力资源支撑平台。在“合肥经济圈”基础上，健全完善“合肥人力资源协作圈”建设，建成人力资源市场和人力资源服务业集聚区，实现人力资源跨地区的合理配置和有序流动，为合肥经济发展提供了较好的人力资源支撑。

创新服务举措。1. 开展就业创业“四进四扶”活动。市人社局会同市教育局、市财政局印发《合肥市就业创业“四进四扶”工作实施方案》，广泛开展进校园、进企业、进园区、进社区系列帮扶活动，确保在合肥高校毕业生就业创业政策知晓率90%以上，困难企业和工业园区内企业帮扶政策知晓率、离校未就业高校毕业生就业帮扶率、社区就业困难人员就业帮扶率均达到100%。2. 举办创业项目征集大赛。市人社局会同市财政局、市总工会、团市委、市妇联印发了《关于举办合肥市第六届“挑战杯”创业项目征集大赛的通知》，自10月至11月，在全市范围内广泛开展创业项目征集大赛。这次征集大赛，共征集创业项目500多个，决赛获奖项目39个。3. 加强创业教育。全面实施创业意识培训、创办企业培训、创业模拟实训、创业基地实训、改善企业培训“五位一体”的创业培训模式。全市开展创业培训34505人，其中创业意识培训5338人，创办企业培训17749万人，创业模拟实训11418万人。4. 做好高校毕业生就业创业工作调研。上半年，配合市城乡劳动力暨人力资源开发研究会，做好全市高校毕业生就业创业情况调研，撰写调研报告报送市四大班子主要负责人审阅。5. 提升基层平台人员服务能力。市人社局组织基层平台就业创业和社会保障工作人员，举办两期就业创业和社会保障政策培训班，培训人数超过1500人次。6. 加强创业服务。成立“创业专家志愿团”和“创业导师团”，开通创业项目库，为创业者提供创业指导、项目选择、项目论证等全程创业指导服务；编印《大学生创业指南》，开展创业服务进高校、“青年创业大赛”等活动。

推进就业援助。1. 组织开展春风行动。市人社局会同市总工会、市妇联印发《关于开展2015年春风行动的通知》，自1月中旬至3月中旬，在全市范围内广泛开展以“搭建供需平台，促进转移就业”为主题的春风行动。活动目标为“五个到位”，即宣传到位、服务到位、政策到位、维权到位、对接到位。“春风行动”期间，举办144场招聘会，帮助近5万名农村劳动者与企业达成就业意向。2. 组织开展就业援助月活动。会同市残联印发《关于开展2015年就业援助月专项活动的通知》，动员全市各级人力资源和社会保障部门、残联组织，组织开展就业援助月专项活动，累计帮助2636名各类就业困难人员实现就业。3. 做好退役士兵就业工作。按照省政府、省军区《关于促进退役士兵就业创业工作的意见》要求，会同市民政局、合肥警备区印发《关于开展2015年退役士兵就业招聘周活动的通知》，研究制定《合肥市2015年退役士兵就业招聘周活动方案》，组织开展退役士兵招聘活动，帮助退役士兵解决就业问题。招聘周活动期间，举办11场退役士兵专场招聘会，参与企业726个，提供岗位近2万个，3209名退役士兵在招聘周期间与用人单位达成就业意向。

提升公共就业人才服务能力。1. 加快推进滨湖新区合肥人力资源市场建设。做好人力资源市场建设需求规划和功能设置工作，按照市委、市政府“世界眼光、国内一流、合肥特色”的总体要求，力争建设一个“带动安徽、辐射中东部、影响全国”的区域性人力资源大市场。新市场于3月23日正式启用，与老市场相比，服务能力得到明显提升，最大限度地提高办事效率，方便办事群众。2. 建设合肥人力资源服务产业集聚区。依托合肥人力资源市场建设合肥人力资源服务产业集聚区，出台相关优惠政策和措施，吸引国内外知名人力资源服务机构入驻，以带动人力资源服务产业整体水平提高。“集聚区”于

2015年9月19日正式开园，已入驻15个民办人力资源服务机构，集中对外提供招聘、猎头、劳务派遣、劳务外包、人事代理、培训、人才测评、薪酬管理等人力资源服务。自开园以来，“集聚区”企业共提供就业岗位1.6万个，服务求职者近5000人次。在人力资源服务集聚区的基础上，进一步加强调研，根据全市经济社会发展规划，探讨建设省级合肥人力资源服务产业园，并初步拟订人力资源服务产业园建设方案。3. 推进“中国国际人才市场合肥分市场”建设。拟在 “合肥市人力资源市场”内，新建“国际人才市场”机构，在国家、省、市外专局及相关部门的指导下，围绕安徽系统推进全面改革创新试验区和合肥作为长三角世界级城市群副中心建设，提供国际人才交流服务。4. 加强公共就业服务机构信息化建设。以“合肥人力资源网”为平台，开展网上职业介绍，举办网络招聘活动；开展公共就业服务信息系统的升级和手机招聘信息的开发，以实施就业失业管理信息系统为抓手，逐步形成覆盖全市、信息准确、安全可靠的公共就业服务信息网络，实现职业介绍、就业管理、劳动保障事务代理等公共就业服务信息的网上办理。5. 建立企业用工监测和用工需求调查长效工作机制。为及时应对和帮助企业顺利度过春季用工高峰，于春节前后开展了3次“春季企业用工需求调查”活动，根据调查结果，有针对性地制订系列帮助企业招工的措施。进一步扩大就业动态监测范围，在对全市范围内13个公共就业服务机构人力资源市场供求、3个开发区和80个重点企业招工及人员流动和5个镇10个行政村的农村劳动力转移等开展就业失业动态监测的基础上，将24家A级以上信用等级的民办人力资源服务机构纳入监测范围，并将调查数据进行对比和分析，按月形成分析报告并及时向社会公布，指导企业用工和劳动者求职，为政府经济形势分析提供依据，为企业用工提供量身定制的职业介绍服务。6. 加强区域人力资源交流与合作。5月份，市人社局牵头组织召开“合肥人力资源协作圈”联席会议暨“首届合肥人力资源协作圈十佳HR经理人颁奖活动”。合肥、六安、淮南、滁州、桐城以及寿县、霍邱、颍上、定远五市四县人社局相关负责人及公共就业人才服务机构负责人，“十佳HR经理人”获奖选手等参加会议，共商“合肥人力资源协作圈”发展大计，促进和吸引各类技能人才到合肥就业。在阜阳、淮南、颍上、寿县、定远等市县举办专场招聘会6场，组织357个重点企业提供近1万个就业岗位，吸引了2000多名当地求职人员与合肥市企业达成初步就业意向。

【社会保险】 至2015年12月，全市养老保险参保 148.3万人，完成目标140万人的105.9%。失业保险参保121.5万人 ，完成目标115.8 万人的104.9%。医疗保险参保160.1万人，完成目标153.7万人的104.2%。工伤保险参保129.1万人，完成目标125.8万人的102.6%。生育保险参保115.6万人，完成目标109.5万人的105.6%。机关事业养老保险参保单位956个，参保人数60398人。全面启动城乡居民养老保险参保、续保工作，城乡居民养老保险参保人数达198万人。实现被征地农民养老保障应保尽保，23.55万人纳入被征地农民养老保障。推进企业年金工作，47个企业实行备案，积累基金2.1亿元。解决未参保大集体企业退休人员、军工企业二四八家属工等群体参保问题，为3.3万人办理补保手续。

社会保险征缴。多渠道宣传社保政策，开展业务培训，帮助参保单位全面掌握现行社保政策，增强依法参保缴费意识，提高社保业务技能。上门服务，对未参保单位实地排查，宣传社保政策，努力做到应保尽保。在自助打印机出具的社保参保证明单上增加社保政策项目，参保单位和个人通过参保证明可以了解社保政策。全年发放个人参保权益记录单150万份。开展社会保险缴费基数书面稽核。选派专职人员到各区社保代理机构，协助办理，这种一站式服务方式，简化了办事程序，提高了工作效率。上半年书面稽核13000户参保单位申报的社会保险缴费基数，下半年由人社局、市财政局、市地税局等联合检查组进行实地稽核，对未按时申报缴费基数、少报参保人数按规定进行处罚。

企业养老保险。至2015年12月末，市本级新增退休人员14885人，死亡6134人，停发1427人，企业离退休人员226876人（其中，离休1632人、建国前老工人327人、退休224182人、因病退职735人），享受生活补助的遗属6276 人，按时足额发放基本养老保险待遇57.8亿元，其中，基本养老金54.9亿元，丧葬抚恤费和遗属生活费0.95亿元。2015年国家和省关于调整企业退休人员基本养老金的政策明确后，及时完成数据调整，确保规定期限内调整发放到位。市本级符合调整政策的企业退休人员共213298人，调整前月人均养老金1890.51元，调整后月人均养老金2092.42元，平均增加

201.9 元。继续做好工会生活困难补助、有关企业退休人员计划生育一次性奖励费发放工作。贯彻落实上级要求，为原国有企业职教幼教退休教师发放生活补贴，做好信息核对和发放衔接，2 月份发放 2014 年待遇，共涉及 1105 人，共计发放 1613.30 万元。9 月份配合市国资委对第二批职教幼教（268 人）待遇进行集中审核，妥善处理好相关数据，预计 2011 ～ 2014 年需发放 1320 万元。

推进人脸识别系统建设，进一步深化退休人员社会化管理服务。年初启动采用人脸识别技术介入养老金领取资格认证工作，并确定在蜀山区和庐阳区进行试点。印发《合肥市采用人脸识别技术开展养老金领取资格认证试点工作实施方案》，对试点单位全程进行指导。试点两区按照实施方案，结合各自实际情况印发具体实施方案，对辖区街道和社区的电脑配备进行升级，组织工作人员开展业务培训。依靠从省人社厅变更过来的人脸识别认证系统和 200 套认证终端，已成功建成基于试点区的人脸识别认证体系，并开通了互联网认证模式。庐阳区和蜀山区共 8.8 万名退休人员中已有 7.6 万人完成人脸识别建模，占比达 86%。

2015 年的养老保险待遇资格认证工作于 5 月份正式开展。全年完成 21.27 万人的认证工作。做好异地居住退休人员协查认证工作，全市共向网上协助认证系统上传退休认证通知数 4259 人，外地为合肥市办结网上认证 2399 人，外地上传在合肥市居住人员认证通知数 4828 人，合肥市为外地办结网上认证 4329 人。截至 10 月底，恢复养老保险待遇退休人员 1166 人、遗属人员 871 人。

继续做好退休人员移交社区和慰问等工作，市本级实行进入社区管理的退休人员 21.46 万人，社区管理率 95.5%。继续开展“我为退管人员办实事”活动，以街道（乡镇）、社区为单位，紧密结合实际，本着力所能及、务实便民的原则，从小事入手，为辖区退管人员多办实事，让他们切实感受到社区大家庭的温暖。指导蜀山区、包河区、肥西县等县区举办纪念抗日战争及反法西斯战争省立 70 周年和“庆国庆、迎重阳”等大型退管活动，取得良好效果。

推进企业年金工作。截至年末，共备案实行企业年金企业 47 个，涉及 5000 余人，共积累年金基金 2.1 亿元，基金运行状况平稳。审核接收省直事转企单位 50 个，涉及职工近 3000 人。做好参保职工退休审核工作和群众上访接待处理工作。全年共审核退休 13000 人，处理群众上访、信访 98 件次，接待群众 210 人。对群众反映较为突出的问题，经过详细调查后向上级汇报，充分体现以人为本的工作态度。

机关事业单位养老保险。截至 12 月底，全市机关事业养老保险参保单位 956 个（其中：全额拨款事业单位 534 个，差额拨款事业单位 80 个，自收自支事业单位 205 个，改制事业单位 129 个，人才服务代理机构 8 个）。参保人数 60398 人，其中：在职职工 37444 人，退休人员 22954 人。严格执行内控制度，坚持“四级审核”，落实经办管理责任，提高经办服务水平，完成对参保单位养老保险费用的征缴，对养老金发放的各个环节实行定人、定责，简化业务经办流程，确保养老金每月支出计划、资金划拨、发放时间“三到位”，实现了养老金社会化发放率 100% 的目标要求。做好基金征缴和清欠工作，严格基金管理，确保基金安全。收入养老保险费共 92345 万元（含财政补贴 34500 万元），基金征缴率达 95%。

做好全市离退休人员养老待遇调标工作，多方协调配合，逐人逐项调整。截至 7 月份，为全市 951 个参保单位、22977 名离退休人员调整补发养老金和生活补贴。自 2014 年 10 月至 2015 年 6 月，为全市离退休人员调整补发养老金和生活补贴共 7974 万元。人均增加 385 元，月增加 886 万元。

城乡居民社会养老保险。至 12 月底，全市城乡居民基本养老保险参（续）保缴费人员 197.97 万人，续保率为 90.9%；60 周岁以上到龄领取待遇人员 89.9 万人，对符合领取条件的人员养老金发放率达 100%。出台《合肥市人民政府关于进一步完善城乡居民基本养老保险制度的实施意见》（合政〔2015〕52 号），新政策在缴费档次、缴费补贴、基础养老金标准、丧葬补助等方面，进一步完善城乡居民养老保险制度，有力增强了政策的吸引力。

被征地农民养老保障。全面实现应保尽保，养老金按月足额发放。截至 12 月底，市区有 23.94 万人纳入被征地农民养老保障，已有 6.7 万人领取养老保障金。全年支出养老保障金 44470 万元。市辖四县一市经审核确认共有 28.4 万人参加保障，有 7.58 万人领取了养老保障金。市人社局和市财政局联合下文，从 2015 年 1 月起，被征地农民养老保障金标准从原来的每人每月 460 元提高到每人每月 510 元。

失业保险。截至 12 月底，全市

累计接收登记失业人员32398人，月均领取失业保险金人数1.86万人。市本级及所辖四县一市失业保险经办机构均按要求实现“五统一”要求，即统一制度和政策、统一基金管理和使用、统一基金预决算管理、统一失业保险业务管理流程、统一失业保险管理信息应用系统。指导、协调各县（市）区失业保险经办机构失业保险工作，进一步规范操作失业人员管理业务流程和失业保险金发放业务流程。根据市编办《关于印发市级政府权力精简事项的通知》（合编办〔2015〕86号）要求，从10月开始，将原有市失业保险管理中心经办的用人单位办理失业人员备案及相关业务下移至4个城区失业保险经办机构办理。截至12月底，瑶海区、庐阳区、蜀山区、包河区已办理失业备案3274人次，《就业失业登记证》994份。

及时、足额发放失业保险待遇，有效保障失业人员基本生活。2015年元旦、春节期间，根据市委、市政府统一部署，对家庭困难的失业人员开展“送温暖”活动，按照800元/人的标准发放一次性生活补助金，共补助人数709人，补助金额56.72万元。截至12月底，全市共有41898人领取失业保险金，支付失业保险金21034.36万元，基本医疗保险费5846.43万元，丧葬抚恤补助47.90万元，职业培训和职业介绍补贴503.28万元，其他费用支出21987.64万元。

及时调整失业保险待遇标准。根据省统计局发布的2014年度全省城镇非私营单位在岗职工月平均工资标准4366元，自2015年1月1日起，对在领取失业保险金期间死亡的失业人员，其遗属享受的一次性抚恤金标准由31872元调整为34928元。根据相关文件，自2015年7月1日起，在领取失业保险金期间的失业人员基本医疗保险缴费基数调整为2620元。根据省人民政府办公厅《关于调整全省最低工资标准的通知》（皖政办〔2015〕57号）和省人社厅、省财政厅《关于调整失业保险金计发比例的通知》（皖人社秘〔2015〕374号），合肥市区最低工资标准调整为每人每月1520元，失业保险金计发比例由最低工资标准的65%调整为75%。依据此标准，合肥市（含四县一市）失业保险金标准按照市区最低工资标准的75%确定为每人每月1140元，自2015年12月1日起执行。

严格执行基金财会制度和失业保险基金管理的内部控制制度，加强基金的预决算管理，规范基金收支程序，保证基金的安全完整和良性运行。截至12月底，全市失业保险基金收入103634.15万元，基金支出50064.96万元，基金累计滚存结余363926.2万元，通过开展支付稽核，共计核查出多领失业保险金的失业人员564人，追回多领失业保险金107.89万元。

完善落实失业保险政策，充分发挥失业保险作用。根据《关于调整我市促进经济持续健康较快发展工作有关政策的通知》（合人社秘〔2015〕128号）要求，按时足额缴纳失业保险费并承诺1年内不实施规模性裁员的企业申请稳定就业岗位补贴进行审核。截至12月底，共审核2123个企业，享受人数214224人，享受金额20285.53万元。

城镇职工基本医疗保险和城镇居民基本医疗保险。截至12月底，全市城镇职工医保参保160.13万人，其中市本级128.37万人。1～12月份，市本级城镇职工医保参保人员出院167618人次，住院率13.05%；住院医疗大病救助37359人次。市本级统筹基金收入22.16亿元，支出14.65亿元，结余7.51亿元；医疗救助基金收入2.27亿元，支结余0.70亿元。

2014年10月至2015年9月，城镇居民基本医疗保险市本级参保居民1042453人；居民医保本市住院84236人次，异地住院1893人次；特殊病门诊受益118612人次；普通门诊受益691339人次；基金应征收入43275.72万元，基金实际支出50466.99万元，基金当年亏损7191.27万元。

经市政府第45次常务会议审议通过，对《合肥市城镇职工基本医疗保险办法》进行修改，按照职工医保基金以收定支、收支平衡、略有结余的原则，自2015年5月1日起城镇职工基本医疗保险单位缴费比例由8%下调为7%，个人缴费比例2%不变；自2015年7月1日起灵活就业人员医保缴费基数调整为上年度全省在岗职工月平均工资的60%，个人缴费比例由10%下调为9%，不建立医保个人账户的个人缴费比例由6.5%下调为5.5%。通过调整降低职工医保缴费费率，有效减轻企业负担。

在由民政部门按《合肥市城乡医疗救助实施办法》对困难群体的参保予以救助基础上，统一了居民医保缴费标准，2015年居民医保参保缴费标准统一为120元/人·年，在校学生和18周岁以下少年儿童为30元/人·年。自2015年10月1日起，居民医保政策范围内报销比例提高10%，在三级、二级、一级及以下定点医疗机构就医的报销比例为70%、80%、90%。取消过去连续参保每年2%的奖励政策和一类低保、重度残疾人10%的优惠政策。为进一步提高重特大疾病参保居民的待遇水平，自2015年10月1日起，居民大病保险报销比例由原来30%～80%八个报销分段简化为50%～80%四个报销分段，最低报销比例由原来30%提高到50%。通过对医保结算系统的升级改造，从2015年10月1日起，居民大病报销方式由原来的参保人员自行到保险公司服务网点报销调整为出院即时结算，无需另外办理。

医疗保险监管。全市实行医保协议管理定点机构共464家，其中定点医院258家、定点单体药店200家、连锁药店6家。2015年初，重新修订协议文本，明确定点机构的权责，进一步规范两定管理。2015年10月份，国务院决定取消两定资格审查和审批项目后，合肥市出台改革工作方案，全面启动医保医疗机构服务协议管理。继续做好《长江中游城市群四省会城市城镇职工基本医疗保险异地就医定点医疗机构服务协议》签订和完善工作。

加大对定点医院的稽查力度，全年检查定点医院492次，其中夜查46次。通过检查，发现和处理了多起违规行为，如安徽中医学院中西医结合医院、中国科学院合肥物质科学研究院肿瘤医院存在的非参保人员冒名住院、套取医保基金行为，光华医院特殊病虚高传报行为等。由于稽核检查始终保持高压态势，违规行为发生次数逐年下降，举报投诉也明显减少。

加大对定点药店的检查力度，根据群众信访提供的线索，对定点药店进行了58次明察暗访。查处了合肥市蜀山区金花大药房等十多家定点药店使用社保卡销售食品、化妆品以及为非定点药店代刷社保卡行为。帮助参保人员追回多笔社保卡被盗刷资金共10万多元。加大对医保费用的稽核力度，过去医保费用明显不合理、过高的现象得到有效遏制。针对全省医改政策调整后出现的乱象进行重点稽核，全年核减不合理医疗费用18318544元。

工伤保险。截至12月底，全市工伤保险基金收入38424万元，支出23542万元，收支结余14882万元，累计滚存结余92065万元。办理享受医疗待遇的工伤职工4821人，办理一至四级伤残待遇21人、享受生活护理费16人、五至六级25人、七至十级1532人，定期领取伤残津贴172人、生活护理费255人，累计享受伤残待遇5674人次。办理与单位解除劳动关系享受一次性工伤医疗补助金832人、计发费用2386万元。受理因工死亡86人，核定符合供养条件的78人，领取供养抚恤金901人，累计享受工亡抚恤待遇8717人次。办理工伤职工辅助器具配置66人，全年共受理工伤认定案件6491件，实际做出工伤认定决定6441件，工伤认定案件行政复议和行政诉讼案件分别为85件和55件。

受理工伤鉴定申请3955人次，结案3402人次；确认项目申请1325人次，结案880人次；因病鉴定申请395人次，结案399人次（含上年度滚存）。自10月1日起，出台了《关于调整工伤保险费率等有关问题的通知》及《关于做好工伤保险费率调整工作的指导意见》，及时按国家相关要求，对全市参保企业的工伤保险费率进行重新确认，减轻了大部分企业负担。

生育保险。截至12月底，生育保险基金收入33186万元，支出32464万元，收支结余722万元，累计滚存结余5065万元。其中生育津贴费用2.34亿元，占72.14%。生育20002人，生育备案23082人，二孩备案3530人，占15.3%。1965名“幸福妈妈”体验新政策“生孩子不花钱”。为确保生育保险基金平稳安全运行，建立更加公平可持续的社会保障制度，更好地保障女职工的合法权益，对生育保险的相关政策进行调整，调高了生育保险费率，并先后出台《关于生育保险有关问题的通知》《关于明确我市职工生育保险有关问题的通知》，进一步规范生育保险的相关政策及程序。

【人事人才】 人才服务。新增享受国务院特殊津贴专家1人、享受省政府特殊津贴专家6人，新增国家“百千万人才”2人，新增省学术和技术带头人5人、省学术和技术带头人后备人选4人，新增安徽省战略性新兴产业技术领军人才50人，2人获合芜蚌创新人才奖，1个单位获合芜蚌创新人才工作奖，4人获省学术技术带头人科研项目资助，1人获省学术技术带头人后备人选项目资助。

贯彻市政府社会服务工作政策，印发《关于2015年合肥市社会服务人才培育工作有关问题的通知》等一系列文件；通过政府购买服务方式，将“社会服务人才岗位”“社会服务人才培训”和“社会服务人才队伍建设监管”三个项目公开招标，8个企业中标；建立了市、县（市、区）、乡镇（街道）三级培训体系，依托高校、职业院校设立50个社会服务人才培训基地，依托社会组织和企业设立16个社会服务人才见习实训基地。全年培养社会服务人才9100人，安排社会服务岗位300个、大学生见习实训岗位2000个。

完成了博士后工作站的建站申报，2015年新批准建立国家级博士后科研工作站5个、省级博士后科研工作站9个。完成了2015年度25个省级博士后科研项目资助的申报，其中13个项目获省级资助34万元。完成了合肥市2014年度3个新建博士后工作站的建站启动经费和47名在站博士后的生活补助的申报拨付，共资助109万元。配合省人社厅完成了国家级和省级博士后科研工作站的考核评估工作。

全市有26个机构获安徽省人力资源服务机构信用等级A级以上称号（全省共53个），其中获得最高等级AAA级称号的有10个机构（全省共11个）。全市共有人力资源服务机构235个（不含专营劳务派遣企业），建立人力资源网站163个，年收入超过20亿元，服务人数200万人，服务单位8.5万个，举行招聘会2984次，帮助实现就业和流动人数41.5万人次。举办人力资源服务业知识更新培训，共培训学员624人。流动人员人事档案管理经费纳入财政预算。

全市共招募“三支一扶”（支农、支教、支医和扶贫）高校毕业生45人，开展新招募“三支一扶”高校毕业生岗位培训，采取理论教学与实践教育相结合的方法进行。

外专引智项目。坚持高端引领，稳步、扎实地推进各类引智项目的开展。全年共执行各类引进国外智力项目51项，其中引进国外专家项目42项，共聘请国外专家161人次；执行“农引推”项目4项；“千村引智”试点村示范项目4项；执行专业技术人员出国（境）培训项目1项，选派3人赴瑞士参加“新一代智能型交通信号控制技术引进及系统开发”专题培训。“十二五”期间，全市累计执行引进国外技术、管理专家项目240项，聘请国外高层次专家789人次。

坚持依法行政，规范、高效地办理外国专家来华工作许可事项。共办理外国专家来华工作行政许可事项424件，其中外国专家来华工作许可152件，外国专家证及延期各类许可272件。据统计，每年到合肥的外国专家和国际人才有2000余人次，加上科技交流与合作、学术访问等，每年到合肥海外人才近3000人次，且逐年增长。为方便项目单位熟悉和办理业务，专门印制了《合肥市外专局业务手册》，涵盖了引才引智项目申报、外国专家来华工作许可办理事项以及留学人员服务等内容。合肥市引智项目总数和执行率以及外国专家来华工作许可事项办理件数均居全省前列。

优势转化，立足创新创业打造引进高端国际人才平台。全市引智项目中高新技术与工业项目占八成以上，通过对“智能语音”“智能交通”“合肥芯”、天麦胰岛素等项目的持续支持，引进了一大批重点专家和团队，加速了企业关键性技术攻关、核心竞争力提升，促进了国外智力本土化应用、国内人才梯队建设和培养，形成了项目引才、以才聚才、以才育才的良好格局。

加大对涉农引智项目资源整合，突出向发展现代农业、引进标准化高产高效种植模式、农作物优良品种和先进技术等方向聚焦用力，努力挖掘、培育重大引智成果，引智成果共享体系建设不断完善，形成了“长丰草莓”“徽王蓝莓”“江艺种子”“大圩葡萄”等特色农业，培育出一批新品种，形成了具有自主知识产权的新品牌。

积极推进与高校、科研院所的合作，共同建设机制灵活、运转高效、与经济发展深度契合的战略性研发平台。其中，中国科学技术大学先进技术研究院已与英特尔、微软、阿里巴巴等共建28个研发平台，集聚先进技术项目160个，吸引社会资本近2亿元，孵化了48个科技型企业，引进领军人才50余人，其中院士2人、“千人计划”教授9人。合肥工业大学智能制造研究院、中国科学院合肥技术创新工程院、清华大学合肥公共安全研究院、北京大学未名生物经济研究院、中国农业科学院合肥安全食品研究院等都在建设中。

外国专家服务管理。合肥聘请外国专家数量逐年增加，每年长期在合肥工作的外国专家有1500余人次，部分高层次外国专家在科技创新、技术攻关、新产品研发和科技成果转化中做出了突出贡献。经市政府第52次常务会议批准同意设立外国专家“合肥友谊奖”，建立外国专家奖励表彰机制。加强对高端外国专家工薪资助，自2010年出台《合肥市承接产业转移进一步推进自主创新若干政策措施》至2013年，给予多个外国专家聘请单位工薪资助共1985.46万元。市政府批准同意在“2015年合肥市促进自主创新政策”中将“企业聘请高端外国专家工薪资助政策”纳入其中，每年拨付500万元，对于每年在企业工作时间不少于6个月的一次性给予企业当年聘用费的50%、最高60万元的资助。2015年给予16个企业的18名专家工薪资助427.5万元。

进一步加强多部门联动协作机制，市外国专家局牵头组织召开合肥市外国人管理工作联席会议第一次会议，市政府外事办公室、市出入境管理局、市国家安全局、市教育局等相关部门参会，同意建立完善联络员制度。

事业单位人事管理。先后举行两次面向社会公开招聘市直事业单位工作人员考试。上半年招聘508名工作人员，涉及27个主管部门、77个事业单位；下半年招聘工作人员196人（其中城管执法队员80人），涉及12个主管部门，20个事业单位。

组织开展全市事业单位人事管理培训班，重点解析《事业单位人事管理条例》及相关政策，各县（市）区和市直有关单位300余人参加培训。对市直事业单位新进人员分期举办岗前培训。先后完成2014年下半年部分事业单位转岗申报工作、2015年度专业技术二级岗位申报和三级岗位聘用工作、市直29个事业单位岗位设置调整及正常岗位变动受理工作。协调做好全市机关事业单位“吃空饷”问题集中治理整改落实工作，共追缴资金135.9万元。

专业技术人员管理。1. 职称评定。开展2015年度非国有经济组织建设工程专业职称评审，认定887人高级工程师任职资格、4458人工程师任职资格、1875人助理工程师任职资格、584人技术员任职资格。完成2015年度专业技术资格评审工作。完成2014年度第四季度初级职称确认及第二批中级职称确认工作，共212人取得中级专业技术资格。完成2015年第一季度初级职称确认工作，开展第二季度初级职称确认及第一批中级职称确认工作，共251人取得中级职称专业技术资格。向省各系列专业高级评审委员会审核推荐617人。办理专业技术人员职称计算机、外语面试1896人次，办理继续教育学时审核1326人次，办理专业技术资格证书、国家职业（执业）资格证书遗失补办238人次。完成2014年度合肥考区会计专业技术资格审核发证5886人。

2. 继续教育。审核公布市级继续教育基地2015年课程培训计划。制订合肥市2015～2017年专业技术人员公需科目继续教育培训工作实施方案。启动2015年市级专业技术人员继续教育基地重新申报及评估认定工作，认定43个市级专业技术人员继续教育基地，对新申报的6个基地实行考察期管理。经国家人社部、省人社厅评审，获批1个国家级高级研修班、6个省级高级研修班。

3. 资格考试。完成2015年二级建造师、卫生、图书资料、社会工作者等考前资格审核工作。完成2014年度合肥考区一级建造师、执业药师等执业资格考后资格审核及发证工作。开展2015年度合肥考区一级建造师考前资格审核工作，联合市城乡建设委员会对25000人进行现场资格审核。开展2015年度合肥考区执业药师考前资格审核，现场资格审核9900余人。开展2015年度合肥考区一级消防注册安全工程师考前资格审核，现场资格审核10000余人。开展2015年度合肥考区二级建造师考后审核发证工作，现场审核发放4500余本资格证书。

事业单位工资福利工作。印发《合肥市人民政府办公厅转发市人力资源社会保障局市财政局关于调整机关事业单位工作人员基本工资标准和增加机关事业单位离退休人员离退休费实施办法的通知》（合政办〔2015〕26号），6月30日前完成全市事业单位工资调整审核工作。共审核事业单位917个3.9万人（其中市直285个单位1.7万人，各区632个单位2.2万人），离退休人员增加离退休费2.3万人。开展2015年度正常晋升薪级工资的调整审核工作。做好日常工资统发和统计工作，完善落实事业单位离退休干部生活待遇。完成日常的工资业务变动审批工作。每月办理157个市直全额拨款事业单位工资统发审核汇总工作。完成市直事业单位退休待遇审批工作。完成2014年度全市事业单位工资年报统计工作。参与全市国有企业职教幼教退休待遇审核工作。开展编外人员2015年度佣金审核工作，完善市直事业单位编外聘用人员信息数据库。参与公立医院人事薪酬制度改革工作。开展2016年度市直单位绩效工资总量审核工作。开展市直事业单位人员工资信息采集，建立和完善市直事业单位在职人员工资管理数据库。开展两期事业单位工资制度改革业务培训班。

高技能人才队伍建设。贯彻落实市政府《关于进一步加强技能人才工作的意见》，印发全市《技能大师工作室认定管理办法》。8个高技能人才培训基地开展技师（高级技师）培养，全年培养新技师（高级技师）1451人，完成目标任务的114.2%；培养高级工17131人，完成目标任务的136%。向省人社厅报送《安徽省高技能人才队伍建设中长期规划（2011-2020年）的中期评估报告》。组织企业参加全省高技能人才研修班，推荐中国电子科技集团第三十八研究所（以下简称“38所”）参加全省技能大师工作室交流研讨活动。

拟订市级高技能人才培训基地认定管理办法，合肥市推荐的省建工技师学院由省人社厅向国家人社部推荐为国家级高技能人才培训基地，获国家补助资金500万元。全市共建成国家级高技能人才培训基地4个、市级高技能人才培训基地44个。

开展2015年度国家级和省级技能大师工作室建设项目评选推荐工作，38所李佳技能大师工作室被评为省级技能大师工作室，获10万元项目启动资金支持。全市已建成国家级技能大师工作室2个、省级10个、市级3个。

联合市委组织部等9个单位举办2015年度（第十六届）职业技能竞赛，由合肥京东方光电科技有限公司等14个单位承办，分为综合性、行业性和特殊性三个部分，共40个比赛工种，激发技能劳动者学习技能的热情，选拔了一批技术过硬的技能人才。组织开展全市首届数控职业技能竞赛活动，有9个技工院校报名了数控车工、数控铣工两个工种的学生组和教师组的比赛。组织技工院校和相关企业报名参加全省雕刻类、计算机信息类、电子商务类职业技能竞赛。

开展合肥市第四届高技能人才评选表彰活动，对评出的15名市技能大奖和20名市技术能手进行表彰奖励。

1月16日，举办第四届中国·合肥技工节，以“崇尚技能、改革创新”为主题，主要内容有技工院校和职业培训机构教育教学成果展、技能大师亮绝活、高技能人才评选表彰、家政服务业展示、技能人才招聘会等。

技工教育。办理14所技工院校2015年招生计划核准，完成2015春、秋招技校管理系统新生电子注册信息，并办理纸质春招备案1192人、秋招备案3871人。核准2所院校新增专业4个。审核2015年春季和秋季学期技工院校毕业证书发放共3770人，办理2015年技师学院预备技师证审核考证申报44人。

将上级有关资助工作的各项政策传达到学校，确保资助政策的落实。发放市属院校2014年秋季学期三年级免学费补发资金1284人次139.3万元，发放2015年春季学期补助学生的免学费资金1678人次243.5万元、助学金1870人次187万元。1～3月对全市技工院校2014年度资助年度核算工作进行专项检查，10～11月组织对全市技工院校进行资助工作的专项核查。按时完成技工院校电子注册、异动处理、资助审批等数据录入和信息处理等工作，实现技工院校学籍的数字化监管。

组织技工院校教师申报教师上岗证，推进持证上岗，省人社厅核准办证42人。组织技工院校教师参加国家人社部组织的2015年一体化师资培训和省人社厅组织的骨干师资培训。部署技师学院汽车维修专业骨干教师赴德国培训遴选推荐、技工院校教师暑期企业实践活动、技工院校教师赴德高端研修等师资培训活动。

市人社局会同市教育局、市经信委、市财政局举办“合肥市2015年中等职业学校师生技能大赛”。会同市教育局等部门组织开展全市中职院校学生顶岗实习工作考核奖励、市级励志奖学金的评比、全市中等职业院校市级特色专业建设。

根据市政府《关于进一步加强技能人才工作的意见》规定，首次设立技校发展专项资金，当年安排370万元，用于配套国家高技能人才培训基地等项目建设，举办首届技工院校数控大赛等活动，以促进技工院校发展。会同教育、财政等部门印发2015年促进民办教育发展专项资金实施方案，开展市级中等职业学校励志奖学金评选、学生顶岗实习补助等工作。

民办职业培训管理。做好民办职业培训学校审批管理下放县区的承接工作，顺利移交156所培训学校管理权限。按照市税源办统一要求，部署各县区开展培训学校协税护税信息月报送工作。结合专修学院所在地县区人社部门业务管理，对专修学院集中开展办学许可证有效期延续工作。根据市委组织部要求，布置专修学院上报社会组织党建信息。根据省人社厅、市金融办工作部署，开展全市民办培训机构非法集资情况排查工作。

就业技能培训。全市共培训各类城乡劳动者42891人，完成省人社厅下达任务34000人的126.15%，取得国家职业资格证书或专向能力证书29365人，取证率81.45%，支付补贴资金3580.455万元。为提高就业技能培训的质量，市人社局联合市财政先后出台《关于进一步加强公共职业训练基地免费就业技能培训》（合人社秘〔2015〕72号）和《关于印发〈合肥市二〇一五年度就业技能培训工程实施办法〉的通知》（〔2015〕133号）等文件，指导县区人社部门和培训机构有序就业技能培训工作的开展。

根据市清理权力清单和责任清单的要求，坚持工作重心下移。将2015年度就业技能培训定点培训机构认定和培训证书的核发下发到区，市区范围内的定点机构由各区、开发区人社局负责认定。

加大监管工作力度，实行市、县区两级督查制度。采取远程视频监控、严格考勤制度、考试实行督考和统一阅卷等方式加强对公共职业训练基地培训工作的监管；通过信息管理系统对县区的就业技能培训情况进行跟踪督查，发现异动情况及时与各县区、开发区人社部门进行核实确保培训程序规范化，培训质量有保证，资金安全有保障。

严格执行就业技能培训补贴直补到人的政策规定，对未按直补规定开展就业技能培训的定点机构，一经发现将取消其定点资格。

通过市公共职业训练基地来为就业援助对象提供免费的技能培训，有 8902 名就业援助对象接受了家政服务员、育婴员、保健按摩师、中式面点师等多个专业的免费就业技能培训。

推进定向、订单式培训，要求各县区大力宣传定向、订单式培训补助政策，引导各培训机构开展定向、订单式培训。全年共完成定向、订单式培训 30836 人，完成全年目标任务的 226.7%。

企业职工岗位技能提升培训。全市近 300 个企业申报企业职工岗位技能提升培训 57903 人，完成省人社厅下达任务 57500 人的 100.7%，支付补贴资金 1359.35 万元。完善政策，增加培训工作的透明度，市人社局和市财政局联合出台《关于进一步加强企业职工岗位技能提升培训管理有关工作的通知》（合人社秘〔2015〕73 号），指导培训工作有序开展。

推进阳光培训，采取统一申报，集中受理的方式，最大限度保障有培训愿望和培训需求的企业能够享受到惠企政策，培训申报计划的审核人数及培训补贴人数和企业获得补贴均通过均网站进行公示，接受社会监督。2015 年度，全市共有 311 个企业符合申报企业职工岗位技能提升培训，较 2014 年企业申报数提高 300%。

突出重点培训领域，以开发园区主导产业作为企业职工岗位技能提升培训的重点。

注重发挥企业在员工培训中的主体作用。支持企业充分利用企业场地、设备和人力资源，结合企业生产实际和发展需求开展职工岗前技能和岗位技能提升培训。在培训形式上采用理论教学和企业生产岗位实训相结合、集中辅导和业余自学相结合。

发挥政府的指导和保障作用，为企业提供政策咨询和培训技术支持，协助企业制定和完善中、长期职工技能提升培训规划，在全面提高职工队伍技术素质的基础上，重点加大高级工以及技师等高技能人才的培养比例，以提高企业核心竞争力。

人事考试。组织完成各类人事考试 89 项，考生人数 501367 人次。其中：政策性考试 7 项，包括全市党政机关公务员录用、选调生、事业单位招聘（2 次）、政法干警招录、“三支一扶”人员选拔、高校毕业生基层特定岗位补充人员等，参考人数 86348 人次；专业技术人员考试 37 项，包括一级建造师、二级建造师、执业药师、职称外语、职称计算机、经济、卫生等 14 项考试报名和笔试考务工作，以及造价工程师、安全工程师、监理工程师、招标师等 23 项考试报名工作，考生人数 323812 人次，办理及发放资格考试合格证书 3 万多份；承接委托考试 45 项，参考人数 91207 人次。

组织实施全市中级专业技术职务任职资格和两个系列高级专业技术职务任职资格的社会化评审工作，组织实施全市非国有经济组织建筑企业专业技术人员的职称评审工作，共受理申报材料 11099 份。第四次组织修订 ISO 国际质量管理体系文件，完善了人事考试考务工作规程、考务操作标准、考试工作人员行为规范、内部管理等制度规范，为实现安全考试提供了制度上的保障。继续重点加强对考试命题，试卷运输、保管、评阅，考场一线监管等重点环节的管理防范，确保考试全过程各环节工作严密到位，不留漏洞。信息化建设、应急处置不断加强，考点纪检人员考核制度和考点考务联络员工作制度不断完善，整治考试环境，狠抓内部管理，考风考纪明显好转。

职业技能鉴定。2015 年鉴定目标任务为 9.5 万人，全年参加职业技能鉴定 11.8 万人，其中初级 3.3 万人、中级 6.2 万人、高级 2.1 万人，技师和高级技师 0.2 万人，完成目标任务的 124%。企业职工参加职业技能鉴定人数大幅度提升，鉴定人数 5.3 万人，占总量的 45%。

5 月、11 月组织全国全省统考，报考人力资源管理师、心理咨询师等职业考生 9942 人。大部分职业的考核方式由笔试改为机考。通过加强宣传、增设考点、培训考务人员、制订应急预案等，统考组织工作顺利完成。通过统一培训考核，新取得考评员证书 433 人，考评员队伍扩大到 2007 人，所属行业包括机电、交通、商业服务、建筑、园林、轻工业、水利等，为职业技能鉴定事业发展提供了有力的技术支持。

【和谐劳动关系】 围绕构建“规范有序、公正合理、互利共赢，和谐稳定”的新型劳动关系，推进和谐劳动关系工作规范化、制度化、实体化建设。全市各类型企业劳动合同签订率为 98.4%，劳动用工登记备案系统已登记各类型企业

4.24万个，已有162.34万人进行了劳动合同登记备案。其中2015年新增劳动合同备案24.46万人，建立了企业劳动用工动态管理。全年许可劳务派遣单位137个，已备案外地取得许可的分公司19个。全市22219个企业建立了工资集体协商制度，覆盖职工96.28万人。全市已建工会企业工资集体协商建制率动态保持在90%以上，已签订的集体合同报审率和备案率均达100%。发布了378个职位（工种）的人力资源市场指导价位和人工成本信息，为引导包括非公有制企业在内的所有企业合理确定职工工资水平提供参考。全市劳动关系总体平稳。全市共受理各类劳动争议案件8857件，结案8684件，全市结案率98%。市本级受理2043件，结案2020件，结案率98.9%。

劳务派遣。出台《合肥市劳务派遣行政许可工作办法》，进一步优化工作流程，将劳务派遣行政许可的受理、初审和核查等事项委托县（市）区、开发区办理，方便企业。开展劳务派遣用工企业业务能力提升培训，培训人员500多人，发放宣传材料500余份。组织开展2014年度劳务派遣经营情况报告，完善劳务派遣行政许可信息管理系统和基础台账。截至2015年底，全市有384个单位取得劳务派遣经营许可，其中2015年许可企业137个。已备案外地取得许可的分公司19个。通过合肥市劳动用工数据库查询，403个劳务派遣单位共有员工13.9万人，占劳动用工数据库总人数162.34万人的8.7%。使用劳务派遣工的单位有2800个。截至12月底，将劳务派遣工的使用量降至10%以下。

集体合同集体协商。根据《安徽省集体合同条例》和省协调劳动关系三方《关于推进实施集体协商、集体合同制度攻坚计划的通知》要求，合肥市协调劳动关系三方主动作为、狠抓落实，集体合同工作取得显著成效。全市22219个企业建立了工资集体协商制度，覆盖职工96.28万人。其中单独签订集体合同的企业有7781个，覆盖职工70.7万人；行业性集体合同121份，覆盖企业1913个，覆盖职工6.93万人；区域性集体合同1349份，覆盖企业12525个，覆盖职工18.6万人。全市已建工会企业工资集体协商建制率动态保持在90%以上，已签订的集体合同报审率和备案率均达100%。

制订企业工资集体协商“六步法”操作程序（提出要约、产生代表、集体协商、讨论通过、报送审查、公示备案）和区域性行业性工资集体协商“八步法”操作程序（明确主体、提出要约、产生代表、确定重点、协商草案、确认通过、审查公布、归档监督），并绘制操作流程图，编印《合肥市工资集体协商工作操作指南》，根据企业不同类型制定“菜单式”集体合同参考文本。加强对集体协商指导员队伍的业务培训，全市累计培训工会干部、职工集体协商代表（指导员）1.2万余人次。

企业工资收入分配相关工作。在2014年薪酬调查的基础上，及时在各类媒体公布了378个职位（工种）的人力资源市场指导价位和人工成本信息，为引导包括非公有制企业在内的所有企业合理确定职工工资水平提供参考。市人社局配合省人社厅开展最低工资调准前期调研，合肥市最低工资标准于11月1日由1260元上调至1520元，涨幅为20.6%。会同市总工会采用电话询访、实地调查等形式，以建筑施工、环卫保洁、公共交通、餐饮服务、电子装配等企业为重点，对高温季节生产企业劳动保护情况进行调研。开展了涉及948个企业、17万人的2015年薪酬调查工作，并对国有企业负责人薪酬改革方案进行了摸底调查。

劳动人事争议仲裁。普通劳动争议案件，注重调解结案，缩短办案期限，依法及时为劳动者和用工单位维权。重大集体案件开辟绿色通道，重在协调解决。重大疑难案件调解不成的，在裁决前经集体研讨决定。进一步推行仲裁建议书制度。对案件数量较多（尤其是工伤案件）的企业，与其企业取得联系，向其发送仲裁建议书，建议单位业务部门加强对企业的用工管理、从业人员安全教育、监督监管等方面来减少用工风险。根据省人社厅《关于推广使用调解仲裁办案系统全国统一软件的通知》，从2015年11月底开始，市仲裁院对办案系统软件进行试运行，对部分案件进行网上登记立案，使所有办案人员熟悉软件系统的操作流程。

劳动监察。通过日常巡查、专项执法检查、举报投诉专查推进仲裁实体化建设、规范仲裁办案行为等执法活动，共为12921名劳动者追讨工资8386.46万元。受理举报投诉案件3231起，结案率97%，受理各类劳动人事争议仲裁案件8697件，结案8684件，结案率99.8%。

扩大劳动保障书面审查覆盖范围，审查用人单位15274个，涉及劳动者75.85万人。深入开展劳动监察专项整治行动，清理整顿人力资源市场专项，依法取缔27个非法职业中介机构。建立完善农民工工资清欠工作机制，推进“两网化”建设，共为7083名劳动者追讨工资7761.41万元。开通农民工工资投诉热线，设立举报投诉受理窗口。建立农民工工资专用账户制度，全市农民工工资保障金账户余额达12亿元，有效维护农民工合法权益。

以贯彻《劳动合同法》《社会保险法》为重点，抓好日常执法检查。重点做好人力资源公司、建筑劳务企业、职业中介机构的检查。进一步规范受理程序，畅通举报投诉渠道，做到电话投诉有人接听、上门投诉有人接待、网上投诉有人查收、媒体信息有人浏览，及时依法查处侵害劳动者权益案件。扩大劳动保障书面审查覆盖范围。全市共审查用人单位15274个，涉及劳动者75.85万人，年审合格单位13957个，不合格单位1317个，督促补签劳动合同5017人，责令用人单位修改规章制度63条。坚持“突出重点、全面推进、重在治本”原则，深入开展劳动监察专项整治行动，着力解决提供虚假招工信息、用工不签订和不履行劳动合同、无故拖欠职工工资等问题。自3月16日开展清理整顿人力资源市场专项行动，共派出劳动监察人员219人次，检查人力资源服务机构及用人单位253个，其中非法职业中介机构（“黑职介”）27个，人力资源服务机构74个，用人单位97个。通过检查，查处行政违法案件27件，处理现场退费3.9万元，先行保存虚假招聘广告牌、违法收据等证据47件，对27个非法职业中介机构依法予以取缔。按照“及时发现、准确研判、快速反应、稳妥处置、积极引导”原则，及时查处严重违法行为。指定专人负责重大违法案件的处理和报告，突出重点，集中治理，牵头做好清欠工作，维护农民工合法权益和社会和谐稳定。

树立“两网”（劳动保障监察网络化和风格化）先进典型，打造标杆式劳动监察中队，确保“两网化”体系科学、高效运行。建立一套标准化管理制度，即机构硬件“五个一”标准：挂好一块牌匾、设置一部电话、张贴一个公示栏、配备一台电脑、建立一套台账；人员能力“五清”标准：对网格内用人单位基本情况清、用工人数清、签订合同清、工资支付清、参保情况清；业务建设“四统一”标准：统一平台建设、统一规章制度、统一业务流程、统一考核标准；实行档案标准化管理，建立“专人负责、分类管理、立卷规范、一案一卷”档案管理制度，将监察档案划分执法类、文书类、案卷类、公文类、培训类、奖惩类等8大类别，每个类别具体分成多个小项，力求客观、科学、规范。

推选标杆劳动监察中队，引领示范作用得到较好发挥。推进省级劳动监察网络信息系统建设，提前完成省人社厅交付的各项数据录入任务，一直名列全省前茅。“劳动监察和谐号”互动平台全年点击量超过6万人次，网友发帖150余件，受理诉求30余件，回复率100%，宣传劳动保障政策法规60余条。

贯彻落实《关于切实做好市级行政审批事项下放承接工作的通知》（合政办秘〔2014〕126号），市区社保缴费基数申报核定工作下放各区、开发区。由全市申报“大集中”变为“进区驻点”靠前服务，市监察支队会同征缴中心组成指导组分赴各区（开发区）驻点帮扶指导，方便参保单位办理基数申报业务。在辖区直接向参保单位发放《稽核业务指南》《稽核知识问答》等资料；以“合肥人力资源和社会保障网”为平台，开通网上服务；通过《合肥晚报》专版、合肥论坛“劳动监察和谐号”专版、人力资源专业QQ群等媒介对社保缴费基数核定工作进行动态报道。制作“一次性告知单”“温馨服务卡”，推行“预约工作制”，分阶段受理申报，做到高效、便捷的“一站式”服务。

【基础建设】 社保基金监管。开展基本养老保险基金专项检查，掌握全市基本养老保险基金管理和运行情况，加强基金风险防控，促进基金规范管理，确保基金安全完整，接受2015年度国家审计署养老保险基金专项审计。根据省人社厅、省财政厅《关于开展基本养老保险基金专项检查的通知》（皖人社秘〔2015〕96号），上半年在全市组织开展基本养老保险基金专项检查。检查结果显示，全市基本养老保险基金管理规范有序开展，资金运行安全。根据市政府第100次常务会议决定，经过公开招标，确定中国人寿合肥分公司作为合肥市本级城镇职工医疗保险大病救助基金购买商业大病保险中标单位。上半年对本级城镇职工医疗保险大病救助基金购买商业大病保险的保费标准进行测算，按照协议双方权利义务对等、风险收益共担原则，建议2015年保费标准为每人每年153元，2016年视保费运营情况再行确定，并提出了工作要求，确保基金运行安全，达到双方共赢的局面。

参加部、厅部署的社会保险基金监督检查证年检及培训。及时传达《关于印发安徽省社会保险基金监督检查证年检办法的通知》（皖人社秘〔2013〕87号）精神，贯彻执行监督检查证年检办法，每年安排人员参加国家人社部、省人社厅培训考证工作，做到基金监管工作人员持证上岗、依法行政；要求持证人员及时年检，规范使用基金监督证。

金融社保卡的发放和应用。2015年，社会保障卡工作重心由数据采集、制卡转向发卡、用卡。全市累计申请制卡人数436万人次，制卡421万张，发放245万张，社保功能激活149万张。增设金融社保卡服务窗口，共受理申办业务33万人次，发放临时卡8335张，受理其他相关业务3.8万人次。7月底，在瑶海区铜陵路街道开展现场集中发放试点。10月正式开展全市社会化管理退休人员金融社保卡发放工作。采用发送短信的方式，通知领卡人到对应银行网点领取金融社保卡。为方便群众咨询，将发放明细以电子形式发放至各区人社部门，由各区安排分解到各社管单位，便于群众查询领卡网点。已发放社会化管理退休人员金融社保卡9.8万张。

12333电话咨询服务。市人社部门咨询电话12333共接来电36.8万人次，其中人工服务7.99万人次，语音服务10.46万人次，溢出20.08万人次。3月28日，省人社厅、市人社局联合举办2015年12333全国统一咨询日活动，现场解答咨询800余人，发放宣传材料1400余份。

（刘谢晴）

民　政

【社会救助】 城乡低保。自2015年1月1日起，合肥市市区城乡低保标准实行第12次提标，由户月人均460元提高至510元；市辖各县（市）城市低保指导线为户月人均不低于440元，农村低保标准市定指导线由家庭年人均不低于1850元提高到2100元，增幅均超10%。1～12月，全市累计享受城市低保待遇47.13万人次，累计发放低保金22560.6万元，月人均补差479元，保障面1.4%；累计享受农村低保待遇191.71万人次，累计发放低保金43712.5万元，月人均补差228元，保障面3.65%。

城乡医疗救助。修订出台《合肥市城乡医疗救助实施办法》，将因病致贫家庭重病患者（指因医疗费用支出超过家庭负担能力，导致家庭实际生活水平低于当地低保家庭标准的患者本人）纳入救助对象范围。全年累计33.66万人次享受城乡医疗救助（含资助参合、参保），支出医疗救助资金15299.4万元。

临时救助。市政府出台《合肥市人民政府关于进一步健全临时救助制度的通知》，在救助对象的确定、受理方式、证明材料及审批程序上均有所调整：持有合肥市居住证的外地人口享受同城待遇；受理方式改为个人申请与主动发现两种方式；申请临时救助提交的证明材料更加具体；审批环节新增紧急程序。全年临时救助14379户次，支出3013.2万元。

【双拥优抚安置】 军民共建。市四大班子主要负责人坚持“八一”、春节走访慰问驻合肥部队，听取部队对双拥工作的意见和建议，话鱼水深情，商双拥大计。各级党委、政府和相关单位召开优抚对象座谈会、联谊会、挂光荣牌等活动，并慰问各类优抚对象8000多户，对在部队立功的部分军人家庭和基层作战部队干部困难家庭组织上门慰问。各县（市）区深入了解优抚对象实际情况，努力开展帮助优抚对象解困活动。全市送出慰问金700余万元。

深入开展“双拥在基层”活动。印发《合肥市“双拥在基层”活动实施方案》，指导全市各县（市）区和相关部门开展双拥创建活动。“八一”建军节当日在包河区大圩镇举行“省暨合肥市拥军优属、拥政爱民主题实践活动启动仪式”，市双拥工作领导小组将公交119路命名为“双拥线路”。以1000多辆出租车为载体，把国防和双拥宣传深入到全市的大街小巷。城区户外大型电子屏幕、城市建设工地围栏播放和设置大型国防和双拥宣传广告。在“八一”和征兵期间，通过移动、电信和联通手机短信平台，将国防教育和双拥共建信息传播到全体市民。联合相关单位举办“寻找最美军嫂”活动。

保障优抚对象权益。2015年优待金标准为10577元，重点优抚对象抚恤补助按季度发放到位，优待标准和优待面达到或超过省里的规定，确保重点优抚对象达到或高于当地群众平均生活水平。将全市4万多名重点优抚对象全部纳入城乡医疗保障体系，实行医疗“一站式”结算，及时开展医疗救助和补助，基本解决了优抚对象的生活难、住房难、医疗难“三难”问题，使广大优抚对象共享改革发展红利。纪念抗战胜利70周年活动期间，组织为民政部规定的在乡复员军人、残疾军人等四类人员颁发纪念章，并发放一次性补助金100多万元。市民政局协调市及和各县（市）区对抗战老战士、老同志、抗日将领或其遗属开展普遍慰问活动。牵头组织对市本级抗战老战士代步轮椅和助听器需求情况进行调查，会同市文化广电新闻出版局、市档案局对市本级抗战（烈士）纪念设施和抗战遗址、遗物进行全面深入排查，做好维修保护摸底工作。

各地烈士纪念设施单位以纪念中国人民抗日战争暨世界反法西斯战争胜利70周年为主题，组织开展各种形式的爱国主义教育、祭扫烈士墓、缅怀革命先烈等纪念活动。烈士纪念日9月30日上午，省暨合肥市向烈士纪念碑敬献花篮仪式在蜀山烈士陵园隆重举行。省委书记王学军、省长李锦斌等省市领导及省委常委、省人大常委会、省政府、省政协、省军区负责同志，省法院、省检察院、省武警总队主要负责同志，省纪委及省直各单位党组（党委）主要负责同志，合肥市党政军负责同志，合肥市直有关单位党组（党委）主要负责同志，老战士和烈属代表，合肥市各界代表（8支方队，800人），以及社会各界代表共1000余人参加了纪念活动。庐江县、肥西县、肥东县分别在庐江福泉山国防森林公园烈士陵园、肥西红土山烈士墓园、肥东茶壶山烈士陵园隆重举行了烈士纪念日公祭活动。巢湖市、长丰县组织机关事业单位、社会团体200余人分别在巢湖南山烈士陵园、造甲乡崔筱斋烈士纪念馆开展烈士纪念活动。

探索随军家属就业途径。合肥市一直把做好随军家属安置工作作为双拥工作的重点，先后出台《关于做好合肥市随军家属子女就业就学的通知》《关于贯彻落实安徽省军人随军家属就业安置实施意见的通知》等政策。人力资源和社会保障部门坚持每年开展随军家属安置就业专场招聘会，3月在合肥要素大市场举行了军嫂招聘会。在2015年市双拥工作领导小组第二十五次会议上，根据省委常委、市委书记吴存荣的要求，决定集中安置一批公务员和事业单位身份的随军家属。合肥警备区对全市符合条件的随军家属进行调查、筛选，相关材料已报市政府。同时民政部门和人社部门对未就业的随军家属及时审批和发放生活补助费，全年共发放随军家属生活补助460万元。

双拥模范城创建活动。2015年是新一轮全国双拥模范城检查评比年，按照市委、市政府、合肥警备区争创全国双拥模范城“八连冠”的要求，全社会的党政军、机关企事业单位、社会团体和各界群众，积极行动参与双拥创建，全力以赴，做好迎接双拥模范城创建检查准备工作。市双拥工作领导小组认真贯彻落实市委、市政府、警备区《关于聚焦强军目标推进军民融合深度发展的实施意见》，召开第二十五次全体会议，根据双拥模范城考评标准，逐一对照，分解任务，落实责任，充分调动各成员单位及军地相关部门的创建积极性，深入开展国防教育和双拥宣传，树立和宣传双拥先进和典型。省委常委、市委书记吴存荣在会议上强调争创全国双拥模范城不是哪一个部门、哪一个单位的事情，是一项系统工程，涉及城区范围内的所有区、开发区，涉及到党政军民各阶层以及驻合肥各部队，需要全社会、全方位的通力合作。要求各级各部门各单位一定要站在全局的高度，深刻认识争创全国双拥模范城“八连冠”的重要性，确保各项任务得到有效落实。市双拥办对全市2012年以来100多个单位的双拥创建情况和政策落实情况进行收集、分类、汇总，共整理装订50多本2000余份双拥创建资料。8月21日，顺利完成全国双拥模范城考评组对合肥市争创全国双拥模范城工作进行的考评工作，获得较高评价。

退伍安置。全年共办理2014年冬季3682 名退役士兵的档案接收和人员报到工作。其中自主就业义务兵和初级士官3586人，服役满12年以上转业士官96人。为退役士兵办理入户、社保接续、伤残转移等手续。省民政厅下达合肥市的5名2015年伤残退役士兵和军队院校残疾学员计划，已全部接收并妥善安置。印制《合肥市退役士兵返乡报到指南》和《退役士兵自谋职业宣传提纲》，在退役士兵报到期间，开辟设置了招工信息采集专栏，宣传自谋职业优惠政策，引导广大退役士兵自主就业。全市自谋职业率达94.5%，比往年提升了3个百分点。圆满完成退役士兵专场招聘和技能培训工作，有476名退役士兵现场与企业达成就业协议。完成年度退役士兵短期技能培训，合格率达99.7%。

退役士兵职业教育和技能培训。出台《合肥市退役士兵教育培训工作推进年活动实施方案》，退役士兵教育培训政策知晓率和有教育培训意愿士兵参训率均达100%；全市2014年冬季退役士兵有1563人参训，获得“双证”人员1563人，双证获取率100%。

落实军休干部两个待遇。各军休所以军休干部政治、生活待遇为重点，认真抓好各项工作的落实。重点开展了党的群众路线教育，确保老干部思想上始终保持党的纯洁性。及时下拨经费1.15亿元，确保军休人员各项生活待遇按时足额发放。各军休所组织开展丰富多彩的文体活动，市本级组织开展了军休干部合唱节、门球赛等文体活动。经选拔的军休四所老干部门球队获全省军休干部门球赛亚军。协调省市医院专家为各军休所举办健康知识讲座十多场，组织全市1300余名军休干部进行体检。

军供保障。围绕军供保障特点和规律，强化为部队服务、为国防建设服务的宗旨意识。合肥军供站进一步完善《应急军供保障方案》，实现从一般保障到逐步快速供应的转变。巢湖军供站规范了军供站门面房屋租赁管理。上半年合肥军供站先后完成了部分部队驻训、演习、调防等军供保障任务42批次，接待部队官兵累计11500人次，没有出现一例差错。

【救灾救济】 出台《合肥市综合防灾减灾规划（2016—2020年）》。举办“5·12”防灾减灾日宣传活动，省、市、区三级减灾委员会共40余个成员单位参加了现场的咨询及展示活动。开展“情暖万家”“慈善圆梦大学”“温暖夕阳”“儿童先心病”等救助活动。继续开展药品援助项目，发放赠药总价值3791.6万元。实施社会救助暖心工程，将因病致贫家庭重病患者纳入医疗救助范围，33.65万人次享受医疗救助，支出救助资金15299万元。部分区县进一步修订完善重特大疾病医疗救助政策。实施社会救助便民工程，临时救助发挥救急解难的作用，共救助14379户次，支出3013.2万元。全市150个乡镇（街道）全部设立社会救助受理服务中心，中心实行标识、表格、流程、工作职责和工作制度“四统一”。实施孤儿权益保障工程，全市救助孤儿1476人，发放孤儿基本生活费1161.83万元，开展适度普惠型儿童福利制度试点工作。长丰县被省民政厅纳入“福满江淮·童享蓝天”试点县。

【社区服务管理】 省市共建。省民政厅和市政府签订了《关于加强社区建设合作框架协议》，确定在3年时间内，省民政厅向合肥市提供资金3000万元，用于全面推进合肥市现代社区服务体系建设等工作，力争使合肥成为探索现代民政事业发展的先行区、“三社联动”深度融合发展的示范区、创新社会治理体制机制的试验区。根据协议精神，全年完成三里街、绿苑、鲁园等一批省市共建社区服务中心项目，全市城市社区有40%达到省级标准化社区标准，20%达到示范社区标准，8%达到精品社区标准。

管理体制改革。建立由市长担任组长、25个市直部门组成的市社会治理和社会服务工作联席会议制度，召开全市社会治理和社会服务工作联席会议第一次会议。将社区建设纳入全面深化改革的重要内容，对社区治理、社区体制改革、村改居、老旧小区改造等社区建设重难点问题进行部署，明确目标、路径、进度、责任及时间节点。派团赴杭州、上海就社区建设进行重点调研。发挥绩效评估在社区建设中的功效，把社区建设和网格化管理作为对各县（市）、区政府年度目标管理的重要内容。以“三严三实”专题教育为契机，发挥牵头单位作用，在全市组织开展“村、社区标识标牌和台账报表”问题专项整治。

换届选举。全市405个社区依法规范有序完成第三届城市社居委换届选举工作，共产生新一届社居委成员1977名，平均年龄38.9岁；大专以上文化程度占76%，比上届提高27个百分点；书记、主任“一肩挑”的占33%；女性成员占53%。全市确定观察员制度试点174个，占43%，高出省定标准23个百分点。全市社区直选率100%，高出省定标准20个百分点。作为省级观察员制度试点的包河区美湖社区和庐阳区杏花社区，受到省民政厅肯定。选举中，社区居民登记率高，投票率高，参与率高。社区居委会班子更加合理，社区干部队伍结构进一步优化。

智能化便民服务亭营业。两期共389个智能化便民服务亭建成营业，完成该项民生工程的收尾工作。

老少活动家园试点购买服务。在全市336个社区“老少活动家园”试点政府向社会组织购买服务活动，拨付活动资金493.53万元，各区按1∶1配套，每月服务不少于500人次。

标准化建设。全市确定25个农村社区和16个城市社区作为标准化建设年度创建单位，市财政一次性下拨奖补资金720万元。所建社区在基础设施建设和资料收集整理等方面成效显著。全市已建成城市达标社区32个、农村标准化社区100个，推进了全市社区公共服务配套设施的均衡化、标准化。

社会服务平台建设。完成7个社会服务中心、21个服务站建设，所建平台实现辖区内服务对象信息、需求信息录入率100%，培训督导覆盖率90%以上，志愿者志愿服务高于总人数的85%，专业社会工作者达到工作人员的30%。市财政分别按20万元、10万元标准拨付一次性奖补资金。

志愿者注册。全面建立社区志愿者注册登记制度，全市有19类注册志愿者48.5万人，占市区总人口的13%；组建了2500多支志愿服务队。

示范创建。从规章制度、行政管理、平台建设、激励保障、专业服务和经费投入等8大类、22个方面，对全市社会工作服务示范创建工作作出明确要求。包河区包公街道等5个单位创建为全省社会工作服务示范单位。全市有1934人通过了社会工作职业资格考试，持证社工人数占全省总数的34.5%。10月，民政部督察组督查社会工作时，对合肥市社会工作开展情况给予肯定。

网格化管理。全市城乡社区共划分13169个管理网格，有22882名网格责任人，实现了城区社区和县（市）城镇社区网格化管理全覆盖。通过网格化管理，基本实现社区服务全覆盖、全过程、全天候和社区管理扁平化、精细化、高效化。

【社会组织管理】 管理体制改革进一步深化。实施简政放权，取消社会团体分支机构、代表机构登记审批，取消社会团体会费标准备案，实行政社分开，推动社会组织与政府与“脱钩”，进一步推动政府购买服务，将部分政府管理协调职能交给具备条件、信誉良好的社会组织承接，激发社会组织自身活力。推行分类登记，对行业协会商会类、科技类、公益慈善类、城乡社区服务类社会组织实行直接登记。简化社会组织登记程序，降低公益慈善类社会组织开办资金门槛，取消城乡社区服务类社会组织开办资金相关要求。进一步下放备案权限，由乡镇（街道）对社区社会组织进行备案管理。通过扎实推进分类登记工作，建立起市、县、街三级管理模式。引入适度竞争，实行行业协会商会、公益慈善类和城乡社区服务类社会组织“一业多会”，进一步推进“去行政化”和“去垄断化”，同步建立社会组织退出机制，完善适应市场经济发展趋势的社会组织治理结构。

政策体系进一步健全。加强财务监管，市民政局联合市财政局出台《合肥市社会组织奖补资金使用管理办法》，并开展了专项检查。加强纪律监管，市民政局联合市纪委、市监察局、市财政局、市审计局等相关部门联合转发社会组织反腐倡廉工作意见。自此，以“1+4”社会服务政策为引领，围绕社会组织规范管理和培育发展工作，涉及社会组织登记管理、扶持培育、规范监督、诚信建设、内部治理等内容的社会组织政策体系基本建成。

培育体系进一步完善。3月，合肥市社会组织联合会成立，已发展会员160家。联合会的成立运作，加强了全市社会组织交流与合作，扩大了社会组织影响力，激发了社会组织活力，引导和促进社会组织规范运作、健康发展。市社会组织发展基金会开展社会公益项目征集和实施活动。经过第三方机构独立评选，选定和实施公益项目10项，分别获10～15万元不等的资助，共计安排基金144万元。各县（市）区积极建立孵化园，打造孵化园基地，对孵化园入驻社会组织提供设施、水电等费用减免和专项补贴。共建成区、街道孵化园15个，建筑面积8158平方米，已入驻和孵化社会组织235个，发挥作用显著。继上年实现城区枢纽型社会组织全覆盖后，2015年提出县（市）城关镇社区的“全覆盖”。截至年底，各县（市）城关镇社区共建立枢纽型社会组织57个，加之上年建成的357个城区社区社会组织联合会，基本实现全市城市社区全覆盖。继续对符合条件的社会组织开展政策奖补，经过社会组织自主申报、县区财政初审、第三方机构评审、公示、市级民政财政部门审批等流程，兑现奖补资金1563万元，惠及社会组织389个。搭建政社合作平台，建设“社会服务人才见习（实训）基地”，开展社会组织人才培养和培训工作。3月，举办全市社会组织（公益慈善类）负责人培训，900余人次参加培训。5月，以公益项目申报为契机，开展专项能力建设培训，50余个社会组织受益。

监督管理机制进一步创新。全面启动社会组织网上年检工作。全市3000余个社会组织用户名及密码分配以及市、县（区）两级登记管理机关审核权限的设置等前期准备工作于4月初顺利完成。市本级完成年检社会组织635个，年检率78%。继2014年度通过政府购买服务方式开展市本级社会组织等级评估工作之后，2015年度合肥市社会组织等级评估工作范围进一步延伸、扩展。截至12月底，全市有10个县（市）区、开发区完成或启动了本年度社会组织等级评估工作，评出2个5A级社会组织、18个4A级社会组织、54个3A级社会组织，兑现奖补资金180万元。社会组织脱钩坚持“不脱岗、不脱责、不脱管”，按照“同步推进、先易后难”的原则，妥善处理好存量和增量的关系，并搭建基金会和联合会等平台，对“脱钩”后的社会组织给予持续扶持和培育，使蜕变后的社会组织从“阵痛”走向“新生”。合肥市社会组织脱钩工作得到中央媒体关注和认可，《人民日报》以《摘掉社会组织的“官帽子”》为题，对合肥市进行了连续3期专题报道。

作用发挥进一步加大。社会组织承接政府职能委托呈现出多行业多类型的特点。如：合肥市建筑装饰协会接受市城乡建委建筑事务管理处的委托，受理、调处全市家装投诉近180起。合肥市城市规划行业协会承担了合肥市规划局规划评审职能。合肥市印刷协会承接了合肥市文广新局对印刷企业的年度检查工作。社会组织专职工作人员超过3万人，年末总资产超过300亿元。一批由骨干企业牵头、按照市场经济模式运作、功能较为健全的品牌行业协会商会蓬勃兴起。如市餐饮烹饪行业协会、市龙虾协会承办的餐饮节、龙虾节，拉动餐饮、住宿、娱乐等相关行业产值50亿元。市服装商会通过连续两届“十大服装品牌”及“优秀服装企业”评选活动，在服装行业掀起了一股创品牌的浪潮。市门窗幕墙协会推动全市门窗K值标准提升，推进了建筑节能发展。

【老龄事业】 至年底，全市60周岁以上人口116.26万人（其中市区34.84万人、四县一市81.42万人），占户籍人口总数的17.27%。

长寿保健费、高龄津贴。将高龄津贴项目纳入社会福利专项资金监督检查范围，加大重复申请对象的筛查工作。协调公安部门完成重复对象的户籍信息确认。落实全市长寿保健费、高龄津贴资金发放，全年为172336名高龄老人发放高龄津贴共9896.6万元。

宣传贯彻《老年人权益保障法》。配合省人大常委会执法检查组对合肥市贯彻执行《老年法》情况开展检查。借《安徽省〈老年法〉实施办法》修订契机，针对老年人免费乘坐公交、出入旅游景点和老年人福利待遇等方面提出修改意见。围绕“培育敬老家风，建设和睦家庭”主题组织老年人主题法制宣传活动，营造依法维护老年人权益的社会氛围。联合司法部门加强化老年人的法律服务、援助和司法救助。

“十二五”规划终期评估。2015年是《中国老龄事业发展“十二五”规划》实施的最后一年，市老龄工作委员会办公室及时形成《终期评估报告》，并会同有关成员单位，对各市辖各县（市）区（开发区）贯彻落实“十二五”规划情况进行实地检查，确保规划建设落实到位。

第四次老年人生活状况抽样调查。采取入户访谈和调查问卷方式收集数据。此次调查抽中肥东县、瑶海区和庐阳区，涉及11个乡镇（街道）、46个社区（村），1380名老年人。全市老龄工作系统组织40名督导员和92名调查员进行入户调查工作培训，在组织架构、工作方案、调查经费、督导员和调查员等方面均落实到位。在入户前与老年人沟通联系，以人为本，充分尊重老年人，注重保护老年人的隐私。此项工作受到全国老龄办巡视员朱勇带队的督导组充分肯定。

老龄工作信息化建设。完成全市老龄信息管理系统的建设及信息录入工作。全市老龄信息管理系统共录入110余万条老年人信息。主动与公安部门联系协调，各县（市）区（开发区）老龄部门就已录入老年人口信息数据，对照公安人口户籍信息系统进行核对、补充和完善。及时运用数据成果，提升养老服务水平，发挥信息化在老龄政策制定、老龄人口预测、高龄津贴发放、老年证发放管理服务等方面的作用。根据《合肥市社区政务服务平台》建设要求，首期将老年证办理、高龄津贴及长寿保健费等3个工作事项的办理流程实现社区一站式办理。

“银龄安康行动”。市区及4县1市全面启动“银龄安康行动”，由合肥市老龄办和中国人寿保险有限公司合肥分公司共同组织实施，为60至80周岁的老年人提供老年人意外伤害综合保险服务。截至11月底，全市累计承保老年人28.05万人，保费总额1367.05万元，理赔金额184.57万元，覆盖率22.86%，位居全省第一位，超额完成省定15%的任务目标，为老年人家庭抵御意外风险提供了新的保障。在实施过程中进社区、进家庭宣传，把“银龄安康行动”真正变成“群众满意、社会赞扬、政府放心、老人安康”的民心工程。

敬老月活动。2015年10月是全国第六个敬老月，包河区民政局、慈善协会、工商联联合佰家伴居家养老服务中心，发起举办“九九重阳节·浓浓佰家情”大型书画捐赠暨慈善拍卖会，邀请18名爱心书画家现场挥毫泼墨，31个爱心企业参与拍卖。将筹集的6.1万元善款全部捐赠给区慈善协会，成立“孝亲敬老专项资金”，用作辖区内特困老人服务经费。巢湖市举办“庆国庆·迎重阳第七届老年摄影展”，共展出88个板块、281幅作品，题材丰富，内容广泛，主题鲜明，56名老年摄影爱好者用镜头传递正能量，用快门共筑中国梦。瑶海区举办“民生工程暖人心 敬老之风传万家”大型主题活动，为现场近500名老年人呈送文艺表演。

“敬老文明号”评比活动。全市有38个单位获国家、省或市级“敬老文明号”称号。通过突出为老惠老重点，将重点向基层和公共服务窗口倾斜。肥西县官亭镇江夏五保集中供养中心建立“特护区”，为中心内的失能和半失能老人打造“家庭化”亲情服务。庐阳区大杨镇乐年长者之家结合日常服务管理工作，推出“对待工作尽心、对待老人有爱心、护理老人细心、为老人服务耐心”的“四心”服务理念。徐敏家政“贴心管家、情满社区”等参加创建单位的为老服务承诺使服务内容有了新的突破。将慈善组织、基金会、居家养老服务站、老年互助性社会组织纳入市级创建范围，激励各组织积极做好敬老工作。

祝福百岁老人活动。在“祝福百岁老人”活动中，各县（市）区、开发区老龄工作部门对全市范围内的百岁老人挨个上门看望，倡导和鼓励全社会以家庭为单位，从我做起、从身边事做起，为长者送温暖献爱心，关心老年人生活，倾听老年人心声，帮助老年人解决实际困难。截至10月底，全市共为282名百岁老人送上祝福。

参加省第四届老年人运动会。11月上旬，安徽省第四届老年人运动会在滁州市举办，共设立11个竞赛类项目，是历届老运会中规模最大、参赛选手最多、设项最广的一届老年人体育盛会。比赛期间市政府副市长、老龄委副主任姜明看望慰问了部分参赛运动员。合肥市成立了80人的代表团参加健身球操、气排球、门球、太极拳等9个项目的比赛。其中气排球、登山项目囊括了男女团体一等奖，乒乓球、围棋项目获得团体一等奖，合肥市代表团获大赛组委会授予的优秀组织奖和道德风尚奖。

【民生工程】 2015年，全市民政系统承担9项民生工程，其中省定6项，分别是农村最低生活保障、城乡医疗救助、五保供养和敬老院建设、社会养老服务体系建设、生活无着人员社会救助、孤儿基本生活救助；市定3项，分别是政府购买居家养老服务、殡葬基本公共服务惠民工程、五保对象长期医疗护理保障制度。截至12月底，应到位资金11.43亿元，实际到位资金11.45亿元，资金到位率为100.23%，累计发放资金11.93亿元。农村最低生活保障按照人均补差水平较上年提高10%的目标，保障农村低保对象16.1万人，累计发放资金4.37亿元。城乡医疗救助累计33.68万人次享受城乡医疗救助（含资助参合、参保），使用资金1.53亿元。五保供养及敬老院建设按照“短期波动发放补贴、持续上涨调整标准”的原则，建立了五保供养标准动态调整机制。保障五保供养对象3.92万人，累计发放资金1.55亿元。

社会养老服务体系建设。新建敬老院2所，新增床位300张。其中庐江县新建敬老院1所，新增床位80张；肥西县新建敬老院1所，新增床位220张。截至12月底，应到位资金438万元，实际到位资金438万元，2所敬老院主体工程全部完工。全面推进社会办养老机构、社区养老服务设施建设，推动养老机构综合责任险工作，建立低收入老年人居家养老服务补贴和高龄津贴制度。截至12月底，使用资金1.63亿元。新增社会办养老机构床位1884张，超额完成1300张的年度建设目标。城市社区养老服务覆盖率达100%，农村社区养老服务设施覆盖率超过50%。低收入老人居家养老服务补贴和高龄津贴实现全覆盖，公办养老机构综合责任险实现全覆盖。

生活无着人员社会救助。截至12月底，救助流浪乞讨人员8100人次，拨付资金1477.87万元。

孤儿基本生活救助。建立孤儿基本生活保障制度，保障标准为社会散居孤儿每人每月不低于600元，机构集中供养孤儿每人每月不低于1000元。截至12月底，保障机构供养孤儿452人，社会散居孤儿1023人，共拨付资金1268.75万元。

政府购买居家养老服务。为市区户籍的70岁以上低保老人、70岁以上空巢老人（无子女）、90岁以上高龄老人提供每月600元政府购买居家养老服务补助。截至12月底，已开展服务314.04万次，结算服务资金6484.35万元。

殡葬基本公共服务惠民工程。按照《合肥市殡葬基本公共服务惠民工程实施方案》，市、县（市）同步实施殡葬惠民工程，共惠及29917户，直接减免殡葬惠民费用2745.66万元。

五保对象长期医疗护理保障制度。为给五保老人和五保供养服务机构构筑“风险规避安全网”，推行五保老人长期护理保障制度，制订统一保险方案，采取统一优选，统一投保。累计拨付资金498.27万元，受益五保对象4.22万人。

【公共服务】 婚姻登记。全年办理结婚登记88531对，离婚登记22609对（不含法院判决的离婚）。庐阳区、长丰县、肥东县、巢湖市4家婚姻登记机关邀请省民政厅社会事务处工作人员到现场进行等级创建指导，落实改进意见，完善场所建设，为做好等级创建申报工作奠定基础。市民政局按照省民政厅《关于进一步做好全省婚姻登记历史档案补录工作的通知》要求，通过督查和婚姻登记工作例会督促，完成1994年以来共78.6份婚姻登记历史补录和数据导入。按照民政部《关于进一步规范（无）婚姻登记记录证明相关工作的通知》，明确要求除对涉台和此通知附件所列清单中已列出国家的公证事项仍可继续出具证明外，各地民政部门不再向任何部门和个人出具（无）婚姻登记记录证明。市政府召开相关用证单位协调会，确保此项便民举措落到实处。在有条件的婚姻登记机关推广结婚登记免费颁证服务，营造浓厚的“重登记 强责任 崇节俭”的氛围。市民政局代表队获2015年全国第二届结婚登记颁证技能比赛一等奖和个人金奖、2015年全省首届结婚登记颁证技能比赛一等奖和个人金奖。庐阳区民政局婚姻登记处被评为“2014年度全省政务服务系统最佳服务窗口”。

收养工作。全年办理收养登记149例。根据《民政部关于开展第二批收养评估试点工作的通知》要求，在总结庐阳区试点经验的基础上，经广泛征求各收养单位建议，报经市政府法制办审核批准，市民政局于8月出台《合肥市收养子女家庭评估实施办法（试行）》，规范了评估体系和流程。10月，转发《民政部关于印发收养能力评估工作指引的通知》，进一步细化规范收养评估的流程。

殡葬改革。全年减免殡葬五项基本公共服务项目惠民资金2750万元，火化率保持100%。

自2013年4月1日施行《合肥市殡葬基本公共服务惠民工程》（以下简称惠民殡葬），至2015年底，市、县（市）两级财政共投入惠民殡葬资金8530万元，惠及全市约8.6万户家庭，减轻了城乡居民治丧负担。合肥市在全省率先实现全市范围内城乡同步实施惠民殡葬，依据财政管理体制，覆盖了全体市民、外来务工等六类人员；在全省乃至全国第一个市级财政在承担城区居民殡葬基本公共服务项目费用的基础上，对县（市）财政给予50%补助。在全市惠民殡葬投入的资金中，市级资金达到70%。殡葬基本公共服务项目范围广，免费项目由4项增到5项。殡葬基本公共服务项目包括：遗体接运（普通车辆）、遗体存放（殡仪馆内存放3日以内）、遗体火化（普通火化炉）、骨灰寄存（殡仪馆内普通寄存格位）。考虑到骨灰处置的必需设施，将普通骨灰盒（价格300元以内）列入免费项目。普通骨灰盒的使用率为县级殡仪馆近50%、市级殡仪馆近20%。自2013年起，节地生态葬式快速发展，引导市民重视环境保护。

合肥市殡仪馆于2014年在全省率先开始实施“阳光殡仪”活动，为通过资质认定的殡仪代理服务机构开辟绿色通道，实施殡仪服务挂牌上岗制度，推行“告知书”“承诺书”“合同书”三书制度。在每年清明、冬至等重要祭祀时节，对注意事项进行集中提示，主动向媒体公开发布相关信息，做好文明劝导、引导工作。各殡葬单位加大对环境与设施改造、更新的投入，营造庄重而节俭的氛围。惠民殡葬实施以来，全市累计投入资金近1000万元用于环境整治与设施改造。殡葬改革工作有三个活动品牌，即“骨灰江葬”“生态礼葬”“清明集体共祭”。骨灰江葬活动至2015年连续举办了19次。生态礼葬在大蜀山文化陵园每季度举行一场，小蜀山陵园每年清明、冬至前各举行一场。清明集体共祭活动自2012年在市殡仪馆举办，2014年起向社区延伸，为部分市民提供居家就近文明祭祀。这三项活动都引入了礼仪化祭祀环节，所有活动仪式所需物品均由殡葬单位免费提供，市、县（市）两级财政按照节地生态葬式补助项目标准向参加骨灰江葬、生态礼葬的逝者家属给予一定的费用减免。

第二次全国地名普查。完成9个县（市）区、开发区地名普查外业信息采集工作。依法命名“阳光里”等91 个建筑物（住宅区）和地铁1、2号线共50个站点名称。组织开展地名文化遗产申报工作，推荐上报14个镇和5个村落参加安徽省“千年古镇”“千年古村落”地名文化遗产认定。长丰县吴山镇、庐江县金牛镇和龙桥镇的黄屯老街入选首批安徽省“千年古镇”“千年古村落”名单。完成了庐江县撤县设市、合肥巢湖经济开发区管理体制改革、包河区淝河镇政府迁址、长丰县陶楼乡改镇等区划调整事项的审核、上报工作。配合有关部门做好国家级滨湖新区和省政府迁址申报的相关工作。组织开展因高刘、小庙2个镇划入市区和蜀山区与包河区部分行政区划调整后变更的蜀山寿县线、肥西寿县线、长丰寿县线、蜀山肥西线、蜀山长丰线、蜀山庐阳线、蜀山包河线、包河肥西线共8条界线的勘（核）界资料的审核、验收和归档工作。

（张 炜）

民生工程

【概况】 2015年，合肥市41项（省定32项，市级9项）民生工程累计投入资金82.3亿元，政策惠及面超过700万人。按照“巩固、完善、规范、提高”的基本思路，全市累计投入民生事业发展支出615.46亿元，占财政支出的79.65%，年均增长11.46%。民生工程已成为群众广泛参与和拥护的民心工程，成为建设幸福合肥的有力抓手。合肥市再次获全省民生工作绩效评价一等奖。

【实施成效】 促进教育均衡发展。2015年义务教育经费机制公用经费补助拨付学校48866.6万元；贫困寄宿生补助发放926.41万元，补助人数8820人；校舍维修197695平方米已完工，完工率

100%。发放国家助学金2196.88万元，补助21971人；免学费补助金14532.4万元，补助109324人；普通国家助学金6130.8万元，补助61308人。8个公共图书馆、10个美术馆、85个乡镇综合文化站、9个博物馆全部免费开放。

扩大就业和再就业。开展“五位一体”阶梯式创业培训（创业意识培训、创办企业培训、创业模拟实训、创业基地实训、改善企业培训），完成就业技能培训4.21万人，完成培训任务的123.83%。提供公益性岗位12855个。提供高校毕业生见习岗位2141个。提供1417个高校毕业生基层特定岗位。

提高居民健康水平。完成贫困白内障患者免费复明手术1692例，对8501人贫困精神病药费补助，发放补助金890.18万元。免费婚检11.9万人，农村孕产妇住院分娩补助3.6万人。乡村卫生机构覆盖率100%，一体化管理率100%，新型农村合作医疗参合率100%。适龄儿童接种率、居民健康档案建档率分别达到100%和79.98%。计划生育家庭特别扶助5344人，发放补助资金1745.71万元。

养老保障。五保供养实现应保尽保，共保障农村五保供养对象3.92万人，超过省定补助标准600元，达到2650元/年/人。2个农村五保供养机构已全部完工。城乡居民养老保险参保率达100%，养老保险金按时足额发放。城市养老机构中，社会养老机构有39所，占市区养老机构的97.5%。为70岁以上的低保、空巢（无子女）和90岁以上的高龄老人每月发放600元的居家养老服务补助。市区80岁以上老人按照每人每年600元的标准发放高龄津贴，各县（市）标准不低于300元。147家公办公营的养老机构全部购买了综合责任保险。

推进保障住房建设。全年新增公共租赁住房开工6456套，开工率120.6%；基本建成9871套，完工率133.3%；分配入住18224套，完成率364.48%。棚户区改造开工29606套，开工率122.7%；基本建成15258套，完工率122.9%；分配入住3853套，完成率128.43%。农村危房改造工程完工13018户，完工率186%。

完善农业农村基础设施。政策性农业保险承保农作物746.5万亩（注：15亩＝1公顷）、能繁母猪76465头、奶牛13900头。80个中心村994个美好乡村建设任务全部开工建设，开工率100%，其中700个已完工，完工率70%。小型农田水利设施改造提升工程开工9256处，开工率106%；其中完工9119个，完工率104%。60处农村饮水安全工程、89座农村危桥加固改造、210个广播电视村村通建设任务提前一个月完成年度任务。一事一议财政奖补705个项目全部完工。全市农村保障困难群众16.12万人，累计发放资金4.37亿元，做到应保尽保。先后救助孤儿1475人、流浪乞讨人员8100人次，发放补助资金3329.32万元。

【实施措施】 *突出全过程绩效评价*。在民生投入效益上做文章，进一步完善民生工程绩效管理办法，分项设立绩效评价指标体系，实现了省市民生工程绩效管理全覆盖。7月和12月，市级统一委托9个会计事务所成立11个绩效评价小组，分别对2014年12个工程类项目“回头看”，对2015年41个项目进行中期和年终绩效评价。严格绩效评价流程，同步增设7个督

2015年合肥市41项民生工程简表

序号	名　称	序号	名　称
1	义务教育经费保障	22	农村居民最低生活保障
2	高校、中职和普通高中家庭经济困难学生资助	23	城乡医疗救助
3	全面免收义务教育阶段学生书本费	24	社会养老服务体系建设
4	广播电视“村村通”工程	25	生活无着人员社会救助
5	公共文化场馆开放	26	殡葬基本公共服务惠民工程
6	农村文化建设专项补助	27	政府购买居家养老服务
7	计划生育家庭奖励扶助	28	惠民“菜篮子”工程
8	群众体育设施工程	29	公共租赁住房保障
9	就业技能培训	30	棚户区改造工程
10	就业扶持工程	31	贫困残疾人救助与康复工程
11	城乡居民养老保险	32	残疾人托养工程
12	城镇居民基本医疗保险	33	重性精神病患者治疗
13	新型农村合作医疗	34	农村饮水安全工程
14	基本公共卫生服务	35	小型农田水利提升工程
15	县级公立医疗药品零差率补助	36	五保供养及敬老院建设
16	重大传染病病人医疗救治	37	城乡居民大病保险
17	提高妇女儿童健康水平	38	政策性农业保险
18	农村危房改造	39	一事一议财政奖补
19	农村公路危桥加固改造	40	建设美好乡村公共服务体系奖补
20	孤儿基本生活保障	41	肉类蔬菜流通追溯体系建设
21	五保对象长期医疗护理保障制度		

查组，市直牵头单位和县（市）区民生办共同参与，采取随机抽样，现场绩效评价，确保绩效评价查准、查实、查透。从绩效评价结果来看，总体实施情况良好，2014年至2015年项目完工率100%。

突出网上公示全覆盖。由点及面创新开展网上“晒”民生活动，通过各级各部门民生专题网站，将所有民生项目集中向社会公示，得到省民生办认可，并在全省推广实施。网上信息公开公示以来，全市民生工程全面实现市县两级公示制度，各级民生工程公示项目有324个大项，其中：补助类215项、保险类35项、工程类74项。市县民生工程网站更新公示信息1787条，上传民生图片723张，总浏览次数954362人次。按照“谁公示、谁反馈、谁处理”原则，结合《合肥市民生工程舆情管理暂行办法》，进一步加强舆情处理反馈机制。各级各部门针对公示中群众提出的意见和建议及时给予回复。市县各级成员单位累计收集舆情35件，处置率100%。

突出多渠道立体宣传。在民生工程宣传“五进”活动（进机关、进企业、进学校、进社区、进乡村）基础上，按月制订宣传计划，充分利用农村广播站、社区宣传栏等平台，广泛开展各类广场社区宣传、民生一堂课、政策宣传册发放等活动，加大民生政策宣传与解读力度。市直部门和各县（市）区充分发挥专题网站的桥梁和纽带作用。所有民生工程项目点统一规范悬挂民生工程标识标牌，推进民生工程建设的统一化、形象化、品牌化。各县（市）区依托自身资源，广泛开展民生工程宣传墙、民生工程微博微信、民生工程知识竞赛、民生工程送戏下乡等特色宣传。全市累计发放各类政策宣传册超过100万份，开展各类广场活动百余场次，参与群众超过10万人，获省级以上媒体宣传300余篇次。

建设民生互联网平台。点面结合，从全市大数据管理到区级试点互联网平台，提升站位，探索智慧民生，实施大数据管理，建立信息时代大数据管理新思维，在已建成的民生工程信息平台基本上，融合民生工程数据库系统，完善民生工程信息平台，初步实现民生工程跨部门、跨区域联网，依托网络系统实现一次录入、多点使用，实时动态查询项目相关信息，开展数据分析，为决策提供依据。庐阳区通过与百度地图合作，制作推出了一款定位为“民生百事通”的APP应用——“民生·庐阳”，将该区2007年以来各项民生工程项目点的详细信息标注到地图上，制作成了全区“民生地图”。瑶海区创新“互联网+养老”形式，探索养老服务“私人订制”，推出“组合式、一站式”养老服务，智慧养老手机APP软件针对政府购买居家养老服务需求一站式解决。

（王中琴）

民族　宗教

【民族概况】　合肥是安徽省民族工作重点市，属少数民族散杂居地区，有52个少数民族成份，少数民族人口4.8万人，城区少数民族流动人口约8000人。超过1000人的少数民族有回族、满族、苗族、土家族、彝族、壮族、蒙古族，其中回族常住人口31095人，占全市少数民族总人口的65%。全市有1个民族乡，12个少数民族聚居村，2个少数民族聚居社区，12所民族中小学。有少数民族企业促进会1个，被省民族事务委员会认定的民族企业13个。合肥市承担着国家智力支援西藏和对口支援新疆的任务，市第三十五中学有15个藏族班514名在校生，合肥幼儿师范高等专科学校有3个新疆班116名在校生。

【宗教概况】　合肥有佛教、道教、伊斯兰教、天主教、基督教五大宗教。城区内较大宗教活动场所有明教寺、开福寺、合肥清真寺、合肥天主教堂、合肥市基督教堂等。省佛教协会、省道教协会、省伊斯兰教协会、省基督教“两会”（安徽省基督教三自爱国运动委员会、安徽省基督教协会）和省天主教爱国会，以及省神学院、省天主教主教府都坐落在合肥。经合法登记的宗教活动场所668处，信教群众约30万人，认定备案的宗教教职人员368人。

【民族事务】　贯彻中央及省市民族工作会议精神。6月10日，市委市政府召开全市民族工作会议暨民族团结进步表彰大会。省委常委、市委书记吴存荣出席会议并作重要讲话，市委副书记、市政府主要领导主持会议。董昭礼、韦弋、陈葆华、吴春梅等市领导出席。会议传达学习中央、省民族工作会议精神，总结“十二五”以来全市民族工作，表彰全市民族团结进步典型，部署下一阶段全市民族工作。

推进少数民族地区经济社会发展。市民族委员会委员单位优先安排民族乡村经济社会发展项目。据不完全统计，2015年各委员单位实施项目76个，落实资金4113万元。全市14个民族村（社区）中，已有5个民族村（社区）被纳入省级美好乡村中心村建设，3个民族村被评为省级“一村一品”专业示范村。其中国家级美好乡村、“一村一品”示范村各1个。肥西县长镇回民村被列入第二批安徽省传统村落名录。全市民族村居民人均年可支配收入17031元，连续第五年超出全市人均水平。

省市在民族乡实施民生项目30个，落实资金3929.84万元。指导肥东县抓住牌坊民族村被列入全国少数民族特色村寨保护与发展名录的机遇，加大投入，加快发展。肥东县先后投入2000多万元，加强基础设施项目建设。国家民委副主任罗黎明，省领导沈素琍、方春明，先后对合肥市特色村镇建设给予肯定。严格按照《合肥市少数民族发展资金管理办法》要求，组织开展少数民族发展资金项目申报、专家评审等工作，确定8个帮扶项目，落实资金155.1万元。

推动民族团结进步事业健康发展。8月底，省市宣传、统战、教育、民族、共青团等部门联合举办2015年度省暨合肥市民族团结进步宣传月活动启动仪式。沈素琍、方春明等省领导，韦弋、吴春梅等市领导出席，相关部门负责人及少数民族群众代表近400人参加活动。元旦、春节期间，市民委组织召开全市少数民族流动人口代表迎新年座谈会和民族宗教界代表人士迎春茶话会，慰问困难少数民族群众94户，发放慰问金7万多元。委（局）党总支“四联四定”活动深入民族村（社区），联系到户，帮扶到人，取得良好效果。随着民族团结进步创建的深入，全市涌现出一批先进典型。市民委等5个民族团结进步模范受到省政府表彰，肥东县牌坊回族满族乡等100个模范受到市政府表彰，庐阳区民宗局被评为安徽省唯一的全国民委系统先进集体，受到国家人社局、国家民委联合表彰。

探索城市民族工作新途径。市政府常务会议通过南岗回民公墓改造项目，并开始实施。南岗清真寺搬迁方案正式启动。市规划委员会研究通过合肥清真寺改造方案。

扎实做好城市少数民族流动人口服务管理，维护各民族合法权益。出台《关于加强合肥市少数民族流动人员服务管理工作的意见》，落实城市民族工作专项经费15万元。推进落实《关于加强少数民族外来人员法律援助工作的若干意见》等政策文件，切实帮助解决城市少数民族流动人口就业创业、子女入学、看病就医、社会保障等实际问题。在合肥清真寺成立少数民族服务站，聘请志愿者，为外来少数民族人员提供语言翻译等多方面服务。

与四川省阿坝州民委成功对接，联系到合肥少数民族人口较多的甘肃、宁夏等地民族部门，进一步探索构建两地协作共管新机制。指导庐阳区、瑶海区等城区，在社区设立外来少数民族流动人员联络点，开设少数民族服务窗口，并通过社区网格化和信息化平台建设，确保对少数民族流动人口服务一个不能少，及时发现、妥善处置涉及民族因素的矛盾纠纷。通过社区活动平台建设，开展“民族一家亲”系列主题活动，使各族群众在共居共学共事共乐中，交得了知心朋友、做得了和睦邻居、结得成美满姻缘。

【宗教事务】 依法加强宗教事务管理。市政府高度重视宗教活动场所布局规划，将其纳入社会公共服务规划。依据《宗教事务条例》《安徽省宗教事务条例》《宗教活动场所设立审批和登记办法》《合肥市城市总体规划（2010—2020年）》等有关规定，编制完成《合肥市主城区宗教活动场所布局规划（2014—2020年）》。主城区宗教活动场所设立、建设和管理进一步规范化、制度化。

全面核对宗教团体、宗教教职人员和宗教活动场所数量，完善宗教基础信息数据库建设。加强宗教教职人员进出、考核监督管理。完成187名佛教教职人员发证工作、伊斯兰教场所主要教职任职备案工作。审核上报寺观教堂主要教职任职备案材料，全年备案78人。

依法开展财务管理检查，落实宗教活动场所申办机构代码证和开设银行账户工作。全市527处宗教活动场所申办了机构代码证，459处宗教活动场所开设了银行账户。

按照《寺观教堂维修费管理办法》规定，市财政投入30万元，对13处重点寺观教堂进行维修。合肥明教寺改造已基本完成，合肥清真寺改造已列入规划，即将实施。

引导宗教与社会主义相适应。巩固宗教界学习教育活动制度。将每季度召开全市性宗教团体负责人学习会作为委（局）民主政治改革重要内容。组织宗教界开展以“国法与教规”为主题的“宗教政策法规学习月”活动、纪念抗战胜利70周年系列爱国主义教育活动。

指导市佛教协会开展讲经说法活动。10名佛教教职人员参加全省讲经交流会，4人获奖，1人代表安徽省参加全国汉传佛教讲经交流会，获第三名。指导市基督教“两会”开展第六届传道员讲道观摩暨培训会。市伊斯兰教协会的新编“卧尔兹”受到广泛好评。

推进以“教风”为主题，以“纯正信仰、持守教规、清净道场”为主要内容的“和谐寺观教堂”创建活动，开展“和谐寺观教堂”测评，加强宗教活动场所规范化管理。

支持宗教界开展“宗教慈善周”活动。2015年“宗教慈善周”活动中，全市宗教界针对农村贫困特殊群体，开展了一对一结对、手拉手帮扶活动，以及慰问孤寡老人、慈善助学、爱心帮扶和慈善交流等一系列活动，捐款捐物折合人民币共约80万元。市佛教协会、市基督教两会向市慈善协会捐款21万元。宗教慈善活动的开展，为营造友善互助、守望相助的社会风尚做出了贡献。

（方　方）

居民生活

2015年，合肥市在保持经济平稳运行的基础之上，着力实施惠民政策，加大民生保障力度，居民收入稳步增长。加强价格监管，物价水平总体平稳，城市居民消费价格涨幅温和，工业生产者购销价格小幅下跌，住宅销售价格呈现止跌回升态势。

【居民收入】 据国家统计局合肥调查队抽样调查数据显示，2015年，合肥市居民人均可支配收入26605元，分别高于全国、全省平均水平4639元、8242元；同比增长9.6%，增速较全国、全省平均水平分别高0.7和0.3个百分点。

城乡比较。农村居民收入增速快于城镇，城乡居民收入差距小于全国、全省平均水平。2015年，合肥市城镇常住居民人均可支配收入31989元，分别超过全国、全省平均收入794元、5053元；同比增长9.0%，分别高于全国、全省0.8和0.6个百分点。农村常住居民人均可支配收入15733元，比全国、全省平均收入分别高4311元、4912元；同比增长9.2%，分别比全国、全省快0.3和0.1个百分点。合肥市城乡居民收入倍差2.03，较全国、全省分别小0.7和0.46。

城镇居民收入构成。四大项收入全面增长，工资性收入是主要来源，财产净收入增幅最高。比重方面，合肥城镇居民人均工资性收入20783元，占可支配收入的65.0%；转移净收入4461元，经营净收入3966元，分别占可支配收入的13.9%和12.4%；财产净收入2778元，占比最少，为8.7%。增速方面，财产净收入、转移净收入增长较快，同比增长13.7%、12.8%；经营净收入、工资性收入增长平稳，同比增长9.6%和7.5%。加大对社会弱势群体的转移支付力度，城乡居民基本养老保险基础养老金标准提高到每人每月110元，提标40元；最低生活保障标准由2014年的户月人均460元调整为户月人均510元；医保政策也有较大调整，大病保险最低报销比例由30%提高到50%，报销限额上不封顶，拉动转移净收入进一步增长。随着理财观念的增强和投资渠道的多元化，居民通过房屋租赁等投资方式增值财产收入。其中，人均出租房屋收入738元，同比增长20.8%。大力推进大众创业、万众创新，落实多项扶持下岗失业人员、高校毕业生自主创业的政策，创业环境进一步改善，是经营收入增长的主要动力。提高最低工资标准等政策拉动了工资收入稳步增长。

农村居民收入构成。四轮驱动农民收入稳步提高。其中，工资性收入占据主导地位。随着合肥城镇化进程加快，农民进城务工收入占比显著增加，为农民增收奠定了基础，农业“十大行动”等强农惠农政策的落实也使农民普遍受益。抽样调查资料显示：2015年，合肥市农村居民人均工资性收入6226元，同比增长7.8%，占可支配收入的39.6%。经营净收入有力支撑农民增收。新型农业、农产品加工业和农村旅游产业等特色经济不断成熟壮大，逐渐成为农村家庭增收的重要渠道。2015年，合肥市农村居民人均经营净收入5463元，同比增长8.8%，占可支配收入的34.7%。财产净收入成为增收亮点，合肥市大力推进农村土地承包经营权流转，促进了农民财产净收入的增长。2015年，合肥农村居民人均财产净收入359元，同比增长11.6%。新型农村合作医疗补助、基础养老保险金和农村五保供养补助等民生工程的实施，直接推动转移收入增长。2015年，合肥市农村居民人均转移净收入3685元，同比增长11.9%。

【居民消费】 2015年，合肥市居民人均消费性支出16680元，同比增长10.4%。按常住地分，城镇居民人均消费性支出20049元，增长10.1%；农村居民人均生活消费支出9879元，增长8.8%。

消费类别。城镇居民生活用品及服务支出增幅最大，农村居民教育文化娱乐支出增长最快。在城镇居民消费支出中，食品烟酒增长8.4%、衣着增长5.5%、居住增长7.5%、生活用品及服务增长19.5%、医疗保健增长14.9%、交通通信增长15.8%、教育文化娱乐增长13.0%；在农村居民生活消费中，食品烟酒支出增长8.1%、衣着增长8.7%、居住增长9.3%、生活用品及服务增长0.6%、医疗保健增长2.2%、交通通信增长14.7%、教育文化娱乐服务增长16.4%。

消费结构渐趋合理。2015年，

合肥城镇居民恩格尔系数为33.2%，比上年下降0.5个百分点；农村居民恩格尔系数为36.7%，同比下降0.3个百分点。

居住条件改善。年末城镇和农村居民人均住房建筑面积分别为35.3和38.8平方米，均较上年增加0.1平方米。

【流通和消费价格水平】 2015年，合肥市居民消费价格同比上涨1.6%，涨幅较全国、全省平均水平分别高0.2和0.3个百分点。从八大类商品及服务项目价格运行情况看，全年呈现“七涨一跌”态势，其中食品、烟酒、衣着、家庭设备用品及维修服务、医疗保健和个人用品、娱乐教育文化用品及服务、居住类价格分别上涨2.1%、1.5%、1.3%、0.8%、4.6%、4.1%、0.1%，交通和通信下降2.9%。

2015年，合肥市商品零售价格同比下跌0.5%。16个大类商品价格“七涨九跌”。其中书报杂志及电子出版物涨幅居首位，价格同比上升2.7%；其次是食品类，上涨2.4%。下跌的9类商品中，跌幅最大的是金银珠宝，同比下跌9.7%。

【住宅销售价格水平】 2015年，合肥市新建商品住宅价格前9个月同比呈下跌态势，但5月起跌幅逐月收窄，10月止跌回升，同比上涨0.2%，12月同比涨幅为1.4%。二手住宅售价前8个月同比维持下跌，其中5月起跌幅逐渐缩小，9月止跌回升，同比上涨0.5%，之后涨幅逐月扩大，12月同比上涨3.6%。从月度环比看，二手住宅前2个月处于下跌阶段，3月后进入上涨通道。

【生产者价格水平】 2015年，合肥市工业生产者出厂价格同比下跌1.3%，跌幅比上年扩大0.1个百分点。在轻重工业分类中，轻工业品同比上涨0.6%，重工业品下跌2.5%。在生产生活资料分类中，生产资料类价格同比下跌2.8%，生活资料类上涨0.8%。33个工业行业出厂价格“11涨4平18跌”。合肥市购进价格同比下跌5.6%，跌幅比上年扩大3.1个百分点。除建筑材料及非金属类价格同比上涨1.6%外，其他八大类原材料价格均下跌。比较来看，合肥市出厂价格同比跌幅较全国、全省平均水平分别小3.9和4.8个百分点，购进价格同比跌幅比全国、全省分别小0.5和0.9个百分点。

【农村脱贫人口核查】 2014年（注：当年的脱贫人口数核查上一年的），合肥市进行脱贫核查的五县（市）农村贫困人口17.4万人，比上年减少4.1万人，贫困发生率为3.9%，比上年下降1.7个百分点。其中，庐江县、长丰县的贫困人口占全市的65.2%，分别为7.2万人、4.1万人，贫困发生率分别为6.7%和6.3%，比上年下降2.9和2.6个百分点；巢湖市、肥东县、肥西县的贫困人口依次为2.5万人、2.1万人、1.5万人，贫困发生率分别为3.8%、2.2%和2.1%，比上年分别下降1.7、0.8和0.7个百分点。

（陆文珺）

2015年合肥市住宅销售价格变动情况表

月份	新建商品住宅（%）		二手住宅（%）	
	环比	同比	环比	同比
2	-0.3	-3.4	-0.5	-3.4
3	-0.3	-3.8	0.1	-4.0
4	0	-4.0	1.3	-3.5
5	0.1	-3.8	0.1	-3.4
6	0.1	-3.3	0.6	-2.3
7	0.4	-2.2	0.1	-1.3
8	-0.1	-1.5	0.4	-1.0
9	0	-0.4	0.7	0.5
10	0.4	0.2	0.4	2.0
11	0.6	0.7	0.4	2.7
12	0.5	1.4	0.6	3.6

民生调查

【概况】 2015年，国家统计局合肥调查队（以下简称“合肥调查队”）围绕调查发展中心工作和专业改革重点任务，夯实调查基础，推进改革创新，提高服务质量，实施住户收支与生活状况、流通和消费价格、工业生产者价格、房地产价格、规模以下工业、采购经理、农民工市民化进程监测、农村脱贫人口核查、主要畜禽监测、规模以下服务业、限额以下商业、新设立小微企业和个体经营户跟踪调查等工作，开展党风廉政和国有企业反腐倡廉调查、合肥市文明城市实地测评、政风行风评议等专项调查和调研。每季度编印《合肥民生调查》，向市委市政府办公厅提供调查分析信息378篇。完成专题调研22项，其中《合肥市农村公共服务供给与需求调查报告》获常务副市长批示，《合肥城镇居民网络消费及其影响因素研究》获安徽调查队系统课题评比市级调查队一等奖。合肥调查队获合肥市第十三届文明单位、创建全国文明城市工作先进集体、市政府信息报送先进单位等称号。在2015年全省调查队系统综合考评中，合肥调查队名列第一，实现八连冠。

【城乡一体化住户调查】 合肥调查队严格执行调查方案，在全市范围内抽选样本1470户，以日记账和问卷方式收集城乡居民家庭人口、就业、社会保障、住房、耐用消费品、收入、支出等生活状况调查资料。完成住户样本轮换工作，从培训、清查、审核、上报、评估五方面严格把关，确保新老样本平稳衔接；建立样本更新监测报告制度，密切监测住户调查样本动态更新情况；采取档案化审核方法，实行审核记录一户一本，审核形式标准化、内容系统化、前后对比过程化；采取住户调查重点难点问答巩固法培训，检验和提高督导员业务水平，全年共开展2次全面督查和访户；完成每季度分市县样本数据的录入、审核、上报；收集地区生产总值、财政、税收、社会消费品零售额等数据作为测算依据开展数据评估；在安徽调查总队数据反馈后，及时向市目标办和有关部门提供数据信息，开展全市及县（市）区城乡居民可支配收入序时进度和年度完成情况的督查、自查、通报，做好新口径居民人均可支配收入的发布和解读。

【农村脱贫人口核查】 2015年全省农村贫困线为年人均纯收入2900元。合肥市农村贫困监测办公室根据国家统计局安徽调查总队和安徽省扶贫办联合发文《关于开展2015年度农村脱贫人口核查工作的通知》（皖调字〔2015〕98号）的精神，依据安徽调查总队农村脱贫核查工作方案的要求对全市5个县（市）脱贫对象开展入户抽样核查。对抽中的核查村，主要从拟脱贫人口的“脱贫程序是否规范”“脱贫标准是否达到”和“是否指定了帮扶联系人”来核实脱贫真实性，并计算抽中村拟脱贫人数误差率。合肥调查队严格按制度要求抽选调查网点、核查相关信息，完成各项规定流程：召开由各县级统计调查部门分管领导和业务人员参加的工作会议，强调核查工作的项目、过程、要求和工作纪律，要求市县各级纪检监察人员全过程介入、全项目监督；组成督导检查组，按照规定的核查内容实地走访，掌握实际情况；事后严格审核，采取计算机程序和人工审核相结合的方式审核数据，并通过电话询问等形式进行回访，确保核查工作的规范性、真实性和有效性。

【流通和消费价格调查】 合肥调查队在合肥市区范围内，按照定点、定人、定时的“三定”原则由采价员手持电子采价器，在农贸市场、超市、大型商场、服务网点等247个价格调查点对1057个消费、零售及低收入规格品，直接采集实际成交价格。修订采价员培训制度，着重培训新采集器使用及注意事项；通过实体与网络价格比较等方式，全面监测市场价格变化，做好一致性评估；开展新基期CPI相关程序的测试工作，采用建立逻辑映射关系、建立测试记录制度等创新方法，总结出“数据转换程序操作重点疑难问题解决办法”“新版CPI程序年度初始化操作步骤及注意事项”等典型经验；做好基期轮换准备工作，摸排梳理各调查点资料，选取符合方案要求的规格品，分类设计鲜菜、鲜果、教育、建材四类权数调查问卷，自编汇总程序开展测算，完善新基期三套指数规格目录，保障两轮基期有序衔接；履行市政府价格调控目标责任单位的职责，全年向市委、市政府提供价格动态相关信息分析90余篇。

【工业生产者价格调查】 合肥调查队做好新一轮基期的工业生产者价格权数调查工作，制定操作规范和流程，维护更新调查样本框；启动市、县（区）、乡（镇、街道）、企四级联动预案，对样本企业逐一核查，详细了解企业规模、经营状况、产品结构等；分县区对

2015年5月18日，国家统计局合肥调查队队长陈帮霞（左二）一行在巢湖市夏阁镇柳南村开展农村脱贫人口核查工作。

600多个调查企业及县区、乡镇（街道）统计调查人员通过PPT和在线演示进行培训，走访企业34个，指导企业正确选择基本分类填报数据；完善权数调查体系，剔除不适宜的基本分类，纳入新兴产业所属基本分类。进一步做好生产者价格联网直报工作，完善规范化操作规程，对调查范围、调查方法、基础工作、报表报送流程等严格规定；完成全市355个企业513个出厂产品、339个企业607个购进产品和14个主要工业原材料价格月度监测工作，客观反映全市工业生产者出厂价格和购进价格变动趋势及幅度。

【房地产价格调查】 合肥调查队依照房地产价格调查制度规定，每月对新建住宅的网签备案数据进行逐条整理，采集16个二手住宅调查样本点价格；综合每月前三周或中上旬网签备案数据，结合上月网签情况，每月选择市区销售套数前十名中的5处楼盘和3家房地产中介进行走访，调研房地产企业对价格及市场走势预判、相关政策出台前后房市变化等活情况；创新评估模式，以样本调查点为重点，一房一评，大型中介公司为基点，搜集月成交量和成交额资料，与资深市场专家实时沟通，作为评估样本调查点数据的基础；选取合肥市房地产交易网、合肥家园网和合肥市商品住宅明码标价查询系统三条价格验证渠道，考量开盘折扣、优惠等实时折扣，调整完善价格评估机制。

【采购经理调查】 为反映全市制造业经济运行变化态势，预警工业经济发展变化情况，报经合肥市政府同意，合肥调查队试行编制全市制造业采购经理指数。按照国家统计局采购经理调查方案，借鉴其他省会城市的成功做法，设计合肥市PMI指数编制方案；抽选200余个企业作为调查样本，向样本企业发放《统计法律事务告知书》，开展系统培训；建设PMI联网直报和短信催报软件平台，从11月起调查企业在平台中上报制造业采购经理调查问卷表，开始试行编制以市为总体的PMI指数。

【规模以下工业调查】 合肥调查队在安徽调查总队的部署下，组织县（市）区对年营业收入2000万元以下的工业企业和个体经营工业单位实施以市为总体的抽样调查。2015年调查了328个企业和97个整群抽样村的全部个体经营工业单位。推进规模以下工业国家和省级样本点328个企业联网直报：开展宣传，提高企业联网直报参与度；利用会议、电话等多种形式逐级培训，确保企业熟悉联网直报操作流程；加强平台数据审核，确保调查数据真实准确；重点回访主营业务收入、用电量等主要指标增长较快、变化幅度较大的企业，逐一回访联网直报意愿不高的企业，提高企业配合度。

【规模以下服务业和限额以下商业调查】 合肥调查队对601个年末从业人员50人以下且年营业收入1000万元以下的服务业样本法人单位（包括：交通运输、仓储和邮政业，信息传输、软件和信息技术服务业，租赁和商务服务业，科学研究和技术服务业，水利、环境和公共设施管理业，教育，卫生和社会工作，物业管理、房地产中介服务、自由房地产经营活动和其他房地产业）及年末从业人员50人以下且年营业收入500万元以下的服务业样本法人单位（包括：居民服务、修理和其他服务业，文化、体育和娱乐业）实施以省为总体的规模以下服务业抽样调查。通过县（市）区统计部门定期对新样本进行信息核实与更新，摸排老样本中超限、不属于服务业调查范围的情况，确保调查样本的代表性。依照以全国为总体的限额以下批发零售住宿餐饮行业抽样与问卷调查方案，针对合肥市住宿餐饮行业全年营业额低于200万元、零售行业全年销售额低于500万元、批发行业全年销售额低于2000万元的商业企业，选取56个样本企业，按季度完成限额以下商业问卷调查。建立限下商业数据全览与审核网络图，强化基础电子报表与EXCEL综合宏平台利用；实行问题清单制度，定期汇总和下发报表审核重点，明确各级审核要素，建立逐级审核机制。

【农民工市民化进程动态监测】 合肥调查队统一组织，市、区、街道（乡镇）、居（村）委会四级参与和联动，开展全面系统培训；强化数据质量控制，调查员现场摸底和调查，用PDA完成数据采集、审核、上传，市队人员全面审核摸底表，筛选符合农民工调查条件的住宅并确定调查对象，对调查数据逐一人工审核，督导员对重点指标数据进行100%核查。共计抽样住宅数795户，涉及20个调查小区，实际完成摸底和问卷调查642户，问卷调查300户，摸底调查342户。

【新设立小微企业和个体户跟踪调查】 根据国务院部署，合肥调查队开展新设立小微企业和个体户跟踪调查，调查样本623个，其中经营单位262个、停业单位49个、筹建单位116个、关闭单位52个、搬迁单位27个、失联单位117个。建立健全基础台账，所有被调查单位的基本信息录入平台；走访核实名录单位，样本100%覆盖式访问，对所有筹建、失联和搬迁单位进行复核；开展业务培训，提高业务人员对调查指标的把握能力；完成小微企业税收减免政策落实情况调查及对经营单位和筹建单位的专题调研。

【专项调查和调研】 合肥调查队围绕服务发展和民生，发挥调查优势，接受合肥市政府和有关单位的委托，完成合肥市公交满意度测评、政风行风评议、文明城市测评、教师队伍建设满意度、法治合肥建设、环巢湖综合治理等调研工作；完成安徽调查总队布置的党政机关作风建设情况满意度、党风廉政和国有企业反腐倡廉、棚户区改造、省政务公开政务服务社会公众满意度等专项调查。

【法治调查建设】 合肥调查队以“六五”统计普法验收年为契机，围绕调查中心工作强化法治工作组织与落实：成立依法治统普法教育工作领导小组，制定年度法规制度工作要点、统计执法检查工作计划、统计法治宣传活动实施方案等规范性文件，出台《统计执法检查暂行办法》；组织学习《宪法》《统计法》等法律法规，开展法治工作培训；围绕年报和定报等任务布置、调查资料发布、调查咨询服务等中心工作开展普法宣传，全年培训调查对象600多人次；通过走进高校和社区、悬挂宣传横幅、设立统计法治咨询服务站、召开企业座谈会等形式，做好“9·20”中国统计开放日、“12•4”国家宪法日和“12•8”《统计法》颁布纪念日等集中宣传活动；加强对基层基础工作的检查和回访，2015年各专业处室共实地检查回访1182家；开展企业执法大检查，在调查对象自查基础上，抽选8个企业检查主要调查数据质量情况等，对检查中发现的一起违规行为向企业下发《责令整改通知书》，并监督其整改到位；开展队内基础工作检查，涵盖所有调查专业，就规章制度建立执行情况、样本管理情况、数据采集方法、回访情况、基础台账建设、数据处理和评估上报等全过程环节，通过听取汇报、查看记录、人机比对等方式，抓好检查和检查后的整改落实工作。

（陆文珺）

精神文明建设

2015年，全市精神文明建设工作坚持以培育和践行社会主义核心价值观为主线，以群众性精神文明创建活动为抓手，不断提升公民文明素质和城乡文明程度，为建设长三角世界级城市群副中心、打造“大湖名城、创新高地”提供了强大的精神力量、丰润的道德滋养。

【城乡文明创建】 2月，合肥成功入选第四届全国文明城市，圆满实现了第十次党代会确定的目标，文明城市创建工作取得了重大突破。巢湖市、肥西县被命名为县级全国文明城市提名城市，入选数位居全国省会城市前列。

立足新起点，坚持顶层设计、常态长效，市委办公厅、市政府办公厅印发了《关于进一步加强文明创建长效机制建设的实施意见》，市文明委印发了《关于深入推进城市文明创建工作的通知》《合肥市文明城市创建工作提升行动计划（2015-2017年）》，明确提出了思想政治、公民道德、公共环境、公共秩序、公共服务、公共文化、公共关系、公益活动八大提升行动，以及一系列具体抓手和工作重点，有力推动了文明城市创建常态化建设。坚持分类指导、动态管理，评选表彰了99个第三届全市文明村镇和1004个第十三届市级文明单位，推荐产生了全国文明村镇5个、全国文明单位11个。成功承办中宣部、中央文明办组织召开的网络精神文明建设座谈会，网络文明进社区工作“合肥模式”在全国推广。合肥文明网联盟网站工作和网络文明传播志愿者考评成绩位居全国前列。

【城乡环境治理】 切实把整

迎“七一”社会主义核心价值观市民合唱比赛

治环境“脏乱差”作为经常性任务，突出重点抓好城市“五乱”整治（摊点乱摆、垃圾乱扔、车辆乱停、行人乱穿、广告乱散），共开展集中整治170余次，依法查处不文明行为58770起，劝导、教育不文明行为市民13707人次，着力解决了安美商业街、磨店黑网吧、铁静苑小区、蜀南庭苑窨井伤人等突出问题。以环巢湖大道为重点，深入推进“三线三边”（铁路沿线、公路沿线、湖河渠塘沿线以及城市周边、市际周边、景区周边）环境综合治理，4月份开展了环巢湖大道集中整治月行动。全年共治理垃圾84.3万吨、污水7657处、广告标牌11208处、违法建设6331处，实施矿山生态环境治理项目两个，绿化提升面积46.6万亩（注：15亩＝1公顷）。3月4日，省委副书记李锦斌批示：“合肥的经验好。‘三线三边’治理要在分类指导、多元投入、落实主体的同时，适时向扩大农村惠及面、增强群众参与度上发力。”

【思想道德建设】 坚持把培育和践行社会主义核心价值观作为凝魂聚气、强基固本的基础工程，常态化开展“我推荐、我评议身边好人”学习、宣传、评选活动，号召学习何九春同志见义勇为精神，114人（群体）入选“中国好人榜”，位居全国省会城市第二、全省第一。开展第四届合肥市道德模范评选活动，共有38人当选，其中6人入选省级以上道德模范，张景兰获全国道德模范提名奖。精心设计制作设置了一批公益广告，成为街头一道靓丽的风景线。相继开展了省暨合肥市培育和践社会主义核心价值观“家风六进”“好人有好报 丹青绘丹心”赠画、拍摄“中国好人德润江淮”系列微电影、“树立良好家风 传承中华美德”道德讲堂等活动，传递正能量，引领新风尚。

【志愿服务工作】 加强志愿服务阵地建设，新建学雷锋志愿服务亭35个，创建30个省级三星志愿服务广场，完善了社区爱心银行、志愿服务工作站等服务机构和设施。创新开展“周六志愿行”志愿服务活动，确定每个月第一周周六为合肥市全民志愿服务日。常年组织“圆梦微心愿”、爱心文艺进社区等一系列志愿服务活动，逐渐形成常态化。涌现出10个江淮十佳志愿服务优秀典型，4个全国“四个一百”（100个最美志愿者、100个最佳志愿服务项目、100个最佳志愿服务组织、100个最美志愿服务社区）志愿服务优秀典型。“有时间做志愿者、有困难找志愿者”的理念深入人心，志愿服务的感召力和示范效应不断增强。

【未成年人思想道德建设】 广泛开展“我的中国梦”“网上祭英烈”签名寄语、“学习和争做美德少年”“童心向党”歌咏比赛、“向国旗敬礼网上签名”“日行一善”“快乐志愿、圆梦六一”微心愿专场对接等活动。组织216名心理健康志愿者进社区、进校园，举办亲子教育策略讲座56次，家长沙龙30次，团体辅导13次，开展“绿网行动”，加强校园周边环境整治，不断优化未成年人健康成长环境。评选表彰第三届合肥市百名美德少年，2名学生入选安徽省首届美德少年。新建28所学校少年宫，举办展演活动，中央文明办调研组到合肥调研学校少年宫工作，给予充分肯定。（夏 晟）

2015年全国劳动模范

吴雄飞　合肥燃气集团有限公司班长

金友华　惠而浦（中国）股份有限公司党委书记、董事长、总裁

吴　鹏　合肥东方节能科技股份有限公司总工程师、技术中心主任

杨　兵　合肥邮区中心局科长

董俊顺　中国能源建设集团安徽电力建设第一工程有限公司总经理、党委书记

王浩波　合肥丰乐种业股份有限公司总农艺师

张永宜　安徽庐江县怡浓工贸有限公司总经理

全国先进工作者

杨祖华　合肥市第三人民医院骨科主任

王　军　合肥市公安局庐阳分局逍遥津派出所警察

安徽省五一劳动奖状

合肥国轩高科动力能源股份公司

安徽省工人先锋号

合肥热电集团有限公司管网运行公司张标专工服务队

安徽安联胜特信息技术有限公司渠道事业部团队

安徽建筑机械有限责任公司金加工厂（车间）

合肥市华锋制衣有限责任公司机缝一车间六班

安徽省劳动竞赛先进集体

合肥常青机械股份有限公司

中国邮政储蓄银行股份有限公司合肥市分行

合肥学院

丰乐种业股份有限公司

合肥市五一劳动奖状（100个）

1. 合肥美菱股份有限公司
2. 安徽环瑞电热器材有限公司
3. 安徽包河酒业有限公司
4. 上海红星美凯龙品牌管理有限公司合肥裕溪路分公司
5. 安徽省黑牛食品工业有限公司
6. 合肥格瑞塑胶有限公司
7. 安徽汇川机械有限公司
8. 肥东县城关中学
9. 中国电信股份有限公司肥西分公司
10. 肥西县畜牧水产局
11. 合肥南方汽车零部件有限公司
12. 安徽中科光电色选机械有限公司
13. 合肥凯邦电机有限公司
14. 合肥市天丰菌业科技有限公司
15. 安徽桃花源实业有限公司
16. 合肥华升泵阀股份有限公司
17. 安徽长丰农村商业银行股份有限公司

限公司

46. 合肥市工程建设监理有限公司

47. 安邦人寿保险股份有限公司安徽分公司

48. 合肥兴泰股权投资管理有限公司

49. 合肥市第十七中学

50. 合肥普瑞眼科医院

51. 安徽正德互联信息技术有限公司

52. 安徽徽王食品有限公司

53. 义城建设集团有限公司

54. 安徽永辉超市有限公司

55. 合肥市包河区芜湖路街道办事处

56. 合肥滨湖投资控股集团有限公司

57. 安徽美芝制冷设备有限公司

58. 安徽青松食品有限公司

59. 合肥国家大学科技园发展有限责任公司

60. 合肥高新技术产业开发区经济贸易局

61. 华艺生态园林股份有限公司

62. 安徽安泰新型包装材料有限公司

63. 合肥经济技术开发区社会发展局

64. 合肥晶弘电器有限公司

65. 联宝（合肥）电子科技有限公司

66. 安徽佳通轮胎有限公司

67. 安徽省庐峰镀锌有限公司

68. 合肥福映光电有限公司

69. 合肥市第六十三中学

70. 安徽捷迅光电技术有限公司

71. 安徽省元琛环保科技有限公司

72. 安徽五谷农庄食品有限公司

18. 合肥阪信电线有限公司

19. 长丰县人口和计划生育委员会

20. 合肥志和电器科技有限公司

21. 合肥江淮毅昌汽车饰件有限公司

22. 合肥力和机械有限公司

23. 庐江县自来水厂

24. 安徽省庐江县国家税务局

25. 安徽万春混凝土有限公司

26. 安徽清水河生态农业有限公司

27. 安徽盛夏新型建材科技有限公司

28. 安徽禾源粮油贸易有限公司

29. 安徽省庐江中学

30. 巢湖市教育局

31. 安徽国通电力建设有限公司

32. 巢湖市兰天大诚门窗幕墙有限公司

33. 巢湖市公共交通有限公司

34. 巢湖市四树商贸有限公司

35. 泰山石膏（巢湖）有限公司

36. 巢湖威力水泥有限公司

37. 安徽中龙混凝土工程有限公司

38. 合肥明义德商贸有限责任公司

39. 安徽国泰国瑞医药有限公司

40. 安徽同济建设集团有限责任公司

41. 合肥市瑶海区住房和城乡建设局

42. 安徽朗凯奇建材有限公司

43. 安徽正远包装科技有限公司

44. 合肥市庐阳区城市管理局

45. 安徽瑾润机电设备工程有

司

73. 安徽北大未名生物经济研究院有限公司

74. 安徽广通汽车制造股份有限公司

75. 天威保变（合肥）变压器有限公司

76. 中国电信股份有限公司合肥分公司

77. 国网安徽省电力公司合肥供电公司

78. 东华工程科技股份有限公司

79. 惠而浦（中国）股份有限公司

80. 南京医药合肥天星有限公司

81. 合肥市交通运输管理处

82. 合肥百货大楼集团股份有限公司

83. 中国农业银行股份有限公司安徽省分行营业部

84. 中国人民财产保险股份有限公司合肥市分公司

85. 中国建设银行股份有限公司合肥电话银行中心

86. 合肥供水集团有限公司

87. 合肥市市政工程管理处

88. 中建四局第六建筑工程有限公司

89. 中建八局第三建设有限公司安徽公司

90. 合肥热电集团有限公司

91. 渡江战役纪念馆

92. 合肥市口腔医院

93. 合肥市经贸旅游学校

94. 合肥报业传媒集团

95. 合肥市公安局庐阳分局

96. 合肥市公安局交通警察支队

97. 合肥市市直机关印务有限公司

98. 合肥兴泰控股集团有限公

司

99. 安徽白帝集团有限公司

100. 合肥市农业经济技术监督管理总站

合肥市五一劳动奖章(208名)

1. 王怀祥　中国能源建设集团安徽电力建设第一工程有限公司

2. 郭之银　肥东县丰宝种养殖有限责任公司

3. 刘金松　合肥鑫众机械有限公司

4. 汪　祁　合肥特丽洁卫生材料有限公司

5. 晏　强　肥东县自来水厂撮镇办事处

6. 梁大伟　合肥市春华起重机械有限公司

7. 于　扩　安徽久易农业股份有限公司

8. 管德豹　肥东县城市管理行政执法局环境卫生管理所

9. 周朝云（女）　中国电信股份有限公司肥东分公司

10. 李　珂（女）　安徽群益木业有限公司

11 . 程仁云（女）安徽省肥东县人民医院

12. 解许娅（女）　安徽方圆机械有限公司

13. 唐桂花（女）　国网安徽肥西县供电有限责任公司

14. 赵宜群　肥西县慧民园林绿化工程有限公司

15. 黄家芳（女）　肥西县上派初级中学

16. 万炳荣　肥西南方水泥有限公司

17. 蔡胜海　肥西公交有限公司

18. 颜天信　合肥泰禾光电科技股份有限公司

19. 赵启华　肥西县金牛蚕桑农民专业合作社

20. 冯庭祥　安徽上房建筑有限责任公司

21. 王为高　安徽金瑞电气有限公司

22. 王　磊　安徽桃花源实业有限公司

23. 凡传涛　中国共产党长丰县直属机关工作委员会

24. 周晓瑜（女）　安徽金色米兰婚纱摄影有限公司

25. 方　祥　合肥安宇复合材料有限公司

26. 葛　彧（女）　安徽鸿路置业有限公司

27. 耿　梅（女）　合肥益顺丰商贸有限公司

28. 邹传新　国网安徽长丰县供电有限责任公司

29. 谢康丽 女　安徽长丰农村商业银行股份有限公司

30. 邵玉敏 女　安徽金正大生态工程有限公司

31. 李旭辉　合肥易升拖车机械有限公司

32. 杨　磊　合肥丰泰建筑安装工程有限公司

33. 丁碧春（女）　安徽正元机械有限公司

34. 贺恒前　中国移动通信集团安徽有限公司庐江县分公司

35. 符红霞（女）　庐江县妇幼保健所

36. 左文武　安徽省广泰矿业有限公司

37. 邓英权　庐江县财政局龙桥镇财政所

38. 张　丽（女）　庐江县鑫宇泰电子有限公司

39. 卢荣元　安徽大江股份有限公司

40. 朱金萍（女）　安徽省华启汽车零部件有限公司

41. 王效岭　安徽德科电气科技有限公司

42. 胡爱民（女）　安徽太平洋渔具有限公司

43. 李俊生　安徽省庐江县陈埠建筑安装公司

44. 宛志鹏　庐江县正泰玩具厂

45. 胡　斌　巢湖市栏杆集镇人民政府就业和保障事务所

46. 洪茂斌　中央储备粮巢湖直属库

47. 郑玉琴（女）　巢湖亚塑网具有限公司

48. 钟宜春　国网安徽省电力公司巢湖市供电公司

49. 李　国　巢湖市海风门窗有限公司

50. 储佳平（女）　巢湖市安和环保服务有限责任公司

51. 吕　辉　巢湖娃哈哈饮料有限公司

52. 骆瞻峰　中材安徽水泥有限公司

53. 王　丽（女）　巢湖安德利购物中心有限公司

54. 张艳红（女）　安徽富煌钢构股份有限公司

55. 徐六三　巢湖市柘皋中心卫生院

56. 朱晓明　中材安徽水泥有限公司

57. 钱朝荣　合肥金太阳家具广场有限公司

58. 焦其文　安徽省合肥汽车客运有限公司第一客运公司

59. 吴　波 女　安徽凯源建设集团有限责任公司

60. 李应兵　安徽汇汇食品

有限公司

61. 周　顺　合肥创安劳务有限公司

62. 束维凤（女）　合肥市润德餐饮有限公司

63. 李文献　合肥市瑶海区城市管理局

64. 刘　丹（女）　合肥市新庐建筑装饰工程有限公司

65. 欧阳海华　合肥普尔德卫生材料有限公司

66. 崔　敏（女）　合肥市南门小学

67. 王　衡　祥源房地产集团有限公司

68. 李少伯　合肥肛泰肛肠医院

69. 朱启永　合肥亚星玻璃有限公司

70. 方　雷　合肥凤凰肿瘤医院

71. 纪晓虎　合肥立达印务有限公司

72. 孙立新　安徽省恒信工程监理有限责任公司

73. 罗　华　合肥奥瑞数控科技有限公司

74. 俞能宏　正奇安徽金融控股有限公司

75. 李井刚　上海红星美凯龙品牌管理有限公司合肥分公司

76. 文娟女　安徽国购投资管理有限公司

77. 束从云（女）　肥西老母鸡食品有限公司

78. 胡冬梅（女）　安徽华力建设集团有限公司

79. 孟　军　华润雪花啤酒（安徽）有限公司合肥分公司

80. 周宗明　合肥民兴塑胶有限公司

81. 王志红（女）　合肥市蜀山区南七街道办事处

82. 凌世龙　合肥市蜀山区城市管理局清洁一队

83. 董松芳　中国人寿电子商务有限公司合肥区域分公司

84. 周明俊　合肥市包河区常青街道社区服务中心

85. 陆忠静　合肥瑞星机械制造有限公司

86. 鲁正堂　安徽常青建设集团有限公司

87. 胡章凤（女）　合肥五里庙装饰城有限公司

88. 李志标　合肥市日月混凝土有限公司

89. 赵玉兰（女）　合肥美桥汽车传动及底盘系统有限公司

90. 袁海英（女）　正兴集团合肥车轮有限公司

91. 章学武　安徽盛运环保工程有限公司

92. 武　兵　合肥华云印务有限责任公司

93. 朋汪勤　合肥万达城投资有限公司

94. 韩坤龙　安徽隆平高科种业有限公司

95. 余道广　安徽振升保安服务有限公司

96. 曹雪峰　合肥立方制药股份有限公司

97. 陈　欣（女）　合肥昌河实业有限公司

98. 林春秋（女）　合肥美的暖通设备有限公司

99. 代莉莉（女）　合肥高新技术产业开发区长宁社区服务中心

100. 雷琴辉　科大讯飞股份有限公司

101. 许　鹏　欧普康视科技股份有限公司

102. 田　地（女）合肥金诺数码科技股份有限公司

103. 窦开宏　安徽振升保安服务有限公司

104. 孙玉娥（女）　航嘉电器（合肥）有限公司

105. 黄　凯　合肥合锻机床股份有限公司

106. 郑卫国　合肥太古可口可乐饮料有限公司

107. 权家宏　洽洽食品股份有限公司

108. 王晓伟　双维伊士曼纤维有限公司

109. 李志远　安徽江淮松芝空调有限公司

110. 黄　河　延锋汽车饰件系统（合肥）有限公司

111. 谢启立　合肥云鹤江森汽车座椅有限公司

112. 何明才　安徽宏升科技电缆有限公司

113. 刘道发　合肥馥邦投资集团

114. 吴昆明　安徽高梵制衣有限公司

115. 郭娟娟（女）　合肥市园上园小学

116. 王倩倩（女）　中铁二十四局集团安徽工程有限公司

117. 邓苏花（女）　安徽海峰环境艺术工程有限公司

118. 黄世广　安徽省瑶海家具制造有限公司

119. 余昌俊　安徽凯升管业有限公司

120. 朱志林　合肥新奥燃气有限公司

121. 宫尚云（女）　巢湖市半汤街道环境卫生管理所

122. 朱孔达　远洲房地产开发有限公司远洲豪廷大酒店

123. 吴海燕（女）　半汤文化旅游发展有限公司

124. 张辰辰　巢湖市诚信投资开发有限公司

125. 周本海　巢湖经济开发区建设发展有限公司

126. 王怀军　安徽省三瓜公社投资发展有限公司

127. 刘小勇　马钢（合肥）板材有限责任公司板材厂

128. 马　艳（女）　安徽省合肥汽车客运有限公司合肥汽车客运南站

129. 李　凯　安徽送变电工程公司

130. 何义斌　中盐安徽红四方股份有限公司

131. 陈　勇　皖能合肥发电有限公司

132. 张汝霖　合肥市地方海事局

133. 龚德平　安徽皖维集团有限责任公司

134. 王　芸（女）　安徽轻工业技师学院

135. 张爱中（女）　安徽省邮政公司合肥市分公司

136. 史德政　安徽中烟工业有限责任公司合肥卷烟厂

137. 储茂富　中国能源建设集团安徽电力建设第二工程有限公司

138. 陈　颖　安徽安利合成革股份有限公司

139. 魏智勇　合肥创和资产管理有限责任公司

140. 张　岩　合肥神马科技集团有限公司

141. 慕晓光　国药控股安徽有限公司

142. 周定海　合肥邮区中心局

143. 雍凤山　合肥市产业投资控股（集团）有限公司

144. 沈明均　合肥长安汽车有限公司

145. 王亚非　合肥市糖业烟酒有限责任公司

146. 杨传群（女）　合肥市徽谷粮食资产运营中心有限公司

147. 韩二明　合肥银山棉麻股份有限公司

148. 章　岳　中国工商银行股份有限公司安徽省分行营业部合肥双岗支行

149. 程　沈（女）　中国建设银行股份有限公司安徽省分行营业部合肥芜湖路支行

150. 孙家俊　合肥科技农村商业银行股份有限公司蜀山支行

151. 戴　宏（女）　苏果超市（合肥）有限公司

152. 朱　谧　安徽永辉超市有限公司

153. 高晓龙　中央储备粮合肥直属库

154. 杨景东　中国工商银行股份有限公司安徽省分行营业部肥东支行

155. 余　絢　安徽百大合家福连锁超市股份有限公司

156. 焦其成　合肥城改投资建设集团有限公司

157. 鲁　进　合肥市城市管理局生活废弃物管理中心

158. 越小军　合肥城建发展股份有限公司

159. 毛　雷　合肥市第二建筑安装有限公司

160. 黄克庆　合肥公交集团有限公司

161. 刘毛中　合肥市市政设计院有限公司

162. 陈莉萍（女）　合肥植物园

163. 姜晓凤（女）　合肥市政文外滩物业管理有限公司

164. 袁　伟　合肥市测绘设计研究院

165. 缪富强　合肥市房地产管理局

166. 徐永东　中建八局第三建设有限公司安徽公司

167. 沈　琼（女）合肥市第二人民医院

168. 王　莉（女）合肥市第六中学

169. 段月华 女　合肥特殊教育中心

170. 许有科　合肥一六八中学

171. 李　翔　合肥市图书馆

172. 解　云　合肥职业技术学院

173. 王玉蓉（女）　合肥职业技术学院

174. 周　雷　合肥报业传媒集团

175. 陈　宁　合肥演艺有限责任公司

176. 陈　义　合肥市公安局警令部

177. 黄　锐　合肥市公安局瑶海分局刑警大队

178. 俞　飞　合肥市公安局蜀山分局三里庵派出所

179. 王　敏（女）　合肥市公安局国内安全保卫支队

180. 薛庆国　中共合肥市委组织部

181. 黄莉君（女）　合肥仲裁委员会

182. 周顺翠（女）　合肥市财政局

183. 陶　媛（女）　合肥市文学艺术界联合会

184. 陈　濛　合肥市旅游局

185. 王荣村　合肥市城乡建设委员会

186. 陶　陈　合肥市劳动和社会保障监察支队

187. 商鲁宁　合肥市农业经济技术监督管理总站

188. 祝洪寿　合肥市动物疫病预防控制中心

189. 肖圣元　合肥市农业科学研究院

190. 王厚琴（女）　安徽新希望白帝乳业有限公司

191. 范幼婕（女）　合肥丰乐种业股份有限公司

192. 韩　松　合肥市董铺·大房郢水库管理处

193. 胡　敏　安徽昊华律师事务所

194. 马华平（女）　安徽皖正律师事务所

195. 王荣华（女）　肥西县花岗镇计划生育服务所

196. 黄　玲（女）　合肥市第一人民医院

197. 杭春梅（女）　合肥市妇幼保健所

198. 胡海利　合肥市妇幼保健所

199. 许业敏　安徽华力劳务有限公司

200. 吴万江　合肥三河四子饮食文化集团

201. 徐玉春　中建八局第一建设有限公司安徽分公司

202. 姚二祥　巢湖市出租车管理所

203. 何昌府　庐江阳光电力维修工程有限责任公司

204. 唐传富　合肥市市政工程管理处

205. 陆忠静　合肥瑞星机械制造有限公司

206. 司圣力　合肥建工集团有限公司

207. 陈莉萍（女）　安徽国瑞种业有限公司

208. 徐继胜　安徽新中远化工科技有限公司

合肥市工人先锋号（100个）

1. 合肥燃气集团有限公司工程公司焊工班

2. 合肥明辉汽车零部件制造有限公司焊接车间

3. 合肥宏图彩印有限公司4400纸机车间

4. 安徽元和工贸有限责任公司织造车间

5. 中盐安徽红四方股份有限公司市场中心储运处复合肥发货班组

6. 合肥日月热镀锌有限公司镀锌车间

7. 合肥市汉尧鑫农业科技有限公司种植养护班

8. 肥东县公安局桥头集派出所

9. 合肥新桥制衣有限公司缝制车间

10. 肥西县通力机械有限公司焊接车间

11. 安徽天健环保股份有限公司制造部焊工一组

12. 肥西县公安局城关派出所

13. 合肥卡迪尔化妆品有限公司生产部

14. 合肥金伶俐服饰有限公司生产部缝纫1组

15. 安徽省富光实业股份有限公司塑胶事业部生产部

16. 合肥市实固尔汽车部件有限公司燃油泵．泵芯车间

17. 安徽江淮园艺科技有限公司吴山分公司技术部

18. 安徽得润电气技术有限公司技术开发部

19. 合肥江淮朝柴动力有限公司热试班组

20. 长丰县公安局水家湖派出所

21. 安徽广银铝业有限公司物业管理部

22. 长丰县丰淮新型建材有限公司实验室

23. 安徽万磁电子有限公司钕铁硼成型车间

24. 安徽省庐江县安泰建筑安装有限公司金家敏瓦工班组

25. 安徽天星金属工艺有限公司电镀班

26. 庐江县川东燃气有限公司八里输配站

27. 国网安徽庐江县供电有限责任公司计量班

28. 庐江县罗河镇人民政府安全生产监督管理所

29. 安徽飞雁庐江客运有限公司城乡客运有限公司

30. 巢湖市公安局指挥中心

31. 巢湖市振康禽业食品有限责任公司种禽班组

32. 巢湖市中庙旅游渡运有限公司机械管组

33. 巢湖高路上食品有限公司排特车间包装组

34. 安徽省巢湖市皖江锚链有限公司链条生产车间

35. 巢湖市庙岗顺捷客运有限公司驾驶班

36. 巢湖新恒生纺织有限公司细纱乙班

37. 合肥市红光顺昌劳务有限公司

38. 合肥金太阳家具广场有限公司营销企划部

39. 安徽省皖捷液压科技有限公司装配班组

40. 安徽银山纯棉家纺有限公司

41. 安徽省通达包装材料有限

公司一车间

42. 合肥金鹰国际购物中心有限公司商营三部

43. 合肥百事得包装股份有限公司五层线班组

44. 合肥市庐阳区人民政府杏花村街道办事处工会工作委员会

45. 合肥桃蹊现代农业开发有限公司生产部

46. 安徽恒杰保安服务有限公司特勤大队

47. 安徽百姓缘大药房连锁有限公司金屯店

48. 安徽地平线建筑设计有限公司运营管理中心

49. 合肥广齐建设集团起重设备安装有限公司

50. 合肥三河四子饮食文化集团百花园度假村后勤部

51. 合肥市蜀山区招商局投资促进科

52. 合肥市包河区常青街道办事处建设办

53. 合肥环城有线电视网络有限公司运行维护班组

54. 合肥永盛市政工程有限公司管道安装班

55. 合肥紫金钢管有限公司环缝焊接班

56. 合肥京商融合置地有限公司京商项目部

57. 安徽安科生物工程（集团）股份有限公司生产部

58. 安徽贝克生物制药有限公司拉米车间

59. 合肥新沪屏蔽泵有限公司化工泵研发部

60. 合肥高新技术产业开发区区直机关工会委员会

61. 大陆马牌轮胎（中国）有限公司智慧光伏电站项目组

62. 合肥东方节能科技股份有限公司热处理工段

63. 花王（合肥）有限公司安全卫生委员会

64. 合肥经济技术开发区人事劳动局劳动监察大队

65. 安徽江淮纳威司达柴油发动机有限公司 2.8L 机加工线自主搬迁项目组

66. 合肥统一企业有限公司食品生产部外包装四组

67. 合肥新站综合开发试验区管委会机关工会

68. 安徽鑫昊等离子显示器件有限公司制造部生产 2 班

69. 合肥长源液压股份有限公司技术中心

70. 合肥华信电动科技发展有限公司技术中心

71. 合肥凯泉电机电泵有限公司技术部

72. 巢湖市鼎力铁塔有限公司检修车间

73. 合肥巢湖经济开发区招商局招商二处

74. 巢湖深业诚毅地产有限公司工程部

75. 巢湖市希安琦玩具有限公司三车间包装组

76. 中国移动通信集团安徽有限公司庐江县分公司长江路营业厅

77. 合肥江航飞机装备有限公司供氧装备厂装配二班

78. 安徽国风塑业股份有限公司薄膜三分厂

79. 南京医药合肥大药房连锁有限公司合肥大药房总店

80. 合肥市公路管理局省道316庐江超限超载检测站

81. 合肥鑫晟光电科技有限公司成盒分厂

82. 安徽航天信息科技有限公司驻税局大厅服务队

83. 合肥市国正资产经营有限公司行政综合部

84. 徽商银行股份有限公司合肥分行肥东支行

85. 中国工商银行股份有限公司电子银行中心（合肥）

86. 合肥市庐阳区烟草专卖局

87. 合肥市排水管理办公室城市排水管网管理所

88. 中建七局第二建筑有限公司淮北市马场街安置房项目部

89. 中建三局第一建设工程有限责任公司合肥经理部安医一附院高新分院医疗综合楼项目部

90. 合肥市广播电视台广播时政新闻部

91. 合肥市第八中学心理辅导中心

92. 合肥幼儿师范高等专科学校外语系

93. 合肥市文化馆活动部

94. 合肥市公安局 110 报警服务台

95. 合肥市公安局刑事警察支队刑事科学技术研究所

96. 合肥市人力资源和社会保障局企业养老保险管理中心养老金发放科

97. 中共合肥市委办公厅总值班室

98. 合肥市滁河干渠管理分局运营管理科

99. 合肥市气象局公共气象服务中心

100. 安徽新希望白帝乳业有限公司维修班组

合肥市荣获全国“巾帼建功”标兵名单

陈　程　安徽省合肥广播电视台副台长．合肥文广集团副总裁

刘　燕　安徽燕庄油脂有限责任公司董事长．安徽军义教育投资有限责任公司副董事长

合肥市荣获全国“巾帼文明岗”名单

合肥市蜀山区人民法院立案庭

安徽省妇幼保健院生殖医学中心

合肥燃气集团营销公司工商用户管理科抄表班

合肥市荣获全国“巾帼建功”先进集体名单

合肥市包河区大圩镇政府

合肥市包河区大圩镇“徽姑娘”创业联合会

合肥市荣获安徽省“巾帼文明岗”名单

合肥市中级人民法院研究室

合肥市规划局风景与景观处

合肥高新区社会事业局

合肥经开区人事劳动局

合肥科技农村商业银行营业部

合肥市第六中学外语组

巢湖市政务服务中心

庐阳区政务服务中心

庐江县邮储银行军二路支行

长丰县妇幼保健所

安徽国风塑业股份有限公司计划财务部

合肥京东方光电科技有限公司　彩膜分厂彩膜制造部检测科工程检查组

合肥市荣获安徽省“巾帼建功”先进集体

肥东县妇女联合会

长丰县妇女联合会

合肥市女子看守所

合肥市妇幼保健所

合肥热电集团有限公司“小鲍流动营业厅”

合肥市荣获安徽省“巾帼建功”标兵名单

丁晓芹　　合肥市卫生局妇幼保健与社区卫生处处长

丁素美　　合肥市信访局办信处处长

尹　玲　　合肥市国资委组织宣教处处长．市国资委妇工委主任

沈　勤　　合肥市妇联妇儿工委办主任

张俊梅　　合肥市肥西县妇联主席

王素珍　　巢湖市第六中学历史教师兼政史地教研组组长

合肥市荣获安徽省三八红旗集体名单

合肥市妇女联合会

长丰县妇女联合会

巢湖市妇女联合会

包河区妇女联合会

合肥热电集团“小鲍流动营业厅”

合肥市荣获安徽省三八红旗手名单

陈晓虹　　合肥市妇联副主席

李孟淑　　长丰县妇联副主席

朱四红　　巢湖市妇联主席

李爱文　　包河区妇联主席

刘　燕　　安徽燕庄油脂有限责任公司董事长

汤　艳　　安徽国风塑业股份有限公司品管部质检班长

张社青　　安徽好波国际内衣有限公司总经理

丁素美　　合肥市信访局办信处处长

王翠芬　　肥东县杨店乡党委副书记．乡长

刘义桂　　肥西县梁岗学校语文教师

董光武　　长丰县玉武养殖专业合作社理事长

夏明慧　　庐阳区妇联主席

合肥市荣获安徽省优秀巾帼志愿服务队名单

合肥市瑶海区城东街道合欢 e 家巾帼志愿服务队

合肥市荣获安徽省优秀巾帼志愿服务项目名单

合肥市包河区滨湖世纪社区

"美丽堂"项目

合肥市荣获安徽省优秀巾帼志愿者名单

洪云子	章剑兰	葛　杨
曹冬梅	陶玲玲	王　娟
马龙麟	金　沙	

合肥市第四届道德模范

特别奖（已故）：

陈　彬男，汉族，1966年出生，肥东县公安局经济开发区派出所科员，二级警督警衔，已故。2013年12月10日，是陈彬生命中的最后一天。从早晨7点开始，他当天参与处置了9起警情。下午3时许，当他在对一名违法行为人调查询问时，突然晕倒，因抢救无效不幸去世。他生前曾荣立个人三等功一次，被授予合肥市公安局优秀社区民警，并多次受到肥东县公安局嘉奖。2014年1月和4月两次候选"中国好人榜"敬业奉献好人，当选2014年第二季度"合肥好人"。

许玉奇：男，1963年出生，生前系庐江县白湖镇初级中学教师，已故。2012年，许老师忙于教学耽误了看病，在被查出肺癌后，依旧每天忍着病痛坚持上课。虽然处于肺癌晚期，仍然视学生重于生命。他做过6次化疗，每次化疗一结束他就立刻返回学校坚持上课，因为那里有他的40名学生。他的爱岗敬业精神感动了无数人，先后荣获"中国好人""安徽好人""中国好教师"等荣誉称号。

敬业奉献类：

鲍　瑾：女，1978年出生，在合肥的热用户之中，"鲍瑾"这个名字可谓家喻户晓，妇孺皆知，她热心参与社会公益事业，为孤寡老人、贫困家庭送去关怀。她牺牲休息时间，走入热用户家中、行进在社区之间，用自己丰富的工作经验为群众提供供热服务、传播供热知识，多次带领队员开展"志愿服务进小区活动"。由她牵头创办的"小鲍流动营业厅"已成为合肥志愿服务的一面旗帜。

黄克庆：男，1966年出生，合肥公交快1线驾驶员。31年来，他恪守交通法和企业行车规定，心系乘客，行车90多万公里无事故，名列公司前茅；多次因拾金不昧、助人为乐、见义勇为受到乘客来电来信表扬和媒体报道；钻研技术，节能事迹突出，积极参与"双星"工程，通过不懈努力送去关爱。

刘义桂：女，1970年出生，肥西县梁岗学校教师。从教25年来，她爱岗敬业，无私奉献，以校为家，爱生如子，从未离开过乡村一线教学岗位，期间多次放弃去合肥工作的机会。2012年5月，刘老师被确诊为乳腺癌。手术后不久，她边化疗边再次站到了讲台，兑现了和学生们的约定。2014年9月，刘老师被评为"全国模范教师"，多次被评为省、市、县"优秀教师""优秀少先队辅导员""优秀班主任""优秀辅导教师"等光荣称号。

程　红：女，1962年出生，中国共产党员，现任合肥市文物管理处处长、渡江战役纪念馆馆长及安徽名人馆馆长。30多年来，程红一直奋斗在合肥的文博事业第一线，真正做到了"干一行、爱一行、精一行"。作为合肥市文物管理处处长，她曾参与明教寺、城隍庙、李鸿章故居及享堂、大孔祠堂和高家祠堂等合肥古建筑的保护工作。先后亲手发掘战国至明清古墓葬一百多座，是合肥从事专业考古女性第一人。

王庆九：男，1971年出生，是一名残疾人工作者，同时也是一名残疾人，从事残疾人信访维权工作多年；先后被评为"合肥市维稳先进个人"、连续三年被合肥市人民政府评为"合肥市信访先进个人"，获得"合肥市十一五自强模范"和首届"合肥市最美残疾人"等荣誉。其先进事迹先后在《安徽日报》、《合肥晚报》等主流媒体上给予报道。

蔡纯生：男，1962年出生，巢湖市环卫处公厕管理所所长，曾在环卫一线做过垃圾清运工、水电维修工、公厕吸粪工等工作。由于工作出色，多次被巢湖市城建、城管系统评为先进个人、先进工作者、优秀共产党员，2004年荣获"安徽省先进个人"、2005年荣获"全国五一劳动奖章"称号。

见义勇为类：

沈琼：女，1988年生，合肥市第二人民医院护士。无论在哪个科室，她都兢兢业业地工作，2015年1月20日下班途中，遇到昏迷老人，她赶紧上前查看，拨打120急救电话，当老人心脏骤停，她跪在地上，不顾老人嘴角的呕吐物，做起了人工呼吸。曾获2015年合肥市"三八红旗手"，2012年"天使情"演讲比赛合肥市第一名、安徽省第三名。

沈鑫敏：男，1991年出生，合肥市消防支队庐江中队特勤班班长，入伍4年来，共参加灭火和抢险救援等300多次，救出被困群众20余人，参与水下打捞10余次，打捞溺水身亡群众10多名。女子欲跳楼轻生，跌下三楼窗台的刹那，他成功将其解救。他先后荣获“全国特级优秀人民警察”、第三届“十大杰出消防卫士”、“公安现役部队优秀共产党员”，被安徽省公安厅荣记个人一等功、“安徽青年五四奖章”、“安徽好人”、“中国好人”光荣称号。

周帮柱：男，1953年出生，滨湖新区牛角大圩岗前村人。2013年10月5日下午5点左右，他在牛角大圩中引沟鲍岗段起虾网，突然远处公路拐弯处飞速驶来一辆小汽车，一头扎进中引沟中，车身完全翻了。他看见后，一面大声呼喊“救人”，一面跳进水里，先后从车中拉出一男一女和一个孩子，在他奋力营救下安全脱险。2013年入选合肥好人，2014年1月份入选“中国好人”。

诚实守信类：

张爱群：女，1965年出生，合肥华峰暖通设备有限公司董事长。张爱群和公司始终本着“客户第一，诚信至上”的原则，宁愿背负高额利息，也要兑现员工工资，宁愿零利润，也要对客户负责。她始终热心公益事业，几年来，支持和资助灾区群众、贫困学生及希望工程、春蕾计划50多万元，与9个“春蕾女童”结对，成为她们的“妈妈”。2012年她被评为肥西县第二届“诚实守信道德模范”，荣获“合肥市第七届优秀青年企业家”“安徽十大杰出女性企业家”，合肥市“三八红旗手”，首届安徽“行业领军人物”称号。

王邦贤：男，77岁，肥东县八斗镇王城社区居民。在老伴意外车祸身亡后，没有怪罪好心车主，当车主与家人来到王邦贤家中，非常歉疚地掏出1万块钱，想对老人做一点补偿。王邦贤婉拒赔偿并好言宽慰，说：“不能让好心人心寒”。2013年6月，王邦贤当选“安徽好人”，同年7月，当选“中国好人”。

刘磊：男，1980年出生，合肥经济技术开发区高刘镇沈塘村村民，他面对突如其来的家庭变故和高额债务，践行承诺坚持替兄还债，养育遗孤，他数年如一日悉心照顾，用诚信和坚持为这个八口之家撑起爱的天空，用爱抚养亲人的孩子，演绎了一段感人至深的传奇故事，被人们称为“信义弟弟”。

孝老爱亲类：

李香莲：女，1984年出生，是一位在合肥市包河区的打工妹。13年来，她先后投入了个人积攒的6万多元，坚持做公益和各类帮扶。截至2014年，她坚持照顾近20名独居老人，帮扶残疾人士50多位，帮助岳西、金寨、西藏等地4名困难儿童入学。李香莲和她的志愿者朋友成立了“安徽无障碍行动小组”，并组织“体验残疾人无障碍出行”等公益活动。2015年5月当选“安徽好人”，安徽省感动江淮志愿服务优秀典型。

宋宁华：男，1959年出生，合肥邮区中心局报刊分局普通员工，从事《人民日报》《安徽日报》等党报分发和接发工作，工作中兢兢业业、勤勤恳恳。但是，家中的父亲及岳父先后患重病卧床不起，生活不能自理，妻子要工作和照顾孩子，照顾两位父亲的重任落在了宋宁华肩上，一扛就是21年，几十年如一日，无怨无悔地侍奉久病在床的两位父亲，用爱心温暖亲人。

刘凤华：女，1980年生，合肥市庐阳区杏花村街道五里社居委居民。刘凤华的公公陈邦栋曾荣获2001年全国见义勇为奖，2005年陈邦栋患有脑梗塞、高血压等疾病，生活逐渐不能自理。老人大小便失禁，刘凤华的生活除了照顾孩子之外，就是以公公为中心，每天都要给公公喂水喂饭、洗脸擦身、接屎接尿、换洗衣服、做全身按摩，但她毫无怨言。“照顾好老人就是我最大的心愿。”刘凤华说。这样的日子，一过就是10年。2015年3月刘凤华获得第六届全国孝亲敬老之星，10月当选第四届“安徽省道德模范”提名奖。

助人为乐类：

洪　波：安徽医科大学第一附属医院审计处干部，2005年开创“格桑花”西部助学网，十多年来，洪波和她的团队帮助青海22万名贫困学生顺利完成了学业和改善了教育条件，每年使近500名高三毕业生进入大学深造。为西部青少年募集资金和各类物资超过一亿元，格桑花的“一对一”结对捐助项目、主题拓展营、乡村教师培训、开拓视野的观影项目、安全健康教育项目、医疗合作等项目，陪伴着这些三江源的孩子们健康快乐成长，也唤醒了更多老师的责任感，来共同推动中国西部的教育。获“中国好人”荣誉称号，2015年10月当选第四届“安徽省道德模范”。

汤正兵：男，1982年出生，巢湖市夏阁镇人，黑龙江省军区65911部队69分队哨所班长，入伍15年，哨所16.84公里的边境辖区没有发生一起涉外事件，处置违边违政事件380多起，抓捕违法违边人员14余人。他热心资助驻地贫困老人、小孩，至今已捐助近4万元。先后被军分区评为“杨子荣式战士”“优秀共产党员”，2012年被选为黑龙江省牡丹江市第十一届党代表。2014年被评为“学雷锋先进个人”、荣获学雷锋金质荣誉章、“践行强军目标标兵”，荣立一等功、二等功各一次。

吴保文：男，1968年出生，庐阳区城管局环卫中心掏粪工人。25年间，他拿着搅粪棍，开着掏粪车穿梭在庐阳区的大街小巷，和工友们组成了“畅通小组”，义务为困难群体排忧解难，被称为“合肥时传祥”。他先后被授予“合肥市杰出岗位能手”和“庐阳十大杰出青年”“全国优秀环卫工人”“住建部全国优秀先进工作者”等称号，并当选中国好人榜“敬业奉献好人”。

沈思红：女，42岁，1990年参加工作，现为合肥燃气集团工商抄表员。多年来，她认真工作之余，热心公益，无偿奉献，2004年以来一直默默地参加无偿献血活动，累计参加14次无偿献血，献血总量已达5200毫升，荣获“2010-2011年全国无偿献血奉献奖”铜奖，被大家亲切地称为热心公益的“献血达人”，她所在的班组也荣获2014年全国“巾帼文明岗”称号。

勤劳节俭类：

蒋秀芝：女，1972年出生，长丰县兴农草莓专业合作社理事长。她以勤劳和节俭自持，成为远近闻名的草莓生产能手。先后被评为长丰县草莓功臣金奖、合肥市农村致富带头人、先进个人、劳动模范、拔尖人才、安徽省“双学双比”女能手等称号。她的草莓基地被市妇联授予巾帼创业示范基地，她所生产的草莓参加中国昌平草莓擂台赛和中国南京溧水草莓评比，分别获得二等奖、一等奖，2015年10月当选安徽省“道德模范”提名奖。

李克勇：男，1963年出生，蜀山区城管局汽车队副队长、工会主席。1980年12月进入环卫系统，在环卫基层岗位上工作35年，始终如一。在工作中，他不断钻研业务，2006年，获得全国首创“污水收集装置”实用新型专利，在合肥市率先实现生活垃圾运输车辆截污技术革新；2007年获得合肥市市容系统创新奖。2012年荣获“华东环卫先进人物”环卫先进科技工作者称号，并获得“一种垃圾转运车用污水处理装置”“一种垃圾收集车用污水收集装置”“一种垃圾转运车” 三项国家实用新型专利证书。

（合肥市文明办 张素琴）

第十四届“合肥十大新闻人物”

周坤和石岩

周坤和石岩是合肥一对打工小夫妻，丈夫坚持每月献成分血两次，妻子在丈夫的感召下也携手相随。5年来，夫妻俩累计献血（成分血）95个治疗量，近19000毫升，可以盛满近40个500毫升的饮料瓶，大约相当于他们夫妻二人全身血量的两倍。他们献出的血小板血为很多血小板严重缺乏的病人带去生命的希望。

蔡浙生

2015年9月3日，中国人民抗日战争暨世界反法西期战争胜利70周年纪念大会在北京隆重举行，合肥市民蔡浙生不仅见证了这次盛会，还与抗战老兵英烈子女和支前模范组成老兵方阵，乘车行驶在长安街上，经过天安门广场接受检阅。其父为抗日英烈蔡炳炎，35岁时牺牲于淞沪会战。

80岁的蔡浙生是全省范围内唯一以抗日英烈后人身份受到民政部邀请的人士。

蔡炳炎

曾任国民革命军陆军第十八军六十七师二〇一旅少将旅长，1937年8月26日壮烈殉国于淞沪会战，时年35岁。1985年，安徽省人民政府追认蔡炳炎为革命烈士。

何九春

2015年11月19日下午3时许，何九春在翡翠湖见到有女子跳湖寻短见，纵身跳入湖中营救不幸遇难。面对冰冷的湖水，大学生何九春纵身一跳，将生的希望留给别人，将危险留给了自己，舍生忘死之无畏精神让人感动。

他的身上正展现着当代大学生的崇高社会责任感和高尚道德修养，也为社会树立了榜样，给这个寒冬增添了无限暖意。

科大三位新晋院士

12月7日，中国科学院2015年院士增选结果正式对外公布，中科大3名教授入选，分别是：杜江峰．陈仙辉教授当选中国科学院数学物理学部院士，陈晓非教授当选中国科学院地学部院士。

杜江峰从28岁进军当时最新的量子计算实验研究领域，成为中国最早从事这项研究的科学家之一。随后近20年里，一头扎进量子计算领域，取得多项重大研究成果。

近年来，陈仙辉和他的科研小组在超导领域取得诸多系统性和创新性的成果。年初，“2015年马蒂亚斯奖”揭晓，陈仙辉是3位获奖者之一，这是中国内地科学家首次获得这一大奖。

陈晓非的研究领域是偏理论性的地震波传播研究．地震震源物理及动力学理论等。近年来，他也一直努力将理论应用于防震减灾．石油勘探等领域。

周文锁

他是迄今为止，安徽体育史上能够执掌全国体育联赛的第一人。2015年，在周文锁的带领下，安徽篮球备受瞩目，NBL受关注程度飙升。本赛季安徽文一男篮不仅获得联赛亚军，创下安徽职业篮球的新纪录。在他的规划中，NBL未来将超越CBA。

何学勇

作为一位普通合肥市民，39岁的何学勇接连做出了令人刮目相看的几件大事：2013年，发起组织旨在“免费搭载顺路人”的“红头车”队，不到一年的时间，车队就形成百人规模，累计搭载数千人次。他利用参加公益创意大赛获得的资金，联合合肥晚报《合爱同行》栏目发起了“红头伞”公益项目，向合肥市民免费“借”伞，只要及时归还，分文不取，真正体现了“随手公益”。

赵卫东

“孩子一个疗程需要4支平阳霉素，6个疗程需要24支。”2015年12月1日，安徽省立医院妇产科主任医师赵卫东发出微博求助，一场既感人又纠结的寻药之旅就此展开。

原来一个月前，该院接诊罕见的内胚窦瘤患者、13岁的少女杨欢（化名），急需救命药平阳霉素，可在全省范围内仅找到4支平阳霉素。“以后怎么办？救救她！”赵卫东在自己的微博、微信、QQ群里发出求助信息，最终在荆州、杭州多地才凑齐了6个疗程的药。

范秋荣

安徽版“熊顿”范秋荣不画漫画，但她写书，以十年的抗癌经历，两年时间完成一篇以自己经历创作的小说《我想要绽放的生命》。

在第六个“国际慢粒日”安医大一附院举办的慢粒（慢性粒细胞白血病）患者病友会上，范秋荣把自己创作的书赠送给病友，也勉励所有人一起“绽放生命”。

杨胜利

作为青运会合肥击剑队教练，在2015年10月福建举行的第一届全国青年运动会上，他带领合肥击剑队队员兰明豪夺冠，而就在弟子夺冠4天前，他的母亲因癌症去世，他强忍悲痛奔赴赛场，在全国青年体育最高级别的赛场上，打出合肥健儿的风采。

王香君

2015年6月7～9日，作为全省首位盲文高考生，王香君在两名志愿者的帮助下，微笑着走出考场。

在2015年初举行的安徽省高考音乐类专业课统考中，她以180.77的高分摘得全省第14名的好成绩。6月，她选择和普通高考生一样，走进考场为梦想奋斗。

因为考的是盲文试卷，王香君的各科考试时间都延长了50%，语文考试时间长达3小时45分钟。这一切，王香君都微笑着面对。

7月27日，王香君收到天津音乐学院录取通知书，她也是第一位通过普通高考走进音乐学院的盲人考生。

第十届“合肥十大经济人物”

孟行健

安徽天健环保股份有限公司董事长、总经理，多年来致力于隔油提升设备、地下污水提升装置等系列高新技术设备自主创新研发与生产，产品广泛应用于小区、工矿企业、大型会馆．写字楼等多种领域。产品在投放市场后，具有极强的竞争力，深受用户的好评和欢迎，充分得到政府和国家相关主管部门的认可和赞誉，近3年实现税收近3000万元。

目前，安徽天健环保在餐厨垃圾处理技术上又有新突破，此模式是采用互联网+物联网、大数据技术创造的全新解决模式，可以把餐厨垃圾进行自动化收集，并且在源头就地分离、滤水减量运输、全程互联管控，让政府在监管后台放心管理，让普通百姓不再遭受地沟油和环境污染的困扰。

潘保春

中国游客全球扫货，其中有很多人不嫌劳苦地从日本背回马桶盖．电饭煲，让“中国制造”陷入尴尬境地。而最早代表国货发声，叫板日货的就是合肥荣事达电子电器集团董事长潘保春，如今他在下一盘关于“智能家居”的棋。

董吉梅　星级酒店主动降星，他们却持续上马超五星级酒店；高端酒店转型艰难维生，他们却逆市盈利；同样是五星标准的酒店，他们的价格却近乎相当于快捷酒店……在中国酒店业转型“阵痛”

的大背景下，合肥本土品牌企业丰大集团所创造的奇迹让人瞩目。合肥丰大国际大酒店总经理董吉梅的奋斗与发展历程，闪耀着闪亮的丰大特色。

兴泰担保项目共享平台团队

担保公司属于类金融机构，无法连入银行征信系统。合肥兴泰担保建立平台的初衷是，过去想了解一家企业的真实状况特别麻烦，还需要企业自行前往中国人民银行合肥中心支行打印一份征信报告。但由于征信报告往往只能显示企业借款等基本情况，很多客户的具体信息，比如负债、优劣势还得担保公司自己做足调查了解工作。

自“合肥市国有担保公司项目共享平台”运行后，受理的客户信息将直接上传到共享平台，以便已有的7家国有担保公司互通有无，实现信息与资源共享，形成担保行业风险防范的强大合力。

尹桂芳

在蜀山电商产业园三期1号楼内，有一家年轻的企业正在吸引华为．中兴等行业巨头的目光。一箱箱即将发往外地的4G微波通信器件堆满办公区。

而仅仅在6个月前，这家公司还处于弹尽粮绝的境地。恰逢合肥市科技局牵头合肥市天使基金项目开展申报，蓝麦通信申报了“新一代4G通信器件系统覆盖设备”系列产品“TD-A天线”．“POI器件”研发项目。经历了两个多月的比拼，天使投资基金500万元顺利落户，随之而来的还有安徽国耀创投资金跟投的600万元。

正是有了这两笔共计1100万的资金，安徽蓝麦通信科技顺利完成了“新一代4G微波通信器件系统覆盖设备”等产品的研发，并顺势攻克了移动、联通、电信、中国铁塔的技术要求。而今，凭借“新一代4G微波通信器件系统覆盖设备”这款新产品，公司已经迅速抢占市场，在行业中已初具声望。

安凯客车团队

抗战胜利70周年阅兵仪式中，行进在阅兵队伍最前列的抗战老兵乘车方队，集体乘坐40辆敞篷版安凯宝斯通客车通过天安门，包括习近平主席在内全场集体起立，向他们致以最崇高的敬意。

针对为阅兵式专门定制的特点，安凯客车在生产制造方面特别新增关键特殊工序．质量控制点和专项验证项目，确认关键．特殊工序21项，确认质量控制点45个。

与装备方队一样，老兵受阅用车也有“米秒不差”的要求。宝斯通定速装置的使用，助力阅兵车队的“齐头并进”。同时，为做到万无一失，安凯项目组与使用方一起制定了多套风险控制点，在可靠性节点上都有备用方案，双电机．双电路．副启动．副刹车等等双保险防抛锚措施。

许加刚

“大众创业，万众创新”政策指导更多青年在农村农业上创业创新，许加刚就在这场传统农业转型至“互联网＋现代农业”新模式中起到了重要作用，搭建了合肥最大规模生鲜电商平台——景徽菜篮子电商平台。线上平台购物，线下交付体验，并搭载基地自采．菜地领养，以及农产品定制等服务。合肥市民只要轻松用鼠标和手机下单，就可以买菜。提前一天下单，生鲜和蔬菜将在顾客指定的时间段内，准时到达离顾客最近的自提点。

司武卓

肥东老母鸡创始人司武卓自2008年起，开始了以“肥东老鸡汤”为主打的肥东老母鸡中式快餐品牌，正式进军大众餐饮领域，7年来已发展70多家连锁店面，两年内，肥东老母鸡将以合肥为中心，力争连锁快餐店突破300家．销售总额超过10个亿，成为快餐行业的排头兵。

朱　环

从2006年安徽栖巢咖啡推出合肥CBD第一家栖巢咖啡店开始，以栖巢为代表的本土咖啡馆连锁品牌的兴起，正在改变合肥咖啡产业的面貌，而它的创始人朱环，来自安徽桐城，这座曾经孕育过著名文学流派“桐城派”的文化名城，正让每一位来这里的顾客感受到他骨子里的徽商情结。

万　青

2015年6月，随着安徽省网上技术交易平台正式在要素大市场开通，形成了一个集展示．交易和融资三重功能的互联网交易平台。如今，在合肥专利发明交易可以像淘宝购物一样变得轻松起来。

在推动全市技术专利交易走向网络的知名“红娘”万青所带团队的努力下，技术市场通过引入“互联网＋”，为企业和科研人员之间架起供需桥梁，打通了技术转化的最后一公里。

瑶海区

【概况】 瑶海区地处合肥市东部，前身为合肥市东市区。2002年3月，经国务院批准，安徽省人民政府调整合肥市部分行政区划，东市区更名为瑶海区。现辖12个街道、1个镇，设1个开发区，面积64.4平方公里，常住人口约100万。2015年，完成地区生产总值425.6亿元，同比增长9.4%；全社会固定资产投资373.1亿元，增长16%；规模以上工业总产值41.6亿元，工业增加值11.9亿元；财政收入17.1亿元，其中地方财政收入13.1亿元，分别增长10.3%和10.8%；社会消费品零售总额335亿元，增长10%；招商引资310亿元，增长16.1%；城镇、农村常住居民可支配收入为33779元和19957元。

【产业发展】 打造新兴产业平台，推进都市科技工业园和物联网产业园建设，上海统旭电子等项目签约入驻，尚荣移动医疗产业基地、中科国泰等重大项目开工。积极构筑长江东大街总部经济廊带，保利东郡、中建四局六公司（华东总部）大厦等重点项目顺利推进，商合杭安徽区域总部、蓝光时代红街等项目成功落户。培养壮大建筑业，实现建筑业总产值700亿元。推进“双创”工作，都市科技工业园获批省级小微企业创业基地，建成“联众创咖”众创空间。17家企业通过高新技术企业认定，技术合同成交额超亿元。搭建政银企对接平台，设立1.1亿元产业扶持基金。鼓励引导企业参与和利用多层次资本市场，推动携泰健康产业、古井酒店、中盐红四方锂电“新三板”上市。

【城区建设】 完成大建设和旧城改造搬迁5044户，约75万平方米。完成轨道交通3号线瑶海段拆迁任务，实现新庄、前进等12个项目拆迁扫尾。实施市政路桥等基础设施项目25个，保障大众路、郎溪路高架等7个市重点工程项目施工，开工建设半塔南路、襄水路等18个支路项目。启动安拖东村等6个旧城改造项目搬迁工作。开工建设北京华联购物中心、安徽中星城等土地升级改造项目。和寓家园、明皇家园等18个、287万平方米安置房项目进展顺利，开工建设凤华家园、广和家园。安置铁路南站综合改造项目和坝上街旧城改造项目（住宅二期）回迁居民2689户。实施凤凰桥生活片区等12个老旧小区整治和胜利东村巷等5条小街巷综合改造。推进凤阳支路综合整治、史家河箱涵改造等重点项目建设，初步建成银屏历史生态文化街。24.3公顷土地上市，总成交价26.9亿元。

【改革创新】 持续推进政务服务管理体制改革，启动合肥首个区级公共服务规划编制，在全市率先下放灵活就业、劳动合同备案和个体参保续保等职能。成立经济工作组和教育项目建设工作专项推进小组。建立国土规划联席会议制度。制定出台政府性债务管理暂行办法，区街财政管理体制改革全面实施。龙岗省级开发区机构正式获批。推进市区公共资源交易一体化平台建设，规范园林绿化项目设计单位选定和设计费核定管理。引进规划设计和工程造价咨询单位，实行品牌推荐制度，引入一线品牌，提升安置房标准和质量。推动城市管理体制改革，制定完善城市管理议事规则和考核暂行办法。深化城区建设体制改革，纺织一村成为全市首个“先建后拆”旧城改造项目，数字化大建设指挥调度中心启动建设。推行“三证合一、一照一码”，加快实施商事登记制度改革。建立权力清单、责任清单、公共服务清

2015年瑶海区镇、街、开发区、社区（村）一览表

镇、街、开发区	社区（村）
龙岗综合经济开发区	马岗、史城、新站、罗岗、王岗、大店、大彭、油坊、海洲、琥珀、华源、华都、瑞泰、新安
大兴镇	钟油坊 、漕冲、兴集、双圩、四岗、伏龙、东岗、钢红、钢南
城东街道	柳荫塘、隆岗、唐桥、合裕路、大王庙
胜利路街道	凤凰桥、滁州路、大窑湾
明光路街道	金大塘、全椒路、填海巷
车站街道	建设、红旗、戴安桥、濉溪东路
三里街街道	三里一村、三里三村、铁路一村、凤阳一村、临淮路、天长路、来安路、凤阳路
铜陵路街道	花冲、合浦北村、五里井、铜陵新村、铜南、泗州路、花溪
七里站街道	东七、紫竹苑、学苑、站塘、恒通、二十埠
大通路街道	华业、荻港路、繁昌路、绿苑
和平路街道	当涂路、茂林路、肥东路、裕溪路
红光街道	土山南路、钢北新村、枞阳路、化南
长淮街道	长淮、胜利、临泉中路、火车站广场、三角线、长春、元一、红星村、七里塘、板桥
方庙街道	汪塘、站塘、万绿园、香格里拉、森海、安徽大市场、天辉、香江佳元

单“三单”制度。政府购买服务范围不断扩大，社会服务管理信息化平台全面运行。

【生态建设】 围绕“一路一景”“一园一品”的目标，坚持总量扩展和品质提升同步，着力打造绿化精品工程。全面建设南淝河、二十埠河、小板桥河河道景观，建成开放龙岗路、龙塘路等游园绿地。改造提升和平广场和瑞泰游园等项目，和平广场荣获全市园林绿化养管“五佳公园”称号。加快推进瑶海湾湿地公园、滨河公园等生态文化项目。全年投资5479万元，新增城市绿地面积37.4万平方米。朱砖井垃圾中转站建成运行。加大环境保护力度，各街、镇、开发区成立环保办，监管网格覆盖全区。停用、拆除燃煤锅炉53台，淘汰黄标车4598辆（其中2005年前黄标车全部淘汰）。加大建筑工地等扬尘污染治理，取缔、关停不符合污染物排放标准企业9家，PM10、PM2.5均值分别低于市政府管控目标13.9%和24.1%。

【民生事业】 全区民生支出16.6亿元，占区级支出80%。全面落实省市民生工程28项，农村最低生活保障实现城乡一体，农村五保供养、贫困残疾人生活救助、计生奖扶等项目提标扩面。实现义务教育经费城乡统筹，搭建社区教育三级网络，十中新校区、少儿艺校新校区等建成使用。深入推进社会保险体系建设，实施机关事业单位养老保险制度改革，落实被征地农民安置补偿和基本生活保障制度。稳定和扩大就业，重点关注就业困难对象和毕业大学生，新增实名制就业1.2万人。开展养老产业试点，加快养老服务企业发展。努力构建覆盖全民的分层救助体系，提升社会救助水平。健全残疾人社会保障和服务体系。瑶海区行政服务、文化艺术、公共卫生“三个中心”基本建成，全民健身中心开工建设。基本公共卫生计生服务均等化水平不断提高，人口自然增长率7.5‰。《瑶海年鉴（2015）》出版发行。

【社会治理】 推进“平安瑶海”建设，组织开展“百城禁毒会战”“猎狐2015”“飓风行动”等系列专项行动，全区可防性案件同比下降6.4%。强化流动人口精细化管理。组建“海鹰”反恐应急处突队，建立完善专业巡逻队网格化巡控工作机制，2976台摄像机组成的“天网”覆盖全区。围绕“阳光信访、责任信访、法治信访”要求，深入推进信访制度改革。原新站区113.6公顷土地遗留问题等重大信访事项处置工作取得新进展。全区安全生产工作实现“五个全覆盖”“严执法、排隐患、强管理”等专项行动扎实开展，大兴集危化品码头停业整顿，食药品安全城市创建全面推进，全区安全形势保持稳定。

【启动老工业区搬迁改造】 把握全国试点机遇，争取市委市政府出台《关于支持瑶海老工业区整体搬迁改造的实施意见》。完成全区工业存量土地普查登记。氯碱化工等项目完成搬迁，马钢（合肥）公司正式关停。恒通文化产业园配套设施、物联网公共服务平台等3个项目开工建设，并获中央预算内资金1.04亿元；合肥热电集团和平路供热管道改造等3个项目获国家专项债券建设基金0.89亿元。

（钱光禄　肖　利）

庐阳区

【概况】 庐阳区位于合肥老城区及其西北部，2015年，全区面积139.32平方千米，辖1个乡、1个镇、9个街道办事处及庐阳工业区，总人口648952人，其中户籍人口468416人。全年地区生产总值610.2亿元，同比增长11.2%；全社会固定资产投资592.14亿元，同比增长15.5%；财政收入30.68亿元，其中地方财政收入18.4亿元，同比分别增长12.4%、9.8%；社会消费品零售总额501.65亿元，同比增长12%；招商引资总量368.15亿元，同比增长11.5%，其中外商直接投资2.2亿美元，同比增长47.6%；城镇居民人均和农村常住居民人均可支配收入36404元、20907元，同比分别增长14%、16.4%；万元GDP能耗下降，主要污染物排放总量达到市控目标，全年完成地区生产总值增速居合肥市四城区第一。

【投资引资】 全区新引进项目102个，其中，总投资亿元以上项目59个，5亿元以上项目16个。完成招商引资总量368.16亿元，外商直接投资2.201亿美元，两项分别完成指标的20.31%、100.05%。引进现代服务业项目比重增加，全区现代服务业项目到位资金330亿元，占项目到位资金总额的89.63%。

全区第三产业投资比重逐年增加，现代服务业投资持续加快。全区第三产业投资完成490.05亿元，同比增加16.2%（三次产业投资比重分别为3.18:7.18:89.63）。三产投资增速高于全区投资增速0.7%，其中金融业、特色商贸业、高技术服务业、文化旅游业四大主导产业完成投资328.32亿元，同比增长37.1%。科大创新园、迪安诊断、海通兴泰、平安电销、华融消费金融等一批优质引资项目落户庐阳区。

【农村经济】 庐阳区实现农林牧渔总产值2.21亿元，同比减少3.89%；农副产品加工业总产值45亿元，与上年持平。

发展特色高效农业。全年新建温室大棚育苗基地3个，计3.81万平方米，其中，东华现代农业科技园在原2万平方米的基础上再建连栋温室大棚6800平方米，用于经果农产品采摘体验；安徽徽尚生态农业有限公司在大杨镇岗西村新建2.5万平方米连栋温室育苗基地，用于培养树苗；庐阳区水源绿岸蔬菜种植农民专业合作社在大杨镇十张村建连栋温室大棚6300平方米，用于蔬菜生产。

全区现有29家农业产业龙头企业，实现销售额45亿元，创汇200万美元。龙头企业种植、养殖业原料基地2666.67公顷，联结农业7万户，吸纳农民就业人数5千人。

推进美好乡村建设。实施崔岗文化创意园基础设施改造、桃蹊片区基础设施配套、徽宫苑项目基础设施配套等26个项目，其中，当年完成15个项目，其余延续到2016年建成。三十岗乡被省环保局评为“安徽省生态环境优美乡镇”并申报成功国家4A级旅游景区和全国休闲农业与乡村旅游示范点。

【工业经济】 庐阳工业区推进高科技产业发展。联合中国科学技术大学先进技术研究院、中国科学技术大学校友企业联合会，打造育种、孵化、加速、成材、成林五位一体的高科技企业创业孵化服务中心——“IE果园”，慧图软件、云物经图、赛达科技、沃特普尔等48家科技型企业入驻。全年新增各类专利成果120项、培育项目33个、孵化项目42个、加速企业11个，成功申报安徽省高层科技人才团队创新创业扶资金，被认定为合肥市首批创客空间。

截至年底，庐阳工业区拥有国家级高新技术企业25家，国家级重点实验室1家，高新技术企业年产值比重达到33.9%。合肥奥瑞数控科技有限公司被认定为安徽省专精新特中小企业；安徽中铁工程材料有限公司、志邦橱柜股份有限公司、安徽宏伟钢结构集团股份有限公司被认定为安徽省企业技术中心；天威合变“容积式流量计生产基地扩建项目”获安徽省中小企业发展专项资金奖励；安徽正远包装科技有限公司“LB350型高速智能化二次包装线”获安徽省企业两融合专项资金奖励。

全区规模以上亿元企业55家，完成产值210.94亿元，同比增长1.3%。其中，合肥华林模具有限公司、合肥合晶有限责任公司、合肥安仪通用阀片制造有限公司等15家战略性新兴产业企业，完成产值34.18亿元，同比增长10.5%。

【现代服务业】 庐阳区巩固全省现代服务业第一强区地位，形成老城区为主核，长江中路中心商业带、北一环城市金融商务带、中环线临泉路总部经济带为发展带的“一核、三带”服务业发展布局。截至年底，全区限额以上亿元商贸企业68家，同比增加2家，累计实现限上零售额349.5亿元，同比增长10.6%。限上零售额总量居全市四城区第一。

区委、区政府出台《关于聚焦

重点领域，加快产业创新转型升级的实施意见》。按照“提升老街区、发展新街区、创建名街区”的总体要求，重点推进老城区内特色街区建设，形成淮河路步行街区、七桂塘、豆瓣汇为代表的大型百货店、专业店、专卖店集聚的综合性商业步行购物街区；阜南路、老报馆、新天地国际广场、三十岗乡东瞿农家乐美食村为代表的餐饮企业集聚美食、旅游特色街区；合作经济广场、义井路为代表的文化、花卉企业集聚的文化街区。全区现有中国著名商业街1个（淮河路步行街）、省级特色街区2个（女人街、老报馆餐饮特色街）、市级特色街区4个（豆瓣汇步行街、华润九余三、义井路、凤台路）。

以打造“中国最美乡村”为目标，建设三十岗乡和大杨镇西北部乡村旅游文化综合体。新组建庐阳文化生态旅游开发管理有限公司，建成三十岗游客服务中心，新增景区停车位3000个。由政府引导，企业主办节会新模式，举办桃花节、采摘节、百花节、西瓜节、三国文化节、崔岗艺术市集、百万葵花节等节庆活动。全年旅游人数超过150万人次，旅游收入超过2亿元。2015年6月15日，在第21届亚洲旅游业金旅奖暨2015大中华区旅游文化榜发布会上，庐阳区获“亚洲金旅奖”、首批“最美生态旅游目的地”称号。

【社会事业】 庐阳区推进社会事业发展。打造义务教育均衡区升级版”，新建合肥十张小学等4所学校，万科·森林城配套中小学开学招生，南门小学桐城路校区投入使用，学校布局更加合理。引导教师交流支教，全年安排299位教师交流支教，促进薄弱偏远学校教师专业水平提高，庐阳优质教育辐射引领作用进一步显现。在全市率先启动实施校（园）长职级制和教师“区管校聘”改革。获全国教育改革创新特别奖。

推进学前教育均衡发展。新建畅园新村幼儿园、美景人家幼儿园、铁四局阜阳北路幼儿园；鼓励社会资本兴办普惠性幼儿园。全区普惠性幼儿园32所，占现有幼儿园总数的73%。

举办第三届“庐阳杯”中日韩三国围棋名人混双赛、第四届三十岗乡自行车嘉年华活动、庐阳区第四届社区体育运动会、庐阳区第九届文化艺术节、迎新春健身跑、城市乐跑赛、第七个全民健身日等系列活动。

三十岗乡在全市唯一获“全省书香之乡”称号。

社区卫生服务中心方便群众就医。逍遥津街道、三孝口街道、四里河街道社区卫生服务中心改建完工，投入使用。与省市5家大型医院结成“医联体”，创新打造“星级家庭医生服务小组”，全年新增家庭医生签约服务5420户。推进慢病（糖尿病、高血压）免费治疗，全年发放免费药品50万元。开展孕产妇营养评价指导4074人次，视力筛查9541人次、微量元素检查15097人次、智力测查247人次。

加强社会治安综合治理，完成全区“天网”支网建设。开展“安全停车”“平安物业”“治安外包”“楼宇平安服务中心”等平安创建活动。实施联合接访机制，推行网上信访，开展“信访积案化解深化年”活动，有效化解各类信访积案34件。

【城市管理】 庐阳区完善数字城管考核机制，组建47个相关单位参加的区城管会，对全区城管工作统一调度；实施城市管理目标考核；实行被考核单位、个人履职保证金制度。

改建18座直管公厕，新建永红路环卫工人服务站，对永青垃圾转运站功能用房分割改造、扩容增配，日转运量由500吨/日提升至800吨/日。完成霍邱路以南城隍庙立面整治施工设计一体化工程和灯饰亮化基础工作。

联合区市场监督管理局、区环保局、区规划分局等部门开展案件查处工作，全年共查处各类案件620余件，罚款90余万元，拆除违法建设11518平方米。

建成执法教育培训基地和环卫教育基地。环卫教育基地10月26日“环卫节”当日开放，成为宣传庐阳区环卫工作历史变迁，褒奖环卫工作先进模范的场所。

【民生保障】 庐阳区高标准实施民生工程。各级财政投入5.74亿元，实施“22+7”项（省政府22项、市政府7项）民生工程项目。

落实促进就业政策，新增就业人员18059人，帮助失业人员再就业3372人，就业困难人员再就业1334人，转移农村劳动力1018人次。用于各类公益性岗位、社保补贴4402万元，惠及32142人次。

全区21408人次享受低保，发放低保金1060万元。城乡低保标准由2010年的家庭月人均280元，提高到2015年家庭月人均510元，人均增加82.14%；城市人均补差由214.25元，提高到534.31元；农村人均补差由114.94元提高到428.34元。城乡居民最低生活保障提标扩面工作在全国低保绩效实地考评中名列第一。

颁布《庐阳区重特大疾病医疗救助实施办法》，支出重特大疾病医疗救助资金210万元，救助困难群众4818人次。发放临时困难救助金98万元，救助临时困难群众363人次。为全区13257位80岁以上、29位百岁老人发放高龄津贴和长寿保健费共计806万元。

截至年底，全区创建全国综合减灾示范社区8个、省级综合减灾示范社区8个。

【城乡建设】 庐阳区投资111亿元，建设四十六中学立体停车场、和煦园小学、四里河畔复建点、湖畔新城复建点等建设项目28个，总建筑面积293万平方米。投资11亿元，建成合瓦支路、十张路、岗西路等19条市政支路项目，道路总长10.8公里；建成汪堰水库路、五大郢路、崔岗环道等美好乡村道路8条，道路总长14.3公里。

完成两路（轨道3号线、合淮路）两片（五里片区、桃花片区）的改造征迁，征迁总面积103万平方米。

对皖琼小区、碳素工人村、园林局小区、濉溪路216号小区、永红路15号大院等14个项目，总体建筑面积18.34万平方米的老旧小区实施环境综合整治，涉及2745户，8300多人受益。

截至2015年底，保障性安居工程开工建设929套，其中，城市棚户区改造住房798套、公共租赁住房131套，完成市下达目标任务116.13%。

【环境保护】 庐阳区强化生态文明理念，统筹推进环境保护和节能减排。严格环保行政执法，全年出动环保执法人员1200余人次，检查工业企业和排污单位333家次，下达《行政处罚责令改正通知书》140份，对35家依法立案、处罚，罚款102万元，查封1家企业造成污染排放的设备，对7家企业实施停产，取缔8家无审批手续的污染企业、作坊。对合肥发电厂、合肥炭素等13家企业实行强制清洁生产审核，督促10家企业引进清洁生产技术改造。

开展水环境治理，落实“河（段）长制”管理，整改河道排口截留整改工程项目11个。全面排查董铺水库、大房郢水库周边小企业、小作坊，下达限期整改通知书63份，清理3家生猪养殖厂、2家养鸡厂。

完善环境安全应急管理，12369环保热线24小时开通，应急救援物资、储备及时更新。及时报告并启动应急预案，妥善处置3月20日发生的“小型直升飞机坠入董铺水库”事件。

实施三十岗乡上湾、河西等5个村民组水源地保护土地整理项目搬迁，完成土地复垦验收28.4公顷。启动环巢湖生态修复工程“三退”工作，完成四里河生态修复工程建设。提升逍遥津、杏花、三国遗址等公园基础设施，完成海棠公园、紫桐公园建设，省级园林绿化精品示范工程——庐州公园一期建成开放。全区完成绿化面积94.76万平方米，其中新增绿化面积68.64万平方米，提升绿化品质面积26.12万平方米，新造林面积34.8公顷。截至2015年底，全区林地面积5616公顷，居全市县区前列。

推进大气污染综合防治，实行全年全域禁烧，全面淘汰黄标车及老旧车。完成与合肥市人民政府签订的2011年到2015年《合肥市庐阳区主要污染物总量减排目标责任书》中各项年度目标任务，通过市政府总量减排考核。全年空气质量PM10均值87微克/立方米、PM2.5均值为63微克/立方米，分别低于市目标值21.6%和26.7%，两项指标均优于市目标要求，下降幅度全市最大。

区政府获全市环境保护工作先进单位表彰，三十岗乡和大杨镇被评为安徽省森林城镇，三十岗乡东瞿村、崔岗村、汪堰村、风景村、堰稍村、瞿嘴村和大杨镇岗西村、谢岗村被评为安徽省森林村庄。

【纪念抗战胜利70周年活动】 庐阳区纪念中国人民抗日战争胜利70周年期间，区民政局给辖区52名抗战老兵发放慰问金26万元，为行动不便的老兵配发轮椅。家住双岗街道的蔡浙生（合肥籍抗日名将蔡炳炎之子）以抗日英烈后人身份，收到国家民政部邀请参加阅兵式，与抗战老兵一起乘坐敞篷车，经过天安门城楼，接受检阅。

【庐阳区跻身“中国商旅文产业发展示范城区】 2015年5月21日，在四川省成都市召开的“首届中国商旅文产业年会暨全国首届商旅文产业融合发展经验交流会”上，庐阳区被列为“中国商旅文产业发展示范城区”，是全国首批、全省唯一获此称号的城区。

【合肥城隍庙综合改造一期完工】 合肥城隍庙综合改造一期完工投入营业。

合肥城隍庙始建于北宋皇祐三年（1051），重修于清同治十年（1871）。近年来，合肥城隍庙市场由于基础设施陈旧落后，安全隐患众多，制约市场发展。省、市、区消防、安监部门多次对市场下达“隐患整改通知书”。故此，2013年，庐阳区人民政府决定对城隍庙实施整体综合改造。

一期改造，最大程度保留合肥城隍庙原有徽派建筑的体貌特征，融入淮军文化、徽商文化、民俗文化等庐州文化元素，全方位体现文化底蕴，展现传统街区人文风情。

（王建生）

2015年庐阳区乡镇、街道、社区（村）一览表

乡镇（街道）	社区（村）
三十岗乡	崔岗村、瞿嘴村、堰稍村、三十岗村、陈龙村、东瞿村、凤景村、柴冲村、汪堰村
大杨镇	吴郢社区、五里拐社区、夹塘社区、龙王社区、高桥社区、照山社区、草塘社区、王墩社区、清源社区、大杨村、十张村、岗西村、谢岗村、水库村
杏花村街道	五里社区、林店社区、汲桥新村社区、松竹社区、灵璧路社区、金都社区
林店街道	景湾社区、永清社区、金池社区、菱湖社区、连水社区、官塘社区、天河社区
四里河街道	四河社区、桃花园社区、银河湾社区
双岗街道	虹桥社区、小桥湾社区、万小店社区、白水坝社区、高河埂社区、一里井社区
亳州路街道	鲁园社区、滨南社区、畅园社区、古城社区、水西门社区、南河湾社区
杏林街道	望城社区、上城社区、北都社区、丽都社区
三孝口街道	廻龙桥社区、西平门社区、龚湾社区、城隍庙社区、杏花社区、大夫第社区
海棠街道	清华社区、荷塘社区、平楼社区、藕塘社区
逍遥津街道	红旗社区、四牌楼社区、义仓社区、九狮桥社区、县桥社区、拱辰社区

蜀山区

【概况】 蜀山区位于合肥市西南部，区辖8个街道、3个镇、1个省级经济开发区，总面积457.8平方公里（不含高刘镇），总人口109.2万人。2015年全年地区生产总值完成453.74亿元，比上年增长9.9%；全社会固定资产投资完成600.05亿元，增长15.5%；财政收入完成27.83亿元，增长5%，其中地方财政收入20.13亿元；城镇常住居民人均可支配收入37165元，增长9.5%；农村常住居民人均可支配收入20879元，增长11%。完成市政府下达的节能和主要污染物减排约束性指标。三次产业比例为1.1∶28.7∶70.2。

【经济发展】 年初梳理出23个牵动性项目，实行区级重点调度、合力推进。组织开展重点项目集中开工活动，41个开工项目总投资达182亿元。59个列入市“1346”行动计划项目、32个列入省“861”行动计划项目分别完成投资85.99亿元、64.78亿元，分别为年度投资任务的114.62%、110.43%。

全年新引进企业260家，其中现代服务业大项目10个、工业大项目2个。完成招商引资总量340亿元，完成任务数的119%，其中外商直接投资到位1.65亿美元。龙安科技、北京金隅、浙江动高、平安银行等企业落户蜀山区。

精准发力应对经济下行压力，促进经济运行平稳向好。落实合肥市扶持产业发展“1+3+5+N”政策体系，出台《蜀山区促进商贸服务业发展政策》等激励政策。稳妥推进商事制度改革，开始发放“三证合一、一照一码”营业执照。全区各类生产经营主体发展到5.6万户，其中企业3.4万户，分别增长39.45%、54.3%。积极搭建银企对接平台，帮助中小企业获得融资支持近12亿元。支持企业进军资本市场直接融资，一拓集团等5家企业在“新三板”成功挂牌。帮助企业解决用工困难，拨付各类岗位补贴、社保补贴8045.4万元。认真开展“十三五”规划编制工作。

【产业转型】 服务业发展亮点频现。华润万象城、安粮国贸中心等项目开业。华地金融中心等项目开工建设。1912综合文化娱乐街区完成提升改造，海卉花市被认定为省级特色街区。全区已建成商务楼宇达到160座，总建筑面积突破800万平方米。全年完成社会消费品零售总额257.37亿元，同比增长12%。全区电子商务企业发展到230家，全年完成交易额266亿元，顺丰速运智能分拣基地等项目正式开工。安徽（蜀山）跨境电子商务产业园实现信息化、规模化通关，获批国家级跨境电子商务综合试验区。合肥国际邮件互换局获准设立。努力克服制约外贸发展的不利因素，全年完成进出口总额达到9.9亿美元，同比增长23.9%。

科技创新成果喜人。新认定国家级高新技术企业39家，新申请发明专利1953件、授权发明专利522件。新增市级众创空间2家，全国最大的创新创业社群“黑马会”在蜀山区成立合肥分会。自主创新产业基地四期全面完工，航天技术转移应用（蜀山）中心项目顺利落地。

工业经济逆势奋进。惠而浦冰箱和微波炉生产基地建成投产，融达科技、融捷能源、华隆塑料等项目投入试生产，长安汽车核心零部件产业园等项目开工建设。全年实现规上工业总产值184.08亿元、增加值45.67亿元，完成工业投资80.44亿元，其中技改投资完成61.2亿元，均完成年度目标任务。35家战略性新兴产业企业实现产值52.78亿元，完成目标任务的105.6%。市级以上“两化融合”示范企业发展到12家。中国（合肥）工业设计城建设扎实推进。稳步推进“智慧城区”建设，启动五类公共场所免费无线局域网建设。

农业效益稳步提升。种植业播种面积为1.2万公顷，粮食、油菜总产量分别为7.46万吨、3240吨。出栏生猪7万头、家禽800万只，生产水产品3540吨。大力扶持现代农业园区建设，促进乡村旅游业发展，祥源幸福农场、枣林农业生态园等重点园区初步建成。农村土地承包经营权确权登记颁证工作启动。农村产权制度改革扎实推进。第三次全国农业普查工作启动。井岗镇荣获全省唯一“综合实力全国百强镇”。对口帮扶庐江县、岳西县工作取得重要成果。

寿县蜀山现代产业园区基础设施建设和项目建设同步推进，起步区22公里长“五横五纵”骨干路网全部建成通车，工投临港产业园等15个项目开工建设。

【城乡建设】 大建设全力推进。完成轨道交通3号线、“畅通二环”东至路和金寨路节点、新桥大道小庙段等9个项目征迁任务，正在实施二里河箱涵改造项目征迁。保障安徽“一号水利工程”—引江济淮工程的试验段项目在蜀山区开工建设。城乡路网建设不断推进。新建、续建城区支路23条、总长21.8公里，其中袁店路、大别山路等5条道路已建成通车，湖光东路、奇谷路等5条道路完成主体工程，社岗路、鸡鸣山路等13条道路加紧施工。建成朱岗路、沈大郢路等农村道路7条、总长9.72公里，改造危桥1座。实施市政设施大提升工程，完成路面维修15万平方米，整治病害窨井设施1025个，全面更换路名牌。二环内新建停车场6个，新增停车位685个。启动芜湖西路精品道路改造。

推进旧城旧村改造。孙岗头、朱大郢、合肥植物园片区综合整治等项目完成征迁。市工商局原郊区分局地块改造等项目启动。全年大建设、旧城旧村改造征迁总面积近66万平方米。土地收储上市步伐加快，全年出让叉车厂等土地4宗、32.27公顷。扎实推进各类安置房建设、分配，枣林、胡小郢安置房竣工交付，丁香家园四期、蜀山花园二期等大建设项目安置房即将交付使用，龚洼等17个旧城旧村改造项目安置房加紧建设，五里洼等5个项目安置房正在报建。对红园小区等6处老旧小区实施环境综合整治，惠及居民近6000人。小区管理服务工程深入推进，指导26个业主委员会依法换届，推进28个整治后老旧小区引入物业管理。

推进美丽乡村建设。扎实推进水源地保护区、机场周边土地整治，袁中项目完成旧村拆迁并已复垦土地73.2公顷，段冲项目旧村拆迁完成大半，新村建设积极推进。投资1100多万元实施小庙镇安全饮水工程，惠及群众2.3万人，实现全区安全饮水全覆盖。推动小型农田水利设施改造提升，加固、新建小二型水库1座、小型水闸11座，清淤扩挖塘坝86口。

【生态建设】 实施城镇园林绿化提升行动，推进森林增长工程，成功创建省级森林城区。完成植树造林646.13公顷、新建提升绿化面积97.53万平方米，分别为市下达任务的201.9%、139.3%，植树造林、新建绿化面积居全市城区首位。半岛省级森林公园南北湿地、洪石公园、“四季花海”城市公园三期等相继建成开园。建成312国道两侧绿色长廊，对贵池路等8条道路绿化进行提升改造，新建绿道9公里。

加快水生态水环境治理，扎实推进环巢湖流域综合治理二期项目，“三退”工作基本完成，湿地修复、涵养林栽植、库区隔离等工作有序进行，三期项目前期工作积极开展。落实最严格水资源管理制度，依法拆除饮用水源核心保护区内违法建设3幢，整治养殖场8家、垃圾填埋场1家，实施十五里河综合治理，水功能区主要水质指标达标。小庙镇污水处理厂开工建设。

全力防治大气污染，淘汰黄标车3515辆，淘汰率达92.9%，在全市城区中排名第一，2005年底前注册黄标车全部淘汰；淘汰33台工业燃煤锅炉，治理挥发性有机污染物排放企业53家；道路洒水降尘作业范围扩大、频次增加，对渣土运输、施工扬尘、露天炭火烧烤、餐饮油烟的治理力度加大；按全年全域全面要求严格推行秸秆禁烧。空气质量有较大改善，达到市控目标。

巩固提升文明城市创建成果，广泛开展群众性精神文明创建活动。实施城市管理改革，全面实施“大城管”模式。数字化城管运行步入正轨，全年解决问题近33万个，按期结案率达99.99%。市容立面、摊点经营秩序、车辆违规停放得到有效整治，“三线三边”环境综合整治深入推进，餐厨垃圾管理推行新模式，农村生活垃圾治理通过省级验收。拆除各类违法建设

40处、近3400平方米。

【社会事业】 加快完善中小学布局，蜀山高级中学一期、望江路中学基本建成，望岳中学、蜀山初级中学、青阳路小学、金湖学校分校、黄山路小学分校5所学校全面开工，小庙地区学校按省颁标准完成标准化建设。全面实施义务教育“三大提升工程”,“新优质学校”、素质教育示范学校创建工作取得积极进展，城乡义务教育高位均衡发展格局进一步巩固。学前教育加快发展，公办南岗幼儿园开园，新增2所民办普惠园。投入4500万元对44个中小学校舍进行维修改造。

实施文化惠民工程，46处文化场馆全部免费对市民开放，省级示范点枣林村农民文化乐园基本建成，开展各类群众性文化活动近700场次。搭建长年戏曲演出平台“天仙配大舞台”,受到广泛欢迎。乐堂动漫等4家企业入选首批全市文化产业示范基地。蜀山区通过考核续项“全国文化先进区”桂冠。大力培育和践行社会主义核心价值观，广泛开展向道德模范和身边好人学习活动，居民文明素质和社会文明程度得到提升。未成年人思想道德建设得到加强，已建成社区儿童之家27个。

“健康蜀山·幸福居民”促进计划深入实施，享受家庭医生式签约服务人口达到9万人，村医签约服务试点工作同步展开，向1183名患有慢性病的高龄低保人员发放惠民处方本，建成“健康小屋”3所。南岗镇卫生院新院正式投入使用，省国际妇女儿童医学中心开工建设。医疗、医保、医药改革进一步深化，社区卫生服务机构全部与省市大医院建立“医联体”，基层医疗卫生机构绩效管理改革创新省级试点有序开展。人口计生工作加速由管理型向服务型转变，流动人口均等化服务推进工程深入实施。向符合“单独两孩”政策夫妇发放生育证1300多本。

建成市级群众体育设施工程16项，对外开放体育设施的学校达到26所，区体育公园、区国民体质监测站相继建成。蜀山区选手在全国第九届残运会暨第六届特奥会上获得1金2银1铜的好成绩。区第二届运动会成功举办。成功创建全省科普示范区，再度蝉联全国科普示范区。第二次全国地名普查完成市级试点并全面推开。“三馆两中心”项目竣工。民生综合楼项目土建工程基本结束。区人防应急疏散基地二期项目开工建设。国防动员、民兵预备役、民族宗教、外事侨务、对台、侨联、文联、档案、地方志、防处邪教、烟草专卖等工作得到加强。

【民生工程】 坚持民生为上，主攻薄弱环节，补齐民生短板，实施完成32项省市民生工程，直接受益群众达60多万人。

促进就业再就业。搭建就业再就业服务平台，针对高校毕业生、就业困难人员等群体举办专场招聘会8场，着力打造合肥市青年创业园，筹建人力资源服务产业园。全年新增实名制就业27684人，开发公益性岗位3058个，新增非正规就业劳动组织245个、孵化成功企业183户、创业基地面积21438平方米。就业援助对象、失业人员实现再就业8804人，确保就业援助对象托底安置、零就业家庭动态消零。严查拖欠农民工工资案件，为6547名农民工讨薪6806万元。公开招录教育等各类工作人员268名。

加强养老、医疗保障。城乡居民养老保险完成参保4.97万人。为2249位符合条件的老人提供居家养老服务，新建10个居家养老服务站，金色家园养老中心二期工程全部完成。将五保老人供养标准提高到每人每月640元。发放被征地农民养老保障金4703万元、社保补贴202万元。发放“老字号”群体补助312万元。稳妥实施机关事业单位工资改革和养老保险制度并轨。城镇居民基本医疗保险完成参保22.58万人。开展医疗救助2387人次、756万元，临时救助773人次、395万元，进一步扩大重特大疾病医疗救助对象范围并取消病种限制、提高救助标准。

解决就学、住房问题。完成城乡义务教育经费保障机制改革，向各类义务教育阶段学校拨付公用经费、免费教材和作业本费用近5000万元，惠及中小学学生6万多人。资助家庭经济困难学生1385人、140万元，发放义务教育阶段贫困寄宿生生活补助354人、35万元。扎实推进保障性安居工程，化机厂改造项目、康馨名家等处669套保障房开工建设，基本建成208套，超额完成市下达任务。小庙公租房项目进入验收阶段。开展廉租住房准入审核工作，对住房困难户实施租金补贴136户、实物配租628户。

加强对特殊、困难群体的关爱。发放城乡低保金2400多万元，人均月补差500元左右。发放贫困残疾人生活特别救助2030人、252万元。将社会散居孤儿保障金标准提高到每人每月690元。将计划生育家庭特别扶助金标准在省市基础上提标一倍，失独家庭、伤残家庭扶助金分别提高到每人每年9000元、7320元。强化残疾人康复服务，为147名贫困残疾人免费实施白内障复明手术，向600名贫困精神残

2015 年蜀山区乡镇、街道、社区（村）一览表

镇、街名称	社　区	村
井岗镇	十里庙社区、卫楼社区、半岛社区、蜀山社区、十里店社区、兴民社区	十八岗村
南岗镇	新城社区	鸡鸣村、梁墩村、瓦屋村、双塘村、侯店村
小庙镇	小庙街道社区、拐岗社区、五十墩社区、雷麻社区、大柏社区、将军社区、袁中社区	小蜀山村、小庙村、马场村、姚家村、黄栗村、余岗村、雷北村、小柏村、茅铺村、饭棚村、街北村、石塘村、栀树村、枣林村、新民村、马岗村、段冲村、硕大塘村、北分路村、高岗村、郑岗村、河南村、朱岗村
南七街道	科企社区、丁岗社区、洪岗社区、新华社区、丁香社区	
稻香村街道	朝阳社区、黄山路社区、望江西路社区、金寨南路社区、合作化南路社区	
三里庵街道	二里街社区、杏林社区、竹荫里社区、龙河路社区、梅山路社区、绩溪路社区	
琥珀街道	湖泊潭社区、北苑村社区、翠竹园社区、奥林花园社区、飞虹社区、安农社区	
西园街道	安居苑社区、七里塘社区、汉嘉社区、光明社区、岳西新村社区、美虹社区	
五里墩街道	青阳路社区、清溪路社区、团安村社区、陈村路社区、家家景园社区、龙居社区	
荷叶地街道	绿怡居社区、嘉和苑社区、金荷社区、红四方社区、浅水湾社区、凯旋门社区	
笔架山街道	翠庭园社区、汇林阁社区、天鹅湖社区、文博苑社区、学林轩社区	
蜀山经济开发区	田埠社区、仰桥社区、立新社区、卫星社区	邓店村

疾人发放药费补助，对 177 名贫困残疾儿童实施抢救性康复。托养服务惠及残疾人 4053 人次。

肉类蔬菜流通追溯体系初步建立，完成小庙菜市场标准化改造，全区菜市场全部实现标准化，便民惠民蔬菜流通体系更加完善。社区生活服务中心建设积极推进。按政策落实县以下公务员职务与职级并行制度、乡镇工作补贴制度。

【社会稳定】 进一步深化普法依法治理工作，加强新市民等群体的法治宣传教育，做好“六五”普法验收工作。圆满完成 56 个城市社区居委会换届选举。区社会服务管理信息化平台初步建成并投入试运行，社区服务和社会管理效率进一步提高。社区综合服务中心建设试点扎实推进。排查化解各类信访隐患 260 件，化解信访老户问题 4 件、省市交办的信访积案 5 件，妥善处置突发性群体事件。成功调解民间纠纷近 7500 件，办理法律援助案件 591 件，实施社区矫正 625 人，安置帮教刑满释放人员 112 人。

打击各类违法犯罪活动，实现命案必破，侵财类犯罪多发势头得到遏制，社会治安重点地区排查整治力度加大，立体化治安防控体系更加完善。推进平安创建活动，群防群治工作进一步加强。开展劳动密集型企业、危险化学品及烟花爆竹整治等十几项专项检查活动，排查整改各类安全隐患 1.8 万多处，对 7 处较大隐患由区政府挂牌督办，处罚 9 家生产经营单位，责令 6 家企业停产整顿。大力开展交通违法专项整治，排查治理道路交通安全隐患 5 处。加大火灾防控力度，依法整改火灾隐患 3034 处。强化环境监管，立案查处 22 家环境违法企业。坚守食品安全防线，完成 30 家餐饮单位和学校食堂的“明厨亮灶”工程建设，2 条美食街达到示范街标准，查处食品违法经营案件 21 件。坚持重拳打击传销，立案查处涉传案件 332 件，教育遣散参与传销人员 8700 人，移送起诉传销骨干 22 人。立案查处非法投资理财中介机构 14 户，依法取缔职业介绍“黑中介”3 户。收缴销毁各类非法出版物 7000 多件。

【依法治区】 深入开展“三严三实”专题教育，贯彻从严要求，强化问题导向，扎实推进思想政治建设和作风建设，解决一批群众反映强烈的问题，改进了政府系统干部作风，提振实干创业的精气神。自觉接受人大的法律监督、工作监督和政协的民主监督，坚持重要工作、重大事项向人大报告和向政协通报制度，共办理省市区三级人大代表议案2件、建议53件，政协委员提案82件。受理并审结行政复议案件24件，应诉行政诉讼案件81件。全面加强政府法律顾问制度建设，法律顾问服务覆盖政府各部门、所有镇街园并延伸至全部社区（村）。政府机构改革按上级要求全面完成，建口管理体制改革取得进展，市场监管等基层工作机构得到加强，事业单位法人治理结构试点工作稳步进行。建立镇街行政权力清单、责任清单和公共服务清单制度，区级政府权力清单和责任清单制度运行良好。对行政审批程序全面进行规范和优化，精简行政审批项目14项，服务窗口和“12345政府服务直通车”平台共受理办结各类事项17.1万件。新增公开政府信息近8000条。完成全区政府网站整合。推进国有资产管理改革，对区城投公司、工业资产运营公司、商业资产运营公司资产实行划转重组，对区直机关及镇街园国有资产处置进行清理规范。公车改革启动。实施政府购买服务项目15个，支出资金近8000万元。通过审计查出预算执行中违规金额13万元，核减固定资产投资、城中村改造拆迁安置成本1.28亿元。政府采购节约资金3.73亿元。抓好省委巡视组反馈问题的整改落实，并注重举一反三解决同类问题、构建长效机制。强化执纪问责，严肃查处违反中央“八项规定”精神有关问题2个。保持防治腐败的高压态势，查办案件12件，移送检察机关7人。（苏文安　黄　芸）

包河区

【概况】　包河区地处合肥地理中心，南濒巢湖，北接环城公园，东临南淝河，西抵金寨路高架，辖7街、2镇、1个省级经济开发园区和2个街道级大社区，区域面积340平方公里（其中巢湖水面70平方公里），常住人口82万、流动人口26万。规划196平方公里的滨湖新区全部在包河区境内。包河区拥巢湖、通长江、襟“五河”，是环巢湖生态示范区建设的主战场和最前沿。东大圩、大张圩、牛角大圩“三圩竞美”，已然成为环巢湖旅游最为璀璨的“三颗明珠”，滨湖湿地森林公园、牛角大圩北纬31°生态文化农业园、东大圩生态农业观光采摘旅游景区先后晋升国家级旅游景区。合肥港、高铁南站、轨道交通、高架路网构成畅达的交通体系，汇聚中科大、合工大等30多所科研院所，以及省广电中心、渡江战役纪念馆、包公祠等一大批文体机构和名胜古迹。社会事业蓬勃发展，成为全国唯一获批的“国家广播影视科技创新实验基地”，先后获评“全国科技进步先进区”“全省教育强区”“全省社区卫生服务示范区”“全省平安区”等120多项省级以上荣誉称号。

2015年完成地区生产总值722.3亿元、全社会固定资产投资1035.8亿元、区级财政收入40.1亿元、其中地方级收入28.3亿元、社会消费品零售总额439.3亿元、引资总量476亿元、城镇居民人均可支配收入37500元、农村居民人均可支配收入21300元，同比分别增长10.2%、15.6%、12.6%、12%、14.5%、9.4%、8.8%和10.1%。在市政府考核的15项主要经济指标中，有11项指标总量位居全市城区第一。在全国百强区排名中，综合实力跃升至第54位，并蝉联“全国最具投资潜力百强区”第13位。

【经济结构优化】　全市出台加快经济创新转型升级发展方案，设立政府投资引导基金、文化产业发展引导基金、安元投资基金，聚焦重点产业和重点区域，扎实推进经济转型升级。三次产业结构优化为0.6:34.12:65.28，三产比重同比提高2个百分点。文化产业蓬勃兴起，世界级特大型万达文旅城加快建设，海洋主题公园、电影主题公园、水上飞机、国际家庭度假旅游等国内国际一流文化旅游项目加速引进。现代金融蓄势待发，光谷金融港、复星创新金融城、中信银行、新华保险等一批现代金融大项目加快建设。无中生有谋划中科大金融学院项目，在协同创新平台建设上实现“零突破”。全国首个综合要素交易市场全面运营，省、市公共资源监督管理局等5大部门以及华拓数码等10个项目入驻营业。推动园区转型发展，包河经开区成功获批“国家新型工业化产业示范基地”和全省第一批战略性新兴产业集聚发展基地（新能源汽车），安徽青年电子商务产业园创成“国家电子商务示范基地”，中建国际、中国E谷、荣之联北斗数据产业园等10多个优质项目相继入驻、开工建设。积极争取各类建设用地指标，确保重大项目需求，全年新上市地块24宗、总面积221.5公顷，成交量位居全市县（市）区之首。

【城市建设】　全年完成各类房屋征迁182万平方米，总量连续5年位居全市城区第一。滨湖新区

2015年包河区乡镇、街道、社区（村）一览表

街镇、大社区	辖居委会名称	辖村委会名称
包公街道	军区、芜湖东路、炳辉、青年、航运南村、雨花桥、包河、美湖、宁国新村、河滨	
芜湖路街道	银河、城南、茶亭、兰亭、东陈岗、南园、太湖新村、曙光、望江东路、友谊	
常青街道	凌大塘、金寨南路、沿河、淝南、油坊岗、竹西、姚公、仰光	
望湖街道	分路口、盛大、王大郢、	
王卫、望湖、卫岗、五里庙、朱岗、周谷堆、沁心湖		
包河工业区（骆岗街道）	包河花园、高王、车谷、陆集、繁华、官塘、骆岗、施河、包河苑、石桥	陆大、北斗
义城街道	义城、滨湖康园、瑞园	北徐、汪潦、前杨
烟墩街道	滨湖惠园、滨湖家园、滨湖明珠、欣园、西杭、云川	保兴、新街、卫王、鲍岗、南河
淝河镇	葛大店、老官塘、贾大郢	黄巷、卫乡、席井、关镇、黄镇、平塘王
大圩镇		东林、新民、慈云、余墩、黄港、迎河、磨滩、新河、晓南、圩西、沈福、许贵、学塘、晓星、南斗
滨湖世纪社区（街道级）	琼临、融荫、昌贵、振杰、和园、观湖、清枫、金翰	
方兴社区（街道级）	正在筹备成立居委会	
合计	68	31

新开工项目21个，完工16个，完成投资407亿元，累计投资1779亿元，路网围合面积40平方千米、常住人口超过40万人。合福高铁开通运营，京福高铁全线贯通，交通枢纽地位更加凸显。繁华大道东延、望江路东段、花园大道等主干道路建成通车，姚公路等15条支路网项目开工建设、8条建成，城区“微循环”更加通畅。罍街早餐街正式开街，贡街整体方案获市规委会通过，精品城市建设亮点频出。启动刘东城中村等4个城改项目，完成18个老旧小区综合整治。新建在建安置房项目18个、建成213万m²。积极配合省民航机场集团，稳妥推进骆岗机场清迁工作。区“数字城管”监管有力，城市管理综合考核全市第一。

【推进综合改革】 全年完成47项改革任务。设立全国首个“社区新媒体工作室”，“互联网+精神文明建设”被中央文明办誉为网络精神文明建设的“包河模式”。合肥南站“综合编组执法”模式运转高效，迎来香港警务署学习考察。滨湖新区“大综管”经验在长三角地区交流推广。在全省率先建立街镇“两单”管理机制，承担全省城区街道“两单”模板编制工作。深化医药卫生体制改革，整合辖区优质医疗资源，大力建设“医联体”，扎实推进“医养结合”模式创新，加快构筑新型卫生公共服务体系。实施教育集团化和学区化改革，成立师范附小、46中等6个教育集团和1个学区联盟，发挥名校名师优势，提升整体办学质量。巢湖渔业转型升级改革扎实推进；大圩镇试点不使用化肥农药的绿色生产模式，取得可复制、可推广的经验。

【“双创”工作】 抢抓合肥建设全国“双创”基地城市机遇，大力推动“大众创业、万众创新”。着力发展创客平台，成功引进软通动力等重大项目，密切跟进清控科创等龙头企业，培育常青创客·梦空间等2家首批市级创客空间，合肥互联网产业园被认定为市级科技孵化器，目前全区已形成各类创新基地61个、创新创业组织2300余

个。成功举办首届安徽创客大赛。加快“双创”成果转化，全年新增国家级高新技术企业20家，新增市级高新技术企业、创新型企业、知识产权示范企业共64家。

【生态建设】 全年新增和提升绿化面积142万m²，完成植树造林80公顷，打造芜湖路、繁华大道等4条绿化景观精品道路，获评“全国绿化模范先进县区”。成功创建“国家水利风景区”，滨湖国家森林公园晋升国家4A级旅游景区，滨湖岸上草原建成开放，湿地公园加快建设，“三大节庆”、合肥国际马拉松赛、环湖毅行、环湖骑行、玩石音乐节等重大活动成功举办，16.8公里黄金湖岸线拥有国家级生态品牌达6个。立体推进“水、气、渣、藻”综合治理，5个市级考核水质断面达标，全年空气优良天数达257天、同比增加89天，空气质量明显改善。

【文化事业】 推进“文化强区”建设，先后四次作为全省唯一县区在全国全省作经验交流，“全省文化第一强区”地位更加巩固。“十大文化场馆”建设加快推进，安徽名人馆、市群众文化活动中心等建成开放。成功打造全省首个“百家训”广场，积极筹建全国首个“家风堂”。国家广播影视科技创新实验基地建设取得新进展，国家广电总局“三院”分院正式挂牌，环巢湖广播电视综合实验网建成运营。安达电子获批全国文化产业示范基地。文化产业投资突破百亿元大关，约占全市总量的1/3。

【社会事业】 29项民生工程量质并进，区级财政投入同比增长26%，惠及城乡居民 70余万人，荣获2015年全省民生工程绩效奖补、全市实施民生工程先进单位。统筹发展就业保障和科教文卫体事业，创成全省首个卫生城区，基本建成文化、卫生、居家养老等“十五分钟综合服务圈”“乐助常青”专项救助基金在全国首创社会救助“PPP模式”。教育“三大国家试点项目”扎实推进，新建、改扩建10所中小学和4所幼儿园，新开工中小学数量占全市总量一半以上，教育资源布局更加优化，“学在包河”品牌进一步创响。圆满完成“六五”普法教育，荣获“全国法治县（市）区创建活动先进单位”和“全国青少年普法教育示范区”。

（杨　牧）

肥东县

【概况】 2015年，肥东县国土面积2216.6平方公里，辖12个镇、6个乡、3个开发园区、168个村委会、163个社居委、6921个村民小组、4082个自然村。年末全县常住人口87.2万人，比上年增加0.9万人；年末全县户籍人口105.3万人，其中城区户籍人口17.71万人。全年人口出生12914人，死亡人口6405人。

初步核算，全年全县生产总值481.7亿元，按可比价格计算，比上年增长10.6%。其中第一产业增加值63.1亿元，增长4.6%；第二产业增加值318.1亿元，增长11.8%；第三产业增加值100.5亿元，增长10.4%。三次产业结构由上年的13.8:65.7:20.5调整为13.1:66:20.9。按户籍人口计算，人均GDP为45727元，（折合6953美元）。

全县财政收入35.4亿元，比上年增长10.59%。其中地方财政收入25.1亿元，增长8%。财政支出51.8亿元，比上年增长17.2%。全年城镇常住居民可支配收入26879元，增长9.2%；农村常住居民可支配收入16162元，增长9.2%。

【农业】 该县粮食播种面积11.4万公顷，比上年增长0.04%。油料播种面积4.1万公顷，增长0.05%；蔬菜播种面积2.3万公顷，增长7.5%；瓜果播种面积0.43万公顷，增长10.2%。

2015年全县生产总值及其增长速度

单位：万元

指　标	绝对数	比上年增长%
生产总值	4817331	10.6
第一产业	631236	4.6
第二产业	3180722	11.8
工业	2735100	13.0
建筑业	445622	5.2
第三产业	1005373	10.4
交通运输、仓储和邮政业	127378	4.6
批发和零售业	204834	8.3
住宿和餐饮业	72843	7.3
金融业	124447	19.3
房地产业	150562	-0.4
营业性服务业	104148	30.9
非营业性服务业	210242	9.0

2015年主要农产品产量及其增长速度

单位：万吨

产品名称	绝对数	比上年增长%
粮食	73.2	3.0
油料	12.1	1.4
其中：油菜籽	9.12	0.02
棉花	0.62	1.6
蔬菜	52.4	8.7
瓜果	11.9	10.1
肉类	12.3	3.1
其中：猪牛羊肉	8.67	3.2
牛奶	7.8	5.4
蛋类	4.04	-15.3

全年粮食产量73.2万吨，比上年增加2.1万吨，增长3%。其中，稻谷产量55.5万吨，增长3.4%；小麦产量10.9万吨，增长0.08%。棉花产量0.62万吨，增长1.6%。蔬菜产量52.4万吨，增长8.7%。瓜果产量11.9万吨，增长10.1%。油料产量12.1万吨，增长1.4%。

全年农林牧渔业总产值115.04亿元，按可比价计算增长4.7%。其中，农业产值51.8亿元，增长5%；林业产值3.5亿元，增长8%；牧业产值40.2亿元，增长3.3%；渔业产值17.71亿元，增长6%；农林牧渔服务业产值1.8亿元，增长8.2%。

美好乡村建设。2014年度19个中心村进入扫尾阶段，其中18个基本建成。第三批17个中心村全面铺开建设，确定119个专项资金重点项目，其中78个项目开工建设。完成环巢湖带美好乡村示范带2176户、24.5万平方米的征地拆迁安置以及十八联圩东岸北段等4处河道清淤、护坡及涵闸配套工程，兴建污水处理厂1座，实施生活垃圾收运、环巢湖道路边50米绿化等项目，累计投入资金5亿多元。分水岭项目落实有力。完成2014年度项目任务，组织实施44个项目，涉及省级财政资金760万元；同年，获得省级财政支持568万元，经县级评审审定项目38个。扶贫开发动力增强。争取扶贫开发项目资金1270万元，落实整村推进扶贫项目14个、省贫困户家庭光伏电站项目225个、市贫困村集体光扶电站项目5个、市“三无”特困户家庭光伏电站项目80个。开展“贫困村扶贫项目认领”活动，在扶贫日期间认领项目51个，认领资金289万元，认捐资金114.2万元。秸秆禁烧在全县范围内实行全域化禁烧和全年常态化管理，并在全县20个乡镇（园区）建立午秋两季联收联耕示范村316个，实行秸秆机械粉碎旋耕全量还田，其中市级联收联耕示范村52个，全县秸秆综合利用率达到85%以上。

【畜牧水产】 年末，全县生猪存栏量48.96万头、出栏量101.95万头，比上年分别增长1%、3.8%。全年肉类总产量12.3万吨，增长3.1%。禽蛋产量4.04万吨，下降15.3%。牛奶产量7.8万吨，增长5.4%。全县有规模养殖企业326家，其中一类养殖企业17家，二类养殖企业290家，三类养殖企业19家。

全年改造或扩建标准化畜禽舍面积3万平方米，其中完成3家祖代种猪场改造，建成自动供料系统25组、自动清粪系统近30组等。安徽牧林森生态养殖有限公司参与国家级标准化规模畜禽养殖示范场（小区）创建，合肥义昂禽业参与省级标准化规模畜禽养殖示范场（小区）创建。改扩建瘦肉型猪原种场1个，全县新增瘦肉型原种猪供种能力5000头，改扩建祖代种猪扩繁场3家，年提供父母代种猪3万头。全县建成病死畜禽无害化处理设施325个，实现病死动物无害化处理全覆盖。

全年定点屠宰生猪314320头。无害化处理病害猪1030.9头：其中待宰前死亡130头，病害猪死亡107头，不可食用生猪产品71482公斤（折合793.9头），可兑现财政补贴资金682713.2元。新建古城屠宰点。

【林业】 该县完成植树造林0.28万公顷，其中成片造林244万公顷，四旁植树折合面积426.6公顷。店埠、撮镇、八斗3乡镇创建省级森林城镇、10个村创建省级森林村庄。开工建设新合马路、繁华大道创建省级绿色长廊工程，滁河干渠生态景观林带建设完成分段招标。

审批限额采伐4830立方米；开展林地清理整顿专项行动，查处违法占用林地5宗罚款14.5万元；调处林权纠纷2起，完成林木林地确权发证32宗0.11万公顷；开展林权抵押贷款3起1495万元；全年发放林木采伐证、木材运输证、植物检疫证、林木种苗经营等许可189件；完成122株古树名木挂牌、砌围栏等保护措施。在石塘镇建设市级标准化森林防火专业队，全年没有发生大的山林火灾。办理苗木调运检疫678份次，实施产地检疫1.2万公顷，开展“绿盾2015”检疫执法专项行动和双打行动，启动第三次林业有害生物普查（全国性普查），悬挂美国白蛾诱捕器100个，松褐天牛诱捕器300个，设置松材线虫病诱木600株，同步采取飞防、生物防治、人工补缺补差和个别除治等多项措施除治松材线虫病，松材线虫病综合治理面积336.1公顷，松材线虫病除治面积34.16公顷，食叶害虫和美国白蛾预防性社会化防治400公顷。

【水务】 该县水务重点工程建设项目8项。其中续建项目3项，总投资约1.37亿元;新建项目5项，总投资1亿元。全年完成投资2.37亿元。

梁园河付店—南街段治理工程。工程计划总投资2650万元，治理河道7.25公里，工程于4月21日开工。全年完成投资1280万元，占年度任务的92%。

众兴泵站技改（二期）工程。众兴泵站更新改造项目是列入国家投资的大型灌排泵站更新改造工程。二期工程概算总投资9609万元，2014年12月，开工建设。累计完成投资5800万元。2015年10月，完成设备安装工程；11月，完成联合试运转。

水库除险加固工作。全年小型水库除险加固工程13座，工程总投资1560万元，年度工程任务分布在8个乡镇。年度工程全部开工建设。

农村饮水安全工程。年度计划解决不安全饮水人口7.22万人，工程涉及包公镇和古城镇，其中包公镇30281人，古城镇41919人。年度工程概算总投资3496万元。

【工业】 该县规模以上工业企业完成总产值965.6亿元，实现工业增加值228.6亿元，按可比价格计算，比上年增长13.4%。规模以上工业企业中，轻工业实现增加值77.2亿元，增长12.9%；重工业实现增加值151.4亿元，增长9.7%。

国有企业实现增加值1.2亿元，比上年增长1.9%；集体企业实现增加值1.6亿元，增长19.5%；股份制企业实现增加值206.4亿元，增长10.4%；外商及港澳台投资企业实现增加值19亿元，增长14.7%；其它类型企业实现增加值0.33亿元，增长4.8%。

节能降耗。加大对列入“万千百家节能低碳行动”企业节能管理，5户企业完成节能量目标任务。实施重点节能技改项目。组织实施中盐安徽红四方股份有限公司循环水冷却塔风机无电化改造等5个项目，总投资1.6亿元。开展能源审计工作。完成对年综合能耗3000吨标煤以上企业的能源审计，5户企业审计结果均为合格等次。实施电机能效提升行动。全年实施电机与拖动设备匹配改造1200千瓦，淘汰低效电机1300.45千瓦。加快淘汰落后产能。完成对安徽聚龙、宏宇白水泥、安徽申皖纺织等3户企业的落后产能淘汰工作。全年淘汰水泥落后产能51.5万吨，淘汰印染行业落后产能792万米。

【建筑业】 该县建筑业实现增加值44.6亿元，比上年增长0.4%。纳入统计范围的具有建筑业资质等级的总承包和专业承包建筑施工企业60户，比上年增加5户。全年房屋建筑施工面积1224.3万平方米，比上年下降8.1%。其中，新开工面积652.8万平方米，下降1.9%；房屋竣工面积453.6万平方米，下降35.3%。年末建筑业从业人员6.2万人，比上年下降3.1%。全县有建筑业企业173家。其中施工总承包企业一级17家、二级17家、三级21家；专业承包企业一级2家、二级11家、三级32家；劳务企业50家。

开展建筑节能和扬尘防治工作。全年新型墙材年产量达9亿块标砖，烧结粘土砖产量下降至1.19亿块标砖，新型墙材占墙材总量的比例达88.3%，新型墙材建筑应用比例达96%，完成116个建设项目墙体材料使用的现场勘验工作，返退新型墙体材料专项基金285万元；散装水泥年供应量390万吨，散装水泥使用量80万吨，预拌混凝土年产量237.8万立方米，预拌砂浆年产量56.42万吨，水泥散装率达85%。淘汰牌坊乡2座轮窑企业。

全年督促新设立农民工工资专户134个，受理拖欠农民工工资投诉案件116起，涉及农民工2207人，涉及金额约2640万元。全年受理农民工保障金返还135起，返还劳动保障资金2613万元。

【固定资产投资】 全社会固定资产投资520.3亿元，比上年增长15.2%。分产业看，第一产业投资16.7亿元，增长4.4%；第二产业投资245.9亿元，增长9.4%，其中工业投资244.8亿元，增长8.9%；第三产业投资257.7亿元，增长22.1%。

全年房地产开发投资52.5亿元，比上年增长10.1%。商品房施工面积395.7万平方米，增长7.1%。其中，新开工面积139.3万平方米，增长9.3%，竣工面积71万平方米，下降17.6%。商品房销售面积83.5万平方米，下降17.9%，其中住宅销售面积78.8万平方米，下降15.8%。商品房销售额52.2亿元，下降14.1%。

2015 年全县房地产开发投资完成及其增长速度

单位：万平方米

指　　标	绝对数	比上年增长 %
商品房施工面积	395.7	7.1
其中：新开工	139.3	9.3
房屋竣工面积	71	-17.6
商品房销售面积	83.5	-17.9
其中：住宅	78.8	-15.8
商品房待售面积	14.5	95.9

2015 年社会消费品零售总额及其增长速度

单位：亿元

指标名称	绝对数	比上年增长
社会消费品零售总额	84.8	15.1
按销售单位所在地分		
1. 城镇	67.3	15.0
2. 乡村	17.5	15.7

全年新开工项目 653 个，比上年增加 110 个，完成投资 333.1 亿元。其中工业项目 333 个，增加 88 个，完成投资 194.8 亿元。新开工亿元以上项目 25 个，减少 14 个，完成投资 64.1 亿元。

【招商引资】 该县招商引资到位省外资金 227 亿元，其中省外工业项目到位资金 136 亿元，外商直接投资 1 亿元；引进 5 亿元以上工业项目 4 个，引进现代服务业大项目 2 个。

重点项目加快推进。阳光电源陷河陂 100MW 光伏电站项目、安徽建工 PC 构件生产基地建设项目、中盐红四方锂离子动力电池项目重大项目实现当年签约当年开工；投资 48 亿元的中盐年产 30 万吨合成气制乙二醇及 10 万吨碳酸二甲酯项目、投资 10 亿元的新疆百商电缆生产基地项目、投资 28 亿元的中国・安徽诚通红四方物流有限公司综合物流基地项目与投资 8 亿元的深国际・合肥综合物流港项目等一批重大项目顺利签约。

【城乡建设】 该县实施老城区道路升级改造工程，完善县城区交通通行条件。全县新建改建道路 43 条，总投资约 28.52 亿元。建成包公大道改造工程、岱山湖路、繁华大道、虎山路、规划支路一、规划支路二、草庙西路、古河路、沿河西路南段、梁园北路等主次干道及支路工程；完成店忠路改建工程下穿合宁高速、铁路和 4 座泵站建设。12 月，开工建设桥头集路、新安江路、虎山南路、沙河路。

绿化工程。完成绿化投资 3652 万元，新增绿化面积 25.75 万平方米。城市绿地总面积达 331 公顷。绿地率、绿化覆盖率及人均公共绿地面积均逐年提高，分别达到 42.8%、39.1% 和 10.2 平方米。

城市公园建设。总投资 840 万元，完成玉带河公园建设，该工程采用在保留原有生态环境的基础上，严格按照《合肥市绿化三项导则》要求进行建设，公园占地面积约 9.6 万平方米。投资约 3000 万元，建成定光河公园、城南公园、八斗路小游园等绿化工程，新增公园面积约 17 万平方米。

路灯灯饰安装工程。投资 2000 余万元，完成合肥商贸物流园区 8 条路网、横大路、繁华大道东延、公园路、古河路等新建道路路灯安装或路灯改造；完成长临河镇、循环经济园、桥头集等乡镇的路灯及照明配套设施安装工程。新装各种路灯 486 杆。全年维修县城路灯约 2000 杆次。

城市环境整治。县城污水处理厂日处理污水 6 万吨，污水处理率达 98% 以上。完成污水处理厂三期工程土建工程并试水运营，县城区的污水处理能力总体达到 10 万吨／日，出水执行严于一级 A 排放标准。乡镇 8 个污水处理厂竣工并试水运营。

安饮工程。完成古城区域 1 万吨供水工程建设并试运营。加快推进撮镇、桥头集、长临河等片区的安饮工程建设。铺设 DN100 以上的供水管网近 60 公里，生产成品水约 1290 万吨，出厂水综合合格率 99.8%，符合国家饮用水卫生标准。

小城镇建设和农村危房改造。投资 4500 万元，完成梁园、古城、白龙、响导、牌坊等乡镇的城镇基础设施建设工程。同年，完成农村危房改造 2600 户指标任务。

【国内贸易】 全年社会消费品零售总额 84.8 亿元，比上年增长 15.1%。按销售单位所在地分，城镇零售额 67.3 亿元，增长 15%；乡村零售额 17.5 亿元，增长 15.7%。

世界 500 强普洛斯集团物流项目、腾辉红星美凯龙、华东建材中心、宣酒集团华东销售中心、浙商城等一批项目陆续建成且运营良好；华商国际食品城、华东文博城、宇培电子商务等近 30 个项目正在加快建设中；新签约入驻深国际合肥现代综合物流港项目、华商国际食品城、“高铁通”电商物流产业园等重大项目。

2015年镇、乡、开发园区、村、社区基本情况统计表

辖12个镇、6个乡、3个开发园区、168个村、163个社区（其中：农村社区132个、城市社区31个）

序号	乡镇名称	村名称	个数					个数
				农村社区	个数	城市社区	个数	
1	店埠镇		0	龙西、半店、杨坝、一心、建设、马厂、安乐、昂集、杨王、合浦、群力、大安、赵岗、桑元、陂塘、西山驿、花滩民族、塘林回族满族	18	中心、双桥、唐杨、镇西、镇北、排头、花园、对河、定光、光大、青春、镇南	12	30
2	撮镇镇	河滨、旭光、仙临、李六、大费	5	华光、赵光	2	龙塘、振兴、先锋、瑶岗、大郭、长乐、唐安、建华、撮东、撮西、马桥、新安	12	14
3	梁园镇	蒋岗、新合、永丰、联盟、张圩、双枣、南管、俞庙、漕河、刘巷、黄祠、邓岗、付店、鲁岗、新向阳	15	路口、民主、梅桥、护城、管湾、柯岗、镇东、老庄、新河、东武、西童、梁园	12		0	12
4	八斗镇	大谢、南鲁、五星、塅谈、盛岗、军王、上张、胜丰、九店、宁岗、南钟、卫星、薛户、大邵、邵桥、胡祠、薛计、小汤、陆还、万宋、赵东岗	21	小普、富旺、花张、王城、大张、八斗	6		0	6
5	白龙镇	宁庙、广场、快乐、洪桥、后陈、团结、高圩、卢店、三家、徐庄圩	10	镇北、三河、同心、镇南、双庙、费集、肖凤、白龙、长王、孙岗、清水、王塘、板桥、向东、明教、青龙厂	16		0	16
6	古城镇	牛胡、新立、张斗、郭扬、友谊、范店、黄山、黎明、松王、江淮、大袁、刘庄、岱山、东庄、岗李、鸡鸣、西庄、湾陈、左路、郑元、	20	古城、杨塘、广兴、塘庄、刘兴、陈兴	6		0	6
7	石塘镇	阚东、塘西、施集、新展、同合、火龙、双坝、东明、城北、新桥、四合、大庄、新联、联建	14	富光、龙城、王铁、马集、石塘	5		0	5
8	包公镇		0	高亮、赤杨、竹塘、小包、王集、文集、阚集、板桥、青春、岘山、柏龄、大张、新生、大许、胜联、盘石、杨宋、净住、大孟	19		0	19
9	桥头集镇	龙光、城山、国光、仙垱、红光、小韩、竹塘、桐山、龙泉、桥安、梅山、马龙山	12	复兴、桥青、三站、淝光、大韩、山王集、桥头集	7		0	7
10	长临河镇	虹光、白马、施口、全胜、迎霞、东光、青阳、罗店、东红、姚埠、罗洪、宝塔、洪葛、茶山	14	湖滨、星二、星光、四顶、长临、永胜	6		0	6
11	元疃镇	汪郢、杨祠、马皇、塘西、义和、曙光、明星	7	三合、路集、元疃	3		0	3
12	陈集镇		0	前后张、吴集、陈集、肖圩、大魏、稻香、竹滩、山头、秦湖	9		0	9
13	牌坊回族满族乡	张岗、兴庙、许井、三王、曙光、尖庙、民新民族、兴一民族、	8	新丰、草庙、高塘、赵坊民族、牌坊民族	5		0	5
14	响导乡	马王、红石、蒋祠、龚集、唐井、宋盛、竹林	7	响导、赵集、南王、黄湖、许集	5		0	5

续表

序号	乡镇名称	村名称	个数					个数
				农村社区	个数	城市社区	个数	
16	众兴乡	永安、联合、霞光、众兴、大高、谢岗、范岗	7	华光、花灯	2		0	2
17	张集乡	薛桥、新华、合义、胡巷、薛集、袁李、刘桥、民兵、河湾、赵山、新联合	11	黄疃、张集	2		0	2
18	马湖乡	兴桥、金赵、创业、沙河、塘东	5	王沟、马湖、三官、大王、小陶	5		0	5
19	肥东经济开发区		0		0	燎原、墩塘、北瑶岗、三十埠、陈大郢	5	5
20	合肥循环经济示范园		0	龙集、刘集	2	义和、太平	2	4
21	合肥东城新市镇		0		0		0	
合计			168	0	132	0	31	163

电子商务产业蓬勃发展。涌现出以合肥荣电、仙临农业、真心食品、一杯茶、麦凯伦等一批电商企业，实现网上销售额14.5亿元（其中，肥东小家电“双11”销售近亿元）。申报首个电商产业园——中国肥东互联网生态产业园获市政府批准建设。出台《肥东县促进服务业发展政策》《肥东县电子商务进农村扶持政策》两项扶持政策。成立肥东县电子商务协会。

完成12家“万村千乡”工程承办企业、809家农家店“万村千乡工程”建设项目信息补录工作。完成长临镇2000平方钢架大棚农贸市场改造。制定店埠镇西苑菜市场改造方案，打造“农加超”标准化菜市场。

【对外经济】 实现外贸进出口1.3亿美元，比上年增长17.1%，连续14年进入全省十强县行列；全年实现直接利用外资1亿美元，增长42%。

全县到位内资291亿元，比上年增长9.8%，其中省外资金227亿元，增长14.6%。

全年为13家外贸企业申报34项中小国际市场开拓资金，申报金额208万元。外派劳务输出1.3万人，占全省出国劳务总数的60%。

【旅游】 该县可统计旅游接待人数320万人次，比上年增长3.2%，旅游综合收入2.7亿元，增长1.9%。全县三星级以上农家乐点33个，比上年增加5个。

*全面完善配套设施，推进长临河国家4A级旅游景区创建工作。*对照国家4A级景区标准，对景区内的游客接待中心、旅游厕所、停车场、标识标牌等进行改造提升；制作完成长临河古镇景区旅游宣传片、景区创建片；开通长临河古镇景区官方微博微信号；在老报馆位置展示长临河名景、名人，形成本地特色文化长廊；增加安全提醒标识，更新旅游导览图；通过省旅游局4A景区景观价值评定评审。

*加大宣传促销力度，提高肥东知名度宣传。*组织东泰农庄、鑫丰生态农业示范园负责人赴江浙学习考察。举办马政寺三月三民间民俗庙会、建华荷花节、环巢湖国际骑游大会、合肥国际马拉松比赛等活动，宣传推介肥东旅游。春节期间，组织岱山湖景区开展财神送“百万”新春大礼包、天鹅岛寻宝、元宵喜乐会、演法禅寺新春祈福法会、幸运大抽奖等系列活动，春节七天景区接待游客2.5万人次，旅游收入110万元。

*开展旅游扶贫活动，加快乡村旅游发展步伐。*充分利用农村田园景观、自然生态、农耕文化、民俗文化、民族风情和地形地貌特点，引导有旅游发展潜力的乡镇发展乡村旅游，带动当地经济的发展。同年，新晋升五星级农家乐1家，四星级1家，三星级农家乐1家，二星级2个，新增岘山村、建华社区

等省级旅游示范村5个，新增古城镇、长临河镇、撮镇镇优秀旅游乡镇3个。创建长临河罗家疃美食示范村1个。

【生态环保】 该县有垃圾填埋场2座，污水处理厂11座（乡镇污水处理厂8家）。工业二氧化硫排放量达标率、工业废水排放量达标率、工业烟尘排放量达标率，分别为98.2%、99.18%、95.2%。环境污染治理本年完成投资1.35亿元。加强建设项目环境管理。截至9月底，审批项目320个，环保设施竣工验收项目291个。

开展污染源排查，排查出排污单位1325家，工业园3个。全年组织危废产生企业业务培训2次。同年，规范管理危险废物产生企业145家和22家医疗机构及1家危险废物处置企业，转移处置危险废物2175.674吨。

大气污染防治。完成35家禁燃区内10蒸吨及以下燃煤锅炉的淘汰工作。淘汰黄标车1347辆、2005年底前注册的营运黄标车313辆。完成16家挥发性有机污染物治理工作。有10家企业完成清洁生产审核工作。

污染减排。11月，肥东县污水处理厂三期通水试运行；完成陈集、梁园等8个乡镇污水处理厂建设。合肥联合发电有限公司2台机组完成脱硫脱硝以及除尘设施改造工作，并通过省环保厅验收。中盐红四方有限公司3台锅炉完成脱硫脱硝设施建设。完成58家畜禽养殖污染防治工作。

【民生工程】 2015年，该县实施民生工程36项，其中省定民生工程33项肥东实施30项，市定民生工程9项肥东实施6项。民生工程实际到位资金12.5亿元，资金到位率100%，民生工程实际拨付资金12.3亿元，资金到位率98.4%。工程类新建项目建设点4996个（其中本年度4456个），完工4505个，当年度工程类项目完工率100%，跨年度项目全部超过序时进度。民生工程工作获得合肥市“2014年度民生工程组织工作先进单位”、省级民生工程年度综合绩效奖补先进县荣誉称号。

（李曙光）

肥西县

【概况】 肥西县地处安徽中部、合肥西南、巢湖之滨，1948年12月建县。现辖8镇4乡4园区，面积1695平方公里，人口80.1万人。2015年生产总值560亿元，增长10%；规上工业增加值275亿元、增长10.2%；全社会固定资产投资558亿元、增长15.1%；财政收入63.5亿元、增长13.8%；社会消费品零售总额83亿元、增长15%；城镇居民人均可支配收入28537元、增长9.5%，农村居民人均可支配收入16650元、增长10.5%。全国百强县排名第79

2015年1～12月肥西县主要经济指标

指标名称	单位	绝对数	比上年同期增长（%）	人代会数据	增长（%）
生产总值（GDP）	万元	5518476	10.0	560亿	10.0
规上工业产值	万元	12549291	-	1246亿	
规上工业增加值	万元	2777669	10.2	275亿	10.2
社会消费品零售总额	万元	830925	15.0	83亿	15.0
全社会固定资产投资	万元	5582107	15.2	558亿	15.1
其中，工业投资	万元	2637349	13.3	258亿	10.8
财政收入	万元	635016	13.8	63.5亿	13.8
其中，地方财政收入	万元	373959	12.8	37.4亿	12.8
财政支出	万元	616229	27.3	61.6亿	27.3
实际利用省外资金	亿元	286	16.7	286亿	16.7
实际利用境外资金	万美元	16650	11.0		
进出口总额	万美元	168154	5.5	5.28亿	10.0
其中，出口总额	万美元	63195	24.6		
全社会用电量	万千瓦时	291929	11.7		
其中，工业用电量	万千瓦时	200875	11.5		
农村常住居民人均可支配收入	元	16479	9.4	16650	10.5
城镇常住居民人均可支配收入	元	28443	9.1	28537	9.5

全县现价产值超10亿元工业企业一览表

单位：亿元

序号	企业名称	现价产值
1	安徽江淮汽车股份有限公司	262.27
2	联宝（合肥）电子科技有限公司	235.06
3	格力电器（合肥）有限公司	103.52
4	合肥美的洗衣机有限公司	52.15
5	合肥美的暖通设备有限公司	32.31
6	TCL家用电器（合肥）有限公司	24.75
7	合肥世纪精信机械制造有限责任公司	24.32
9	国网安徽肥西县供电有限责任公司	17.76
10	安徽安利材料科技股份有限公司	16.14
11	合肥凌达压缩机有限公司	15.03
12	安徽富光实业股份有限公司	12.93
13	合肥凯邦电机有限公司	10.64

位。

【工业】 全县规上企业总数达422家。汽车、家电、装备制造、计算机制造四大主导产业实现产值930亿元，占规上工业产值75%。集聚培育战略性新兴产业，加快形成支撑发展的支柱性和先导性产业，全县战略性新兴产业实现产值350亿元，增长11%。依托“互联网+”等新技术，推进传统企业技术改造，10家企业入选省市级两化融合示范企业，12个技改项目获市级补助资金1152.71万元。战略性新兴产业发展壮大，在全省率先设立800万元县级天使基金，投入5000万元扩建桃花工业园科技孵化器，全年实现战略性新兴产业产值350亿元、增长11%。桃花工业园荣获全省知识产权培育示范园区。

【招商引资】 突出招大引强，坚持合法高效，健全部门会商、政策会审、领导会签的工作流程，推进跟踪洽谈项目快落地、签约项目快开工，到位省外资金286亿元、境外资金1.66亿美元，全年引进项目93个，其中10亿元以上7个。加大帮扶力度，积极承接合肥市扶持产业发展“1+3+5”政策，制订大力发展民营经济实施意见和文化创意产业专项扶持政策，兑现各类惠企资金1.8亿元。坚持“六个一批”“四位一体”和“五定”项目推进机制，全年开工产业类项目173个，49个省“861”项目、75个市“1346”项目分别实现投资134.4亿元、190亿元，均超额完成年度目标任务，江汽轻卡、联东U谷、祥源花世界等一批重大项目顺利开工建设。

【现代服务业】 现代服务业实现新突破，三河古镇成功创建国家5A级旅游景区，紫蓬山成功创建省级旅游度假区，官亭生态园获批省级森林公园并顺利通过国家4A级景区景观价值评定；肥西电子商务公共服务平台建设完成，全县网购交易量7.5亿元，跨境电子商务交易额达2500万美元；房地产开发建设项目42个，商品房销售127.9万平方米，投资增速、销售面积在五县市领先。

【现代农业】 现代农业稳步推进，创建市级现代特色高效农业园区8个、市级农业标准化生产示范基地3个，建设高标准基本农田2.33万公顷，万利园林综合农业产业园项目正式落户；山南、严店、高店3个粮食产业园建成使用，全年粮食产量达47.7万吨，实现“十二连增”。

【城乡建设】 坚持交通先行，合安路、合铜路、华南大道、将军岭路、派河大道（集贤路以西段）、深圳路（合铜路以北段）竣工通车，金寨南路、方兴大道、集贤路、蓬莱路建设快速推进，六舒三连接线、国际大道、浮莲路、檀香路、仙霞路、永辉路启动建设，巢湖路综合改造圆满完成，城市交通体系更加完善；新建花叶路、双梅路、凤凰路，改建茅焦路、半金路，实施合九铁路9个平改立项目，完成杨桃路、上小路改造，乡村路网更加健全。坚持城乡联动，加大城镇改造力度，启动上派镇潭冲路以南片区、紫蓬镇烧脉街道等重点区域征地拆迁，完成征迁房屋面积184.7万平方米，全市排名第一；上派至三河、上派至花岗城市供水主管网启动建设。坚持民生为上，高标准实施安置点建设，新型家园一期、派河家园三期、金星和园三期交付使用，新型家园二期、翡翠三期、金星和园四期，以及花岗、紫蓬、产城融合示范区安置点建设有序推进。三河木兰、花岗红堰、山南李桥、铭传井王、高店团塘等整村推进项目加快实施，官亭王集、新民和丰乐双枣等土地整理安置点项目建成使用。投入专项资金9149万元，完成美好乡村14个中心村建设。

【生态环保】 大气污染综合防治全力推进，拆迁现场、建筑工地等重点领域扬尘治理初显成效，午秋两季秸秆禁烧实现“零火点”，黄标车淘汰任务基本完成。水体污染治理进展顺利，三河、紫蓬山区域完成雨污分流改造，中派污水处理厂和官亭、高店、铭传、丰乐等乡镇污水处理厂投入运营，西部组团污水处理厂、卞小河污水截流项目快速推进，477家规模畜禽养殖企业污染治理基本完成，全县重要河流水质明显改善。节能降耗取得明显成效，万元GDP能耗降幅超市控指标，县政务大楼成功创建国家节约型示范单位。晋煤金龙源化工企业拆迁工作有序推进，垃圾焚烧发电项目征迁工作全面完成，29家企业通过市清洁生产审核验收。高标准建设森林长廊48公里，实施县乡道路绿化提升60公里，全县造林0.18万公顷，超额完成市定任务。创建省级森林城镇2个、森林村庄15个。三河国家级湿地公园顺利通过专家评审。

【改革创新】 创新融资模式，推出“政保贷”金融产品，探索政府和社会资本合作（PPP）融资模式，徽银—肥西城镇化1号基金项目成功签约。深化财税体制改革，强化预算执行，盘活财政存量资金7.7亿元；实施新一轮县乡财政管理体制，基层运转经费保障基数增长81.6%，村、社区运转经费全部纳入财政预算。推进农村集体产权交易体制改革，优化农村资源配置。深化教育人事制度改革，稳步推进“县管校聘”改革试点，建立名师、名校长等优秀人才引进机制，荣获全国教育改革创新特别奖。深化医药卫生体制改革，启动县域医共体、分级诊疗工作，鼓励社会力量办医，安徽医健公司成功托管县中医院。加快政府职能转变，不动产登记中心正式设立，文化广电系统局台分离有序完成，卫生、计生部门顺利整合。实施“三证合一、一照一码”登记制度，企业注册登记更加便利，新增各类市场主体5245户、增长19.6%。

【社会民生】 社会保障有效加强，城乡低保标准分别提高到每年5280元和3000元，农村五保集中、分散供养标准分别提高到每年7920元和3036元。新续建保障性住房7118套，建成入住公租房3237套。城镇新增就业1.9万人，转移农村劳动力2.1万人。投入扶贫资金2296万元，完成13个贫困村、78个扶贫项目建设；实行农村低保标准与农村贫困线标准“两线合一”，全力落实财政兜底保障。社会事业明显进步，设立青少年科技创新县长奖，组建8个名师、名班主任工作室和16个教研共同体，试点学生营养餐，实施教职工午餐补贴；丰乐、官亭、高店等3所中心学校建设加快推进，新高中、职教中心和桃花工业园中学启动建设。上派至三河公交正式开通，严店至丰乐等3条支线同步运营。消除农村“低电压”1.2万户。社会治理力度加大，完善应急维稳机制，“三调联动”“一村一警”、非访治理等做法在全市推广；“六五”普法获省市好评；高频次、全行业、全覆盖排查整治安全隐患，持续开展打非治违；加强政府应急管理，成功开展地震应急桌面推演。

【文明创建】 围绕创建全国县级文明城市，开展文明村镇、文明单位创建活动，桃花镇荣获全国文明村镇称号，全县累计创建国家级文明村镇4个、省市级文明单位64个。强化重点区域整治，汤口路片区、环巢湖大道沿线综合整治工作取得阶段性成效，杨桂塘、金鸣街、圆通商厦片区综合整治顺利推进。建立文明创建突出问题交办、督办、曝光制度，城市管理长效机制逐步建成。加强公共文化建设，县档案馆主体竣工，2座24小时自助图书馆投入使用，电影《圩堡枪声》正式公映，海峡两岸纪念刘铭传首任台湾巡抚130周年大会、三河古镇诚信菜单暨地方特色菜系发布会、第七届紫蓬诗歌节、肥西县首届残运会成功举办。开展核心价值观“六进”宣传教育活动，建立健全无偿献血等志愿服务机制，评选表彰“身边好人”“五好文明家庭”“十大杰出母亲”，涌现出何九春、杜先汝等一批先进典型，累计16人荣登“中国好人榜”，在全县上下汇聚起向善、向好、向上的社会正能量。

【桃花工业园】 1991年5月28日，合肥市桃花工业区办公室成立；8月6日，合肥市人民政府批复同意建立合肥市桃花工业区。1993年5月26日，成立合肥市桃花工业区管委会。1997年，更名为肥西县桃花工业园。2000年10月11日，更名为合肥经济技术开发区桃花工业园管理委员会。

2006年，桃花工业园经省政府批准为省级开发区。率先全省县域开发区，2007年产值突破100亿元，2009年税收达到10亿元，2011年获批合肥国家级两化融合试验区示范园区。2012年，全省首家县域融资平台发行8亿元企业债券，获评省创新型园区，位列县域园区综合实力第一名。2013年，获批省新型工业化产业示范基地，扩区11平方公里。2014年，园综合竞争力在全省175个省级以上开发区（含17个国家级）中跻身第4位。

2015年，大桃花板块实现规上工业产值1080亿元，全社会固定资产投资247亿元，工业投资180亿元，税收43.9亿元，“千亿大桃花”美梦成真。其中，桃花工业园实现工业产值480亿元，全社会固定资产投资178亿元，工

2015年肥西县乡镇、园区（社区、村民委员会）情况一览表

乡镇名称	村（居）民委员会情况	
高店乡	村民委员会（8个）	仪城 高升 团塘 长镇 岗圩 双丰 邵庙 新河
	社区居委会（5个）	长镇回族社区 高店社区 五四社区 平河社区 长东社区
官亭镇	村民委员会（21个）	官亭 高庄 团结 张祠 夏祠 童大井 河北 余店 黄店 五里 八十墩 姚岗 老庙 王集 郭桥 芦塘 楼郢 缪大庄 金华 金星 朱桥
	社区居委会（10个）	江夏店社区 马店社区 金桥社区 丰祥回民社区 焦婆社区 金郢社区 官亭社区 半店社区 新民社区 王祠社区
铭传乡	村民委员会（13个）	聚星 杨店 新光 白龙 农林 高塘 建设 墩塘 鸽子笼 青峰 三河 汤祠 楼塘
	社区居委会（5个）	聚星社区 井王社区 南分路社区 桂树社区 启明社区
紫蓬镇	村民委员会（5个）	泗洲 兴庄 罗坝 烧脉 新农
	社区居委会（6个）	燎原社区 农兴社区 永久社区 长刘社区 白衣社区 农兴街道社区
山南镇	村民委员会（19个）	小井庄 兴庄 西岗 夏寨 荷冲 馆北 馆东 李桥 上圩 光明 林业 华山 三合 金圩 长庄 洪桥 新圩 龙嘴 炉墩
	社区居委会（8个）	陡岗社区 金牛社区 六合社区 沈店社区 城河社区 吕楼社区 板墙社区 山南街道社区
柿树岗乡	村民委员会（16个）	黄花 龙潭 代塘 丁岗 柿树岗 赵店 中洋 周楼 长郢 宗洼 联圩 李嘴 廖渡 袁店 杨桥 马堰
	社区居委会（6个）	新街社区 防虎社区 界河社区 合农社区 李塘社区 双龙社区
花岗镇	村民委员会（26个）	粉坊 叶岗 杨湾 八里 河光 马塘 上堰 陶店 汪堰 永丰 大黄 红堰 跨河 业湾 英塘 东湾 西湾 董岗 陈岗 慈山 蔡冲 胜利 大众 正新 群光 童岗
	社区居委会（14个）	董岗社区 孙集社区 花园社区 舒安社区 芮店社区 天堰社区 南塘社区 青阳社区 过岗社区 李祠社区 张店社区 花岗街道社区 七十埠社区 善岗社区
丰乐镇	村民委员会（17个）	桥中 桥西 路塘 赵桥 桥东 安河 铁佛 大圩 新华 肖家桥 三里 方桥 安淮 民主 曹祠 新丰 蒋岗
	社区居委会（6个）	新仓社区 丰乐社区 程店社区 双枣社区 从姚社区 河湾社区
三河镇	村民委员会（12个）	西湖 任倪 联合 太华 桥庵 临丰 湖光 滨光 五合 河口 永和 九联
	社区居委会（14个）	茶棚社区 杨婆社区 滨湖社区 跨河社区 滨锋社区 木兰社区 西街社区 二龙街社区 北街社区 中街社区 南街社区 东街社区 建设社区 龙安社区
严店乡	村民委员会（8个）	三元 东南 油坊 管祠 三联 跨湖 大丰 莲花
	社区居委会（7个）	刘河社区 严店社区 西郑岗社区 苏小社区 劳光社区 罗祝社区 新建社区
上派镇	村民委员会（12个）	三岗 方岗 前进 彭圩 灯塔 佛寺 金岗 大墙 鲍冲 乐平 韩圩 沿河
	社区居委会（17个）	新华社区 青年社区 紫蓬社区 卫星社区 南郢社区 派河社区 古埂社区 爱和社区 四十埠社区 馆驿社区 肥光社区 绿锦社区 芮祠社区 中派社区 北张社区 谢塘社区 五十埠社区
桃花镇	社区居委会（5个）	翡翠社区 染坊社区 繁华新园社区 柏堰社区 顺和家园社区
紫蓬山管委会	村民委员会（6个）	李陵 陀龙 山口 双井 凤凰 张老圩
	社区居委会（5个）	堰湾社区 紫蓬社区 周公山社区 梁岗社区 甲塘社区
桃花工业园	社区居委会（8个）	顺美社区 桃花社区 大柳塘社区 二十埠社区 凉亭社区 中心社区 周坝社区 西安社区
柏堰科技园	社区居委会（3个）	柏堰雅苑社区 香樟花园社区 锦绣怡园社区
新港工业园	社区居委会（4个）	庭湖社区 青龙社区 田埠社区 巢湖社区
		截至2014年3月31日，全县共286个村（社区），其中村民委员会163个；农村社区居委会102个；城镇社区居委会21。

业投资128亿元，税收28亿元。全年工业产值同比增长17%，全社会固定资产投资同比增长25%，社会消费品零售额同比增长97%，到位省外资金同比增长13%。江汽产值增幅达30%，TCL产值增幅达136%，江汽轻卡、联东U谷、松芝制冷、悦康药业、唯真电机、怡丰自动化等一批重大项目相继开工建设。新增规上工业企业22家，新增限上企业3家。

桃花工业园已正式加入中国开发区协会，获批全省知识产权示范培育园区。园区管委会已通过ISO9001、ISO14000体系认证。

园区签约招商项目25家，协议总投资68亿元，其中10亿元以上项目2个，5亿元以上项目3个。在谈项目近40个，意向投资额近670亿元。全年推进拟建工业项目60家，协助办理各项手续400余次，组织项目约谈推进会议15次，推进开工项目17家，4月份参加全县重大项目开工仪式的企业均已正式开工。

深圳路、苏岗路通车，华南城公交枢纽站即将完工，蓬莱路、檀香路完成征迁；浮莲路、安置点等有序推进。编制完成新港南区起步区控规，及山南片区综合专项规划，衔接合肥北京产业园选址规划。开展江汽轻卡110kv供电专用线、华南城110kv变电站、纬一路道路及配套、特勤消防站及战勤保障站、桃花潭公园及多条道路的前期工作。完成多处路灯、交通及排水工程。在建新型家园二期、陈郢路、王岗路等。

园区完成20个重点工程和项目的征迁工作，继续推进8个；拆迁房屋39.8万平方米，征地约533.3公顷，移植苗木约400公顷。安置卧云小区405套及新型家园一期2035户。拆除17户违法建筑，面积14005平方米。统计涉嫌低效用地62家，面积201.7公顷，督促开工4家，面积13.3公顷；通过收储、并购重组、拍卖方式处置5家，面积27.5公顷。

园区已有省、市级品牌示范企业2家，省市级“两化融合”示范企业16家，国家、省、市级企业技术中心20家，省、市级工业设计中心（企业）12家，省“专精特新”中小企业6家，翔计划企业34家，市工业企业星级班组12个。

开展“三线三边”和环境综合整治活动。成立环境监管网格化领导组，验收128家“环评”“三同时”企业，淘汰黄标车105辆；共检查各类企业安全生产4084次，今年全园无重特大安全事故。做好11个社区（村）的社会事务管理工作，开展计划生育、妇联残联、武装卫生、文化体育、食品安全等事务。组织农民工工资清欠行动52起，涉及金额1000余万元。完成华宇未来城小区燃气改造，成功处置群体性突发性事件12起，排查化解矛盾纠纷204件，受理信访66件。通过“六五”普法合格验收。

（孟令荣）

长丰县

【概况】 长丰县位于安徽省中部、合肥市北部，东与定远县、肥东县接壤，北与淮南市交界，西与寿县、肥西县毗连，南与合肥市庐阳区为邻。县城水湖镇，南距合肥市区70公里。1965年由寿县、定远、肥东、肥西四县的边缘结合部划并而成，国务院在命名时取“长治久安，人寿年丰”之义。现辖14个乡镇、1个省级开发区，总面积1841平方公里，总人口80万。县域南部一区三镇为合肥北部组团，486平方公里处于合肥北二环、北三环之间，蒙城北路、阜阳北路、淮南北路、合淮路等10条城市干道直通市区。淮南铁路纵贯县境，京福高铁、商杭客专在县域设有两个客运站，全国唯一；高速公路北三环高速连接合淮阜、合六叶、合徐、合铜黄等七条高速公路环绕县境，设有7个高速出入口；4E级新桥国际机场距县境15公里。

长丰县是全国商品粮生产基地县、全国油料生产百强县、全国生猪调出大县、全国设施草莓生产第一大县、全国中部百强县、全省科学发展先进县。已培育形成汽车配件、新型建材、食品加工、电力电器、平板显示五大主导产业，是全省汽配生产基地、全省建材生产大县、全省农产品加工大县。中粮、海螺、万向、江汽、伊利、鄂尔多斯、新希望、世纪金源、恒大、南山集团、广银铝业、雨润等全国知名企业先后落户县内，产业发展具有极强的互补性和协同性。

【环境保护】 长丰县政府出台《2015年度环境保护大检查工作方案》，在全县范围内部署开展环保大检查工作，要求按照“全覆盖、零容忍、明责任、严执法、重实效”的原则，摸清排污单位底数，强化环境监管薄弱环节，依法严厉打击环境违法行为。全年共对全县500多家企事业单位进行检查，实现全县重点工业企业100%全覆盖监管。累计出动执法人员2000余人次，检查企业994家（次），查封企业17家，对70家企业进行立案，查处违法行为80起，行政罚款290多万元；制定出台《长丰县高污染燃料锅炉整治工作方案》

长丰县2015年度主要经济指标完成情况

指标名称	单位	1～12月（2015年）	比上年同期增长（%）
地区生产总值	亿元	360.96	10.5
规模以上工业总产值	亿元	804.20	11.4
#战略性新兴产业产值	亿元	189.46	38.7
规模以上工业增加值	亿元	192.80	13.0
全社会固定资产投资完成额	亿元	425.01	15.8
#工业性投资	亿元	240.67	11.9
#技改投资	亿元	152.65	24.8
房地产投资	亿元	66.18	-18.2
财政收入	亿元	40.13	9.1
#地方财政收入	亿元	27.84	7.6
财政支出	亿元	48.29	10.5
招商引资到位资金	亿元	300.45	5.5
#省外资金	亿元	259.81	11.4
月末金融机构存款余额	亿元	242.20	12.0
#住户存款	亿元	118.67	19.5
月末金融机构贷款余额	亿元	145.38	13.5
社会消费品零售总额	亿元	49.47	15.0
城镇常住居民可支配收入	元	25684	9.1
农村常住居民可支配收入	元	14614	9.1
全社会用电量	亿千瓦时	15.84	5.9
#农林牧渔业用电量	亿千瓦时	0.36	7.9
工业用电量	亿千瓦时	9.59	-0.4
城乡居民生活用电量	亿千瓦时	3.14	17.5

2015年全县生产总值及其增长速度

单位：亿元

指标名称	绝对数	比上年增长%
生产总值	360.96	10.5
其中：第一产业	57.88	4.7
第二产业	224.79	12.4
第三产业	78.29	8.9
其中：农林牧渔业	58.63	4.8
工业	201.95	13.0
建筑业	23.06	7.4
交通运输、仓储和邮政业	10.01	5.0
批发和零售业	18.39	4.8
住宿和餐饮业	3.82	7.3
金融业	9.94	17.3
房地产业	13.45	1.4
营利性服务业	5.60	2.6
非营利性服务业	16.11	19.8

及淘汰补偿实施细则，推进燃煤锅炉淘汰。实行“禁燃区”与“非禁燃区”锅炉淘汰工作同步推进．累计完成10整吨及以下燃煤锅炉改造77家，共93台；制定《长丰县加快推进黄标车及老旧车淘汰工作实施方案》，成立由县长为组长的县黄标车淘汰工作领导小组，加强对黄标车淘汰工作的领导和调度，实行周督查，周调度，周通报，强力推进黄标车淘汰工作。截止2015年12月31日，已淘汰黄标车5085辆，淘汰率达90%；其中2005年底前注册的营运黄标车任务数为1868辆，已全部淘汰，淘汰率为100%；2015年7月，吴山镇污水处理厂正式投入运营。吴山镇污水处理厂位占地2公顷， 总投资1992.43万元，污水处理规模5000吨／日，一期配套管网建设19.86公里。收水范围为老集镇和城镇居住社区，收水面积5平方公里，服务人口4.2万人。共处理污水70.7万吨，削减COD31.78吨，氨氮1.95吨；

【农业】 长丰县全年粮食作物播种面积9.81万公顷，比上年扩大1万亩。油料面积1.27万公顷，比上年减少0.14万公顷。棉花面积0.6万公顷，比上年减少0.04万公顷。蔬菜面积1.28万公顷，比上年扩0.13万公顷。草莓面积1.01万公顷，比上年扩大0.02万公顷。

全年粮食总产量62.79万吨，比上年增长2.8%。油料产量3.40万吨，比上年下降9.8%；棉花产量5535吨，下降4.6%。蔬菜产量30.61万吨，增长11.8%。草莓产量24.87万吨，增长2.1%。

年末全县生猪存栏44.4万头，比上年增长0.1%；全年生猪出栏93.27万头，减少3.8%。全年肉类

2015年主要农业产品产量及其增长速度

产品名称	单 位	绝对数	比上年增长%
粮 食	万吨	62.79	2.8
#小 麦	万吨	15.05	0.7
水 稻	万吨	44.29	3.4
油 料	万吨	3.4	-9.8
#油菜籽	万吨	2.69	-10.1
棉 花	吨	5535	-4.6
蔬 菜	万吨	30.61	11.8
肉 类	万吨	13.42	0.3
禽 蛋	万吨	2.91	1.2
水产品	万吨	3.71	5.7

总产量13.42万吨，增长0.3%，其中猪牛羊肉产量8万吨，下降1.3%。禽蛋产量2.91万吨，增长1.2%。牛奶产量3.14万吨，下降1.4%。水产品产量3.71万吨，增长5.7%。

全县农林牧渔业总产值97.7亿元，比上年增长4.5%，其中农业总产值49.6亿元，比上年增长4.7%；农村居民人均可支配收入14935元，比上年增长11.5%。

【美好乡村建设】 全县按照“建设新社区、培育中心村、整治自然村”的工作思路，抓整治、优环境、促改貌，取得明显成效。18个省级中心村建设基本完成，基本形成“三带三片”美好乡村建设格局。建成一批以“岭上明珠、江淮第一村”造甲乡宋岗中心村，“有机菜园、生态陶西”陶楼乡陶西中心村，“文明典范、绿意盎然”岗集镇大窑中心村，“瓦埠湖畔风情画”庄墓镇金桥中心村等为代表的具有明显地域特色和产业配套的美好乡村示范村。在费岗村入选“全国美丽乡村创建试点村”的基础上，宋岗村、陶楼村、金桥村分别上榜2013年、2014年和2015年“安徽省美好乡村建设50例”。宋岗村美好乡村建设入编全省美好乡村建设专题片。全县硬化道路16.5万平方米，植树55.8万棵，安装路灯1053盏，修建雨污管网4.74万米、污水处理设施16处，新建公厕28个，农户改水改厕811户，农房整治476户，整治塘坝26口，沟渠清淤3.71万米，新建公共服务中心13个，新建农民文化乐园18个，新建村集体30千瓦光伏电站10个，清理垃圾2860吨，拆除违章建筑283处，新增（更换）垃圾箱630个，开展“美丽庭院”创建中心村29个。

【农业产业化】 *龙头企业* 全县各类农业产业化龙头企业达到178家，市级以上龙头企业101家，其中国家级龙头企业2家，省级8家，市级91家。实现年销售收入245亿元，较上年增长16.7%。全县农产品加工产值140亿元，增长7.7%。完成农业招商项目28个，主要包括农业生产类、农产品加工类及农产品物流、休闲观光农业等项目，到位资金32亿元，同比增长6.67%。

基地建设 各级龙头企业带动和辐射基地面积达1.95万公顷，同比增长3.6%，突出专业化、规模化、标准化、品牌化农产品生产基地建设，引导农户按龙头企业需求建设基地。全县龙头企业带动农户18万户，参与经营的农户户均增收2400元。

【土地流转】 新增土地流转面积2333公顷，全县农村土地流转面积达3.22万公顷，其中，转包4133公顷、转让3.8万元、租赁1.64万公顷、互换2200公顷、代耕6066.67公顷、其他形式800公顷。流转从事粮食作物1.69万公顷、蔬菜瓜果5266.67公顷、畜禽养猪866.67公顷、水产养殖2533.33公顷、林木花卉6400公顷、其他200公顷。全县50亩以上规模流转1.47万公顷，其中50～500亩流转面积5733.33公顷，500～1000亩流转面积3866.67公顷，1000～2000亩流转面积2866.67公顷，2000～3000亩流转面积866.67公顷，3000亩以上流转面积1400公顷。

【农民专业合作社和家庭农场】 全县开展创新农业发展方式和经营模式，全力推进农民专业合作社、家庭农场开展适度规模经营，全县注册家庭农场达到413家，合作社611家，全年新增注册家庭农场213家，合作社101家，新增省级示范家庭农场2家、合作社2家，市级示范家庭农场29家、合作社7家。

【现代农业示范区建设】 按照全省领先、全国一流的标准，以龙门寺创建省级现代农业示范区为突破，重点围绕特色果蔬、林木花卉、水产养殖、优质粮油棉等主导产业，深入推进北部草莓产业开发区、南部北城都市型生态园林开发区、东部杜集生态农业开发区和中部龙门寺现代农业开发区等现代农业园区建设。龙门寺现代农业示范区共整合各类项目资金5678万元，完成435万元新丰村美好乡村项目建设；完成3070万元陶老坝水库除险加固工程项目建设；完成杨庙镇云峰村735万元高标准粮田建设；完成陶楼乡陶楼村1250万元高标准粮田建设。利用省、市现代农业示范区项目，投资1400万元，完成示范区东、西片区2.5公里主干道路建设及绿化建设；完成西大门及附属景观设施建设；完成示范区内断头路、主次干道水泥路硬化建设22.6公里和采摘砂石路建设35公里，基本完成示范区启动区吴山片路网建设。在项目带动下，共招引35家企业，培育家庭农场32家、专业合作社23家入驻园区参与开发建设，流转土地3066.67公顷，流转率达69%。新增龙之歆、汇力、宁波商会等十余家农业企业入驻园区投资建设，引进省农科院园艺所、安农大园艺学院在园区建立瓜蒌、秋延蔬菜、精品小黄瓜和草莓品种选育等基地，建立园区与科研单位对接机制。在全县规划基础上，千亩起步、万亩规划，明确每个乡镇抓1-2个园区建设，建成了以佳洲园林、陆桥果蔬、江淮园艺南瓜科技示范园等33个市级以上特色农业示范园区，2015年新增朱巷镇梦园山庄、岗集坤实、泽源农业、杨庙孔岗、义井谷粒庄园、李杨现代草莓产业园、淮光苗木、杜集耕德等7个农业科技示范园和庄墓镇金桥市级现代农业示范区，形成一批优质高效、绿色、生态现代农业园区，助推传统农业产业转型升级，促进果蔬园艺、设施农业、休闲观光农业等新兴产业发展。

【农业机械化】 2015年末，全县农机总动力达89万千瓦，较上年增长6.20%；大中型拖拉机达达3235台（新增加425台），增长15.1%；联合收割机达4104台（新增加423台），增长11.5%；水稻插秧机、大中型动力机械和配套农具保持较高增幅，农机装备结构更加优化。全县主要农作物耕种收综合机械化水平达到73.2%，比上年增长2%；拥有水稻工厂化育秧基地3个，育秧流水线4条，水稻实现机械栽插2.27万公顷，机械栽插率为40%。农业机械化作业领域由粮食作物向经济作物、大田向设施农业，种植业向养殖业、农产品加工业全面发展，实现产中向产前、产后延伸，发展空间不断扩大。全县农机化作业服务组织及农机户总数约6.46万户，其中农机资产原值20万元-50万元的农机化作业服务组织及农机户有近400个；农机资产原值50万元以上的农机化作业服务组织及农机户有16个；登记注册的农机专业合作社58个。

是年，全县共落实农机购置补贴资金2139.19万元，补贴机具1336台（套），其中大中型拖拉机319台，收割机362台，插秧机2台，烘干机5台（套），受益农户1032户。

【农业标准化基地和三品认证】全县共创建5家市级农业标准化基地，分别是长丰循环农业专业合作社示范基地、长丰县赵老埝生态养殖有限公司生产基地、安徽水中宝泥鳅养殖出口基地、长丰县陶楼乡金徽园生态农庄、长丰县春林食用菌种植专业合作社基地。至年底，全县共创建农业标准化示范基地共计58个，其中国家级3个、省级6个、市级49个。认证无公害农产品、有机食品、绿色食品5个，其中无公害农产品1个，是安徽水中宝农业开发有限公司泥鳅；绿色食品4个，分别是安徽江淮园艺中冶股份有限公司江艺南瓜、哈密瓜；合肥市艳九天农业科技有限公司草莓；长丰县四龙聚农业科技有限公司杏鲍菇。至年底，全县认证“三品”总数达148个，其中，无公害农产品86个、绿色食品认证46个、有机食品认证16个。

【“互联网+农业”建设】 创新开展江淮园艺和龙之歆农业物联网示范园建设；学习和探索电子商务在物联网上的应用，鼓励并帮助田峰草莓园、合肥艳九天农业科技有限公司、武玉农民养鸡专业合作社、长丰县好土宝农业有限公司、安徽江淮园艺科技有限公司等多家农业企业进驻邮乐农品和淘宝等电商平台，2015年农业电商主要以“B2B”“B2C”模式销售，销售额约为300万元。

【江淮分水岭综合治理开发】长丰县实施江淮分水岭综合治理开发项目37个，总投资948.1万元（含省财政奖补资金503万元），其中示范片建设项目5个，财政投资150万元；农业结构调优项目18个，财政投资207万元：主要是以技术推广应用为平台，引进草莓、瓜果、茭白、蔬菜等新品种进行生产示范及推广，不断提升农业科技含量，加快产业发展规模，建立产品可追溯系统，大力推广肥水一体化系统在生产上应用；森林增长工程项目7个，财政投资70万元；农业基础设施建设项目7个，财政投资76万元。

【草莓产业】 全县草莓种植面积1.34万公顷，产量32万吨，总产值达45亿元，亩均产值2.3万元，自2015年11月份草莓上市以来，长丰草莓持续高价外销，批发价较往年增加30%左右，出现连续30多天20元/斤以上高价销售期，最高价格达32元/斤，春节期间出现了十万莓农忙销售壮观景象。为抓好本季草莓市场销售，积极为2017年草莓大会宣传造势，在草莓上市前期，中央、省、市各类宣传媒体纷纷应邀采访宣传长丰草莓；中央7套科技苑栏目组深入长丰草莓基地，重点从长丰抓草莓质量全和标准化生产等方面制作专题报道；参加农业部举办的优质农产品品牌大会和全国十三届国际农产品交易会，长丰草莓被农业部收录“中国优质农产品名录”，并连续两届被评为“最受消费者喜爱的中国农产品区域公用品牌”，长丰草莓在福州国际农产品交易会上被评为“金奖产品”；“长丰草莓”品牌价值达24.47亿元，位居全国400个农产品区域公用品牌前五十强，荣登安徽地理标志商标品牌价值之首，被农业部评为“畅销产品在抓好草莓生产的同时，重点做好第八次中国草莓大会暨第十三届中国草莓文化节的筹备工作，成立以县委、县政府主要领导为第一组长和组长的高规格领导小组，将大会各项筹备任务以两办名义下发各相关单位，重点突出高速连接线10公里草莓大道、草莓三新技术展示园、草莓文化博物馆和“十有”草莓精品园建设。2015年，在水湖镇、罗塘乡、左店乡和水家湖农场选取艳九天、梅香苑、蝶恋花、陆桥、诚信、畅天园等10个草莓精品园，共安排1000万元专项资金，共计49个项目，围绕“十有”标准，重点突出草莓园区基础设施建设、文化元素打造、宣传标牌制作等方面。

【水务】 开工建设的20座小（2）型水库，总投资2400万元；完成陶老坝水库和2014年开工建设的28座小（2）型水库除险加固工程建设；完成沛河综合治理工程。总投资2670万元，计划疏浚河道10公里，加固生产圩堤17公里；全年共解决5.81万人农村人口饮水不安全问题（其中在校师生0.3万人），总投资2845万元；全面完成2014年小农水重点县项目，开工建设2015年小农水重点县建设项目，总投资2500万元；扩挖塘坝855多口、小型泵站技改1600千瓦、渠道清淤71条、末级渠系改造0.13万多公顷，中小灌区改造0.06万公顷，小型水闸除险加固4座；开工建设瓦东干渠下塘渡槽拆除重建工程，总投资投资900多万元；开工建设大房郢湿地治理工程，完成三退工程、小河沟疏浚及桥梁建设等。总投资3000万元。

【工业】 长丰县工业呈现主要指标平稳增长，规模企业不断增加、企业创新能力持续增强、光伏新能源取得突破性进展态势。

主要指标　长丰县实现规上工业产值804亿元，同比增长11.4%；实现工业增加值192.80亿元，同比增长13.%；实现工业投资240。67亿元，同比增长11.9%；实现工业技改投资152.65亿元，同比增长24.8%。

规模企业　长丰县规上企业户数达389户，净增32户，超额实现年初目标。产值超亿元企业198户，较上年同期增加17户。在规上企业中，产值呈增长趋势的有265户，其中增幅在50%以上的72户。全县累计拥有上市（挂牌）企业16户，国科电力于11月份实现挂牌，丰德科技预计2016年上半年实现挂牌。

企业创新　长丰县新增省、市企业技术中心6户，其中省级2户。新增省、市两化融合示范企业9户，其中省级1户。合凯电气等5家企

2015年规模以上工业主要产品产量及其增长速度

产品名称	单位	绝对数	比上年增长%
大米	万吨	53.48	2.2
软饮料	万吨	4.26	28.3
乳制品	万吨	32.72	-1.6
纸制品	万吨	8.81	6.6
初级形态塑料	万吨	4.47	29.3
模具	万套	1.43	78.5
泵	万台	10.63	18.9
锻件	万吨	1.78	42.1
铸铁件	万吨	20.64	-8.3
钢材	万吨	45.17	27.9
钢结构	万吨	37.83	-37.5
家具	万件	136.72	22.2
服装	万件	1566.74	5.2
电动自行车	万辆	3.14	21.9
商品混凝土	万立方米	474.33	1.4
多色印刷品	万对开色令	242.55	27.5
玻璃	万平方米	311.64	5.1
电力电缆	万千米	49.35	17.2
发动机	万千瓦	199.44	33.7
电动机	万千瓦	10.83	63.1

业获认市级工业设计中心，恒大江海获得“安徽工业精品”称号，2户企业4个工业产品被认定为省级新产品。新认定国家、省重点新产品5个，省高新技术产品、新产品25个；全县共申请专利702件，授权专利451件，企业创新能力取得新突破。

光伏新能源　通过政策宣传、项目引领，光伏发电全面开花。长丰县开工在建项目7个，总发电量201.36兆瓦，其中三里河水库40兆瓦光伏发电项目于2015年12月31日并网发电，下塘镇红旗水库40兆瓦光伏发电项目有12兆瓦于2016年元月6日并网发电，庄墓镇庄王社居委20兆瓦光伏发电项目2016年元月20日并网发电。农村家庭屋面光伏建设项目全面铺开，截止目前，全年有近500户家庭光伏项目建成，建设规模5000瓦／户或3000瓦／户，总投资1500万元。

全年县内389户规模以上工业企业实现主营业务收入621.62亿元，同比增长6.3%；实现利润46.84亿元，同比增长12.2%。

全年纳入统计范围的具有建筑业资质等级的总承包和专业承包建筑业企业43家，完成总产值59.51亿元，同比下降5%；实现利润总额3.96亿元，同比下降1.5%。房屋建筑施工面积358万平方米，同比增长12.7%；房屋竣工面积228.5万平方米，同比下降16.5%。建筑业期末从业人员2.48万人，建筑业劳动生产率23.96万元／人。

【固定资产投资】　全年完成全社会固定资产投资425.01亿元，同比增长15.8%，其中工业投资240.67亿元，增长11.9%。分产业看，第一产业投资增长177.4%，第二产业投资增长11.9%，第三产业投资增长7.6%。全年施工项目528个。其中，本年新开工项目445个，比上年增加263个；竣工项目368个，比上年增加169个。全年县内房地产开发投资64.24亿元，比上年下降19.8%。其中，住宅投资51.77亿元，下降22.3%；商业营业用房投资4.73亿元，下降32.3%。商品房新开工面积160.16万平方米，下降19.5%；竣工面积179.92万平方米，下降22.6%。商品房销售面积147.68万平方米，下降26.7%，其中住宅销售面积142.26万平方米，下降27.1%。商品房销售额76.94亿元，下降28.8%。商品房待售面积34.6万平方米，增长34.2%。

【商贸】　全年社会消费品零售总额49.47亿元，同比增长15.0%。其中，批发零售贸易业实现零售额42.53亿元，同比增长15.0%；住宿餐饮业实现零售额6.94亿元，同比增长15.3%。全年限额以上批发零售和住宿餐饮企业实现零售额9.19亿元，增长25.3%，限额以下批发零售和住宿餐饮企业实现零售额40.28亿元，增长12.9%。

全年进出口总额1.73亿美元，增长16.3%。其中，出口1.55亿美元，增长17.6%；进口0.18亿美元，增长6.6%。

【交通和邮电】　全县公路通车里程3170公里，其中高等级公路通车里程91公里。年末民用汽车拥有量3.47万辆，比上年增长4.9%；其中私人汽车2.16万辆，增长25.2%。

全年邮电业务收入4.84亿元，增长6.1%。其中，邮政业务收入0.37亿元，增长4.2%；电信业务收入4.47亿元，增长4%。本地固定电话年末用户8.08万户；移动电话年末用户68.57万户，比上年增加1.2万户。

【财政和金融】　全年财政收入40.13亿元，比上年增长13%；其中地方财政收入27.84亿元，增长12.8%。财政支出48.29亿元，增长10.5%。其中，一般公共服务支出3.34亿元，下降29.4%；社会保障与就业支出6.64亿元，增长56%；全年实施40项民生工程累计投入9.47亿元，惠及城乡居民287.2万人次。年末金融机构人民币各项存款余额242.2亿元，比年初增长12%；其中住户存款118.67亿元，增长19.5%。金融机构人民币各项贷款余额145.38亿元，比年初增长13.5%。其中，短期贷款46.71亿元，下降7.0%；中长期贷款90.92亿元，增长23.3%。

全年保险系统保费收入2.33亿元，比上年增长18.8%。其中，财产险保费收入1.41亿元，比上年增长18.8%；人身险保费收入0.92亿元，比上年增长19.3%。各类赔付支出1.12亿元，增长16.0%。其中，财产险业务赔付支出0.78亿元，增长14.4%；人身险业务赔付支出0.34亿元，增长19.6%。

【人民生活和社会保障】　全年全县常住居民人均可支配收入18742元，比上年增长9.7%。按常住地分，城镇居民人均可支配收入25684元，比上年增长9.1%；农村居民人均可支配收入14614元，比上年增长9.1%。年末全县参加城镇职工基本养老保险人数4.65万人，比上年增加0.28万人；参加失业保险职工人数2.52万人，比上年增加0.19万人；参加城镇基本医疗保险职工人数4.99万人，比上年增加0.16万人；城乡居民社会养老保险参保人数41.96万人；城乡居民参加合作医疗人数64.99万人。全县城镇居民最低生活保障救济人数0.77万人；农村居民最低生活保障救济人数3.78万人；农村五保户供养人数0.78万人。

【民政】 长丰县启用全国低保生活保障信息系统，实现低保管理信息网络化。向低保对象发放每月300元的生活补贴。低保累计救助54.69万人次，共发放低保金1.40亿元；救助城乡医疗救助对象8.11万人次，救助资金2689.85万元，其中一站式结算的人数与资金分别占直接救助（除去五保门诊及代缴参合支出）人数及资金的96.63%、67.51%；提高五保供养标准，由上年的每人每年2420元提高到2650元，全年共发放救助金2892.40万元。为全县五保老人购买医疗护理保险，每人投保118元，缓解五保对象因疾病、意外伤害造成的个人经济压力。为符合条件的老年人发放高龄津贴和长寿保健费，全年一次性发放资金1157.64万元；发放临时救助金397.38万元，救助1774人次。发放救灾款626万元；全年优抚对象6114人，发放抚恤资金1872.73万元，发放2015年“八一”优待金1154万元。每月为残疾军人缴纳医保费，全年共缴费19.4万元。在抗战胜利70周年纪念日中，发放抗日战争时期老战士一次性生活补助6.5万元。

全县已建成各类养老服务机构135个。实施“银龄安康”行动，为老年人购买意外伤害综合保险，超额完成省市下达目标任务，覆盖率达35.11%，位次居于全市之首；

开展“慈善情暖万家”活动，救助困难群众125户，发放慰问金10万元。开展重阳节救助活动，对70周岁以上的特困老人进行救助。开展“慈善圆梦大学”品牌助学活动，共救助困难大学生27名，发放救助金8.1万元。联系爱心企业，捐资21.26万元救助100名困难学。动员社会各界支持慈善事业，开展“一日捐”活动，2015年共接收捐款59.36万元。

年末拥有各类收养性社会福利机构22个，床位4338张，收养各类人员2568人。城镇建立各种社区服务中心（站）100个。慈善组织募集各类善款65.1万元。

年末全县常住人口64万人，比上年增加0.9万人。年末户籍人口　75.83万人，比上年增加0.63万人，其中城镇户籍人口16.75万人，户籍人口城镇化率22.1%。全年人口出生率11.14‰，比上年上升0.23个千分点；死亡率4.06‰，下降0.41个千分点；自然增长率7.08‰，上升0.64个千分点。

2015年末全县人口及构成

单位：万人

指　标	年末数	比重（%）
年末常住人口	64.00	
年末户籍人口	75.83	
其中：城镇	16.75	22.1
乡村	59.08	77.9
其中：0-17岁	13.24	17.5
18-59岁	48.79	64.3
60周岁及以上	13.80	18.2
其中：65周岁及以上	9.82	12.9

【教育、文化、卫生】 全县共有普通中学45所，在校学生2.83万人；中等职业教育学校8所，在校学生0.7万人；小学110所，在校学生4.2万人；幼儿园94所，在园幼儿1.76万人。全县小学学龄儿童入学率100%，初中毕业生升学率92.2%。

全县拥有专业剧团1个，图书馆1个，藏书11.6万册，文化广播电视站14个。

全县共有卫生机构254个（含村卫生室和计生服务站），其中医院、卫生院25个，社区卫生服务机构13个。卫生机构床位数1890张，其中医院、卫生院1880张。全县专业卫生技术人员1633人，其中执业医师和职业助理医师665人，注册护士557人。每千人拥有卫生技术人员2.15人，拥有医院、卫生院床位数2.48张。婴儿死亡率5‰，产妇住院分娩率100%。城乡居民新农合参合率达98.8%。

【国土】 长丰县全年经省政府批准征收土地46个批次622.75公顷，占全年报批5000亩任务的186.83%；报验土地整治项目新增耕地521.57公顷，占全年5000亩新增耕地任务的156.47%；完成非税收入8775.8万元，占全年6857万元任务的127.98%；出让土地51宗148.09公顷，土地出让金13.8054亿元；招商引资引进项目1个总投资2.8亿元；办理土地抵押登记178宗，涉及土地面积455.97公顷，为企融资26.8270亿元。

（李　标）

2015 年长丰县村、社区一览表
（截止 2015 年 12 月）

乡 镇	编号	村（居）名	编 号	村（居）名	编 号	村（居）名	编 号	村（居）名
水湖镇 31（其中居委 7 个农村社区 5 个城市社区）	1	南孔村	2	李岗村	3	俞岗村	4	周巷村
	5	李杨村	6	伍岗社区	7	蒋赵村	8	谢户村
	9	庙岗社区	10	颜湖社区	11	兴隆村	12	拐王村
	13	小岗村	14	大周村	15	张祠社区	16	孔圩村
	17	阮巷社区	18	丰峡村	19	裴户村	20	长岗村
	21	费岗村	22	金瓦村	23	周圩村	24	李拐村
	25	翰林居	26	富华居	27	钱岗社区	28	水湖居
	29	锦湖居	30	岗城社区	31	李集居		
	注：原长寿居改为锦湖居、原吴山居和长丰居合并为翰林居、原长合居和长淮居合并为富华居							
罗塘乡 25（其中 4 个农村社区）	32	徐庙社区	33	邵集村	34	夹道社区	35	庄岗村
	36	杨郢村	37	尹集村	38	禹庙村	39	双合社区
	40	张岗村	41	梅元村	42	朱桥村	43	壁城村
	44	拐集村	45	鲁周村	46	黄岗村	47	花塘村
	48	戴庙村	49	罗塘社区	50	岳岗村	51	邵桥村
	52	叶集村	53	上拐村	54	联合村	55	樊祠村
							56	双门村
左店乡 11（其中 3 个农村社区	57	淮光村	58	梁埝村	59	高闫村	60	左店社区
	61	戴集村	62	韩庄村	63	凤凰村	64	永丰社区
	65	梁曹村	66	陆桥村	67	创新社区		
杜集 18（其中 3 个农村社区）			68	陈岗村	69	新星村	70	新街社区
	71	振兴村	72	迎新村	73	沛兴村	74	杜集社区
	75	团结村	76	胜利村	77	刘兴村	78	邱集村
	79	大李村	80	东黄村	81	何岗村	82	义合村
	83	隆兴社区	84	庙后村	85	高祠村		
庄墓镇 10（其中 4 个农村社区）	86	杨湾村	87	李庄村	88	薛桥村	89	金桥村
	90	侯集社区	91	刘浅社区	92	枣林村	93	庄王社区
	94	张圩村	95	徐岗村	96	庄墓社区		
义井乡 19（其中 3 个农村社区）	97	杨店村	98	曹岗村	99	甄祠村	100	车王村
	101	义井社区	102	向东村	103	大郢村	104	黄巷村
	105	曹店村	106	甄湾村	107	杜岗村	108	塘面村
	109	红桥村	110	龙王村	111	涂拐社区	112	蔡岗村
	113	迎水村	114	徐巷社区	115	楼丰村		
岗集镇 21（其中 10 个农村社区、1 个城市社区）	116	松棵村	117	四十埠村	118	青峰岭村	119	双庙村
	120	斗镇村	121	张庙社区	122	大窑村	123	桃山村
	124	新元村	125	安冲村	126	牛寨村	127	龙岗社区
	128	新庄社区	129	黄浦社区	130	井沿社区	131	南洪社区
	132	前丰社区	133	三十埠社	134	金岗社区	135	卧龙山社
	136	岗集居						

续表

村（居）名	编 号	村（居）名	编 号	村（居）名	编 号	村（居）名	编 号	村（居）名
吴山镇18（其中4个农村社区、1个城市社区）	137	官府村	138	东岗社区	139	岗楼村	140	井岗社区
	141	薛店村	142	牌碑村	143	四墩村	144	百花居
	145	桥冲村	146	王楼村	147	胜岗村	148	五十埠社区
	149	高岗村	150	楼南村	151	车左村	152	涂郢社区
	153	楼西村	154	梨园村				
陶楼乡12（其中5个农村社区）	155	观美社区	156	古城村	157	陶楼社区	158	石集村
	159	高塘社区	160	新丰社区	161	陈圩村	162	沙井村
	163	大桥村	164	陈祠村	165	杭岗村	166	陶西社区
双墩镇28（其中3个农村社区、7个城市社区）	167	富水村	168	汪岗村	169	罗南社区	170	湖滨社区
	171	兴岭村	172	海宝村	173	罗北村	174	梁庄村
	175	河东村	176	新集村	177	双墩居	178	南苑村
	179	尚岗村	180	马庙村	181	大官塘村	182	吴店社区
	183	金坝村	184	花园居	185	富民村	186	旧镇村
	187	白大塘居	188	北苑村	189	华丰村	190	濛河社区
	191	康乐社区	192	滁河社区	193	泉河社区	194	双丰社区
下塘镇24（其中13个农村社区、3个城市社区）	195	幸福社区	196	韩岗社区	197	牌坊村	198	李岗村
	199	钱集社区	200	青州居	201	南集村	202	顾圩村
	203	古楼社区	204	南圩居	205	北店村	206	陶新村
	207	明华社区	208	埠南社区	209	小井村	210	埠里社区
	211	万岗社区	212	金店居	213	上杨村	214	陶湖社区
	215	赵店社区	216	西葛社区	217	安费塘村	218	朝晖社区
杨庙镇17（5个农村社区社区）	219	大元村	220	双塘村	221	马郢社区	222	庙南社区
	223	颜岗村	224	大路村	225	四树社区	226	庙北社区
	227	大程村	228	枣林村	229	云丰村	230	孔岗村
	231	豸铺村	232	谷大郢村	233	十井社区	234	陶店村
	235	宋楼村						
造甲乡13村（5个农村社区）	236	造甲社区	237	双河村	238	马塘村	239	缪岗村
	240	凤楼社区	241	宋岗社区	242	六方村	243	双丰社区
	244	凤群社区	245	陈刘村	246	联合村	247	宗旱村
	248	许圩村						
朱巷镇12村（4个农村社区）	249	东许村	250	庞孤堆社区	251	栢塘社区	252	陈庄村
	253	镇北村	254	羊荒村	255	朱巷社区	256	梁圩村

总数271个，其中村171个、100个农村社区、23个城市社区。

庐江县

【概况】 庐江县是周瑜故里、温泉之乡、矿业大县。

“庐江”原是古江名，后成郡、县名。西汉初设“庐江郡”，今庐江之地汉时为舒县。南朝梁始置“庐江县”（另一说“庐江县”始于隋开皇三年即公元583年），距今约一千五百年。庐江又称潜川。

庐江县现隶属合肥市，地处皖中巢湖西南畔，陆路交通主要有合九铁路、合安和合铜黄高速公路以及省道合铜公路、巢庐公路、二军公路，水路运输通巢湖达长江。

2015年，全县总面积2347.7平方千米，耕地总面积115438公顷，常用耕地面积74385公顷，淡水水域总面积22403公顷，森林面积47272公顷，森林覆盖率18.31%，活立木总蓄积221.33万立方米，全年平均气温16.8℃，日照时数1463.9小时，日照百分率33%，全年降水量1173毫米，全年水资源总量11.35亿立方米，已探明的矿藏有33种，主要矿产资源保有储量：铁矿石70452.2万吨、硫铁矿42250.88万吨、铜矿金属量117.82万吨、明矾石13889万吨。

庐江旅游资源优异。汤池镇温泉水温63℃，涌水量5000吨以上/昼夜，有“华东第一泉”之称。围绕温泉先后建成金孔雀度假村、万振逍遥别院、国轩温泉宫等旅游设施和景点。国家森林公园冶父山竹海林涛，山上有春秋时期铸剑之父欧冶子在山上铸剑留下的铸剑池，山上山下有始建于唐代的伏虎寺、实际寺，寺中贡有三尊不腐肉身，素有“江北小九华”之称。岱鳌山千姿百态，牛王寨、百花寨、黄山寨、釜顶山诸峰，山势陡峭，幽静深远，遍布古战场遗迹。数万亩湿地黄陂湖与巢湖水域，以及青山湖、金汤湖、虎洞湖，水上风光无限。

庐江人文荟萃。历史名人古有文翁、左慈、周瑜、王蕃、伍乔等，近代有吴赞诚、吴长庆、刘秉璋、潘鼎新、丁汝昌等。三国名将周瑜鏖战赤壁，清代淮军名将吴长庆援朝平乱，刘秉璋、潘鼎新抗法入侵，吴赞诚治台有功，北洋水师提督丁汝昌英勇抗日等故事广为流传。出土（馆藏）文物三级以上有208件，文物保护单位有53处，周瑜墓、何氏太始祖陵园、果树宋代瓷窑址、武壮公祠、抗日名将孙立人故居等列入省级文物保护单位。冶父寺、白云禅寺、庆复禅寺等处佛教文化兴盛，蕴涵孝道文化的母子陵名噪一方。庐南罗家嘴暴动旧址、汤池松园新四军江北指挥部旧址传扬革命精神。

庐江县有17个镇，192个村、39个社区，6540个村民小组、1338个居民小组；总户数391828户，户籍总人口1197942人；经济保持中高速增长，生产总值221.14亿元，增长10.2%；财政收入和支出分别为24.97亿元、49.76亿元，分别增长2.1%、12.0%；金融机构存、贷款余额分别为345.26亿元、193.51亿元，分别增长14.6%、17.6%；招商引资到位资金200.26亿元，利用外资6500万美元；固定资产投资306亿元，增长27.6%；社会消费品零售总额82.14亿元、增长11.0%；外贸进出口总额1.66亿美元，增长6.2%；规模以上工业增加值52.34亿元、增长15.0%；全县居民人均可支配收入18638元，增长9.7%。首次进入全省县域经济综合竞争力十强和中部百强县，成功创建全省科普示范县、残疾人工作示范县、第三届安徽省文明县城。

【引（融）资投资】 全县招商引资到位资金（利用省外资金）200.26亿元、增长14.5%，外商直接投资（利用外资）6500万美元、增长7.4%。新签约亿元以上项目73个，其中10亿元以上项目5个、5-10亿元项目5个；实质性开工亿元以上项目44个，其中5亿元以上的工业和现代服务业大项目6个，包括：投资50亿元的国轩年产5万吨锂电池正极材料、投资53亿元的神皖2×660MW发电机组工程、投资5.6亿元的国能年产1.6亿AH固态聚合物锂电池、投资5.5亿元的金太阳环圩河55MW渔光互补光伏电站、投资5亿元的薛家圩村分布式光伏发电及投资6.3亿元的庐江美食特色商业街项目。

投资增势依然强劲。全县500万元以上施工项目409个，其中当年新开工项目300个。在新开工项目中，超过亿元以上项目37个。全年社会固定资产投资306.2亿元，增长27.6%，其中民间投资226.0亿元，增长27.0%，表明投资结构逐步优化。上述投资中，入围省“861”项目65个完成投资75亿元；列入市“1346”项目86个完成投资105亿元。投资按产业分：第一产业投资18.42亿元，增长66.8%；第二产业投资142.18亿元，增长19.3%；第三产业投资145.60亿元，增长32.6%。固定资产投资资金来源：国家预算内资金17.73亿元，下降46.0%；国内贷款6.32亿元，增长13.4%；自筹资金232.79亿元，增长39.6%；其他资金12.32亿元，增长747.0%。

【工业经济】 大力实施“工业立县创新突破年”活动，2015年完成工业投资142亿元、增长19.3%，其中技术改造投资62.19亿元，增长8.3%。工业大项目建设开创新局面：总投资53亿元的神皖电厂全面开工，总投资50亿元的国轩高科新能源电池正极材料一期项目投产，实现庐江历史上投资超50亿元工业项目零的突破；江汽轻卡、华启汽配、辰航幕墙、罗河铁矿、金牛矿业等重大项目建成投产；龙桥铁矿二期联动试车；沙溪铜矿、黄屯硫铁矿等重大项目加快建设；国投高科、星源材质、安铝铝材、凯创电子等重大项目启动建设。工业载体加快发展：县经济开发区新续建道路16条，新开工亿元以上项目12个，完成固定资产投资50亿元。规划的新能源材料及装备产业园建设取得实质性突破，国轩高科、星源材质、国能动力等企业已入园；龙桥工业园进行总规调编，4平方公里化工集中区获批，工业污水处理厂、西河码头建设稳步推进，生活污水处理厂建成，新签约亿元以上项目3个，在建亿元以上项目4个。

全县工业增加值83.85亿元，增长12.6%，工业化率达到38%。全县规模以上工业企业223户，完成规模以上工业总产值210.3亿元，增长9.3%，其中战略性新兴产业产值和高新技术企业产值分别为17.18亿元和30.89亿元，分别增长13.5%和12.5%；完成规模以上工业增加值52.3亿元，增长15.0%。规模以上工业主要经济效益指标较好：产品销售率为96.51%，产品销售收入2010325万元，利润总额98461万元，利税合计168404万元，企业亏损面5.38%，工业经济效益综合指数237.38%。规模以上工业主要产品产量：铁矿石原矿484.47万吨、铜金属量9839吨、大米59.03万吨、饲料64165吨、精制食用植物油32824吨、酱油30707吨、白酒（折65度）3556千升、啤酒28925千升、黄酒44560千升、精制茶5181吨、无纺布（无纺织物）12746吨、服装462万件、磷酸一铵（实物量）16.23万吨、塑料制品8385吨、水泥209.37万吨、商品混凝土206.42万立方米、砖63337万块、阀门4525吨、风机10736台、电子元件20276万只。

推进企业尤其是工业企业利废、降耗、节能。2015年，全县能源消费总量106.55万吨标准煤，下降1.4%，全县万元GDP能耗0.5983吨标准煤。2011年至2015年全县单位GDP能耗分别比上年下降4.4%、3.9%、3.0%、5.1%、10.4%，累计下降24.3%，比“十二五”目标多下降7.3个百分点，超额完成任务。

【农村经济】 农业改革试点工作，在国家现代农业示范区农业改革与试点绩效评估中再次荣膺全国第六、中部第一，在省级现代农业示范区考评中为全省优秀，“庐江模式”获得肯定。农村土地承包经营权确权登记颁证在全省先行，率先组建农村产权交易中心，交易量占省中心的60%以上。新增土地流转13万亩，全县累计流转土地面积5.63万公顷，耕地流转率（或土地规模经营比重）达65.7%。各类新型农业经营主体发展到3816个。农村金融改革获市政府创新奖，农业保险提标扩面创新被纳入省委一号文件，2015年全县投保粮油棉作物面积11.6万公顷、钢架大棚蔬菜66.7余公顷、能繁母猪6894头、蛋鸭37.3万羽、淡水养殖面积0.08万公顷、林业面积2.09万公顷、茶叶205.7公顷，达到应保尽保；为2000余户新型农业经营主体发放贷款3.6亿元。

扶贫开发持续发力。落实“单位包村、干部包户”定点帮扶制度，24个贫困村由31家县直单位、9家市直单位帮扶，31个县直单位认领贫困村项目资金达228.45万元，市经开区和蜀山区对口帮扶的6个项目投资300万元已全部完工。出台产业扶贫实施意见和“三无”特困农户稳定脱贫实施意见，县财政安排扶贫专项资金726万元，其中产业扶贫发展专项资金480万元，实施24个村遴选的产业项目，可促进5000多贫困人口脱贫。8个村集体和150户“三无”特困户光伏电站项目完工，每年可为村集体增收2-3万元、农户增收2500元左右。完成447户特困户危房改造。初审脱贫4.6万人。

组织实施全省农机化示范县创建工作，至年底，全县农机总动力达到141.2万千瓦，农用拖拉机总计58793台，大中型拖拉机2526台，水稻插秧机599台，联合收获机2592台，割晒机951台，机动脱粒机83206台，农用排灌动力机械8.9万台，机耕面积15.72万公顷，机播面积7.07万公顷，机收面积13.7万公顷，水稻机插秧面积3.63万公顷，主要农田耕种收综合机械化水平达到71%，拥有农机专业合作社77家，全年农机经营总收入12.5亿元。

2015年，全县粮食生产实现“十二连丰”，种植面积14.1万公顷、总产90.9万吨、平均单产430.8公斤/亩；油料、棉花总产分别为3.14万吨和0.41万吨；蔬菜瓜果播种面积2.32万公顷，蔬菜产量41.66万吨；规模养殖大户870户，规模养殖比例达63.2%；全县生猪饲养量33.2万头，家禽饲养量1832万只，肉羊饲养量1.5万只，肉蛋总产达6.86万吨；水产健康养殖面积达21.2万亩，其中特种水产品养殖面积占60%，水产品总产量5.51万吨，获评全省水产大县第二名；植树造林3.31万亩、获市二等奖；县级以上农业产业化龙头企业发展到155家，其中省级16家，市级82家，规模以上农产品加工产值84.7亿元；农林牧渔业总产值82亿元，增长5.2%；农村居民可支配收入14312元，增长9.2%。

【商贸旅游】 完成进出口总额1.66亿美元，增长6.2%，其中出口额1.62亿美元，增长9.8%，全年出口超千万美元企业4家；全县已获权外贸企业117家，其中已获出口实绩企业37家；外商直接投资总额6500万美元，增长7.4%；实现社会消费品零售总额82.14亿元，增长11%，其中限额以上和限额以下企业分别实现社会消费品零售总额22.97和59.17亿元，分别增长4.3%和13.8%；年末全县限额以上批发零售和住宿餐饮企业59户，比上年增加15户；限额以上企业中，批发和零售业实现零售额21.53亿元，增长4.3%，住宿和餐饮业实现零售额0.96亿元，增长4.9%；全县限额以上企业实现利润总额4064万元，下降28.3%，其中住宿和餐饮业利润总额由上年亏损138万元转为盈利370万元，实现扭亏增盈。

完成军二路万山至汤池段7.5公里路面提升改造，白山至冶父山环湖道路连接线投入建设；环巢湖鸢尾台、海棠台驿站和观景平台建成；冶父山景区、周瑜墓园、孙立人故居、丁汝昌故居、同大葡萄园、台湾农民创业园等项目基本完成并继续提升；白山齐咀景区北入口景观公园、停车场建设完成；十八里长冲自驾游营地一期工程正在进行；深圳南山集团投资40亿元的汤池旅游综合体项目、皖新传媒投资的百花仙谷项目正式启动；金孔雀体育公园、爱情公园主体基本建成；冶父山4A景区创建成功，获中国最具价值文化（遗产）旅游目的地景区称号，中国稻米博物馆、周瑜墓园、柯坦虎洞、果树老街等评定为3A景区，新增农家乐12家，农家餐馆、农家旅馆29家，已建成齐嘴美食村。结合美好乡村建设，打造“长藤结瓜”式乡村旅游。举办9场旅游节庆活动。中央电视台《远方的家》栏目拍摄播出《巢湖之滨秀美庐江》，庐江旅游品牌知名度和美誉度大大提升。2015年，全县共有星级饭店9家，拥有客房2580间，旅行社9家，二星级以上农家乐37家，3A级以上景区4个；接待游客402万人次（其中入境游 3万人次），同比增长14.15%，实现旅游业总收入33亿元，同比增长17.26%，其中旅游外汇收入0.35亿美元，增长2.9%。

【城乡建设】 安排大建设项目112个，开工项目101个、开工率90%，其中已完工项目60个、完工率53.5%，概算总投资170亿元，年度计划投资63亿元，完成投资50.3亿元、完成投资率79%，征地约466.7公顷，拆迁约82万平方米。

庐城有地质博物馆、图书馆、文化馆、规划馆、体育馆、名人馆、六中、三里小学、城北小学、城南小学教学楼和县医院人防工程、县气象预警中心等26个公共设施项目建成使用。实施环碧公园水系治理和县河、东大河、苏家河、中塘河、城东内河共29公里的河道整治，沿河两侧高标准建设50米宽景观带，成为居民休闲好去处。第二水厂选址确定，第一污水厂二期工程和第二污水厂投入运营，铺设供水管网24.6公里、污水管网43.6公里，建成庐城生活垃圾填埋场。

道路建设成效明显。庐城道路建设投入10亿元，新建续建市政道路26条、24公里，“两环五横五纵”的城市路网框架已现雏形。庐铜铁路建设快速推进，合九铁路13座道口实施“平改立”。公路建设投入25.86亿元，合铜路一期、新二军路、环巢湖大道庐城连接线一期竣工通车，合铜路二期、桠罗路、环巢湖大道盛桥连接线、庐城连接线二期和花泥路改建工程全线开工。国省干线大中修24公里，县道大中修37.9公里，县乡公路升级改造95.4公里，实施村级公路网化工程103公里，改造加固危桥53座。

保障房基本建成项目6个911套，新开工项目6个2323套。全年房地产开发投资27.89亿元，其中住宅开发投资19.50亿元；商品房施工面积222.80万平方米，其中：住宅施工面积179.52万平方米，新开工面积57.17万平方米；商品房竣工面积79.16万平方米，其中住宅竣工面积70.12万平方米；商品房销售面积36.81万平方米，其中住宅销售面积32.14万平方米；商品房待售面积11.74万平方米，其中住宅待售面积5.97万平方米；商品房销售额21.19亿元，其中住宅销售额17.01亿元。全国“十强”房企碧桂园入驻庐江城东新区开发建设且一期已开盘。

美好乡村建设有序实施。50个省级美好乡村中心村自2012年启动建设，已有罗埠、三峰等30个中心村相继建成；下批灵台、晴岚等20个中心村于2015年开始为期两年的建设，共安排482个项目，当年287个项目进展顺利。县财政安排50.5万元管理资金，采取以奖代补办法，环境整治和常态化管理建成后的中心村。启动环巢湖美好乡村示范区建设，沿湖三镇沿路28个村庄完成整治。13个乡镇污水处理厂通水试运行。2015年，汤池镇获评全国“最美村镇”，汤池镇果树村获评全国文明村镇，汤池镇百花村荣获“全省美丽宜居村庄”称号。

推进电网规划和建设。投资1.5亿元，实施农村电网改造升级项目247个，完成88个台区建设任务。汤池镇果树村下街台区获国网公司“百佳工程”称号。全年完成2590户“低电压”整治，完成并网的分布式电源232户，容量21.19兆瓦。2015年电力消费量14.84亿千瓦时，同比增长6.1%。

农田水利建设投资1.2亿元，建设高标准基本农田0.47万公顷。扎实推进汤池土地整治项目，完成增减挂钩和工矿废弃地复垦273.3公顷、新增耕地120公顷，争取用地指标233公顷。清淤农村沟渠121条，扩挖圹坝1271口，除险加固病险水库7座，完成土石方1376万立方米，全年实施的水利工程建设主要有9大项，荣获“江淮杯”银奖第一名。小型水利工程产权制度改革全面推行，入选全国小型水利管护创新改革试点县。

2011-2015年，是大投入、大建设，城乡面貌大变化的五年。累计获得合肥市100多亿元的资金支持，庐城建设完成投入190亿元，规划区由20平方公里拓展至50平方公里，建成区由16平方公里增加至28平方公里，城市形态实现单中心向多中心、组团式转变，城市功能实现“城关镇”向中等城市跨越。交通建设完成投资67亿元，建成和改造一级公路97.6公里、二级公路10.8公里、县乡公路144.5公里、村级公路网化工程287.8公里、农村危桥132座。农田水利建设投入资金38.7亿元，9个万亩以上圩口防洪能力达到20年一遇，圩内排涝标准达到10年一遇。电网建设实现翻番，110千伏、35千伏、10千伏线路长度均增长2倍以上，相当于再建一座庐江电网。

【城管环保】 庐江县城管工作荣获合肥市“创建第四届全国文明城市工作先进集体”。城市管理体制改革实现新突破。县政府成立由县长任组长，涉及城市管理工作各个部门主要负责人为成员的县城市管理委员会并下设办公室，出台配套规章和规范性文件，形成了条块结合、以块为主、重心下移、属地管理的城市管理新体制，庐城大城管格局初步形成。深化城管队伍人事机构改革。全局197名同志全部通过公开报名竞争，人员双向选择匹配，重新上岗，其中70名同志派驻庐城镇，组建“庐城镇城市管理执法大队”，10名同志派驻到县林园局，组建新的管理大队。县局机关仅保留17名行政管理及后勤人员，比改革前减少15人，市政所和环卫所人员由原来的50余人精简至各为6人，最大限度将管理人员充实到执法一线。城管进社区，庐城建成区划分为4个网格，绝大部分职能职权下放到网格大队，实行网格化管理。

全县环境污染治理投资2.69亿元，增长13.8%。全年工业排放二氧化硫2115.9吨、废水424万吨、废气77.10亿标立方米、产生固体废物394.4万吨。全年工业废水排放量达标率96.5%，工业烟尘排放量达标率80.1%，城镇生活污水处理率65%，建设项目环评“三同时”执行率100%，全年城区空气质量优良以上220天。

加力生态创建工作。矾山镇获得“省级生态镇”命名，乐桥镇老院社区获得“省级生态村”命名；新申报乐桥镇、白湖镇省级生态镇，白湖镇毛咀村、龙桥镇凌安村省级生态村，庐城镇鲍井社区、罗河镇店桥社区市级绿色社区；汤池镇百花村荣获“全省美丽宜居村庄”称号；白湖镇、白山镇完成环境规划。环巢湖生态修复工程进展顺利，完成投资41.1亿元建设环巢湖地区生态保护修复一、二期工程，环巢湖防洪大堤工程完工，县河东大河综合治理工程与庐北大圩防洪工程完成投资已达95%以上。“三线三边”环境综合整治居全市第二。

【文化建设】 “人文庐江”深入实施，文化民生工程逐一落实，免费开放1个公共图书馆、1个文化馆、17个乡镇综合文化站、2个博物馆，93个农家书屋全面对外开放，文化信息共享村基层服务点全面开展活动，免费“送戏进村”演出218场、放映电影2416场。《庐江年鉴（2014）》及十余部文艺书籍出版发行。农民文化乐园建设完成年度任务。金牛镇和龙桥镇黄屯老街、白山镇齐嘴村分别入选全省千年古镇和古村落。庐江文化艺术团荣获全国服务农民、服务基层文化建设先进集体。

提升公共文化服务。图书馆增订图书资料种类达218种，对本土的各类书籍、资料以及电子文档进行收集分类上架，开展送书下乡、庐江人文历史文化讲座、“周瑜故

里 悦读庐江”“书香潜川”等项活动。不仅送戏进村，还进行广场文化演出50余场，先后举办周瑜文化节、“庐江之韵”民间艺术节、风筝文化节、茶文化节、温泉节、开湖节、庐江县广场舞大赛、“百幅图片晋省展”等活动。成功举办庐江县文学艺术奖文学作品奖、文史作品奖评选工作，开展了富有庐江特色的家风文化、民俗文化、古村落文化、乡贤文化以及冶父山剑文化等地域特色文化研究宣传工作，出版《新四军江北指挥部》《周新民传》《抗日名将孙立人画传》《想起当年创业的时候》《漫游冶父山》《庐江民俗》等一批历史文化旅游书籍，拍摄制作的《抗日名将孙立人》纪录片已在县电视台播放。

加强文化市场监管。开展“绿书签”及知识产权保护系列活动，全年出动执法人员3000余人次，检查音像制品、出版物和网络经营户900多户次，印刷复制门店300多户次，相关出版物经营场所200余家，查处各类案件8起，收缴盗版及非法出版物图书700余册、盗版音像制品1760盘、非法报纸10份，检查文化娱乐及洗浴场所800多家次，销毁盗版物品5000余件，扫黄打非工作取得一定成效。

文艺协会队伍继续增强，各协会新增县级会员40余人、市级会员8人、省级会员4人、国家级会员1人。文艺精品创作硕果累累。初步统计，部分文艺精品在国家、省、市级重大赛事中获各类奖项28个，参展入选39人次。多部文艺作品集编印发行。个人作品专集主要有：刘见龙散文集《远歌》、夏雨峰散文集《穿越黎明》和《庐江历代诗词辑》、吴守春乡土文学集《古韵泥河》、鲁成龙散文集《溪水流云集》。诗词楹联学会负责编纂的《诗词中的庐江》历时三年，付梓印行，堪称“人文庐江”之力作。县音乐家协会《庐江民歌选集》编印800本发至社区基层。诗词楹联学会收集、整理、校戡庐江古籍文献工作取得进展。

广播电视连续13年安全播出无事故，先后被授予第十届省级文明单位，第十三届合肥市文明单位，广播电视“村村通”民生工程又获省广电局通电嘉奖。2015年底，全县广播电视综合覆盖率100%，通有线电视的村120个，有线电视用户4.1万户， 有线电视网络总长991公里。

围绕中心宣传，营造庐江大发展的舆论氛围。全县新闻宣传阵线业绩显著。全年在市级以上主流媒体发稿1500余篇（条），其中中央级媒体发稿近100篇（条）。《庐江手机报》用户突破1.2万，位居全省前列。官方微信“微聚庐江”持续位居合肥市政务微信影响力排行榜前列。成功举办“网聚正能量 点赞新庐江”庐江首届网络春晚、“庐江好人故事”微电影和微电影创作大赛。坚持制作“天南地北庐江人”，讲述庐江人的故事。中央电视台大型系列节目《江河万里行》、中央人民广播电台《中国乡村之声》、安徽电视台国际频道《感知安徽》等大篇幅、长时段的报道展现了庐江故事、庐江美景的无穷魅力。与合肥广播电台联办《印象庐江》栏目，每周五期，及时传播庐江声音。联合合肥电视台共同创办的“开着房车去旅行”栏目，向全市人民展现了庐江丰富的乡村旅游资源。

【文明创建】 开展“庐江好人”月评和“中国好人”“安徽好人”推荐、评选、学习活动，全年评选出庐江好人66人，吴大俊当选5月份安徽好人，许玉奇获“第四届合肥市道德模范特别奖”称号，沈鑫敏获“第四届合肥市道德模范”称号，徐玉全获“第四届合肥市道德模范提名奖”。开展“第三届感动庐江十大人物”评选活动，表彰感动人物10名、感动人物提名奖10名。在庐城镇塔山广场建立好人长廊，在文昌路设置好人一条街，集中展示自2008年以来全县涌现的200多位各级各类好人事迹。编印《庐江好人故事》，收录庐江62位道德模范和感动人物的爱心故事和感人事迹。拍摄以“中国好人”李宏宇为原型的“守望亲情”微电影。在庐江新闻网上展示188位“庐江好人”。开展多种形式的“道德模范在身边”学习宣传活动，邀请第二届感动十大人物代表、庐江县第三人民医院副院长邢应芝以“爱岗敬业 无私奉献”为主题的道德模范进企业宣讲活动，邀请专家学者和身边的好人100余人举办道德讲堂，以形成学习好人、争当好人的社会氛围。

群众性精神文明创建活动卓有成效。庐江县获“第三届安徽省文明县城”称号。县城管局等3个单位、徐济兵等5位个人获“合肥市创建全国文明城市先进集体、先进个人”称号。县关工委等3个单位、邓芳等8位个人获“合肥市未成年人思想道德建设工作先进集体、先进个人”称号。汤池镇果树村获得“全国文明村镇”称号，冶父山镇等3村镇获得“第三届安徽省文明村镇”称号，柯坦镇等15个村镇获得“合肥市第三届文明村镇”称号。庐江县国税局等50家单位和汤池镇东汤池社区等7个社区获得“合肥市第十三届文明单位”称号，庐城镇塔山社区等2个社区获得“第四届安徽省文明社区”称号。

章小杰等100户家庭获得全县“十星级文明户”称号，泥河镇高明发家庭获得全省“最美家庭”称号。

【平安工作】 庐江县2015年度安全生产工作实现市控指标不破，连续7年被市政府评为优秀单位。市政府下达庐江县2015年度控制死亡人数指标为30人，年终结余控制指标4人。全年共发生各类生产安全事故60起，死亡26人，受伤51人。

信访工作分获省、市优秀。全年受理来访省、市转送、交办信访事项235件，及时受理率为100%，按期答复率为100%，群众满意率为100%。

授予19家企业平安企业称号。推进“法律六进”，13名县干分赴庐城13个社区、470多名政法干警深入229个村(社区)，开展“县干送法进社区”“政法干警送法下乡”活动。编写《行政路上 与法同行》普法教育读本，编发《安徽手机报·庐江版》“法律点读”栏目，更新“法治一条街”宣传长廊宣传内容，将广播电视台《法治广角》改版增加至每月两期并固定播出时间，着力提升干部群众对法治的忠诚信仰。“六五”普法顺利通过市级验收，群众安全感和满意度继续保持全市领先。

推进基层维稳应急处置机制建设，全县建立基层应急指挥机构19个，有应急处置骨干队伍936人，辅助人员、志愿者2259人，信息员1492人。进行社会稳定风险评估，年初摸排出19个项目，已有11个项目实施社会稳定风险评估。实施天网及延伸工程，投资4000万元建设天网主体工程高清探头1112个(每个村不少于2个)，全县共有社会监控资源5480个。

【社会事业】 庐江县人口和

附报：

2015年庐江县经济社会主要指标

项 目（单位）	绝对数	比上年增长%
面积（平方公里）	2347.7	
户籍人口（万人）	119.79	0.3
城镇人口（万人）	41.53	
常住人口（万人）	98.50	
城镇人口（万人）	44.78	
生产总值（亿元）	221.14	10.2
第一产业增加值（亿元）	45.72	5.1
第二产业增加值（亿元）	100.15	12.2
第三产业增加值（亿元）	75.26	10.6
规模以上工业企业数（个）	223	8.3
规模以上工业增加值（亿元）	52.34	15.0
财政总收入（亿元）	24.79	2.1
财政总支出（亿元）	49.76	12.0
民生工程投资额（亿元）	13.6	9.4
社会消费品零售总额（亿元）	82.14	11.0
全社会固定资产投资总额（亿元）	306.19	27.6
进出口总额（亿美元）	1.66	6.2
金融机构年末存款余额（亿元）	345.26	14.6
金融机构年末贷款余额（亿元）	193.51	17.6
邮电业务总量（亿元）	5.14	8.1
用电量（亿千瓦时）	14.84	6.1
全县自来水厂供水量（万吨）	3573	25.5
县城自来水厂供水量（万吨）	1248	
村镇自来水厂供水量（万吨）	2325	
城镇居民人均可支配收入（元）	24248	9.2
农村居民人均可支配收入（元）	14312	9.2
城市公交路线总长度（公里）	131.3	50.9
城乡公交路线总长度（公里）	1030	
中小学在校学生（万人）	10.97	-1.3
专利申请（件）	446	74.9
公共图书馆藏书（万册）	9.5	18.95
旅游业总收入（亿元）	33	17.26
外出就业劳动力人数（人）	226000	2.73
卫生机构床位数（张）	3047	4.7
城镇化率（%）	45.5	2
森林覆盖率（%）	18.31	3.0
人口自然增长率（‰）	5.66	

2015年庐江县村委会、社区居委会一览表

序号	镇名称	村、居委会合计	村委会数	居委会数	村委会名称	居委会名称
1	庐城镇	23	10	13	新桥村、罗埠村、迎松村、申山村、八里村、城南村、马厂村、棋盘村、马店村、朱墩村	塔山社区、附城社区、高建社区、晨光社区、三里社区、磙塘社区、牌楼社区、绣溪社区、岗湾社区、高拐社区、鲍井社区、移湖社区、方店社区
2	冶父山镇	13	11	2	罗岗村、铺岗村、明圣村、幸福村、大岗村、马岗村、魏岗村、梁岗村、田埠村、三岔村、栖凤岭村	石山社区、冶父山社区
3	汤池镇	13	12	1	汤池村、松元村、凤凰村、中份村、马槽村、大塘村、果树村、三冲村、双墩村、百花村、金冲村、石桥村	东汤池社区
4	万山镇	10	9	1	岳庙村、程桥村、永桥村、闸山村、卅埠村、长冲村、长岗村、水关村、廿埠村	万金山社区
5	金牛镇	9	8	1	湖稍村、尹岗村、铺岗村、金牛村、山南村、莫堰村、健康村、圩坝村	古城社区
6	石头镇	8	7	1	芮岗村、邱岗村、同心村、三拐村、笏山村、望城村、黄蜀山村	石头社区
7	郭河镇	14	12	2	三畈村、元井村、三塘村、潘墩村、龙庙村、乐庄村、马塘村、广寒村、河口村、南圩村、北圩村、施湾村	郭河社区、福元社区
8	同大镇	21	21		二龙村、魏荡村、红埂村、东湾村、西湾村、新河村、刘墩村、临圣村、北闸村、灵台村、马河村、紫荆村、南闸村、永安村、古圩村、永兴村、连河村、新渡村、施丰村、常丰村、 薛家圩村	
9	白山镇	11	9	2	同春村、九联村、金沈村、兴岗村、鸡鸣村、十联村、五艾村、马鞍村、觉海村	白山社区、戴桥社区
10	盛桥镇	11	10	1	神墩村、盛桥村、七里村、苍头村、板桥村、许桥村、牌楼村、金城村、东岳村、陡岗村	沈家桥社区
11	白湖镇	19	16	3	孙嘴村、毛嘴村、陶冲村、泉水村、邓湖村、六岗村、白湖村、胡榜村、顺港村、杭头村、西城村、杨柳村、青帘村、国安村、吴渡村、梅山村	白湖社区、裴岗社区、金湾社区
12	龙桥镇	13	11	2	安定村、凌安村、新建村、马山村、龙桥村、高山村、夹板村、福兴村、梅林村、曹河村、盆形村	缺口社区、黄屯社区
13	矾山镇	14	11	3	刘墩村、石峡村、田桥村、新中村、乐华村、古塘村、东明村、双庙村、砖桥村、徐榜村、杨山村	钟山社区、矾山居委会（属矾矿）新村居委会（属矾矿）
14	泥河镇	17	15	2	姚店村、洋河村、月形村、天井村、瓦洋村、大岭村、沙岗村、八里村、柴埠村、竹元村、胜利村、沙溪村、泉西村、盔头村、胜岗村	泥河社区、中沙溪社区
15	罗河镇	13	11	2	墩子村、吉桥村、郑湾村、罗嘴村、桥东村、新生村、东风村、黄龙村、鲍店村、高桥村、大包庄村	罗河社区、店桥社区
16	乐桥镇	12	11	1	杨岗村、桂元村、大化村、乐桥村、黄山村、檀巷村、金桥村、浮槐村、詹店村、鳌山村、陡岗村	老院社区
17	柯坦镇	10	8	2	分水村、虎洞村、蒲岗村、葛庙村、柿树村、小墩村、城池村、枣岗村	柯坦社区、陈埠社区
合计		231	192	39		

注：1、郭河镇的施湾村、同大镇的新渡村委托台创园管理。2、2015年底全县村民小组6540个、居民小组1338个。

计划生育工作位于全省一类县行列，全年出生13249人，人口出生率、自然增长率分别为10.68‰和5.66‰，办理生殖保健服务证等“四证”17067例（其中单独二孩生育证547例），上门核查奖扶、办理流动人口婚育证明等信息达1万例，突破“两非”案件31件，其中县内自主办理的大要案2件。

通过举办多场招聘会等推进就业创业，全县城镇新增就业11626人，失业人员再就业5013人，就业困难人员就业849人，城镇登记失业率控制在3.5%以内。

不断完善社会保障体系建设。加大社会保险扩面征缴力度，推进农民工参加城镇职工保险，做好社会保险缴费费率调整工作和未参保集体企业退休人员补参保工作。年末参加城镇职工养老、医疗、失业、工伤、生育保险人数分别为35322人、61531人、29085万人、28931人和32773人，全年五项社会保险费累计征收45842万元，其中养老保险征收29373万元、职工医保征收15549万元、失业保险征收2428万元、工伤保险征收1358万元、生育保险征收805万元，均超额完成任务。年末参加城乡居民养老保险62.1万人，其中60周岁以下参续保43.6万人，参续保率89%；发放60周岁以上养老金17.83万人，做到应发尽发。

切实做好双拥优抚安置和减灾救灾工作。巩固创建“省级双拥模范县”三连冠成果，争创全国双拥模范城，全年发放优抚资金约3978万元，认定2014年度“带病回乡退伍军人”23人、“两参”人员11人、伤残2人。完成上年冬季退役士兵601人的接受安置工作，已接收2015年冬季退役士兵520人。修订完善救灾应急预案，全年发放救灾资金159.1万元。

发挥好民政社会事务管理服务平台作用。全县经民政部门核准登记的社会组织累计383个，其中社会团体147个、民办非企业单位236个。全年办理结婚登记10044对，离婚登记2188对，补办婚姻登记2359份。在建社区居家养老服务设施10个，床位约60张，年末全县社会福利性收养单位43家，床位5276张，收养4065人。办理收养29件，合格率100%。主动救助流浪乞讨人员，护送返乡528人次，医疗救助18人次，临时安置救助9人次。新建中福在线销售大厅开始营业，全县共有福利彩票销售网点75个，全年福利彩票销售8448万元，筹集社会福利资金830万元。

通过“全省残疾人工作示范县”的创建验收，超额完成2015年度惠残民生工程。经常开展残疾人文体活动和助残志愿活动。新增建3个残疾人康复站，完成22504户残疾人入户调查工作，受理残疾人证申请4千余人次，全年残保金征收300万元。

【人民生活】 实施民生工程项目42项，各级财政累计投入资金13.6亿元（内含县自主实施5项民生工程投入2.77亿元）；县政府向社会力量购买服务29个项目，预算安排资金8632万元。

城乡居民收入稳定增长，全年城乡常住居民人均可支配收入达18638元，增长9.7%，其中城镇、农村居民人均可支配收入分别达到24248元、14312元，分别增长9.2%、9.2%左右。

2011-2015年，累计投入超过68亿元，大力解决群众住房难、看病难、饮水难、入学难、出行难问题，人民群众获得感大大增强。这是大保障、大改善、人民群众大受益的五年：实施59项民生工程，累计提标扩面41项民生项目，惠及100多万城乡居民，对“八老”人员和高龄老人实施生活补助，合作医疗报销比例由40%提高到55%，建设公租房4345套，发放廉租房补贴1097万元，改造农村危房1.3万户，解决27.4万人农村安全饮水问题，校安工程实施项目610个；与上一个五年末相比，在岗职工平均工资、农民人均可支配收入分别增长1.75倍和2.53倍。

（陈百琪）

巢湖市

【概况】 巢湖市位于安徽省中部、江淮丘陵南部，地处东经117°25′～117°58′和北纬31°16′～32°之间。东与含山县交界，西北与肥东县接壤，南与无为县毗邻，西南隔兆河与庐江县相对，东北隔滁河与全椒县相望。巢湖市历史悠久，文字记载的历史有三千余年。古称南巢、居巢，秦时设居巢县，唐设巢县，1984年设立县级巢湖市，1999年撤市设居巢区，属地级巢湖市，2011年8月根据《国务院关于同意安徽省撤销地级巢湖市及部分行政区划调整的批复》（国函〔2011〕84号）精神，重新设立县级巢湖市，新设的巢湖市由安徽省直辖，合肥市代管。截止2015年底，全市辖11个镇、1个乡、6个街道办事处，人口85.5473万人，面积2046.14平方公里，其中区域内巢湖水域面积463.78平方公里。巢湖市是全国唯一以湖命名的城市。“产业高地、旅游胜地、生态之城”的城市定位得到广泛认同，城市建成区面积达44.2平方公里；“三线三边”环境整治连续3年在合肥市位居第一，人民群众安全感、满意度指数连续4年位居合肥市前列。在四川成都举行的“生态文明·健康中国”2015中国健康养生养老产业投资发展论坛暨中国中医药互联网创新大会上，巢湖市荣膺“中国人居环境示范城市”和“中国养老产业最具投资价值城市”荣誉称号。

【三次产业】 全市实现地区生产总值247.7亿元，同比增长9.6%；规模以上工业增加值89.1亿元、增长10.1%以上；财政收入28.1亿元、增长1.9%；全社会固定资产投资238.1亿元、增长23%；社会消费品零售总额70.2亿元、增长8%。转型升级步伐加快。贯彻落实中央和省、市出台的一系列新政策、新举措，制定新型工业化等5项产业政策，加快推进创新转型升级。工业经济实现新发展。全年完成规上工业总产值360.2亿元，增长6.7%；工业投资97.6亿元，增长17.6%，其中技改投资56.5亿元，增长24.6%；新增规上工业企业12家。完成新能源、新材料等七大重点产业规划编制工作。建材等五大主导产业实现产值305.6亿元，增长7.3%。全市战略性新兴产业产值25.45亿元，高新技术产业产值70亿元，分别增长6%、10%。富煌三期等项目开工建设，中广核、中节能（一期）光伏项目建成投产，阳光农光互补、鑫皖生物质发电等项目有序推进。现代农业实现新突破。实现农业总产值54.5亿元，增长5.5%，农产品加工产值145亿元，增长11%。着力打造环湖北岸省级现代农业示范区，积极推进翠都茶叶、浮槎山等4家合肥市级现代农业示范区建设。新增重点农业产业化项目5个、农民专业合作社126家、家庭农场195个，建立部级高产创建示范片11个、0.84万公顷，粮食绿色增产模式攻关示范片18个、0.057万公顷。全市农业机械化率达90%。服务业实现新提升。耳街获评省级特色商业街区，6个农贸市场改造完成。电子商务公共服务中心建成上线，71个村级服务站投入运营。设立总规模15亿元的徽银城镇化1号基金，引进合肥科技农村商业银行、中信银行、扬子村镇银行等金融机构，全市贷款余额285.65亿元、新增贷款22.55亿元。推进柘皋老街改造等22个重点旅游项目，举办环巢湖全国自行车赛、巢湖渔火音乐节等系列节事活动，完成中庙姥山岛4A级景区创建初评。全年接待国内外游客506万人次，增长22.8%，实现旅游收入18.5亿元，增长23.3%。

【城乡建设】 新建、续建城市建设工程111项，完成投资26.7亿元。观湖路、景城路等7条、3.48公里道路建成通车，岗岭路、港口大道等16条、48公里道路工程加快推进。管养维护市政道路55条、4.2万平米，清淤清障管网37.6公里，实施积涝点治理项目8个，改造政府公寓等老旧小区20个。修订国有、集体土地房屋征收与补偿办法，征收房屋8.74万平米，建成丽水湾二、三期等安置房9597套、130.87万平米。推进文明城市创建，开展市容市貌专项整治，拆除违法建设1.46万平米，“路段长”制、“行走巢湖”、“六项行动”等成效显著，进一步优化城市人居环境。农村面貌继续改观。扎实推进美好乡村建设，11个示范中心村、262个子项目基本完成。开展农村饮用水专项整治，农饮项目完成投资5145万元，解决10.29万人饮水安全问题。基础设施得到完善。合福高铁开通运行，商合杭高铁柘皋设站，S316部分通车，S331、S208大中修和S105改扩建工程建成通车，栏滨路、北沿江高速、试刀山隧道扩建等工程全面启动，改造提升县乡道路31.7公里、危桥10座，提级联网延伸村级道路73.6公里。推进国家小农水、中小河流治理重点县项目，实施八小水利改造提升工程，改造中小灌区0.21万公顷，清淤扩挖塘坝1857口，加固堤防5公里，完成土石方1731万方。

【可持续发展】 五大板块竞相发展。居巢经开区板块完成基础设施投资1.5亿元、固定资产投资45亿元，实现规上工业总产值26.3亿元，增长19.5%。中黄焖板块组建安徽巢湖投资发展有限公司，实行板块“一体化谋划、一张图规划、一盘棋建设”。巢北板块、巢南板块、城区板块差异化发展，产业优势和特色效应逐步显现。“双创”活动深入开展。加快商事制度改革，全面推行“先照后证”、“一照一码”，新增市场主体5572个，其中企业1037个、个体工商户4535个。申报各类科技项目11个，争取资金509万元；申报专利604件，授权专利312件；新认定国家级高新技术企业6家、合肥市工程技术中心2家。全面推行政府权力清单和责任清单，加大简政放权力度，市本级行政审批事项由221项精简到134项。优化机构设置，组建卫计委、民宗外侨局、教体局，政府机构由26个精简到24个。稳妥推进机关事业单位养老保险制度改革，加快建立统一的城乡居民基本医疗保障和养老保险制度。全面推进农村土地承包经营权确权登记颁证，试点开展农村产权交易工作。推进乡镇财政体制改革、国资国企改革，完成市城镇投资公司、金盾公司等30家企业合并重组。开放合作卓有成效。扎实开展招商活动，全年引进5亿元以上大项目5个，实际招商引资199.23亿元，增长15.3%，外商直接投资9016万美元。实现外贸进出口2.3亿美元，增长9.5%。与包河区在产业、园区、教育等领域结对共建，区域合作继续深化。

【生态环境】 生态环境持续改善。推进环巢湖生态示范区建设，二期矿山生态修复、城区水环境综合治理等18个项目完成投资5.26亿元，申报三期项目5个、总投资8.85亿元，同步开展开行四期和农发行一期项目谋划工作。格落实“河长制”，柘皋河、烔炀河、裕溪河、兆河及一、二水厂水源地均达到Ⅲ类水质标准。加快污水处理设施建设，坝镇、黄麓污水处理厂建成运营，烔炀等4个乡镇污水处理厂加快推进，获评全国农村生活污水全面治理示范县。推进大气污染防治，完成年度工业锅炉及挥发性有机物整治任务，淘汰黄标车3414辆，全年全域秸秆禁烧实现“零火点”，全市空气质量优良天数349天，优良率达95.6%。严格执行环境影响评价制度，建设项目环评执行率100%。推进“森林巢湖”建设，创建省级森林城镇1个、森林村庄10个，烔炀镇中李村纳入安徽省绿色村庄示范点；完成植树造林0.16万公顷，城镇绿化107.3万平米，荣获合肥市植树造林一等奖。

【民生保障】 实施36项民生工程，投入资金9.37亿元，民生领域累计支出33亿元，占财政总支出的85.1%，增长14.8%。千方百计促进城乡居民增收，城镇、农村常住居民人均可支配收入达25900元、15380元，分别增长10%、11%。新增城镇就业7671人，城镇登记失业率控制在4%以内。城乡居民基本养老保险参保43.74万人，参保率94.3%，基础养老金由月均85元增加到110元；城乡居民合作医疗参保72.7万人，参合率98.9%。农村低保由年人均2000元增加到2200元，城镇低保由月人均440元增加到490元。公共租赁住房实物配租316户，廉租房租赁补贴发放677户、163万元，农村危房改造2330户。救助贫困残疾人5702人，发放生活、药物补助446万元。大力开展精准扶贫工作，投入2220万元，实施扶贫项目404个，完成减贫脱贫任务6200人。落实各项惠农政策，发放各类涉农补贴2.97亿元。

【社会事业】 社会事业全面发展。教育质量稳步提升，高考应届一本达线人数首次突破千人，应届本科达线率48.9%，同比提高6.1个百分点。投入1.7亿元，实施数字化校园、农村校舍工程建设，创建合肥市新优质学校6所、“平安校园”10所，实现进城务工随迁子女就学“零障碍”。深化和巩固基层医改工作，医疗服务联合体模式全面推开，栏杆集镇卫生院、庙岗乡卫生院周转宿舍建成使用，计生奖扶和生育政策调整得到落实。深入挖掘有巢氏、涂山、亚父文化内涵，不断推进中国民间文化艺术之乡建设。完成电视村村通工程90个、农民文化乐园10个，开展“送戏进万村”活动159场、农村电影放映1908场。深化平安巢湖建设，着力打造立体化、数字化的社会治安防控体系，严厉打击各类违法犯罪活动。严格落实安全生产“党政同责、一岗双责”，切实强化消防安全、食品药品、交通运输、建筑施工等重点领域监管，安全生产形势保持平稳。扎实开展信访积案化解攻坚行动，落实信访工作各项改革措施，及时就地解决群众合理诉求。持续推进“六五”普法、双拥共建等工作，圆满完成国防动员演练和征兵任务。全年办结人大代表议案、建议125件、政协委员提案202件，满意率分别达92%、91%。大力推进政务公开，畅通市长信箱、市长热线等政民互通渠道，市长热线办理群众满意率达99%。

（昂朝桂）

乡镇街道、社区选介

【瑶海区城东街道】 城东街道南临南淝河、北倚裕溪路，面积5.1平方公里，辖5个社区，即柳荫塘、唐桥、隆岗村3个村改居社区和合裕路、大王庙2个城市社区，1个红旗产业园，1个合肥物联网科技产业园（核心启动区），常住人口约5万人。

城东街道是合肥地区发展乡镇企业较早、较好的乡镇之一，涌现出隆岗村等一批全省有名的乡镇企业发展先进村，是全省第一家乡镇企业产值超过亿元的乡镇，曾享有“安徽第一乡”的美誉。辖区交通方便快捷，裕溪路高架、滨河路由西向东平行穿街而过，铜陵路高架、当涂路、宋斗湾路、幸福路等道路纵向联通。合肥火车站、汽车站、高速出入口近在咫尺，南淝河水运通道通江达海。拥有红旗建材大市场、红旗钢材市场、第六空间家居大都会等专业市场以及朗坤物联网、北斗导航、新开普等一批高科技企业。先后荣获“合肥市先进基层党组织”“合肥市两新组织工作先进单位”“合肥市综治工作先进单位”“合肥市争创充分就业社区先进单位”“合肥市防范和处理邪教工作先进单位”“合肥市创建文明城市工作先进单位”“合肥市卫生先进单位”“合肥市计划生育先进街道”“合肥市全民健身先进单位”“合肥市第一批党建工作指导员选派工作先进单位”等称号，街道合欢e家巾帼志愿服务队荣获“全国优秀巾帼志愿服务队”称号。

2015年，固定资产投资30.15亿元，税收1.24亿元，工业总投资11.63亿元，规模以上工业总产值5.35亿元、增加值1.09亿元，社会消费品零售额2.04亿元。基本完成幸福花园复建点，开工建设新开普智能大厦、先锋药业升级改造、康东大厦等项目；物联网红旗产业园标准化工业厂房建设项目、物联网红旗产业园计算机网络设备生产基地、中科国泰、上海统旭等项目签约入驻。完成唐桥新庄郢、和平东路、桃花潭路、郎溪路高架亿百家超市拆迁，上海路拆迁完成90%。完成隆岗新村、唐桥新村改造任务及宋斗湾路216户房源分配工作。完成社区“两委”换届工作，选出43名新一届社区“两委”成员，社区干部结构进一步优化。完善中心组学习制度和“早点名+晨学”制度。抓好党风廉政建设，通报处理3起5人违纪问题。依托“合欢e家”平台，对社区内人口计生、教育卫生以及企业公园等资源进行整合，设置5个分中心。一中心五分支，由“合欢e家”服务中心进行统一协调，严格落实“合欢e家”管理服务制度，引进商家联盟，联合多方机构，推动“线上”“线下”融合，48个企业（欢商）、47名志愿者（欢粉）、2个第三方服务机构加入服务团队。每月末与管理员、志愿者、欢商代表召开协调会制定活动计划，接待台湾在内的80多批参访团前来交流。开展系列服务性活动120余次。

【庐阳区双岗街道】 2015年，双岗街道区域面积2.67平方千米，辖6个社区，即白水坝社区、万小店社区、虹桥社区、一里井社区、高河埂社区、小桥湾社区。辖区有居民小区85片，常住人口4.2万户，10.5万人。当年，街道被评为创建全国文明城市工作先进集体，市文明单位，市人口和计划生育目标管理先进街道，市先进基层党校，市维护稳定工作先进集体，市双拥合格单位。

全年地方财政收入0.88亿，固定资产投资52亿，招商引资内资33.6亿，外资7千万美元，税收0.86亿，商贸零售额32亿。推进白水坝地块、橡胶厂地块、晶体管厂地块、轨道3号线、合瓦支路5个重点项目征迁改造建设。

全年街道发放失业金12410人次，计698.81万元；发放80岁以上高龄津贴1948人计116.88万元；发放军转干部补助165人次计52.2万元；为1755户低保家庭发放低保金116.8万元；大病救助及临时救助159人次共63.6万元；为763户困难家庭送去31.61万元慰问品；受理廉租房材料565户；办理城镇居民医保13892人；救助重度贫困残疾人138人计13万元；发放独生子女保健费58.7万元。

全年完成高河埂社区服务中心和老少活动家园项目建设，配合区住建局完成荣事达宿舍、粮机厂宿舍和美菱北区三个老旧小区环境综合整治工程。

开展北一环路、阜阳路立面整治工作，拆除破损和违规店招标牌约1000处；清理辖区内乱张贴约2000平方米；清理乱堆放和空中垃圾约80处，计110车；及时发现并现场制止在建违法建设12处，拆除违反建设15处，约177平方米；共查处违章停放车辆8136辆。

全年街道受理来信来访27件；接待来访群众20余批次、70余人次；处理信访矛盾纠纷问题25起；受理12345政府服务直通车928件；对辖区企业、单位进行安全生产检查485次；打击清理传销窝点50余个。

高河埂社区模范长廊 双岗街道高河埂社区模范事迹长廊于2015年9月29日上午落成揭牌，属全省首例以劳模为主体的社区模范事迹长廊。

高河埂社区模范事迹长廊设在高河埂社区服务中心内部，全长约36米，是建在楼梯道里的微型展览馆。长廊集思想性、教育性、知识性和观赏性于一体，分为两个部分三个区间，第一部前言、简介、引言用典和抗日爱国将领蔡炳炎及其后人事迹与图片等多个板块；第二部分“道德模范事迹”“劳模事迹”、图片、结束语、后记等多个板块，集中展示包括1位全国道德模范和12位劳动模范（其中全国劳模1人）的先进事迹。字体采用篆、隶、楷、行等多种形式，习近平总书记的重要讲话贯穿其间并采用大红衬底金色方字的徽雕版块予以凸显。

自9月29日对外开放以来，高河埂社区模范长廊先后共迎接了安徽省委党校干部培训班、滁州市委组织部、合肥市总工会劳模协会、辽宁省沈阳市和平区区委组织部等14批297人次参观访问，其中党员275人。

便民摊群点 双岗地区大量流

动摊点给城市管理工作带来很大困难，街道对辖区流动摊点情况进行调研，转变城市管理工作思路，以人为本，疏堵结合，创新设置了便民摊群点，促成市容秩序与群众需求双赢的局面。

2015年3月，双岗街道开始对辖区18处流动摊点聚集路段进行逐户登记，了解经营户家庭收入情况，通过社区网格和城管议事会，组织流动摊点经营户和辖区居民代表进行交流，征求经营户和居民意见。街道通过实地勘察和科学规划，在保持交通通畅，有利于市容管理和卫生监督，方便群众生活的前提下，决定建设三处便民摊群点。2015年7月，晶体管厂巷和深圳花园巷便民摊点建成，11月，四处巷便民摊群点建成。

双岗街道将辖区内流动经营户引入固定摊点，签订相关规范协议，引入社会化管理模式，对摊群点内经营活动进行管理和约束，以达到规范经营的目的。

流动人口社会融合项目 2014年12月，双岗街道被合肥市人口计生工作领导小组定为“促进流动人口社会融合示范街道”试点单位。2015年1月，街道根据《提高流动人口家庭发展能力促进流动人口社会融合示范试点工作方案》要求，启动“双岗街道助力幸福家庭—健康启航”服务项目，项目投入约40万元。

2015年9月，双岗街道一里井社区“健康小屋”建成。“健康小屋”配备先进医疗检测设备，由“家庭医生”为参检居民提供健康诊疗意见，“健康小屋”设有健康数据管理系统，系统具有数据分析和短信提醒功能。街道设立“流动留守儿童保健中心”，辖区流动儿童登记建档率达100%；面向流动人口家庭开展“满月送生肖、生日送寿面、困难送温暖、维权送法律、创业送扶助、家庭送健康”的“六送”活动；尝试在流动人口家庭中推广“家庭医生签约服务”和“特色中医诊疗康复”服务。

民间艺人——剪纸

全年流动人口社会融合项目涉及双岗地区2300余个流动人口家庭，覆盖率达92%，该项目为6879名流动人口建立健康档案；为1209名七岁以下流动儿童在中心接种疫苗；为320个流动家庭提供“六送”服务；“健康小屋”为1000余人次提供服务。

（王　任）

【包河区包公街道】 包公街道位于包河区北部，因历史上素有“青天”美誉的包拯而得名。街道东依南淝河，西邻徽州大道，北起环城南路，南至太湖路，下辖包河、宁国新村、军区、炳辉、美湖、雨花桥、航运南村、芜湖东路、河滨、青年10个社区，面积10.5平方公里，常住人口10万人。街道现有直属党组织13个，其中2个社区党委、7个社区党总支、1个社区党支部、1个机关党支部，1个非公企业党委，1个街属企业党支部，共有党员2615人。

辖区资源丰富，区位优势明显，区域特色鲜明：一是人文资源集聚，文化底蕴厚重。集中了合工大、省艺校、省电大、合肥七中、市少年宫、工大附中、青年路小学、世纪阳光小学等文化科教单位近10家，拥有包公园、省地质博物馆（旧馆）、斛兵塘等众多历史文化资源及省图书馆、省体育馆、安徽大剧院、亚明艺术馆等文化机构。二是商务楼宇众多，产业优势突出。拥有万达双塔写字楼、富广大厦、拓佳广场、世纪阳光大厦等商务楼宇。集聚三六五网、TCL、肯德基安徽分公司、中石化安徽分公司、青岛啤酒安徽销售分公司、瑞穗银行合肥分行、联通合肥分公司7个总部或区域总部，第三产业在经济结构中占比约85%。三是休闲配套完善，生活娱乐多彩。万达广场、星光天地及在建的宝利丰、东方广场、大宁国际等5家大型商业综合体坐落于此，连同宁国路龙虾美食街、娱乐休闲街、芜湖路体育运动用品街等，形成各具特色的生活、娱乐、休闲核心集聚区。四是区位条件优越，基础交通便捷。地处合肥市老城区商业中心，道路管网四通八达。徽州大道、宁国路、宣城路、马鞍山路连接南北，芜湖路、屯溪路、九华山路、太湖路横贯东西，即将开通的轨道交通1号线穿街而过。

依托丰富的辖区资源优势，街道党工委、办事处紧紧围绕打造“全省现代服务业第一街”目标，以经济建设为中心、民生建设为重心、党的建设为核心，全面推动经济、民生及党的建设等各项事业全面快速发展，亮点频出，先后获得“省级安全社区”“全省社会工作服务示范单位”“省级节约型公共机构示范单位”“合肥市双拥合格单位”“创建全国文明城市先进单位”、“第十三届合肥市文明单位”“全市流动人口计划生育先进单位”“合肥市先进基层党校”“全市残疾人基本服务状况和需求专项调查工作先进集体”等荣誉称号，并连续多年在全区年度目标管理考核中荣膺“优秀单位”。

（杨　牧）

【肥东县长临河镇】 长临河镇位于肥东县最南端，濒临巢湖，接壤滨湖，距离省委省政府所在地——滨湖新区15公里。该镇历史悠久，相传源于三国赤乌年间，因青阳山北麓之水经长宁寺、穿越古镇常年不息地由东向西流去，最终归于巢湖，久而久之，便形成一条河流，名曰“长宁河”，镇因河取名“长宁河镇”。又因河小湖大，向南一望无际的巢湖景色秀丽，气魄宏大，足以展示人民宽阔的胸襟，众多文人墨客又惯以长临河称之，久之便有长临河镇。

长临河镇交通便捷，境内有合福高铁长临河站，环巢湖大道、店中路穿境而过，南淝河在此入湖。生态资源丰富，拥有19千米巢湖岸线，四顶山、茶壶山、白马山、羊羚山、青阳山等群山环抱。历史底蕴深厚，吴氏旧居、六家畈古民居、振湖塔、长宁寺、朝霞寺等历史遗迹与人文景点星罗棋布。城镇特色明显，以“九龙攒珠”为特色的村庄聚落完整保留，体现传统的江淮及皖中民居特色。

长临河镇人杰地灵，千百年来，走出无数英雄豪杰。革命英雄刘鸿文、刘光甫、刘正宗、王学刚，代理海军总长吴纫礼，台胞刘和鼎、刘和谦、罗本立、丁之发，华侨华人吴世姗、吴朝玉，学术专家牛耘、瞿林东、吴忠礼，以及影视演员吴静娴、王诗槐等均出自这块钟灵毓秀的宝地。这里还相继走出20名将军、4000多名华侨、6000多名台胞，是安徽省第一侨乡，被省外办确定为海外领事保护基层联络点。

牛关堡舞狮

区域经济　镇域总面积100平方公里，辖14个村、6个社区，127个居民组、340个村民小组。全镇总户数15409户，其中，农业户11012户；总人口51675人，其中，农业人口46154人，人口自然增长率32.5‰；有外来人口81005人。山林面积1013公顷；耕地面积5184公顷，其中，水田3123公顷。同年，完成财政税收收入3799万元，其中国税479万元，地税3320万元；实现财政收入7778万元，比上年增长32.6%，其中，地方财政收入3800万元；固定资产投资15亿元，增长13.34%；招商引资3.6亿元，增长11.4%；实现规模以上工业产值1.49亿元，服务业企业主营业务收入1975万元。城乡居民人均可支配收入16539元，比上年增长9.21%。农村经济总收入7.8亿元，增长9.5%；村级集体经济总收入1150万元，增长15%；农民人均收入16539元，增长9.21%。年末银行存款余额4.4亿元，增长14.9%。同年，该镇被授予全国文明村镇、安徽省优秀旅游乡镇、安徽省美丽宜居小镇。

城乡建设　同年，为争取早日创成4A级旅游景区，长临河镇严抓文明创建工作。按照获批的发展总体规划，编制完成交通、防洪专项规划。扎实推进“绿化、亮化、美化、净化、文化”五化同步发展战略，大力开展生态文明建设。推进美丽乡村建设，综合整治四顶大红中心村，整体建设完成65%。8月，投资900万元的玉带河公园一期建成并对外开放。加强污水治理，完成污水处理厂及8千米主管网建设，日处理污水约900吨，镇区生活污水实现全治理；六家畈街区污水管网建设纳入国开行三期。改善村组居住环境，对沿湖居住环境差的孙家凤、万胡、大宣、孙柳等村组实施搬迁，实行统一安置。完善交通网格，京福高铁长临河站站前广场及支路顺利完工，6月28日，京福高铁全线通车，在长临河站停靠列车7列；店忠路拓宽改建工程长临河段实现半幅通车；完成长山路一期1.4千米建设，二期征地拆迁工作结束；完成绿道建成13千米。通过一事一议改扩建村级道路3.5公里并通过验收。完成长临河镇新大街三条道路改造招标。拆迁安置点建设，完成占地约8.7公顷、建筑面积约11.9万平方米、总投资约1.7亿元的44栋安置房及配套用房的拆迁安置点南区项目。同年，该镇良好的生态环境和优美的自然风光，成为合肥市户外运动协会战略合作伙伴和户外运动训练基地。

（李曙光）

【肥西县三河镇】 三河镇位于江淮大地、巢湖之滨、省会合肥西南，素有“千年古镇、风云战场、名人故地、美食天堂”之美誉。全镇现有面积72平方公里，下辖14个社区、12个村，总人口近8万人；古镇景区面积4.71平方公里，人口3.5万人。2015年完成全社会固定资产投资16.5亿元，实现规上工业产值33.18亿元，财政收入6882万元，其中地方财政收入4130万元，城镇居民人均可支配收入28537元，农民人均纯收入15601元。

三河古镇距今已有2550多年的历史，春秋时称鹊岸，晋以前称鹊尾，晋以后称鹊渚镇，南北朝后期称三汊河，明清置三河镇，1858年太平天国打败湘军的“三河大捷”使古镇三河成为中国近现代历史重要节点。先后荣获中国历史文化名镇、国家卫生镇、国家特色旅游景观名镇、全国环境优美镇、全国首批绿色低碳试点示范重点小城镇、中国美食文化古镇、中国生态文化示范基地、全国首批美丽宜居小镇、中国最美乡村（小镇）100佳、亚洲金旅奖—最具魅力乡村旅游名镇、全国发展改革试点镇、全国小城镇建设试点镇、全国综合改革试点镇等18项荣誉称号。

旅游经济 全镇在打造“大湖名城后花园、世界旅游目的地”目标任务，实施“旅游统领、城乡联动、开放搞活、兴业富民”四大发展战略，发挥景区居民创建5A的主体作用，紧扣国家5A级旅游景区测评体系标准，围绕整街、改面、治水、美化“四步曲”，做好立面改造、“三线下地”、净水活水、硬化亮化、绿化美化、交通限行和环境整治工作，重点做好交通畅达、景点提升、公共服务、生态保护、管理服务等八个方面建设管理工作。全年接待游客316万人次，实现旅游综合收入4.4亿元；2015年2月28日再次被中央文明委授予“全国文明村镇”荣誉称号，10月15日，古镇景区成功晋级“国家5A级旅游景区”；抢抓合肥市申报创建巢湖国家级休闲度假旅游区，打造全国生态环境最美淡水湖契机，充分依托全镇特色优势，完成三河国家级湿地公园申报工作，并于12月被国家林业局批准为国家湿地公园试点单位。

美丽乡村建设 完成九联新周粉坊中心村14项投资达406万元美丽乡村建设任务。“一事一议”、河口敬老院、危房改造等工程类项目按序时进度要求完工。完成水利兴修任务，技改泵站5座；清淤渠道13.3公里；扩挖塘坝6口；硬化渠道2.5公里；翻建2座进水闸；清淤河道15公里。完成全镇145户家庭极为困难农户危房改造工作。投入约460万元抓好龙安社区重点贫困村8个项目实施工作，新建扶贫光伏电站贫困户19座、集体电站1座；制定“单位包村干部包户”定点帮扶计划，全镇424户贫困户868人全部实现脱贫。开展文化惠民工程，新建茶棚社区和九联村两个文化广场，全镇广大群众的文化权益得到保障和改善。全镇共开展文体活动达30余场，参与人员达1500余人次；“送戏进村”活动，进村演出22场，观众达7000人次；积极开展群众文化活动，万年台演出300余次，送电影下乡286场，极大地丰富广大群众的精神文化生活。

【山南镇】 山南镇因位于大潜山南而得名，2005年底全县撤乡并镇，由原山南镇、金牛乡、洪桥乡合并成现在的山南镇。地处合肥、六安、舒城三市县交汇处，距省城合肥市中心50公里，是中国农村包产到户发源地，省列中心镇。镇域面积208平方公里，耕地面积95492亩，林地面积4333.3公顷，水面面积1082.6公顷。总人口近8万，辖19个行政村、1个街道居委会和7个农村社区，637个村民组。

1978年，山南人民以敢为人先的精神掀起中国农村改革帷幕。围绕“包产到户名镇、现代农业大镇、乡村旅游新镇、区域商贸重镇”的发展定位，以“生态产业、现代农业、城镇建设”为重点，先后荣获国家级生态镇、安徽省环境优美乡镇、安徽省新农村建设示范镇、安徽省优秀旅游乡镇、安徽省和合肥市“五个好”基层党委、合肥市科学发展先进镇等称号。

完成全社会固定资产投资8.46

亿元，同比增长5.7%。招商引资省外到位资金4.17亿元，同比增长19.1%；繁荣集镇商贸三产，实现财政收入大幅增长，完成财政收入3027万元，同比增长65.8%；加快拓宽群众致富渠道，城镇居民人均纯收入达27835元，同比增长15.3%，农民人均纯收入达14265元，同比增长13.2%。

山南镇加大城乡统筹力度，构建宜居宜业、和谐秀美的合肥新市镇。着力推进城镇建设，加快李桥新农村安置点建设，重点打造城河、光明两个美好乡村建设示范点，谋划实施馆北村整村推进土地整治示范项目，增大镇区体量；启动山吕路、油厂路、油厂巷等背街小巷道路改造工程，亮化、美化老镇区。

建立环境监管网格体系，推广农业减肥、减药技术，完成114户畜禽污染减排治理和55辆黄标车及老旧车淘汰，持续维护生态山南碧水蓝天；完成年度农田水利建设任务，清淤扩挖塘口243口、清淤硬化渠道6条，实施泵站技改660千瓦。积极推进8.34万亩高标准基本农田整理，推进小型水利工程管护新途径。

着力加快农业转型升级，新增莲藕种植100公顷、蚕桑连片种植46.6公顷、苗木花卉种植近133.3公顷。华山、城河等村大白桃、长庄村“太空莲”、夏寨村黄鳝、吕楼村龙虾等特色种养殖，带动农户致富增收。

推进220户危房改造、15个“一事一议”项目、光伏扶贫等民生民心工程，群众医疗养老，城乡居民合作医疗参合率达到100%，城乡居民社会养老保险参保率达96%；全年发放城乡低保770万元、五保生活费330万元、优抚补助207万元，发放各种惠农资金3145.23万元。

成功举办第六届农根文化节暨“二·一九”庙会、第六届“田源杯”青年歌手大奖赛。支持金三和生态农庄创建国家AAA级旅游风景区，小井庄中国农村包产到户纪念馆被列为合肥市党性教育基地。

开展金牛、洪桥敬老院医疗特护区试点，探索社会化养老和居家养老服务新模式，开展农村土地承包经营权确权颁证工作，扎实开展校园周边环境治理，推进企业安全生产标准化建设，强化安全生产监管，维护社会和谐稳定，提升群众幸福感、满意度。

（孟令荣）

【长丰县陶楼乡】 陶楼乡位于长丰县中南部，属江淮分水岭综合治理乡镇，南与双墩镇相连，西连吴山、杨庙，北与下塘接壤，乡政府所在地距合肥外环15公里，距合淮阜高速公路2.1公里，距206国道2公里，乡内公路管网已全面形成，交通便捷。陶楼乡辖12个村（居），总人口2.8万人，乡域总面积105平方公里，耕地0.38万公顷。境内有龙门寺和陶老坝两座中型水库，小（Ⅱ）型水库12座。乡内有金融、邮政、医院等单位，中学1所，小学3所，幼儿园4所，220KV变电所一座，深燃天燃气境内东西贯穿。已建成5000亩无公害蔬菜基地和万亩经果林生产基地，有机农业逐年发展，享有“果蔬之乡”之名。成功举办九届桃花节，先后被省旅游局、省环保局授予“优秀旅游乡镇”、“安徽省生态乡镇”称号。2014年3月14日，陶楼乡首次被安徽品牌旅游联盟列为全省30处“春游最佳好去处”之一。

2015年，全乡财政收入3016万元；全社会固定资产投资完成21156万元，其中，工业投资14704万元，规模以上工业产值4700万元，规模以上工业增加值1150万元；招商引资到位资金55483万元；农民人均纯收入达11160元。

陶楼乡推动龙门寺现代农业园区建设，投入小农水项目、产业园项目专项资金850万元进行龙门寺现代农业园区基础设施建设，新增流转土地100公顷。成立农村土地产权流转交易中心，通过县公共资源招标平台，并定期公布土地流转信息。进一步规范土地流转工作流程，分别在高塘、石集、沙井、观美江淮分水岭地带进行农业招商。大力实施千万亩森林增长工程，全年累计完成土地流转14宗，流转土地300多公顷，“两片一轴”产业格局进一步突显。2015年采取农业招商引资，培育家庭农场、农民合作社和农业大户等形式，夯实农业发展后劲，全年引进农业企业5家，分别为绿地、又一村、兆和源、巨森、绿雅轩等，培育桃鑫源，鑫田野、华峰、状元楼、绿丰园等家庭农场、合作社6家，种粮大户152户。乡积极开展新型职业农民培训，组织农业企业、家庭农场、合作社法人到外地勘测参观学习，开拓视野，为增加陶楼群众增收致富发挥较好示范引领作用。

陶楼乡被列入“小农水”重点县项目建设乡镇，各类水利工程相继完善，继续实施农村“八小”水利提升工程，2015年度建设特大塘4口，大塘25口、中塘20口、小塘20口；利用小农水项目，投资2200余万元对全乡水利工程进行改扩建，其中，除险加固小二型水库1座、硬化干渠14公里，硬化支渠85公里，硬化农渠135.6公里，疏浚毛渠122.5公里，涵闸、桥梁配套852处。在古城、大桥利用农业开发资金2800余万元开展土地平整833.33多公顷，实现林、田、路、渠综合治理。制定全乡水利建设规划及用水计划，夏收、夏种期间适时协调组织各类泵站开机抽水，全年各内泵站累计抗旱开机1450台时，抗旱抽水1120多万M3，确保苗期生长用水，实现水稻、粮食作物全年丰收。

对所有退耕还林定期复核，及时兑现退耕还林198.98公顷，造册到户，按时兑现打卡补助资金686481元，有效调动了退耕户种树管护积极性，并在原退耕还林基础上，继续扩大森林增长工程，提高生产能力，利用招商引资，分别引进合肥兆和源农业有限公司、安徽巨森生态园林有限公司等企业在石集村、观美村新造生态林、经果林共80公顷，引进砀山几家大户在古城村新造经果林80公顷，分别在龙门寺园区提升绿化植树12000棵，打造绿色长廊16公里，陶楼乡生态乡镇质量得到进一步提升。2014年、2015年，陶楼乡连续2年获得“省级森林城镇”荣誉称号。同时获得2015年合肥市植树造林20佳乡镇，陶西社区获得合肥市“花园单位”、合肥市“森林村庄”等荣誉称号。

陶楼乡实施陈圩村552公顷高标准农田改造项目。依据县入库批复，实施陶楼、观美、石集14.1公顷补充耕地项目。分别完成2014年第四批次古城村新对组4.6公顷增减挂钩项目，2015年第五批次观美社区委谷堆横组4.35公顷、石集村埝梗组3.18公顷增减挂钩项目，全年完成增减挂钩项目12.14公顷。陶西村省级示范项目旧村庄拆迁复垦35.94公顷任务，已完成报验工作，并已通过省级验收。完成省国土厅批准陶楼乡古城村窑厂复垦项目7.26公顷，已经通过市级验收。2015年陶楼乡土地工作得到国土部、省国土厅领导的高度重视。6月23日，省国土厅在陶楼乡集中开展了第25个土地日宣传活动；8月27日，国土资源部副部长王世元一行来陶楼乡陶西村调研省级整体推进农村土地整治示范项目。

成立土地确权专项工作领导，利用乡村广播、电子显示屏、标语、横幅等加大宣传力度，全面完成确权登记颁证工作任务，辖区确权登记颁证率在90%以上。建立农村土地承包管理、流转、纠纷调解等长效机制，妥善处理涉及农村土地承包经营权确权登记颁证工作的群众信访和土地承包经营纠纷，保持农村社会稳定。分村（居）、村民组录入信息，准确率达100%，乡村建立规范档案，并及时准确上报县建立档案资料。

针对对贫困户建档立卡，开展良种良法新技术推广，提升贫困户生产技能，加大新型农民培训，借助县农委“新型农民”、农技推广示范补助、扶贫办“雨露计划”平台，培训贫困户12场次，受训人员1250人次，提高贫困户生产技能，有效增加贫困户收入。同时，对“三五户”采取光伏发电和低保政策兜底办法，扶贫开发效果较为明显。另外，整合各内项目资金360多万元，开展项目扶贫，积极推动企业与贫困户带动发展、增加贫困户就业渠道。积极争取上级各类惠农资金，及时兑现农业综合补贴资金，帮助解决贫困户发展资金，提高贫困户农业生产积极性，为陶楼乡扶贫开发，群众增收致富奠定坚实基础。

以《陶楼乡旅游整体规划》为引领进行产业布局，充分利用陶楼乡先天独厚的旅游资源，结合总体规划，根据可持续旅游发展的要求，加快龙门寺水库、陶老坝水库、桃花源、龙门寺农耕园等核心景区建设，以“看长丰风貌、赏桃源风光、尝应时蔬果、鉴农耕文化”四大特色资源为主要载体，打造合肥市重要的生态休闲观光旅游目的地。

投入资金200万元，在中心街道建成4公里沥青路面和8公里人行彩道、观赏花箱。投资96万元，完成乡内46公里标准化路肩建设。投入50多万元进行龙门寺农业园区绿化提升，完成桃花大道美化、亮化工程。在桃花源景区建成占地2000m2的龙门寺农耕园和“农耕人家”农家乐，景区承载力和游客综合体验感进一步提升；高下路、陶高路、陶新路干道沿线“九园连珠”精品旅游线路基本形成。成功举办第九届桃花节，吸引数十万次游客前来观光，陶楼知名度和生态旅游影响力不断扩大，带动夏桃秋葡冬莓等水果销量进一步增大，餐饮等旅游产业收入近百万元，农民增收明显。陶楼入选2015年度“魅力中国·小康村镇”。

（李　标）

【庐江县万山镇】 1998年9月原张王庙乡更名为万山镇，以境内万山取镇名。2004年4月区划调整，划出4个村归汤池镇，划入整个长岗乡，组建新的万山镇。现镇域在清朝属庐江县西乡，清光绪《庐江县志》记全县有32个镇，其中永安桥、冷水关就在现万山镇境内。

该镇地处大别山余脉，属低山丘陵区，地势西高东低，山畈约各占一半。境内有长冲河、闸口河，舒庐干渠自西向东穿镇而过。“十八里长冲”生态资源丰富，环境优美，有原生态森林资源0.1万公顷，已发现朴树、枫杨、狗骨、冬青、皂角等百年古树12株。农业以产水稻、玉米、小麦、油菜、豆类为主。山

三峰中心村

区产茶叶、竹、木、柴、炭、油桐等，龙王井”优质茶享誉皖中。

万山镇交通便捷，军二公路贯穿东西，合九铁路、沪蓉高速公路南北穿境而过，庐江火车站、合安高速公路庐江出口同处镇内。

镇域有抗法名将刘秉璋墓园、双进士纪念馆、闸山龙华寺和半山亭遗迹、三国时设的关隘冷水关、地藏王菩萨打坐过的平顶山、山巅有石池池边有鸭嘴迹的鸭池山等名胜古迹，近期相继建成长冲河慢道、美好乡村示范点三峰中心村和卅埠中心村、龙王井茶园、柿子园等项目，可供发展乡村旅游。

2015年，万山镇辖1个社区、9个村、315个村（居）民组，全镇总户数14955户、总人口46147人、总面积94.35 km2，财税收入达7002万元，位列全县镇级第三名。全年招商引资实际到位11.03亿元，在建项目30个（省外续建项目4个）、签约项目15个、在谈项目10个，完成全社会固定资产投资8.36亿元，其中工业投资4.49亿元，12家规上企业共完成工业总产值9.83亿元。镇工业集中区初具规模，形成磁性材料、五金加工、机械制造等多种产业，万山镇于2013年被批准为安徽省五金磁电产业集群专业镇。

【庐江县金牛镇】 金牛镇因镇依金牛山而得名。《太平寰宇记》：金牛山《图经》云：“昔有金牛从此山出，奔江，人逐之，故其处有渚，谓之金牛渚。”金牛镇古名安城，始建于三国时代，镇西有古城遗址。宋《元丰九域志》始列金牛为县境六镇之一，明亦为镇，清志历载其名。民国年间均为区、乡公所。1952年设置金牛镇，这是新中国成立后该镇的首次设镇，之后经历多次区划调整与名称变化，长期为金牛区机关所在地。

金牛镇地处庐江西北部，距庐江县城20公里，省会合肥56公里。合九铁路、沪蓉高速穿境而过，集镇距合铜公路6km、庐江火车站5km、合界高速庐江道口7km，有柏油路连接。

镇域属巢湖水系，金牛河横贯全镇后汇入白石天河注入巢湖。境内岗、塝、冲、畈交错，圩田海拔高程7米左右，岗区海拔高程在40米左右，最高点金牛山顶海拔107.8米，最低点湖稍李墩海拔2.5米。地理环境和气候有利于农业发展，粮食作物以水稻、小麦为主，经济作物有棉花、油菜、蔬菜、西瓜、甘蔗、花香藕等，特色农产品金牛西瓜、金牛大扁糖在县内有较高知名度。

位于金牛山南麓的安徽庐江（金牛）台商工业园是经省台办同意、庐江县政府批准设立的，是庐江县经济开发区“园中园”，2013年被县委、县政府列为全县5个重点园区之一，发展重点是磁性新材料及电子产品。规划面积6.09平方公里，已建成2平方公里，磁性材料、金属加工、建材加工、服装纺织等产业初具规模。

金牛山风景优美，“金牛晚眺”为庐江古八景之一。镇域有古城墙、南阳寺、葵花井、曹操点将台、九眼石、夹板石、宋朝薛井古井、太平天国三河大捷战场遗迹、英烈岗、孙立人将军故居等古迹名胜。

孙立人故居坐落在金牛镇金牛山半山腰处，坐北朝南，是清·同治年间（1864年）孙氏举家从舒城县境迁至金牛山南时所建。初建时有房屋103间，后因在此建设金牛中学拆除了大部分旧房，仅留下老房11间，约250平方米，是孙立

金牛山

人出生、读私塾和24岁结婚时住处，木架结构，青砖小瓦，走廊及房内雕梁画栋，为明显的晚清民居建筑风格。院内古树林立，将军小时候亲手所植木瓜树挂满绿色的小木瓜，两棵香椽树、百年枣树亦是枝繁叶茂。原海协会会长陈云林亲手题字“孙立人故居”，由雕塑家计宝林设计、金牛中学校友谢平和薛荣年捐资建设的孙立人将军铜像坐落于故居院内。近几年，新建门厅及回廊结构，进行全面修缮保护并陈列布展，成为“抗日名将孙立人抗战事迹陈列馆”。孙立人故居现为安徽省文物保护单位、市爱国主义教育基地。

2015年，金牛镇辖8个村1个社区，总户数11494户，总人口36502人，总面积67.5平方公里，其中耕地面积0.28万公顷，林地面积414.7公顷，水面面积353公顷，全年完成规上工业总产值5.5亿元，完成固定资产投资6.33亿元，实现财政收入2199万元。

【庐江县石头镇】 石头镇因镇政府驻地原名“石嘴头”而得名。现镇域，清属庐江县北乡。1949年石嘴头已是全县形成规模的13个集镇之一。新中国成立后，首次设置石头镇于1952年，之后经历多次变化，1992年2月区划调整再次成立石头镇。2005年7月划入两个村扩大区域保持至今。2015年，石头镇辖7个村1个社区，面积76.7平方公里，人口3.85万人，财政收入2660万元，规模以上工业企业11家，工业总产值14亿元，粮食总产32902吨。水稻、小麦和油菜是传统的农业种植作物。

该镇交通便捷，省道合铜公路纵贯南北穿境8公里，距合安高速公路三河出口4公里、距合九铁路张王庙火车站8公里，石头港通巢湖达长江。

石头镇是安徽省200个中心镇之一，集镇区规划面积8平方公里，分四大经济板块：南部工业经济板块，东部商贸经济板块，西部渔网经济板块，紫鸣山、白石天河、天河老街、丁汝昌故居一线的旅游经济板块。目前集镇建成区面积4平方公里，集镇总户数3000余户，集镇人口9500余人，集镇建成区绿化面积80公顷。经过近几年的建设发展，集镇已形成“五横四纵”的道路框架，集镇商贸功能日臻完善。2007年建成的110千伏变电站坐落在镇区，率先实施“电气化”镇建设。

石头镇工业有显著的两大特色。一是磁电产业异军突起。铁氧体、钕铁硼、喇叭等磁电产品出口欧美、东南亚等地区，2007年被安徽省批准为全省磁材生产基地。二是传统的渔网加工业获得大发展。全镇现有各类渔网加工企业300多家，渔网织机1100多台，从业人员1.3万人。渔网产品畅销国内，远销东南亚和欧洲以及南非等国家地区。2010年9月泰资企业孔敬渔网厂建成投产，广东汕头韵星化纤厂、汕头三业渔需、湛江经纬渔网、湛兴渔网、东妮网业等十多家企业与石头镇建立产销合作关系。2009年初，县政府正式把渔网产业纳入全县八大主导产业之一。2010年6月中国渔船渔机渔具协会100多家成员单位来到石头考察，8月授予石头镇“中国渔网之乡”，10月吸收石头镇为“中国渔船渔机渔具协会”常务理事单位。2015年中国渔船鱼机渔具协会授予石头镇“渔网出口龙头镇”。

石头集镇历史悠久，是清末著名爱国将领、“中国第一位海军司令”丁汝昌的故里。为纪念这位爱国将领，2008年，石头镇人民政府出资30万元在集镇醒目位置立丁汝昌雕像一座，像高9.5米，雕像正面由北大学者吴小如题写“丁汝昌”三个隶体大字。建成于清光绪十五年（1889年）的丁氏宗祠，由丁汝昌亲自主持修建。该祠堂位于石头镇社区丁家坎，建筑面积650平方米，青砖小瓦，木柱飞檐，三进24间，面宽7间，祠堂门匾由李鸿章题写“嗣祠厥武”四字，门前两块石鼓、龙王井以及门前的月牙塘至今保存完好。“文革”期间，祠堂正屋被拆建学校，仅留三间厢房。现已在丁氏宗祠的原址基础上翻修扩建成丁汝昌纪念馆，并于2015年8月29日正式对外开放。

（陈百祺）

各界人士参观丁汝昌纪念馆

合肥市国民经济和社会发展第十三个五年规划纲要

根据《中共合肥市委关于制定合肥市国民经济和社会发展第十三个五年规划的建议》，编制《合肥市国民经济和社会发展第十三个五年规划纲要》。《合肥市国民经济和社会发展第十三个五年规划纲要》主要阐明“十三五”期间合肥市国民经济和社会发展的主要目标、重点任务和保障措施，并作为政府履行经济调节、市场监管、社会管理和公共服务职责的重要依据，是全市经济社会发展的宏伟蓝图，是全市人民共同奋斗的行动纲领。

第一章 发展基础和发展环境

第一节 发展基础

“十二五”时期是合肥奋力跨越赶超、取得巨大成就的五年。在党中央、国务院以及安徽省委、省政府的坚强领导下，全市上下积极应对各种风险挑战，以创新转型升级为主线，不断解放思想，强化创新驱动，突出改革开放，着力实现科学发展、跨越发展、和谐发展、绿色发展，顺利实施行政区划调整，“十二五”规划确定的主要目标和任务胜利完成，“大湖名城、创新高地”建设迈出坚实步伐、展示崭新形象。

综合实力持续增强。“十二五”期间，生产总值连跨三个千亿台阶，达到5660.3亿元，占全省比重提升至25.7%；年均增长12.2%；人均生产总值达7.31万元。规模以上工业总产值增加到9312.8亿元，增加值2255.7亿元、年均增长15.7%。财政收入达到1000.5亿元，年均增长14.5%；其中地方财政收入571.5亿元，年均增长15.4%。全社会固定资产投资累计完成2.36万亿元，年均增长19.8%。社会消费品零售总额达到2183亿元，年均增长16.9%。

产业结构不断优化。三次产业结构调整为4.7:54.7:40.6。主导产业加速集聚，实现增加值1456.5亿元，占规模以上工业比重约64.6%。战略性新兴产业高速增长，产值突破2788.8亿元，增加2.6倍，新型显示、光伏、新能源汽车、公共安全等产业保持国内领先优势。高新技术产业和服务业增加值实

专栏一 “十二五”时期经济社会发展规划目标完成情况

分类	指标	单位	规划目标		完成情况	
			总量	增速（%）	总量	增速（%）
经济发展（5项）	生产总值（GDP）	亿元	—	12左右	5660.3	12.2
	人均生产总值	美元	13000		12000	
	固定资产投资（累计）	亿元	—	18	23625	19.8
	其中：工业投资	亿元	8500	16左右	8600.1	20.7
	社会消费品零售总额	亿元	1850	15左右	2183	16.9
	财政收入	亿元	930	13左右	1000.5	14.5
	三次产业比	%	3:55:42		4.7:54.7:40.6	
	规模以上工业增加值	亿元	—	15左右	2255.7	15.7
	高新技术产业增加值占生产总值比重	%	23		23	
	服务业增加值	亿元	—	10	2260	10
	全社会科技研发投入占生产总值比重	%	3		3.2	
	每万人口发明专利拥有量	件	8		12	

分类	指标		单位	规划目标		完成情况	
				总量	增速（%）	总量	增速（%）
城市建设（3项）	建成区面积		km^2	420		420	
	市区常住人口		万人	430		435	
	城镇化率		%	70		70.4	
资源环境（9项）	耕地保有量		万公顷	54.9		55.79	
	单位工业增加值用水量降低		%	达省控目标		达省控目标	
	单位生产总值能源消耗降低		吨标煤/万元	达省控目标		达省控目标	
	非石化能源占一次能源消费比重		%	6		6	
	单位生产总值二氧化碳排放降低		%	达省控目标		达省控目标	
	主要污染物排放总量减少	化学需氧量	吨	达省控目标		达省控目标	
		二氧化硫	吨	达省控目标		达省控目标	
		氨氮	吨	达省控目标		达省控目标	
		氮氧化物	吨	达省控目标		达省控目标	
	污染处置	城镇污水集中处理率	%	98		98	
		城市垃圾无害化处理率	%	100		100	
	建成区绿化覆盖率		%	46		46	
	森林增长	森林覆盖率	%	28以上		26.8	
		森林蓄积量	万立方米	700		700	
人民生活（5项）	年末总人口		万人	766	自然增长7‰	780	自然增长7‰
	城镇居民人均可支配收入		元	38100	15	31989	统计口径调整
	农村居民人均可支配收入		元	13900	16	15733	
	城镇保障性安居工程建设（累计）		万套	23.1		26	
	人均期望寿命		岁	79		76.6	
社会建设（7项）	城镇参加基本养老保险人数		万人	161.5		184.4	
	城乡居民基本养老保险参保人数		万人	266		301	
	城乡居民合作医疗保险参保率（含新农合）		%	>96		96.9	
	九年义务教育巩固率		%	99		99	
	高中阶段教育毛入学率		%	98		122	
	新增就业人数（累计）		万人	60		85.65	
	城镇登记失业率		%	4.5以内		4以内	
对外开放（2项）	外商直接投资（累计）		亿美元	90	—	95	13.2
	进出口总额		亿美元	176	12左右	203.4	14.8

说明：以上增速均为年均增速，其中地区生产总值和规模以上工业增加值增速按可比价计算。

现翻番，分别完成1208.6亿元、2298.9亿元，金融、物流、文化、旅游和高技术服务业发展势头良好。节能减排目标任务全面完成。

创新能力显著提升。国家创新型城市建设深入推进，合芜蚌自主创新综合试验区核心作用更加凸显。全社会科技研发投入（R&D）占生产总值比重由2.1%提高到3.2%，发明专利申请量和授予量分别超16431件、3413件。智能语音、量子通信、新型显示等技术处于国际领先。国家高新技术企业达到1056户，新增国家、省级工程（技术）研究中心、企业技术中心、实验室279个。中科院合肥大科学中心获批筹建，中科大先进技术研究院等新型协同创新平台加快建设。

城市功能日臻完善。城市建成区扩展至420平方公里，滨湖新区等城市组团展现新姿，市区常住人口超过400万，城镇化率提高到70.4%。全国性综合交通枢纽地位显著提升，新桥国际机场、合肥南站、合肥港等一批重大基础设施相继建成使用，“米”字型高速铁路网逐渐形成，国省公路干线、水运航道建设不断升级。城市路网持续优化，轨道交通加快建设。水、电、气、热、通信等城市公用设施与城市发展相适应。“天网工程”“数字城管”“公交都市”等智慧城市建设加快推进。

城乡统筹取得突破。坚持“全域合肥”理念，城乡一体化进程明显加快。县域综合实力显著增强，县域生产总值占全市比重提升至33%。五县（市）在融合发展中实现提质提速，全部进入中部百强县，肥西、肥东跻身全国百强县。县域规模以上工业增加值占全市比重达到37.2%。农村现代化步伐不断加快，农业结构调整成效明显，养殖业比重超过50%，特色种植业、养殖业呈现规模化、园区化、产业化发展态势。市政基础设施不断向农村延伸，基本公共服务均等化水平稳步提升。美好乡村建设顺利推进。

生态建设成效显著。巢湖生态文明先行示范区获得国家批准，生态湿地、山体修复等环巢湖综合治理项目累计完成投资140亿元，巢湖西半湖水质得到改善。城市污水集中处理率由85%提高到98%，在全国36个大中城市中位居前列。滨湖湿地公园、蜀峰湾公园等建成使用，城市建成区绿化覆盖率由44.4%提高到46%，人均公园绿地由12.2平方米增加到12.9平方米。森林覆盖率达到26.8%，森林蓄积量达700万立方米，荣膺国家森林城市。

社会大局和谐稳定。深入实施民生工程，累计投入357亿元以上，惠及人口超过750万人。创业就业示范城市建设稳步推进，新增城镇就业85.65万人。居民人均可支配收入达26605元，其中，城镇居民人均可支配收入达31989元，农村居民人均可支配收入达15733元。社会保险制度全面覆盖、社会保障提标扩面，城市低保标准提高到510元，农村居民保障标准年人均不低于2100元。教育、卫生、文化、体育、气象等基本公共服务水平不断提升。社会管理水平不断提高，群众利益维护机制不断完善，公共安全体系日益健全。跻身全国文明城市、全国最幸福城市、全国社会管理综合治理优秀城市，第三次捧得“长安杯”。

各项改革全面深化。出台全面深化改革实施意见，确定8大方面、43个领域、237项改革任务。公共资源交易体系、光伏精准扶贫方式、重大协同创新平台运行机制、政府性债务管理体系、土地节约集约利用方式等重点领域和关键环节改革取得突破，形成一批引领示范全省、彰显合肥特色的改革成果。巢湖生态文明先行示范区等69项改革被纳入国家试点范围。市场主体活力显著增强，改革红利不断释放。

对外开放持续扩大。承接产业转移成效明显，累计完成招商引资1.27万亿元，年均增长15.7%，其中外商直接投资95亿美元、年均增长13.2%。境外世界500强企业增至39家，与央企合作项目累计完成投资3658亿元。合肥出口加工区、综合保税区、跨境电子商务港等八大开放平台建设成效显著，“合新欧”国际货运班列实现常态化运行，开通国际货运航班。全市进出口总额达到203.4亿美元，年均增长14.8%。合肥经济圈一体化步伐加快，成为长三角新一轮发展的重要组成部分，与长江中游城市群、珠三角和环渤海地区合作交流不断深化，阜阳合肥现代产业园等与皖北结对合作项目顺利实施。

“十二五”发展成就的取得，是党中央、国务院和安徽省委、省政府正确领导的结果，是全市人民团结奋斗的结果，也是道路自信、理论自信、制度自信的实践成果。这五年，全市上下坚持改革开放，用新理念、新思路、新机制、新举措引领新发展；坚持真抓实干，锲而不舍扭住发展不动摇；坚持创新驱动，持之以恒推动产业转型升级；坚持项目带动，千方百计推动发展提质提效；坚持市场导向，全方位优化投资环境；坚持民生为本，让群众享受更多改革发展成果；坚持用发展统一思想，凝聚干事创业的浓厚氛围，为“十三五”发展打下坚实基础。

第二节 发展环境

今后五年，是合肥加快转变经济发展方式、实现追赶超越的黄金机遇期，是全力改善民生、率先全面建成小康社会的战略决胜期，也是提升都市区国际化水平、建设长三角世界级城市群副中心，打造“大湖名城、创新高地”的关键突破期。必须科学把握发展规律，适应国内外形势的新变化，顺应人民群众过上美好生活的新期待，按照创新转型升级的新要求，用改革的办法解决前进中的新问题，用创新的思路探索现代化建设的新路径。

“十三五”时期，从全球看，和平、发展、合作仍是时代主题，世界经济在深度调整中曲折复苏，新一轮科技革命和产业变革蓄势待发，全球治理体系深刻变革，发展中国家群体力量继续增强，国际力量对比逐步趋向平衡。从国内看，我国经济长期向好的基本面没有改变，经济发展进入新常态，经济增速转向中高速，经济结构迈向中高端，发展动力深刻转换，新的增长动力正在孕育形成，“一带一路”、长江经济带、京津冀一体化等重大战略深入实施，创新发展、绿色发展成为发展新主题。从合肥看，人均生产总值将由1万美元接近2万美元，经济社会处于创新转型升级的战略关键期，在经济发展上进入工业化后期新阶段，在城市化发展上进入现代都市区发展新阶段，在对外开放上进入国际化发展新阶段，在环境建设上进入生态优先新阶段，在深化改革上进入攻坚冲刺和规范成型新阶段。

总体来看，宏观环境对合肥发展有利。一是全球科技革命和产业变革的机遇。以智能制造为标识的工业4.0时代和以新能源为标识的第三次工业革命正在孕育兴起，国家大力实施制造强国战略、“互联网+”行动计划等，为合肥发挥科教优势，加速融入全球发展分工、推进产业转型升级、提升国际竞争力供了宝贵机遇。二是国家区域发展战略加速推进的机遇。国家深入实施“一带一路”和长江经济带战略，合肥作为双节点城市，在全国区域发展格局中的战略地位进一步提升。长三角地区一体化进程加速，合肥与长江中游城市群联系更加紧密，城市地位更加凸显，为提升发展能级提供了新机遇。三是国家综合交通枢纽建设的机遇。随着合肥国家综合交通枢纽地位的不断提升，进一步凸显了区位优势，极大地拓展了发展空间，有效降低了物流成本，增加了商业机会和创业机会，有利于强化城市集聚辐射能力，有利于加快枢纽型经济发展。四是国家系统推进全面创新改革试验区建设的机遇。国家系统推进全面创新改革试验区、全国中小企业创业创新基地城市示范等创新试点，为合肥在更高层面、更大范围发挥先行先试政策优势，集聚创新要素资源，加快形成新的竞争优势提供了新机遇。

与此同时，也要增强忧患意识，集中精力解决好制约和影响合肥科学发展的各类结构性、深层次矛盾。一是提升城市地位面临新挑战。地区和城市间对高端要素和产业资源的争夺日益激烈，合肥城市综合实力不强，辐射带动力有限，与建设长三角世界级城市群副中心的目标还有不小差距。二是发展动力转换面临新挑战。内需与外需、投资与消费结构不协调，产业结构不优，服务业比重不高，实施创新驱动，加快形成大众创业万众创新的新局面还需要付出更大努力。三是推进城乡区域协调发展面临新挑战。城区与县域在发展水平和能力上存在较大差距，破除城乡二元结构，提高城镇化水平，还有很多难题需要破解。四是生态环境保护面临新挑战。巢湖生态文明先行示范区建设任务较重，经济发展、城市建设对资源、能源平衡和环境承载能力提出更高要求，节能减排、环境整治等将面临更多考验。五是维护社会公平面临新挑战。富民、教育、医疗、养老、住房等问题成为社会关注的焦点，人口老龄化带来就业和社会保障的压力日益增大，多元利益协调难度加大，对提高施政水平和保障城市常态安全运行提出了更高要求。

第二章 总体思路和发展目标

第一节 指导思想

高举中国特色社会主义伟大旗帜，全面贯彻党的十八大和十八届三中、四中、五中全会精神，以马克思列宁主义、毛泽东思想、邓小平理论、“三个代表”重要思想、科学发展观为指导，深入贯彻习近平总书记系列重要讲话精神，认真落实“四个全面”战略布局，牢固树立创新、协调、绿色、开放、共享五大发展理念，深入贯彻省委省政府决策部署，坚持创新转型升级发展不动摇，以提高发展质量和效益为中心，以加快调结构转方式促升级为主抓手，以增进人民福祉、促进人的全面发展为出发点和落脚点，统筹推进经济建设、政治建设、文化建设、社会建设、生态文明建设，当好全省“三个排头兵”，确保率先全面建成小康社会，加快建设长三角世界级城市群副中心，为建设“大湖名城、创新高地”奠定坚实基础。

第二节 基本原则

——不断解放思想。思想解放程度决定改革深度、推进力度、发展速度。进一步在解放思想中统一认识、凝聚力量，敢走新路、敢破难题，勇于打破陈旧观念和传统体制的束缚，推出更多具有合肥特色的改革创新之举，不断释放全社会发展活力。

——致力改善民生。实现好、维护好、发展好最广大人民根本利益是发展的根本目的。把增进人民福祉、促进人的全面发展作为建设与发展的出发点和落脚点，切实解决好人民最关心最直接最现实的利益问题，不断提高人民获得感和满意度，充分调动人民积极性、主动性、创造性。

——加快创新发展。发展是硬道理，加快发展必须是科学发展。把创新摆在发展全局的核心位置，加快推动产业结构向高端化转变、增长动力向创新驱动转变、发展模式向内涵式集约化转变、城市建设与管理向功能品质提升转变、公共服务向均等化优质化转变，实现更高质量、更有效率、更加公平、更可持续的发展。

——突出生态优先。绿色是永续发展的必要条件，绿水青山就是金山银山。坚持节约资源和保护环境的基本国策，把好山好水好风光融入城市，更加注重源头治理和长效机制建设，大力发展绿色低碳经济，倡导绿色低碳消费，构建资源节约型、环境友好型社会。

——深化改革开放。改革是发展的强大动力，开放是发展的必由之路。坚持问题导向，深入推进重点领域和关键环节的改革，加快形成引领经济发展新常态的体制机制和发展方式，着力提高开放型经济水平和城市国际化程度，激发全社会创新创业创造活力。

——推进依法治市。法治是发展的可靠保障。坚定不移走中国特色社会主义法治道路，坚持法治合肥、法治政府、法治社会一体建设，推进科学立法、严格执法、公正司法、全民守法，把经济社会发展纳入法治轨道，促进治理体系和治理能力现代化。

——强化党的领导。党的领导是实现经济社会持续健康发展的根本政治保证。必须贯彻全面从严治党要求，发挥各级党委（党组）领导核心作用，不断增强党的创造力、凝聚力、战斗力，不断提高党的执政能力和执政水平，保证经济社会发展的正确方向。

第三节　战略定位

“十三五”时期，对照建设长三角世界级城市群副中心的要求和打造“大湖名城，创新高地”的愿景，合肥发展的战略目标定位为：

——全国高端产业集聚区。以加快培育发展战略性新兴产业为重点，加快产业结构升级，优化产业空间布局，以新产业、新业态为导向，以高端技术、高端产品、高端产业为引领，实施一批居于产业链核心环节和价值链中高端的重大项目，培育形成具有国际竞争力的产业集群。

——国际有影响力的创新之都。率先通过系统性、整体性、协同性创新改革试验，激发全社会创新活力与创造潜能，努力推动经济保持中高速增长、产业迈向中高端水平、发展动力实现新转换，推动大众创业、万众创新，打造具有国际影响力的综合性国家科学中心和产业创新中心。

——全国性综合交通枢纽。统筹推进全国性综合铁路枢纽、高等级公路枢纽、航空门户枢纽、江淮航运中心等建设，促进各种交通方式有效衔接，畅通人流物流渠道，为聚集国内外资源，促进枢纽型经济发展、建设长三角世界级城市群副中心筑牢基础。

——全国内陆开放新高地。加强与“一带一路”的对接，推动与长江经济带互联互通，坚持“引进来”与“走出去”并重，建设一批互联互通、基地型、服务型开放平台，扩大对外投资贸易规模，推进城市的国际化建设，完善接轨国际的投资贸易体制机制，打造全国重要的对外开放新高地。

——全国生态文化旅游名城。以巢湖生态文明先行示范区建设为重点，打造城湖共生、生态宜居的典范。挖掘城市文化内涵，集成全国乃至世界先进文化成果，整合周边生态旅游等资源，加快建设以大湖、温泉、湿地、名镇为特色的环巢湖国家旅游休闲区。

第四节　发展目标

在率先全面建成小康社会的基础上，结合合肥经济社会发展实际，全市“十三五”经济社会发展的总体目标是：

——经济总量位次前移。在提高创新水平和质量效益的基础上，经济增长速度力争“两位数”，保

专栏二　“十三五”时期经济社会发展的主要目标

指　标		单 位	总量	增速（%）	指标属性
一、经济发展（11 项）					
（1）生产总值（GDP）		亿元	10000	10 左右	预期性
（2）全员劳动生产率		万元 / 人	14.5		预期性
（3）固定资产投资（累计）		亿元	40000	11	预期性
（4）财政收入		亿元	1600	10 左右	预期性
（5）规模以上工业增加值		亿元	4000	11	预期性
（6）规模以上工业企业利润增幅		%	10 左右		预期性
（7）服务业增加值		亿元	4600	11	预期性
（8）社会消费品零售总额		亿元	3500	10	预期性
（9）民营经济增加值占生产总值比重		%	60		预期性
（10）实际利用境外资金		亿美元	180		预期性
（11）进出口总额		亿美元	300	8	预期性
二、创新驱动（6 项）					
（12）R&D 经费支出占生产总值比重		%	3.5		预期性
（13）科技进步贡献率		%	60		预期性
（14）国家级高新技术企业数		家	1600		预期性
（15）战略性新兴产业增加值占生产总值比重		%	17		预期性
（16）每万人口发明专利拥有量		件	22		预期性
（17）互联网普及率	固定宽带家庭普及率	%	70		预期性
	移动宽带用户普及率	%	90		预期性
三、协调发展（3 项）					
（18）建成区面积		km^2	500		预期性
（19）市区常住人口		万人	500		预期性
（20）城镇化率	常住人口	%	≥ 75		预期性
	户籍人口	%	50 左右		预期性

指标		单位	总量	增速（%）	指标属性
四、生态文明（11 项）					
（21）耕地保有量		万公顷	54.78		约束性
（22）新增建设用地规模		公顷	11313		约束性
（23）地表水质量	好于Ⅲ类水体比例	%	达省控目标		约束性
	劣Ⅴ类水比例	%	达省控目标		约束性
（24）单位工业增加值用水量降低		%	达省控目标		约束性
（25）单位生产总值能源消耗降低		吨标煤／万元	达省控目标		约束性
（26）非石化能源占一次能源消费比重		%	8 左右		约束性
（27）单位生产总值二氧化碳排放降低		%	达省控目标		约束性
（28）主要污染物排放总量	化学需氧量	吨	达省控目标		约束性
	二氧化硫	吨	达省控目标		
	氨氮	吨	达省控目标		
	氮氧化物	吨	达省控目标		
（29）空气质量	PM2.5 下降	%	达省控目标		约束性
	优良天数比例	%	达省控目标		
（30）森林发展	森林覆盖率	%	28		约束性
	森林蓄积量	万立方米	800		
（31）建成区绿化覆盖率		%	46		约束性
五、民生福祉（14 项）					
（32）人口自然增长率		‰	10 以内		约束性
（33）居民人均可支配收入		元	43000	10 左右	约束性
（34）城市集中式饮水水源水质达标率		%	100		约束性
（35）农村自来水普及率		%	95		约束性
（36）城镇保障性安居工程（累计）		万套	13.6		约束性
（37）农村贫困人口脱贫率		%	100		约束性
（38）基本养老保险参保人数	城镇职工	万人	210		约束性
	城乡居民	万人	290		约束性
（39）城镇职工基本医疗保险参保人数		万人	168		约束性
（40）城乡居民基本医疗保险参保率		%	≥ 96		约束性
（41）劳动年龄人口平均受教育年限		年	12		约束性
（42）每千名老人拥有养老床位数		张	50		预期性
（43）城镇新增就业人数		万人	65		预期性
（44）城镇登记失业率		%	≤ 4.5		预期性
（45）人均期望寿命		岁	77.6		预期性

持全国省会城市前列，生产总值力争达到 10000 亿元，年均增长 10% 左右，人均生产总值达到 12 万元。规模以上工业增加值达到 4000 亿元，年均增长 11% 左右。财政收入力争达到 1600 亿元，其中地方财政收入力争达到 840 亿元；全社会固定资产投资累计完成 4 万亿元。社会消费品零售总额达到 3500 亿元。进出口总额达到 300 亿美元，累计招商引资 2 万亿元，其中外商直接投资 180 亿美元。

——创新水平全国一流。国家全面创新改革试验形成一批可复制推广的经验，创新创业活力全面激发。全社会科技研发投入 R&D 投入占生产总值比重达到 3.5%。公民科学素质指数达到 15%。三次产业结构持续优化，调整为 4:50:46。产业迈向中高端水平，高新技术产业增加值占生产总值比重达 25%。新产业新业态加速成长，战略性新兴产业产值达到 7000 亿元。服务业增加值达到 4600 亿元，年均增长 11%。

——城市功能显著增强。新型城镇体系基本完善，户籍人口城镇化率持续提高，达到 50%。城市建成区面积扩大到 500 平方公里，市区常住人口突破 500 万人，空间布局合理，功能定位清晰。城乡区域发展更加协调，县域实力持续增强。水、电、气、热、公交等公用设施不断完善，全国性综合交通枢纽地位进一步凸显，国际化都市区框架初步形成。

——民生福祉持续提升。居民人均可支配收入增长与经济增长保持同步，城乡收入差距逐步缩小，率先实现整市整体脱贫。就业更加充分，城镇登记失业率控制在 4.5% 以内。义务教育实现优质均衡发展，普及高中阶段教育；医疗卫生资源实现均衡化配置，医疗机构每千人床位数超过 8.5 张；公共文化服务网络全面建成，全民健身活动全面普及；人口自然增长率控制在 10‰以内，实现人口均衡发展。开工建设保障性安居工程 13.6 万套。劳动年龄人口受教育年限明显增加，人均预期寿命和主要健康指标不断提高。

——文明程度明显提高。中国梦和社会主义核心价值观更加深入人心，爱国主义、集体主义、社会主义思想广泛弘扬，社会文明风尚更加浓厚，文明城市建设深入推进，市民思想道德素质、科学文化素质、健康素质明显提高，全社会法治意识不断增强。公共文化服务体系全面建成，文化产业增加值翻一番，成为重要支柱产业，城市品牌形象显著提升。

——生态环境不断改善。主体功能布局和生态安全屏障基本形成，生产方式和生活方式绿色、低碳水平明显上升。巢湖生态文明先行示范区建设取得重要进展，巢湖水质总体保持地表Ⅳ类水标准。城市污水集中处理率达到98%，垃圾无害化处理率、工业固体废物处置利用率均达到100%；森林覆盖率超过28%，城市建成区绿化覆盖率达到46%；非化石能源占一次性能源消耗比重超过8%；空气污染物浓度下降，质量优良天数持续上升。土地节约集约利用成效显著，万元生产总值能耗、主要污染物排放总量等节能减排指标达到省控目标。

——体制机制更加完善。城乡治理体系和治理能力现代化取得重大进展，全面创新改革试验率先突破，全面深化改革走在前列，形成一批在全国有影响力的改革成果。城乡治理体系和治理能力现代化取得重大进展，人民民主更加健全，法治政府基本建成，“平安合肥”持续深化，司法公信力明显提高。内陆开放高地建设取得突破，国际化及区域合作水平不断提升。

第三章 突出创新驱动，建设有国际影响力的创新之都

深入实施创新驱动发展战略，坚持追赶与引领同步，以系统推进全面创新改革试验为抓手，推进“大众创业，万众创新”，着力建设有重要影响力的综合性国家科学中心和产业创新中心，率先建成国家创新城市，打造国际知名、全国一流具有国际影响力的创新之都。

第一节 建设综合性国家科学中心

牢牢把握世界科技发展方向、全球产业变革趋势，依托合肥丰富的科教资源，聚焦能源、信息、材料、生命、环境等科学领域，努力建设国际一流水平、面向国内外开放的综合性国家科学中心，服务国家战略，成为国家创新体系的基础平台、科学研究的制高点、经济发展的源动力。

重点推进国家大科学装置群建设。提升同步辐射、EAST全超导托卡马克、稳态强磁场装置等现有大科学装置性能，积极争取新建聚变工程实验堆（CFETR）、先进光源（HALS）、先进X射线自由电子激光装置（X-FEL）、大气环境综合探测与实验模拟设施（AEOS）、超导质子医学加速器等大科学装置，成为国家重大基础科学设施建设的主力军。

加快共性技术研发圈构建。面向基础科学研究和产业发展方向，支持中科院合肥物质研究院、中科大建设超导核聚变、量子中心、空地一体化网络等国家级重大工程平台，加快推进联合微电子中心、离子医学中心、分布式智慧新能源集成创新平台等全国性产业创新中心。积极争取新建智能语音、稳态强磁场、特殊环境服役材料、免疫学、抗体工程、新能源汽车控制、智能锻压装备、环境监测、近地空间环境、食物与营养学、农业大数据与信息服务等国家重点（工程）实验室、工程（技术）研究中心。支持服务中科大、合工大、安大、中科院合肥物质研究院、中电科38所、合肥通用机械院等高校院所建设。推进合肥微尺度物质科学、磁约束核聚变等国家实验室，火灾科学、核探测与核电子学、脉冲功率激光技术、现代显示技术、压缩机技术、皮肤病学等国家重点实验室，语音及语言信息处理、汽车节能环保、高节能电机及控制技术等国家工程实验室，汽车技术与装备、智能决策与信息系统技术、汽车电子、压力容器与管道安全等国家工程（技术）研究中心建设，发挥他们在能源、信息、材料、生命和环境等领域的技术创新源头作用。在能源、信息、材料、生命、环境等科学领域催生一批原创技术，促进重大科技成果转化，孵化培育一大批战略性新兴企业，引领和支撑合肥未来产业发展。

第二节 打造创新创业平台载体

建设高端协同创新平台。创新新型研究院管理运行体制，继续推进中科大先进技术研究院、清华大学合肥公共安全研究院、合工大智能制造研究院、中科院技术创新工程院、北大未名生物经济研究院、中国农科院合肥食品创新研究院、安徽大学绿色发展研究院、中科大滨湖国际金融研究院等重大平台建设，支持国内外著名高校和研发机构面向产业发展需求，创新建设和运行模式，来肥合作共建新型协同创新平台。建设一批共性技术研发平台，支持龙头企业与高校院所建设多形式、紧密型的产业创新联盟和新型研发机构，联合开展核心、共性技术攻关，推进建设新型显示、集成电路、智能语音及人工智能、机器人、新能源及新能源汽车、智能制造、燃气轮机、高端数控机床、量子通信、生物医药和高端医疗装备等一批国家级公共技术创新平

台，推动跨行业、跨领域协同创新。建设一批创新公共服务平台，完善多层次技术交易市场体系，支持科技成果转化交易。规划建设中部技术转移中心、安徽联合技术产权交易所、科技创新信息服务平台等。加快推进企业孵化、知识产权服务、第三方检测认证等机构的专业化、市场化改革，建立健全技术创新、工业设计、文化创意、企业融资、人才培训等公共服务平台，探索建立创业导师团服务体系。到2020年，建成新型协同创新平台10个以上，研发转化科技成果1000项以上。

第三节　激发创新创业主体活力

优化以企业为主体、市场为导向、政产学研介咨相结合的技术创新体系，引导和支持创新要素向企业集聚，大力提升企业创新能力，推动从产品输出向技术输出、研发服务延伸。大力培育高新技术企业，建立初创期、成长期、成熟期培育梯队，引导人才、资金、专利等研发资源向企业集聚。加快培育科技型中小企业集群，引导中小企业以产业链专业分工方式进行模块化创新，形成集聚集群创新优势。完善科技型中小企业综合服务体系，引导中小企业实现专门技术突破。培育创新创业多元主体，支持高校、科研院所、国有企事业单位的科技人员创新创业，支持引进海外高层次创新创业人才和团队来肥创业。鼓励企业加大研发投入，支持企业通过并购、建立海外研发机构等方式大力引进急需的关键技术，提高引进消化吸收再创新能力。鼓励企业建立技术中心、工程（技术）中心等研发机构，推动企业与高等院校、科研院所组建多种形式的产学研联合体，开展产业关键技术和共性技术研发。鼓励骨干企业加大研发投入，积极引进、吸收先进技术成果，推动技术改造和产业升级。组织实施爆发性增长源工程，支持重大创新成果加速转化。鼓励企业参与制定国际、国家、行业和省地方技术标准。面向全球吸引和整合创新资源。打造一批主业突出、核心竞争力强的大型企业，发挥技术创新引领和示范作用。到2020年，新增国家级高新技术企业600户以上，技术合同总成交额、发明专利申请和授权量翻一番。企业研发机构数、研发投入额、研发人员数、授权专利量占全市比重提高到80%。

第四节　构筑创新创业人才高地

牢固树立人才是第一资源的观念，坚持引进与培养并重，集聚国内国际创新人才资源，建设人才宜居城市。大力实施优秀企业家培养计划、高层次人才创业团队引进计划、领军人才引进“百人计划”、庐州产业创新团队培养计划、庐州英才培养计划和高技能人才振兴计划等。依托重大科研项目和重大工程、重点学科和科研机构、国际学术交流和科技合作项目、高新技术企业，大力引进、培育和建设各类创新创业团队，吸引和集聚院士、优秀青年科学家、国家科技大奖获得者、重大前沿核心技术技能掌握者等创新人才。创新海外引智工作机制，统筹设立海外人才联络处，争创全国海外人才离岸创新创业基地。加强与跨国公司、一流科研机构和知名人才中介服务机构合作，充分利用国际人才交流大会等平台招贤纳才。坚持招商选资和招才引智并重，采取股权激励、提高薪酬、财政补贴等多种灵活的政策，培养、引进高水平研究开发人才、高技能生产人才和高层次管理人才。完善科技经费管理制度，深化科技评价和奖励制度改革，强化绩效评估，完善科技政策与经费评估评价体系。加强人才载体建设，依托重大协同创新平台，充分发挥企业研发中心、院士工作站、博士后工作站、国家留学生创业园支撑作用，提高高等院校和各类研究机构创新型人才培养能力。实施人才安居工程，健全人才服务体系，提高人事代理、社会保险代理、企业用工登记、出入境和子女入学等服务水平，完善人才科学研究、学术交流和技能培训等资助制度，满足人才发展需求。建立人才发现、使用、评价机制，建设按国际惯例运作的人才市场，促进优秀人才脱颖而出。

第五节　完善创新创业生态体系

系统推进全面创新改革试验区建设，深化科技体制和商事制度改革，完善科技创新政策体系和服务保障机制，促进知识、技术、人才、资本有机结合和良性互动，营造更加优越的自主创新生态环境。大力推进科技金融深度融合，积极推进科技银行和科技保险建设，培育壮大天使基金、风险投资、股权投资和产业基金规模，开展各类股权投资、科技小额贷款、科技担保、股权与知识产权质押等业务，建立完善“投、保、贷、中介服务”四位一体的科技金融服务体系，健全融资风险分担机制。发展科技中介专业服务，培育和聚集一批咨询、评估、知识产权、投融资等方面的中介服务机构，建立贯通研发、交易、转化等全过程的服务体系。加强与国内外著名大学和一流科研机

专栏三：创新平台载体项目

中科院合肥大科学中心、中科大先进技术研究院二期、合工大智能制造技术研究院、中国科学院合肥技术创新工程院、清华大学公共安全研究院、北大未名生物经济研究院、中国农科院合肥食品创新研究院、安大绿色发展研究院、中科大滨湖国际金融研究院、京东方合肥研究院、联想合肥基地研发中心、新能源汽车公共服务平台、集成电路公共服务平台、生物医药公共服务平台、东湖高新合肥科创基地、联想创新产业平台、清华启迪高科技研发基地、合肥创新产业园二期、高新区创新产业园三期、高新区创新产业园生物医药基地、京东方科技产业园、新站区创客谷、新站区武汉东湖高新孵化器、合肥市青年创业园、庐阳中科大创新产业园、工投创智天地、庐江经济开发区科技企业孵化器、长丰科创北城产业基地、合肥大数据交易所、东湖高新（合肥）科创中心、南艳湖高科技研发基地、富邦国际创新科技产业园、高新区枫林圆梦小镇等。

构的战略合作，支持高校、科研机构、企业、金融机构共建一批产业技术创新战略联盟和产业技术专家平台。壮大技术经纪人队伍，重视发挥行业协会、学会在成果技术引进中的作用。完善科技创新激励机制，深入推进企业股权和分红激励试点，探索开展“股权＋贷款”等投贷联动试点。完善知识产权法规政策体系，加强知识产权保护，支持中国（安徽）知识产权维权援助中心发展壮大。围绕国家中小微企业创业创新基地城市示范建设，创新支持中小微企业发展，实施小微企业“双创示范”行动计划，深入开展“发现双创之星”、中国（合肥）青年科技创新成果展示会、中国（合肥）青年创新创业大赛、大学生创新创业大赛等系列活动，培育一批创客大军。搭建全市创业创新公共服务平台网络，形成“1+13+X”网络化空间布局。深度开发“互联网+”模式，深入推进“翔计划”工程和“工业云”平台建设。鼓励大型互联网企业和基础电信企业向创业者提供“云计算”“云存储”“云搜索”等服务。强化从创业苗圃、孵化器、加速器到园区基地的全程创业创新服务，鼓励高等院校、科研院所、大型企业等联合共建的专业公共服务平台和研发试验平台为创业创新提供服务，鼓励大型企业利用产业链条带动小微企业发展。加快推进国家自主创新先行先试政策试点，努力营造“大众创业，万众创新”新局面。

第四章 加快转型升级，建设有国际竞争力的产业集群

聚焦重点领域，按照三次产业联动、多业态融合的思路，坚持高端化、集聚化、特色化，重点打造新一代信息技术、新能源及节能环保、高端装备制造、生物医药及医疗装备、汽车及新能源汽车、家用电器、安全食品加工、文化和旅游等主导产业，形成一批具有全球竞争优势的产业集群，基本形成以战略性新兴产业为引领、先进制造业为主体、现代服务业为支撑、现代农业为基础的现代高效产业体系。

第一节 发展壮大战略性新兴产业

按照“龙头企业—大项目—产业链—产业集群—产业基地”的发展思路，以战略性新兴产业集聚发展基地为突破口，引导人才、技术、资本、土地等资源要素向战略性新兴产业集聚，努力将战略性新兴产业打造成为推动产业转型升级的新引擎。到2020年，战略性新兴产业产值达到7000亿元，国家级和省级战略性新兴产业集聚发展基地超过10个，产值超千亿的战略性新兴产业基地达到4个。

1. **新一代信息技术**。聚焦新型显示、集成电路、软件及智能语音、量子通信等重点领域，打造世界级新一代信息技术产业集群。建设2-3条高世代液晶面板生产线，支持发展玻璃基板、偏光片、驱动IC等核心配套产业，完善产业链条，建成国际一流的新型显示产业集聚区。加快发展面板驱动芯片、家电核心芯片、存储芯片国产化，推进一批8-12寸晶圆制造生产线和高端封装测试项目，以及砷（氮）化镓、碳化硅、MEMS等特色集成电路项目，打造中国IC之都。加快建设中国（合肥）国际智能语音产业园，打造“中国声谷”。积极发展软件产业，组建软件研究院，跻身全国软件名城行列。推进量子产业园建设，孵化和引进一批相关配套产业，推动卓越创新中心建设，建成引领全国的量子通信产业基地。

2. **新能源**。重点发展光伏逆变器、电池片及组件等，提升拓展铸锭及切片、电池组件、光伏玻璃、光伏装备、光伏蓄能等，支持光伏产业关键技术和核心产品研发，提高光能转化效率和产业竞争力。加快构建世界级光伏产业集群。积极发展光伏系统集成和服务，推广分布式光伏电站、建筑光伏一体化、光伏扶贫等应用示范工程，创新建设、运营模式，建成“中国光伏第一城”。积极发展生物质能、风能以及储能装备、核电装备等关键零部件。

3. **高端装备制造**。聚焦机器

人、轨道交通、燃气轮机、高端数控机床、精密制造等重点领域，打造国内重要的高端装备制造产业集群。加快发展工业机器人系统集成、本体制造以及减速器、控制系统、伺服电机等核心零部件，形成工业机器人全产业链。培育发展服务机器人以及医用、建筑和军用等专用机器人，建成全国具有重要影响力的机器人产业基地。以中车轨道车辆造修基地为龙头，加快发展轨道工程系统、智能信息控制系统、轨道交通整车、装备和零部件及配套产业链，建成全国重要的轨道交通装备产业基地。推动建设数控机床和装备技术研发公共服务中心及生产线，加快构建数控装备创业投资、产权交易、成果转化平台。加快推进分布式能源、车船动力和通用航空动力的0.1-10MW级等燃气轮机的研发设计及产业化，积极推进中重型燃气轮机研发和产业化，支持示范应用，延伸产业链条。建设燃气轮机产业园。

4. 生物产业。聚焦生物医药、医疗器械、生物农业等领域，打造国内重要的生物产业集群。培育发展生物制品、原料药、化学制剂、中成药、中药饮片加工等，培育生物医药产业链，构建生物医药产业基地。瞄准高性能医学影像设备、专科医疗设备、植入材料及制品、新型体外诊断产品等，加快推进超导质子刀治疗系统研发和产业化。加快引进一批国内外龙头企业，加快生物装备产业园、生物医药产业基地等建设。突出生物育种、农用生物制品、生物畜禽用疫苗等，加快壮大生物农业产业规模，打造现代种业强市。围绕生物基产品、非粮原料生物糖化工程、绿色生物工艺应用等领域，加快一批安全食品产业示范基地建设。

5. 新能源汽车。加快新能源汽车产业聚集基地建设，以整车为龙头，培育并带动动力电池、电机、汽车电子、高效变速器等产业链加快发展。推进纯电动汽车、深度混合动力汽车的研发和产业化，积极支持燃料电池汽车的关键技术研发。加大示范应用推广力度，加

专栏四：战略性新兴产业项目

新一代信息技术：京东方10.5代薄膜晶体管液晶显示器件（TFT-LCD）生产线项目、康宁10.5代玻璃基板项目、三利谱偏光片产业基地、彩虹G8.5液晶玻璃基板项目、晶合12英寸晶圆生产项目、DRAM存储器研发和制造项目、通富微电封装测试产业化基地、联发科技合肥研发基地及汽车电子芯片制造项目、汇成光电晶圆金属凸块封测项目、矽力杰汽车半导体和新型特种集成电路封测基地、富芯微电功率集成电路芯片制造项目、中国（合肥）国际智能语音产业园、中国（合肥）国际智能语音产业园孵化园、华米信息新型可穿戴终端研发及产业化项目、赛为智能轨道交通地面乘客信息系统产业化项目、极光科技激光显示及激光照明光源产业化项目、城市云数据中心服务平台项目、农业生态大数据公共服务平台项目、第三方物流信息数据在中心与云服务平台项目、健康大数据（DT）产业园、中国（合肥）北斗数据科技园、广达合肥制造城项目、宝龙达台式电脑主板和平板电脑整机项目、安徽动高科技互联网+高铁服务项目、龙芯国产计算机产业园等。

新能源：中航工业合肥新能源产业基地、恒宇新能源锂聚合物动力电池及材料生产基地、阳光电源新能源发电成套装备制造基地、国轩动力电池生产基地、锂电池正极材料项目、通威太阳能续改建项目、合作储能装置生产基地、庐江动力锂电池材料项目、聚合物固态锂电池产品生产线项目、太阳能铜铟镓硒（CIGS）薄膜电池项目、捷力新能源锂离子电池湿法隔膜项目、星能锂电池隔膜项目、锂电池正极材料项目、新能源及高端元器件研发产业基地、新兴际华新能源科技产业园等。

智能制造：微小型燃气轮机研发及产业化项目、中重型燃气轮机研发及产业化项目、中工科安高档数控系统研发及产业化基地、欣奕华智能机器制造产业基地、强基精密制造产业园、航空设备生产项目、中国铁物轨道交通装备产业园、合肥中车轨道车辆造修基地、中溋安泰国际数控机床智慧城项目、低空通用航空飞机生产基地、中国铁建盾构机生产项目、肥东高端装备智能制造基地等。

生物产业：超导质子治疗装备制造项目、龙科马生物制品重组结核杆菌ESAT6-CFP10变态反应原、流感病毒裂解疫苗产业化项目、安科生物重组人HER2等抗肿瘤抗体及蛋白质药物产业化项目、台湾生化技术产业园、桑乐金生物频谱技术研发及产业化项目、华恒巴斯夫丙氨酸生产基地项目、天麦生物基因重组人胰岛素项目、尼普洛医疗器械生产基地二期、尚荣医疗健康产业园、五粮泰生物科技饲用糖脂肽工程、半汤生物经济实验区、干细胞及转化医学基地、万邦德集团安徽药品生产销售基地、修正医药健康产业园、保健品和制剂产业化基地、清华紫光医疗大数据中心项目等。

新能源汽车：江淮高端及纯电动轻卡项目、江淮新能源乘用车及核心零部件项目、德电新能源汽车项目、中航工业合肥新能源汽车产业基地、包河新能源汽车产业园、普天科技产业园、合肥新能源汽车充电设施建设及运营示范工程、节能与新能源汽车试验及检验检测中心等。

节能环保：华清（合肥）高科表面工程基地、固体废弃物循环利用示范中心项目、北大未名生物环保产业园、智能化电网关键配套变配电设备系列开发项目、中国钢研北京林达投资集团废旧轮胎再利用项目项目、固液体废料回收铜镍等系列金属工程项目、合肥循环经济示范园静脉产业园、人和空气净化产业城项目等。

新材料：国风新型高分子膜材料项目、博侃矿物新材料产业基地、合汇金源特种薄膜新材料项目、贝意克石墨烯及其制备设备项目、TAC膜项目、超高压特种电缆绝缘材料、高性能碳纤维项目、东瑞塑业新型高分子膜材料项目、庐江石墨电极生产项目等。

应急产业：中国电科博威产业园项目、清华合肥公共安全院大型灾害实验平台项目、赛为智能全自主飞行空中机器人关键技术研发及集成产业化项目、赛为智能基于海量视频数据的轨道交通智能视频监控系统研发及产业化项目、中新软件网络安全研究中心项目、四创电子平安合肥示范工程、科大力安大空间场所智能灭火系统示范应用项目、神马科技海洋工程机械等装备生产基地、皖通科技路网管理与应急处置综合数据平台系统项目等。

快培育市场，推动技术进步和产业发展。

6. **节能环保**。重点发展新光源产业、低碳技术的研究与应用、污染物治理技术与装备、环保材料、节能关键技术装备、资源循环利用以及节能环保技术服务业，大力推行合同能源管理，形成具备较强的国际及区域产业合作和竞争能力的节能环保产业。

7. **新材料**。围绕新型显示、家电、汽车等产业，重点发展电子信息材料、光通信材料、纳米材料、新型化工材料等，大力支持庐江磁性材料、新能源材料产业发展，形成一批具有国际竞争力的新材料产业集群。支持纳米、超导、智能等共性基础材料研究。

8. **应急产业**。重点发展紧急救援装备制造、公共安全应急产品、城市桥梁、地下管线监控、城市安全等产业集群。努力在反恐安全、信息安全、交通安全、防灾减灾安全相关突发事件监测、预警、处置、救援的相关产业链和产品线上占据发展先机。继续建设公共安全应急产品研发、应用、试验和生产基地，依托高新区首批“国家应急产业示范基地”建设，打造国家处理突发应急事件综合保障平台。

第二节 改造提升传统优势产业

落实“中国制造 2025”和“互联网 +”行动计划，加快传统产业新兴化，通过技术工艺创新、信息技术融合和商业模式创新，深入实施“机器换人”行动计划、工业“强基”工程和质量品牌提升行动，支持企业瞄准国内外标杆企业推进技术改造，推动生产方式向柔性、智能、精细转变，加快工业化和信息化融合。到 2020 年，传统制造业产值达到 9000 亿元。

1. **家用电器**。加快绿色环保型、高效节能型、信息智能型家电产品的研发和更新，提升压缩机、控制器、电机等核心部件配套能力。壮大黑色家电及消费电子产业规模，发展功能型、享受型、精品化高端小家电产品。加快促进信息技术、工业设计等与家电产业融合，建立智能家电行业标准。提升从研发到核心零部件生产、整机制造、物流、售后服务的家电产业链竞争力，打造世界级智能家电产业集群。

2. **装备制造**。提高自主设计和制造大型成套装备、高新技术装备、关键零部件及基础件能力，加快发展新型工程机械，壮大电工电器、锻压机械、仪器仪表、化工机械、水泥装备、环保机械、农机装备等优势行业，积极发展农业、食品加工和旅游装备等，努力建成全国重要的装备制造业基地。

3. **汽车及零部件**。加快发展轻卡和中重卡，推进乘用车、商用车升级换代，打造精品车型，增强品牌影响力。加大研发投入，重点突破发动机、变速箱、驱动电机等关键核心技术。推动汽车产业“两化”深度融合，加快车联网发展，打造全国重要的汽车及零部件产业基地。

4. **食品加工**。深化“龙头企业 + 合作组织 + 农户”发展模式，大力发展粮油制品、肉制品、乳制品、休闲食品、饮料、烟草、饲料等，加快发展蔬菜果品、肉制品等农产品加工及贸易，提升都市型食品加工业发展水平。

5. **新型化工**。以盐化工、煤化工及农用化工为基础，重点发展以新型煤气化技术为依托的现代煤化工产品；利用氨、氯、氢等延伸发展高附加值精细化工，推动化工产品结构向精、深方向发展。以提升工艺、装备水平为重点，支持高性能乘用车轮胎发展。积极发展差别化复合型纤维、功能化高性能纤维、高性能服装面料、装饰用纺织品以及汽车用、农用、医用等产业用纺织品。

6. **采矿与冶金**。有序推进矿业资源开采，深化铁、钒、铜等金属矿产资源以及高岭土、绢云母等非金属矿产资源的开发利用，构建钢铁产业循环经济体系，打造新型矿业采选及深加工产业集群。重点围绕汽车、家电、高铁、风电、船舶、装备制造、海洋工程等行业用钢，突出发展专用宽厚板、热（冷）轧薄板、镀锌板及超薄热带钢，发展汽车铝合金轮毂、空调铝箔及节能控件等产品，推动铜产品结构向通讯装备、集成电路用高端精密加工方向发展。

7. **建筑业**。推动大型建筑企业提高核心竞争力，鼓励有条件的大型企业拓展业务领域，促进中小型建筑企业向专、特、精方向发展，壮大建筑业规模。完善以总承包、专业承包和劳务分包等承包体系，以及勘察、设计、工程监理、招标投标等工程咨询服务体系。推进建筑业技术进步，提高建筑业勘察设计、施工和技术装备水平。鼓励采用先进节能减排技术和新材料，建立绿色建筑标识制度。大力发展建筑产业化，推进绿色建筑、光伏建筑构件等，大规模应用装配式建筑技术，培育产业集团，推进产业升级。鼓励建筑业企业“走出去”发展，积极开展境外工程承包和劳务合作，大力拓展境外市场。到2020年，培育一批国内领先的建筑产业化集团，形成以优势企业为核心、产业链完整的产业集群。

专栏五：传统优势产业项目

家用电器：惠科3000万台液晶电视机及配套生产项目、惠而浦中国总部基地、京东方整机智能制造项目、合肥凌达超高效冰箱压缩机及空调压缩机项目、TCL（合肥）家电产业园项目、晶弘电器二期项目等。

装备制造：清洁能源环保专用设备生产基地、肥东装备制造及核心零部件产业园、庐江现代装备智造产业园、人和空气净化设备产业园、东昇功能膜设备制造项目、日立建机年产3万台挖掘机项目、自动化停车、家电物流及通信设备生产研发项目等。

汽车及零部件：长安汽车核心零部件产业园、江汽中重卡项目、开乐年产6000台特种厢式车和环卫车生产基地、上海松芝车用制冷设备（合肥）生产基地、新港轻卡基地、恒信汽车零部件轻量化研发与产业化项目等。

食品加工：合肥太古可口可乐扩建工程、真心食品生产基地、伊利乳业二期项目、娃哈哈饮料生产项目、森源功能饮料及调理食品生产项目、中国安全食品示范基地、盼盼产业园、肥东经开区绿色食品产业园、康师傅饮料项目二期、粮油加工产业化项目、五谷农庄产业园项目、珍奇味食品安徽生产基地等。

新型化工：中盐红四方合肥化工基地二期项目、大陆马牌轮胎年产600万条乘用车轮胎生产线项目、汽车全钢载重轮胎和半钢子午胎轮胎生产项目、新中远硫磷精细化工项目、联合利华二期工程等。

采矿与冶金：庐江泥河铁矿一期项目、罗河铁矿800万吨扩能项目、马钢（合肥）公司连续镀锌线项目、广银铝业铝型材加工生产项目等。

建筑业：中建国际产业园、安徽建工集团建筑产业化研发及生产项目、富煌重型钢构件三期项目等。

第三节　提速发展现代服务业

以建设服务业集聚区为突破口，推动生产性服务业专业化和高端化发展、生活性服务业精细化和优质化发展、高技术服务业集聚化和集群化发展，全面推动服务业发展提速、比重提高、水平提升。到2020年，服务业增加值达到4600亿元。

1. **高技术服务业**。信息技术服务。培育基于移动互联网、云计算、物联网等新技术、新模式、新业态的信息服务，加快发展工业软件、嵌入式软件和行业应用软件服务。服务外包。积极创立“中国服务、合肥创新”的国际服务外包城市品牌，着力把合肥打造成为长三角区域服务外包重点城市。电子商务服务。不断深化电子商务普及应用，支持电子商务集聚区建设，电子商务发展水平进入全国省会城市前列，成为辐射全省、影响全国的电子商务中心城市。加快发展农村电子商务、跨境电子商务和移动电子商务，建成国家电子商务示范城市。研发设计服务。加快发展工业、工程设计创新，发展高附加值、知识密集型的工业设计、模具设计、工程勘察设计、平面设计、自动控制系统设计等。加快建设中国（合肥）工业设计城。科技成果转化服务。支持建设“创业苗圃 + 孵化器 + 加速器”和众创空间等创业孵化体系。支持建设知识产权评估、鉴定、交易集聚区。检验检测认证服务。加快发展第三方检验检测认证服务，加强计量、检测技术、检测装备研发等基础能力建设。规划建设检验检测服务基地。

2. **金融保险业**。大力发展直接融资，加强区域金融合作，探索建立区域性金融市场。加快引进境内外银行、保险、证券、基金、风险投资等各类法人总部、区域总部、功能总部及后台服务机构入驻。鼓励、支持民间资本进入金融产业领域，参与金融机构重组改造，发起设立本土基金管理机构、村镇银行、小额贷款公司等各类金融机构、组织，吸引和推动民间资本转化为金融资本。做大做强合肥科技农业银行等地方金融机构和兴泰金融等地方金控平台。加快发展资本市场，不断提高直接融资比重，新增上市公司50家以上。积极发展互联网金融，培育引进互联网机构，加快建设互联网金融集聚区、金融服务外包集聚区等平台，打造区域性科技金融中心。

3. **现代物流业**。依托全国性综合交通枢纽，发挥区位比较优势，加快物流基础设施建设，推进现代物流技术应用和物流标准化、信息化建设，增强物流园区综合服务功能。大力发展综合物流中心、专业物流中心和配送中心，建设多式联运体系、区域集并体系、专业市场交易集散体系、区域配送体系、物流信息化体系五大体系。积极发展第三方物流，促进工商企业主辅分离，推进物流服务外包，提升物流业专业化水平。开展城市共同配送，构建城市配送服务网络。到2020年，物流业增加值达到800亿元，初步形成全国重要的物流枢纽和区域物流中心。

4. **现代商贸业**。突出“互联网 +”，运用现代信息技术、创新营销模式及金融服务配套等手段，完善城乡现代流通服务网络，提升商贸流通业的现代化水平。鼓励商贸流通企业发展连锁经营和电子商务等现代流通方式，培育专业化、规模化、国际化的贸易企业和品牌代理商。建设多层次、多形式的批发贸易体系，打造融商品展示、信息发布、价格形成等功能于一体的现代采购交易平台。完善商业业态和购物环境，打造时尚购物之都。

5. **旅游休闲业**。发挥环巢湖旅游资源以及现代都市等多层面的品牌效应，发展以观光旅游为基础、休闲度假为主导、专项旅游为特色的现代旅游业，积极开发新兴旅游产品，加快推进重大旅游项目建设，完善旅游公共服务和配套服务体系。围绕建设环巢湖国家旅游休闲区和全国旅游标准化试点市，加快打造一批重点A级景区。创建智慧景区，全面提升景区智能化管理和服务水平。到2020年，年接待国内外游客近1亿人次。

6. 商务会展业。培育打造国际徽商大会、家博会、农交会、苗交会、文博会等若干个影响力大、带动力强的品牌展会，积极申办和引进半导体论坛、生物医疗等国际性、全国性展会，引进和扶持一批实力较强的会展主体，形成一批优质的会展配套服务企业，加快滨湖国际会展中心二期建设，建设滨湖会展集聚区，努力打造区域性会展名城。大力发展中介服务业市场主体，培育和引进一批专业水平较高、知名度和影响力较大的中介机构。

7. 生活服务业。坚持“便民、利民、为民”，重点推动社区餐饮、家政等居民生活服务业的创新和转型发展，以集约化为导向提升组织化程度，以信息化为手段提升软实力，以标准化为导向提升服务质量，以大众化为目标提升供给能力，以国际化为引领提升发展水平，扩大服务消费需求，提升服务质量水平，推动生活性服务业便利化、精细化、品质化发展，更好地保障和改善民生。推进医养结合，壮大养老服务产业，培育一批养老服务产业知名品牌，打造养老服务产业集群。加快体育产业发展，促进体育消费，推动体育与养老服务、文化创意和设计服务、教育培训等融合。

8. 文化创意产业。加快发展文化创意产业，推动文化创意产业与相关产业融合发展，增强多元化供给能力，满足多样化社会需求。加强文化创意产业集群建设，推进新兴动漫、网络游戏、虚拟现实、卫星传输、新媒体集成、影视制作和服务外包等产业发展，提升文化创意产业园区竞争力，形成创新能力强、产业规模大、文化品位高、产业特色鲜明、创业环境一流、专业人才聚集、知名品牌众多、产权保护严密、公共服务完善的文化创意产业集群，努力打造全国文化创意中心。促进数字内容和信息网络技术融合创新，推动数字虚拟等技术在生产经营领域的应用。

第四节　优化发展现代农业

按照服务城市、改善生态、兴业富民的要求，优化农业空间布局，加强农田水利基础设施建设，推进单功能的传统农业向多功能的现代农业转型升级，着力打造具有鲜明地域特色的都市现代农业体系。

提升发展种植业。稳定粮食生产，深入实施粮油稳产增产十大行动，推广绿色增产模式，提高单产水平。突出设施蔬菜、设施食用菌等，加快推进环城都市精品菜、沿岭特色瓜果菜、沿湖生态水生菜、沿路高效设施菜、园区伏缺保障菜等优势蔬菜基地建设。积极发展苗木花卉业，积极引进名、特、优新品种，实行工厂化育苗、科技化管理、精品化产出，打造若干精品苗木园。支持申报建设庐江县国家级农业高新技术开发区。

大力发展养殖业。实施规模养殖场标准化建设工程，推进生猪、家禽、河蟹、龙虾等优势品种标准化养殖进程，到2020年，规模化养殖比重超过90%。推广畜禽规模化养殖、沼气生产、农家肥积造一体化发展模式，提升发展生态养殖业。推广池塘循环流水养殖、稻田综合种养、林牧、农牧等，加快发展畜沼果、畜沼菜、畜沼鱼等循环农业。

加快发展都市农业。大力发展休闲观光农业，强化体验活动创意、农事景观设计、乡土人文开发，加快推进环巢湖、紫蓬山、大圩、三十岗等乡村旅游休闲度假区

专栏六：现代服务业项目

高技术服务业类：安徽（蜀山）跨境电子商务产业园、国家广播影视科技创新实验基地、中国（肥东）互联网生态产业园、华拓数码战略基地、IDC数据中心项目、合肥电商智慧谷、合肥中医药科技产业园等。

生产性服务业类：滨湖国际金融后台服务基地、MIG类金融示范区项目、复星金融创新城项目、惠而浦全球采购中心、中环金融生态港项目、合肥瑶海都市科技工业园、合肥华南城项目、庐阳区CBD总部集聚区、南翔汽车智慧城项目、恒信汽车博览中心项目、中国长安集团合肥汽车综合体一期项目、国际健康产业园、润恒食品城项目、中国合肥农产品国际物流园二期、宝湾国际物流中心项目、中国供销（庐江）农产品物流园、合肥深国际综合物流港、普洛斯肥东物流园、合肥乾龙现代物流园、经开区派河港综合物流园、顺丰速运智能分拣合肥基地、安徽海富航空服务基地、中邮集团安徽农产品电子商务基地、惠择保险国际救援中心等。

生活性服务业类：合肥特色商业街区（城隍庙、七桂塘、淮河路、坝上街等）项目、京商商贸城项目、“少荃湖新城”城市综合体项目、肥东经开区特色商业综合体项目、中国摩超大型综合体项目、首创钜大奥特莱斯城市综合体项目、中盐安徽红四方国际广场项目、砂之船（合肥）艺术商业广场项目、恒大中央广场项目、省立医院老年医学康复中心、中铁四局养生养老产业园、汤池南山项目、半汤国际温泉度假区、半汤华侨城项目、冶父山旅游综合开发项目、三瓜公社项目等。

建设，提升建设一批休闲观光农业集中区。加强农业合作与开放，积极发展外向型农业。

培育新型经营主体。加快构建以家庭经营为主体，联合与合作为纽带，社会化服务为支撑的立体式、复合型现代农业经营体系。创新推进家庭农场发展，提升发展农民合作社，推动联合社、农地股份合作社等新型股份合作经济组织发展，完善合作经济组织体系和综合服务平台，支持农业龙头企业通过品牌嫁接、资本运作、产业延伸等多种方式进行联合重组做大做强。推进多种形式农业适度规模经营，引导农户依法采取转包、出租、互换、转让、入股等方式流转土地，提高机械化作业水平。

推进农业产业化。推进各类主体以土地入股、资金投入、订单生产等多元紧密型利益联结机制参与产业化经营。推广"龙头企业＋合作社＋家庭农场＋农户"集利益联结、要素融合、互助共赢、联合发展为一体的现代产业联合体。鼓励龙头企业大力发展连锁店、直营店、冷链配送中心及电子商务，研

专栏七：现代农业项目

种业和种植业：合芜蚌现代农业自主创新示范区项目、合肥市现代农业示范区项目、合肥丰乐种业玉米、小麦良种繁育及加工基地项目、官亭镇碧根果综合农业产业园、合肥市绿色设施农业基地、合肥经济圈供肥蔬菜基地、庐江种子产业园、现代农业高新技术开发项目、长丰县草莓产业提升项目、白龙省级现代农业产业园等。

养殖业：养殖场千场标准化建设项目、生猪等优质良种繁育项目、渔业资源养护及设施标装备体系建设项目、合肥龙虾产业提升项目、畜水产品深加工项目、正大集团养殖和深加工产业化项目、新希望白帝乳业搬迁扩建项目、肉羊生态循环产业链建设项目、泥河万亩水产养殖示范区项目等。

休闲观光：三河·中国文化农业产业园、滨湖现代农业综合开发示范区项目、经开区合肥国家级农业气象示范基地项目、安徽春生农业科技有限公司休闲农业观光项目、江南醇万亩生态示范园项目、北大未名牡丹园项目、龙门寺现代农业示范区项目、庐江台创园生态农业观光园、江淮分水岭区域农业生态观光旅游带项目、月亮湾光伏农业休闲观光园、大圩现代农业示范园、深圳农嘉乐集团农业嘉年华项目等。

专栏八："互联网＋"合肥行动计划

"互联网＋创业创新"。打造创业服务云平台，鼓励建设集创新政策、行政服务、创业辅导等一体综合服务平台。支持创建一批低成本、便利化、全要素、开放式的众创空间。鼓励各类创新主体通过互联网平台分发和交付设计研发任务。

"互联网＋制造"。加快推进"机器换人"，启动建设一批智能工厂、数字化车间，支持企业运用互联网数据、对接个性化需求，推进研发设计、生产制造、运营管理等关键环节柔性化改造，鼓励企业提供互联网在线增值服务。

"互联网＋服务业"。支持企业智能化改造和网络化升级，鼓励发展电子商务、物流、金融、科技咨询、数字出版、会展、连锁经营、文化服务、教育培训等现代服务业。加快推进电子商务及跨境电子商务、互联网金融云平台、物流公共信息平台等一批重大互联网平台项目建设。

"互联网＋农业"。鼓励互联网企业、新型经营主体等建立农业服务平台，发展精准化生产、物联网营销，加强产销对接。建立农产品质量安全追溯公共服务平台，强化农产品质量安全管理。

"互联网＋公共服务"。建设高效电子政务平台，形成网上服务与实体大厅服务、线上与线下服务紧密结合的政府服务新模式。运用互联网提升社会保险、就业创业、人才服务、人事劳动关系、职业培训、环境、气象等公共服务水平。推进社会保障卡加载更多功能，实现一卡通。"互联网＋人工智能"。鼓励互联网企业或平台为创新创业提供人工智能服务，支持智能语音等技术在智能家居、智能终端、智能汽车、机器人等领域推广应用。

"互联网＋交通"。鼓励互联网平台为社会公众提供实时交通运行状态查询、出行路线规划、网上购票、智能停车等服务，加快交通运输信息互联互通，推广车联网等智能化应用，形成更加完善的交通运输感知体系。建设完善智能交通管理系统，支持大数据平台挖掘分析公众出行需求、客流规模及趋势等信息，提升交通智能化水平。

"互联网＋医疗"。鼓励医疗机构与互联网企业合作建立医疗网络信息平台，开展数字网络医院试点，建设互联网"健康云"信息服务平台。鼓励大中型医院搭建远程诊疗信息平台，加快普及居民健康卡惠民应用。积极利用移动互联网提供在线预约、候诊提醒等便捷服务。

"互联网＋教育"。推动中小学校深入应用教育资源平台和教育管理平台，提高教育教学质量和教育治理能力。鼓励互联网企业与职业教育学校合作，探索职业教育、劳动力技能培训等教育公共服务提供新方式。

"互联网＋智慧旅游"。建设集信息服务、行程策划、客流监控、景区体验及电子导览、电子商务等为一体的智慧旅游服务体系。搭建安徽旅游产品展示销售平台，实现在线推广、在线预定、在线交易、在线客服等。支持互联网企业整合私家车、闲置房产等社会资源，规范发展在线旅游租车和在线度假租赁等新业态。

"互联网＋城市管理"。建设涵盖重要部门、行业、领域的公共安全视频图像信息传输网络和共享平台，加快城市管理涉及的各领域、行业、部门之间数据资源在线集成，运用新一代信息技术构建城市管理服务体系。

"互联网＋普惠金融"。支持银行、证券、保险等金融机构向互联网金融领域拓展转型，发起设立创新型互联网金融平台。鼓励有条件的地区设立互联网金融产业园、互联网金融创新中心等产业集聚区。积极发展私募、众筹、互联网金融等新兴金融业态。探索建立地方互联网金融监管机制。

发和应用农产品物联网，促进产销对接。

完善农业社会化服务体系。突出农产品质量安全，加强“三品一标”产品开发，建设“三品一标”农产品质量安全示范基地。加强农产品品牌培育，鼓励优势农产品品牌整合，培育一批农产品知名品牌。开展“互联网+”现代农业行动，鼓励互联网企业建设农业服务平台，加强产销对接。加大新型职业农民培训，建立教育培训、规范管理、政策扶持“三位一体”的培训体系。全面实施测土配方施肥，努力实现化肥和农药用量零增长。

第五节　大力发展信息经济

树立互联网思维，充分发挥互联网在产业转型升级和“两化融合”中的平台作用，以建设国家电子商务示范城市、创建中国软件名城、信息消费试点城市、宽带中国示范城市等为抓手，制定实施“互联网+”合肥行动计划，加快互联网、云计算、大数据、物联网等与三次产业深度融合，创新产业组织、商业模式、工业链、物流链等，推动新技术、新产业、新业态同步发展。拓展网络民生服务模式，提升公共服务水平。建立公共信息资源开发和共享机制，推动政府信息系统和公共数据互联共享，在重点领域和行业开展大数据应用示范，发展大数据信息安全产业。

第六节　推进军民深度融合发展

坚持军民融合式发展，推动国防建设和经济建设良性互动，不断探索新形势下军民深度融合发展新局面。制定军民融合深度发展规划，出台专项政策，支持军民融合规划重大项目实施，依托合芜蚌军民融合发展先行区，着力推进合肥公共安全产业基地建设，加快推动民用雷达、大规模集成电路、高端装备、智能语音识别等产业军民融合发展。引导整合军民科技资源，推进国防和民用领域科技成果、科研条件、人才、信息等要素交流融合，支持优势民营企业进入军品科研生产和维修领域，鼓励国防科技成果向民用转化。争创国家军民融合示范城市，建成一批军民融合创新示范基地、示范企业和示范产品。加快国防动员机制和政府应急管理机制有机衔接，建立高效统一的应急指挥平台、科学完善的应急工作机制、精干专业的应急救援力量、军地一体的应急保障体系。积极争取国家和省“民企进军”负面清单试点，制定“民企进军”管理办法。积极推进人民防空建设与经济社会融合发展，提升城市和重要经济目标综合防护能力。建立军地统筹统管的领导机构和工作机构，以及适应军民融合新要求的军地协调机制、军地需求对接机制和资源共享机制。

第七节　大力发展民营经济

坚持非禁即入原则，实行统一的市场准入制度，允许非公有制企业进入特许经营领域，向民营资本推出符合产业政策、有利于转型升级的政府和社会资本合作项目，引导非公有资本进入资源开发、基础设施、公用事业、社会事业等领域。鼓励非公有资本参与国有资本投资项目，鼓励非公有制企业参与国有企业改革，鼓励发展非公有资本控股的混合所有制企业。推动民营企业走“专精特新”和集约发展之路，深化与全国知名民营企业合作发展，鼓励有条件民营企业建立现代企业制度，打造更多行业“单打冠军”。加强中小企业公共服务体系和市场化服务平台建设。优化企业发展环境，打破行业垄断和市场分割，加快形成统一开放、竞争有序现代市场体系。激发企业家精神，依法保护企业家财产权和创新收益。完善财政、金融等扶持政策，促进优质资源向民营企业集中。开展降低实体经济企业成本行动，增强企业盈利能力。到2020年，民营经济对经济增长贡献率达到60%以上。

第八节　实施质量品牌工程

坚持招大引强和内生培育相结合，培育3—5家具有较强国际竞争力的跨国公司和一批具有核心竞争力、引领行业发展的优秀企业。实施技术标准战略，强化品牌规划引领、品牌培育创建，努力形成一批拥有自主知识产权的品牌产品，积极发展品牌经济。支持企业争创驰名著名商标、国际国内品牌。加强品牌策划与营销，推进区域品牌、地理标志、老字号等建设。到2020年，全市中国驰名商标、安徽名牌产品分别达到130个和320个。加强品牌保护和宣传，严厉打击生产、销售假冒名牌产品等违法行为。以创建“全国质量强市示范市”为统领，开展品牌示范、质量标杆和领先企业示范行动，建立重点消费品质量追溯制度，推广先进质量管理技术和方法，完善产品质量监督体系，加强检验检测平台和监管体系建设。支持本地企业主持或参与制定行业、国家标准，积极参与制定国际标准，开展检验检测认证结果和技术能力国际互认。健全生产性服务业相关标准，加大推广应用力度，深化国家级服务业标准化试点。深入开展“质量月”“3·15”、质量管理小组、星级班组等群众性质量活动。开展省级综合性和专业性品牌产品评选活动。全面启动国家质检中心检测平台、节能环保社会公用计量标准体系、食品药品质量安全检测能力提升三大专项建设，加快中科大先进技术研究院测试实验室、合工大智能制造研究院检测分析中心等高端平台建设，建成一批国家级和省级质检中心。

第九节　优化产业空间布局

按照“产城融合、集聚布局、集群发展”思路，突出点轴开发，推进网络开发，努力打造长三角城市群沪宁合发展主轴西段。

优化新型工业布局。强化与长三角、长江中游城市群、京津冀、珠三角、中原经济区以及合肥都市圈合作发展，突出点轴开发，推进网状开发，形成“四极两廊五带”的新型工业化发展空间新格局。以主城区为核心，实施高密度高层次开发，实现产业发展高端化、空间布局紧凑化、土地利用集约化，充分发挥主城区辐射带动作用。以县城为中心，以开发区为载体，以重点镇为补充，重点发展特色产业，突出主导、适度多元，合力推进网络开发，实现产城融合。完善主城区与县域各节点基础设施建设，促进要素流动，降低商务成本；加强分工合作，着力培育全产业链，推进产业联动发展。积极培育巢北、庐南产业基地等战略后备空间，提升完善产业网络布局。

现代服务业布局。整合空间资源，引导发展要素优化配置，实施“提升中心城区、拓展南北两翼、推动东进西出”战略，积极构筑“一核引领、一圈提升、多区联动”的现代服务业空间布局。“一核”，即主城区，升级改造基础设施，提升公共服务功能，推动商务商业提档升级，积极培育教育培训、体育健身、医疗保健、居家养老等行业，不断提升综合服务功能。“一圈”，即环巢湖文化旅游圈。深度挖掘和整合提升沿巢湖区域文化资源，加快推进半岛国际慢城旅游区、半汤和汤池温泉养生旅游区、三河古镇文化旅游区、万达文化旅游城、国际帆船俱乐部等重大文化旅游项目建设，完善滨湖湿地公园、银屏山、紫薇洞、姥山岛、冶父山等休闲养生和观光体验功能，高品位建设环

专栏九：新型工业化空间布局

1. 四大发展极。

——西部发展极。以高新区为核心，覆盖合肥空港经济示范区、柏堰科技园、南岗科技园、蜀山西部新城、蜀山经开区等区域，重点发展电子信息、新能源、智能装备、智能家电、汽车、生物医药、高技术服务业等产业。在高新区规划建设“双创特区”，加快构筑一批以社会力量为主的众创空间等“双创”服务平台。加快合肥空港经济示范区建设，大力发展航空运输以及电子信息、智能制造、生物医药等重点产业，以及自由贸易、航空设备制造及维修、航空产品配套、航空食品加工等航空关联产业。支持并推动蜀山经开区升级为国家级开发区。

——东北部发展极。以新站区核心，覆盖双凤经济开发区、庐阳工业园、肥东经济开发区等，突出“芯屏器合”，大力发展集成电路、新型显示、智能制造、太阳能光伏等重点产业和工程机械、安全食品、新型材料等优势产业，培育打造全球最大、水平最高的新型显示产业基地、特色鲜明的集成电路产业基地和智能制造产业基地。支持并推动双凤经济开发区、肥东经济开发区等园区升级为国家级开发区。

——西南部发展极。以经开区为核心，覆盖桃花工业园、合肥出口加工区、新港工业园等区域，大力发展电子信息、家用电器、装备制造、汽车及新能源汽车、新材料、安全食品等主导产业，加快推进出口加工区升格为综保区，支持并推动桃花工业园升级为国家级开发区，支持花岗等一批特色乡镇工业集中区提质发展。

——东部发展极。以合巢经开区、居巢经开区为依托，大力发展高端装备、生物医药及医疗器械、节能环保、安全食品等主导产业，培育发展汽车、电子电器、建筑产业化、新材料等优势产业。强化基础设施配套功能，提高承载大项目、大企业、大产业和高新技术能力。推动合巢经开区与巢湖市整合优势资源，创新管理体制，实现一体联动发展。支持居巢经开区跨裕溪河发展，拓展发展空间。加快富煌工业园转型升级。

2. 两大产业走廊。

——江淮运河产业走廊。以江淮运河为主轴线，依托高新区、经开区两大国家级开发区，以及出口加工区、新港工业园、肥西桃花工业园、肥西产城融合示范区、柏堰工业园、南岗科技园、蜀山西部新城、蜀山经开区、空港经济示范区等产业园区，以打造世界级产业集群为目标，主攻电子信息、智能制造、新能源、生物医药、家用电器、汽车等战略性新兴产业和先进制造业，加快发展现代服务业和高技术服务业，力争把江淮运河产业走廊打造成为合肥经济支撑带。

——东北部产业走廊。以合芜铁路为主轴线，以新站区为中心，依托综保区、庐阳工业园、双凤经济开发区、北部新城、包河经济开发区、肥东经济开发区、合肥循环经济示范园、安徽合肥商贸物流开发区等产业园区，高起点规划、高标准建设巢北产业新城，以打造世界级产业集群为目标，聚焦新型显示、集成电路、新材料、新能源、智能制造、节能环保、新型化工以及商贸物流等重点领域，突出产城融合，力争把东北部产业发展轴打造成为合肥产业创新转型升级的引爆点和国家级产城融合的标志区。

3. 五条产业带。

——合六产业带。依托高新区，以南岗科技园、蜀山西部新城、空港经济示范区等重要节点，沿合六公路，重点发展电子信息、新能源、家用电器、汽车及零部件、高新技术产业以及临空产业，强化与六安联动发展，打造合六产业带，提升西向辐射带动力。

——合铜宜产业带。依托经开区，以新港工业园、肥西产城融合示范区、同大汽配园、台创园、庐江经开区、龙桥工业园等为重要节点，沿合安公路，重点发展汽车制造、农产品加工、冶金、矿业采掘等产业，强化与铜陵、安庆联动发展，打造合铜宜产业带，提升南向辐射带动力。

——合淮产业带。依托新站区，以双凤开发区、双凤双墩拓展区、下塘工业园区、水湖工业园等为重要节点，沿合淮公路，重点发展汽车零部件、农产品加工、新型建材及重化工业，启动建设合淮共建区，打造合淮工业走廊，形成合淮产业带，提升北向辐射带动力。

——合芜产业带。以肥东经济开发区、合肥循环经济示范园、安徽合肥商贸物流开发区、富煌工业园、合巢经开区、居巢经开区以及规划中的巢北产业新城为重要节点，沿合巢公路，重点发展智能装备、生物医药及大健康、节能环保、机械加工、新型化工、安全食品、商贸物流等产业，形成合芜产业带，提升东向融合带动力。

——合宁产业带。依托合宁高速等交通廊道，重点发展高端装备、家用电器、精细化工、电子机械、非金属材料、农产品深加工、商贸物流等产业，逐步培育成为合肥对接南京的主轴产业带，辐射带动皖东地区经济发展。

湖特色十二镇和江淮运河、滁河干渠风光带，完善文化旅游配套，全力打造环巢湖文化旅游圈。“多区”，即打造40个服务业集聚区，重点促进高端服务业要素的有机集聚和服务企业的集群发展，逐步形成层次清晰、特色鲜明、优势互补的新格局，增强产业综合竞争力。

都市农业布局。遵循“布局优化、功能多元、产业转型、发展融合”的原则，探索构建功能特色鲜明的“一区三环四沿”都市农业发展的空间格局。“一区”，即整建制创建国家现代农业示范区。“三环”，即推进“环城”休闲农业发展、推进“环巢湖”生态农业发展、推进“环新桥机场”高端农业发展。“四沿”，即推进“沿岭”旱作农业规模发展，推进“沿山”特色农业多元发展，推进“沿路”设施农业集群发展，推进“沿河”生态农业清洁发展。

第十节　推动开发园区转型升级

强化四大开发区工业发展“主引擎”作用，实施高密度高层次开发，实现产业发展高端化、空间布局紧凑化、土地利用集约化，加快发展战略性新兴产业和先进制造业，大力发展生产性服务业，培育打造区域经济发展极。强化县域园区新型工业化“主战场”作用，加强与四大开发区分工合作，坚持特色发展、错位发展，大力发展先进制造业，提升县域工业化水平。强化城区工业园区产业转型“辐射源”作用，加快“退二进三”，聚焦发展战略性新兴产业、高技术服务业，以及金融保险、商贸物流、咨询服务等现代服务业，提升城区的竞争力和辐射带动力。加快提升园区基础设施配套水平和综合服务功能，提高大项目、大企业、大产业的综合承载能力。积极推动园区循环化改造，努力实现低碳发展、绿色发展。支持各类开发园区争创国家试点示范，深化与先发地区园区合作。

第五章　强化改革攻坚，建设充满活力的城市治理体系

落实国家全面深化改革的顶层设计，系统全面推进重点领域和关键环节的改革，打造全面深化改革“排头兵”，建设充满活力的城市治理体系。

第一节　深化经济体制改革

推进供给侧结构性改革。按照“做好增量、盘活存量、主动减量”的原则，提高供给结构适应性和灵

专栏十：四大开发区转型升级

高新区：围绕打造“双创特区”和都市区国际化先行区，大力推进科技创新为核心的全面创新，实施创新驱动、产业引领、开放发展、产城融合等发展战略，大力发展电子信息、智能家电、新能源、公共安全、汽车及装备制造、生物医药及高端医疗装备和高技术服务业，以建设江淮运河高新港、货运外绕线南岗站为重点，发挥临空优势，打造国际陆港物流园多式联运示范点等国际级对外开放平台，努力建设成为全市创新驱动示范区、大众创业引领区、产城融合样板区。到2020年，生产总值达到850亿元，规模以上工业总产值2500亿元。

经开区：深入实施优化提升、创新驱动、产城融合、开放引领、绿色发展五大战略，着力优化空间开发格局，推进园区专业化、集聚高效发展；着力推进产业高端化，大力发展电子信息、智能家电、高端装备制造、节能和新能源汽车、生物医药、快速消费品等主导制造业；着力加快新一代信息技术与制造业深度融合，加快发展大数据、云计算、物联网、移动互联、服务外包、软件信息、现代物流等高端服务业，努力打造全国知名的产城融合典范。到2020年，生产总值达到1400亿元，规模以上工业总产值4500亿元。

新站区：突出“芯屏器合”，加快实施高端集聚、产城融合，大力实施综合开发，优化片区功能，全面提升综合承载能力，聚焦发展新型显示、集成电路、智能制造、新能源等重点产业，培育打造全球最大、水平最高的新型显示产业基地和特色鲜明的集成电路产业基地、智能制造产业基地、新能源产业基地。到2020年，生产总值达到800亿元，规模以上工业总产值2000亿元。

合巢经开区：突出“创新强区、绿色发展、产城融合”，强化综合功能，优化提升半汤综合城区、花山工业园、半汤国际温泉度假区等支撑板块，大力发展生物医药、安全食品、燃气轮机、新能源汽车及高端装备、高技术和现代服务业等重点产业，全力打造国家级生态工业示范园区。到2020年，生产总值达到120亿元，规模以上工业总产值400亿元。

活性，增强经济持续增长动力。引导过剩产能在供给侧进行减量，严格执行国家投资管理规定和产业政策，严控产能严重过剩行业新建项目。积极开展降低实体经济企业成本行动，深入落实困难企业联系帮扶机制，认真贯彻减税降费、降准降息等政策，努力降低制度性交易成本、人工成本、企业税费负担、社会保险费、财务成本、电力价格、物流成本等。坚持房地产市场调控政策不动摇，优化住房及用地供应规模、结构，支持居民自住和改善性住房需求，深入推进廉租房、公租房并轨运行。积极推进棚户区改造货币化安置。加强重点行业企业债务违约风险的管理与防控，积极协调支持暂时经营困难重点企业，有力化解资金链、担保链断裂等金融风险隐患。

加快财税金融体制改革。建立全面规范、公开透明的现代预算制度，进一步健全政府预算体系，深化开门办预算和全过程绩效预算，推进中期财政规划管理。认真落实国家税制改革措施，深入推进“营改增”等各项税制改革。研究完善市与县（市）区政府间事权和支出责任划分，建立以推进基本公共服务均等化为目标的一般性转移支付制度。支持民间资本依法发起设立中小型银行等金融机构，鼓励和规范发展融资租赁、融资担保公司以及典当行等准金融机构，鼓励设立非金融支付服务机构，支持科技金融、互联网金融等新型金融业态健康发展。完善融资担保、小额贷款等地方金融组织监管制度。积极发展农业保险，探索开展巨灾保险。推进资本市场建设，充分发挥多层次资本市场服务实体经济、促进经济转型升级和保障改善民生作用。

推进投融资体制改革。健全政府性债务管理体系，完善常态化风险预警机制，建立规范的政府债务举借机制，加强政府或有债务监管。建立完善县（市）区政府性债务分类管理和限额控制办法。转变财政支持经济发展方式，扩大、用好、管好政府投资引导基金，提高产业投资基金、创业投资基金及天使基金使用效率和放大效应，综合运用股权、担保等投入方式，支持产业发展。探索建立风险可控的新型城镇化、生态环境建设投融资模式和良性运行机制。推广政府与社会资本合作（PPP）模式，鼓励社会资本通过特许经营等方式，参与城市基础设施等公益性事业投资和运营。

深化国有企业改革。推进国有经济布局结构不断优化、主导作用有效发挥，设立国有资本产业运营基金，引领重点产业发展。以管资本为主完善国有资产管理体制，实现经营性国有资产集中统一监管。分类推进国有企业改革，积极发展混合所有制经济，探索优先股和国家特殊管理股方式，对具备条件的国有独资企业和集团公司实施股权结构改造，推进国有企业改制整体上市或核心资产上市，持续提高国有资产证券化水平。完善股权清晰、权责明确、政企分开、管理科学的现代企业制度，探索董事会市场化选聘经理层等试点。按照市场化规则完善人才选拔、薪酬调整和劳动用工机制，探索国有企业股权激励机制。

推进价格体制改革。完善重点领域价格形成机制。深化水价改革，完善阶梯水价制度，实现工商业用水到户价格同价，推动水价同网同价。深化电价改革，规范居民供电具有行业或技术垄断的延伸服务收费标准。深化气价改革，建立民用天然气阶梯价格制度。推进环保收费制度改革，完善污水处理收费制度，探索建筑垃圾、餐厨垃圾处理收费制度及排污权有偿取得和使用制度。完善民办学历教育收费政府指导价管理方式，推进非营利性医疗机构服务价格改革。

第二节 深化行政管理体制改革

深化行政审批制度改革。进一步提高政府效能，持续推进简政放权、放管结合、优化服务，取消和调整一批行政审批事项，扎实推进政府权力清单、责任清单和涉企收费清单制度，建立事中事后有效监管和高效服务新机制。探索建立产业准入负面清单制度，深化商事制度改革，推进“三证合一”“一照一码”“先照后证”、登记注册全程电子化管理等改革。加快推进省市共建公共资源交易市场建设。加快发展电子政务，实施信息惠民工程，推进“信用合肥”建设，打造“一人一号、终身不变”的个人社会信用根，培育发展各类中介组织，加快形成统一开放、竞争有序的现代市场体系。

深化行政执法体制改革。整合执法主体，完善保障机制，探索推进综合执法。厘清执法机关职责权限，建立权责统一、权威高效的行政执法体制，促进严格、规范、公正、文明执法。减少行政执法层级，逐步实现同一城区内只保留一个行政执法层级。加强市级行政执法监督，健全政府权力运行平台，实行行政权力全过程监督。完善开发区行政执法体制机制。实行部门领域内综合执法，探索县级跨部门、跨领域和乡镇综合执法。规范行政处罚自由裁量权，完善行政处罚决定公示、执法过程全记录、合法性审查等制度。进一步规范行政执法与刑事司法衔接机制，推进行政执法和刑事司法信息交换共享。

深化行政机构改革。坚持机构数量、领导职数和财政供养人员数量只减不增，规范部门内设机构综合设置，优化机构设置、职能配置、工作流程，加快建设服务型政府。市级稳妥推进大部门制。县（市）区全面推行大部门制。推动市场监管职能整合，完善生产、流通、消费市场综合监管体系。按照“五个有利于”的原则，科学划分市、县（市）区、乡镇（街道）、村（社区）职能职责，推进基层管理体制改革，推动重心下移，强化服务功能，实行扁平化管理。巩固和深化扩权强镇、经济发达镇行政管理体制改革试点成果，实现乡镇差别化管理。明晰开发区管理职能，改革完善开发区管理体制。强化机构编制实名制管理的刚性约束，推动机构编制规范化、科学化和法制化。优化行政区划设置，巩固乡镇撤并成果，适时推进县改区、县改市。

深化事业单位改革。加快事业单位分类后相关配套改革，改革事业编制管理，推进财政供给方式转变。全面完成行政类和生产经营类事业单位改革，加快推进公益类事业单位政事分开、管办分离、去行政化，逐步取消学校、医院等事业单位行政级别，生产经营类事业单位转企改制。逐步建立公办教育、卫生领域事业单位法人治理结构。完善事业单位社会化用人制度改革。对公益二类事业单位，建立财政补助与政府购买服务相结合的供给方式。

创新公共服务供给方式。创新公共服务提供机制和方式，鼓励采用政府购买、特许经营等方式，探索社会力量参与基本公共服务投资和运营。探索公共服务项目经营权转让机制，采取 PPP 等方式向社会资本转让全部或部分经营权，形成政府主导、市场引导和社会参与的基本公共服务供给机制。逐步建立健全政府向社会力量购买服务机制，定期发布政府向社会力量购买服务指导性目录。完善中介服务市场，大力培育社会组织，推动公共服务主体多元化。建立完善购买机制，规范市场化竞争行为。加强购买服务绩效管理，建立完善综合评审机制。

第三节　深化文化和社会管理体制改革

深入推进文化体制改革。深化公益性文化单位人事、收入分配和社会保障制度改革，探索建立事业单位法人治理结构，创新公益性文化单位运行机制，引导社会资本进入公共文化设施领域，加大对公益性文化单位绩效考核。探索建立文化人才柔性管理体制，建立完善文艺精品创作生产机制。不断完善文化产业发展政策体系，推动形成统一开放、竞争有序的现代文化市场体系。探索国有文化资产管理方式改革，支持国有经营性文化单位加快建立现代企业制度。除时政新闻类节目外，在坚持播放权特许经营前提下，积极推进广播电视机构制播分离，加速传统媒体和新兴媒体融合改革。推进文化市场综合执法体制改革。完善互联网管理体制和规章制度，健全联动和处置机制，构建正面引导和依法管理相结合的网络舆论工作格局。加强对外文化宣传、文化推介和文化贸易。

深化教育体制改革。加快城乡教育统筹协调发展，实现教育均等化、全民化、信息化和优质化。大力发展公办幼儿园，提高公办幼儿园入园率。提高教育质量，推动义务教育优质均衡发展。鼓励社会资本参与发展教育事业，支持民间资本以独资、股份、合作等多种形式兴办教育。创新办学体制，推进委托管理、与高校合作、集团化办学、学区化办学、结对共建等多样化办学模式。坚持扶持与规范并重原则，促进民办教育健康有序发展。扩大学校办学自主权，加快建设现代学校制度。坚持立德树人，切实把增强学生社会责任感、创新精神、实践能力作为重要内容，贯穿教育全过程。

深化医药卫生体制改革。全面推进公共卫生服务、医疗服务、医疗保障、药品供应保障四大体系建设，率先建立覆盖城乡、全民共享的基本医疗卫生制度。建立比较完善的医疗服务体系。鼓励和引导社会资本发展医疗卫生事业，形成投资主体多元化、投资方式多样化的办医格局。完善城乡居民基本医疗保险体系，逐步提高居民医保政府补助标准，巩固城乡居民大病保险制度。建立比较规范的药品供应保障体系和采购机制，全面落实国家基本药物制度，合理调整医疗服务价格。

第四节　深化新型城镇化体制改革

建立“多规合一”推进机制。围绕全省“四规合一”试点，统筹协调全市国民经济和社会发展规划、城市总体规划、土地利用总体规划、生态环境保护规划落实，全面完成“一张规划图、一个运行机制、一个信息平台、一个技术导则、一个管理办法”和“社会公共服务设施布局规划、城乡基础设施布局规划、生态环境建设布局规划、重点产业发展布局规划”，逐步形成各类规划定位清晰、功能互补、统一衔接的“多规合一”运行机制，确保各级各类规划在总体要求上指向一致、空间配置上相互协调、时序安排上科学有序。

建立农民市民化推进机制。全面放开县城和建制镇落户权限，加快构建农业转移人口市民化分类推进、成本分摊机制。破除城乡居民身份差异，实行户籍、居住一元化管理，建立户口在居住地登记、随人员流动自由迁徙的统一户籍制度。依法保护城乡居民平等就业和自主择业的权利，允许农村居民带产权、持股进城居住或就业。探索农民宅基地置换城镇房产、土地承包经营权置换城镇社会保障，创新与农业人口城镇化相适应的农地流转机制。

创新土地管理体制机制。建立“三权并行分置”的新型农地制度，完善四级土地流转管理服务体系，鼓励农民以承包经营权入股参与农业产业化经营。积极稳妥推进农村土地承包经营权、宅基地使用权、集体资产收益分配权“三权落实”，以及就业、住房、义务教育、医疗保障、养老保险“五有并轨”。建立完善农村宅基地管理制度、创新农村土地承包经营权管理、农村集体“三资”管理运营和建设用地供给机制。

深化农村综合配套改革。推进农村集体经济组织产权制度改革，创新村级集体资产管理运营模式，支持引导发展农民股份合作。完善农村产权交易市场和农村产权交易机制。创新“政银保”和农户联保等信贷担保机制，构建政策性保险“提标扩面”机制。建立健全森林资源评估制度和政策性森林保险制度，加快林业要素市场建设，构建林业社会化服务体系。深入推进水利管理体制和小型水利工程管护制度改革，构建新型农村水利发展机制，完善基层水利服务体系。

第六章　推进统筹发展，建设城乡协调的现代化都市区

按照“生产空间集约高效、生活空间宜居适度、生态空间山清水秀”的总体思路，深入实施“1331”城市发展战略，优化市域主体功能，统筹空间资源配置利用，构筑长三角世界级城市群副中心空间发展新格局。

第一节　优化空间开发格局

实施主体功能区战略，将全市国土空间划分为优化发展区、重点发展区、农业发展区、生态涵养区、禁止开发区等五类主体功能区，规范开发秩序，优化开发格局，提高国土开发利用效率和城市综合承载力。

优化发展区。加快老城更新，提升服务功能，集聚高端要素，重点发展商贸、金融、咨询、文化等现代服务业。严控老城区更新建设强度，有效缓解一环内区域人口密度过大压力。

重点发展区。强化区域综合承载功能，促进人口向城镇集聚，产业向园区集聚，实现产城融合，提高单位土地产出效益，重点发展战略性新兴产业、先进制造业和现代服务业。

农业发展区。实施最严格的耕地和基本农田保护制度，以现代农业示范园区为载体，因地制宜集聚发展都市农业和农产品加工业，推进农业现代化。加强村镇规划和美丽乡村建设，有序引导农村人口向中心村和城镇转移。

生态涵养区。主要分布在巢湖沿岸、饮用水源地周边和山区。加快水源涵养林、生态林建设，大力实施植树造林，有序实施退圩还湖，加强林地、草地和湿地的管护和恢复，适度发展文化、旅游、休闲、养老等环境友好型产业。

禁止开发区。对承担保障国土生态安全、饮水安全、文化遗产等区域实行禁止开发。依法严格保护区域内文物、遗址和生态环境，发挥其历史文化和生态价值。

构建现代城镇体系。坚持“1331”城市空间发展战略，全面优化都市区功能布局和空间形态，形成主城区、副中心、新市镇、美丽乡村协调发展的新型城镇化格局。优化发展主城区。推动主城区产业布局、服务功能、交通环境、文化品位等优化和提升，实现内涵式、集约化、品质型发展，积极推动老城区“退二进三”、开发区“优二进三”，促进产业更替、城市更新，全力打造国际化都市区的核心区、高端服务业的集聚区。壮大发展副中心。以中心城区标准，加快建设合肥东部、南部、北部三大城市副中心，疏解主城区部分功能，促进县（市）域产业集聚，人口集中，构建对外辐射的新支点。东部副中心，强化板块分工、要素集聚、产城融合、功能提升，创新巢湖市与合巢经济开发区管理体制，打造成为融入长三角重要门户和合宁同城化的重要节点。南部副中心，落实重大生产力布局，加速人口和产业集聚，打造成为合铜一体化的重要节点。北部副中心，全方位承接双城辐射带动，加快提升规划建设水平，打造成为合淮同城化的重要节点。培育发展新市镇。以中心镇、环湖十二镇为重点，加快完善基础设施，提

专栏十一：合肥市主体功能区划分范围

1. 优化发展区

瑶海区：胜利路街道、明光路街道、车站街道、三里街街道、铜陵路街道、大通路街道、和平路街道、长淮街道

庐阳区：逍遥津街道、三孝口街道、双岗街道、亳州路街道、杏林街道、海棠街道、四里河街道

蜀山区：稻香村街道、三里庵街道、南七街道、五里墩街道、西园新村街道、琥珀街道、笔架山街道、荷叶地街道

包河区：芜湖路街道、包公街道

2. 重点发展区

合肥经济技术开发区、合肥高新技术产业开发区、合肥新站综合开发试验区、合肥巢湖经济开发区

肥东县：店埠镇、撮镇镇、桥头集镇、牌坊回族满族乡、石塘镇、梁园镇、众兴乡、肥东经济开发区、合肥循环经济示范园、安徽合肥商贸物流开发区

肥西县：上派镇、桃花镇、花岗镇、紫蓬镇、官亭镇和桃花工业园区（包括山南工业集中区）

长丰县：水湖镇、岗集镇、双墩镇、下塘镇、吴山镇、双凤经济开发区

庐江县：庐城镇、万山镇、泥河镇、龙桥镇、矾山镇、罗河镇、石头镇、庐江经济开发区、龙桥工业园区

巢湖市：凤凰山街道、卧牛山街道、天河街道、亚父街道、柘皋镇、烂杆集镇、庙岗乡、夏阁镇、富煌工业园区、居巢经济开发区

瑶海区：红光街道、城东街道、方庙街道、七里站街道、大兴镇、龙岗综合经济开发区

庐阳区：杏花村街道、林店街道、庐阳工业园区

蜀山区：井岗镇、南岗镇、小庙镇、蜀山经济开发区

包河区：常青街道、义城街道、烟墩街道、望湖街道、骆岗街道、淝河镇和大圩镇、包河经济开发区、滨湖世纪社区、方兴社区

3. 农业发展区

肥东县：八斗镇、陈集乡、古城镇、马湖乡、响导乡、杨店乡、张集乡、包公镇

肥西县：山南镇、柿树岗乡、高店乡

长丰县：杜集乡、罗塘乡、造甲乡、庄墓镇、左店乡、朱巷镇、陶楼乡、义井乡、杨庙镇

庐江县：白湖农场、白湖镇、郭河镇、金牛镇、乐桥镇、冶父山镇

巢湖市：苏湾镇、坝镇镇

4. 生态涵养区

肥东县：白龙镇、元疃镇、长临河镇

肥西县：三河镇、丰乐镇、严店乡和铭传乡

庐江县：同大镇、白山镇、盛桥镇、汤池镇、柯坦镇

巢湖市：槐林镇、黄麓镇、散兵镇、烔炀镇、银屏镇、中垾镇、中庙街道

庐阳区：三十岗乡、大杨镇

5. 禁止开发区

国家级和省级重点文物保护单位、省级风景名胜区、国家级和省级森林公园、重要湿地和湿地公园、地质公园、重要饮用水源地、重要调水通道和行蓄洪区等

专栏十二：各城区发展目标及重点任务

瑶海区：依托瑶海老工业基地改造，加快推动创新创业，全力实施城市更新，大力建设都市科技园、物联网科技产业园等产业园区，长江东大街总部经济走廊，聚焦发展高端商务、总部经济、文化创意、商贸物流、科技研发等重点产业。到2020年，生产总值达到680亿元，服务业增加值450亿元。

庐阳区：充分发挥历史人文资源丰富、现代服务业基础雄厚等优势，突出水源地保护，围绕高端化、国际化、智慧化和特色化，全力打造南部中央商务区、东部高技术服务示范区、西部滨水文化生态休闲区等功能板块，大力发展金融业、特色商贸业、高技术服务业、文化旅游业等主导产业，着力打造全省金融和现代服务业先导区、引领区域发展的国际化都市中心城区。到2020年，生产总值达到1000亿元，服务业增加值800亿元。

蜀山区：坚持创新驱动、绿色发展、城乡统筹、和谐宜居的原则，大力建设全省创新创业引领区、转型发展先行区、城乡统筹示范区、绿色和谐宜居区，依托东部、中部和西部三大片区，突出发展电子商务、信息技术、研发设计等高技术服务业，提升发展商贸流通、家庭服务、文化旅游、现代物流和金融服务等生产、生活性服务业，聚焦发展电子信息、智能制造、智能家电、汽车及新能源汽车等重点产业，积极构建现代产业体系。到2020年，生产总值达到750亿元，服务业增加值510亿元。

包河区：实施滨湖引领、中心驱动、产城融合、品质立区，加快现代化、高端化、国际化进程，依托滨湖新区和老城区、包河经开区、高铁片区，以及沿南淝河—巢湖北岸生态旅游带“131”空间格局，聚焦发展现代金融、高端商务、广播影视、数字信息、文化创意、旅游休闲等高端服务业，大力发展新能源汽车、机器人等高端制造业。到2020年，生产总值达到1100亿元，服务业增加值880亿元。

高公共服务能力，促进产业人口集聚，打造一批产业特色鲜明、生态环境优良、社会事业进步、功能设施完善的现代新型小城市。稳妥推进“撤县建区”“改县设市”。

第二节 提升城市功能品质

以满足人的居住需求为根本追求，创造生活舒适、环境优美、功能完善的城市环境，努力建设最适宜人居的现代化城市。

建设精品城市。按照“一尊重、五统筹”的基本思路，规划和管控城市空间立体性、平面协调性、风

貌整体性、文脉延续性等，加强城市空间设计，优化城市功能分区，引导产业合理布局、功能板块提升、交通环境优化，疏散中心城区人口及用地压力。加快发展信息服务、现代金融、商务服务、家庭服务、健康养老、会展经济、中介咨询、文化创意、旅游休闲、体育健身等服务业，建设提升一批总部基地、创意园区，打造一批税收“亿元楼”，规划建设若干总部经济集聚区、商圈和特色街区。突出精致、精细、精美，重塑城区空间形态，实施街区立面提升工程，提高城市识别度。推进老城区更新，加快老旧小区、城中村、棚户区改造，提升街区品质。加快推动瑶海老工业区整体搬迁改造试点。推进海绵城市建设，维持和恢复城市绿地与水体的吸水、渗水、净水能力。到2020年，海绵城市占城市建成区面积比重超过20%。加强城市地下管线建设管理，统筹各类管线建设需求，预留和控制地下空间，合理划定建设区域和管廊空间位置、配套设施用地等三维控制线，制定2016-2020五年滚动项目建设计划，推进高新区拓展区、肥西产城融合示范区、新站区少荃湖片区、空港经济示范区、蜀山西部新城等地下综合管廊试点建设。

提升市政交通设施。加强城市公共交通系统建设，形成集快速轨道交通、快速公交（BRT）、普通地面公交等于一体的综合客运网络，建设畅通便捷的内部交通体系。建成轨道交通1-5号线，启动建设1-3号线延伸工程和6-8号线，着力构建城市轨道交通主骨架，力争到2020年轨道交通里程达到170公里，轨道交通占公共交通出行比例提高到30%以上。强化城市主干道路建设，针对城市重要堵点优化路网交通结构，改善微循环系统。加快建立以公共交通为导向的城市发展模式，促进城市发展与城市交通的良性互动，建设“公交都市”，主城区常规公交线网密度达到3公里/平方公里。提升综合枢纽换乘中心和公路客货运枢纽，大力改善地面交通间、轨道交通间、轨道和地面间公交换乘条件，提升公交出行率，主城区内公共交通站点500米覆盖率达100%，乘客满意率达90%。优化提升城区停车系统，新增一批公共停车泊位，完善环市区道路路内停车管理设施。在轨道交通站口、大型公共场所等重要节点，建设公共自行车服务系统。规范道路交通设施设置，完善城市道路、建筑无障碍设施。

提升城市国际化水平。按照国际化和标准化的要求，建立国际化城市风貌和空间形态的规划引导体系。借鉴国际先进经验，加快建设国际学校、国际医院、国际社区、文化演艺场馆等公共设施，满足城市的多元需求，创造更高质量、更加丰富多彩的生活环境。开展国际化城市外语标识体系建设，在交通干道、主要景区、主要街区、公共服务机构和服务设施、重点单位等场所设立双语图文标识以及外语语音服务系统。

提高要素保障能力。供电，继续加快发展电网，提高合肥电网受入电源保障水平，新扩建500千伏变电所4座。加大智能电网建设和城乡电网改造，扩大电网承载负荷。推进经济圈直购电试点，扩大光伏分布式发电站和地面电站建设。加强用电需求侧管理，完善用电高峰时期的应急预案，建立有序用电长效机制。供水，加快推进龙河口饮水工程建设，继续实施蓄水、提引水和调水工程，引大别山优质水源入肥，增强城市供水能力。加强对大中型水库等水源地的保护，对一级水源保护区实施封闭式管理。供气，争取国家石油、天然气在肥增设管道和战略储备布点，拓宽油气供应渠道、提升贮备能力。积极争取引进西气东输五线、中海油滨海LNG外输调峰管线的天然气。推进“淮气南送”、西气东输、川气东送“双气”利用工程门站和应急气

专栏十三：要素保障项目

供电：神皖庐江电厂、巢湖华能电厂二期、金源热电2×350MW热电联产机组改扩建工程及配套供热管网项目、合肥新能热电联产项目一期工程A标段及配套管网等。

供水：龙河口饮水工程、合肥市供水管网互联互通工程、三水厂迁建项目、八水厂一期工程、九水厂一期工程、十水厂一期工程、磨墩至七水厂原水工程、巢湖三水厂工程、巢湖应急供水工程、丰乐及杭埠河流域水环境保护工程、果元山及移湖及金汤水库水源保护工程等。

供气：天然气绕城高压管线工程、环巢湖天然气高压管线工程、合肥CNG母站、中国节能环保集团CNG\LNG综合站基地、安徽省国皖年产12亿立方液化天然气及配套工程、北城LNG应急调峰气源工程等。

成品油：合肥成品油储备基地、中石油合肥大兴油库迁建项目等。

新能源：合肥滨湖新区核心区区域能源项目、光伏下乡项目、粮库屋面光伏项目、中广核光伏发电项目、太阳能发电微网系统技术应用产业化项目、长丰县造甲乡100MW农光和渔光互补项目、庐江县盛桥镇金城村50MW分布式光伏发电项目、巢湖市苏湾镇50MW荒山综合治理光伏电站项目、阳光电源600MW高效农业光伏电站项目、鑫皖农林生物质发电项目等。

源厂、输气干线等工程建设。完善天然气储气系统，强化安全管理工作，有效提高安全、稳定的供气能力。成品油，建立成品油储备制度，推进油品贮备库建设，规划建设成品油储备基地，迁建中石油合肥大兴油库等油库。完善管线运输，合理布局终端供油站点。新能源，加快推广太阳能、生物质能、风能、地热能综合开发利用，实施分布式光伏发电、光伏地面电站、光伏照明和光伏下乡“四大工程”，加快推进第二座生活垃圾焚烧发电、生物质热电联产等项目建设，促进生物质能产业规模化发展。有序发展风力发电。到2020年，新能源和可再生能源占全部能源消耗比重达到8%。

第三节　壮大县域经济

实施县域经济突破工程，做强做优县域经济。到2020年，五县（市）全部进入中部县域经济综合竞争力50强，力争五县（市）全部进入全国百强。

大力推进县域工业化。围绕新型工业化发展主战场的定位，坚定不移地做强县域工业，提高县域经济发展质量。以园区为载体，以战略性新兴产业、先进制造业、城市配套工业、农副产品加工业为主攻方向，做大做强电子信息、汽车及汽车配件、家电、机械装备、新能源、食品加工、轻纺服装、新型建材等优势产业。统筹县域工业布局，推进园区整合和扩容升级，开辟区、县（市）合作共建园区新途径，推动四大开发区与县域工业园区共建一批投资大、就业多、效益好的大项目。突出工业发展平台建设，完善工业园区基础设施，推进园区标准化厂房建设，增强园区产业配套和综合服务功能，吸引科技含量高、市场需求大、附加值高的企业入驻。对巢湖市、庐江县继续加大政策、资金、人才等方面支持力度，全面实现县域经济协调发展。

统筹推进县域城镇化。按照中小城市定位，完善县城（市区）规模体系、创新体制机制，提高公共服务能力，促进人口集中和产业集聚。加快中心镇基础设施建设，培育一批新型小城市，试点建设镇级市。统筹推进环湖十二镇和其他重点特色镇建设，加快中庙—黄麓—烔炀一体化发展。积极推进新型城镇化综合试点和中小城市综合改革试点，全面扩大中心镇经济和社会管理权限，加强中心镇建立投融资平台建设，拓宽投融资渠道。

深入推进美丽乡村建设。推动“以点为主”向“由点到面”战略转换，全面推进美丽乡村建设，努力打造农民幸福生活美好家园。依托城乡建设用地增减挂钩政策、推进“碧水蓝天、万顷良田”等项目实施。科学编制美丽乡村建设专项规划，进一步优化中心村布点规划，认真修编乡镇建设规划，编制中心村建设规划。加快开展乡镇政府驻地整治建设，加强基础设施建设和公共服务配套，建设一批独具特色、产城融合、惠及群众、具有徽风皖韵的特色小镇。持续推进中心村建设及自然村环境整治，健全长效管护机制，确保长治久美。注重培育乡村文明新风，积极弘扬优秀传统文化，扎实推进基层民主管理，加快由“物的新农村”向“人的新农村”转变。到2020年，力争80%中心

专栏十四：各县市发展目标及重点任务

肥东县：围绕打造合宁都市圈重要节点，坚持产业强县、市县融合、开放集聚，加快推进肥东经济开发区、安徽合肥商贸物流开发区、合肥循环经济示范园、店埠镇、撮镇镇、长临河镇、桥头集镇“三区四镇”组团式发展，培育发展智能制造、集成精密制造、新材料、新能源等战略性新兴产业，加快壮大绿色食品、机械装备制造、家电制造等主导产业，大力发展现代物流、信息服务、电子商务、都市休闲农业等。到2020年，地区生产总值突破900亿元，规上工业总产值1500亿元，财政收入70亿元。

肥西县：围绕建设合肥西南国际化新城区，坚持新型工业化和新型城镇化双轮驱动，全力打造合肥主城西南片区产城融合示范区、环巢湖生态示范区、紫蓬山生态旅游区、西北部外周控制区“五大片区”，重点发展汽车、智能家电、电子信息、智能装备、生物医药等，大力发展现代物流、文化旅游、都市休闲农业等。到2020年，地区生产总值突破1000亿元，规上工业总产值2000亿元，财政收入100亿元。

长丰县：围绕建设合肥北部副中心，立足融入合肥、对接淮南，重点打造大北城和大水湖两大板块，以水湖、下塘、双凤等城镇组团为节点，做实长丰南北发展轴，培育壮大平板显示、智慧家电、生物医药、交通铝型材等新兴产业，提升发展新型建材、电力电器、汽车零部件、食品加工等传统产业，大力发展物流、科技信息、商贸、乡村文化旅游、房地产等服务业，全面支撑合淮产城走廊。到2020年，地区生产总值达到700亿元，规上工业总产值1450亿元，财政收入75亿元。

庐江县：围绕建设合肥南部副中心，大力实施“两新”突破、“大美庐城”、旅游开发等三大战略，全面提升庐城、汤池国际温泉旅游度假区、合芜蚌（庐江）现代农业自主创新示范区、庐南循环经济示范区、环巢湖都市农业生态旅游区内涵和发展水平。聚焦发展新材料、新能源、电子信息、节能环保、高端制造，做大做强矿业及其深加工、机械制造及汽配、食品及农产品加工等主导产业，加快发展休闲旅游和现代农业。到2020年生产总值突破400亿元，规模以上工业总产值550亿元，财政收入45亿元。

巢湖市：围绕建设合肥东部副中心，大力实施产业强市、生态立市、双创驱动、城乡统筹战略，举全市之力做大做强居巢经开区，启动建设半岛国际健康产业城，全力建设环巢湖旅游休闲区，聚焦发展新材料、新能源、电子信息、高端装备制造等战略性新兴产业，加快壮大新型建材、钢构及机械加工、农产品加工、渔网渔具等优势产业，提升发展旅游休闲、健康养老、商贸物流、现代金融等高端服务业。到2020年，生产总值突破430亿元，规上工业总产值800亿元，财政收入48亿元。

专栏十五：城乡基础设施项目

道路：G329 肥东—巢湖段、G312 肥东段、G346 巢庐路、二军路、G206 公路（吴山至南岗段）、G330 合铜路（庐城至枞阳段）、S316 巢庐路、巢湖市东外环路、S344 张义路、S346、S319 军二路二期、S366 合六南通道、S351 盛同路、G312 西大路（柘皋至滁州）、环巢湖大道与北沿江高速连接线、环巢湖大道至庐城连接线、S312 秦滁路、湖光路跨巢湖大桥建设项目、S260 新合蚌路、S311、S241 水九路、S242、S208、S102 合水路、合淮路改造项目等。

水利：重点防洪城市防洪排涝工程、巢湖环湖防洪治理工程、南淝河左岸下游河道综合整治项目、中小河流治理工程、农村饮水村村通与巩固提升工程、环巢湖治理工程、大（中）型灌区续建配套及节水改造、“小型水利工程”改造提升工程、5 千亩以上大圩堤防达标工程、提引水工程、凤凰颈船闸、谢家湾水库、江淮分水岭蓄水工程等。

其他：合肥南站综合交通枢纽市政配套南站广场、消防站建设改造、城市生命线工程安全运行监测系统，15 个重点镇基础设施建设项目，200 个美丽乡村中心村建设项目，农村电网改造项目等。

村达到美丽乡村建设要求，90% 以上村庄脏乱差得到有效治理，积极探索整县推进美丽乡村建设。

提升农村公用设施水平。深入实施“以工促农、以城带乡”，加快市政基础设施向农村延伸，推动水电路气等基础设施城乡联网共建。加快实施二级公路“达标工程”和农村公路“联网工程”，提高等级公路通达深度和广度。到 2020 年，境内国道全部达到一级公路标准，新改建农村公路 800 公里，实现所有乡镇通二级以上公路。加快城市公交向农村延伸，逐步建立一体化的公交网络体系。全面加强农田水利建设，加快推进大中型灌区续建配套与节水改造，加快小型水利工程改造提升，完善小微型水利设施，继续实施病险水库除险加固，推进城镇供水管网向农村延伸。大力实施农村电网改造升级工程，因地制宜推广光伏、风电等供电方式。推进农村能源建设，加快农村电气化建设，推广秸秆气化、农村沼气等清洁能源。深入实施农村危房改造、宽带下乡和信息入户工程。实施农村饮水安全工程，进一步提高农村人口的饮水安全标准，城市周边农村采取城乡一体化供水、农村提倡分区域联网集中供水、分散农户因地制宜采取小型集中供水等模式，全面解决农村饮水安全问题。

第四节 建设智慧合肥

推进信息基础设施建设和先进智能技术广泛应用，优化提升城市综合管理和服务水平，提高市民生活品质，为智慧产业发展和高端人才引进营造良好环境。

建设现代化信息网络。加快宽带网络建设，支持城市新建区域以光纤到户方式为主部署宽带网络，推进城市宽带向全光网络演进，打造“百兆进户、千兆进楼、T 级出口”宽带网络能力。推进政府机构、医疗卫生机构、科技园区、商务楼宇、宾馆酒店等单位和场所的光纤宽带接入。加快农村宽带网络建设。加快下一代广播电视网建设，突出无线谷和无线宽带专网建设，扩大第三代和第四代移动通信网络覆盖范围。推进全市公共场所、服务场所免费 WLAN 建设，大幅度提高覆盖密度和质量。到 2020 年，主城区无线宽带覆盖率达 100%。完善“天网工程”功能，规范网络视频监控系统建设和运行管理。深入开展“平安合肥”建设，构建动态视频监控系统，接入校园网络视频监控系统、社区网络视频监控系统、办公楼网络视频监控系统、宾馆酒店视频监控系统、智能交通管理系统等，推进城乡视频防控一体化。

提升城市智能化水平。加强基于云计算的大数据开发与利用，在电子商务、工业设计、科学研究、交通运输等领域，创新大数据商业模式，服务城市经济社会发展。大力推进“数字城市”建设，打造智慧政务、智慧交通、智慧商圈、智慧教育、智慧旅游、智慧医疗、智慧公安、智慧城管、智慧气象等，加快构建智慧城市体系。依托城市基础地理信息系统，整合地理空间信息资源，完善信息资源共享和数据交换，制定统一的技术规范，构建集自然资源、基础设施、国土房产、城市规划、教育科技、文化卫生等于一体的合肥地理信息综合服务平台。实施电子政务整合提升工程，加快政务信息资源的共享和开发利用。以国家智能交通系统体系框架为指导，建设以全面感知为基础的新型智能交通工程，加强城市交通管理和服务。实施“数字城管”工程，构建全市网格化巡防管理机制，实施城管与公安等执法部门联合巡防，市容管理与治安管理对接，建立精确、敏捷、高效、全时段、全方位覆盖的指挥和应急处置系统。推进智慧社区建设，加快推进教育、科技、医疗卫生等社会事业信息化，全面推进社区管理和公共服务信息化，加快实施村级综合信息服务站建设工程。深入推进“三网融合”，鼓励和支持广电、电信企业及其他内容服务、增值服务企业，大力创新产业形态和市场推广模式。支持信息服务、系统集成等第三方服务企业参与物联网应

专栏十六：智慧城市工程项目

数字城管信息系统二期建设、智慧气象“金云”工程、合肥市城市视频监控系统二期项目、立体化数字化治安防控体系工程、公安实战信息化建设项目、网络社会防控体系及技术手段项目、政法信息网络平台项目、涉案财物集中保管大宗物品仓库和涉案财物集中管理信息平项目台、合肥市政务应急指挥调度数字通信专网项目、合肥市警务数据云中心和警务智能语音云平台项目、高速公路智能交通及分中心建设工程、应急指挥调度数字通信专网项目、高速气象灾害监测预警工程、市区智能交通系统项目、高新区智慧城市试点工程、智慧粮库工程、方兴智慧社区工程等。

用示范工程的运营和推广，积极争取国家物联网应用和产业化试点。

强化网络信息安全保障。加强信息安全基础设施建设，建立电子政务统一认证服务平台，加快完善电子政务电子认证服务活动的电子认证基础设施、电子认证服务机构、电子认证服务应用等的管理，全面推广电子证书在电子政务、电子商务等系统中应用。加强信息安全测评认证体系、网络信任体系、信息安全监控体系及容灾备份体系建设，建立网络和信息安全监控预警、应急响应联动机制。制定统一的信息安全等级保护管理规范和技术标准，规范信息安全等级保护管理。全面推进“平安网络”建设，开展网络节点侦控和重点阵地系统建设，加强对金融、能源、交通、电信、公共安全、公用事业等涉及国计民生的重要信息系统、涉密信息系统的安全保护和可控力度，严打网络违法犯罪活动，保障网络社会安全秩序。

第五节 规划建设国家级合肥滨湖新区

坚持“创新＋生态”的理念，创新建设管理方式，规划建设国家级合肥滨湖新区，肩负起为国家改革探索新路径、为安徽经济增添新动力、为合肥城市构建新格局的核心任务。

建设创新创业特区。率先通过系统性、整体性、协同性创新改革试验，激发全社会创新活力与创造潜能，推动“大众创业，万众创新”，建设有重要影响力的综合性国家科学中心和产业创新中心的核心区，促进经济保持中高速增长、产业迈向中高端水平、发展动力实现新转换。

建设高端产业集聚区。加快产业结构升级，优化产业空间布局，以新产业、新业态为导向，以高端技术、高端产品、高端产业为引领，实施一批居于产业链核心环节价值链中高端的重大项目，培育形成具有国际竞争力的产业集群，打造全国高端产业集聚区。

建设内陆开放新高地。全面融入“一带一路”和长江经济带发展战略，扩大对内对外双向开放，提升互联互通水平，建设国际化高水平开放平台，完善接轨国际的投资贸易体制机制，打造全国重要的内陆开放新高地。

建设生态文明先行区。依托巢湖生态文明先行示范区建设，优化新区空间开发，实施环境保护和治理，创新资源节约利用、生态环境保护、区域联动的体制机制，探索经济社会可持续发展与生态环境保护相统一的新模式。

建设产城融合示范区。坚持以人为本、五化协同，建立完善农业转移人口市民化成本分担、多元化可持续城镇化投融资、科学合理的行政管理等体制机制，打造宜居宜业的现代化城区。

第七章 坚持绿色低碳，建设国家生态文明先行示范区

实施生态优先战略，深入实施水环境治理、森林增长、大气污染防治、固体废弃物综合整治“四大专项行动”，加快推动生产方式、生活方式和消费模式绿色转型，着力实现“有山皆绿、是水则清、四季花香、处处鸟鸣”，以巢湖生态文明先行示范区建设为统揽，打造城湖共生、独具魅力的美丽城市。

第一节 提升巢湖流域综合治理水平

创新治湖理念。突出“生态优先、城湖共生”理念，加强生态保护与修复，强化连通、净化、减负、复苏，推进引江济巢、污泥处置、污水处理、污染控制、生态修复等工程建设，实现巢湖水环境持续改善。实施保护性开发，融城市开发、村镇建设、产业发展、流域防洪、水土保持、水环境治理、水资源利用、内河航运等为一体，推进原生态保护和可持续开发。推进关键技术创新，加快水污染防治新技术、新成果应用。充分利用湖光山色和温泉、湿地、历史文化等资源，重点开发以健康、休闲、度假、水上运动等为特色的环湖旅游产业带，全力打造环巢湖国家旅游休闲区。

强化水污染治理。继续加强与国家开发银行、亚洲开发银行、中国农业发展银行等政策性银行合作，加快实施巢湖生态综合治理工程。积极实施COD、TP、TN等主要污染物排放总量控制制度，对城市污水处理厂执行比一级A更严格的排放标准。推广农业清洁生产技术，

开展农田尾水生态拦截工程，减少农业面源污染。加强企业清洁生产审核，鼓励清洁生产技术改造，监控重点行业按强制性清洁生产审核要求持续开展清洁生产。推进园区工业废水集中处理，削减工业排污量。到2020年，力争巢湖水质和入湖主要河流达标率大幅提升，部分水域及支系河流氨氮和总磷等主要指标基本达到III—IV类水平。

推进引江济巢和小流域治理。大力实施“引江济巢”工程，补充巢湖流域水资源，提升防洪抗旱应急能力。加快推进兆西河、白石天河等河道整治工程，构筑第二条通江航道；实施裕溪河改造提升工程，提高合裕线航道通航能力。全面实施入湖河道小流域治理，科学划分治理单元，强化“山水田林路村”综合整治，推进河道清淤、立体化生态修复和城乡水系河湖连通工程，不断提升巢湖流域水质和水体资源功能。到2020年，小流域治理累计投资500亿元。

构筑湿地生态屏障。围绕构建完整的巢湖梯级湿地体系，修复巢湖沿岸湿地，提升巢湖水体自净能力，到2020年，完成巢湖生态湿地修复面积2000公顷。沿湖岸线生态化率达到70%；加快城市游憩型湿地保护和建设；加快乡村湿地保护和建设（河流、沟渠、池塘、农田等），减少面源入湖污染；建设污水净化型湿地，深度处理城镇污水处理厂（设施）尾水。通过多种湿地类型建设，逐步形成适宜动植物群落栖息的生态屏障。

第二节　加快生态园林城市建设

构筑绿色生态格局。深入推进“五森工程”，合理利用现有森林资源以及河流水系与廊道，建立完整的生态框架、绿色廊道和系统化、网络化的绿地系统，构筑与城市空间有机契合、特色鲜明的绿色生态格局。对环巢湖生态示范区、江淮分水岭脊线、水源地保护区、新桥机场周边、高速公路沿线等城市生态具有决定性影响区域，开展植树造林，构筑森林生态屏障；突出以城乡道路、水系和农田为框架支撑，合理布局，实现“路网、水网、林网”融合发展，着力打造林带穿境、纵横交错、层次多样的“城乡绿廊”，完善森林生态网络。突出“森林城镇、森林村庄”创建，实现分布合理的绿色生态斑块。到2020年，累计新增造林面积25万亩。

美化城市生态景观。围绕创建国家生态园林城市，以“增加绿量、提升品质”为主线，推进精品公园、游园和街头绿地建设。注重景观特色，打造绿化景观示范路，构建绿色低碳出行网络。完善城市水系、高压走廊和绕城高速、出城公路等生态景观带、隔离带和绿荫廊道建设，加快建设慢行绿道、绿荫车场、屋顶绿化、景观阳台等多元绿色空间。推进节水型、集水型绿地建设。加强市域郊野公园与市区综合公园的绿色廊道沟通，构建“大公园”体系。科学合理布局建设湿地公园。

加强矿区环境综合整治。按照“统筹兼顾、因地制宜、突出重点、分类实施”原则，对肥东、巢湖、庐江等废弃采石场、露采废弃矿山实施恢复治理，防范崩塌、滑坡等次生地质灾害，恢复山体自然景观和矿山地质环境。开展砖瓦用黏土矿区整治与土地复垦相结合，逐步恢复土地使用功能。

第三节　强化重点领域污染防治

加强工业废气治理。以“三厂两尘两气”污染防治为重点，实施大气污染联防联控。强化污染源控制，淘汰水泥、钢材等行业落后产能，对城区重污染企业全面实施搬迁改造。强化工业企业废气治理，推进燃煤发电机组全面脱硫、脱硝和水泥脱硝工程，全面实施除尘器提标改造，治理挥发性有机物（VOCs）污染。加大空气污染物监测力度，建立预警体系，有效缓解雾霾。

控制城市烟尘和油烟污染。切实加强道路交通、施工工地、料场、裸露地面等扬尘的污染控制。城区快速路、主次干道机扫率达到100%。建筑垃圾、工程渣土实现全密闭运输，严格控制渣土在装载、运输和弃置过程中产生的扬尘污染。整治餐饮油烟污染，推进餐厨废弃物的资源化利用。杜绝露天燃烧秸秆、废弃物，规范处理生活垃圾。

治理机动车排气污染。新增车辆全部达到国家现行新车注册排放标准。综合防治机动车污染，全面淘汰黄标车及国家强制要求淘汰的老旧车型。提升油品质量，加强加油站等行业挥发性有机物的回收治理。实施清洁能源普及计划，鼓励发展背压式热电联产和余热、余压发电综合利用。加快推进“气化合肥”，淘汰污染严重、分散的小燃煤锅炉。实施绿色交通工程，倡导绿色低碳出行，城区新能源和清洁能源公交车比例达到100%。鼓励支持市民购买使用新能源汽车。

有效控制城市环境噪声。实施重点路段降噪工程，有效治理工业、交通、施工与社会等各类噪声污染源，全面实施城区二环内机动车禁鸣。强化对居住区、办公区、学校、医院等周边环境的噪声控制，创建安静居住小区。

切实处置固体废弃物。重视和解决重金属、有机毒物等新型污染。完善固体废弃物收运处置系统，确保医疗、化学等有毒危险固体废弃物实行专业收集、专线清运和集中处置，扩建吴山危险固体废弃物处置中心，规划建设第二座危险固体废弃物处置中心，实现危险固体废弃物全收集、全处理。加强电子废物监管，不断提升电子废物回收和处置能力。新建、扩建肥东、庐江等生活垃圾填埋场，完善市、区县污水处理厂污泥处置设施，到 2020 年底，污泥无害化处理处置率达到 100%。

开展土壤污染防治。加强土壤环境监测监管能力建设，以基本农田、重要农产品产地、特色农产品基地为监管重点，开展农用土壤环境监测、评估与安全性划分，建立污染土壤风险评估制度。引导支持重金属污染土壤的治理技术研究，开展土壤污染防治和修复。

第四节 建设低碳城市

节约利用资源。推进节能降耗。严格控制高能耗产业过快增长，加快推动电力、化工、建材等传统产业节能改造和能源回收再利用，大力发展消耗少、效益高的绿色产业。强化建筑节能管理，提高建筑节能标准，所有新建民用建筑严格执行 65% 的节能标准。加快公共建筑节能改造，推进交通节能。节约集约用地。深入推进节约集约用地试点市建设，实施最严格的耕地保护制度，强化土地利用规划计划的管控和引导。盘活现有土地存量，加大土地整治，增加有效耕地面积，实现耕地总量动态平衡。强化土地资源需求管理，深化“双向约束”，加大闲置土地清理力度，优化土地利用结构，提高土地开发强度和产出效益。强化节约用水。全面创建节水型社会，万元工业增加值新鲜水耗降到 12 立方米，各项节水指标达到国内先进水平。大力推广农业高效节水灌溉技术，统筹农业节水减排。加强重点行业用水定额管理，支持高耗水企业节水技术改造，推进电力、钢铁、化工等行业采用先进水循环技术。提倡居民节约用水，大力推广节水技术和产品，提高生活用水重复利用率。

加大资源综合利用。加快废旧物资回收系统建设，形成从回收、拆解、加工、利用一体化的再生资源产业链条，实现废金属、废塑料、废纸、废轮胎、报废汽车、废弃电器电子产品、废电池以及其他可利用再生资源的规范回收、资源聚集和规模高效利用，再生资源主要品种回收率达到 90% 以上。加强对生产、生活过程中产生的废水、废气、餐厨垃圾及余压余热回收利用，加强秸秆综合利用，积极推广秸秆气化燃料和固化成型燃料。

大力发展循环经济。加快推进园区循环化改造，推动各类园区废物交换利用、能源梯级利用、公共服务平台等基础设施建设，促进企业循环式生产、园区循环式发展、产业循环式组合，构建循环型工业体系，努力提高主要资源产出率、土地产出率和资源循环利用率。鼓励支持符合条件的园区申报国家级、省级循环化改造示范试点。加快推进合肥资源综合利用产业园建设，促进循环经济集聚发展。以保护和改善农业生态环境为重点，加快发展农业循环经济。

倡导低碳发展。发展低碳科技，加强与名校大所合作，建立低碳实验室和低碳技术研发中心、研发基地，推动建立以企业为主体、产学研相结合的低碳技术创新与成果转化体系。鼓励低碳设计，以设计为起点降低产品在制造、储运、流通、消费、回收等环节的资源能源消耗，开展低碳产品认证。积极发展低碳农业，改造林相结构，发展碳汇林业。打造一批标杆性低碳社区，推进绿色学校、绿色办公等行动计划的实施。传播普及低碳文化，倡导低碳生活方式，开展节能减碳全民行动。积极推进碳排放交易。

第五节 深化生态文明体制改革

建立水环境常态治理机制。构建跨部门、跨区域的专项资源和资产保护、区域执法等管理机构，明确各部门责任、权力和利益，制定规则，区域联动，规范管理。实施水资源开发利用控制、用水效率控制、水功能区限制纳污“三条红线管理”。强化水环境执法，全面实行“河长制”，形成河流巡查长效机制。科学核定水域纳污能力，严格入河排污口的监管和审批，加强入河排污总量控制，全面落实最严格的水资源管理制度。加大环保财力转移支付力度，探索建立生态补偿机制。严格自然资源使用，编制自然资源资产负债表。

健全资源节约和污染防治制度。实行能耗强度和总量“双控”管理，将节能降耗完成情况纳入限批依据。落实最严格的耕地保护制度、节约集约用地制度、林地保护制度和矿产保护性开发制度，严格实施大气主要污染物排放总量控制、排放许可证管理和大气污染物排放量削减制度。探索建立生态环境恢复治理保证金制度，明确区域环境恢复治理主体的责任、义务和惩戒措施。探索资源环境损害鉴定和赔偿制度，依法追究相应责任。探索建

专栏十七：生态建设项目

水环境类：环巢湖综合治理四期项目、市域小流域综合治理工程、裕溪河治理工程、柘黄灌区治理项目、滁河治理工程、黄陂湖流域水环境综合治理工程、渠河干渠世外桃源生态区项目、孙村湿地生态恢复工程、巢湖市龟山—槐林段环湖生态修复及水土保持工程、庐江县白石天河综合治理及生态修复工程、中庙藻水分离站工程、巢湖市蓝藻综合治理工程、中埠大联圩面源污染治理及生态修复项目、乡村生活污水处理项目、江水西调生态补水工程、西北部输水渠道生态补水工程、西河上段疏浚工程、汤河上游生态补水工程、黄陂湖节制闸控制工程、巢湖西北岸合肥城区部分区域水环境整治工程、店埠河下游干支流河道综合治理工程、巢湖北岸长临河区域湿地建设工程、徽州大道湿地、南淝河下游左岸区域湿地建设工程、少荃湖湿地公园、巢湖南湖周区域水环境治理及生态修复工程、环巢湖部分洼地排涝工程、小蜀山干渠及周边环境整治工程、二十埠河生态廊道、合肥市现代生态循环农业及农业面源污染防治示范区、巢湖生态保护与应急处置能力建设、巢湖生态治理气象保障工程、合肥都市圈人工影响天气作业基地、清溪净水厂、胡大郢污水处理厂、肥西县安怀污水处理厂、合巢经开区污水处理厂四期、庐江县乡镇污水处理及管网建设项目等。

绿化类：江淮分水岭脊背区林带、滁河干渠田园风光带、瑶海湾公园、江淮运河防护林、环巢湖地区矿山地质环境治理示范工程（二期）、环巢湖地区矿山治理修复工程、中庙景区生态环境综合治理项目、20处街头游园绿地、铁路及高压走廊绿化、生态保护区建设项目、生物多样性保护项目、生态网络构建项目等。

大气污染防治类：火电厂废气提标改造工程、挥发性有机物（VOCs）治理工程、机动车尾气治理工程等。

其他领域污染防治类：吴山固废产能扩建项目、巢湖市生活垃圾填埋场整治防渗工程、肥东循环经济园液体危险废物处置项目、市厨余垃圾处理厂、蜀山区小庙大型生活垃圾转运站、村镇生活垃圾综合治理项目、交通噪声防治工程、在线实时监控与报警系统、电磁辐射设备（设施）管理系统、辐射环境监测网点、辐射监测实验室等。

资源节约集约利用类：蜀山经济开发区（新区）循环化改造项目、长丰县北城生活垃圾焚烧发电厂、肥西县生活垃圾焚烧发电厂、庐江县生活垃圾焚烧发电厂、合肥长丰县生活垃圾焚烧发电项目、合肥污泥资源化利用工程BOO二期项目、安徽省爱维斯新建60000吨/年废油再生工程项目、安徽省徽商年拆解报废汽车5万辆（一期）项目、肥西县花岗灌区节水灌溉示范片工程、郭河区域节水灌溉示范片工程、龙门寺灌区节水灌溉示范片工程、白龙元疃节水灌溉示范片工程、花岗灌区节水灌溉示范片工程、炯黄片节水灌溉示范片工程等。

土壤修复工程类：马钢（合肥）钢铁有限公司土壤修复工程、中盐安徽红四方有限公司土壤修复工程、安徽氯碱化工有限公司土壤修复工程、安徽海丰精细化工有限公司土壤修复工程、庐江矾矿区域生态修复治理项目等。

立水权交易制度，积极开展排污权、节能量、碳排放交易试点。建立资源环境承载能力监测预警机制，对水土资源、环境容量和生态涵养资源超载区域实行限制性措施。建立区域大气污染联防联控机制。建立健全污染物排放信息公开制度和监督制度。科学划定生态红线管控区域，实行严格的红线区域管理，构筑生态安全屏障。

完善生态统计和评价制度。逐步完善全社会能耗、排污等统计制度，开展全市和分行业、分区碳排放总量、能耗测算，规范资源产出率、工业固体废物综合利用率、新建绿色建筑比例、农作物秸秆综合利用率等生态文明指标统计。在政府目标评价体系中增设生态文明指标，并大幅增加考核权重。根据主体功能区定位，探索建立体现生态文明要求的目标体系。对限制开发区域和生态乡镇取消地区生产总值等经济指标考核，增加生态文明相关指标权重。

第八章　促进合作共赢，建设接轨国际的内陆开放高地

发挥“一带一路”、长江经济带双节点城市功能，坚持“引进来”与“走出去”并重，建设开放平台，畅通开放通道，创新开放模式，发展枢纽经济，建设开明开放、接轨国际的内陆开放高地。

第一节　增强综合交通枢纽国际通达能力

丰富“米”字型高速铁路网。积极推进合肥至芜湖铁路电气化改造、庐铜铁路等在建工程建设；完成商合杭高铁、合安客专等铁路工程建设，新建合肥站动车所、扩建合肥南站动车所，建设合肥枢纽西环货车外绕线及合九货车联络线，实施合肥站改造，建设合肥南、新合肥西站等高铁站综合交通客运枢纽。加快推进合宁、合武等客运专线，合九铁路电气化改造，合肥—新桥机场—六安等项目前期工作；推进合连等高速铁路项目纳入国家铁路建设规划；规划建设合肥庐江高铁检修服务基地，南岗公铁联运综合货运基地。编制合肥经济圈市域铁路发展规划，积极推进区域城际铁路建设，不断完善城际交通网络。到2020年，建成全国最发达的铁路枢纽之一。

提升区域高速路网。建成北沿江高速巢无段、滁淮高速、济祁高速南段、岳武东延、合肥—霍邱—阜阳等高速公路；开工建设合肥外绕城、合肥—明光、合肥—无为等高速公路。谋划沪蓉高速复线、沪陕高速复线、外绕城高速连接线等项目前期。建设绕城高速公路集贤路、南淝河路、梁园、合安高速郭河等互通立交项目。围绕构建“一环十七射”一级公路网，加快建设G330项目，积极推进G329、新合蚌路、合六南通道等项目前期。到2020年，基本形成以合肥为核心的1小时通勤圈。

专栏十八：综合交通枢纽项目

铁路：合肥—芜湖铁路电气化改造、庐铜铁路、商丘—合肥—杭州、合肥—安庆工程；合肥—南京、合肥—武汉、合肥—六安—安康、合肥—新沂客运专线，合肥—九江铁路电气化改造，合肥—新桥机场—六安、庐江—巢湖—马鞍山—扬州、合肥—定远—宿迁—青岛、合肥—郑州、合肥—芜湖—宣城—宁国城际铁路、合肥庐江高铁检修服务基地、南岗公铁联运综合货场运基地。

高速公路：德上高速公路（寿县—肥西、肥西—枞阳）、合肥—无为高速公路、合肥—霍邱—阜阳高速公路、合肥—定远—明光高速公路、合宣高速公路、合肥外绕城高速外环线、合宁高速改扩建工程、合安高速改扩建工程、合徐高速改扩建工程、合巢芜高速改扩建工程、合六叶高速改扩建工程、新蔡高速（定远—长丰）、北沿江高速（巢湖—庐江），沪陕高速公路复线、沪蓉高速公路复线、合连高速公路、无为—合肥—六安高速、合肥—滁州高速等。

水运：江淮运河工程、巢城港区亚太迪趣码头项目、巢湖水上旅游及运输码头、庐江龙桥作业区码头、店埠河循环经济园码头、南淝河港区迎河集装箱作业区扩建、兆西河航道升级改造、菜子湖航道升级改造、白石天河航道升级改造、店埠河航道升级改造、丰乐河航道升级改造、杭埠河三级航道建设、五大港区（南淝河、派河、店埠河、巢城、庐江）建设。

航空：新桥国际机场二期工程、合肥骆岗通用机场、庐江通用机场、巢湖通用机场、滨湖水上通用机场等。

专栏十九：对外开放平台项目

合肥港国际集装箱码头二期、合肥水运港临港物流园区和派河综合物流园区；合肥国际内陆港多式联运综合查验中心，铁路快件与电商公共查验中心，进口整车、粮食、肉类、植物种苗展示直销中心；新桥国际机场二期、合肥空港经济示范区、进境指定口岸、新桥国际货运航线；合肥国际邮件互换局、安徽（蜀山）跨境电子商务产业园、中邮快件及航空快件处理中心、020跨境电商合肥网贸馆；合肥综合保税区二期厂房及仓库、综保区进口商品保税展示交易中心、陆路监管口岸；合肥出口加工区进口商品保税展示交易中心、跨境电子商务（进口）试验平台；合肥空港保税物流中心（B型）、中外运航空物流园；合肥市对外经济合作服务中心、对外劳务合作综合管理系统平台等。

构建高等级水运网。实施兆西河航道升级改造和引江济淮菜子湖线航道建设，开展远期一级航道前期工作。加快推进江淮运河建设。加快建设合肥港，统筹推进南淝河、派河、店埠河、巢城、庐江等五大港区建设。到2020年，基本建成内陆地区重要的集装箱中转枢纽港和江淮航运中心，年吞吐能力达8000万吨，其中集装箱达60万标箱。

建设区域航空中心。实施新桥国际机场二期工程，加快机场接驳交通系统建设。充分发挥干线机场作用，加强与长三角、港澳台业务合作，强化合肥—上海—国际航班中转联程航运服务功能，扩大客货运量，全面提升空港国际功能。拓展合肥至国内主要城市的航线网络，大力发展国际航线航班，积极开通至亚洲、欧美主要城市客货运航线，提高航班密度。加强与国际航空公司和主要机场战略合作，组建在肥基地航空公司，逐步建成区域性国际航空港。加快发展通用航空，推动庐江、肥东、肥西、长丰、巢湖等通用机场建设。综合开发骆岗机场，培育发展集运营、维修、培训、制造、会展等于一体的通用航空产业集群。

大力发展多式联运。大力推动公、铁、水、空联运，实现旅客“零距离换乘”和货物“无缝隙衔接”。新建派河港区疏港铁路专用线，打造铁水联运枢纽。完善铁路、公路集疏运设施，提升临港铁路场站和港站后方通道能力。建立多种运输方式综合服务信息平台，实现互联互通。

第二节　加快建设对外开放平台

围绕打造互联互通、开放基地、交易平台等三类平台，做好合肥港二类水运开放口岸验收工作，加大合肥港揽货力度。加密“合新欧”班列，推进市场化运行，探索与义新欧、蓉欧、渝新欧等国际大通道互联互通。加密国际货运航班，拓展至美国、欧洲、东南亚等国际货运航线，形成覆盖境内外的航空货运网络。提升合肥国际内陆港开放度，推动合肥北站申报国家铁路开放口岸。加快合肥综合保税区建设，推进一批层次高、带动性强的大项目入驻。推动出口加工区实施“单一窗口”、关检合作“三个一”等新型通关模式。加快空港保税物流中心（B型）建设。建成合肥航空港水果、冰鲜水产品进境指定口岸，积极申报粮食、药品、食用水生动物等进口进境指定口岸。加快合肥跨境电子商务港建设，建成国际邮件互换局。加强对外经济合作服务中心建设，为人才智力引进、对外劳务经营活动的各类企业、中介机构和出国务工人员提供规范化、便利化服务。

第三节　全面提升对外开放水平

加快“引进来”“走出去”步伐。坚持货物贸易和服务贸易并重，推动外贸结构调整，培育外贸竞争新优势，提高贸易便利化水平。到2020年，进出口总额达到300亿美元。围绕重点产业，搭建产业合作平台，开展精准招商，加强与国际知名企业、跨国公司合作，大力引进世界500强企业在肥投资，支持外资企业在肥设立地区总部、职能型总部、研发设计中心。推动金融、教育、文化、医疗等服务业领域有序开放，逐步放开育幼养老、建筑设计、会计审计、商贸物流、电子商务等服务业领域外资准入限制，引入一批国际商务服务企业，鼓励发展国际中转、国际采购、进口分拨、出口配送等新型物流业态。深入实施"走出去"战略，加强国际产能合作，着力培育一批本土跨国公司。

优化国际投资贸易环境。复制自贸区国际投资贸易体制机制，按照市场化和国际化要求，完善现有地方性法规和规章。加快海关特殊监管区域通关"一体化"改革，全面提升通关效率。加强对在肥境外人员服务管理，积极争取口岸签证和72小时过境免签政策在肥尽早落地，为本市居民提供更为便利的出国（境）证件申领条件。加强涉外调解、仲裁诉讼机构建设，提高涉外民商事争议纠纷处理能力。鼓励符合条件的企业在境外资本市场上市融资，大力引进国际战略投资者。积极引进发展具有熟悉国际贸易规则的信用评级、资产评估、会计审计、法律服务、金融服务等中介机构。加强政府工作人员涉外业务培训，提高政务服务国际化水平。

第四节　融入国家区域发展战略

加快融入"一带一路"。发挥"一带一路"节点城市功能，依托合新欧国际物流大通道，加强与沿线国家（地区）在设施联通、产业投资、经贸往来、资金融通、人文交流、生态保护等领域合作。鼓励新一代信息技术、家用电器、光伏、汽车、建筑等优势企业"走出去"，支持本地优势企业通过新建、参股、并购、资源开发和工程承包等多种方式参与"一带一路"建设，完善相关服务体系。积极争取国家"一带一路"重大设施和项目布局合肥，着力引进沿线国家（地区）经贸、商事机构落户合肥。积极拓展与友好城市交往的广度和深度，完善高层互访机制、部门联系机制和企业互动机制，促进经济、技术、文化等交流合作。深化中德合作，推进中韩合作，建设中德（合肥）创新产业园、中韩（合肥）科技产业园，进一步拓展产业、贸易、教育、文化、科技、人才等领域的合作广度和深度。

全面融入长三角一体化。坚持"接轨大上海、融入长三角、打造增长极"，更加积极主动融入长三角一体化发展。强化与沪宁杭等城市互动发展，增强高端要素集聚和综合服务功能，提高自主创新能力、可持续发展能力和城市核心竞争力。在产业、交通运输、金融、科技创新、人才交流等方面，坚持优势互补，深化与沪宁杭合作，促进共同发展、共同繁荣。推进跨区域重大基础设施一体化建设，提升交通、能源、水利、信息等基础设施的共建共享和互联互通水平，形成分工合作、功能互补的基础设施体系。优化资源配置，引导地区间产业转移和产业结构升级，推动区域协调发展。加强与珠三角、京津冀等区域交流互动，积极承接北京非首都核心功能疏解，规划建设合肥北京产业园。

全面推动与上海"双城"合作。加快编制双城合作发展规划，建立双城合作推动机制，探索开展园区合作，推动建设合肥上海产业园。充分发挥双城科技与人才优势，共建综合性国家科学中心，推动双城设施、人才共享交流，在共建创新载体、转移科技成果、联合科技攻关、培养科技人才等方面争创实效。借助上海作为国际航空港的作用，推动上海—合肥国际联航，提升合肥航空客运、货运能力。推进教育、医疗、旅游、文化等资源共享，鼓励上海优质学校、医院来肥办学和建立分院，发行双城旅游联票，互推旅游精品线路。

深化与长江中游城市群联动发展。充分发挥承东启西的区位优势，推动与长江中游城市群联动发展，努力开创与长江中游城市群区域一体化发展新局面。大力培育统一、开放的市场体系，优化区域商贸网络，完善金融、人才、技术、产权等要素市场网络体系，推动建设统一结算清算平台、招投标异地远程评标系统等。加强信息网络和公共信息交换平台建设，加快电子商务、社会诚信门户等综合性和专业类网站的对接，实现信息资源的互联、共享。围绕产业链合作，突出产业平台建设，统筹产业布局，积极打造区域发展增长极。推动区域旅游开放融合发展，加快发行旅游联票，互推旅游精品线路，联合编印旅游摄影风光画册。积极开展文化交流与合作，共同提升城市文化品位，提升发展软实力。扎实做好援疆援藏工作。

第五节　引领合肥都市圈发展

加快合肥经济圈向合肥都市圈战略升级，进一步完善圈内互动合作一体化发展机制。制定实施《合肥都市圈发展规划》，进一步发挥合肥中心城市辐射作用，推进合肥经济圈适度扩容，整合优势资源、大力推进规划共绘、交通共联、市场共构、产业共兴、品牌共推、环境共建、社会共享，全面提升合肥都市圈整体实力与综合竞争力。创新区域合作机制，拓展专业合作领域。建立重要资源统筹配置机制，形成区域产业转移引导机制、分工合作机制和项目建设利益共享机制。积极创造条件推进轨道交通延伸至合肥都市圈节点县（市）。搭建交流平台，促进政府、企业、民间团体合作交流。深入开展与阜阳市及霍邱县、寿县结对合作，支持阜阳合肥现代产业园、寿县蜀山现代产业园、临泉庐阳现代产业园、舒城包河现代产业园、霍邱高新现代产业园、涡阳高新现代产业园建设，实现优势互补、共同发展。

第九章 厚植城市文明，建设具有地域特色的文化强市

坚持社会主义先进文化前进方向，坚持以人民为中心的工作导向，坚持把社会效益放在首位、社会效益和经济效益相统一，激发文化创新活力，建设文化强市。

第一节 加强文化高地建设

培育践行社会主义核心价值观。广泛开展中国特色社会主义和中国梦学习宣传教育。加强社会主义核心价值体系建设，开展社会主义核心价值观公益宣传系列活动，深入推进社会公德、职业道德、家庭美德、个人品德建设，构建传承中华传统美德、符合社会主义精神文明要求、适应社会主义市场经济发展的道德和行为规范。大力倡导科学精神，充分利用全国科普日、庐州大讲堂等平台普及先进科学知识，提升全民科学文化素质水平。加强理论创新，实施哲学社会科学创新工程，建设合肥新型智库，繁荣哲学社会科学。加强理想信念教育和思想政治工作，弘扬科学精神，加强人文关怀，强化诚信建设，培育奋发进取、理性平和、开放包容的社会心态，提倡修身律己、尊老爱幼、勤勉做事、诚实做人。加强网络精神文明建设，巩固网上思想文化阵地，发展健康网络文化，不断净化网络环境。推动传统媒体和新兴媒体融合发展，加快媒体数字化建设，打造一批新型主流媒体。优化媒体结构，规范传播秩序，传递正能量。

培育塑造城市文化标识。深入挖掘、保护和开发历史文化资源，传承江淮地域文化，培育巢湖生态文化，彰显现代创新文化，塑造“大湖名城、创新高地”的城市文化标识。创新历史文化遗产保护理念，统筹文化传承、产业发展和城市建设，加强对各级文物保护单位及历史文化名城、文化古镇、历史文化街区和非物质文化遗产等的保护，传承振兴庐剧、巢湖民歌等传统文化艺术，保护和合理利用历史文化遗产。进一步挖掘巢湖文化、包公文化、三国文化、淮军文化等文化资源，支持民间资本投资建设各类主题博物馆，提升历史文化多元价值。坚持在保护中开发、以开发促保护，支持中国非物质文化遗产园建设，加快打造包公文化主题公园和一批特色文化街区等。推动合肥非物质文化遗产保护地方立法。

第二节 全面发展文化事业

完善现代公共文化服务体系。完善政府向社会力量购买公共文化服务的工作体系，创新政府向社会力量购买公共文化服务的机制模式，推动公共文化服务供给与人民群众文化需求有效对接。突出文化乐民惠民，积极促进基本公共文化服务标准化均等化。认真落实合肥市公共服务设施专项布局规划，加快创建国家公共文化服务体系建设示范区。加强基层文化建设，完善以县城为中心、乡镇为分中心、行政村为支点的县域公共文化服务网络；以乡镇综合文化服务中心和农民文化乐园建设为抓手，提升农村公共文化服务能力与水平。加快推进合肥市中心图书馆、合肥市美术馆、合肥市博物馆及县（市）区文化馆、图书馆、剧场等公共文化设施建设，深入推进公共图书馆、博物馆、文化馆、纪念馆、美术馆、科技馆以及基层文化活动中心等公共文化设施免费开放，积极探索“互联网＋公共文化服务”模式。发展档案事业，规划建设合肥档案中心和一批公共数字档案馆。

繁荣发展文艺事业。实施文化精品战略，提升艺术原创能力，着力打造一批具有合肥特色，在全省、全国有影响力的文化品牌和思想性、艺术性、观赏性俱佳的文学、戏剧、歌舞、电影、电视、动漫等文艺精品。积极策划承办全国性文化活动，办好中国（合肥）国际文化博览会。规划建设一批各具特色的艺术家村（镇），引进一批国内一流的艺术家来肥创作。积极引导群众自主参与各种形式的文艺创作活动，建立群众文化优秀作品的创作、选拔和推广机制。进一步繁荣影视、动画精品创作，推进制播分离，扩大影视制作、发行、播映和后产品开发，提高原创影视动画创作水平。

丰富群众精神文化生活。建设书香合肥，重视培养青少年和儿童阅读习惯，关注农民工阅读，组织开展“大湖名城、悦读合肥”全民阅

读、“大湖之约”艺术名家大讲堂、合肥文化大讲堂等系列文化活动，形成周周有活动、月月有主题的群众文化活动格局，丰富城乡居民文化生活。深入开展文艺巡演和“三下乡”等文化惠民活动，举办“新春文化庙会”、“全民文化活动周”、“家庭文化艺术节”等群众喜闻乐见的节庆文化活动，培育一批参与度高、效果好的群众文化品牌。促进“送文化”与群众需求有效对接，建立“结对子、种文化”工作机制，大力活跃农村文化市场，丰富农村居民精神文化生活。

第三节　大力发展文化产业

发展优势文化产业。依托丰富的文化产业资源和重大文化发展平台，优化文化产业布局，加快发展文化旅游、广播影视、智能语音、动漫游戏、创意设计等产业，顺应“互联网+”趋势，大力发展文化新业态和新模式，推动文化与科技、金融、制造等相关产业深度融合，积极培育新兴文化业态，加快文化产业转型升级，全面提升文化产业发展的质量和效益。设立若干支市场化、专业化的文化产业发展基金。实施重大文化产业项目带动战略，挖掘城市文明和工业文明遗产，规范建设一批文化产业园区（基地），支持建设文化产业公共技术平台和文化类工程技术中心，夯实文化产业发展平台。到2020年，文化产业增加值翻一番。

培育文化市场需求。以培育市场主体、激发市场活力、加强市场监管为重点，建成统一开放、竞争有序、诚信守法、监管有力的现代文化市场体系，确立权责明确、公平公正、透明高效、法治保障的文化市场监管格局。发展文化产品市场，鼓励发展大中型书城、城镇中小型特色书店、专业书店和社区书店，规范和发展演出市场，扶持艺术品市场发展。促进文化要素市场发展，充分利用国内外资本市场，拓展文化产业投融资渠道；规范文化产权交易，重点发展版权、文化信息、技术交易等文化资产交易市场。发挥中介组织作用，发展文化经纪代理、评估鉴定技术交易、推介咨询、担保拍卖等中介服务机构。培育网上书店、网络视频点播、网络付费下载等网络文化消费新模式，拓展艺术培训、文化旅游等与文化相结合的服务性消费。探索建立以轨道交通为载体构建新型公共文化服务平台。持续开展文化消费季活动，培育文化消费群体，拓展文化市场空间。

第四节　提高城市文明程度

推进文化名城建设。提炼合肥城市文化内核，精心打造“大湖名城、创新高地”城市名片，综合运用互联网、影视、微电影等多种方式，打造全方位的文化名片传播交流性平台。充分挖掘巢湖文化价值，以世界级湖泊旅游地为标杆，引进和培育环巢湖国际马拉松、国际铁人三项赛、国际帆船赛、水上飞机低空飞行等具有国际影响力的文化活动和体育赛事，提升合肥对外影响力和知名度。深入打造有巢氏、包公、三国、淮军等地域特色文化品牌，依托国家文化和科技融合、广播影视、数字出版等产业基地，培育新兴文化品牌，发展相关衍生产业和子品牌。培育一批品牌产品、品牌企业、品牌园区和品牌活动，构建文化品牌发展体系，塑造具有国际知名度的合肥城市文化标识。提高合肥文化对外开放水平，推动地方特色文化创造性转化、创新性

专栏二十：文化建设项目

文化事业：安徽美术馆、安徽科技馆、安徽百戏城、安徽省图书馆、安徽省博物馆、合肥市中心图书馆、合肥市美术馆、合肥市博物馆、合肥市科技馆、合肥市工人文化宫、合肥市少儿图书馆新馆、合肥文化艺术中心、淮军历史文化陈列馆、中国好人主题公园、合肥3D好人馆、合肥志愿者服务主题广场、公益广告群雕、合肥市非物质文化遗产保护中心、合肥市广播电视发射塔、古巢国遗址公园、巢湖市规划博物馆、巢湖市文化科技馆、巢湖市图书档案馆、巢湖市大剧院、汤山地质公园、肥东县规划馆、肥东县文化馆、肥东大剧院、肥西县文化馆、肥西县图书馆、长丰县文化馆、长丰县大剧场、长丰县体育中心、庐江县博物馆、吴长庆故居暨淮军纪念馆、庐江县名人馆等。

文化产业：万达文化旅游城、国家广播影视科技创新实验基地、中航工业合肥文化创意产业园、“安徽合肥刘铭传故居”海峡两岸交流基地、国家广电科技孵化平台、中国广电物联网中心、华谊电影文化小镇项目、合肥市文化创意产业园、中国（合肥）国际动漫城、迪士尼·孩之宝巢湖迪趣文化产业园、“愤怒的小鸟”主题公园、“合钢1958”文化创意产业园、合肥书城文化创意综合体、耳街特色文化街区、合肥高体文化中心、合肥市文化类工程技术中心、文博城文化馆、祥源花世界生态旅游区、合肥城市报业全媒体产业园区、合肥艺工厂、合肥北城世纪文化城综合体、巢湖国际帆船俱乐部及蓝源文化公园、特色风情街、郁金香体育高地、半汤国际温泉古镇/科技小镇项目、三十岗国际艺术文化创意园区、包公文化园、蜀山西部新城江淮小镇、十里庙文化旅游创意街区、华谊电影文化小镇、岱山湖生态旅游二期、中国巢湖滨湖文化旅游港、中国电影特效制作基地、凤凰文化广场、安徽汤池文化旅游中心、合肥包公文化主题公园、中国合肥奇石文化产业园、合肥历史文化街区、白马山国家篮球公园、四顶山风景旅游区、大圩体育特色小镇、淝河民国文化园、望金交口城市综合体等。

发展，形成更加完备的多渠道、多层次、宽领域对外文化交流格局。

巩固文明城市建设成果。不断深化全国文明城市建设，建立健全长效工作机制，推动文明城市创建工作制度化、规范化、常态化，促进城乡群众共建共享文明城市建设成果。深入开展文明村镇、文明单位、文明家庭等群众性精神文明创建活动，力争巢湖市、肥西县成功创建全国县级文明城市。启动百万市民素质大提升工程，推进公民思想道德建设，办好“文明让世界更美好”世界城市市长论坛。深入推进文明交通、文明餐桌、文明旅游、文明上网等主题实践活动，加强核心价值观公益广告宣传和主题公园、主题社区建设。综合运用教育、法律、经济、行政、舆论手段，引导人们知荣辱、讲正气、尽义务，形成扶正祛邪、惩恶扬善的社会风气。注重家庭、家风、家教建设，深入开展“最美家庭”寻创活动。加强未成年人思想道德建设，建立分层衔接的青少年教育体系，争创未成年人思想道德先进城市。加强志愿服务队伍和阵地建设，广泛开展志愿服务活动，培育志愿者服务品牌。

第十章　立足包容共享，建设更具获得感的幸福城市

坚持效率与公平兼顾，推进改革发展成果更多更公平地惠及广大人民，以解决人民群众最关心最直接最现实的利益问题为抓手，打造更具获得感的幸福城市。

第一节　促进就业创业

实施更积极的就业政策。加大财税、金融、产业等政策促进就业的力度，鼓励以创业带动就业，努力创造劳动者就业和发展的机会。高度关注就业形势，强化就业和用工信息对接。加强基层劳动保障机构和设施建设，完善促进各类劳动者平等就业的公共就业服务体系，推动公共就业服务标准化和属地化。加大高校毕业生就业帮扶，继续完善就业援助制度，大力开发公益性岗位，对就业困难人员实行优先扶持和重点帮助。加快职业培训体系建设，全面提升劳动者技能。实施农民工职业技能提升计划、青年技能提升行动，进一步完善和落实促进农民工和青年就业创业政策。

完善就业服务体系。增强公共就业服务能力，为劳动者和用人单位提供“一站式”的就业服务。建立城乡统筹、统一规范的人力资源市场，鼓励社会组织和个人依法开展就业服务活动。健全就业登记和失业登记制度。加强全市农村乡镇、行政村劳动保障服务站（室）的建设，抓好学历和技能培训，解决好农村劳动力就业再就业问题。实施新生代农民工职业技能培训计划。开展贫困家庭子女、未升学初高中毕业生、农民工、失业人员和转岗职工、退役军人免费职业培训行动。推行工学结合、校企合作的技术工人培养模式，推行企业新型学徒制。

构建和谐劳动关系。建立健全党委、政府领导下的构建和谐劳动关系协调机制，把构建和谐劳动关系纳入经济社会发展规划和政府目标考核体系。全面实行劳动合同制度，推行集体协商和集体合同制度。健全协调劳动关系三方机制，完善劳动关系群体性事件预防和应急处理机制。完善欠薪保障机制，加强劳动保障监察执法，严厉打击恶意欠薪等违法行为。加强劳动争议基层调解组织和劳动人事争议仲裁院建设，提高调解仲裁工作效能和办案质量。加强人文关怀，开展科学文化知识和技能培训，引导企业经营者积极履行社会责任，帮助来肥建设者尤其是新生代劳务工更好地融入城市。

提高城乡居民收入。坚持居民收入增长和经济增长同步、劳动报酬提高和劳动生产率提高同步，多渠道增加居民经营性收入、工资性收入、财产性收入和转移性收入。健全科学的工资决定、正常增长和支付保障机制，完善并严格执行最低工资制度，建立健全工资支付保障金、欠薪应急周转金等制度，完善工资指导线制度，建立最低工资标准调整机制。落实机关事业单位工资正常调整机制。认真落实缩小收入差距相关政策，规范收入分配秩序，保护合法收入，调节过高收入，清理隐性收入，取缔非法收入，扩大中等收入者比重。

第二节　完善社会保障体系

提高社会保障水平。扩大社会保障覆盖范围，加快健全覆盖城乡居民的社会保障体系。完善各项社会保险关系制度衔接与跨区域转移接续政策，扩大参保缴费覆盖面。积极推进职工养老保险和城乡居民社会养老保险制度，稳步提高养老待遇水平，大力发展职业年金、企业年金，鼓励发展商业养老保险。切实维护跨地区流动就业人员的社会保险权益。完善企业退休职工社会化管理。加强农民工和外来务工人员的社会保障，实现“同城同待遇”。扩大失业保险基金支出范围，建立基本养老金、失业保险金正常调整机制，提高城乡低保标准和补助标准。重点抓好非公有制企业、

灵活就业人员和进城务工农民的参保工作，城乡居民基本养老保险和基本医疗保险参保率均达到90%以上。落实好渐进式延迟退休年龄政策。

健全社会救助体系。完善城乡社会救助体系，稳步提高城乡低保、农村五保等保障标准，保障好困难群众基本生活。进一步扩大社会救助覆盖面，逐步提高城乡居民最低生活保障标准和优抚对象的抚恤、生活补助标准。健全困难群体社会救助和保障标准与物价上涨挂钩联动机制。完善城镇基本医疗保险、农村新农合、重大疾病保险救助制度，完善临时救助和医疗救助制度，确保符合条件的困难群众“应救尽救”。发挥失业保险稳岗促就业作用，强化工伤保险综合保障功能，推进生育保险市级统筹。建立完善的教育资助体系。落实对困难群众的帮扶救助政策措施，并逐步向农村和外来务工人员延伸。加强农村五保供养服务机构建设，推进农村五保供养机构转型升级和管理体制改革。加强被征地农民基本生活保障。完善刑事被害人救助制度。推进救助管理机构规划化建设，强化部门联动机制，提升救助能力。积极发展慈善事业，认真落实鼓励回馈社会、扶贫济困的税收政策，扎实开展社会救济和“点对点”式社会互助、志愿服务活动。

构建社会福利体系。积极应对人口老龄化，大力发展养老服务业，全面建成以居家为基础、社区为依托、机构为支撑、社会为主体、法制为保障，功能完善、规模适度、服务优良、覆盖城乡的社会养老服务体系。突出医养结合，开展一批医养结合试点，满足日益增长的医养服务需求。支持社会资本兴办养老机构发展，逐步提高养老机构床位补助和运营补贴。到2020年，全市养老机构床位数达到每千名老年人45张以上，包括养老服务在内的社区综合服务设施覆盖所有城市社区和90%以上乡镇、80%以上农村社区。支持残疾人事业发展，完善残疾人康复、就业、托养、教育、文化等基本公共服务体系。关爱农村留守老人与儿童，建立留守人员安全及生活保障机制。建设公益性公墓，推行殡葬普惠和“绿色殡葬”。完善物价上涨与临时价格补贴联动机制，继续推进“惠民菜篮子”工程，积极构筑“平价”农副产品销售网络。

完善住房保障体系。深入推进廉租住房、公共租赁住房并轨运行，依据城镇居民人均可支配收入变化，及时调整保障性住房准入条件，扩大保障覆盖面，通过提供公共租赁住房或发放租赁补贴方式，保障在城镇稳定就业且符合条件的农业转移人口基本住房需求。支持各开发园区通过公共租赁住房保障形式，改善产业工人居住条件。加大推进棚户区改造力度，将城郊村、城边村、城市危房以及建制镇棚户区纳入棚户区改造范围，积极引导推进棚改货币化安置，满足被征收居民多样化住房需求。“十三五”期间，新开工建设各类保障性安居工程13.6万套，到2020年，城镇常住人口住房保障覆盖率达到23%左右。加大用地供应，加强建设资金使用监管，完善住房保障政策法规体系和体制机制。

专栏二十一：保障性住房项目

王岗刘大郢城中村、白水坝小区、自行车二厂、华冶生活区改造、通联家园、南岗科技园第二复建点东组团（南岗畅园）、兴华苑D区、淮合花园B区、文淦苑四期、天水苑、文忠苑4-5期、南庄苑、长岗安置点、滨湖润园、休宁路片区、金属公司地块、五金二厂地块、五里片区、桃花片区、动力东村二期、轮胎厂安置点、复兴家园东组团（堰湖山庄西组团）、磨店家园一期、七里塘花园、北岗花园二期、新店花园二期、滨湖沁园、仁和家园三期、北亚小区改造项目、安掩家园安置点、瑶东新村、合郢花园二期、习友小区、莲花新村、蔡岗小区、下卫、华贝二期安置点、仪表厂宿舍、合浦北村安置点、安居园三期等。

第三节 提高教育质量

顺应国家人口方针政策调整，深化教育领域综合改革，促进教育公平，强化素质教育，提高教育质量，推动各类教育协调发展，在全省率先实现教育现代化。

推进基础教育发展。深化薄弱学校、师资队伍、素质教育等“三大提升工程”，推进国家级中小学品质试验区建设，打造义务教育优质均衡发展“升级版”。完善校长教师合理流动机制，加强农村教师队伍建设，均衡配置教师资源，有序增加义务教育学位供给。全面普及15年基础教育。普及高中阶段教育，免除普通高中学杂费。完善进城务工人员随迁子女“五个百分百”政策，保障随迁子女平等接受义务教育。引导普通高中学校科学定位，支持多元化特色化发展。加大幼儿园、中小学建设力度，扩大普惠性幼儿园覆盖面。建立住宅小区配套幼儿园建设、移交、使用长效机制。促进民办教育健康发展，适度发展国际教育。改善办学条件，提高特殊教育办学水平。

大力发展职业教育。构建现代

职业教育体系，规划建设具有国际水平的区域职教高地。推动合肥现代职业教育集团发展，坚持产教融合、校企合作、国际合作，加快建设磨店高教基地、公共实训基地，建立高技能人才教育培训机制。支持建设与地方经济社会发展需要契合度高的优质高等职业院校，积极支持合肥职业技术学院、合肥幼儿师范高等专科学校等建设地方技能型高水平大学。深化人才分段培养试点，推进学历和技能等级“双证书”试点，实现职普融合贯通发展。分类推进中等职业教育免除学杂费。

提升国民教育水平。加强校地合作，支持在肥各类高校加快发展，引导在肥高校根据经济社会发展需要及时调整办学结构和方向。支持中国科学技术大学建设世界一流研究型大学，支持合肥工业大学、安徽大学、安徽农业大学等高校建设一批世界一流学科。积极推动中德教育合作示范基地建设，支持合肥学院争当全国应用型教育引领者，申报建设合肥大学。支持合肥职业技术学院、合肥幼儿师范高等专科学校等建设地方高水平技能型大学。支持各类高校深化国内国际合作，在师资培训、人才培养、专业建设、科学研究、人文交流等方面发挥引领和示范作用，搭建多层次、多领域的中外人才交流平台。加快教育信息化步伐，积极发展远程教育。大力发展社区教育，注重家庭教育，支持发展开放大学、老年大学、社区大学，畅通终身学习通道。

第四节　建设健康合肥

统筹推进医疗、体育、人口事业发展，建立覆盖城乡的基本医疗卫生服务体系，大力发展体育事业和体育产业，提高人口服务水平，建设健康合肥。

健全医疗卫生服务体系。优化医疗卫生资源配置，合理布局医疗卫生机构，推进医疗卫生资源配置均衡化。到2020年，新增医疗床位3.6万张。加快公共卫生服务机构规范化建设，推动公共卫生服务资源向社区配置倾斜，全面提升医疗技术水平，大力引进国内外高端医疗资源，建设一批现代化综合医院和专科医院。推进基本医疗服务标准化，构建社区首诊、分级医疗、双向转诊的医疗服务模式。积极推广互联网医疗，提高远程诊疗水平，推进医疗健康大数据库建设。加强以全科医师配备为重点的基层医疗卫生队伍建设，鼓励建立全科医师规范化、制度化的教育机构，形成全科医师的资质认证与管理体系。培育和引进高水平医疗人才，支持副主任以上级别医师自由多点执业。完善卫生应急体系和预警机制，提高重大疾病防控能力，降低孕产妇死亡率和新生儿死亡率。探索建设家庭医生制度。加强医疗质量监管，完善纠纷调解机制，构建和谐医患关系。坚持中西医并重，促进中医药发展，全力支持国家中医临床研究基地建设，健全中医医疗保健服务体系。

积极发展体育事业。贯彻落实《全民健身条例》，加强各类体育健身设施规划建设，科学配置公共体育资源，构建城乡一体的体育公共服务体系。完善全市体育场馆布局，加强配套设施建设，提高体育设施为民服务的功能水平。组织开展系列群众性体育活动，建设完善城区“健身圈”，提升环巢湖青春毅行、青春骑游等品牌活动，形成

专栏二十二：社会事业项目

就业：合肥市创新创业服务中心项目、巢湖市基层就业和社会保障服务项目等。

教育：合肥市新建（改扩建）246所幼儿园项目、合肥市新建（改扩建）140所中小学项目、合肥市农村义务教育阶段学校运动场和自来水改造项目、合肥四中新校区项目、新站区规划高中项目、合肥特教中心新校建设项目、安徽大学互联网学院、合肥工业学校项目、合肥市职业教育公共实训基地新建项目、合肥市青少年综合实践基地新建项目、黄麓师范学校改扩建项目、合肥职业技术学院磨店校区建设项目、合肥技师学院、长丰县技师学院、巢湖二中迁建项目、庐江职成教育培训中心等。

卫生：合肥离子医学中心、安徽医科大学第一附属医院高新分院、安徽省妇幼保健院妇女儿童医学中心、安医附院医疗集团东区、安徽中医学院东区、数字化全科医院项目、安徽省胸科医院院内改扩建项目、安徽省儿童医院儿研所、安徽省肿瘤医院二期、安医附属口腔医院、安徽省立医院新区、安徽省妇女儿童医学中心、合肥市第二人民医院新区二期工程、合肥市三院门急诊医技楼工程、合肥市第一人民医院门诊住院综合楼工程、合肥市儿童医院住院楼、合肥市级公共卫生管理中心、中科院合肥肿瘤医院、第二军医大学上海长海医院合肥分院、合肥市第三人民医院新区、安徽省立医院老年医学康复中心、合肥滨湖优质医院、合肥北城综合医院、合肥中西医结合医院、安徽金楠肾脏病专科医院、合肥中医院、合肥肿瘤专科医院、合肥肝胆外科医院、巢湖市中心卫生院迁建项目、合肥市第八人民医院门急诊楼工程、巢湖市中医院、肥东县人民医院新区、肥西县中医院新区等。

体育：合肥市瑶海区全民健身中心、新站区全民健身中心、西部组团综合室内体育馆、西部组团游泳馆、合肥市网球训练中心、滨湖马场、安徽合肥国际帆船俱乐部、包河区文体中心、肥东县综合性体育馆、肥东县体育公园等。

养老：瑶海区老年公寓、合肥市东区老年护理院、合肥市南区老年护理院、合肥市北区老年护理院、合肥市西区老年护理院、包河健康养老康复产业项目、十五里河片区养老院、美湖养老公寓、巢湖医养结合服务区等。

其他：合肥市妇女儿童活动中心、南岗回民公墓改造整治项目等。

全民健身的良好氛围。积极发展竞技体育，加快后备人才培养，完善竞技体育训练体系。扩大体育品牌赛事影响力，提高体育竞赛的策划和营销运作能力。深度开发体育健身服务市场，积极倡导体育消费，做大体育产业规模。

促进人口均衡发展。完善人口发展战略，落实国家人口政策。提高生殖健康、妇幼保健、托幼等公共服务水平。注重家庭发展，加大对存在特殊困难的计划生育家庭帮扶力度。加强信息化建设，建设人口服务管理新平台。加强流动人口和特殊人群的服务管理。坚持平等对待、人性化管理，动员各方力量帮助刑满释放和社区矫正人员顺利融入社会。切实保障妇女儿童合法权益，完善妇女、未成年人等群体维权法庭建设，健全各种形式法律援助机构。

第五节 实施精准脱贫

全面落实脱贫攻坚行动计划，坚持“开发式”扶贫与“兜底式”帮扶并举，在全省率先实现整市整体脱贫。深入实施十大到户到人、五大到村和“三无特困农户政府兜底”三大精准扶贫攻坚工程，不断创新扶贫方式，大力推进产业扶贫，实施“扶贫产业百园带动”、农村“零转移就业”工程，鼓励自主创业脱贫。深入实施光伏扶贫工程，加快贫困户光伏电站建设，实现“三无”特困农户的稳定脱贫。全面提升保障标准，提高农村低保和五保对象保障水平，从2016年起全市农村低保指导标准和五保供养补助提高到国家现行扶贫标准以上。对符合条件的贫困村，优先纳入美丽乡村建设、农业综合开发、土地综合整治项目，实施田、林、路、水、村综合整治，切实改善贫困村和贫困户生产生活条件。全方位动员社会力量扶贫，鼓励、调动和引导各类社会组织、企业和个人开展多种形式的扶贫帮扶活动，确保到2016年全市贫困人口全面脱贫，持续巩固提升扶贫成果。

第十一章 健全民主法治，建设公平正义的和谐社会

加强党委领导，发挥政府主导作用，坚持系统治理、依法治理、综合治理、源头治理，标本兼治、重在治本，鼓励和支持社会各方面参与，努力提高社会治理水平，促进社会包容和谐。

第一节 发展社会主义民主

健全社会主义民主制度，丰富民主形式，拓宽民主渠道，依法实行民主选举、民主决策、民主管理、民主监督，保障人民群众的知情权、参与权、表达权、监督权。强化人民代表大会依法履职，切实使党委政府的主张通过法定程序成为全市人民群众的自觉行动。支持政协围绕团结和民主主题履行职能，推进政治协商、民主监督、参政议政的制度化、规范化、程序化。推进公共决策民主化，进一步完善深入了解民情、充分反映民意、广泛集中民智的决策机制。完善基层群众自治制度，增强社区自治功能，探索非户籍居民参与社区自治的方式和途径。拓宽居民参与社区治理渠道，全面推行居委会直选制度。建立社区议事、协商制度，畅通政府与社区沟通渠道，实现政府行政管理与社区居民自治有效对接和良性互动。支持工会、共青团、妇联等人民团体依照法律和各自章程开展工作，参与社会管理和公共服务，维护群众合法权益。全面贯彻落实党和国家的民族、侨务和宗教政策。支持驻肥解放军、武警部队和民兵预备役部队各项建设，加强国防动员和后备队伍建设。加强国防教育，深化双拥共建，完善军地协调机制，建立信息通报、工作会商和任务协调等工作制度。

第二节 加快法治合肥建设

构建法治政府。严格依法行政，提高制度建设质量，规范行政权力运行，保证法律法规规章严格实施。推进政府机构职能法定，推进落实各级政府事权规范化、法律化。完善重大决策的规则，严格执行公众参与、专家论证、风险评估、合法性审查和集体讨论决定等必经程序，促进行政决策的民主化、科学化和规范化。建立重大决策终身责任追究制度及责任倒查机制。全面实施行政规范性文件“三统一”制度。普遍建立法律顾问制度。严格落实行政执法责任制，完善便民高效的行政执法程序。全面实施政府权力清单和责任清单制度。加大政府信息公开力度，健全政务公开和新闻发布制度，推进办事公开。探索建立行政服务效能综合评价考核机制。强化行政监督和问责，提高政府公信力和执行力。到2020年，基本建成法治政府。

营造良好法治环境。坚持法治惠民，注重社会各群体的法律保障，维护人民群众合法权益，营造民主、公正、高效的法治环境。严格规范公正文明执法，积极推行“阳光执法”，倡导理性、文明、平和执法。健全社会矛盾纠纷调解机制，完善行政调解工作体制。加强和改进行

政复议、行政应诉工作，畅通权利救济渠道。推进覆盖城乡居民的公共法律服务体系建设，完善法律援助和司法救助制度，统筹城乡、区域法律服务资源，进一步推动法律服务向村（居）延伸。建立行政执法人员、律师等以案释法制度，全面提升全民守法意识。全面深化公安改革，构建系统完备、科学规范、运行有效的公安管理制度体系。

全面增强法治意识。实施“七五”普法规划，切实贯彻“谁执法谁普法”的普法责任制，深入开展法治宣传教育，树立法律权威，营造全社会尊法学法守法用法的良好氛围。弘扬社会主义法治精神，建设社会主义法治文化，形成守法光荣、违法可耻的社会氛围。推进多层次多领域依法治理，提高社会治理法治化水平。引导和支持全社会理性合法逐级表达诉求、依法维护权益。完善机关工作人员学法用法制度，推行县处级领导干部任前法律知识考试，逐步将任职法律知识考试制度推广到科级干部。

建设廉洁政府。坚持标本兼治、综合治理、惩防并举、注重预防的方针，加快推进惩治和预防腐败体系建设，更加有效预防腐败。深化党性党风党纪教育，加强领导干部廉洁自律和严格管理。继续推进干部任用、行政审批、土地出让、政府工程建设、财政资金使用等领域的监督制度创新。进一步提高阳光政府和电子政务建设水平，使权力配置更科学合理、权力运行更规范高效。严格执行党风廉政建设责任制。

第三节 提升社会治理水平

创新社会治理。充分发挥党委总揽全局、协调各方的领导核心作用，健全党委领导、政府主导、社会参与，政府治理与社会自我调节、居民自治良性互动的治理机制。运用法治思维和法治方式化解社会矛盾、维护群众权益，打击违法犯罪，规范社会秩序，维护社会稳定。坚持综合治理，实现治理手段从单一向行政、法律、经济、教育等多种手段综合并用转变，规范社会行为。坚持源头治理，预防为先，动态治理，实现治理环节前移，健全基层综合服务管理平台，及时反映和协调人民群众各方面各层次利益诉求。充分利用信息化手段，提高信息互通和资源共享水平，完善信息安全保障体系，提升社会治理现代化水平。

培育社会组织。完善社会组织登记管理制度，健全公共财政对社会组织资助和奖励机制，加大政府购买公共服务力度，鼓励社会资金支持公益事业。大力发展公益性社会组织，支持发展行业性社会组织，引导发展学术性、专业性社会组织。加强枢纽型社会组织建设，发挥其在社会组织管理、发展、服务中的重要作用。推进政社分开、管办分离，引导社会组织完善内部治理结构，提高自我发展和服务社会的能力。完善政府购买社会工作服务制度，推行项目化、契约化的运作机制。

建设和谐社区。推进社会治理重心向城乡社区下移，发挥社区协调利益、化解矛盾、排忧解难的作用，推动基层自治步入制度化、规范化轨道。推动形成新型社区管理和服务体制，积极构建“属地管理、以块为主、条块结合、职责明确、社区服务”的新型城乡社区治理体系。加快城乡社区信息化和社区服务中心建设，赋予其医疗保健、文化娱乐、生活服务、养老服务、法律服务、就业和社会保险、计划生育、生殖健康等综合服务功能。

完善多元化社会矛盾预防化解机制。注重社会矛盾源头防范化解，建立健全科学有效的利益协调机制、诉求表达机制、矛盾调处机制和权益保障机制。深化涉法涉诉信访制度改革，完善信访事项导入法定程序相关机制，将群众利益诉求纳入制度化、规范化和法制化轨道。坚持多元主体参与、多条路径化解、多种机制联动，进一步建立完善调解、仲裁、行政裁决、行政复议、诉讼等有机衔接、相互协调的多元化纠纷解决机制。建立完善重大事项决策社会稳定风险等级评估机制，进一步完善群体性事件预防预警和处置的部门联动机制。

强化食品药品安全监管。深化食品药品监管体制改革，构建食品药品安全监测、风险管理、技术支撑、信息化“四大体系”，强化食品药品安全监管，巩固小餐饮、小食品、小作坊整治成果，加强药品医疗器械质量监管和不良反应监测，建立完善食品药品安全责任体系和长效监管机制，创建国家食品药品安全城市。强化农产品质量监管，推进无公害食品、安全食品及绿色有机食品生产加工基地和品牌建设。

健全公共安全体系。深化平安建设，坚持源头治理、系统治理、综合治理、依法治理，完善社会治安长效管理。进一步健全点线面结合、人防物防技防结合、打防管控结合，水域陆域全覆盖的立体化、数字化社会治安防控体系。强化安全生产，加强交通、消防、建设施工、危险化学品、地下空间等领域安全基础设施建设、隐患排查治理和安全技术改造，落实防火、防爆和反恐防范措施，有效防范和坚决遏制重特大安全事故发生。深入开展安全教育，推行安全标准化工作，层层落实安全生产责任制。

加强防灾减灾和应急体系建设。坚持预防为主、防御与救助相结合的工作方针，健全分类管理、分级负责、条块结合、属地管理为主的社会安全应急管理体制，做好防灾减灾工作。加强气象、地震和洪水监测预报、洪涝旱灾、震灾预防和紧急救援体系建设，提高全社会综合防御地震灾害能力。完善应急通信、应急物资储备、紧急交通运输、医疗救助、自然灾害救助等应急保障体系，建立动态化危机管理机制，增强全社会应急救援动员能力。加强国家安全工作，织密情报网络，完善对颠覆、分裂、暴恐、邪教等组织活动举报奖励制度，加强反恐装备设备、特种手段等基础设施建设，严密防范、严厉惩治恐怖活动和危害国家安全行为，维护社会安全稳定。

第四节　推进信用城市建设

围绕创建国家社会信用体系建设示范城市，加快构建市域社会信用体系，突出政务诚信、商务诚信、社会诚信、司法公信等四大领域，加快市场准入、财务税收、金融信贷、食品药品安全、安全生产、产品质量、环境保护、医疗卫生、知识产权、流通服务、工程建设、电子商务、交通运输、劳动就业、合同履约、社会保障、教育科研等领域信用信息记录，制定企业及个人公共信用信息交换目录和标准，加强对企业的事中事后信用监督。推进公共信用信息共享服务平台建设，完善“一网三库一平台”。大力推进公共管理、服务等行业信用建设，建立信用档案，并及时对社会公布。加强环保信用数据的采集和整理，建立环境管理监测信息公开制度。建立安全生产信用公告制度，完善安全生产不良信用记录及安全生产失信行为惩戒制度。扩大招标投标信用信息公开和共享范围，健全招标投标信用信息公开和共享制度。建设诚信守法的服务型政府，引领我市社会信用建设发展。培育信用市场服务中介机构，鼓励民间资本开设信用评级机构，形成完善的信用评级市场和信用中介服务市场。建立守信激励、失信联合惩戒、信用修复机制。

专栏二十三：社会治理项目

为民服务中心（含民防指挥中心、政务服务中心、联合接访中心、档案中心、智慧城市管理中心、应急体验科普教育基地等）、市食品药品检验中心实验楼、合肥（滨湖）气象科技创新园、市气象灾害监测预警工程（二期）、合肥国家基本气象观测站搬迁建设项目、合肥现代农业气象示范基地、市地震小区划和震害预测工程、特勤三中队、轨道消防站、巢湖水上应急警务中心、市环境应急监测中心、少荃湖市级人防民防应急疏散基地及核心区建设、天鹅湖市级人防民防应急避难场所建设、巢湖市应急避难场所建设项目、市警务数据云中心和警务智能语音云平台（二期）、市社会服务管理信息化平台（二期）、地震烈度速报系统、合肥市突发事件预警信息发布系统建设项目等。

第十二章　加强规划实施保障

本规划经合肥市人民代表大会审议批准，具有法律效力。应举全市之力，凝聚全体市民智慧，完成未来五年的各项任务，实现“十三五”规划确定的发展目标。

第一节　培育发展新动力

发挥投资对增长的关键作用。坚持经济工作项目化、项目工作责任化，以事关全局和长远发展的重大战略项目为抓手，在产业升级、创新驱动、城市建设、城乡统筹、开放合作、生态建设、社会建设等领域，谋划实施一批管长远、增后劲、补短板、惠民生的重大项目。围绕新建、续建、竣工、储备等关键环节，建立健全“四督四保”制度，着力提高开工率、竣工率、达产率和转化率。建立健全市领导联系和分层分级调度机制，完善项目服务保障。优化投资结构，提高投资质量和效益。发挥产业政策导向作用，引导投资进一步向民生保障和社会事业、农业农村、科技创新、生态环保、资源节约等领域倾斜。坚持区别对待、分类指导，引导投资更多地投向五县（市）。严格执行投资项目用地、节能、环保、安全等准入标准。

增强消费对增长的基础作用。巩固扩大城市居民消费，大力开拓农村消费市场，建立扩大消费需求的长效机制。合理引导消费行为，倡导智能、绿色、健康、安全的消费模式，积极推进可持续消费发展。加快移动互联网、物联网、大数据等现代信息技术应用推广，着力扩大信息消费，推动电子商务B2B、C2C及O2O市场发展。落实职工带薪休假制度，大力发展多样化生活性服务消费和绿色消费。支持流通企业线上线下融合发展，利用电子商务平台创新服务模式。加强消费基础设施和流通网络建设，继续推进“电子商务进农村”“农村商品流通服务体系建设”等重点农村流通工程。支持城市停车、新能源汽车充电等新型消费设施建设，实现网络互联和市域全覆盖。切实维护消费者合法权益。

突出对外贸易对增长的促进作用。继续稳定和拓展外需，巩固现有出口竞争优势，着力扩大国际市场份额。加强境外营销网络建设，推进外贸企业利用电子商务平台开展网上贸易。加快培育以技术、品牌、质量、服务为核心竞争力的新优势。推进商标国际注册，培育一批拥有自主知识产权和知名品牌、具有国际竞争力的外经贸大企业。优化出口产品结构，提高高新技术产品出口比重。建立和完善支持服务贸易发展的政策体系，充分挖掘服务贸易出口潜力，扩大产品出口优势。健全国际贸易风险应对机制，健全外贸运行监测和应急机制，帮助外贸企业积极应对国际贸易摩擦，增强企业规避非关税壁垒的能力。

第二节 强化金融支撑力

扩大社会融资规模，优化融资结构，切实提高服务实体经济发展的能力。继续深化与金融机构战略合作，充分发挥开发性金融、政策性金融、商业性金融、合作性金融的作用，扩大有效信贷投入。加强信贷政策与产业政策的协调配合，重点支持先进制造业、高新技术产业和现代服务业，加大对传统产业改造提升、小微企业和“三农”等薄弱环节金融支持力度。扩大直接融资规模，支持传统优势行业和战略性新兴产业、科技创新型企业上市融资，助推各类创新型、创业型、成长型中小微企业在“新三板”挂牌融资。引进培育各类天使投资、风险投资、创业投资和并购重组基金。积极搭建保险资金与地方融资项目对接平台，扩大保险资金直投规模。扩大债券融资规模，支持企业灵活运用多元化融资工具实施债券融资，支持各级政府融资平台市场化转型，推动符合条件的地方法人金融机构发行小微企业、“三农”金融债。

第三节 强化规划组织实施

加强总体规划的指导。以国民经济和社会发展总体规划为统领，以城市总体规划、土地利用总体规划、各专项规划和各县（市）区、开发区国民经济和社会发展规划为支撑，形成各类规划定位清晰、功能互补、统一衔接的规划体系。总体规划是政府编制年度计划、审批核准重大项目、安排政府投资和财政支出预算、制定特定领域相关政策的重要依据。各县（市）区、开发区、各有关部门必须统一思想，充分认识本规划的重要性，维护规划的严肃性和权威性，在发展目标、重点任务和重大项目等方面制定实施方案，确保总体规划顺利实施。

实行专项规划分类指导。市政府各部门要组织编制重点专项规划和专业行业规划，围绕经济社会发展关键领域和薄弱环节，着力解决突出问题，形成落实本规划的重要支撑和抓手。各县（市）区人民政府、开发区管委会要切实贯彻规划纲要的战略意图，结合自身实际，突出本地特色，编制本地、本行业“十三五”规划纲要，并做好与本规划确定的发展战略、主要目标和重点任务的协调，特别是要加强约束性指标的衔接。各重点专项规划经市发展改革部门审查后报市政府批准实施；各专业行业规划经市发展改革部门备案后发布实施；各县（市）区规划经与本规划衔接后，提请本级人民代表大会审议批准后实施；各开发区规划经与本规划衔接后，经本级相关专题会议审议批准后实施。

明确规划目标责任。本规划提出的预期性指标和产业发展、结构调整等任务，主要通过完善市场机制和利益导向机制，激发市场主体的积极性和创造性实现。本规划确定的约束性指标和公共服务、社会管理领域的任务，是政府对全体市民的承诺，必须明确工作责任、实施进度和具体措施，强化政府的主导作用，调动全社会力量去实现。

加强规划实施组织领导。市政府统一组织规划纲要的实施，制定规划实施方案，明确目标任务和责任分工。各区、各部门要加快推进各区规划、重点专项规划、专业行业规划的实施，促进规划目标和任务的顺利完成。

加强规划监测评估。完善监测评估制度，加强监测评估能力建设，强化对规划实施情况的跟踪分析。有关部门要加强对规划相关领域实施情况评估，接受市人民代表大会及其常务委员会的监督检查。规划主管部门要对约束性指标和主要预期性指标完成情况进行评估，并以适当方式向社会公布。在规划实施的中期阶段，由市政府组织全面评估，并将中期评估报告提交市人民代表大会常务委员会审议。对本规划纲要进行修订时，需报市人民代表大会常务委员会批准。

合肥市2015年国民经济和社会发展统计公报

合肥市统计局
国家统计局合肥调查队

2015年，面对错综复杂的宏

观环境，全市人民在市委、市政府坚强领导下，深入贯彻落实党的十八大和十八届三中、四中、五中全会和习近平总书记系列讲话精神，主动适应新常态，坚持稳中求进，加快调结构转方式促升级，经济社会保持健康较快发展，建设长三角世界级城市群副中心迈出坚实步伐，打造“大湖名城、创新高地”呈现崭新形象。

一、综 合

年末全市常住人口779万人，比上年增加9.4万人。常住人口城镇化率70.4%，比上年末提高1.3个百分点。年末户籍人口 717.72万人，比上年增加4.92万人，其中市区户籍人口251.04万人，增加5.67万人。全年人口出生率13.38‰，比上年上升0.29个千分点；死亡率5.31‰，下降0.79个千分点；自然增长率8.07‰，上升1.08个千分点。

初步核算，全年生产总值(GDP)[2]5660.27亿元，按可比价格计算，比上年增长10.5%。其中，第一产业增加值 263.43亿元，增长4.4%；第二产业增加值3097.91亿元，增长10.6%；第三产业增加值2298.93亿元，增长11.0%。三次产业结构为4.7:54.7:40.6，其中三产占GDP比重比上年上升0.7个百分点，增速加快2.2个百分点。按常住人口计算，人均GDP为73102元（折合11737美元），比上年增加5413元。

年末全市就业人员523.8万人，比上年增加9.9万人。其中，第一产业85.6万人，减少7.1万人；第二产业183.8万人，增加 2.4万人；第三产业254.4万人，增加14.6万人。城乡私营企业就业人员和个体劳动者170.4万人，增加19.7万人。全年城镇实名制新增就业20.6万人，下岗失业人员再就业6.1万人，转移农村劳动力8.6万人。年末城镇登记失业率为2.8%，比上年下降0.16个百分点。

全年居民消费价格比上年上涨1.6%，其中食品价格上涨2.1%。工业生产者出厂价格下降1.3%，工业生产者购进价格下降5.6%。

二、农 业

全年农作物总播种面积为75.43万公顷，比上年增长0.4 %。其中，粮食作物49.67万公顷，增

2015年末全市人口及构成

单位：万人

指 标	年末数	比重%
年末户籍人口	717.7	
年末常住人口	779.0	
其中：城镇	548.4	70.40
乡村	230.6	29.60
其中：0-15岁	124.0	15.92
16-59岁	518.7	66.58
60周岁及以上	136.3	17.50
其中：65周岁及以上	90.6	11.64

2015年全市生产总值及增长速度

单位：亿元

指 标	绝对数	比上年增长%
生产总值	5660.27	10.5
其中：第一产业[3]	263.43	4.4
第二产业	3097.91	10.6
第三产业	2298.93	11.0
其中：农林牧渔业	269.02	4.4
工业	2498.86	11.0
建筑业	601.17	8.7
交通运输、仓储和邮政业	206.28	3.4
批发和零售业	416.41	6.8
住宿和餐饮业	74.13	7.9
金融业	372.73	21.4
房地产业	276.41	2.0
营利性服务业	387.98	15.9
非营利性服务业	557.28	13.0

2015年全市居民消费价格比上年涨跌幅度

单位：%

指 标	涨跌幅度
居民消费价格	1.6
其中：食品	2.1
烟酒	1.5
衣着	1.3
家庭设备用品及维修服务	0.8
医疗保健和个人用品	4.6
交通和通信	-2.9
娱乐教育文化用品及服务	4.1
居住	0.1

2015 年全市主要农产品产量及增长速度

单位：万吨

产品名称	绝对数	比上年增长%
粮食	323.31	3.5
油料	31.10	-2.3
其中：油菜籽	23.35	-2.2
棉花	2.93	-7.2
蔬菜	212.55	6.1
瓜果	66.05	7.1
肉类	49.12	1.8
其中：猪牛羊肉	24.99	0.4
牛奶	11.54	3.5
蛋类	20.25	3.2
水产品	24.02	2.2

2015 年全市六大主导产业增加值及增长速度

单位：亿元

指　　标	绝对数	比上年增长%
六大主导产业	1456.54	12.5
汽车及零部件	174.22	18.3
装备制造	350.18	7.1
家用电器	342.18	7.0
食品及农副产品加工	201.10	4.8
平板显示及电子信息	314.90	27.6
光伏及新能源	73.96	19.5

2015 年全市规模以上工业企业主要产品产量及增长速度

产品名称	单 位	绝对数	比上年增长%
卷烟	亿支	309.74	-4.6
农用化肥（折纯）	万吨	32.22	6.0
合成洗涤剂	万吨	51.60	-6.9
橡胶轮胎外胎	万条	2562.12	13.6
塑料制品	万吨	59.06	-6.8
生铁	万吨	118.08	1.0
粗钢	万吨	126.03	-0.4
钢材	万吨	282.50	3.9
汽车	万辆	63.76	34.8
#轿车	万辆	9.55	27.9
叉车	万辆	6.20	-12.0
挖掘机	万台	1.08	-11.2
变压器	万千伏安	2479.59	-7.7
太阳能电池	万千瓦	432.15	98.1
彩色电视机	万台	696.82	206.9
家用洗衣机	万台	1584.58	11.3
家用电冰箱	万台	2550.08	5.0
房间空气调节器	万台	1177.05	-9.2
笔记本计算机	万台	1617.66	-5.7
液晶显示屏	万片	23083.70	23.3
发电量	亿千瓦时	174.66	-7.0
水泥	万吨	2194.05	-1.3

长0.9%；棉花2.99万公顷，下降8.3%；蔬菜9.02万公顷，增长4.0%；瓜果2.58万公顷，增长5.4%；油料10.58万公顷，下降3.3%。

全年粮食总产量323.31万吨，比上年增长3.5%。其中，稻谷256.79万吨，增长3.4%；小麦48.64万吨，增长2.3%。棉花产量2.93万吨，下降7.2%。蔬菜产量212.55万吨，增长6.1%。瓜果产量66.05万吨，增长7.1%。油料产量31.10万吨，下降2.3%。

年末全市生猪存栏量143.37万头，比上年下降0.1%，出栏量291.72万头，比上年增长0.1%。肉类总产量49.12万吨，增长1.8%，其中猪牛羊肉产量24.99万吨，增长0.4%。禽蛋产量20.25万吨，增长3.2%。牛奶产量11.54万吨，增长3.5%。水产品产量24.02万吨，增长2.2%。

年末农业机械总动力433.80万千瓦，比上年增长4.5%。农用拖拉机21.61万台，增长0.1%；排灌动力机械14.08万台，增长0.5%；农用运输车1.67万辆，下降0.6%。农作物播种面积中，机耕作业面积68.36万公顷，占农作物播种面积的比重达90.6%，比上年提高0.1个百分点；机械播种面积21.58万公顷，占农作物总播种面积的28.6%，提高5.9个百分点；机械收割面积48.56万公顷，占农作物总播种面积的64.4%，提高0.2个百分点。化肥施用量（折纯）29.69万吨，下降6.3%。农村用电量15.93亿千瓦时，增长4.3%。

全年农林牧渔业总产值468.24亿元，按可比价格计算，比上年增长4.4%。

三、工业和建筑业

年末全市规模以上工业企业[4]2392户，比上年净增86户，产值超亿元企业1123户，比上年增加50户，其中超百亿元企业12户，比上年增加2户。全年规模以上工业增加值2255.65亿元，比上年增长11.3%。其中，轻、重工业分别增长7.5%和13.4%；国有控股企业增长13.3%，集体企业增长23.2%，股份制企业增长13.2%，外商及港澳台商投资企业增长9.8%。

规模以上工业中，37个工业大类行业有35个增加值保持增长。六大主导产业实现增加值1456.54亿元，比上年增长12.5%，占规模以上工业的64.6%，比上年提高1.8个百分点，其中平板显示及电子信息、光伏及新能源产业分别增长27.6%和19.5%。战略性新兴产业实现增加值698.68亿元，比上年增长21.9%。规模以上工业出口交货值1060.58亿元，比上年增长16.5%。

规模以上工业统计的主要产品产量中，彩色电视机增长2.1倍，太阳能电池增长98.1%，汽车增长34.8%，液晶显示屏增长23.3%，家用洗衣机、家用电冰箱分别增长11.3%和5.0%，合成洗涤剂和塑料制品分别下降6.9%和6.8%，房间空气调节器下降9.2%，叉车和挖掘机分别下降12.0%和11.2%，发电量下降7.0%。

全年规模以上工业企业实现利润482.33亿元，增长5.3%。其中，国有企业下降0.5%，股份制企业增长6.8%，外商及港澳台商投资企业增长0.3%；中小企业增长3.7%；民营企业增长10.1%；电气机械和器材制造业、计算机通信和其他电子设备制造业、通用设备制造业、专用设备制造业、电力热力生产和供应业、化学原料和化学制品制造业、汽车制造业、金属制品业、橡胶和塑料制品业、农副食品加工业、非金属矿物制品业、医药制造业等12个利润超10亿元的行业，合计实现利润394.67亿元，增长7.0%，占全部工业的81.8%。

全年建筑业增加值601.17亿元，比上年增长8.7%。纳入统计范围的具有建筑业资质等级的总承包和专业承包建筑施工企业867户，比上年增加11户。房屋建筑施工面积22429.95万平方米，比上年增长15.2%。房屋竣工面积6412.81万平方米，增长0.9%。年末建筑业从业人员74.87万人，比上年增长1.0%。企业劳动生产率41.59万元/人，增长8.0%。

四、固定资产投资

全年全社会固定资产投资6153.35亿元，比上年增长15.4%。其中，民间投资4318.20亿元，增长30.5%；城市基础设施投资977.42亿元，增长9.7%。分产业看，第一产业投资162.71亿元，增长69.2%；第二产业投资2097.99亿元，增长10.0%；第三产业投资3892.66亿元，增长17.0%。分行业看，工业投资2049.66亿元，增长9.9%；现代服务业投资3022.75亿元，增长17.5%。

全年固定资产投资施工项目7446个，比上年增加1863个。其中，本年新开工项目6718个，比上年增加1953个；竣工项目6619个，增加2108个。开工建设京东方10.5代线、合肥富士通微电子、商合杭铁路、合肥地铁3号线，合肥宝龙达笔记本、合福高铁等建成投产。

全年房地产开发投资1259.14亿元，比上年增长11.7%，其中住宅投资778.73亿元，增长8.9%。商品房施工面积7199.30万平方米，比上年增长3.0%；竣工面积1033.90万平方米，下降2.0%。商品房销售面积1589.21万平方米，下降0.3%；商品房销售额1222.90亿元，增长7.1%。

2015年全市房地产开发和销售主要指标完成情况及增长速度

单位：万吨

指　标	单位	绝对数	比上年增长%
投资额	亿元	1259.14	11.7
其中：住宅	亿元	778.73	8.9
房屋施工面积	万平方米	7199.30	3.0
其中：新开工	万平方米	1977.96	-3.6
房屋竣工面积	万平方米	1033.90	-2.0
商品房销售面积	万平方米	1589.21	-0.3
其中：住宅	万平方米	1285.90	-3.0
商品房待售面积	万平方米	259.93	25.6
其中：住宅	万平方米	94.48	13.5
商品房销售额	亿元	1222.90	7.1
其中：住宅	亿元	965.95	5.3

五、国内贸易

全年社会消费品零售总额2183.65亿元，比上年增长12.0%。按经营地统计，城镇消费品零售额2046.39亿元，增长11.9%；乡村消费品零售额137.26亿元，增长13.4%。按消费形态统计，商品零售额1977.46亿元，增长11.9%；餐饮收入206.19亿元，增长13.0%。

年末全市限额以上批发零售和住宿餐饮企业（单位）[5]1539户，比上年增加167户。限额以上企业商品零售额中，粮油、食品类增长11.0%，肉禽蛋类增长6.9%，服装类增长2.2%，中西药品类增长5.4%，建筑及装潢材料类增长27.9%，家具类增长25%，汽车类增长5.1%，化妆品类下降15.8%，日用品类下降0.3%，家用电器及音像器材类下降6.9%，石油及制品类下降1.7%。全市纳入统计的开展网络零售业务的限额以上批发零售企业29家，网上零售额增长67.1%。

全年共举办各类展览活动181场，比上年增长2.8%，展览面积185.5万平方米，比上年增长10.4%。

六、对外经济

全年进出口总额203.38亿美元，比上年增长1.3%。其中，出口137.08亿美元，增长9.6%；进口66.29亿美元，下降12.4%。机电产品出口额67.95亿美元，增长23.9%。高新技术产品出口额39.85亿美元，增长30.3%。

全年新批外商投资企业116户，比上年增长36.5%。实际利用外商直接投资25.07亿美元，增长14.9%。新增总投资（含增减资）20.35亿美元，同比下降25.1%。对外经济合作新签合同额21.26亿美元，比上年增长6.0%；完成营业额19.35亿美元，下降17.0%。劳务合作年末在外人员1.36万人。年末境外世界500强企业在合肥投资设立40家外资企业，新增3家。

七、交通、邮电和旅游

全年交通运输、仓储和邮政业增加值206.28亿元，比上年增长3.4%。旅客运输量[6]1.46亿人，货物运输量[7]3.26亿吨。全年港口货物吞吐量3006.47万吨，增长24.6%，其中外贸货物吞吐量16.48万吨，增长1.02倍。合肥新桥机场旅客吞吐量661.3万人次，增长10.7%。

年末民用汽车拥有量116.88万辆，比上年增长19.8%，其中私人汽车96.43万辆，增长25.1%。民用轿车拥有量75.59万辆，增长23.1%，其中私人轿车69.32万辆，增长25.0%。

全年邮电业务总量129.40亿元，比上年增长21.6%。其中，电信业务总量122.16亿元，增长22.1%；邮政业务总量7.24亿元，增长13.3%。年末本地固定电话用户155.84万户，比上年减少15.21万户。其中，城市121.07万户，增加1.69万户；农村34.77万户，减少16.9万户。移动电话用户821.63万户，增加39.74万户。基础电信运营企业计算机互联网接入用户186.98万户，增加44.74万户。

全年入境旅游人数41.3万人次，比上年增长3.0%；旅游外汇收入3.31亿美元，增长17.4%。国内游客7784.24万人次，增长19.1%；国内旅游收入953.22亿元，增长23.1%。年末全市有星级饭店68家，其中五星级11家、四星级21家；A级及以上旅游景点（区）55处。

八、财政、金融、证券和保险

全年财政收入1000.50亿元，比上年增长13.6%，其中地方财政收入571.54亿元，增长14.2%。财政支出772.66亿元，比上年增长10.6%。其中，交通运输支出增长49.6%，科技支出增长28.3%，医疗卫生支出增长16.7%，社会保障与就业支出增长15.9%，教育支出增长9.7%。

年末金融机构本外币各项存款余额11193.70亿元，比上年末增加1545.73亿元，增长16.0%。其中，住户存款3045.66亿元，增长11.2%；非金融企业存款4837.13亿元，增长14.5%；广义政府存款2690.00亿元，增长27.3%；非银行业金融机构存款609.09亿元，增长8.8%。年末金融机构本外币各项贷款余额10171.10亿元，比上年末增加1499.29亿元，增长17.3%。其中，住户贷款2887.76亿元，增长22.0%；非金融企业及机关团体贷款7106.51亿元，增长15.0%。

全年新增上市公司2家，融资2.34亿元（其中1家境外上市，融资0.15亿元），至年末全市共有境内外上市公司36家（其中境外上市2家）。全年债券融资1619.22亿元。年末证券营业部68

2015年末全市金融机构本外币存贷款余额及增长速度

单位：亿元

指　　标	年末数	比上年末增长%
各项存款余额	11193.70	16.0
其中：住户存款	3045.66	11.2
非金融企业存款	4837.13	14.5
广义政府存款	2690.00	27.3
非银行业金融机构存款	609.09	8.8
各项贷款余额	10171.10	17.3
其中：住户贷款	2887.76	22.0
非金融企业及机关团体贷款	7106.51	15.0

个，比上年减少5个，全年证券交易量29869.61亿元，从业人员3439人。年末期货营业部21个，比上年增加2个，全年期货交易量125726.73亿元，从业人员528人。

全年保险公司保费收入154.05亿元，比上年增长22.2%。其中，财产险保费收入69.21亿元，增长10.2%；人身险保费收入84.84亿元，增长34.2%。赔款和给付56.53亿元，比上年增长14.5%。其中，财产险赔款与给付37.47亿元，增长16.5%；人身险赔款与给付19.05亿元，增长10.7%。

九、人民生活和社会保障

全年常住居民人均可支配收入26605元，比上年增长9.6%；人均消费性支出16680元，比上年增长10.4%。

城镇常住居民人均可支配收入31989元，比上年增长9.0%；人均消费性支出20049元，增长10.1%，其中食品烟酒支出增长8.4%、衣着增长5.5%、居住增长7.5%、生活用品及服务增长19.5%、医疗保健增长14.9%、交通通信增长15.8%、教育文化娱乐增长13.0%。城镇居民恩格尔系数[8]为33.2%，比上年下降0.5个百分点。年末城镇居民人均住房建筑面积35.3平方米，比上年增加0.1平方米。

农村常住居民人均可支配收入15733元，比上年增长9.2%；人均生活消费支出9879元，增长8.8%，其中食品烟酒支出增长8.1%、衣着增长8.1%、居住增长9.3%、生活用品及服务增长0.6%、医疗保健增长2.2%、交通通讯增长14.7%、教育文化娱乐增长16.4%。农村居民恩格尔系数为36.7%，比上年下降0.3个百分点。年末农村居民人均住房建筑面积38.8平方米，比上年增加0.1平方米。

市区最低月工资标准为1520元。年末参加城镇职工养老、医疗、失业、工伤、生育保险人数分别为187.26万人、160.13万人、121.46万人、129.07万人和115.62万人。城镇居民基本医疗保险参保人数158.69万人，城乡居民养老保险参保人数 301万人。

年末238.8万人次城乡居民享受政府最低生活保障，其中城市47.1万人次，农村191.7万人次；累计发放低保金6.62亿元，其中城市2.25亿元，农村4.37亿元。农村五保户集中供养能力为57%，城市“三无”人员全部纳入社会救助。全年实施城乡医疗救助33.66万人次，支出医疗救助金 1.5亿元。

十、教育、科学技术和文化

全市各类高等院校60所，在校学生64.81万人；其中普通高校50所，在校学生61.54万人。中等职业教育学校（不含技工学校）75所，在校生11.25万人；特殊教育学校6所，在校生1094人。幼儿园866所，在园幼儿23.06万人。普通高中103所，在校生15.24万人，高中阶段毛入学率122.24%。普通初中257所，在校生21.22万人，初中阶段适龄人口入学率108.23%。小学584所，在校生46.37万人，小学学龄儿童入学率102.22%。各类专任教师9.39万人，其中普通高校2.56万人、普通中学2.92万人、小学2.46万人。全市义务教育经费保障机制改革惠及学生67.66万人，其中城市29.88万人，农村37.78万人。

全市有省部级以上重点实验室和工程实验室150个，其中国家重点实验室12个；省级以上工程技术研究中心132个，其中国家级（含分中心）7个；省级以上工程研究中心35个，其中国家级9个；省级以上企业技术中心227个，其中国家级33个。国家高新技术企业总数达1056个，其中新认定363个。全市高新技术产业实现增加值1257.2亿元，比上年增长13.3%，占全市生产总值的22.2%。

全年有9项科技成果获国家科技奖，其中国家自然科学一等奖1项、二等奖2项，科技进步一等奖1项、二等奖4项，国际科学技术合作奖1项。全年受理专利申请32364件，其中发明专利16431件，比上年增长27.1%；授权专利17070件，其中发明专利3413件，增长80.5%。共签订各类技术合同9342项，成交金额104.9亿元，比上年增长15.9%。

年末全市有文化馆11个，公共图书馆9个，博物馆28个（其

2015年全市各类教育发展情况

单位：人

指　　标	招生数	在校生数	毕业生数
研究生	13184	37925	11264
普通高等教育	156892	489179	127148
成人高等教育	42231	121010	34536
中等职业教育	33895	112467	41881
普通高中	49474	152419	52689
普通初中	69383	212223	73840
小学	82177	463662	66257

中：国有博物馆19个，非国有博物馆9个），各级国家综合档案馆10个，乡镇街道综合文化站130个。全国重点文物保护单位6处，省级重点文物保护单位36处，市级重点文物保护单位54处。国家级非物质文化遗产项目4项，省级非物质文化遗产项目15项，市级非物质文化遗产项目87项。图书馆总藏量481.99万册（件）（不含电子图书），其中图书387.49万册，比上年增长6.6%。各级国家档案馆馆藏档案资料340.82万卷，增长5.5%。电影院57家，全年票房收入4.75亿元。各类动漫企业近101家，具有原创能力和代表作品的企业20家。年末广播综合人口覆盖率99.99%，电视综合人口覆盖率达99.98%。

十一、卫生、体育和社会服务

年末拥有医疗卫生机构（含村卫生室）2217个，其中医院、卫生院255个，妇幼保健院（所、站）12个，疾控中心和专科疾病防治机构18个，社区卫生服务机构215个。卫生机构床位数4.35万张，其中医院、卫生院床位4.12万张。专业卫生技术人员4.79万人，其中执业（助理）医师1.77万人，注册护士2.24万人。每千人拥有卫生技术人员6.15人，拥有医院、卫生院床位5.29张。婴儿死亡率4.89‰，产妇住院分娩率100%。城市社区卫生机构覆盖率达95%以上，城乡居民新农合参合率达104.19%[9]。

全年成功组织4项大型赛事和16项市级体育赛事。在各种省级以上体育赛事中，我市运动健儿共获得14枚金牌、10枚银牌和22枚铜牌。成功举办第二届环巢湖国际马拉松赛，吸引来自16个国家和地区的二万余名选手参赛。全市完成100个全民健身苑工程和6个笼式多功能健身场建设。全年共举办全民健身活动136次，参加活动总人数157万人次。全年销售体育彩票11.3亿元，比上年增长33%。

年末拥有各类收养性社会福利机构195个，床位3.22万张，收养各类人员2.46万人。城镇建立各种社区服务中心（站）1827个，其中乡镇、街道及县（市、区）级社区服务中心162个。全年销售社会福利彩票16.75亿元，筹集公益金4.85亿元，慈善组织募集各类善款善物9159.62万元。

十二、生态环保和安全生产

2015年末，全市共有市县（区）级环境监测站6个。区域噪声等效声级 54.4分贝，道路交通噪声等效67.7声级分贝，保持稳定。PM10、PM2.5年均浓度分别为91.9微克/立方米和66微克/立方米，比上年分别下降18.7%和20.4%，均超过空气环境质量日均值二级标准要求。二氧化硫、二氧化氮、一氧化碳、臭氧年均浓度分别为16微克/立方米、33微克/立方米、1.1毫克/立方米和65微克/立方米，均达到空气环境质量日均值一级标准要求。巢湖流域11个国考断面中有5个断面达到考核要求。巢湖西半湖湖心断面整体水质保持平稳，东半湖湖心断面达标率为50%，水质变化不明显。饮用水源地水质达标率100%。辐射环境质量良好。

年末城市公园51个，占地面积2361公顷，人均公园绿地面积13平方米。建成区新增绿地面积559.64公顷，绿地率40.3%。建成区绿化覆盖面积18813.59公顷，绿化覆盖率46%。生活污水集中处理率96.5%，生活垃圾无害化处理率100%。

全年亿元GDP生产安全事故死亡人数为0.074人，比上年下降10.8%；工矿商贸企业就业人员十万人生产安全事故死亡人数为0.822人，比上年下降8.9%；道路交通万车死亡人数为2.313人，比上年下降11.5%。全年发生一般程序道路交通事故2386起，造成372人死亡，2469人受伤。

注释：

[1] 本公报数据为初步统计数。

[2] 全市生产总值及各产业增加值绝对数按现价计算，增长速度按可比价计算。

[3] 国家统计局对三次产业和行业实行相对分离的划分标准，第一产业指农林牧渔业（不含农林牧渔服务业），第二产业指工业（不含开采辅助活动，金属制品、机械和设备维修业）和建筑业，第三产业指除第一产业、第二产业以外的其他行业。

[4] 规模以上工业统计范围为年主营业务收入2000万元及以上的工业企业。

[5] 限额以上批发零售和住宿餐饮企业（单位）统计范围为年主营业务收入2000万元及以上的批发企业（单位）、年主营业务收入500万元及以上的零售企业（单位）和年主营业务收入200万元及以上的住宿、餐饮企业（单位）。

[6][7] 自2013年起，交通运输部每5年进行一次专项调查，每2-3年开展一次抽样调查。2015年开展了公路、水路运输小样本抽样调查，确定了当年运输量基数，与上年不可比，故本公报涉及的旅客运输量和货物运输量未列比上年增长数。

[8] 恩格尔系数是指居民食品消费支出占全部消费性支出的比重。

[9] 农村合作医疗与城镇居民医保并轨运行，参合人数包含非农业人口。

相关统计和分析资料

合肥市固定资产投资分析

投资是拉动经济发展的主引擎，是稳增长的主动力，是提升经济运行质量的重要途径。今年以来，全市上下始终围绕长三角城市群“副中心”的战略定位，紧抓“双创”示范战略机遇，坚持以重大项目为抓手，投资在总量规模迈上新台阶的同时，呈现出投向更优化、结构更合理的良好发展态势。

一、固定资产投资运行情况

（一）投资总量迈上“六千亿”新台阶

2015年，全市固定资产投资突破6000亿元，达6153.35亿元，同比增长15.4%，虽然增速为近年来的新低，但投资总量创历史新高。其中，第一产业完成固定资产投资162.71亿元，同比增长69.2%，占全市投资的2.6%，同比提高0.8个百分点；第二产业完成投资2097.99亿元，同比增长10.0%，占全市投资的34.1%，同比回落2.2个百分点；第三产业完成投资3892.66亿元，同比增长17.0%，占全市投资的63.3%，同比上升1.4个百分点。

2015年，全市固定资产投资总量居省会城市第5位，较“十一五”末前移了3位。

（二）三大区域投资转型取得突破

1.“首善之区”建设取得新进展。四个城区以“1331”空间发展战略为引领，不断提升城市建设管理水平，城市功能日臻完善，打造“首善之区”建设取得新成效。

（1）服务业投资增速高于全市。2015年，四城区服务业投资2243亿元，占全市服务业投资的比重达57.6%，同比提高0.3个百分点，服务业投资同比增长17.7%，高于全市服务业投资增速0.7个百分点，对全市服务业投资的贡献率达59.6%。

四城区现代服务业投资占全市的半壁以上江山，全年四城区现代服务业投资1761.65亿元，占全市现代服务业投资的58.3%，比上年增长15.5%，高于全市投资增速0.1个百分点，对全市现代服务业投资增长的贡献率达40.8%。

（2）文化产业投资快速增长。2015年，四城区文化产业投资204.21亿元，同比增长21.5%，高于全市投资增速6.1个百分点。其中，庐阳区文化产业投资同比增长60.5%，包河区同比增长29.8%。

2.“主引擎”开发区产城融合加速

（1）工业投资占比提高。2015年，四大开发区工业投资790.15亿元，同比增长11.4%，高于全市工业投资增速1.5个百分点，占全市工业投资的比重由上年的38%提高到38.6%，对全市工业投资增长的贡献率达43.7%。

（2）房地产投资增速全市领跑。2015年，四大开发区房地产投资244.37亿元，同比增长23.7%，高于全市房地产投资增速12个百分点，比四城区、县域分别高15.9、11.3个百分点，对全市房地产开发投资增长的贡献率由上年的负转正，达35.6%。

3.“主战场”县域投资发力。2015年，县域投资2047.76亿元，同比增长17.9%，在三大区域中增速最高，高于全市投资2.5个百分点，比四城区、四大开发区投资增速分别高3.9和3.2个百分点，对全市投资增长的贡献率达37.8%，同比提高2.2个百分点。其中县域工业投资988.91亿元，同比增长13%，增速在三大区域中最快，高于全市工业投资3.1个百分点，比四城区、四大开发区投资增速分别高16.5和1.6个百分点，对全市工业投资增长的贡献率达61.5%，同比提高17.3个百分点。

(三)投资的“三驾马车”结构更优化

1. 工业平稳增长，新兴产业投资迅猛发展。2015年，全市工业投资2049.66亿元，同比增长9.9%，增速比一季度、上半年分别提高17.6和5.1个百分点，比三季度、上年同期分别回落0.5和2.7个百分点。其中，占工业投资20.7%的装备制造业投资增长10.7%，比工业投资增速高0.8个百分点，对工业投资增长的贡献率达22.2%；占工业投资8.4%的食品及农副产品加工业投资增长29.4%，比工业投资增速高19.5个百分点，对工业投资增长的贡献率达21.2%；占工业投资5%的光伏及新能源产业投资增长90.8%，比工业投资增速高80.9个百分点，对工业投资增长的贡献率达26.5%。

（1）新能源产业投资迅猛发展。2015年，全市新能源产业投资137.92亿元，同比增长59.2%，高于全市投资增速43.8个百分点，占全市投资的2.2%，同比提高0.6个百分点。其中，生物质能及其他新能源产业投资7.7亿元，同比增长1.4倍；太阳能产业投资99.9亿元，同比增长94.6%；风能产业投资8.62亿元，同比增长67.3%。

（2）生物产业投资不断壮大。在北大未名生物医药产业园、安徽智飞龙科马生物制药有限公司的生物制品生产及研发中心二期等项目投资的带动下，全市生物产业投资快速增长。2015年，全市生物产业投资105.7亿元，同比增长51.5%，高于全市投资增速36.1个百分点，占全市投资的比重由1.3%提高到1.7%。

（3）智能制造装备产业投资比重提高。2015年，全市智能制造装备产业投资80.39亿元，同比增长15.5%，高于全市投资增速0.1个百分点，高于全市工业投资增速5.6个百分点，占全市工业投资的比重为3.9%，同比提高0.2个百分点。

2.“国家战略”助推房地产回暖。长江经济带发展战略提出要提升合肥都市区的国际化水平，打造具有国际竞争力的世界级城市群，有力地推动了我市房地产业发展，全市房地产投资、销售均呈回暖态势。全年房地产开发投资1259.14亿元，同比增长11.7%，比上年提高9.8个百分点。其中，住宅投资778.73亿元，同比增长8.9%；商业营业用房投资252.76亿元，同比增长28.3%，占房地产开发投资的比重由上年的17.5%提高到20.1%。全年新建商品房销售面积1589.21万平方米，同比下降0.3%，降幅较上年同期收窄1.7个百分点，较今年一季度、上半年和前三季度分别收窄25、15.3、3.4个百分点。其中，住宅销售1285.9万平方米，同比下降3.0%，较上年同期收窄5.6个百分点；商业营业用房销售197.23万平方米，同比增长5.1%，占全市销售面积的比

2014年以来合肥市房地产投资、销售增速情况

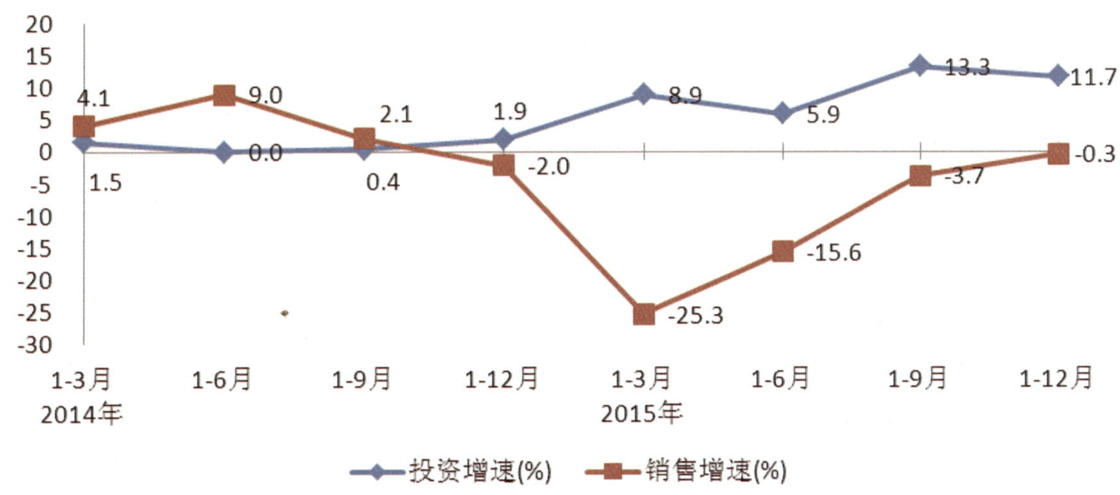

2015 年全市投资质量效益情况

指　　标	一季度	同比增长（%）	上半年	同比增长	1-9 月	同比增长（%）	2015 年	上年同期	同比增长（%）
46.7 竣工项目个数（个）	893	21.0	2656	37.1	4213	35.1	6619	4511	46.7
竣工房屋面积（万平方米）	251.6	21.6	562.8	19.5	866.1	4.7	1550.4	1519	2.1
新增固定资产（亿元）	393.5	9.1	12168.8	24.2	2146.1	17.0	3948.7	3302.8	19.6
项目竣工率（%）	38.7		60.1		68.7		88.9	80.8	
房屋竣工率（%）	4.0		7.3		9.8		15.5	14.7	
固定资产交付使用率（%）	30.0		41.1		45.2		64.2	61.3	

重由上年的 11.8% 提高到 12.4%。

3. “副中心”基础设施建设不断加快。在轨道交通等一批重点道路运输业项目投资的带动下，全市基础设施建设投资增速低开高走，呈逐月攀升的态势。2015 年，全市基础设施建设投资977.42亿元，同比增长 9.7%，比一季度、上半年、前三季度分别提高 10.7、7.8 和 7 个百分点。其中道路运输业完成投资 135.49 亿元，同比增长 37.3%，占全市基础设施建设投资的 13.9%，同比提高 2.8 个百分点，对全市基础设施建设投资增长的贡献率达 42.5%。

（四）投资主体结构更多元化

近年来，政府不再唱“独角戏”，而是更大地激发民间投资活力，引导社会资本投向更多领域，在一系列鼓励和促进民营经济政策措施的刺激下，我市民间投资总量越来越大，比重越来越高，在促进经济增长、优化产业结构、扩大有效投入等方面发挥了重要作用。2015 年，全市民间投资 4318.2 亿元，同比增长 30.5%，增幅比全市投资高 15.1 个百分点，比上年同期提高 6.2 个百分点，民间投资占全市投资的比重由上年同期的 62.1% 提高到 70.2%。相对应的是国有投资和外商投资比重都有不同程度的回落，国有投资 1627.45 亿元，同比下降 6.6%，占全市投资比重回落 6.3 个百分点；外商投资下降 25%。

（五）投资增长质量又有新提升

1. 内涵效益型投资贡献过半。随着我市存量经济结构调整速度加快，以工业技术改造项目为代表的“内涵效益型”投资较快增长。2015 年，我市技改投资 1274.06 亿元，同比增长 9.9%，与工业投资增速持平，对工业投资增长的贡献率达 62.1%。

2. 建设周期继续缩短。建设周期是从建设速度方面反映投资宏观效益的重要综合指标，建设时间越短，投资效益越好。2015 年，我市投资项目平均建设周期为 1.45 年，而 2014 年建设周期为 1.54 年，项目建设进度加快，建设周期越来越短。

3. 竣工项目投资贡献率大幅提高。2015 年，全市竣工项目 6619 个，同比增加 2108 个，项目竣工率达 88.9%，比上年提高 8.1 个百分点。竣工项目完成投资 3883.2 亿元，同比增长 33.6%，高于全市投资增速 18.2 个百分点，竣工项目投资对全市投资增长的贡献率由上年的 95.2% 提高到 118.5%。

工业竣工项目 2390 个，同比增加 506 个，竣工项目完成投资 1668.28 亿元，同比增长 20.7%，高于全市工业投资增速 10.8 个百分点，对全市工业投资增长的贡献率达 154.2%。

4. 固定资产交付使用率稳步上升。2015 年，新增固定资产 3948.7 亿元，同比增长 19.6%，同比提高 0.9 个百分点，固定资产交付使用率达 64.2%，同比提高 2.9 个百分点。

（六）万众创业催生投资潮

2015 年以来，新开工项目明显增多，全年新开工项目达 6718 个，同比增加 1952 个，增长 41%，完成投资 3330.24 亿元，同比增长 33.2%，高于全市投资 17.8 个百分点，新开工项目投资额占全市的 54.1%，同比提高 7.2 个百分点，对全市投资增长的贡献率由上年的 26.6% 提高到 100.7%。其中工业新开工项目 2468 个，同比增加 709 个，完成投资 1321.39 亿元，同比增长 30%，比全市工业投资增速高 20.1 个百分点，占工业投资的比重由上年的 54.5% 提高到 64.5%。

合肥市房地产市场运行情况简析

一年内多次降准降息，公积金政策步步放松，首付款比例下调，限购政策取消。2015 年对于房地产市场来说是不折不扣的政策宽松年，下半年以来，合肥楼市不断发力，呈现出开发投资加快、房屋销售回暖、施工规模扩大的良好态势。

(一)房地产开发投资保持平稳较快增长

1. 投资平稳增长，对固定资产投资贡献率上升

一季度全市房地产开发投资完成270.53亿元，同比增长8.9%，增幅比2014年提高7.4个百分点；上半年完成投资602.88亿元，增长5.9%，同比提高5.9个百分点；进入下半年，投资不断发力，1-3季度完成投资987.50亿元，增长13.3%，同比提高12.9个百分点；全年完成投资1259.14亿元，增长11.7%，比上年提高9.8个百分点。房地产投资对全市固定资产投资的贡献率为16.0%，同比提高13.4个百分点。

2. 商业地产投资高位运行

分工程用途看，全市房地产开发投资“三升一降”，住宅、办公楼和商业营业用房分别完成778.73、101.38和252.76亿元，同比增长8.9%、39.6%和28.3%，增幅比上年分别提高2.9、61.7和23.4个百分点，其他房屋完成126.26亿元，比上年下降11.5%，降幅同比扩大6.3个百分点。商业地产完成投资占房地产开发投资的比重达28.1%，比2014年上升4.2个百分点。

3. 外商投资减速，民间投资贡献超七成

分经济类型看，2015年外商投资呈现增速回落、份额减少的态势，全年完成投资133.28亿元，同比增长6.8%，增速比年初回落13.0个百分点，比2014年低18.7个百分点；外商投资占全市房地产投资的份额不断减少，2015年占比为10.6%，较上年回落0.5个百分点，比年初和上半年分别回落5.7和3.0个百分点。

民间投资完成911.26亿元，增长11.6%，同比提高3.1个百分点，占全市房地产开发投资的比重为72.4%，与去年持平，对房地产投资的贡献率达71.8%；国有投资完成214.59亿元，增长15.5%，比上年高42.3个百分点，占房地产投资比重为17.0%，同比上升0.5个百分点。

(二)商品房销售呈现持续向好态势

1. 年内房屋销量持续向好，增幅逐月回升

2015年合肥房地产市场，年初开局即遇冷，1-2月份，全市仅销售商品房157.63万平方米，同比下降36.8%，低于去年同期53.9个百分点。“330新政”、公积金政策调整、取消限购以及降准降息等一系列政策的密集出台，提振了市场的信心，更对房地产市场形成利好刺激，全市商品房销量逐月提高，增速持续回升，全年销售1589.21万平方米，同比下降0.3%，降幅比2014年收窄1.7个百分点，比年初收窄36.5个百分点。

2. 办公楼和其他房屋销售步伐加快

分房屋用途看，2015年全市其他房屋、办公楼销售明显加快，以新业态厂房、车库为主的其他房屋销售37.43万平方米，同比增长32.5%，比上年提高53.2个百分点；办公楼销售68.64万平方米，增长30.2%，同比提高39.4个百分点；住宅销售形势好于上年，销售1285.90万平方米，下降3.0个百分点，降幅比上年收窄5.6个百分点；商业营业用房销售197.23万平方米，增长5.1%，同比下降121.6个百分点。

3. 分县区销售情况差异大，开发区表现抢眼

2015年，全市14个县（市）区（含政务区）商品房销售面积同比“五升九降”，其中包河、瑶海两个城区分别增长7.7%和3.6%，政务区和高新、经开两个开发区分别增长125.6%、39.9%和30.0%。

分区域看，开发区销售表现抢眼，在京商商贸城、华润中心、航空新城、世茂翡翠府邸等一批大项目的带动下，全年销售412.48万

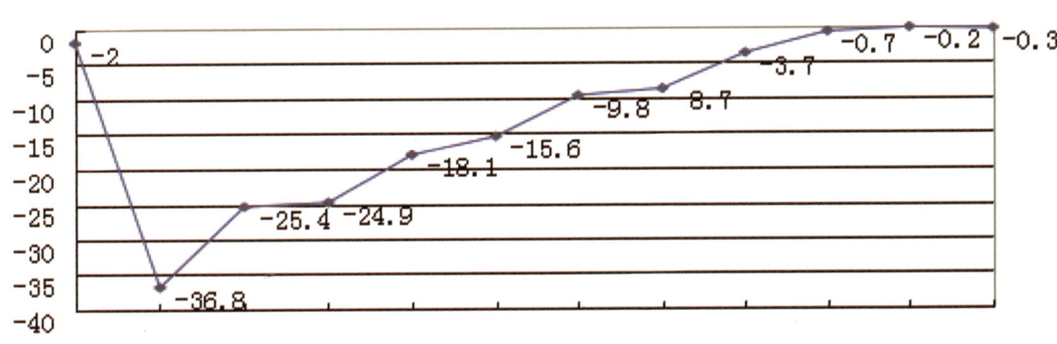

平方米，增长34.6%，比2014年高34.9个百分点，占全市销量的26.0%，同比上升6.7个百分点；受交通、价格、房源等因素影响，城区销售677.62万平方米，同比增长0.8%，比上年加快1.1个百分点，占全市销量的42.6%，同比提高0.5个百分点；五县（市）销售全面下降，共销售499.10万平方米，同比下降19.0%，占全市销售面积的比重同比回落7.2个百分点。

（三）房屋施工面积进一步扩大

2015年，全市房屋施工面积7199.30万平方，同比扩大212.49万平方米，增长3.0%，比去年提高3.4个百分点，其中商业地产施工面积1904.32万平方米，增长21.8%，增幅比上年快15.4个百分点，占全部施工面积的比重达26.5%，同比提高4.1个百分点。本年新开工面积1977.96万平方米，同比下降3.6%，降幅比上年收窄3.7个百分点。

（四）其他资金到位加快贡献突出

2015年全市房地产开发资金到位1666.35亿元，同比增长5.1%，较上年提高2.9个百分点。其中，其他资金到位1022.23亿元，增长7.9%，同比加快5.2个百分点，占到位资金的比重由去年的59.7%上升至61.3%，对全市到位资金的贡献率达93.0%，同比提高20.4个百分点；国内贷款到位258.02亿元，增长18.4%；自筹资金到位386.10亿元，下降8.0%。

2015年合肥市工业经济

“十二五”收关之年，全市工业发展态势喜现新的变化，战略性新兴产业发展势头强劲，高技术产业迅猛增长，平板显示及电子信息产业产值首破千亿。2015年，在市委、市政府的正确领导下，全市工业不断加大供给侧改革力度，产业结构调整继续深化，产品品种出现积极变化，全市工业总量首次超越长春市，稳居省会城市第9位。

一、工业运行总体情况

（一）工业总量实现新跨越

2015年，全市2392户规模以上工业（以下简称工业）完成总产值首次突破9000亿大关，达到9312.81亿元，同比净增产值838.85亿元；实现增加值2255.65亿元，按可比口径计算，增加值同比增长11.3%。在全国省会城市中，工业总量首超长春，列省会城市第9位，超出长春市101.03亿元。

从月度数据看，当月产出三创历史新高。2015年，我市工业月均产值达到776.07亿元，较去年增加72.08亿元；其中3、11和12月产值分别刷新历史记录，达到816.85、849.22和853.04亿元。

（二）企业效益好于全国全省

全年，规上工业实现主营业务收入8760.44亿元，增长9.6%；实现利润和利税总额482.33和767.96亿元，增长5.3%和5.1%，较同期提高3.2和3.4个百分点；企业亏损面为9.4%，创年内新低，亏损企业亏损额为30.96亿元，增长63.5%；工业经济效益综合指数为348.0%。

从全国、全省看，合肥市工业多项经营指标好于全国、全省。2015年，工业主营业务收入增幅高于全国、全省8.8和4.9个百分点；利税增幅高于全国、全省5.1和0.8个百分点，利润增幅高于全省1.1个百分点，同期全国下降2.3%；企业亏损面低于全国3.8个百分点。

二、工业经济运行主要特点

（一）行业增长面大幅提高

全年，37个工业行业中有35个生产实现增长，占94.6%，较2014年提高10.8个百分点。其中，增速超过全市平均水平的行业有16个，较去年增加3个行业；增幅超20%的行业有6个，分别为非金属矿采选业、石油加工炼焦和核燃料加工业、黑色金属冶炼和压延加工业、计算机通信和其他电子设备制造业、废弃资源综合利用业和金属制品机械和设备修理业。

37个行业中，增加值超50亿元的行业有13个，同比持平，其中超百亿的行业有7个，比2014年增加1个，为金属制品业。7大百亿元行业，增加值实现全面增长，增长12.8%，高于全市1.5个百分点，拉动工业增长8.2个百分点，增长贡献率为72.7%；总量占全市65.9%，同比提高1.5个百分点。

（二）产值超百亿元企业增多

2015年，产值超亿元企业1123户，占全市规上企业46.9%，同比增加50户。其中，产值超10亿的企业136户，增加5户；超50亿元企业28户，减少1户；超100亿元企业12户，增加2户；超400亿元企业2户，增加1户。受SUV热销的拉动，2015年江汽股份产值首次突破400亿元大关，成为我市第二家年产值破400亿元的企业，达到409.42亿元，同比增加80.20亿元，占全市增量的9.6%。

全年，产值超亿元企业实现增加值2102.55亿元，占全市93.2%，同比提升1.3个百分点，增长12.8%，高于全市1.5个百分点，拉动全市工业增长11.8个百分点，增长贡献率达到104.1%。

(三)小微企业生产增幅回升

全年，2063户小微企业完成增加值697.16亿元，占全市30.9%，同比提升0.4个百分点，增长13.2%，高于全市和2014年1.9和1.5个百分点，拉动全市工业增长4.0个百分点，增长贡献率为35.7%。其中，有1395户小微企业产值同比实现增长，增长面为67.6%，高于全市0.7个百分点；产值增长超20%的企业有653户，占31.7%，高出全市0.8个百分点。

(四)产品出口形势明显向好

2015年，全市工业品出口交货值首超千亿，234户出口型企业实现出口交货值1060.58亿元，增长16.5%，高于销售产值增幅6.7个百分点，工业外向度达11.8%，较上年提高0.7个百分点。其中，出口交货值超亿元的企业有78户，同比增加3户，超50亿元企业4户，增加1户，为鑫晟光电，出口交货值83.29亿元，净增59.96亿元，占全市增量的39.9%。

三、产业转型成绩斐然

(一)高技术产业增势强劲

2015年，工业高新技术产业完成增加值1208.62亿元，占全市工业的53.6%，同比提升2.4个百分点，增加值增长14.9%，高于全市3.6个百分点，拉动全市工业增长7.7个百分点，增长贡献率为67.8%。按国家高技术产业划分标准统计，全年工业高技术产业完成增加值380.95亿元，占全市16.9%，同比提升2.3个百分点，增加值增长28.3%，高于全市17.0个百分点，拉动全市工业增长4.1个百分点，增长贡献率为36.5%。

(二)民营企业提质增效

2015年，2127户民营规上工业企业完成增加值1471.47亿元，占全市工业65.2%，同比持平，增加值增长11.3%，拉动全市工业增长7.4个百分点，增长贡献率为65.5%；实现利润和利税总额337.26和481.75亿元，增长10.1%和7.7%，高于全市工业4.8和2.6个百分点，高于2014年9.4和6.4个百分点。

(三)新兴产业分量提升

2015年，合肥市466户战略性新兴产业完成产值2788.77亿元，占全市30.0%，同比提高2.7个百分点；实现增加值698.69亿元，同比增长21.9%，高出全市平均增幅10.6个百分点，拉动全市工业增长6.1个百分点，增长贡献率为54.2%。

从产业看，增速上，七大产业均保持增长态势，其中新一代信息技术、新材料和新能源汽车产业增速超过20%；总量上，新一代信息技术产业产值超千亿，节能环保产值接近500亿元，生物产业体量最小，不足80亿元。

(四)主导产业贡献突出

全年，六大主导产业完成增加值1456.54亿元，占全市工业64.6%，同比提升1.8个百分点；增加值增长12.5%，高于全市工业1.2个百分点，拉动全市工业增长7.9个百分点，增长贡献率为69.7%。从各产业总量看，平板显示及电子信息产业产值首次突破千亿，是继家电和装备制造产业之后，第三个年产值破千亿的主导产业；从增速看，受鑫晟光电、宝龙达光电、阳光电源、晶澳太阳能和国轩高科等企业释放产能，江汽股份调整产品结构、长安汽车改产的拉动，平板显示及电子信息、光伏及新能源和汽车产业均保持了较快增长态势。

(五)高端产品不断涌现

全年，全市284种工业产品

2015年增加值超过百亿的重点行业生产情况

行业大类	增加值（亿元）	增加值增速（%）
全市合计	2255.65	11.3
电气机械及器材制造业	482.68	5.3
计算机、通信和其他电子设备制造业	335.17	29.8
汽车制造业	174.22	18.3
通用设备制造业	166.58	9.0
化学原料及化学制品制造业	115.16	14.0
专用设备制造业	111.50	2.6
金属制造业	101.68	9.8
合　计	1486.99	12.8

2015年六大千亿元产业生产完成情况

产业名称	增加值（亿元）	增长（%）
六大千亿产业合计	1456.54	12.5
六大千亿产业占全市比重	64.6	
一、汽车产业	174.22	18.3
二、装备制造产业	350.18	7.1
三、家电产业	342.18	7.0
四、食品及农副产品加工业	201.10	4.8
五、平板显示及电子信息产业	314.90	27.6
六、光伏及新能源产业	73.96	19.5

产量中保持增长的有153种，占53.9%。主要产品中，太阳能电池432.15万千瓦、增长98.1%，液晶显示屏2.31亿片、增长23.3%，彩电696.82万台、增长2.1倍，运动型多用途乘用车（SUV）25.26万辆、增长2.5倍，新能源汽车2.23万辆、增长1.7倍。汽车产量首次突破60万辆，达到63.76万辆、增长34.8%，家电四大件产量首次突破6000万台（套），达到6008.54万台、增长11.8%。智能手机和平板电脑等科技含量较高的产品生产实现零的突破，全年产量分别达到64.28和183.79万台；风力、太阳能和垃圾发电量同比分别增长33.0%、18.8%和65.8%。

（六）高耗能行业占比降低

2015年，六大高耗能行业实现增加值374.30亿元，占全市工业16.6%，同比下降0.9个百分点。从行业看，非金属矿物制品业、有色金属冶炼及压延加工业和电力、热力的生产和供应业增速低于全市5.4、0.5和11.0个百分点；受爱思开宝盈、杰事杰新材料、会通新材料和会通节能材料增产、马钢（合肥）板材投产的拉动，石油加工、炼焦及核燃料加工业、化学原料及化学制品制造业和黑色金属冶炼及压延加工业生产增幅高于全市30.4、2.7和14.1个百分点。

2015年合肥市经济运行情况综述

2015年是“十二五”的收官之年，全市深入贯彻党的十八大和十八届三中、四中、五中全会精神，积极应对复杂多变的宏观环境，强化创新驱动，聚焦调整转型，全市经济逆势而上，多数指标呈现“两位数”增长，“新跨越、进十强”逐步成为现实，建设长三角世界级城市群副中心迈出坚实步伐，打造“大湖名城、创新高地”呈现崭新形象。

一、总体情况

（一）奋力赶超迎跨越，多项指标新突破

1. 圆满收官“十二五”。初步核算，全年生产总值（GDP）5660.3亿元、增长10.5%，分别快于全国、全省3.6和1.8个百分点。财政收入突破千亿、达到1000.5亿元，增长13.6%；全社会固定资产投资6153.35亿元，增长15.4%；规上工业增加值2255.7亿元、增长11.3%；社会消费品零售总额为2183.65亿元、增长12%；招商引资3390亿元、增长15%，其中外资25.07亿美元、增长14.9%；金融机构本外币各项存、贷款余额双双突破万亿元大关，存款余额11193.7亿元、增长16%，贷款余额10171.1亿元、增长17.3%。境外世界500强企业增至39家。

2. 省会位次再上新台阶。全年，在全国26个省会城市中，GDP总量超过福州和长春，位居第12位；规上工业增加值超过长春，位居第9位；固定资产投资超过南京、西安、沈阳，位居第5位；地方财政收入超过福州，位居第11位；社会消费品零售总额超过昆明，位居第15位。合肥GDP增速位居省会城市第3位，比南京（9.3%）快1.2个百分点，比杭州（10.2%）快0.3个百分点。

3. 勇当全省发展排头兵。从首位度看，GDP占全省比重达到25.7%，较去年提升0.9个百分点；财政收入比重24.9%，提升0.9个百分点；规上工业增加值比重22.3%，提升0.7个百分点；进出口比重41.7%，提升0.9个百分点；新增贷款占全省比重44.4%、提高3.1个百分点。从增速看，GDP、财政收入、规模以上工业增加值、工业用电量均保持省内第一。

4. 规模企业不断壮大。全年，规模以上工业2392户、增加86户，产值超亿元的企业1123户、增加50户；资质等级以上建筑业1021户，增加8户；限额以上批零贸易业、住宿餐饮1030户和351户，分别增加126和19户；重点服务业1108户，增加238户。

（二）供给充足固基础，需求旺盛增动力

1. 农业生产喜获丰收。全年，粮食播种面积49.67万公顷、增长0.9%，产量323.31万吨、增长3.5%。其中稻谷产量256.79万吨、增长3.4%。油菜籽产量23.35万吨，减少2.2%。蔬菜产量212.55万吨，增长6.1%。肉类总产量49.12万吨，增长1.8%。禽蛋产量20.25万吨，增长3.2%。牛奶产量11.54万吨，增长3.5%。

2. 工业生产稳中有好。全年，规上工业实现增加值2255.65亿元，增长11.3%，高于全国、全省5.2和2.7个百分点。37个行业中有35个生产实现增长，增长面达到94.6%，同比提高10.8个百分点。2127户民营企业实现增加值1471.47亿元，增长11.3%。

3. 投资需求较为旺盛。全年，施工项目7446个，同比增加1863个，其中工业项目2820个，增加652个。全社会固定资产投资6153.35亿元，同比增长15.4%。其中，工业投资2049.66亿元，增长9.9%；房地产投资1259.14亿元，增长11.7%。文化产业投资355.02

亿元，增长 27.8%。技改投资超过千亿，占工业投资比重达六成，对工业投资增长的贡献率 62.1%。

4. 内外市场依然红火。全年，社会消费品零售总额 2183.65 亿元，同比增长 12%。按消费形态分，商品零售 1977.46 亿元，增长 11.9%；餐饮收入 206.19 亿元，增长 13%。进出口总额 203.38 亿美元，增长 1.3%，好于全国（下降 8%）、全省（下降 0.8%）；其中，出口总额 137.09 亿美元，增长 9.6%。规上工业企业实现出口交货值 1060.58 亿元，增长 16.5%。

（三）创新驱动促转型，结构调整添活力

1. 创新实力显著增强。全年，国家高新技术企业增加到1056户，实现增加值 1257.2 亿元，占 GDP 比重 22.2%。发明专利申请量和授权量分别增长 27.1% 和 80.5%，自主创新主要指标全部进入省会城市“十强”。企业主体地位大幅提高，研发机构数、研发投入额、研发人员数、授权专利量中企业占比均在 70% 以上。

2. 服务业比重大幅提升。全年，三次产业比例 4.7：54.7：40.6，服务业比重“十二五”以来首次超过 40%，较上年提高 0.7 个百分点；对 GDP 增长的贡献率达到 40.2%，比上年提高 6.1 个百分点；增幅高于 GDP0.5 个百分点，高于二产 0.4 个百分点。

3. 工业转型成绩斐然。全年，战略性新兴产业增加值增长 21.9%，高出工业平均增速 10.6 个百分点，增长贡献为 54.2%。六大主导产业增加值增长 12.5%，占全市工业比重为 64.6%，比上年提高 1.8 个百分点。智能手机和平板电脑生产实现零的突破，产量分别达到 64.28 和 183.79 万台；风力、太阳能和垃圾发电量同比分别增长 33%、18.8% 和 65.8%；新能源汽车增长 1.7 倍。

4. 小微企业释放活力。全年，新增小微贷款 266.03 亿元，占全部新增总量的 17.7%。2063 户规上小微工业企业增加值 697.16 亿元、增长 13.2%，高于大中型企业增速 2.8 个百分点；总量占全市 30.9%，同比提升 0.4 个百分点；利润总额 168.92 亿元、增长 8.2%，高于大中型企业 4.5 个百分点；亏损面 9%，低于全市 0.4 个百分点。

（四）资金保障拓渠道，企业发展提质量

1. 融资渠道明显拓宽。广发、渤海银行入驻合肥，全市已拥有各类金融机构、组织 500 余家。富煌钢构、三和科技首发上市，全市境内外上市公司 36 家，全国省会城市排名第 7。新增新三板挂牌企业 34 家，总数达到 50 家，位居全国省会城市前 10。74 家小额贷款公司贷款余额 137.2 元，融资性担保机构在保户数 8252 户，在保余额 328.02 亿元。

2. 大众创业激情高涨。全年，全市新登记市场主体 9.02 万户，年末全市实有各类市场主体 44.71 万户，同比增长 18.4%，其中个体工商户 25.46 万户，占比 56.9%。各类市场主体实有注册资本 10556 亿元，增长 44.3%。

3. 企业效益持续提升。全年，规模以上工业企业实现利润 482.33 亿元，同比增长 5.3%，较 2014 年提高 3.2 个百分点，高于全省 1.1 个百分点，同期全国下降 2.3%；企业亏损面为 9.4%，创年内新低，低于全国 3.8 个百分点。

（五）居民生活再改善，民生保障新提高

1. 居民收入较快增长。全年，居民人均可支配收入 26605 元，增长 9.6%。其中，城镇居民人均可支配收入 31989 元，分别高于全国、全省 794、5053 元；比上年增长 9%，比全国、全省高 0.8、0.6 个百分点。农村居民人均可支配收入 15733 元，分别高于全国、全省 4311、4912 元；比上年增长 9.2%，比全国、全省高 0.3、0.1 个百分点。

2. 民生保障持续加强。全年，民生支出达到 615.46 亿元，同比增长 11.5%，占财政支出的 79.7%，同比提高 0.6 个百分点。“32+9”项民生工程累计投入 82.3 亿元。开发公益性岗位 1 万多个，降低职工医保缴费比例，统一居民医保参保政策，113 个公共文化场馆免费开放，接待市民 600 多万人次。

3. 市场物价较为稳定。全年，居民消费价格比上年上涨 1.6%。其中，食品价格上涨 2.1%，烟酒及用品上涨 1.5%，衣着上涨 1.3%，居住上涨 0.1%，医疗保健和个人用品上涨 4.6%，家庭设备用品及维修服务上涨 0.8%，娱乐教育文化用品及服务上涨 4.1%，交通和通信下降 2.9%。工业生产者出厂价格比上年下降 1.3%，购进价格比上年下降 5.6%。

二、形势研判

总体看，在全球经济总体低迷、全国经济增长进入换挡期的大背景下，全市经济继续保持“总量扩张较快、赶超步伐提速、转型成效显著、民生改善持续”的良好态势，成绩来之不易。

展望 2016 年，是实施“十三五”规划的第一年，是合肥加快创新转型升级发展的关键时期，我们既面临难得机遇，也面临严峻挑战，但仍处于大有作为的重要战略机遇期和黄金发展期，必须以全球视野、战略思维，在新一轮世界科技革命和产业变革中抢占先机、加快转型，在全国区域发展新棋局中提升能级、凸显地位，在安徽创新型“三个强省”建设中勇挑重担、示范引领，加快建设长三角世界级城市群副中心，打造提升“大湖名城、创新高地”。

从外部看，诸多因素交错叠加。一是全球经济复苏之路崎岖艰辛。国际贸易持续负增长，这将持续影响我市对外出口及国际市场开拓。二是国内经济下行压力继续加大。第一，部分行业产能过剩，资源类、重化工业普遍陷入困境，结构性衰退较为明显；第二，新兴产业尚未形成充足动力，动能转换还需时日；第三，社会总体有效需求不足，PPI连续46个月负增长，投资增长持续放缓，房地产投资继续回落，出口增速换挡。

从自身看，机遇难得挑战严峻。

有利因素：一是战略机遇难得可贵。“新跨越，进十强”已逐步成为现实，在国家层面把合肥定位为与南京、杭州并列的长三角世界级城市群副中心，成为“一带一路”和长江经济带双节点城市。二是创新动力已初具规模。高新技术增加值占GDP比重超过20%，战略性新兴产业对工业增长的贡献超过50%，特别是“十三五”时期，全市将建成合肥综合性国家科学中心，构建10个以上协同创新平台，打造10个以上国家级和省级战略性新兴产业集聚发展基地，形成4个千亿级战略性新兴产业基地，这些都为经济的转型发展提供了强劲的动力保障。三是新兴业态快速发展。全年现代服务业增长13.4%、高于GDP增速2.9个百分点，其中金融业和营利性服务业分别增长21.4%和15.9%；通过网络销售限上商贸企业29家，零售额同比增长67.1%；会展经济快速发展，全年承办和举办机器人世界杯赛、家博会等特色大型展会181场，给经济增长注入新的活力。

不利因素：一是传统产业比重大转型慢。占全市工业比重接近四成的家电、装备制造和食品及农副产品加工业低速增长；传统商贸萎缩，百货商场和超市销售受电商冲击，商品销售增长低迷。二是重大项目支撑减弱。全年共有亿元以上项目733个、同比减少231个，亿元以上项目投资下降15.7%。三是工业品市场需求不足。全年56种主要工业产品订货额增长4.9%，期末剩余订货额同比下降16.1%，部分主要工业产品产量剩余订货额呈大幅下降的态势，如家用电冰箱、计算机整机下降幅度均超过30%。

综合来看，2016年全市经济发展机遇大于挑战，但是下行的压力仍然较大，必须高度重视，要采取更加有力的措施加快转型升级，要着力在强化创新驱动、调整经济结构、扩大有效需求、保障和改善民生等方面下功夫，力求全市经济持续健康较快发展。

2015年合肥市文化产业投资快速增长

2015年，是“十二五”的收官之年，市委、市政府坚持实施项目带动战略，以文化投资促进文化产业发展。全年，文化产业投资保持高速增长的态势，为“十三五”文化产业的进一步发展奠定了良好基础。

文化产业投资特点

（一）增长速度较快，投资比重提高

2015年，我市文化产业完成固定资产投资355.02亿元，同比增长27.8%，增速高于全社会投资12.3个百分点；文化产业投资占全社会固定资产投资的5.8%，比上年提高0.6个百分点。

（二）投资项目增多，新项目贡献大

2015年，我市文化产业投资项目数达594个，同比增加175个。其中，新开工项目547个，同比增加171个，占项目总量的92.1%；新开工项目本年完成投资264.18亿元，同比增长39.1%，对文化产业投资增长贡献率达96.1%，续建项目本年完成投资90.84亿元，同比增长3.4%。

（三）投资领域扩大，行业涉及面广

2015年，我市文化产业投资共涵盖68个行业小类，比2014年增加10个。其中，包装装潢及其他印刷业完成投资额及项目数均居各行业之首，投资完成32.18亿元，涉及59个项目；其次，软件开发、公园管理、广告业、博物馆、其他电子设备制造业和互联网信息服务业等6个行业投资额超过10亿元。

（四）服务业项目居多，增长带动力强

从产业领域看，文化产业涉及文化制造业、文化批零业和文化服务业三大领域，文化服务业是文化投资的主体。2015年，文化服务业投资项目382个项目，占文化投资项目总量的64.3%，比上年增加97个；完成投资231.72亿元，占文化投资总量的65.3%，同比增长42.5%，对文化产业投资增长贡献率达89.5%，拉动文化产业投资增长24.9个百分点。文化制造业共181个项目，完成投资110.05亿元，同比增长7.6%；文化批零业共31

个项目，完成投资 13.25 亿元，同比增长 3.0%。

（五）资金流向明确，文化产品生产投资快速扩张

从活动性质看，文化产业分为文化产品生产和文化相关产品生产两大部分。2015 年，文化产品生产完成投资 232.56 亿元，同比增长 37.3%，高于全市平均增速 9.5 个百分点，占总量的 65.5%，同比提高 4.6 个百分点，其中新闻出版发行服务投资增长 2.4 倍，文化创意和设计服务投资增长 65.9%；文化相关产品的生产完成投资 122.46 亿元，占总量的 34.5%，同比增长 12.9%，增速低于全市平均增速 14.9 个百分点。

从总量看，全年四城区文化产业投资达到 204.21 亿元，占全市文化投资总量的 57.5%；其中包河区完成文化投资 86.8 亿元，占全市总量的 24.5%，稳居全市首位；蜀山区和庐阳区分别完成文化投资 53.55 亿元和 51.63 亿元，分列全市第二和第三位。四大开发区完成投资 78.06 亿元，占 22.0%。五县（市）完成投资 72.75 亿元，占 20.5%。

从增速看，城区、开发区、县域分别增长 21.5%、31.9% 和 43.9%。分县区看，十三个县（市）区中超七成实现增长，其中长丰县、巢开区和高新区同比增速分别为 306.4%、250.8% 和 131.7%，居全市前三位。瑶海区、新站区和肥东县 3 个县区同比出现下降，降幅分别为 46%、37.1% 和 32.9%。

2015 年能源消费情况分析

2015 年，在宏观经济下行压力较大的情况下，全市人民在市委、市政府的坚强领导下，加大转型升级的步伐，产业结构、产品结构趋向高中端，全市能源消耗在经济较快增长的态势下保持了低速增长，能效水平大幅提高，节能降耗的“双控目标”全面完成。

一、全社会能源消费低增长

经省统计局初步审核认定，2015 年，全市全社会能源消费总量（等价值）2103.20 万吨标准煤，同比增长 3.35%，低于全市生产总值增幅 7.1 个百分点；单位生产总值能耗 0.3996 吨标准煤 / 万元，同比下降 6.44%，“十二五”累计下降 24.86%，超额完成“十二五”累计下降 17% 的目标任务。能耗总量增加 68.2 万吨，2014-2015 两年共增加 108.2 万吨，年均增长 2.49%，完成省政府下达的总量控

2015 年文化产业投资完成额超 10 亿元的行业一览表

行业名称	项目数（个）	完成投资额（亿元）	同比增长（%）
合　计	594	355.02	27.8
包装装潢及其他印刷	59	32.18	24.9
软件开发＊	54	25.38	89.2
公园管理	31	24.75	70.6
广告业	49	21.97	21.3
博物馆	11	16.68	169.6
其他电子设备制造＊	7	15.31	40.6
互联网信息服务	15	10.34	631.0

2015 年全市三大领域文化投资主要指标情况

	项目数（个）	完成投资额（亿元）	占比（%）	同比增长（%）	贡献率（%）
合　计	594	355.02	100.0	27.8	100.0
服务业	382	231.72	65.3	42.5	89.5
批零业	31	13.25	3.7	3.0	0.5
制造业	181	110.05	31.0	7.6	10.0

2015 年全市文化产业投资按活动性质分类主要指标

	完成投资额（亿元）	占比（%）	同比增长（%）
合　计	355.02	100.0	27.8
第一部分　文化产品的生产	232.56	65.5	37.3
一、新闻出版发行服务	4.46	1.3	240.3
二、广播电视电影服务	7.32	2.1	-28.2
三、文化艺术服务	44.40	12.5	30.9
四、文化信息传输服务	10.36	2.9	-5.7
五、文化创意和设计服务	64.14	18.1	65.9
六、文化休闲娱乐服务	90.61	25.5	50.5
七、工艺美术品的生产	11.26	3.2	-19.7
第二部分　文化相关产品的生产	122.46	34.5	12.9
八、文化产品生产的辅助生产	71.47	20.1	20.1
九、文化用品的生产	49.15	13.8	4.8
十、文化专用设备的生产	1.84	0.5	-12.0

2015年全市分县区文化产业投资完成情况

	投资额（亿元）	增速（%）	占全市比重（%）
全　市	355.02	27.8	100.0
瑶海区	12.23	-46.0	3.4
庐阳区	51.63	60.5	14.5
蜀山区	53.55	15.5	15.1
包河区	86.80	29.8	24.5
高新区	25.62	131.7	7.2
经开区	23.25	76.9	6.5
新站区	20.42	-37.1	5.8
巢开区	8.77	250.8	2.5
长丰县	21.14	306.4	6.0
肥东县	10.26	-32.9	2.9
肥西县	17.74	81.4	5.0
庐江县	17.24	10.8	4.9
巢湖市	6.38	35.0	1.8

制目标（即两年能耗平均增速小于2.5%）。

（一）三次产业能耗“两慢一快”

从产业看，全年，第一产业能耗为46.28万吨标煤，同比增加用能4.11万吨，增长9.8%，比2014年增幅高出12.6个百分点；第二产业能耗1078.53万吨标煤，增加用能1.41万吨，增长0.1%，增速回落1.9个百分点；第三产业能耗为661.09万吨标煤，增加40.88万吨，增长6.6%，增速低5.2个百分点；城乡居民生活用能317.30万吨标煤，用能增加21.75万吨，增长7.4%，增幅比2014年高21.0个百分点。

（二）工业节能效果明显

全年，全市工业能耗937.84万吨标煤，同比减少用能4.01万吨，下降0.4%，低于全社会能耗增幅3.0个百分点；占全市总能耗的44.6%，同比减少1.7个百分点；单位工业增加值能耗0.3670吨标煤/万元，同比下降13.5%。

（三）各县（市）区节能强度指标全面完成

2015年，全市13个县（市）区单位GDP能耗均呈下降态势，均超额完成市政府下达的“十二五”节能强度指标任务，累计下降率超过20%的有10个县区，超过全市累计进度的有4个县区；11个县区完成市政府下达年度总量控制目标任务。

二、规上工业能源消费下降

2015年，规上工业综合能耗（当量值）824.98万吨标准煤，同比减少用能31.75万吨标准煤，下降3.7%，比2014年增幅回落6.4个百分点，低于同期工业产值增幅13.6个百分点，单位产值单耗同比下降12.4%。

（一）从轻重工业看，节能水平均大幅提高

2015年，重工业能耗739.28万吨标准煤，下降3.9%，比2014年回落6.6个百分点，比同期重工业产值增幅低13.9个百分点，单位产值单耗同比下降12.6%；轻工业能耗85.70万吨标准煤，同比下降2.0%，增幅比上年回落4.6个百分点，比同期轻工业产值增幅低11.8个百分点，单位产值单耗同比下降10.8%。

（二）从门类看，三大行业能耗全部下降

全年，采矿业能耗3.50万吨标准煤，下降8.9%，增幅比2014年回落17.3个百分点；制造业能耗492.32万吨标准煤，下降2.5%，比上年同期低7.1个百分点；电力、燃气及水生产供应业能耗329.16万吨标准煤，下降5.4%，降幅比2014年扩大5.3个百分点。

（三）从行业看，高耗能行业节能贡献大

全年，六大高耗能行业综合能耗656.77万吨标煤，同比减少用能32.41万吨标煤，下降4.7%，带动规上工业能耗下降3.8个百分点；占规上工业能耗的79.6%，同比回落0.5个百分点；完成产值1558.04亿元，增长4.9%，高于能耗增幅9.6个百分点。

（四）从企业看，重点耗能企业能耗减少

全年，41户年耗能万吨标煤以上工业企业综合能耗为705.33万吨标煤，同比下降3.8%，比上年回落4.9个百分点，回落幅度低于规上工业1.5个百分点；占规上工业企业能耗的85.5%，比2014年高0.1个百分点。

（五）从能源品种看，清洁型能源消耗增长快

“十二五”以来，我市工业企业不断调整能源消费品种，天然气、热力等清洁型能源消费量快速增长，煤炭等污染型能源需求明显趋缓。2015年，规上工业消耗天然气16146.89万立方米，同比增长12.4%；消耗热力555.08万吨，增长4.0%；消耗电力139.90亿度，增长2.4%；消耗煤炭1097.18万吨，同比下降9.2%。

（六）从区域看，县区能耗增长参差不齐

全年，13个县区规上工业能源消费下降最多和增长最快的县区

增速相差26.6个百分点。其中，能耗下降较快的县区分别有庐江县、巢湖市和庐阳区，分别下降13.0%、8.7%和7.2%；增长较快的有新站、巢湖经开区和肥东，分别增长13.6%、3.2%和2.9%，虽然这三个县区增长较快，但相比前三季度还是有较大幅度的回落，回落幅度都在10个百分点左右。

三、全社会用电量需求趋缓

据市供电公司统计，全市全社会用电量243.26亿度，同比增长7.6%，增速较去年加快1.5个百分点，比全省增幅高4.1个百分点，在全省16个地市中居第二位，低于阜阳市0.4个百分点。

(一) 二、三产业用电增速回落

全年，一产、二产、三产和居民生活用电量分别为2.01、137.86、61.15和42.24亿度，同比分别增长13.8%、6.0%、11.3%和7.4%，与去年相比，一产、居民生活呈大幅提高态势，分别加快27.8和23.8个百分点，二产、三产增幅分别回落6.5和2.4个百分点。

(二) 工业用电增幅减缓

全年，工业用电量130.93亿度，同比增长6.1%，增幅比去年同期低6.9个百分点；比全省高5.0个百分点，在省内位居第1位。其中，制造业用电量109.31亿度，同比增长7.4%.

(三) 市区用电量需求较旺

全年，城区全社会用电量140.62亿度，同比增长9.4%，高于全市增幅1.8个百分点；其中，工业用电量62.43亿度，同比增长11.1%，高于全市增幅5.0个百分点。县域用电量102.64亿度，同比增长5.1%，低于全市增幅2.5个百分点；其中，工业用电量68.50亿度，增长1.9%，低于全市增幅4.2个百分点。

四、需关注的问题

(一) 高耗能行业投资有所反弹

2015年，全市六大高耗能行业投资340.47亿元，同比增长20%，比2014年提高15.2个百分点，比全市工业投资增速高10.1个百分点。高耗能六大产业“五升一降”，仅有黑色金属冶炼和压延加工业投资下降。高耗能行业投资加快，势必对未来全市节能产生压力。

(二) 能源消费结构不够优化

一方面，工业能耗下降主要依赖于高耗能企业的生产放缓。2015年，三大电厂、5户水泥熟料生产企业和马（合）钢9户企业工业产值下降13.3%，能耗同比减少36.78万吨标煤，下降6.6%，带动规上工业能耗下降4.3个百分点；另一方面，以煤为主的能源消费格局短期内难以改变。2015年，全市规上工业中煤品消费占能源消费总量的69.2%，天然气、风电、太阳能等清洁能源消费仅占2.1%。工业消费的全部煤炭中61.9%直接用于火力发电，其发电量占全市总发电量的96.9%，比全省高0.7个百分点。

2016年，合肥市必须继续以工业节能和三产节电为抓手，广泛宣传，营造全民节能的良好气氛；要不断加大工业“调转促”力度，加快战略性新兴产业的引进、培育和发展，加快传统产业改造升级，加大节能新技术、新工艺研发和设备更新改造投入，进一步挖掘各方面节能潜力；要主动引导高耗能行业适度投资，以减轻产能过剩的压力，力争以有限的能源消耗创造更多的经济和社会价值。

2015年合肥市消费品市场运行情况简析

2015年，在经济新常态下，合肥市消费品市场总体运行平稳，保持了健康发展态势，全年累计实现社会消费品零售总额2183.65亿元，同比增长12%；其中，限额以上单位消费品零售额1435.05亿元，增长4.2%。

按消费形态分，1-12月餐饮收入206.19亿元，同比增长13.0%；其中限额以上企业（单位）餐饮收入56.17亿元，比同比增长6.6%。商品零售1977.46亿元，增长11.9%，在商品零售中，限额以上企业（单位）商品零售额1378.88亿元，增长4.1%。

消费品市场运行情况及主要特点

(一) 总量突破两千亿，省会位次实现前移

2015年是“十二五”收官之年，“十二五”期间合肥市社会消费零售总额年均增速达到16.9%，社会消费零售总额继2010年突破千亿元大关后，5年间再实现翻番，2015年总量突破两千亿。在全国省会城市中，社会消费品零售总额超过昆明，位居第15位。

(二) 市场运行平稳，增长波动趋缓

在经济运行仍面临较大压力的情况下，合肥市消费市场总体运行平稳，全年零售额增长呈U型态势。虽然从近3年我市季度零售额增长趋势看，增速呈波动下行态势，但今年各季度之间的波动幅度比前两年收窄，市场运行趋稳。

(三) 住餐企业经营全面回升

分单位规模看，2015年我市限上住餐业中大、中、小（微）型企业营业额全面实现正增长，虽然大、中型企业增速较去年同期有所下降，但占全市限上住餐企业数84.6%的小、微企业由去年的负增长转变为今年的正增长，反映出我市住餐业企业经营状况况在经历了2013年快速下降，2014年剧烈调整后，2015年重新回到缓慢回升阶段。

（四）民营经济成为消费市场重要力量和增长的主要动力

分经济类型看，民营经济发展势头良好，其实现的零售额占限上零售额比重近七成，并成为增长的主要动力。2015年市商贸限上企业中民营经济实现零售额1001.76亿元，同比增长14.9%，拉动社会消费品零售总额增长6.7个百分点，而同期的国有经济企业实现零售额351.15亿元，同比下降2.7%，外资经济为44.53亿元，同比下降1.4%。

（五）限上单位数稳步增加，新增企业成限上零售额增长的重要支撑

2015年底，合肥市限额以上商贸单位1539家，同比增加167家，其中，法人企业1381家，增加145 家，个体户和产业活动单位158家，增加22 家。零售额超亿元的企业295家，同比增加32家；共实现零售额1266.73亿元，占全市限上零售额的88.3%，比去年同期提高0.4个百分点。

2015年以来，合肥市新增限上企业223家，比上年同期多28家，累计实现零售额100.54亿元，对全市限上零售额增长贡献率为27.3%，拉动全市社会消费品零售总额增长3.3个百分点，新增企业仍为我市社零增长的重要增长极。

2015年分季度社会消费品零售总额及同比增速

	第一季度	第二季度	第三季度	第四季度
零售额（亿元）	560.6	516.3	536.8	599.98
增　长（%）	12.2	11.9	11.8	12.1

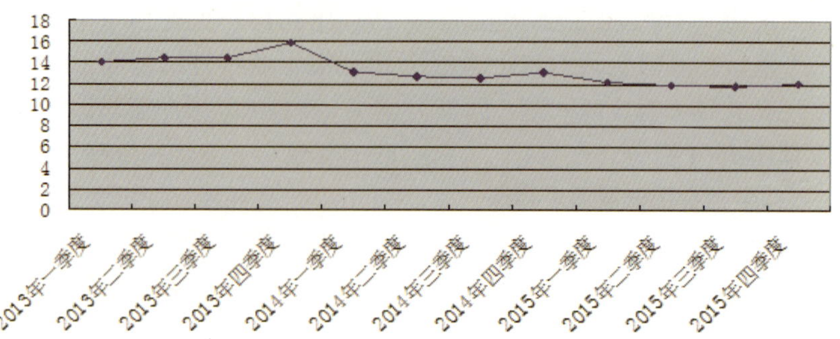

按单位规模分全市限上住餐业营业额增速情况一览表

单位规模	同比增长（%）	去年同期增长（%）
大型	17.3	20.4
中型	8.4	14.5
小、微型	2.7	-0.8

（六）新汽车消费政策作用明显

始于10月1日实施的小排量汽车购置税减半政策，对推动四季度汽车消费增长较为明显，从而带动合肥市汽车类商品销售实现零售额增速由前三季度低于全市限上1个百分点，到全年高于全市限上增速0.9个百分点。四季度我市汽车类商品零售额同比增长9.7%，高于前三季度6.4个百分点。2015年，合肥市汽车类商品销售实现零售额412.57亿元，同比增长5.1%，增速比前三季度提高1.8个百分点。汽车消费对全市社零增长的贡献率为20.6%，拉动社零增长2.5个百分点。

（七）通讯器材类商品销售持续增长

随着手机应用范围不断扩展，使用越来越普及，更新换代周期越来越短，相关产品的销售保持持续增长。1～12月，通讯器材类商品实现零售额32.27亿元，同比增长16.4%。

（八）家具类和建筑及装潢材料销售旺盛

随着房地产销售逐步升温，我市家具类和建筑及装潢材料销售旺盛。2015年，合肥市家具类商品销售实现零售额20.16亿元，同比增长25%；建筑及装潢材料类实现零售额10.2亿元，同比增长27.9%。

2015年合肥市经济发展情况

2015年是“十二五”的收官之年，全市深入贯彻党的十八大和十八届三中、四中、五中全会精神，积极应对复杂多变的宏观环境，强化创新驱动，聚焦调整转型，全市经济逆势而上，多数指标呈现“两位数”增长，“新跨越、进十强”逐步成为现实，建设长三角世界级城市群副中心迈出坚实步伐，打造

“大湖名城、创新高地”呈现崭新形象。

全市全年生产总值（GDP）实现5660.3亿元，按可比价格计算，比上年增长10.5%，分别快于全国、全省3.6和1.8个百分点。其中，第一产业增加值263.4亿元，增长4.4%；第二产业增加值3097.9亿元，增长10.6%；第三产业增加值2298.9亿元，增长11%。

1. 农业生产喜获丰收。全年，粮食播种面积49.67万公顷、增长0.9%，产量323.31万吨、增长3.5%；其中稻谷产量256.79万吨、增长3.4%。油菜籽产量23.35万吨，减少2.2%。蔬菜产量212.55万吨，增长6.1%。肉类总产量49.12万吨，增长1.8%。禽蛋产量20.25万吨，增长3.2%。牛奶产量11.54万吨，增长3.5%。

2. 工业生产稳中有好。全年，2392户规模以上工业企业实现增加值2255.65亿元，增长11.3%，高于全国、全省5.2和2.7个百分点。六大主导产业增加值增长12.5%，占全市工业比重为64.6%，比上年提高1.8个百分点。智能手机和平板电脑产量实现零的突破，分别达到64.28和183.79万台；风力、太阳能和垃圾发电量同比分别增长33%、18.8%和65.8%；新能源汽车增长1.7倍。

3. 投资需求较为旺盛。全年，施工项目7446个，同比增加1863个，其中工业项目2820个，增加652个。全社会固定资产投资6153.35亿元，同比增长15.4%。其中，工业投资2049.66亿元，增长9.9%；房地产投资1259.14亿元，增长11.7%。文化产业投资355.02亿元，增长27.8%。

4. 内外市场依然红火。全年，社会消费品零售总额2183.65亿元，同比增长12%。按消费形态分，商品零售1977.46亿元，增长11.9%；餐饮收入206.19亿元，增长13%。进出口总额203.38亿美元，增长1.3%，好于全国（下降8%）、全省（下降0.8%）；其中，出口总额137.09亿美元，增长9.6%。规上工业企业实现出口交货值1060.58亿元，增长16.5%。

5. 财政收入突破千亿。全年，财政收入1000.5亿元，增长13.6%。其中，地方财政收入571.54亿元，增长14.2%。地方财政收入中，企业所得税增长16.7%，营业税增长22.1%，增值税增长12.9%。财政支出772.66亿元，增长10.6%。

6. 存贷款余额均超万亿。全年，金融机构本外币各项贷款余额10171.1亿元，增长17.3%。新增贷款1504.31亿元，占全省比重44.4%、提高3.1个百分点。存款余额11193.7亿元，增长16%。招商引资总量3390亿元，增长15%，其中外商直接投资25.07亿美元、增长14.9%。

7. 结构调整成效明显。全年，三次产业比重4.7：54.7：40.6，服务业比重“十二五”以来首次超过40%。战略性新兴产业增加值增长21.9%，高出工业平均增速10.6个百分点，对工业增长贡献率达54.2%。技改投资超过千亿，占工业投资比重达六成，对工业投资增长的贡献率62.1%。

8. 创新实力显著增强。全年，国家高新技术企业增加到1056户，实现增加值1257.2亿元，占GDP比重22.2%。发明专利申请量和授权量分别增长27.1%和80.5%，自主创新主要指标全部进入省会城市“十强”。企业主体地位大幅提高，研发机构数、研发投入额、研发人员数、授权专利量中企业占比均在70%以上。

9. 质量效益稳步提升。全年，规上工业单位增加值能耗下降13.5%，六大高耗能行业增加值占比16.6%，同比下降0.9个百分点。规上工业企业实现利润482.33亿元，同比增长5.3%，高于全省1.1个百分点，同期全国下降2.3%；企业亏损面为9.4%，创年内新低。

10. 发展活力进一步释放。全年，全市新登记市场主体9.02万户，年末实有各类市场主体44.71万户，同比增长18.4%。2127户规上民营工业企业实现增加值1471.47亿元，增长11.3%。民间投资增长30.5%、快于全市15.1个百分点，总量占投资比重超过七成。

11. 居民生活持续改善。全年，全市城镇居民人均可支配收入31989元，增长9%；农村居民人均可支配收入15733元，增长9.2%。财政支出中民生支出615.46亿元，占财政支出的79.7%，同比提高0.6个百分点。开发公益性岗位1万多个，降低职工医保缴费比例，统一居民医保参保政策，113个公共文化场馆免费开放，接待市民600多万人次。

12. 物价水平保持稳定。全年，居民消费价格比上年上涨1.6%，其中，食品价格上涨2.1%，烟酒及用品上涨1.5%，衣着上涨1.3%，居住上涨0.1%，医疗保健和个人用品上涨4.6%，家庭设备用品及维修服务上涨0.8%，娱乐教育文化用品及服务上涨4.1%，交通和通信下降2.9%。工业生产者出厂价格比上年下降1.3%，购进价格比上年下降5.6%。

在全球经济总体低迷、全国经济增长进入换挡期的大背景下，合肥的成绩来之不易，但传统产业增长低迷、大项目支撑减弱等问题仍较为突出。为此我们必须高度重视，采取更加有力的措施加快转型 升级，着力在强化创新驱动、调整经济结构、扩大有效需求、保障和改善民生等方面下功夫，力求全市经济持续健康较快发展，赢得“十三五”发展开门红。

2015年合肥市1%人口抽样调查主要数据公报

2015年合肥市1%人口抽样调查，是根据国家统计局和市政府部署要求，由市统计局具体组织实施的一项重大市情市力调查。这次调查以2015年11月1日零时为标准时点，采取分层、整群、概率比例抽样方法，全市共抽取240个调查小区，覆盖全市11个县（市）、区和开发区的78个乡镇街道、120个村（居）委会，共调查登记人口7.5万人。在全市广大群众的密切支持和配合下，经过全市500余名调查工作人员的艰苦努力，顺利完成了全市1%人口抽样调查工作。现将本次人口抽样调查主要数据公布如下：

一、常住人口

2015年末，全市常住人口779万人，比上年增加9.4万人，增长1.2%；比2010年合肥市第六次人口普查时增加33.3万人，年均增长0.9%；占全省的比重为12.7%。

截止2015年末，我市净流入常住人口61.3万人，比上年末增加4.5万人，增长7.9%，其中市区净流入常住人口124.3万人。

二、城乡人口结构

全市常住人口中，居住在城镇的人口548.4万人，与上年相比增加16.6万人，占总人口的70.4%（常住人口城镇化率），比上年提高1.3个百分点；居住在乡村的人口230.6万人，比上年减少7.2万人，占总人口的29.6%。

三、性别构成

2015年末，常住人口中男性394.9万人，占总人口的50.7%；女性384.1万人，占总人口的49.3%。总人口性别比为102.8（以女性为100），与上年基本持平。

四、年龄构成

2015年末，常住人口中，0—14岁人口116.5万人，占总人口15.0%，比上年下降0.5个百分点；15—64岁人口571.9万人，占总人口73.4%，提高0.4个百分点；65岁及以上人口90.6万人，占总人口11.6%，提高0.1个百分点。

随着外来打工者的不断涌入，劳动年龄人口占比得到提高，全市人口总抚养系数继续下降，2015年为36.2%，比上年降低0.4个百分点。其中，少儿抚养比20.4%，比上年下降0.6个百分点；老年抚养比15.8%，比上年上升0.2个百分点。

五、受教育程度

2015年末，全市人均受教育年限10.81年，比上年末提高0.67年。其中，男性和女性人均受教育年限均超过10年，分别为11.39年和10.19年，比上年分别提高0.7年和0.57年。

15岁及以上人口中，小学、初中文化程度人口占45.2%，比上年下降7个百分点；高中及以上文化程度人口占49.6%，比上年提高7.9个百分点，其中大学及以上文化程度人口占30.9%，比上年提高7.1个百分点。全市总人口文盲率为4.69%，比上年下降0.15个百分点。

六、人口自然增长

2014年11月1日至2015年10月31日，全市出生人口8.2万人，出生率为10.52‰，比上年上升0.39个千分点；死亡人口3.4万人，死亡率为4.32‰，上升0.29个千分点；自然增长人口4.8万人，自然增长率为6.2‰，提高0.1个千分点。

备注：

1. **调查对象**：指被抽中的调查小区内具有中华人民共和国国籍的全部人口，包括2015年10月31日晚居住在本调查小区的人口；户口在本户，2015年10月31日晚未居住在本户的人口。

2. **常住人口**：包括调查时户口在本调查小区，且居住在本调查小区人口；调查时户口在本调查小区，离开不满半年人口；调查时居住在本调查小区，离开户口登记地半年以上人口；调查时居住在本调查小区，户口待定人口；调查时户口在本调查小区，居住在港澳台或国外人口。

本索引采取主题分析索引法，按索引词首字汉语拼音字母顺序排列，同声同韵字按声调、同音字按笔画顺序排列，若首字相同则按第二字音序排列，依次类推。索引词后的阿拉伯数字表示该词所在页码，数字后的英文字母 a、b、c 分别表示该页文字的左中右栏。

A

B

C

G

H